Page 133 — Der Halte- und Bewegungsapparat | LF 4

Die Zehenknochen ähneln denen der Finger, sie sind jedoch kürzer. Wie der Daumen hat auch die Großzehe nur zwei Endglieder. Die übrigen Finger und Zehen besitzen jeweils drei Endglieder. Bewegungen des Fußes ermöglicht die Wadenmuskulatur, deren Sehnen sich bis zu den Zehen erstrecken. Dorsal verläuft die Wadenmuskulatur, die in die kräftige Achillessehne mündet. Ventral und lateral befindet sich die Fußheber-Muskulatur.

Abb. 1
a) Sehnen- und Sehnenhaltebänder der am Fuß ansetzenden Muskeln
b) Aus- und Einwärtsdrehung des Fußes (Pronation und Supination)

> In der **Terminologie** finden Sie präzise Erklärungen wichtiger Fachbegriffe, die im vorangegangenen Kapitel benutzt wurden.

Terminologie: Thorax, Rumpf, Bauchwand und Extremitäten

Abdomen	Bauchraum
Hernie	Bruch (Hervorquellen von Bauchorganen durch eine Gewebelücke), z. B. Leistenhernie
Iliosakralgelenk (ISG)	Kreuz-Darmbein-Gelenk
Interkostalraum (ICR)	Zwischenrippenraum
Luxation	Ausrenkung; Verrenkung (Trennung der Gelenkpartner)
Meniskus (Mz. Menisken)	halbmondförmige Faserknorpelscheibe im Kniegelenk
Os coxae	Hüftbein
Os ilium	Darmbein; Teil des Hüftbeins
Os ischii	Sitzbein; Teil des Hüftbeins
Os pubis	Schambein; Teil des Hüftbeins
reponieren (Subst. Reposition)	einen ausgerenkten Gelenkteil oder durch Knochenbruch verschobene Knochenanteile wieder einrichten
Symphyse	Schambeinfuge

> **Aufgaben** bieten die Möglichkeit, erarbeitete Kenntnisse zu wiederholen und anzuwenden.

AUFGABEN

1. Welche Aufgabe erfüllen die Interkostalmuskeln?
2. Beschreiben Sie die Muskelschichten der Bauchwand von außen nach innen.
3. ... welchen Knochen besteht der Schultergürtel?
4. ... he Knochen sind am Ellenbogen an den beiden Gelenken beteiligt?
5. ... en Sie die Fachausdrücke für die Armbeuger und -strecker.
6. ... welchen Knochen bestehen die Hüftknochen?
7. ... versteht man unter dem Oberschenkelhals?
8. ... Knochen bilden das obere Sprunggelenk?

Page 101 — Hygiene | LF 3

8.12 Medizinprodukte und Medizinproduktegesetz (MPG)

Medizinprodukte (MP) sind alle Gegenstände, Apparate, Instrumente und Stoffe, deren Verwendungszweck laut Hersteller ein medizinischer ist, d. h., die mit dem menschlichen Körper in Berührung gebracht oder in diesen eingebracht werden (und die keine Arzneimittel sind). Zu den MP zählen z. B. Skalpelle (Operationsmesser), Pflaster, Spritzen und Kanülen, künstliche Gelenke, Herzschrittmacher, Mundspatel, Endoskope sowie EKG- und Blutdruckmessgeräte. Für alle MP gilt das umfangreiche Medizinproduktegesetz (MPG). Es regelt u. a. die Verschreibung, den Handel und den Umgang mit MP, zu denen auch die hygienische Aufbereitung wiederverwendbarer MP gehört.

Anforderungen an die Hygiene bei der Aufbereitung von Medizinprodukten
www.rki.de

Alle energiebetriebenen, sog. **aktiven MP** (Untersuchungs- und Therapiegeräte wie EKG-, Lungenfunktions- und Ultraschallgeräte) werden laut Medizinprodukte-Betreiberverordnung (MPBetreibV) im Medizingerätebuch erfasst, regelmäßig kontrolliert und nur durch sachkundige, eingewiesene Fachkräfte betätigt. Das Medizingerätebuch, das u. a. die Gebrauchsanleitungen enthält, ist in unmittelbarer Nähe des Geräts aufzubewahren. Für Röntgengeräte gelten besondere Anforderungen.

Abb. 1 Aktives Medizinprodukt

8.12.1 Risikoeinstufung von Medizinprodukten nach dem Medizinproduktegesetz

Von MP, die der Anwendung am und im Körper dienen, gehen unterschiedlich große Gesundheits- bzw. Infektionsrisiken aus. Daher werden sie eingestuft

1. nach Art der Anwendung in **unkritische, semikritische** und **kritische MP**,
2. innerhalb dieser Stufen hinsichtlich der Anforderungen an die Aufbereitung: ohne **(A)**, mit besonderen **(B)** oder mit besonders hohen Anforderungen **(C)**; hohe Hygieneanforderungen gelten z. B. für Geräte mit Hohlräumen oder schwer zugänglichen Scharnieren, weil sich darin leichter Mikroorganismen ansammeln, vermehren und vor Hygienemaßnahmen geschützt halten können,
3. innerhalb der Stufe „kritische MP" nach ihrer **Thermostabilität** (Hitzebeständigkeit), d. h. danach, ob sie im **Autoklav** (Dampfsterilisator) bei 134 °C sterilisiert werden dürfen. **Thermolabile**, d. h. hitzeempfindliche Materialien sind nicht dampfsterilisierbar und daher als schwierig aufzubereiten zu betrachten (Gruppe C).

 semikritisch
halbkritisch

Einstufung	Medizinprodukt		vorgeschriebene Aufbereitung
unkritisch Kontakt mit intakter Haut	EKG-Elektrode, Blutdruckmessgerät, Stethoskopmembran		Reinigung und ggf. Desinfektion arbeitstäglich
semikritisch Kontakt mit Schleimhaut oder erkrankter Haut	A	Spekula, Otoskoptrichter, HNO-Spiegel	Reinigung und Desinfektion, ggf. Sterilisation
	B	Endoskope	Reinigung und Desinfektion in RDG, ggf. Sterilisation
kritisch direkter Kontakt mit Blut, Gewebe bzw. Wunden und/oder Durchdringung der Haut bzw. Schleimhaut	A	Wundhaken, Skalpelle, chirurgische Scheren	Reinigung und Desinfektion im RDG, Sterilisation
	B	MIC-Instrumente für die minimal invasive Chirurgie, Biopsiezangen	Reinigung und Desinfektion im RDG, Sterilisation durch Sterilgutfachkraft
	C	Herzkatheter	Aufbereitung inkl. Sterilisation in Spezialbetrieb

Hinweis: Weicht die Verwendung eines unkritischen oder semikritischen MP insofern ab, dass es wahrscheinlich oder sicher kontaminiert wird, wird es entsprechend als kritisch eingestuft. Im Zweifelsfall gilt immer die höhere Einstufung und strengere Aufbereitungsvorschrift. Beispiel: Werden EKG-Elektroden auf frisch rasierter und damit verletzter Haut angewandt, sind sie semikritische oder sogar kritische Medizinprodukte.

> Das **Online-Symbol** weist auf Internetseiten hin, die weitere Informationen zu den behandelten Inhalten liefern.

> Der **Exkurs** gibt Ihnen Zusatzinformationen aus dem Bereich Medizin und aus angrenzenden Gebieten.

... in der Arztpraxis

Behandlungsassistenz

von
Dr. Uta Groger

In Zusammenarbeit mit
der Verlagsredaktion

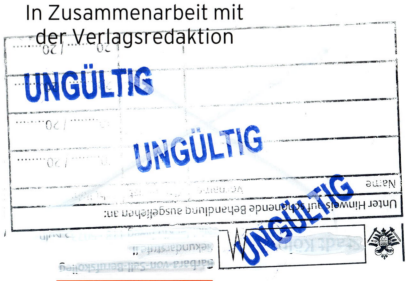

Zu diesem Buch finden Sie die Lösungen zu den Aufgaben auf den Internetseiten des Cornelsen Verlages unter folgender URL: www.cornelsen.de/cbb/in-der-arztpraxis

Verlagsredaktion:	Dr. Franz Schaller
Außenredaktion:	Silke Telschow-Malz, Berlin
Bildredaktion:	Stefan Schiefer, Berlin; Gertha Maly
Layout und technische Umsetzung:	vitaledesign, Berlin
Umschlaggestaltung:	vitaledesign, Berlin

www.cornelsen.de

Die Webseiten Dritter, deren Internetadressen in diesem Lehrwerk angegeben sind, wurden vor Drucklegung sorgfältig geprüft. Der Verlag übernimmt keine Gewähr für die Aktualität und den Inhalt dieser Seiten oder solcher, die mit ihnen verlinkt sind.

1. Auflage, 6., aktualisierter Druck 2018

Alle Drucke dieser Auflage können im Unterricht nebeneinander verwendet werden.

© 2013 Cornelsen Schulverlage GmbH, Berlin
© 2016 Cornelsen Verlag GmbH, Berlin

Das Werk und seine Teile sind urheberrechtlich geschützt.
Jede Nutzung in anderen als den gesetzlich zugelassenen Fällen bedarf der vorherigen schriftlichen Einwilligung des Verlages.
Hinweis zu §§ 60 a, 60 b UrhG: Weder das Werk noch seine Teile dürfen ohne eine solche Einwilligung an Schulen oder in Unterrichts- und Lehrmedien (§ 60 b Abs. 3 UrhG) vervielfältigt, insbesondere kopiert oder eingescannt, verbreitet oder in ein Netzwerk eingestellt oder sonst öffentlich zugänglich gemacht oder wiedergegeben werden.
Dies gilt auch für Intranets von Schulen.

Druck: Mohn Media Mohndruck, Gütersloh

ISBN 978-3-06-450708-1

PEFC zertifiziert
Dieses Produkt stammt aus nachhaltig bewirtschafteten Wäldern und kontrollierten Quellen.
www.pefc.de

Vorwort

Liebe Leserin, lieber Leser,

die Berufsbezeichnung „Medizinische Fachangestellte" drückt treffend aus, welchen umfassenden Aufgaben und Neuerungen die frühere Arzthelferin gegenübersteht:
Die MFA repräsentiert und organisiert die Praxis. Sie ist mit der Praxissoftware vertraut, führt diagnostische und therapeutische Maßnahmen durch, plant und dokumentiert medizinische Leistungen. Die MFA bildet sich fort und leitet Auszubildende an. Sie verfügt über ein solides Fachwissen und kommunikative Kompetenz, sodass sie die tägliche Praxisroutine ebenso beherrscht wie unvorhersehbare Notfallsituationen.
Dabei ist sie für die Patienten die erste Ansprechpartnerin – und dabei auch Ratgeberin für ihre Fragen, Sorgen und Nöte. Der Patient muss durchaus kein Kranker sein – zunehmend gewinnt die Prävention, auch in Form Individueller Gesundheitsleistungen, an Bedeutung.

Dr. med. Uta Groger
Fachärztin für Allgemeinmedizin, praktisch tätig in einem MVZ, Dozentin im Bereich MFA am Rudolf-Rempel-Berufskolleg Bielefeld

Mit Inkrafttreten des neuen Rahmenlehrplans, der die Ausbildung an die aktuellen Anforderungen anpassen sollte, fand eine grundlegende Neukonzeption der Ausbildung und der Unterrichtsmaterialien statt. Auf Grund umfassender Erfahrungen mit der veränderten Situation in Ausbildung, Unterricht und Prüfungen liegt nun die Neubearbeitung der Lehrbuchreihe „… in der Arztpraxis" vor. Das Lehrbuch bereitet auf die vielfältigen Anforderungen in Alltag, Berufsschule und Prüfungen vor. Es berücksichtigt zudem Ihre zahlreichen konstruktiven Hinweise und Wünsche, für die wir an dieser Stelle herzlich danken.

Solides Grundwissen und vor allem Verständnis für den Aufbau, die Funktion und die krankhafte Fehlfunktion des Körpers sollen vermittelt werden – in der Gewissheit, dass Verstehen nachhaltiger und besser auf „jede" Situation anwendbar ist als auswendig gelernte Einzelheiten. Situationsgerechtes Mitdenken und vorausschauendes, verantwortliches Handeln sollen geübt werden. Dazu dienen die vielen Schritt-für-Schritt-Anleitungen und zahlreichen Übungsaufgaben, die das Wissen vertiefen und dabei Theorie und Praxis berücksichtigen.
Als besonderen Service bietet die neue „Behandlungsassistenz" Kapitel zu Wundversorgung, Verbandtechniken, Sinnesorganen, Psychosomatik, Altersmedizin und „kleiner Psychiatrie".
Lernen und Lehren ist effektiver, wenn es Spaß macht. Daher werden die medizinischen Fakten und Zusammenhänge anschaulich dargestellt, reich illustriert und mit treffenden Karikaturen im wahrsten Sinne des Wortes untermalt.

Danken möchte ich dem Team des Cornelsen Verlages und den freien Mitarbeitern für die stets professionelle, immer angenehme und äußerst motivierende Zusammenarbeit. Meiner Familie, meinen Freundinnen und Freunden sowie meinen Schülerinnen, Mitarbeiterinnen, Kolleginnen und Kollegen danke ich von Herzen für die vielfältige Unterstützung bei der Entstehung dieses Buches.

Ihnen als Schülerin, Lehrkraft und ausbildendem Arzt wünsche ich viel Freude beim Arbeiten mit dem vorliegenden Buch.

Bielefeld, im Juli 2017

Dr. med. Uta Groger

Hinweis: Im Buch werden zugunsten sprachlicher Klarheit geschlechtsneutrale Pluralformen verwendet. Finden Sie im Text eine geschlechtsspezifische Form (z. B. die Medizinische Fachangestellte, der Arzt, der Patient), so ist stets auch das andere Geschlecht gemeint.

Inhaltsverzeichnis

LF 2	**Patienten empfangen und begleiten**	6
1	Der Arztbesuch: Einführung in die ambulante Medizin	10
2	Der kranke Mensch	15
LF 3	**Praxishygiene und Schutz vor Infektionskrankheiten organisieren**	18
1	Der Mensch als Organismus	22
2	Das Immunsystem	36
3	Medizinische Mikrobiologie	41
4	Diagnostik bei Infektionskrankheiten	57
5	Therapie von Infektionskrankheiten	63
6	Beispiele von Infektionskrankheiten	66
7	Schutzimpfungen	83
8	Hygiene	90
9	Umwelt- und Arbeitsschutz in der Arztpraxis	108
LF 4	**Bei Diagnostik und Therapie von Erkrankungen des Bewegungsapparates assistieren**	112
1	Der Halte- und Bewegungsapparat	116
2	Erkrankungen des Bewegungsapparates	134
3	Physikalische Therapie und Physiotherapie	158
4	Arzneimittel	165
5	Injektionen und Injektionstechnik	186
LF 5	**Zwischenfällen vorbeugen und in Notfallsituationen Hilfe leisten**	198
1	Notfälle und Zwischenfälle	202
2	Blut	203
3	Blutkrankheiten	211
4	Blutgruppen und Rhesusfaktor	213
5	Blutentnahmen	217
6	Herz und Kreislauf	223
7	Diagnostik des Herz-Kreislauf-Systems	232
8	Herz-Kreislauf-Erkrankungen	248
9	Notfallmanagement und Notfalltherapie	265
10	Atmung und Atmungsorgane	277
11	Diagnostik bei Atemwegserkrankungen	283
12	Erkrankungen der Atmungsorgane	286

LF 8	**Patienten bei diagnostischen und therapeutischen Maßnahmen**	
	der Erkrankungen des Urogenitalsystems begleiten	294
1	Harn- und Geschlechtsorgane	298
2	Diagnostik bei Erkrankungen der Harnorgane	305
3	Erkrankungen der Nieren und ableitenden Harnwege	318
4	Hormonsystem	326
5	Genitalorgane der Frau	331
6	Schwangerschaft und Geburt	338
7	Gynäkologische Diagnostik und Erkrankungen	350
8	Kontrazeption (Schwangerschaftsverhütung)	356
9	Fertilitätsstörungen	358
10	Genitalorgane des Mannes	360
11	Untersuchungsverfahren der Urologie	361
12	Erkrankungen der männlichen Genitalorgane	362

LF 9	**Patienten bei diagnostischen und therapeutischen Maßnahmen**	
	der Erkrankungen des Verdauungssystems begleiten	368
1	Ernährung, Verdauung und Stoffwechsel	372
2	Aufbau und Funktion des Verdauungsapparates	380
3	Diagnostik bei Erkrankungen des Gastrointestinaltrakts	392
4	Erkrankungen des Gastrointestinaltrakts	402
5	Stoffwechselstörungen und -erkrankungen	428

LF 10	**Patienten bei kleinen chirurgischen Behandlungen begleiten**	
	und Wunden versorgen	452
1	Die Haut und ihre Aufgaben	456
2	Allergien und allergische Erkrankungen	460
3	Häufige Hauterkrankungen	462
4	Wundheilung und Wundversorgung	468
5	Kleine Chirurgie in der Praxis	473

LF 11	**Patienten bei der Prävention begleiten**	482
1	Prävention	486
2	Selbsthilfe und Selbsthilfeorganisationen	491
3	Psychosomatik und psychische Erkrankungen	492
4	Besonderheiten bei der Behandlung alter Patienten (Geriatrie)	501

Abkürzungsverzeichnis	526
Stichwortverzeichnis	529
Bildquellenverzeichnis	553

LF 2

Patienten empfangen und begleiten

1	**Der Arztbesuch: Einführung**	
	in die ambulante Medizin	10
1.1	Gesundheit und Krankheit	10
1.2	Stadien der Hilfesuche	11
1.3	Anamnese	12
	Anamnesearten und -anteile	13
1.4	Untersuchung	14
2	**Der kranke Mensch**	15
2.1	Krankheitsursachen	15
2.2	Negative Krankheitsauswirkungen	15
2.3	Krankheitsgewinn	16
2.4	Compliance und Adhärenz	16
2.5	Menschlichkeit und Professionalität	16

Unser **Patient**...

Wer eine Arztpraxis aufsucht, ...

wünscht Hilfe, nicht immer nur medizinische.
Fühlt sich ein Mensch krank, befindet er sich häufig in einer Krise. Die Krankheit steht ihm im Weg, sein Körper „macht nicht mehr mit". Was Beschwerden erzeugt (z. B. Schmerzen), wirkt sich oft aber auch auf die Stimmung des Betroffenen aus. Wichtig ist, dass Sie als MFA den Patienten menschlich „dort abholen, wo er steht", d. h. ihn mit seiner Angst und seinen Sorgen ernst nehmen und annehmen.
Auch in Situationen, in denen Ängste in der „Verkleidung" von Ärger, Nervosität und Anspruchsdenken auftreten, ist Einfühlung oft der beste (und schnellste) Weg zur Entschärfung der Situation.

....ein Mensch mit Stärken und Schwächen

Jeder Mensch hat „in tiefster Seele" ...

ein Gefühl dafür, warum er krank geworden sein könnte.
Oft spielen unbewusste Schuldgefühle mit – etwa wegen einer ungesunden Lebensweise. Vermitteln Sie Verständnis für die „menschlichen Schwächen" Ihrer Patienten, denn nur wenn Sie diese kennen, können Sie helfen.

Neben Schuldgefühlen ...

spielt auch oft Angst eine Rolle. Daran hat auch die Medienpräsenz im heutigen „Informationszeitalter" nichts geändert. Häufig ist das Gegenteil der Fall: Gerade bei jungen Patienten, die zu ihren Symptomen schon mal im Internet nachgelesen haben, erzeugen die gefundenen Informationen häufig mehr Angst als Erleichterung.

Dies liegt vor allem daran, dass zu den häufigen und harmlosen Alltagsbeschwerden so gut wie nichts im Internet steht – aber schon unter „Lymphknotenschwellung" gleich Links zu Aids und Krebs führen.

1 Der Arztbesuch: Einführung in die ambulante Medizin

Die Menschen, die uns mit ihren Beschwerden, Sorgen und Nöten in der Praxis aufsuchen, nennen wir **Patienten** (lat. patiens = leidend). Nicht jeder Patient ist krank; auch vorbeugende Maßnahmen wie Impfungen und Früherkennungsuntersuchungen sind Gründe, einen Arzt aufzusuchen. Es ist wichtig, jede Person, die unsere Praxis in Anspruch nimmt, sowohl als leidenden Menschen als auch als Kunden unserer medizinischen Dienstleistungen ernst zu nehmen. An den zufriedenen und den Arzt weiterhin **konsultierenden** bzw. empfehlenden Patienten ist der Erfolg einer Arztpraxis als Unternehmen ablesbar. Damit sind die Patienten unsere wahren Arbeitgeber.

In Arztpraxen sind Ärzte **ambulant** tätig. Sie werden auch niedergelassene Ärzte genannt. Die Patienten werden ambulant versorgt, d. h., sie suchen die Praxen nur zur Untersuchung und Behandlung auf. Im stationären Bereich, d. h. in Kliniken bzw. Krankenhäusern, übernachten die Patienten. Besonders schwere Krankheiten, größere Eingriffe und spezielle Untersuchungen werden bevorzugt in Krankenhäusern durchgeführt. Manche Ärzte arbeiten überwiegend in ihren Praxen, führen aber für ihre Patienten z. B. Operationen in Kliniken aus. Man nennt sie **Belegärzte**, weil sie Klinikbetten mit ihren Patienten „belegen".

1.1 Gesundheit und Krankheit

Jeder Mensch wird vielfach in seinem Leben krank. Krankheit ist die Abwesenheit von Gesundheit und geht mit Beschwerden einher. Sie ist eine normale Begleiterscheinung des Lebens. Schon Babys erleben Krankheit, Schmerzen und andere Einschränkungen ihres Wohlbefindens. Auch eine sehr gesunde Lebensweise kann nicht jede Krankheit verhindern. Niemand hat seine Gesundheit wirklich „im Griff".

Gesundheit ist nach der Definition der WHO (World Health Organization; Weltgesundheitsorganisation) von 1946 „ein Zustand vollkommenen körperlichen, geistig-seelischen und sozialen Wohlbefindens und nicht nur das Fehlen von Krankheit oder Behinderung". Gesundheit in diesem Sinne, wie sie kurz nach dem 2. Weltkrieg als Ideal formuliert wurde, ist schwer zu erreichen. Jeder Mensch hat seinen eigenen Gesundheitsbegriff, der durch sein persönliches Empfinden bestimmt wird. Dazu gehört neben der Abwesenheit von Leid und Schmerzen allgemeines Wohlbefinden sowie die Fähigkeit, das eigene Leben frei zu gestalten. Auch der individuelle Schönheitsbegriff spielt in das Gesundheitserleben hinein; der Wunsch nach plastischen Operationen u. Ä. führt viele „Patienten" zum Arzt. Ein junges Mädchen kann sich wegen einer leichten Akne durchaus schon krank und in ihrem Lebensgefühl eingeschränkt fühlen. Andererseits kann sich ein „Schwerkranker", der viele Medikamente und z. B. einen Rollstuhl benötigt, gesund und zufrieden fühlen.

1.2 Stadien der Hilfesuche

Spürt ein Mensch, dass er krank ist, greift er zunächst auf eigene Erfahrungen und Kenntnisse sowie die seines sozialen Umfeldes zurück. Erst wenn diese nicht hilfreich bzw. ausreichend wirksam sind, nimmt er professionelle, z. B. ärztliche Hilfe in Anspruch.

Wahrnehmung von Symptomen: „Ich bin krank!",
z. B. Halsschmerzen, Schluckbeschwerden

Abwarten – Hoffnung auf Selbstheilung:
Falls die Symptome verschwinden, endet die Hilfesuche hier.

Versuch der Selbsthilfe durch **Selbstbehandlung** nach eigenen Erfahrungen von früheren Krankheiten, z. B. „Damals hat mir Gurgeln geholfen." Eventuell zieht der Kranke auch das Internet, Gesundheitslexika usw. als Informationsquellen hinzu.
Falls dies erfolgreich ist und die Symptome verschwinden, endet die Selbsthilfe hier.

Falls die Selbstbehandlung nicht hilft, befragt der Kranke häufig Menschen aus seinem sozialen Umfeld, die er für erfahren hält (dies können Laien sein oder befreundete Menschen mit medizinischen Berufen), und setzt ggf. das um, was diese ihm raten.
Bei dieser **erweiterten Selbsthilfe** kann es sich um eine intensivere Selbstbehandlung, z. B. mit Halsschmerztabletten, speziellem Kräutertee, homöopathischen Mitteln und/oder Bettruhe, handeln.
Falls dies erfolgreich ist und die Symptome verschwinden, endet die Selbsthilfe hier.

Falls diese „erweiterte Selbsthilfe" nicht zum Erfolg führt, sucht sich der Kranke in der Regel **Hilfe im professionellen Bereich**. Möglicherweise hat ihm die „erfahrene Person" seines Umfeldes dies auch schon geraten. Der Kranke geht also ggf. erst zur Apotheke.
Bei starken Beschwerden und/oder der Notwendigkeit einer Krankmeldung sucht er den Hausarzt auf bzw. ruft den Hausarzt.

Der **Hausarzt** stellt eine Diagnose, z. B. Angina tonsillaris (bakterielle Mandelentzündung), und behandelt den Patienten mit einem Medikament (z. B. Penicillin).
Falls dies erfolgreich ist und die Symptome verschwinden, endet die Hilfesuche hier.

Werden die Beschwerden nicht weniger, sucht der Patient den Arzt erneut auf. Dieser behandelt weiter bzw. ändert die Therapie.
Falls dies erfolgreich ist und die Symptome verschwinden, endet die Hilfesuche hier.
Ansonsten schickt der Hausarzt ihn möglicherweise zum **Facharzt**.

Kann der Facharzt ihn erfolgreich behandeln, z. B. durch eine weitergehende Diagnostik (er diagnostiziert z. B. Pfeiffersches Drüsenfieber), so endet die professionelle Hilfe hier.
Ist dies nicht erfolgreich, so kann der Facharzt ihn ggf. ans **Krankenhaus** weiterleiten, beispielsweise zur operativen Entfernung der Mandeln.

Dass ein Kranker zum Arzt geht, bedeutet also, dass seine Selbsthilfe nicht ausreicht oder dass die Angst, die mit der Störung seiner Lebensfunktionen einhergeht, ihn dorthin führt. Art und Ausmaß der Beschwerden, aber auch seine bisherigen Erfahrungen, seine soziale und psychische Situation, sein kultureller Hintergrund sowie die Persönlichkeit jedes einzelnen Patienten beeinflussen die Entscheidung, ob und wann er einen Arzt konsultiert.

1.3 Anamnese

Der Arzt empfängt den Patienten im Sprechzimmer und fragt ihn nach dem Anlass seines Kommens. Er erhebt die Krankengeschichte, die **Anamnese**. Ein Anamnesebogen kann helfen, Zeit zu sparen und die Vollständigkeit der Angaben zu verbessern, ersetzt aber nicht das persönliche Gespräch.

Anamnesebogen			
Name:		Datum: 20	
Vorname:		Geburtsdatum:	
Jetzige Anamnese			
Frühere Anamnese			
Schwangerschaft/Kinderkrankheiten:	Operationen:		
Klinikaufenthalte:			
Blutdruck:	max. Wert:	/	mmHg
Cholesterinwerte:	max. Wert:		mg/dL
Sonstige Erkrankungen:			
Bisherige Therapien:			
Impfungen			
Tdap:	Polio:	Hep. B:	
Influenza:	FSME:	Hep. A:	
Sonstige:			
Allergien			
Medikamente:	Sonstiges:		
Vegetative Anamnese			
Gewicht:	Schlaf:	Leistungsfähigkeit:	
Appetit:	Verdauung/Stuhlgang:	(ggf. Sexualfunktionen):	
Bei Auffälligkeiten: psychische Befindlichkeit (z. B. Depression)			
Alkohol: /Tag	Zigaretten: /Tag seit Jahren	Drogen:	
Medikamente			
Regelmäßig: (Medikamentennahme/Substanz) Einnahme (morgens·mittags·abends·nachts)			
Familienanamnese			
Diabetes mellitus Typ:	Allergien:		
Krebs:	Asthma bronchiale:		
Herz-Kreislauf-Krankheiten:	Bluthochdruck:		
Herzinfarkt:	Sonstiges:		
Soziale Anamnese			
Familienstand: verh./Partnerschaft/led.:	Kinder/Beruf:		
Dauernde/momentane Stressfaktoren:			

Abb. 1 Anamnesebogen

Sinn der Anamnese ist es, mit Hilfe der Angaben des Patienten die **Diagnose** zu stellen, d. h., die vorliegende Erkrankung erkennen und benennen zu können. Ohne Diagnose kann normalerweise keine **Therapie** (Behandlung) stattfinden. Mindestens 70 % der Diagnosen werden mit Hilfe der Anamnese gestellt. Damit sind Befragen und Zuhören die wichtigsten **diagnostischen** Mittel der Medizin. Oft findet im Anschluss eine weiterführende **Diagnostik** statt: Es werden verschiedene Untersuchungen durchgeführt, um die **Verdachtsdiagnose** zu bestätigen oder auszuschließen. Eine Verdachtsdiagnose ist die erste Idee des Arztes, welche Krankheit (Diagnose) bei einem Patienten vorliegt.

Der Patient schildert seine Beschwerden bzw. **Symptome** (Krankheitszeichen), z. B. Rückenschmerzen. Symptome können **subjektiv**, d. h. nur für den Patienten selbst wahrnehmbar sein, wie Schmerzen, Juckreiz oder Übelkeit. Sie können auch **objektiv**, also auch für andere feststellbar oder messbar sein, z. B. Hautausschlag oder Fieber.

Manche Symptome sind **spezifisch**, d. h. für eine bestimmte Erkrankung charakteristisch und kennzeichnend, z. B. der typische Hautausschlag einer Gürtelrose oder ein sichtbares Knochenstück bei einem offenen Knochenbruch. Die meisten Symptome sind jedoch **unspezifisch**. Sie können bei vielen Erkrankungen vorliegen, z. B. Kopfschmerzen. Diese können auf eine verspannte Nackenmuskulatur, eine Entzündung der Nasennebenhöhlen, eine beginnende Grippe oder auch auf einen Hirntumor hinweisen.

Der Arzt erfragt, ob die Beschwerden **akut** (heftig und plötzlich, aber kurz andauernd) oder ständig und langwierig, d. h. **chronisch**, bestehen. Auch der tageszeitliche Verlauf und die Beeinflussbarkeit der beklagten Beschwerden werden erfragt.

Anamnesearten und -anteile

Die Anamnese besteht aus mehreren Anteilen, die je nach Situation unterschiedlich wichtig und umfangreich sind. Die **jetzige Anamnese** beginnt mit „Was führt Sie zu uns?" und erfasst den Anlass des Arztbesuches bzw. die aktuellen Beschwerden.

Die **frühere Anamnese** umfasst zuvor aufgetretene Krankheiten, Operationen, Klinikaufenthalte, Therapien, Befunde, Impfungen, Allergien usw.

Bei der **Medikamentenanamnese** wird sowohl nach ärztlich verordneten Arzneimitteln als auch nach der **Selbstmedikation** gefragt; dies ist die Medikamenteneinnahme, die der Patient ohne ärztliches Rezept durchführt. Auch Genussmittel- und Drogenkonsum wird erfragt.

Die **vegetative Anamnese** betrifft die unwillkürlichen (automatischen) Körperfunktionen, wie Schlaf, Appetit, Veränderungen des Körpergewichts, Schwitzen, Blasen- und Darmfunktion sowie bei Frauen den Menstruationszyklus.

Die **Familienanamnese** liefert wichtige Hinweise auf erbliche Krankheitsneigungen, z. B. allergisches Asthma, Bluthochdruck, Darmkrebs und auch seelische Krankheiten wie Depressionen.

Die **soziale Anamnese** gibt Aufschluss über die persönliche Situation des Patienten einschließlich Partnerschaft, Familie und Beruf. Diese soziale Situation kann sich stark auf das Krankheitsgeschehen und -erleben auswirken.

Wenn es notwendig erscheint, wird auch die **psychische** bzw. **psychiatrische Anamnese** erhoben, um die seelische Befindlichkeit (Stimmung, Motivation usw.) und krankhafte Erscheinungen wie Selbsttötungsneigung oder wahnhaftes Erleben zu erkennen.

Kann der Patient selbst die anamnestischen Angaben machen, handelt es sich um eine **Eigenanamnese**. Dagegen muss z. B. bei Säuglingen, bewusstlosen, dementen oder in seelischen Ausnahmezuständen befindlichen Patienten eine **Fremdanamnese** erhoben werden. Bei der Fremdanamnese werden Personen des sozialen Umfeldes befragt, z. B. Eltern, Partner oder Pflegende.

1.4 Untersuchung

Der Anamnese folgt in vielen Fällen eine körperliche Untersuchung, auch **klinische Untersuchung** genannt. Diese untergliedert sich in
- Inspektion,
- Palpation,
- Perkussion und
- Auskultation.

Die Untersuchung beginnt mit der Betrachtung, der **Inspektion**. Sie umfasst Gang, Haltung, Körperbau, Hautfarbe usw. Kleidung und Pflegezustand des Patienten können u. a. Aufschluss über seine seelische Lage geben.

Für die genauere Inspektion, z. B. der Mundhöhle, ist eine Untersuchungsleuchte und evtl. ein Holzspatel erforderlich. Reicht das bloße Auge nicht aus, werden weitere Hilfsmittel eingesetzt.

Abb. 1 Untersuchungsgeräte

> **HINWEIS**
> Die Begriffe Ohren- und Augen*spiegel* stammen aus der Zeit, als Ärzte das Licht einer Lampe noch mit Hilfe eines Stirnspiegels auf das zu inspizierende Organ umlenken mussten.

Der Untersuchung des äußeren Gehörgangs und des Trommelfells dient das **Otoskop**; es enthält eine Lichtquelle und eine Lupe und wird zusammen mit einem kleinen Ohrtrichter verwendet. Das **Ophthalmoskop** dient der Inspektion der Augen bzw. des Augenhintergrundes.

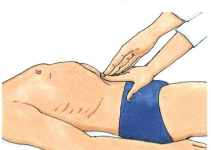

Abb. 2 Palpation des Bauchraums

Der Inspektion folgt die **Palpation**, das Betasten des Körpers. Dabei wird z. B. auf Schwellungen, Verhärtungen, Druckschmerz und ungewöhnliche Widerstände des **palpierten** Organs bzw. der Körperregion geachtet.

Ein weiterer Untersuchungsschritt ist die **Perkussion**, das Beklopfen. Dabei klopft der Untersucher auf seinen aufgelegten Mittelfinger. Das Klopfgeräusch unterscheidet sich, je nachdem, ob ein lufthaltiger oder solider Körperbereich **perkutiert** wird. Deshalb dient diese Methode z. B. zur Bestimmung der unteren Lungengrenzen. Geübte können u. a. Flüssigkeitsansammlungen im Brustraum durch Perkussion erkennen. Bauchraum, Lunge und manche Blutgefäße werden zusätzlich **auskultiert** (abgehört).

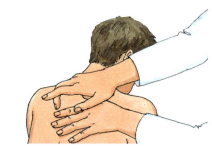

Abb. 3 Perkussion

Das Hilfsmittel für die **Auskultation** ist das **Stethoskop**, das Hörrohr. Oft schließt sich an die klinische Untersuchung eine **apparative** Diagnostik an, z. B. um Bilder erkrankter Organe herzustellen und durch deren Beurteilung die Diagnose zu stellen und/oder therapeutische Schritte, z. B. eine **Operation**, zu planen.

2 Der kranke Mensch

2.1 Krankheitsursachen

Kranksein begleitet die Menschheit schon immer; stets haben sich Kranke Gedanken über die Ursachen ihrer Leiden gemacht. Parasitenbefall, Splitter u. Ä. führten zu der Annahme, etwas Lebendes treibe in Wunden bzw. im Inneren des Kranken sein Unwesen. Nach anderen Vorstellungen verstand man Kranke als von Dämonen (bösen Geistern) befallen und religiöse Überzeugungen führten zu der Ansicht, Krankheit sei eine göttliche Strafe.

Heute kennen wir viele Krankheitserreger, Gifte und viele andere schädliche Einflüsse und sehen auch zu viel Stress als krank machend an. Die Überzeugung, dass die Lebensweise Einfluss auf die Gesundheit hat, war schon im antiken Griechenland verbreitet. Der daher stammende Begriff „Diät" bedeutet „richtige Lebensweise" und umfasste Sport, Ernährung und sinnvolle Betätigung einschließlich philosophischer Gespräche.

Krankheit – die Abwesenheit von Gesundheit – kann viele Ursachen haben

- **Chemisch:** Säuren, Laugen, Gifte usw., z. B. Verätzung, Vergiftung, Krebs
- **Biologisch:** Bakterien, Viren, Pilze usw., z. B. Infektionskrankheiten
- **Physikalisch:** Kälte, Hitze, Strahlen usw., z. B. Erfrierung, Verbrennung, Hautkrebs
- **Psychisch:** Stress, traumatische Erlebnisse usw., z. B. psychosomatische Krankheiten, Depressionen
- **Genetisch (= Vererbung):** z. B. Bluterkrankheit, Down-Syndrom
- **Sozial:** Arbeitslosigkeit, Einsamkeit usw., z. B. psychosomatische Krankheiten, Depressionen
- **Anfälligkeit (= Disposition):** z. B. Allergien, Herzinfarkte, Osteoporose

2.2 Negative Krankheitsauswirkungen

Kranksein beeinträchtigt den Menschen in vielfacher Hinsicht. Körperlich und seelisch, indem er Schmerzen und Funktionseinschränkungen erleidet. Auch beruflich, finanziell und sozial wirkt sich Krankheit aus: Bestimmte Berufe können z. B. Epilepsiepatienten nicht ausüben. Selbstständige sind oft gezwungen, trotz Krankheit weiterzuarbeiten, da sie sonst kein Einkommen haben. Außerdem kann eine durch eine schwere Krankheit oder Behinderung gebremste oder verhinderte Karriere Lebensstandard und -qualität beeinträchtigen. Ebenso müssen manche Frauen wegen chronischer Krankheiten und/oder lebensnotwendiger Medikamente auf Schwangerschaft bzw. auf leibliche Kinder verzichten.

2.3 Krankheitsgewinn

Mit Krankheiten können auch positive Aspekte verbunden sein. Die Psychologie nennt diese Vorteile **Krankheitsgewinn**. Es wird zwischen primärem und sekundärem Krankheitsgewinn unterschieden.

Primärer Krankheitsgewinn bedeutet, dass ein Mensch, der unter seelischen Problemen leidet, z. B. einen unlösbar erscheinenden Konflikt erlebt, körperlich krank wird und sich dadurch seelisch entlastet fühlt. Es entweicht quasi psychischer Druck in den Körper. Vereinfacht ausgedrückt, ist dies der Entstehungsprozess **psychosomatischer** Krankheiten, d. h. der Erkrankungen, bei denen sich seelisches Leid körperlich ausdrückt.

Deutlicher erkennbar ist der sekundäre Krankheitsgewinn. Darunter versteht man praktische und finanzielle Vorteile durch Krankheit. Dazu gehört die Entlastung von Pflichten, sei es privat, in Beruf oder Schule. Auch Rentenbezüge können somit einen Krankheitsgewinn darstellen.

2.4 Compliance und Adhärenz

Von den Patienten erwarten Arzt und MFA ein bestimmtes (Rollen-)Verhalten: Sie sollen sich untersuchen lassen, auch wenn dies unangenehm, schmerzhaft oder mit Schamgefühl verbunden ist. Wir setzen voraus, dass unsere Patienten verordnete Medikamente einnehmen, obwohl deren Beipackzettel schwere Nebenwirkungen in Aussicht stellen. Arzttermine und Wartezeiten durchkreuzen ggf. Beruf, Familienleben und Freizeit.

Befolgt ein Patient die ärztlichen Vorgaben, bezeichnet man ihn als kooperativ oder **compliant** (sprich komplaient). **Compliance** bedeutet Therapietreue; das Gegenteil ist die **Non-Compliance**.

Neuerdings wird der Begriff **Adhärenz** bevorzugt: Er bezeichnet die Tendenz des Patienten, von Arzt und Patient gemeinsam erarbeitete Maßnahmen durchzuführen. Im Idealfall ziehen Arzt und Patient an einem Strang, indem sie gemeinsam medizinische Maßnahmen beschließen und konsequent an deren Umsetzung arbeiten.

2.5 Menschlichkeit und Professionalität

Im medizinischen Bereich stehen der Mensch und sein Wohlergehen im Mittelpunkt. Für eine gute therapeutische Beziehung sind Offenheit, Vertrauen und Wahrhaftigkeit auf beiden Seiten notwendig. Arzt und MFA müssen sich zugleich menschlich und professionell verhalten. Immer wieder kommen Grenzüberschreitungen vor. Es gibt z. B. Patienten, deren Leben aus ihren Krankheiten zu bestehen scheint. Sie sehen die MFAs als eine Art Familienersatz an und suchen in der Arzt-Patienten-Beziehung Zuwendung und Aufmerksamkeit.

Manche Patienten verhalten sich – ggf. krankheitsbedingt – aggressiv, unverschämt oder anzüglich. Solche Überschreitungen des professionellen Miteinanders gilt es bestimmt, aber freundlich abzuwehren bzw. in die richtigen Bahnen zu lenken. Dies gelingt, wenn das gesamte Praxisteam konstruktiv zusammenarbeitet.

Terminologie: Allgemeine Begriffe der ambulanten Medizin

Adhärenz	Therapietreue (bzgl. gemeinsam festgelegter Ziele)
akut	plötzlich, heftig
ambulant (Ggt. **stationär**)	im niedergelassenen Bereich der Medizin
Anamnese	Krankengeschichte
apparative Diagnostik	Untersuchung mit Geräten (Apparaten)
chronisch	lang anhaltend
Compliance (Ggt. **Non-Compliance**)	Therapietreue (im Sinne der Befolgung ärztlicher Vorgaben)
Diagnose	Krankheitsname
Diagnostik	Untersuchungen, die der Diagnosestellung dienen
diagnostisch	der Diagnosestellung dienend
Inspektion	Betrachtung; Teil der klinischen Untersuchung
klinisch	Krankheitsanzeichen betreffend
konsultieren	um Rat fragen
Krankheitsgewinn	positive Aspekte bzw. Vorteile des Krankseins
objektiv	messbar; von außen feststellbar
Ophthalmoskop	Augenspiegel; Untersuchungsgerät für die Augen
Otoskop	Ohrenspiegel; Untersuchungsgerät für die Ohren
Palpation (Verb **palpieren**)	Abtasten; Teil der klinischen Untersuchung
Patient	kranker Mensch; Leidender
Perkussion	Abklopfen; Teil der klinischen Untersuchung
psychisch	seelisch
psychiatrisch	Seelenkrankheiten bzw. deren Therapie betreffend
Psychosomatik (Adj. **psychosomatisch**)	Lehre von der Wechselbeziehung von Körper und Seele bei Krankheit
spezifisch	kennzeichnend; typisch
stationär (Ggt. **ambulant**)	in einer Klinik; mit Übernachtung
subjektiv	nur selbst fühlbar; nicht messbar
Symptom	Krankheitszeichen
symptomatisch	mit Symptomen (Krankheitszeichen) einhergehend
Therapie	Behandlung
unspezifisch	allgemein; nicht etwas Bestimmtes kennzeichnend
Verdachtsdiagnose	wahrscheinliche, noch unbewiesene Diagnose
vegetativ	automatische Körperfunktionen betreffend

LF 3

Praxishygiene und Schutz vor Infektionskrankheiten organisieren

1	**Der Mensch als Organismus**	22
1.1	Ordnung des Lebens: vom Organismus zum Atom	22
1.2	Die Zelle	23
	Zellteilung (Mitose)	25
1.3	Gewebelehre (Histologie)	27
1.3.1	Binde- und Stützgewebe	27
1.3.2	Epithelgewebe	30
	Drüsen	31
1.3.3	Muskelgewebe	32
1.3.4	Nervengewebe	33
	Reizweiterleitung	34
2	**Das Immunsystem**	36
2.1	Resistenz	36
2.2	Immunität	37
3	**Medizinische Mikrobiologie**	41
3.1	Zusammenleben von Mensch und Mikroorganismus	41
3.2	Infektionserreger	44
3.2.1	Bakterien	44
3.2.2	Viren	46
3.2.3	Pilze	47
3.2.4	Protozoen	48
3.2.5	Prionen	48
3.3	Infektionswege und -arten	50
3.4	Pathophysiologie	52
3.4.1	Ablauf einer Infektionskrankheit	52
3.4.2	Entzündung	53
3.4.3	Fieber	55
	Temperaturmessung	55
4	**Diagnostik bei Infektionskrankheiten**	57
4.1	Anamnese und klinische Diagnostik	57
4.2	Labordiagnostik bei Infektionen und Entzündungen	57
4.2.1	Blutuntersuchungen (Entzündungs- und Erregerdiagnostik)	57
	Entzündungsdiagnostik	57
	Erregerdiagnostik	59
4.2.2	Erregerspezifische Nachweise: Antigentests und PCR	60
4.2.3	Mikrobiologische Diagnostik	60
4.2.4	Antibiogramm/Resistenzprüfung	61
4.3	Meldepflicht nach dem Infektionsschutzgesetz (IfSG)	62
5	**Therapie von Infektionskrankheiten**	63
5.1	Unterstützung der Selbstheilung	63
5.2	Antibiotika	63
5.3	Virostatika	64
5.4	Antimykotika	64
5.5	Arzneimittel gegen Protozoen und Parasiten	64
6	**Beispiele von Infektionskrankheiten**	66
6.1	Bakterielle Infektionskrankheiten	66
6.1.1	Scharlach und Streptokokken-Angina	66
6.1.2	Erkrankungen durch Hämophilus influenzae und Hib	66
6.1.3	Diphtherie	67
6.1.4	Pertussis (Keuchhusten)	67
6.1.5	Tetanus (Wundstarrkrampf)	68
6.1.6	Bakterielle Gastroenteritis und Enteritis (Magen-Darm- bzw. Darmentzündung)	68
6.1.7	Borreliose (Lyme-Borreliose)	68
6.1.8	Tuberkulose (Tbc; Tb)	69
6.1.9	Chlamydieninfektionen	70
6.1.10	Infektionen durch Hospitalkeime/Klinikkeime (MRSA)	70
6.2	Virale Infektionskrankheiten	72
6.2.1	Grippaler Infekt (Atemwegsinfekt, Erkältung)	72
6.2.2	Virusgrippe (Influenza, echte Grippe)	72
6.2.3	Mononukleose (Pfeiffersches Drüsenfieber)	73

6.2.4	Masern	73
6.2.5	Mumps (Parotitis epidemica)	74
6.2.6	Röteln (Rubella, Rubeola)	74
6.2.7	Virale Gastroenteritis.	74
6.2.8	Varizellen (Windpocken) und Herpes zoster (Gürtelrose)	75
6.2.9	Poliomyelitis (spinale Kinderlähmung)	76
6.2.10	FSME (Frühsommer-Meningoenzephalitis)	76
6.2.11	HIV-Infektion und Aids (AIDS)	77
6.3	Pilzinfektionen (Mykosen)	78
6.3.1	Haut- und Schleimhautmykosen	78
6.3.2	Soor	78
6.3.3	Fuß- und Nagelpilz (Interdigitalmykose und Onychomykose)	78
6.4	Erkrankungen durch Protozoen	79
	Toxoplasmose	79
6.5	Prionkrankheiten	79
6.6	Erkrankungen durch tierische Parasiten	80
	Kopflausbefall (Pedikulose; Pediculosis capitis)	81

7	**Schutzimpfungen**	**83**
7.1	Aktive Impfung	83
7.2	Passive Impfung (Immunglobulingabe)	85
7.3	Simultanimpfung (kombinierte Aktiv- und Passivimpfung)	85
7.4	Bewertung der verschiedenen Impfungsarten	86
7.5	Nebenwirkungen von Schutzimpfungen	86
	Grundsätze der Impftechnik	86
7.6	Überprüfung des Impfschutzes	87
7.7.	Aufklärung und Dokumentation bei Schutzimpfungen	87
7.8	Öffentlich empfohlene Impfungen (STIKO-Impfplan)	87

8	**Hygiene**	**90**
8.1	Infektionsquellen und -wege in der Arztpraxis	90

8.2	Infektionsvermeidung in der Arztpraxis	90
8.3	Persönliche Hygiene	91
8.4	Arbeitskleidung	92
8.5	Bereichskleidung	92
8.6	Schutzkleidung	92
	Schutzhandschuhe	93
8.7	Grundbegriffe der Hygiene: Asepsis und Antisepsis, Sterilisation und Desinfektion	94
8.8	Gesetze und Vorschriften über Hygienestandards	95
8.9	Hygieneplan	95
8.10	Händehygiene	97
8.10.1	Händewaschen	97
8.10.2	Hygienische Händedesinfektion	97
8.10.3	Chirurgische Händedesinfektion	99
8.10.4	Handpflege	99
8.11	Grundsätze für Desinfektionsmaßnahmen in der Arztpraxis	99
8.12	Medizinprodukte und Medizinproduktegesetz (MPG)	101
8.12.1	Risikoeinstufung von Medizinprodukten nach dem Medizinproduktegesetz	101
8.12.2	Aufbereitung wiederverwendbarer Medizinprodukte laut Medizinproduktegesetz	102
8.12.3	Instrumentenreinigung und -desinfektion	102
8.12.4	Reinigungs- und Desinfektionsgerät (RDG)	103
8.13	Sterilisation	103
	Überprüfung der Sterilisation	105
8.14	Vorbereitung des Sterilisierguts	107
8.15	Lagerung, Haltbarkeit und Handhabung von Sterilgut	107

9	**Umwelt- und Arbeitsschutz in der Arztpraxis**	**108**
9.1	Gefahrstoffe und ihre Kennzeichnung	108
9.2	Abfallentsorgung in der Arztpraxis	109

Mikroorganismen...

Überall in der Natur ...

kämpfen verschiedene Lebewesen um Platz und Nahrung. Da der menschliche Körper ein großes Nährstoffreservoir darstellt, versuchen viele Organismen (Bakterien, Viren, Pilze usw.), in unseren Körper „einzuziehen" und sich unter den begehrten Lebensbedingungen in diesem „Schlaraffenland" zu vermehren. Die Arztpraxis ist für Mikroorganismen ein beliebter Treffpunkt, denn Patienten mit den unterschiedlichsten Erkrankungen treffen im Wartezimmer aufeinander. Mikroorganismen finden hier leicht ein neues „Zuhause", da vor allem ältere, mehrfach kranke Patienten oft eine schwache Immunabwehr haben.

Die moderne Medizin ...

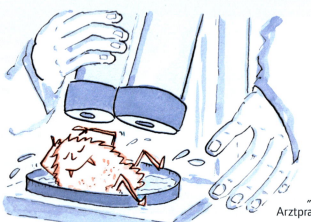

kann heute die meisten Mikroorganismen identifizieren und durch sie hervorgerufene Infektionen behandeln. Dennoch zählen Infektionskrankheiten immer noch zu den großen medizinischen Herausforderungen; Stress, zunehmendes Alter und Multimorbidität machen Menschen anfälliger und erleichtern Erregern ihr Leben. Viele Mikroorganismen sind bereits gegen Behandlungsmethoden (z. B. Antibiotika) resistent. Infektionen mit solchen „Problemkeimen" kosten unzähligen Patienten das Leben. Durch den internationalen Flugverkehr „importierte" neue Erreger bereiten auch hierzulande den Arztpraxen Probleme.

..... "Trittbrettfahrer" in der Praxis!

Ihre Praxis ...

soll kein Umschlagplatz für Krankheitskeime sein! Als Medizinische Fachangestellte können Sie mit vielfältigen Maßnahmen die Infektionsgefahr für sich und Ihre Patienten senken. Ignaz Semmelweis zwang seine Assistenzärzte schon um 1850 zur Händedesinfektion mit Chlorkalk und senkte so die Müttersterblichkeit nach Geburten erheblich.

Auch in Ihrer Praxis sind Hygienemaßnahmen Pflicht und hygienisch korrektes Arbeiten stellt einen der wichtigsten Aspekte im Arbeitsalltag dar. Nicht nur Desinfektion und Sterilisation, auch Impfungen (z. B. gegen Hepatitis B und Grippe) sind wirksame Schutzmaßnahmen – für Sie und Ihre Patienten.

Der Mensch als Organismus

1.1 Ordnung des Lebens: vom Organismus zum Atom

Der menschliche Körper ist ein lebender **Organismus**: ein Zusammenschluss vieler Teile, die jeweils bestimmte Funktionen für den gesamten Körper ausüben. Die einzelnen „Funktionsträger" des Körpers sind die **Organe**. Jedes Organ erfüllt eine oder mehrere Aufgaben. Die Lungen z. B. dienen der Atmung, das Herz dem Bluttransport und die Augen dem Sehen.

Mehrere Organe, die gemeinsam eine größere Aufgabe versehen, bilden ein **Organsystem**. Das Herz-Kreislauf-System besteht aus Blutgefäßen und Herz. Magen, Darm, Leber, Bauchspeicheldrüse usw. dienen als Verdauungstrakt der Zerlegung der Nahrung und der Nährstoffaufnahme.

Um die jeweiligen Funktionen optimal ausführen zu können, besteht jedes Organ aus mehreren verschiedenen **Geweben**. Die einzelnen Gewebearten haben unterschiedliche Eigenschaften und geben den Organen ihre charakteristische Form und Funktion. So besitzt der Magen eine robuste, säurefeste Schleimhaut, eine Muskelschicht, um den Nahrungsbrei in Richtung Darm zu befördern, und Bindegewebe, das die verschiedenen Gewebearten miteinander verbindet.

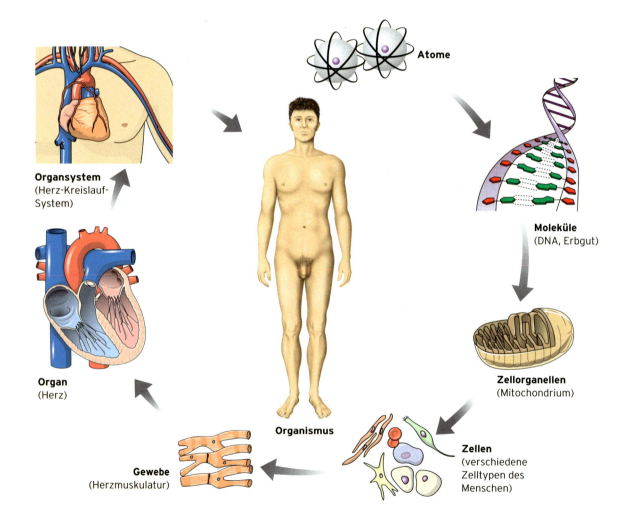

Jedes Gewebe ist ein Zellverband, d. h., es besteht aus unzähligen einzelnen **Zellen**. Die Zelle stellt dabei die kleinste Einheit des Körpers dar, die alle Kennzeichen des Lebens zeigt:
- Fortpflanzung
- Bewegung
- Wachstum
- Stoffwechsel
- Reaktion (Antwort) auf Reize

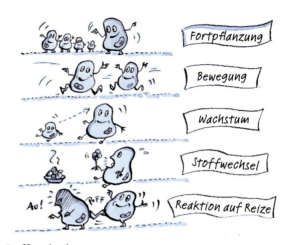

Die Fähigkeit zur Fortpflanzung bzw. Zellteilung dient allen Geweben zur ständigen Erneuerung. Dies ist z. B. bei der Haut und den Schleimhäuten der Fall – andernfalls würde die Haut sich abnutzen und wäre ein für alle Mal verbraucht. Auch Blutzellen werden ständig ersetzt. Einige weiße Blutzellen zeigen Bewegung, indem sie sich auf Bakterien und Gifte zubewegen, um diese zu bekämpfen. Sie reagieren dabei auf chemische Reize. Alle Zellfunktionen erfordern Energie; diese zu nutzen, nennt man Stoffwechsel.

Um ihre vielfältigen Aufgaben erfüllen zu können, benötigt jede Zelle wiederum Funktionseinheiten, quasi kleine Organe, die **Organellen**. Zellorganellen dienen z. B. der Energienutzung, der Eiweißherstellung oder der Zellteilung. Sie sind aus vielfältigen **Molekülen** aufgebaut; diese biochemischen Gebilde bestehen wiederum aus kleinsten Bausteinen, den **Atomen**.

1.2 Die Zelle

Alle Zellen entstehen aus einer einzigen Ursprungszelle: der befruchteten Eizelle. Da jede Körperzelle durch Zellteilung aus dieser hervorgeht, ist der Grundaufbau aller Zellen des menschlichen Organismus gleich (→ Abb. 1).

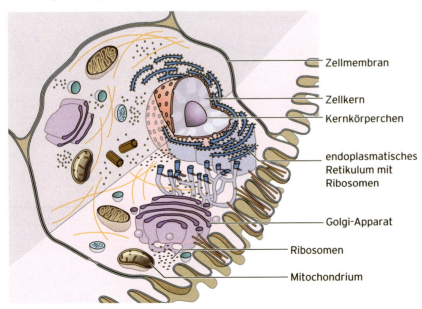

Abb. 1 Grundaufbau der Zelle

Auch tragen alle Körperzellen die identische (völlig gleiche) Erbsubstanz. Allerdings verändern sich die Zellen im Laufe der Entwicklung, um für ihre jeweiligen Aufgaben in den unterschiedlichsten Geweben und Organen gerüstet zu sein. Der Entwicklungs- und Veränderungsvorgang, der zu speziellen Fähigkeiten führt, heißt **Differenzierung**.

Abb. 1 Die befruchtete Eizelle beginnt sich zu teilen.

Wachstum und Differenzierung lassen während der Schwangerschaft aus der befruchteten Eizelle einen neuen Menschen entstehen. Im Zuge ihrer Differenzierung verlieren die Zellen jedoch die Fähigkeit, jede Art von Gewebe zu bilden. Die Forschung mit den noch undifferenzierten **embryonalen Stammzellen** verfolgt das Ziel, differenzierte Zellen und Gewebe daraus zu züchten, um kranke Gewebe und Organe zu ersetzen.

Zellmembran: Jede Zelle ist von Zellmembran umhüllt. Diese grenzt die Zelle ab und regelt die Aufnahme und Abgabe von Stoffen. Sie ist sehr weich, fast flüssig, und wird vielfältig als „Verpackungsmaterial" verwendet, z. B. als Umhüllung für chemische Stoffe, Fremdstoffe und Organellen. Nimmt eine Zelle einen Fremdstoff auf, z. B. eine Abwehrzelle ein schädliches Bakterium, so wird dieses von der Membran umschlossen und eingehüllt. Dieser „Fressvorgang" der Zelle ist die **Phagozytose** (→ Abb. 2).

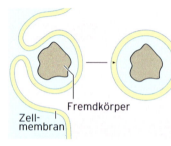

Abb. 2 Phagozytose

Zytoplasma: Die Zellmembran umschließt den Zellsaft, das Zytoplasma. Dieses besteht vor allem aus Wasser und enthält gelöste Stoffe sowie alle Organellen.

Zellkern: Die Steuerungszentrale der Zelle ist der Zellkern. Er enthält das Erbmaterial, die **DNA** (**D**esoxyribo**n**ucleic **A**cid; **D**esoxyribo**n**ukleins**ä**ure, **DNS**). Die DNA speichert die gesamte Information des Organismus in Form kleiner Informationsabschnitte, den **Genen**. Die wertvolle DNA verlässt nie den Zellkern. Sie ist innerhalb des Kerns im Kernkörperchen besonders sicher gelagert. Benötigen Organellen Erbinformationen, z. B. um Eiweiße herzustellen, erhalten sie eine Gen-Kopie aus dem Zellkern, die aus **RNA** (**R**ibo**n**ucleic **A**cid; **R**ibo**n**ukleins**ä**ure, **RNS**) besteht (→ Abb. 3). Diese Kopie kann „verschlissen" werden, denn bei Bedarf stellt der Zellkern ein neues Exemplar her.

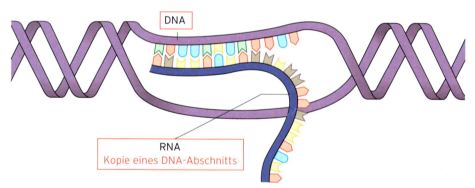

Abb. 3 RNA: Kopie der DNA, die den Zellkern verlässt

ER: An den Zellkern angeschlossen ist ein umfangreiches Röhrensystem, das **ER (endoplasmatisches Retikulum)**, das Netzwerk der Zelle. Hier werden spezielle Stoffe hergestellt, z. B. bilden Haarwurzelzellen die Eiweiße und Farbpigmente des Haares und Schilddrüsenzellen Hormone. Teile des ER enthalten **Ribosomen**: Dies sind kleine Organellen, die Eiweißmoleküle bilden (→ Abb. 4). Als Bauanleitung dient dabei eine DNA-Kopie.

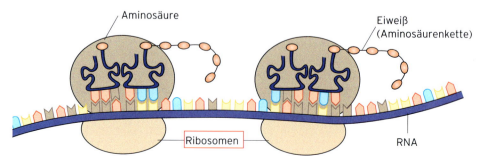

Abb. 4 Herstellung eines Eiweißstoffs

Golgi-Apparat: Produkte des ER können für Zeiten mit hohem Bedarf gespeichert und dann schnell abgegeben werden. Beispielsweise wird bei plötzlichem Stress schnell Adrenalin, ein Stresshormon, gebraucht. Dazu dient der Golgi-Apparat (sprich Goldschi). Er ähnelt einer Lagerpalette, von der bedarfsgerecht kleine, z. B. hormongefüllte Membransäckchen abgegeben werden können.

Phagozytiert die Zelle einen Fremdkörper, liegt dieser von Membran umhüllt im Zytoplasma. Nun kann ein **Lysosom** (Verdauungsbläschen) mit dem Fremdstoffbläschen verschmelzen und mit seinen chemischen Stoffen dessen Inhalt auflösen.

Mitochondrien: Alle Zellfunktionen erfordern Energie. Mitochondrien bilden aus energiereichen Nährstoffen (z. B. Zucker) **ATP** (**A**denosin**tri**phosphat), den Energieträger der Zelle. Die übrigen Zellorganellen können Zucker nicht selbst verwerten, ATP aber problemlos nutzen. Man bezeichnet Mitochondrien daher als Kraftwerke der Zelle, da ihre Funktion diesen ähnelt; z. B. erzeugt ein echtes Kraftwerk aus energiereicher Kohle den leicht und vielseitig verwendbaren Strom.

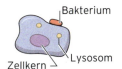
Eine Fresszelle findet ein Bakterium und bewegt sich dorthin.

Das Bakterium wird von Zellmembran umschlossen und in die Zelle aufgenommen (= Phagozytose).

Das „Fressbläschen" verschmilzt mit dem Verdauungsbläschen (dem Lysosom).

Im nun entstandenen „Fress- und Verdauungsbläschen" wird das Bakterium aufgelöst, ohne dass giftige Stoffe ins Zytoplasma gelangen.

Die Reste des aufgelösten Bakteriums bzw. Fremdstoffes können aus der Zelle ausgeschleust werden.

Abb. 1 Phagozytose eines Bakteriums

Muskeln verbrauchen viel Energie. Mit ihren zahlreichen Mitochondrien „verbrennen" sie Zucker und Fett. Regelmäßiges Training erhöht die Mitochondrienzahl und den Energieverbrauch – sogar im Schlaf. Männer verbrauchen durch ihren zumeist höheren Muskelanteil mehr Kalorien als Frauen. Der Abbau von Muskulatur bei Blitzdiäten senkt den Energieverbrauch – der **Jo-Jo-Effekt** entsteht.

Zellteilung (Mitose)

Die Zellteilung **(Mitose)** dient neben dem Wachstum auch der **Regeneration**, d. h. der fortlaufenden Zellerneuerung sowie dem Gewebeersatz bei Heilungsvorgängen. Ohne Zellteilung könnten durch Verletzungen entstandene „Gewebelücken" nicht wieder verschlossen werden.

Die Zellteilung ist Grundlage der Immunabwehr, bei der sich Abwehrzellen schnell vermehren müssen, sowie der Wundheilung. Sie setzt einen guten Ernährungszustand voraus, denn die Bildung neuer Zellen erfordert ausreichend Nährstoffe.

Bei der Mitose entstehen aus einer sog. Mutterzelle zwei Tochterzellen mit genau gleicher Erbsubstanz. Daher muss die DNA zunächst ganz exakt verdoppelt werden. Anschließend wird die empfindliche Erbsubstanz, die als langer Spiralfaden vorliegt, transportsicher verpackt, d. h. sehr dicht aufgerollt. Dadurch gehen während der Zellteilung keine DNA-Moleküle verloren. Jedes der fest gewickelten „DNA-Knäuel" ist ein **Chromosom**. Eine menschliche Zelle besitzt 46 Chromosomen, d. h. 23 Chromosomenpaare. Bei Frauen besteht das 23. Paar aus zwei X-Chromosomen, bei Männern aus einem X- und einem Y-Chromosom (→ Abb. 2).

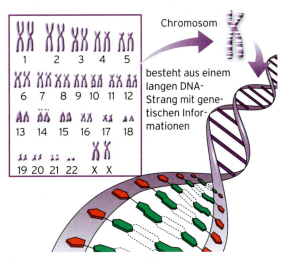

Abb. 2 Vom Chromosom zur DNA

26 | Praxishygiene und Schutz vor Infektionskrankheiten organisieren

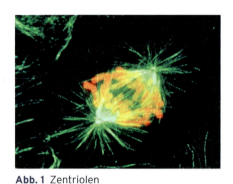

Für den geordneten Ablauf der Mitose sorgen die **Zentriolen**: Diese Organellen leiten die Chromosomenpaare mit Hilfe spezieller Fäden in Richtung der beiden entstehenden Tochterzellen (→ Abb. 1). Hat die Zelle die Teilung vollzogen, aus der stets zwei gleiche Zellen entstehen, dann lockern sich die „Knäuel" (Chromosomen) und die DNA kann wieder genutzt und kopiert werden.
Es werden vier Mitosephasen unterschieden:

Abb. 1 Zentriolen

	Phasen der Mitose	
1. Prophase (Vorbereitung)		Die Chromosomen haben sich verdoppelt und sind in der Mitte verbunden. Die Polkörperchen (Zentriolen) trennen sich und wandern an die beiden Pole, um die Richtung der Zellteilung vorzugeben. Dabei spannen sie das Zellskelett, eine Art Linienmarkierung, zwischen sich auf.
2. Metaphase („Aufstellen")		Die Chromosomen sammeln sich in der Mitte zwischen den Polkörperchen und heften sich an die „Fäden" des Zellskeletts. Damit ist gesichert, dass sie in die richtige Richtung wandern und nicht durcheinanderkommen.
3. Anaphase („Auseinander!")		Die Chromosomen teilen sich längs in genau gleiche Hälften, von denen je eine zu jedem der beiden Pole wandert.
4. Telophase (Endphase)		Das Zytoplasma wird durch die Membran in der Mitte abgeschnürt, sodass zwei gleich große Zellen entstehen. Die Organellen, die im Zytoplasma verteilt sind, werden an die beiden entstehenden Zellen verteilt. Beide Zellen haben nun genau die gleiche DNA. Sie sind kleiner als die Ausgangszelle und müssen Nährstoffe aufnehmen und wachsen, bevor sie sich ebenfalls teilen können.

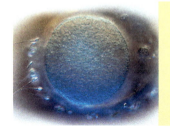

Bei der **Befruchtung** bildet sich aus den elterlichen Keimzellen (Ei- und Samenzelle) die erste Zelle eines neuen Menschen, die befruchtete Eizelle **(Zygote)**. Diese enthält 46 Chromosomen, d. h. 23 Paare. Damit sie nicht 46 Paare enthält (dann wäre sie nicht lebensfähig) und das Kind wirklich von jedem Elternteil genau 50 % seiner DNA erhält, wird bei der Keimzellbildung der elterliche Chromosomensatz von 46 auf 23 halbiert. Der Vorgang der Chromosomenreduktion ist die **Meiose** (Reduktionsteilung; Reifeteilung).

1.3 Gewebelehre (Histologie)

Alle Zellen entstehen aus der befruchteten Eizelle; sie vermehren sich durch Mitosen und differenzieren sich zu vielfältigen Geweben. Auch das Blut (S. 203) wird als Gewebe verstanden, auch wenn es keinen zusammenhängenden, soliden Zellverband bildet.

Die Lehre von den Geweben wird als **Histologie** bezeichnet. Alle Gewebe, die Menschen operativ entfernt werden, müssen **histologisch** genau untersucht werden, um krankhafte Gewebsveränderungen wie Krebs zu erkennen und zu behandeln.

Alle Gewebe enthalten die sie kennzeichnenden Zellen und außerdem eine Kittsubstanz **(Interzellularsubstanz)**, die die Zellzwischenräume ausfüllt und die Zellen zusammenhält. Diese sind zusätzlich durch nietenähnliche Haftstellen verbunden. Zellverbände bzw. Gewebe sind für manche Stoffe durchlässig. Auf diese Weise kann z. B. die Haut Wasser abgeben und Wirkstoffe aus Salben, Kosmetik und Medikamentenpflastern aufnehmen.
Die wichtigsten Gewebearten des Menschen sind
- Binde- und Stützgewebe,
- Muskelgewebe,
- Epithelgewebe und
- Nervengewebe.

Epithelgewebe (hier: Körperhaut)

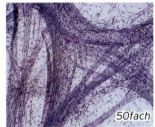
Bindegewebe (hier: Harnblase)

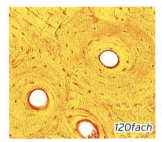
Stützgewebe (hier: Röhrenknochen)

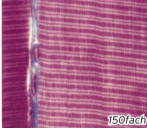
Muskelgewebe (hier: quergestreifte Muskulatur)

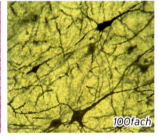
Nervengewebe (hier: Gehirn)

Abb. 1 Mikroskopische Aufnahmen von Geweben

1.3.1 Binde- und Stützgewebe

Binde- und Stützgewebe haben vielfältige Aufgaben.
- Sie verbinden als **lockeres Bindegewebe** Gewebe miteinander,
- verankern als straffe **Sehnen** Muskeln fest an Knochen,
- speichern als **Fettgewebe** Energie und formen die Figur,
- bilden als **Knorpel** glatte, federnde Gelenkflächen und
- geben als **Knochen** bzw. Skelett dem Körper die Statur.

Alle Bindegewebsarten bestehen aus Zellen, Interzellularsubstanz und Kollagenfasern. **Kollagen** kann viel Wasser speichern und gibt dem Bindegewebe Form und Festigkeit. Je nach Mischungsverhältnis von Zellen, Kittsubstanz und Fasern entstehen mehr oder weniger feste und belastbare Gewebe.

Lockeres Bindegewebe ist wasserreich und faserarm. Es verbindet die Haut und andere Epithelien mit benachbarten Geweben und bildet das netzartige Grundgerüst weicher Organe wie Lymphknoten, Leber und Milz. Die Fähigkeit zur Wassereinlagerung kann sich in Form von Schwellungen um die Augen herum und auf Dauer als Tränensäcke zeigen. Der altersbedingte Wasserverlust im Bindegewebe führt zur Faltenbildung.

Straffes Bindegewebe enthält sehr viele Fasern. In Form von Sehnen verbindet es Muskeln mit Knochen. Es ist sehr strapazierfähig; nur extreme Kräfte, gepaart mit Abnutzung, können z. B. zum Riss der seilähnlichen Achillessehne führen.

Fettgewebe besteht aus lockerem Bindegewebe mit eingelagerten Fettzellen. Je nach Menge der Fettzellen und deren Füllungszustand ist das Fettgewebe mehr oder weniger umfangreich. Bei Frauen ist es so durch Bindegewebe unterteilt, dass es sich in Form der sog. Cellulite unregelmäßig vorwölben kann.

Knorpel ist eine gleichzeitig elastische und feste Bindegewebsart. Große Kollagenmengen verleihen dem Knorpel Festigkeit, Haltbarkeit und Biegsamkeit. Um die mechanischen Anforderungen in verschiedenen Teilen des Körpers zu erfüllen, gibt es drei Knorpelarten.

Der **hyaline** (glasartige) **Knorpel** bildet den größten Anteil; aus ihm bestehen die sehr glatten, gleitfähigen und dennoch Stöße abfedernden Gelenkflächen. Hyaliner Knorpel formt außerdem die Nase, gibt der Luftröhre ihre elastische Festigkeit und bildet den Rippenknorpel. **Elastischer Knorpel** ist weich und biegsam, behält aber dennoch seine Form. Er befindet sich in den Ohrmuscheln und im Kehldeckel, welcher den Kehlkopf beim Schlucken verschließt. Die dritte Knorpelart, der äußerst strapazierfähige **Faserknorpel**, bildet die Bandscheiben (Zwischenwirbelscheiben) der Wirbelsäule und die **Menisken**, die halbmondförmigen Scheiben, die zwischen den Gelenkflächen der Kniegelenke liegen. Trotz seiner enormen Festigkeit kann Faserknorpel reißen. Dies geschieht beim |Bandscheibenvorfall und bei Meniskusverletzungen, z. B. beim Fußball.

Bandscheibenvorfall
→ LF 4, S.145

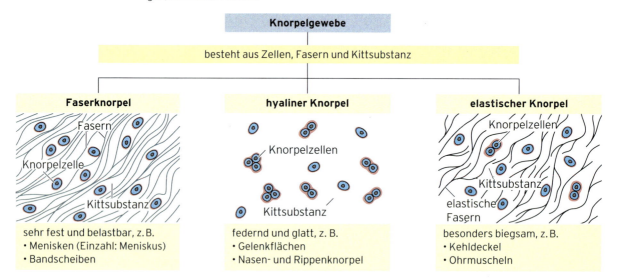

Knochen ist nach dem Zahnschmelz das härteste Gewebe des Körpers. Zusammen mit Knorpel bildet der Knochen das Skelett. Die Kittsubstanz des Knochens lagert viel Calcium ein, was den Knochen härtet und ihn im Röntgenbild darstellbar macht. Während der Entwicklung des Kindes im Mutterleib entsteht der Knochen, z. T. über eine Knorpelvorstufe. Lebenslang, auch nach Abschluss des Knochenwachstums, bildet sich der Knochen ständig um. Dafür besitzt er Knochensubstanz aufbauende Zellen **(Osteoblasten)** und Knochen abbauende Zellen **(Osteoklasten)**. Bis etwa zum 30. Lebensjahr nimmt die Knochenmasse zu; Sport und körperliche Arbeit verstärken den Knochenaufbau. Danach überwiegt der Abbau und es kann zur |Osteoporose mit erhöhter Brüchigkeit kommen.

Osteoporose
→ LF 4, S.148

Der Mensch als Organismus | **29** | **LF 3**

Um ein möglichst belastbares und dennoch leichtes Skelett zu bauen, bedient sich die Natur zweier Knochenarten:
- des soliden Lamellenknochens **(Kompakta)** und
- der schwammartig aufgebauten **Spongiosa**, des Bälkchenknochens.

Kompakta bildet den Schaft der langen Röhrenknochen; Spongiosa befindet sich in den Gelenkenden und füllt die kurzen Knochen, z. B. Wirbel und Handwurzelknochen, aus (→ Abb. 1).

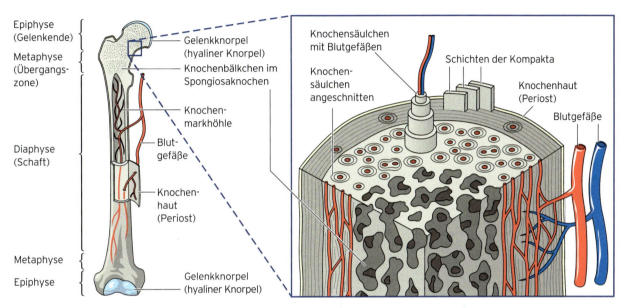

Abb. 1 Aufbau eines Röhrenknochens am Beispiel des rechten Oberschenkelknochens; rechts Detail mit Spongiosa- und Kompaktaanteilen

Für den ständigen Umbau benötigt der Knochen eine gute Nährstoffversorgung und Durchblutung. Auf- und Abbau findet in mikroskopisch kleinen Abschnitten statt. Die zwiebelschalenartig wirkenden Knochensäulchen werden dabei über zentrale Blutgefäße versorgt. Die Blutgefäße treten durch die Knochenhaut (das **Periost**) in den Knochen ein und aus.

Die Röhrenknochen enthalten in ihrer Markhöhle das Knochenmark; es dient der Blutbildung und wird sehr stark durchblutet, damit die frisch gebildeten Blutzellen schnell in den Kreislauf gelangen. Bei Kindern findet im gesamten Knochenmark Blutbildung statt, während es bei Erwachsenen zum Teil durch Fettgewebe ersetzt ist.

Informationen zur Knochenmarkspende
www.dkms.de

Bei einigen **Blutkrankheiten**, z. B. Leukämie, muss Knochenmark gewonnen und untersucht werden. Dazu wird eine Knochenmarkpunktion, d. h. ein Einstich in den Knochenmarkraum, durchgeführt. Der Patient erhält eine kurze Narkose. Mit einer speziellen Kanüle wird in den Beckenknochen nahe des Kreuzbeins eingestochen und mit einer Spritze wenige Milliliter des wie dickflüssiges Blut aussehenden Knochenmarks herausgezogen. Anschließend wird die Einstichstelle keimfrei verbunden. Der Patient legt sich eine Zeitlang auf den Rücken, um Druck auf den Verband auszuüben und so einer Nachblutung vorzubeugen. Bei einer Knochenmarkspende wird ähnlich verfahren, aber erheblich mehr, d. h. 0,5 bis 1,5 L mit Blut vermischtes Knochenmark entnommen.
Achtung Verwechslungsgefahr:
Das **Knochenmark** ist der Ort der Blutbildung und befindet sich in den (v. a. Röhren-)Knochen.
Das **Rückenmark** (s. S. 33) ist ein Teil des zentralen Nervensystems (ZNS). Es verläuft im Rückenmarkkanal und verbindet das Gehirn mit dem peripheren Nervensystem.

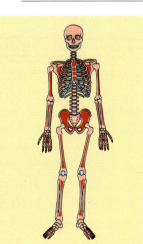

Abb. 2 Rot: Knochenmark

30 | Praxishygiene und Schutz vor Infektionskrankheiten organisieren

1.3.2 Epithelgewebe

Der menschliche Körper besitzt zahlreiche Oberflächen. Dabei wird zwischen äußeren Oberflächen wie der Körperhaut und inneren Oberflächen wie den Schleimhäuten der Verdauungs- und Atemwege unterschieden. Jede Oberfläche muss bestimmte Eigenschaften haben. **Epithelien** sind Deckgewebe, die alle Körperoberflächen überziehen und die entsprechenden Anforderungen erfüllen. Die äußere Haut übt eine Schutzfunktion aus, wozu sie, z. B. an den Fußsohlen, eine robuste Hornschicht benötigt. Das Epithel der Lungenbläschen hingegen dient dem Gasaustausch und ist deshalb extrem dünn.

Augen und Nase besitzen spezialisierte **Sinnesepithelien**, die der Wahrnehmung dienen und Reize an das Gehirn weiterleiten.

Übersicht wichtiger Epithelien		
Epithel	**Besonderheit**	**Vorkommen im Körper (Beispiele)**
einschichtiges Plattenepithel	Plattenepithel ist besonders dünn und lässt Stoffaustausch zu (der Begriff „Plattenepithel" sagt aus, dass die Oberfläche des Epithels an Straßenplatten oder Kopfsteinpflaster erinnert; → S.27, Abb.1).	Lungenbläschen Bauchfell (Überzug u. a. des Darms)
mehrschichtiges **unverhorntes** Plattenepithel	Unverhorntes Plattenepithel hat eine hohe Belastbarkeit und Dehnfähigkeit, besitzt aber keine Hornschicht.	Mundschleimhaut, Speiseröhre, Vagina (weibliche Scheide)
mehrschichtiges **verhorntes** Plattenepithel	Durch die zusätzliche Hornschicht extrem gute Schutzwirkung vor Verletzung und UV-Strahlen; für verschiedene Zusatzfunktionen hat die Haut noch Drüsen, Haare, Pigmentzellen usw.	Körperhaut
Zylinderepithel (mit oder ohne Überzug aus winzigen Saughaaren)	Als einschichtiges Epithel ist es widerstandsfähiger als das Plattenepithel; mit Saughärchen: kann sehr viel Flüssigkeit aufnehmen (wichtig imDarm; Name wegen der zylinderförmigen Zellen).	Gallenblase, Darmschleimhaut
Flimmerepithel (Zylinderepithel mit einem Überzug aus winzigen Transporthaaren)	Flimmerepithel kann durch die winzigen, beweglichen Härchen an seiner Oberfläche Fremdstoffe nach außen transportieren (z. B. Bakterien und Schleim aus den Bronchien hinaus).	Atemwege: Bronchien, Nase
Übergangsepithel	Übergangsepithel ist ein dehnbares Epithel für Organe, die unterschiedlich stark gefüllt werden und daher sehr dehnbar sein müssen; das Übergangsepithel passt sich der jeweiligen Größe des Organs an.	Harnblase, Harnleiter

Drüsen

Einige Epithelien haben Drüsenfunktionen; sie enthalten einzelne Drüsenzellen oder bilden vollständige Drüsen. **Drüsen** sind Organe, die Flüssigkeiten, Schleim oder andere Absonderungen **(Sekrete)** bilden bzw. abgeben. Es werden exokrine und endokrine Drüsen unterschieden.

Eine **exokrine Drüse** (→ Abb. 1a) gibt ihr Sekret an eine Oberfläche ab: Dies kann eine äußere Oberfläche sein, indem die Haut durch eine Schweißdrüse befeuchtet wird. Exokrine Drüsen können aber auch an innere Oberflächen Sekrete abgeben, z. B. im Darm oder in den Atemwegen. Die Sekrete exokriner Drüsen sind sichtbar (Tränen, Speichel, Nasensekret usw.).

Endokrine Drüsen (→ Abb. 1b) geben ihre Sekrete direkt ins Blut ab; sie bilden Hormone. Dies sind lösliche bzw. unsichtbare chemische Stoffe, die auf dem Blutwege Funktionsänderungen im Körper vermitteln. So lösen z. B. bestimmte Hormone aus dem Gehirn die Pubertät aus. Die Bauchspeicheldrüse arbeitet gleichzeitig exokrin und endokrin.
Ein Sonderfall sind die **Keimdrüsen** (Hoden und Eierstöcke); sie bilden sowohl Keimzellen als auch Sexualhormone.

Hormone
→ LF 8, S.326

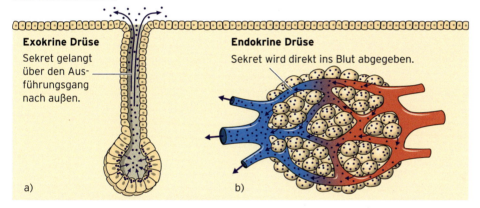

Abb. 1 a) Exokrine Drüse
b) Endokrine Drüse

Drüse(n) Beispiele	Sekret(e) Beispiele	Drüsenart exokrin	Drüsenart endokrin
Speicheldrüsen	Speichel	X	
Magendrüsen, d. h. spezielle Epithelzellen	Magenschleim, Magensäure, Magensaft	X	
Bronchialdrüsen	Bronchialsekret	X	
Prostata (Vorsteherdrüse des Mannes)	größter Anteil der Samenflüssigkeit	X	
Drüsen des Gebärmutterhalses	hormonabhängig: festes oder flüssiges Sekret	X	
Schilddrüse	Thyroxin (T_4), Thyronin (T_3), Calcitonin		X X X
Nebennieren	Cortison, Adrenalin		X
Bauchspeicheldrüse	Bauchspeichel mit Verdauungsenzymen Insulin, Glukagon	X	X
Eierstöcke	Eizellen Östrogen, Gestagen	Keimdrüsen	X
Hoden	Samenzellen Testosteron		X

1.3.3 Muskelgewebe

Muskeln können Kraft ausüben, indem sie sich **kontrahieren** (zusammenziehen). Muskelarbeit ermöglicht auf diese Weise die (Fort-)Bewegung sowie die Funktion innerer Organe wie Darm, Herz und Blutgefäßen. Die Kontraktion geschieht durch Ineinanderschieben der kettenartigen Muskeleiweiße **Aktin** und **Myosin**. Sie verbraucht Energie. Ein Muskel, der sich kontrahiert, wird durch das Zusammenschieben der Eiweiße kürzer und dicker als in Ruhe, was man am eigenen Bizeps leicht feststellen kann.

Beim Menschen kommen drei Arten von Muskelgewebe vor:
- Skelettmuskulatur
- Eingeweidemuskulatur
- Herzmuskulatur

Die **Skelettmuskulatur** ist durch unseren Willen steuerbar. Sie besteht aus mehreren Hundert Einzelmuskeln. Jeder Muskel besteht aus vielen gebündelten Muskelfasern, die wiederum aus **Myofibrillen** zusammengesetzt sind. Die Myofibrillen sind aus regelmäßig angeordnetem Aktin und Myosin aufgebaut, die unter dem Mikroskop quergestreift erscheinen. Daher heißt die Skelettmuskulatur auch quergestreifte Muskulatur.

Abb. 1 Aufbau des Skelettmuskels (schematisch)

Die **Herzmuskulatur** ähnelt der quergestreiften Skelettmuskulatur, ist aber netzartig aufgebaut und in der Lage, unaufhörlich zu arbeiten, solange wir leben. Sie ist nicht willentlich steuerbar.

Die **glatte Muskulatur**, auch Eingeweidemuskulatur genannt, arbeitet ebenfalls „automatisch", d. h., das vegetative (unbewusst arbeitende) Nervensystem steuert sie. Alle schlauchförmigen inneren Organe, wie z. B. Blutgefäße, Magen und Darm, Harnleiter und Eileiter, enthalten glatte Muskulatur. Diese können wir nicht willentlich steuern; weder lässt sich der Blutdruck bewusst verändern noch unsere Darmfunktion beschleunigen oder bremsen.

Alle drei Muskelarten werden durch Stress beeinflusst, da dieser auf das vegetative Nervensystem einwirkt. Verspannungen der Skelettmuskulatur mit Nacken- und Rückenschmerzen, Überaktivität der glatten Muskulatur mit Magenkrämpfen, Durchfall oder Bluthochdruck sowie Herzklopfen oder ein beschleunigter Puls können daher Stresssymptome sein.

Der Mensch als Organismus | 33

Die drei Muskelarten des Menschen

Skelettmuskulatur	Eingeweidemuskulatur	Herzmuskulatur
• quergestreift • arbeitet rasch, leistungsstark • unterliegt Willen und Bewusstsein	• glattes Aussehen, spindelförmige Zellen • arbeitet langsam und stetig • nicht bewusst steuerbar	• quergestreift, vernetzt • arbeitet ständig • nicht bewusst steuerbar • eigenes Reizleitungssystem

1.3.4 Nervengewebe

Das Nervensystem steuert viele Vorgänge im Körper. Dazu ist eine „Schaltzentrale" für die Informationsverarbeitung notwendig: das **zentrale Nervensystem (ZNS)**. Es besteht aus Gehirn und Rückenmark. Das Rückenmark ist ein dicker, langer Nervenstrang, der geschützt innerhalb der Wirbelsäule verläuft. Die Nerven, die Informationen zum ZNS hin und vom ZNS weg nach außen, in die „Außenbezirke" (gr. Peripherie) leiten, bilden das **periphere Nervensystem (PNS)**.

Alle Nervenleitungen bestehen aus Bündeln von Nervenzellen **(Neuronen)**. Informationen werden im Nervensystem in zwei „Sprachen" übertragen: in Form von Stromreizen und von chemischen Reizen, d. h. mittels Überträgerstoffen, den **Neurotransmittern**. Jedes Neuron besitzt einen Zellkörper, der mit zweigähnlichen Fortsätzen **(Dendriten)** besetzt ist, sowie einen Zellfortsatz, den **Axon**. Der Axon kann bis zu einen Meter lang sein. Längere Strecken werden durch „hintereinandergeschaltete" Neuronen überbrückt.

Reizleitungssystem
→ LF 5, S. 228

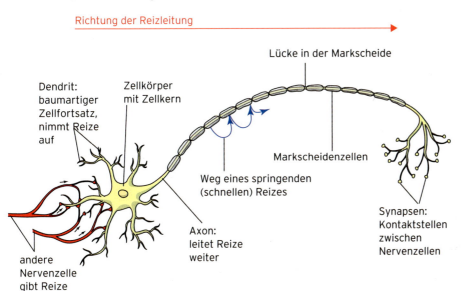

Abb. 1 Gehirn und Rückenmark bilden das ZNS.

Abb. 2 Aufbau der Nervenzelle (Neuron)

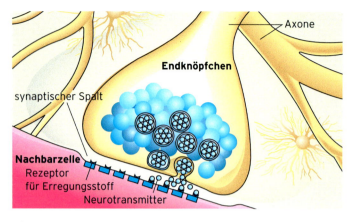

Abb. 1 Signalweiterleitung an der Synapse

Viele Axone sind mit einer Isolierschicht **(Markscheide)** umwickelt, deren Funktion eine Beschleunigung der Informationsübertragung ist: Der Stromreiz „springt" hier über die Markscheidenzellen von Lücke zu Lücke den Axon entlang. Die schnelle Nervenleitung dient der raschen Information des Gehirns, z. B. bei wichtigen Warnsymptomen wie Schmerzen.

Bei der Krankheit Multiple Sklerose (MS) baut das Immunsystem irrtümlich Markscheiden ab, was zu einer verlangsamten und gestörten Informationsübertragung führt, die sich z. B. in Lähmungen und Sprachstörungen zeigt.

Reizweiterleitung

Jedes Neuron gibt die über die Dendriten empfangene Information über Kontaktstellen **(Synapsen)** an das nächste Neuron weiter. An den Synapsen wird der ankommende Stromreiz als chemischer Reiz an die nächste Zelle übertragen, indem **Neurotransmitter** freigesetzt werden, die in der Nachbarzelle an **Rezeptoren** (Empfangsstellen) ansetzen und dort wieder einen Stromreiz auslösen. Es gibt eine Vielzahl von Neurotransmittern, deren ausreichende Menge und Gleichgewicht für eine normale Aktivität und das Wohlbefinden wichtig sind. Bei einer ❙Depression (krankhafter Niedergeschlagenheit) besteht ein Mangel an bestimmten Neurotransmittern.

Depression
→ LF 11, S. 496

Terminologie: Zellen und Gewebe

Aktin	kontraktionsfähiges Muskeleiweiß
ATP	Adenosintriphosphat; Energieträger der Zelle
Axon, der	Nervenfortsatz; längster Teil des Neurons (sprich Axohn)
Chromosom	Erbkörperchen; Träger genetischer Information
Dendrit	Teil der Nervenzelle, der dem Informationsempfang dient
Differenzierung	Entwicklungsprozess mit Erwerb besonderer Eigenschaften
Drüse	Organ, das ein Sekret (eine Absonderung) bildet und abgibt
endoplasmatisches Retikulum (ER)	Netzwerk der Zelle; Produktionsstätte von Eiweißen usw.
Epithel	Deckgewebe
Gewebe	Zellverband
Golgi-Apparat	Zellprodukte speichernde Organelle
Histologie	Gewebelehre
hyalin	Knorpeleigenschaft: glasartig, glatt und federnd
Interzellularsubstanz	Zwischenzellsubstanz; Kittsubstanz
Kollagen	faserförmiges Struktureiweiß des Binde- und Stützgewebes
Kompakta	solide Knochensubstanz; Lamellenknochen
Kontraktion (Verb **kontrahieren**)	Zusammenziehen; Verkürzung (z. B. eines Muskels)
Lysosom	Verdauungsbläschen; Organelle, die Fremdstoffe auflöst

Der Mensch als Organismus | **35**

LF 3

Markscheide	Isolierschicht des Axons einer Nervenzelle
Meiose	Reduktionsteilung; Reifeteilung (dient der Keimzellbildung)
Membran	dünne Trennschicht; (Zell-)Hülle
Meniskus (Mz. **Menisken**)	halbmondförmige Knorpelscheibe im Kniegelenk
Mitochondrium	sog. Kraftwerk der Zelle; bildet den Energieträger ATP
Mitose	Zellteilung
Myofibrille	gr. Muskelfäserchen; Untereinheit des Skelettmuskels
Myosin	kontraktionsfähiges Muskeleiweiß
Neuron, das	Nervenzelle (sprich Neuronn)
Neurotransmitter	Überträgerstoff des Nervensystems, z. B. Serotonin
Organ	Funktionseinheit des Körpers
Organelle	Funktionseinheit der Zelle
Organismus	lebender Körper, der in Funktionseinheiten gegliedert ist
Osteoblasten	Knochensubstanz aufbauende Zellen
Osteoklasten	Knochensubstanz abbauende Zellen
	Eselsbrücke: Osteo**b**lasten **b**auen Knochen, Osteo**k**lasten **k**lauen Knochen.
PNS	peripheres Nervensystem (alle Nerven außerhalb des ZNS)
Periost	Knochenhaut
Phagozytose	Aufnahme von Fremdstoffen in eine Zelle
Regeneration	Zell- und Gewebserneuerung; Heilung
Rezeptor	Empfangsstelle, z. B. für Hormone oder Neurotransmitter
Ribosom	Zellorganelle, die im ER Eiweiße herstellt
Sekret	Absonderung
Spongiosa	schwammartig aufgebauter Bälkchenknochen
Synapse	Nervenkontaktstelle
Zentriolen	Organellen mit wichtiger Funktion bei der Zellteilung
ZNS	zentrales Nervensystem (Gehirn und Rückenmark)
Zytoplasma	Zellsaft

AUFGABEN

1 Aus welchen Organen bestehen
a der Bewegungsapparat und **b** das Nervensystem?

2 Welche besonderen Eigenschaften brauchen die Epithelien
a der Harnblase, **b** der Mundhöhle und **c** des Darms?

3 Welche drei Knorpelarten gibt es und wo befinden sich diese im Körper?

4 Warum gibt es Neuronen mit schneller Reizübertragung?

2 Das Immunsystem

Mikroorganismen sind überall

Unsere Umwelt enthält unzählige **Mikroorganismen**, mikroskopisch kleine Lebewesen wie Bakterien, Viren und Pilze. In unserem Körper finden sie optimale Lebensbedingungen: Es ist warm und feucht, und es gibt ein großes Nährstoffangebot. Deshalb streben Mikroorganismen danach, in unseren Körper einzudringen und sich darin zu vermehren. Dabei können sie dem Körper großen Schaden zufügen und sogar tödliche Krankheiten hervorrufen. Der menschliche Organismus wehrt sich deshalb gegen das Eindringen und die Vermehrung schädlicher Organismen mit Hilfe der körpereigenen Abwehr.

Diese besteht aus **Resistenz** und **Immunität**.

2.1 Resistenz

Von Geburt an besitzt unser Körper zahlreiche Abwehrmöglichkeiten gegen krank machende Eindringlinge. Diese werden als **Resistenz** (angeborene Widerstandskraft; **unspezifische Abwehr**) bezeichnet. Dazu gehört zunächst, Krankheitserregern das Eindringen in den Körper zu verwehren bzw. eingedrungene Organismen möglichst rasch wieder hinauszubefördern. Hierzu nutzt der Körper zahlreiche Mechanismen, wie die Beispiele zeigen:

BEISPIELE

- Die gesunde, unverletzte Haut ist für Mikroorganismen nahezu unüberwindbar.
- In den Atemwegen halten feuchte Schleimhäute eingedrungene Erreger fest und die Flimmerhärchen der Epithelien befördern Erreger aus den Atemwegen hinaus.
- Werden Mikroorganismen verschluckt, tötet die Magensäure sie ab.
- Die Tränenflüssigkeit wirkt antibakteriell, bedeckt und reinigt die Bindehäute.
- In die Harnblase aufgestiegene Bakterien werden mit dem Urin ausgespült.

Trotz der vielen Barrieren gelingt es ständig Erregern, in den Körper zu gelangen. Dort treffen sie auf Abwehrzellen: Im Blut und in allen Geweben patrouillieren Fresszellen **(Phagozyten)**, die alles Fremde erkennen und phagozytieren („schlucken").

Die **Makrophagen** (große Fresszellen; u. a. **Monozyten**) nehmen Fremdstoffe, v. a. aber Krankheitserreger auf und machen sie dadurch vorläufig unschädlich. Sie stellen die speziellen Eigenschaften der Eindringlinge fest und leiten die Informationen an Zellen der spezifischen Abwehr weiter. Dies stellt den Übergang zwischen unspezifischer Resistenz und spezifischer Abwehr, der Immunität, dar.

Auch **Mikrophagen** (kleine Fresszellen; **Granulozyten**) nehmen Fremdstoffe auf und phagozytieren sie. Eine Vielzahl abgestorbener Granulozyten ergibt den um Fremdstoffe (z. B. Holzsplitter) herum sichtbaren Eiter. Dass Phagozyten (Fresszellen) beweglich sind, ist an älteren Tätowierungen zu sehen: Die Zellen nehmen Farbstoffe auf und bewegen sich ein kleines Stück damit fort, bevor sie absterben. Durch die Verlagerung der Farbstoffe werden die Konturen der Tattoos mit der Zeit unscharf.

2.2 Immunität

Gefährliche Krankheitserreger bedienen sich ausgefeilter Methoden, um unseren Körper zu befallen, d. h., seine Resistenzmechanismen zu überwinden.

Die spezifische Immunabwehr geht gezielter und effektiver als die Resistenz gegen einzelne Erreger vor. Dafür müssen die feindlichen Mikroorganismen genau erkannt und ihre Eigenschaften analysiert und verstanden werden. Nur so können genau passende **Antikörper** (spezifische Abwehrstoffe) gebildet werden, die die Erreger binden, quasi „festnehmen". Um die Mikroorganismen abzutöten, besitzt das Immunsystem spezielle Zellen, die einzelne Erreger gezielt (spezifisch) bekämpfen.

Die Fähigkeit, gegen einzelne Erreger gezielt vorzugehen, ist die **spezifische Abwehr**; sie führt zur **Immunität**. Immunität bedeutet Feiung, d. h. Unempfindlichkeit gegen einen bestimmten Erreger. Wenn ein Mensch einmal die Masern überstanden hat, erkrankt er daran nicht wieder. Immunität muss allerdings erlernt werden. Sie ist bei der Geburt noch nicht vorhanden und wird im Laufe des Lebens erworben.

Die Immunabwehr verläuft im Prinzip so: Nachdem ein Makrophage z. B. ein Bakterium phagozytiert hat, stellt er die Erregereigenschaften, d. h. die **Antigene**, fest. (→ Abb. 1). Antigene sind Fremdstoffe, die das Immunsystem zu einer Reaktion anregen. Die über die Erregerantigene gewonnenen Erkenntnisse teilen Makrophagen durch Botenstoffe den Zellen der spezifischen Abwehr mit (→ Abb. 2).

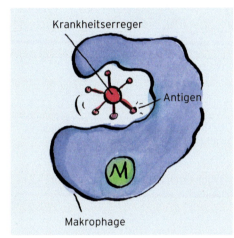

Abb. 1 Ein Makrophage phagozytiert den Krankheitserreger und erfasst dessen Antigene.

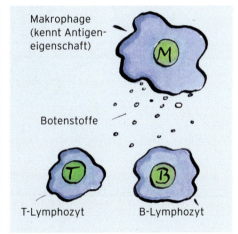

Abb. 2 Die Makrophagen senden Botenstoffe aus, um die Lymphozyten zu aktivieren. Die B- und T-Lymphozyten empfangen die Nachrichten und werden aktiv.

Botenstoffe wie Interferon und Interleukine alarmieren Zellen der spezifischen Abwehr. Werden große Mengen dieser Stoffe frei, fühlen wir uns krank, denn sie erzeugen Kopf- und Gliederschmerzen sowie Fieber. Durch das Krankheitsgefühl schont sich der kranke Mensch und die Immunabwehr kann ungestört und effektiv arbeiten.

Die Zellen der spezifischen Abwehr sind die **Lymphozyten**. Von diesen Immunzellen gibt es zwei große Gruppen:
- **B-Lymphozyten** stellen die Antikörper **(Immunglobuline)** her. Dies sind genau auf die Erregerantigene passende Eiweißstoffe. Sie sind wasserlöslich und befinden sich in allen Körperflüssigkeiten. Antikörper haften an den Erregern, d. h., sie bilden mit ihnen als **Antigen-Antikörper-Komplex** eine feste Verbindung und erleichtern so ihre Phagozytose durch Fresszellen.
- **T-Lymphozyten** sind spezialisierte Zellen, die z. B. als Killerzellen Erreger, von Viren befallene Körperzellen und Krebszellen abtöten. Sie gehören zur zellulären, d. h. von Zellen (und nicht Antikörpern) geleisteten Abwehr.

HINWEIS

Immunsystem und Liebe: Damit optimal passende Partner einander finden (und gesunde Kinder bekommen), riechen genetisch gut aufeinander abgestimmte Partner besonders attraktiv. Dies korreliert mit den Oberflächen ihrer Leukozyten. Aber Vorsicht: die „Pille" verändert das Riechvermögen.

T-Killerzellen sind nicht zahlreich genug, um die zelluläre Abwehr allein zu schaffen. Deshalb erhalten sie durch eine große Anzahl von **T-Helferzellen** Unterstützung. Die T-Killerzellen rufen die T-Helferzellen durch Botenstoffe zu Hilfe. Allerdings würden zu aktive Helferzellen im Körper Schäden anrichten. Deshalb begrenzen **T-Suppressorzellen** (wörtl. T-Unterdrückerzellen) ihre Aktivität auf ein gesundes Maß (→ Abb. 1). Die Aktivitäten des Immunsystems müssen genau reguliert werden, damit sich weder Krankheitserreger ungehindert ausbreiten noch übertriebene Abwehrmaßnahmen dem eigenen Körper schaden.

Bei einigen **Autoimmunkrankheiten** (Krankheiten, bei denen das Immunsystem irrtümlich den eigenen Körper angreift, wie z. B. Rheuma) sind die Helferzellen übermäßig zahlreich bzw. aktiv und schädigen z. B. Lunge, Gelenkschleimhäute und Nervensystem. Wenn nötig, werden dann die Immunabwehr unterdrückende Medikamente wie Cortison eingesetzt.

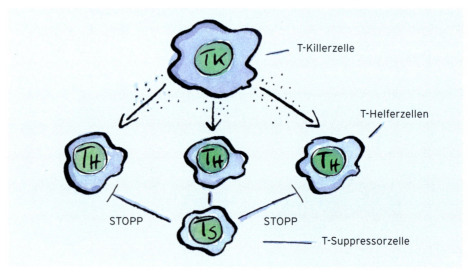

Abb. 1 Die T-Killerzellen aktivieren T-Helferzellen zur Unterstützung. Deren Aktivität muss von T-Suppressorzellen kontrolliert werden, damit sie nicht körpereigenes Gewebe schädigen.

Das **HI-Virus** (HIV) hat ein besonderes „Erfolgsgeheimnis": Es befällt gezielt die T-Helferzellen, was unbehandelt rasch zur Immunschwäche Aids führt.

Abb. 2 T-Gedächtniszellen speichern die Antigeneigenschaften von Erregern ein Leben lang.

Virulenz
→LF 3, S.42

Die spezifische Immunabwehr ist aufwendig. Ihre Regulation erfordert eine Vielzahl von Zellen und Botenstoffen. Der betroffene Mensch ist so lange krank, bis ausreichend Antikörper, d. h. lösliche Abwehrstoffe sowie T-Zellen gebildet worden sind, um die Erreger „einzufangen" und abzutöten. Die mühsam errungenen Erkenntnisse über die Erreger und die Erfolge der Erregerbekämpfung nach überstandenen Krankheiten sollen nicht verloren gehen, sondern immer wieder nutzbar sein. Daher speichern **B-** und **T-Gedächtniszellen** die Antigeninformationen. So können bei erneutem Erregerkontakt – ohne Krankheitssymptome – sehr schnell Antikörper produziert und Killerzellen aktiv werden. Der Körper ist immun und wird durch bereits gekannte Erreger nicht mehr krank (→ Abb. 2).

Die einmal erworbene und lebenslang anhaltende Immunität beschreibt den Idealfall. Auch die Krankheitserreger haben jedoch ihre „Erfolgsgeheimnisse". Durch ihre rasante Vermehrung, ständige Änderung der Antigeneigenschaften und verschiedene „Tricks" (❙Virulenz) entgehen sie der gezielten Verfolgung durch das Immunsystem. Sie erreichen so, dass wir immer wieder an grippalen Infekten, Salmonelleninfektionen, Scharlach und anderen Infekten erkranken.

Das Immunsystem | **39**

Arzneimittel „zur Steigerung der Abwehrleistung", sog. Immunstimulanzien, regen die Immunabwehr an. Durch die gesteigerte Aktivität der Abwehrzellen können sie allerdings auch zu unsinnig gesteigerter, fehlgesteuerter Abwehrleistung führen. So können sie sowohl allergische Reaktionen als auch Autoimmunkrankheiten hervorrufen oder verstärken. Um die Immunabwehr auf gesunde Weise zu unterstützen, ist es sinnvoller, auf eine ausgewogene Ernährung zu achten, genug zu schlafen und auf das Rauchen zu verzichten.

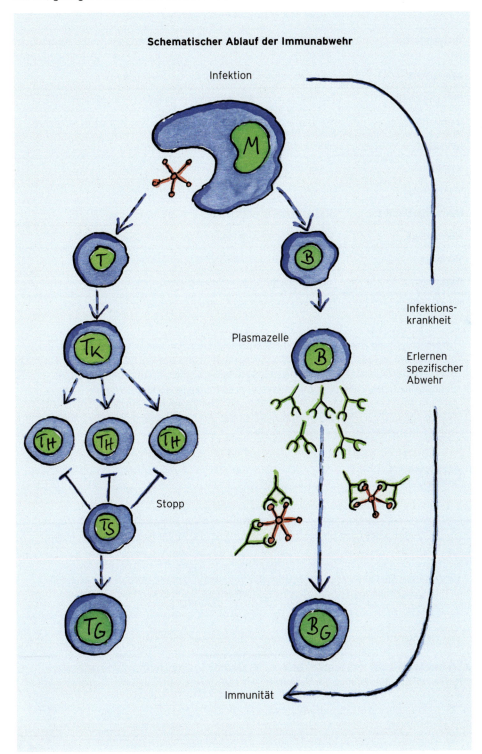

Schematischer Ablauf der Immunabwehr

Terminologie: Immunsystem

Antigen-Antikörper-Komplex	Verbindung aus Antigen und passendem Antikörper, der das Antigen unschädlich macht und die Phagozytose erleichtert
Antikörper (Mz.)	spezifische Abwehrstoffe, die Erreger binden; Immunglobuline
Autoimmunkrankheit	Erkrankung, bei der das Immunsystem den eigenen Körper angreift
B-Lymphozyt	Antikörper bildende Zelle der spezifischen Abwehr (Leukozytenart)
Granulozyt	Mikrophage; wörtl. Körnchenzelle (Leukozytenart)
Immunglobulin	Antikörper (von B-Lymphozyten gebildeter Eiweißstoff)
Immunität	Feiung; erworbene spezifische Abwehr von Krankheitserregern
Leukozyt	weißes Blutkörperchen (Abwehrzelle)
Lymphozyt	Zelle der spezifischen Abwehr (Leukozytenart)
Makrophage	große Fresszelle; z. B. Monozyt (Leukozytenart)
Mikroorganismus	Kleinstlebewesen (mit bloßem Auge unsichtbar)
Mikrophage	kleine Fresszelle; Granulozyt (häufigste Leukozytenart)
Monozyt	größter Leukozyt; Makrophage (Leukozytenart)
Resistenz	unspezifische, angeborene Abwehr
T-Lymphozyt	Zelle der spezifischen Abwehr; z. B. Killerzelle (Leukozyt)

Interferon ist ein Botenstoff, der bei Virusinfektionen von den befallenen Zellen in die Blutbahn ausgeschüttet wird. Die sterbenden Zellen warnen also als „letzte Tat" mit diesem Botenstoff alle (noch) gesunden Zellen vor der Gefahr. Diesen Notruf nehmen auch alle Zellen des Immunsystems wahr, die ihre Aktivität deutlich verstärken. Man setzt Interferon auch als Arzneimittel gegen bestimmte chronische Infektionen ein. Typische Nebenwirkungen sind Kopf- und Gliederschmerzen, Fieber und bei manchen Menschen Depressionen.

AUFGABEN

1 Welche Resistenzmechanismen nutzt der Körper, um
 a Blasenentzündungen, b Vaginalinfektionen, c Lungenentzündungen, d Magen-Darm-Infektionen, e Bindehautentzündungen und f Infektionen der Haut abzuwehren?

2 Nennen Sie Faktoren, die zur Überwindung der von Ihnen beschriebenen Resistenzmechanismen (und damit zu Erkrankungen der entsprechenden Organe) führen können.

3 Definieren Sie den Begriff Resistenz und den Begriff Immunität.

4 Welche Zellen repräsentieren bzw. tragen bei
 a zur Resistenz und b zur Immunität?

5 Was sind Antikörper und wie funktionieren sie?

6 Welche Aufgaben erfüllen B-Lymphozyten und welche die T-Lymphozyten?

3 Medizinische Mikrobiologie

Unter den unzähligen Mikroorganismen unserer Umwelt befinden sich viele **pathogene**, d. h. krank machende Arten. Da sie **Infektionskrankheiten** hervorrufen, werden sie auch als Krankheitserreger oder als Krankheitskeime bezeichnet.
Die **medizinische Mikrobiologie** befasst sich mit pathogenen Mikroorganismen. Diese werden in vier große Gruppen eingeteilt:
- Bakterien
- Viren
- Pilze
- Protozoen

Tierische Parasiten, z. B. Läuse, Flöhe und Zecken, können selbst Krankheiten hervorrufen und zusätzlich bestimmte Bakterien und Viren übertragen. Sie zählen aber zu den Tieren und nicht zu den Mikroorganismen. Auch infektiöse Eiweißteilchen, die sog. Prionen, die BSE und andere Krankheiten des Nervensystems verursachen, sind keine Mikroorganismen im eigentlichen Sinne. Sie weisen nicht die ❙Kennzeichen des Lebens auf.

Kennzeichen des Lebens
→ LF 3, S. 23

3.1 Zusammenleben von Mensch und Mikroorganismus

Manche Mikroorganismen sind für uns nützlich, viele andere schädlich und einige neutral, d. h. harmlos oder ohne Bedeutung.

In der weiblichen Scheide befinden sich z. B. nützliche Bakterien, die Scheiden**flora**; sie halten uns gesund, indem sie das Wachstum pathogener Organismen wie Pilzen unterdrücken. Unser Körper nützt den Bakterien der Scheidenflora auch, denn er bietet ihnen Nährstoffe, Schutz und Lebensraum. Ein solches Zusammenleben zum beidseitigen Nutzen ist eine **Symbiose**.

Schadet ein Mikroorganismus hingegen seinem **Wirt**, d. h. dem **Makroorganismus** (Körper), in welchem er lebt, ist er ein **Parasit**. Seine Fähigkeit, krank zu machen, ist die **Pathogenität**. Es gibt verschiedene Ausprägungen der Pathogenität: Die Milchsäurebakterien der Scheidenflora sind z. B. **apathogen**, d. h. gänzlich harmlos; sie können selbst in Wunden keine Krankheit hervorrufen.

Viele Bakterien der Darmflora sind zwar im Darm nützlich, können aber Infektionen hervorrufen, wenn sie in andere Organe wie Blase oder Lunge gelangen. Diese Organismen, die unter Umständen krank machen, sind **fakultativ pathogen**. So können stets auf der Haut vorhandene Pilze unter für sie günstigen Umständen z. B. eine Fußpilzerkrankung hervorrufen. Pilzwachstum begünstigende Faktoren wie luftdichtes, feuchtes Schuhwerk, ein hoher Zuckergehalt des Gewebes bei Diabetikern und schlechte Durchblutung der Haut erleichtern pathogenen Pilzen die Vermehrung.

Pathogenität: Fähigkeit von Mikroorganismen, Krankheiten hervorzurufen		
apathogen	**fakultativ pathogen**	**obligat pathogen**
nicht krank machend	unter Umständen krank machend	in jedem Falle krank machend
z. B. Milchsäurebakterien in der Vagina	z. B. Darmbakterien in der Lunge	z. B. Tuberkelbakterien, HIV

Die gefährlichsten Erreger sind **obligat pathogen**: Sie rufen stets Krankheiten hervor. Das Tuberkelbakterium, das HI-Virus, das Herpes- und das Pockenvirus sind solche Krankheitserreger. Gelangt ein obligat pathogener Erreger in den Körper eines Menschen, kommt es mit hoher Wahrscheinlichkeit zu einer Erkrankung.

Die Infektionskraft pathogener Erreger ist ihre **Virulenz**. Diese setzt sich aus vielen Faktoren zusammen und dient den Mikroorganismen dazu, sich im befallenen Körper gegen das Immunsystem und die Konkurrenz anderer Erreger durchzusetzen.

Virulenzfaktoren

Fähigkeit, in den Organismus einzudringen und dort zu bleiben, z. B. durch Gewebe auflösende Enzyme, Haftfähigkeit durch Schleimkapsel, geringe Größe; Viren gelangen mit der Atemluft leichter in die Lunge als die viel größeren Bakterien.

Rasche Vermehrung: Aus einer einzigen Salmonelle kann in einem Pudding innerhalb von 15 Stunden bis zu eine Milliarde Salmonellen entstehen. Jede von Grippeviren befallene Körperzelle bildet in einer Stunde ca. 300 neue Viren, die jeweils neue Zellen befallen.

Toxinbildung (Giftbildung); z. B. lähmt Botulinustoxin (Botox®) Muskeln, Scharlachtoxin ruft Hautausschlag hervor und Tetanustoxin erzeugt schwerste Muskelkrämpfe. Bestimmte Staphylokokken geben ein Toxin ab, das Granulozyten und Makrophagen tötet.

Fähigkeit, sich der Immunabwehr zu entziehen; z. B. „verschanzen" sich Tuberkelbakterien jahrelang in Bindegewebskapseln. Die Erreger der Gonorrhö (Tripper) dringen in Leukozyten ein und vermehren sich dort weiter.

Tarnung: Erreger täuschen vor, körpereigenes Gewebe zu sein; z. B. tarnen sich Scharlachbakterien als Herzklappen- oder Nierengewebe. Daher wird man gegen Scharlachbakterien nicht immun. Das Immunsystem kann wegen der Ähnlichkeit der Antigene irrtümlich körpereigene Gewebe angreifen.

Fähigkeit zur Veränderung: Grippeviren verändern sich fast jährlich, sodass erneute Erkrankungen möglich und Impfungen sinnvoll sind. Gegen das HI-Virus entsteht keine Immunität und es konnte bisher keine Impfung gegen das Virus entwickelt werden.

Medizinische Mikrobiologie | 43

LF 3

Ob beim Aufeinandertreffen von Mensch und Mikroorganismus eine Infektionskrankheit entsteht, hängt von mehreren Faktoren sowohl auf Seiten des Wirts als auch des Erregers ab. Bei hochpathogenen Erregern kann ggf. ein einziger Organismus eine Krankheit auslösen (z. B. Tuberkelbakterien), bei anderen sind Tausende erforderlich (z. B. Salmonellen).

Einflussfaktoren auf Entstehung und Verlauf einer Infektionskrankheit

Wirt: Mensch

1. Anfälligkeit
z. B. Vererbung,
Alter

2. Resistenz
z. B. Ernährung,
bestehende Erkrankungen,
Medikamente, Stress, Alter

3. Immunität
überstandene
Krankheiten,
Impfungen

Gast: Mikroorganismus

1. Pathogenität
fakultativ oder
obligat pathogen

2. Virulenz
z. B. Haftfähigkeit,
Vermehrung,
Toxinbildung,
Tarnung

3. Erregermenge

➔ Terminologie: Medizinische Mikrobiologie

apathogen	nicht krank machend
fakultativ pathogen	unter Umständen krank machend
Flora	gesunde, symbiotische Bakterienbesiedelung, z. B. im Darm
Infektionskrankheit	Erkrankung durch Ansteckung mit einem Krankheitserreger
Makroorganismus	wörtl. großer Organismus; Körper (Ggt. Mikroorganismus)
Mikrobiologie	Lehre von den Kleinstlebewesen
obligat pathogen	in jedem Falle krank machend
Parasit	Schädling
pathogen	krank machend
Pathogenität	Fähigkeit (z. B. eines Mikroorganismus), krank zu machen
Symbiose	Zusammenleben zum beiderseitigen Nutzen
Virulenz	Infektionskraft; Ausmaß der Fähigkeit, krank zu machen
Wirt	von einem Mikroorganismus befallener (Makro-)Organismus

AUFGABEN

1 Warum sind Läuse, Flöhe, Milben und Zecken keine Mikroorganismen?

2 Welche Umstände begünstigen Krankheiten durch fakultativ pathogene Erreger?

3 Erklären Sie den Unterschied zwischen Pathogenität und Virulenz.

3.2 Infektionserreger

3.2.1 Bakterien

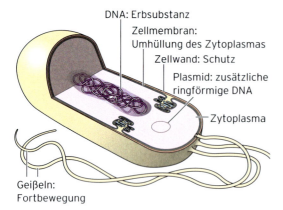

Abb. 1 Grundaufbau der Bakterienzelle

(Beschriftungen: DNA: Erbsubstanz; Zellmembran: Umhüllung des Zytoplasmas; Zellwand: Schutz; Plasmid: zusätzliche ringförmige DNA; Zytoplasma; Geißeln: Fortbewegung)

Bakterien sind einzellige Lebewesen ohne Zellkern (→ Abb. 1). Ihre Erbsubstanz (DNA) liegt frei im Zytoplasma; weitere DNA findet sich dort in Ringform als **Plasmid**. Plasmide können zwischen Bakterien ausgetauscht werden. So kann z. B. die Fähigkeit, **Antibiotika** (Medikamente gegen bakterielle Infektionen) unwirksam zu machen, die **Antibiotikaresistenz**, an andere Bakterien und sogar an andere Bakterienarten weitergegeben werden. Diese Informationsübertragung ist wie der Austausch von Daten-CDs vorstellbar.

Manche Bakterien besitzen zusätzlich eine Schleimkapsel zum Schutz vor Phagozytose. Mit dieser können sie sich auch an Infusionsschläuchen und anderen Oberflächen festsetzen und regelrechte Kolonien bilden. Geißeln, d. h. peitschen- oder propellerartige Zellfortsätze, dienen der Fortbewegung in Flüssigkeiten wie dem menschlichen Blut. Auch schnelle Beweglichkeit ist ein Virulenzfaktor.

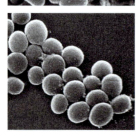
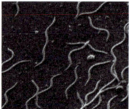

Abb. 2 Bakterienformen: Stäbchen (oben), Kokken (Mitte), Spirochäten (unten)

Trotz ihres gemeinsamen Grundaufbaus können Bakterien sehr unterschiedlich geformt sein. Die wichtigsten Bakterienformen sind:
- **Stäbchen:** häufigste Bakterienform; sie können Geißeln zur Fortbewegung tragen
- **Kokken** (Kugelbakterien): nach ihrer Anordnung unterscheidet man folgende Formen:
  - **Staphylokokken** (Traubenkokken) sind haufen- oder traubenförmig angeordnet,
  - **Streptokokken** liegen kettenartig wie eine Perlschnur aneinander und
  - **Diplokokken** (Doppelkokken) kommen paarweise vor.
- **Spirochäten** (spiralförmige Bakterien)

Bakterien messen durchschnittlich 7 µm, was etwa dem Durchmesser eines roten Blutkörperchens entspricht (1 µm = 1 Mikrometer = 1 Tausendstel Millimeter). Bakterien sind mikroskopisch nur dann sichtbar, wenn sie angefärbt werden.

Neben ihrer Form können Bakterien nach Art bzw. Dicke ihrer Zellwand unterschieden werden, die unterschiedlich anfärbbar ist. Bei der **Gram-Färbung** werden **gramnegative** Bakterien rot und **grampositive** blau angefärbt (→ Abb. 3). Die Gram-Färbung dient wie andere Methoden der Erregerbestimmung bei bakteriellen Infektionen. Sie wird durchgeführt, um möglichst gezielt mit Antibiotika behandeln zu können.

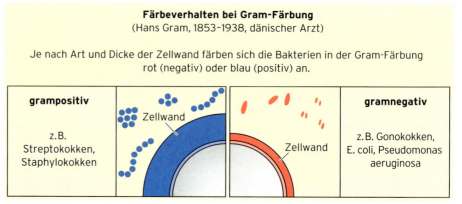

Abb. 3 Grampositive und gramnegative Bakterien

Medizinische Mikrobiologie | 45 | LF3

Entsprechend ihrer Fähigkeit, mit oder ohne Luftsauerstoff zu leben und sich zu vermehren, werden bei den Bakterien **Anaerobier** und **Aerobier** unterschieden. Manche Bakterien sind streng (obligat) aerob bzw. anaerob, andere weniger streng, d. h. nur fakultativ (unter entsprechenden Umständen) auf Luft bzw. Luftabschluss angewiesen.

Unterscheidung von Bakterien nach ihrem Verhalten gegenüber Luftsauerstoff			
Aerobier brauchen Sauerstoff		**Anaerobier** brauchen keinen Sauerstoff	
obligate Aerobier	fakultative Anaerobier	obligate Anaerobier	fakultative Aerobier
brauchen unbedingt Sauerstoff	können notfalls auch ohne Sauerstoff überleben	sterben durch Sauerstoff ab	können notfalls auch mit Sauerstoff leben
z. B. Tuberkelbakterien (befallen daher bevorzugt die sauerstoffreiche Lunge)		z. B. Tetanuserreger (leben in Gartenerde und in tiefen Wunden)	

Bakterien lassen sich auf Nährböden anzüchten. Dies können feste Nährböden sein, d. h. Agarplatten (→ Abb. 1) oder Flüssigmedien, d. h. Nährlösungen. Die Anzucht von Bakterien dient dem Erregernachweis sowie der genauen Bestimmung der Bakterienart. Beides ist bei Infektionen wichtig, um gezielt therapieren zu können. Oft werden zusätzlich Tests zur Antibiotikaempfindlichkeit durchgeführt.

Unter günstigen Bedingungen mit ausreichend Nährstoffen, Wasser, dem richtigen **pH-Wert**, optimaler Temperatur und ggf. Luftzufuhr vermehren sich Bakterien durch Teilung (→ Abb. 2). Die Dauer der Zellteilung kann zwischen 20 Minuten (Salmonellen) und 24 Stunden (Tuberkelbakterien) betragen. Sie hängt u. a. davon ab, wie kompliziert die Zellwand der betreffenden Bakterienart aufgebaut ist.

Abb. 1 Punktförmige Kolonien mit je ca. 10 Mio. Bakterien auf einem Nährboden

Alle Bakterien vermehren sich durch Zellteilung

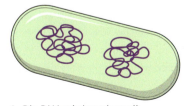
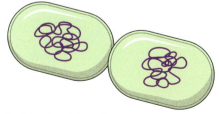

1. Die DNA wird verdoppelt und geteilt.
2. Die Zelle bildet eine Querwand aus.
3. Es bilden sich zwei eigenständige Tochterzellen.

Abb. 2 Zellteilung bei Bakterien

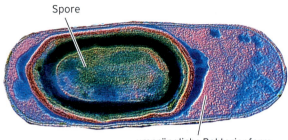

Abb. 1 Sporenbildung

Da in der Natur nicht immer optimale Bedingungen herrschen, können sich manche Bakterienarten in trockene Dauerformen (**Sporen**) umwandeln. Dabei verdickt sich ihre Zellwand und die Zytoplasmamenge nimmt ab. Als Sporen können Bakterien auch unter lebensfeindlichen Bedingungen, d. h. ohne Wasser und Nährstoffe, viele Jahre überleben (→ Abb. 1). Bessern sich die Lebensbedingungen wieder, wandeln sie sich in ihre normale Form zurück und vermehren sich. Soll z. B. ein chirurgisches Instrument völlig keimfrei gemacht, d. h. |sterilisiert werden, müssen dabei nicht nur Bakterien, sondern auch Sporen ausnahmslos vernichtet werden, um den Patienten vor Infektion zu schützen.

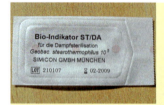

Abb. 2 Bioindikator

Bakteriensporen können zur Überprüfung von Sterilisatoren eingesetzt werden. Papierplättchen mit Bakteriensporen werden zwischen das Sterilisationsgut in den Sterilisator gelegt. Nach Ende des Sterilisationsgangs dürfen keine lebenden Sporen mehr vorhanden sein. Dies wird überprüft, indem die Sporenplättchen auf Nährböden gebracht und angebrütet werden. Bilden sich nun Bakterienkolonien, hat keine Sterilisation stattgefunden. Sporenpäckchen heißen auch **Bioindikatoren** (wörtl. Lebensanzeiger).

Sterilisation
→ LF 3, S.103

3.2.2 Viren

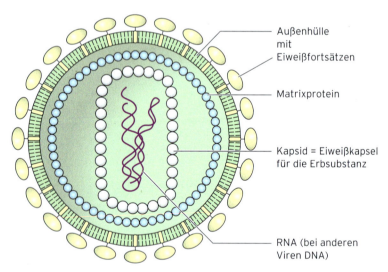

Abb. 3 Grundaufbau eines Virus am Beispiel des HI-Virus

Viren sind mit ca. 100 nm Durchmesser etwa 100-mal kleiner als Bakterien (1 nm = 1 Nanometer = 1 Millionstel Millimeter). Viren haben einen charakteristischen Grundaufbau (→ Abb. 3). Ihr Genmaterial liegt als DNA oder RNA vor. Sie haben keinen eigenen Stoffwechsel, d. h., sie können Nährstoffe nicht selbst nutzen. Daher sind sie **obligate Zellparasiten**, die für ihre Vermehrung auf Wirtszellen angewiesen sind. Sie befallen Zellen und zwingen diese zur Virenproduktion. Viren wachsen daher nicht auf unbelebten Nährböden. Man kann sie nicht auf Agarplatten züchten wie Bakterien oder Pilze, sondern benötigt zur ihrer Vermehrung Zellkulturen.

Einige Viren (z. B. Grippe- und Erkältungsviren) verändern häufig ihre Antigenstruktur, d. h. Teile ihrer Eiweißhülle. So können sie Antikörpern, die das Immunsystem bei früheren Erkrankungen gebildet hat, entkommen (→ S. 47, Abb. 1). Man erkrankt daher immer wieder durch neue Virusvarianten und wird nie gegen alle Erkältungs- oder Grippeviren immun.

Es gibt unbehüllte Viren wie das Norovirus und behüllte Viren wie das Influenzavirus. Gegen unbehüllte Viren wirken nur spezielle Händedesinfektionsmittel bzw. eine verlängerte Einwirkzeit.

Viren vermehren sich rasant; aus einem einzigen Influenzavirus bilden sich in sechs Stunden 1500 und in zwölf Stunden 2,5 Millionen. Deshalb reichen wenige Viren für eine Grippeinfektion aus. Da sich Grippeviren bis zu drei Tage auf Oberflächen halten können, steckt sich in der Influenzasaison jeder Mensch an.

Die meisten Viren sind auf bestimmte Epithelien spezialisiert, d. h., sie können nur an bestimmten Rezeptoren (Empfangsmolekülen der Zelloberfläche) haften, um Zellen zu befallen. Daher bekommt man von Schnupfenviren keinen Durchfall und von Magen-Darm-Viren keine Bronchitis.

Nur gegen manche Viren (z. B. Herpes- und HI-Viren) gibt es Medikamente, die die Virusvermehrung hemmen, sog. **Virostatika (Virustatika)**. Die Gabe von Antibiotika ist bei Virusinfektionen sinnlos. Diese Stoffe sind auf Bakterien spezialisiert und können weder auf Viren noch auf Wirtszellen wirken.
Da Viren Zellparasiten sind, gelingt ihre Anzucht für Impfstoffe nur in lebenden Zellen, z. B. Hühnereiern. Daher enthält Grippeimpfstoff auch Spuren von Hühnereiweiß.

3.2.3 Pilze

Pilze bilden eine große mikrobiologische Kategorie mit ca. 100 000 Arten. Sie können ein- und vielzellig sein und größere Gebilde **(Myzele)** bilden. Teile von Myzelen sind z. B. auf verschimmeltem Brot als Flecken sichtbar (→ Abb. 2); das gesamte Myzel reicht jedoch viel tiefer als die Schimmelflecken vermuten lassen.

Pilze vermehren sich auf Nährböden durch Sprossung (Sprosspilze) oder Sporenbildung (Sporenpilze). Pilzsporen sind Vermehrungsformen und nicht mit Bakteriensporen, d. h. bakteriellen Dauerformen, zu verwechseln. Einige Arten nutzt der Mensch für die Lebensmittelherstellung, z. B. Bier- und Backhefe (→ Abb. 3 und 4) oder Kefirpilze.

Etwa bei jedem dritten Menschen liegt eine Pilzerkrankung (**Mykose**) vor; am häufigsten ist der Fußpilz. Die entsprechenden Pilze sind fakultativ pathogen. Sie rufen **opportunistische** Infektionen hervor: Dies sind Erkrankungen, die nur unter bestimmten, für den Mikroorganismus besonders günstigen Bedingungen entstehen können. Alle Zustände, die mit Abwehrschwäche einhergehen (z. B. Säuglings- und hohes Alter, Diabetes mellitus, Cortisontherapie, Aids, Krebs), bieten den mikrobiologischen Opportunisten Gelegenheit, sich zu vermehren und Infektionen auszulösen.

Neben der Anwendung von **Antimykotika** (pilzhemmenden Arzneimitteln) ist daher die Behandlung der Grundkrankheit bzw. die Änderung von Pilzvermehrung fördernden Bedingungen wichtig, um Mykosen erfolgreich zu therapieren.

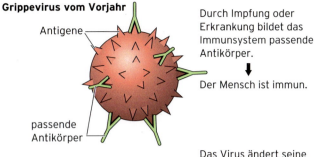
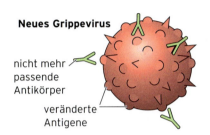

Abb. 1 Veränderungen der Oberflächenstruktur bei Viren

Abb. 2 Lebensmittelschimmel

| Mykosen
→ LF 10, S. 463

Abb. 3 Backhefe

Abb. 4 Zellen der Backhefe, typische Sprosspilze

3.2.4 Protozoen

Abb. 1 Amöbe

Malaria
→ LF 3, S. 79

Toxoplasmose
→ LF 3, S. 79

Toxoplasmose in der
Schwangerschaft
→ LF 8, S. 347

Protozoen sind tierische Einzeller; sie werden auch Urtierchen genannt. Die meisten Protozoenkrankheiten sind Tropenkrankheiten, z. B. ❙Malaria und Amöbenruhr, eine schwere Durchfallerkrankung. Diese Erkrankungen werden hierzulande durch den weltweiten Reiseverkehr häufiger. Ausnahme ist die ❙Toxoplasmose, deren Erreger z. B. durch Gartenerde, Katzenkot oder unvollständig gegartes Fleisch aufgenommen wird. Toxoplasmose gefährdet die ungeborenen Kinder nicht immuner ❙Schwangerer.
Es gibt spezielle Arzneimittel, die vorbeugend und/oder therapeutisch gegen Protozoeninfektionen eingesetzt werden. Da der Aufbau der Protozoen einige Übereinstimmungen mit Bakterien aufweist, sind gegen manche Protozoen Antibiotika wirksam.

3.2.5 Prionen

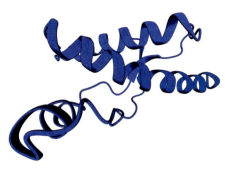

Abb. 2 Prionen

Prionen sind infektiöse Eiweißteilchen (-partikel); die Abkürzung steht für engl. **pr**oteinaceous **i**nfectious particle mit der Endung **-on**. Prionen sind keine Lebewesen und dennoch Krankheitserreger (→ Abb. 2). Prionkrankheiten sind u. a. BSE (der sog. Rinderwahnsinn) bei Tieren und die seltene Creutzfeldt-Jakob-Krankheit beim Menschen. Bei diesen Krankheiten gelangen infektiöse Eiweißteilchen ins ZNS, führen zum schwammartigen Umbau des Gehirns und schließlich zum Tode.
Die Mechanismen des Befalls und der Krankheitsentstehung bzw. des -ausbruchs sind unzureichend bekannt und es existiert keine Therapiemöglichkeit. Der Verzehr von Teilen des Nervensystems befallener Tiere sollte vermieden werden, v. a. durch entsprechende Lebensmittelherstellung (Verzicht auf Tiermehlfütterung/Kadaverfütterung). Auch bei Transplantationen (Organverpflanzungen) können Prionen übertragen werden. Die üblichen Sterilisationsmaßnahmen sind größtenteils gegen Prionen unwirksam. Immunreaktionen, z. B. Antikörper gegen Prionen, konnten nicht nachgewiesen werden.

→ Terminologie: Infektionserreger

Aerobier (Adj. **aerob**)	Bakterien, die Luft bzw. Sauerstoff benötigen
Anaerobier (Adj. **anaerob**)	Bakterien, für die Luft bzw. Sauerstoff schädlich ist
Antibiotikaresistenz	Unempfindlichkeit von Bakterien gegen antibakterielle Arzneimittel
Antibiotikum (Mz. **Antibiotika**)	Arzneimittel gegen bakterielle Infektionen
Antimykotikum (Mz. **Antimykotika**)	Arzneimittel gegen Pilzerkrankungen (Mykosen)
Bakterium (Mz. **Bakterien**)	einzelliger, zellkernloser Mikroorganismus (gr. bakteria = Stock)
Bioindikator	Test, der mit Hilfe von Bakteriensporen Sterilisationsvorgänge überprüft
Gram-Färbung	Färbeverfahren zur mikroskopischen Unterscheidung von Bakterien

Medizinische Mikrobiologie | 49

gramnegativ	Bakterieneigenschaft; färbt sich durch Gram-Färbung rot
grampositiv	Bakterieneigenschaft: färbt sich durch Gram-Färbung blau
Kokken (Ez. **Kokkus**)	Kugelbakterien
Mykose	Pilzerkrankung
Myzel (Mz. **Myzele**)	Pilzgeflecht; Fruchtkörper von Pilzen
opportunistisch (Subst. **Opportunist**)	günstige Gelegenheiten nutzend; hier: bei Immunschwäche ausbrechend (Erreger oder Infektion)
pH-Wert	Säuregrad eines Stoffs (pH 7 = neutral, < 7 = sauer, > 7 = basisch/alkalisch)
Plasmid, das	zusätzliche bakterielle DNA, die in Ringform im Zytoplasma liegt
Prion, das (Mz. **Prionen**)	infektiöser Eiweißpartikel
Protozoen (Ez. **Protozoon**)	Urtierchen; tierische Einzeller
Spore, die	1. widerstandsfähige Dauerform eines Bakteriums, 2. Vermehrungsform eines Sporenpilzes
Staphylokokken	Haufen- bzw. Traubenkokken; Erreger z. B. eitriger Entzündungen
Streptokokken	Kettenkokken; Erreger z. B. von Scharlach, Angina tonsillaris
Virus, das (Mz. **Viren**)	sehr kleiner Mikroorganismus, der obligat (ausschließlich) als Zellparasit lebt
Virostatikum (Mz. **Virostatika**)	Arzneimittel gegen Virusinfektionen (auch: Virustatikum)
Zellparasit	Viruseigenschaft: kann sich nur in einer Wirtszelle vermehren

AUFGABEN

1 Beschreiben Sie den Aufbau eines Bakteriums.

2 Wie können Bakterien angezüchtet werden?

3 Beschreiben Sie die häufigsten Bakterienformen.

4 Welche Vorteile haben Viren dadurch, dass sie so klein sind?

5 Viele Patienten möchten oder fordern bei Grippe oder grippalen Infekten ein Antibiotikum. Nehmen Sie zu diesem Wunsch Stellung.

6 Hatten Sie schon einmal eine bakterielle Erkrankung? Welche Bakterien waren vermutlich die Auslöser?

7 a Was war Ihre letzte Viruserkrankung? b Hätten Sie diese verhindern können? Wenn ja, wie?

3.3 Infektionswege und -arten

Infektionskrankheiten bzw. -erreger bekommen wir aus einer sogenannten Infektionsquelle. Dies kann ein erkrankter Mensch, ein Nahrungsmittel, Wasser, ein Gegenstand oder ein Tier sein. Tiere, die Erreger übertragen, können, müssen aber nicht selbst erkrankt sein. Die natürliche sowie die vom Menschen geschaffene Umwelt enthalten eine Vielzahl Krankheitserreger. Gartenerde enthält z. B. stets |Tetanusbakterien, die über Schuhe und Kleidung in die meisten Lebensbereiche verbreitet werden. Auch in leicht verschmutzten Wunden befinden sich daher stets Tetanuserreger.

Unsere häufigste Infektionsquelle ist der Mensch. Es gibt sogar eine Selbstansteckung, z. B. wenn Darmbakterien in die Blase aufsteigen und dort eine Entzündung hervorrufen. Sind Atemluft, Nahrung, Gegenstände oder die Haut eines Menschen mit Krankheitserregern verschmutzt, so nennt man sie **kontaminiert**. In der Vermeidung, Erkennung und Beseitigung von **Kontaminationen** liegen Sinn und Ziel der |Praxishygiene.

Die Bundeszentrale für gesundheitliche Aufklärung bietet Informationen zu Infektionskrankheiten und zum Infektionsschutz unter www.infektionsschutz.de an.

Tetanusbakterien
→ LF 3, S. 68

Praxishygiene
→ LF 3, S. 90

Die wichtigsten Infektionswege

Übertragungsart	Stationen der Erreger	Krankheitsbeispiele
1. Lebensmittelinfektion (durch den Verzehr von kontaminiertem Essen oder Wasser)		
Verzehr kontaminierter Lebensmittel	**Lebensmittel** enthält Erreger → **Mensch** isst das Fleisch	Salmonellose (durch rohes Ei oder unvollständig gegartes Geflügelfleisch), Trichinose (durch trichinenhaltiges rohes Schweinefleisch), BSE (durch Rinderhirn)
Verzehr von Lebensmitteln, die unsauber zubereitet wurden → fäkal-orale Übertragung	erkrankter **Mensch** berührt mit kontaminierten Händen **Lebensmittel** → Erreger gelangen in Lebensmittel → anderer **Mensch** isst das Lebensmittel	Hepatitis A, E. coli-bedingter Reisedurchfall sowie zahlreiche weitere Durchfallerkrankungen
2. perkutane Infektion		
über tierische Überträger, z. B. Zecken, Mücken	**Mensch** → **Mücke** → **Mensch**, ggf. über weitere Zwischenwirte	Malaria, Schlafkrankheit, Borreliose, FSME, Fleckfieber
durch medizinische Maßnahmen mit unsterilen Instrumenten	**Mensch** → medizinische **Instrumente** → **Mensch** (oder Übertragung durch kontaminierte Blutprodukte)	Aids, Hepatitis B und C, Syphilis

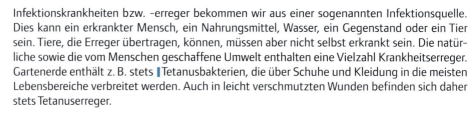

Medizinische Mikrobiologie | **51**

3. Kontaktinfektionen Infektion durch Kontakt mit infektiösen Menschen oder mit kontaminierten Dingen		
Tröpfcheninfektion aerogene Infektion	**Mensch → Mensch** oder **Mensch → Gegenstand** (z. B. Türklinke) → **Mensch** oder **Mensch → Atemluft → Mensch**	Grippe, grippale Infekte, Masern, Mumps, Röteln, Keuchhusten, Diphtherie, Tuberkulose, Varizellen u. v. m.
direkte Schmierinfektion	**Mensch** (kontaminierte Haut) → **Mensch** (Haut)	beim Verbandwechsel eitriger Wunden: Verbreitung von Eiterbakterien
indirekte (mittelbare) Schmierinfektion	**Mensch → Gegenstand** (z. B. Handtuch, Augentropfen, Untersuchungsgeräte, Akupunkturnadeln, chirurgische Instrumente) → **Mensch**	ansteckende Bindehautentzündung Leider besteht die Gefahr mittelbarer Schmierinfektionen bei vielen medizinischen Maßnahmen, daher ist es unbedingt erforderlich, hygienegerecht zu arbeiten!
sexuelle Übertragung	**Genitale** eines Menschen → **Genitale** des Sexualpartners oder vom **Blut** des einen Partners → zum **Blut** des anderen Partners	Aids, Syphilis (= Lues), Gonorrhoe (= Tripper), Chlamydien- und Pilzerkrankungen, Hepatitis, Herpes, Feigwarzen
vertikale Übertragung = „senkrechte" Übertragung	**Mutter → ungeborenes Kind** oder **Mutter →** auf das **Kind** während der Geburt (über Blutkontakt)	Hepatitis B, Syphilis (= Lues), Röteln, Ringelröteln, Windpocken

Häufig ist der Infektionsweg nicht eindeutig nachzuvollziehen. Wem die Übertragungsarten jedoch im Prinzip klar sind, der kann Ansteckungen mit Hilfe dieses Wissens in vielen Fällen vermeiden. Dies ist nicht nur eine medizinisch-professionelle Aufgabe, sondern auch aus Gründen der Menschlichkeit und des Selbstschutzes geboten.

3.4 Pathophysiologie

Die Lebensvorgänge des gesunden Organismus erklärt die **Physiologie**. Sie beschreibt z. B. Atmung, Kreislauffunktionen und Verdauungsvorgänge. Jeder Mensch wird jedoch zumindest zeitweise krank. Die Lebensvorgänge, die bei Krankheiten ablaufen, beschreibt die **Pathophysiologie**. Sie erklärt z. B., was im Körper bei einer Infektionskrankheit oder nach einer Verletzung stattfindet. Sie ist dabei eng mit der **Pathologie**, der Krankheitslehre, verwoben.

3.4.1 Ablauf einer Infektionskrankheit

Die **Infektion** (Ansteckung) mit Krankheitserregern verläuft unbemerkt; auch deren Vermehrung ist noch symptomlos. Erst die Gegenwehr des Immunsystems geht mit Beschwerden einher. Man fühlt sich krank. Botenstoffe wie Interferon erzeugen **Prodromalsymptome** (Vorläufersymptome): unspezifische Beschwerden wie Muskel- und Gliederschmerzen, Schwächegefühl, Müdigkeit und das starke Bedürfnis, die Aktivitäten einzustellen und sich hinzulegen. Der Körper braucht nun alle Kraft zur Erregerbekämpfung.

Die Zeit zwischen Infektion und ersten Symptomen ist die **Inkubationszeit**. Sie kann von Stunden (grippaler Infekt) bis zu sechs Monaten (Hepatitis B) andauern. Während der Inkubationszeit steigt die Erregermenge an und der Patient kann sehr ansteckend sein, ohne es zu wissen. Bei grippalen Infekten, Varizellen (Windpocken) und viralen Magen-Darm-Infekten z. B. steckt man sich bei scheinbar gesunden – weil noch symptomlosen – Mitmenschen an, die reichlich Erreger verbreiten.

Mit den Symptomen beginnt definitionsgemäß die **Infektionskrankheit**. Nach den Allgemeinsymptomen zeigen erst die **Organsymptome** an, welches Organ befallen ist, z. B. signalisieren Schluckbeschwerden, dass eine Mandelentzündung vorliegt.

Sobald das Immunsystem Oberhand über die Erreger gewonnen hat, gehen die Symptome zurück: Die **Rekonvaleszenz** (Gesundungsphase) beginnt. Es werden weniger Botenstoffe ausgeschüttet, weil nicht mehr so viele Abwehrzellen mobilisiert werden müssen. Die betroffenen Organe (z. B. die Bronchien) sind aber noch nicht gesund. Da von Viren befallene Zellen von T-Killerzellen getötet wurden, müssen die geschädigten Schleimhäute erst zuheilen, was einige Zeit dauert. Auf den geschädigten Epithelien können sich zunächst die dort stets vorhandenen Bakterien vermehren und zu eitrigem Sekret führen. Die Sekrete rein viraler Infektionskrankheiten sind wasserklar.

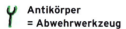

● **Krankheitserreger**

Y **Antikörper** = Abwehrwerkzeug

Schematischer Verlauf einer Infektionskrankheit			
Infektion Eindringen und Vermehrung der Erreger	**Inkubationszeit** Zeit zwischen Infektion und Symptomen	**Infektionskrankheit** Symptome durch Gegenwehr des Immunsystems	**Rekonvaleszenz** Gesundungsphase

| z. B. Tröpfcheninfektion bei Grippe | 1 bis 3 Tage Während dieser Zeit vermehren sich die Erreger weiter, bis das Immunsystem aktiv wird. | erste Prodrome, d. h. unspezifische Vorläufersymptome (z. B. Müdigkeit, Gliederschmerzen) | ggf. wochenlange Phase verminderter Leistungsfähigkeit |

Gegen den soeben überwundenen Erreger ist der Mensch nun immun, aber in der Rekonvaleszenz ist er noch nicht ganz gesund und sehr anfällig für neue Erreger. Daher ist es ratsam, sich auszukurieren, bevor man wieder unter (kranke) Leute geht. Unvollständige Heilungsverläufe kommen als **Defektheilung** vor (eine schwere Bronchitis kann die Bronchien überempfindlich machen) oder aber in chronischem Verlauf (eine nicht ausgeheilte Hepatitis B verläuft ggf. lebenslang). Siegen die Erreger über die Immunabwehr, stirbt der Kranke.

Spontanverläufe von Infektionskrankheiten

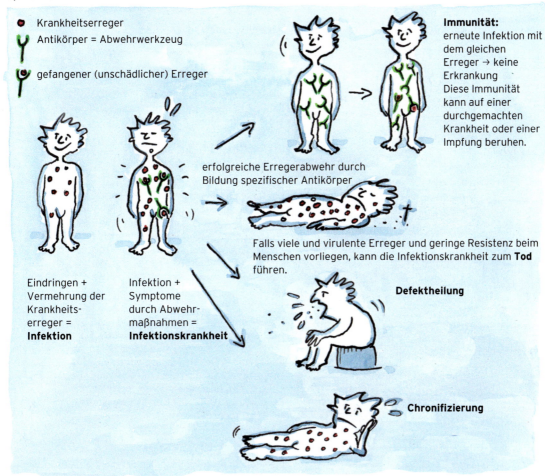

3.4.2 Entzündung

Im Laufe des Lebens ist der Körper vielen schädlichen Einflüssen ausgesetzt. Verletzungen, Hitze und Kälte, Sonnenstrahlen, Infektionen und Gifte schädigen den Organismus. Um möglichst lange und gesund zu leben, muss der Körper geschädigte Zellen, Organe und Gewebe möglichst schnell und vollständig wiederherstellen. Dazu dient die **Entzündung**: Dies ist eine Reaktion des Bindegewebes und des Immunsystems auf unterschiedliche Schädigungen, deren Ziel die komplette Gewebereparatur, die Heilung, ist.

Geschädigte Gewebe schütten Entzündungsstoffe aus, die mit dem Blut im ganzen Körper verteilt werden und Leukozyten anlocken. Sobald die Abwehrzellen im Entzündungsgebiet angekommen sind, phagozytieren sie tote Zellen und Zelltrümmer. Bei Bedarf wandeln sie sich in faserbildende Zellen um und erzeugen Narbengewebe. Eine Narbe wird gebildet, wenn bei schwerer Gewebeschädigung keine Neubildung der zerstörten Zellen bzw. Epithelanteile mehr möglich ist. Zwar ist das faserreiche Narbengewebe gegenüber dem Ausgangsgewebe minderwertig und undifferenziert, aber es füllt Defekte auf, überbrückt zuvor klaffende Wunden und bedeckt frei liegendes Gewebe.

| Wundheilung
| → LF 10, S. 468

Jede Entzündung läuft im Prinzip gleich ab und geht mit den fünf Leitsymptomen einher:

| Rötung | Überwärmung | Schwellung | Schmerz | Funktionsstörung |

Verlauf einer Entzündung (schematisch am Beispiel Sonnenbrand)

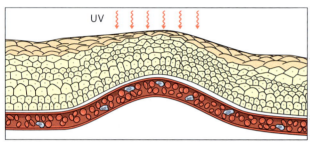

Am Anfang steht eine Schädigung der Haut, z. B. durch zu viel UV-Licht. Gewebe wurde zerstört und der Körper möchte dies reparieren. Dazu benötigt er weiße Blutkörperchen (Leukozyten), Nährstoffe und Sauerstoff. Diese werden mit dem Blutstrom in das geschädigte Hautgebiet geliefert.

— Epithel
— Blutgefäß

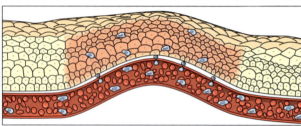

Die Durchblutung in der betroffenen Region wird erhöht. Die entzündete Stelle der Haut sieht daher rot aus (Rötung). Die Blutgefäße sind erweitert und das Blut fließt langsamer. Dadurch können die weißen Blutkörperchen (die „Arbeiter" der Entzündung) besser aus den Blutgefäßen „aussteigen". Durch die Weitstellung der Gefäße nehmen diese mehr Platz ein (Schwellung) und geben mehr Wärme ab (Überwärmung).

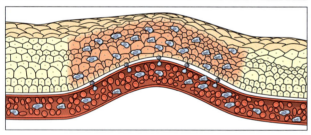

Die weißen Blutkörperchen arbeiten auf Hochtouren. Sie fressen zerstörte Zellen und Bruchstücke sowie eingedrungene Bakterien und Fremdstoffe. Sie fordern auf chemischem Wege Verstärkung an, also noch mehr Leukozyten. Diese chemischen Nachrichten sind Entzündungsstoffe. Die Entzündungsstoffe rufen Schmerzen hervor.

Bei Entzündungen auf kleinem Gebiet (z. B. einem Insektenstich) nimmt man den Schmerz nur an der betroffenen Stelle wahr. Sind größere Körperteile entzündet (Sonnenbrand am ganzen Rücken), so werden sehr viele Entzündungsstoffe gebildet und der ganze Mensch fühlt sich krank. Der entzündete Körperteil ist mit der „Baustelle Entzündung" voll beschäftigt und kann seine normale Funktion zurzeit nicht erfüllen (Funktionsverlust oder Funktionsstörung).

Normalerweise sind Entzündungen sinnvolle Heilungsmaßnahmen. Das Immunsystem kann jedoch durch entsprechende Veranlagung und verschiedene Auslöser auch falsch reagieren. Die Folgen fehlgeleiteter Immunreaktionen sind Allergien und Autoimmunkrankheiten. Beide Fehlreaktionen gehen mit Entzündungen und ggf. Gewebeschäden einher und werden u. a. mit antientzündlich wirkenden Medikamenten (Antihistaminika bzw. Immunsuppressiva) behandelt.

Fachbegriffe für Entzündungen tragen den Namen des Organs und die Endung **-itis**. So ist die Rhinitis eine Nasenentzündung (Schnupfen), die Bronchitis eine Entzündung der Bronchien, die Gastritis eine Magen(schleimhaut)entzündung und die Dermatitis eine Entzündung der Haut, ein Ekzem.

3.4.3 Fieber

Bei Infektionskrankheiten kann der Körper seine Abwehrleistung durch Fieber etwa auf das Zwanzigfache steigern. Den temperaturempfindlichen Erregern wird im wahrsten Sinne eingeheizt. Sie werden durch die Hitze geschwächt und zusätzlich durch mehr Abwehrzellen effektiver bekämpft.

Schon der Arzt Paracelsus (eigentlich Theophrast von Hohenheim; damals waren aber lateinische Namen sehr in Mode), der 1493-1541 lebte, erkannte die große Bedeutung des Fiebers für die Selbstheilung. Sein berühmter Ausspruch **„Sage mir, wie ich Fieber erzeugen kann, und ich heile jede Krankheit"** ist auch heute noch aktuell. Fieber ist ein Zeichen aktiver Immunabwehr.

Temperaturmessung

Die Körpertemperatur kann auf verschiedene Weise gemessen werden:
- rektal (Messung im After/Darmausgang)
- oral (Messung im Mund unter der Zunge)
- axillar (Messung unter der Achsel)
- im äußeren Gehörgang

Am genauesten ist die **rektale** Messung. Sie gibt die sog. Körperkerntemperatur, die Temperatur im Körperinneren, am besten wieder. Standard sind digitale Thermometer, da sie kein Quecksilber enthalten und bereits nach wenigen Sekunden die Temperatur anzeigen.
Orale Messungen, für die das Thermometer unter die Zunge gelegt und der Mund geschlossen gehalten wird, sind angenehmer durchzuführen, da keine Entkleidung erforderlich ist.
Axillare Messungen sind relativ ungenau und nicht als Routinemethode zu empfehlen. Bei V. a. Entzündungen im Bauchraum werden sie bei Bedarf durchgeführt, da z. B. bei akuter Appendizitis (Wurmfortsatzentzündung, der sog. Blinddarmentzündung) die Differenz zwischen axillar und rektal gemessener Temperatur ca. 1 °C (normalerweise ca. 0,5 °C) betragen kann.

Abb. 1 Digitalthermometer

Hochwertige Ohrthermometer liefern eine schnelle Orientierung über die Körpertemperatur, können aber z. B. bei Mittelohrentzündungen fälschlich erhöhte Werte liefern.

Für die hygienegerechte Messung stehen für alle Thermometerarten geeignete Einmalhüllen bzw. -aufsätze und Desinfektionstücher bzw. -lösungen zur Verfügung. Als professionell verwendete Messgeräte müssen Fieberthermometer geeicht sein.

Abb. 2 Ohrthermometer

Bei rektaler Messung gilt:		
36,5 bis 37,5 °C	normale Körpertemperatur	Morgens ist die Temperatur ca. 0,5 °C niedriger als gegen Abend. Unterernährung kann sie senken, körperliche Aktivität erhöhen. Bei Frauen ist sie nach dem Eisprung bis zur Menstruation um ca. 0,5 °C höher.
> 37,5 bis 38 °C	erhöhte Temperatur	Fieber steigt nur sehr selten über 41 °C an (z. B. bei Malaria); ab 42 °C gerinnen Körpereiweiße, was zum Tode führt.
> 38 bis 39 °C	leichtes bis mäßiges Fieber	
> 39 °C	hohes Fieber	

Erzeugt unser Körper Fieber, nutzt er Muskelzittern (z. B. Schüttelfrost), um Wärme zu gewinnen. Der Kranke friert so lange, bis die angestrebte Temperatur erreicht ist. Sobald das Fieber seine Wirkung entfaltet hat und die Erregerabwehr erfolgreich war, sinkt die Temperatur wieder in den Normbereich. Schwitzen unterstützt die nun gewünschte Abkühlung. Feuchte Wadenwickel können Erleichterung bringen, wenn das Fieber bereits sinkt. Im Fieberanstieg würden sie nur das Frieren bzw. Zittern verstärken.

Abb. 1 Fieberzäpfchen

Da Fieber keine Krankheit, sondern nur ein Symptom ist, sollte es nicht grundsätzlich medikamentös gesenkt werden. Fiebersenkende Mittel, sog. **Antipyretika**, sollten nur eingesetzt werden, wenn sonstige Beschwerden (z. B. Kopf- und Gliederschmerzen) so ausgeprägt sind, dass der Patient sehr leidet bzw. nicht schlafen kann. Antipyretika wie Paracetamol und ASS (z. B. Aspirin®) sind gleichzeitig **Analgetika** (Schmerzmittel). Oft bessern die Medikamente die Schmerzen, während das Fieber bleibt, da der Körper es noch braucht. Nun kann der Patient sich „gesundschlafen". In besonderen Fällen, z. B. bei Herzkrankheiten oder **Z. n.** Fieberkrämpfen, entscheidet der Arzt über die Gabe von Antipyretika.

Terminologie: Pathophysiologie der Infektionskrankheiten

Analgetikum	Schmerzmittel (sprich An-algetikum)
Antipyretikum	fiebersenkendes Mittel
axillar	unter der Achsel (lat. axilla)
Entzündung	Reaktion des Bindegewebes und des Immunsystems auf eine Schädigung
Infektion	Ansteckung
Inkubationszeit	Zeitspanne zwischen Ansteckung und Symptombeginn
-itis	Entzündung eines Organs, z. B. Bronchitis, Gastritis
kontaminiert (Subst. **Kontamination**)	mit Krankheitserregern verunreinigt
oral	im Mund; den Mund betreffend
Organsymptome	Symptome in einem erkrankten Organ
Pathologie	Krankheitslehre
Pathophysiologie	Lehre von der Funktionsweise des kranken Körpers
Physiologie	Lehre von der Funktionsweise des gesunden Körpers
Prodromalsymptome	Vorläufersymptome; Allgemeinsymptome zu Beginn einer Infektionskrankheit
Rekonvaleszenz	Gesundungsphase
rektal	(bzgl. Temperaturmessung) im After
Z. n.	Zustand nach (einer Krankheit)

AUFGABEN

1 Erklären Sie den Unterschied zwischen Lebensmittel- und fäkal-oraler Infektion.

2 Geben Sie Beispiele für Erkrankungen an, die von stechenden Tieren auf den Menschen übertragen werden und nennen Sie den Fachbegriff für die Infektionsart.

3 Nennen Sie drei Beispiele für Hygienemaßnahmen, mit denen Sie in Ihrer Ausbildungspraxis Schmierinfektionen/Kontaktinfektionen vermeiden.

4 Welche viralen und welche bakteriellen Infektionskrankheiten werden typischerweise aerogen übertragen?

5 Definieren Sie: Infektion, Inkubationszeit, Infektionskrankheit, Rekonvaleszenz.

6 Erläutern Sie die fünf Entzündungssymptome am Beispiel Mandelentzündung.

4 Diagnostik bei Infektionskrankheiten

4.1 Anamnese und klinische Diagnostik

Bei Verdacht auf eine Infektionskrankheit umfasst die Anamnese Prodromalsymptome und organspezifische Symptome wie Husten, Halsschmerzen oder Durchfall. Auch Erkrankungsfälle im sozialen Umfeld werden erfragt. Beruf und bestimmte Freizeitaktivitäten sowie Reisen können auf bestimmte Infektionen wie FSME, Toxoplasmose oder Malaria hinweisen.

Bei der klinischen Untersuchung werden Haut und Schleimhäute inspiziert und ggf. die Lunge und das Abdomen (der Bauchraum) auskultiert bzw. palpiert. Vergrößerte Lymphknoten und schmerzhafte Organe fallen bei gründlicher Palpation auf. Führt der klinische Befund nicht zur Diagnose, können weitere Untersuchungen (Labor inkl. Mikrobiologie, bildgebende Verfahren wie Ultraschall, Röntgen usw.) folgen.

4.2 Labordiagnostik bei Infektionen und Entzündungen

Bei Infektionen kann Blut auf Entzündungszeichen untersucht werden. Gebräuchlich sind hier die Leukozytenzählung bzw. das ▌kleines Blutbild, die Blutsenkung und **CRP** (das **C-reaktive Protein**). Auch die Immunantwort in Form der Antikörperbildung ist messbar.

| **kleines Blutbild**
| → LF 5, S. 206

Ebenfalls können Antigene oder Erbsubstanz von Erregern nachgewiesen werden. Mit mikrobiologischen Methoden können Erreger nachgewiesen, angezüchtet und genau bestimmt werden. Resistenzprüfungen ergänzen die Diagnostik und ermöglichen eine gezielte Therapie, z. B. mit Antibiotika.

4.2.1 Blutuntersuchungen (Entzündungs- und Erregerdiagnostik)

Entzündungsdiagnostik

Kleines Blutbild: Jede Infektionskrankheit bewirkt eine Aktivierung des Immunsystems, die sich in einer Vermehrung der weißen Blutzellen, der **Leukozytose**, widerspiegeln kann. Das kleine Blutbild gibt u. a. die Anzahl der Leukozyten pro **Mikroliter** (**µL**; Millionstel Liter) an.

Die normale Leukozytenzahl liegt zwischen 4000 und 10 000/µL. Bei Entzündungen steigt sie über 10 000 an. Ursache einer Leukozytose kann eine Infektion, v. a. durch Bakterien, oder ein anderer schädlicher Einfluss sein. Bei Rauchern liegt die Leukozytenzahl wegen der chronischen Bronchitis oft zwischen 10 000 und 15 000/µL.

Differenzialblutbild: Es gibt mehrere Leukozyten-Untergruppen. Sie werden im sog. großen Blutbild (Differenzialblutbild) unterschieden und ihr jeweiliger Anteil in Prozent (%) der Leukozyten angegeben.
Das Differenzialblutbild wird heute zumeist maschinell erstellt. Bei besonderen Fragestellungen oder unklaren Befunden wird es traditionell angefertigt (manuelles, d. h. von Hand erstelltes Differenzialblutbild): Ein Blutstropfen wird aus einem EDTA-Röhrchen (Blutbildröhrchen) auf einen Objektträger (ein Glasplättchen) ausgestrichen, getrocknet, mehrfach gefärbt und anschließend mikroskopisch beurteilt. Dies erfordert viel Erfahrung und Zeit; es müssen 100, besser 200 Leukozyten aufgesucht, beurteilt und dokumentiert werden.

Die segmentkernigen Granulozyten sind die größte Gruppe innerhalb der Leukozyten; sie sind bei den meisten Entzündungen beteiligt. Die Begriffe „eosinophil" und „basophil" bei eosinophilen und basophilen Granulozyten beziehen sich auf die Anfärbbarkeit der jeweiligen Zellen durch die Spezialfärbung des Blutausstrichs.

Differenzialblutbild

Leukozyten-Untergruppen	Funktion	%-Anteil / ↑ erhöht bei
stabkernige Granulozyten „junge" Granulozyten	Phagozytose; sie werden bei Bedarf aus dem Knochenmark „zu Hilfe gerufen", obwohl sie noch nicht ganz ausgereift sind	bis 5 % der Leukozyten ↑ schweren bakteriellen Infektionen
segmentkernige Granulozyten normale Granulozyten = „Mikrophagen"	Phagozytose; sie entstehen im Knochenmark aus stabkernigen Granulozyten	40–70 % der Leukozyten ↑ bakteriellen Infektionen und unspezifischen Entzündungen
eosinophile Granulozyten hellrot angefärbt	Parasitenabwehr, Allergien	bis 4 % der Leukozyten ↑ Allergien; Parasitenbefall, z. B. Wurmbefall
basophile Granulozyten blau angefärbt	Allergien	bis 1 % der Leukozyten ↑ Nieren- und Darmkrankheiten, bakterielle Infektionen
Lymphozyten kleinste Leukozyten; kreisrunder Kern	Immunabwehr, z. B. Virenabwehr	25–40 % der Leukozyten ↑ Virusinfektionen
Monozyten größte Leukozyten; unförmiger Kern	bilden Makrophagen, betreiben Phagozytose	bis 7 % der Leukozyten ↑ Mononukleose (Pfeiffersches Drüsenfieber)

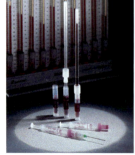

Abb. 1 Senkungsständer zur Bestimmung der Blutsenkungsgeschwindigkeit

EDTA-Röhrchen
→ LF 5, S. 218

Blutsenkungsgeschwindigkeit: Die Blutsenkung (**B**lut**s**enkungs**g**eschwindigkeit; BSG) ist eine traditionelle Untersuchung der Entzündungsdiagnostik. Bei der BSG nach Westergren werden 1,6 mL frisches Patientenblut mit 0,4 mL Natriumcitratlösung vermischt (d. h. ungerinnbar gemacht), in ein spezielles Röhrchen gefüllt und senkrecht in einen mit Millimeterskala versehenen Ständer gestellt (→ Abb. 1). Die Blutzellen sinken der Schwerkraft folgend ab; nach einer Stunde wird abgelesen, wie viele Millimeter sie abgesunken sind. Sinken sie schneller ab als normal (bis zu 15 mm bei Frauen und bis zu 20 mm bei Männern nach 1 h), kann dies auf eine Entzündung hinweisen. Das schnellere Absinken kommt durch die bei Entzündungen usw. veränderten Bluteiweiße zu Stande. Bakterielle Infektionen, aber z. B. auch Blutarmut, Krebs, Schwangerschaft und Autoimmunerkrankungen, können zu einer Senkungsbeschleunigung führen. Die BSG wird bei Zimmertemperatur durchgeführt. Ein zu warmer Standort beschleunigt, Kälte verlangsamt die BSG. Moderne Labore fertigen die BSG mit ungerinnbarem Blut aus dem Blutbildröhrchen (❚EDTA-Röhrchen) an. Die BSG dient eher der Verlaufsdiagnostik entzündlicher Erkrankungen als der Diagnosestellung. Ein 2-h-Wert bietet keine zusätzliche Information.

CRP-Test: Das **C**-**r**eaktive **P**rotein (**CRP** bzw. **CrP**) ist ein Eiweißstoff, der bei Entzündungen innerhalb von 12 bis 24 h ins Blut abgegeben wird und somit früher als die Leukozytenzahl und die BSG Entzündungen anzeigen kann. Es steigt u. a. bei bakteriellen Infektionen an und kann ggf. die Entscheidung, ob ein Antibiotikum nötig ist, erleichtern. Bei Rheuma und ähnlichen Entzündungen dient es der Verlaufskontrolle. CRP-Schnelltests können leicht in der Praxis durchgeführt werden. Hohe CRP-Werte ohne klinisch erkennbare Entzündung können auf Entzündungen innerhalb der Arterien (Schlagadern) hinweisen und ein erhöhtes Herzinfarktrisiko anzeigen. Der CRP-Wert liegt bei Gesunden < 10 mg/L; der Normbereich kann je nach Messmethode abweichen.

| **Arteriosklerose**
| → LF 5, S. 251

Hinweis: Früher als das CRP steigt der infektionsspezifische Entzündungsstoff Procalcitonin (PCT) an; er wird insbesondere in schweren Fällen (Blutvergiftung usw.) bestimmt.

Erregerdiagnostik

Neben unspezifischen Entzündungszeichen können auch spezifische Immunreaktionen auf einzelne Erreger nachgewiesen werden. Im Blutserum (der Flüssigkeit des geronnenen Blutes) lassen sich Antikörper gegen einzelne Erreger finden. Diese Untersuchungen des Blutserums, mit denen Infektionen indirekt bewiesen werden können, gehören zum Fachgebiet **Serologie**, einem Teilgebiet der **Immunologie** (der Lehre vom Immunsystem).

Ein positiver serologischer Test beweist die Auseinandersetzung des Immunsystems mit dem Erreger bzw. dessen Antigen(en). So kann Immunität, die durch eine überstandene Erkrankung oder eine Impfung erlangt wurde, nachgewiesen werden. Die Messmethoden sind z. B. der **HAH** oder der **ELISA**. Das Ergebnis wird als **Titer** (Verdünnungsstufe) angegeben; z. B. bedeutet „Röteln-Antikörper 1:32 im HAH", dass das eingesandte Blut 32fach verdünnt noch Rötelnviren bindet. Das heißt, dass der Patient – z. B. eine Schwangere – einen ausreichenden Rötelnschutz hat (→ Abb. 2). Auch das ELISA-Ergebnis „Röteln-**IgG** positiv" bedeutet Immunität. Der ELISA wird auch zum Nachweis von Toxoplasmose-Antikörpern verwendet (→ Abb. 3). IgG (Immunglobulin G) sind Antikörper, die von einer mindestens sechs Monate zurückliegenden Infektion oder Impfung stammen. Eine weniger als sechs Monate zurückliegende Infektion bzw. Impfung ergibt einen positiven **IgM**-Nachweis (Immunglobulin M).

Abb. 1 Schmerzhafte Augenbewegungen sind typisch für Virusinfekte; sie sind eine besondere Form des Muskelschmerzes (Myalgie), einem Symptom der Virusabwehr.

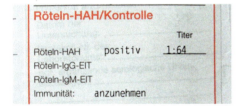

Abb. 2 Testergebnis nach serologischem HAH-Test auf Röteln-Antikörper

Abb. 3 Testergebnis nach ELISA-Test auf Toxoplasmose-Antikörper

Anders gibt man die Immunität gegen Hepatitis an: Nach Hepatitis-B-Impfung oder überstandener Erkrankung wird die gemessene Antikörpermenge (Anti-HBs) in **I.E.** (Internationalen Einheiten) beziffert. Laut Berufsgenossenschaft sind mindestens 100 I.E./L für einen ausreichenden Schutz bei medizinischen Tätigkeiten erforderlich.

| **Schutz vor Hepatitis B**
| → LF 9, S. 424

Positiv heißt nicht gut ... Gelingt der Nachweis eines Erregers, einer Substanz oder spezifischer Antikörper gegen einen Erreger, so ist ein Test positiv, abgekürzt **+**. Ist der Nachweis nicht möglich, ist das Ergebnis negativ, abgekürzt **-**. HIV-positiv heißt z. B., dass der betreffende Mensch Antikörper gegen HI-Viren gebildet hat. Dies bedeutet, dass er mit HIV infiziert und möglicherweise auch infektiös ist.

4.2.2 Erregerspezifische Nachweise: Antigentests und PCR

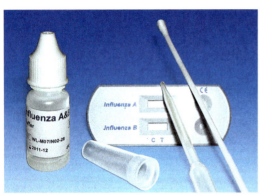

Abb. 1 Test-Kit für Influenza-Schnelltest

Während serologische Untersuchungen eine Immunantwort feststellen, können Spezialtests auch Erregerantigene nachweisen, z. B. der Streptokokken-Schnelltest. Der Test ist als sog. Test-Kit erhältlich; er hilft bei der Beantwortung der Frage, ob ein Patient eine bakterielle Mandelentzündung hat. Das Ergebnis des Rachenabstrichs liegt nach Minuten vor und lautet entweder „positiv" oder „negativ". Ähnliche Tests sind auch für Influenza (Virusgrippe) erhältlich.

Die **Polymerase-Kettenreaktion (PCR)** ist ein aufwendiges Verfahren, um in Körpermaterialien (Blut, Urin, Abstrichen usw.) Genmaterial bestimmter Erreger nachzuweisen. Sie ist eine teure, aber sehr empfindliche Methode, die lange vor der Immunantwort Genmaterial von Erregern finden und so eine frische Infektion beweisen kann. Bei chronischen Infektionen wie Hepatitis B und C wird mittels PCR die sog. Viruslast (Virusmenge in IU/mL Blut) gemessen. IU (International Units) ist die englische Entsprechung der Internationalen Einheiten.

4.2.3 Mikrobiologische Diagnostik

Der beste diagnostische Test bei einer Infektionskrankheit ist der direkte Nachweis des Mikroorganismus; dabei wird quasi der „Täter" selbst erkannt. Nur bei wenigen Erkrankungen (z. B. Ringelröteln oder Gürtelrose) ist der klinische Befund so eindeutig, dass die Blickdiagnose genügt und sich ein Erregernachweis erübrigt.

Bei harmlosen Krankheiten wie grippalen Infekten (sog. Erkältungen) ist es unwichtig, welches Virus den Patienten befallen hat, da meistens eine rasche Selbstheilung eintritt und außerdem keine spezifische Therapie existiert. Bei schweren oder **rezidivierenden** (wiederkehrenden) Infektionen jedoch kann einzig der rechtzeitige Erregernachweis eine gezielte – und ggf. lebensrettende – Therapie ermöglichen.

Die fachgerechte Gewinnung und Versendung der Untersuchungsmaterialien ist Aufgabe der MFA – nur korrekt gewonnene und behandelte Materialien ergeben richtige Befunde.

Untersuchungsmaterialien für Erregernachweise (Beispiele)		
Art des Materials	**Materialgewinnung**	**Hinweise**
Abstrich	Aufnahme mit sterilem Wattetupfer von der erkrankten Stelle, z. B. den Mandeln oder einer Wunde	Nie den Tupfer berühren und nach dem „Abstreichen" sofort in das Nährmedium geben.
Urin = Harn	z. B. Mittelstrahlurin in spezielles Kulturröhrchen füllen	Da Urin immer Bakterien enthält, die sich bei Zimmertemperatur vermehren, ist die baldige Untersuchung der Probe wichtig.
Stuhl	Entnahme einer ca. 1 cm großen Stuhlmenge mit Hilfe des Spatels, der sich am Deckel des Stuhlröhrchens befindet.	Stuhl ist stets sehr bakterienreich; die Fragestellung für das Labor muss daher z. B. lauten: Untersuchung auf Enteritiserreger erbeten (Enteritis = Darmentzündung bzw. Durchfallkrankung).

Uringewinnung, Mittelstrahlurin
→ LF 8, S. 306

Diagnostik bei Infektionskrankheiten | 61

Neben der richtigen Entnahmetechnik ist es wichtig, dass Probengefäße sicher verpackt werden. Dazu gibt man das Probengefäß in ein zusätzliches Schutzgefäß mit Schraubdeckel. Jede Probe wird korrekt beschriftet und mit dem entsprechenden Begleitschein eingesandt. Der Transport soll möglichst bald und vor Hitze und Kälte geschützt stattfinden. Wichtig ist auch, dass der Postversand biologischer Stoffe nur in speziellen Versandhüllen mit der Aufschrift „enthält menschliches Untersuchungsmaterial" (→ Abb. 1) erfolgen darf.

Abb. 1 Versandtasche für menschliches Untersuchungsmaterial

Antibiotische Vorbehandlung erschwert jeden Bakteriennachweis und muss genau angegeben werden. Verdachtsdiagnosen wie „V. a. Salmonellen-Enteritis" (Enteritis = Darmentzündung/Durchfallerkrankung) sind mitzuteilen, damit das Laborpersonal gezielt untersuchen kann.
Im Labor können Abstriche mikroskopisch auf Bakterien oder Pilze untersucht werden; spezielle Färbungen machen bestimmte Erreger erkennbar, z. B. Staphylokokken in einem Wundabstrich (→ Abb. 2).

Kleine Erregermengen im Untersuchungsmaterial können nicht mikroskopisch erkannt werden, sondern müssen angezüchtet, d. h. auf geeigneten nährstoffhaltigen Kulturplatten vermehrt werden. Nach Aufstreichen des Materials wird die Kulturplatte abgedeckt, beschriftet und bis zum Ablesen z. B. für 24 h in einen Wärmeschrank gestellt (→ Abb. 3 und 4).

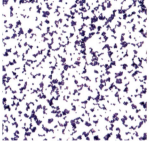

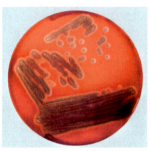

Abb. 2 Staphylokokken nach Gram-Färbung (blau = grampositiv)

Abb. 3 Pilzkultur (Candida albicans)

Abb. 4 Streptokokkenkultur aus einem Rachenabstrich bei Scharlach (|SSE-Agar)

SSE-Agar
Streptokokken-Selektiv-Elektiv-Agar; Spezialnährboden für den Streptokokkennachweis

Abb. 4 zeigt Streptokokken auf einem Blutnährboden. Da die Bakterien Blut auflösen können, was sich in den hellen, farblosen Zonen um die aufgestrichenen Linien zeigt, sind sie mit diesem Spezialnährboden eindeutig zu identifizieren; der Nachweis ist positiv.

MRSA
→ LF 3, S. 70

4.2.4 Antibiogramm/Resistenzprüfung

Neben dem Erregernachweis liegt ein besonderer Vorteil und Sinn der Bakterienanzucht in der Möglichkeit, auf Kulturplatten die Empfindlichkeit der Erreger auf Antibiotika zu testen.
Dabei werden Papierplättchen mit verschiedenen Antibiotika auf den „beimpften", d. h. mit bakterienhaltigem Material bestrichenen Nährboden gelegt. Wirkt ein Antibiotikum, vermehren sich die Erreger dort, wo es sich befindet, nicht. Es entsteht ein sog. Hemmhof (→ Abb. 5), der bedeutet, dass die Bakterien auf den Wirkstoff **sensibel** (empfindlich) reagieren.
An der Größe des Hemmhofs erkennt man die gute oder weniger gute Wirkung der Antibiotika. Vermehren sich Bakterien ungehemmt unter Zugabe eines Mittels, sind sie **resistent** (unempfindlich); das Mittel wird für den Patienten unwirksam sein. Diese Resistenzprüfung mit Antibiotika wird **Antibiogramm** genannt.
Ist ein Keim gegen mehrere Stoffe resistent, ist er **multiresistent** und somit sehr schwer zu behandeln. Bekanntestes Beispiel hierfür ist der gefürchtete Klinikkeim |MRSA.

Abb. 5 Antibiogramm: Man gibt verschiedene Antibiotikaplättchen auf eine Bakterienkultur und kann die Antibiotikawirkung an der Größe des dunkleren, bakterienfreien Hemmhofs um die Plättchen herum ablesen.

4.3 Meldepflicht nach dem Infektionsschutzgesetz (IfSG)

Nach dem IfSG ist es bei einigen besonders gefährlichen Infektionskrankheiten vorgeschrieben, erkrankte Personen, Krankheitsausbrüche und/oder Erregernachweise unverzüglich an das zuständige Gesundheitsamt zu melden. Meldebögen sind bei den Gesundheitsämtern und beim Robert Koch-Institut zum Download erhältlich. Die Meldung erfolgt unter größtmöglicher Beachtung der Persönlichkeitsrechte des bzw. der Kranken; sie dient dem Schutz der gesunden Bevölkerung. Nicht alle Meldungen müssen namentlich erfolgen. Bei einigen Infektionen müssen Erkrankte **isoliert**, d. h. räumlich abgesondert werden.

Mitarbeiter des Gesundheitsamtes beraten ggf. Erkrankte bei der Überwindung ihrer Infektion. Es werden beispielsweise Hygienemaßnahmen bei infektiösen Durchfallerkrankungen erklärt, immer wieder Stuhlproben untersucht und nach negativem Nachweis wird die Wiederzulassung in öffentliche Einrichtungen, z. B. Schulen, erlaubt.

Die Behörde kann auch Impfungen organisieren und durchführen (z. B. bei Kontaktpersonen) und in schweren Fällen Einrichtungen schließen, z. B. Kindergärten bei Masernfällen, Kliniken oder Altenheime bei Häufungen von Norovirus-Erkrankungen. Es sollen weitere Erkrankungen vermieden werden, um zu verhindern, dass **Epidemien** entstehen. Dies sind gehäuft, aber örtlich begrenzt auftretende Krankheitsfälle durch einen bestimmten, sich stark ausbreitenden Erreger. Gelingt die Eindämmung einer Epidemie nicht, kann ein Erreger auch **endemisch** werden, d. h. sich auf große Gebiete ausbreiten, dort bleiben und jeden Menschen infizieren (wie Hepatitis A in bestimmten Ländern). In Extremfällen kann es zur **Pandemie**, d. h. zu einem weltweiten Ausbruch kommen.

Eine vollständige aktualisierte Liste der meldepflichtigen Krankheiten und Erreger mit Informationen zu Unterschieden in den Bundesländern finden Sie unter www.rki.de

Embryopathie
→ LF 8, S. 347

Meldepflichtige Erkrankungen und Erreger nach Infektionsschutzgesetz (Beispiele)		
Namentliche Meldung bei *Verdacht*, Erkrankung und Tod	**Namentliche Meldung** bei *Erkrankung/Tod*	**Nicht namentliche Meldung** bei *Erregernachweis* im Labor
Arztmeldepflicht		Labormeldepflicht
Botulismus, Brucellose, Cholera, Creutzfeldt-Jakob-Krankheit, Diphtherie, akute Virushepatitis, Gasbrand, hämorrhagisches Fieber, hämolytisch-urämisches Syndrom (EHEC), Masern, Mumps, Röteln inkl. Embryopathie, Milzbrand, Meningokokken-Meningitis, Poliomyelitis, Pertussis, Pest, Typhus und Paratyphus, Tollwut Varizellen (nicht Herpes zoster)	Norovirus (auch bei Verdacht, wenn der Patient im Lebensmittelbereich arbeitet), Tuberkulose, schwer verlaufende Enteritis durch Clostridium difficile, Trichinose, Tetanus	Syphilis, HIV, Gonorrhö, FSME, Malaria, Hepatitisviren A-E, Fuchsbandwurm, MRSA, Salmonellen, Campylobacter, darmpathogene Yersinien, Röteln, Cytomegalie und Toxoplasmose in der Schwangerschaft

Nicht erregerbezogen zu melden sind:
* jede Magen-Darm-Infektion bei Patienten in Lebensmittelbetrieben und das Auftreten von zwei oder mehr gleichartigen Erkrankungen mit epidemischem Zusammenhang,
* jede Art von Ausbruch einer bedrohlichen Krankheit oder mehrerer gleichartiger Erkrankungen, der die Allgemeinheit gefährden könnte sowie
* jeder Verdacht auf eine Gesundheitsschädigung nach Impfung.

Therapie von Infektionskrankheiten | 63

5 Therapie von Infektionskrankheiten

5.1 Unterstützung der Selbstheilung

Um das Immunsystem bei der Abwehr von Krankheitserregern zu unterstützen, ist es die sinnvollste und wichtigste Maßnahme, dass der Patient sich so verhält, wie es seinem Befinden entspricht. Bei Abgeschlagenheit und Fieber ist Bettruhe die beste Strategie. Reichliche Flüssigkeitszufuhr und (falls Appetit besteht) leichte, vitaminreiche Kost unterstützen die Selbstheilung. Arbeit bzw. Anstrengungen sollten erst nach dem Auskurieren, also bei wiedererlangtem Wohlbefinden stattfinden. Die Einnahme von Antipyretika/Analgetika kann die Symptome unterdrücken und eine Ursache verzögerter Gesundung (u. a. durch Überanstrengung) sein.

Eine insgesamt gesunde Lebensweise mit ausreichend Schlaf, abwechslungsreicher Kost, täglicher Bewegung in frischer Luft und Verzicht auf Rauchen und Alkohol ist die beste Vorbeugung gegen Infekte, Infekthäufungen und Komplikationen.

5.2 Antibiotika

In der Natur konkurrieren Mikroorganismen um Nahrung und Lebensraum. Pilze z. B. geben Stoffe ab, die das Wachstum von Bakterien unterdrücken. Alexander Fleming (→ Abb. 1) entdeckte 1928 auf einer verschimmelten Bakterien-Kulturplatte, dass sich um das Myzel des Schimmelpilzes Penicillium notatum herum ein Hemmhof befand. Den antibakteriellen Stoff, den Penicillium notatum bildet, nannte er Penicillin.

Abb. 1 Alexander Fleming betrachtet eine Kulturplatte

Mit der Entdeckung des Penicillins begann die Ära der Antibiotika, nämlich der Arzneimittel, die in den bakteriellen Stoffwechsel eingreifen, ohne dem Menschen zu schaden. Dies ist der Idealfall; Antibiotika können jedoch auch Allergien (5% der Patienten sind gegen Penicillin allergisch) und andere Nebenwirkungen hervorrufen, z. B. Durchfälle durch vorübergehende Darmflora-Schädigung oder Vaginalmykosen durch Störung der Scheidenflora.

Merkblätter für Patienten zum Thema Antibiotika bietet
www.patinfo.org

Der ausufernde und z. T. falsche Einsatz von Antibiotika hat zur Verbreitung multiresistenter Keime (v. a. Tuberkelbakterien und MRSA) geführt, sodass Wissenschaftler bereits vom Ende des Antibiotika-Zeitalters sprechen.

Abb. 2 Hemmhof um ein Penicillium-Myzel

Wichtig bei der Antibiotikatherapie ist,
- dass sie nur bei bakteriellen Infektionen durchgeführt wird,
- dass das Arzneimittel regelmäßig, im vorgegebenen Zeitabstand und lange genug eingenommen wird, damit das Immunsystem nur noch eine kleine Restmenge der Erreger abtöten muss,
- dass die Medikamente so gezielt wie möglich, d. h. möglichst nach Antibiogramm, ausgewählt werden,
- dass Kontraindikationen (Umstände, die eine Anwendung verbieten) wie Nieren- oder Leberschwäche, Schwangerschaft, bekannte Allergien sowie Altersbeschränkungen und Wechselwirkungen mit anderen Medikamenten (z. B. der Pille oder Eisenpräparaten) und mit Nahrungsmitteln (z. B. Milch oder Grapefruitsaft) beachtet werden.

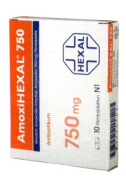

Abb. 3 Antibiotikum Amoxicillin

5.3 Virostatika

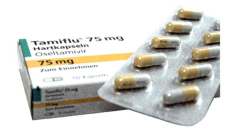

Abb. 1 Virostatikum

Antiviral wirkende Medikamente stehen nur gegen wenige Viren zur Verfügung, z. B. gegen Influenza-, Herpes-, Hepatitis- und HI-Viren.
Vor allem bei HIV gibt es zahlreiche Resistenzen, da die Viren sich stetig verändern und so der Arzneimittelwirkung entgehen. Ebenso wie Antibiotika müssen Virostatika daher planvoll eingesetzt werden. Wegen der Resistenzen und Nebenwirkungen sollten Schutzimpfungen, z. B. gegen Influenza, genutzt werden, anstatt sich auf **antivirale** Medikamente zu verlassen.

5.4 Antimykotika

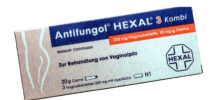

Abb. 2 Antimykotikum zur Lokaltherapie der Scheidenmykose

Mykosen können örtlich begrenzt auf Haut oder Schleimhäuten oder **systemisch** (im ganzen Körper verbreitet) vorkommen. Daher können Antimykotika **lokal** (örtlich) oder im ganzen Körper (systemisch) angewandt werden. Auch hartnäckige Mykosen wie Nagelpilz oder rezidivierende Vaginalmykosen können eine systemische Therapie, d. h. Tabletteneinnahme, erfordern. Wechsel- und Nebenwirkungen systemisch angewandter Antimykotika bedürfen einer guten Therapieüberwachung.

5.5 Arzneimittel gegen Protozoen und Parasiten

Abb. 3 Kopflausmittel

Auf Grund gemeinsamer Merkmale von einigen Protozoen und Bakterien sind gegen einzelne Protozoenarten Antibiotika wirksam. Die Vorbeugung und Therapie, z. B. der Malaria, erfordert tropenmedizinische Kenntnisse und Erfahrungen. Da nicht alle Protozoeninfektionen erfolgreich bzw. schnell genug therapiert werden können, ist die Vorbeugung (im Rahmen der Reisemedizin) von entscheidender Bedeutung.
Die häufigste Erkrankung durch tierische Parasiten ist der Kopflausbefall. Gegen Kopfläuse und andere Insekten werden Insektizide, d. h. Insekten abtötende Mittel, lokal angewandt.

Terminologie: Allgemeine Infektionslehre

Antibiogramm	Untersuchung zur Resistenzprüfung von Bakterien
antibiotisch	Bakterienwachstum hemmend (Arzneimittel)
antimykotisch	Pilzwachstum hemmend (Arzneimittel)
antiviral	Viren hemmend (Arzneimittel)
basophil	(bzgl. Leukozyten) basischen (blauen) Farbstoff annehmend
BSG (BKS)	**B**lut(körperchen)**s**enkungs**g**eschwindigkeit; Entzündungswert
CRP	**C**-**r**eaktives **P**rotein; im Blut messbares Entzündungseiweiß
Differenzialblutbild	Unterscheidung der Leukozytenarten und Angabe ihrer Zahl in Prozent der Leukozyten; sog. großes Blutbild
eosinophil	(bzgl. Leukozyten) Eosin, d. h. roten Farbstoff annehmend
Endemie (Adj. **endemisch**)	ständiges Vorkommen eines Erregers bzw. einer Infektionskrankheit in einem bestimmten Gebiet
ELISA	serologische Testmethode (**E**nzyme **L**inked **I**mmun**o**sorbent **A**ssay)
Epidemie	lokal begrenzter Krankheitsausbruch
HAH	serologische Testmethode (**H**äm**a**gglutinations-**H**emmtest)

Therapie von Infektionskrankheiten | **65**

Immunologie	Lehre von der Funktion des Immunsystems
isolieren	absondern, trennen (z. B. infektiöse Patienten von der Allgemeinbevölkerung)
Leukopenie (Ggt. **Leukozytose**)	verminderte Leukozytenzahl
Leukozytose (Ggt. **Leukopenie**)	Vermehrung der weißen Blutkörperchen; erhöhte Leukozytenzahl
I.E./I.U.	**I**nternationale **E**inheiten = **I**nternational **U**nits (Maßeinheit)
lokal (Ggt. **systemisch**)	örtlich, begrenzt (bzgl. Arzneimitteltherapie oder Erkrankungen)
Mikroliter (µL)	Millionstel Liter (Kubikmillimeter)
multiresistent	mehrfach resistent; gegen mehrere Antibiotika unempfindlich
Pandemie	weltweiter Krankheitsausbruch (z. B. bei Influenza)
Polymerase-Kettenreaktion (PCR)	Nachweismethode für Erbmaterial bestimmter Krankheitserreger
Resistenz (Adj. **resistent**)	Bakterieneigenschaft: Widerstandskraft gegen ein Antibiotikum
rezidivierend	wiederkehrend
Rezidiv	Rückfall
sensibel	Bakterieneigenschaft: empfindlich für ein Antibiotikum
Serologie	Lehre von den Blutuntersuchungen zum erregerspezifischen Antikörpernachweis
systemisch (Ggt. **lokal**)	im ganzen Körper (bzgl. Arzneitherapie oder Erkrankungen)
Titer	Verdünnungsstufe, in der noch Antikörper nachweisbar sind

HINWEIS

Kälte und Erkältung: Viren bleiben bei niedrigen Temperaturen länger aktiv, z. B. auf Oberflächen wie Türklinken. Trockene, kalte Luft vermindert die Schleimhautdurchblutung und begünstigt so Infektionen.

AUFGABEN

1 Welche Blutuntersuchungen zeigen unspezifisch Entzündungen an?

2 Wie nennt man Blutuntersuchungen, die Antigen-Antikörper-Reaktionen nachweisen?

3 Was bedeutet bei einer Schwangeren „Toxoplasmose IgG und IgM negativ"?

4 Welchen Sinn hat die Meldepflicht von Erregern oder Kranken?

5 Erklären Sie mit Beispielen die Begriffe Ausbruch, Epidemie, Endemie und Pandemie.

6 Erklären Sie, was ein Antibiogramm ist, wie es angefertigt wird und was es aussagen kann.

7 Was bedeuten die Begriffe „resistent" und „sensibel" bzgl. Bakterien?

8 Welche Fachbegriffe bezeichnen eine örtliche und eine im ganzen Körper wirksame Therapie?

6 Beispiele von Infektionskrankheiten

6.1 Bakterielle Infektionskrankheiten

6.1.1 Scharlach und Streptokokken-Angina

Erreger: betahämolysierende Streptokokken (spezielle Kettenkokken)
Infektionsweg: Tröpfcheninfektion bzw. aerogen
Inkubationszeit: 2-4 Tage
Symptome: Nach unspezifischen Prodromalsymptomen (Kopf- und Bauchschmerzen, Fieber, Erbrechen) starke Schluckbeschwerden und kloßige Sprache durch **Tonsillitis** (Mandelentzündung). Im typischen Fall eitrige Tonsillenbeläge, **Pharyngitis** (Rachenentzündung) mit fleckigem „scharlachrotem" Ausschlag am Gaumen, schmerzhafte, tastbar und ggf. sichtbar geschwollene Lymphknoten am Kieferwinkel. Zunge zunächst belegt, nach Tagen sog. Himbeerzunge (→ Abb. 1). Bei Scharlach auch Hautausschlag und ggf. Hautschuppung. Ob der Ausschlag nur im Mund-Rachen-Raum auftritt (Angina tonsillaris) oder auch am Körper (Scharlach), ist für Verlauf, Therapie und Prognose unwichtig.
Diagnose: klinisch; ggf. Streptokokken-Schnelltest (5 Min.) oder Abstrich und Kultur (24 h)
Komplikationen: Die konsequente Penicillintherapie dient der Prophylaxe der Herzklappenentzündung, die zu schweren Herzfehlern führen kann, der Nierenkörperchenentzündung mit der Gefahr des Nierenversagens sowie des rheumatischen Fiebers, einer ausgeprägten Gelenkentzündung. Diese Komplikationen beruhen auf einer Fehlreaktion des Immunsystems, das wegen ähnlicher Oberflächenantigene fälschlich körpereigene Strukturen statt der Erreger bekämpft.
Therapie: Penicillin 3 x tgl. für 7-10 Tage; bei Penicillinallergie z. B. Erythromycin
Besonderheiten: Gegen betahämolysierende Streptokokken entsteht keine Immunität, weshalb es auch keine Scharlachimpfung gibt. Rezidive, d. h. erneute Erkrankungen bzw. Rückfälle, sind schwerer erkennbar, da oft der Hautausschlag fehlt. Sie sind dennoch gleich riskant hinsichtlich der Komplikationen. Häufen sich bei einem Patienten Tonsillitiden, werden ggf. seine Gaumenmandeln entfernt, da diese dann keine Abwehrfunktion mehr ausüben, sondern selbst einen Erregerherd darstellen. Eine Verwechslung der Streptokokken-Angina mit der viralen Mononukleose (s. S. 73) ist möglich und kommt bei Jugendlichen recht oft vor.

6.1.2 Erkrankungen durch Hämophilus influenzae und Hib

Erreger: Hämophilus influenzae / Hämophilus influenzae Typ b
Infektionsweg: Tröpfchen bzw. aerogen
Inkubationszeit: < 7 Tage
Symptome: Hämophilus ruft verschiedene Atemwegserkrankungen hervor, z. B. Bronchitis, **Otitis media** (Mittelohrentzündung) und **Pneumonie** (Lungenentzündung); meist nach Virusinfektionen wie Grippe (daher der Name H. influenzae = Grippe-Hämophilus, da Grippeviren die Schleimhäute sehr schädigen und für bakteriellen Befall empfindlich machen).
Diagnose: wird durch Erregernachweis gestellt
Komplikationen: Hib ist sehr virulent und kann bei Kleinkindern < 4 Jahren eine lebensbedrohliche Kehldeckelentzündung und Hirnhautentzündung **(Meningitis)** hervorrufen. Deshalb werden Säuglinge gegen diesen speziellen Hämophilus Typ b geimpft.
Gegen „normalen" Hämophilus influenzae bzw. für Schulkinder und Erwachsene gibt es keine Hämophilus-Impfung. Es kann für empfindliche Personen jedoch eine wirksame Vorbeugung sein, sich gegen Grippe impfen zu lassen und so die typische Grippe-Folgeinfektion durch Hämophilus influenzae indirekt zu vermeiden.
Therapie: Antibiotika, ggf. künstliche Beatmung; bei Hib-Infektionen oft erfolglos
Prävention: Impfung aller Säuglinge gegen Hib, Impfung gegen Grippe als indirekter Schutz insbesondere für Risikogruppen, z. B. für Patienten ab 60 Jahren und für chronisch Kranke; nur Patienten, deren Abwehr durch eine fehlende Milz geschwächt ist, erhalten auch als Erwachsene eine Hib-Impfung.

Ausführliche Informationen unter **www.rki.de** in der Rubrik Infektionskrankheiten von A-Z

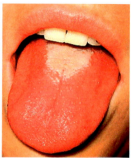

Abb. 1 Himbeerzunge bei Scharlach, die sich aus der zunächst belegten Zunge vom Rand her entwickelt

HINWEIS

Die Erklärung aller Kurzbezeichnungen für Impfstoffe finden Sie im Abkürzungsverzeichnis auf S. 526 ff.

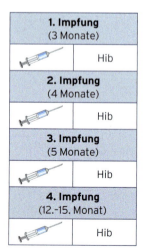

1. Impfung (3 Monate)	Hib
2. Impfung (4 Monate)	Hib
3. Impfung (5 Monate)	Hib
4. Impfung (12.-15. Monat)	Hib

6.1.3 Diphtherie

Erreger: Corynebakterium diphtheriae
Infektionsweg: Tröpfchen bzw. aerogen
Inkubationszeit: 2-5 Tage
Symptome: Vorläufersymptome wie bei Grippe, dann bellender, sog. Krupp-Husten durch Kehlkopfbefall; übelriechende Tonsillitis, blutiger Schnupfen
Diagnose: klinisch, ggf. Erregernachweis
Komplikationen: Ersticken durch Kehlkopfschwellung und Beläge, Herztod durch Herzmuskelentzündung **(Myokarditis)**
Besonderheiten: Ein Virulenzfaktor der Diphtheriebakterien ist ihr **Toxin** (Gift). Dieses ist nur mit direkt in die Blutbahn zugeführtem Antikörper-Konzentrat, sog. Antiserum, zu neutralisieren. Antibiotika können gegen das Toxin nichts ausrichten; sie können nur die weitere Erregervermehrung verhindern. Antiserum ist jedoch nicht ohne Weiteres erhältlich. Bei dem sog. Pseudo-Krupp (wörtl. vorgetäuschter Krupp) der Kleinkinder liegt eine *virale* Kehlkopfentzündung vor, die weniger gefährlich als die Diphtherie ist. Sie tritt besonders im Frühjahr und Herbst auf und erfordert keine Therapie mit Antibiotika oder Antiserum.
Prävention: Impfung bei Säuglingen bzw. Kleinkindern mit D-Impfstoff, später mit antigenärmerem d-Impfstoff, z. B. kombiniert als Tdap-Impfung. Der hochkonzentrierte D-Impfstoff ruft bei Schulkindern und Erwachsenen gehäuft Nebenwirkungen hervor, weshalb für diese Patientengruppen der d-Impfstoff verwendet wird. Meldepflicht.

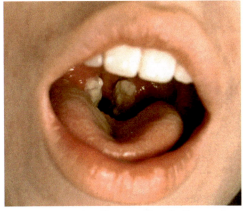

Abb. 1 Diphtherie mit grauweißen Belägen auf den Tonsillen (Mandeln)

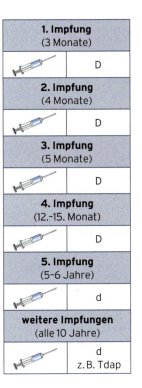

6.1.4 Pertussis (Keuchhusten)

Erreger: Bordetella pertussis
Infektionsweg: Tröpfchen bzw. aerogen
Inkubationszeit: 7-14 Tage
Symptome: Pertussis verläuft im typischen Fall (bei Kindern) in drei Stadien: Stadium 1: zwei Wochen lang uncharakteristischer Schnupfen und Husten. Stadium 2: zwei Wochen lang Hustenanfälle mit ziehendem Atemgeräusch, gefolgt von Erbrechen. Stadium 3: nachlassende Anfälle über Wochen und ggf. Monate.
Bei jedem auf den Keuchhusten folgenden Atemwegsinfekt, z. B. grippalen Infekten, können bis zu zwei Jahre lang pertussistypische Hustenanfälle ausgelöst werden. Diese nennt man Erinnerungshusten.
Diagnose: Nasenabstrich, Blutbild, Antikörper; der Pertussis-Nachweis kommt oft zu spät für eine Antibiotikatherapie.
Komplikationen: Otitis media, Pneumonie, Bindehautblutungen. Bei Säuglingen kommen Atemstillstände und plötzliche Todesfälle ohne vorausgehende Symptome vor.
Therapie: Antibiotika helfen nur in der Inkubationszeit, den Ausbruch zu verhindern. Hustenmittel helfen nicht. Säuglinge werden in der Klinik überwacht.
Prävention: Impfung aller Säuglinge und *vor deren Geburt* aller Familienmitglieder, da der volle Impfschutz erst nach Monaten besteht. Impfstoff bis 10 Jahre **aP**, ab 10 Jahren **ap**. Der ap-Impfstoff ist antigenärmer und ähnlich wie d-Impfstoff ab 10 Jahren besser verträglich.
Besonderheiten: Eine durchgemachte Erkrankung schützt nur ca. 10 Jahre lang; da Kinder überwiegend Impfschutz haben, erkranken vorwiegend Säuglinge und Erwachsene mangels (vollständigen) Impfschutzes. Meldepflicht.

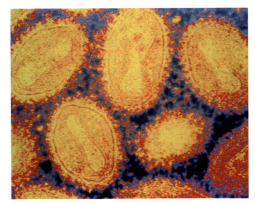

Abb. 2 Bordetella pertussis

6.1.5 Tetanus (Wundstarrkrampf)

1. Impfung (3 Monate)	T
2. Impfung (4 Monate)	T
3. Impfung (5 Monate)	T
4. Impfung (12.-15. Monat)	T
5. Impfung (5-6 Jahre)	T
weitere Impfungen (alle 10 Jahre)	T z. B. Tdap

Tetanusschutz nach Verletzung
→ LF 10, S. 470

Simultanimpfung
→ LF 3, S. 85

Aktivimpfung
→ LF 3, S. 83

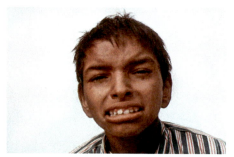

Abb. 1 Gesichtskrampf bei Tetanus

Erreger: Clostridium tetani; der Anaerobier befindet sich in Erde und auf fast allen Böden.
Infektionsweg: Wundinfektion; v. a. tiefe, stark verschmutzte Wunden sind gefährlich.
Inkubationszeit: 3-21 Tage
Symptome: Das Tetanus-Toxin führt zu schwersten „starren" Verkrampfungen erst der Kiefer-, Rachen- und Speiseröhrenmuskulatur, dann der Skelett- einschließlich Atemmuskulatur.
Diagnose: wird klinisch gestellt
Komplikationen: Tod durch Ersticken (Atemmuskelkrampf) bei vollem Bewusstsein
Therapie: Intensivmedizinisch (Narkose zur Muskellockerung, Beatmung); oft verläuft die Therapie jedoch erfolglos.
Prävention: Impfung ab der Säuglingszeit mit regelmäßigen Auffrischungen
Besonderheiten: Man unterscheidet bei der Wahl der Impfung zwischen dem ❙Verletzungsfall und der reinen Vorbeugung. Ist die letzte Impfung mehr als 10 Jahre her und *liegt eine Verletzung vor*, erhält der Patient eine ❙Simultanimpfung (Aktiv- und Passivimpfung). Liegt die letzte Impfung mehr als 5 Jahre zurück, wird eine ❙Aktivimpfung, möglichst mit Tdap-Impfstoff, gegeben. Bei tiefen bzw. zerfetzten Wunden kann bereits nach 5 Jahren simultan geimpft werden. Erfolgte die letzte Impfung vor mehr als 10 Jahren und liegt *keine Verletzung* vor, muss *keine* neue Grundimmunisierung durchgeführt werden, sofern eine solche einmal abgeschlossen war. Zur Auffrischung genügt dann eine einzige Injektion (Tdap).

6.1.6 Bakterielle Gastroenteritis und Enteritis (Magen-Darm- bzw. Darmentzündung)

Erreger: Salmonellen, Campylobacter, Yersinien und nach Auslandsurlauben auch Shigellen sind hierzulande die häufigsten Erreger bakterieller Magen-Darm-Infektionen. Staphylokokken erzeugen über Toxine eine Magenreizung mit schwerem Erbrechen.
Infektionsweg: oral bzw. fäkal-oral (Lebensmittel/Wasser)
Inkubationszeit: Stunden bis 2 Tage (Staphylokokkentoxin 3 h, übrige Bakterien 24-48 h)
Symptome: Erbrechen, (ggf. blutiger) Durchfall, Kreislaufschwäche und Austrocknung durch Flüssigkeitsverlust
Diagnose: Anamnese / klinisch / ggf. Erregernachweis im Stuhl, bei Yersinien Serologie

Therapie Gastroenteritis/ Enteritis
→ LF 9, S. 404

Therapie: symptomatisch; v. a. Flüssigkeitsgabe und reizlose Kost
Komplikationen: ggf. lebensbedrohliche Austrocknung
Besonderheit: Wochen nach überstandener Enteritis (v. a. Yersinien-Enteritis) kann eine sog. reaktive **Arthritis** (Gelenkentzündung) durch Fehlleitung des Immunsystems entstehen.

6.1.7 Borreliose (Lyme-Borreliose)

Abb. 2 Zecke

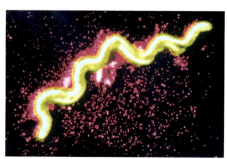

Abb. 3 Borrelia burgdorferi

Nach der amerikanischen Stadt Lyme (sprich Laim) heißt die Erkrankung Lyme-Borreliose.
Erreger: Borrelia burgdorferi (Spiralbakterium)
Infektionsweg: perkutan (Zeckenstich)
Inkubationszeit: 1 Tag bis Monate.
Symptome: Drei Stadien: Stadium I (nach Tagen bis Wochen): unspezifische Symptome (Kopfschmerzen, Grippegefühl), ggf. Wanderröte (Erythema migrans); Stadium II (nach Wochen bis Monaten): **neurologische** Symptome (Kopfschmerzen, Lähmungen, Nervenschmerzen u. v. m.) sowie Entzündungen der Unterhaut; Stadium III (nach Monaten bis Jahren): a) wandernde Arthritis, b) bleibende Hautschäden, c) neurologische Symptomatik

Beispiele von Infektionskrankheiten | **69** | **LF 3**

Diagnose: Klinisch und serologisch; in den ersten Wochen nach Zeckenstich ist eine serologische Untersuchung sinnlos, da die Antikörperbildung länger dauert. Die Serologie fällt oft uneindeutig aus und soll nur bei klinischem Verdacht angefordert werden. Tests der Zecken auf Borrelien zeigen deren Infektion, nicht aber eine Übertragung an.
Komplikationen: Bleibende Hautschäden sind bei verspäteter Diagnose bzw. Therapie möglich; ggf. fehlen die Symptome der Stadien I und II.
Therapie: Antibiotika (Doxycyclin, Amoxicillin oder Cephalosporin) über 10-14 Tage
Prävention: Vermeidung von Zeckenstichen durch geeignete Kleidung. Gründliche Hautkontrolle und Zeckenentfernung nach Wanderungen usw., da die Infektionswahrscheinlichkeit mit der Saugdauer der Zecke ansteigt. Keine Impfung erhältlich; man kann mehrfach an Borreliose erkranken, da keine Immunität entsteht.

> **HINWEIS**
> Zecken *stechen*; sie beißen nicht, da sie keinen Mund, sondern einen mit Widerhaken besetzten, stachelartigen Saugapparat besitzen.
> Entfernte Zecken auf Borreliose zu untersuchen, ist nicht sinnvoll.
> Auch eine prophylaktische Antibiotikagabe nach Zeckenstich wird nicht empfohlen.

Stadium I	Stadium II	Stadium III
Erythema migrans	Lähmung des Gesichtsnervs (Facialisparese)	Arthritis (hier des Knies)

6.1.8 Tuberkulose (Tbc; Tb)

Erreger: Mykobakterium tuberculosis, das von Robert Koch 1882 entdeckte sog. Tuberkelbakterium
Infektionsweg: bei Lungen-Tbc Tröpfchen/aerogen
Inkubationszeit: Wochen bis Jahre
Symptome: Bei gutem Allgemeinzustand ggf. keine; unspezifisch: Mattigkeit, Gewichtsverlust (daher die Bezeichnung „Schwindsucht" für die Tbc), leichtes Fieber. Organspezifische Symptome: Husten, ggf. mit Auswurf und Luftnot, da meistens die Lunge befallen wird. Bei Lungenzerstörung schwerste Luftnot
Diagnose: Erregernachweis, z. B. durch Lungenspülung (bronchoalveoläre Lavage; BAL), Bluttest IGRA (Interferon-Gamma Release Assay)
Therapie: Da Tuberkelbakterien sich sehr langsam vermehren und häufig multiresistent sind, müssen 3-4 spezielle Antibiotika über Monate konsequent eingenommen werden.
Komplikationen: Eine Ausbreitung mit Zerstörung der Lunge und Befall aller Organe ist möglich; bei Abwehrschwäche (z. B. durch Aids) kommt es oft zu einem raschen, tödlichen Krankheitsverlauf.
Besonderheiten: Extrem resistente Erreger aus Ländern mit häufiger Tbc und (wegen Armut) inkonsequenter Therapie sind ein globales Problem. Tbc verursacht weltweit mehr Todesfälle als Aids. Nach unbemerkter Infektion können die Bakterien viele Jahre im Körper verharren, bis sie sich bei Immunschwäche (z. B. im Alter) vermehren und die Krankheit ausbrechen lassen.

Abb. 1 Robert Koch, der Entdecker des Tuberkelbakteriums

> **HINWEIS**
> Rechts und Links werden - z. B. bei der Beschreibung von Röntgenbildern - immer vom Patienten aus gesehen.

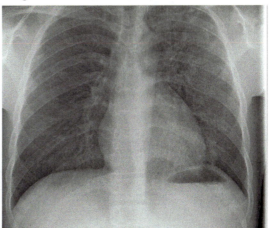

Abb. 2 Das Röntgenbild zeigt ausgedehnten Tbc-Befall in den oberen Lungenbereichen, vor allem links

6.1.9 Chlamydieninfektionen

Erreger: Chlamydien (sprich Klamüdien); sehr kleine, intrazellulär lebende Bakterien
1. Variante: Genitalinfektion mit sexueller Übertragung; bei > 10 % der sexuell aktiven jungen Menschen nachweisbar
Symptome/Komplikationen: Meistens **asymptomatisch**; die Chlamydieninfektion kann zur Verklebung der Eileiter und damit zu Eileiterschwangerschaften und zur Unfruchtbarkeit der Frau führen. Beim Mann ggf. Harnröhrenentzündung.
Diagnose: Erregernachweis bei Symptomen sowie vorbeugend bei jungen Frauen und Schwangeren
Therapie: Spezielle Antibiotika, z. B. Erythromycin; gleichzeitig muss eine Therapie des Sexualpartners erfolgen.
2. Variante: Atemwegsinfektion, die aerogen über Tauben- und andern Vogelkot übertragen wird; diese Art der Chlamydieninfektion führt zur Pneumonie.
Diagnose: durch Röntgenbild/Serologie
Therapie: antibiotische Therapie mit Erythromycin

Abb. 1 Taubenfüttern birgt das Risiko einer Atemwegsinfektion durch Chlamydien.

Prävention: 1. Verzicht auf häufigen Wechsel des Geschlechtspartners; Kondombenutzung und Früherkennung durch Urinscreening bei jungen Frauen. 2. Verzicht auf Taubenkontakt bzw. -haltung insbesondere im Alter und bei Abwehrschwäche

6.1.10 Infektionen durch Hospitalkeime/ Klinikkeime (MRSA)

Erreger: methicillin**r**esistenter (**m**ulti**r**esistenter) **S**taphylokokkus **a**ureus **(MRSA)** u. a. Bakterien mit erweitertem Resistenzspektrum, die z. B. Antibiotikamoleküle zerlegen
Risikogruppen: Immunschwache Personen (Diabetiker, Dialysepatienten, Träger von Gelenkersatz u. v. m.) werden besonders leicht besiedelt **(kolonisiert)** und erkranken z. T. schwer an MRSA-Infektionen wie Pneumonie und **Sepsis** (Blutvergiftung).
Infektionsweg: Die Ansteckung erfolgt zumeist während der Behandlung in einer Klinik, z. B. über Hände des Personals oder bei unvermeidlichen Verletzungen bzw. Keimeinschleppung durch Injektionen, Infusionen, Blasenkatheter u. v. m.
Inkubationszeit: je nach Resistenz des Patienten und Virulenz der Erreger
Symptome: je nach Organbefall/Erkrankung z. B. eitrige Wundinfektion, Fieber
Diagnose: Abstrich und Erregernachweis, Spezialmethoden zum Nachweis von Übertragungswegen, stets Resistenzprüfung

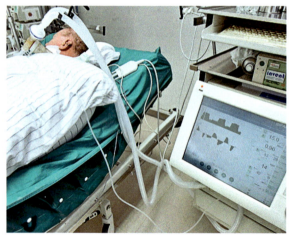

Abb. 2 Intensivstationen können zu Umschlagplätzen für MRSA werden.

Komplikationen: tödlicher Verlauf bei fehlender Therapiemöglichkeit; Verbreitung
Therapie/Prävention: Antibiotikatherapie nur nach Antibiogramm; **Sanierung** von MRSA-Trägern mit zugelassenen Desinfektionsmitteln; *wichtigste Maßnahme ist die Händehygiene*!
Besonderheiten: MRSA u. a. multiresistente Erreger wurden durch intensive Antibiotikatherapie Schwerkranker unwillkürlich „gezüchtet". Immunschwache Risikopatienten werden oft MRSA-Träger. Da sie immer wieder stationär behandelt werden, können Kliniken nie MRSA-frei werden. Die starke Zunahme großer Operationen und Implantationen (Einsetzen z. B. künstlicher Hüft- und Kniegelenke), die zunehmende Zahl sehr alter Patienten und sehr junger, untergewichtiger Frühgeborener sowie Hygienemängel, Zeit- bzw. Personalmangel tragen zum MRSA-Problem bei.

Beispiele von Infektionskrankheiten | 71 | LF 3

Terminologie: Bakterielle Infektionskrankheiten

Angina tonsillaris	Mandelentzündung; Tonsillitis
aP/ap	azelluläre (zellfreie) Impfstoffe gegen Pertussis (Keuchhusten)
Arthritis	Gelenkentzündung
asymptomatisch	symptomfrei; ohne Krankheitszeichen
Borreliose	bakterielle Zeckenstickerkrankung
Chlamydien	spezielle kleine, intrazellulär lebende Bakterien
D/d	Impfstoff gegen Diphtherie
Diphtherie	schwere bakterielle Atemwegserkrankung
Enteritis	Darmentzündung
Erythema migrans	Wanderröte; typisches Hautsymptom bei Borreliose
Gastroenteritis	Magen- und Darmentzündung
Kolonisation	Besiedelung des Körpers mit pathogenen Keimen
Meningitis	Hirnhautentzündung
MRSA	methicillin- bzw. multiresistenter Staphylokokkus aureus
Myokarditis	Herzmuskelentzündung
neurologisch	1. das Nervensystem, 2. die Nervenheilkunde betreffend
Otitis media	Mittelohrentzündung
Pertussis, die	Keuchhusten
Pharyngitis	Rachenentzündung
Pneumonie	Lungenentzündung
Sanierung	Säuberung im hygienischen Sinne; Erregerentfernung
Scharlach	Streptokokkeninfektion mit typischem Hautausschlag
Sepsis	schweres fieberhaftes Krankheitsbild; sog. Blutvergiftung
T	Impfstoff gegen Tetanus
Tdap (TDaP)	Impfstoff gegen Tetanus, Diphtherie und Pertussis
Tetanus	Wundstarrkrampf
Tonsillitis	Mandelentzündung; Angina tonsillaris
Tuberkulose	Infektionskrankheit v. a. der Lunge durch Mykobakterien
Toxin (Adj. toxisch)	Gift

Informationen zu MRSA und konkrete Maßnahmen bei Besiedelung bietet das Landeszentrum Gesundheit Nordrhein-Westfalen unter:
www.lzg.nrw.de
→ Infektionsschutz
→ Hygiene in Krankenhäusern und in Gemeinschaftseinrichtungen

AUFGABEN

1 Erklären Sie den Unterschied zwischen Angina tonsillaris und Scharlach.

2 Was unterscheidet die Impfstoffe D und d?

3 In welchen Fällen ist eine Simultanimpfung gegen Tetanus notwendig?

4 Wie viele Impfungen und welchen Impfstoff benötigt ein 40-Jähriger, der als Kind normal geimpft wurde, aber zuletzt mit 18 Jahren eine Tetanusimpfung (T) erhielt?

6.2 Virale Infektionskrankheiten

Auch Viruserkrankungen verlaufen mit |Prodromalsymptomen, Organsymptomen und Rekonvaleszenzphase. Nur wenige Virusinfektionen, z. B. Windpocken und Gürtelrose, sind klinisch eindeutig diagnostizierbar. Typisch für Virusinfekte ist der gleichzeitige Befall mehrerer Schleimhäute (z. B. von Nase, Rachen, Bronchien und Bindehäuten) und das wasserklare Sekret. Allerdings können von Viren geschädigte Schleimhäute leicht von Bakterien befallen werden. Eine solche Zweitinfektion heißt **Superinfektion**. Anhaltendes oder erneut steigendes Fieber, stets eitriges Sekret und eine Verschlechterung des Allgemeinzustandes lenken den Verdacht auf eine bakterielle Superinfektion. Ob gegen diese ein Antibiotikum verordnet wird, entscheidet der Arzt nach klinischem Befund und ggf. Blutwerten. Eine Leukozytose und ein hoher CRP-Wert sprechen für eine bakterielle (Super-)Infektion, eine Leukopenie (erniedrigte Leukozytenzahl) für einen Virusinfekt.

Prodromalsymptome,
Organsymptome,
Rekonvaleszenzphase
→ LF 3, S. 52

6.2.1 Grippaler Infekt (Atemwegsinfekt, Erkältung)

Erreger: viele verschiedene Viren, z. B. Rhinoviren (wörtl. Nasenviren)
Infektionsweg: aerogen/Tröpfchen, Hände
Inkubationszeit: wenige Stunden bis Tage
Symptome: Auf Prodromalsymptome (Kopf- und Gliederschmerzen) folgen Organ**symptome:** Niesen, wässriger Schnupfen, Halsweh, Husten und ggf. Ohrenschmerzen.
Diagnose: Die Diagnose wird klinisch gestellt.
Komplikationen: bakterielle Superinfektion der geschädigten Schleimhäute
Therapie: Unterstützung der Selbstheilung durch entsprechendes Verhalten; ggf. symptomatische Therapie mit Schmerz-, Hustenmitteln usw. zur Linderung der Beschwerden
Besonderheiten: Der grippale Infekt ist die häufigste Infektionskrankheit. Immunität entsteht nur gegen die Virusvariante der aktuell überstandenen Krankheit; wegen der Vielzahl unterschiedlicher Viren ist eine häufige Neuerkrankung möglich.

6.2.2 Virusgrippe (Influenza, echte Grippe)

> **HINWEIS**
>
> Auf der Nordhalbkugel grassiert die Grippe im Winter, auf der Südhalbkugel im Sommer und in den Tropen ganzjährig.

Abb. 1 Patient mit Virusgrippe

Erreger: Influenza-A-Virus, Influenza-B-Virus; A-Virusvarianten werden mit den Antigen-Abkürzungen H und N sowie Zahlen benannt; z. B. H1N1, H5N1.
Infektionsweg: aerogen/Tröpfchen, Hände
Inkubationszeit: wenige Stunden bis Tage
Symptome: Typisch ist der plötzliche Beginn mit starken Muskel-, Kopf- und Gliederschmerzen, trockenem, schmerzhaftem Husten, Pharyngitis und Fieber. Gelegentlich kommt es im Anschluss an eine Influenza zu wochenlanger Abgeschlagenheit.
Diagnose: Anamnese und klinisch; nur im Zweifelsfall Abstrich/PCR
Komplikationen: Pneumonie, bakterielle Superinfektionen, Herz-Kreislauf-Versagen; tödliche Verläufe kommen v. a. bei chronisch Kranken und Schwangeren vor.
Therapie: Ruhe und ggf. lindernde Therapie; Virostatika nur für ungeimpfte Risikopatienten
Prävention: Jährliche Grippeimpfung im Herbst mit aktuellem Impfstoff, hergestellt aus den drei im Vorjahr häufigsten Virusstämmen der Welt. Empfohlen für alle mindestens 60-Jährigen, chronisch Kranken und im Gesundheitswesen Tätigen. Händehygiene!
Besonderheit: Durch |Veränderung der Virusantigene H und N sowie Antigen-Austausch zwischen Influenzaviren von Mensch und Tier bilden sich immer neue Virusvarianten. Eine anhaltende, umfassende Immunität entsteht daher weder durch Krankheit noch durch Impfung.

Hier finden Sie Informationen zur Influenza und -impfung:
www.grippe-info.de

Veränderungen
der Virusantigene
→ LF 3, S. 47

6.2.3 Mononukleose (Pfeiffersches Drüsenfieber)

Erreger: Epstein-Barr-Virus (EBV)
Infektionsweg: Tröpfchen
Inkubationszeit: 1-3 Wochen
Symptome: Ausgeprägte Mandelentzündung mit eitrig wirkenden Belägen (→ Abb. 1), starke Müdigkeit, Lymphknotenschwellungen an vielen Stellen; ggf. kommt es zur Leber- und Milzschwellung.
Diagnose: EBV-Schnelltest, bei negativem Testergebnis Serologie
Komplikationen: Leberbefall **(Hepatitis)** ist häufig und geht mit extremer Müdigkeit über Wochen bis Monate einher.
Therapie: Da keine spezifische Therapie existiert, körperliche Schonung bis zur spontanen Besserung, bei Hepatitis bis zur Normalisierung der Leberwerte (→ S. 392, 426).
Besonderheiten: Da die Infektion einen engen Kontakt erfordert, wird sie auch Kusskrankheit genannt. Der Patient scheidet monatelang Viren aus, jedoch mit Besserung seines Allgemeinzustandes immer weniger. Es entsteht lebenslange Immunität.

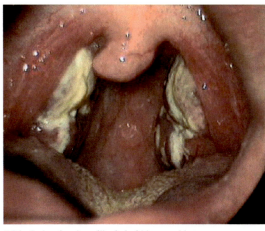
Abb. 1 Angina tonsillaris bei Mononukleose

Auf Grund der eitrig aussehenden Angina wird die Mononukleose oft anfangs mit Antibiotika behandelt. „Helfen" diese nicht, wird die EBV-Infektion im Schnelltest bzw. serologisch festgestellt. Das Antibiotikum **Amoxicillin** löst bei 95 % der Mononukleosepatienten einen heftigen (nicht allergischen) Hautausschlag aus und sollte daher bei Angina tonsillaris grundsätzlich nicht verordnet werden.

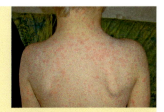
Abb. 2 Masernartiger Hautausschlag

6.2.4 Masern

Erreger: Masernvirus
Infektionsweg: Tröpfchen/aerogen (hochinfektiös)
Inkubationszeit: 8-14 Tage
Symptome: Zunächst Fieber, Husten und **Konjunktivitis** (Bindehautentzündung) sowie weißliche Flecken, sog. Koplik-Flecken an der Wangenschleimhaut. Nach zwei fieberfreien Tagen erneuter Temperaturanstieg und **Exanthem** am Kopf beginnend, hellrot, mit „zusammenfließenden" Flecken.
Diagnose: klinisch
Komplikationen: Otitis media, Pneumonie, **Enzephalitis**, die zu schweren Hirnschäden und zum Tode führen kann. Es besteht eine sechswöchige Immunschwäche nach überstandenen Masern.
Therapie: symptomatisch: Bettruhe, ggf. Abdunkelung des Zimmers und Hustenstiller
Prävention: Zweimalige Lebendimpfung im Alter von ca. 12 und 15 Monaten (**MMR** = gegen Masern, Mumps und Röteln bzw. **MMRV** (mit Varizellenimpfstoff); die meisten Impflinge erlangen lebenslangen Schutz. Da die Impfviren vermehrungsfähig sind, können nach ca. einer Woche (wie nach einer Inkubationszeit) Nebenwirkungen wie Fieber oder Hautausschlag auftreten. Lebendimpfungen sind nicht für Schwangere geeignet. Meldepflicht.

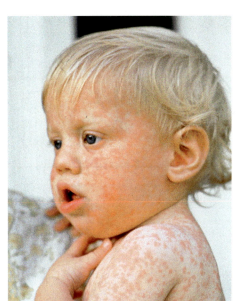
Abb. 3 Kind mit Masern: Exanthem und Husten

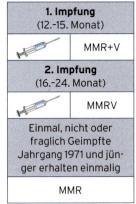

1. Impfung (12.-15. Monat)	MMR+V
2. Impfung (16.-24. Monat)	MMRV
Einmal, nicht oder fraglich Geimpfte Jahrgang 1971 und jünger erhalten einmalig	MMR

6.2.5 Mumps (Parotitis epidemica)

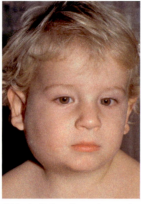
Abb. 1 Schwellung der rechten Ohrspeicheldrüse

1. Impfung (12.-15. Monat): MMR+V
2. Impfung (16.-24. Monat): MMRV
Einmal, nicht oder fraglich Geimpfte Jahrgang 1971 und jünger erhalten einmalig MMR

Erreger: Mumpsvirus
Infektionsweg: Tröpfchen/aerogen
Inkubationszeit: 14–21 Tage
Symptome: nach Vorläufersymptomen schmerzhafte Schwellung beider Ohrspeicheldrüsen **(Parotitis)**
Diagnose: klinisch
Komplikationen: Meningitis. Bei 25 % der erkrankten Jungen **Orchitis** (Hodenentzündung) mit der Folge lebenslanger Unfruchtbarkeit.
Therapie: Symptomatisch; es gibt keine spezifische Therapie.
Prävention: MMR(+)V-Impfung; s. Masern; Meldepflicht.
Besonderheit: Das Robert Koch-Institut rät, bei der ersten Impfung MMR- und Varizellenimpfstoff getrennt zu geben. Bei der zweiten Impfung kann MMRV-Kombinationsimpfstoff verwendet werden. Der Grund ist eine vermutete Häufung von Fieberkrämpfen bei der Erstimpfung mit MMRV-Impfstoff.

6.2.6 Röteln (Rubella, Rubeola)

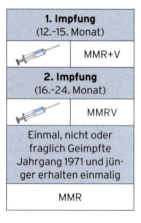

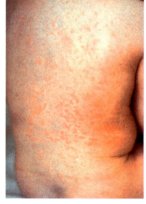
Abb. 2 Exanthem bei Röteln

1. Impfung (12.-15. Monat): MMR+V
2. Impfung (16.-24. Monat): MMRV
Einmal, nicht oder fraglich Geimpfte Jahrgang 1971 und jünger erhalten einmalig MMR

Erreger: Rötelnvirus
Infektionsweg/Inkubationszeit: Tröpfchen/aerogen sowie von der Mutter auf das ungeborene Kind; 14–21 Tage
Symptome: evtl. asymptomatisch; leichtes Fieber; Lymphknotenschwellungen; tastbarer rötlicher Ausschlag
Diagnose: klinisch; Nachweis durchgemachter Krankheit durch Serologie
Komplikationen: Erkrankt eine Schwangere an Röteln, wird die Entwicklung des Kindes schwer gestört (Röteln-**Embryopathie** mit Herzfehler, Hirnschaden u. v. m.).
Therapie: Eine antivirale, d. h. spezifische Therapie ist nicht möglich.
Besonderheit: Da asymptomatisch erkrankte Kinder Schwangere anstecken, ist es sinnvoll, nicht nur Frauen zu impfen, sondern auch alle Kinder. Die Immunität sollte bei Kinderwunsch überprüft werden; ein Titer von 1 : 32 oder mehr bzw. positiver IgG-Nachweis reicht aus. Nach der Impfung sollte drei Monate lang verhütet werden. Eine versehentliche MMR-Impfung bei (unerkannter) Schwangerschaft ist jedoch kein Grund zum Abbruch.
Prävention: MMR(+)V-Impfung; s. Masern; Meldepflicht, auch für Embryopathie.

> **HINWEIS**
> Ringelröteln sind nicht mit Röteln verwandt; es handelt sich um eine eigenständige Viruserkrankung, die ebenfalls Ungeborene gefährdet; eine Impfung existiert nicht.

6.2.7 Virale Gastroenteritis

Abb. 3 Durchfalldiät: pektinreiche Möhrensuppe nach Moro

Erreger: Viren, z. B. Noro- und Rotaviren
Infektionsweg/Inkubationszeit: Lebensmittel/aerogen/Hände; Stunden bis ein Tag
Symptome: Je nach Resistenz des Patienten und Virulenz des Virus reicht die Symptomatik von leichtem Unwohlsein und Appetitverlust über Magenschmerzen und Bauchkrämpfe bis zu schwersten blutigen Durchfällen und Erbrechen mit ausgeprägtem Wasserverlust.
Diagnose: klinisch/Anamnese, ggf. Erregernachweis im Stuhl (PCR)
Komplikationen: lebensbedrohliche Austrocknung (v. a. Säuglinge und alte Menschen)
Therapie: Diät und Flüssigkeitsgabe, ggf. **Antiemetika** (Arzneimittel gegen Erbrechen)

Therapie Gastroenteritis
→ LF 9, S. 404

6.2.8 Varizellen (Windpocken) und Herpes zoster (Gürtelrose)

Erreger: Varicella-Zoster-Virus (VZV); das Virus ruft zunächst Varizellen hervor, bleibt von da an im Körper und kann später **Herpes zoster** (Gürtelrose) hervorrufen.

Infektionsweg: Tröpfchen/aerogen; Varizellen sind hochinfektiös.

Inkubationszeit: 14-21 Tage

Symptome/Diagnose: Nach Vorläufersymptomen typischer, vom Kopf ausgehender Bläschenausschlag, bei dem sich über 5 Tage immer neue Bläschen bilden. Juckt stark, langsame Abheilung; Narbenbildung durch Aufkratzen. Klinisch fast immer eindeutig zu diagnostizieren.

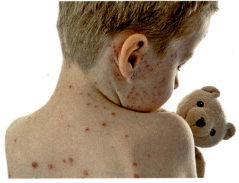
Abb. 1 Bläschenausschlag bei Windpocken

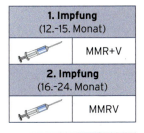

1. Impfung (12.-15. Monat)
MMR+V

2. Impfung (16.-24. Monat)
MMRV

1. Impfung (IGeL) (ab 50 Jahren)
Herpes zoster

2. Impfung (IGeL) (2 Monate nach Erstimpfung)
Herpes zoster

Komplikationen: Gefahr für das Ungeborene bei Infektion einer Schwangeren. Bei Erwachsenen ggf. lebensbedrohliche Pneumonie und Enzephalitis. Schwerer Verlauf bei Neurodermitis oder Immunschwäche.

Therapie: symptomatisch Juckreiz stillende Medikamente; kausal bei Immunschwäche usw. Virostatika (z. B. Aciclovir)

Prävention: Impfung: MMRV-Impfung für Kleinkinder; ab 50 Jahren Herpes-zoster-Impfung (IGeL).

Besonderheit: Nach der Erstinfektion bleibt das VZV lebenslang in Nervenknoten am Rückenmark. Dies nennt sich **latente**, d.h. wartende Infektion. Bei Abwehrschwäche (z. B. durch Stress, Tumor, Alter, Immunsuppression, Aids) entsteht die Gürtelrose mit varizellenähnlichem Hautausschlag entlang des betroffenen Rückenmarknervs. Der Ausschlag umfasst eine Körperhälfte gürtelähnlich, daher der Name. Eine häufige Komplikation sind anhaltende Nervenschmerzen (die Post-Zoster-Neuralgie); zur Vermeidung sind frühzeitig Virostatika indiziert, v. a. im Alter.

> **HINWEIS**
>
> MMR- und V-Impfstoffe sind als Kombinationsimpfstoff (MMRV) und getrennt als MMR und V erhältlich. Die erste Impfung erfolgt mit zwei Impfstoffen, die zweite mit Kombinationsimpfstoff.

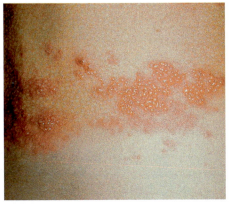
Abb. 2 Gürtelförmige Ausbreitung des Ausschlags bei Herpes-zoster-Erkrankung

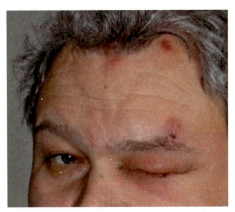
Abb. 3 Herpes zoster mit typischem einseitigem Befall von Stirnhaut und Auge

Lippenherpes ... Die Fieber- oder Ekelbläschen genannten Hauterscheinungen treffen fast jeden ein- oder mehrfach im Leben. Das Herpes-simplex-Virus (HSV), das mit VZV verwandt ist, bleibt von der Erstinfektion an in Nervenzellen liegen. Auslösende Faktoren, die die latente Infektion aktivieren, sind solche, die das Immunsystem schwächen bzw. beanspruchen: fieberhafte Infekte, Stress, starke Sonneneinstrahlung, Menstruation und tatsächlich Ekel.

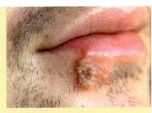
Abb. 4 Lippenherpes

6.2.9 Poliomyelitis (spinale Kinderlähmung)

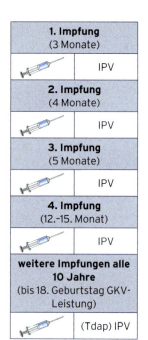

Erreger: Poliomyelitisviren Typ I, II und III (Kurzwort Polioviren)
Infektionsweg/Inkubationszeit: Fäkal-oral; 3-6 Tage; die Erregerausscheidung erfolgt wochenlang mit dem Stuhl. Polio kommt derzeit in Nigeria, Afghanistan, Pakistan, Syrien und Israel vor. Einschleppung ist möglich.
Symptome: Oft asymptomatisch; meistens kommt es nur zu Allgemeinsymptomen und Durchfall. Bei einem von ca. 1000 Infizierten entsteht eine bleibende Lähmung durch Zerstörung motorischer Neurone im Rückenmark.
Diagnose: klinisch; PCR aus Stuhl/Nervenwasser (Liquor cerebrospinalis)
Komplikationen: Bleibende Lähmung; bei Befall der Atemmuskeln mit Beatmungspflichtigkeit; das lebenslange Fortschreiten der Krankheit nennt sich Post-Polio-Syndrom.
Prävention: Impfung ab dem Säuglingsalter

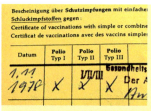

Abb. 1 Impfbucheintrag einer Polio-Schluckimpfung

Wie alle sog. Kinderkrankheiten heißt auch die Poliomyelitis **Kinderlähmung**, da sie früher so häufig war, dass alle außer den Kindern schon immun (oder gelähmt) waren. Früher wurde die Schluckimpfung mit abgeschwächten, lebenden Impfviren Typ I, II und III durchgeführt. Da immer wieder Immungeschwächte durch die Impfviren erkrankten, wurde die Lebendimpfung durch die **i**naktivierte **P**olio-**V**akzine (**IPV**; Polio-Impfstoff mit abgetöteten Erregern) ersetzt.

6.2.10 FSME (Frühsommer-Meningoenzephalitis)

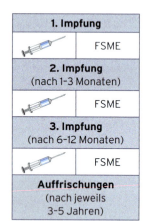

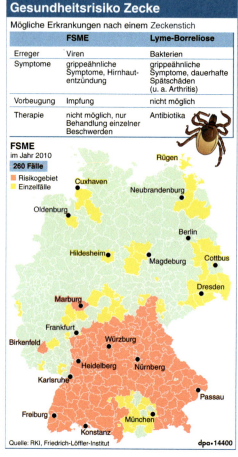

Erreger: FSME-Virus; in Endemiegebieten können Zecken mit dem Virus befallen sein.
Infektionsweg/Inkubationszeit: perkutan durch Zeckenstich im Risikogebiet; 7-14 Tage
Symptome: Erst grippale Symptome, nach fieberfreiem Intervall Fieberanstieg und schweres Krankheitsbild durch Gehirnentzündung (Enzephalitis). Nur wenige Infizierte erkranken überhaupt und nur wenige davon erkranken schwer.
Diagnose: klinisch/Serologie
Komplikationen: Meningoenzephalitis (Entzündung von Gehirn und Hirnhäuten), ggf. bleibende Schäden oder Tod
Therapie: Es ist keine spezifische Therapie möglich.
Prävention: Schutz vor Zeckenstichen (s. Borreliose); Impfung (im Inland GKV-Leistung)
Besonderheiten: Gegen die bakterielle Zeckenstichinfektion Borreliose und gegen die Zecken selbst gibt es keine Impfung. Die Bezeichnung „Zeckenimpfung" ist somit falsch.

6.2.11 HIV-Infektion und Aids (AIDS)

Erreger: Humanes Immunschwäche-Virus; es gibt mehrere HI-Virus-Typen.
Infektionsweg: Sexuell, über Blutprodukte, perkutan (medizinische Behandlung, Tätowierungen, Piercing, Friseur/Rasur u. v. m.), vertikal (von der Mutter zum Kind bei der Geburt oder durch Stillen). Küssen, Mückenstiche, Händedruck usw. gelten hingegen als sicher.
Inkubationszeit: Nach 2-6 Wochen kommt es ggf. zur akuten HIV-Krankheit, die einer Mononukleose ähnelt. Der Ausbruch der Immunschwäche Aids erfolgt je nach Gesundheitszustand, Begleitinfektionen (z. B. Tbc) und evtl. Therapie nach Monaten bis Jahrzehnten.
Symptome: akute HIV-Krankheit als mononukleoseartiges Krankheitsbild; später **L**ymph**a**denopathie-**Syndrom (LAS)** mit Lymphknotenschwellungen, später |opportunistische Infektionen, d. h. beim **ARC** (**A**ids-**R**elated **C**omplex), bei weiter absinkender Immunfunktion **Aids** (**A**cquired **I**mmuno**d**eficiency **S**yndrome; erworbenes Immunschwäche-Syndrom): schwerste Abwehrschwäche, starker Gewichtsverlust mit Auszehrung und Tod
Diagnose: Der Antikörpertest, der übliche HIV-Test als ELISA, der mit der Methode Western-Blot bestätigt werden muss, wird nach ca. 6-12 Wochen positiv, was die HIV-Infektion beweist. Einen „Aids-Test" gibt es nicht, nur den HIV-Antikörpernachweis und zur Erkennung früher Stadien vor der Antikörperbildung die HIV-RNA-PCR. Weitere Stadien (LAS, ARC und Aids) werden klinisch und anhand der Zahl der T-Helferzellen diagnostiziert.
Komplikationen: Therapieversagen durch Resistenz der Viren gegen HIV-spezifische Virostatika. Tod durch Auszehrung bzw. opportunistische Infektionen bei Immunschwäche.
Therapie: Lebenslange Virostatika-Therapie ab Diagnosestellung; konsequente Therapie kann eine fast normale Lebenserwartung ermöglichen. Gezielte Therapie weiterer Infektionen.
Prävention: Safer Sex (Kondome usw.), Testung von Blutprodukten (möglichst Verzicht auf Blutprodukte), Betreuung der Infizierten; die Infektion unter der Geburt kann medikamentös verhindert werden. Bei wahrscheinlicher Erregeraufnahme, z. B. nach Nadelstich-Unfall, kann eine medikamentöse **Postexpositionsprophylaxe (PEP)** die Infektion ggf. verhindern. Unter der PEP versteht man die prophylaktische Einnahme antiviraler Medikamente unmittelbar nach wahrscheinlich erfolgter HIV-Infektion.

> **opportunistische Infektionen**
> → LF 3, S. 47

> Materialien und Informationen zur Aids-**Prävention:**
> www.machsmit.de
> Weitergehende Informationen unter:
> www.kompetenznetz-hiv.de
> Informationen und Hilfe für Betroffene:
> www.daignet.de

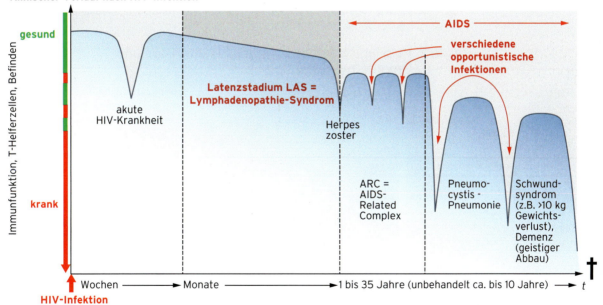

Klinischer Verlauf nach HIV-Infektion

HINWEIS

Die ebenfalls viral bedingten Leberentzündungen |Hepatitis A, B, C usw. finden Sie im Kapitel Gasteroenterologie.

> **Hepatitis A, B, C**
> → LF 9, S. 423

6.3 Pilzinfektionen (Mykosen)

Eine Pilzerkrankung (Mykose) liegt vor, wenn pathogene Pilze eine Infektionskrankheit auslösen. Haut und Schleimhäute jedes Menschen sind mit Pilzen besiedelt. Eine **Besiedelung** allein stellt noch keine Krankheit dar; erst bei Symptomen liegt eine solche vor.

6.3.1 Haut- und Schleimhautmykosen

Viele Pilze sind opportunistische Erreger; ihre Vorliebe für Wärme und Feuchtigkeit erklärt die typischen Stellen, an denen Mykosen auftreten: Zehenzwischenräume, tiefe Hautfalten, Mund- und Genitalbereich. Da Pilze Zucker lieben, sind Diabetiker mit ihrem zuckerreichen Gewebe oft von Mykosen betroffen. Bei schlechter Immunfunktion treten Mykosen häufiger und ausgedehnter auf.

6.3.2 Soor

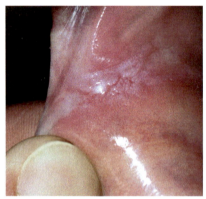
Abb. 1 Mundsoor (Wange)

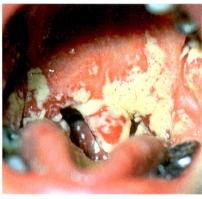
Abb. 2 Mundsoor (Zunge)

Soor (sprich So-or) ist ein pelzartiger, weißer Hefepilzbefall auf Schleimhäuten. Er kommt häufig im Mundraum, auch auf der Zunge, vor. Zu den Soor begünstigenden Faktoren gehören u. a.
- Antibiotikatherapien,
- (falsch durchgeführte) Cortisoninhalation bei Asthma sowie
- die altersbedingte Immunschwäche bei Säuglingen und alten Menschen.

Bei Aids, schwer Krebskranken, hoch dosierter Cortisoneinnahme usw. entstehen Mykosen der Speiseröhre, der Lunge sowie systemische (Ganzkörper-)Mykosen. Die Hormone der Schwangerschaft bzw. der Pille können Vaginalmykosen begünstigen. Die antimykotische Therapie erfolgt je nach Ausdehnung des Befalls lokal oder systemisch.

6.3.3 Fuß- und Nagelpilz (Interdigitalmykose und Onychomykose)

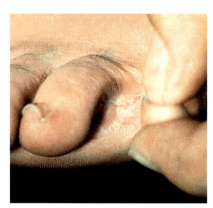
Abb. 3 Mykose in den Zehenzwischenräumen (Interdigitalmykose)

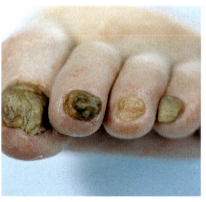
Abb. 4 Nagelpilz (Onychomykose)

Fußpilz ist die häufigste Mykose; sie liegt bei ca. jedem dritten Erwachsenen vor. Geschlossene Schuhe, z. B. Sportschuhe, sowie Schwitzen begünstigen Fußmykosen. Eine erfolgreiche Therapie beinhaltet die konsequente Desinfektion und das Trockenhalten der Schuhe und Strümpfe. Gründliches Abtrocknen der Zehenzwischenräume nach dem Duschen usw. ist die wichtigste Präventionsmaßnahme.

Bei Befall der Finger- bzw. Fußnägel ist das Abtragen der mykotisch veränderten Nagelsubstanz ebenso wichtig wie die konsequente Lokaltherapie über Monate. Bei Befall mehrerer Nägel ist zusätzlich eine systemische Therapie sinnvoll. Wiederholte, auch unbemerkte, Verletzungen beim Joggen, Fußball usw. begünstigen Nagelpilz ebenso wie Durchblutungsstörungen durch Rauchen bzw. Gefäßverengung.

6.4 Erkrankungen durch Protozoen

Protozoenerkrankungen sind überwiegend Tropenkrankheiten, die Patienten von Fernreisen mitbringen. Beispiele hierfür sind Malaria, die durch Mücken übertragen wird, sowie Giardiasis und Amöbenruhr. Bei beiden handelt es sich um lang anhaltende Durchfallerkrankungen. Ein hoher Hygienestandard (saubere Nahrung und Trinkwasser) schützt vor vielen Protozoen. Zur Prävention der Malaria sind ein konsequenter Mückenschutz und die Einnahme spezieller Medikamente notwendig.

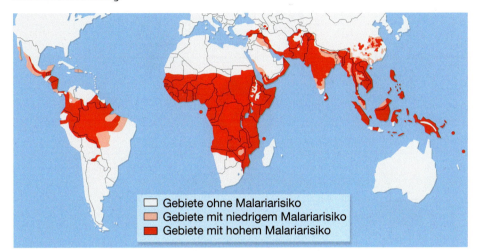

Informationen zur aktuellen Verbreitung und Prophylaxe der Malaria bietet die Universität Bonn unter
www.malariainfo.net
Informationen zur Infektionsprophylaxe auf Reisen bieten
www.fit-for-travel.de
und
www.dtg.org.

Abb. 1 Karte zur Malariaverbreitung

Toxoplasmose

Erreger: Toxoplasmen sind Protozoen, die u. a. von Schweinen, Katzen und Mäusen ausgeschieden werden und im Erdboden vorkommen. Die Erreger sind im Inland verbreitet; etwa jeder zweite Erwachsene hat sich bereits infiziert bzw. ist immun.
Infektionsweg/Inkubationszeit: Oral: Verzehr kontaminierter Lebensmittel (rohes bzw. geräuchertes Schweinefleisch wie Räucherschinken, Salami usw.) oder Kontakt mit Gartenerde und Tierkot (Katzen, Mäuse); 2–3 Wochen. **Konnatal**, d. h. von der Schwangeren auf das ungeborene Kind; bereits immune Schwangere infizieren ihr Kind nicht mit Toxoplasmose.
Symptome: Bei Gesunden zumeist unbemerkte Krankheit mit Lymphknotenschwellungen, Müdigkeit usw.; bei Schwangeren ebenfalls nur leichte Symptome. Beim ungeborenen Kind kann die Infektion zu Fehlbildungen und ggf. zu einem tödlichen Verlauf führen.
Diagnose: serologisch
Komplikationen: Im ersten Schwangerschaftsdrittel ggf. Fehlgeburt, bei späterer Infektion sind vielfältige Schäden beim Kind wie Gehirn-, Augen- und Herzfehlbildungen möglich. Bei Aids kommt es ggf. zur Toxoplasmose des Gehirns.
Therapie: in der Schwangerschaft und bei Immunschwäche Therapie mit Antibiotika, u. a.
Prävention: Nicht immune Schwangere sollten rohes Schweinefleisch inkl. Mettwurst, Teewurst usw. sowie Kontakt mit Gartenerde, Sandkästen (Katzenkot) und Katzen meiden.

 Schwangere sind in gewissem Sinne immunschwach; daher sind sie selbst z. B. durch Influenza und ihre ungeborenen Kinder durch Toxoplasmose gefährdet. Das Immunsystem ist in der Schwangerschaft weniger aktiv, weil es den genetisch gesehen fremden Organismus des Kindes nicht bekämpfen bzw. abstoßen darf. Durch diese sog. Immuntoleranz verlaufen manche Autoimmunkrankheiten während der Schwangerschaft viel leichter; allerdings kann es nach der Entbindung zu einem Krankheitsschub kommen.

6.5 Prionkrankheiten

Siehe Kapitel 3.2.5, S. 48

6.6 Erkrankungen durch tierische Parasiten

Zahlreiche, v. a. blutsaugende Tiere streben danach, den menschlichen Körper parasitär als Nahrungsquelle zu nutzen. Dabei können die Tiere Krankheiten hervorrufen. Die Abbildung enthält einige Beispiele tierischer Parasiten.

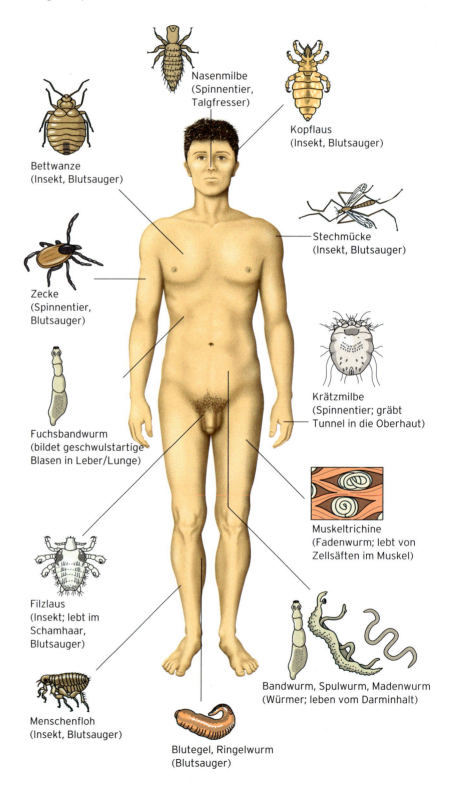

Beispiele von Infektionskrankheiten | **81**

Kopflausbefall (Pedikulose; Pediculosis capitis)

Die häufigste Parasitenerkrankung des Menschen ist der Kopflausbefall. Die Läuse wandern über die Haare von Kopf zu Kopf; lange Haare und „Köpfe-Zusammenstecken" erleichtern den schnell laufenden Insekten den Befall immer neuer Wirte. Läuse unterscheiden nicht nach Pflegezustand, Alter usw.; eine **Pedikulose** ist kein Zeichen von Unsauberkeit.

Die Läuse saugen Blut aus der Kopfhaut. Der Läusespeichel erzeugt starken Juckreiz. Ihre Eier kleben die Läuse direkt an der Kopfhaut mit den sog. **Nissen** (Eihüllen) an Haare an. Da Haare ca. 1 cm im Monat wachsen, beweist eine 2 cm von der Kopfhaut entfernte Nisse eine seit ca. 2 Monaten bestehende Pedikulose.

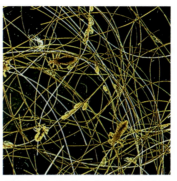

Abb. 1 Pedikulose (Kopflausbefall)

Unabhängige Informationen zur Kopflausbekämpfung inkl. mehrsprachigen Merkblättern
www.rki.de
www.kindergesundheit-info.de
www.pediculosis-gesellschaft.de

Die Diagnose erfolgt durch Auffinden der Läuse und ihrer Nissen; beide sind oft hinter den Ohren am besten zu sehen. Nasses Auskämmen der gewaschenen Haare mit Pflegespülung erleichtert das Auffinden bei geringem, d. h. frischem Befall.

Die Therapie erfolgt lokal; es gibt verschieden wirkende **Läusemittel**, die bei richtiger Anwendung für den Patienten unschädlich sind. Nassauskämmen nach der Behandlung mit einem feinen sog. Läusekamm dient dazu, die toten Läuse und möglichst viele Nissen zu entfernen. Die insektizide Lokaltherapie wird am 8., 9. oder 10. Tag nach der Erstbehandlung (= Tag 1) wiederholt, da dann neue Läuse aus nicht abgetöteten Nissen geschlüpft sein könnten. Läuse sterben ohne Blutmahlzeit nach 2-3 Tagen ab. Da eine Übertragung über Kleidung usw. nicht nachgewiesen wurde, dienen umfangreiche Waschaktionen usw. eher der Wiederherstellung des Sauberkeits*gefühls* als der tatsächlichen Läusebekämpfung.

Bienen und **Wespen** sind keine Menschen-Parasiten. Sie leben nicht von Blut und stechen auch nicht, um solches zu gewinnen. Sie sind Gifttiere. Sie stechen nur zur Verteidigung ihrer selbst bzw. ihres Volks. Die einzelne Wespe oder Biene stirbt dabei. Das Gift, das sie beim Stich in die Haut abgibt, erzeugt einen brennenden Schmerz und verursacht eine Entzündung, die dem Abbau bzw. der Verdünnung des Gifts und der Heilung des verletzten Gewebes dient. Gefährlich und sofort therapiebedürftig sind Stiche im Mund-Rachen-Bereich, die die Atemwege verlegen können. Auch allergische Reaktionen, bei denen in anderen Körperteilen als dem, in den der Stich erfolgte, Symptome wie Schwellungen und Quaddeln entstehen, treten auf. Bekannte Insektengiftallergiker sollten daher zur sofortigen medikamentösen Therapie ein Notfallset mit Adrenalin, Cortison und einem Antihistaminikum mit sich führen.

Abb. 2 Die Honigbiene sticht nur im Notfall.

Terminologie: Viruskrankheiten, Mykosen und Parasitenbefall

Aids (AIDS)	**A**cquired **I**mmuno**d**eficiency **S**yndrome; durch HIV-Infektion erworbenes Immunschwäche-Syndrom des Menschen
Antiemetikum	Arzneimittel gegen Übelkeit und Erbrechen
ARC	**A**ids-**R**elated **C**omplex; Vorstadium von Aids mit opportunistischen Infektionen
Besiedelung	Nachweis (fakultativ) pathogener Erreger ohne Symptome
Embryopathie	Krankheit durch Schädigung des Ungeborenen im ersten Schwangerschaftsdrittel (der Embryonalperiode)
Enzephalitis	Gehirnentzündung
Exanthem	Hautausschlag

82 | Praxishygiene und Schutz vor Infektionskrankheiten organisieren

Hepatitis	Leberentzündung
Herpes zoster	Gürtelrose (Varizellen-Folgekrankheit)
HIV	**H**umanes (d. h. menschliches) **I**mmunschwäche-**V**irus
Infekt	Kurzwort für (leichte) Infektionskrankheit
Insektizid	Insekten abtötendes Mittel
Konjunktivitis	Bindehautentzündung (Entzündung der Augenbindehaut)
konnatal	angeboren (Infektionsart: von der Mutter auf das Ungeborene)
latente Infektion	Infektion, die nur bei Immunschwäche ausbricht (reaktiviert wird)
LAS	**L**ymph**a**denopathie-**S**yndrom (Vorstadium von Aids)
Meningoenzephalitis	Entzündung von Gehirn und Hirnhäuten
MMR	**M**asern-**M**umps-**R**öteln-Impfung bzw. -Impfstoff
MMRV	**M**asern-**M**umps-**R**öteln-**V**arizellen-Impfung bzw. -Impfstoff
Nisse	Eihülle der Kopflaus
Orchitis	Hodenentzündung
Parotitis	Ohrspeicheldrüsenentzündung
Pedikulose	Kopflausbefall
Poliomyelitis (Kurzwort **Polio**)	Viruserkrankung des Rückenmarks; sog. spinale Kinderlähmung
PEP	**P**ost**e**xpositions**p**rophylaxe; Maßnahmen zur Verhinderung einer Erkrankung nach wahrscheinlicher Infektion
Superinfektion	zusätzliche Infektion; z. B. bakterielle Infektion bei Viruskrankheit
Syndrom	typische Symptomkombination durch eine gemeinsame Ursache
Toxoplasmose	Protozoen-Erkrankung, die ungeborene Kinder gefährdet
Varizellen	Windpocken; Erkrankung durch das Varicella-Zoster-Virus

HINWEIS

PrEP ist die **Prä**expositionspro**p**hylaxe, d. h. die vorsorgliche Einnahme von Virostatika gegen HIV bei anhaltend riskantem Sexualverhalten; Kosten: ca. 30 €/Tag.

AUFGABEN

1 Lassen Sie sich im Herbst gegen Virusgrippe impfen? Begründen Sie Ihre Antwort.

2 Erklären Sie den Begriff Superinfektion.

3 Welche Viruskrankheit wird auch Kusskrankheit genannt und warum?

4 Schwangere werden nicht gegen Masern, Mumps, Röteln und Varizellen geimpft. Begründen Sie dieses Vorgehen.

5 Welcher Zusammenhang besteht zwischen Varizellen und Herpes zoster?

6 Erklären Sie den Begriff „latente Infektion" im Zusammenhang mit VZV und Herpes simplex (Lippenherpes).

7 Welche opportunistischen Infektionen sind typisch für Aids?

8 Bewerten Sie den häufig verwendeten Begriff „Aids-Test".

7 Schutzimpfungen

Schwere und vor allem tödliche Krankheiten forderten die Menschen von jeher dazu heraus, sich gegen gefährliche Erreger zu schützen. Im Jahre 1796 impfte der Arzt Edward Jenner in England erstmals Menschen gegen Pocken. Er infizierte sie mit Sekret aus Kuhpocken, da er beobachtet hatte, dass Melkerinnen, die die relativ harmlosen Kuhpocken durchgemacht hatten, nicht an den echten, zumeist tödlichen Pocken erkrankten (→ Abb.1). Nach lat. vacca = Kuh nannte er seine Methode Vaccination; noch heute ist dies das Fachwort für Impfung. Sekrete von Kranken werden allerdings heute nicht mehr zum Impfen verwendet.

Das Prinzip jeder Impfung ist es, dem Immunsystem Antigene gefährlicher Erreger zuzuführen und damit – ohne das Risiko einer möglicherweise tödlichen Krankheit – Immunität zu erzeugen. Daher wird eine Impfung auch als **Immunisierung** bezeichnet.

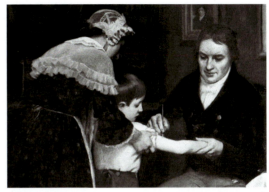

Abb. 1 Edward Jenner (1749–1823) beim Impfen

Allerdings reagiert unser Immunsystem nicht auf jedes Antigen, z. B. nicht auf tote Erreger. Daher war und ist es sehr schwierig, wirksame Impfstoffe herzustellen, die das Immunsystem zum Lernen anregen, ohne selbst pathogen zu sein. Mikroorganismen, die ihre Antigene häufig ändern, erfordern immer wieder neue Impfstoffe (Influenza) oder machen die Impfstoffherstellung nahezu unmöglich (HIV).

Bei den Schutzimpfungen unterscheidet man Aktiv- und Passivimpfungen und entsprechend Aktiv- und Passivimpfstoffe.

7.1 Aktive Impfung

Bei der **Aktivimpfung** werden Antigene zugeführt: Dadurch wird das Immunsystem selbst aktiv und bildet spezifische Antikörper und Abwehrzellen, d. h. B- und T-Lymphozyten sowie entsprechende Gedächtniszellen zur spezifischen Erregerbekämpfung.

- ● Krankheitserreger
- ● Teil des Krankheitserregers bzw. abgetöteter/abgeschwächter Krankheitserreger / Toxoid
- ⚡ Antikörper

Immunität durch aktive Impfung

| Impfung eines gesunden Menschen mit ungefährlichen Antigenen, ggf. mit Wiederholung(en) | Aktive Bildung eigener Antikörper und Abwehrzellen mit wenigen oder ganz ohne Symptome | Die aktiv gebildete Immunität beginnt nach ca. 2 Wochen; sie hält lange, ggf. lebenslang an. | Dringt der echte Erreger in den Körper ein, wird er im Antigen-Antikörper-Komplex gebunden und so rasch unschädlich gemacht. |

Für die Aktivimpfung gibt es Lebendimpfstoffe, Totimpfstoffe und Toxoidimpfstoffe. **Lebendimpfstoffe** enthalten lebende, aber gering virulente Erreger. Sie können Nebenwirkungen im Sinne einer leichten „Impfkrankheit" erzeugen, da sie sich im Körper des Geimpften vermehren. Lebendimpfstoffe regen das Immunsystem stark an und bewirken daher einen lang anhaltenden, ggf. lebenslangen Schutz.

Einige **Totimpfstoffe** enthalten Hilfsstoffe, die das Immunsystem anregen, da es normalerweise nicht auf tote Erreger reagiert. Diese Stoffe können auch die Nebenwirkungen der Impfstoffe verstärken.

Toxoidimpfstoffe enthalten ein Toxoid, einen dem Toxin (Gift) des Erregers ähnlichen, aber unschädlichen Stoff, damit das Immunsystem Abwehrstoffe gegen das echte Toxin bildet.

Alle Aktivimpfstoffe sind **immunogen**, d. h., sie regen das Immunsystem zur Tätigkeit an.

Art des Aktivimpfstoffs	Beispiele von Krankheiten, gegen die der Impfstoff schützt	Vor- und Nachteile
Lebendimpfstoff lebende, kaum virulente, vermehrungsfähige Erreger	**Viruskrankheiten:** Masern, Mumps, Röteln, Varizellen, Gelbfieber **Bakterielle Krankheiten:** Tbc (aktuell nicht mehr verwendeter Impfstoff), Typhus (oral, d. h. Schluckimpfstoff)	**V:** hohe Immunogenität, daher ggf. lebenslange Immunität **N:** leichte, nicht ansteckende „Impfkrankheit", Risiko für Immungeschwächte und Schwangere
Totimpfstoff abgetötete Erreger oder Teile davon oder reine, gentechnisch hergestellte Erregerantigene	**Viruskrankheiten:** Hepatitis A und B, FSME, HPV, Tollwut **Bakterielle Krankheiten/Erreger:** Pertussis, Hib, Pneumokokken, Meningokokken, Typhus	**V:** weniger Nebenwirkungen als bei Lebendimpfstoff, ungefährlich bei Immunschwäche **N:** geringe Immunogenität, daher häufigere Impfung erforderlich
Toxoidimpfstoff unschädliche Variante des Erregergifts (des Toxins)	**Bakterielle Krankheiten:** Tetanus und Diphtherie	**V:** schützt vor wichtigem Virulenzfaktor **N:** gering immunogen

Je nach ihrer Immunogenität müssen Impfstoffe mehr oder weniger häufig verabreicht werden, um einen ausreichenden Schutz und Langzeitschutz zu erzeugen. Aus allen Impfungen, die zur Erlangung einer belastbaren, d. h. wirksam schützenden Immunität erforderlich sind, besteht die **Grundimmunisierung**. Sie umfasst zumeist mehrere Impfungen. Die vorgeschriebenen Zeitabstände zwischen den Impfstoffgaben stellen sicher, dass mit der kleinstmöglichen Zahl an Impfungen der größtmögliche Schutz erzeugt wird. Die Impfabstände dürfen ggf. *über*schritten, aber nicht *unter*schritten werden. Da mit der Zeit das immunologische Gedächtnis nachlässt, muss der „Lernstoff wiederholt", d. h. die Impfung im Sinne einer **Auffrischimpfung** erneut durchgeführt werden. Auffrischimpfungen werden in größeren Abständen, z. B. alle zehn Jahre, verabreicht, da sie quasi nur eine Erinnerung des Immunsystems wieder wachrufen.

> „Ich glaube, ich habe mich heute angesteckt ..." Ausreden, um geplante Impfungen zu verschieben, sind zahlreich. Echte **Kontraindikationen** für Impfungen sind: eine akute therapiebedürftige Krankheit, Fieber ≥ 38,5 °C, eine geplante Operation innerhalb der nächsten drei Tage (Totimpfstoff) bzw. 14 Tage (Lebendimpfstoff) sowie Allergien gegen Inhaltsstoffe. Schwangeren und immunschwachen Personen werden Lebendimpfungen nur in ärztlich begründeten Ausnahmefällen verabreicht. Chronische Krankheiten sind gerade ein Grund zu impfen, da ein kranker Organismus durch Infektionskrankheiten vermehrt belastet bzw. gefährdet ist. Kleinkinder, die häufig an leichten Infekten leiden, sind nicht von den notwendigen Impfungen zurückzustellen, sofern ihr Allgemeinzustand gut ist und kein hohes Fieber besteht.

7.2 Passive Impfung (Immunglobulingabe)

Bei der **Passivimpfung** bleibt das Immunsystem untätig, d. h. passiv: Der Impfstoff enthält fertige Antikörper (Immungobuline) aus dem Blut immuner Spender. Diese werden gespritzt, wenn anscheinend eine Ansteckung mit einem gefährlichen Erreger stattgefunden hat. Ist also jemand wahrscheinlich frisch infiziert, z. B. hat sich eine ungeimpfte MFA an einer kontaminierten Kanüle gestochen, so kann eine Hepatitis-B-Erkrankung durch eine Passivimpfung verhindert werden. Für diese Fälle gibt es konzentriertes Immunglobulin gegen Hepatitis-B-Viren. Gemischte Immunglobuline wie Beriglobin® können außerdem z. B. vor kurzfristig unternommenen Fernreisen gegeben werden, wenn die Zeit für den Aufbau eines aktiven Schutzes nicht mehr ausreicht.

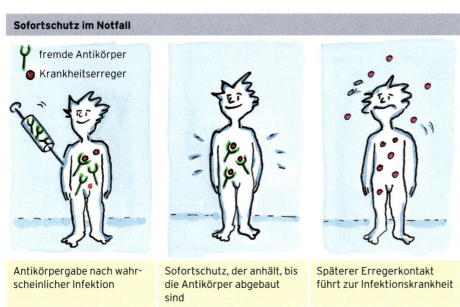

Sofortschutz im Notfall

- Antikörpergabe nach wahrscheinlicher Infektion
- Sofortschutz, der anhält, bis die Antikörper abgebaut sind
- Späterer Erregerkontakt führt zur Infektionskrankheit

7.3 Simultanimpfung (kombinierte Aktiv- und Passivimpfung)

Simultan bedeutet gleichzeitig: Bei der Simultanimpfung werden Aktiv- und Passivimpfstoff kurz nacheinander verabreicht. Damit nicht die Antikörper des Passivimpfstoffs die Antigene des Aktivimpfstoffs in Antigen-Antikörper-Komplexen binden und unwirksam machen, werden beide Injektionen getrennt an verschiedenen Körperstellen gespritzt, z. B. in den rechten und linken Oberarm. Sie dienen dem Sofortschutz bei wahrscheinlicher Infektion und gleichzeitig dem Langzeitschutz, wenn anzunehmen ist, dass der Patient immer wieder mit dem Erreger Kontakt haben wird.

HINWEIS

Bei wahrscheinlicher Hepatitis-B-Ansteckung dient die unverzügliche Passiv- bzw. Simultanimpfung als Postexpositionsprophylaxe.

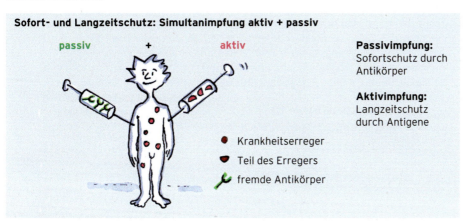

Sofort- und Langzeitschutz: Simultanimpfung aktiv + passiv

Passivimpfung: Sofortschutz durch Antikörper

Aktivimpfung: Langzeitschutz durch Antigene

- Krankheitserreger
- Teil des Erregers
- fremde Antikörper

7.4 Bewertung der verschiedenen Impfungsarten

Wenn möglich, sollte der Aktivimpfung der Vorzug gegeben werden, da sie lang anhaltenden Schutz auch für unvorhergesehene Situationen bietet. Die Passivimpfung ist vorwiegend im Notfall anzuwenden, da sie nur kurz wirksam ist (bis ca. vier Wochen), aus Fremdblut gewonnen wird (wobei ein geringes Infektionsrisiko nicht auszuschließen ist) und erheblich teurer ist als die Aktivimpfung. Ein Hepatitis-B-Passivimpfstoff kostet etwa 900 €, drei Aktivimpfstoffe für Erwachsene, ausreichend für eine Grundimmunisierung, ca. 200 €.

7.5 Nebenwirkungen von Schutzimpfungen

Bei jeder Aktivimpfung kann es zu lokalen Nebenwirkungen kommen, da die hohe Antigenkonzentration an der Injektionsstelle dort eine stärkere Immunreaktion hervorruft. Leichte Schmerzen, Rötung, Schwellung, Juckreiz und Hitzegefühl an der Impfstelle sind nicht ungewöhnlich; sie sind Ausdruck der impfbedingten Aktivität des Immunsystems und halten meistens nur einen Tag lang an.

Seltener kommt es nach Aktivimpfungen kurzzeitig zu Allgemeinsymptomen wie Krankheitsgefühl, Muskelschmerzen und Fieber. Anstrengung kann Nebenwirkungen verstärken, weshalb z. B. am Tage einer Tetanusimpfung keine intensive sportliche Aktivität zu empfehlen ist. Passivimpfungen haben bis auf den Einstich und leichte Schmerzen an der Impfstelle nur selten Nebenwirkungen, da das Immunsystem nicht angeregt wird.

Gefährliche allergische Reaktionen können prinzipiell nach jeder Impfung vorkommen; sie erfordern entsprechende Notfallmaßnahmen. **Kollaps**zustände beruhen meistens auf Spritzenangst; gefährdete Patienten erhalten Impfungen stets im Liegen.

Grundsätze der Impftechnik

Mit der richtigen Impftechnik können Nebenwirkungen gering gehalten werden: Wegen möglicher lokaler Nebenwirkungen werden Rechtshänder vorsichtshalber in den linken Oberarm geimpft und umgekehrt. Der Patient soll den Arm bei der Impfung möglichst locker lassen, d. h. die Muskulatur entspannen. So werden durch den Einstich weniger Muskelfäserchen verletzt, was eine geringere Entzündungsreaktion nach sich zieht. Die Impfkanüle soll stets trocken sein, d. h. keinen Impfstoff enthalten, da sonst kleine Impfstoffmengen in die Haut gelangen und dort zu vermehrten lokalen Nebenwirkungen führen. Beim Impfen in den ▌Deltamuskel wird nicht aspiriert, also nach dem Einstich nicht an der Spritze gezogen, damit das Gewebe nicht verletzt wird. Je dünner die Impfkanüle ist, desto geringer ist die entstehende Verletzung und somit der Einstichschmerz. Impfstoffe werden gekühlt gelagert, sollen aber zimmerwarm verimpft werden.

Injektionstechnik
→ LF 4, S. 189

„**Nach der Grippespritze hatte ich so schlimm Grippe!**" Medizinisch gesehen ist der Zusammenhang anders: 1. Grippeimpfstoff kann - wie jeder Totimpfstoff - keine Infektion hervorrufen, da er keine lebenden Erreger enthält. 2. Die Impfung schützt recht zuverlässig vor echter Grippe, sofern sie früh genug (z. B. im Herbst) verabreicht wird. 3. Grippale Infekte werden oft mit Influenza verwechselt. Da es möglich ist, sich in der Erkältungssaison z. B. im Wartezimmer anzustecken und so am Tag nach der Impfung an einem grippalen Infekt zu erkranken, wird oft die Impfung beschuldigt. Infektanfällige Personen sollte der (geimpfte!) Arzt im Rahmen eines Hausbesuchs oder am Rande der Sprechstunde impfen, damit sie keinen Kontakt zu infektiösen Patienten haben. Dabei sind vor allem Kleinkinder „Virusschleudern". Sie sind bei Grippe etwa zehn Tage lang infektiös, Erwachsene nur drei bis vier Tage lang.

7.6 Überprüfung des Impfschutzes

Der Impferfolg bzw. die Schutzwirkung ist nur bei wenigen Impfungen serologisch verlässlich bestimmbar; am besten gelingt dies bei Hepatitis B. Unter anderem bei Tetanus ist es besser und sicherer, die empfohlenen Auffrischimpfungen durchzuführen, als den Antikörpertiter zu bestimmen. Daher dient insbesondere die Kontrolle des Impfpasses der Feststellung, ob der Impfschutz ausreicht oder weitere Immunisierungen **indiziert**, d. h. notwendig sind.

7.7. Aufklärung und Dokumentation bei Schutzimpfungen

Ob ein Patient eine Impfung benötigt, kann die MFA anhand des Impfpasses feststellen. Allerdings muss vor jeder Impfung ein Arzt den Patienten befragen und festlegen, ob die (ggf. schon geplante) Impfung bei ihm tatsächlich indiziert ist. Der Patient muss zum Verlauf der Krankheit, gegen die geimpft wird, sowie zu Risiken und Nebenwirkungen durch den Arzt informiert werden. Dieser befragt den Patienten auch nach früheren allergischen Reaktionen auf Impfstoffe bzw. Impfstoffbestandteile und informiert ihn über die zu erwartende Schutzwirkung.

Stellt der Arzt die **Indikation**, kann eine entsprechend ausgebildete MFA die Impfung durchführen.

> **MERKE**
>
> In den Impfpass eingetragen werden
> – das Impfdatum,
> – die Krankheit, gegen die geimpft wurde,
> – Handelsname und **Charge** des Impfstoffs sowie
> – Stempel und Unterschrift des Arztes.

Selbstständiges Durchführen einer Impfsprechstunde durch die MFA allein ist nicht rechtens.

7.8 Öffentlich empfohlene Impfungen (STIKO-Impfplan)

Der Staat hat Interesse an der Gesundheit seiner Bürger. Impfungen gegen Erkrankungen, die durch Immunisierung vermeidbar sind, werden daher öffentlich empfohlen. Die Ständige Impfkommission am Robert Koch-Institut **(STIKO)** empfiehlt eine Vielzahl an Impfungen ab dem Säuglingsalter; sie aktualisiert mindestens einmal jährlich ihre Empfehlungen.

Alle im STIKO-Impfplan empfohlenen **Standard-** und **Indikationsimpfungen** werden von den privaten und gesetzlichen Krankenkassen bezahlt. Standardimpfungen sind für jeden Menschen wichtig. Indikationsimpfungen betreffen nur besonders gefährdete Personengruppen, z. B. chronisch Kranke. Beruflich erforderliche Immunisierungen müssen die Arbeitgeber bezahlen; die Kosten für Reiseimpfungen trägt im Allgemeinen der Reisende selbst. Nachholimpfungen, d. h. versäumte Impfungen, sind z. T. auf Kassenkosten möglich. Dabei gelten bestimmte Altersgrenzen, z. B. der 18. Geburtstag bei Hepatitis B, Meningokokken und Polio.

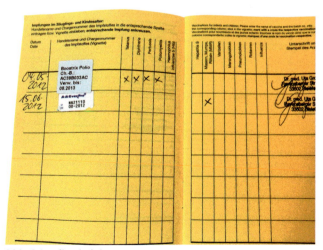

Abb. 1 Impfbucheintrag

Außergewöhnliche Impfreaktionen sind dem zuständigen Gesundheitsamt zu melden. Erleidet ein Patient durch eine Impfung einen Gesundheitsschaden, hat er Anspruch auf öffentliche Hilfen.

> **HINWEIS**
>
> Die Frage nach Masern-, Mumps- und Rötelnimmunität wird kaum noch per Titerbestimmung, sondern nach Impfstatus beantwortet. Nach zwei MMR-Impfungen ist Immunität wahrscheinlich.

| **Injektionstechnik**
| → LF 4, S. 189

Impfungen A-Z, Impfthemen A-Z, rechtliche Fragen (z. B. Delegierbarkeit), Videos zum Thema Impfungen usw.
www.rki.de

STIKO-Impfplan (Stand Juni 2016; aktuelle Änderungen: www.rki.de, www.pei.de)		
Empfohlenes Impf-alter (frühester Zeitpunkt; vollende-te Monate/Jahre)	**Von der STIKO öffentlich empfohlene Impfung gegen**	**Abkürzung im Impfpass/ Bemerkung**
2 Monate	**1. Impfung:** Diphtherie-Tetanus-Per-tussis, Haemophilus influenzae b, Hepatitis B (→ LF 9, S. 425), Polio (6fach-Impfung), Pneumokokken (Kinderimpfstoff)	DTaP Hib, HB IPV= inaktivierte Poliovakzine (keine Schluckimpfung!) Pneumokokken (Pneu)
6-24 Wochen	2-3 Impfungen gegen Rotaviren	Schluckimpfungen
3 Monate	**2. Impfung:** Diphtherie-Tetanus-Per-tussis, Haemophilus influenzae b, Hepatitis B, Polio (6fach-Impfung)	DTaP (je nach Impfstoff ohne aP) Hib HB IPV
4 Monate	**3. Impfung:** Diphtherie-Tetanus-Per-tussis, Haemophilus influenzae b, Hepatitis B, Polio (6fach-Impfung), Pneumokokken (Kinderimpfstoff)	DTaP Hib IPV Pneu
11-14 Monate	**4. Impfung:** Diphtherie-Tetanus-Per-tussis, Haemophilus influenzae b, Hepatitis B, Polio (6fach-Impfung), Pneumokokken (Kinderimpfstoff), **1. Impfung:** Masern-Mumps-Röteln + Varizellen	DTaP Hib HB IPV Pneu MMR+V } Grundimmunisie-rung abgeschlos-sen
12-24 Monate	Meningokokken C	einmalige Impfung, die bis zum 18. Lebensjahr nach-geholt werden kann
15-23 Monate ab Geburtsjahr 1971	**2. Impfung:** Masern-Mumps-Röteln-Varizellen einmalig MMR	MMRV für nicht oder nur einmal gegen MMR Geimpfte
5-6 Jahre	**1. Auffrischimpfung:** Diphtherie-Tetanus-Pertussis	TdaP; ab 5 Jahren d-Impfstoff statt D gegen Diphthe-rie; enthält weniger Antigen, ist daher nebenwirkungsärmer; entsprechend ab 10 Jahren ap- statt aP-Impfstoff gegen Pertussis
9-14 (17) Jahre	HPV-Impfung 2 x im Monat 0 und 6, bei Impfung nach dem 13. (14.) Lebensjahr 3 x (0, 2, 6)	alle Mädchen (gegen Gebärmutterhalskrebs und Ge-nitalwarzen, da HP-Viren diese verursachen; für Jun-gen in Planung)
9-17 Jahre	**2. Auffrischimpfung:** Diphtherie-Tetanus-Pertussis, **1. Auffrischimpfung:** Polio	Tdap IPV falls Impfungen fehlen, diese nachholen
ab 18 Jahre	Diphtherie-Tetanus-Pertussis	alle 10 Jahre Auffrischung; auch nach längeren Ab-ständen nur eine Impfdosis geben, sofern Grund-immunisierung (4-malige Impfung) erfolgte
ab 60 Jahre	Pneumokokkenimpfung mit Erwachsenenimpfstoff	ab 60 Jahren einmalig als Standardimpfung, bei speziellen Risikogruppen früher und ggf. wiederholt, z. B. nach 5 Jahren, impfen
ab 60 Jahre	Grippe (Influenza)	jährlich mit aktuellem Totimpfstoff; auch medizini-sches Personal, chronisch Kranke, Schwangere; für Kinder gibt es Lebendimpfstoff-Nasenspray
Weitere Indikationen und beruflich erfor-derliche Impfungen:	MMRV, Grippe, Hepatitis A und B, FSME, Varizellen, Tollwut, Rotaviren, Meningokokken (B, C und andere)	sofern eine besondere Gefährdung bzw. Anfälligkeit besteht; bei beruflicher Gefährdung muss der Arbeit-geber die Kosten tragen

Schutzimpfungen | **89**

LF 3

Jeder Arztbesuch sollte zur Überprüfung des Impfschutzes und zum Nachholen fehlender Impfungen genutzt werden. Bei Verletzungen ohne Tetanusschutz soll nicht T-Impfstoff allein, sondern grundsätzlich Tdap geimpft werden. Nicht öffentlich empfohlene Impfungen (Wunsch- und Reiseimpfungen) übernimmt die gesetzliche Krankenkasse nicht und evtl. Impfschäden sind nicht wie bei STIKO-Impfungen versichert.

→ Terminologie: Schutzimpfungen

Aktivimpfung	Immunisierung durch Zufuhr erregerspezifischer Antigene
Auffrischimpfung	Impfung, die der Erhaltung des Langzeit-Impfschutzes dient
Grundimmunisierung	Impfungen, die zur Erzeugung einer Immunität erforderlich sind
Immunisierung	Impfung; Erzeugung von Immunität ohne Krankheit
immunogen (Subst. **Immunogenität**)	Impfstoffeigenschaft; regt das Immunsystem zu einer Reaktion an
Indikation	Heilanzeige; Grund zur Anwendung z. B. eines Arzneimittels
Indikationsimpfung	Impfung für besonders gefährdete Personengruppen
indiziert	medizinisch sinnvoll bzw. notwendig
Kollaps	Zusammensinken als Ausdruck einer Kreislaufstörung
kontraindiziert	aus medizinischem Grund nicht erlaubt
Kontraindikation	Gegenanzeige; Umstand, der eine med. Maßnahme verbietet
Passivimpfung	Immunisierung durch Zufuhr erregerspezifischer Antikörper
Standardimpfung	Impfung, die für jeden Menschen empfohlen wird
STIKO	**St**ändige **I**mpf**ko**mmission am Robert Koch-Institut
Simultanimpfung	Gabe von Aktiv- und Passivimpfstoff nach Erregerkontakt

HINWEIS

Eine Impfpflicht besteht in Deutschland nicht, aber eine Pflicht zur Impfberatung vor Aufnahme in eine Kita.

Kollaps und Synkope → LF 5, S. 251

AUFGABEN

1 Warum werden Impfungen auch als Immunisierungen bezeichnet?

2 Beschreiben Sie das Prinzip der Aktivimpfung.

3 Beschreiben Sie das Prinzip der Passivimpfung.

4 Beschreiben Sie das Prinzip der Simultanimpfung.

5 Nennen Sie zwei typische Situationen, in der Simultanimpfungen zur Anwendung kommen.

6 Gegen wie viele Krankheiten/Erreger werden Kinder in den ersten beiden Lebensjahren geimpft, wenn die STIKO-Empfehlungen richtig umgesetzt werden? Geben Sie an, wie viele Injektionen dafür notwendig sind.

7 Warum gibt es verschiedene Pertussis- und Diphtherieimpfstoffe für kleine Kinder bzw. für Schulkinder und Erwachsene?

8 Nennen Sie drei Beispiele für Impfungen, die aus beruflicher Indikation gegeben werden. Geben Sie dabei auch an, für welche Berufsgruppen diese Impfungen sinnvoll sind.

8 Hygiene

Der Begriff **Hygiene** umfasst alle Maßnahmen zur Erhaltung der Gesundheit. Vor allem ist damit die Vorbeugung (Prävention bzw. Prophylaxe) von Infektionskrankheiten, d. h. die Infektionshygiene, gemeint.
Die Gesundheitswissenschaft zählt dazu als Teilaspekte der Hygiene auch die
- Psychohygiene (Gesunderhaltung der Seele),
- Sozialhygiene (Gesunderhaltung des Menschen als Teil der Gesellschaft) und die
- Umwelthygiene (Gesunderhaltung der Umwelt als Lebensraum des Menschen).

8.1 Infektionsquellen und -wege in der Arztpraxis

Jeder Mensch kann (in der Inkubationszeit auch unwissentlich) infektiös sein. Der Kontakt mit anderen Menschen und mit Gegenständen, die von vielen benutzt werden, birgt immer ein gewisses Infektionsrisiko. In Arztpraxen befinden sich naturgemäß oft **infektiöse** (ansteckende) Menschen, da viele Patienten den Arzt gerade wegen einer Infektionskrankheit aufsuchen. Die frühen Krankheitsstadien, die mit starken Beschwerden und Arbeitsunfähigkeit einhergehen, sind gleichzeitig die, in denen die **Infektiosität** (Ansteckungsfähigkeit) am höchsten ist. In Haus- und Kinderarztpraxen ist die Infektionsgefahr natürlich entsprechend höher als z. B. bei Orthopäden oder Psychiatern.

Fast alle Infektionswege finden sich auch in Arztpraxen. Besonders häufig sind Hände mit Erregern kontaminiert (verschmutzt) und geben diese bei jeder Berührung und Tätigkeit auf andere Hände, auf Gegenstände usw. weiter.

Infektionswege
→ LF 3, S. 50

Es können alle Arten von Mikroorganismen übertragen werden, außerdem Parasiten und in speziellen Fällen auch Prionen.

8.2 Infektionsvermeidung in der Arztpraxis

Sinn der Praxishygiene ist die Prävention vermeidbarer Infektionen. Dies dient nicht nur dem Schutz der ohnehin oft geschwächten (z. B. chronisch kranken) Patienten, sondern schützt auch alle Praxismitarbeiter sowie Dritte, z. B. deren Familien, vor Ansteckung. Bei aller Vorsicht dürfen infektiöse Patienten allerdings nicht diskriminiert werden.

Infektionsquellen (Beispiele)	Geeignete Hygienemaßnahmen zur Infektionsvermeidung
Hände	Händedesinfektion, Schutzhandschuhe, Händewaschen
Flächen (Tische, Untersuchungsliegen, PCs, Türklinken, Toilettensitze)	Auswahl hygienegerechter Oberflächen, Einmalunterlagen, waschbare Bezüge, Schutzhüllen, Flächendesinfektion
Untersuchungsmaterialien und Sekrete (Blut, Urin, Abstriche, Stuhl)	alle menschlichen Sekrete, Gewebe und Untersuchungsmaterialien als kontaminiert betrachten und hygienebewusst arbeiten
Kanülen und andere verletzungsträchtige Einmalmaterialien	korrekte Auswahl und Anwendung inkl. Lagerung, Entnahme, Benutzung und Entsorgung; ausschließliche Verwendung vorschriftsmäßiger Sammelbehälter
Wiederverwendbare chirurgische Instrumente, Endoskope	nach Gebrauch in Desinfektionslösung einlegen, fachgerechte Wiederaufbereitung, ggf. Sterilisation

Nicht jede Infektion ist vermeidbar. Verschiedene Maßnahmen können jedoch das Übertragungsrisiko in der Arztpraxis minimieren:
- gute Terminplanung, um volle Wartezimmer mit allgemeinem Virenaustausch zu vermeiden
- bei der telefonischen Terminvereinbarung auf Angaben der Patienten achten, die auf Infektionskrankheiten hindeuten
- wahrscheinlich und bekannt infektiöse Patienten einzeln in separate Räume, z. B. ein „Infektionswartezimmer" setzen (ggf. spezielle Klingel und separaten Eingang benutzen)
- notwendige Desinfektionsmaßnahmen unverzüglich und fachgerecht durchführen, Zimmer lüften
- besonders infektionsgefährdete Patienten für Randzeiten der Sprechstunde einbestellen oder per Hausbesuch behandeln
- als Arzt und MFA nicht im kranken (d. h. infektiösen) Zustand arbeiten und STIKO-Impfungen nutzen

Keimträger Handy ... Mobiltelefone beherbergen eine Vielzahl an Mikroorganismen, die sie u. a. von den tippenden Fingern erhalten und zur Weiterverbreitung immer wieder an diese zurückgeben. Viele elektronische Geräte sind im privaten wie medizinischen Bereich unentbehrlich, ohne dass Hygienefragen gelöst sind. Bei vielen Herstellern erlischt die Garantie, wenn das Gerät desinfiziert wird. Sinnvolle Schutzmaßnahmen sind: Privathandys nicht bei der Arbeit benutzen, häufige Händedesinfektion und ggf. Reinigung/Desinfektion der Geräte mit desinfektionsmittelgetränkten **Inventarwischtüchern**.

Abb. 1 MFA mit Handy bei der Arbeit

Abb. 2 MFA reinigt Handy mit Desinfektionstuch

8.3 Persönliche Hygiene

Zur persönlichen Hygiene im medizinischen Bereich gehören:
- ausreichend häufige, hautfreundliche Reinigung von Körper und Haaren sowie frische, saubere Wäsche bzw. Kleidung
- Zusammenbinden bzw. Hochstecken langer Haare
- Ablegen von Schmuck an Händen und Unterarmen (auch Armbanduhren und Eheringe); erlaubt sind körpernahe Halsketten sowie Ohrstecker
- Fingernägel kurz schneiden; auf Nagellack und Nagelschmuck verzichten, da diese nachweislich nicht mit der Händedesinfektion desinfizierbar sind; die Berufsgenossenschaft **BGW** verbietet sie ausdrücklich
- Verletzungen der Haut bzw. Hände auch in der Freizeit vermeiden, um keine Eintrittspforten für Keime zu bieten; keine Nagelbürsten verwenden (diese erzeugen **Mikroverletzungen**)
- Entzündungsfreie Gesichtspiercings und abgeheilte Tätowierungen sind seitens der BGW nicht verboten, widersprechen aber dem Stil der meisten Arztpraxen.

Hygieneregeln, v. a. die wichtige TRBA 250 (Technische Regel zum Umgang mit biologischen Arbeitsstoffen) unter
www.bgw-online.de
Berufsgenossenschaft für Gesundheitsdienst und Wohlfahrtspflege (BGW)
Pappelallee 33/35/37,
22089 Hamburg
Telefon (040) 202 07-0,
Telefax (040) 202 07-24 95
E-Mail:
webmaster@bgw-online.de

8.4 Arbeitskleidung

Abb. 1 MFAs in Arbeitskleidung

Arbeitskleidung (Berufskleidung) hat mehrere Funktionen. Sie
- schont die persönliche Kleidung vor Abnutzung und Kontamination,
- betont die Corporate Identity (professionelle Gemeinsamkeit) des Praxisteams und
- bildet eine psychologische und tatsächliche Grenze zum Patienten.

Die Arbeitskleidung für MFAs und Ärzte soll hell sein, um Verschmutzungen sofort erkennbar zu machen, sowie heiß waschbar, um Kontaminationen sicher zu entfernen. Aus Hygienegründen ist es besser, Arbeitskleidung in der Praxis bzw. Wäscherei zu waschen, um nicht Praxiswäsche mit persönlicher, z. B. Küchenwäsche, zu vermischen und diese ggf. zu kontaminieren. Zur Arbeitskleidung gehören geeignete Arbeitsschuhe, die gut und trittsicher sitzen, sauber, luftig, rutschfest und leicht zu reinigen sind. Arbeitskleidung muss der Arbeitgeber nach dem Gesetz *nicht* bereitstellen.

8.5 Bereichskleidung

Abb. 2 MFAs in Bereichskleidung

In Arbeitsbereichen mit erhöhten Hygieneanforderungen, z. B. Endoskopie-, Operationsräumen und Intensivstationen, wird Bereichskleidung getragen. Die häufig blauen oder grünen Kleidungsstücke sind weit geschnitten, damit sie keine Verschlüsse brauchen, die verkeimen könnten. Bereichskleidung darf ausschließlich in den entsprechenden Räumen bzw. Bereichen getragen werden, wird täglich und im Bedarfsfall gewechselt und ggf. mit desinfizierenden Waschmitteln gereinigt. Desinfizierbare Schuhe sind Teil der Bereichskleidung. Der Arbeitgeber sorgt für Bereitstellung und Reinigung der Bereichskleidung.

8.6 Schutzkleidung

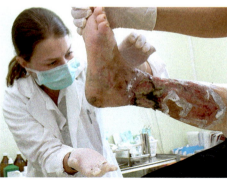

Abb. 3 Schutzkleidung

Bei Arbeiten mit Kontaminationsgefahr für die Arbeitskleidung wird Schutzkleidung getragen. Sie bedeckt Teile des Körpers (z. B. Kittel und Handschuhe) und soll bei Bedarf auch Schleimhäute schützen (Brille, Mund-/Nasenschutz). Auch OP-Kittel, -Hauben und -Schuhe sowie Einmalschürzen sind Schutzkleidung. Das Tragen geeigneter Schutzkleidung ist bei allen Tätigkeiten mit Kontaminations- bzw. Infektionsgefahr und mit Chemikalien Vorschrift. Der Arbeitgeber muss sie in ausreichender Menge, geeigneter Qualität und passender Größe zur Verfügung stellen.

Schutzhandschuhe

Schutzhandschuhe sind Teil der notwendigen und vorgeschriebenen Schutzkleidung. Näheres regelt die Unfallverhütungsvorschrift A1 (BGV A1 und BGR A1) der BGW.
Unsterile (nicht keimfrei gemachte) Schutzhandschuhe dienen vor allem dem Schutz des Anwenders, **sterile** (keim- bzw. erregerfreie) Handschuhe, die z. B. bei Operationen verwendet werden, dienen vorwiegend dem Schutz des Patienten.
Einmalhandschuhe sind für den einmaligen und kurzzeitigen Gebrauch bestimmt; sie sind *nicht* mit Händedesinfektionsmitteln zu desinfizieren. Latexhandschuhe z. B. würden durch die enthaltenden Fette undicht. Es gibt auch kein zugelassenes Handschuh-Desinfektionsmittel.
Je länger Handschuhe getragen werden, desto mehr Feuchtigkeit sammelt sich darunter an und desto mehr Keime vermehren sich dort. Eine zu lange Tragezeit ist daher zu vermeiden. Gegebenenfalls können dünne Baumwollhandschuhe darunter getragen werden, um die Hände trocken zu halten. Vor und nach dem Tragen der Einmalhandschuhe werden die Hände desinfiziert. Vor dem Anziehen müssen die Hände jedoch vollständig getrocknet sein.

BGV A1 und BGR A1 (Berufsgenossenschaftliche Vorschrift bzw. Regel A1: Grundsätze der Prävention); die BGV enthält allgemeine Vorschriften, die BGR konkrete Regeln für Sicherheit und Gesundheit am Arbeitsplatz.

Schutzhandschuhe
B = Beschreibung, V = Vorteile, N = Nachteile, A = typische Anwendungsbereiche

Nitrilhandschuhe

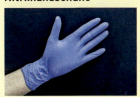

B: dünnwandig, enganliegend, ggf. farbig, Einmalgebrauch, auch steril lieferbar
V: gute Tasteigenschaften, fett- und chemikalienbeständig, keine Allergiegefahr, *somit Latexhandschuhen vorzuziehen*
A: alle Tätigkeiten mit Infektionsgefahr wie Blutentnahmen, Verbandwechsel, Tastuntersuchungen und weitere diagnostische und therapeutische Maßnahmen

Latexhandschuhe

B und A wie Nitril, aber weniger fett- und chemikalienbeständig; wegen der Allergiegefahr, die v. a. von gepuderten Latexhandschuhen ausgeht sollten Latexhandschuhe im medizinischen Bereich nicht mehr verwendet werden.

Vinylhandschuhe

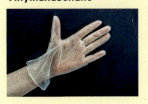

B: farblos, meist gepudert, locker sitzend, Einmalgebrauch
V: Material dicker und z. T. chemikalienbeständiger als Latex
N: schlechte Tasteigenschaften, ggf. Flüssigkeitseintritt am Rand; können schädliche Weichmacher enthalten
A: kurz dauernde Tätigkeiten mit geringer Anforderung an das Tastvermögen und ohne Kontakt mit infektiösem Material

Nähere Informationen beim Verbund für Angewandte Hygiene e. V.:
www.vah-online.de
und bei der BGW
www.bgw-online.de
im Hautblog

Das jeweilige Sicherheitsdatenblatt informiert für jedes gefahrstoffhaltige Produkt über die angezeigten Sicherheitsmaßnahmen.

Dickwandige Schutzhandschuhe

B: lang, dickwandig, mit Unterarmstulpen versehen, für Chemikalien undurchlässig, für die Mehrfachverwendung geeignet
V: Sicherheit vor aggressiven Chemikalien (sofern intakt und für die entsprechende Anwendung zugelassen)
N: schlechte Tasteigenschaften, fördern Schwitzen, müssen nach Gebrauch gereinigt und getrocknet werden
A: für Arbeiten mit bestimmten Gefahrstoffen vorgeschrieben; bei Tragedauer ab 15 min Baumwoll-Unterziehhandschuhe tragen

8.7 Grundbegriffe der Hygiene: Asepsis und Antisepsis, Sterilisation und Desinfektion

Abb. 1 Der ungarische Arzt Ignaz Semmelweis (1818-1865) führte die Händedesinfektion (sogenannte Schüsselmethode mit Einlegen der Hände in eine Waschschüssel) ein.

MRSA
→ LF 3, S. 70

Eine **Sepsis** (Blutvergiftung) ist ein schweres fieberhaftes Krankheitsbild, das auf einer „Überschwemmung" des Körpers mit Krankheitserregern (meistens Bakterien) beruht. Eine Sepsis führt (unbehandelt) zum Tode. Sie ist eine Folge hoher Erregermengen und/oder beeinträchtigter Resistenz.

Der Budapester Arzt Ignaz Semmelweis fand um 1850 die Ursache der hohen Sterblichkeit junger Frauen in den Wiener Gebäranstalten: Ärzte, die zuvor (ohne Handschuhe) Leichen untersucht hatten, um deren Todesursachen zu studieren, infizierten mit ihren Händen die Frauen, denen sie Geburtshilfe leisteten. Die Gebärmutter bietet nach der Entbindung beste Vermehrungsbedingungen für pathogene Keime; Anstrengung und Blutverlust schwächen zusätzlich die Abwehr der Wöchnerinnen.

Semmelweis führte die verpflichtende Händedesinfektion in Chlorkalklösung ein. Die Sepsis verhütenden Maßnahmen nannte er **Antisepsis** (lat. gegen Sepsis). Bakterien waren zu der Zeit noch unbekannt; man sprach von „Leichengift" und „Fäulniserregern".

Seit Semmelweis wurden die Hygienemaßnahmen umfassend weiterentwickelt. Dennoch sind Krankenhäuser heute wieder Stätten hoher Infektionsgefahr, da sich |multiresistente Bakterien an Antibiotika angepasst haben und der Anteil schwerstkranker bzw. immunschwacher Patienten beträchtlich gestiegen ist.

Antisepsis wird durch **Desinfektion** erreicht, d. h. durch Abtöten, Entfernen oder **Inaktivieren** pathogener Mikroorganismen, z. B. durch hygienische Händedesinfektion. Hände bzw. der menschliche Körper können nicht **steril**, d. h. vollkommen keimfrei, werden, da die Haut stets (v. a. apathogene und fakultativ pathogene) Keime beherbergt. Eine Übertragung pathogener Keime, d. h. eine Infektion, wird durch fachgerechte Desinfektion aber unwahrscheinlich.

Während Operationen besteht eine hohe Infektionsgefahr für den Patienten, da seine Körperoberfläche verletzt und sein Körperinneres eröffnet bzw. freigelegt wird. Im Operationssaal wird daher **aseptisch** gearbeitet. **Asepsis** bedeutet, dass z. B. die verwendeten Instrumente, Tücher usw. **steril** (komplett entkeimt) sind. **Sterilität** (völlige Keimfreiheit) bedeutet, dass alle Mikroorganismen einschließlich ihrer Dauerformen (wie Bakteriensporen) abgetötet und/oder entfernt wurden. Asepsis bzw. Sterilität wird durch **Sterilisation** (vollständige Entkeimung) erreicht.

chirurgische
Händedesinfektion
→ LF 3, S. 99

Anlegen steriler
Handschuhe
→ LF 10, S. 475

Vor jeder Operation führen alle Ausführenden (Ärzte, MFAs usw.) die besonders gründliche |chirurgische Händedesinfektion durch und ziehen anschließend |sterile Handschuhe an.

Völlige Keimfreiheit kann in einem Raum, in dem sich Menschen befinden, jedoch nicht erreicht werden, da z. B. Haut und Atemluft stets Mikroorganismen enthalten. Korrektes antiseptisches bzw. aseptisches Arbeiten verringert aber die Infektionsgefahr entscheidend.

Übersicht wichtiger Hygienebegriffe	
Sepsis	Blutvergiftung; Überschwemmung des Organismus mit pathogenen Mikroorganismen
Asepsis	Sepsis- bzw. Infektionsverhütung durch Keimfreiheit = Sterilität
Antisepsis	Sepsis- bzw. Infektionsverhütung durch Keimarmut = Desinfektion
Desinfektion	Entfernung/Abtötung aller pathogenen Mikroorganismen
Sterilisation	Entfernung/Abtötung aller Mikroorganismen einschließlich ihrer Dauerformen (Sporen)

8.8 Gesetze und Vorschriften über Hygienestandards

Die Einhaltung der Hygienemaßnahmen ist gesetzlich geregelt und rechtlich verbindlich. Die Vorschriften dienen dem Schutz und der Sicherheit von Patienten, Anwendern und Dritten (Familienangehörigen usw.). Hygiene, Arbeits- und Umweltschutz sind eng miteinander verwoben. Für die Arztpraxis gelten insbesondere
- die Unfallverhütungsvorschrift BGV/BGR A1,
- die BGR TRBA 250 (Technische Regel für Biologische Arbeitsstoffe 250),
- das Infektionsschutzgesetz (IfSG),
- das Medizinproduktegesetz (MPG) mit der Medizinprodukte-Betreiberverordnung (MPBetreibV) und
- die Empfehlung „Anforderungen an die Hygiene für die Wiederaufbereitung von Medizinprodukten".

> **HINWEIS**
> Die aktuellen Versionen der TRBA, der Hautschutzpläne usw. können bei der BGW angefordert bzw. heruntergeladen werden.

Letztere wurde durch das Robert Koch-Institut und das Bundesinstitut für Arzneimittel und Medizinprodukte (BfArM) erarbeitet und enthält konkrete Vorgaben zum Umgang mit Medizinprodukten und medizinischen Geräten. Die Empfehlung beschreibt den Mindeststandard und ist rechtlich bindend.

Umfangreiche Informationen, Broschüren und Schulungsmaterialien zu allgemeinen und speziellen Hygieneproblemen in Arztpraxen sind bei der BGW, dem RKI und den Kassenärztlichen Vereinigungen (KVen) erhältlich. Diese Institutionen sowie die Hersteller von Hygieneprodukten bieten umfangreiche Hilfen und Informationen zu vorgeschriebenen Maßnahmen, z. B. zur Erstellung von Hygieneplänen, zur Haut- und Materialverträglichkeit sowie zur praktischen Anwendung verschiedener Produkte.

Vertreter des Gesundheitsamtes können Begehungen von Arztpraxen zur Hygienekontrolle durchführen. Routinemäßige Prüfungen betreffen vor allem große Praxen, in denen chirurgische Eingriffe und/oder Endoskopien stattfinden. Anlassbezogene Praxisbegehungen können z. B. auf Grund von Infektionen oder Patientenbeschwerden anberaumt werden.

Abb. 1 Informationsbroschüre der BGW

Alle Hygienemaßnahmen in Arztpraxen müssen im Sinne des Qualitätsmanagements (QM) klar und verbindlich vorgegeben, durchgeführt und dokumentiert werden.

Da alle Arbeitsmittel sowohl ihren Zweck (die Infektionsverhütung) als auch die gesetzlichen Vorgaben erfüllen müssen, ist es sinnvoll, nur gründlich geprüfte und für die entsprechende Verwendung zugelassene Produkte einzusetzen. Der Verbund für Angewandte Hygiene (VAH) hat eine umfangreiche Liste anerkannter Produkte erarbeitet. Die Präparate aller namhaften Hersteller sind in der VAH-Liste enthalten. Die früher geltende DGHM-Liste wurde durch die VAH-Liste ersetzt.

www.bgw-online.de
www.rki.de
www.kvwl.de
bzw. Ihre zuständige KV

Verbund für Angewandte Hygiene e. V.
www.vah-online.de

Deutsche Gesellschaft für Hygiene und Mikrobiologie
www.dghm.org

8.9 Hygieneplan

In jeder Arztpraxis muss ein auf ihre speziellen Erfordernisse angepasster Hygieneplan vorhanden sein. Dessen Inhalte sind insbesondere Maßnahmen zur Reinigung, Desinfektion und ggf. Sterilisation sowie zur Ver- und Entsorgung. Der Hygieneplan muss für das gesamte Personal (auch Reinigungspersonal) zugänglich und verständlich sein. Er stellt eine verbindliche Dienstanweisung dar. Alle Teammitglieder bestätigen mit ihrer Unterschrift, dass sie die Inhalte des Plans verstanden haben, kennen und anwenden.

Im Hygieneplan müssen die „**6 W**" enthalten sein: **was, wann, wo, womit, wie** und **durch wen** Hygienemaßnahmen durchzuführen sind.

96 | Praxishygiene und Schutz vor Infektionskrankheiten organisieren

Hygieneplan einer Hausarztpraxis (Beispiel mit zufällig ausgewählten Präparatevorschlägen)				
Was/Wo	Wann	Womit (Präparat, Einwirkzeit = EWZ)	Wie	Wer
hygienische Händedesinfektion	nach (wahrscheinlicher) Kontamination, vor und nach Patientenkontakt, nach Labortätigkeit, vor dem Anlegen und nach dem Ablegen der Einmalhandschuhe	Sterillium®, Desderman®, Softa-Man® oder Softa-Man® ViscoRub − 3-5 mL − 30 sec	Spender drücken, Hände vollständig benetzen, verreiben und feucht halten bis zum Ende der EWZ	alle Ärzte und MFAs
Handpflege	bei Bedarf, nach Händewaschen	Stokolan® Handcreme	Hände dünn eincremen	
Händewaschen	vor Arbeitsbeginn, nach Arbeitsende, bei Verunreinigung	Lifosan® soft Waschlotion	aus Wandspender entnehmen, 1 min waschen	
Hautdesinfektion	vor **invasiven** Maßnahmen wie **Injektionen** und **Punktionen** usw.	Softasept® − 15 sec einwirken lassen	aufsprühen oder mit Tupfer satt auftragen	
Instrumentendesinfektion	nach Benutzung	Helipur® − 1,5 % (150 mL auf 9850 mL Wasser = 10 L) − 15 min EWZ − Standzeit ein Arbeitstag	Instrumente vollständig bedeckt einlegen, nach EWZ spülen, trocknen, ggf. pflegen, ggf. sterilisieren (lassen)	
Oberflächen: Arbeitsflächen, Liegen, Tastaturen, Fußböden in Labor/OP, Spritzen-Tabletts, Türklinken usw.	Routinedesinfektion am Ende jedes Arbeitstages, gezielte Desinfektion bedarfsweise bei erkennbarer, d.h. sichtbarer oder wahrscheinlicher Kontamination	Melsept SF®, täglich frische 0,5%-Lösung (EWZ 1 h); gezielte Schnelldesinfektion mit Bacillol® AF-getränktem Einwegtuch oder mit Desinfektionsmittel vorgetränktem Inventarwischtuch, z. B. Meliseptol® wipes	sichtbare Verschmutzung mit getränktem Einwegtuch aufnehmen; Wischdesinfektion mit getränktem Tuch/Mopp; Wiederbenutzung der Fläche nach sichtbarer Trocknung	MFAs bzw. Reinigungskräfte
Fußböden, Wände, Gegenstände, WC	bei Kontamination mit evtl. infektiösem Material, z.B. Blut			
sonstige Fußböden	nach jedem Arbeitstag	handelsüblicher Reiniger	Feuchtreinigung	
med. Abfall (Tupfer, Spritzen usw.)	nach Gebrauch bzw. am Ende des Arbeitstages	Abfalleimer mit Müllbeutel	verschlossenen Beutel in den Hausmüll geben	
spitze, scharfe bzw. zerbrechliche Gegenstände (Kanülen, geleerte Glasampullen usw.)	nach Gebrauch	bruch-, druck- und durchstichsicherer, fest verschließbarer Behälter mit Abstreifvorrichtung	vollen, verschlossenen Behälter in den Hausmüll geben	

8.10 Händehygiene

Hände sind die am häufigsten benutzten „medizinischen Instrumente". Daher sind sie auch die häufigsten Überträger pathogener Mikroorganismen. Auf Grund dessen muss die Händehygiene besonders sorgfältig und gewissenhaft betrieben werden. Sie besteht aus hygienischer und chirurgischer Händedesinfektion sowie Händewaschen. Die Hautpflege ergänzt die Hygienemaßnahmen, da eine gut gepflegte Haut weniger anfällig für Mikroverletzungen ist und damit für Infektionen, Entzündungen und Allergien.

8.10.1 Händewaschen

Gründliches Händewaschen reinigt gut, aber es entfettet die Haut auch und greift ihren Säureschutzmantel an. Häufiges Waschen kann zu Reizungen und Entzündungen führen. Risse und offene Stellen dienen dann den Mikroorganismen als Eintrittspforte in den Körper. Sie erleichtern nicht nur Allergenen den Durchtritt, sondern führen auch zur Unverträglichkeit alkoholischer Desinfektionsmittel, da Alkohol in Verletzungen eindringt und „brennt".
Im medizinischen Bereich werden daher die Hände grundsätzlich nur gewaschen

- bei Arbeitsantritt und nach Arbeitsende,
- nach dem Gang zur Toilette (Stuhlgang und/oder Wechsel von Tampons bzw. Binden),
- vor und nach dem Essen sowie
- nach sichtbarer oder wahrscheinlicher Verschmutzung.

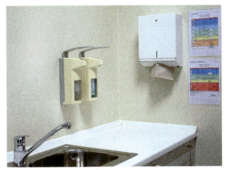

Abb. 1 Handwaschplatz mit vorschriftsmäßigen Spendern, Handpflege- und Hygieneplan

Mit Verschmutzung ist hier keine mikrobiologische Kontamination gemeint, sondern Schmutz im Sinne von z. B. Staub oder Fett. Vorschriftsmäßige Handwaschplätze nach BGV A1 bieten fließendes kaltes und warmes Wasser, Wandspender mit hautfreundlichem Flüssigwaschmittel und Händedesinfektionsmittel, Einmalhandtücher sowie Handpflegecreme.

> Leere Behälter für die Handwaschmittel- und Händedesinfektionsmittelspender werden im Regelfall durch neue Einwegbehälter ersetzt. Jeder neue Behälter wird mit dem Öffnungsdatum beschriftet. Ist ein Nachfüllen gewünscht, muss der Behälter vollständig entleert, ausgewaschen, desinfiziert und getrocknet werden, bevor er erneut gefüllt und mit dem Auffülldatum versehen wird. Die hygienegerechte Durchführung dieser Arbeitsschritte erfordert eine umfangreiche Spezialausrüstung und wird z. B. in Klinikapotheken durchgeführt.

8.10.2 Hygienische Händedesinfektion

Die hygienische Händedesinfektion ist die wichtigste und am häufigsten durchgeführte Hygienemaßnahme in der Arztpraxis. Händedesinfektionsmittel enthalten neben dem Wirkstoff Alkohol rückfettende Substanzen, damit sie so oft wie nötig angewendet werden können, ohne der Haut zu schaden. Sie trocknen die Haut auch bei vielfacher täglicher Anwendung nicht aus. Unverträglichkeiten sind bei gepflegter, gesunder Haut sehr selten. Die hygienische Händedesinfektion wird nach jeder sicher oder wahrscheinlich erfolgten mikrobiologischen Kontamination durchgeführt, z. B.

- **nach** Patientenkontakt (Berühren, Händedruck), Arbeiten mit (möglicherweise) infektiösem Material, z. B. Laborarbeiten, Toilettengang (Wasserlassen), Niesen und Naseputzen,
- **vor** Kontakt mit infektionsgefährdeten (sehr jungen, alten, immunschwachen) Patienten,
- **vor** dem Betreten bestimmter Bereiche wie OP- und Endoskopieräumen, der Zubereitung von Injektionen und Infusionen und dem Umgang mit Sterilgut,
- **vor und nach** Blutentnahmen und anderen Punktionen, Verbandwechseln, Kontakt mit Wunden, dem Anlegen von Handschuhen und Arbeitspausen.

Bei intensiver Kontamination der Hände (z. B. mit Blut oder Stuhl) wird zunächst ein Einwegtuch mit Händedesinfektionsmittel getränkt, die Verschmutzung damit vorsichtig entfernt und anschließend die hygienische Händedesinfektion durchgeführt. Abspülen über dem Handwaschbecken sollte wegen der Spritzgefahr vermieden werden. Nur bei massiver Verschmutzung werden die Hände zunächst vorsichtig abgespült, anschließend warm gewaschen und erst dann desinfiziert.

Es gibt mehrere Methoden, nach denen die hygienische Händedesinfektion wirksam durchgeführt werden kann. Bisher wurde die Methode nach DIN EN 1500 in sechs Schritten empfohlen, wobei jeder Schritt fünfmal wiederholt wird (Schritt 1 x 5, Schritt 2 x 5, Schritt 3 x 5 usw.). Allerdings hat sich gezeigt, dass es mehr auf die Sorgfalt des Anwenders als auf eine bestimmte Methode ankommt. Wichtig ist, dass genug Desinfektionsmittel verwendet wird. 3-5 mL des Händedesinfektionsmittels aus dem Spender (möglichst Wandspender) werden in die sauberen, trockenen Hände gegeben und so verrieben, dass die gesamten Hände einschließlich Handgelenken, Nägeln, Nagelfalzen und Daumen gründlich benetzt und während mindestens 30 Sekunden (bzw. nach Herstellerangabe) feucht gehalten werden (→ Abb. 1 und 2). Eventuell wird nachdosiert. Außerdem muss sich der Anwender bewusst machen, an welchen Stellen die Haut typischerweise schlecht oder überhaupt nicht benetzt wird (→ Abb. 3). Dies sind vor allem die Falten der Handinnenflächen, die Handgelenke, die Daumen, die Nagelfalze, die Fingerkuppen und die Fingerzwischenräume. Der Desinfektion dieser Hautareale ist besondere Aufmerksamkeit und Sorgfalt zu widmen. Mit den Fingerkuppen und dem Daumen werden die meisten Gegenstände berührt – und bei unzureichender Desinfektion kontaminiert.

> **MERKE**
> Eine wirksame Händedesinfektion erfordert, dass die gesamten Hände einschließlich Handgelenken, Daumen, Handflächen, Fingerkuppen und Fingerzwischenräumen während 30 Sekunden mit Händedesinfektionsmittel gut feucht gehalten und gründlich eingerieben werden. Die gewählte Methode ist nicht entscheidend, nur die Effektivität.

Abb. 1 Beim gründlichen Einreiben der Hände mit ausreichend Desinfektionsmittel wird beachtet, dass die Daumen genügend benetzt werden.

Abb. 2 Kreisendes Reiben der Fingerkuppen der rechten Hand in der linken Handfläche - und umgekehrt - sichert den Desinfektionseffekt der Fingerkuppen, der Nagelfalze und der Handflächen.

> **HINWEIS**
> Gegen bestimmte Erreger, z. B. Noroviren, muss ein spezielles, gegen unbehüllte Viren wirksames Händedesinfektionsmittel (z. B. Curacid® Norosept oder Desderman® pure) verwendet und/oder eine längere Einwirkzeit eingehalten werden (z. B. 60 statt 30 sec). Die Herstellerangaben sind zu beachten.

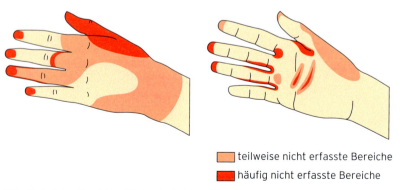

teilweise nicht erfasste Bereiche
häufig nicht erfasste Bereiche

Abb. 3 Auf der Handoberfläche sind viele Bakterien vorhanden. Bei einer unzureichenden Händedesinfektion werden nicht alle Bereiche erfasst (mit Desinfektionsmittel benetzt).

8.10.3 Chirurgische Händedesinfektion

Die bei Arbeitsbeginn gewaschenen Hände brauchen vor der chirurgischen Händedesinfektion nicht erneut gewaschen zu werden, sofern sie nicht erkennbar verschmutzt sind. Nagelbürsten und ähnliche, zu Mikroverletzungen führende Instrumente oder Mittel sind zu vermeiden. Der Händedesinfektionsmittelspender wird mit dem Ellenbogen betätigt und das Mittel in die trockenen Hände gegeben. Zunächst reibt man Hände und Unterarme bis zu den Ellenbogen (*nicht* einschließlich der Ellenbogen) gründlich ein. Abschließend erfolgt die **fachgerechte Händedesinfektion**. Die Gesamtdauer der beschriebenen Maßnahmen beträgt (je nach Herstellerangabe) z. B. 90 sec (1,5 min). Während und nach der chirurgischen Händedesinfektion werden die Hände über Ellenbogenhöhe gehalten. Nach dem Trocknen des Desinfektionsmittels werden **sterile Handschuhe** angezogen.

Abb. 1 Wandspender mit Händedesinfektionsmittel

8.10.4 Handpflege

Rissige, raue Haut kann nicht wirksam desinfiziert werden. Handcreme soll daher bei Bedarf, vor allem aber vor längeren Arbeitspausen und am Ende des Arbeitstages angewendet werden. So können die Pflegemittel längere Zeit einwirken. Pflegecreme wird aus Tuben oder Spendern entnommen, da sich in Cremedosen Mikroorganismen gut vermehren können. Die Handcreme trägt man dünn auf, damit sie die Wirksamkeit der Händedesinfektionsmittel nicht beeinträchtigt. In Bereichen mit hoher Beanspruchung der Hände, z. B. durch Nassarbeit, ständiges Handschuhtragen und häufiges Händewaschen, gibt ein Hautschutzplan die einzelnen Schutz- bzw. Pflegemaßnahmen und die jeweiligen Präparate an.

8.11 Grundsätze für Desinfektionsmaßnahmen in der Arztpraxis

Desinfektion soll Antisepsis erzeugen: Desinfektionsmaßnahmen töten, inaktivieren oder entfernen Mikroorganismen. Es erfolgt eine so starke Keimreduktion, dass keine Infektionen mehr von den desinfizierten Gegenständen ausgehen können.

Jede Desinfektionsmaßnahme muss dem jeweiligen Gegenstand bzw. Körperteil angepasst sein. Sie muss Mikroorganismen schädigen, nicht aber Materialien, Haut und Gesundheit.

Das **Wirkspektrum** von Desinfektionsmitteln wird mit speziellen Begriffen bezeichnet: **Bakterizid, viruzid** und **fungizid** heißt, dass Bakterien, Viren und Pilze abgetötet werden. Werden die Erreger lediglich inaktiviert, also an der Vermehrung gehemmt, bezeichnet man die Wirkung als **bakteriostatisch, virostatisch** und **fungistatisch**. Die Desinfektionsmittelverpackung gibt diese Eigenschaften an und nennt die Einwirkzeit für normale und spezielle Situationen, z. B. für Problemkeime wie Noro- und Hepatitisviren.

> **MERKE**
>
> Der Erfolg aller Desinfektionsmaßnahmen hängt davon ab, dass
> - das richtige Mittel gewählt wird (Wirkspektrum, Materialeignung),
> - Menge und **Konzentration** richtig gewählt werden (weder zu hoch noch zu niedrig),
> - das Mittel bzw. die angefertigte Lösung frisch und einwandfrei ist **(Standzeit)**,
> - die Einwirkzeit eingehalten, d. h. weder unter- noch überschritten wird,
> - die vorgeschriebene Temperatur herrscht,
> - keine Verschmutzungen, Chemikalien, Sekrete usw. und keine mechanischen und sonstigen Hindernisse das Einwirken des Mittels verhindern.

Händesinfektion nach DIN EN 1500
über 30 sec.; jeden Schritt beidseits vollziehen und mindestens 5 x wiederholen, dabei reibend bewegen:
1. Handfläche auf Handfläche inkl. Handgelenke
2. Handfläche auf Handrücken,
3. Handfläche auf Handfläche mit verschränkten, gespreizten Fingern,
4. Außenseite der Finger auf die gegenüberliegende Handfläche
5. Daumen mit der Handfläche umfassen
6. Fingerkuppen in Handfläche

Anlegen steriler Handschuhe
→ LF 10, S. 475

> **HINWEIS**
>
> Desinfektion bewirkt eine Keimreduktion um bis zu 99,999 %. Das heißt: Von 100 000 Mikroorganismen bleibt nur einer übrig – und dieser darf nicht pathogen sein.
>
> Die Endung -zid bedeutet „tötend".

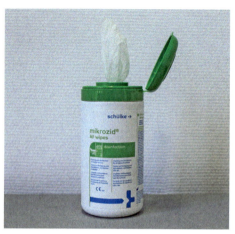

Abb. 1 Mit Flächendesinfektionsmittel vorgetränkte Wischtücher

Entscheidend für die Wirkung und Sicherheit von Desinfektionsmitteln ist die korrekte Zubereitung und Anwendung nach Herstellerangabe. Dosiertabellen zur Herstellung von Gebrauchslösungen aus Wasser und Konzentraten sind auf den Packungen aufgedruckt.

Viel hilft nicht viel: Überdosierungen beeinträchtigen die Wirkung, kosten unnötig Geld, schädigen die Umwelt, die Materialien und die Haut bzw. Atemwege des Anwenders. Die Standzeit, d. h. die Zeitspanne seit dem Anmischen und Einfüllen einer Desinfektionslösung bzw. dem Anbruch einer Fertiglösung, ist begrenzt. Die meisten Gebrauchslösungen, d. h. die angemischten Desinfektionslösungen, die in Arztpraxen verwendet werden, halten sich einen Tag lang. Bei erkennbarer Verschmutzung wird die Lösung vorzeitig erneuert. Das Einfüll- bzw. Anbruchsdatum wird auf dem Gefäß (der Wanne, dem Spender o. Ä.) vermerkt.

Beim Anmischen der Gebrauchslösungen werden dafür zugelassene Handschuhe mit Stulpen und eine Schutzbrille getragen. Zuerst füllt man Wasser, dann das Konzentrat ein: Dies verhindert Spritzer und Schaumbildung. Es wird kaltes Leitungswasser verwendet, da heißes Wasser die Bildung giftiger Dämpfe fördert.

Dosiertabelle für je 1 Liter gebrauchsfertige Lösung		
gewünschte Konzentration der fertigen Lösung	Desinfektionsmittelkonzentrat	Leitungswasser (zuerst einfüllen)
1,0 %	10 mL	990 mL
1,5 %	15 mL	985 mL
2,0 %	20 mL	980 mL
3,0 %	30 mL	970 mL
5,0 %	50 mL	950 mL

> **HINWEIS**
> Sprühdesinfektion wird nur bei anders nicht zugänglichen Gegenständen durchgeführt, da sie zur Einatmung, d. h. Inhalation, giftiger Stoffe führen kann.
> Die Einwirkzeit kann bei speziellen Erregern wie Noroviren und MRSA nach oben abweichen.

Außer der häufig angewandten chemischen Desinfektion gibt es die Desinfektion mit physikalischen **(thermischen)** und **chemothermischen**, d. h. kombinierten Methoden.

Medizinische Desinfektionsverfahren		
Verfahren	Wirkprinzip, Beispiele	typisches Anwendungsgebiet
chemische Desinfektion	Lösungen, z. B. mit Alkoholen, Aldehyden, oxidierenden Stoffen oder Halogenen (Chlor, Jod)	Hände-, Haut-, Wund-, Wäsche-, Flächendesinfektion
physikalische Desinfektion	**thermische** Desinfektion (Hitze, heißes Wasser, Dampf), Bestrahlung mit UV- oder Gammastrahlen	Glasinstrumente, Gummi, Metallinstrumente, Schläuche, Kunststoffe, Räume
chemothermische Desinfektion	Kombination **chemischer und thermischer** Verfahren im Reinigungs- und Desinfektionsgerät **(RDG)**	Aufbereitung von Hohlinstrumenten wie Endoskopen in RDGs

8.12 Medizinprodukte und Medizinproduktegesetz (MPG)

Medizinprodukte (MP) sind alle Gegenstände, Apparate, Instrumente und Stoffe, deren Verwendungszweck laut Hersteller ein medizinischer ist, d. h., die mit dem menschlichen Körper in Berührung gebracht oder in diesen eingebracht werden (und die keine Arzneimittel sind). Zu den MP zählen z. B. Skalpelle (Operationsmesser), Pflaster, Spritzen und Kanülen, künstliche Gelenke, Herzschrittmacher, Mundspatel, Endoskope sowie EKG- und Blutdruckmessgeräte. Für alle MP gilt das umfangreiche Medizinproduktegesetz (MPG). Es regelt u. a. die Verschreibung, den Handel und den Umgang mit MP, zu denen auch die hygienische Aufbereitung wiederverwendbarer MP gehört.

Anforderungen an die Hygiene bei der Aufbereitung von Medizinprodukten
www.rki.de

Alle energiebetriebenen, sog. **aktiven MP** (Untersuchungs- und Therapiegeräte wie EKG-, Lungenfunktions- und Ultraschallgeräte) werden laut Medizinprodukte-Betreiberverordnung (MPBetreibV) im Medizingerätebuch erfasst, regelmäßig kontrolliert und nur durch sachkundige, eingewiesene Fachkräfte betätigt. Das Medizingerätebuch, das u. a. die Gebrauchsanleitungen enthält, ist in unmittelbarer Nähe des Geräts aufzubewahren. Für Röntgengeräte gelten besondere Anforderungen.

Abb. 1 Aktives MP

8.12.1 Risikoeinstufung von Medizinprodukten nach dem Medizinproduktegesetz

Von MP, die der Anwendung am und im Körper dienen, gehen unterschiedlich große Gesundheits- bzw. Infektionsrisiken aus. Daher werden sie eingestuft
1. nach Art der Anwendung in **unkritische, semikritische** und **kritische MP**,
2. innerhalb dieser Stufen hinsichtlich der Anforderungen an die Aufbereitung: ohne **(A)**, mit besonderen **(B)** oder mit besonders hohen Anforderungen **(C)**; hohe Hygieneanforderungen gelten z. B. für Geräte mit Hohlräumen oder schwer zugänglichen Scharnieren, weil sich darin leichter Mikroorganismen ansammeln, vermehren und vor Hygienemaßnahmen geschützt halten können,
3. innerhalb der Stufe „kritische MP" nach ihrer **Thermostabilität** (Hitzebeständigkeit), d. h. danach, ob sie im **Autoklav** (Dampfsterilisator) bei 134 °C sterilisiert werden dürfen. **Thermolabile**, d. h. hitzeempfindliche Materialien sind nicht dampfsterilisierbar und daher als schwierig aufzubereiten zu betrachten (Gruppe C).

| semikritisch |
| halbkritisch |

Einstufung		Medizinprodukt	vorgeschriebene Aufbereitung
unkritisch Kontakt mit intakter Haut		EKG-Elektrode, Blutdruckmessgerät, Stethoskopmembran	Reinigung und ggf. Desinfektion arbeitstäglich
semikritisch Kontakt mit Schleimhaut oder erkrankter Haut	A	Spekula, Otoskoptrichter, HNO-Spiegel	Reinigung und Desinfektion, ggf. Sterilisation
	B	Endoskope	Reinigung und Desinfektion im RDG, ggf. Sterilisation
kritisch direkter Kontakt mit Blut, Gewebe bzw. Wunden und/oder Durchdringung der Haut bzw. Schleimhaut	A	Wundhaken, Skalpelle, chirurgische Scheren	Reinigung und Desinfektion im RDG, Sterilisation
	B	MIC-Instrumente für die minimal invasive Chirurgie, Biopsiezangen	Reinigung und Desinfektion im RDG, Sterilisation durch Sterilgutfachkraft
	C	Herzkatheter	Aufbereitung inkl. Sterilisation in Spezialbetrieb

Hinweis: Weicht die Verwendung eines unkritischen oder semikritischen MP insofern ab, dass es wahrscheinlich oder sicher kontaminiert wird, wird es entsprechend als kritisch eingestuft. Im Zweifelsfall gilt immer die höhere Einstufung und strengere Aufbereitungsvorschrift. Beispiel: Werden EKG-Elektroden auf frisch rasierter und damit verletzter Haut angewandt, sind sie semikritische oder sogar kritische Medizinprodukte.

Einmal-MP müssen entsorgt und dürfen nicht aufbereitet werden.

8.12.2 Aufbereitung wiederverwendbarer Medizinprodukte laut Medizinproduktegesetz

Die Aufbereitung von MP ist eine sehr verantwortungsvolle Aufgabe. Für jedes verwendete MP muss das Verfahren im QM-System der Praxis festgelegt sein. Die Aufbereitung muss nach definierten (d. h. klar festgelegten) sowie **validierten**, d. h auf ihre Wirksamkeit hin überprüften und immer in gleicher Weise angewandten Verfahren durchgeführt werden. Alle Verfahren, Räumlichkeiten und Geräte müssen geltenden Normen entsprechen. Dies gilt auch für die Qualifikation der Anwender. Für die Aufbereitung von Medizinprodukten sind bestimmte Aus- und Weiterbildungen erforderlich. Ab der Risikostufe „Medizinprodukt kritisch B" ist eine Ausbildung zur Sterilisationsassistentin (Fachkunde I) erforderlich. Entsprechende Lehrgänge bietet z. B. die DGSV an.

Deutsche Gesellschaft für Sterilgutversorgung e. V.
www.dgsv-ev.de

HINWEIS

Nur für die Mehrfachverwendung zugelassene Instrumente dürfen aufbereitet werden. Ist die Aufbereitung zu aufwendig (Biopsiezangen für Endoskope, Herzkatheter usw.), werden Einmalartikel verwendet. Auf Grund der hohen apparativen und personellen Anforderungen an die Wiederaufbereitung wird diese oft an Spezialbetriebe delegiert.

8.12.3 Instrumentenreinigung und -desinfektion

Abb. 1 Instrumentendesinfektion nach dem Einlegeverfahren

Da von gebrauchten Instrumenten, wie Skalpellen, Scheren usw., sowohl eine Verletzungs- als auch eine Infektionsgefahr ausgeht, wird bei ihrer Wiederaufbereitung besonders vorsichtig und systematisch verfahren. Die MFA trägt dabei dickwandige Schutzhandschuhe und bei Spritzgefahr eine Schutzbrille. Die Instrumente werden unverzüglich nach der Benutzung aufbereitet oder so gelagert und transportiert, dass Verschmutzungen nicht antrocknen.

Zunächst werden Einmalteile wie Skalpellklingen und Kanülen in durchstichsichere Behälter, Spritzen und Tupfer in den Abfalleimer gegeben. So weit wie möglich werden die Instrumente zerlegt bzw. geöffnet (Scheren, Klemmen), damit die Lösung auch an kritische Stellen wie Scharniere gelangt. Anschließend werden die Instrumente vollständig in die Desinfektionslösung gelegt. Sie werden behutsam eingelegt, damit sie sich nicht gegenseitig beschädigen. Hohlinstrumente füllt man mit Lösung und achtet darauf, dass sie frei von Luftblasen sind. Man reinigt Instrumente prinzipiell nicht vor dem Einlegen, um Verletzungen mit kontaminierten Instrumenten zu vermeiden. Die handelsüblichen Desinfektionslösungen wirken gleichzeitig desinfizierend und reinigend. Nur starke Verschmutzungen erfordern eine Vorreinigung: Sie werden mit einem Einmaltuch, das mit Desinfektionslösung getränkt wurde, grob entfernt. Die Vorreinigung darf nicht mit anderen, z. B. alkoholischen Mitteln geschehen, da diese **fixierend** wirken, d. h. Kontaminationen fest mit der Unterlage verbinden. Die Desinfektion durch Einlegen in eine Lösung bezeichnet man als manuelles oder Einlegeverfahren (Tauchbad) im Gegensatz zum maschinellen Verfahren im Reinigungs- und Desinfektionsgerät (RDG, S. 103).

Prinzip der Instrumentenaufbereitung bei Verwendung des Einlegeverfahrens (Tauchbad)

Sammeln, Zerlegen, ggf. Vorreinigung der benutzten Instrumente
↓
Reinigung/Desinfektion
↓
Spülen
↓
Trocknen
↓
Pflege/Instandsetzung
↓
Funktionsprüfung
↓
Verpacken, Kennzeichnen
↓
Sterilisation
↓
Freigabe durch Sterilgutfachkraft
↓
Lagerung

Die Instrumentenwanne deckt man nach dem Einlegen ab. Nach Ablauf der Einwirkzeit werden die Instrumente vorsichtig entnommen, abgespült und getrocknet. Bei erkennbarer Verschmutzung reinigt man sie vorsichtig mit einer weichen Bürste nach. Zum Spülen ist VE-Wasser optimal, d. h. voll entmineralisiertes, kalkfreies Wasser. Nach dem Trocknen werden die Instrumente auf Vollständigkeit, Korrosionszeichen (Rost) usw. geprüft. Rostige Instrumente sind auszusortieren. Scharniere werden mit Pflegeöl behandelt und anschließend wird eine Funktionsprüfung durchgeführt. Nun kann, falls erforderlich, eine Sterilisation vorbereitet und durchgeführt werden.

8.12.4 Reinigungs- und Desinfektionsgerät (RDG)

RDGs kombinieren Reinigung und Desinfektion, indem sie entweder thermisch (z. B. mit 93 °C heißem Wasser) oder chemothermisch (z. B. mit einer 60 °C heißen Reinigungs- und Desinfektionslösung) arbeiten. Die Geräte führen Reinigung, Desinfektion, anschließende Spülung und Trocknung aus. Sie sind quasi fortentwickelte Spülmaschinen. Hohlinstrumente werden im RDG auf Düsen aufgesetzt und so effektiv durchspült. Kleinteile werden durch Drahtkörbe und Netze gesichert. Die Behandlung im RDG ist validiert und standardisiert. Sie ist v. a. für Hohlinstrumente besser und sicherer als die manuelle Reinigung und Desinfektion. Das Protokoll jedes RDG-Arbeitszyklus wird ausgedruckt und dient der Dokumentation. Die Geräte geben bei gestörtem Arbeitsablauf Warnsignale ab. Ist eine Vorreinigung erforderlich, kann diese im Ultraschallbad durchgeführt werden. Dieses ähnelt einer Desinfektionswanne, erzielt aber eine intensivere Wirkung als die Lösung allein. Enge Hohlinstrumente wie Schläuche und Endoskope werden vor der Behandlung im RDG ggf. mittels einer sog. Reinigungspistole mit Wasser durchspült und mit Druckluft getrocknet.

Abb. 1 Reinigungs- und Desinfektionsgerät (RDG)

> **HINWEIS**
>
> Sehr empfindliche Geräte, die im Tauchbad und RDG Schaden nehmen würden, wie Bohrer, Absaug- und Beatmungsgeräte, werden mit Desinfektionslösung und anschließend mit klarem Wasser im Sinne einer Scheuer-Wisch-Desinfektion desinfiziert.

Was du nicht willst, dass man dir tu, das füg auch keinem anderen zu … Die wichtigste Hygieneregel ist die einfache Frage, ob Sie selbst mit einem so aufbereiteten Medizinprodukt untersucht bzw. behandelt werden möchten. Lautet Ihre Antwort „Nein", dann war die Aufbereitung hygienisch auf keinen Fall ausreichend.

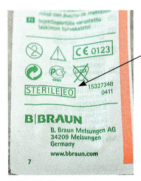

Abb. 2 Einmalspritzen werden mit Ethylenoxid (EO) sterilisiert.

8.13 Sterilisation

Bestimmte pathogene Bakterien wie MRSA können viele Monate, Tuberkelbakterien sogar jahrelang auf trockenen und „sauberen" Instrumenten überleben. Auch Pilze, Viren und Prionen sind z. T. außerordentlich widerstands- und haftfähig. Semikritische MP sollen und kritische MP müssen daher sterilisiert werden.

Durch Sterilisation wird eine vollständige Abtötung bzw. Entfernung aller Mikroorganismen inkl. ihrer Dauerformen, im Idealfall auch von Prionen, erzielt. **Das** Sterilisationsverfahren gibt es nicht. Die jeweilige Methode muss dem zu sterilisierenden Material (dem Sterilisiergut) angepasst werden, damit dieses nicht beschädigt wird. Jedes Verfahren zur Instrumentenwiederaufbereitung endet mit der Freigabe der sterilisierten Charge (Beladung) zur Benutzung.

Abb. 3 Autoklav Typ B

Sterilisationsverfahren	Prinzip	Sterilisiergut (Beispiele)
Dampfsterilisation im Dampfsterilisator **(Autoklav)** durch gesättigten, gespannten Dampf, d. h. luftfreien und unter Druck stehenden Dampf	Feuchte Hitze, d. h. heißer, unter Druck stehender Wasserdampf, dringt in alle Mikroorganismen sowie Sporen ein und zerstört sie. Sogar Prionen können zerstört werden.	thermostabile Instrumente und Materialien aus Metall, Porzellan, Textilien (OP-Tücher, Tupfer), Gummi, Watte, Zellstoff, Nährmedien
Heißluftsterilisation mit trockener Hitze bei 180-200 °C soll nicht mehr durchgeführt werden, da die Geräte nicht validiert werden können. Autoklaven sind zu bevorzugen.		
Gassterilisation z. B. mit Ethylenoxid	Gase zerstören Mikroorganismen und Sporen.	thermolabile Materialien: Spritzen, Kanülen, Schläuche
Sterilfiltration	Spezialfilter entfernen Mikroorganismen und Sporen.	Flüssigkeiten: Injektions- und Infusionslösungen
Bestrahlung	Ionisierende Strahlen (Gamma-Strahlen) töten Mikroorganismen ab.	thermolabile Einmalmaterialien, wie Kunststoffschläuche, Spritzen usw.
Verbrennung	geht mit der Vernichtung des Sterilguts einher	Materialien von Patienten mit Prionkrankheiten

Funktionsweise und Arbeitsphasen des Autoklavs

Autoklaven gibt es in drei Typen (Klassen): B, N und S. Typ B ist am leistungsfähigsten und für Hohlkörper geeignet, N und S nur für einfachere Instrumente. Alle Autoklaven ersetzen die Luft in ihrem Innenraum durch gespannten, d. h. luftleeren Wasserdampf. Dafür muss die Luft abgesaugt, also ein luftleerer Raum (ein **Vakuum**) erzeugt werden. Anschließend wird ein hoher Druck erzeugt, der den luftfreien Dampf noch energiereicher und wirksamer macht. Die fünf Arbeitsphasen des Autoklavs bilden zusammen die **Chargenzeit**, die auch den gesamten **Autoklavier-Zyklus** umfasst.

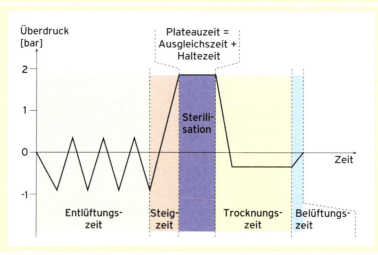

1. Entlüftungszeit	Zeitspanne, in der der Autoklav komplett entlüftet wird, d. h., in der das Vakuum entsteht. Typ B stellt das Vakuum mehrmals (fraktioniert) her, sodass auch aus Hohlkörpern alle Luft abgesaugt wird (Abb. oben).
2. Steigzeit	Zeit von Beginn der Wärmezufuhr bis zum Erreichen der Betriebstemperatur
3. Plateau- oder Sterlisationszeit	Besteht aus **Ausgleichszeit**, d. h. der Zeit vom Erreichen der Betriebstemperatur bis zum Erreichen der Betriebstemperatur an allen Stellen des Sterilisierguts, und der **Haltezeit**, d. h. der eigentlichen **Abtötungszeit**, in der die gewünschte Temperatur überall im Sterilisiergut erreicht wird. Dauer der Haltezeit (= Abtötungszeit) je nach gewählter Temperatur sowie Keimzahl, Keimart und Materialien; sie enthält einen Sicherheitszuschlag. Für Routinesituationen gilt: **15-20 min** bei **121 °C** und zweifachem und **3-5 min** bei **134 °C** und dreifachem Luftdruck.
4. Trocknungszeit	Trocknung und Abkühlen des Sterilguts
5. Belüftungszeit	Wiederbelüftung des Autoklavinneren

Überprüfung der Sterilisation

Jeder Autoklav muss vor der ersten Inbetriebnahme durch den Techniker mit einer für den späteren Betrieb typischen Beladung validiert werden. **Validierung** heißt, dass getestet und bestätigt wird, dass das Gerät eine typische Beladung in einem üblichen Arbeitsgang tatsächlich sterilisiert. Die Validierung wird jährlich wiederholt **(Revalidierung)**. Das Validierungsprotokoll legt fest, welche Werte (z. B. Temperatur und Druck) Voraussetzung für die **Freigabe des Verfahrens** sind. Dies ist die Bestätigung der Fachkraft, dass der Autoklav korrekt arbeitet. Allerdings könnte es sein, dass sich am Arbeitsprozess eines Geräts etwas unbemerkt ändert. Deshalb sind zusätzliche regelmäßige Tests vorgeschrieben. Da Sterilgut nicht direkt getestet werden kann (es wäre dann sofort unsteril), dienen indirekte Verfahren dazu, die regelrechte Einwirkung des heißen Dampfs zu beweisen. Für die verschiedenen Autoklav-Typen (neu angeschaffte Autoklaven sind meistens Typ B) und Beladungen sind Testarten und -intervalle unterschiedlich.

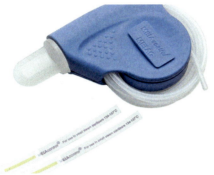

Abb. 1 Helix-Prüfkörper

Abb. 2 Helix-Teststreifen

Helixtest und **Bowie-Dick-Test** sind so aufgebaut, dass Dampf die Prüfkörper nur schwer durchdringen kann. An ihrer durch Dampf am schwersten erreichbaren Stelle befindet sich ein **Indikator**, der, wenn er von Dampf durchdrungen wird, eine Farbänderung zeigt. Daher bezeichnet man sie als **Dampfdurchdringungstests**. Zeigt der Indikator den typischen Farbumschlag, ist davon auszugehen, dass der Autoklav auch schwer durchdringbares Sterilisiergut effektiv entkeimen kann. Mit der erfolgreichen Dampfdurchdringung wird indirekt auch das Vakuum getestet. Die Prüfkörper werden unten in den Autoklav direkt vorne an die Tür gelegt, da dort die „kälteste" Stelle der Geräte ist.

Die zuständige Fachkraft dokumentiert das Ergebnis aller Tests mit Datum, Testart, Chargennummern, Testergebnissen und ggf. den Indikatorstreifen. Bei Nichtbestehen eines Tests werden die eingeleiteten Maßnahmen eingetragen. Die Dokumente müssen 30 Jahre lang aufbewahrt werden.

Abb. 3 Bowie-Dick-Test

Das Validierungsprotokoll jedes Geräts legt die durchzuführenden Tests (z. B. Helix- oder Bowie-Dick-Test) und ihre Häufigkeit (z. B. täglich oder bei jeder Charge, d. h. Beladung) fest. Alle Geräte müssen Fehlermeldungen geben können, z. B. „Dampfdruck zu gering" oder „Türdichtungsdruck zu gering". Sie müssen gegen Dampf- oder Druckverlust sowie vorzeitiges Öffnen gesichert sein.

Abb. 4 Multiparameter-Chemoindikator

> **MERKE**
>
> Vakuum- und Dampfdurchdringungstests sowie Bioindikatoren dienen der **Maschinenkontrolle**. Chemoindikator- bzw. Thermoindikator-Teststreifen und Chargenprotokoll dienen der **Chargenkontrolle** (Ladungskontrolle). Die Verfärbung des Klebestreifens auf dem Folienschlauch dient der **Behandlungskontrolle** der einzelnen Sterilgutpackung. Dem entsprechend gibt die verantwortliche Fachkraft das Gerät bzw. Verfahren, die Charge und das einzelne Sterilgutpaket bei einwandfreier Funktion / einwandfreiem Zustand frei.

Kontrollen der Dampfsterilisation

Testart	Testprinzip und Durchführungsintervall
Vakuumtest	Geräte, die mit fraktioniertem Vorvakuum arbeiten (Klasse-B-Autoklaven), durchlaufen morgens vor der Inbetriebnahme einen Selbsttest, der das Absaugen der Luft, d. h. das Vakuum, prüft. Display und Ausdruck bestätigen oder widerlegen die Effektivität.

Dampfdurchdringungstests

Helixtest	1,5 m langer, 2 mm dicker, zur Spirale (Helix) aufgewickelter Schlauch, an dessen Ende sich in einer verschraubten Kammer ein Indikatorstreifen befindet. Dieser zeigt nach Dampfeinwirkung einen Farbumschlag. Durchführung 1 x täglich in Klasse-B-Autoklaven (bei MP „kritisch C" öfter). Der Prüfkörper wird vielfach, der Indikatorstreifen nur einmal verwendet.
Bowie-Dick-Test	Ursprünglich ein mit 7 kg beladenes, schwer durchdringbares Textilpaket; handelsübliche alternative Testpakte sind kleiner und leichter bei gleicher Aussagekraft. Farbumschlag des innen liegenden Indikators erfolgt durch Dampfeinwirkung.

Wirksamkeitstest

Bioindikator (Wirksamkeitstest; Sporentest)	Packungen mit Bakteriensporen, die mit in das Sterilisiergut gegeben werden, können auf biologische Weise zeigen, ob die Sterilisation erfolgreich war: werden sie nach dem Entkeimungsvorgang bebrütet und wachsen darin Bakterien, hat keine Sterilisation stattgefunden. Bioindikatoren entsprechen nicht mehr den Hygiene-Normen und dürfen nur ergänzend zu den vorgeschriebenen Tests durchgeführt werden.	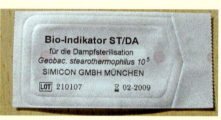 Abb. 1 Sporenpäckchen

Chargenkontrollen (Ladungskontrollen)

Chargenprotokoll (Grafik und Protokoll)	Das automatisch erstellte Protokoll des Autoklavs wird nach Ende des Arbeitsgangs ausgedruckt oder auf Medien gespeichert. Die verantwortliche Fachkraft prüft es laut Validierungsprotokoll und gibt das Sterilgut bei einwandfreien Werten und intakter Verpackung mit ihrer Unterschrift frei (Chargenfreigabe).	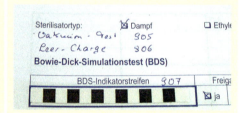 Abb. 2 Dokumentation des bestandenen Bowie-Dick-Tests
Chemoindikator Thermoindikator	Chargenkontroll-Teststreifen, der zwischen die Beladung gelegt wird und dessen Farbumschlag anzeigt, dass der Sterilisationsvorgang dieser Charge erfolgreich war. Es können nur die Temperatur (Thermoindikator) oder mehrere Messwerte, z. B. Temperatur, Zeit und Dampfeinwirkung, gemessen werden (Multiparameterindikator = Mehrfachteststreifen). Durchführung bei jeder Charge; jeder Teststreifen ist einmal verwendbar. Gegebenenfalls werden mehrere Steifentests im Sterilisiergut verteilt.	

Behandlungskontrolle

Indikator-Klebeband	Das Klebeband bzw. die Indikatorzone des Folienschlauchs, die sich bei Dampfeinwirkung dunkel verfärbt, dient nur der optischen Kontrolle, ob ein Instrumentenpäckchen schon sterilisiert wurde. Es erlaubt nicht die Aussage, dass der Inhalt wirklich steril ist.	 Abb. 3 Indikator-Klebeband

8.14 Vorbereitung des Sterilisierguts

Vor dem Autoklavieren muss das Sterilisationsgut rückstandsfrei sauber und desinfiziert sein, da der Sterilisationsprozess bei starker Verkeimung sehr lange dauern oder sogar scheitern würde. Ordnungsgemäß vorbereitetes, trockenes Sterilisiergut wird zur Sterilisation in thermostabile, dampfdurchlässige Folienschläuche locker eingepackt und mit einem entsprechenden Gerät fest verschweißt.

Abb. 1 Wandhalter für Folienschläuche

Die Schlauchverpackung wird mit Klebeband, dessen Farbstreifen sich durch die Behandlung im Autoklav umfärben, zugeklebt. Für bestimmte chirurgische Eingriffe können Instrumente als Sets vorsortiert zusammengepackt werden. Größere Instrumentensets werden in Metallkassetten gepackt; die Kassettendeckel enthalten ebenfalls sichtbare Indikatoren. Jede Packung bzw. Kassette wird mit einem Aufkleber gekennzeichnet. Dieser gibt Sterilisationsdatum, Chargennummer und Lagerfrist („verwendbar bis") an. Um die Sterilität der Instrumente bei Lagerung, Transport und Handhabung im OP zu gewährleisten, kann die Sterilverpackung aus Folienschlauch bzw. Metall vor der Autoklavierung noch mit einer ggf. mehrschichtigen Schutzverpackung umhüllt werden.

8.15 Lagerung, Haltbarkeit und Handhabung von Sterilgut

Sterilgut, das nach der Freigabe der Charge durch die Fachkraft nicht gleich benutzt wird, wird in gut verschließbaren, regelmäßig desinfizierten Schrankfächern (ggf. einem Spezialschrank) trocken, dunkel, kühl und staubfrei gelagert. Regale sind nicht geeignet. Die Lagerung erfolgt nicht zu dicht, damit keine Packung beschädigt wird und keine Einklemmung in Schubladen o. Ä. vorkommt. Die Verwendbarkeit fachgerecht sterilisierter Materialien ist auf der Packung bzw. Kassette anzugeben und beträgt – abhängig von Material, Verpackung und Lagerung – z. B. sechs Monate bei geschützter Lagerung. Die Handhabung verpackten Sterilguts erfolgt mit desinfizierten Händen. Zeigt sich unmittelbar vor der Benutzung des Sterilguts eine Beschädigung des Folienschlauchs oder Feuchtigkeit in der Packung, gilt das Material als unsteril und wird nicht verwendet.

Wenn Sterilgut unbenutzt aus dem OP zurückgegeben wird, dessen Packung beschädigt oder Lagerfrist abgelaufen ist, wird es wieder zu Sterilisiergut. Es wird ausgepackt, geprüft, neu verpackt und erneut sterilisiert. Reinigung und Desinfektion entfallen, sofern keine erkennbare Kontamination stattgefunden hat. Erst nach erneuter Sterilisation und Freigabe darf es wieder als Sterilgut betrachtet und entsprechend gelagert und benutzt werden.

> **HINWEIS**
>
> Offen, d. h. in Regalen, in Körben oder auf Tabletts in unbeschädigter Verpackung gelagertes Sterilgut (Spritzen, Kanülen, Instrumente, Instrumentensets) ist nur 48 h lang haltbar.

Richtiger Umgang mit Sterilgut	
First-in-first-out-Prinzip	Die Packung, die am längsten gelagert (und noch haltbar ist), kommt zuerst zur Anwendung.
Peel-Back-Technik (engl. peel back = schäle zurück)	Instrumente werden nicht durch die Packung gedrückt, sondern die Packungsenden werden „aufgeschält". **Abb. 2** Vorschriftsmäßiges Öffnen der sterilen Verpackung (Beispiel Spritze)
Non-Touch-Technik (engl. non-touch technique = Nicht-Berührungs-Technik)	Bei der Sterilgutentnahme wird das Instrument nicht bzw. nur an der dafür vorgesehenen Stelle berührt. **Abb. 3** Vorschriftsmäßiges Anreichen von Sterilgut (Beispiel Spritze)

9 Umwelt- und Arbeitsschutz in der Arztpraxis

Im Berufsalltag können wir täglich Beiträge zum Umweltschutz leisten. Wichtig ist der verantwortungsvolle Umgang mit Energie und Rohstoffen sowie der vorschriftsmäßige und sinnvolle Umgang mit Chemikalien. Putz-, Reinigungs- und Desinfektionsmittel werden so dosiert, dass ein Maximum an Wirkung bei minimalem Verbrauch entsteht. Die exakte Befolgung von Dosier- und Aufbereitungsrichtlinien sowie Herstellerangaben ist dabei unabdingbar.

Hochwertige, haltbare Materialien belasten die Umwelt weniger als schlechte oder Einwegmaterialien. Letztere sollten nur eingesetzt werden, sofern sie aus Hygienegründen unvermeidbar sind. Umsichtiges Arbeiten mit Müllvermeidung, korrekter Mülltrennung und -entsorgung dient nicht nur der Umwelt, sondern auch der Sicherheit aller Beteiligten.

9.1 Gefahrstoffe und ihre Kennzeichnung

Piktogramm
international festgelegtes, leicht verständliches Bild mit bestimmter Bedeutung

In jeder Arztpraxis befinden sich Gefahrstoffe, d. h. gesundheitsgefährdende Stoffe. Beispiele sind Chemikalien zur Herstellung von Desinfektionslösungen und für Laborarbeiten sowie einige Medikamente. Gefahrstoffe werden nach dem **GHS** (**G**lobally **H**armonized **S**ystem of Classification and Labelling of Chemicals) weltweit einheitlich und gut erkennbar beschriftet. Die schwarz-weiß-rote GHS-Kennzeichnung soll ab 2015 die älteren orange-schwarzen Gefahrstoffkennzeichen ersetzen. Bis dahin gelten übergangsweise beide Systeme nebeneinander. Die Piktogramme sollen jedem Anwender auf einen Blick die Gefährdung anzeigen.

GHS-Piktogramm mit Hinweis	Gesundheitsrisiko	Beim Umgang zu beachten (Beispiele)
Achtung	reizt Haut und Schleimhäute; Allergiegefahr, ggf. akute Vergiftung möglich	– Vorsicht und Ruhe beim Umgang mit dem Stoff! – ausreichend lange Handschuhe, ggf. mit Stulpen tragen – bei Spritzgefahr Schutzbrille tragen
ätzend	ätzend; enthält z. B. Säure oder Lauge und kann Haut, Schleimhaut und Materialien schädigen	
Gefahr	für den Menschen akut und/oder chronisch schädlich, z. B. krebserregend (C = K = kanzerogen), erbgutschädigend (M = mutagen) oder für ungeborene Kinder schädlich (R = reproduktionstoxisch)	– Hautkontakt vermeiden – Einatmen vermeiden – von Kindern und Schwangeren fernhalten – Schutzkleidung erforderlich – als Sondermüll entsorgen
entzündlich	leicht entzündlich	– Der Stoff darf nicht in der Nähe von Wärmequellen gelagert werden. – Es darf nicht in der Nähe des Stoffes geraucht werden.
oxidierend	oxidierend, d. h. material- bzw. gewebeschädlich, brandfördernd	

Umwelt- und Arbeitsschutz in der Arztpraxis | 109 | LF 3

Übrige GHS-Piktogramme:

	bedeutet akute Vergiftungs- bzw. Schadensgefahr bei Einatmen, Hautkontakt und Verschlucken			
sehr giftig		umweltschädlich	explosiv	verdichtetes Gas

9.2 Abfallentsorgung in der Arztpraxis

Mülltrennung und Wertstoffsammlung sind in Deutschland Standard.

Auch in Arztpraxen werden Papier, Glas und Verpackungen mit dem grünen Punkt, Batterien und Restmüll getrennt gesammelt und entsorgt bzw. dem Recycling zugeführt.

Altmedikamente gehören in den Restmüll, da in Deutschland der Müll fast ausschließlich verbrannt wird. Apotheken müssen sie nicht (mehr) annehmen. Da die Abfallentsorgung kommunal geregelt ist, können die Entsorgungsvorschriften regional abweichen.

Die Seite www.abfallmanager-medizin.de/ stellt unter anderem ein Abfall-ABC mit Informationen zu Entsorgungsfragen bereit.

Bestimmte Praxisabfälle unterscheiden sich jedoch von Haushaltsabfall. Dafür gelten besondere Bestimmungen:

Abfallkategorie	Beschreibung der Kategorie (Beispiele)	Besonderheiten bei der Entsorgung
180101	spitze und scharfe Gegenstände (Kanülen, Skalpelle, offene Ampullen, Fertigspritzen)	In vorschriftsmäßigem, durchstichsicherem Behälter mit Abstreifvorrichtung sammeln. Der verschlossene Behälter gehört dann zur Kategorie 180104 = Restmüll.
180102	optisch ungewohnte Abfälle aus Chirurgie und Pathologie, wie Organabfälle, Blutkonservenbeutel	Sammlung in undurchsichtigem Spezialbehälter, Abholung/Entsorgung durch Fachunternehmen
180103	Abfälle, die mit meldepflichtigen Erregern nach § 17 IfSG kontaminiert sind (infektiöse Blutproben) sowie Kulturen anderer Erreger (Agarplatten, Nährböden)	Entsorgung in mikrobensicheren Spezialbehältern, Entsorgung durch Fachunternehmen (oder Autoklavierung und anschließende Entsorgung über die Kategorie 180104 = Restmüll)
180104	gemischte, nicht infektiöse Abfälle ohne besondere Infektionsgefahren (Einmalhandschuhe, Spritzen- und Kanülenverpackungen, gebrauchte Verbände, Pflaster, Tupfer, Infusionsschläuche und Windeln, Speisereste, Verpackungen, Altmedikamente außer Gefahrstoffen wie Zytostatika)	Im verschlossenen, reißfesten und flüssigkeitsdichten Abfallbeutel in den Restmüllbehälter geben; nicht nachsortieren; ggf. die Tonne abschließen, um Missbrauch durch Drogensüchtige und Unfälle für Kinder und Tiere zu vermeiden. Medikamente mit Blister-Verpackung einwerfen und mit anderem Müll vermischen; möglichst erst am Tage der Abholung in die Tonne geben.
180106	Chemikalien (Säuren, Laugen, Laborchemikalien)	Sondermüllsammlung der Gemeinde; Röntgenfixierer usw. werden von Fachunternehmen abgeholt.
180108	Zellgifte (Zytostatika u. a. Medikamente bzw. Gefahrstoffe)	Sicher sammeln und lagern. Abholung des Sondermülls durch Fachunternehmen.

Die Ziffern setzen sich zusammen aus 18 (Medizinischer Bereich), 01 (Humanmedizin = „Menschenmedizin") und 01, 02 usw. für die verschiedenen Abfallkategorien.

 Die große Lücke ... im Entsorgungssystem ist, dass täglich ungezählte Tonnen Medikamente eingenommen werden – und die Wirkstoffe, nachdem sie Leber und Nieren passiert haben, über Stuhl und Urin ins Abwasser gelangen. Die Auswirkungen sind z. B., dass es viel mehr weibliche als männliche Exemplare bestimmter Fische gibt. Ursache ist die große Menge wirksamer Östrogene aus der Antibabypille, die im Abwasser und damit in vielen Flüssen landet. Forscher arbeiten an der Entwicklung biologischer Methoden, um Sexualhormone in Kläranlagen abzubauen.

Abb. 1 Antibabypille

110 | Praxishygiene und Schutz vor Infektionskrankheiten organisieren

Terminologie: Hygiene

Antisepsis	Infektionsverhütung durch Entfernung/Abtötung pathogener Keime (Desinfektion)
Asepsis	Infektionsverhütung durch völlige Keimfreiheit (Sterilität)
Autoklav	Dampfsterilisator
Autoklavier-Zyklus	die Abfolge der fünf Arbeitsphasen des Autoklavs
bakteriostatisch	Bakterien (an der Vermehrung) hemmend, inaktivierend
bakterizid	Bakterien abtötend
BGW	Berufsgenossenschaft für Gesundheitsdienst und Wohlfahrtspflege
Bowie-Dick-Test	Prozessindikator für den Autoklav (Dampfdurchdringungstest)
Charge	(bzgl. Autoklav) Beladung
Chargenzeit	Zeitspanne, die der Autoklav zur Sterilisation einer Charge, d.h. für einen Arbeitszyklus, braucht
Chemoindikator	Test, der durch Farbumschlag einer Chemikalie zeigt, ob ein bestimmter Messwert erreicht wurde (z.B. Druck)
chemothermisch	(Desinfektion) durch Chemikalien und Hitze
Desinfektion	Abtötung oder Inaktivierung pathogener Mikroorganismen
Einlegeverfahren	Tauchbadverfahren zur Reinigung und Desinfektion wiederverwendbarer Instrumente
Endoskop	schlauchförmiges Untersuchungsgerät, z.B. zur Magenspiegelung
fixieren	befestigen, z.B. festkleben
Freigabe	Bestätigung der Korrektheit a) des Sterilisationsverfahrens, b) der sterilisierten Charge, c) des Sterilguts zur Benutzung
fungistatisch	Pilze (an der Vermehrung) hemmend, inaktivierend
fungizid	Pilze abtötend
Helixtest	Dampfdurchdringungstest aus Spiralschlauch und Farbtest
Hygiene	Maßnahmen zur Gesunderhaltung und Infektionsvorbeugung
inaktivieren	Krankheitserreger so behandeln, dass sie sich nicht vermehren
Indikator	Anzeiger, z.B. für einen erfolgreichen Arbeitsgang
infektiös	ansteckend
Infektiosität	Ansteckungsfähigkeit 1. eines Patienten, 2. eines Erregers
Injektion	Einspritzung; Kurzwort „Spritze"
invasiv	eingreifend; die Körperoberfläche verletzend
Inventarwischtuch	getränktes Einmaltuch zur Desinfektion z.B. kleiner Gegenstände
Kanüle	spitze Hohlnadel
manuell	von Hand
Mikroverletzung	kleinste, zumeist unbemerkte Verletzung

Umwelt- und Arbeitsschutz in der Arztpraxis | 111 | LF 3

Prozessindikator	Test(gerät) zur Überprüfung von Arbeitsabläufen im Autoklav
Punktion	Einstich
RDG	Reinigungs- und Desinfektionsgerät
Routinedesinfektion	regelmäßig durchgeführte Unterhaltsdesinfektion (z. B. von Böden)
Sepsis	Blutvergiftung; schweres fieberhaftes Krankheitsbild
Standzeit	Zeitspanne, während der eine Desinfektionslösung wirksam ist
steril (Ggt. **unsteril**)	keimfrei; frei von vermehrungsfähigen Mikroorganismen
Sterilgut	sterilisierte Materialien und Instrumente
Sterilisation	Abtötung aller Mikroorganismen und ihrer Dauerformen
Sterilisiergut	Materialien und Instrumente, die sterilisiert werden sollen
Sterilität	Keimfreiheit; Asepsis
thermisch	(Desinfektion) durch Hitze
thermolabil	nicht hitzebeständig bzw. nicht autoklavierbar
thermostabil	hitzebeständig bzw. autoklavierbar
Vakuum	luftleerer Raum
Validierung	Prüfung, die Wirksamkeit und Gültigkeit eines Verfahrens bestätigt
virostatisch	Viren hemmend, inaktivierend
viruzid	Viren abtötend
Wirkspektrum	Mikroorganismen, gegen die z. B. ein Desinfektionsmittel wirkt
Zwischendesinfektion	bedarfsweise, gezielt durchgeführte Desinfektionsmaßnahme

AUFGABEN

1 **a** Haben Sie sich schon einmal in der Praxis mit Krankheitserregern angesteckt?
b Wie hätten Sie diese Infektion vermeiden können?

2 Nennen Sie zehn Gegenstände oder Materialien, die in Ihrer Ausbildungspraxis typischerweise kontaminiert werden.

3 Begründen Sie, warum Arbeitskleidung nicht im Privathaushalt gewaschen werden sollte.

4 Welche Art Schutzhandschuhe benötigen Sie jeweils für **a** einen Verbandwechsel, **b** das Anmischen einer Desinfektionsmittel-Gebrauchslösung, **c** eine Blutentnahme, **d** die Vorbereitung einer Kochsalz-Infusion, **e** das Auswischen des Medikamentenschranks und **f** die Durchführung einer Impfung?

5 Definieren Sie die Begriffe Desinfektion und Sterilisation.

6 Welche Informationen muss ein Hygieneplan enthalten?

7 Beschreiben Sie die richtige Durchführung der hygienischen Händedesinfektion.

8 Beschreiben Sie das Funktionsprinzip und den Arbeitszyklus des Autoklavs.

LF 4

Bei Diagnostik und Therapie von Erkrankungen des Bewegungsapparates assistieren

1	**Der Halte- und Bewegungsapparat** 116	
1.1	Anatomische Grundbegriffe 116	
1.2	Aktiver und passiver Bewegungsapparat . . . 118	
1.2.1	Knochenfugen 118	
1.2.2	Gelenke 119	
	Gelenkarten 120	
1.2.3	Skelettmuskulatur 121	
1.2.4	Skelett 122	
1.2.5	Knöcherner Schädel 125	
1.2.6	Wirbelsäule 126	
1.2.7	Thorax, Rumpf- und Bauchwand 128	
1.2.8	Schultergürtel und obere Extremität 129	
1.2.9	Beckengürtel und untere Extremität 130	
2	**Erkrankungen des Bewegungsapparates** . 134	
2.1	Pathologische Grundlagen: Degenerationsvorgänge 134	
2.2	Diagnostik bei Erkrankungen des Bewegungsapparates 136	
2.3	Häufige Erkrankungen des Bewegungsapparates 137	
2.3.1	Gelenkerkrankungen 137	
	Arthrose 137	
	Arthritis 140	
	Rheumatoide Arthritis (rA) = chronische Polyarthritis (cP) 140	
2.3.2	Erkrankungen der Wirbelsäule und der Rückenmuskulatur 142	

	Myalgien und Myogelosen 142	
	HWS- und LWS-Syndrom 143	
	Lumbago, Lumbalgie und Lumboischialgie . . 143	
	Degenerative Wirbelsäulenerkrankungen . . . 144	
	Bandscheibenvorfall (BSV) 145	
2.3.3	Knochenerkrankungen. 148	
	Osteoporose 148	
	Rachitis und Osteomalazie 150	
2.3.4	Erkrankungen der Sehnen und des Sehnengleitgewebes 151	
	Insertionstendopathie (Enthesiopathie) 151	
	Epikondylitis 152	
	Tendovaginitis 152	
2.3.5	Verletzungen des Bewegungsapparates 153	
	Prellung 153	
	Muskelzerrung und Muskelfaserriss 154	
	Distorsion und Bandruptur 154	
	Luxationen 155	
	Fußdeformitäten 155	
	Frakturen 156	
3	**Physikalische Therapie und Physiotherapie**. 158	
3.1	Physikalische Grundlagen: Wellen und Strahlung 158	
	Strahlenschutz. 159	
3.2	Beispiele physikalischer Therapien 160	
3.2.1	Wärmetherapie 160	

3.2.2	Hochfrequenztherapie und therapeutischer Ultraschall 160	
3.2.3	Kältetherapie 160	
3.2.4	Elektrotherapie: Reizstrom und TENS 161	
3.2.5	Licht- und UV-Licht-Bestrahlung (Phototherapie) 161	
3.2.6	Lasertherapie 162	
3.3	Physiotherapie 162	
3.3.1	Klassische Massage 162	
3.3.2	Bewegungstherapie (Krankengymnastik) . . . 163	
3.3.3	Manuelle Therapie und Chirotherapie 163	
3.3.4	Lymphdrainage 164	

4 Arzneimittel 165

4.1	Zusammensetzung von Arzneimitteln 166	
4.2	Generika 167	
4.3	Arzneimittelformen (Applikationsformen) . . . 167	
4.4	Arzneimittellagerung 170	
4.5	Arzneimittelverpackung und Abgabevorschrift 171	
4.6	Packungsbeilage (Gebrauchsinformation) . . . 172	
4.6.1	Indikation(en) 172	
4.6.2	Kontraindikation(en) 172	
4.6.3	Unerwünschte Arzneimittelwirkungen (Nebenwirkungen) 173	
4.6.4	Arzneimittelinteraktionen (Wechselwirkungen) 174	
4.6.5	Arzneimittel in Schwangerschaft und Stillzeit . 175	
4.6.6	Arzneimitteldosierung 175	

4.7	Arzneimittelapplikation (Darreichung) 176	
	Therapietreue (Compliance und Adhärenz) . . 178	
	Leitlinien 178	
4.8	Arzneimittelgruppen 179	
4.9	Missbrauch, Abhängigkeit und Sucht 184	
4.10	Arzneimittel alternativer Therapierichtungen . 184	

5 Injektionen und Injektionstechnik 186

5.1	Vorbereitung von Injektionen 186	
	Vorgehen beim Aufziehen 187	
5.2	Hautdesinfektion 188	
5.3	Intramuskuläre Injektion (i.m.-Injektion) . . . 189	
	Durchführung 189	
5.4	Subkutane Injektion (s.c.-Injektion) 192	
5.5	Intravenöse Injektion (i.v.-Injektion) 193	
5.6	Venenverweilkatheter 193	
	Vorbereitung 194	
	Durchführung 194	
5.7	Infusionen 195	
	Vorbereitung 195	
	Durchführung 195	
	Patientenbeobachtung bei Infusionen 196	

Starke **Knochen**...

Wohin des Wegs?

Das kennen Sie bestimmt…

Nach einem langen Tag in der Praxis ist Ihr Rücken verspannt und schmerzt.
Damit sind Sie nicht allein! Erkrankungen des Bewegungsapparates betreffen fast jeden Menschen ein oder mehrere Male im Leben. Chronische Rückenleiden zählen zu den häufigsten Berufskrankheiten in Deutschland; die Folgen sind viel Leid und enorme volkswirtschaftliche Kosten.
Auch Knochenschwund (Osteoporose) ist heute eine Volkskrankheit, die die meisten alten Menschen, ganz besonders Frauen, betrifft – oft kommt es dadurch zu Knochenbrüchen. Eine Million Menschen in Deutschland leiden unter Erkrankungen des „rheumatischen Formenkreises" – Gelenkschmerzen, Medikamente und vielfältige Einschränkungen bestimmen ihren Alltag. Egal in welcher Fachpraxis Sie arbeiten, Sie begegnen täglich Patienten mit Erkrankungen des Bewegungsapparates.

Wo liegt das Problem?

Bis ca. 1900 arbeiteten die meisten Menschen körperlich. Auch lange Strecken ging man zu Fuß. Bewegungsmangel, Übergewicht und Wohlstandskrankheiten waren früher selten und betrafen hauptsächlich die wenigen Reichen. Heute leben die meisten von uns wie die Könige früherer Jahrhunderte: Wir bewegen uns kaum noch und kämpfen gegen Übergewicht und Rückenbeschwerden. Um uns zu bewegen, fahren wir nun mit dem Auto zum Sportstudio! Auch haben wir heutigen Menschen eine viel höhere Lebenserwartung als unsere Vorfahren – der Preis, den wir dafür zahlen, sind Altersbeschwerden.

...ein Leben lang!

Therapeutisch ...

werden heute so viele Möglichkeiten wie nie zuvor angeboten.
Trotz großer Fortschritte in Medizin und Pharmazie gibt es aber gegen viele Erkrankungen auch heute noch keine Arzneimittel, die zugleich gut wirksam und nebenwirkungsarm sind. Sparmaßnahmen im Gesundheitswesen setzen der Therapiefreiheit zusätzlich immer engere Grenzen.

Daher ist eine frühe und konsequente Prophylaxe wichtig.
Um stark zu bleiben, brauchen unsere Knochen täglich optimale Bedingungen.
In der Praxis können Sie Patienten für eine gesunde Lebensweise motivieren.
Stellen Sie Kontakt zu Sportvereinen und Selbsthilfegruppen her.
Legen Sie aktuelle Materialien für wohnortnahe Angebote von Krankenkassen und Sportvereinen aus. Sprechen Sie chronisch Kranke auf ihre Alltagsbewältigung an. Vielleicht können Sie auch selbst in der Praxis Patienten schulen, Ernährungsberatungen durchführen und Gruppenabende anbieten. Finden Sie eigene Möglichkeiten.

1 Der Halte- und Bewegungsapparat

1.1 Anatomische Grundbegriffe

Die Anatomie erforscht und beschreibt den Aufbau des Körpers. Zu dessen Verständnis gehören Regionen, Körperteile, Organe und Bewegungsrichtungen. Zur Beschreibung der Beweglichkeit in der Orthopädie oder von Röntgen- oder Kernspinbildern in der Radiologie werden außerdem verschiedene Achsen und Ebenen benannt. Die medizinische und anatomische Fachsprache, die Terminologie, verwendet traditionell für anatomische Begriffe lateinische Wörter. Pathologischen, d. h. Krankhaftes beschreibenden Begriffen liegen griechische Wörter zu Grunde. Neu entdeckte Erkrankungen und neu entwickelte Verfahren werden heute überwiegend englisch benannt, z. B. Aids.

Terminologie: Grundbegriffe der Anatomie

Anatomie	Lehre vom Aufbau des Körpers
anatomisch	den Aufbau des Körpers betreffend
Regionen und Körperteile	
Facies	Gesicht
Cervix; Zervix (Adj. cervikal/zervikal)	1. Hals, 2. Gebärmutterhals
Thorax (Adj. thorakal)	1. Brustkorb, 2. Brustraum
Dorsum	Rücken
Abdomen	Bauchraum
Extremitäten	Gliedmaßen (Arme und Beine)

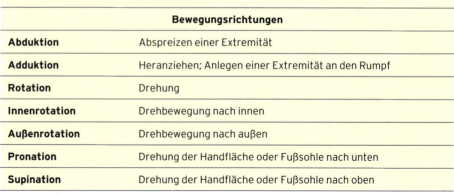

Abb. 1 Bewegungsrichtungen

Abduktion — Adduktion — Innenrotation — Außenrotation — Pronation — Supination

Bewegungsrichtungen

Abduktion	Abspreizen einer Extremität
Adduktion	Heranziehen; Anlegen einer Extremität an den Rumpf
Rotation	Drehung
Innenrotation	Drehbewegung nach innen
Außenrotation	Drehbewegung nach außen
Pronation	Drehung der Handfläche oder Fußsohle nach unten
Supination	Drehung der Handfläche oder Fußsohle nach oben

Eselsbrücke: Bei der **Sup**ination bildet die Handfläche einen **Sup**penlöffel, in der **Pro**nation schneidet man **Bro**t.

Der Halte- und Bewegungsapparat | 117 | LF 4

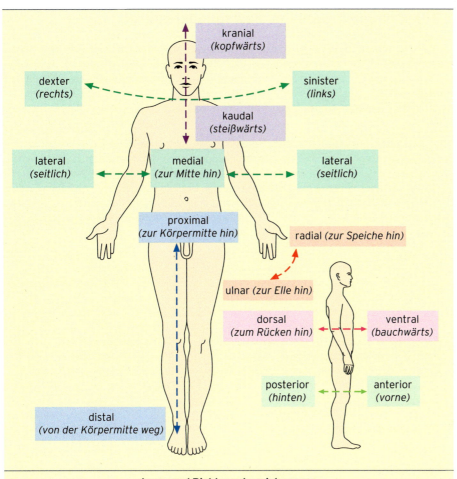

	Lage- und Richtungsbezeichnungen
dexter	rechts; der rechte
sinister	links; der linke
kranial (cranial)	nach oben; schädelwärts
kaudal (caudal)	nach unten; steißwärts
posterior	hinten; der hintere
anterior	vorne; der vordere
dorsal	nach hinten; zum Rücken hin
ventral	nach vorne; zum Bauch hin
medial	zur Mitte hin; der mittlere
lateral	zur Seite; seitlich; seitwärts
proximal	zur Körpermitte hin; rumpfwärts
distal	von der Körpermitte weg; vom Rumpf entfernt
radial	zur Speiche (Unterarmknochen) hin; daumenwärts
ulnar	zur Elle (Unterarmknochen) hin; kleinfingerwärts
superior	oben; der obere
inferior	unten; der untere

1.2 Aktiver und passiver Bewegungsapparat

Der Bewegungsapparat des Menschen besteht aus zwei großen Teilen: dem **aktiven** und dem **passiven Anteil**. Den aktiven Anteil bildet die **Skelettmuskulatur**. Sie bewegt sich selbst, d. h. aktiv. Den passiven Anteil bildet das **Skelett**, das aus **Knochen, Gelenken, Sehnen und Bändern** besteht. Das Skelett wird bewegt, d. h., es bleibt passiv. Der passive Bewegungsapparat verleiht unserem Körper Statur und Größe, während die Muskulatur die Haltung bestimmt.

Das **Zentralnervensystem** (das ZNS, bestehend aus Gehirn und Rückenmark) regelt die Bewegungen des Körpers. Die Skelettmuskulatur können wir bewusst steuern, d. h., sie unterliegt grundsätzlich unserem Willen. Wir können losgehen oder anhalten, wann wir wollen. Nicht nur der freie Wille, auch unbewusste seelische Vorgänge, Gefühle und Stimmungen haben Einfluss auf die Muskelfunktion, d. h., sie verändern Haltung und Bewegung. So kommt es, dass man sich „geknickt" fühlt, „kein Rückgrat hat" oder sich Nackenverspannungen bilden, weil man buchstäblich eine Last auf den Schultern trägt.

Unsere Mimik haben wir nicht ganz unter Kontrolle, obwohl wir die Gesichtsmuskeln willkürlich bewegen können. Bewusste und unbewusste Gefühle spiegeln sich im Gesichtsausdruck wider. Sobald ein Gefühl aufkommt, wir z. B. jemanden sehen oder er uns etwas erzählt, reagiert unsere mimische Muskulatur für eine Fünftelsekunde – ob wir wollen oder nicht – und zeigt unser „wahres Gesicht". Erst nach diesen 200 Millisekunden haben wir wieder Einfluss auf unseren Gesichtsausdruck. Personen, die geübt im Lesen von Gefühlen und Gesichtern sind, haben Menschenkenntnis. Sie nehmen die sog. Mikroemotionen wahr, auch wenn diese nur flüchtig über unsere Züge huschen … da hilft auch kein **„Pokerface"**.

1.2.1 Knochenfugen

Synarthrosen

Verbindung von zwei Skelettteilen durch Knochen (z. B. Kreuzbein, Steißbein)

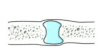

Verbindung von zwei Skelettteilen durch Knorpel = Knorpelfuge (z. B. Schambeinfuge, Bandscheibe)

Verbindung von zwei Skelettteilen durch Bindegewebe (z. B. Schädelnähte beim Kind, Hand- und Fußwurzelknochen)

Abb. 1 Synarthrosen

Die Knochen des Skeletts müssen sinnvoll miteinander verbunden werden. Dazu dienen starre und bewegliche Knochenverbindungen.

Feste Knochenverbindungen ohne Spalt heißen Knochenfugen oder **Synarthrosen**. Sie werden auch unechte Gelenke genannt, weil sie keinen Gelenkspalt haben. Eine Fuge kann aus Knochensubstanz, Knorpel oder Bindegewebe bestehen.

Eine typische **knöcherne Synarthrose** sind die zum Kreuzbein zusammengewachsenen Kreuzbeinwirbel. **Knorpelige Synarthrosen** bilden die Wirbelkörper mit den zwischen ihnen liegenden Bandscheiben. **Bindegewebige Synarthrosen** stellen die kindlichen Schädelnähte dar. Sie wachsen „verzahnt" aufeinander zu und verknöchern mit der Zeit. Zwischen den beiden Unterschenkelknochen Tibia und Fibula (Schien- und Wadenbein) befindet sich ebenfalls Bindegewebe. Auch die Mittelhand- und Mittelfußknochen sind durch bindegewebige Synarthrosen verbunden.

1.2.2 Gelenke

Eine bewegliche Knochenverbindung mit Spalt heißt Gelenk bzw. echtes Gelenk **(Articulatio)**. Gelenke haben einen gemeinsamen Grundaufbau (→ Abb. 1). Die Form der beteiligten Knochen sowie die Art und Menge der Bänder, die das Gelenk umfassen, bestimmen seine Beweglichkeit und Stabilität.

Der knöcherne **Gelenkkopf** liegt in der knöchernen **Gelenkpfanne**. Die Gelenkpartner, d. h. die beiden Knochen, die das Gelenk bilden, müssen dabei nicht in jedem Fall wie ein Kopf und wie eine Pfanne geformt sein. Die aufeinandertreffenden Gelenkflächen sind mit hyalinem (glasartig aussehendem) Knorpel überzogen. Dieser hat eine sehr glatte und optimal gleitfähige Oberfläche, die Stöße abfedert und den Knochen vor Abnutzung schützt. Der Gelenkknorpel wird von der Gelenkflüssigkeit **Synovia**, der sog. Gelenkschmiere, ernährt. Die Synovia ist eine Art „Flüssigknorpel", die die Knorpeloberfläche ständig benetzt und raue Stellen, Abnutzungen und kleine Defekte auffüllt und repariert.

| Knorpelarten
→ LF 3, S. 28

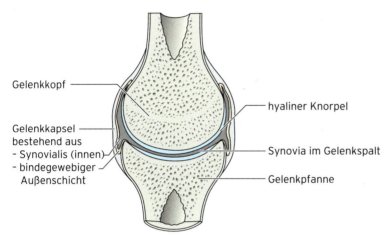

Abb. 1 Aufbau eines Gelenks

> **HINWEIS**
>
> Jedes **Gelenk** besteht aus denselben Bestandteilen:
> – Gelenkpartner (z. B. -kopf und -pfanne)
> – Gelenkknorpel
> – Gelenkkapsel
> – Gelenkspalt
> – Bänder

Die Synovia wirkt außerdem als effektiver Schmierstoff, der den Gelenkflächen ein nahezu reibungsloses Gleiten ermöglicht. Die Synovia wird von der **Synovialis**, der inneren Schicht der **Gelenkkapsel**, gebildet und fortlaufend regeneriert, d. h. erneuert und frisch gehalten. Die äußere Schicht der Gelenkkapsel besteht aus Bindegewebe. Sie umschließt und schützt das Gelenk. Die Gelenkkapsel und ihr Bandapparat machen die Gelenke stabil (→ Abb 2). Durch ihre festigende Wirkung sind die Gelenke nur in bestimmte Richtungen und einem gewissen Umfang beweglich. So kann man z. B. die Knie- und Fingergelenke nicht seitwärts bewegen.

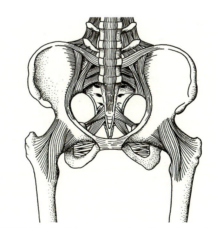

Abb. 2 Starke Bänder umgeben Gelenke und Synarthrosen.

Die hohe Beweglichkeit, die man als Kind hat, kann man durch ständiges Training bzw. Dehnung der gelenknahen Bänder aufrechterhalten wie es Tänzer und Artisten tun. Angeborene Unterschiede und Training führen dazu, dass manche Menschen sehr gelenkig sind und andere eher steif wirken. Werden Gelenke längere Zeit nicht bewegt, z. B. bei längerer Bettlägerigkeit oder im Gipsverband, können sich Bandstrukturen verkürzen. Es kommt zu **Kontrakturen** (Schrumpfungen von Muskeln, Gelenkbändern bzw. -kapseln), die mit schmerzhaften Bewegungseinschränkungen einhergehen.

Gelenkarten

Gelenke kommen in verschiedenen Varianten vor, je nach anatomischer Lage und mechanischen Erfordernissen.

Gelenkarten und Beispiele	Besonderheiten
Gelenke mit drei Bewegungsachsen	
Kugelgelenk: Schulter- und Hüftgelenk	Der kugelförmige Gelenkkopf liegt in der passenden Gelenkpfanne. Bewegungen sind um drei Achsen möglich. Das Hüftgelenk ist ein Sonderfall des Kugelgelenks, da die Pfanne den Kopf um mehr als die Hälfte umschließt.
Gelenke mit zwei Bewegungsachsen	
Eigelenk: Handgelenk	Die Form des Gelenkkopfs, gebildet aus den Handwurzelknochen, erinnert an ein halbes Ei. Die distalen Gelenkenden von Elle und Speiche bilden die Pfanne, die entsprechend an eine halbe Eischale erinnert.
Sattelgelenk: Daumensattelgelenk	Gelenk zwischen dem Trapezknochen (1) und dem Mittelhandknochen des Daumens (2). Zwei gleich geformte sattelartige Gelenkflächen greifen ineinander und ermöglichen es, den Daumen der Handfläche gegenüberzustellen.
Gelenke mit einer Bewegungsachse	
Scharniergelenk: z. B. Ellenbogengelenk, Fingergelenke	Der walzenförmige Gelenkkopf liegt in der rinnenförmigen Pfanne, die das proximale Ende der Elle bildet. Der Arm kann gebeugt und gestreckt werden.
Radgelenk: Gelenk zwischen Elle und Speiche am Ellenbogen	Die von der Elle gebildete Gelenkpfanne umfasst den zapfenförmigen Gelenkkopf der Speiche. Das Gelenk ermöglicht die Drehung der Handfläche nach oben (Supination) und nach unten (Pronation).

→ Terminologie

Articulatio	Gelenk: bewegliche Knochenverbindung mit Spalt
Synarthrose	Knochenfuge: feste Verbindung zweier Knochen ohne Spalt
Synovia	Gelenkflüssigkeit; Gelenkschmiere
Synovialis	Gelenkinnenhaut, die die Synovia bildet

1.2.3 Skelettmuskulatur

Von den drei |Muskelarten des Menschen befindet sich die einzige willkürlich steuerbare im Bewegungsapparat: die **quergestreifte Skelettmuskulatur**. Die einzelnen Muskeln sind durch Sehnen mit den Knochen verbunden und können so das Skelett bewegen. Kontrahiert sich ein Muskel, verkürzt er sich und übt eine Kraft aus. Da die Muskulatur viel Energie verbraucht und reichlich Wärme erzeugt, haben muskulöse und gut trainierte Menschen einen hohen Kalorienbedarf.

Muskelarten (Histologie)
→ LF 3, S. 32

Alle Muskeln haben eine Grundspannung, den **Tonus**. Nur in Narkose, bei Muskel- oder Nervenkrankheiten ist der normale Muskeltonus vermindert bzw. aufgehoben und die Muskulatur schlaff. Ein angespannter, d. h. kontrahierter Muskel hat einen hohen Tonus, ebenso ein krankhaft verspannter Muskel. Bei Verspannungen ist der Muskeltonus pathologisch erhöht.
Muskeln beeinflussen maßgeblich die Körperhaltung. Dabei ermöglichen Gegenspieler **(Antagonisten)**, d. h. Muskeln, die in entgegengesetzte Richtungen ziehen, dass wir aufrecht stehen und gehen können. Auch das Beugen und Strecken, z. B. des Arms, bewerkstelligen Antagonisten (→ Abb. 1). Muskeln und Muskelgruppen können auch gleichsinnig arbeiten, d. h. gemeinsam in die gleiche Richtung ziehen; diese heißen **Agonisten**. Beispielsweise sind alle Muskeln, die den Rumpf beugen, Agonisten.

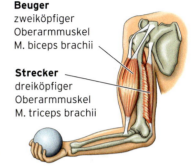

Beuger
zweiköpfiger Oberarmmuskel
M. biceps brachii

Strecker
dreiköpfiger Oberarmmuskel
M. triceps brachii

Abb. 1 Armbeuger und Armstrecker

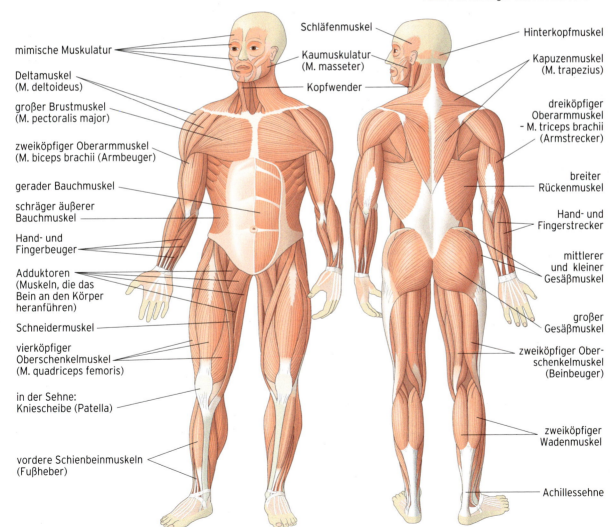

Abb. 2 Die oberflächennahe Muskulatur des Menschen

1.2.4 Skelett

Das menschliche Knochengerüst, das Skelett, besteht aus ca. 210 Knochen. Unterschiede in der Knochenanzahl kommen durch das Zusammenwachsen einzelner Knochen sowie durch Varianten wie zusätzliche Rippen oder Fußknochen zu Stande. Hinzu kommt eine variable Anzahl Sesambeine, d. h. in Sehnen eingebettete Knochen. Diese verhindern, dass Sehnen über Knochen reiben und dabei beschädigt werden. Ein Beispiel hierfür ist die Kniescheibe.

Knochenaufbau
→ LF 3, S. 29

Das Skelettgewicht entspricht beim Erwachsenen ca. 15 % des Körpergewichts. Bei 60 kg Körpergewicht trägt ein Mensch ca. 9 kg Knochen mit sich. Wäre das ▎Skelett nicht in einer ausgefeilten „Leichtbauweise" konstruiert, wöge es etwa das Zehnfache.

Das Skelett besteht beim Baby überwiegend aus Knorpel, der im Laufe der Kindheit durch Knochen ersetzt wird. Knochenreifung und Längenwachstum sind bei Mädchen mit ca. 16, bei Jungen mit ca. 18 Jahren abgeschlossen. Etwa bis zum 25. Lebensjahr wird Knochensubstanz aufgebaut. Im späteren Leben überwiegt der Verlust an Knochensubstanz. Da lebenslang ein Knochenstoffwechsel mit ständigem ▎Substanzab- und -aufbau stattfindet, ist es wichtig, sich regelmäßig zu bewegen und für eine gute Ernährung mit viel Calcium und Vitamin D zu sorgen.

Knochenauf-
und -abbau
→ LF 3, S. 28

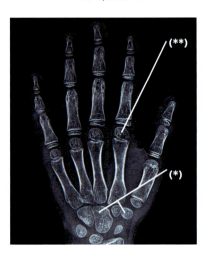

◄ **Abb. 1** Röntgenbild der linken Hand eines Kindes: Die Handwurzelknochen sind noch nicht alle zu sehen (*), da sie noch nicht verknöchert, sondern aus Knorpel vorgebildet sind. Die Mittelhandknochen (**) haben noch einen kugelförmigen Epiphysenkern.

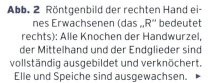

Abb. 2 Röntgenbild der rechten Hand eines Erwachsenen (das „R" bedeutet rechts): Alle Knochen der Handwurzel, der Mittelhand und der Endglieder sind vollständig ausgebildet und verknöchert. Elle und Speiche sind ausgewachsen. ►

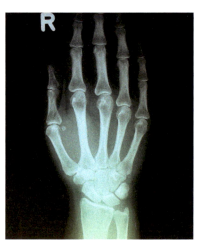

Je nach Statur und Veranlagung kommen Abweichungen des Skelettgewichts vor. Die Sängerin Lady Gaga hat mit 155 cm und 45 kg ein ca. 7 kg leichtes Skelett, während der Basketballer Dirk Nowitzki mit 213 cm und 111 kg mindestens 17 kg Knochen zu bewegen hat. Dennoch gibt es keine **„schweren Knochen"**, schon gar nicht als Entschuldigung dafür, dass die Waage zu viele Kilos anzeigt.

Das Skelett gliedert sich in Schädel, Rumpfskelett, Schulter- und Beckengürtel sowie die vier **Extremitäten** (Gliedmaßen) (→ S. 123, Abb. 1).

Das Rumpfskelett setzt sich zusammen aus der Wirbelsäule (Columna vertebralis), quasi der Längsachse des Skeletts, und dem **Thorax** (Brustkorb). Der knöcherne Thorax besteht aus den 12 Rippenpaaren (Rippe = **Costa**), der Brustwirbelsäule und dem Brustbein **(Sternum)**. Am Rumpfskelett ist der Schultergürtel gelenkig befestigt. Er besteht ventral aus den beiden Schlüsselbeinen (Ez. **Clavicula**) und dorsal aus den Schulterblättern (Ez. **Scapula**). Am Schultergürtel setzen die oberen Extremitäten, d. h. die Arme, an. Auch der Beckengürtel ist gelenkig mit der Wirbelsäule verbunden. Er besteht aus zwei Hüftbeinen (Ez. **Os coxae**) und dem Kreuzbein **(Os sacrum)**. Die unteren Extremitäten, die Beine, setzen am Beckengürtel gelenkig an. Die oberen und unteren Extremitäten bestehen jeweils aus einem langen Röhrenknochen (**Humerus** bzw. **Femur**) sowie den beiden Unterarmknochen (**Radius** und **Ulna**) bzw. Unterschenkelknochen (**Tibia** und **Fibula**). Nach distal folgen Hand- und Fußwurzelknochen, Mittelhand- bzw. Mittelfußknochen sowie die Endglieder, die Finger- und Zehenglieder.

Der Halte- und Bewegungsapparat | **123**   **LF 4**

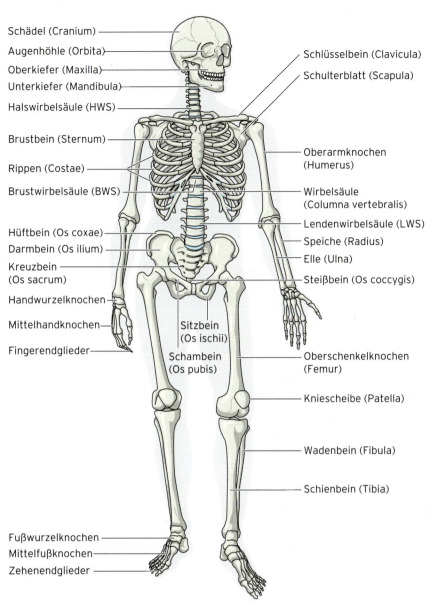

Abb. 1 Das menschliche Skelett

Terminologie: Muskulatur und Skelett	
Agonisten	gleichsinnig arbeitende Muskeln; z. B. Beuger
Antagonisten	gegensinnig arbeitende Muskeln; z. B. Beuger und Strecker
Skelett	Knochengerüst
Tonus	Spannungszustand der Muskulatur
Cranium (Schädel)	
Orbita	Augenhöhle
Maxilla	Oberkiefer
Mandibula	Unterkiefer

Schultergürtel	
Clavicula	Schlüsselbein
Scapula	Schulterblatt
Rumpf	
Columna vertebralis	Wirbelsäule; diese gliedert sich in Halswirbelsäule (HWS), Brustwirbelsäule (BWS), Lendenwirbelsäule (LWS), Kreuzbein (Os sacrum) und Steißbein (Os coccygis)
Thorax	1. Brustkorb, 2. Brustraum
Sternum	Brustbein
Costae	Rippen
Obere Extremität (Arm)	
Humerus	Oberarmknochen
Ulna	Elle (Unterarmknochen, der den Ellenbogen bildet)
Radius	Speiche (Unterarmknochen, der zum Daumen führt)
Beckengürtel	
Os coxae	Hüftbein, beidseits bestehend aus Darmbein (Os ilium), Sitzbein (Os ischii) und Schambein (Os pubis)
Os sacrum	Kreuzbein; bestehend aus mehreren verschmolzenen Einzelwirbeln
Untere Extremität (Bein)	
Femur	Oberschenkelknochen
Patella	Kniescheibe
Tibia	Schienbein (Unterschenkelknochen)
Fibula	Wadenbein (Unterschenkelknochen)

AUFGABEN

1 Erklären Sie Gemeinsamkeiten und Unterschiede zwischen Gelenk und Synarthrose.

2 Welche Aufgaben hat die Synovia und wo wird sie gebildet?

3 Nennen Sie je zwei Beispiele für Kugel- und Scharniergelenke.

4 Was versteht man unter dem Muskeltonus?

5 Erklären Sie die Begriffe Antagonisten und Agonisten im Zusammenhang mit der Muskulatur.

6 Welche Anteile hat die Wirbelsäule?

7 Welche Knochen bilden die obere und untere Extremität?

8 Nennen Sie die Fachbegriffe für Schädel, Brustraum, Elle, Wadenbein und Rippe.

9 Nennen Sie die Fachbegriffe für Schulterblatt, Darmbein, Schlüsselbein und Kreuzbein.

1.2.5 Knöcherner Schädel

Der knöcherne Schädel (das **Cranium**) gliedert sich in Gehirn- und Gesichtsschädel.

Der **Gehirnschädel** umschließt das Gehirn (→ Abb. 1, 2). Es wird zusätzlich durch drei Schichten Hirnhäute sowie die Hirn- und Rückenmarkflüssigkeit vor Erschütterungen geschützt. Der Hirnschädel besteht (ohne Gehörknöchelchen) aus sieben Knochen: **Stirnbein**, zwei **Scheitelbeinen**, zwei **Schläfenbeinen**, **Keilbein** und **Hinterhauptbein**. Kaudal, d. h. an der Unterseite des Schädels, befindet sich das große **Hinterhauptloch**, durch das das Rückenmark aus dem Schädel austritt. Schwillt das Gehirn z. B. bei einer Hirnblutung an, wird das Rückenmark gegen das Hinterhauptloch gedrückt, da sich der Schädel nicht ausdehnen kann. Durch intensiven Druck auf Atem- und Kreislaufzentren setzen Atmung und Kreislauf aus; dies führt zum Tode.

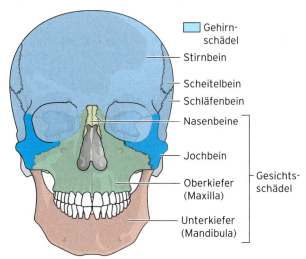

Abb. 1 Hirnschädel und Gesichtsschädel (ventral)

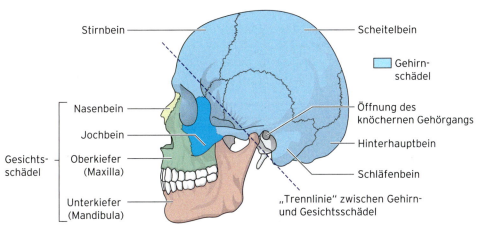

Abb. 2 Hirnschädel und Gesichtsschädel (lateral)

Der **Gesichtsschädel** besteht aus 15 Einzelknochen. Die größten sind von ventral sichtbar: **Maxilla** (Oberkiefer), **Mandibula** (Unterkiefer) und **Nasenbein**. Die Mandibula ist der einzige bewegliche Knochen des Schädels. Kopfbewegungen sind eigentlich Bewegungen der Halswirbelsäule (Heben und Senken des Kopfes) bzw. Drehungen der beiden obersten Halswirbel (Kopfdrehen bzw. -wenden). Damit der knöcherne Schädel nicht zu schwer ist, enthält er mehrere Luftkammern, die **Nasennebenhöhlen**. Sie machen den Schädel leichter, beeinflussen die Stimme und dienen der Aufbereitung der Atemluft. Die Nasennebenhöhlen bilden sich im Laufe von Kindheit und Jugend aus (→ Abb. 3).

Von den Ohren ist am Schädel nur der Eingang des knöchernen Gehörgangs zu sehen, weil die Ohren selbst und ein Teil des Gehörgangs überwiegend aus Knorpel bestehen.

Die Muskulatur des Kopfes setzt sich aus der mimischen Muskulatur, der starken Kaumuskulatur und dorsal aus Ausläufern der Nackenmuskulatur zusammen. Letztere kann sich z. B. bei langem Sitzen verspannen und den sog. Spannungskopfschmerz hervorrufen.

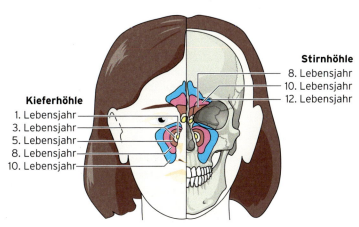

Abb. 3 Wachstum der Nasennebenhöhlen

1.2.6 Wirbelsäule

Die Wirbelsäule **(Columna vertebralis)** heißt Achsenskelett, weil sie die Längsachse des Körpers bildet (→ Abb. 1). Sie besteht aus 24 Einzelwirbeln sowie Kreuz- und Steißbein, die jeweils aus mehreren zusammengewachsenen Wirbeln entstanden sind. Die Abschnitte Halswirbelsäule **(HWS)**, Brustwirbelsäule **(BWS)** und Lendenwirbelsäule **(LWS)** haben jeweils sieben, zwölf bzw. fünf Wirbel. Die Wirbel (Ez. **Vertebra**) zeigen einen gemeinsamen Grundaufbau (→ S. 127 Abb. 1). Nur die beiden obersten Wirbel sind anders aufgebaut; sie tragen den Schädel (**Atlas**, 1. Halswirbel) und ermöglichen dessen Drehungen (**Axis**, 2. Halswirbel). Zwischen Atlas und Axis befindet sich keine Bandscheibe, was Kopfdrehungen erleichtert. Alle Wirbel sind beweglich miteinander verbunden.

Die Wirbelsäule wird in folgende Abschnitte unterteilt:

Halswirbelsäule (HWS)	7 Wirbelkörper
Brustwirbelsäule (BWS)	12 Wirbelkörper
Lendenwirbelsäule (LWS)	5 Wirbelkörper
Kreuzbein	
Steißbein	

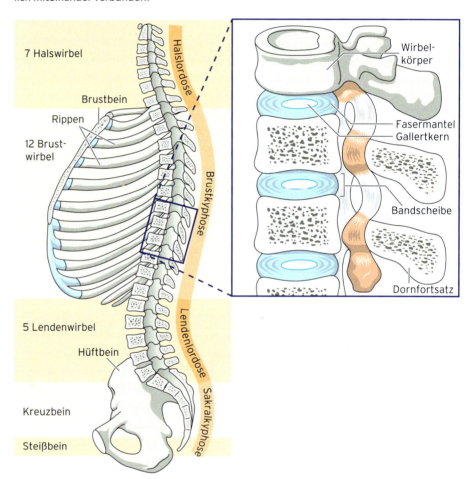

Abb. 1 Wirbelsäule

Zwischen zwei **Wirbelkörpern** befindet sich je eine **Bandscheibe**. Die Bandscheiben ermöglichen Bewegungen der Wirbelsäule und federn Stöße ab. Die festen, dicken, aus robustem Faserknorpel bestehenden Bandscheiben enthalten einen elastischen, wasserreichen Gallertkern. Platzt nach langjähriger Beanspruchung der Faserknorpel und tritt Gallertkernsubstanz nach außen, liegt ein Bandscheibenvorfall vor. Drückt das ausgetretene Material auf einen Nerven, verursacht dies Schmerzen und ggf. weitere Symptome. Bandscheibenvorfälle betreffen vor allem HWS und LWS, da diese Wirbelsäulenabschnitte besonders stark durch Biegen beansprucht werden. Die gesunde Wirbelsäule hat eine Doppel-S-Form. Diese verbessert die Belastbarkeit der Wirbelsäule. Die Biegung der HWS und LWS nach ventral heißt **Lordose**, die Biegung der BWS und des Kreuzbeins nach dorsal **Kyphose**. Sind diese physiologischen Biegungen zu gering oder zu stark ausgeprägt, kommt es leichter zu Wirbelsäulenbeschwerden und -krankheiten.

Bandscheibenvorfall
→ LF 4, S. 145

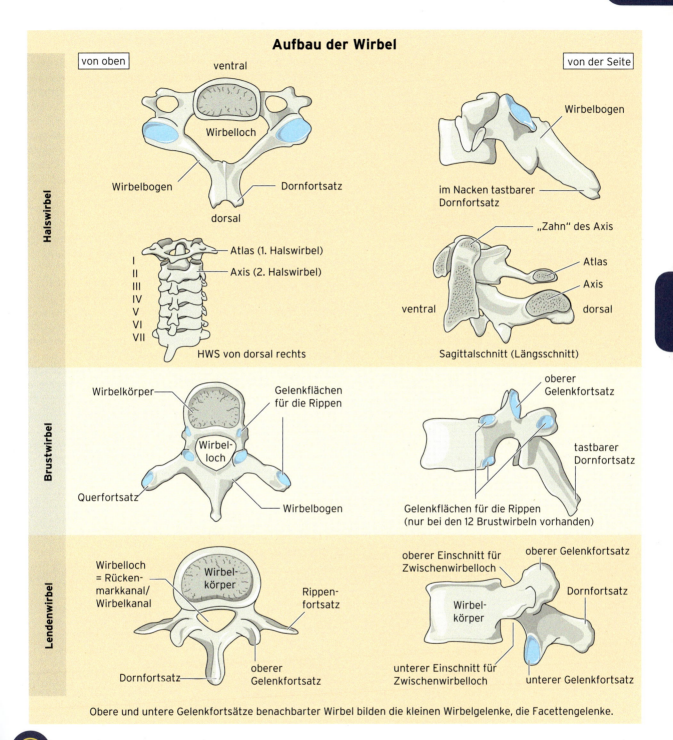

Terminologie: Wirbelsäule	
Doppel-S-Form	physiologische Form der Wirbelsäule von lateral betrachtet: Kyphose (BWS, Os sacrum) und Lordose (HWS, LWS)
Kyphose	Biegung der Wirbelsäule nach dorsal
Lordose	Biegung der Wirbelsäule nach ventral
Vertebra	Wirbel; Teil der Wirbelsäule (Columna vertebralis)

1.2.7 Thorax, Rumpf- und Bauchwand

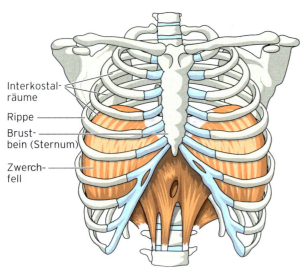

Abb. 1 Thorax (Brustkorb) – Zwerchfell nach Ausatmung

Beschriftungen: Interkostalräume, Rippe, Brustbein (Sternum), Zwerchfell

Der knöcherne **Thorax** besteht aus den zwölf **Brustwirbeln**, zwölf gelenkig mit ihnen verbundenen **Rippenpaaren** und dem **Sternum** (→ Abb. 1). Die oberen zehn Rippenpaare sind über ihren knorpeligen Anteil mit dem Sternum verbunden. Die beiden untersten Rippenpaare enden in der Muskulatur, was leicht zu ertasten ist. Durch die Rippengelenke, den Rippenknorpel und die Elastizität der Rippen selbst kann der Thorax selbst starke Kräfte abfedern, sodass Thoraxprellungen viel häufiger als Rippenbrüche vorkommen.

Der Zwischenraum zwischen zwei Rippen nennt sich **Interkostalraum (ICR)**. Er wird von den Interkostalmuskeln überspannt. Dies sind wichtige Atemmuskeln; sie heben den Thorax beim Einatmen. Durch jeden ICR ziehen eine Arterie, eine Vene und ein Nerv. Bei Verspannungen der Muskulatur kann es zu stechenden einseitigen Thoraxschmerzen kommen, die sich bei Bewegung und beim Atmen verändern. Diese Schmerzen kommen bei jedem Menschen gelegentlich vor und müssen ggf. von ernsten Ursachen, d. h. Erkrankungen der inneren Thoraxorgane, abgegrenzt werden. Der knöcherne Thorax umschließt an inneren Organen u. a. das Herz, die Lungenflügel, die Hauptschlagader und die Speiseröhre.

Atmung
→ LF 5, S. 279

Das Zwerchfell, ein kuppelförmiger Muskel, begrenzt den Thorax nach kaudal. Unterhalb des Zwerchfells befindet sich das **Abdomen**, der Bauchraum. Das Abdomen wird durch Weichteile begrenzt. Dadurch haben seine Organe die Möglichkeit, sich stark zu dehnen bzw. zu vergrößern. Dies ist bei unterschiedlichem Füllungszustand des Magens und Darms, bei Fettleibigkeit und bei Schwangerschaft erforderlich.

Die Bauchwand besteht aus vier Muskelschichten. Von außen nach innen sind dies
- die längs verlaufende gerade Bauchmuskulatur, die durch Sehnen in Abschnitte unterteilt ist und so bei gutem Trainingszustand als „Waschbrett" sichtbar ist,
- zwei einander entgegengesetzt verlaufende schräge Schichten und
- eine innere, quer verlaufende Muskelschicht.

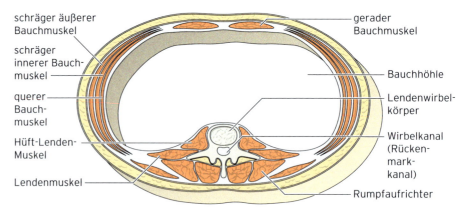

Abb. 2 Querschnitt durch den Rumpf im Lendenbereich mit Bauch- und Rückenmuskulatur

Beschriftungen: schräger äußerer Bauchmuskel, schräger innerer Bauchmuskel, querer Bauchmuskel, Hüft-Lenden-Muskel, Lendenmuskel, gerader Bauchmuskel, Bauchhöhle, Lendenwirbelkörper, Wirbelkanal (Rückenmarkkanal), Rumpfaufrichter

Die in vier Richtungen verlaufenden Muskelschichten sichern das Abdomen quasi wie ein gut verschnürtes Paket. Nur bei Überlastung, Muskel-, Bindegewebsschwäche oder einer Kombination dieser Faktoren kommt es vor, dass sich z. B. Darmschlingen vorwölben und unter der Haut tastbar sind. Man spricht von einem Bruch (einer **Hernie**), z. B. einer Leistenhernie (→ S. 131, Abb. 1), da Organe hervor „brechen". Die Bauchmuskulatur hilft auch beim Atmen, beim Lachen und bei der sog. Bauchpresse. Diese wird bei der Blasen- oder Darmentleerung und unter der Geburt betätigt.

1.2.8 Schultergürtel und obere Extremität

Der **Schultergürtel** verbindet die Arme mit dem Rumpf (→ Abb. 1). Er besteht aus den beiden **Schulterblättern** und **Schlüsselbeinen**. Das Schultergelenk wird durch die Gelenkpfanne des Schulterblatts und den runden Gelenkkopf des Humerus gebildet. Das Kugelgelenk ist um drei Achsen beweglich. Da es durch seinen Kapsel-Band-Apparat gut gesichert ist, kommt es nur bei starker Gewalteinwirkung zu einer Ausrenkung **(Luxation)**. Dabei verlässt der Gelenkkopf die Gelenkpfanne und muss wieder eingerenkt **(reponiert)** werden.

Die Muskulatur des Schultergürtels stärkt die Verbindung der oberen Extremität mit dem Rumpf und dem Kopf. Ihr Zusammenspiel ermöglicht eine Vielzahl an Bewegungen. Dabei dient der Deltamuskel dem Heben bzw. Abspreizen des Armes, der Kapuzenmuskel dem Hochziehen der Schultern und der große Brustmuskel der Armbewegung nach vorn (→ Abb. 2). Liegestütze, Klimmzüge und Expanderübungen stärken die Schultermuskulatur.

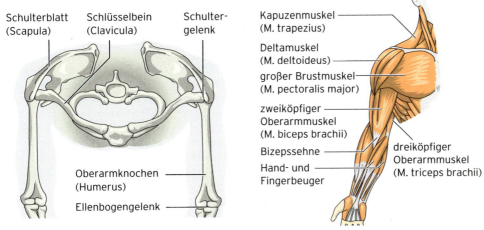

Abb. 1 Schultergürtel und angrenzende Knochen (von kranial betrachtet)

Abb. 2 Armmuskulatur

Das **Ellenbogengelenk** wird aus Humerus, Ulna und Radius gebildet (→ S. 130, Abb. 1). Dabei bilden Humerus, Radius und Ulna ein Scharniergelenk und Radius und Ulna ein Radgelenk; beide Gelenke sind einachsig. Das Radgelenk ermöglicht **Supination** und **Pronation** der Hand (→ Abb. 3).

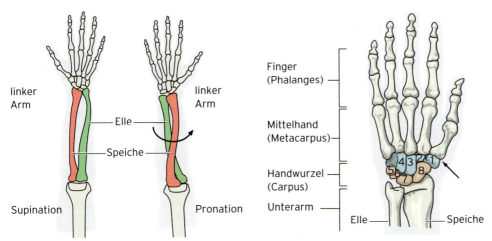

Abb. 3 Supination und Pronation (linker Arm von ventral betrachtet)

Abb. 4 Handskelett

Radius und Ulna bilden zusammen mit den Handwurzelknochen das zweiachsige **Handgelenk** (→ Abb. 4), ein Eigelenk. Die acht Handwurzelknochen sind durch straffe bindegewebige Synarthrosen miteinander verbunden, was beim Greifen und Halten Stabilität gibt.

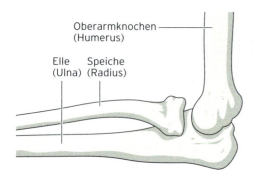

Abb. 1 Oberarmknochen, Elle und Speiche

Tendovaginitis
→ LF 4, S. 152

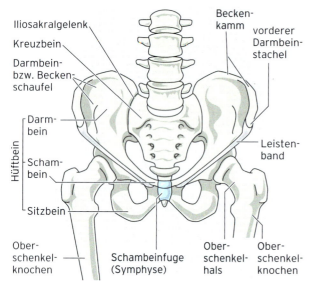

Abb. 2 Beckengürtel mit Hüfte

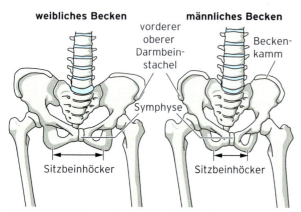

Abb. 3 Weibliches und männliches Becken im Vergleich

Die Mittelhandknochen und Fingerendglieder verbinden Scharniergelenke, die das Beugen der Finger und damit das Greifen ermöglichen. Eine entscheidende Verbesserung der Greiffunktion bietet dem Menschen die Fähigkeit, den Daumen der Handfläche und den Fingern gegenüberzustellen. Dies ermöglicht das zweiachsige Daumensattelgelenk.

Die Armmuskulatur ist mit der Schulter- und Brustmuskulatur eng verbunden. Der **Armbeuger**, der zweiköpfige M. biceps brachii, und der **Armstrecker**, M. triceps brachii (→ S. 129, Abb. 2), sind auch bei wenig muskulösen Menschen gut sicht- bzw. tastbar.

Die straffe Bizepssehne ist in der Ellenbeuge gut tastbar. Sie kann beim Blutabnehmen u. U. mit einer Vene verwechselt werden. Durch Beklopfen der Bizepssehne mit einem Reflexhammer wird der Bizepssehnenreflex ausgelöst.
Die zahlreichen Unterarmmuskeln dienen den Bewegungen der Finger und Hände. Sie ermöglichen das Greifen und Festhalten von Gegenständen sowie Pronation und Supination der Hand. Die langen Sehnen der Unterarmmuskulatur sind von schlauchartigen Sehnenscheiden umhüllt, die sie vor Verletzungen schützen. Die Sehnenscheiden enthalten eine Gleitflüssigkeit, die der Synovia der Gelenke ähnelt. Häufig wiederholte Bewegungen können zur ▍Tendovaginitis, der Sehnenscheidenentzündung, führen. Die Hand selbst enthält nur wenige Muskeln, die der Abduktion und Adduktion der Finger dienen.

1.2.9 Beckengürtel und untere Extremität

Der **Beckengürtel** verbindet den Rumpf mit den unteren Extremitäten. Durch die gelenkige Befestigung des Schulter- und Beckengürtels mit dem Rumpfskelett (der Wirbelsäule) unterstützen die Arme das Gehen und die Beine Bewegungen des Oberkörpers und der Arme.

Der Beckengürtel und die unteren Extremitäten müssen wegen des aufrechten Ganges der Menschen viel Gewicht tragen. Daher sind sie stärker ausgebildet als Schultergürtel und obere Extremitäten. Der Beckengürtel (→ Abb. 2) ist ringförmig; er besteht aus dem Kreuzbein und den Hüftbeinen. Zwischen Kreuz- und Hüftbeinen befinden sich die gering beweglichen **Iliosakralgelenke (ISG)**. Jedes Hüftbein **(Os coxae)** besteht aus
- Darmbein **(Os ilium)**,
- Sitzbein **(Os ischii)** und
- Schambein **(Os pubis)**.

Die einzelnen Knochen der Hüftbeine sind durch knöcherne Synarthrosen fest miteinander verbunden. Die Symphyse (Schambeinfuge) ist eine knorpelige Synarthrose, die sich z. B. unter der Geburt geringfügig dehnen kann.

Das weibliche Becken hat einen größeren Durchmesser als das männliche, was bei der Geburt dem Kind den Durchtritt ermöglicht (→ Abb. 3).

Der vordere obere Darmbeinstachel bildet das ventrale Ende des Beckenkamms; er ist leicht zu ertasten. Er bietet eine wichtige Orientierung beim Auffinden des Injektionsortes bei der |intramuskulären Injektion in den mittleren Gesäßmuskel.

intramuskuläre Injektion
→ LF 5, S. 189

Die Leistenbänder ziehen jeweils vom oberen vorderen Darmbeinstachel zur Symphyse (→ Abb. 2). Kaudal der Leistenbänder liegen die Leisten. Durch sie verlaufen Nerven, Gefäße sowie beim Mann die Samenstränge. Unterhalb der Leistenbänder befinden sich auch Leistenbrüche (Hernien) (→ Abb. 1).

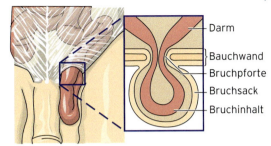

Abb. 1 Leistenhernie

Die Hüftbeine bilden mit dem Femurkopf das gut bewegliche **Hüftgelenk** (→ Abb. 3). Der Femurkopf ist gegenüber dem Femurschaft abgewinkelt; zwischen beiden befindet sich der Femurhals (Oberschenkelhals). Dieser ist bei älteren Menschen bzw. bei Osteoporose oft von Frakturen (Knochenbrüchen) betroffen. Das Hüftgelenk ist das am häufigsten von |Arthrose (Gelenkverschleiß) betroffene Gelenk und wird oft durch ein künstliches Gelenk (|TEP) ersetzt. Der seitlich tastbare „Hüftknochen" ist der äußere **Trochanter** (großer Rollhügel).

Arthrose
→ LF 4, S. 137
TEP
→ LF 4, S. 138

Die Muskeln von Gesäß, Hüfte und Beinen arbeiten harmonisch zusammen. Sie verbinden das Becken außen und die LWS innen mit den Oberschenkelknochen. Innen verlaufen die Hüft-Lenden-Muskeln, außen die kräftige Gesäß- und Oberschenkelmuskulatur. Das Gehen ist, vereinfacht gesehen, ein abwechselndes Beugen und Strecken der Beine. Dabei sind nicht nur die Hüft- und Oberschenkelmuskulatur beteiligt; auch die Beteiligung des Rumpfes und die Mitbewegung der Arme sind für ein gut koordiniertes, sicheres Gehen notwendig.

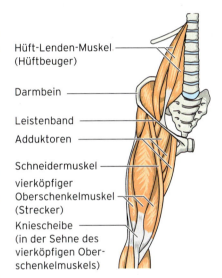

Abb. 2 Ventrale Oberschenkelmuskulatur

Das Laufen wird im ersten und zweiten Lebensjahr erlernt. Das Laufenlernen erfordert die volle Konzentration. Später erfolgen die gewohnten Bewegungsabläufe unbewusst bzw. automatisch, sodass die Aufmerksamkeit sich beim Laufen anderen Inhalten, z. B. Gesprächen, zuwenden kann.

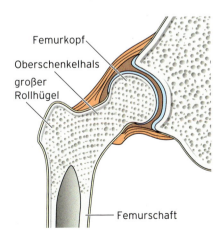

Abb. 3 Hüftgelenk

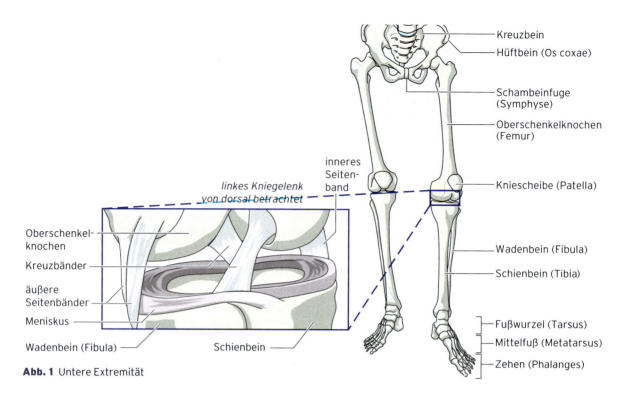

Abb. 1 Untere Extremität

Das **Kniegelenk** wird vor allem durch den kräftigen **vierköpfigen Oberschenkelmuskel** ventral und den **zweiköpfigen Oberschenkelmuskel** dorsal bewegt. Der Hüft-Lenden-Muskel und die Gesäßmuskulatur wirken beim Gehen, Radfahren usw. unterstützend. Das Kniegelenk wird nicht nur beim Sport (Radfahren, Fußball, Tennis usw.), sondern auch bei Alltagsbewegungen wie Treppensteigen stark beansprucht. Die am Kniegelenk beteiligten Knochen sind das **distale Femurende** (Kopf), das **proximale Tibiaende** (Pfanne) und die innere Seite der Kniescheibe **(Patella)**. Die Patella ist in die Sehne des vierköpfigen Oberschenkelmuskels eingelassen. Da Kopf und Pfanne des Kniegelenks nicht optimal zusammenpassen, liegen die halbmondförmigen **Menisken** zwischen den knöchernen Gelenkpartnern. Zur Stabilisierung des Kniegelenks tragen die kräftigen Seitenbänder und die innen liegenden Kreuzbänder bei.

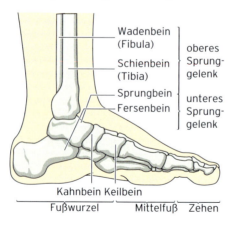

Abb. 2 Fußskelett links von medial

Die beiden Unterschenkelknochen, Tibia und Fibula, bilden mit dem Sprungbein der Fußwurzel das **obere Sprunggelenk** (OSG). Zwischen Sprungbein und Fersenbein befindet sich das **untere Sprunggelenk**. Das obere Sprunggelenk dient dem Heben und Senken des Fußes, das untere der Pronation und Supination. Das Fußskelett (→ Abb. 2) und zahlreiche Bänder bilden das Fußgewölbe, durch das der typische Fußabdruck entsteht. Fehlstellungen des Fußes bzw. des Fußgewölbes, wie Knick-Senkfuß, Plattfuß usw., haben Auswirkungen auf das Gehen und alle daran beteiligten Strukturen, wodurch Beschwerden an Knien, Hüften und Wirbelsäule entstehen können.

Die Fußwurzel- und Mittelfußknochen sind durch kräftige Bänder miteinander verbunden (→ S. 133, Abb. 1). Die Außenbänder sind schweren Belastungen beim Springen, Laufen auf unebenen Böden usw. ausgesetzt. Bei extremer Supination, dem „Umknicken" der Außenknöchel nach lateral, entstehen oft Überdehnungen oder Risse der Außenbänder.

Die Zehenknochen ähneln denen der Finger, sie sind jedoch kürzer. Wie der Daumen hat auch die Großzehe nur zwei Endglieder. Die übrigen Finger und Zehen besitzen jeweils drei Endglieder. Bewegungen des Fußes ermöglicht die Wadenmuskulatur, deren Sehnen sich bis zu den Zehen erstrecken. Dorsal verläuft die Wadenmuskulatur, die in die kräftige Achillessehne mündet. Ventral und lateral befindet sich die Fußheber-Muskulatur.

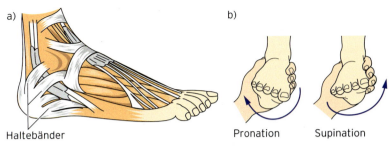

Haltebänder　　　　　　　　　　Pronation　　Supination

Abb. 1
a) Sehnen- und Sehnenhaltebänder der am Fuß ansetzenden Muskeln
b) Aus- und Einwärtsdrehung des Fußes (Pronation und Supination)

Terminologie: Thorax, Rumpf, Bauchwand und Extremitäten

Abdomen	Bauchraum
Hernie	Bruch (Hervorquellen von Bauchorganen durch eine Gewebelücke), z. B. Leistenhernie
Iliosakralgelenk (ISG)	Kreuz-Darmbein-Gelenk
Interkostalraum (ICR)	Zwischenrippenraum
Luxation	Ausrenkung; Verrenkung (Trennung der Gelenkpartner)
Meniskus (Mz. **Menisken**)	halbmondförmige Faserknorpelscheibe im Kniegelenk
Os coxae	Hüftbein
Os ilium	Darmbein; Teil des Hüftbeins
Os ischii	Sitzbein; Teil des Hüftbeins
Os pubis	Schambein; Teil des Hüftbeins
reponieren (Subst. **Reposition**)	einen ausgerenkten Gelenkteil oder durch Knochenbruch verschobene Knochenanteile wieder einrichten
Symphyse	Schambeinfuge

AUFGABEN

1 Welche Aufgabe erfüllen die Interkostalmuskeln?

2 Beschreiben Sie die Muskelschichten der Bauchwand von außen nach innen.

3 Aus welchen Knochen besteht der Schultergürtel?

4 Welche Knochen sind am Ellenbogen an den beiden Gelenken beteiligt?

5 Nennen Sie die Fachausdrücke für die Armbeuger und -strecker.

6 Aus welchen Knochen bestehen die Hüftbeine?

7 Was versteht man unter dem Oberschenkelhals?

8 Welche Knochen bilden das obere Sprunggelenk?

2 Erkrankungen des Bewegungsapparates

2.1 Pathologische Grundlagen: Degenerationsvorgänge

Die lebenslange Beanspruchung des Bewegungsapparates führt zur Abnutzung bestimmter Gewebe und Strukturen. Allerdings „verschleißen" Gelenke usw. nicht wie technische Werkstoffe. Während ein Autoreifen mit der Zeit abgefahren und immer dünner wird, reagiert der lebende Körper auf Gewebeschäden mit Umbauvorgängen. Das Ausmaß der **Degeneration**, d. h. der Ab- und Umbauvorgänge, die mit einer Verschlechterung der Gewebequalität einhergehen, wird u. a. von Vererbung, Ernährung, Arbeit und Sport beeinflusst.

Osteoporose
→ LF 4, S. 148

Wundheilung
→ LF 10, S. 468

Den Abbau von Zellen bzw. Geweben, den Gewebsschwund, bezeichnet man als **Atrophie**. Mit zunehmendem Alter ist eine Atrophie aller Gewebe normal; z. B. wird die Haut immer dünner und verliert Haare, Drüsen und Fettgewebe. Knochen- und Muskelmasse nehmen ab dem 30. Lebensjahr um ca. 1 % pro Jahr ab. Neben dieser unvermeidlichen altersbedingten Degeneration gibt es auch pathologisch vermehrten Abbau, z. B. bei der Osteoporose.

Gewebe können auf verstärkte Beanspruchung auch mit einer Größenzunahme reagieren. Ein stark trainierter Muskel nimmt z. B. durch Vergrößerung seiner Zellen zu. Dies nennt man **Hypertrophie**. Auch eine Zunahme der Zellzahl kann ein Gewebe bzw. Organ vergrößern. Dieser Vorgang heißt **Hyperplasie**. Hyperplasie findet z. B. in der Schilddrüse statt, wenn sie unter Jodmangel größer wird, d. h. einen Kropf (eine Struma) bildet. Auch Lymphknoten werden **hyperplastisch**, wenn sie bei Infekten verstärkte Abwehrleistungen erbringen.

Jeder Mensch erleidet im Laufe seines Lebens Verletzungen, die heilen müssen. Heilungsvorgänge bezeichnet man als **Regeneration**. Das Ziel der Regeneration ist der vollständige Ersatz geschädigter Gewebe bzw. zerstörter Zellen. Oft kann dies jedoch nicht gelingen, da teilungsfähige Zellen verloren gingen und Gewebelücken nun durch minderwertiges Gewebe, d. h. Narbengewebe, ersetzt werden müssen. In diesem Fall geht der Regenerationsversuch des Körpers mit einer Qualitätsminderung einher; es kommt zur **Degeneration**.

Bei ausgeprägten, z. B. tiefen Verletzungen, etwa bei Verbrennungen oder bei zerfetzten Wundrändern, kann es zum lokalen Gewebstod kommen. Abgestorbenes Gewebe am lebenden Körper bezeichnet man als **Nekrose**. Auch beim Liegegeschwür **(Dekubitus)** kommt es zu Nekrosen, da die Blutgefäße der Haut durch das Gewicht des unbeweglich liegenden Patienten zusammengedrückt werden und das nicht durchblutete Gewebe abstirbt.

Ein Geschwür **(Ulkus)** ist ein tiefer Gewebsdefekt, bei dem das gesamte Epithel zerstört ist. Geschwüre heilen stets unter Narbenbildung ab, da keine Zellen des ursprünglichen Gewebes mehr vorhanden sind.

Nekrosen, die auf Durchblutungsmangel beruhen, bezeichnet man als **Gangrän**. Dabei gibt es die Varianten trockene und feuchte, d. h. bakteriell durchsetzte Gangrän.

Gewebeveränderungen

Die Gewebe unseres Körpers können sich an veränderte Bedingungen durch bestimmte Vorgänge anpassen.

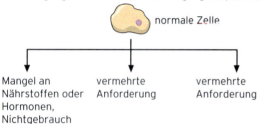

Atrophie	Hypertrophie	Hyperplasie
Gewebsrückbildung durch Zellverkleinerung und/oder Abnahme der Zellzahl	Vergrößerung der einzelnen Zellen	Vermehrung der Zellen

Beispiele

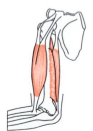

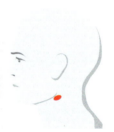

Muskelatrophie, z. B. im Gipsverband | Herzmuskelhypertrophie bei Bluthochdruck | Hyperplasie der Lymphknoten auf Grund von Infekten

Regeneration
Heilung, vollständige Wiederherstellung des Gewebes und seiner Funktion
Hier: gut verheilte Narbe am Hals nach Schilddrüsenoperation

Degeneration
Verschlechterung der Gewebequalität z. B. durch unvollständige Heilung, Umbau oder Abnutzung eines Gewebes
Beispiele: Arthrose (Gelenkdegeneration), Altershaut

Nekrose
Lokaler Gewebstod am lebenden Organismus, z. B. wenn bei größeren Wunden Gewebsteile absterben; am häufigsten ist das Dekubitusgeschwür. Nekrosen sind oft schwarz.

Gangrän
1. trockene Gangrän:
Nekrose mit Eintrocknen und Schrumpfen des abgestorbenen Gewebes, z. B. bei Durchblutungsstörungen (Raucherbein)

2. feuchte Gangrän:
Nicht ausreichend durchblutetes Gewebe wird nekrotisch und dann von Bakterien zersetzt, es fault (z. B. an den Zehen bei Diabetes mellitus mit schweren Gefäßschäden).

Terminologie: Pathologie des Bewegungsapparates

Atrophie	Gewebsrückbildung; Gewebeschwund
Degeneration (Ggt. **Regeneration**)	Abbauvorgänge von Geweben, die mit einer Qualitätsminderung bzw. Verlust von Eigenschaften einhergehen
Dekubitus	Liegegeschwür
Gangrän	Nekrose auf Grund von mangelnder Durchblutung
Hyperplasie	Gewebe- bzw. Organzunahme durch Vermehrung der Zellen
Hypertrophie	Gewebe- bzw. Organzunahme durch Vergrößerung der Zellen
Nekrose	lokaler Zell- oder Gewebstod am lebenden Körper
Regeneration (Ggt. **Degeneration**)	Heilungsvorgänge mit völliger Wiederherstellung der Gewebeeigenschaften
Ulkus (Ulcus)	Geschwür; tiefer Gewebsdefekt mit komplettem Epithelverlust

AUFGABEN

1 Was versteht man unter einem Geschwür?

2 Erklären Sie die Begriffe Regeneration und Degeneration.

2.2 Diagnostik bei Erkrankungen des Bewegungsapparates

HINWEIS
Bandscheibenvorfälle sind häufig. Oft erzeugen sie keine Beschwerden; andererseits gibt es starke Rückenbeschwerden ohne BSV. Nachweislich haben Patienten, denen gesagt wird, dass im MRT ein BSV nachweisbar ist, länger Beschwerden als solche, die dies nicht mitgeteilt bekommen.

Bei Krankheiten des Bewegungsapparates erhebt der Arzt die Anamnese und untersucht den Patienten. Die klinische Untersuchung erfolgt meistens durch den Hausarzt oder **Orthopäden**. Sie umfasst die Inspektion, die aktive und passive Gelenkbeweglichkeit sowie die Palpation von Muskeln, Sehnen usw., in denen der Patient Schmerzen angibt. Muskelform und -kraft sowie Reflexe geben Auskunft über die Muskulatur und neurologische Funktionen. Gegebenenfalls werden erkrankte Strukturen bildlich dargestellt, z. B. mit Röntgentechnik.

Bildgebende Diagnostikverfahren der Medizin

Diagnostikmethode	Verfahren	Vorteile (V), Nachteile (N)
Sonografie 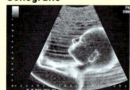 7 Monate alter Fetus im Mutterleib	Ultraschall, d. h. vom Menschen nicht hörbare Schallwellen > 20 000 Hz, wird von Geweben unterschiedlich stark reflektiert.	**V:** unschädlich auch für Kinder und Schwangere, gute Weichteildarstellung, relativ günstig **N:** keine Knochen- und kaum Gelenkdarstellung (außer Säuglingshüfte), für Hohlorgane (Magen usw.) ungeeignet
Röntgen 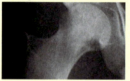 Röntgenbild eines gesunden rechten Hüftgelenks	Röntgenstrahlen werden von Geweben unterschiedlich absorbiert, weshalb Filme bzw. Speichermedien verschiedene Grautöne annehmen.	**V:** gute Knochendarstellung, relativ günstig **N:** schlechte Gelenk- und Weichteildarstellung, Strahlen sind schädlich, v. a. für sich teilende Zellen (Kinder, Schwangere)
Computertomografie (CT) 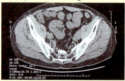 CT der Beckenregion	verfeinerte Röntgentechnik mit Erstellung vieler Schichtbilder	**V:** bessere Weichteildarstellung als im Röntgenbild, v. a. bei Verwendung von Kontrastmitteln **N:** hohe Strahlenbelastung, teuer, Kontrastmittelallergien
Magnetresonanztomografie (MRT, Kernspin) 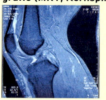 MRT (Kernspin) des Knies	Ein starker Magnet bringt verschiedene Moleküle des Körpers unterschiedlich stark in Schwingung.	**V:** gute Weichteildarstellung auch von Gehirn, Gelenken usw., strahlenfrei **N:** ggf. psychische Belastung durch Untersuchung „in der Röhre", sehr teuer, Lärmbelastung während der Untersuchung
Endoskopie  Arthroskopisches Bild nach Kreuzbandriss	Einsicht in Hohlorgane mit Hilfe eines schlauch- oder stabförmigen Endoskops mit Licht und Videotechnik; sog. Spiegelung	**V:** gute Beurteilbarkeit von Hohlorganen, therapeutische Eingriffe und Probenentnahme möglich, z. B. bei **Gastroskopie** (Magen-), **Koloskopie** (Dickdarm-), **Arthroskopie** (Gelenkspiegelung) **N:** Organverletzung und Gelenkinfektion möglich

Erkrankungen des Bewegungsapparates | **137**

2.3 Häufige Erkrankungen des Bewegungsapparates

Erkrankungen des Bewegungsapparates gehören zu den häufigsten Anlässen für Arztbesuche. Sie sind eine der Hauptursachen von Arbeitsunfähigkeit bzw. Krankmeldungen und Berufsunfähigkeit. Rücken- und Gelenkbeschwerden sind dabei besonders verbreitet. Kaum ein Mensch über 40 Jahren leidet nicht zumindest gelegentlich an Rücken- bzw. Kreuzschmerzen, **Arthralgien** (Gelenkschmerzen) oder sonstigen Beschwerden im Bewegungsapparat. Neben Bewegungsmangel, sitzender Lebensweise und Fehlbelastungen beim Heben und Tragen spielen oft psychosomatische Ursachen eine Rolle. Redensarten wie „Ich bin geknickt", „Er hat kein Rückgrat", „Sie ist angespannt", „Ich trage die ganze Last alleine", „Er muss das alles allein schultern" zeigen Zusammenhänge zwischen seelischer Befindlichkeit und Funktionsstörungen des Bewegungsapparates auf.

2.3.1 Gelenkerkrankungen

Arthrose

Definition: Degenerative Gelenkerkrankung durch ein Missverhältnis von Belastung und Belastbarkeit. Arthrose wird oft vereinfachend als Gelenkverschleiß bezeichnet.

Epidemiologie: Häufigste Gelenkerkrankung; ab 30 Jahren sind bei jedem Menschen Gelenkdegenerationen nachweisbar; ab 70 Jahren besteht regelmäßig eine symptomatische Arthrose.

Pathogenese: Arthrose beginnt stets mit einer **Knorpelschädigung**. Diese kann u. a. durch Altersatrophie und Über- oder Fehlbelastung bedingt sein. Da der schadhafte Knorpel nicht mehr genügend Druck abfedert und somit mehr Druck auf den Knochen einwirkt, reagiert der gelenknahe Knochen mit einer Verdickung. Er bildet außerdem dornartige Knochenanbauten **(Osteophyten)** am Rand der Gelenkpfanne. Die unregelmäßigen Knochenausläufer stören auf Dauer die Gelenkfunktion. Den schadhaften Knorpel mit seiner rauen Oberfläche sehen Leukozyten als Fremdkörper an. Um das vermeintlich fremde, raue Gewebe abzubauen, werden weitere Immunzellen aktiviert und verursachen so eine schmerzhafte Gelenkentzündung **(Arthritis)**. Man nennt diese besonders nach Belastungen auftretende Arthritis auch **aktivierte Arthrose**, weil sie eine akute Entzündung auf dem Boden der chronischen Degeneration darstellt. Die aktivierte Arthrose geht mit allen fünf ❘Entzündungszeichen einher.

Gelenkschmerzen:
Vier von fünf Deutschen über 40 sind betroffen

Personen über 40 mit Gelenkschmerzen

Personen über 40 ohne Gelenkschmerzen

Quelle: „CH-Alpha Bewegungsstudie 40+"
Repräsentative Bevölkerungsbefragung (40 Jahre und älter) von TNS Emnid

Entzündungszeichen
→ LF 3, S. 54

Risikofaktoren für Arthrose sind

- minderwertige Knochensubstanz, erblich oder durch Mangelernährung bedingt,
- Gelenkfehlstellungen, die zur punktuellen Überlastung des Knorpels führen,
- Übergewicht, das die Gelenke vermehrtem Druck aussetzt,
- Verletzungen mit Schäden an Gelenkknorpel und gelenknahen Knochen,
- unphysiologische Belastungen durch Schwerarbeit und Leistungssport,
- Gelenkentzündungen durch rheumatische und andere Erkrankungen und
- fehlende Beanspruchung, z. B. durch Bettlägerigkeit und Ruhigstellung im Gips.

> **MERKE**
>
> Die „normale Altersarthrose" heißt **primäre Arthrose**. Entsteht eine Arthrose als Folge von Verletzungen, Entzündungen oder anderen Gelenkerkrankungen, heißt sie **sekundäre Arthrose**.

Symptome: Schmerzen im arthrotischen Gelenk, vor allem bei Belastung, später auch in Ruhe. Steifigkeit und entzündliche Gelenkschwellungen lassen den Patienten Bewegung immer mehr vermeiden. Dies verstärkt die Neigung zu Übergewicht, Verkürzungen der Bänder und Muskelverspannungen. Dies fördert wieder die Arthrose; ein Teufelskreis beginnt.

Lokalisation: Am häufigsten sind die Arthrose des Kniegelenks **(Gonarthrose)**, des Hüftgelenks **(Coxarthrose)** und der Wirbelsäule (**Spondylarthrose** und **Osteochondrose**).

Spondylarthrose
→ LF 4, S. 144
Osteochondrose
→ LF 4 S. 144

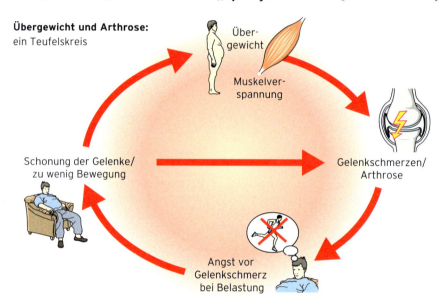

Übergewicht und Arthrose: ein Teufelskreis

Quelle: „CH-Alpha Bewegungsstudie 40+"
Repräsentative Bevölkerungsbefragung (40 Jahre und älter) von TNS Emnid

Diagnostik: Bei der Untersuchung fallen Gelenkknirschen, Bewegungseinschränkung und Bewegungsschmerzen, Gangstörungen und Druckschmerz über den Gelenken auf. Für aktivierte Arthrose ist ein Gelenkerguss typisch, d. h. pathologisch vermehrte Flüssigkeit im Gelenkspalt sowie Wärme, Rötung, Schmerz und Funktionsstörung. Der klinische Arthroseverdacht kann durch Röntgenbilder und ggf. CT oder MRT bestätigt werden. Eine **Arthroskopie** (Gelenkspiegelung) ermöglicht es, ggf. Diagnostik und Therapie zu verbinden.

Arthroskopie
→ LF 4, S. 136

Coxarthrose (Arthrose des Hüftgelenks)

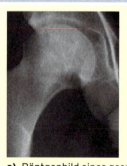

a) Röntgenbild eines gesunden rechten Hüftgelenks: Der Femurkopf ist rund und glatt; die Knochen von Gelenkkopf und -pfanne haben ein gleichmäßiges, milchglasartiges Aussehen; der Gelenkspalt ist normal weit.

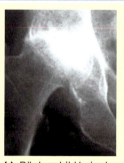

b) Röntgenbild bei schwerer Coxarthrose rechts: Der Femurkopf ist nicht mehr rund; der gelenknahe Knochen ist verhärtet (weiße Stellen); am Gelenkrand entstehen zackige Knochenausläufer, die Osteophyten; der Gelenkspalt ist stark verschmälert.

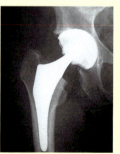

c) Total-Endoprothese (Hüft-TEP) als Ersatz für das abgebildete arthrotische Hüftgelenk; es gibt viele TEP-Modelle mit unterschiedlicher Haltbarkeit.

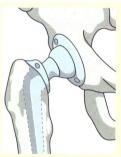

d) Operationsprinzip: Der Gelenkkopf wird entfernt, die Pfanne ausgefräst; die beiden Endoprothesenteile werden z. B. mit Knochenzement (einem verträglichen „Zweikomponentenkleber") in der Markhöhle des Femurs bzw. im Hüftbein verankert.

Therapie: Bei akuten Entzündungen können Kühlung, Ruhigstellung und Schmerzmittel kurzfristig die Symptome lindern. Nicht entzündete Gelenke sollen hingegen regelmäßig bewegt werden, da Bewegung die Ernährung des Gelenkknorpels entscheidend verbessert und die Gelenkfunktion bei vernünftiger Beanspruchung länger erhalten bleibt. Sportarten, die mit viel Bewegung und wenig Belastung einhergehen, wie Schwimmen, Wassergymnastik und Radfahren in niedrigen Gängen, sind besonders gut geeignet. Reicht diese **konservative** Therapie nicht aus, wird ggf. **operativ**, d. h. **chirurgisch**, behandelt. Oft werden arthrotische Hüft- und Kniegelenke durch künstliche Gelenke, sog. **Totalendoprothesen (TEP)**, ersetzt.

Nach der TEP-Operation erfolgt **Physiotherapie** mit Anleitung zum selbstständigen Üben, bis wieder ein gesundes Bewegungsbild entstanden ist. Entschließen sich Patienten erst bei fortgeschrittener Arthrose zur TEP-Operation, besteht oft eine ausgeprägte Schon- bzw. Fehlhaltung mit chronischen Rückenbeschwerden und Muskelatrophie. Die TEP-Operation lindert dann nicht umgehend die langjährigen Beschwerden, sondern erzeugt zunächst sogar durch den ausgedehnten Eingriff mit Verletzung von Knochen, Muskeln, Haut usw. neue.

 TEP-Operationen gehen mit hohen Blutverlusten einher. Einige Kliniken lassen daher Patienten, deren Alter und Gesundheitszustand es zulässt, in den Wochen vor der OP **Eigenblut** spenden. Dieses wird korrekt gelagert und bei Bedarf dem Spender während des Eingriffs zurückgegeben. Es ist sinnvoll, einige Zeit vor und nach der Operation Eisenpräparate zur Unterstützung der Blutbildung einzunehmen.

Prävention: Vorbeugend gegen Arthrose wirken eine gesunde Ernährung, ausreichend vernünftige, d. h. gelenkschonende Bewegung sowie die Therapie von Fehlstellungen und anderen gelenkschädigenden Erkrankungen.

Terminologie: Arthrose

Arthralgie	Gelenkschmerz
Arthritis	Gelenkentzündung
chirurgisch	durch eine Operation
Coxarthrose	Hüftgelenksarthrose
Epidemiologie	Lehre von der Häufigkeit von Krankheiten in der Bevölkerung
Gonarthrose	Kniegelenksarthrose
konservativ	bzgl. Therapie: ohne Operation, z. B. mit Medikamenten
Operation	chirurgischer Eingriff
Orthopäde	Facharzt für Erkrankungen des Bewegungsapparates
Osteophyt	arthrosetypischer Knochenausläufer am Gelenkrand
Physiotherapie	Oberbegriff für Therapie mit aktiver und passiver Bewegung, z. B. Krankengymnastik und Massage

AUFGABEN

1 Erklären Sie in wenigen Sätzen, wie Arthrose entsteht.

2 Erläutern Sie den Teufelskreis „Übergewicht-Arthrose".

3 Welche Therapie wirkt bei arthrosebedingter Entzündung lindernd?

Arthritis

Arthralgien, d. h. unspezifische Gelenkschmerzen, betreffen jeden Menschen gelegentlich. Oft kommen sie im Rahmen fieberhafter Infekte vor; Entzündungsstoffe erzeugen dabei Muskel- und Gelenkschmerzen. Seltener kommt es zur Gelenkentzündung, der Arthritis.

Arthritiden können akut und chronisch verlaufen, aber auch **chronisch-rezidivierend**, d. h. über einen langen Zeitraum oft wiederkehrend. Man spricht dann von Entzündungsschüben. Die Arthritis eines Gelenks heißt **Monarthritis**, die Arthritis vieler Gelenke **Polyarthritis**.

Es gibt viele Arthritis-Ursachen. Um kausal und wirksam therapieren zu können, ist es wichtig, die jeweilige Ursache der Gelenkentzündung herauszufinden:

Arthritis-Art	Ursache bzw. Pathogenese	Lokalisation (z. B.)
degenerativ	Entzündungsreaktion auf die krankhaft veränderten Gelenkflächen bei Arthrose (aktivierte Arthrose)	Hüften, Knie, Schultern, Hände, Füße
infektiös	Bei Eingriffen, z. B. Arthroskopien, Injektionen in den Gelenkspalt oder Operationen, gelangen Bakterien direkt ins Gelenk.	das Gelenk, an dem der Eingriff stattfand
	Bei Infektionskrankheiten erreichen Erreger auf dem Blutwege Gelenke, z. B. bei Tbc, Gonorrhö (Tripper) und MRSA-Infektionen.	große Gelenke, wie Knie, Hüfte, Sprunggelenke
immunologisch	Bei rheumatischen Krankheiten reagiert das Immunsystem irrtümlich auf Gelenk-Antigene und greift z. B. die Synovialis an.	je nach Erkrankung große und/oder kleine Gelenke
	Reaktive Arthritis nach Infektionskrankheiten; es kommt zur Arthritis, ohne dass sich Erreger im Gelenk befinden.	meistens ein Kniegelenk
Gichtarthritis	Erhöhte Harnsäurespiegel können zur Bildung von Harnsäurekristallen in Gelenken und so zur Arthritis, dem Gichtanfall, führen.	meistens ein Großzehen-Grundgelenk

Die Diagnostik umfasst neben der klinischen und bildgebenden Diagnostik auch serologische und ggf. bakteriologische Untersuchungen. Bei der Anamnese ist nach Zeckenstichen, Durchfallerkrankungen, Husten, Haut- und Allgemeinsymptomen zu fragen.

Neben unspezifischer, schmerz- und entzündungshemmender Therapie ist es wichtig, rheumatologische und erregerbedingte Erkrankungen gezielt zu behandeln.

Rheumatoide Arthritis (rA) = chronische Polyarthritis (cP)

Rheuma bedeutet „Reißen": Gemeint ist ein reißender Schmerz im Bewegungsapparat. Da es viele entzündliche Erkrankungen des Bewegungsapparates gibt, die mit rheumatischen Beschwerden einhergehen, spricht man vom rheumatischen Formenkreis. Dieser schließt die **rheumatoide Arthritis** (rA) ein, die auch **chronische Polyarthritis** (cP) genannt wird.

Definition: Entzündliche, chronisch bzw. in Schüben verlaufende **Systemerkrankung**, die v. a. Gelenke bzw. deren Synovialis und gelenknahe Strukturen befällt. Sie kann Schäden an Knochen, Knorpel und Sehnen hervorrufen und so zu Behinderungen führen.

Epidemiologie: Fast ein Prozent der Bevölkerung ist an rA erkrankt; überwiegend sind Frauen betroffen. Besonders häufig beginnt die Krankheit im 4. Lebensjahrzehnt.

Pathogenese: Eine Kombination aus genetischer Veranlagung und äußeren Faktoren, z. B. Virusinfektionen, bewirkt, dass das Immunsystem irrtümlich die Synovialis und andere Strukturen des eigenen Körpers angreift. Die Lebensweise (z. B. Kälte) hat keinen Einfluss auf Entstehung und Verlauf einer rA.

Symptome: Schmerzhafte Arthritis mit ausgeprägter Morgensteifigkeit; die Patienten können die betroffenen Gelenke morgens ca. eine Stunde lang kaum bewegen. Die Krankheit verläuft chronisch bzw. chronisch-rezidivierend. Der Verlauf ist individuell

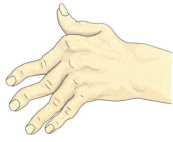

Abb. 1 Gelenkverformung der Hand im Spätstadium der chronischen Polyarthritis

unterschiedlich. Gelenke können nach und nach zerstört und Gliedmaßen stark verformt werden. Auch andere Organe können durch die Entzündung Schaden nehmen (Lunge, Augen, Leber usw.). Allgemeinsymptome wie Abgeschlagenheit und Fieber können die Lebensqualität kurz- und langfristig stark beeinträchtigen.

Diagnostik: Um die Diagnose rA zu stellen bzw. zu sichern, sind anamnestische, klinische, radiologische und serologische Befunde zu berücksichtigen. Wichtige Messwerte der Rheumaserologie sind **Autoantikörper** wie der Rheumafaktor und Anti-CCP-Antikörper. Es gibt allerdings keinen Blutwert, der allein die rA beweist oder ausschließt. Oft kann erst der spezialisierte Facharzt, der **Rheumatologe**, die genaue Diagnose stellen.

Therapie: Physiotherapie (Krankengymnastik) zum Erhalt von Beweglichkeit und Kraft; im akuten Schub ggf. Kälteanwendung. Kurzfristig Schmerzmittel, v. a. **NSAR** wie Diclofenac, Ibuprofen usw. sowie das entzündungshemmende Hormon Cortison. Wegen der Nebenwirkungen ist es sinnvoll, langfristig verträglichere Medikamente zu geben, die die Immunaktivität möglichst spezifisch dämpfen, z. B. Chloroquin, Methotrexat und die modernen TNF-alpha-Blocker (sog. **Biologika**). Jedes bei Rheuma wirksame Medikament hat spezifische und z.T. schwere Nebenwirkungen und ist bei verschiedenen Patienten unterschiedlich wirksam. Die unbehandelte Arthritis bringt jedoch u. U. schwere Schäden mit sich.

Besonderheiten: Zu den Krankheiten des rheumatischen Formenkreises zählt auch der **M. Bechterew**, die **Spondylitis ankylosans**. Die Krankheit befällt häufiger Männer als Frauen und geht mit starken Schmerzen in Wirbelsäule und Sehnenansätzen einher. Auf Dauer kann sich die Wirbelsäule versteifen. Oft kommt es auch zu Entzündungen innerhalb der Augen. Auch die Hautkrankheit **Psoriasis** (Schuppenflechte) kann – sogar ohne Hauterscheinungen – eine schwere Polyarthritis hervorrufen. Tritt eine Polyarthritis im Kindesalter auf, wird sie **juvenile** (jugendliche) **Polyarthritis** genannt.

Prävention: Auf Grund der genetischen Komponente gibt es keine wirksame Vorbeugung.

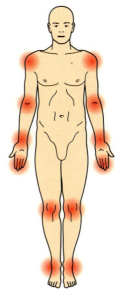

Abb. 1 Chronische Polyarthritis mit symmetrischem Befall mehrerer Gelenke: Meist sind Hände, Kniegelenke, Ellenbogen und Schultern betroffen.

NSAR
→ LF 4, S. 180

Informationen und Adressen lokaler Selbsthilfegruppen unter www.rheuma-liga.de

Psoriasis
→ LF 10, S. 462

Terminologie: Arthritis

Autoantikörper	gegen körpereigene Strukturen gerichtete Antikörper
Biologikum (Mz. -a)	Arzneimittel, das bestimmte Entzündungsstoffe hemmt
chronisch-rezidivierend	langfristig in Schüben verlaufend
Monarthritis	Arthritis eines Gelenks
Polyarthritis	Arthritis vieler Gelenke
Rheuma	Oberbegriff für entzündliche Erkrankungen des Bewegungsapparates, v. a. die rheumatoide Arthritis
rheumatoide Arthritis (rA) chronische Polyarthritis (cP)	chronische Entzündung vieler Gelenke und anderer Organe; im Volksmund Rheuma genannt
Rheumatologe	Facharzt für entzündliche Erkrankungen des Bewegungsapparates (spezialisierter Internist, Orthopäde oder Kinderarzt)
Spondylarthritis	entzündliche Erkrankung der Wirbelsäule, z. B. M. Bechterew
Systemerkrankung	Erkrankung, die mehrere Organe bzw. Organsysteme befällt

2.3.2 Erkrankungen der Wirbelsäule und der Rückenmuskulatur

Die Wirbelsäule wird von mehreren Hundert kleinen Muskeln umfasst, die sie aufrecht halten und quasi ihr Stützkorsett bilden. Die wirbelsäulennahe Muskulatur schützt das Rückgrat vor Verletzungen und bei gutem Trainingszustand auch vor Fehlhaltungen, Verspannungen und verfrühter Degeneration. Muskeln, Bänder, Knorpel und Knochen des Achsenskeletts arbeiten stets zusammen. Störungen oder Verletzungen eines Teils wirken sich daher auf die übrigen Funktionspartner aus. **Funktionelle** Veränderungen wie Muskelverspannungen beeinträchtigen Durchblutung und Ernährung des gesamten anatomisch-funktionellen Systems. Daher ist es wichtig, Rückenbeschwerden ernst zu nehmen und zu behandeln, bevor sie **chronifizieren** und bleibende strukturelle bzw. anatomische Schäden erzeugen.

Myalgien und Myogelosen

Muskelschmerzen **(Myalgien)** entstehen häufig durch einseitige Haltung, die über lange Zeit beibehalten wird. Stundenlanges Sitzen am Bildschirm z. B. führt bei vielen Menschen zu Muskelverspannungen im Bereich von Nacken und LWS. Erfolgt kein Ausgleich durch Bewegung oder Entspannung, entwickelt sich eine Daueranspannung der betroffenen Muskelpartien. Zu den Nackenschmerzen kommt oft gegen Abend der typische **Spannungskopfschmerz** im Stirn- und Schläfenbereich hinzu. Im LWS-Bereich entsteht schmerzbedingt leicht eine Fehlhaltung, d. h. eine Abflachung der physiologischen Lordose. Damit steigt das Risiko weiterer Beschwerden an.

Bei der klinischen Untersuchung zeigt sich verhärtete, verspannte Muskulatur. Der Muskelhartspann kann flächenhaft, aber auch wulst- oder punktförmig tastbar sein **(Myogelose)**. Die betroffenen Muskelpartien erscheinen leicht gerötet und geschwollen, weil das Blut darin nicht optimal zirkulieren kann. Die Durchblutungsstörungen fördern auf Dauer degenerative Veränderungen, d. h., auf Funktionsstörungen folgen schließlich strukturelle Veränderungen. Nicht nur zu wenig Bewegung, sondern auch Arbeitsüberlastung, Zeitdruck und seelische Anspannung fördern Verspannungen. Der Volksmund spricht treffend von „Hartnäckigkeit".

Therapie: Therapeutisch helfen kurzfristig Wärme und ggf. Massagen, die Muskulatur zu lockern. Quaddelartig in die Haut gespritzte **Lokalanästhetika**, d. h. Arzneimittel zur örtlichen Betäubung, können den Schmerz-Verspannungs-Kreislauf für einige Stunden durchbrechen und so die Beschwerden lindern.

Prophylaxe: Mittel- und langfristig ist es wichtig, dass der Patient ein Gleichgewicht zwischen Anspannung und Entspannung erreicht. Sport ist hilfreich, weil trainierte Muskulatur weniger zu Verspannungen neigt und Ausdauersport die Stressanfälligkeit senkt. Schmerzmittel sollten höchstens kurzfristig eingenommen werden, weil sie sowohl eine Chronifizierung des Schmerzes als auch Nebenwirkungen mit sich bringen können.

Muskelkater entsteht nach Überlastung v. a. untrainierter Muskulatur. Er beruht auf Rissen winziger Muskelfäserchen. Der Körper heilt die Muskelschäden mit Hilfe einer Entzündung. Diese erzeugt Schmerzen und eine leichte Schwellung der betroffenen Muskelpartien; die Beschwerden sind nach ein bis zwei Tagen am stärksten. Hilfreich wirken leichte Bewegung und warme Bäder, da beides die Durchblutung und damit Stoffwechsel und Heilung fördert.

Erkrankungen des Bewegungsapparates | **143** | LF 4

HWS- und LWS-Syndrom

Die beschriebenen Funktionsstörungen in bestimmten Abschnitten der Wirbelsäule kommen im Praxisalltag oft vor. Auf Grund der hohen Beweglichkeit und Beanspruchung der HWS und LWS sind Beschwerden in diesen Bereichen besonders häufig. Sofern nicht klar erkennbar ist, welche anatomischen Strukturen die Schmerzen verursachen, spricht man vereinfachend vom HWS- oder LWS-„Syndrom". Ursächlich sind oft eine Schwäche (sog. Dysbalance) der Muskulatur, eine Fehlhaltung oder Fehlstellung der Wirbelsäule oder auch sog. Wirbelblockaden. Unter Blockaden werden Funktionsstörungen der kleinen Wirbelgelenke verstanden. Entsprechend ausgebildete Physiotherapeuten oder Ärzte können durch ▎manuelle Therapie bzw. ▎Chirotherapie, z. B. das sog. Einrenken, die Beweglichkeit wiederherstellen und helfen, Schmerzen und Verspannungen zu lindern.

manuelle Therapie
→ LF 4, S. 163
Chirotherapie
→ LF 4, S. 163

Lumbago, Lumbalgie und Lumboischialgie

Definition: Als **Lumbago** bezeichnet man einen akuten Kreuzschmerz, als **Lumbalgie** einen chronischen. Bei der **Lumboischialgie** strahlt der Schmerz bis ins Bein aus, d. h., er folgt dem Verlauf des sog. Ischiasnervs, der von der LWS ins Bein zieht.
Pathogenese: Ein Rückenmarknerv wird in lokal verspannter Muskulatur eingeengt und reagiert auf den Druck mit Schmerz. Dieser löst reflexartig eine Muskelverspannung aus, die den Schmerz wiederum verstärkt. Oft löst eine ruckartige Bewegung die Lumbago aus.
Symptome: Der Patient nimmt auf Grund des plötzlich einschießenden Schmerzes und der Verspannung sogleich eine Fehlhaltung ein. Die Fehlhaltung verstärkt die Beschwerden bzw. erzeugt weitere. Daher nehmen der LWS-Schmerz und die Bewegungsstörung über einige Tage zu, bis sie sich langsam wieder lösen.
Diagnostik: Der betroffene Patient berichtet von einer ungewohnten Belastung, z. B. Gartenarbeit, oder einer plötzlichen „falschen" Bewegung in Kälte oder Zugluft, die seine Beschwerden ausgelöst hat. Die klinische Untersuchung wird durch die typische Fehlhaltung und Schmerzen erschwert, jedoch muss eine orientierende **neurologische Untersuchung** durchgeführt werden. **Motorik, Sensibilität** und **Reflexe** werden geprüft, um die Schädigung eines Rückenmarknervs erkennen zu können. Sind diese Funktionen gestört, besteht nicht nur eine Lumbago, sondern z. B. Verdacht auf einen Bandscheibenvorfall. Eine Röntgenuntersuchung ist bei einfacher Lumbago oder Lumboischialgie nicht indiziert.

Abb. 1 Kräftigungsübung der Bauchmuskulatur

> **HINWEIS**
>
> Die nationale Versorgungsleitlinie Kreuzschmerz (von mehreren medizinischen Fachgesellschaften erstellt) sieht keine Spritzen zur Schmerzlinderung vor. Injektionen in den Gesäßmuskel, die früher üblich waren, bergen zahlreiche Risiken, sind aber nicht wirksamer als eingenommene Schmerzmittel.

Therapie: Alles, was den Schmerz lindert und die Verspannungen lockert, beschleunigt die Selbstheilung. Schmerzmittel, Wärmeanwendung, Stufenlagerung (→ Abb. 2) und ggf. Massagen sind hilfreich. Sofern der Schmerz es zulässt, soll der Patient sich weiter bewegen und seiner normalen Tätigkeit nachgehen. Bewegung bessert die Durchblutung und trägt zur Lockerung bei. Nur bei starkem Schmerz kann kurzzeitig Bettruhe sinnvoll sein.

Abb. 2 Stufenlagerung mit einem Schaumstoffblock

Prävention: Eine gut trainierte Rücken- und Bauchmuskulatur wirkt als natürliches „Korsett" und schützt am besten vor Lumbalgien (→ Abb. 1). Vor Anstrengungen wie Heben und Tragen sollte die Muskulatur durch einfache Bewegungsübungen aufgewärmt werden. Viele Sportvereine bieten eine sog. Rückenschule an. In den Kursen lernen die Teilnehmer, wie sie ihren Rücken stärken und vor Fehlbelastung schützen können.

 Plötzlich einschießende Lendenschmerzen begleiten die Menschheit seit Anbeginn. Den Namen Hexenschuss erhielt die Lumbago im Mittelalter, als es legitim war, sog. weise Frauen, d. h. heilkundige, intelligente Frauen, als Hexen zu beschimpfen und zu verfolgen. An allem Unerklärlichen waren „natürlich" die Hexen schuld.

Degenerative Wirbelsäulenerkrankungen

Im Laufe des Lebens unterliegt die Wirbelsäule unausweichlich degenerativen Veränderungen. Die Bandscheiben verlieren Wasser und werden immer dünner. Ihre Faserringe bekommen Risse. Die Wirbelkörper verändern sich arthrotisch und bilden Osteophyten. Diese Degenerationsvorgänge der Wirbel und Bandscheiben werden als **Osteochondrose** bezeichnet. Verlieren die Bandscheiben an Höhe, steigt der Druck auf die kleinen Wirbelgelenke an. Diese sog. Facettengelenke, mit denen die Wirbel mit den über und unter ihnen liegenden Wirbeln verbunden sind, degenerieren dann verstärkt. Dies nennt man **Spondylarthrose** (Wirbelgelenkarthrose). Die Spondylarthrose engt unter Umständen die Zwischenwirbellöcher, d. h. die Öffnungen, durch die die Rückenmarknerven den Wirbelkanal verlassen, ein. Dies kann die Rückenmarknerven stören und schädigen. Eine solche Schädigung hat verschiedene Störungen der Nervenfunktionen, sog. **neurologische Ausfälle**, zur Folge. Bei fortgeschrittener Wirbelsäulendegeneration wird auch der Rückenmarkkanal durch Osteophyten eingeengt **(Spinalkanalstenose)**. Auch dadurch werden Nerven geschädigt. Je nachdem, wie stark ein Nerv beeinträchtigt wird, reagiert er mit Schmerzen, Sensibilitäts-, d. h. Gefühlsstörungen, und motorischen Ausfällen (Schwäche bzw. Lähmungen).

Aufbau der Wirbel
→ LF 4, S. 127

Wirbelsäulendegeneration

1. Gesunde Wirbelsäule
Die Bandscheibe ist normal hoch, der Gallertkern liegt in der Mitte des Faserrings. Das Zwischenwirbelloch ist glatt begrenzt und ausreichend weit für die Wurzel des Rückenmarknervs.

2. Beginnende Osteochondrose
Die Bandscheibe ist flacher geworden. Sie wölbt sich nach außen vor und beginnt, das Zwischenwirbelloch einzuengen. Im kleinen Wirbelgelenk beginnt die Spondylarthrose.

3. Bandscheibenvorfall
Der Fasermantel der Bandscheibe ist geplatzt. Ihr Gallertkern hat sich ins Zwischenwirbelloch verlagert. Er drückt auf die Wurzel des Rückenmarknervs und stört dessen Funktion.

4. Fortgeschrittene Osteochondrose
Die abgeflachte Bandscheibe ragt in das Zwischenwirbelloch hinein, was den Nerven ständig reizt. Chronischer Schmerz und neurologische Ausfälle sind die Folge. Auch die Spondylarthrose trägt zu den Störungen bei.

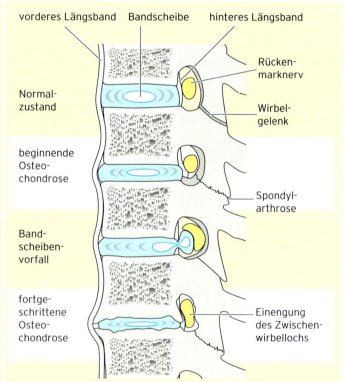

Diagnostik: Degenerative Wirbelsäulenveränderungen werden bei klinischem Verdacht radiologisch, d. h. mit Röntgen-, CT- oder MRT-Technik, abgebildet. Der radiologische Nachweis degenerativer Veränderungen allein ist keine therapiebedürftige Krankheit.
Therapie: Bestehen zum Befund passende Beschwerden, werden diese therapiert. Physiotherapie, ggf. Wärmeanwendung und Schmerzmittel sind die Basis der konservativen Therapie. Ist diese nicht erfolgreich bzw. ausreichend, kann ggf. ein **neurochirurgischer** Eingriff eingeengte Nerven entlasten und die Symptome bessern.
Prävention: Lebenslang gesunde Ernährung und regelmäßige, maßvolle Bewegung schützen alle Gelenke vor frühzeitiger Degeneration. Veranlagung spielt jedoch auch eine Rolle.

Erkrankungen des Bewegungsapparates | 145 | LF 4

Bandscheibenvorfall (BSV)

Definition: Einriss im Faserring und Hervorquellen des Gallertkerns einer Bandscheibe in Richtung des benachbarten Rückenmarknervs. Je nach Ausmaß werden **Protrusio** (Hervorquellen) und **Prolaps** (Vorfall) unterschieden.

Pathogenese: Degenerative Veränderungen der Wirbelsäule sind v. a. Alterserscheinungen. Zunächst ist wie bei jeder Arthrose der Knorpel von Qualitätseinbußen betroffen. Durch die veränderte Druckeinwirkung folgen Knochen- und Gelenkveränderungen. Reißt der Faserring einer Bandscheibe auf und ihr Gallertkern tritt aus, ist ein **Diskusprolaps** (Bandscheibenvorfall) entstanden. Dieser erzeugt v. a. dann Symptome, wenn das verlagerte Material nach dorsal und lateral auf eine Nervenwurzel drückt. Das vordere und hintere Längsband der Wirbelsäule verhindern Vorfälle nach ventral und dorsal. Jeweils zwischen zwei Wirbelkörpern liegen eine Bandscheibe und ein Paar Rückenmarknerven. Man gibt daher die ober- und unterhalb der Bandscheibe gelegenen Wirbelkörper als Lokalisation des Bandscheibenvorfalls an. Ein Prolaps zwischen den Wirbelkörpern L4 und L5 wird mit **BSV L4/L5** abgekürzt. Jeder Rückenmarknerv versorgt ein streifenförmiges Gebiet einer Körperhälfte. Ein solches Versorgungsgebiet der Haut heißt **Dermatom** (Hautabschnitt, Hautsegment). Beschwerden bzw. Funktionsausfälle in entsprechenden Dermatomen lassen darauf schließen, welche Bandscheibe bzw. welcher Rückenmarknerv betroffen ist. Schmerzen, die auf der Schädigung einer Nervenwurzel beruhen, nennt man **radikuläre** Schmerzen. Radikuläre Beschwerden sind oft, aber nicht immer durch einen BSV bedingt.

C = Cervikal-, also Halswirbel,
Th = Thorax-, also Brustwirbel,
L = Lumbal-, also Lendenwirbel,
S = Sakral-, also Kreuzbeinwirbel

Lokalisation: Wegen der hohen Beanspruchung von HWS und LWS durch Biegen, Drehen und Beugen kommen Bandscheibenvorfälle am häufigsten bei C5/C6 und C6/C7 im HWS- sowie bei L4/L5 und L5/S1 im LWS-Kreuzbeinbereich vor.

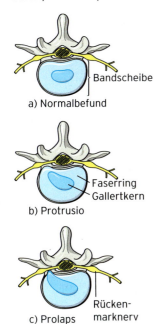

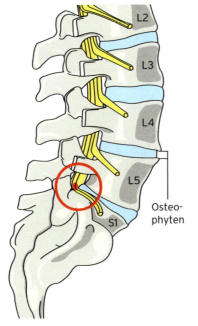

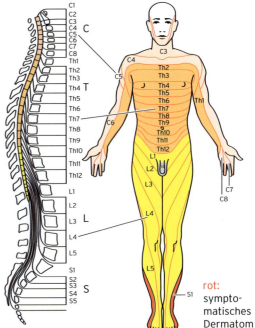

Abb. 1 Stadien des Bandscheibenvorfalls

Abb. 2 Arthrose der Wirbelsäule mit Bandscheibenvorfall (L5/S1)

Abb. 3 An jedem Wirbelkörper verlässt das zugehörige Paar Rückenmarknerven den Wirbelkanal.

Symptome: Rücken- bzw. Nackenschmerz an der Stelle des Diskusprolaps und ausstrahlende Schmerzen im Versorgungsgebiet des betroffenen Nervs. Bei ausgeprägter Druckschädigung der Nervenwurzel treten neben Schmerzen auch Kribbeln und Taubheitsgefühl auf. Da Muskeln ihre Befehle von Nerven erhalten, kann es durch Nervenschädigung auch zu Lähmungen der Muskeln kommen, die der Nerv normalerweise versorgt. Man unterscheidet dabei zwischen **Parese** (Schwäche, teilweise Lähmung) und **Plegie** (vollständige Lähmung). Gegebenenfalls sind Reflexe nicht mehr auslösbar. Wenn Kreuzbeinsegmente betroffen sind, können Störungen der Blasen- und Darmfunktion sowie sexuelle Funktionsstörungen auftreten.

Diagnostik: Bei ausgeprägten bzw. anhaltenden Beschwerden und/oder neurologischen Ausfällen wird eine bildgebende Diagnostik durchgeführt. Die Bandscheiben werden am besten im MRT dargestellt, da Röntgenaufnahmen Knorpelsubstanz nicht abbilden können.

Therapie: Bandscheibenvorfälle können sich von selbst bessern und ausheilen, indem das ausgetretene Material des Gallertkerns durch Vernarbung schrumpft und dadurch der Druck auf die Nervenwurzel zurückgeht. Dies dauert allerdings einige Zeit. Die wichtigste Maßnahme ist in den meisten Fällen eine konsequente Schmerztherapie. Dabei werden oft mehrere Medikamente kombiniert, um Nebenwirkungen gering zu halten. Auch Physiotherapie zur Lockerung der verspannten Muskulatur ist sinnvoll. Führt die konservative Behandlung nicht zum Erfolg oder liegen **Alarmsymtome** wie Muskel- oder Blasenlähmung vor, ist eine Operation indiziert. Bei der Operation wird von ventral (HWS) oder dorsal (LWS) ein kleiner Einschnitt gemacht und das verschobene Bandscheibenmaterial entnommen. Ein Platzhalter aus Metall kann an Stelle der Bandscheibe eingesetzt werden, damit der ursprüngliche Abstand zwischen den Wirbelkörpern erhalten bzw. wiederhergestellt wird. Operationen sind keine Allheilmittel beim BSV; sie können zu Vernarbungen und weiteren Problemen führen. Die Nachbehandlung dauert viele Wochen und entspricht der konservativen BSV-Therapie.

Prävention: Lebenslang Sport zu treiben und die Grundsätze des rückengerechten Arbeitens, Hebens und Tragens zu befolgen, ist die beste BSV-Prävention. Veranlagung und altersbedingte Degeneration sind jedoch nicht beeinflussbar.

 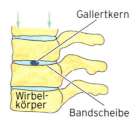 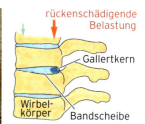

Abb. 1 Beugen

Abb. 2 Richtig

Abb. 3 Falsch

Erkrankungen des Bewegungsapparates | 147 | LF 4

Terminologie: Wirbelsäulenerkrankungen

Alarmsymptom	Symptom, das auf einen gefährlichen Verlauf hindeutet
BSV	Bandscheibenvorfall
chronifizieren	chronisch, d. h. dauerhaft werden
Dermatom	Hautabschnitt, der von einem Rückenmarknerv versorgt wird
Diskusprolaps	Bandscheibenvorfall
funktionell	die Funktion (d. h. nicht die Anatomie) betreffend
Lokalanästhetikum	Arzneimittel zur örtlichen Betäubung
Myalgie	Muskelschmerz
Myogelose	umschriebene Muskelverhärtung; Muskelhartspann
Neurochirurgie	Spezialgebiet der Chirurgie für Eingriffe am Nervensystem und angrenzenden Organen (Gehirn-, Bandscheiben-OPs usw.)
neurologische Ausfälle	Störungen der Nervenfunktion, z. B. Lähmung, Taubheitsgefühl
neurologische Basisuntersuchung	klinische Untersuchung der grundlegenden Nervenfunktionen Motorik (Bewegung), Sensibilität (Hautgefühl) und Reflexe
Osteochondrose	Arthrose der Wirbelkörper und Bandscheiben
Parese	teilweise Lähmung; Schwäche
Plegie	vollständige Lähmung
Prolaps	vollständiger Bandscheibenvorfall
Protrusio	teilweiser Bandscheibenvorfall
Spannungs-kopfschmerz	Kopfschmerz durch Verspannung der Nackenmuskulatur
Spinalkanalstenose	arthrotische Einengung des Rückenmarkkanals
Spondylarthrose	Arthrose der kleinen Wirbelgelenke (Facettengelenke)

AUFGABEN

1 Welche Symptome einer Arthritis kennen Sie?

2 Beschreiben Sie typische Symptome der rheumatoiden Arthritis.

3 Wie kommt es zu Verspannungen der Nackenmuskulatur?

4 Wie lauten die Fachbegriffe für verschiedene Arten des Kreuzschmerzes?

5 Viele Patienten möchten gegen Kreuzschmerz lieber eine Spritze als Tabletten bekommen. Nehmen Sie hierzu Stellung.

6 Beschreiben Sie, welche Veränderungen den Begriffen Osteochondrose und Spondylarthrose zu Grunde liegen.

7 Was versteht man unter einem Bandscheibenvorfall?

8 Viele Menschen haben Bandscheibenvorfälle, von denen sie nichts wissen und spüren. Bei über 50-Jährigen ist mindestens jeder Zweite betroffen. Sollten diese Menschen zur Diagnostik zum Orthopäden bzw. Radiologen gehen?

2.3.3 Knochenerkrankungen

Osteoporose

Definition: pathologisch verminderte Knochenmasse mit erhöhter **Frakturneigung**
Epidemiologie: Osteoporose ist die häufigste Skeletterkrankung. Sie betrifft jede 3. Frau und jeden 5. Mann im Alter. Etwa jeder 3. Betroffene erleidet einen Wirbelbruch, jeder 6. eine Hüftfraktur und jeder 8. eine Radiusfraktur. Osteoporose verursacht daher enorme Kosten.
Pathogenese: Knochensubstanz wird lebenslang auf- und abgebaut. Ab ca. dem 30. Lebensjahr überwiegt der Abbau. Einige Risikofaktoren beschleunigen den Knochenabbau.

Risikofaktor	Auswirkung auf die Knochenqualität
hohes Alter	Alle Gewebe unterliegen altersbedingten Degenerationsvorgängen, d. h. zunehmendem Zell- und Substanzverlust.
weibliches Geschlecht, frühe Wechseljahre	Frauen haben ab den Wechseljahren bzw. nach der letzten Monatsregel (Menopause) einen niedrigen Geschlechtshormonspiegel. Der Sexualhormonmangel bremst den Knochenaufbau.
Veranlagung	Osteoporose kommt familiär gehäuft vor.
Untergewicht	Untergewicht geht mit geringer Knochenmasse einher. Erkrankungen wie Essstörungen und chronisch-entzündliche Krankheiten (rA) gehen stets mit Untergewicht und Osteoporose einher.
Bewegungsmangel	Knochensubstanz wird nur aufgebaut, solange das Skelett belastet wird. Sport wirkt nicht nach, d. h., nur lebenslange Bewegung kann die Knochensubstanz langfristig schützen.
Fehlernährung	Knochensubstanzaufbau erfordert bestimmte Bausteine in ausreichender Menge, v. a. Calcium und die Vitamine D, B_{12} und K.
Medikamente	Cortison, Krebsmittel, Immunsuppressiva (die gegen Autoimmunkrankheiten und nach Transplantationen gegeben werden), ❘Antikoagulanzien und andere Arzneimittel vermindern den Knochenaufbau.
Genussmittel, Alltagsdrogen	Alkohol und Nikotin sowie extreme Koffeinmengen hemmen den Knochenaufbau. Cola bindet Calcium aus der Nahrung.
andere Erkrankungen	Schilddrüsenüberfunktion, chronische Magen-Darm-Krankheiten und Infektionen, Nierenschwäche, Typ-2-Diabetes, COPD, Krebs sowie längere Bettruhe fördern den Knochenabbau ebenso wie Depressionen und Stress.

Antikoagulanzien
→ LF 4, S. 180

Das höchste Osteoporose- und Frakturrisiko hat ...

Das niedrigste Osteoporoserisiko hat ...

Symptome: Osteoporose erzeugt keine Frühsymptome. Oft ist eine Fraktur das erste Zeichen, dass Knochensubstanz fehlt (→ Abb. 2). Tritt sogar ohne Unfallereignis ein Knochenbruch auf, spricht man von einer **Spontanfraktur**. Wirbelkörperfrakturen können zu extremen Verformungen der Wirbelsäule mit schweren Schmerzen führen. Osteoporosebedingte Frakturen treten v. a. an folgenden Lokalisationen auf:
Wirbelkörper, Oberschenkelhals, Oberarmkopf und handgelenknaher Radiuskopf.
Die Körpergröße kann durch Höhenverlust der Wirbelkörper bis zu 20 cm abnehmen. Möglich ist auch, dass sich der Rücken langsam verformt und an Höhe verliert (→ Abb. 1).

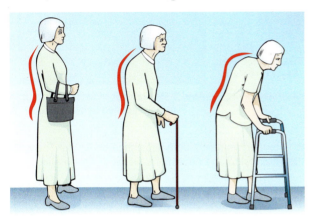

Abb. 2 Oberschenkelhalsfraktur: typische Frakturlinie im Femurhals

Abb. 1 Zunehmender Rundrücken durch Osteoporose

Diagnostik: Für Menschen mit Risikofaktoren ist eine frühzeitige Knochendichtemessung zu empfehlen. Diese wird nur nach Spontanfraktur von den Kassen bezahlt und kostet ca. 40 Euro. Die Fachgesellschaften empfehlen die **DEXA**-Methode, die auf Röntgentechnik beruht, aber mit einer geringen Strahlenbelastung einhergeht. Hier werden mehrere Wirbelköper der LWS sowie der Femurhals (Oberschenkelhals) vermessen. Man vergleicht das Ergebnis mit dem Altersdurchschnitt und bildet es in Zahlen sowie als Grafik ab.

Bereich	BMD (g/cm^2)	Junge Erw. T-Wert	Altersvergl. Z-Wert
L1	0.859	-2.3	-2.3
L2	1.016	-1.5	-1.5
L3	0.989	-1.8	-1.8
L4	1.061	-1.2	-1.2
L1-L4	0.993	-1.6	-1.6

Abb. 3 Osteodensitometrie (DEXA) einer 42 Jahre alten Frau, Cortisontherapie seit 3 Monaten, 59 kg; Befund: Osteopenie

Therapie: Ist eine andere Erkrankung Ursache der Osteoporose, wird diese nach Möglichkeit therapiert. Die Grundbehandlung der Osteoporose selbst beinhaltet mehrere Maßnahmen:
- Ausreichende Calcium- und Vitamin-D-Zufuhr: 1 g Calcium/Tag sollte mit Nahrungsmitteln und Mineral- oder Leitungswasser aufgenommen werden. Die benötigten 1000 I. E. Vitamin D/Tag sind aus der Nahrung kaum zu beziehen. Neben dem Verzehr fettreichen Seefisches sind daher Tabletten à 1000 I. E. zu empfehlen. Durch täglichen Aufenthalt im Freien kann die Vitamin-D-Produktion in der Haut v. a. im Sommer angeregt werden.
- Regelmäßige Bewegung: Diese fördert nicht nur den Knochenaufbau, sondern trainiert auch Kreislauf, Beweglichkeit und Koordination, was Stürzen und Frakturen vorbeugt.
- Medikamente, die den Knochenabbau hemmen, v. a. Bisphosphonate (z. B. Alendronat)
- Sturzprophylaxe: Befreiung der Wohnung und des Umfeldes von „Stolperfallen"; Verwendung von Gehhilfen; Optimierung des Sehvermögens bei Fehlsichtigkeit und grauem Star, damit Hindernisse rechtzeitig erkannt werden; ggf. Hüftschoner (Hüftprotektor)
- Ausreichende Schmerztherapie und Verzicht auf müde machende (sedierende) Arzneimittel, damit die Patienten beweglich und aktiv bleiben

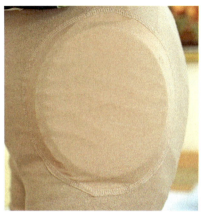
Abb. 1 Hüftprotektorhose

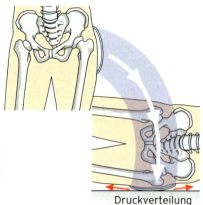
Abb. 2 Wirkung des Hüftprotektors

Abb. 3 Bei Gehstörungen und allgemeiner Schwäche können Gehwagen Stürzen vorbeugen.

Prävention: Die Maßnahmen der Osteoporoseprävention entsprechen denen der Therapie, mit Ausnahme der Medikamente. Bei Risikofaktoren frühzeitige Knochendichtemessung.

Osteoporose-Selbsttest und Leitlinien zu Diagnostik und Therapie der Osteoporose
www.dv-osteologie.de

1 g **Calcium** sind jeweils enthalten in ca.
1 Liter Milch oder Joghurt 3,5 % Fett (650 kcal),
1 Liter Buttermilch (370 kcal),
1,3 kg Quark (ab 900 kcal je nach Fettgehalt),
250 g Fetakäse (580 kcal),
120 g Gouda (480 kcal),
70 g Parmesan (300 kcal),
380 g Grünkohl (120 kcal) und
2 Litern calciumreichem Mineral- oder Leitungswasser (0 kcal).

Rachitis und Osteomalazie

Definition: Vitamin-D-Mangel erzeugt beim wachsenden Skelett, d. h. beim Kind, die Krankheit **Rachitis**. Beim ausgewachsenen Skelett des Erwachsenen führt der Mangel zur **Osteomalazie** (wörtl. Knochenerweichung), die der Osteoporose ähnelt und diese verstärkt.
Pathogenese: Aufbau und lebenslang stattfindender Umbau der Knochen erfordert ausreichend Vitamin D. Das Vitamin wird mit der Nahrung aufgenommen und durch Sonnenlicht in der Haut gebildet. Die Nieren wandeln es in seine wirksame Form um. Fehlt das Vitamin in der Kindheit, wird das Knochenwachstum schwer gestört. Die fehlende Festigkeit des Knochens führt zu Skelettverformungen und mangelnder Knochenmasse. Bei Erwachsenen nimmt die Knochenmasse und -qualität ab. Auch Immunabwehr, seelische Funktionen u. v. m. verschlechtern sich unter Vitamin-D-Mangel.
Risikofaktoren: Säuglinge ohne Vitamin-D-Prophylaxe, Menschen, die sich selten im Freien aufhalten, wie Altenheimbewohner und Schwerbehinderte, sowie Nierenkranke, deren Nieren das Vitamin D nicht aktivieren können, haben meistens einen Vitamin-D-Mangel.
Epidemiologie: Ohne die Vitamin-D-Gabe an Säuglinge käme Rachitis, die in der Zeit der frühen Industrialisierung sehr verbreitet war, auch heute noch oft vor. Lichtmangel und schlechte Ernährung führten damals vor allem bei armen Arbeiterfamilien unweigerlich zu schwerer Rachitis. Mit Lebertran und anderen Vitamin-D-Gaben wurde sie in späteren Jahren seltener. Heute besteht bei vielen Schulkindern und den meisten Erwachsenen ein Vitamin-D-Mangel, da sie sich überwiegend in Räumen aufhalten und sich ungünstig ernähren.

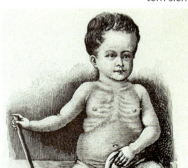
Abb. 4 Rachitisches Kind um 1900

Symptome: Bei Kindern kommt es durch Rachitis zu einer am Schädel tastbaren Knochenerweichung und anderen Skelettveränderungen, die ohne Therapie dauerhaft bestehen bleiben (→ Abb. 1). Erwachsene entwickeln eine verstärkte Frakturneigung; eine Osteoporose wird verstärkt. Störungen des Allgemeinbefindens und der Immunabwehr sowie Skelettschmerzen kommen in allen Altersklassen vor.
Diagnostik: Bei klinischem Verdacht Messung des Vitamin-D-Spiegels im Blutserum.
Therapie: Bei symptomatischem Vitamin-D-Mangel (Rachitis oder Osteomalazie) wird mit mindestens 1000 I. E./Tag in Tablettenform behandelt. Ggf. kann das Vitamin injiziert werden.
Prävention: Tägliche Gabe von Vitamin-D-Tabletten an Säuglinge und Kleinkinder, ggf. kombiniert mit Fluorid zum Schutz der Zähne vor Karies (Zahnfäule). Vitamineinnahme auch für Erwachsene mit Vitamin-D-Mangel und/oder Osteoporose. Täglicher Aufenthalt im Freien unter Beachtung des Hautschutzes. Sonnenschutzmittel ab LSF 8 hemmen die Vitamin-D-Produktion der Haut. Im Alter geht diese immer mehr zurück. Die Ernährung sollte viel fettreichen Seefisch wie Hering, Makrele und Lachs enthalten. Fettreiche Milchprodukte und Eier tragen ebenfalls zur Vitamin-D-Versorgung bei.

2.3.4 Erkrankungen der Sehnen und des Sehnengleitgewebes

Sehnen sind feste Bindegewebsstränge, die Muskeln mit Knochen verbinden. An den Ansatzstellen werden sie durch Zug strapaziert. An den Unterarmen befinden sich sehr lange Sehnen für die Bewegung der Finger. Diese liegen zum Schutz in Hüllen, die ein synoviaähnliches Gleitgel enthalten, den **Sehnenscheiden**. Sehnenansätze und Sehnenscheiden können sich durch ständig wiederholte, gleichartige Bewegungen entzünden. Die Entzündung stellt den Versuch des Körpers dar, winzige Einrisse des Gewebes zu reparieren. Die Risse selbst werden nicht bemerkt; erst die nach Tagen ausgeprägte Entzündung geht mit Schmerzen, Schwellung und weiteren Entzündungszeichen einher. Der Schmerz kommt also zu spät, um rechtzeitig vor den Sehnenverletzungen zu warnen. Auf Grund der geringen Blutversorgung der Sehnen heilen Verletzungen und Entzündungen des Sehnen- und Sehnengleitgewebes sehr langsam und erfordern eine konsequente Schonung der betroffenen Extremität.

Insertionstendopathie (Enthesiopathie)

Definition: Sehnenansatzentzündung durch Überlastung und Degeneration
Lokalisation: Die Ansätze der Bizepssehne kaudal des M. deltoideus, des M. supraspinatus (kranial des Schultergelenks) und die Achillessehne sind besonders oft betroffen.
Symptome: Schmerzen am Sehnenansatz einen Tag bis mehrere Tage nach der Überlastung
Diagnostik: Anamnese und klinisch (Druckschmerz am betroffenen Sehnenansatz). Bei chronischem Verlauf ggf. Nachweis entzündungsbedingter Verkalkungen im Röntgenbild.
Therapie: Schonung; Ruhigstellen, lokales Kühlen; ggf. Schmerzmittel und lokale Cortisoninjektion. Schmerz- und entzündungshemmende Medikamente können jedoch durch die Schmerzlinderung zur erneuten Überlastung des entzündeten Gewebes führen, was der weiteren Degeneration der Sehne Vorschub leistet. Bei chronischen Beschwerden, ausgeprägter Verkalkung und Sehnenriss ist ggf. ein operativer Eingriff nötig.

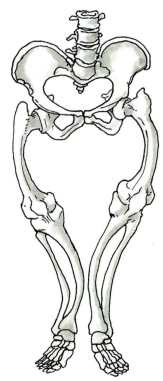

Abb. 1 Schwere Skelettverformungen bei Rachitis

Abb. 2 Der Verzehr von Lachs trägt zur Prävention von Vitamin-D-Mangel bei.

Das Bundesinstitut für Risikobewertung bietet Informationen zur Vitamin-D-Versorgung unter:
www.bfr.bund.de
→ Fragen und Antworten
→ Vitamin D

Epikondylitis

Definition: Insertionstendopathie am radialen oder ulnaren Epikondylus des Oberarmknochens durch wiederholte Mikroverletzungen. Die **Epikondylen** (Ez. Epikondylus) sind die beiden Fortsätze des knöchernen Gelenkendes des Humerus.

Symptome: Schmerzen am radialen oder ulnaren Epikondylus. Beruht die Schädigung des Sehnenansatzes auf wiederholten Anstrengungen mit Beugung, entzündet sich der ulnare Sehnenansatz (Epikondylitis humeri ulnaris = Golfarm). Liegen der Erkrankung angestrengte Bewegungen mit Streckung zu Grunde, ist der radiale Sehnenansatz betroffen (Epikondylitis humeri radials = Tennisarm). Auch andere Tätigkeiten, z. B. Anstreichen, Sägen, Haus- und Gartenarbeit, können eine Epikondylitis auslösen.

Diagnostik: Anamnese und klinisch; es besteht Druckschmerz am betroffenen Epikondylus.

Therapie: Ruhigstellen. Eine **Bandage** oder **Orthese**, d. h eine leicht anwendbare Stütz- und Entlastungsschiene, kann die Ruhigstellung erleichtern (→ Abb. 2). Gegebenenfalls können andere Tätigkeiten schmerzfrei ausgeführt werden. Bei Chronifizierung bzw. häufigen Rezidiven kann eine Operation indiziert sein.

Bei der **Epikondylitis humeri radialis** (Tennisellenbogen) ist der Epikondylus humeri radialis entzündet.

Bei der **Epikondylitis humeri ulnaris** (Golfellenbogen) ist der Epikondylus humeri ulnaris entzündet.

Epikondylus humeri radialis

Epikondylus humeri ulnaris

Hinweis: obere Muskelschicht abgetragen

Abb. 1 Rechte Ellenbeuge (von ventral)

Abb. 2 Bandage zur Entlastung des überlasteten Sehnenansatzes

Tendovaginitis

Definition: Sehnenscheidenentzündung; Entzündung des Sehnengleitgewebes

Symptome/Diagnose: Schmerzen, Druckschmerz, strangförmige Rötung und Schwellung im Verlauf der betroffenen Sehne(n), meist am Unterarm bzw. Handgelenk der dominanten Hand; ggf. ist über der betroffenen Sehnenscheide ein Reiben bei Bewegung zu tasten.

Therapie: Schonung; teilweise Ruhigstellung, z. B. mit Bandage oder Orthese. Kühlung, ggf. vorübergehend Schmerzmittel. Bei Chronifizierung ggf. Operation.

Prävention: Vermeidung ständig wiederholter, einseitiger Tätigkeiten, wie Betätigung der PC-Maus, Putzen, Kartoffelschälen, Stricken u. v. m.

Abb. 3 Handgelenk-Orthese

Erkrankungen des Bewegungsapparates | **153** | **LF 4**

Terminologie: Erkrankungen der Knochen und Sehnen

Bandage	Stütz- oder Schutzverband
DEXA	anerkannte Methode zur Knochendichtemessung
Epikondylitis humeri	Sehnenansatzentzündung am Ellenbogen, z. B. sog. Golfarm
Fraktur	Knochenbruch
Insertionstendopathie (Syn. **Enthesiopathie**)	Sehnenansatzentzündung
Orthese	Apparatur zur Ruhigstellung oder Stützung von Teilen des Bewegungsapparates, z. B. des Handgelenks
Osteomalazie	Vitamin-D-Mangelerkrankung des Skeletts bei Erwachsenen
Osteopenie	verminderte Knochenmasse; Vorstufe der Osteoporose
Osteoporose	stark verminderte Knochenmasse mit hoher Frakturgefahr
Rachitis	Vitamin-D-Mangelerkrankung bei Kindern
Spontanfraktur	Knochenbruch ohne äußere Einwirkung
Tendovaginitis	Sehnenscheidenentzündung

HINWEIS

Verwechslungsgefahr: Der Fachbegriff für Rachenentzündung lautet Pharyngitis, nicht Rachitis.

2.3.5 Verletzungen des Bewegungsapparates

Der Bewegungsapparat ist in Beruf, Alltag und Freizeit vielen Gefahren und Belastungen ausgesetzt, die zu Verletzungen führen können. Am häufigsten sind leichte Verletzungen, die in der Allgemeinarztpraxis behandelt werden können.

Prellung

Definition: Eine Prellung **(Kontusion)** ist eine geschlossene Verletzung, die durch stumpfe Gewalteinwirkung auf unterschiedliche Gewebe entsteht.
Pathogenese: Viele Stürze und Stöße ziehen Prellungen nach sich. Das Gewebe, auf den die Kraft eingewirkt hat, wird verletzt. Aus verletzten Blutgefäßen läuft Blut ins Gewebe aus. Dabei entsteht ein **Hämatom**, ein Bluterguss. Gewebsverletzung und Hämatom tragen zur Weichteilschwellung bei.
Symptome: Schmerz, Schwellung und schmerzhafte Bewegungseinschränkung; ggf. Verfärbung durch ein Hämatom
Diagnostik: Bestehen Zweifel daran, dass „nur" eine Prellung vorliegt, ist ggf. eine radiologische Diagnostik erforderlich. So kann z. B. eine Fraktur ausgeschlossen werden.
Therapie: Prellungen heilen von selbst ab. Zur Linderung der Symptome ist es sinnvoll, lokal zu kühlen und z. B. die Extremität hochzulagern. Bei Bedarf können Schmerzmittel gegeben werden. Sogenannte Sportsalben sind kaum hilfreich.

Grün und blau ... Die Farbe eines Hämatoms ändert sich mit der Zeit. Zunächst ist es dunkelrot, dann blau-lila, sobald das Blut gerinnt. Über zwei bis drei Wochen wird das ausgetretene Blut komplett abgebaut. Dabei wandelt sich Hämoglobin zunächst in grünes Biliverdin um. Dieses wird anschließend zu gelbem Biliverdin. Daher geht die Hämatomfarbe langsam von Grün in Gelb über, welches allmählich verblasst. Große Hämatome werden fühlbar warm, geschwollen und schmerzhaft, da der Blutabbau mit einer Entzündungsreaktion einhergeht.

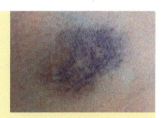

Abb. 1 Hämatom

Abb. 1 Dehnübungen wärmen die Muskulatur vor dem Training.

Muskelzerrung und Muskelfaserriss

Definition/Pathogenese: Vor allem bei akuter oder chronischer Überforderung eines Muskels bzw. bei unzureichendem Aufwärmen kommt es zu mikroskopisch kleinen Rissen, zum Einreißen einzelner Muskelfäserchen oder sogar zum Riss größerer Muskelfaserbündel. So entstehen je nach Ausmaß des Schadens **Muskelkater, Muskelzerrung** oder ein **Muskelfaserriss**.

Symptome/Diagnostik: Beim Muskelkater ist die gesamte Muskelpartie schmerzhaft, aber kaum geschwollen. Bei der Zerrung ist der Schmerz ausgeprägter, aber stärker lokalisiert. Beim Muskelfaserriss entsteht an der Stelle des Risses eine tastbare Delle.

Therapie: Bei Zerrung und Faserriss akut: Kühlung und Hochlagern; zur Heilungsförderung Wärme (Baden, leichte Bewegung). Präventiv sind gründliches Aufwärmen vor dem Sport und die Vermeidung plötzlicher Überlastungen ohne ausreichendes Training sinnvoll.

Distorsion und Bandruptur

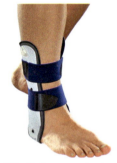

Abb. 2 Sprunggelenk-Orthese

Definition/Pathogenese: Bei der **Distorsion** (Verstauchung, Verdrehung) handelt es sich um eine geschlossene Gelenkverletzung durch überstarke Drehung bzw. Biegung eines Gelenks. Dabei werden die Bänder, die das Gelenk stabilisieren, überdehnt und können einreißen (Teilruptur) oder durchreißen (komplette **Bandruptur**).

Lokalisation: Am häufigsten treten Distorsion und Bandruptur lateral am oberen Sprunggelenk (OSG) auf. Typischer Unfallmechanismus ist das Supinationstrauma, das „Umknicken" (→ Abb. unten).

Symptome: Sofort auftretender Schmerz, Schwellung und ggf. Hämatom im Bereich des verstauchten Sprunggelenks. Bei Sehnen- und Bandrupturen ist ggf. das Reißen als Knall hörbar. Nach schweren und wiederholten Bandrupturen kann das OSG instabil, d. h. „wackelig", werden.

Diagnostik: Anamnese, klinisch; bei V. a. Bandruptur bildgebende Diagnostik

Therapie: Akut kühlen, hochlagern, Schmerzmittel. Sobald der Schmerz es zulässt, Bewegung und Physiotherapie mit Orthese (→ Abb. 2). Nur ausnahmsweise wird operiert. Bei Instabilität nach rezidivierenden Rupturen kann eine Orthese das Gelenk bei Belastung unterstützen.

Wichtige Außenbänder des rechten OSG von ventral und lateral	Typischer Unfallmechanismus: Supinationstrauma	Das am häufigsten betroffene Band des rechten OSG von ventral und lateral

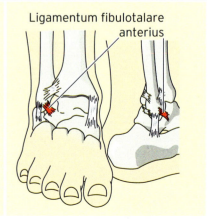

Ligamentum fibulotalare anterius

Luxationen

Definition/Pathogenese: Verlässt der Gelenkkopf die Gelenkpfanne, kommt es zu einer **Luxation** (Ausrenkung, Verrenkung). Luxationen entstehen meistens **traumatisch**, d. h. durch ein Unfall- bzw. Verletzungsereignis. Am häufigsten ist die Schulterluxation.
Symptome: Nach dem Sturz bzw. Unfall kann der Arm nicht mehr gehoben werden; es bestehen starke Schmerzen und eine Muskelverspannung im Bereich der betroffenen Schulter.
Diagnostik: Klinisch; eine Röntgenaufnahme ist hilfreich, um eine Fraktur auszuschließen.
Therapie: Der luxierte Gelenkteil wird in Kurznarkose **reponiert**, d. h. zurückverlagert.
Besonderheit: Ein Sonderfall der Luxation ist die angeborene Hüftluxation beim Säugling. Der Hüftkopf liegt dabei nicht in der Pfanne bzw. verlagert sich nach kranial, da die Pfanne nicht richtig ausgebildet ist. Die angeborene Fehlbildung der Hüfte **(Hüftdysplasie)** kommt familiär gehäuft vor. Sie wird beim Säugling mittels Ultraschall diagnostiziert. Oft reicht es aus, dem Kind eine Zeitlang eine Spreiz-Beuge-Schiene anzulegen. Diese hält den Femur in einer für die Hüftentwicklung günstigen Position.

Traumatische Schulterluxation beim Erwachsenen	Angeborene Hüftluxation (Dysplasie) beim Säugling	Spreiz-Beuge-Schiene bei angeborener Hüftdysplasie
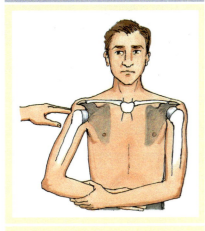	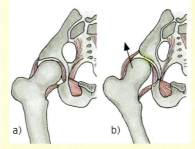	
Der Humeruskopf ist aus der Gelenkpfanne herausgetreten, d. h. luxiert.	a) Normales Hüftgelenk: Die Gelenkpfanne umschließt den Kopf. b) Hüftluxation: Der Kopf gleitet an der Pfanne vorbei nach kranial.	Die Spreiz-Beuge-Schiene hält den Hüftkopf in einer für die Ausreifung des Hüftgelenks günstigen Position.

Fußdeformitäten

Die komplizierte Anatomie der Füße und ihre Funktion als Träger des Körpergewichts können zu Fußfehlstellungen und -deformitäten (pathologischen Verformungen) führen. Diese verursachen jedoch häufig keine Beschwerden. Leichte Ausprägungen von Spreizfuß, Plattfuß und Knick-Senkfuß beispielsweise sind meistens symptomlos und ohne Krankheitswert. Eine Therapie, z. B. durch Einlagen bzw. Physiotherapie, erfolgt bei Bedarf.

Die häufigste im Laufe des Lebens erworbene Fußdeformität ist der **Hallux valgus**. Er entsteht durch das Tragen spitzer, hoher Schuhe und entsprechende Veranlagung. Durch die Fehlbelastung weicht der Mittelfußknochen der Großzehe nach medial ab. Die Mehrbelastung des Großzehengrundgelenks führt zu dessen Verdickung. Es kommt zu Schmerzen und zunehmender Verformung. Die Therapie erfolgt bei ausgeprägtem Befund chirurgisch. Dabei wird u. a. der überschüssige Knochen entfernt. Es gibt zahlreiche Operationstechniken zur Therapie des Hallux valgus.

Abb. 1 Hallux valgus (Großzehe) und Hammerzehe (2. Zehe)

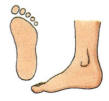

Abb. 2 Spreizfuß (ventral leicht verbreiterter Fußabdruck)

Frakturen

Definition: Eine Fraktur ist ein Knochenbruch, d. h. die Unterbrechung eines Knochens mit Bildung von **Fragmenten** (Bruchstücken). Die meisten Frakturen entstehen **traumatisch**, d. h. durch Unfälle bzw. Gewalteinwirkung. Bei **pathologischen Frakturen** bricht der Knochen ohne äußeren Auslöser. Eine solche Spontanfraktur kann z. B. durch Osteoporose oder einen Knochentumor ausgelöst werden.

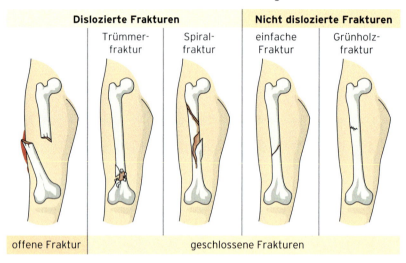

Frakturen werden nach mehreren Kriterien eingeteilt:
- **Offene** Fraktur: Ein Knochenfragment durchspießt die Haut.
- **Geschlossene** Fraktur: Die Fragmente sind vollständig von Haut bedeckt.
- **Dislozierte**, d. h. verschobene Fraktur: Die Fragmente liegen nicht mehr aneinander.
- **Nicht dislozierte** Fraktur: Die Fragmente liegen regelrecht aneinander.

Symptome: Bei Verdacht auf eine Fraktur untersucht man den Patienten auf Symptome, die für bzw. gegen einen Knochenbruch sprechen. Es gibt sichere und unsichere Zeichen:

Unsichere Frakturzeichen	Sichere Frakturzeichen
Schmerz	sichtbares, die Haut durchspießendes Knochenstück
Schwellung	abnorme Beweglichkeit
Hämatom	knirschendes Geräusch durch Reiben der Fragmente
Bewegungseinschränkung	Fehlstellung

Diagnostik: Bei klinischem Frakturverdacht wird ein Röntgenbild der Extremität bzw. des betroffenen Körperteils angefertigt. Gegebenenfalls sind Aufnahmen in zwei Ebenen, d. h. von vorn und von seitlich, erforderlich. Die ausreichende Darstellung der Fraktur ist wichtig, um die Lage aller Bruchstücke, z. B. bei Trümmerfrakturen, zu erkennen. Puls, Blutdruck und der Allgemeinzustand des Patienten sind eng zu überwachen, da Frakturen mit hohen, lebensbedrohlichen Blutverlusten ins Gewebe einhergehen können.

Therapie: Dislozierte Frakturen werden in Narkose eingerichtet, d. h. reponiert. Bei offenen Frakturen werden ggf. auch Haut und Weichteile operativ verschlossen. Komplizierte Brüche erfordern eine **Osteosynthese**, d. h. eine Operation, bei der die Knochenbruchstücke richtig aneinandergefügt und durch Metallteile zusammengehalten werden.

Damit ein verletzter Knochen optimal heilen kann, d. h. der Bruchspalt mit neuer Knochensubstanz haltbar verbunden wird, ist eine Ruhigstellung der direkt aneinanderliegenden Fragmente für einige Wochen erforderlich. Dies kann mit Hilfe eines Gipsverbands oder einer vergleichbaren, leichteren Apparatur geschehen. Osteosynthetisch versorgte Brüche können früher als eingegipste Frakturen belastet werden. Dies ist von Vorteil, wenn eine längere Bettlägerigkeit den Patienten gefährden könnte. So wird etwa bei der häufig bei älteren Frauen vorkommenden Oberschenkelhalsfraktur aus diesem Grund eine ❘TEP eingesetzt. Eine längere Bettlägerigkeit würde die Gefahr einer ❘Thrombose und einer lebensbedrohlichen ❘Lungenembolie erhöhen.

Besonderheiten: Wird eine Fraktur nicht fachgerecht reponiert und ruhig gestellt, bildet der Körper **Kallus**, d. h. eine weniger harte Knochenart, um den Frakturspalt dennoch so gut es geht zu überbrücken. In seltenen Fällen bleibt der Frakturspalt ganz offen und der Knochen bleibt dauerhaft instabil. Offene Frakturen sind stark infektionsgefährdet. Durch eingedrungene Bakterien kann es zu einer **Osteomyelitis**, einer Knochenmarkentzündung, kommen.

TEP
→ LF 4, S. 138
Thrombose
→ LF 5, S. 261
Lungenembolie
→ LF 5, S. 261

Erkrankungen des Bewegungsapparates | 157 | LF 4

Distale Radiusfraktur
mit 25 % die häufigste Fraktur

typischer Unfall: Sturz auf die ausgestreckte Hand

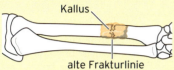

schlecht geheilte Radiusfraktur mit Kallusbildung

Subkapitale Humerusfraktur
häufige osteoporotische Fraktur

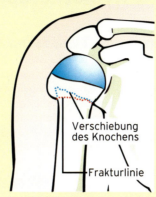

Kopf und Schaft des Humerus können durch die Fraktur getrennt oder (hier) ineinandergedrückt werden

Terminologie: Verletzungen des Bewegungsapparats

Bandruptur	Bänderriss
Deformität	Verformung
disloziert	verschoben
Distorsion	Verstauchung; Verdrehung
Fragment	Knochenbruchstück; Ergebnis einer Fraktur
Hallux valgus	Ballengroßzehe (erworbene Fußverformung)
Hämatom	Bluterguss
Hüftdysplasie	angeborene Fehlbildung der Hüfte, ggf. mit Luxation
Kallus	neu gebildetes Knochengewebe nach einer Fraktur
Kontusion	Prellung
Luxation	Verrenkung; Ausrenkung
Osteomyelitis	bakteriell bedingte Knochenmarkentzündung
Osteosynthese	Zusammenfügen von Knochenfragmenten mit Metallteilen usw.
Reposition (Verb **reponieren**)	Wiedereinrichtung nach Luxation oder Fraktur
traumatisch	durch eine Verletzung, d. h ein Trauma, entstanden

AUFGABEN

1 Erklären Sie den Begriff Supinationstrauma bei der Bandruptur des OSG.

2 Was bedeutet Reposition? Bei welchen Erkrankungen wird reponiert?

3 Was versteht man unter einer offenen Fraktur?

4 Nennen Sie die Vorteile der chirurgischen Versorgung einer Fraktur.

3 Physikalische Therapie und Physiotherapie

Die Oberbegriffe **physikalische Therapie** und **Physiotherapie** umfassen vielfältige Behandlungsformen, die mit physikalischen Faktoren arbeiten. „Physikalisch" bedeutet wörtlich „die Natur betreffend". Medizinisch genutzt werden davon z. B. Kälte, Wärme, Elektrizität, Druck und Bewegung. Auch verschiedene elektromagnetische Wellen bzw. Strahlen kommen zur Anwendung: Mikrowellen und Licht einschließlich UV-Licht und Laser. Besonders aggressive Strahlen wie **Röntgenstrahlen** werden v. a. diagnostisch, andere **ionisierende Strahlen** auch therapeutisch eingesetzt. Der Zweig der Medizin, der mit ionisierenden, zellschädigenden Strahlen z. B. Tumorkranke behandelt, nennt sich Strahlentherapie.

Die **Physiotherapie** (s. Kap. 3.3) umfasst vielfältige Therapiemethoden, die v. a. auf aktiver und passiver Bewegung beruhen. Physikalische Methoden wie Wärme- und Kälteanwendung werden dabei häufig einbezogen bzw. mit Maßnahmen der Physiotherapie kombiniert. Auch Wasser findet vielfältige Anwendungen in Sport, Physiotherapie und Medizin.

3.1 Physikalische Grundlagen: Wellen und Strahlung

Viele physikalische Erscheinungen und therapeutische Anwendungen, z. B. Licht und Kurzwellenbestrahlung, beruhen auf elektromagnetischen Wellen. Diese Energie, die sich wellenförmig ausbreitet, kann man sich wie ein auf einer Wellenlinie fliegendes Energieteilchen vorstellen. Je energiereicher Wellen bzw. Strahlen sind, desto schneller bewegen sich diese „Teilchen" und desto mehr können sie im Gewebe bewirken. Wellen bzw. Strahlen unterscheiden sich in ihrer Höhe, der **Amplitude**, und ihrer Häufigkeit. Die Wellenanzahl pro Sekunde, die **Frequenz**, wird in **Hertz (Hz)** gemessen. Je höher ihre Frequenz ist, desto wirksamer und ggf. auch schädlicher sind elektromagnetische Wellen. Bei ultraviolettem Licht z. B. ist der langwelligste Anteil, das UV-A, am wenigsten schädlich (und am geringsten hautbräunend): UV-A hat eine geringe Frequenz und Energie. UV-B hat eine höhere Frequenz und erzeugt schnell einen Sonnenbrand, bewirkt aber auch anhaltende Bräune. Beide UV-Licht-Arten sind energiereich genug, um Sonnenbrand, Faltenbildung und Hautkrebs hervorzurufen – auch bei therapeutischem Einsatz, z. B. gegen Hautkrankheiten.

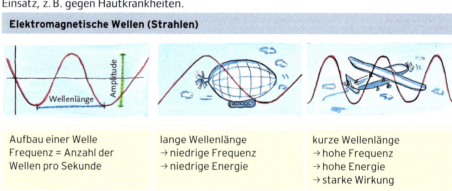

Elektromagnetische Wellen (Strahlen)

Aufbau einer Welle
Frequenz = Anzahl der Wellen pro Sekunde

lange Wellenlänge
→ niedrige Frequenz
→ niedrige Energie

kurze Wellenlänge
→ hohe Frequenz
→ hohe Energie
→ starke Wirkung

Die biologische Wirkung elektromagnetischer Wellen beruht darauf, dass sie beim Auftreffen bzw. Eindringen in Gewebe ihre Energie auf die Zellen übertragen. Dabei kann eine angenehme Wärme entstehen wie beim ersten Sonnenbad im Frühling oder bei einer Kurzwellenbehandlung des LWS-Bereichs wegen Rückenschmerzen. Hochenergetische Wellen wie Röntgenstrahlen oder radioaktive Strahlen können jedoch auch Zellbestandteile schädigen, v. a. die empfindliche |DNA. Solche Strahlen sind so energiereich, dass sie Bestandteile aus Molekülen der Erbsubstanz „herausschießen" können. Dadurch wird die Erbsubstanz verändert; sie **mutiert**. Die meisten kleinen **Mutationen** können repariert werden. Dies geschieht z. B. während eines Sonnenbrandes mit Hilfe der Entzündung. Durch Mutationen können aber auch gesunde Zellen zu Krebszellen werden. Man nimmt an, dass sich durch Sonnenlicht, andere Strahlen und Alterungsvorgänge im menschlichen Körper täglich Krebszellen bilden. Das gesunde Immunsystem

DNA
→ LF 3, S. 24

nimmt mutierte Zellen fast immer wahr und tötet sie ab. Oft sterben sie auch von selbst ab, da sie nicht mehr funktionsfähig sind. Dieses Absterben von Zellen ist ein Grund, warum die Haut mit zunehmendem Alter immer dünner, d. h. zellärmer wird. Zur |Krebsentstehung tragen viele Faktoren bei: Neben genetischer Veranlagung sind dies Stoffe und Einflüsse, die Mutationen auslösen, sowie die im Alter schwächer werdende Immunabwehr.

Krebsentstehung
→ LF 9, S. 416

Strahlenschutz

Zum Schutz aller Beteiligten ist es wichtig, im medizinischen Bereich energiereiche Strahlen so wenig und so gezielt wie möglich einzusetzen. Laut Röntgenverordnung (RöV) werden Röntgen- und CT-Aufnahmen daher nur angefertigt, wenn sie medizinisch indiziert und strahlenfreie Methoden wie Ultraschall ungeeignet sind. Besonders strahlenempfindliche Körperbereiche der Patienten, v. a. die Keimdrüsen (Eierstöcke und Hoden), werden so weit wie möglich abgedeckt. Personal, das bei Röntgenaufnahmen anwesend sein muss, schützt sich durch größtmöglichen Abstand, ggf. eine Schutzwand sowie durch Strahlenschutzkleidung wie Bleischürze und Schutzbrille.

Abb. 1 Sicherheitskennzeichen Röntgen

Röntgenverordnung
www.forum-roev.de/richtlinien.php
Informationen zu Strahlung und Strahlenschutz (Sonne, Handys, Röntgen, Kernenergie u. v. m.) beim Bundesinstitut für Strahlenschutz
www.bfs.de

Die DNA von Zellen, die sich gerade teilen, ist besonders mutationsgefährdet. Da bei Kindern im Mutterleib ständig unzählige Zellteilungen stattfinden, dürfen Schwangere nur im Notfall geröntgt werden.

Zunehmende biologische Wirkung bzw. Schädigung durch Strahlen

UV-Strahlung hebt die Stimmung und erzeugt Vitamin D.

Zu viel UV-Strahlung erzeugt DNA-Schäden (unbemerkt oder als Sonnenbrand).

Kleinere DNA-Schäden werden von Reparaturenzymen repariert.

Strahlenschäden können zu Funktionsstörungen führen.

Größere Strahlenschäden können Zellen in Krebszellen umwandeln.

Sehr große Strahlenmengen sind tödlich für Zelle und Organismus.

3.2 Beispiele physikalischer Therapien

3.2.1 Wärmetherapie

Abb. 1 Rotlichtlampe

Wirkung: Wärme erweitert Blutgefäße, wodurch sie Durchblutung, Stoffwechsel und Selbstheilung unterstützt. Sie trägt zur Lockerung verspannter Muskulatur bei. Chronische Entzündungen werden aktiviert, d. h. „akuter" und wirksamer bezüglich der Reparatur erkrankter Gewebe.
Art der Anwendung: Wärmflasche, Gelkissen, Körnerkissen, Infrarotlampe, Teil- oder Vollbad, Sauna, durchblutungsfördernde Salbe oder Pflaster
Indikationen: Verspannungen bzw. Myogelosen, chronische Entzündungen, Arthrose (außer aktivierte Arthrose)
Kontraindikationen: lokal: akute Entzündung, Verletzung, offene Wunde, Blutung, Hauterkrankung, akute Schmerzen; systemisch: Herzschwäche, chronische Entzündung, Infektionskrankheit, zu niedriger Blutdruck mit Kollapsneigung, Osteosynthesematerial, TEP und Herzschrittmacher (Metallteile erhitzen sich); in der Schwangerschaft mit Vorsicht anwenden, um keine Wehen auszulösen
Nebenwirkungen: Schmerz und Entzündung können sich verstärken. Der Blutdruck kann ansteigen oder abfallen. Salben können Juckreiz und allergische Reaktionen hervorrufen.
Cave: Zu heiße Anwendungen können zu gefährlichen Verbrennungen führen. Dies betrifft v. a. Patienten mit Sensibilitätsstörungen der Haut wie Diabetiker mit Nervenschäden. Säuglinge und Patienten, die sich nicht ausreichend äußern können, sind ebenfalls gefährdet.

3.2.2 Hochfrequenztherapie und therapeutischer Ultraschall

Wirkung: Auch die Hochfrequenztherapie, im Alltag oft Kurzwellen-, Mikrowellentherapie oder vereinfacht „Bestrahlung" genannt, erwärmt Gewebe. Sie erreicht ggf. tiefer gelegene Gewebsschichten als die Wärmetherapie mit Körnerkissen u. Ä. Der therapeutische Ultraschall, der mit speziellen Geräten bzw. Zusatzteilen für diagnostische Ultraschallgeräte durchgeführt wird, wirkt über eine Art „tiefe Vibrationsmassage" ebenfalls wärmend.
Cave: Nebenwirkungen und Kontraindikationen entsprechen der Wärmetherapie. Die Wachstumszonen der Knochen bei Kindern werden nicht behandelt.

3.2.3 Kältetherapie

Wirkung: Kälte führt zu einer Gefäßverengung und damit zu einer Verminderung der Durchblutung. Dies wirkt Schwellung, Schmerz und Blutungen bzw. einer Hämatombildung entgegen. Juckreiz und Entzündungen werden gemildert.
Art der Anwendung: kalte Auflagen (feuchtes bzw. nasses Tuch oder Gelkissen), Kältespray (sog. Vereisungsspray), Wasser (als Teilbad oder fließend angewandt)
Indikationen: Akuttherapie leichter Hautverletzungen und -entzündungen (Sonnenbrand, Insektenstich, Verbrühung, Verbrennung) und des Bewegungsapparates (Prellung, Distorsion)
Kontraindikationen: offene Verletzungen, Säuglinge, Sensibilitätsstörungen und die Unfähigkeit, sich bei Unwohlsein passend zu äußern (siehe Wärmetherapie)
Nebenwirkungen: Frieren, bei falscher Anwendung Unterkühlung bzw. Erfrierungen. Kühlauflagen aus Sicherheitsgründen nicht im Tiefkühlfach lagern, sondern im Kühlschrank bei mindestens +4 °C. Zwischen Kühlauflage und Haut wird ein trockenes Tuch gelegt.

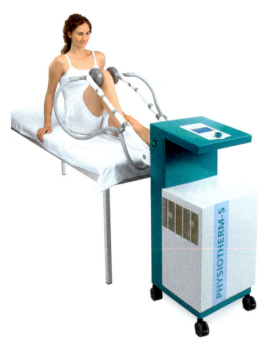

Abb. 2 Kurzwellentherapie

Physikalische Therapie und Physiotherapie | **161**

Kälteanwendung

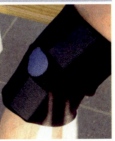

Wasser: zum Kühlen als fließender Strahl oder als Teilbad

Vereisungsspray: schnelles Kühlen zur Schmerzstillung bei Sportverletzungen

Kühlkompresse: mit Gel gefüllt, für Wärme- und Kältetherapie geeignet

Kühlkompresse: für eine bestimmte Körperregion passend gefertigt

3.2.4 Elektrotherapie: Reizstrom und TENS

Wirkung: Durch verschiedenartige Varianten elektrischer Ströme kann eine vermehrte Muskelaktivität, aber auch eine Schmerzlinderung erreicht werden.
Art der Anwendung: Reizstromgeräte und **TENS**-Geräte
Indikationen: bestimmte Arten von Lähmungen, bei TENS chronische, lokalisierte Schmerzen
Kontraindikationen: Herzschrittmacher, offene Wunden, Hautkrankheiten, Schwangerschaft
Nebenwirkungen: Kribbeln und Taubheitsgefühl, bei falscher Anwendung auch Schmerzen. Bei Anwendung im HWS-Bereich sind Kopfschmerzen und Schwindelgefühl möglich.
Besonderheiten: Elektrische Stimulationsgeräte sind nicht in der Lage, eine muskulöse Figur ohne Training oder eine Gewichtsabnahme herbeizuführen, auch wenn dies immer wieder in Werbetexten suggeriert wird.

3.2.5 Licht- und UV-Licht-Bestrahlung (Phototherapie)

Wirkung: Licht- und UV-Licht-Strahlen können die Haut durch verstärkte Durchblutung wärmen, sie zu Lichtschutzmaßnahmen anregen und dadurch weniger entzündungsbereit machen. Die hauteigene Vitamin-D-Bildung wird durch UV-Licht-Bestrahlung angeregt.
Art der Anwendung: Meistens wird UV-A-Licht angewandt, das weniger leicht Sonnenbrand auslöst als UV-B. Die Wirkung auf die Haut kann durch entsprechende Medikamente und durch Baden mit speziellen Zusätzen vor der Bestrahlung gesteigert werden.
Indikationen: chronische Hautkrankheiten wie Neurodermitis und Psoriasis (Schuppenflechte), zur Sonnengewöhnung auch bei polymorpher Lichtdermatose (sog. Sonnenallergie)
Kontraindikationen: Lichtbedingte Hautschäden, Hautkrebs, auch in der Familie des Patienten. Immunschwäche, z. B. durch bestimmte Medikamente, weil Immunschwäche die Abwehr von Krebszellen, auch Hautkrebszellen, unterdrücken bzw. stören kann.
Nebenwirkungen: Sonnenbrand, Verschlimmerung der Beschwerden bei zu starker Lichtintensität, verstärkte Hautalterung und andere lichtbedingte Hautschäden, Hautkrebs, grauer Star (Linsentrübung) v. a. bei fehlendem Augenschutz
Besonderheit: Phototherapie kann mit Bestrahlungsgeräten, aber auch im Sinne einer Kur am Meer o. Ä. stattfinden. Das Tote Meer wird zur Phototherapie bei Hautkrankheiten empfohlen, da das Sonnenlicht dort besonders langwellig, d. h. gut verträglich ist (fast reines UV-A). Die Kombination aus Baden und Phototherapie nennt sich Balneo-Phototherapie. Diese wirkt z. B. bei Schuppenflechte oft günstig.

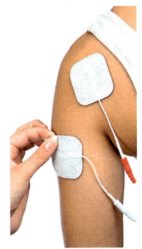

Abb. 1 TENS-Klebeelektroden bei Schulterschmerzen

Abb. 2 Patienten bei der Balneo-Phototherapie am Toten Meer

Abb. 1 Bewegung im Freien hebt die Stimmung.

Saisonabhängige Depression ist der Fachausdruck dafür, dass es vielen Menschen im Winter an Stimmung und Antrieb mangelt. Intensives Licht bewirkt die Ausschüttung bestimmter Neurotransmitter (Überträgerstoffe des Gehirns), die für Wohlfühlen, Initiative und Aktivität notwendig sind. Täglicher Aufenthalt im Freien ist selbst an bedeckten Tagen wirksam gegen den Lichtmangel und seine deprimierende Wirkung. Noch besser hilft Licht zusammen mit Bewegung. Speziallampen, die besonders intensives Licht ausstrahlen, können unterstützend wirken. Entwickelt sich das Wintertief zur Krankheit, ist eine ärztliche Behandlung ratsam.

3.2.6 Lasertherapie

Wirkung: LASER bzw. Laser ist die Abkürzung für extrem gebündeltes, sehr energiereiches Licht. Lasertherapie ist daher eine abgewandelte Form der Lichttherapie. Das so aufbereitete Licht kann am Ort seiner Einwirkung Gewebe gezielt schädigen oder verändern. Je nachdem, wie das Gerät den Laserstrahl erzeugt, heißt dieser Argon-Laser, CO_2-Laser usw.

Art der Anwendung: Laser können zu chirurgischen Zwecken ähnlich wie sehr feine Skalpelle eingesetzt werden. Das Blutungsrisiko ist bei der Laser-Anwendung gering. Pigmente, d. h. körpereigene und -fremde Farbstoffe sowie Blutgefäße können zerstört werden.

Indikation: Laser werden zu verschiedenen therapeutischen und kosmetischen Zwecken eingesetzt, z. B. am Auge (Netzhautablösung, Hornhautchirurgie), an der Haut (Entfernung von Altersflecken, erweiterten Äderchen, Blutschwämmchen, Tumoren und Tätowierungen), im Magen-Darm-Trakt (Stillung von Magenblutungen) u. v. m.

Kontraindikationen: wachsende Gewebe, Ekzeme, Entzündungen, Neigung zu starker Narbenbildung, unklare Diagnose (wird ein „Pigmentfleck" entfernt, indem das Pigment zerstört wird, muss zuvor klar sein, dass es sich nicht um Krebs handelt)

Nebenwirkungen: Narbenbildung, Pigmentveränderungen, Schmerzen

Cave: Der Blick in einen Laserstrahl kann die Augen stark schädigen.

Abb. 2 Sicherheitswarnzeichen LASER

3.3 Physiotherapie

Das große Gebiet der Physiotherapie umfasst vielfältige Verfahren und Methoden, die auf aktiver und passiver Bewegung beruhen. Physiotherapie wird im Rahmen der Prävention, der Therapie und der |Rehabilitation eingesetzt.

Rehabilitation Maßnahmen zur Wiederherstellung der Gesundheit → LF 11, S. 486

3.3.1 Klassische Massage

Abb. 3 Durch Massage wird die Muskulatur gelockert.

Bei der klassischen **Massage** wird das Gewebe durch spezielle, für den Patienten stets passive Bewegungen behandelt. Der Therapeut streicht, reibt, knetet, walkt, zupft oder klopft die entsprechenden Körperpartien nach bestimmten Prinzipien. Das Behandlungsziel einer Teilmassage ist z. B. eine Verringerung des Muskeltonus, um einen lokalen oder ausgedehnten Muskelhartspann zu lösen. Die Beweglichkeit soll wiederhergestellt und Schmerzen gelindert werden. Das Gewebe um die verspannte Muskulatur herum wird gelockert und die gestörte Zirkulation verbessert.

Ein zusätzlicher Effekt von Massagen kann eine allgemeine, körperlich-seelische Entspannung sein. Vielfach wird Massage als erholsame „Streicheleinheit" empfunden. Die Krankenkassen sehen Massagenverordnungen kritisch, da der Patient dabei passiv bleibt. Ganzkörpermassagen sind nicht verordnungsfähig und gehören dem Wellnessbereich an.

3.3.2 Bewegungstherapie (Krankengymnastik)

Bewegungstherapie, die sog. **Krankengymnastik**, ist ein großer und wichtiger Teil der Physiotherapie. Um die Belastbarkeit, Kraft und Beweglichkeit des Patienten bzw. erkrankter Körperbereiche zu verbessern, erhält dieser Anleitung und Hilfe bei entsprechenden Übungen. Er erlernt auch, Bewegungsübungen selbstständig durchzuführen, um den Therapieerfolg dauerhaft zu sichern. Art und Intensität der Bewegungstherapie wird individuell angepasst und der Allgemeinzustand des Patienten dabei ebenso berücksichtigt wie seine Diagnose und sein Genesungsfortschritt. Der Therapeut bringt seine erlernten Methoden und persönlichen Erfahrungen in die Therapieplanung und den Behandlungsprozess ein.

Krankengymnastik kann und soll Sport nicht ersetzen, sondern ergänzen und körperliches Training, z. B. nach Verletzungen, wieder möglich machen. Auf die Krankengymnastik beim Physiotherapeuten soll quasi Gesundengymnastik folgen. Die Übergänge zwischen Physiotherapiepraxis und Fitnessstudio sind fließend; einige Physiotherapeuten bieten z. B. Kurse zur Muskelkräftigung sowie die sog. Rückenschule für Patienten mit rezidivierenden Wirbelsäulenbeschwerden an.

Abb. 1 Mit Bewegungstherapie wird die Beweglichkeit verbessert.

Besondere „Schulen" der Bewegungstherapie sind die Therapien nach **Bobath** und **Vojta**. Die nach ihren Begründern benannten Methoden nutzen natürliche Bewegungsreflexe des ZNS, die jeder Mensch besitzt, um motorische und andere Entwicklungsschritte zu fördern. Die Vojta-Therapie wird besonders bei frühkindlichen Lähmungen und bei Hüftdysplasie eingesetzt. Die Bobath-Behandlung kommt z. B. bei kindlichen Entwicklungsverzögerungen zur Anwendung.

3.3.3 Manuelle Therapie und Chirotherapie

Beide Begriffe bedeuten „Behandlung mit den Händen". Diese Verfahren dienen dazu, eingeschränkte Beweglichkeit zu bessern bzw. wiederherzustellen und Schmerzen zu lindern.

Die **manuelle Therapie** mobilisiert, d. h. macht verspannte Muskelpartien beweglicher, indem die Muskulatur an bestimmten Punkten durch die Hände des geschulten Physiotherapeuten gezielt behandelt wird. Dadurch verbessert sich indirekt auch die Gelenkbeweglichkeit. Der Therapeut wirkt jedoch nicht direkt auf Gelenke ein.

Die **Chirotherapie** wird zumeist von Ärzten mit entsprechender Zusatzbezeichnung durchgeführt. Sie beruht auf der Technik der sog. **Manipulation**, d. h. Handgriffen, mit denen in ihrer Beweglichkeit gestörte Gelenke wieder „frei", d. h. mobilisiert, werden. Vereinfacht spricht man von „Einrenken". Die Manipulation, bei der mit sog. Impulsstößen blockierte Gelenke wieder beweglich gemacht werden, birgt verschiedene Risiken. Daher muss der Chirotherapeut zahlreiche Kontraindikationen beachten und ggf. vor Anwendung bestimmter Griffe den zu behandelnden Partien röntgen.

Sowohl manuelle Therapie als auch Chirotherapie können die Funktion innerer Organe indirekt verbessern, da bestimmte Wirbelsäulenbereiche mit inneren Organen nervlich „verschaltet" sind. Mit der manuellen und der Chirotherapie verwandte Methoden sind die **Osteopathie**, die **craniosacrale Therapie** und die **Atlastherapie**.

164 | Bei Diagnostik und Therapie von Erkrankungen des Bewegungsapparates assistieren

3.3.4 Lymphdrainage

Die Lymphdrainage ist eine spezielle Massageform, deren Ziel es ist, durch Lymphstau bedingte Schwellungen bzw. **Ödeme** zu bessern. Sie wird z. B. nach Brustamputationen angewandt,
da bei Brustkrebs in manchen Fällen Lymphknoten entnommen und die ▍Lymphbahnen unter-
brochen werden müssen. Der Verlust von Lymphgefäßen führt oft zum Flüssigkeitsstau im Arm
der operierten Seite. Die manuelle, d. h. mit den Händen durchgeführte, Lymphdrainage erleichtert den Abfluss im Gewebe gestauter Flüssigkeit in Richtung Herz. Sie ist keine Therapie für
alle Ödemarten; z. B. bei ▍Varikose (Krampfadern) ist eine kausale Therapie sinnvoller.

Lymphbahnen
→ LF 5, S. 229

Varikose
→ LF 5, S. 260

Terminologie: Physikalische Therapie und Physiotherapie

Cave	Warnhinweis in der Medizin (lat. hüte dich)
Frequenz	Häufigkeit pro Sekunde (Einheit Hertz bzw. Hz)
Hz (nach H. Hertz)	Hertz; Maßeinheit für Frequenz (1 Hz = 1 Welle/sec)
ionisierende Strahlen	energiereiche Strahlen, die Atome verändern können
Laser	energiereicher, stark gebündelter Lichtstrahl
Manipulation	bzgl. Gelenken: Einrenken; Wieder-beweglich-Machen
Mobilisation	bzgl. Muskeln und ggf. Gelenken: Wieder-beweglich-Machen
Mutation	Veränderung der Erbsubstanz
Ödem	Flüssigkeitsansammlung im Gewebe
physikalische Therapie	Behandlungsmethoden mit Nutzung physikalischer Faktoren
Physiotherapie	Bewegungstherapie und andere Therapien, die auf aktiver und passiver Bewegung beruhen
Röntgenstrahlen	energiereiche Strahlen zur medizinischen Bildgebung
TENS	**t**ranskutane **e**lektrische **N**erven**s**timulation; Therapiemethode, die mit leichten Dauerströmen Schmerzen lindert

---

AUFGABEN

1 Welche Wirkungen hat Wärme auf das Gewebe?

2 Welche Indikationen für lokale Wärmetherapie kennen Sie?

3 Unter welchen Umständen ist Wärmetherapie kontraindiziert?

4 Welche Wirkungen hat Kälte auf Gewebe?

5 Welche Indikationen und Kontraindikationen gelten für die Kältetherapie?

6 Nennen Sie Vorsichtsmaßnahmen bei der Kältetherapie.

7 Erklären Sie das Prinzip der Lymphdrainage.

8 Welche Risiken birgt die UV-Bestrahlung?

9 Bei welchen Indikationen wird UV-A eingesetzt bzw. empfohlen?

10 Welche Wirkungen sind von einer Teilkörpermassage zu erwarten?

11 Was bedeutet in einer Patientenakte der Eintrag „Cave Penicillin"?

4 Arzneimittel

»Dosis sola facit venenum.«
Lat. sinngemäß: „Alles ist Gift und nur die Dosis macht, ob etwas ein Gift ist".

Diese Worte sprach Paracelsus, ein großer Arzt des Mittelalters, zum Thema Arzneimittel. Seine Aussage ist noch heute gültig. Selbst mit harmlos erscheinenden Alltagsstoffen wie Zucker und Salz kann man sich vergiften bzw. durch übermäßigen Verzehr Schaden zufügen. Oft ist von Gift in der Nahrung die Rede und gleichzeitig liest man „unterhalb der Grenzwerte" – und hofft, dass so geringe Dosen nicht schaden.

Definition: Arzneimittel sind Stoffe und Zubereitungen von Stoffen, die dazu dienen,
- Krankheiten zu heilen, zu verhüten, zu lindern oder zu erkennen,
- die Beschaffenheit, den Zustand oder die Funktion des Körpers oder der Seele zu erkennen oder zu beeinflussen,
- körpereigene Stoffe zu ersetzen.

Arzneimittel heißen auch **Medikamente** oder **Pharmaka**. Der Apotheker, der ein Pharmaziestudium abgeschlossen hat, ist berechtigt, Arzneimittel zu entwickeln, zuzubereiten, zu lagern und abzugeben. Die meisten Arzneimittel sind heute Fertigarzneimittel. Darunter versteht man abgepackte Medikamente, die in Industriebetrieben der pharmazeutischen Industrie hergestellt werden. Vor allem individuelle Salbenmischungen, die von Hautärzten verordnet werden, werden auch heute noch in Apotheken zubereitet.

Für alle Arzneimittel gilt das **Arzneimittelgesetz (AMG)**. Es regelt die Herstellung, Prüfung, Zulassung, Registrierung, Verschreibung und Abgabe der in Deutschland erhältlichen Medikamente. Das AMG regelt auch die Verbraucherinformation, die jedes Medikament begleitet: die sog. Gebrauchsinformation, die vereinfacht Beipackzettel genannt wird. Zielsetzung des AMG ist die größtmögliche Sicherheit für Testpersonen, Anwender und Patienten.

Beispiele für verschiedene Arzneimittelanwendungen	
1. Heilung, Verhütung, Linderung oder Erkennung von Krankheiten	– Antibiotika: Therapie bakterieller Infektionen – Cholesterinsenker: Verhütung von Herzinfarkten – Vitamin-D-Gabe an Säuglinge: Schutz vor Rachitis – Schmerzmittel: Linderung von Gelenkbeschwerden – Morphin: Linderung der Atemnot bei Sterbenden – Nikotinersatzprodukte gegen Entzugserscheinungen – Kontrastmittel: Verbesserung der Darstellung von Blutgefäßen u.v.m. bei Röntgen- oder MRT-Aufnahmen
2. Erkennung bzw. Beeinflussung der Beschaffenheit oder Funktion des Körpers oder der Seele	– radioaktive Stoffe für die Schilddrüsendiagnostik – Farbstoffe zur Erkennung von Epithelschäden am Auge – Medikamente zur Pupillenerweiterung für die Diagnostik – verschiedene Psychopharmaka zur Besserung von Depressionen, Schlaflosigkeit, Wahnzuständen u.v.m.
3. Ersatz körpereigener Stoffe	– Schilddrüsenhormone bei Schilddrüsenunterfunktion – Insulin bei Diabetes mellitus Typ 1 – weibliche Geschlechtshormone bei starken Wechseljahresbeschwerden – Augentropfen als Tränenersatz bei trockenen Augen – Gerinnungsstoffe für Bluter

Nicht zu den Arzneimitteln gehören Lebensmittel (auch Nahrungsergänzungsmittel und Sportlernahrung), Tabakerzeugnisse, Kosmetika und Medizinprodukte. Dies gilt auch, wenn sie die gleichen Inhaltsstoffe wie Medikamente haben. Einige Vitamine und Mineralstoffe werden beispielsweise sowohl als Nahrungsergänzungsmittel als auch als Arzneimittel angeboten. Allerdings fehlen bei den Nahrungsergänzungsmitteln die ausführlichen Gebrauchsinformationen und bei Kauf im Drogeriemarkt o.Ä. die Beratung durch den Apotheker.

Bundesministerium für Arzneimittel und Medizinprodukte (BfArM)
www.bfarm.de

Das AMG ist eng mit dem **Medizinproduktegesetz (MPG)** verwoben. Medizinprodukte (MP) wie Herzschrittmacher und Endoprothesen werden zu ähnlichen Zwecken in den menschlichen Körper eingebracht, nämlich zur Heilung oder Linderung von Krankheiten. Enthält ein MP Arzneisubstanzen, z. B. ein hormonbeschichtetes Intrauterinpessar (eine sog. Spirale) zur Empfängnisverhütung, gilt für dieses Produkt das Arzneimittelgesetz. Das Bundesministerium für Arzneimittel und Medizinprodukte ist für beide Produktgruppen zuständig.

Gesetze regeln auch die Werbung für Medikamente. In Deutschland darf sich Werbung für verschreibungspflichtige Medikamente, z. B. für Antidepressiva oder Cholesterinsenker, nicht an Patienten oder ihre Angehörigen richten. Es sind weder Heilungsversprechen noch Vergleiche erlaubt, wie „Hiermit nehmen Sie sicher ab" oder „das Beste gegen Heuschnupfen". Allerdings wird oft eine bestimmte Wirkung suggeriert, wie „verbessert die Fettverbrennung", „Ich tue etwas für mein Gedächtnis", „Rauchervitamine" u. v. m.

4.1 Zusammensetzung von Arzneimitteln

Arzneimittel bestehen aus Wirkstoff(en) und Hilfsstoff(en). Der **Wirkstoff** ist der Stoff bzw. die Substanz in einem Arzneimittel, die dessen Wirkung im Körper hervorruft. Wirkstoffe haben einen international verwendeten Namen, den **Generic Name**. Die Generic Names erleichtern die internationale Kommunikation über Medikamente. Beispielsweise ist der Generic Name des bekannten Arzneimittels Aspirin® **Acetylsalicylsäure (ASS)**, auf Englisch „acetylsalicylic acid". Im Gegensatz zum Markennamen Aspirin® kann der Generic Name nicht gesetzlich geschützt werden. Er kann daher von allen Herstellern genutzt werden.

Fast alle Arzneimittel enthalten außer dem Wirkstoff oder den Wirkstoffen auch **Hilfsstoffe**. Diese beeinflussen die Eigenschaften der Medikamente wie Geschmack, Farbe, Löslichkeit und Haltbarkeit. So kann z. B. ein bitterer Wirkstoff mit Zucker ummantelt werden, um die Einnahme zu erleichtern. Sogenannte Sprengmittel bewirken, dass sich Brausetabletten schnell und sprudelnd auflösen. Farbstoffe, Konservierungsstoffe und andere Hilfsstoffe werden eingesetzt, um Medikamenten die gewünschten Eigenschaften zu geben. Alle Inhaltsstoffe müssen in den Arzneimittellisten und -datenbanken sowie der Gebrauchsinformation angegeben werden, damit Patienten Inhaltsstoffe, die sie nicht vertragen oder die sie ablehnen, meiden können. Medikamentenkapseln, die aus Schweinegelatine bestehen, werden z. B. von Muslimen, Vegetariern und Veganern abgelehnt.

> **HINWEIS**
> Viele Tabletten enthalten als Füllstoff Laktose (Milchzucker). Die geringen Mengen sind jedoch selbst für Patienten mit Laktoseintoleranz (Milchzuckerunverträglichkeit) unproblematisch.

Abb. 1 Mono- und Kombinationspräparat

Enthält ein Medikament einen Wirkstoff, so ist es ein **Monopräparat**, z. B. Aspirin®. Enthält es zwei oder mehr Wirkstoffe, ist es ein **Kombinationspräparat**, z. B. Aspirin® plus C. Kombinationspräparate können die Anzahl an Tabletten, die ein Patient einnehmen muss, senken. Sie können aber durch die zusätzlichen Inhaltsstoffe auch mehr Neben- und Wechselwirkungen hervorrufen. Wird nur eine Substanz benötigt, ist ein Monopräparat sinnvoller und sicherer.

4.2 Generika

Die Entwicklung eines neuen Arzneimittels bis zur Marktreife dauert Jahre und erzeugt sehr hohe Kosten. Die Entwicklungskosten müssen Pharmaunternehmen durch den Verkauf des neuen Medikaments finanzieren. Darüber hinaus wollen die Hersteller Gewinne erzielen. Während der ersten zehn Jahre nach der Zulassung bzw. Einführung eines neuen Medikaments steht der Wirkstoff unter Patentschutz und darf nur vom Originalhersteller verkauft werden. Nach Ablauf dieser Frist können auch andere Firmen Medikamente mit diesem Wirkstoff herstellen und unter dem Generic Name bzw. eigenen Namen vertreiben. Diese sog. Nachahmerpräparate heißen **Generika**. Beispielsweise wurde der Wirkstoff Atorvastatin, ein Cholesterinsenker, zuerst unter dem Markennamen Sortis® verkauft. Inzwischen gibt es zahlreiche Generika, die den Wirkstoffnamen und den Namen der Herstellerfirma tragen, z. B. Atorvastatin-ratiopharm®. Das Originalpräparat ist meistens deutlich teurer als wirkstoffgleiche Generika. Oft weicht die Zusammensetzung der Generika aber hinsichtlich der Hilfsstoffe – und damit verschiedener Arzneimitteleigenschaften – vom Original ab. Dies kann Vorteile, aber auch erhebliche Nachteile hinsichtlich des Wirkungseintritts, der Wirkungsintensität, der Wirkdauer und der Verträglichkeit haben.

Abb. 1 Auszug aus ROTE LISTE® 2012: Aspirin® und ASS-Generika

Das Gesetz schreibt Ärzten vor, dass sie gesetzlich Versicherten nur **Wirkstoff und Dosierung** (z. B. Ramipril 10 mg), Arzneimittelform (z. B. Filmtabletten) sowie die Menge (z. B. 100 Stück) verschreiben dürfen. Das Präparat, das der Patient erhält, muss der Apotheker entsprechend der Rabattverträge auswählen, die die Krankenkasse des Patienten mit Pharmaunternehmen geschlossen hat. Der wiederholte Austausch von Arzneimitteln bringt Probleme mit sich. Manche Patienten nehmen neue, unbekannte Präparate nicht oder nicht regelmäßig ein. Fremde Namen und ungewohnte Arzneimittelpackungen können zu Verwechslungen führen. Fehler wie das Weglassen oder die Mehrfacheinnahme von Wirkstoffen kommen vor - mit entsprechenden Folgen.

4.3 Arzneimittelformen (Applikationsformen)

Arzneistoffe, d. h. Wirkstoffe, werden nur ausnahmsweise als Reinstoff, z. B. als Pulver, verabreicht. Müsste sich der Patient von jedem verordneten Wirkstoff die einzelnen Dosen auf Milligramm oder Mikrogramm genau abwiegen, wären Fehldosierungen und schwere Vergiftungen an der Tagesordnung. Auch ist der Geschmack vieler Wirkstoffe extrem schlecht, was die Einnahme von Pulvern erschweren würde. Die pharmazeutische Industrie stellt daher Fertigarzneimittel in vielen, zur jeweiligen Anwendungsart passenden Formen her.

Viele Wirkstoffe werden in mehreren Arzneimittelformen angeboten, z. B. gibt es den schmerz- und entzündungshemmenden Wirkstoff Diclofenac als Tablette, Kapsel, Lösung zum Einnehmen, Injektionslösung, Pflaster, Zäpfchen, Salbe, Gel und Augentropfen.

Es gibt feste, flüssige, streichfähige und gasförmige Arzneimittel:

Feste Arzneimittel		
Bezeichnung (Abkürzung)	**Beschreibung**	**Vorteile (V), Nachteile (N)**
Tablette (Tbl.) **Filmtablette** **Brausetablette**	Häufigste Arzneimittelform; Wirk- und Hilfsstoff(e) werden zusammengepresst und ggf. überzogen (Filmtabletten) oder mit sog. Sprengmitteln versetzt (Brausetabletten).	**V:** klein, leicht zu schlucken und zu dosieren, ggf. teilbar **N:** Bei Patienten mit Schluckstörungen schwierig einzugeben; eine genaue Teilung gelingt oft nicht.
Dragee (Drg.)	Mit einer glatten Zuckerschicht überzogene Tabletten; das Dragieren ist ein Verfahren der Süßwarenindustrie (vgl. Smarties®).	**V:** Wie Tabletten; Dragees sind leichter zu schlucken als diese, da der Geschmack besser ist. **N:** siehe Tabletten; nicht auflösbar
Retardtablette (Retardtbl.) **bzw. Retardkapsel** **(Retardkps.)**	Tablette oder Kapsel mit verzögerter **(retardierter)** Wirkstofffreisetzung	**V:** ersetzt mehrere Einzeldosen **N:** Zu langsamer Wirkungseintritt bei akuten Beschwerden. Darf nicht geteilt bzw. geöffnet werden, da dies die Wirkstofffreisetzung verändern kann.
Kapsel (Kps.)	Pulver, Öl, Flüssigkeit oder Wirkstoffkörnchen (Granulat) in einer glatten, verdaulichen Hülle (z. B. aus Gelatine); es gibt Hart- und Weichkapseln.	**V:** Die Kapsel kann den Geschmack überdecken und den Inhalt z. B. vor dem Magensaft schützen. **N:** Viele Zusatzstoffe, groß, Gelatine ist für Muslime und Vegetarier bzw. Veganer nicht akzeptabel.
Pulver	fein zermahlene oder zermörserte feste Arzneistoffe oder feine Granulate	**V:** leicht herzustellen (sehr alte Arzneiform) **N:** schlechter Geschmack, ggf. ungenaue Dosierung
Suppositorium (Supp.)	Zubereitung für die rektale Anwendung, d. h. zum Einführen in den Mastdarm. Vaginalsuppositorien zum Einführen in die weibliche Scheide.	**V:** Kein Schlucken nötig, der Patient kann z. B. vor einer OP nüchtern bleiben. **N:** Unangenehme Anwendung, ggf. unsichere Wirkstoffaufnahme. Muss kühl gelagert werden (fetthaltig).
Arzneimittelpflaster (TTS = transkutanes therapeutisches System)	selbstklebende Zubereitung, aus der der Wirkstoff langsam durch die Haut in den Kreislauf gelangt	**V:** leicht anzuwenden auch bei Schluckstörungen **N:** Wirkung und NW können nach Entfernung noch länger anhalten. Hohe Kosten.

Arzneimittel | **169** | **LF 4**

Streichfähige Arzneimittel

Sie dienen der äußerlichen Anwendung auf der Haut und haben einen doppelten Effekt:
1. Sie pflegen die Haut und 2. sie geben Wirkstoffe ab. Letztere können nur wirken, wenn bei der Auswahl die Hautbeschaffenheit (nässend, feucht, fettreich, fettarm) beachtet wird.

Bezeichnung (Abkürzung)		Beschreibung	Vorteile (V), Nachteile (N)
Salbe (Slb.) Fettsalbe		Fettreiche Zubereitung mit wenig (Salbe) oder ganz ohne Wasser (Fettsalbe). Salben und Fettsalben lassen sich nur schlecht abwaschen.	**V:** Geeignet für trockene, d. h. fettarme Haut. Salben und Fettsalben haften und pflegen intensiv und anhaltend. **N:** Auf fettiger Haut bilden sich Komedonen („Pickel").
Creme		Cremes enthalten mehr Wasser als Salben und sind daher leichter abzuwaschen. Hinweis: Nicht jede „Creme" ist auch eine Creme; Penaten-Creme® ist eine Paste, Nivea®-Creme eine Salbe.	**V:** Sowohl pflegend als auch kühlend. Gut als Feuchtigkeitscreme für Mischhaut und fettige Haut, da nicht viel Fett zugeführt wird. **N:** geringerer Pflegeeffekt, der nur kurz anhält
Paste		Pasten bestehen aus Salben oder Fettsalben und Puder. Sie nehmen Flüssigkeit aus nässender Haut auf und wirken lindernd bei Entzündungen.	**V:** gute Austrocknungswirkung bei Entzündungen, z. B. im Windelbereich oder in Hautfalten **N:** auffallend durch die weiße Farbe; ggf. zähe Konsistenz und dadurch schwieriges Auftragen
Gel		Gele sind fettfrei und wasserreich; sie enthalten ein sog. Gelgerüst, das einem Geliermittel ähnelt. Dieses bindet das Wasser und hält es in Gelform. Gele geben viel Wasser ab und wirken daher kühlend.	**V:** Kühlende Wirkung bei Insektenstichen und Sonnenbrand; die lindernde Wirkung wird bei Lagerung im Kühlschrank verstärkt. **N:** Wirkung hält nur kurz an. Gel trocknet die Haut aus.

Flüssige Arzneimittel

Lösung (Lsg.) Tinktur		Lösungen bestehen aus Wasser oder einer Wasser-Alkohol-Mischung mit einem oder mehreren Wirkstoffen. Tinkturen bestehen aus Alkohol und z. B. Pflanzenauszügen.	**V:** Je nach Herstellerangabe innerlich oder äußerlich anwendbar. Verteilen sich gut und dringen in Hautritzen ein (Vorteil bei Fußpilztherapie mit Tinktur). Tinkturen sind lange haltbar. **N:** trocknen die Haut aus
Injektionslösung Infusionslösung	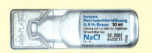	Wässrige Lösungen, die entweder nur NaCl 0,9 % enthalten oder Wirkstoffe bzw. Nährstoffe in Wasser oder Kochsalzlösung enthalten.	**V:** schneller Wirkeintritt durch Einspritzen (Injektion) oder Einleitung z. B. in eine Vene (Infusion) **N:** relativ großer Aufwand bei der Anwendung
Suspension		Pulverförmige Feststoffe sind in einer Flüssigkeit verteilt. Z. B. Zink-Schüttelmixtur für die äußerliche Anwendung und Antazida sowie Antibiotikazubereitungen („Säfte") für die innerliche.	**V:** Die flüssige Form erleichtert die Einnahme bzw. das Auftragen. **N:** Die einzunehmende Menge ist relativ groß, die Suspension ist nur kurz haltbar. Schütteln vor der Anwendung ist notwendig,

Gasförmige Arzneimittel

Bezeichnung (Abkürzung)		Beschreibung	Vorteile (V), Nachteile (N)
Gas		Gasförmige Arzneimittel werden in die Atemluft gemischt und vom Patienten eingeatmet. Sie dienen vor allem als Narkosegase bei Operationen. Sauerstoff wird vielfältig eingesetzt.	**V:** Dosis und Wirkung sind durch den Anästhesisten (Narkosearzt) gut zu steuern. **N:** Nur mit speziellen Geräten anwendbar; treten teilweise in die Raumluft über und belasten das Personal.
Aerosol		in Gas verteilter flüssiger oder fester Stoff; Anwendung als Dosieraerosol, als Pulverinhalator oder mit Hilfe eines Inhaliergeräts; v. a. in der Therapie des Asthma bronchiale	**V:** ermöglicht eine lokale Therapie der Atemwege **N:** Die Anwendung ist ggf. schwierig und ist - falsch durchgeführt - kaum wirksam. Lokale und systemische NW möglich.

4.4 Arzneimittellagerung

Alle Arzneimittel müssen
- kühl, d. h. nicht über Zimmertemperatur,
- licht- und staubgeschützt und
- stets für Kinder unzugänglich

aufbewahrt werden.

Daher sind nur Schränke zur Medikamentenlagerung geeignet. Es ist in der Praxis wichtig, dass auch unbefugte Erwachsene einschließlich Medikamentensüchtigen und Kriminellen keinen Zugang zu Arzneimitteln erhalten. Die Lagerung hat jedoch so zu erfolgen, dass Medikamente für das befugte Personal leicht zu finden sind, z. B. indem sie alphabetisch nach Präparatnamen oder nach Arzneimittelgruppen (z. B. Antibiotika, Asthmamittel, Salben, Schmerzmittel usw.) geordnet werden. Nach dem Prinzip „**first in, first out**" wird jeweils die älteste Packung nach vorn gelegt und zuerst entnommen. Der Arzneimittelschrank ist regelmäßig durchzusehen. Dabei werden die Verfallsdaten kontrolliert und nicht mehr verwendbare Präparate fachgerecht entsorgt. Das Verfallsdatum ist kein Mindesthaltbarkeitsdatum wie bei Lebensmitteln: Arzneimittel dürfen nach Ablauf des Verfallsdatums nicht mehr verwendet werden.

Die **Lagerungstemperatur** weicht bei einigen Medikamenten ab, z. B. müssen Impfstoffe im Kühlschrank gelagert werden. Jede Medikamentenpackung enthält die entsprechenden Lagerungshinweise. Wurde ein Arzneimittel falsch aufbewahrt, z. B. ein Impfstoff eingefroren oder zu warm gelagert, oder ist die Qualität eines Medikaments erkennbar beeinträchtigt, so ist dieses zu entsorgen.

Sprechstundenbedarf wird in der Regel getrennt von Arzneimittelmustern platziert.

Präparate, die unter das **Betäubungsmittelgesetz (BtMG)** fallen, z. B. bestimmte starke Schmerzmittel und einige Beruhigungs- und Narkosemittel, werden verschlossen gelagert. Sie dürfen ausschließlich Befugten zugänglich sein. Auch die Lagerung der BtM-Rezepte sowie die Vernichtung und Entsorgung abgelaufener oder nicht mehr benötigter BtM-Arzneimittel ist streng geregelt.

Bringen Patienten neue oder angebrochene Arzneimittelpackungen in die Praxis, so dürfen diese Medikamente nicht weitergegeben werden. Das AMG verbietet es Ärzten und MFAs, Arzneimittel abzugeben. Dies ist nur Apothekern erlaubt. Eine Ausnahme bilden Ärztemuster. Diese können Ärzte von Pharmafirmen in geringer Menge erhalten (zwei Packungen der kleinsten Größe pro Jahr und Arzneimittel), um sich mit neuen Arzneimitteln vertraut zu machen. Ärztemuster sind als solche gekennzeichnet und stets unverkäuflich.

Abfallentsorgung
→ LF 3, S. 109

Genaueres zum BtMG unter
www.gesetze-im-internet.de/btmg_1981/BJNR106810981.html

Arzneimittel | **171** **LF 4**

4.5 Arzneimittelverpackung und Abgabevorschrift

Die Kartonverpackungen von Medikamenten dienen der übersichtlichen Lagerung, dem Licht- und Staubschutz sowie der Information. Sie enthalten auch die Packungsbeilage. Das Gesetz gibt vor, wie Arzneimittelpackungen zu beschriften sind.

Abb. 1 Beispiel einer Arzneimittelpackung

1. **Name** des Arzneimittels, sowie bei unterschiedlichen Stärken Konzentration oder mg
2. **Wirkstoff(e)** mit Mengenangabe z. B. pro Tablette oder pro Gramm Gel
3. **Packungsgröße** in absoluter Menge, z. B. 20 Tabletten, sowie mit der Bezeichnung **N1** (Packung für kurzfristigen Therapiebedarf), **N2** (Packung für mittelfristigen Therapiebedarf) oder **N3** (Packung für mehrmonatigen Therapiebedarf)
4. ggf. **Präparatname in Blindenschrift**
5. **Arzneiform**, z. B. Gel, Hartkapsel oder Injektionslösung
6. **Hersteller**, z. B. mit Logo
7. **Hinweis zum Kinderschutz:** Für Kinder unzugänglich lagern.
8. **Lagerungshinweis:** Kühl, trocken und lichtgeschützt gilt immer; eine zusätzliche Information betrifft die Lagerungstemperatur, z. B. „gekühlt bei +2 °C bis +8 °C, nicht einfrieren" bei Totimpfstoffen, zusätzlich „Kühlkette beachten" bei Lebendimpfstoffen.
9. **Zusammensetzung** des Arzneimittels inkl. Wirk- und Hilfsstoffen
10. **Haltbarkeit nach Öffnen**; dies ist z. B. bei Augentropfen und Salben wichtig.
11. **Hinweis auf die Gebrauchsinformation**, die sich in der Packung befindet.
12. **Abgabehinweis** (Ap, Rp oder BtM)

> **HINWEIS**
> **N** bedeutet **Normgröße** bezogen auf Arzneimittelpackungen.

Apothekenpflichtig (Ap)
Das Arzneimittel kann ohne Rezept, aber nur in einer Apotheke gekauft werden. Man nennt diese Arzneimittel auch frei verkäufliche Arzneimittel oder **OTC**-Medikamente.

Verschreibungspflichtig (Rp)
Die Abgabe des Arzneimittels ist nur gegen ärztliches bzw. zahnärztliches Rezept möglich.

Betäubungsmittel (BtM)
Das Arzneimittel wird nur bei Vorlage eines vorschriftsmäßigen BtM-Rezeptes abgegeben.

OTC
engl. over the counter = über den Ladentisch; Begriff für nicht rezeptpflichtige Medikamente

⑬ **Zulassungsnummer**
⑭ bei Ärztemusterpackungen der Hinweis **„unverkäufliches Muster"**, sonst die Pharma-Zentralnummer (PZN), ggf. auch als Strichcode
⑮ **Chargennummer**; diese ist v. a. bei Impfstoffen wichtig
⑯ **Verfallsdatum**, das bei sachgerechter Lagerung gültig ist.

Manche Hersteller drucken kurze Erklärungen zur Art des Arzneimittels auf die Packung, z. B. „Schmerzmittel", „gegen Übelkeit und Erbrechen" oder „bei Vitamin-D-Mangel".

4.6 Packungsbeilage (Gebrauchsinformation)

Abb. 1 Gebrauchsinformation eines Arzneimittels

Der Inhalt der **Packungsbeilage (Gebrauchsinformation, Beipackzettel)** ist im AMG geregelt. Dies hat den Sinn, dass Anwender bzw. Patienten sachlich informiert werden und kein Hersteller die Risiken seines Produktes verharmlosen kann. Auf der Verpackung und in der Werbung muss zum Lesen der Packungsbeilage aufgefordert werden. Aus rechtlichen und medizinischen Gründen ist die Packungsbeilage oft sehr lang und ausführlich. Manchmal ist sie schwer verständlich geschrieben und oft wirkt sie abschreckend auf den Patienten, der beim Lesen das Gefühl hat: „So krank bin ich doch nicht, dass ich ein so gefährliches Medikament einnehmen sollte." Hier hilft es, wenn der verschreibende Arzt dies anspricht und dem Patienten klarmacht, dass er trotz der bekannten Arzneimittelrisiken für ihn, den Patienten, deutlich mehr Vor- als Nachteile sieht. Auch sollte der Arzt bei einer Verordnung wichtige Gründe für das Absetzen des Medikaments und zur Wiedervorstellung in der Praxis nennen. Dies wäre z. B. bei Auftreten eines Hautausschlags oder bei Magenschmerzen der Fall.

4.6.1 Indikation(en)

Die **Indikation** ist die Heilanzeige, d. h. der Grund für die Anwendung eines Arzneimittels oder einer medizinischen Maßnahme. Beispielsweise ist bei einer bakteriellen Mandelentzündung ein Antibiotikum indiziert. In der Gebrauchsinformation wird der deutsche Begriff „Anwendungsgebiete" für Indikationen verwendet.

4.6.2 Kontraindikation(en)

Kontraindikationen sind Gegenanzeigen, d. h. Umstände, die die Anwendung eines Medikaments oder einer medizinischen Maßnahme verbieten. Es gibt **absolute Kontraindikationen** wie eine bekannte Penicillinallergie, die die Anwendung von Penicillin in jedem Fall verbietet. Der Patient könnte durch das Medikament an einer schweren allergischen Reaktion sterben. Eine **relative Kontraindikation** schränkt die Anwendung ein, verbietet sie aber nicht völlig. Ein Diabetiker sollte kein Cortison erhalten, da das Hormon den Blutzuckerspiegel anhebt. Bei einer lebensbedrohlichen allergischen Reaktion kann aber durchaus Cortison gegeben werden, weil die Lebensrettung dann wichtiger ist als ein optimaler Blutzuckerspiegel. Cortison ist bei Diabetikern somit relativ, aber nicht absolut kontraindiziert. Ähnlich verhält es sich bei **Antiepileptika** (Arzneimitteln gegen Anfallsleiden) in der Schwangerschaft. Zwar können diese dem ungeborenen Kind schaden, aber eine unbehandelte Epilepsie schadet ihm noch mehr als die Arzneimitteltherapie.

4.6.3 Unerwünschte Arzneimittelwirkungen (Nebenwirkungen)

Unerwünschte Arzneimittelwirkungen (UAW), d. h. **Nebenwirkungen (NW)**, sind sowohl bei bestimmungsgemäßem als auch bei nicht bestimmungsgemäßem Gebrauch von Arzneimitteln auftretende unerwünschte Begleiterscheinungen. Für Arzneimittel gilt: „Was wirkt, wirkt neben." Damit ist die Erfahrung gemeint, dass sich die Hauptwirkung bzw. erwünschte Medikamentenwirkung nicht von Nebeneffekten trennen lässt, weil sie ein unausweichlicher Effekt des Wirkstoffs ist. Der menschliche Organismus ist so kompliziert, dass es kaum möglich ist, mit einem Arzneimittel ganz gezielt nur eine einzige Wirkung hervorzurufen.

Bei manchen Verordnungen muss sogar zusätzlich ein zweites Medikament gegen die Nebenwirkungen des ersten rezeptiert werden. Beispiele sind die Magenschleimhaut schützende Säureblocker zu NSAR-Schmerzmitteln, z. B. Pantoprazol zu Diclofenac oder Ibuprofen. Auch die Einnahme eines zweiten Medikamentes kann nicht sicher Nebenwirkungen verhindern – und verursacht ggf. sogar selbst unerwünschte Effekte.

NSAR-Schmerzmittel
→ LF 4, S. 180

In der Gebrauchsinformation werden Nebenwirkungen nach ihrer Häufigkeit genannt:

	Die Nebenwirkung tritt bei
sehr häufig tritt mindestens bei jedem 10. Patienten auf	≥ 10 % der Patienten auf.
häufig tritt mindestens bei jedem 100. Patienten auf	≥ 1 % bis ≤ 10 % der Patienten auf.
gelegentlich tritt mindestens bei jedem 1000. Patienten auf	≥ 0,1 % bis ≤ 1 % der Patienten auf.
selten tritt mindestens bei jedem 10 000. Patienten auf	≥ 0,01 % ≤ 0,1 % der Patienten auf.
sehr selten tritt mindestens bei jedem 100 000. Patienten auf	< 0,01 % der Patienten auf.

Es ist zu beachten, dass die Informationen auf Erfahrungen mit dem jeweiligen Medikament beruhen. Diese stammen bei neuen Arzneimitteln zumeist aus Studien, die mit gesunden freiwilligen Versuchspersonen durchgeführt wurden. Seltene Nebenwirkungen kommen in kleinen Gruppen jedoch nicht vor und können daher erst einige Zeit nach der Markteinführung erkannt werden. Eine Nebenwirkung, die bei etwa jedem 10 000. Patienten auftritt, fällt ggf. erst Jahre nach der Zulassung auf. Sie kann so schwer sein, dass das Produkt deshalb vom Markt genommen wird.

Viele Medikamente werden gegen **Placebo**, d. h. ein wirkstofffreies Scheinmedikament, geprüft. Es ist bekannt, dass selbst Placebos allein durch die Erwartung des Patienten Wirkungen und Nebenwirkungen hervorrufen. Daher muss immer verglichen werden, ob ein neues Medikament mehr Wirkungen und Nebenwirkungen als das Placebo hervorruft.

Die häufigsten NW betreffen den Magen-Darm-Trakt (Übelkeit, Erbrechen, Durchfall, Verstopfung). Auch die Haut ist recht oft betroffen; Hautausschlag, das sog. **Arzneimittelexanthem**, kommt vor allem bei Allergien gegen Medikamente vor.

Wichtig ist die Beachtung von Krankheiten, die den Abbau oder die Ausscheidung von Wirkstoffen beeinträchtigen. Patienten mit Nierenschwäche kommen ggf. mit Bruchteilen der normalen Dosis aus, da der Wirkstoff bei ihnen viel länger im Körper bleibt als bei Gesunden. Leberzirrhose-Patienten können z. B. durch Viagra® unangenehme Dauererektionen erleiden.

Arzneimitteltherapie im Alter
→ LF 11, S. 501

Kuriose Arzneimittelnebenwirkungen

Die Augentropfen Xalatan® lassen bei manchen Patienten die Wimpern wachsen. Nebenwirkungen und Kosten verbieten jedoch eine kosmetische Anwendung.

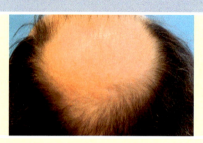

Das Herzmittel Mexiletin wirkt Haarausfall entgegen und kann auf die Kopfhaut aufgetragen werden. Diese Nebenwirkung zu nutzen ist jedoch sehr teuer.

4.6.4 Arzneimittelinteraktionen (Wechselwirkungen)

Viele Patienten sind multimorbide, d. h., sie haben mehrere therapiebedürftige Erkrankungen gleichzeitig. **Multimorbidität** ist oft chronisch und erfordert über lange Zeit eine Therapie mit mehreren Arzneimitteln **(Multimedikation)**. Verschiedene Wirk- und Hilfsstoffe können einander jedoch unterschiedlich beeinflussen, d. h. in **Wechselwirkung** treten, z. B.:

- Arzneimittel binden sich schon im Magen-Darm-Trakt aneinander und sind daher wirkungslos. Tetrazyklin-Antibiotika können sich mit Antazida, Calcium (auch aus Milch) und Eisenpräparaten fest verbinden, was jeweils beide Stoffe wirkungslos macht.
- Arzneimittel können ähnliche Wirkungen und/oder Nebenwirkungen haben und diese verstärken oder vervielfachen. Das Risiko für ein Magengeschwür steigt unter dem Schmerzmittel Diclofenac etwa auf das Vierfache an. Cortison hebt es ebenfalls auf das Vierfache. Werden Diclofenac und Cortison kombiniert, steigt das Risiko auf das Sechzehnfache.
- Wirkstoffe werden durch Eiweiße der Blutflüssigkeit, die sog. Plasmaeiweiße, transportiert. Befinden sich mehrere Wirkstoffe im Blut, konkurrieren diese um die Plasmaeiweißbindung. Sie verdrängen einander quasi von den wenigen Plätzen. Phenprocoumon (Marcumar®, Falithrom®) wird z. B. von Diclofenac verdrängt und wirkt dann frei im Plasma schwimmend erheblich stärker.
- Abbau und Ausscheidung der Wirkstoffe wird verändert. Tuberkulosemittel oder Antiepileptika können die Leber so stark „trainieren", dass diese die Wirkstoffe der „Pille" schnell unwirksam macht.

Diclofenac verdrängt Marcumar® aus der Plasmaeiweißbindung.

- Auch Nahrungsmittel können die Wirkung von Medikamenten beeinflussen. Grapefruitsaft erhöht die Konzentration vieler Arzneimittel, z. B. Blutdruckmittel, Cholesterinsenker, Antibiotika und Immunsuppressiva. Damit nehmen Wirkung und Nebenwirkungen zu.
- Viele Patienten betreiben eine umfangreiche **Selbstmedikation**, d. h., sie nehmen außerhalb der ärztlichen Verordnung noch andere Medikamente ein. Da auch Johanniskraut, Vitamine und Mineralstoffe mit verordneten Medikamenten interagieren, d. h. Wechselwirkungen erzeugen können, sollte der Arzt stets nach allen eingenommenen Arzneimitteln fragen.

4.6.5 Arzneimittel in Schwangerschaft und Stillzeit

In der Schwangerschaft und Stillzeit bestehen oft Indikationen für Medikamente. Schwangere leiden ebenso wie Nichtschwangere unter Schmerzen, Infektionskrankheiten, chronischen Erkrankungen, wie Diabetes, Autoimmunkrankheiten, seelischen Störungen u. v. m. Das Kind im Mutterleib wird aber vollständig über das mütterliche Blut ernährt, das es über die Nabelschnur erhält. Die meisten Stoffe, die das Blut der Mutter enthält, treten daher zum Kind über. Da der Organismus des ungeborenen Kindes noch unreif ist und Wirkstoffe nicht ausreichend abbauen kann, reagiert er sehr empfindlich und ggf. völlig anders auf Arzneisubstanzen als der Körper der Mutter. Deshalb muss jede einzelne Medikamentengabe bzw. -einnahme in der Schwangerschaft gut überlegt sein. Ähnliches gilt in der Stillzeit, da viele Wirkstoffe in die Muttermilch übertreten und der Säugling unwillkürlich mitbehandelt wird.

Kontraindiziert sind Zytostatika, d. h. die Zellteilung hemmende Mittel, da sie Wachstum und Entwicklung des Kindes hemmen. Auch Tetrazykline, bestimmte Antibiotika, sind kontraindiziert, da sie Knochen und Zähne des Kindes bleibend verändern und verfärben können.

Bei schweren Erkrankungen wie Epilepsie (Anfallsleiden) müssen oft selbst in der Schwangerschaft Medikamente eingenommen werden. Da nicht nur die **Antiepileptika** auf das Kind **teratogen** wirken können, sondern auch Krampfanfälle der Schwangeren Risiken für das Kind bergen, ist abzuwägen, wie die Therapie der werdenden Mutter weitergeführt wird. Beratungsstellen wie Embryotox und Reprotox können Schwangere und Ärzte kompetent beraten. Die Informationsstellen sammeln systematisch Daten und Erfahrungen und helfen zeitnah bei schwierigen Therapieentscheidungen.

www.embryotox.de
www.reprotox.de

4.6.6 Arzneimitteldosierung

Dosis bedeutet Gabe. Gemeint ist die verabreichte bzw. eingenommene Menge eines Arzneimittels. Die meisten Wirkstoffe werden in Milligramm (mg) dosiert, z. B. 20 mg Atorvastatin täglich zur Senkung des Cholesterinspiegels. Die Dosis des Schilddrüsenhormons L-Thyroxin gibt man in Mikrogramm (µg, 1/1000 mg) an, z. B. 75 µg täglich bei Schilddrüsenunterfunktion. Manche Wirkstoffe werden in **Internationalen Einheiten (I. E.)** dosiert, z. B. 1000 I. E. (entsprechend 25 µg) Vitamin D täglich gegen Osteoporose.

Dosisbegriff	Definition	Beispiele
Einmaldosis	verabreichte Menge bei einmaliger Einnahme	1500 µg Levonorgestrel oder 30 mg Ulipristal als „Pille danach"
Einzeldosis	auf einmal eingenommene Dosis	500 mg Amoxicillin oder 1 Million I. E. Penicillin 3 x tgl. bei bakterieller Infektion
Tagesdosis	Summe der Einzeldosen in 24 Stunden	3 Millionen I. E. Penicillin am Tag bei bakterieller Mandelentzündung
Gesamtdosis	im Rahmen einer Behandlung benötigte Menge	bei einer Nierenbeckenentzündung 3 x tgl. 500 mg Amoxicillin über 10 Tage = 1500 mg täglich und 15 g Gesamtdosis
Erhaltungsdosis	für eine gleichmäßige Wirkung regelmäßig notwendige Dosis	eine Tablette à 500 mg Amoxicillin alle 8 Stunden
toxische Dosis	Dosis, die Vergiftungserscheinungen bewirkt	200 µg L-Thyroxin (zweifache Normaldosis) für eine normalgewichtige Frau
letale Dosis	tödliche Dosis	je nach Toxizität der Substanz 3fache bis über 1000fache Dosis
Überdosis	ugs. Bezeichnung für eine toxische oder letale Dosis	

Die Pille davor ...

Die Pille danach ...

Zur **hormonellen Verhütung** kann eine Frau täglich eine Einzeldosis von 30 µg Levonorgestrel (z. B. 1 Drg. Microlut®) einnehmen. Dies ist sowohl **Tages-** als auch **Erhaltungsdosis**. Vergisst sie diese, kann eine **Einmaldosis** von 1500 µg Levonorgestrel (PiDaNa®) ggf. eine Schwangerschaft verhindern. Verhütet eine Frau 30 Jahre lang mit der Pille Yasmin®, beträgt die **Gesamtdosis** 24,6 g Drospirenon und 2,46 g Ethinylestradiol – 8212 Dragees aus 391 Packungen. Mehrere der Dragees auf einmal wirken als **toxische Dosis**, die Übelkeit und Erbrechen erzeugt. Dass ein Mensch eine **letale Dosis** der „Pille" einnimmt, ist bei ihrer geringen Toxizität unwahrscheinlich.

4.7 Arzneimittelapplikation (Darreichung)

Die Anwendung von Arzneimitteln heißt **Applikation** oder Darreichung. Beispiele für die Arzneimittelapplikation sind die Einnahme einer Tablette oder das Auftragen einer Salbe. Man unterscheidet **lokale** (örtliche) und **systemische** (den gesamten Körper betreffende) Applikationsarten. Im Gegensatz zu den Applikations*arten* sind Applikations*formen* ❙Arzneimittelformen. Bei der Einnahme einer Tablette ist die Applikations*art* die orale Einnahme (das Schlucken), die Applikations*form* ist die Tablette.

Arzneimittelformen
→ LF 4, S. 167

Applikation

lokale Applikation

systemische Applikation

enteral: über den Verdauungstrakt

parenteral: unter Umgehung des Magen-Darm-Trakts

lokale = örtliche Applikation			
Applikationsart		**Besonderheiten**	
auf der Haut z. B. Cremes, Salben, Gele			Beim Eincremen von Patienten trägt man Handschuhe, um die eigene Haut nicht mitzubehandeln (u. a. zum Schutz vor Allergien).
in den Bindehautsack Augentropfen oder -salbe			Die Augentropfenflasche darf nicht die Wimpern berühren, um eine bakterielle Kontamination des Inhalts zu vermeiden.
in den äußeren Gehörgang Ohrentropfen oder -salbe			Der Patient sollte beim Einträufeln und kurz danach auf der Seite liegen. Keine Wattestäbchen verwenden (cave Trommelfellverletzung).
auf die Nasenschleimhaut Nasentropfen oder -spray			Abschwellende Nasentropfen und -sprays schädigen auf Dauer die Nasenschleimhaut. Bei Säuglingen sind schwere NW möglich.
inhalativ Aerosole (Gemische aus Luft und Wirkstoffen)			Inhalation dient der Therapie von Atemwegserkrankungen wie Asthma, Bronchitis und COPD. Dosieraerosole usw. erleichtern die Applikation.

HINWEIS

Auch lokale Applikation kann systemische Nebenwirkungen hervorrufen. Dies gilt v. a. für großflächig, hoch dosiert und wiederholt lokal angewandte **Therapeutika** (Arzneimittel).

Arzneimittel | 177 | LF 4

Systemische = im ganzen Körper wirksame Applikation

Applikationsart	Besonderheiten
enteral = Applikation über den Magen-Darm-Trakt Das Medikament wird über die Schleimhaut des Magen-Darm-Trakts (Mund, Magen und/oder Darm) ins Blut aufgenommen und mit dem Blut im gesamten Körper verteilt.	
oral durch den Mund	Das Medikament wird geschluckt, löst sich im Magen bzw. Darm auf und wird ins Blut aufgenommen. Häufigste Applikationsart.
sublingual unter die Zunge gesprüht oder gelegt	Das Medikament wird von der Mundschleimhaut aufgenommen und wirkt schnell. Auch erlaubt, wenn der Patient nüchtern bleiben soll.
rektal in den Mastdarm eingeführt	Schneller Wirkungseintritt; bei Übelkeit einfache Applikationsart. Die aufgenommene Wirkstoffmenge ist ggf. unklar. Unangenehm.

Nachteile der enteralen Applikation sind Probleme bei Schluckstörungen, evtl. Magenreizung mit Übelkeit und Erbrechen und ein teilweiser Abbau des Wirkstoffs in der Leber. Parenteral ist die Dosis ggf. kleiner, da die Leber „umgangen" wird.
Manche Medikamente werden in Magen und Darm verdaut bzw. zerstört, z. B. Insulin.
Es kann zu einem Wirkverlust durch Verbindung des Wirkstoffs mit Nahrung kommen.
Die orale Applikation ist kontraindiziert, wenn ein Patient nüchtern bleiben muss. Hat der Patient zuvor gegessen, ist es nicht klar, wann das Medikament aufgenommen wird und wirkt.

parenteral = Applikation unter Umgehung des Magen-Darm-Trakts
Das Medikament wird in den Blutkreislauf eingebracht, ohne den Magen-Darm-Trakt zu passieren. Wird es direkt in die Blutbahn injiziert oder infundiert, wirkt es besonders schnell.

Injektion (Verb **injizieren**) Einspritzen	Die Injektion (ugs. Spritze) wird durch die Haut – in eine Vene = **intravenös (i.v.)**, – ins Unterhautfettgewebe = **subkutan (s.c.)** – oder in einen Muskel gespritzt = **intramuskulär (i.m.)** appliziert.
Infusion (Verb **infundieren**) Tropf	Eine große Flüssigkeitsmenge mit oder ohne Wirkstoffzusatz wird in der Regel in eine Vene eingeleitet (infundiert).
perkutan = transdermal Aufnahme durch die Haut	U. a. Hormone und Schmerzmittel können mit Medikamentenpflastern appliziert werden. Die Wirkung ist allerdings schlecht zu steuern.

Nachteile der parenteralen Applikation sind der technische und personelle Aufwand bei Injektionen und Infusionen und die Tatsache, dass der Körper verletzt wird und Krankheitserreger eingebracht werden können.
Medikamentenpflaster wirken erst, wenn genug Wirkstoff durch die Haut ins Blut gelangt ist. Der Effekt tritt verzögert ein und hält nach Entfernung des Pflasters noch eine Zeitlang an.

| **Injektionstechnik**
→ LF 4, S. 189

Informationen und Videos zur Inhalationstechnik finden Sie unter **www.atemwegsliga.de** „Richtig inhalieren"

Richtige Anwendung eines Dosieraerosols

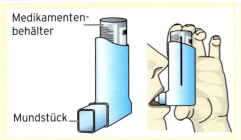

Die Wirkung inhalierter Substanzen hängt vor allem von der richtigen Anwendung ab:
1. DA 5× schütteln und Schutzkappe abziehen
2. tief ausatmen und den Kopf leicht zurücklegen
3. Mundstück mit Zähnen und Lippen umschließen
4. gleichzeitig Sprühstoß auslösen und langsam und tief einatmen
5. 5–10 sec die Luft anhalten
6. langsam ausatmen durch Mund oder Nase
7. falls verordnet, Schritte 1–6 wiederholen

Sofern die Anwendung des DA zu schwierig ist, kann eine Inhalierhilfe (Spacer) oder ein Pulverinhalator verwendet werden (→ S. 178).

HINWEIS

Im Gegensatz zum Dosieraerosol wird bei Verwendung eines Pulverinhalators **schnell** und tief eingeatmet.

Weitere Beispiele für Geräte zur Inhalation von Atemwegstherapeutika

Dosieraerosol mit Dosierkammer (Spacer)	Pulverinhalator	Elektrisch betriebenes Inhalationsgerät (Vernebler)

Erleichtert die Anwendung des Dosieraerosols, z. B. beim Säugling	Dosierer, der bei jedem Atemzug eine bestimmte Wirkstoffmenge freigibt	Erleichtert die Inhalation bei Säuglingen und Kleinkindern

Abb. 1 Tagesspender für Medikamente

Nationale Versorgungsleitlinien unter
www.versorgungsleitlinien.de

Therapietreue (Compliance und Adhärenz)

Hält sich ein Patient an die Verordnungen seines Arztes, so spricht man von Therapietreue oder **Compliance**. **Adhärenz** bedeutet, dass sich ein Patient an gemeinsam mit dem Arzt gefasste Therapiebeschlüsse hält. Angst vor Nebenwirkungen, mangelnde Erklärungen des Arztes, Gewohnheit, Geldmangel und andere Gründe wirken sich negativ auf die Therapietreue bei regelmäßig anzuwendenden Arzneimitteln aus. Je mehr Medikamente und Tagesdosen verordnet werden, desto geringer ist die Wahrscheinlichkeit, dass die **Medikation** tatsächlich eingenommen wird. Hilfreich sind partnerschaftliche Gespräche und patientennahe Erklärungen über Sinn und Wirkweise der Medikamente. Ein gut lesbarer Einnahmeplan und die Vorbereitung von Tages- bzw. Wochenspendern verbessern die Therapietreue (→ Abb. 1).

Leitlinien

Viele medizinische Maßnahmen, auch die Arzneimitteltherapie, werden heute nach nationalen oder internationalen Leitlinien durchgeführt. Dies sind Richtlinien, die von medizinischen Fachgesellschaften beschlossen wurden und den aktuellen Kenntnisstand wiedergeben. Beispiele sind die WHO-Leitlinie Schmerztherapie und die nationalen Versorgungsleitlinien Kreuzschmerz, Depression, koronare Herzkrankheit, Asthma und Diabetes. Leitlinien sind keine absolut bindenden Vorschriften für Ärzte. Ihr medizinisches Niveau sollte jedoch nicht unterschritten werden und gilt bei Rechtsstreitigkeiten als Maßstab.

Schmerztherapie-Stufenplan der WHO (Weltgesundheitsorganisation)

Voraussetzung für die medikamentöse Schmerztherapie ist, dass die Schmerzursache nicht beseitigt bzw. anders als mit Medikamenten behandelt werden kann. Begleitende Maßnahmen, wie Physiotherapie, Entspannung usw., sollen ausgeschöpft werden. Schmerzmittel sollen v. a. bei chronischem Schmerz regelmäßig, d. h. nach der Uhrzeit und nicht erst bei starken Beschwerden eingenommen werden, weil so die Lebensqualität steigt und der Arzneimittelverbrauch sinkt. Die Suchtgefahr ist bei wirksam behandelten Schmerzen gering.

Stufe 1: leichte Schmerzen
- mehrmals tgl. Einnahme peripher (nicht im ZNS) wirksamer Schmerzmittel wie ASS, Paracetamol, Metamizol, Diclofenac oder Ibuprofen, ggf. in sinnvoller Kombination
- ggf. unterstützende Einnahme von Antidepressiva, die niedrig dosiert Schmerzen lindern

Stufe 2: mittelstarke bis starke Schmerzen
- im ZNS wirksame Schmerzmittel (Opioide) wie Tilidin, Tramadol oder Codein
- unterstützend Medikamente der Stufe 1 (Schmerzmittel und ggf. Antidepressiva)

Stufe 3: starke bis stärkste Schmerzen
- Opioide (Morphin und verwandte Medikamente wie Oxycodon, Buprenorphin oder Fentanyl)
- Begleitmedikation gegen die Nebenwirkungen der Opioide, z. B. Abführmittel
- unterstützend Medikamente der Stufe 1 und unterstützende Maßnahmen und Arzneimittel, aber keine Kombination mit Opioiden der Stufe 2 (diese hebt die Wirkung der Opioide auf)

Arzneimittel | **179**

LF 4

4.8 Arzneimittelgruppen

Arzneimittel (AM) teilt man nach Anwendungsgebieten in **Arzneimittelgruppen** ein. Wichtige Beispiele nennt die folgende Tabelle. Auch das Arzneimittelverzeichnis ROTE LISTE® ordnet Arzneimittel nach Indikationen in Arzneimittelgruppen ein. Arzneimitteldatenbanken, die mit der Praxissoftware verbunden sind, ermöglichen die Suche nach Präparatenamen, Wirkstoffen, Herstellern und Indikationen. Auch Hilfsstoffe, Informationen zu Kontraindikationen, Neben- und Wechselwirkungen sowie Informationen zur Anwendung in Schwangerschaft, Stillzeit und anderen besonderen Situationen sind in diesen Informationsquellen gelistet. Sie ermöglichen auch Preisvergleiche bezogen auf Wirkstoffe oder Präparate.

> **MERKE**
>
> Endet der Fachbegriff in der Einzahl auf **-um**, z. B. Antibiotikum, so endet der Fachbegriff in der Mehrzahl auf **-a**, z. B. Antibiotika; das Analgetikum, die Analgetika; das Antidepressivum, die Antidepressiva.

Arzneimittelgruppe Erklärung	Ggf. Untergruppen (UG) (Beispiele für Wirkstoffe und ggf. Handelsnamen)	Wichtige Nebenwirkungen (NW) und Besonderheiten
Analgetika Schmerzmittel	– ASS – Ibuprofen – Diclofenac – Paracetamol – Metamizol (Novaminsulfon) – Tramadol – Tilidin – Morphin – Fentanyl	– ASS, Diclofenac, Ibuprofen: Magen- und Nierenschäden – Diclofenac: Herzschwäche, Herzschäden – Paracetamol: Leberschäden bei Überdosierung – Metamizol: Knochenmarkschäden – Tramadol, Tilidin, Morphin, Fentanyl: Schwindel, Übelkeit, Erbrechen, Verstopfung, Benommenheit, Sucht

Antiallergika AM gegen Allergien	1. **Antihistaminika** verhindern die Wirkung des bei Allergien freigesetzten Entzündungsstoffs Histamin.
	  – Cetirizin
	  – Loratadin
	2. AM zur spezifischen Immuntherapie (SIT)
		– Einige Antihistaminika machen müde und setzen die Reaktionsfähigkeit herab. Allerdings macht die allergische Erkrankung selbst auch müde.
		– Nicht jedes Mittel hilft jedem Allergiker; ggf. müssen mehrere Wirkstoffe ausprobiert werden.

Antibiotika AM gegen bakterielle Infektionen	– Penicillin – Amoxicillin – Cefaclor, Cefuroxim, Cefadroxil – Doxycyclin – Ciprofloxacin – Levofloxacin – Cotrimoxazol	– Penicillin, Cefaclor u. a. Cefalosporine, Sulfonamide: schwere Allergien. – Wechselwirkungen u. a. mit der „Pille", fördern Pilzinfektionen und Durchfälle, Resistenzen
Antidiabetika AM zur Behandlung des Diabetes mellitus (der Zuckerkrankheit)	1. **orale Antidiabetika** (OAD); AM zum Einnehmen (Metformin, Glibenclamid) 2. **Insulin**, das stets gespritzt werden muss 3. **neue Antidiabetika** (S. 448)	– Orale Antidiabetika: Unterzuckerung, Leber- und Nierenschäden, nur bei Typ 2 einsetzbar – Insulin muss individuell, passend zu Nahrung und Aktivität dosiert werden; Patientenschulung ist notwendig.
Antiemetika AM gegen Übelkeit und Erbrechen	– Metoclopramid (MCP) – Dimenhydrinat	– MCP: unwillkürliche Bewegungsstörungen wie bei M. Parkinson – Dimenhydrinat: Benommenheit
Antihypertensiva Antihypertonika AM gegen Bluthochdruck	1. **ACE-Hemmer:** Ramipril 2. **AT1-Blocker:** Candesartan 3. **Betablocker:** Metoprolol 4. **Calcium-Antagonisten:** Amlodipin	– in der mehrwöchigen Einstellungsphase Müdigkeit – ACE-Hemmer: Husten bei 10 %, AT_1-Blocker: bei 1 %, Betablocker: Bradykardie, Asthma – Ca-Antagonisten: Ödeme

Arzneimittelgruppe Erklärung	Ggf. Untergruppen (UG) (Beispiele für Wirkstoffe und ggf. Handelsnamen)	Wichtige Nebenwirkungen (NW) und Besonderheiten
Antikoagulanzien AM, die die Blutgerinnung hemmen bzw. verlangsamen	– zum Schutz vor Schlaganfällen bei Vorhofflimmern, zur Thromboseprophylaxe – Phenprocoumon (Marcumar®) – Heparin (z. B. Fraxiparin®) – neue **o**rale **A**ntikoagulanzien = **NOAK**: Dabigatran (Pradaxa®), Edoxaban (Lixiana®), Rivaroxaban (Xarelto®), Apixaban (Eliquis®)	– Phenprocoumon: Blutungen, Anämie, viele Wechselwirkungen, regelmäßige INR-Messungen erforderlich – Heparin: Blutbildschäden, Osteoporose, reversibler, d. h. vorübergehender Haarausfall – NOAK: Blutungen, Anämie, Magen-Darm-Beschwerden
Antimykotika AM gegen Pilzinfektionen	1. **Lokaltherapie:** Clotrimazol 2. **systemische Therapie:** Fluconazol	– lokal: NW selten, Dauertherapie nicht ratsam – systemisch: Leberschäden, Wechselwirkungen
Antiphlogistika, nicht steroidale Antirheumatika AM gegen Schmerz und Entzündung	**NSAR:** – ASS – Ibuprofen – Diclofenac – Piroxicam – Naproxen – Indometacin	– Magenschmerzen, Magengeschwür und -blutung, Nierenschäden v. a. bei Langzeiteinnahme – vielfältige Wechselwirkungen – Auslösung von Asthma bronchiale – Auslösung bzw. Verschlimmerung von Hypertonie und Herzinsuffizienz

Antiphlogistika werden auch NSAR genannt, **n**icht **s**teroidale **A**ntiphlogistika. Dies bedeutet, dass sie entzündungshemmende Mittel ohne Verwandtschaft zu dem ebenfalls entzündungshemmenden Steroidhormon Cortison sind. NSAID ist die englische Abkürzung für NSAR.

Antitussiva AM gegen Husten	1. **Hustenstiller:** – Codein, Clobutinol, Pentoxyverin 2. **Schleimlöser:** – Ambroxol (Mucosolvan®) – Acetylcystein (ACC®) 3. **pflanzliche Hustenmittel**	– Hustenstiller: Benommenheit, ausbleibende Wirkung, Codein Verstopfung, Benommenheit – Schleimlöser und pflanzliche AM: Allergien, nicht spürbare Wirkung

Das Hustenmittel existiert nicht. Behandlungsbedürftiger Husten bedarf einer ärztlichen Untersuchung und Diagnose, da Asthma bronchiale und asthmaähnliche Bronchitis auf hustenstillende und schleimlösende Mittel nicht reagieren. Schleimlöser sind nur bei Mukoviszidose, einer schweren erblichen Lungenkrankheit mit extrem zähem Schleim, sinnvoll.

Bronchospasmolytika, Broncholytika AM zum Lösen von Verkrampfungen der Bronchialmuskulatur	1. **kurz wirksame Broncholytika:** – Salbutamol 2. **lang wirksame Broncholytika:** – Formoterol – Salmeterol 3. Kombinationen aus 2. und Kortikoiden	– Herzrhythmusstörungen, Herzrasen, Händezittern, Schlaflosigkeit, Unruhe, erhöhter Antrieb (daher Dopingmittel im Sport) – Die Kombination mit Betablockern macht Bronchospasmolytika unwirksam.
Cortison und **Kortikoide** Cortison und verwandte AM wirken entzündungshemmend und **immunsuppressiv** (unterdrücken die Immunabwehr)	1. **systemische Therapie:** – Prednison, Prednisolon, Methylprednisolon – Dexamethason 2. **Lokaltherapie:** – Hydrocortison und Triamcinolon für die Haut – Budesonid für Schleimhäute	– systemisch bei kurzer Anwendung Anstieg von Blutzucker und Blutdruck, Gesichtsrötung – langfristig Immunschwäche, Nebennierenrindenschwäche, Diabetes, Adipositas, Depression, Osteoporose, grauer Star – lokal Pilzbefall, Epithelatrophie Kortikoide wirken unterschiedlich stark entzündungshemmend.
Dermatika AM zur Behandlung der Haut	1. **Externa** für die äußerliche Therapie 2. AM zur innerlichen = systemischen Therapie	Bei Externa ist die Hautbeschaffenheit zu beachten: auf trockener, fettarmer Haut Salben, auf fettreicher Haut Cremes anwenden.
Diuretika harntreibende, entwässernde AM	– Furosemid – Torasemid – Hydrochlorothiazid (HCT) – Triamteren	vermehrtes Wasserlassen, Durst, Schwächegefühl, Gicht, Blutzuckeranstieg, Kaliumverlust; harntreibende Wirkung durch hohe Dosen; durch niedrige v. a. Blutdrucksenkung

Arzneimittel | **181**

Arzneimittelgruppe Erklärung	Ggf. Untergruppen (UG) (Beispiele für Wirkstoffe und ggf. Handelsnamen)	Wichtige Nebenwirkungen (NW) und Besonderheiten
Hormone AM, die die Funktion endokriner Drüsen beeinflussen oder ersetzen	– weibliche Sexualhormone bei Wechseljahrsbeschwerden, Verhütung – Schilddrüsenhormon L-Thyroxin bei Unterfunktion	– L-Thyroxin bei Überdosierung Herzrasen, Händezittern, Osteoporose, Haarausfall, Durchfall – Sexualhormone: Thrombose, Depression, Schlaganfall
Hypnotika Schlafmittel	– Benzodiazepine (Diazepam, Flunitrazepam) und Abkömmlinge (Zopiclon)	Benommenheit, mangelnde Reaktionsfähigkeit, Teilnahmslosigkeit, Sturzgefahr, Abhängigkeit

Kardiaka AM zur Behandlung von Herzkrankheiten	1. **Antiarrhythmika** AM gegen Herzrhythmusstörungen:
	  – Bisoprolol
	  – Propafenon
	  – Amiodaron
	2. **AM gegen Herzinsuffizienz** (Herzschwäche):
	  – ACE-Hemmer, z. T. Betablocker, Diuretika
		Antiarrhythmika müssen genau dosiert und regelmäßig eingenommen werden, da sie selbst Rhythmusstörungen erzeugen können. Nicht plötzlich absetzen.
		ACE-Hemmer und andere Antihypertonika sowie Diuretika können die Herzleistung verbessern.

Kontrazeptiva, hormonelle AM zur Empfängnisverhütung	– Östrogen-Gestagen-Kombinationen – reine Gestagenpräparate (sog. Minipille)	Thrombosen, v. a. bei familiärer Veranlagung und Raucherinnen, Hypertonie, Schlaganfall, Depression, geringe Wassereinlagerung, vielfältige Wechselwirkungen

Laxanzien (Ez. **Laxans**) Abführmittel	1. **darmreizende AM:**
	  – Laxoberal®
	  – Liquidepur®
	2. **salzartige Laxanzien:**
	  – Endofalk®
	  – Kleanprep®
	3. **Quellstoffe:**
	  – Macrogol
	4. **Lactulose:**
	  – Bifiteral®
		– 1. Gruppe: Abhängigkeit, Mineralstoffverlust
		– 2. und 3. Gruppe: zur Darmreinigung vor Darmspiegelung geeignet
		– 3. Gruppe: am besten verträgliche Laxanzien ohne Gewöhnungseffekt; Einnahme mit viel Wasser, nicht gleichzeitig mit anderen Medikamenten
		– 4. Gruppe: erzeugt Blähungen

Lokalanästhetika AM zur örtlichen Betäubung	lokale Betäubung vor kleinen operativen Eingriffen, bei Verspannungen u. a.: Lidocain (Xylocain®), Procain	Blockieren die Nervenleitung, was neben Schmerzhemmung auch vorübergehend lähmen kann. Allergien, Benommenheit, reduziertes Reaktionsvermögen
Lipidsenker AM gegen erhöhte Cholesterin- bzw. Fett(Lipid-)spiegel	– Simvastatin – Atorvastatin – Ezetimib	Anstieg der Leber- und Muskelwerte im Blut, daher Blutkontrollen wichtig; Muskelschmerzen; zum Schutz vor Herzinfarkt usw. ist die tägliche Einnahme wichtig.

Magen-Darm-Therapeutika
 	
(siehe auch → Antiemetika)
	1. **Protonenpumpenblocker**, sog. PPI, hemmen die Magensäureproduktion:
	  – Omeprazol
	  – Pantoprazol
	  – Esomeprazol
	2. Ranitidin (Ranitic®)
	3. **Antazida:** säurebindende Mittel
	  – Maaloxan®
	  – Gaviscon®
		– PPI helfen besser als 2. und 3. Gruppe gegen Säurereflux und Gastritis. NW der PPI: Müdigkeit, Verstopfung, Osteoporose, gehäufte Magen-Darm-Infektionen, v. a. bei Omeprazol viele Wechselwirkungen; keine Langzeittherapie!
		– Antazida binden Medikamente, was zur Abschwächung bzw. zum Verlust der Wirkung führen kann.

Ophthalmika Arzneimittel zur Behandlung von Augenkrankheiten	1. **lokal** am Auge anwendbare AM 2. **systemisch** anwendbare AM, z. B. Tabletten	Auch Augentropfen und -salben, die in den Bindehautsack gegeben werden, können systemische Nebenwirkungen hervorrufen.

182 | Bei Diagnostik und Therapie von Erkrankungen des Bewegungsapparates assistieren

Arzneimittelgruppe Erklärung	Ggf. Untergruppen (UG) (Beispiele für Wirkstoffe und ggf. Handelsnamen)	Wichtige Nebenwirkungen (NW) und Besonderheiten
Psychopharmaka AM, die auf die Seele, die Stimmung, den Antrieb, den Schlaf sowie gegen Wahnerleben und Zwänge wirken	1. **Sedativa** und **Tranquillanzien** (Beruhigungsmittel) und **Hypnotika** (Schlafmittel) – Benzodiazepine (Diazepam = Valium®, Lorazepam = Tavor®) und verwandte Substanzen wie Zopiclon und Zolpidem (sog. Z-Drugs) 2. **Antidepressiva:** – Citalopram – Fluoxetin – Mirtazapin – Imipramin – Venlafaxin – Duloxetin (Antidepressiva: → S. 497) 3. **Neuroleptika** = AM gegen Unruhe und Wahn: – Promethazin (Atosil®) – Haloperidol (Haldol®) – Risperidon (Risperdal®) – Olanzapin (Zyprexa®)	– 1. Gruppe: Abhängigkeit, Teilnahmslosigkeit, nachlassender Antrieb, Sturzneigung – 2. Gruppe: zu Beginn Unruhe, Schlaflosigkeit, sexuelle Funktionsstörungen, Magen-Darm-Störungen; Mirtazapin: Gewichtszunahme; Wirkeintritt erfolgt nach Wochen! – 3. Gruppe: auf Dauer unwillkürliche Bewegungen der Mund- bzw. Gesichtsmuskulatur, Apathie Cave: Wechselwirkungen mit anderen Medikamenten, Drogen und Alkohol

Psychopharmakon ist nicht gleich Psychopharmakon. Abhängigkeit entsteht oft bei Benzodiazepinen, aber nicht bei Antidepressiva. Sedierende (beruhigende, sog. dämpfende) Psychopharmaka setzen die Fahrtüchtigkeit herab und verstärken die sedierende Wirkung von Alkohol.

Sera (Ez. **Serum**) und **Impfstoffe**	1. **Sera:** – Immunglobulin-Mischungen (Beriglobin®) – Hyperimmunglobuline (Tetagam®, Hepatect® CP) für passive Impfungen 2. **Impfstoffe** für aktive Impfungen: – Boostrix® und Repevax® gegen Tetanus, Diphtherie, und Pertussis	– Sera werden aus Serum von Menschen oder Tieren gewonnen; selten Allergie gegen Tiereiweiß. Sera beeinflussen die Wirkung von Aktivimpfungen; daher simultan impfen oder Zeitabstand beachten. – Aktivimpfstoffe: lokale NW an der Impfstelle und systemische NW wie leichter Infekt, selten Allergien
Spasmolytika AM gegen krampfartige Schmerzen	– Butylscopolamin (Buscopan®) bei Krämpfen in Darm, Gallenblase und -wegen, Harnleiter und Uterus – Trospiumchlorid bei überaktiver Blase	Verstopfung, Hitzegefühl, Unruhe, Herzrasen, Auslösung eines Glaukoms (grüner Star), Mundtrockenheit
Thrombozyten-aggregationshemmer (TAH) bzw. **Thrombozyten-funktionshemmer** (TFH) AM, die die Verklumpung von Blutplättchen hemmen und so die Blutstillung verlangsamen	1. **Acetylsalicylsäure** (ASS) wird als TAH langsam aus der Tablette freigesetzt und wirkt daher nicht schmerzhemmend. – ASS TAH – Aspirin® protect 2. **Clopidogrel** (Plavix®); nach Stentimplantation indiziert und bei ASS-Unverträglichkeit	TAH sollen nach Schlaganfall und Herzinfarkt einen erneuten Arterienverschluss verhindern. Die Thrombozyten werden geglättet und lagern sich nicht mehr so leicht aneinander und an arteriosklerotische Plaques. Die Blutstillung dauert mit TAH länger, weshalb sie vor chirurgischen Eingriffen abgesetzt werden. TAH ersetzen keine Antikoagulanzien, da sie nur in Arterien wirken und Thrombosen zumeist im venösen Teil des Gefäßsystems entstehen.
Zytostatika die Zellteilung hemmende AM zur Behandlung von Krebs	– Methotrexat (MTX) – Vincristin – Cytarabin – 5-FU – Paclitaxel MTX ist auch immunsuppressiv wirksam.	AM, die die Zellteilung hemmen, unterdrücken auch Blutbildung, Immunzellbildung und die Regeneration von Haut, Schleimhaut und Haaren. NW: Anämie, Immunschwäche, Haarausfall, Durchfall, Entzündung der Mundschleimhaut

Terminologie: Arzneimittellehre

Adhärenz	Therapietreue bzgl. Beschlüssen von Arzt und Patient
Antiepileptikum	Arzneimittel zur Behandlung von Krampfleiden (Epilepsie)
Ap, Rp, BtM	Abgabehinweise für apothekenpflichtige, verschreibungspflichtige (rezeptpflichtige) und Arzneimittel nach dem BtM-Gesetz
Applikation	Arzneimittelanwendung; Arzneimitteldarreichung
Applikationsart	Anwendungsart eines Arzneimittels, z. B. oral oder rektal
Applikationsform	Anwendungsform eines Arzneimittels, z. B. Tablette
Arzneimittelexanthem	Hautausschlag als Nebenwirkung eines Arzneimittels
ASS	**A**cetyl**s**alicyl**s**äure; Analgetikum und Thrombozytenaggregationshemmer, z. B. Aspirin®
Compliance	Therapietreue bzgl. ärztlicher Verordnungen und Anordnungen
Dosis	verabreichte Menge eines Arzneimittels
First-in-first-out	Lagerungs- und Entnahmeprinzip für begrenzt haltbare Waren
Generic Name	international gültiger Wirkstoffname
Generikum	Nachahmerpräparat
Hilfsstoff	Inhaltsstoff eines Arzneimittels, der nicht dessen Wirkung erzeugt, aber dessen Eigenschaften beeinflusst
Indikation (Adj. **indiziert**)	Heilanzeige; Grund für die Anwendung eines Arzneimittels oder einer medizinischen Maßnahme
Kombinationspräparat	Arzneimittel mit mehr als einem Wirkstoff
Kontraindikation (Adj. **kontraindiziert**)	Gegenanzeige; Umstand, der die Anwendung eines Arzneimittels oder einer medizinischen Maßnahme verbietet bzw. beschränkt
Medikament	Arzneimittel
Medikation	Medikamenteneinnahme, -verabreichung, -verordnung
Monopräparat	Arzneimittel mit nur einem Wirkstoff
Multimedikation	Arzneimitteltherapie mit mehreren Wirkstoffen
Multimorbidität	Vorliegen mehrerer Krankheiten bei einem Patienten
N1, N2, N3	Normalpackung für kurzfristige, mittelfristige und langfristige Therapie (z. B. mit 20, 50 oder 100 Tabletten)
NSAR	**n**icht **s**teroidale **A**nti**r**heumatika, z. B. Diclofenac, Ibuprofen
OTC-Medikament	in Apotheken frei verkäufliches Medikament (engl. OTC = **o**ver **t**he **c**ounter; wörtl. über den Ladentisch, d. h. ohne Rezept)
Pharmaka (Mz.)	Arzneimittel
Placebo, das	wirkstofffreies Scheinmedikament
retardiert	bzgl. Arzneimittel: mit verzögerter Wirkstofffreigabe
Selbstmedikation	nicht verordnete Medikamente und deren Einnahme
teratogen	Missbildungen beim Ungeborenen hervorrufend
Therapeutikum	Behandlungsmittel, z. B. Arzneimittel
Wirkstoff	Inhaltsstoff eines Arzneimittels, der dessen Wirkung verursacht

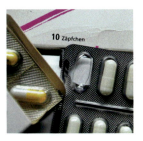

Abb. 1 Nicht benötigte, noch haltbare Arzneimittel in ungeöffneten oder angebrochenen Packungen dürfen laut Gesetz nicht vom Arzt an andere Patienten ausgehändigt werden, da nur Apotheker zur Arzneimittelabgabe befugt sind. Ärztemuster bilden eine Ausnahme.

HINWEIS

Über einen **Off-Label-Use**, d. h. die AM-Anwendung bei Krankheiten, für die sie nicht zugelassen sind, muss der Patient aufgeklärt werden, zumal die Krankenkassen die AM nicht bezahlen.

4.9 Missbrauch, Abhängigkeit und Sucht

Missbrauch, Abhängigkeit und Sucht
→ LF 11, S. 493

Einige Arzneimittel wirken als Haupt- oder Nebenwirkung im ZNS. Vor allem Analgetika und Tranquillanzien bergen die Gefahr von ▌Missbrauch, ▌Abhängigkeit und ▌Sucht. Je nach Veranlagung, Lebenssituation und Wirkstoff ist eine Abhängigkeit mehr oder weniger wahrscheinlich. Die Zweckentfremdung von Medikamenten, z. B. zur Leistungssteigerung, zum Doping oder um eine bessere Stimmung oder einen bestimmten Bewusstseinszustand zu erlangen, ist **Missbrauch**. Auch bei der Einnahme entgegen dem Wissen, dass dies schädlich ist und ggf. schon Schäden eingetreten sind, wird Missbrauch betrieben.

Abhängigkeit bedeutet, dass es beim Absetzen des Arzneimittels zu körperlichen oder seelischen Entzugserscheinungen kommt. Bei der **Sucht** vernachlässigt der Patient außerdem andere Lebensbereiche bzw. Pflichten, um sich das Suchtmittel zu beschaffen und zuzuführen. Typisch für Sucht ist, dass die Dosis gesteigert und sehr viel „vertragen" wird; die Wirkung nimmt ab. Letzteres wird als Toleranzentwicklung bezeichnet.

Suchtgefahr muss schon bei der Verordnung beachtet werden. Wirkstoffe mit hohem Abhängigkeitspotenzial sind zu vermeiden. Es sollten nur kleine Packungen (N1) verordnet werden. Besteht der Verdacht auf Missbrauch, sollte dies angesprochen und eine therapeutische Lösung gefunden werden, bevor sich eine Abhängigkeit oder Sucht entwickeln.

4.10 Arzneimittel alternativer Therapierichtungen

Abb. 1 Goldrute

Abb. 2 Bärentraube

Die meisten heute verordneten Arzneimittel werden in Laboren entwickelt und in Fabriken hergestellt. Viele Patienten haben das Gefühl, dass diese „Chemie" ihnen nicht guttut und wünschen sich natürliche Mittel. Mehrere Therapierichtungen verwenden pflanzliche Arzneimittel, die **Phytopharmaka**. Sie zeichnen sich dadurch aus, dass sie nicht nur einen Wirkstoff enthalten, sondern Pflanzenauszüge, die aus einer Vielzahl an Wirk- und Begleitstoffen bestehen (→ Abb. 1, 2). Phytopharmaka werden oft bei Befindlichkeitsstörungen eingesetzt, d. h. bei Einschränkungen des Wohlbefindens, die noch nicht als Krankheit zu verstehen sind. Beispiele sind Blasentees aus Bärentraubenblättern und Goldrute sowie Cranberrysaft bei Harnwegsinfekten. Auch sog. Bauchweh-Tees für Kinder aus Fenchel und Anis sind bekannte Hausmittel. Beliebt sind außerdem Johanniskraut-Präparate gegen leichte Depressionen. Deren Wirkstoff Hypericin wirkt auf die gleiche Weise im Gehirn wie chemische Antidepressiva, z. B. Citalopram. Er muss hoch dosiert werden und ruft zahlreiche Wechselwirkungen hervor, z. B. mit der „Pille" und Schmerzmitteln.

Abb. 3 Tollkirsche

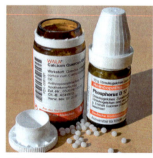

Abb. 4 Globuli

Die **Homöopathie** ist eine um 1800 von Samuel Hahnemann begründete Therapierichtung. Unter dem Eindruck, dass Quacksalber mit Quecksilber, Aderlässen u. Ä. mehr Menschen umbrachten als kurierten, entwickelte er seine sanfte Methode. Dabei werden extrem verdünnte, sog. potenzierte Stoffe natürlicher Herkunft, z. B. in Form von Kügelchen (Globuli), verabreicht (→ Abb. 4). Die Therapie erfolgt individuell, d. h., es ist für die Auswahl des homöopathischen Mittels nicht wichtig, ob jemand Grippe oder Scharlach hat, sondern wie er sich fühlt, wie, wann und wo er Schmerzen spürt, ob seine Haut blass oder gerötet erscheint u. v. m. Es wird dann das Mittel gewählt, das unverdünnt beim Gesunden die gleichen Symptome als Vergiftungserscheinungen hervorrufen würde, die der Patient zeigt. Aus diesem Grund heißt die Therapierichtung Homöopathie: wörtl. „gleiches Leiden". Gegen hohes Fieber mit

Arzneimittel | 185

Herzrasen und roten Wangen wird z. B. Tollkirsche (Atropa belladonna; → S. 184, Abb. 3) hochverdünnt gegeben. Tollkirschengift ist sehr toxisch und erzeugt u. a. Fieber, Herzrasen und Gesichtsröte. Das entsprechende Mittel heißt nach der Tollkirsche Belladonna, die Verdünnungsstufe z. B. D6 oder C100.
Bisher konnte die Wirkung der Homöopathie nicht wissenschaftlich bewiesen werden.

Terminologie: Arzneimittel alternativer Therapierichtungen	
Homöopathie	Naturheilverfahren mit hochverdünnten Arzneimitteln
Phytopharmakon	pflanzliches Arzneimittel
Globuli (Mz.) **Globulus** (Ez.)	homöopathische Arzneikügelchen

HINWEIS
Arzneimittelreste nie in die Toilette, sondern in den Restmüll geben, rät das Umweltbundesamt. Fast alle Gemeinden betreiben Müllverbrennung, während Wirkstoffe über das Abwasser ins Grundwasser gelangen.

AUFGABEN

1 Zu welchen Zwecken werden Arzneimittel eingesetzt?

2 Was versteht man unter einem Generikum?

3 Nennen Sie drei Wirkstoffe, die zu den NSAR gehören.

4 Was ist ein Antihypertensivum und mit welcher Nebenwirkung muss zu Beginn der Einnahme gerechnet werden?

5 Erklären Sie den Begriff Diuretikum und nennen Sie drei Indikationen. Sehen Sie ggf. in der ROTE LISTE® oder einer Gebrauchsinformation nach.

6 a Welcher Wirkstoff wird sowohl als Thrombozytenaggregationshemmer als auch als Analgetikum eingesetzt?
b Welche Nebenwirkungen sind typisch für diesen Wirkstoff? Nennen Sie drei.

7 Lesen Sie in der ROTE LISTE® die Informationen zu einem Diclofenac-Präparat zur oralen Anwendung durch, z. B. Diclac® oder Voltaren®. Alternativ können Sie die Gebrauchsinformation eines solchen Arzneimittels lesen. a Nennen Sie wichtige Indikationen, Kontraindikationen und Nebenwirkungen. b Würden Sie bei Lumbago das Präparat einnehmen? Begründen Sie Ihre Antwort.

8 Was bewirken die beiden Wirkstoffe Omeprazol und Pantoprazol?

9 Wie lautet der Fachbegriff für ein krampflösendes Arzneimittel?

10 Nennen Sie zehn Arzneimittelformen.

11 Welche Lagerungsvorschriften gelten für alle Arzneimittel?

12 Wie müssen Arzneimittel, die unter das BtMG fallen, gelagert und entsorgt werden? Recherchieren Sie dazu ggf. unter www.gesetze-im-internet.de/btmg.

13 Nennen Sie je drei enterale und parenterale Applikationsarten.

14 Erläutern Sie die richtige Anwendung eines Dosieraerosols für die Asthmatherapie.

15 Welche Arten von Wechselwirkungen können auftreten, wenn mehrere Medikamente zugleich eingenommen werden?

Auf den Seiten des Umweltbundesamtes finden Sie Informationen zu Umweltwirkungen von Arzneimittelresten:
www.umweltbundesamt.de
→ Themen
→ Chemikalien
→ Arzneimittel

Lumbago
→ LF 4, S. 143

5 Injektionen und Injektionstechnik

Für Injektionen werden Injektionslösungen verwendet. Dies sind sterile, flüssige Arzneimittel, die in **Ampullen** geliefert werden. Es gibt verschiedene Ampullenarten:

Abb. 1 Sicherheitskanüle für s.c.-Injektionen
a) offen, b) gesichert

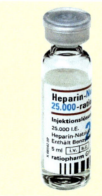

Brechampulle	Stechampulle	Kunststoffampulle
Glasampulle mit aufgedrucktem Lackpunkt oder -ring am Ampullenhals zur Markierung der Sollbruchstelle	Glasampulle mit Gummiverschluss und Kunststoffschutzkappe	weiche Ampulle mit leicht abdrehbarem Hals für Flüssigkeiten, deren Auslaufen unproblematisch wäre

Handhabung und Besonderheiten

Die Ampulle wird an der Sollbruchstelle „vom Lackpunkt weg" abgebrochen. Der Ampullenkopf wird dabei mit einem Wattetupfer umfasst, um Verletzungen durch Glassplitter zu vermeiden.	Die Schutzkappe wird unmittelbar vor Gebrauch entfernt, der Gummiverschluss ggf. desinfiziert (Herstellerangabe beachten) und anschließend der Inhalt in eine Spritze aufgezogen.	Die Ampulle wird von Hand aufgedreht und der Inhalt in eine Spritze aufgezogen. Kunststoffampullen sind eine preiswerte Ampullenart für unschädliche Inhalte wie **NaCl 0,9 %**.

Der Ampulleninhalt wird stets mit einer Kanüle (Nr. 1) in eine Spritze aufgezogen, damit keine Glassplitter bzw. Ampullenteile in die Spritze gelangen können.

5.1 Vorbereitung von Injektionen

Schutzhandschuhe
→ LF3, S. 93

Die Vorbereitung von Injektionen und Infusionen muss mit Ruhe und Sorgfalt geschehen, da Kontaminationen den Patienten und Nadelstichverletzungen die MFA bzw. den Arzt gefährden. Vor dem Richten der Materialien führt man eine hygienische Händedesinfektion durch. Um einen Hautkontakt mit Arzneisubstanzen zu vermeiden, trägt man dünnwandige |Schutzhandschuhe. Auf das desinfizierte Spritzentablett legt man folgende Materialien:

- Spritze (für 1 mL, 2 mL, 5mL, 10 mL oder 20 mL Inhalt)
- 2 Kanülen (eine zum Aufziehen, eine für die Injektion)
- die Medikamentenampulle
- Hautdesinfektionsspray
- 3 Wattetupfer (je einen für die Hautdesinfektion, das Öffnen der Ampulle und für die Kompression der Einstichstelle)
- Pflaster
- vorschriftsmäßiger Abwurfbehälter

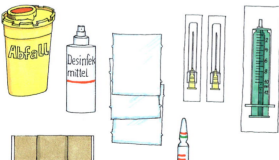

Abb. 2 Materialien für eine Injektion

Sterile Einmalkanülen sind genormt und passen daher genau auf die handelsüblichen Kunststoffspritzen. Der schräge Schliff der Kanülenspitze dient dazu, dass Einstiche mit minimaler Gewebsverletzung und möglichst geringem Schmerz erfolgen.

Kanülen unterscheiden sich in Länge und Durchmesser (Außendurchmesser) (→ Abb. 1). Beide Maße sind in mm auf der Verpackung angegeben. Für den internationalen Einsatz wird auch der Außendurchmesser in **Gauge** (G; sprich Gohsch) und die Länge in Zoll (") angegeben. Um Verwechslungen zu vermeiden, werden Kanülen durch Nummern und verschiedene Farben des Spritzenansatzes gekennzeichnet. Gebräuchliche Kanülen sind:

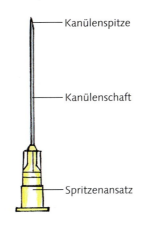

Abb. 1 Kanüle (Hohlnadel)

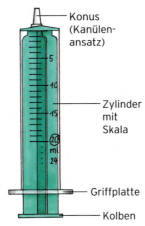

Abb. 2 Einmalspritze aus Kunststoff

> **HINWEIS**
>
> Durch eine Vierteldrehung im Uhrzeigersinn verankert man die aufgesetzte Kanüle so auf der Spritze, dass sie nicht versehentlich abrutschen kann.

Kanülenfarbe	Nr.	Gauge, Außendurchmesser	Länge z. B	typische Anwendung
gelb	1	20 G = 0,9 mm	40 mm 70 mm	Aufziehen von Spritzen, Blutentnahmen, i.v.-Injektionen, i.m.-Injektionen (bei Übergewichtigen mit 70 mm Länge)
grün	2	21 G = 0,8 mm	40 mm 50-60 mm	i.v.-Injektionen, i.m.-Injektionen; i.m.-Injektionen bei Übergewichtigen
schwarz	12	22 G = 0,7 mm	30 mm	s.c.-Injektionen und i.m.-Injektionen, z. B. Impfungen in den M. deltoideus bei kräftigen Erwachsenen und Jugendlichen
hellgrau	20	27 G = 0,4 mm	20 mm 12 mm	s.c.-Injektionen, 12 mm senkrecht (90°), 20 mm schräg (45°) einstechen. Bei Schlanken, Säuglingen und Kindern gut für schmerzarme Impfungen geeignet.

Vorgehen beim Aufziehen

Die Spritzenpackung wird am dafür vorgesehenen Ende durch Auseinanderziehen der beiden Anteile entsprechend der ∎Peel-Back-Technik geöffnet. Man fasst nur den Kolben der Spritze an und berührt sie ansonsten nicht (∎Non-Touch-Technik). Anschließend nimmt man die Kanüle zum Aufziehen des Medikaments mit der geöffneten Verpackung in eine Hand und nimmt mit der anderen Hand die Spritze aus der Verpackung. Dann steckt man den Spritzenansatz der Kanüle fest auf den Konus der Spritze.

Peel-Back-Technik
→ LF 3, S. 107
Non-Touch-Technik
→ LF 3, S. 107

Danach legt man die Spritze mit Kanüle ab und nimmt die Ampulle zur Hand. Befindet sich Flüssigkeit im Ampullenkopf, klopft man mit dem Fingernagel leicht dagegen, sodass die Flüssigkeit in den Ampullenbauch abfließt. Man umfasst den Ampullenkopf mit einem Wattetupfer und bricht den Hals in die dem Punkt entgegengesetzte Richtung ruckartig ab (→ Abb. 3). Der Glaskopf wird sofort in ein Abwurfgefäß entsorgt. Nun wird das Medikament aufgezogen (→ Abb. 4). Dabei hält man die Ampulle schräg und bringt die Kanülenspitze in den untersten Teil des Ampullenbodens, damit die Flüssigkeit vollständig aufgezogen werden kann.

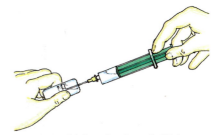

Abb. 3 Öffnen der Brechampulle

Abb. 4 Aufziehen des Arzneimittels aus der Glasampulle

Anschließend gibt man die Kanüle in den bereitstehenden Abwurfbehälter.

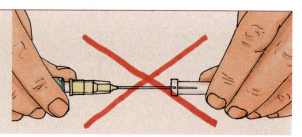

MERKE
Keinesfalls darf die Kappe wieder auf die Kanüle aufgesteckt werden (sog. **Recapping**). Durch diesen Fehler passieren sehr viele Nadelstichverletzungen.

Nun hält man die Spritze senkrecht mit der Spitze nach oben und beklopft sie leicht mit dem Finger, um Luftblasen nach oben entweichen zu lassen. Jetzt kann man die Luft vorsichtig hinausdrücken. Dabei soll keine Flüssigkeit entleert werden. Anschließend steckt man die zweite Kanüle, die Injektionskanüle, fest auf den Spritzenkonus auf. Dann legt man die fertig vorbereitete Spritze auf das Tablett neben die Arzneimittelampulle, damit für den Arzt eindeutig erkennbar ist, welches Medikament sich darin befindet. Liegen zwei oder mehr Spritzen auf einem Tablett, beschriftet man sie eindeutig, um Verwechslungen auszuschließen.

Auf Anordnung des Arztes können zwei Ampullen eines Medikaments in eine Spritze aufgezogen werden. Sog. Mischspritzen aus mehr als einem Medikament sollten jedoch nicht hergestellt werden, da die meisten Medikamente nicht miteinander kombinierbar sind.

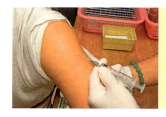

Impfungen sind besser verträglich, wenn die Impfkanüle trocken und frei von Impfstoff ist. Sonst gelangen Spuren der Vakzine beim Injizieren in die Haut und das Unterhautfettgewebe, wo sie Juckreiz, Schmerzen und Knötchenbildung verursachen können. Kleine Luftmengen in der Impfspritze sind hingegen kein Problem; ins Gewebe injizierte Luft wird rasch aufgenommen und ist völlig ungefährlich.

5.2 Hautdesinfektion

Alle Einstiche **(Punktionen)** und Injektionen sind Körperverletzungen – im medizinischen wie im rechtlichen Sinne. Dabei muss der Patient vor vermeidbaren Keimeinschleppungen ins Körperinnere so weit wie möglich geschützt werden. Dies geschieht durch vorschriftsmäßige Vorbereitung von Injektionen bzw. Punktionen und die für die jeweilige Situation optimale Hautdesinfektion.

Infektionsrisiko (Beispiele)	Vorgehen bei der Hautdesinfektion
geringes Infektionsrisiko i.v., s.c. und i.c. (intrakutane) Injektionen; gilt nicht für i.v.-Injektionen mit Verweilkatheter	Alkoholisches Hautdesinfektionsspray aufsprühen oder mit satt getränktem Tupfer auftragen und 30 Sekunden bzw. nach Herstellerangabe einwirken lassen. Es soll kein „See" auf der Haut stehen, da Alkohol in der Punktionsstelle brennt. Daher in diesem Fall überschüssiges Desinfektionsmittel mit einem Tupfer aufnehmen, Haut erneut besprühen, Mittel einwirken und trocknen lassen.
mittleres Infektionsrisiko Venenverweilkatheter, i.m.-Injektionen, Abnahme von Venenblut für Blutkulturen	Injektions- bzw. Punktionsstelle mit sterilem, mit Hautdesinfektionsmittel getränktem Tupfer mehrfach abreiben. Nach Vorschrift einwirken lassen. Nach Ablauf der Einwirkzeit den Vorgang einmal wiederholen.
hohes Infektionsrisiko Punktion von Körperhöhlen, z. B. Gelenkpunktion, Pleurapunktion, Leberpunktion	Haut reinigen, behaarte Stellen ggf. mit Spezialgerät enthaaren, aber nicht rasieren (Verletzungen sind Eintrittspforten für Keime). Zugelassenes, z. B. jodhaltiges Hautdesinfektionsmittel aufsprühen, nach Herstellerangabe z. B. 2,5 Minuten einwirken lassen. Den Vorgang einmal wiederholen.

Injektionen werden am häufigsten s.c., i.m. oder i.v. gegeben. Ausnahmsweise werden Medikamente **intrakutan** (i.c.; in die Haut), **intraarteriell** (i.a.; in eine Arterie) und **intraartikulär** (in den Gelenkspalt) appliziert (→ S. 189, Abb. 1).

Injektionen und Injektionstechnik | 189　LF 4

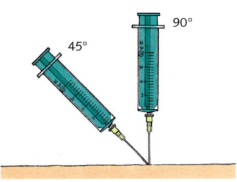

Abb. 1 Injektionsarten: schematische Darstellung eines Ausschnitts der Haut mit Unterhautfettgewebe, Muskulatur und Blutgefäßen

Abb. 2 Verschiedene Einstichwinkel

5.3 Intramuskuläre Injektion (i.m.-Injektion)

Die **i.m.-Injektion** bietet den Vorteil, dass das Arzneimittel sicher und relativ rasch aufgenommen wird. Das Medikament bildet im Muskel ein kleines Depot, aus dem es nach und nach ins Blut übertritt. Es wirkt nicht so schnell wie nach intravenöser, aber schneller als nach subkutaner Injektion. Die Technik der i.m.-Injektion muss perfekt beherrscht werden. Die MFA darf mit dieser Technik nur spritzen, wenn der Arzt es anordnet und er sich davon überzeugt hat, dass die MFA die Injektionstechnik fachgerecht ausführen kann.

Bei **Impfungen** gibt es keine besser wirksame und verträgliche Applikationsart als die i.m.-Injektion in den Deltamuskel. Impfungen werden mit relativ dünnen Kanülen und kleinen Injektionsmengen durchgeführt, sodass sie fast immer gut vertragen werden. I.m.-Injektionen in den Gesäßmuskel hingegen sind relativ riskant: Neben allergischen Reaktionen auf Arzneimittel kommen Verletzungen von Blutgefäßen vor, die Blutungen bzw. Hämatome (Blutergüsse) zur Folge haben. Auch Nervenverletzungen mit bleibenden Lähmungen sind möglich. **Spritzenabszesse**, d. h. eitrige Entzündungen in der Muskulatur, kommen durch Keimeinschleppungen v. a. nach Cortisoninjektionen zu Stande, da Cortison die Immunabwehr am Injektionsort besonders stark unterdrückt. Die Indikation zur i.m.-Injektion von Medikamenten muss somit streng gestellt werden. Dass ein Patient lieber eine Spritze möchte, als z. B. Tabletten einzunehmen, ist keine Indikation für diese risikobehaftete Applikationsart.

| **Deltamuskel**
| → LF 4, S. 129

> **MERKE**
>
> Patienten, die mit Antikoagulanzien wie Marcumar® behandelt werden, dürfen keine i.m.-Injektionen erhalten. Impfungen erhalten sie s.c. Die Patienten werden angehalten, nach Punktionen einige Minuten lang die Einstichstelle zu **komprimieren** (d. h. mit einem Tupfer auf die Punktionsstelle zu drücken), um Nachblutungen und Hämatome zu vermeiden.

Abb. 3 Patientenpass für die Therapie mit Phenprocoumon (Marcumar®)

Durchführung

Zuerst wird der richtige Injektionsort ausgewählt und lokalisiert.

- **Injektion in den M. deltoideus (Deltamuskel)**

Impfstoffe injiziert man bevorzugt in den Arm, mit dem der Patient nicht schreibt. Dadurch wird der Patient im Falle lokaler Nebenwirkungen nicht bei Alltagstätigkeiten beeinträchtigt. Die Injektionsstelle liegt im Muskelbauch des **M. deltoideus** ca. 5 cm unterhalb der Schulterhöhe, dem tastbaren lateralen Ausläufer des Schulterblattes. Hier dürfen bis zu 2 mL injiziert werden, sodass Impfstoffe, die 0,5 bis 2 mL umfassen, hier appliziert werden können. Nur bei Säuglingen und sehr muskelschwachen Personen weicht man auf den **M. vastus lateralis** des Oberschenkels aus. In den M. deltoideus injiziert man in der Regel im 90°-Winkel (→ Abb. 2).

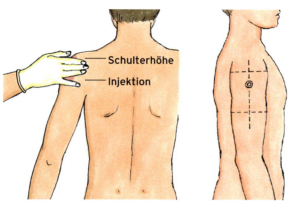

Abb. 1 Injektion in den M. deltoideus

- **Ventrogluteale Injektion nach Hochstetter**

Darmbeinstachel
→ LF 4, S. 130

Für Arzneimittelmengen über 2 mL, die intramuskulär injiziert werden müssen, wählt man die Gesäßmuskulatur nahe dem vorderen oberen Darmbeinstachel. Die **ventrogluteale Injektion** nach **Hochstetter** erfolgt somit nicht in das Gesäß, sondern ventral-lateral in die Muskulatur nahe am Beckenkamm. Die Methode ist beim Erwachsenen die sicherste Art der intraglutealen Injektion. Eine Schädigung des **Nervus ischiadicus**, des Ischiasnervs, die mit einer bleibenden Fußheberlähmung einhergehen kann, kommt bei korrekter Durchführung nicht vor.

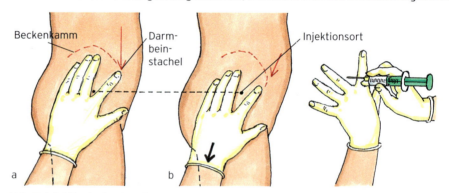

Abb. 2 Injektion in den Gesäßmuskel (Methoden nach Hochstetter): a) Aufsuchen des Injektionsortes, b) Die palpierende Hand wird zu ihrem Schutz vor der Injektion nach kaudal verlagert.

Zuerst sucht man mit dem Zeigefinger den am vorderen Rand des Beckenkamms gut tastbaren **vorderen oberen Darmbeinstachel** auf. Dann legt man die gespreizte Hand auf den Beckenkamm (die linke Hand an den rechten Darmbeinstachel des Patienten bzw. die rechte an dessen linker Seite). Das untere Ende des „V", das Zeige- und Mittelfinger nun bilden, ist der richtige Injektionsort. Nach der Hautdesinfektion (für mittleres Infektionsrisiko) weist man den Patienten an, sich auf das andere Bein zu stellen, damit er die Gesäßmuskulatur auf der Injektionsseite locker lässt. Er kann auch liegen und das Bein auf der Injektionsseite entspannen. Man sticht die Kanüle rasch ein; bei normalgewichtigen und übergewichtigen Patienten im 90°-Winkel, bei sehr schlanken Personen etwas flacher, mit ca. 45°. Nun **aspiriert** man, d. h. saugt mit der Spritze an, ohne die Kanüle zu verlagern. Kommt bei der Aspiration kein Blut, hat man kein Blutgefäß getroffen und kann nun das Medikament vorsichtig und vollständig in den Muskel injizieren. Sodann zieht man die Kanüle ganz heraus und **komprimiert** sofort die Punktionsstelle mit einem Tupfer. Die Kompression kann ggf. der Patient weiterführen. Schließlich versorgt man die Einstichstelle mit einem Pflaster.

Lässt sich hingegen Blut aspirieren, zieht man die Spritze heraus und komprimiert den Injektionsort mehrere Minuten lang. Die geplante Injektion erfolgt dann nach der beschriebenen Methode auf der anderen Körperseite.

Injektionen und Injektionstechnik | 191

- Injektion in den M. vastus lateralis

Die Injektionsstelle im **M. vastus lateralis** liegt im mittleren Drittel einer gedachten Linie zwischen dem **großen Rollhügel (Trochanter major)**, dem im Hüftbereich tastbaren Vorsprung des Femurs, und der Patella (Kniescheibe) (→ Abb. 2). An dieser Stelle ist der Muskel am stärksten und eine Nervenverletzung nicht wahrscheinlich. Man punktiert im 90°-Winkel und aspiriert auch hier vor der Injektion des Arzneimittels.

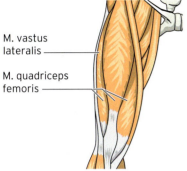

Abb. 1 Oberschenkelmuskeln von ventral

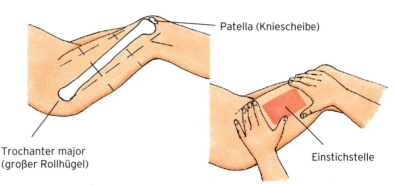

Abb. 2 Injektion in den M. vastus lateralis

Intramuskuläre Injektionen

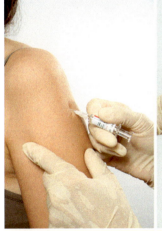

Injektion in den M. deltoideus

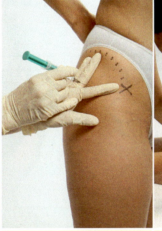

ventrogluteale Injektion nach Hochstetter

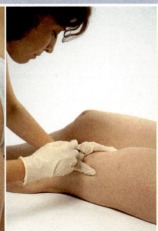

Injektion in den M. vastus lateralis

Aufforderungen an den Patienten

„Sind Sie Rechts- oder Linkshänder?" (den Arm freimachen lassen, Injektionsstelle desinfizieren) „Bitte den Arm ganz locker lassen." (Injektion) „Bitte den Tupfer fest auf diese Stelle drücken." (Pflaster aufkleben)	(bei Injektion rechts) „Bitte stellen Sie sich so auf das linke Bein, dass das rechte ganz locker ist". (Injektion) „Bitte drücken Sie den Tupfer fest auf diese Stelle." (Pflaster aufkleben)	„Bitte legen Sie sich mit dem Rücken auf die Liege." (Injektionsort aufsuchen und desinfizieren) „Bitte drücken Sie den Tupfer fest auf diese Stelle." (Pflaster aufkleben)

HINWEIS

Bei Impfung in den M. deltoideus oder M. vastus lateralis entfällt laut STIKO die Aspiration, da dort keine Verletzung eines größeren Blutgefäßes droht.

5.4 Subkutane Injektion (s.c.-Injektion)

Subkutane Injektionen sind risikoärmer und leichter durchzuführen als i.m.- und i.v.-Injektionen. Viele Patienten spritzen sich Insulin, Heparin und andere Medikamente mit dieser Technik selbst.

Einige Impfstoffe, z. B. MMR-Vakzinen, sind für die s.c.-Injektion zugelassen. Bei Patienten mit Blutungsneigung, z. B. unter Antikoagulanzien-Therapie, impft man grundsätzlich s.c., weil dies die Nachblutungsgefahr senkt.

Bei der subkutanen Injektion wird in das **subkutane Fettgewebe** gespritzt. Bestimmte Hautareale sind besonders für die s.c.-Injektion geeignet, weil dort das Unterhautfettgewebe gut ausgeprägt ist. Voraussetzung für die Injektion ist, dass die Haut gesund und unverletzt ist. Es wird eine Hautdesinfektion für geringes Infektionsrisiko durchgeführt. Dann nimmt man eine Hautfalte des Patienten zwischen Daumen und Zeigefinger und injiziert mit der anderen Hand in die Hautfalte. 12-mm-Kanülen werden im 90°-Winkel, 20-mm-Kanülen im 45°-Winkel eingestochen (→ S. 189, Abb. 2). Bei Impfungen wird vor der Injektion aspiriert. Bei Insulin ist dies wegen der wiederholten Gewebeverletzungen durch das Aspirieren und wegen der viel dünneren Kanülen, durch die ohnehin nicht aspiriert werden kann, nicht sinnvoll. Nach dem Herausziehen der Kanüle komprimiert man den Injektionsort mit einem Tupfer.

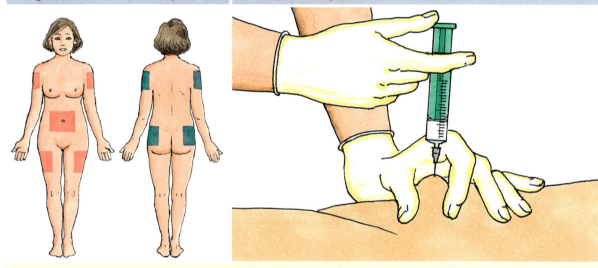

Geeignete Hautareale für s.c.-Injektionen **Technik der s.c.-Injektion**

Erklärung und Aufforderungen für den Patienten:
„Ich gebe Ihnen nun eine Spritze unter die Haut; dies hat den Vorteil, dass das Medikament langsam und gleichmäßig wirkt. Bitte machen Sie Ihren Bauch frei. Ich desinfiziere nun eine Hautstelle für die Spritze."
(Desinfektion, Injektion)
„Bitte drücken Sie mit dem Tupfer kurz auf diese Stelle, für den Fall, dass ein kleiner Tropfen herauskommt."

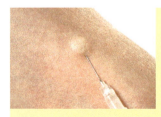

Abb. 1 Bei der i.c.-Injektion entsteht eine weiße Quaddel.

Intrakutane Injektionen (i.c.) werden nur selten angewandt; sie dienen der Testung der Immunreaktion auf Tuberkulin, d. h. Tuberkulose-Antigen, sowie speziellen Allergietests. Es wird mit einer 20er-Kanüle sehr flach in die Haut eingestochen; dabei darf kein Blutstropfen erscheinen, denn die Oberhaut, in die die i.c.-Injektion zielt, enthält keine Blutgefäße.

Injektionen und Injektionstechnik | 193 LF 4

5.5 Intravenöse Injektion (i.v.-Injektion)

I.v.-Injektionen sind aus medizinischen und rechtlichen Gründen dem Arzt vorbehalten. Bei intravenöser Applikation gelangt das Arzneimittel sofort in den Blutkreislauf. Die Wirkung tritt unverzüglich ein; auch Nebenwirkungen können rasch und heftig auftreten.

Die MFA bereitet die intravenöse Gabe von Medikamenten vor. Der Arzt benötigt außer der Spritze eine Staubinde, um die Vene besser palpieren (ertasten) und punktieren zu können. Ein Injektionskissen ist von Vorteil, um den Arm des Patienten ruhig und sicher zu lagern. Der Patient sollte sich hinlegen, da eine i.v.-Injektion einen Kollaps auslösen kann. Dies ist häufig eine Reaktion auf den kurzen Schmerz beim Einstich, seltener auf das Arzneimittel. Manche Patienten neigen aus psychologischen Gründen zum Kreislaufkollaps bei Injektionen.

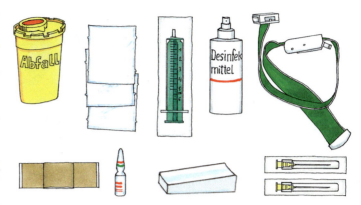

Abb. 1 Vorbereitetes Spritzentablett für eine i.v.-Injektion

Wie bei der venösen Blutentnahme staut der Arzt die Venen. Hat er ein geeignetes Blutgefäß palpiert, löst er die Stauung und desinfiziert die Punktionsstelle. Nach Ablauf der Einwirkzeit punktiert er die Vene, ohne sie erneut zu berühren. Lässt sich Blut aspirieren, liegt die Kanüle richtig in der Vene. Dann wird die Staubinde gelöst und die Injektion je nach Wirkstoff langsam oder schnell durchgeführt. Gleich nach dem Zurückziehen der Kanüle aus der Vene wird die Punktionsstelle mit einem Tupfer komprimiert. Der Patient übernimmt in der Regel die Kompression. Schließlich wird die Punktionsstelle mit einem Pflaster versorgt.

5.6 Venenverweilkatheter

Venenverweilkatheter sind kurze, dünne Kunststoffschläuche, die mittels einer Kanüle in eine Vene eingebracht werden und dort eine Zeitlang verbleiben können. Sie bieten einen ständigen Zugang zum Blutkreislauf des Patienten. Daher werden sie auch „Venenzugang" oder kurz „Zugang" genannt. Häufig werden Verweilkatheter als Venenverweilkanülen bezeichnet. Dies ist nicht korrekt, da keine Kanüle (d. h. Hohlnadel) in der Vene verbleibt, sondern nur ein kleiner, dünner Kunststoffschlauch, der **Katheter**. Solange dieser in der Vene liegt, können immer wieder Injektionen und Infusionen verabreicht werden, ohne dass erneut punktiert werden muss. Dies ist auch für den Patienten schonender als mehrere Einstiche. Zu beachten ist jedoch, dass Venenverweilkatheter Eintrittspforten für Bakterien sind. Dies begrenzt ihre Einsatzdauer auf wenige Stunden.

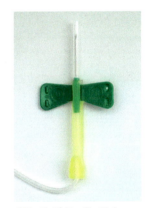

Abb. 2 Butterfly-Sicherheitskanüle

Aufbau eines Venenverweilkatheters

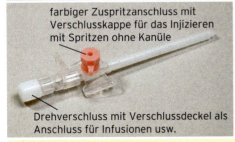

farbiger Zuspritzanschluss mit Verschlusskappe für das Injizieren mit Spritzen ohne Kanüle

Drehverschluss mit Verschlussdeckel als Anschluss für Infusionen usw.

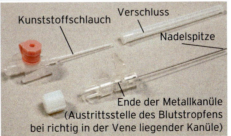

Kunststoffschlauch
Verschluss
Nadelspitze
Ende der Metallkanüle (Austrittsstelle des Blutstropfens bei richtig in der Vene liegender Kanüle)

Erklärung für den Patienten:
„Sie erhalten gleich einen Venenverweilkatheter; das ist ein kleiner Plastikschlauch, der in der Vene bleibt und durch den Sie mehrmals Infusionen bekommen können, ohne jedes Mal neu gestochen werden zu müssen. Keine Sorge, es bleibt keine Nadel in der Vene. Das Anlegen der Kanüle funktioniert wie eine Blutentnahme."

HINWEIS

Venenverweil**kanülen** sind Butterfly-Kanülen (→ S. 196). Sie verweilen, d. h. bleiben während einer Blutentnahme oder Kurzinfusion in der Vene. Der Begriff wird oft fälschlich für Venenverweil**katheter** verwandt.

Vorbereitung

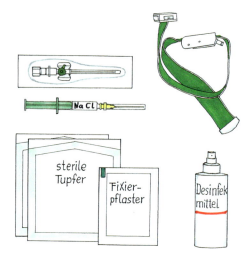

Abb. 1 Vorbereitung für das Legen eines Venenverweilkatheters

Die Materialien für das Legen eines Venenverweilkatheters entsprechen im Wesentlichen denen für die i.v.-Injektion. Statt der Kanüle wird der Verweilkatheter bereitgelegt (→ Abb. 1). Zusätzlich werden benötigt:
- spezielles Fixierpflaster für Venenverweilkatheter
- ggf. eine wasserfeste Unterlage
- Spritze mit NaCl 0,9 % zum Testen der Durchgängigkeit des Katheters
- eine vorbereitete Infusion
- ein Schraubverschluss zum Verschließen des Katheters liegt diesem bei; Mandrins, also Einlegestäbchen zur Offenhalten des Katheters, werden aus Hygienegründen nicht mehr verwendet.

Durchführung

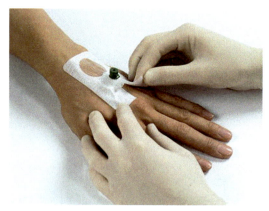

Abb. 2 Fixierpflaster für Venenverweilkatheter

Eine geeignete Vene findet man oft am Unterarm oder Handrücken. Die ideale Kathetervene ist dick genug für den Einstich der Kanüle, die den Katheter trägt, und verläuft gerade. Nach dem Ertasten der Vene entstaut man, desinfiziert die Haut und staut die Vene erneut. Man sticht im 45°-Winkel ein. Sobald die Kanülenspitze in der Vene liegt, erscheint am Kanülenende ein Blutstropfen. Nun schiebt man gleichzeitig den Katheter in die Vene vor und zieht die Kanüle heraus. Dann durchspült man den Katheter mit NaCl und schließt entweder eine Infusion an oder verschließt den Katheter mit einem Mandrin bzw. Schraubverschluss. Das Fixierpflaster wird aufgeklebt, sobald der Katheter richtig liegt (→ Abb. 2). Zum Schutz kann ein lockerer Mullverband angelegt werden.

Oft wird der Venenverweilkatheter entsprechend gebräuchlicher Handelsnamen als Braunüle® oder Viggo® bezeichnet. In der Praxis sind bestimmte Größen gebräuchlich:

Farbe des Zuspritzanschlusses	Gauge (G) bzw. mm Außendurchmesser	typischer Einsatz
rosa	20 G = 1,1 mm	Infusionen bei Kindern und bei Erwachsenen mit zarten Venen
grün	18 G = 1,3 mm	Infusionen und **Transfusionen** bei Erwachsenen mit normalen Venen
weiß	17 G = 1,5 mm	
orange	14 G = 2,1 mm	schnelle Infusion im Notfall

5.7 Infusionen

Infusionen sind (zumeist intravenöse) Einleitungen von Flüssigkeitsmengen über 20 mL. Sie dienen der Flüssigkeits- und/oder Medikamentenzufuhr. Infusionen werden unmittelbar vor dem Anlegen vorbereitet, da sich in Schlauchsystem und Lösung Bakterien vermehren können. In Praxen werden Infusionen vorwiegend in periphere Venen, d. h. in Arm- oder Handvenen eingeleitet. In der Klinik und in Spezialpraxen zur Behandlung von Krebskranken haben viele Patienten **Zentralvenenkatheter**, die Zugang in große, herznahe Venen bieten.

Bei Infusionslösungen und zuzusetzenden Medikamenten sind vor der Verwendung Verfallsdatum und Zustand zu prüfen. Bei Trübungen, Flocken oder sonstigen Auffälligkeiten wird das Medikament bzw. die Lösung entsorgt und ersetzt. Nicht jede Infusionslösung ist mit jedem Medikament mischbar. Mischinfusionen sollten daher genau wie Mischspritzen vermieden werden.

Abb. 1 Infusionsflaschen werden „umgedreht" beschriftet, damit die Aufschrift bei der hängenden Infusion gut lesbar ist.

Vorbereitung

Sofern der Patient bereits einen Venenzugang besitzt, stellt die MFA Folgendes bereit:
- einen Infusionsständer
- die Infusionsflasche aus Kunststoff oder Glas
- ggf. eine passende Halterung zum Aufhängen der Flasche
- ein Infusionssystem, auch Infusionsbesteck genannt
- eine Rolle kurzzeitig haftendes Pflaster wie Leukosilk®
- falls ein Medikament zugegeben werden soll, dieses in aufgezogener Spritze
- einen wasserfesten Filzstift

Durchführung

Nach hygienischer Händedesinfektion und Anziehen dünnwandiger Schutzhandschuhe entfernt man die Schutzkappe bzw. -folie vom Verschluss der stehenden Infusionsflasche. Je nach Herstellerangabe wird der nun freiliegende Gummistopfen zunächst desinfiziert. Fertig aufgezogene Medikamente injiziert man anschließend durch den Gummistopfen in die Infusionslösung (→ Abb. 3). Müssen mehr als 5 mL injiziert werden, aspiriert man zwischendurch Luft aus der Flasche. Name und Menge des Medikaments werden mit wasserfestem Stift auf dem Etikett der Flasche notiert, z. B. + 1 Ampulle Aspirin® i.v. 500 mg. Auf dem Etikett ist die Schrift besser lesbar als auf der Flaschenwand und es kann kein Lösungsmittel aus dem Stift durch den Kunststoff der Flaschenwand in die Lösung übertreten. Die Information sollte bei hängender Flasche gut lesbar sein.

Nun öffnet man die Verpackung des sterilen Infusionssystems und nimmt dieses zur Hand. Die Radklemme am Schlauch verschließt man, indem man das Rädchen nach unten dreht (→ Abb. 4).

> **HINWEIS**
>
>
>
> Der Verschluss der Infusionsflasche wird vor dem Einstechen des Dorns des Infusionsbestecks nicht desinfiziert. Ist der Verschluss beschädigt, wird die ganze Flasche entsorgt; ist er intakt, ist er steril. Es gibt auch kein zugelassenes „Gummistopfen-Desinfektionsmittel".

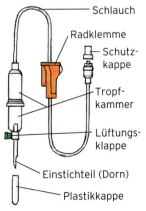

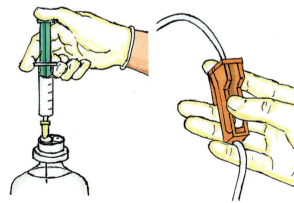

Abb. 2 Infusionssystem (Schlauch, Radklemme, Schutzkappe, Tropfkammer, Lüftungsklappe, Einstichteil (Dorn), Plastikkappe)

Abb. 3 Einspritzen des Medikaments durch den Gummiverschluss

Abb. 4 Verschließen des Schlauchs

Jetzt entfernt man die Plastikkappe vom Dorn des Infusionssystems und sticht diesen fest durch den Gummistopfen der stehenden Flasche (→ Abb. 1). Nun dreht man die Flasche um und hängt sie an den Infusionsständer. Jetzt öffnet man die Lüftungsklappe der Tropfkammer und drückt ein paar Mal auf die Tropfkammer, sodass diese sich zur Hälfte mit Flüssigkeit füllt (→ Abb. 2).

Abb. 1 Einstechen des Infusionssystems

Abb. 2 Drücken der Tropfkammer

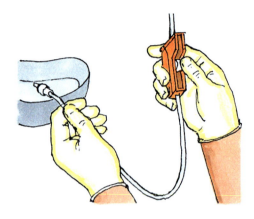

Abb. 3 Entlüften des Schlauchs

Nun wird der Schlauch entlüftet, indem man die Radklemme teilweise aufdreht und die Flüssigkeit langsam in den Schlauch fließen lässt, bis sie die Verschlusskappe erreicht (→ Abb. 3). Man hält das Schlauchende dabei über das Abtropfglas am Infusionsständer, ein Waschbecken oder eine Nierenschale. Nun kann der Arzt die Infusion an den Venenverweilkatheter oder eine Butterfly-Kanüle anschließen. Um Zug am Schlauchsystem zu vermeiden, kann man z. B. eine Schlinge des Infusionsschlauches am Unterarm des Patienten mit Pflaster fixieren.

Eine **Flügelkanüle**, die wegen ihrer „Schmetterlingsflügel" auch **Butterfly** genannt wird, wird ebenso wie Verweilkatheter für Blutentnahmen, Injektionen und Infusionen genutzt (→ Abb. 4). Man nennt sie auch **Venenverweilkanüle**. Sie eignet sich besonders zur Punktion zarter Venen, z. B. am Handrücken. Ein Nachteil ist der geringe Durchmesser der Kanüle. Man kann nur kleine Mengen Infusionslösung einleiten. Da die Kanüle in der Vene verbleibt, solange sie genutzt wird, verletzt die Spitze oft die Venenwand und die Nadel muss vorzeitig gezogen werden, weil Blut und/oder Injektionsflüssigkeit neben die Vene ins Gewebe läuft.

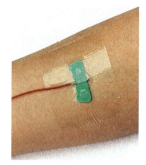

Abb. 4 Butterfly-Kanüle

> **HINWEIS**
>
> Bei Schwellungen an der Injektionsstelle, Schmerzen oder Brennen sowie jeder Art von Unverträglichkeit stoppt die MFA die Infusion durch Schließen der Radklemme. Sie entfernt den Katheter nur auf Weisung des Arztes. Bei Allergien usw. wird der Venenzugang für Notfallmedikamente gebraucht.

Patientenbeobachtung bei Infusionen

Der Arzt legt die von der MFA richtig vorbereitete Infusion an. Die MFA beobachtet den Patienten, während er die Infusion erhält und achtet darauf, dass diese richtig läuft.

Vor Anlegen der Infusion prüfen Sie:	Nach Anlegen der Infusion prüfen Sie:
– den Namen des Patienten – Art und Menge der Infusionslösung und des Medikaments – Zustand und Haltbarkeit der Lösungen – ob der Patient Gelegenheit hat, zur Toilette zu gehen – ob der Patient gut informiert und beruhigt ist	– ob der Patient unter Beobachtung ist und jederzeit gehört werden kann – ob die Infusion kontinuierlich und in der richtigen Geschwindigkeit läuft – ob die Infusion in die Vene und nicht ins Gewebe läuft (Schwellung?) – ob die Infusion nach dem Durchlaufen zeitnah abgenommen wird

Die Infusion wird durch Schließen der Radklemme gestoppt. Dann schraubt man sie von der Anschlussstelle des Venenverweilkatheters ab. Der Venenkatheter wird entweder mit einem passenden Mandrin bis zur weiteren Verwendung geschlossen oder ebenfalls entfernt. Nach dem Entfernen wird die Punktionsstelle mit einem Tupfer bedeckt und komprimiert.

Injektionen und Injektionstechnik | 197

Terminologie: Injektionen und Infusionen

Ampulle	(Glas-)Behälter mit Hals zur Lagerung von Arzneimittellösungen
aspirieren	Injektionen betreffend: mit der Spritze ansaugen
fixieren	befestigen, z. B. festkleben
intraarteriell (i.a.)	Injektionen betreffend: in eine Arterie (Schlagader)
intraartikulär	Injektionen betreffend: in ein Gelenk
intramuskulär (i.m)	Injektionen betreffend: in einen Muskel
intrakutan (i.c.)	Injektionen betreffend: in die Haut (Kutis)
intravenös	Injektionen betreffend: in eine Vene (Blutader)
Kanüle	Hohlnadel für Injektionen usw.
Katheter	schlauchförmiges Instrument zum Einführen in Hohlorgane, z. B. in eine Vene oder die Harnblase
komprimieren	zusammendrücken
NaCl 0,9 %	physiologische Kochsalzlösung (sprich N-A-C-L 0,9 Prozent)
N. ischiadicus	Ischiasnerv; Nerv, der durch das Gesäß ins Bein zieht
Punktion	Einstich, z. B. zum Zweck einer Blutentnahme oder Injektion
Recapping	verbotenes Wiederaufstecken der Kanülenkappe
Spritzenabszess	eitrige Infektion am Injektionsort, z. B. nach i.m.-Injektion
subkutan (s.c.)	Injektionen betreffend: in das Unterhautfettgewebe
Transfusion	Blutübertragung
ventrogluteale Injektion nach Hochstetter	i.m.-Injektionstechnik mit Applikation des Arzneimittels in den M. gluteus medius nahe des Beckenkamms

HINWEIS

NaCl 0,9 % ist eine Salzlösung, die der natürlichen Salzkonzentration des Körpers entspricht. Sie dient Injektions- und Infusionszwecken sowie zum Spülen z. B. von Wunden.

AUFGABEN

1 Welche Injektionsstellen eigenen sich am besten für i.m.-Injektionen **a** bei Impfungen und **b** für Arzneimittelinjektionen > 2 mL?

2 Was versteht man unter Aspirieren und wozu dient es z. B. bei Impfungen?

3 Welche Hautareale eignen sich am besten für s.c.-Injektionen?

4 Erklären und demonstrieren Sie Ihrer Kollegin das Auffinden des Injektionsorts für die ventrogluteale i.m.-Injektion nach Hochstetter.

5 Erklären und demonstrieren Sie Ihrer Kollegin die Vorbereitung einer Infusion mit Zusatz einer Ampulle eines geeigneten Arzneimittels.

6 Worauf achten Sie als MFA, wenn ein Patient eine Infusion erhält?

7 Ein Patient erleidet eine allergische Reaktion auf eine Infusion. Er entwickelt rote Schwellungen der Haut am ganzen Körper. Wie reagieren Sie richtig?

8 Warum ist ein Venenverweilkatheter keine „Venenverweilkanüle"?

LF 5

Zwischenfällen vorbeugen und in Notfallsituationen Hilfe leisten

1	**Notfälle und Zwischenfälle**	202
	Patientenbeobachtung	202
2	**Blut**	203
2.1	Aufgaben und Zusammensetzung des Blutes	203
	Blutplasma	204
	Erythrozyten und Hämoglobin	205
2.2	Blutbild	206
	Erythrozyteneigenschaften: MCH, MCV, MCHC	206
2.3	Blutstillung und Blutgerinnung	208
	Blutgerinnungsuntersuchungen	209
3	**Blutkrankheiten**	211
3.1	Anämie (Blutarmut)	211
3.2	Leukämie	212
	Multiples Myelom (Plasmozytom)	212
4	**Blutgruppen und Rhesusfaktor**	213
4.1	ABO-Blutgruppen	213
4.2	Blutspenden und Transfusionen	214
4.3	Rhesusfaktor	214
4.4	Rhesus-Inkompatibilität in der Schwangerschaft	215
5	**Blutentnahmen**	217
5.1	Venöse Blutentnahme	217
	Durchführung der Venenblutentnahme	219
5.2	Kapilläre Blutentnahme (Kapillarblutentnahme)	220
5.3	Arterielle Blutentnahme (Entnahme arteriellen Blutes)	221
5.4	Nadelstichverletzungen	221

6	**Herz und Kreislauf**	223
6.1	Großer und kleiner Kreislauf	223
6.2	Aufbau des Herzens	223
6.3	Blutgefäße (Adern)	224
6.4	Blutkreislauf und Herzaktion	226
6.5	Herztöne und Herzgeräusche	227
6.6	Koronargefäße (Herzkranzgefäße)	228
6.7	Reizleitungssystem des Herzens	228
6.8	Lymphgefäße und Lymphsystem	229
7	**Diagnostik des Herz-Kreislauf-Systems**	232
7.1	Pulsmessung und Pulsstatus	232
	Durchführung der Pulsmessung	232
7.2	Blutdruck und Blutdruckmessung	234
	Blutdruckmessung nach Riva-Rocci	235
	Durchführung der Blutdruckmessung	235
7.3	Langzeit-Blutdruckmessung	237
7.4	Elektrokardiogramm (EKG)	238
	Anfertigen eines 12-Kanal-Ruhe-EKGs	239
	Kommunikation mit dem Patienten beim Anfertigen eines Ruhe-EKGs	242
	Aussagekraft und Auswertung des EKGs	242
	Langzeit-EKG	242
	Belastungs-EKG (Ergometrie)	242
7.5	Bildgebende Verfahren der Kardiologie	244
	Echokardiografie	244
	Kardio-CT, -MRT und Myokardszintigrafie	244
	Koronarangiografie	244
8	**Herz-Kreislauf-Erkrankungen**	248
8.1	Arterielle Hypertonie (Bluthochdruck)	248
8.2	Arterielle Hypotonie (zu niedriger Blutdruck)	250
	Vagovasale Synkope (vagovasaler Kollaps)	251
8.3	Arteriosklerose	251

8.4	Periphere arterielle Verschlusskrankheit (pAVK) 253	
8.5	Zerebrale Durchblutungsstörungen und Schlaganfall 253	
8.6	Koronare Herzkrankheit (KHK) 254	
	Herzinfarkt (Myokardinfarkt) und akutes Koronarsyndrom 255	
8.7	Herzrhythmusstörungen 257	
	Extrasystolen 257	
	Vorhofflimmern (VHF) 257	
8.8	Herzschrittmacher und implantierbarer Defibrillator (ICD) 258	
8.9	Herzinsuffizienz (Herzmuskelschwäche) . . 259	
8.10	Herzklappenerkrankungen 260	
8.11	Varikose (Krampfaderleiden) 260	
8.12	Thrombose und Thromboembolie 261	
9	Notfallmanagement und Notfalltherapie . 265	
9.1	Notfallmanagement 265	
	Notfallvermeidung 265	
	Verhalten und Vorgehen im Notfall . . . 265	
	Notruf 265	
	Krankentransport und Notarzt 266	
9.2	Erste Hilfe 267	
9.2.1	Kollaps und Synkope 267	
9.2.2	Bewusstlosigkeit (stabile Seitenlagerung) . . 268	
9.2.3	Kreislaufschock 269	
9.2.4	Kreislaufstillstand 270	
9.2.5	Kardiopulmonale Reanimation 270	
9.2.6	Defibrillation 272	
9.2.7	Notfallausrüstung 274	
9.3	Tod (Exitus letalis) 275	

10	**Atmung und Atmungsorgane** 277	
10.1	Äußere und innere Atmung 277	
10.2	Aufbau und Funktion der Atmungsorgane . . 278	
	Atemmechanik 279	
	Aufbau von Trachea, Bronchien und Lunge . 280	
	Atemwege und Speisewege 281	

11	**Diagnostik bei Atemwegserkrankungen** . 283	
11.1	Anamnese und klinische Untersuchung . . . 283	
11.2	Lungenfunktionsdiagnostik 284	
	Spirometrie/Spirografie 285	

12	**Erkrankungen der Atmungsorgane** . . . 286	
12.1	Häufige Infektionskrankheiten der Atmungsorgane 286	
	Komplikationen viraler Atemwegsinfekte . . 287	
12.2	Akute und chronische Bronchitis 288	
12.3	Asthma bronchiale 288	
12.4	COPD und Lungenemphysem 290	
12.5	Bronchialkarzinom (BC; Lungenkrebs) . . . 291	
12.6	Schlafapnoe-Syndrom 292	

Notfall...

Tankstelle explodiert, Schule in Brand, Flugzeug abgestürzt ...

Die Notfälle im echten Leben sind nicht so spektakulär wie im Fernsehen und passieren meistens in Ihrem direkten Umfeld und im Alltag.

Dennoch ist jeder Notfall eine Gefahr für Leib und Leben und erfordert sofortiges und professionelles Handeln.

Dabei werden Sie in der Allgemeinpraxis viel häufiger mit Kollapszuständen, Asthmaanfällen, alters- oder infektbedingten Verwirrtheitszuständen oder kleinen Alltagsverletzungen konfrontiert als z. B. mit einem Herzinfarkt.

Dies ist u. a. auf die Zunahme der Lebenserwartung und die gestiegene Häufigkeit vieler chronischer Krankheiten (z. B. Diabetes, Krebs, Nierenschwäche) zurückzuführen. Bei multimorbiden Patienten, d. h. Menschen, die an vielen Krankheiten zugleich leiden, kommen medizinische Notfälle besonders häufig vor.

...ein Wettlauf mit der Zeit

Notfall? ...
Wir sind bereit!

In der Praxis kann es jeden Moment zu einer Notfallsituation kommen. Als Medizinische Fachangestellte gehen Sie mit allen Notfallsituationen professionell um.
Durch besonnenes Handeln und gute Aus- und Fortbildung können Sie manche Notfälle ganz verhindern, andere früh genug erkennen und alle Situationen verantwortungsvoll managen.

Notfälle ...
sind keine Zufälle

Zahlreiche Notfälle, z. B. Stürze, lassen sich durch geeignete Einrichtungsmaßnahmen vermeiden.

1 Notfälle und Zwischenfälle

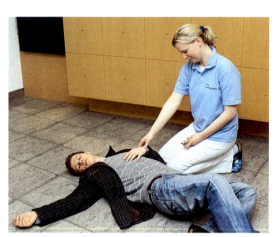

Abb. 1 Notfallsituation Kollaps

Patientenbeobachtung

In jeder Arztpraxis kommen Notfälle vor.

Viele chronische Krankheiten verlaufen in Schüben. Den Patienten geht es phasenweise gut, bis mit oder ohne Vorboten eine Verschlechterung ihres Gesundheitszustandes eintritt. Akute Ereignisse, wie Herzinfarkte, Knochenbrüche und allergische Reaktionen, passieren stets unverhofft. Zu den Praxisnotfällen zählen auch Zwischenfälle, die bei der Praxistätigkeit bzw. durch medizinische Maßnahmen auftreten. Dazu gehören Allergien auf in der Praxis applizierte Medikamente und Kollaps- bzw. Ohnmachtszustände, z. B. bei Infektionen oder nach Impfungen und anderen Punktionen (→ Abb. 1).

Die MFA sieht jeden in die Praxis kommenden Patienten als Erste. Deshalb ist es wichtig, dass sie jedem Patienten mit aufmerksamem Blick begegnet, möglichst schon bevor er an der Rezeption steht und sein Anliegen vorbringt. Der erste Eindruck zeigt:

- Wirkt der Patient leidend und ist sein Allgemeinzustand eingeschränkt?
- Kann er an der Rezeption warten, bis er aufgerufen wird, oder geht es ihm so schlecht, dass er sofort in ein Behandlungszimmer geleitet und dort unverzüglich dem Arzt vorgestellt werden muss?
- Zeigt er Anzeichen von Dyspnoe, d. h. Luftnot? Schnelle, angestrengte Atmung, in die Hüften gestützte Hände und ggf. pfeifende Atemgeräusche sind Zeichen von Dyspnoe. Sie zeigen einen Sauerstoffmangel an und treten bei Erkrankungen des Herzens und der Atemwege auf. Auch eine Zyanose, eine graublaue bis blauviolette Färbung der Lippen bzw. des Gesichts, spricht für Sauerstoffmangel.
- Sichtbarer Schweiß im Gesicht bei normaler Temperatur kann einen Notfall ankündigen.
- Ist der Patient auffallend blass im Gesicht? Wirkt er abwesend oder schwankend? Dies könnte einen unmittelbar bevorstehenden Kollaps ankündigen.
- Ist der Patient normal ansprechbar und reagiert er passend auf Ihre Begrüßung? Bei Entgleisungen des Blutzuckers, d. h. Über- oder Unterzuckerung, können Verwirrtheit, Benommenheit und Aggressivität auftreten. Auch seelische Ausnahmezustände bzw. psychische Erkrankungen können sich derart äußern.
- Blutet der Patient oder trägt er einen Behelfsverband, um eine Blutung zu stoppen?
- Zeigt er Anzeichen von Übelkeit und Brechreiz?

Diese und andere Symptome können bei Notfällen und sich anbahnenden Notfällen erkennbar sein. Körperliche und seelische Ausnahmesituationen führen Patienten (unangemeldet) zum Arzt. Dabei ist es nicht Aufgabe der MFA, die Diagnose zu stellen. Sie soll erkennen, wenn es einem Patienten akut schlecht geht und dafür sorgen, dass er die dringend benötigte ärztliche Hilfe so rasch wie möglich bekommt.

Sobald der Patient in ein Behandlungszimmer gebracht und der Arzt benachrichtigt wurde, werden die Vitalfunktionen, d. h. die grundlegenden Lebensfunktionen, wie Atmung und Kreislauf, erneut bewertet. Blutdruck- und Pulsmessungen usw. schließen sich an.

2 Blut

2.1 Aufgaben und Zusammensetzung des Blutes

Blut gilt seit Menschengedenken als „Lebenssaft": Solange sein Blut fließt, lebt ein Mensch.

Blut ist die Flüssigkeit, die sich in den Blutgefäßen befindet und durch die Pumptätigkeit des Herzens ständig im Fluss bleibt. Das Blut macht etwa 6–8 %, d. h. $1/12$ unseres Körpergewichts aus. Ein 50 kg schwerer Mensch hat ca. 3–4 Liter Blut, ein 80 kg schwerer Mensch zwischen 4,8 und 6,4 Liter. Menschen mit hoher Muskelmasse, d. h. Männer und gut trainierte Frauen, haben eher 8 %, wenig muskulöse Personen und Kinder eher 6–7 % Blut. Dass ein hoher Blutanteil mit erhöhter Leistungsfähigkeit einhergeht, zeigt sich u. a. darin, dass im Hochleistungssport das sog. Blutdoping zur Steigerung der Blutmenge betrieben wird.

Der Körper nutzt sein umfangreiches Blutwegenetz, das aus dem Herzen, einigen großen und unzähligen kleinen Blutgefäßen besteht, zum Transport zahlreicher Substanzen:
- **Gase:** Sauerstoff (O_2) von der Lunge zu den Zellen und Kohlendioxid (CO_2) von den Zellen zurück zur Lunge
- **Wasser:** von den Verdauungsorganen zu allen Zellen
- **Nährstoffe, Mineralstoffe, Vitamine und Spurenelemente:** von den Verdauungsorganen zu den Zellen; einige Nährstoffe zunächst zur Leber, die sie filtert bzw. verarbeitet
- **Hormone:** von den endokrinen Drüsen zu den Erfolgsorganen, an denen sie wirken
- **Wärme:** Ein gut durchblutetes Organ, z. B. die Haut, ist rosig und warm.
- **Medikamente:** werden z. B. nach oraler Einnahme von den Verdauungsorganen aus mit dem Blut verteilt und entfalten so ihre systemische Wirkung
- **Abfallstoffe:** werden zu den Ausscheidungsorganen Leber und Nieren transportiert

Weitere lebenswichtige Funktionen des Blutes sind die
- **Immunabwehr**, die durch Abwehrzellen und Antikörper bewerkstelligt wird, und die
- **Blutgerinnung**; diese verhindert größere Blutverluste nach innen oder außen.

Das Blut muss gute Fließeigenschaften besitzen, um auch in den dünnsten Blutgefäßen, den Kapillaren, frei zu strömen. Daher enthält es mehr flüssige als feste Bestandteile (→ Abb. 1). Der flüssige Anteil des ungeronnenen Blutes ist das Blutplasma, kurz **Plasma** genannt. Es macht ca. 55 % des Blutvolumens aus. Im Plasma sind die Blutzellen, die festen Bestandteile des Blutes, verteilt.

Je höher der Flüssigkeitsanteil ist, desto dünnflüssiger ist das Blut. Je höher der Zellanteil ist, desto dickflüssiger ist es. Der **Hämatokrit (Hkt)** gibt den prozentualen Zellanteil am Blutvolumen an. Er sollte nicht deutlich über 50 % liegen, damit das Blut gute Fließeigenschaften behält. Die Blutzellen können sich sonst wegen „Überfüllung" nicht frei im Plasma bewegen. Dadurch kann es zu Durchblutungsstörungen und zur Bildung von Blutgerinnseln, d. h. zu **Thromben** oder **Thrombosen**, kommen.

> **MERKE**
> Normbereiche des **Hämatokrits** (Hkt):
> beim Mann 40–52 %, bei der Frau 37–47 %

> **HINWEIS**
> Möchte man Plasma erhalten, vermischt man das entnommene Blut sofort mit gerinnungshemmenden Stoffen. Diese sind in entsprechenden Probenröhrchen enthalten, → S. 209, 218.

Thrombose
→ LF 5, S. 261

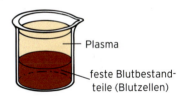

a) Ungeronnenes Blut

Ungeronnenes Blut (das schon so lange im Glas ist, dass die Blutzellen sich abgesetzt haben; frisch ist es gleichmäßig rot) setzt sich zusammen aus
- Plasma (flüssige Blutbestandteile) und
- Blutzellen (feste Blutbestandteile).

b) Geronnenes Blut

Im Plasma befindet sich der Gerinnungsstoff Fibrinogen. Bei der Blutgerinnung vernetzt sich das Fibrinogen zu Fibrinfasern und bildet mit den Blutzellen den **Thrombus** (das Gerinnsel). Die *nach* der Gerinnung überstehende Flüssigkeit ist das **Serum**. Serum ist Plasma ohne den Gerinnungsstoff Fibrinogen.

Abb. 1 Flüssige und feste Blutbestandteile

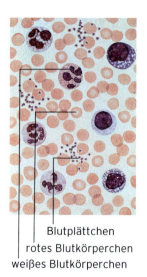

Abb. 1 Angefärbte Blutkörperchen unter dem Mikroskop

(Beschriftungen: Blutplättchen, rotes Blutkörperchen, weißes Blutkörperchen)

Die **Blutzellen**, die gemeinsam den Hämatokrit bilden, sind:
- **Erythrozyten** (rote Blutzellen bzw. Blutkörperchen); sie bilden den größten Anteil des Hämatokrits. Ihre Aufgabe ist der Sauerstoff- und Kohlendioxidtransport.

> **MERKE**
>
> Normbereiche (Durchschnittswerte) der **Erythrozyten** pro Mikroliter (μL; $1/1000$ Milliliter): beim Mann 5,1 Millionen (Mio.)/μL, bei der Frau 4,6 Millionen/μL

- **Leukozyten** (weiße Blutzellen bzw. Blutkörperchen); ihre Aufgabe ist die Immunabwehr.

> **MERKE**
>
> Normbereiche der **Leukozyten**: 4000–10 000/μL bzw. 4–8 G/Liter (G = Giga = 10^9)

- **Thrombozyten** (Blutplättchen); ihre Aufgabe ist die Blutstillung bei Verletzungen.

> **MERKE**
>
> Normbereiche der **Thrombozyten**: 150 000–400 000/μL bzw. 150–400 G/L

Alle Blutzellen werden im Knochenmark gebildet und gehen aus Stammzellen hervor. Das Knochenmark stellt die Zellen bei ausreichender Nährstoffversorgung in großer Menge her und gibt sie bedarfsgerecht ins Blut ab. Sauerstoffbedarf, Nährstoffangebot, Entzündungen und Infektionen sind wichtige Einflussfaktoren auf die Bildung und Freigabe der Blutzellen.

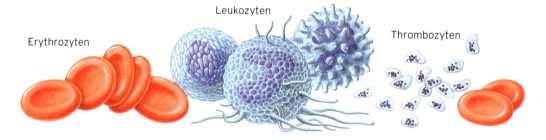

(Beschriftungen: Erythrozyten, Leukozyten, Thrombozyten)

Blutplasma

Das **Blutplasma** besteht zu 90 % aus Wasser, zu 8 % aus Plasmaproteinen (Plasmaeiweißen) und zu 2 % aus gelösten Stoffen. Die **Plasmaproteine** binden Wasser; sie halten es wie kleine Schwämme fest. Auf diese Weise sorgen die Proteine dafür, dass das Wasser in der Blutbahn bleibt. Bei schwerem Eiweißmangel, z. B. bei Magersucht oder Hungerzuständen, verbraucht der Körper Plasmaproteine zur Energiegewinnung. Dann tritt Wasser aus den Blutgefäßen ins Gewebe aus. Dort bildet es Ödeme (pathologische Wasseransammlungen).

Plasmaproteine haben außerdem die Aufgabe, nicht wasserlösliche Stoffe, d. h. Fette, Cholesterin und Hormone, im Blut zu transportieren. Auch Medikamente binden sich an Plasmaproteine und werden so mit dem Blutstrom verteilt. An Proteine gebundene Medikamente und Hormone wirken nicht; nur der frei im Plasma befindliche Anteil ist wirksam. Verschiedene Arzneisubstanzen können einander aus der |Plasmaeiweißbindung verdrängen. Dadurch wird eine große Wirkstoffmenge frei und es kommt zu ungewohnt starken Effekten. So entstehen schwerwiegende Wechselwirkungen, z. B. zwischen Phenprocoumon (Marcumar®, Falithrom®) und Diclofenac. Die Plasmaproteine regulieren auch den pH-Wert, d. h. den Säuregrad des Blutes. Sie halten ihn im Bereich um 7,4 (7,37–7,45).

Plasmaeiweißbindung
→ LF 4, S. 174

Die Leber bildet alle Plasmaproteine und Gerinnungsstoffe. Bei schweren Leberkrankheiten kommt es daher zu Blutungsneigung, Wasseransammlungen im Bauchraum u. v. m.

Die 2 % **gelösten Stoffe** sind Mineralstoffe bzw. Salze, Glukose (Traubenzucker) und andere wasserlösliche Substanzen.

Erythrozyten und Hämoglobin

Die Funktion des Blutes, Sauerstoff zu transportieren, erfüllen die Erythrozyten. Sie enthalten den roten Blutfarbstoff **Hämoglobin (Hb)**. Das Hämoglobin bindet Sauerstoff; es nimmt ihn in der Lunge auf und transportiert ihn zu allen Zellen des Körpers. Diese entnehmen dem Hämoglobin bedarfsweise Sauerstoff (O_2) für ihren Stoffwechsel, bei dem Kohlendioxid (CO_2) entsteht. Kohlendioxid gelangt sowohl mit dem Hämoglobin als auch im Blut gelöst zur Lunge, sodass es ausgeatmet werden kann.

Der Körper misst ständig den Sauerstoff- und Kohlendioxidgehalt des Blutes. Bei Sauerstoffmangel bzw. höherem Bedarf, z. B. beim Sport, werden Herztätigkeit und Atmung beschleunigt. Dadurch wird mehr Sauerstoff aufgenommen und schneller mit dem Blut verteilt. Sinkt der Bedarf wieder, z. B. nach schnellem Laufen, verlangsamen sich Herztätigkeit und Atmung und passen sich so dem geringeren Sauerstoffverbrauch an. Ein gesunder Erwachsener besitzt ca. 25 Billionen Erythrozyten und 650 g Hämoglobin.

> **MERKE**
> Normbereiche des **Hämoglobins** (Hb): Männer 14-18 g/dL, Frauen 12-16 g/dL

1 dL = 100 mL

Hämoglobin enthält Eisen und kann ohne dieses nicht gebildet werden. Deshalb entsteht bei mangelnder Eisenzufuhr mit der Zeit eine Anämie (Blutarmut), die Eisenmangelanämie.
Erythrozyten müssen elastisch und „fit" sein, um durch alle Blutgefäße, auch die dünnsten Kapillaren, zu passen und ihre Transportfunktion optimal zu erfüllen. Die Milz überprüft die Erythrozyten daher regelmäßig und sortiert alte, unelastische Zellen aus. Nach 120 Tagen endet die Lebensdauer der Erythrozyten. Das Knochenmark ersetzt sie durch neue, junge Zellen. Daher befindet sich stets eine Mischung aus Erythrozyten aller Altersklassen im Blut. Beim Abbau alter Zellen produziert der Körper jedoch keinen „Müll". Eisen, Protein und Spurenelemente werden recycelt. Das wertvolle Eisen wird ins Knochenmark transportiert und wieder ins Hämoglobin eingebaut. Den Rest des Hämoglobins baut die Leber zu dem gelben Farbstoff Bilirubin ab. Dieser wird über die Galle in den Stuhl ausgeschieden, dem es nach weiterer Umwandlung die braune Farbe gibt.

endoplasmatisches Retikulum
→ LF 3, S.24

Kommt es zu Erythrozytenverlusten, z. B. durch Unfälle oder Blutspenden, fehlen Sauerstoffträger. Um den Mangel auszugleichen, gibt das Knochenmark alle fertig gebildeten Erythrozyten ins Blut ab. Reicht dies nicht aus, entlässt das Knochenmark auch junge, noch nicht ganz ausgereifte Erythrozyten (→ Abb. 1). Diese **Retikulozyten** haben noch sichtbare Reste des ER, des |endoplasmatischen Retikulums, im Zytoplasma. Man erkennt sie unter dem Mikroskop an ihrer netzartigen Innenstruktur. Reife Erythrozyten enthalten hingegen weder einen Zellkern noch sichtbare Organellenreste.

Durch Messung der Retikulozytenzahl lässt sich z. B. feststellen, ob eine Anämiebehandlung gewirkt hat. In diesem Fall steigt der Retikulozytenanteil an den Erythrozyten stark an.

> **MERKE**
> Normbereich der **Retikulozyten**: 0,5-2,4 % bzw. 5-24 ‰ (Promille) der Erythrozyten

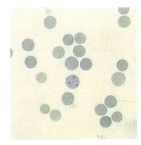

Abb. 1 Retikulozyt (blaue Innenstruktur) und Erythrozyten

Bei Rauchern werden viele Erythrozyten statt mit Sauerstoff (O_2) mit dem giftigen **Kohlenmonoxid** (CO) besetzt, sodass alle Gewebe zu wenig Sauerstoff erhalten. Die Gewebe fordern daher im Knochenmark mehr rote Blutkörperchen an. Auch die Zahl der Thrombozyten ist bei ihnen durch chronische Entzündungen (z. B. Bronchitis) erhöht; ebenso der Gerinnungsstoff **Fibrinogen**. Daher erleiden Raucher öfter Herzinfarkte, Schlaganfälle, Thrombosen usw. Da auch die „Pille" die Blutgerinnung und die Thromboseentstehung fördert, ist sie für Raucherinnen ungeeignet.

2.2 Blutbild

Unter dem Blutbild versteht man die aus einer Blutprobe durch Zählung ermittelten Erythrozyten-, Leukozyten- und Thrombozytenzahlen sowie die Werte von Hämatokrit und Hämoglobin. Man unterscheidet das kleine und das große Blutbild:

- **Kleines Blutbild** (kl. BB):
  Zählung der drei Blutzellarten Erythrozyten, Leukozyten und Thrombozyten. Bestimmung der Hämatokrit- und Hämoglobinwerte.

- **Großes Blutbild; Blutbild mit Differenzialblutbild** (gr. BB bzw. Diff.-BB):
  Zusätzlich zu den Werten des kleinen Blutbildes erfolgt eine Differenzierung der Leukozytenarten mit Angabe des Anteils der einzelnen Leukozytenarten in Prozent. Auch können die Erythrozyten nach Abweichungen ihrer Form und Farbe beurteilt werden.

Leukozytenarten → LF 3, S. 58

Die Bezeichnung „Blutbild" kommt daher, dass man vor Einführung maschineller Methoden einen Blutstropfen auf einen Objektträger ausstrich und speziell einfärbte, um die Blutzellen mikroskopisch zu beurteilen. Diese aufwendige Methode wird heute nur noch bei stark abweichenden Befunden bzw. speziellen Blutkrankheiten durchgeführt. Sie erfordert viel Zeit, Wissen, Übung und Erfahrung. In Routinesituationen werden Blutbild und Differenzialblutbild maschinell erstellt; die Messmethode heißt Durchflusszytometrie.

Hinweis: Viele Patienten bitten um ein „großes Blutbild", wenn sie sich gründlich untersuchen lassen möchten. Laien meinen damit eine Untersuchung vieler Blutwerte, die umfassend Auskunft über Gesundheitszustand und Organfunktionen geben können. Der Arzt entscheidet, welche Blutwerte bestimmt werden. Er trägt die Verantwortung für die Indikation, die Befundmitteilung – und die Laborkosten.

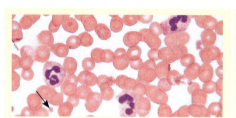

Normaler Blutausstrich: Man sieht sehr viele Erythrozyten, drei segmentkernige Leukozyten und einzelne Thrombozyten (→).

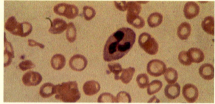

Eisenmangelanämie:
Die Erythrozyten erscheinen blass und ringförmig. In der Mitte ist ein segmentkerniger Leukozyt zu sehen; die „Körnchen" sind Thrombozyten.

Erythrozyteneigenschaften: MCH, MCV, MCHC

Volumen und Hämoglobingehalt der einzelnen Erythrozyten, d. h. MCV und MCH, geben Auskunft über verschiedene Krankheiten. Sie werden aus den Messwerten für Erythrozytenzahl, Hämatokrit und Hämoglobin errechnet. MCV bezeichnet das Volumen des einzelnen Erythrozyten (mittleres korpuskuläres Volumen). Erythrozyten mit erhöhtem Volumen erscheinen im Blutausstrich größer als normal. MCH gibt den Hämoglobingehalt des einzelnen Erythrozyten an (mittleres korpuskuläres Hämoglobin). MCHC ist der Hämoglobingehalt in 100 mL Erythrozyten und dient als Kontrollwert (mittlere Hämoglobinkonzentration der Zellen).

Sage mir, wie groß deine Erys sind … und ich sage dir, ob du zu viel trinkst. Alkohol schädigt das Knochenmark und stört die Erythrozytenbildung. Bei regelmäßigem Konsum werden weniger, aber besonders großvolumige Erythrozyten gebildet: MCV und MCH steigen an. Diese Messwerte zeigen einen Alkoholmissbrauch eher an als die Leberwerte, z. B. die Gamma-GT. Ist auch diese zu hoch, ist ein Alkoholproblem wahrscheinlich – jedoch nicht bewiesen. Selten sind Vitaminmangel oder Medikamente die Ursache.

Normalwerte des Blutbildes (Erwachsene)		
Zellart/Messwert	Normbereich	Pathologische Befunde ↑ erhöht bei (Beispiele) ↓ erniedrigt bei (Beispiele)
Erythrozyten		↓ Anämien, Blutverluste ↑ Polyglobulie (Zellvermehrung bei O_2-Mangel)
Männer	4,6 bis 6,3 Millionen/µL	
Frauen	4,2 bis 5,4 Millionen/µL	
Retikulozyten	5 bis 24 ‰ (Promille)	↑ Anämiebehandlung
Leukozyten	4000 bis 10 000/µL	↑ Entzündungen (oft bei Rauchern), Infektionen, Wundheilung nach OP oder Verletzung, Cortison-therapie, Stress
Thrombozyten	150 000 bis 400 000/µL	
Hämoglobin (**Hb**; roter Blutfarbstoff)		↓ Anämien, Blutverluste ↑ Sauerstoffmangel, z. B. bei Rauchern, Herz- und Lungenkranken, Blutdoping mit EPO/Eigenblut, Flüssigkeitsmangel
Männer	14 bis 18 g/dL	
Frauen	12 bis 16 g/dL	
Hämatokrit (**Hkt**; Zellanteil am Blutvolumen)		
Männer	40 bis 52 %	
Frauen	37 bis 47 %	
Errechnete Erythrozyteneigenschaften		
MCV = mittleres Volumen (vereinfacht: Größe) des einzelnen Erythrozyten	80 bis 96 fL (1 Femtoliter = 10^{-15} Liter)	↑ Alkoholmissbrauch, Mangel an Vitamin B_{12} und/oder Folsäure, Einnahme bestimmter Medikamente ↓ Eisenmangel
MCH = mittlerer Hämoglobingehalt des einzelnen Erythrozyten	28 bis 32 pg (1 Pikogramm = 10^{-12} g)	
MCHC = mittlere Hämoglobinkonzentration im Zellanteil des Blutes	32 bis 36 g/L	↑ der seltenen Kugelzellkrankheit ↓ Eisenmangel

Bei allen Laborwerten bzw. -ergebnissen ist es wichtig zu bedenken, dass sich allein aus Blutwerten eine Diagnose kaum eindeutig stellen lässt. Einige Verfahrensfehler, z. B. bei der Blutentnahme, können Laborergebnisse stark verfälschen. Normbereiche werden mathematisch festgelegt. Abweichende Messwerte müssen daher nicht pathologisch sein, und „krank" und „gesund" gehen fließend ineinander über. Auch weichen die Normbereiche verschiedener Labore bzw. Messmethoden voneinander ab.

Differenzialblutbild
→ LF 3, S.57

Leukozyten-Untergruppen = Differenzialblutbild		
Leukozytenart	Normwerte für Erwachsene	↑ erhöht bei (Beispiele) ↓ erniedrigt bei (Beispiele)
stabkernige neutrophile Granulozyten	bis 5 %	↑ schweren bakteriellen Infektionen
segmentkernige neutrophile Granulozyten	40 bis 70 %	↑ bakteriellen Infektionen, Entzündungen allgemein ↓ Virusinfektionen, Krebstherapie
eosinophile Granulozyten	bis 4 %	↑ Allergien, Parasitenbefall, Asthma
basophile Granulozyten	bis 1 %	↑ Nieren- und Blutkrankheiten
Lymphozyten	25 bis 40 %	↑ Virusinfektionen
Monozyten	bis 7 %	↑ Mononukleose u. a. Infektionen

2.3 Blutstillung und Blutgerinnung

Sobald Blut gerinnt, d. h. fest wird, entstehen aus

> **MERKE**
>
> Blutzellen + Plasma → BLUTGERINNUNG → Thrombus und Serum.

Dies kann man in einem Reagenzglas mit frisch abgenommenem Blut beobachten (→ Abb. 1). Dabei ballen sich die Zellen zum sog. Blutkuchen zusammen und werden von Serum umgeben. Serum ist der flüssige Anteil des geronnenen Blutes. Das **Fibrinogen**, ein Bestandteil des Plasmas, bildet während des Gerinnungsvorgangs ein unsichtbares Netz, das **Fibrin**. Dieses umgibt und „fesselt" die Blutzellen. Die Fibrinfasern verkürzen sich und pressen die Blutzellen fest aneinander. Dabei tritt Serum, das sich zwischen den Blutzellen befand, aus.

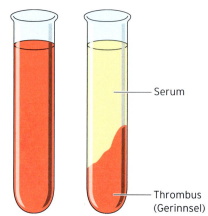

Abb. 1 Links: Frisches, ungeronnenes Blut (bestehend aus Plasma und Blutzellen)
Rechts: Im Probengefäß geronnenes Blut, das sich in Thrombus (Gerinnsel) und Serum getrennt hat

Diesen Gerinnungsvorgang kann man bei einer kleinen Wunde, z. B. einem aufgekratzten Pickel, beobachten:

 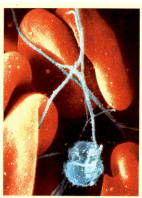 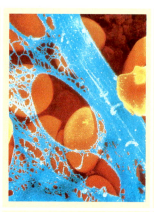 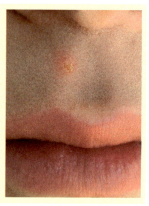

| Ein Pickel wird aufgekratzt. Blut tritt aus. Es gerinnt rasch. | Nach der Verletzung bildet sich ein Netz aus Fibrinfasern, das die Blutzellen umfasst. | Das Fibrinnetz hält die Blutzellen fest und verdichtet sie. Serum tritt aus dem Thrombus aus. | Der Thrombus presst einen bernsteinfarbigen Serumtropfen ab, der zu einer Kruste wird. |

Arteriosklerose
→ LF 5, S. 251
Herzinfarkt
→ LF 5, S. 255

Die Blutgerinnung wird meistens durch eine Gefäßverletzung aktiviert (→ S. 209, Abb. 1). Sie kann auch im Plasma selbst oder durch Thrombozyten gestartet werden. Blutplättchen können sich an rauen, cholesterinverklebten Arterienwänden, wie es sie bei Arteriosklerose gibt, anlagern und Thromben bilden. Das Zusammenballen der Blutplättchen nennt sich **Thrombozytenaggregation**. Wird dabei eine Herzkranzarterie verschlossen, entsteht ein Herzinfarkt. Hat ein Patient einen Herzinfarkt überstanden, erhält er täglich 100 mg ASS als Thrombozytenaggregationshemmer. Dies soll einem erneuten Gefäßverschluss vorbeugen.

Ein reiner Thrombozytenthrombus aus dicht aneinanderliegenden Blutplättchen ist nicht stabil; er kann durch den Blutstrom wieder aufgelöst werden. Deshalb ist die Fibrinvernetzung wichtig, die den Blutplättchenthrombus stabilisiert. Die Fibrinbildung wird durch eine Vielzahl von Stoffen (u. a. von der Leber gebildete Proteine und Calcium), den Gerinnungsfaktoren I bis XIII (1–13), vollzogen. Bei der **Hämophilie** (Bluterkrankheit) fehlt der Faktor VIII. Die Patienten können unbehandelt an kleinen, banalen Verletzungen verbluten. Sie benötigen konzentrierte Gerinnungsfaktoren aus Plasmaspenden, die parenteral appliziert werden müssen. Bei Hämophilen kommen oft Blutungen in Gelenken vor. Daran ist erkennbar, dass jeder Mensch täglich kleine, innere Blutungen erleidet. Bei normaler Blutgerinnung bleiben kleinste Gefäßverletzungen und Wunden jedoch unbemerkt.

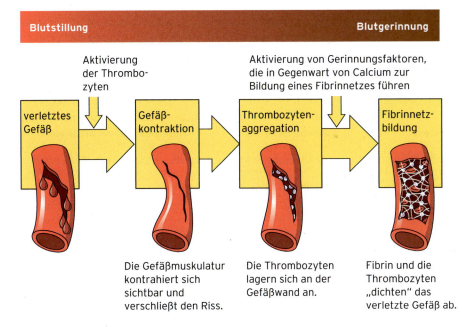

Blutstillung			Blutgerinnung
	Aktivierung der Thrombozyten		Aktivierung von Gerinnungsfaktoren, die in Gegenwart von Calcium zur Bildung eines Fibrinnetzes führen

verletztes Gefäß → Gefäßkontraktion → Thrombozytenaggregation → Fibrinnetzbildung

Die Gefäßmuskulatur kontrahiert sich sichtbar und verschließt den Riss.

Die Thrombozyten lagern sich an der Gefäßwand an.

Fibrin und die Thrombozyten „dichten" das verletzte Gefäß ab.

> **HINWEIS**
>
> Bei der **Hämophilie** (Bluterkrankheit) ist die Blutgerinnbarkeit vermindert, bei der **Thrombophilie** ist sie gesteigert, sodass gehäuft Thrombosen und Embolien auftreten.
>
> **Antikoagulanzien**
> → LF 4, S. 189

Im Gegensatz zur verlangsamten bzw. fehlenden Blutgerinnung (Hämophilie) gibt es auch eine verstärkte Gerinnungsneigung, die Thrombophilie. Betroffene Patienten leiden unter spontan, d. h. ohne Verletzung, eintretenden Gerinnselbildungen. Es kommt zu Thrombosen, Lungenembolien, Schlaganfällen usw. Thrombophilie wird mit ❙Antikoagulanzien therapiert.

Wenn im Körper eine notwendige Gerinnung stattgefunden hat, muss der Thrombus nach und nach wieder aufgelöst werden. Stoffe, die Thromben langsam auflösen, befinden sich ebenfalls in Blut und Gewebe. Ohne die Fähigkeit zur Thrombusauflösung und Gewebeheilung hätte unser Körper im Laufe des Lebens eine umfangreiche „Thrombussammlung".

> **Bitte nicht schütteln ...** Frisch entnommenes Blut gerinnt schnell. Für das Blutbild benötigt man jedoch flüssiges Blut, denn Zellen, die sich zu einem Thrombus (Blutgerinnsel) verbacken haben, kann man nicht zählen. Die Zellen müssen frei im Plasma schwimmen, damit man sie zählen kann. Blutbildröhrchen enthalten den chemischen Zusatz EDTA, um die Gerinnung der Probe zu verhindern. Gleich nach der Entnahme schwenkt man das Blutbildröhrchen leicht. Man schüttelt es nicht, da sonst Blutzellen platzen. Der Zerfall von Blutzellen, die Hämolyse, verfälscht die Werte von Erythrozyten, Hb, Hkt, Kalium, LDH und Eisen.

Blutgerinnungsuntersuchungen

Vor operativen Eingriffen und Endoskopien wird oft die Blutgerinnung des Patienten an Blutproben getestet. Damit möchte man sichergehen, dass keine unbeherrschbaren Blutungen auftreten. Die Blutproben müssen ungeronnen im Labor ankommen; daher enthalten sie **Antikoagulanzien** (gerinnungshemmende Zusätze) wie **EDTA** (Essigsäure) und **Citrat** (Zitronensäure). Im Haushalt entfernt man Kalk, d. h. Calcium, mit Hilfe von Zitronensäure- oder Essigreiniger: Im Plasma binden EDTA und Citrat das für die Gerinnung notwendige Calcium. Für den Gerinnungstest wird dieses im Labor wieder zugesetzt. Anschließend wird die Zeit bis zur Thrombusbildung gestoppt. Die Gerinnungsuntersuchungen erfolgen maschinell.

210 | Zwischenfällen vorbeugen und in Notfallsituationen Hilfe leisten

HINWEIS

Die Wirkung der **NOAK** (**n**euen **o**ralen **A**ntikoagulanzien) wie Lixiana®, Xarelto®, Eliquis® und Pradaxa® lässt sich durch übliche Gerinnungstests nicht messen. Im Notfall muss z. B. gespendetes Blutplasma infundiert werden, um die Wirkung aufzuheben. Es gibt nur für Pradaxa® ein spezielles, sehr teures Gegenmittel (Praxbind®).

Wichtig sind die Blutgerinnungstests auch bei Patienten, die **Phenprocoumon** einnehmen (Marcumar®, Falithrom®). Die Patienten haben unter der Therapie, die eine pathologische Thrombusbildung verhindern soll, eine verlangsamte Blutgerinnung. Bei starken Blutungen, z. B. nach Unfällen, können Gegenmittel wie Faktorenkonzentrate aus Plasmaspenden die normale Gerinnbarkeit rasch wiederherstellen.

Wichtige Gerinnungstests		
Labortest	**Aussage/Bewertung**	**Normwert/Besonderheiten**
INR = **I**nternational **N**ormalized **R**atio, international übliche Messmethode der Thromboplastinzeit	Der INR gibt an, wie viel länger das Patientenblut zur Gerinnung braucht, verglichen mit normal gerinnbarem Blut.	Um 1,0; bei Therapie mit Phenprocoumon liegt der Sollwert des INR z. B. bei 2-3. Die Blutgerinnung dauert dann 2-3mal so lange wie normal.
Quick veralteter Test der Thromboplastinzeit	Gerinnungstest zur Überprüfung der Phenprocoumon-Wirkung	70-120 %; der Sollwert unter Phenprocoumon liegt bei 30-35 %. Weniger genau als INR!
PTT = partielle Thromboplastinzeit	Spezialtest bei V. a. Faktorenmangel	25-38 Sekunden
Thrombozytenzahl	wichtig bei Zytostatikatherapie und Leukämie	Unter 20 000 Thrombozyten/µL besteht akute Blutungsgefahr.
Blutungszeit	tatsächliche Blutungszeit nach kleinem Stich in Finger oder Ohrläppchen	120-300 Sekunden je nach Messmethode. Zeigt als einziger Test die ASS-Wirkung an.

→ Terminologie: Patientenbeobachtung, Aufbau des Blutes

Antikoagulans (Mz. **Antikoagulanzien**)	Blutgerinnungshemmer; 1. als Medikament zur Anwendung im menschlichen Körper, 2. als Blutprobenzusatz
Citrat	Zitronensäure; Antikoagulans in Blutprobenröhrchen
EDTA	spezielle Essigsäure; Antikoagulans in Blutprobenröhrchen
Fibrin	faden- bzw. netzartiges Gerinnungseiweiß
Fibrinogen	Vorstufe des Fibrins im Plasma
Plasma	flüssiger Anteil des ungeronnenen Blutes
Serum	flüssiger Anteil des geronnenen Blutes
Thrombus	Blutgerinnsel
Thrombose	Verschluss eines Blutgefäßes durch einen Thrombus
Thrombozytenaggregation	Zusammenballen von Blutplättchen, das zur Thrombusbildung führt

AUFGABEN

1 Welche Aufgaben hat das Blut?

2 Welche Messwerte gehören zum kleinen und großen Blutbild?

3 Wo wird Blut gebildet und wo werden Blutzellen „ausgemustert"?

4 Erklären Sie die Begriffe Blutplasma und Blutserum.

3 Blutkrankheiten

3.1 Anämie (Blutarmut)

Die häufigste Blutkrankheit ist die Anämie (Blutarmut). Sie fällt durch Müdigkeit, Leistungsschwäche und Infektanfälligkeit auf. Sie verschlimmert Herz- und Lungenkrankheiten. Blässe ist typisch, kann aber durch entsprechende Hautfarbe überdeckt werden, sodass sie ein unsicheres Symptom ist. Da die Beschwerden unspezifisch sind, d. h. bei vielen Krankheiten vorkommen können, sind bei Anämieverdacht Blutuntersuchungen indiziert.

Abb. 1 Müdigkeit und Blässe bei Anämie

> **MERKE**
>
> Eine **Anämie** ist definiert als Verringerung des Hämoglobinwertes bei Frauen < 12 g/dL und bei Männern < 13 g/dL.

Das kleine Blutbild ist die wichtigste Untersuchung bei Anämieverdacht. Es kann die Anämie anzeigen bzw. beweisen. Volumen und Hämoglobingehalt der Erythrozyten (MCH und MCV) geben Hinweise auf die Ursache; diese kann aber nur über weitere Tests gefunden werden. Besonders wichtig ist die Bestimmung des **Ferritin**wertes im Serum, da dieser Auskunft über die Eisenspeicher des Körpers gibt. Ein erniedrigter Wert zeigt einen Eisenmangel – die häufigste Anämieursache. Je nach Blutbildbefund können auch Untersuchungen der Herz-, Leber- und Nierenfunktion sowie die Bestimmung von Vitamin B_{12} und Folsäure indiziert sein. Seltene Anämieformen diagnostizieren **Hämatologen**, Fachärzte für Blutkrankheiten. Die Tabelle gibt eine Übersicht über die häufigsten Anämien.

Anämieart und typischer Blutbefund (↑ erhöht, ↓ erniedrigt)	Ursachen (Beispiele)	Therapie
Eisenmangelanämie Hb, Hkt, MCH, MCV, Ferritin ↓, Erythrozytenzahl (↑)	Blutverluste, fleischfreie und milchreiche Nahrung, hoher Bedarf durch Wachstum, Menstruationen, Schwangerschaften, Operationen	Eisenreiche Ernährung, Eisentabletten oder Injektionen bzw. Infusionen. Vitamin C verbessert die Eisenaufnahme.
Anämie bei chronischer Erkrankung Hb, Hkt, Erythrozytenzahl ↓, MCV, MCH normal, Ferritin (↑)	chronische Infektionen, Tumorerkrankungen und ihre Therapie, Nierenkrankheiten, Autoimmun- bzw. rheumatische Krankheiten, Herzinsuffizienz	Therapie der Grundkrankheit. Bei Nierenschwäche ist ggf. das Blutbildungshormon Erythropoetin (EPO) indiziert.
Vitamin-B_{12}-Mangel-Anämie Hb, Hkt, Erythrozytenzahl ↓, MCV, MCH ↑ bis ↑↑	Vegane Ernährung enthält fast kein Vitamin B_{12}; bei Magen- und Darmkrankheiten kann Vitamin B_{12} nicht aufgenommen werden.	Bei Mangelernährung Zufuhr in Tablettenform, bei Magen-Darm-Krankheiten Zufuhr als Injektion, z. B. monatlich 1000 µg s.c.
Folsäuremangel-Anämie Hb, Hkt, Erythrozytenzahl ↓, MCV, MCH ↑	Fehlernährung ohne Gemüse, Therapie mit MTX, einem Immunsuppressivum, u. a. bei rheumatischen Krankheiten	Ausgleich des Mangels mit der Nahrung, ggf. mit Tabletten
Blutungsanämie Hkt, Hb, Erythrozytenzahl ↓, MCV, MCH (↓), Ferritin (↓)	akute bzw. chron. Blutverluste, z. B. durch Menstruation, Magen- und Darmkrankheiten, Blutspenden, Schwangerschaft bzw. Entbindung	Akute schwere Blutung: Transfusion. Chronische Blutung: Therapie der Grundkrankheit, ggf. Vit. B_{12}, Folsäure und Eisen.

> **HINWEIS**
>
> Anämien durch chronische Krankheiten heißen auch **sekundäre Anämien**.

Frauenkrankheiten ... Eisenmangel und Eisenmangelanämie sind bei jungen Frauen häufig. Gründe sind das Wachstum bis ins 18. Lebensjahr, die monatliche Regelblutung mit einem Verlust von ca. 900 mL im Jahr sowie eine fleischarme, milch- und süßigkeitenreiche Ernährung. Die Diagnose erfolgt über das kleine Blutbild und den Ferritinwert, die Therapie durch mehrmonatige Eiseneinnahme und die Prävention durch ausgewogenere Ernährung.

Häufige pathologische Blutbildbefunde bei verschiedenen Krankheiten bzw. Zuständen

Bezeichnung/Definition	Blutbildbefund	Typische Ursachen (Beispiele)
Polyglobulie = **Erythrozytose** Vermehrung der Erythrozytenzahl	Erythrozyten, Hämoglobin und Hämatokrit sind erhöht	Sauerstoffmangel im Gewebe, häufig durch Rauchen; Aufenthalt im Hochgebirge, Herz- und Lungenkrankheiten
Leukozytose Leukozytenvermehrung	Leukozytenzahl > 10 000/μL	Rauchen, Entzündungen, bakterielle Infektionen
Leukopenie Leukozytenmangel	Leukozytenzahl < 4000/μL	v. a. Virusinfekte; Autoimmunkrankheiten, Medikamente
Thrombozytose Thrombozytenvermehrung	Thrombozytenzahl > 450 000/μL	Entzündungen, z. B. chronische Raucherbronchitis
Thrombopenie Thrombozytenmangel	Thrombozytenzahl < 150 000/μL	Autoimmunkrankheiten, Zytostatikatherapie, Leukämie

3.2 Leukämie

Abb. 1 Knochenmarkpunktion: Einstich in den Beckenkamm zur Gewinnung einer Knochenmarkprobe

opportunistische Infektionen
→ LF 3, S. 47

Informationen zur Knochenmark- bzw. Stammzellspende
www.dkms.de

Definition: Maligne (bösartige) Erkrankung des Knochenmarks, vereinfacht als Blutkrebs bezeichnet. Die massenhaft im Blut auftretenden Leukämiezellen lassen das Blut hell erscheinen; Leukämie gr. = Weißblütigkeit.
Pathogenese: Durch ungebremste Vermehrung einer unreifen Knochenmarkzelle wird das blutbildende Knochenmark verdrängt. Es werden kaum noch Erythrozyten, Thrombozyten und funktionierende Leukozyten gebildet. Dadurch entstehen eine Anämie, eine Immunschwäche sowie bei Thrombozytenmangel auch eine Blutungsneigung. Es gibt zahlreiche Leukämieformen, die u. a. danach eingeteilt werden, ob sie akut oder chronisch verlaufen und welche Zellart vorherrscht. Bestimmte Leukämiearten kommen v. a. bei Kindern, andere im höheren Alter vor. Fast alle Leukämien verlaufen unbehandelt tödlich.
Symptome: Abgeschlagenheit, Immunschwäche mit Fieber und schweren, auch opportunistischen Infektionen, Blässe, ggf. Haut- und Schleimhautblutungen
Diagnose: Blutbild und Knochenmarkuntersuchung; eine Knochenmarkprobe wird unter Kurznarkose durch Punktion aus dem Beckenkamm entnommen (→ Abb. 1).
Therapie: Zytostatika und ähnliche Substanzen, die die Vermehrung der malignen Zellen so gezielt wie möglich bremsen; ggf. Stammzelltransplantation
Besonderheiten: Die Transplantation von Stammzellen bzw. Knochenmark eines passenden Spenders kann das kranke Knochenmark des Patienten im Idealfall ersetzen. Da das eigene Knochenmark (und damit das Immunsystem) des Leukämiekranken jedoch nicht komplett zerstört werden kann, sind Abstoßungsreaktionen möglich. Knochenmark zu spenden, ist eine sehr anstrengende Prozedur, die aber einem Leukämiekranken das Leben retten kann.

Multiples Myelom (Plasmozytom)

Auch das **multiple Myelom** (Plasmozytom) ist eine maligne Knochenmarkerkrankung. Dabei vermehrt sich ein Antikörper produzierender Lymphozyt ungebremst, durchsetzt das Knochenmark und bildet massenhaft funktionslose Antikörper. Das multiple Myelom kann zu ausgedehnten Knochenzerstörungen führen und wird ebenfalls mit Zytostatika behandelt.

4 Blutgruppen und Rhesusfaktor

Schon vor langer Zeit versuchten Menschen, Verletzten nach schweren Blutverlusten Blut zu **transfundieren**, um ihr Leben zu retten. Die Bluttransfusionen wurden entweder gut vertragen und halfen den Verletzten, oder sie führten zum Tode. Karl Landsteiner fand den Grund hierfür und wurde für die Entdeckung des **ABO-Blutgruppensystems** 1930 mit dem Nobelpreis geehrt (→ Abb. 1). Das ABO-System ist das wichtigste Blutgruppensystem für Transfusionen.

Abb. 1 Dr. Karl Landsteiner (1868–1943), Entdecker des ABO-Systems und Mitentdecker des Rhesusfaktors

4.1 ABO-Blutgruppen

A und B, die Blutgruppenantigene des ABO-Systems, sind Eiweißstrukturen auf der Zelloberfläche der Erythrozyten. Jeder Mensch hat entweder **Antigen A, Antigen B, Antigen A und B** oder **kein Antigen** auf seinen Erythrozyten. Nach den vorhandenen Antigenen wird die Blutgruppe mit **A, B, AB** oder **0** (**Null**, d. h. ohne Antigene) bezeichnet.

Von Geburt an hat jeder Mensch gegen das jeweils andere Blutgruppenantigen Antikörper, d. h. im Plasma vorhandene Abwehrstoffe gegen fremde Erythrozyten. Erhält ein Mensch Blut der eigenen Blutgruppe, so verträgt er es, da er keine Antikörper gegen die eigenen Antigene besitzt. Wird jedoch eine Transfusion der falschen Blutgruppe gegeben, binden die Antikörper sofort die fremden Erythrozyten und verklumpen diese. Es kommt durch die **Agglutination** (Verklumpung durch Antigen-Antikörper-Reaktion) zu einer ggf. tödlichen Immunreaktion mit Zerfall der fremden Blutkörperchen, Nierenversagen u. v. m. Um solchen Transfusionszwischenfällen vorzubeugen, wird heute ausschließlich Blut derselben Blutgruppe transfundiert. Spender- und Empfängerblut werden eingehend getestet und direkt vor der Transfusion noch einmal auf Verträglichkeit geprüft. Während einer Blutübertragung bleibt der Patient stets unter Beobachtung.

Blutgruppe A
Antigen A

Plasma enthält Antikörper gegen Blutgruppe B.

Blutgruppe B
Antigen B

Plasma enthält Antikörper gegen Blutgruppe A.

Blutgruppe AB
Antigen A und Antigen B

Plasma enthält keine Antikörper.

Blutgruppe 0
(keine Antigene)

Plasma enthält Antikörper gegen Blutgruppen A und B.

Blutgruppeneinteilung nach dem ABO-System				
Blutgruppe	A	B	AB	0
Antigen der Erythrozyten	A	B	AB	keines
Antikörper im Plasma	Anti-B	Anti-A	keine	Anti-A und Anti-B

Die Blutgruppe wird bestimmt, indem drei Blutstropfen auf ein Testkärtchen aufgetropft werden. Auf den drei Testfeldern befinden sich jeweils **Anti-A** (Antikörper gegen Antigen A), **Anti-B** (Antikörper gegen Antigen B) oder Anti-A und Anti-B. Verklumpt das Blut mit Anti-A, hat es Blutgruppe A, verklumpt es mit Anti-B, hat es Blutgruppe B, verklumpt es mit beiden, hat es Blutgruppe AB. Kommt es zu keiner Verklumpung, hat es die Blutgruppe 0.

> **HINWEIS**
>
> Die Begriffe „Universalempfänger" für Blutgruppe AB und „Universalspender" für Blutgruppe 0 sind heute nicht mehr gültig, da grundsätzlich passendes Blut transfundiert wird.

Testserum	Testblut der Blutgruppe				
	0	A	B	AB
Anti-A und Anti-B		verklumpt	verklumpt	verklumpt
Anti-A		verklumpt		verklumpt
Anti-B			verklumpt	verklumpt
keine Antikörper gegen A oder B				

Testkarte zum AB0-System:
Das Testblut verklumpt (agglutiniert) mit den passenden Antikörpern, die sich im Testfeld befinden:
1. Spalte: Blut der Gruppe 0 verklumpt mit keinem der Testseren.
2. Spalte: Blut der Gruppe A verklumpt mit Anti-A sowie einer Mischung aus Anti-A und Anti-B.
3. Spalte: Blut der Gruppe B verklumpt mit Anti-B sowie einer Mischung aus Anti-A und Anti-B.
4. Spalte: Blut der Gruppe AB verklumpt mit allen drei Testseren.

4.2 Blutspenden und Transfusionen

Gewinnung, Testung und Lagerung der Blutspenden sind aufwendig und teuer. Nach der Spende werden Blutzellen und Plasma für die weitere Verwendung getrennt. **Erythrozytenkonzentrate** werden bei Anämie bzw. akutem Blutverlust transfundiert, aus Plasma werden Gerinnungsfaktoren und Immunglobuline gewonnen.

Man versucht stets, Transfusionen auf ein Minimum zu beschränken, da mit der Verwendung von Blutprodukten hohe Kosten und ein gewisses Infektionsrisiko verbunden sind.

Durch Eigenblutspenden vor geplanten TEP-Operationen, „Erythrozytenwäsche" im sog. Cell-Saver und die Reinfusion, d. h. Rückgabe aufbereiteten Blutes, das der Patient während der Operation verloren hat, sowie durch spezielle Infusionslösungen, die sog. Plasmaersatzmittel, werden Fremdblutübertragungen eingespart. Erythrozyten können jedoch nicht künstlich hergestellt werden – für die natürlichen Sauerstoffträger gibt es keinen Ersatz.

Am häufigsten werden Blutkonserven bei großen chirurgischen Eingriffen wie Bypass- und TEP-Operationen gegeben. Auch Krebspatienten, deren Blutbildung durch Zytostatika gehemmt ist, benötigen häufig Erythrozytenkonzentrate. Nur etwa 3 % der Blutspenden werden für Unfallopfer benötigt.

HINWEIS

Der Eisenverlust durch **eine** Blutspende beträgt 250 mg. Diesen durch die Nahrung zu ersetzen, dauert ca. 250 Tage. Frauen entwickeln durch zusätzliche Menstruations-Eisenverluste leicht eine Eisenmangelanämie.

4.3 Rhesusfaktor

Abb. 1 Ausschnitt aus einem Blutspenderpass mit den Angaben: Blutgruppe A, Rhesus-negativ, K+ (Kell positiv; das Kell-Antigen tragen 10 % der Bevölkerung; Kell-positives Blut dürfen nur Kell-positive Empfänger erhalten)

Der **Rhesusfaktor (Rh)** ist ein weiteres Antigen der Erythrozytenoberfläche. Es muss bei Bluttransfusionen berücksichtigt werden und ist in der Schwangerschaft von Bedeutung. Landsteiner entdeckte das Rhesusantigen im Blut von Rhesusaffen. Von den Rhesusantigenen **C, D** und **E** ist D das wichtigste. Etwa 85 % der Europäer tragen Antigen D auf ihren Erythrozyten; ihr Blut ist **Rhesus-positiv (Rh+)**. Ist D nicht vorhanden, ist das Blut **Rhesus-negativ (Rh-)**. Rh- wird auch als ccddee bezeichnet; dies bedeutet, dass weder C noch D oder E auf den Erythrozyten vorhanden sind (→ Abb. 1).

Bei Bluttransfusionen wird sichergestellt, dass nur Rh-positive Empfänger Rh-positives Blut bekommen. Erhält ein Rh-negativer Empfänger Rh-positives Blut, bildet er Antikörper gegen das Rhesusantigen D; diese nennt man **Anti-D**. Bei einer einmaligen Transfusion passiert nichts, da noch kein Anti-D vorliegt. Bei einer erneuten Transfusion kommt es zur Zerstörung (Hämolyse) der Rhesus-positiven Spendererythrozyten, d. h. zu einer schweren Komplikation.

4.4 Rhesus-Inkompatibilität in der Schwangerschaft

Die meisten Menschen haben Rh-positives Blut und bilden daher kein Anti-D. Ein Problem tritt auf, wenn eine **Schwangere Rh-negativ** ist und der **Vater des Kindes Rh-positiv**. Trägt mindestens ein Elternteil das Rhesusantigen D, wird das Kind in der Regel auch Rh-positiv. Bei der Entbindung treten Erythrozyten des Kindes in den Kreislauf der Mutter über. Dies passiert gelegentlich schon während der Schwangerschaft. Auch bei Fehlgeburten, Fruchtwasserentnahmen (Amniozentesen) und ähnlichen Eingriffen sowie bei Schwangerschaftsabbrüchen gelangen kindliche Erythrozyten ins mütterliche Blut. Kommt das Immunsystem der Rh-negativen Mutter auf diese Weise mit Antigen D in Kontakt, bildet es Anti-D. Bei der ersten Schwangerschaft ist dies zumeist problemlos, da sich noch kein Anti-D im mütterlichen Blut befindet. Bei jeder weiteren Schwangerschaft mit Rh-positivem Kind zerstören jedoch mütterliche Anti-D-Antikörper kindliche Erythrozyten. Das Kind entwickelt u. a. eine schwere Anämie und stirbt eventuell schon im Mutterleib. Man spricht von einer **Rhesus-Inkompatibilität**, wenn das mütterliche Immunsystem das kindliche Blut bekämpft.

Um eine Anti-D-Bildung bei Rh-negativen Schwangeren zu verhindern, erhalten sie während der Schwangerschaft (ca. 28. SSW) und innerhalb von 72 Stunden nach der Entbindung Anti-D aus Spenderblut injiziert. Auch nach Abbrüchen, Amniozentesen usw. sowie Fehlgeburten wird bei Rh-negativen Frauen diese **Anti-D-Prophylaxe** durchgeführt. Die injizierten Antikörper binden die wenigen im mütterlichen Blut vorhandenen Rh-positiven kindlichen Erythrozyten. Dadurch wird eine Anti-D-Bildung durch das mütterliche Immunsystem verhindert. In jeder weiteren Schwangerschaft mit einem Rh-positiven Kind wird ebenso verfahren. Daher ist es wichtig, dass bei Rh-negativen Schwangeren die Blutgruppe des Kindsvaters ermittelt wird. Sind beide Elternteile Rh-negativ, wird nichts unternommen.

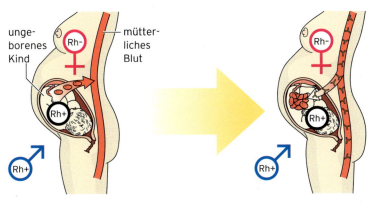

1. Schwangerschaft

Mann Rh+, Frau Rh−

Der Übertritt kindlicher Rh+-Erythrozyten (mit Antigen D) z. B. nach Entbindung, Fehlgeburt oder Schwangerschaftsabbruch führt zur Antikörperbildung durch das mütterliche Immunsystem.

2. Schwangerschaft

Mann Rh+, Frau Rh−

Antikörper aus dem mütterlichen Blut binden an kindliche Erythrozyten und verklumpen diese; das Kind kann sterben.

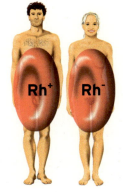

Abb. 1 Die problematische Konstellation: Vater Rh+, Mutter Rh−

Frau (Mutter)	Mann (Vater)	Kind	Rhesus-Unverträglichkeit	Anti-D-Prophylaxe
Rh−	Rh−	Rh−	Nein	Nein
Rh+	Rh+	Rh+	Nein	Nein
Rh+	Rh−	Rh+	Nein	Nein
Rh−	Rh+	Rh+	Ja	Ja

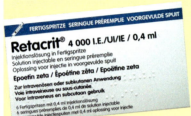

Blutdoping im Sport findet statt, weil eine hohe Anzahl Erythrozyten mehr Sauerstoff transportiert und die Leistungsfähigkeit deutlich steigert. Manche Sportler dopen direkt mit Blut, indem sie Eigenblut einlagern und sich vor dem Wettkampf retransfundieren lassen. Alternativ spritzen sich manche Dopende das Blutbildungshormon Erythropoetin (wörtlich: Blutbildungshormon), das die Nieren bilden und das für Patienten ohne Nierenfunktion gentechnisch hergestellt wird. Es regt die Erythrozytenbildung enorm an. Jede Form des Blutdopings erhöht den Hämatokrit und macht das Blut dickflüssiger. Todesfälle durch spontane Gerinnselbildung (Thrombosen) kommen daher vor. Doping ist strafbar; dies gilt sowohl für die Sportler als auch für die beteiligten Ärzte.

Terminologie: Blutgruppen und Rhesusfaktor

ABO-System	Blutgruppensystem nach Landsteiner; A, B und O bezeichnen die Erythozytenantigene (sprich A-B-Null)
Agglutination	Blutverklumpung durch Antigen-Antikörper-Reaktion
Anti-A, Anti-B	Antikörper gegen die Erythrozytenantigene A und B
Anti-D	Antikörper gegen das Rhesus-Antigen D
Anti-D-Prophylaxe	Injektion von Anti-D vor und nach der Entbindung bei Rhesus-Inkompatibilität (Mutter Rh-negativ, Kind Rh-positiv)
Antigen A, Antigen B	Erythrozytenantigene A und B nach Landsteiner
Erythropoetin (EPO)	Blutbildungshormon, das in der Niere gebildet wird
Erythrozyten-konzentrat	plasmafreie Erythrozyten aus Spenderblut zur Transfusion
Ferritin	Eisenspeicherprotein
Hämatologe	Internist mit dem Schwerpunkt Blutkrankheiten
Leukämie	maligne Erkrankung des Knochenmarks; sog. Blutkrebs
multiples Myelom	Plasmozytom; maligne Knochenmarkerkrankung
Rhesusfaktor	Rhesusantigen; Erythrozytenantigen D (Rh)
Rhesus-negativ	Erythrozyten ohne das Rhesusantigen D
Rhesus-Inkompatibilität	Rhesus-Unverträglichkeit; Abwehrreaktion der Rh-negativen Schwangeren gegen Erythrozyten des Rh-positiven Kindes
transfundieren (Subst. **Transfusion**)	Blut bzw. Blutbestandteile übertragen

AUFGABEN

1 Welche Bedeutung haben die Blutgruppen des ABO-Systems?

2 Warum muss bei Schwangeren der Rhesusfaktor bestimmt werden?

3 Was ist zu tun, wenn die Mutter Rh-, das Kind Rh+ und der Mann Rh- ist?

4 Lassen Sie sich von Kolleginnen berichten, die schon Blut oder Plasma gespendet haben. Was spricht für und gegen das Spenden von Blut und Plasma?

5 Blutentnahmen

Für viele diagnostische Zwecke wird Blut benötigt. Es gibt drei Methoden der Blutentnahme:
- venös
- kapillär
- arteriell

> **MERKE**
>
> **Blutentnahmen** sollen in Ruhe und mit Sorgfalt erfolgen. Mindere Probenqualität, Verwechslungen von Patienten, Probenröhrchen, angeforderten Werten und Laborüberweisungen sowie Nadelstichverletzungen können so vermieden werden.
> **Cave:** Blut ist häufig infektiös.

5.1 Venöse Blutentnahme

Venen, die sog. Blutadern, führen Blut zum Herzen hin. Venenblut steht im Gegensatz zum Arterienblut nicht unter (Blut-)Druck und pulsiert nicht. Es gibt tiefe und oberflächennahe Venen. Letztere eigenen sich gut zur Blutentnahme, sodass in der Praxis die meisten Blutproben aus Venen abgenommen werden (→ Abb. 1).

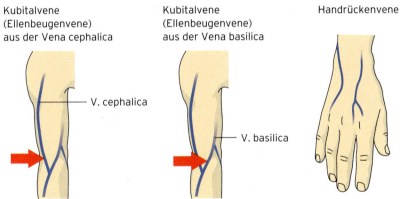

Typische Entnahmestellen für Venenblut

Indikation: alle Blutuntersuchungen außer Blutgasanalyse und Blutzuckerschnelltests
Vorteile: Venenblut ist für fast alle Blutuntersuchungen der Allgemeinpraxis geeignet und relativ leicht in ausreichender Menge für verschiedene Untersuchungen zu gewinnen.
Nachteile: Da die oberflächennahen Venen ins Unterhautfettgewebe eingebettet sind, kann es v. a. bei Frauen, Kleinkindern und adipösen Patienten schwierig sein, eine punktionsgeeignete Vene zu ertasten. Bei Flüssigkeitsmangel, z. B. bei nüchternen Patienten sowie in kalten Räumen, sind die Venen oft unzureichend gefüllt und schwer zu tasten bzw. punktieren. Viele Menschen haben Angst vor dem Kanüleneinstich und neigen bei Blutentnahmen zum Kollaps.
Untersuchungen aus Venenblut: Blutbild, Gerinnungstests, Elektrolyte (Natrium, Kalium, Calcium usw.), Leber-, Nieren-, Muskel- und Bauchspeicheldrüsenwerte, Entzündungswerte und Antikörper, Fette und Cholesterin, Vitamine und Mineralstoffe, Blutgruppe, Medikamenten-, Drogen- und Hormonspiegel, d. h. die Konzentration bestimmter Stoffe u. v. m.
Voraussetzungen: Die meisten Normwerte beziehen sich auf die morgendliche Blutentnahme beim seit 12 Stunden nüchternen Patienten. Der Patient kann normal zu Abend essen und kommt ohne zu frühstücken in die Praxis. Flüssigkeit darf er zu sich nehmen, sofern diese weder Fett noch Zucker oder Alkohol enthält. Notwendige Tabletten können vor der Blutentnahme mit Wasser eingenommen werden. Ungeplante Blutentnahmen, vor denen der Patient gegessen hat, führen v. a. zu Abweichungen von Blutzucker- und Fettwerten. Sofern es nicht um diese **Parameter** (Messwerte) geht, muss der Patient nicht zwingend nüchtern sein.

Abb. 1 Monovetten®-System zur Blutentnahme; nach dem Befüllen der Monovette® bricht man deren Stiel an der Ansatzstelle ab. Nur das volle Röhrchen wird ins Labor geschickt.

Materialien: dünnwandige Einmalhandschuhe, Tablett, Staubinde, ggf. Keilkissen zur Lagerung des Unterarms, Probenröhrchen (mit Namen und Geburtsdatum des Patienten beschriftet oder mit Strichcode beklebt und in der richtigen Reihenfolge bereitgelegt), Kanüle(n), **Adapter** (Verbindungsstück zwischen Kanüle und Probenröhrchen), Ständer zum aufrechten Lagern der Röhrchen, Abwurfgefäß für Kanülen, zwei Tupfer, Hautdesinfektionsspray, Pflaster

Entnahmesysteme: Es sind verschiedene Entnahmesysteme auf dem Markt, die eine hygienische Blutentnahme ermöglichen. Häufig werden Monovetten® und Vacutainer® verwendet (→ Abb. 1 und 4). Die Probenröhrchen sind auf die **Analyseautomaten** abgestimmt, die im Labor die Blutwerte bestimmen. Alle Systeme werden mit Sicherheitskanülen verwendet, um Nadelstiche und Kontakt mit Patientenblut zu vermeiden.

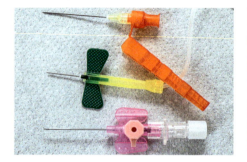

Abb. 2 Sicherheitskanülen, geöffnet

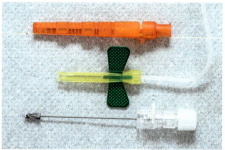

Abb. 3 Sicherheitskanülen, geschlossen

Antikoagulanzien
→ LF 5, S.209
Citrat
→ LF 5, S.209
EDTA
→ LF 5, S.209

Zusätze in Probenröhrchen: Für verschiedene Untersuchungen darf das Blut nicht gerinnen und wird deshalb mit ▎Antikoagulanzien versetzt. ▎**Citrat** (für Gerinnungstests) oder ▎**EDTA** (für Blutbild und HbA$_{1c}$) binden Calcium und verhindern so die Blutgerinnung. Im Gegensatz dazu beschleunigen Kügelchen oder andere Zusätze in Serumröhrchen die Blutgerinnung. Serum wird für längere Lagerung möglichst vom Thrombus getrennt. Dies geschieht in einer **Zentrifuge** (Trennschleuder) und wird durch ein Trenngel, das sich in Serumröhrchen befindet, erleichtert. Das Gel liegt nach dem Zentrifugieren zwischen Serum und Thrombus.

Reihenfolge der Probenröhrchen: Um möglichst korrekte, unverfälschte Werte zu erhalten, sollten die Probenröhrchen in einer bestimmten Reihenfolge gefüllt werden:

1. **Serum**röhrchen, denn beim Einstich in die Haut werden Gerinnungsstoffe frei, die in das erste Probenröhrchen gelangen. Gerinnungstests würden sie stören.
2. **Citrat**röhrchen, da es keine Gerinnungsstoffe aus der Haut enthalten soll
3. **EDTA**-Röhrchen
4. **Fluorid**röhrchen, wenn ein exakter Blutzuckertest gewünscht wird. Fluorid verhindert, dass die Erythrozyten Glukose aus dem Serum verbrauchen und so den Blutzuckerwert senken. Auch spezielle Blutsenkungsröhrchen können als Letzte gefüllt werden.

Abb. 4 Vacutainer® in der Reihenfolge der Blutentnahme: von rechts Serum, Citrat, EDTA, Fluorid

> **MERKE**
>
> Die richtige Reihenfolge der gebräuchlichsten Probenröhrchen ist **Serum-Citrat-EDTA**. Es ergibt sich die Eselsbrücke: **S**aures **C**itronen-**E**is.
> **Heparinröhrchen** werden nach Serum- und Citratröhrchen gefüllt.
> Eselsbrücke: **S**erum-**C**itrat-**H**eparin-**E**DTA-**F**luorid = SCHEF.

Durchführung der Venenblutentnahme

- Staubinde am Oberarm des Patienten anlegen und geeignete Vene ertasten (→ Abb. a)
- entstauen, d. h. Staubinde lösen
- desinfizieren, d. h. Hautdesinfektionsmittel aufsprühen oder mit satt getränktem Tupfer auftragen und nach Herstellerangabe z. B. 30 sec einwirken bzw. trocknen lassen
- nicht nachtasten, da sonst die Desinfektion wiederholt werden muss
- erneut stauen
- Kanülenschliff nach oben halten
- Vene punktieren, d. h. ca. 2–3 mm tief einstechen (→ Abb. b)
- kommt nicht sofort Blut, die Kanüle ganz leicht zurückziehen
- sobald Blut fließt, leicht entstauen; das Blut sollte nicht „schießen", sondern „fließen", da es sonst zur Hämolyse kommt
- Röhrchen ausreichend bzw. bis zur Markierung füllen; bei Vacutainern® lässt der Sog nach, wenn die Probenmenge ausreicht
- gefüllte Serumröhrchen stehend lagern (z. B. in einer Styroporpalette, in der die Röhrchen geliefert werden)
- Röhrchen mit Antikoagulanzien zum Vermischen leicht schwenken, dann abstellen
- spätestens jetzt, nachdem alle Röhrchen gefüllt sind, komplett entstauen
- Kanüle herausziehen und sofort einen Tupfer auf die Punktionsstelle drücken
- den Patienten weiter komprimieren lassen
- die Kanüle sichern und in ein vorschriftsmäßiges Abwurfgefäß entsorgen (→ Abb. c)

Abb. 1 Für die Pädiatrie gibt es spezielle, sehr kleine Probenröhrchen, um Venenpunktionen zu vermeiden und Blutverluste zu minimieren.

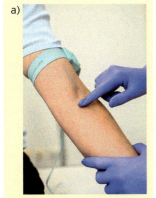

Palpation der Ellenbeugenvene

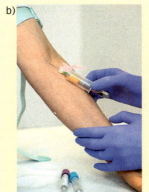

Probengewinnung nach erfolgreicher Punktion

Entsorgen der gesicherten Kanüle

Typische Fehler und Probleme vermeiden:
- Den Patienten nicht mit der Hand „pumpen" lassen; dies erzeugt Hämolyse.
- Eingehend tasten, bis eine Vene gefunden wird, denn auf gut Glück zu stechen, führt nie zum Erfolg. Dass keine Venen sichtbar sind, ist unwichtig; der Tastbefund entscheidet.
- Punktion der Bizepssehne vermeiden (nach Entstauen ist diese immer noch palpabel)
- Patienten nicht wegen „schlechter Venen" kritisieren; niemand hat Einfluss auf seine Anatomie; vorheriges Trinken, ggf. ein Armbad in warmem Wasser oder Hantelübungen mit der ROTE LISTE® o. Ä. locken oft schlecht tastbare Venen hervor.
- Wird man nervös, weil die Blutentnahme nicht gelingt, sollte ggf. eine Kollegin sie durchführen. Nicht zu oft „probieren".

Als **Präanalytik** wird alles das bezeichnet, was vor der Untersuchung im Labor mit einer Probe passiert. Präanalytische Fehler verfälschen die Laborergebnisse erheblich stärker als Abweichungen des Messvorgangs selbst: „Fehler vor dem Komma entstehen in der Praxis, Fehler nach dem Komma im Labor." Daher ist es wichtig, so kurz wie möglich zu stauen, die Röhrchenreihenfolge stets zu beachten, die Röhrchen ggf. zu schwenken, sie aufrecht, bei der richtigen Temperatur und vor allem nicht zu lange zu lagern.

5.2 Kapilläre Blutentnahme (Kapillarblutentnahme)

Kapillaren sind die dünnsten Blutgefäße des Körpers. Daher heißen sie „Haargefäße". Sie befinden sich **zwischen** den kleinen **Arterien und Venen** und dienen dem Stoff- und Gasaustausch zwischen Gewebe und Blut. Viele Kapillaren sind so dünn, dass Erythrozyten nur einzeln hindurchpassen und sich ggf. dafür sogar verformen müssen.

Indikationen: Bluttests, bei denen das Ergebnis sofort benötigt wird, v. a. Blutzuckertests. Auch der Cholesterinspiegel, Leberwerte u. v. m. können mit entsprechenden Teststreifen und -geräten bestimmt werden.
Vorteile: Einfachere Punktionstechnik als bei Venenblutgewinnung, schneller Erhalt der Ergebnisse. Kann vom Patienten selbst durchgeführt werden (Blutzucker, INR). Mit Stechhilfen (Einstichhilfen) ist die Blutentnahme sehr einfach und kaum schmerzhaft.
Nachteile: Bei fehlerhafter Durchführung Verfälschung der Messwerte. Mit einer **Lanzette**, einem kleinen Messerchen für die Kapillarblutentnahme, ist der Einstich recht schmerzhaft. Es sind Schnelltestgeräte erforderlich, was die Messungen verteuert.
Materialien: zwei Tupfer, Hautdesinfektionsmittel, Lanzette oder Stechhilfe, Einmalkapillare oder Teststreifen, Abwurfbox für scharfkantigen Abfall, Pflaster, dünne Einmalhandschuhe
Durchführung:
- Punktionsstelle desinfizieren und trocknen lassen
- mit einer Lanzette oder Einmalstechhilfe *seitlich* an der Fingerbeere des Ring- oder Mittelfingers bzw. seitlich am Ohrläppchen einstechen
- den ersten austretenden Blutstropfen mit einem Tupfer aufnehmen, da er viel Gewebsflüssigkeit enthält; erst den zweiten Tropfen für die Analyse verwenden
- den zweiten Tropfen auf den Teststreifen oder in die Probenkapillare aufnehmen
- Punktionsstelle mit einem Tupfer komprimieren lassen und ggf. mit Pflaster versorgen

Besonderheiten bei der Blutzucker-Messung aus Kapillarblut
→ LF 9, S. 440

Einstich	austretender Blutstropfen	Aufnahme des Blutes

Kapillarblutentnahme für die Blutzuckerbestimmung im Schnelltestgerät

Kapillarblutentnahme aus dem Ohrläppchen in eine Einmalkapillare

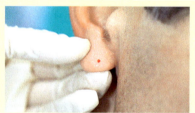
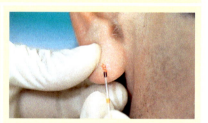

HINWEIS

Bei Neugeborenen wird für wichtige Hormon- und Stoffwechseltests Kapillarblut aus der **Ferse** gewonnen und auf eine Testkarte aufgetropft.

Mögliche Probleme und Fehlerquellen:
- ungenügender Blutfluss durch zu vorsichtigen Einstich oder kalte Finger
- verlängerte Blutungszeit bei Antikoagulanzieneinnahme
- bei Einstich in der Mitte der Fingerbeere spürt der Patient stärkere Schmerzen und fühlt ggf. den ganzen Tag lang die Einstichstelle
- Messergebnis zu niedrig, da bei der Blutgewinnung „gequetscht" wurde und mehr Gewebswasser als Blut gewonnen wurde

Moderne Blutzucker-Messgeräte analysieren bereits den ersten austretenden Blutstropfen. Für die Messung müssen die Finger nicht desinfiziert werden, sofern sie frisch gewaschen sind und unmittelbar vor der Messung nichts Zuckerhaltiges berührt wurde.

5.3 Arterielle Blutentnahme (Entnahme arteriellen Blutes)

Arterien, die Schlag- oder Pulsadern des Körpers, führen im Körperkreislauf arterielles, d. h. sauerstoffreiches Blut. Soll der Sauerstoffgehalt arteriellen Blutes bestimmt werden, um Herz- und Lungenkrankheiten zu beurteilen, benötigt man Arterienblut. Hierfür kann eine Arterie, z. B. die Speichenarterie am Handgelenk, punktiert werden. Auch bei Herzkatheteruntersuchungen kann arterielles Blut gemessen werden. Da jedoch die Arterien tief unter der Haut bzw. im Körper liegen, verwendet man statt Arterienblut meistens **arterialisiertes**, d. h. „arteriell gemachtes", sauerstoffreiches Kapillarblut.

Indikation: Blutgasanalyse (BGA), d. h. Bestimmung des Sauerstoff- und Kohlendioxidgehalts sowie des pH-Werts des Blutes
Materialien: wie Kapillarblutentnahme, zusätzlich Rheumacreme, z. B. Finalgon® Wärmecreme stark; diese regt die Gewebedurchblutung stark an (→ Abb. 1)
Durchführung: Einreiben des Ohrläppchens mit Wärmecreme mindestens 10 Minuten vor der Blutentnahme, die einer Kapillarblutentnahme entspricht. Cremereste werden vor dem Einstich entfernt.
Vorteile: Durch die Wärmecreme ist keine Arterienpunktion nötig, um sauerstoffreiches Blut zu gewinnen.
Nachteile: Die Creme juckt und brennt und man muss sie vorsichtig handhaben, damit sie auf keinen Fall mit Schleimhäuten (Augen!) in Kontakt kommt. Die Fehlerquellen entsprechen denen der Kapillarblutentnahme. Insbesondere sind die Werte zu niedrig, wenn die Wärmecreme nicht lange genug eingewirkt hat und wenn das Ohrläppchen „gequetscht" wird, um ausreichend Blut zu gewinnen.

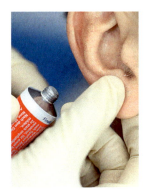

Abb. 1 Anwendung der Wärmecreme zur Vorbereitung der Entnahme arterialisierten Blutes

5.4 Nadelstichverletzungen

Trotz aller Vorsicht passieren Nadelstichverletzungen. Durchschnittlich verletzt sich jeder Mitarbeiter in Praxis und Klinik einmal im Jahr an einer möglicherweise infektiösen Kanüle.

> **MERKE**
>
> Nadelstichverletzungen sind **Arbeitsunfälle**. Sie können weitreichende Folgen für Gesundheit und Leben des Verletzten nach sich ziehen und sind stets der BGW zu melden.

Vorgehen nach Nadelstich- oder Schnittverletzung:
- Wunde ca. eine Minute lang ausbluten lassen
- Wunddesinfektion mit **PVP-Jod** oder alkoholischem Hautdesinfektionsmittel
- Betriebsarzt kontaktieren; dieser beurteilt das Ausmaß der Gefährdung
- nach Anweisung des Betriebsarztes Blutproben des Patienten und des Verletzten für Untersuchungen auf HIV, Hepatitis B und ggf. C (mit Einverständnis!) abnehmen
- den Arbeitsunfall dokumentieren und melden

Die durchschnittliche **Infektionswahrscheinlichkeit** nach einem Nadelstich bei einem infektiösen Patienten beträgt bei **HIV 0,3 %**, bei **Hepatitis C 3 %** und bei **Hepatitis B 30 %**. Der Betriebsarzt führt nach sechs und zwölf Wochen, ggf. auch später noch weitere Antikörpertests zum Nachweis bzw. Ausschluss einer Infektion durch. Bei HIV-infizierten Nadeln wird ggf. eine PEP (**Postexpositionsprophylaxe**) mit antiviralen Medikamenten durchgeführt. Diese sollte innerhalb von zwei Stunden nach der Verletzung begonnen werden. Nicht immune Mitarbeiter erhalten nach einem HBV-haltigen Nadelstich eine Simultanimpfung gegen Hepatitis B. Mitarbeiter, die keinen Antikörpertiter gegen Hepatitis-B-Viren (Anti-HBs-Titer) von wenigstens 100 I.E./mL haben, dürfen keine infektionsgefährdenden Tätigkeiten ausüben, d. h. keine Blutentnahmen durchführen.
Prävention: Die meisten Nadelstichverletzungen passieren durch **Eile und Hektik**. Zu wissen, dass ein Patient infektiös ist, erhöht eher noch die Verletzungswahrscheinlichkeit durch Nervosität des Mitarbeiters. Besser ist es, bei jedem Patienten routinemäßig so zu arbeiten, als sei er infektiös. Dann werden die Schutzmaßnahmen im „Ernstfall" auch wirksam sein.

Informationen zum Vorgehen nach Nadelstichverletzung, Melde- und Analysenformulare zum Download unter
www.bgw-online.de
(Broschüre Nr. M612) und
www.rki.de

Postexpositionsprophylaxe
→ LF 3, S. 77

Terminologie: Blutentnahme

Adapter	Verbindungsstück, z. B. zwischen Kanüle und Probenröhrchen
Analyse	Bestimmung, Untersuchung
arterialisiert	bzgl. Blut: mit hohem Sauerstoffgehalt wie arterielles Blut
Arterie	Schlagader; Blutgefäß, das Blut vom Herzen wegführt
arteriell	1. eine Arterie betreffend, 2. bzgl. Blut: sauerstoffreich
Blutgasanalyse	Bestimmung des O_2- und CO_2-Gehalts des Blutes
Fluorid	hier: Konservierungsstoff für Blutzucker-Probenröhrchen
Kapillare	1. Haargefäß, 2. dünnes Probenröhrchen
kapillär	eine Kapillare (Haargefäß) betreffend, aus (einer) Kapillaren
Lanzette	kleines spitzes Messerchen zur Kapillarblutgewinnung
Parameter	Messwert; Laborwert
Präanalytik	Umgang mit Proben vor der Messung, v. a. Probengewinnung
PVP-Jod	Povidon-Jod; Wirkstoff von Haut- und Schleimhautdesinfektionsmitteln, z. B. Betaisodona®
Spiegel	Konzentration eines Stoffes im Blut, z. B. Cholesterinspiegel
Vene	Blutader; Blutgefäß, das Blut zum Herzen hinführt
venös	1. eine Vene betreffend, 2. bzgl. Blut: sauerstoffarm
Zentrifuge	Trennschleuder (spezielles Laborgerät)

AUFGABEN

1 Aus welchen Venen wird Venenblut am besten gewonnen?

2 In welcher Reihenfolge müssen die Probenröhrchen gefüllt werden? Begründen Sie Ihre Antwort.

3 Welche Antikoagulanzien befinden sich in Blutprobenröhrchen und was bewirken sie?

4 Warum darf man Blutproben nicht schütteln?

5 Beschreiben Sie das Vorgehen bei der Venenblutentnahme.

6 Was ist zu tun, wenn ein Patient „schlechte Venenverhältnisse" hat, aber Blut abgenommen werden muss?

7 Warum finden Blutentnahmen meistens morgens statt?

8 Dürfen Patienten vor einer Nüchtern-Blutentnahme ihre Dauermedikation einnehmen?

9 Welche Fehler bei der Blutgewinnung und -lagerung führen zur Hämolyse?

10 Warum führt man die Kapillarblutentnahme an der Seite der Fingerkuppe durch und warum wählt man den Mittel- oder Ringfinger?

6 Herz und Kreislauf

Das Herz (gr. **Cardia,** lat. **Cor**) ist das zentrale Organ des Herz-Kreislauf-Systems, das auch **kardiovaskuläres System** heißt. Das Herz liegt im Thorax linksseitig oberhalb des Zwerchfells, umschlossen von den beiden Lungenflügeln. Rippen und Brustbein schützen es vor Verletzungen. Die notwendige Bewegungsfreiheit bleibt dem Herzen dabei erhalten.

6.1 Großer und kleiner Kreislauf

Aufgabe des Herzens ist es, das Blut durch den Körper zu pumpen, um alle Organe bedarfsgerecht mit Sauerstoff und Nährstoffen zu versorgen. Dazu dient der **große Kreislauf**, auch **Körperkreislauf** genannt. Das Herz pumpt sauerstoffreiches Blut in den Körper hinein und nimmt sauerstoffarmes, kohlendioxidreiches Blut aus dem Körper auf (→ Abb. 1). Es pumpt nun das „verbrauchte", d. h. sauerstoffarme Blut in die Lunge, damit die Erythrozyten wieder Sauerstoff aufnehmen. Da die Lunge dem Herzen direkt benachbart liegt, muss das Blut vom Herzen zur Lunge und zurück nur kleine Strecken zurücklegen. Dieser Teil des Blutkreislaufs heißt daher **kleiner Kreislauf** oder **Lungenkreislauf**. Er ist viel kleiner als der Körperkreislauf.

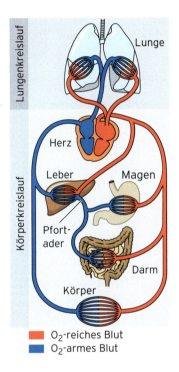

Abb. 1 Kleiner und großer Kreislauf (Schemazeichnung)

6.2 Aufbau des Herzens

Das Herz ist ein Hohlorgan, das vor allem aus Muskulatur, der speziellen Herzmuskulatur, besteht. Die Muskelschicht des Herzens ist das **Myokard**. Die Herzgröße entspricht beim erwachsenen Menschen etwa der Größe seiner Faust.

Das Herz besteht aus der rechten und linken Herzhälfte, die vereinfacht **rechtes und linkes Herz** genannt werden. Das **Septum**, die Herzscheidewand, trennt das rechte vom linken Herzen (→ Abb. 2). Das rechte Herz pumpt das Blut in den kleinen Kreislauf. Es hat eine dünnere Muskelschicht als das linke Herz, das den großen Kreislauf versorgt und dafür mehr Kraft benötigt. Jede Herzhälfte besteht aus dem **Atrium** (dem **Vorhof**) und dem **Ventrikel** (der Herzkammer, kurz **Kammer** genannt). Atrium und Ventrikel werden jeweils durch eine Herzklappe getrennt. Herzklappen sind ventilartige Gebilde, die sich öffnen und schließen. Sie bestimmen die Richtung des Blutflusses, da sie sich nur in eine Richtung öffnen lassen. Man kann sie sich vorstellen wie Türen, die auch nur in eine Richtung aufgehen (versucht man, eine Tür zur falschen Seite aufzudrücken, schließt man sie nur noch fester). Die Herzklappen sorgen auf diese Weise dafür, dass das Blut nur „vorwärts" fließt; sie verhindern einen Rückfluss.

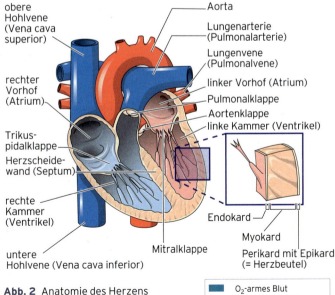

Abb. 2 Anatomie des Herzens

Zwischen Atrium und Ventrikel befindet sich im rechten und linken Herzen jeweils eine **Segelklappe**. Ihr Aussehen erinnert an die Segel eines Schiffes. Im rechten Herzen besitzt die Klappe drei Segel und heißt daher **Trikuspidalklappe (Dreisegelklappe)**. Die entsprechende Klappe des linken Herzens hat zwei Segel und heißt **Mitralklappe (Zweisegelklappe)**. Die Mitralklappe ähnelt einer Bischofsmütze (Mitra).

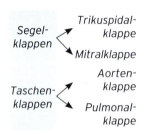
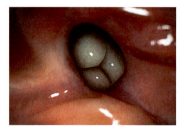

Abb. 1 Normale Herzklappe (Taschenklappe, vom Ventrikel aus gesehen)

Als **Taschenklappen** werden die Klappen zwischen den Ventrikeln und den großen Blutgefäßen, in die sie das Blut pumpen, bezeichnet. Sie verhindern einen Rückfluss des Blutes in die Ventrikel und bestehen jeweils aus drei gleich großen Taschen, die in der Aufsicht an einen Mercedesstern erinnern (→ Abb. 1).

Zwischen dem linken Ventrikel und der **Aorta** (der Hauptschlagader) liegt die **Aortenklappe** und zwischen dem rechten Ventrikel und der Lungenschlagader (der **Pulmonalarterie**) befindet sich die **Pulmonalklappe**.

Die innere Oberfläche des Herzens sowie die Herzklappen sind mit einer dünnen, glänzenden Gewebeschicht überzogen, dem **Endokard**. Sie entspricht dem **Endothel**, das die Blutgefäße auskleidet. Das Endokard ist sehr glatt und verhindert so, dass sich Thrombozyten z. B. an den Herzklappen anlagern und Thromben bilden. Das Endokard ist auch deshalb so beschaffen, damit Erythrozyten auch beim schnellen Passieren der Herzklappen nicht verletzt werden.

Damit das Herz ungehindert pumpen bzw. schlagen kann, muss es sich widerstandsfrei bewegen können. Dazu dient seine äußere Umhüllung, das **Perikard** (der Herzbeutel). Es besteht aus dem **Epikard**, einer dünnen Gewebeschicht, die dem Myokard außen aufliegt, sowie einer festen Bindegewebshülle. Zwischen beiden Perikardschichten befindet sich eine geringe Menge Gleitflüssigkeit. Somit liegt das Herz in einem glatten „Beutel", umschlossen von Rippen und Brustbein, gut geschützt im Brustkorb.

6.3 Blutgefäße (Adern)

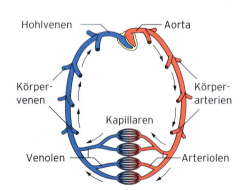

Abb. 2 Geschlossenes System der Blutgefäße (Körperkreislauf)

Blutgefäße sind schlauchförmige Organe, durch die das Blut fließt. Sie entspringen aus dem Herzen und führen das Blut zum Herzen zurück. Dabei bilden sie ein geschlossenes System, das Kreislaufsystem, in dem das Blut buchstäblich im Kreis läuft (→ Abb. 2).

> **MERKE**
>
> Blutgefäße, die vom Herzen wegführen, heißen **Arterien** (Schlagadern).
> Blutgefäße, die zum Herzen hinführen, heißen **Venen** (Blutadern).

In der Anatomie kürzt man Arterie mit **A.** (sprich **Arteria**) und Vene mit **V.** (sprich **Vena**) ab.

Arterien und Venen haben einen dreischichtigen Wandaufbau:
- innen das **Endothel**
- in der Mitte eine **Muskelschicht**
- außen **Bindegewebe**, das die Ader mit dem umgebenden Gewebe verbindet (→ S. 225, Abb. 1)

Arterien haben eine dickere Muskelschicht als Venen, da sie dem Blutdruck des Körperkreislaufs, den das Herz bei jedem Herzschlag aufbringt, standhalten müssen. Man nennt sie daher auch Schlagadern. Die Muskelschicht der Arterien bestimmt auch den Blutdruck mit; ist die Gefäßmuskulatur angespannt, steigt der Blutdruck. Einige |Antihypertensiva wirken deshalb so, dass sie die Muskulatur der Arterien lockern.

Abb. 1 Grundaufbau von Arterien und Venen

Antihypertensiva
→ LF 4, S.179

Die Druckwelle, die durch die Pumptätigkeit des linken Herzens entsteht, ist an den oberflächennahen Arterien als **Puls** fühlbar. Je dicker eine Arterie ist (und je höher der Blutdruck ist), desto stärker ist ihr Puls zu spüren bzw. zu tasten.

Die Arterien verzweigen sich in immer kleinere Äste. Sie bilden die **Arteriolen**, bevor sie sich in die dünnsten Blutgefäße, die Kapillaren, aufzweigen. Die Arteriolen sind Widerstandsgefäße, d. h., sie regeln den Blutzufluss in das angeschlossene Kapillarsystem.

 Kommt man im Winter von draußen in einen warmen Raum, stellen sich die Arteriolen weit. Es kommt zu einer **Gesichtsrötung**. Bei Kälte drosseln die Arteriolen die Kapillardurchblutung, um Energieverluste gering zu halten. Ebenso spielen Arteriolen beim Erröten eine Rolle. Je nach Veranlagung und Situation tritt die unerwünschte Gesichtsrötung mehr oder weniger oft auf. Auch bei der Erektion erweitern sich Arteriolen und lassen Blut in die Schwellkörper einströmen. Der Blutabfluss wird zeitweise versperrt. Arzneimittel wie Viagra® verhindern einen zu frühen Blutabfluss. Eine typische Nebenwirkung ist die Gesichtsrötung.

In den **Kapillaren** findet der Gas- und Stoffaustausch statt. Durch ihre große Anzahl bilden sie eine riesige Oberfläche. In der Lunge umschließen die Kapillaren die Lungenbläschen (→ Abb. 2). Hierdurch wird der direkte Kontakt des Blutes zur Atemluft ermöglicht: das Blut nimmt Sauerstoff auf und gibt Kohlendioxid ab.

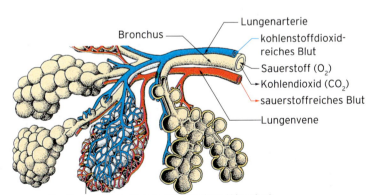

Abb. 2 Lungenkapillaren umschließen die Lungenbläschen (Alveolen).

Nachdem das Blut die Kapillaren des Körperkreislaufs passiert und den Sauerstoff weitestgehend abgegeben hat, gelangt es über **Venolen** in die Venen und so zum Herzen zurück. Die Venen der unteren Körperhälfte münden in die **untere Hohlvene (V. cava inferior)**, die der oberen Körperhälfte in die **obere Hohlvene (V. cava superior)**. Beide Hohlvenen münden in den rechten Vorhof und damit ins Herz.

Venen stehen nicht unter dem hohen Druck, dem Arterien ausgesetzt sind. Ihre Wand ist dünner und schlaffer und sie haben einen größeren Durchmesser als Arterien. Dadurch haben Venen das Problem, dass sie das Blut ohne viel Muskelkraft gegen die Schwerkraft zum Herzen zurückbefördern müssen. Sie nutzen die direkte Nachbarschaft von Arterien, deren Pulswelle ihnen hilft, das Blut in Richtung Herz zu transportieren. Damit der Arterienpuls in die richtige Richtung wirkt, besitzen Venen Klappen. Ähnlich wie die Herzklappen verhindern die ventilartigen **Venenklappen** einen Rückfluss des Blutes (→ S. 226, Abb. 1).

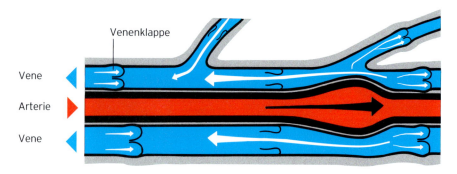

Abb. 1 Mittels ihrer Klappen nutzen Venen den Arterienpuls für einen Blutstrom in Gegenrichtung: zum Herzen hin.

Arterien erleiden im Laufe des Lebens durch den Blutdruck, dem sie ausgesetzt sind, degenerative Veränderungen. Insbesondere das Endothel der Arterien nimmt auf Dauer Schaden. Es kommt zur **Arteriosklerose**, einer Verhärtung und Verengung der Schlagadern mit Cholesterinablagerungen u. v. m. Zu den Folgekrankheiten schwerer Arteriosklerose zählen z. B. Schlaganfall und Herzinfarkt.

Arteriosklerose
→ LF 5, S. 251
Varikose
→ LF 5, S. 260

Venen können im Laufe des Lebens erschlaffen. Durch die Gefäßerweiterungen werden die Klappen undicht; es kommt zur **Varikose**, dem Krampfaderleiden.

Beim **Kopfstand**, Handstand oder Kopfüberhängen fördern Arterien Blut in den Kopf. Dieser wird rot, da das Blut nicht mehr so gut abfließt wie beim aufrecht stehenden Menschen. Der Grund ist, dass es im Kopf keine Venenklappen gibt. In normaler Haltung normalisieren sich der venöse Blutfluss und die Hautfarbe rasch.

6.4 Blutkreislauf und Herzaktion

Abhängig vom Sauerstoffgehalt des Blutes unterscheidet man **arterielles**, d. h. **sauerstoffreiches**, und **venöses**, d. h. **sauerstoffarmes**, Blut.

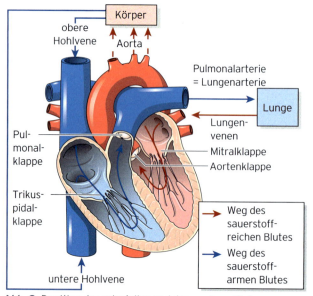

Abb. 2 Der Weg des arteriellen und des venösen Blutes

> **MERKE**
>
> Im **Körperkreislauf** führen Arterien arterielles Blut und Venen venöses Blut.
> Im **Lungenkreislauf** ist es umgekehrt: Arterien führen venöses Blut und Venen arterielles Blut.

Bei der Betrachtung von Abbildungen des Herz-Kreislauf-Systems muss man sich zunächst vergewissern, was mit Rot und Blau bezeichnet wurde: die Art der Blutgefäße (Arterien und Venen) oder die Art des Bluts (arterielles und venöses Blut).

Der Weg des Blutes durch das Herz wird üblicherweise vom rechten Atrium aus beschrieben (→ Abb. 2).

Das Blut aus der oberen und unteren **Hohlvene** fließt ins rechte **Atrium**. Die Vorhofmuskulatur pumpt es durch die **Trikuspidalklappe** in den rechten **Ventrikel**. Durch die Pumpleistung des Vorhofs wird die Kammer schnell und effektiv gefüllt und das Herz spart Kraft. Der rechte Ventrikel nimmt das Blut auf und befördert es durch die **Pulmonalklappe** in die **Pulmonalarterie**. Diese teilt sich in zwei große Äste für die Lungenflügel; sie verzweigt sich weiter und mündet in die **Lungenkapillaren**. Dort gibt das Blut Kohlendioxid an die Atemluft ab und nimmt Sauerstoff auf. Das nun arterielle Blut fließt durch die **Pulmonalvenen** (Lungenvenen) ins linke Atrium. Von dort wird es durch die **Mitralklappe** in den **linken Ventrikel** gepumpt. Dieser befördert das Blut durch die **Aortenklappe** in die **Aorta**, die Hauptschlagader des Körpers. Aus der Aorta entspringen die **Körperarterien**, die sich in **Arteriolen** und schließlich **Kapillaren** verzweigen. In den Kapillaren des Körperkreislaufs findet wieder ein Gasaustausch statt: Sauerstoff gelangt in die Zellen und Kohlendioxid wird vom Blut aufgenommen. So wird das Blut wieder venös. Es fließt über **Venolen** und **Venen** zum Herzen zurück.

Jede Herzaktion bzw. jeder „Herzschlag" besteht aus zwei Anteilen: der **Systole** (sprich Sýstole), der Austreibungsphase, und der **Diastole** (sprich Dίastole), der Füllungsphase (→ Abb. 1). In der Systole kontrahiert sich das Myokard; in der Diastole erschlafft es.

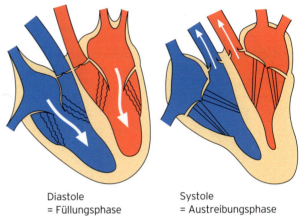

Diastole
= Füllungsphase

Systole
= Austreibungsphase

Abb. 1 Arbeitsphasen des Herzens

6.5 Herztöne und Herzgeräusche

Die beiden Phasen der Herzaktion gehen mit charakteristischen Herztönen einher, die mit dem Stethoskop leicht auskultierbar sind. Die **Herztöne** (HT) entstehen durch den Klappenschluss: Der **erste Herzton** ist der **Segelklappenschluss** und der **zweite Herzton** der **Taschenklappenschluss**. Daher markiert der erste Herzton den Beginn der Systole und der zweite Herzton den Beginn der Diastole. Der erste Herzton klingt etwas dunkler als der zweite durch die gleichzeitige Kontraktion der Ventrikelmuskulatur. Den ersten Herzton hört man am besten linksseitig über der Herzspitze – da, wo das „Klopfen" des Herzens spürbar ist. Dort befindet sich der muskelstarke linke Ventrikel. Der zweite Herzton ist am besten rechts neben dem Brustbein zu hören, da sich dort die Aortenklappe befindet.

Tastet man beim Abhören des Herzens den Puls, stellt man fest, dass je zwei Herztöne einer Pulswelle entsprechen.

Während Herz*töne* physiologisch sind, können **Herz*geräusche*** pathologisch sein. Sie können durch Strömungshindernisse, z. B. verengte Herzklappen, oder einen Rückfluss von Blut durch eine undichte Herzklappe bedingt sein. Unter anderem bei sehr schlanken Menschen und Kindern treten allerdings auch harmlose Strömungsgeräusche auf. Der Auskultationsbefund und ggf. weitere Untersuchungen helfen zu differenzieren, ob ein Geräusch pathologisch ist.

Die **Herzfrequenz**, d. h. die Anzahl der Herzaktionen pro Minute, liegt beim gesunden Erwachsenen in Ruhe zwischen 60 und 80 Schlägen. Herz- und Pulsfrequenz stimmen normalerweise überein, sodass die Herzfrequenz durch Pulszählung messbar ist.

Sitz der Seele? Viele Kulturen betrachten das Herz als den Sitz der Seele und stellen es künstlerisch als Liebessymbol dar. Dies mag daran liegen, dass das Herz auf Gefühle sehr sensibel reagiert. Die Umschaltung von Gefühlen in Funktionsänderungen des Herzens und anderer Organe geschieht im Gehirn, genauer im vegetativen Nervensystem. Es gibt bei Emotionen entsprechende Botenstoffe in den Körper ab und sorgt dafür, dass unser Herz hüpft, bis zum Halse schlägt oder auch in die Hose rutscht.

6.6 Koronargefäße (Herzkranzgefäße)

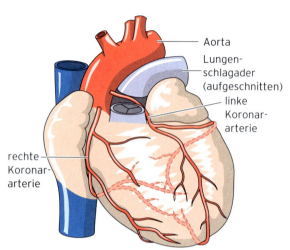

Abb. 1 Herzkranzgefäße

Arteriosklerose
→ LF 5, S. 251
Herzinfarkt
→ LF 5, S. 255

Das Herz schlägt durchschnittlich 70-mal pro Minute, 4200-mal pro Stunde, 100 000-mal am Tag und in 70 Lebensjahren ca. 2,5 Billionen Mal – ohne Pause. Bei jeder Herzaktion befördert es 160 mL Blut (80 mL pro Ventrikel). Für diese Dauerleistung benötigt das Myokard ausreichend Sauerstoff und Nährstoffe. Es verbraucht 10 % des Sauerstoffs, obwohl es nur 5 % des Körpergewichts ausmacht.

Das Herz wird durch eigene Blutgefäße versorgt. Da diese das Herz an einigen Stellen kranzähnlich umfassen, nennt man sie **Herzkranzgefäße** oder **Koronargefäße** (→ Abb. 1). Beide **Koronararterien**, die rechte und die linke, entspringen aus der Aorta kurz oberhalb der Aortenklappe. Dadurch erhält der Herzmuskel das sauerstoffreichste Blut des Körpers – es kommt direkt von der Lunge. Die Koronararterien verzweigen sich im Myokard in Arteriolen und Kapillaren. Die **Koronarvenen** münden in den rechten Vorhof.

Wie alle Schlagadern werden auch die Koronararterien lebenslang durch den Blutdruck belastet. Ist dieser zu hoch und/oder liegen andere Risikofaktoren vor, entsteht ▎Arteriosklerose. Betrifft diese die Koronararterien, heißt sie **Koronarsklerose**. Führt sie zu einem **Koronararterienverschluss** und stirbt der nicht durchblutete Myokardanteil ab, ist ein ▎**Herzinfarkt** entstanden.

6.7 Reizleitungssystem des Herzens

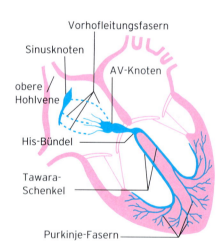

Abb. 2 Reizleitungssystem des Herzens

> **HINWEIS**
>
> His, Tawara und Purkinje hießen die Entdecker der jeweiligen Strukturen.

Für seine Pumptätigkeit benötigt das Herz Befehle bzw. Impulse. Diese erhält es in Form von Stromreizen durch das vegetative (unwillkürlich und automatisch arbeitende) Nervensystem. Viele Faktoren beeinflussen Herzfrequenz und -kraft: körperliche Aktivität, wie Arbeit und Sport, das seelische Befinden und Schilddrüsenhormone. Auch Medikamente, Genussmittel, wie Koffein und Alkohol, sowie Drogen wirken sich auf die Herztätigkeit aus.

Spezialisierte Zellen des Myokards bilden das **Reizleitungssystem** des Herzens (→ Abb. 2). In diesem entstehen elektrische Impulse und werden so weitergeleitet, dass eine optimale Zusammenarbeit aller Myokardzellen erfolgt. So arbeitet das Herz gleichzeitig effektiv und sparsam.

Der oberste „Befehlshaber" des Reizleitungssystems ist der **Sinusknoten**. Er gibt die Herzschlagfolge vor und wird als Schrittmacher des Herzens bezeichnet. Der normale Herzrhythmus heißt daher **Sinusrhythmus**. **Vorhofleitungsfasern** leiten jeden Impuls des Sinusknotens, der eine Herzaktion auslösen soll, an den **AV-Knoten** weiter. Dieser liegt am Übergang zwischen **A**trium und **V**entrikel und heißt daher eigentlich Atrioventrikularknoten. Er verzögert den ankommenden Impuls leicht; die minimale Pause nutzen die Vorhöfe, um die Kammern zu füllen. Vom AV-Knoten gelangt der Stromreiz über das im Septum liegende His-Bündel zu den Ventrikeln. Das **His-Bündel** teilt sich in zwei Stränge auf, den rechten und linken **Tawara-Schenkel**. Die Tawara-Schenkel münden in die feinen **Purkinje-Fasern**, die zu den Zellen des Myokards führen. Bei diesen Zellen löst der Stromreiz schließlich eine Kontraktion aus.

Fällt der Sinusknoten einmal aus, übernimmt der AV-Knoten dessen Funktion als Schrittmacher. Allerdings ist der AV-Rhythmus mit ca. 30–40 Schlägen/Minute viel langsamer als der Sinusrhythmus mit seiner Frequenz von 60–80 Schlägen/Minute. Sogenannte Ersatzrhythmen sind mit erheblichen Symptomen verbunden und bergen die Gefahr lebensbedrohlicher Herzrhythmusstörungen wie Kammerflimmern.

6.8 Lymphgefäße und Lymphsystem

Lymphgefäße sind **Leitungsbahnen**, die unseren Körper mit einem feinen, dichten Netz durchziehen (→ Abb. 1). Sie sind die einzigen Gefäße, die keinen Kreislauf bilden, sondern nur in eine Richtung Flüssigkeit transportieren – quasi Einbahnstraßen. Sie führen die **Lymphe** aus allen Körperteilen in Richtung Herz. Die Lymphe enthält Wasser, Fremdstoffe und Krankheitserreger aus den Geweben sowie aus dem Darm aufgenommenes Nahrungsfett.

Die Lymphgefäße entspringen im Gewebe als feinste Kapillaren, die parallel zu Blutkapillaren verlaufen.

Die Lymphbahnen vereinigen sich mehrfach zu immer größeren Sammelgefäßen, deren größtes schließlich in eine herznahe Vene einmündet. Es führt die Lymphe dem Blutkreislauf zu. Auf ihrem langen Weg zum Herzen passiert die Lymphe mehrere **Lymphknoten**. Dies sind kleine Abwehrzentren des Körpers, die die Lymphe filtern. Sie fangen Krankheitserreger, Fremdstoffe und Krebszellen ab und bekämpfen sie mit Lymphozyten. Jeder Lymphknoten nimmt Lymphe aus einem bestimmten Körpergebiet auf. Bei Krebserkrankungen findet man ggf. **regionale Lymphknoten** vergrößert, weil sie Krebszellen aus dem entsprechenden Gebiet aufgenommen haben. Bei Brustkrebs sind dies oft die Lymphknoten der gleichseitigen Achselhöhle. Das Abfangen der Krebszellen in regionalen Lymphknoten kann das Streuen von Krebszellen in den gesamten Körper verzögern. Bei Operationen entfernt man daher ggf. außer dem Tumor auch die regionalen Lymphknoten. Da die Lymphe nach der Lymphknotenentnahme nicht mehr ungehindert abfließt, entsteht oft ein Lymphstau mit Gewebeschwellung, ein **Lymphödem** (→ Abb. 2).

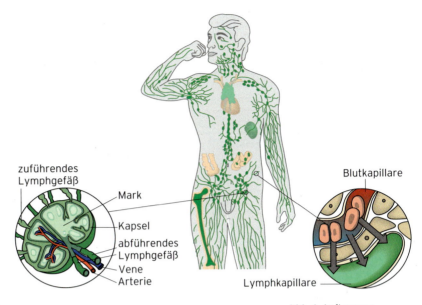

Abb. 1 Aufbau von Lymphknoten und Lymphkapillare

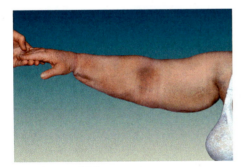

Abb. 2 Lymphödem

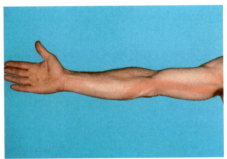

Abb. 3 Lymphangitis

HINWEIS

Lipödem nennt man anlagebedingte Gewebeschwellungen bei Adipositas, die zu Störungen des Lymph- und Blutflusses führen und sich so selbst verstärken. Sie bessern sich durch Gewichtsreduktion und Bewegung.

Wird ein Lymphknoten durch Krankheitserreger oder Fremdstoffe besonders beansprucht, schwillt er zumindest zeitweise an. Dies kann man z. B. unterhalb des Kieferwinkels ertasten (dort, wo der Unterkiefer einen Winkel bildet). Dort liegen die Lymphknoten, die bei Rachen- und Mandelentzündungen vermehrt beansprucht werden. Am Kieferwinkel und in der Leiste hat fast jeder Mensch tastbare Lymphknoten, weil immer wieder Bakterien, Viren, Fremdstoffe, Insektengift oder auch Tätowierungsfarben ins Gewebe gelangen und abgewehrt werden. Ein häufiger Auslöser für Lymphknotenschwellungen sind Bakterien, denen kleine Rasurwunden als Eintrittspforte dienen. Dringen viele virulente Bakterien in eine Lymphbahn ein und entzündet sich diese, ist eine **Lymphangitis** entstanden (→ Abb. 3).

Eine Lymphangitis ist als schmerzhafter dunkelroter Streifen sicht- und tastbar. Ohne antibiotische Therapie kommt es zum Fortschreiten der Infektion in Richtung Herz und anschließend zur Überschwemmung des Kreislaufs mit den Bakterien. Dann spricht man von einer **Sepsis** (sog. Blutvergiftung, Überschwemmung des Organismus mit Erregern).

→ Terminologie: Herz-Kreislauf-System

Aorta	Hauptschlagader
Aortenklappe	Taschenklappe zwischen linkem Ventrikel und Aorta
arteriell	bzgl. Blut: sauerstoffreich
Arteriole	Widerstandsgefäß zwischen Arterien und Kapillaren
Atrium	Vorhof (des Herzens)
AV-Knoten (Atrioventrikularknoten)	Teil des Reizleitungssystems des Herzens; leitet Impulse des Sinusknotens leicht verzögert weiter
Cardia; Cor	Herz (Hinweis: Kardia heißt auch ein Teil des Magens)
Diastole	Füllungsphase des Herzens
Endokard	Innenschicht der Herzwand (überzieht auch die Herzklappen)
Endothel	innere Schicht der Blutgefäße
Epikard	dünne Gewebeschicht auf der Außenseite des Myokards; innerer Teil des Perikards
Herzfrequenz	Anzahl der Herzaktionen pro Minute
His-Bündel	Teil des Reizleitungssystems des Herzens
kardial	das Herz betreffend
Koronargefäße	Arterien und Venen zur Blutversorgung des Herzmuskels
Koronarsklerose	Arteriosklerose (Verengung, Verhärtung) der Koronararterien
Körperkreislauf	großer Kreislauf; Anteil des Kreislaufsystems, der O_2-reiches Blut in den Körper und O_2-armes Blut zum Herzen zurückbringt
Lungenkreislauf	kleiner Kreislauf; Anteil des Kreislaufsystems, der O_2-armes Blut in die Lunge und O_2-reiches Blut zum Herzen zurückbringt
Lymphangitis	Lymphgefäßentzündung durch bakterielle Infektion
Lymphknoten, regionale	Lymphknoten, die die Lymphe aus einer Körperregion filtern
Lymphödem	Lymphstau im Gewebe mit Schwellung des Körperteils
Lymphsystem	Teil des körpereigenen Abwehrsystems, das aus Lymphgefäßen, Lymphknoten und Lymphozyten besteht
Myokard	Herzmuskulatur; mittlere Schicht der Herzwand
Perikard	Herzbeutel; Außenschicht der Herzwand, bestehend aus dem dünnen Epikard und der bindegewebigen Außenschicht
Pulmonalarterie	Lungenschlagader; Lungenarterie
Pulmonalklappe	Taschenklappe zwischen rechtem Ventrikel und Lungenarterie
Pulsfrequenz	Anzahl der Pulswellen pro Minute

Purkinje-Fasern	feinste Fasern des Reizleitungssystems des Herzens
Reizleitungssystem	spezialisierte Myokardanteile, die elektrische Impulse erzeugen und weiterleiten: **Sin**usknoten → **AV**-Knoten → **H**is-Bündel → linker und rechter **Ta**wara-Schenkel → **Pu**rkinje-Fasern
Eselsbrücke: **Sin**gen **a**m **V**ormittag **h**asst **Ta**ntchens **Pu**del.	
Septum	Herzscheidewand
Sinusknoten	oberster Impulsgeber im Reizleitungssystem des Herzens
Sinusrhythmus	normaler Herzrhythmus, der vom Sinusknoten ausgeht
Systole	Austreibungsphase des Herzens
Tawara-Schenkel	Teile des Reizleitungssystems des Herzens
Vena cava inferior	untere Hohlvene
Vena cava superior	obere Hohlvene
venös	bzgl. Blut: sauerstoffarm
Venolen	Blutgefäße zwischen Kapillaren und Venen
Ventrikel	Herzkammer

AUFGABEN

1 Beschreiben Sie den Weg des Blutes durch das Herz von der rechten oberen Hohlvene aus (in Stichworten).

2 Welche Funktion haben die Herzklappen?

3 Welche Arten von Herzklappen gibt es und wo befinden sie sich im Herzen?

4 Was versteht man unter arteriell und venös?

5 Was versteht man unter Arterien und Venen?

6 Zählen Sie auf, welche Teile des kardiovaskulären Systems arterielles Blut führen.

7 Zählen Sie auf, welche Teile des kardiovaskulären Systems venöses Blut führen.

8 Aus welchen Schichten besteht die Herzwand? Nennen Sie die Schichten mit Fachbegriffen von innen nach außen.

9 Aus welchen Teilen besteht das Lymphsystem?

10 Welche Aufgaben erfüllt das Lymphsystem?

Warum pocht es bei Entzündungen? Verschiedene Schädigungen werden vom Gewebe mit einer Entzündung beantwortet. Diese ist durch die fünf Entzündungssymptome Rötung, Schwellung, Überwärmung, Schmerz und Funktionsstörung gekennzeichnet. Die vermehrte Durchblutung kann so stark sein, dass im entzündeten Gebiet ein Puls spürbar wird. Dieser wäre mit feineren Messmethoden auch im gesunden Gewebe tastbar, aber auch unsere Wahrnehmung bemerkt ihn erst bei der entzündungsbedingten Hyperämie (verstärkter Durchblutung).

7 Diagnostik des Herz-Kreislauf-Systems

7.1 Pulsmessung und Pulsstatus

HINWEIS

Hinweis: Werden (z. B. bei Diabetikern) alle wichtigen Pulse des Körpers palpiert und beurteilt, spricht man vom **Pulsstatus** des Patienten.

Der **Puls** ist eine durch die Pumpleistung des Herzens ausgelöste Druckwelle, die sich über Arterien tasten lässt. Jeder Pulsschlag wird durch eine Herzaktion, d. h. die Kontraktion des Myokards in der Systole, ausgelöst. Puls- und Herzfrequenz sind normalerweise gleich.

Die Messung der Puls- bzw. Herzfrequenz ist ein wichtiges diagnostisches Mittel bei Herzkrankheiten, aber auch bei Infektionen, Blutungen, Verletzungen u. v. m.

Der Puls ist an mehreren Körperstellen tastbar. Je näher eine Arterie am Herzen liegt und je größer ihr Durchmesser ist, desto stärker ist ihr Puls. Bei Bluthochdruck fühlt sich der Puls anders an; er erscheint „härter".

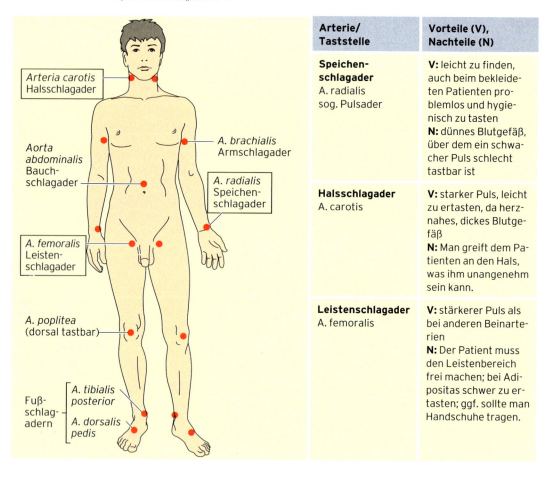

Arterie/ Taststelle	Vorteile (V), Nachteile (N)
Speichenschlagader A. radialis sog. Pulsader	**V:** leicht zu finden, auch beim bekleideten Patienten problemlos und hygienisch zu tasten **N:** dünnes Blutgefäß, über dem ein schwacher Puls schlecht tastbar ist
Halsschlagader A. carotis	**V:** starker Puls, leicht zu ertasten, da herznahes, dickes Blutgefäß **N:** Man greift dem Patienten an den Hals, was ihm unangenehm sein kann.
Leistenschlagader A. femoralis	**V:** stärkerer Puls als bei anderen Beinarterien **N:** Der Patient muss den Leistenbereich frei machen; bei Adipositas schwer zu ertasten; ggf. sollte man Handschuhe tragen.

Abb. 1 Pulstasten mit drei Fingern einer Hand

Durchführung der Pulsmessung

Man legt drei Fingerkuppen *leicht* auf die Haut an der Stelle, unter der sich die Arterie befindet. Spürt man den Puls nicht sogleich, bewegt man die tastenden Finger (Zeige-, Mittel- und Ringfinger) ein wenig hin und her, bis man ganz sicher ist, dass man den Puls ertastet hat. Der Daumen ist nicht zum Pulszählen geeignet, da er selbst eine recht große Arterie hat und man versehentlich den eigenen Puls tasten kann. Auch hat der Daumen weniger Feingefühl als die mittleren Finger. Im Regelfall wird der **Ruhepuls** gezählt; der Patient muss vor der Messung fünf Minuten lang ruhig gesessen haben.

Sobald man den Puls ertastet hat, prüft man, ob er regelmäßig ist. Bei den meisten Menschen ist dies der Fall. Dann genügt es, 15 Sekunden lang zu zählen und das Ergebnis mit vier zu multiplizieren, um die Pulsfrequenz/Minute zu erhalten.

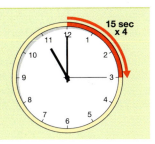

BEISPIELE

15 gezählte Schläge x 4 = 60;
die Pulsfrequenz beträgt 60 pro Minute
18 gezählte Schläge x 4 = 72;
die Pulsfrequenz beträgt 72 pro Minute
26 gezählte Schläge x 4 = 104;
die Pulsfrequenz beträgt 104 pro Minute

Stellt man beim Pulstasten jedoch Unregelmäßigkeiten fest, muss eine volle Minute lang gezählt werden. Ein unregelmäßiger Puls heißt **arrhythmisch** (nicht rhythmisch), die Pulsunregelmäßigkeit heißt **Arrhythmie**. Arrhythmien, d. h. Herzrhythmusstörungen, sind häufig und vielgestaltig. Auch jeder gesunde Mensch hat ab und zu eine unregelmäßige Herzschlagfolge. Nicht alle Arrhythmien werden gespürt bzw. wahrgenommen. Sie können sich z. B. als „Stolpern", als Doppelschlag, als verstärkte oder beschleunigte Herzaktion bemerkbar machen. Die Ursachen der Arrhythmien sind vielfältig; verschiedene Erkrankungen – nicht nur des Herzens – können sie verursachen. Zur Diagnostik dienen EKG bzw. Langzeit-EKG.

EKG
→ LF 5, S.238
Langzeit-EKG
→ LF 5, S.242

Die Normbereiche der Puls- bzw. Herzfrequenz sind vom Lebensalter abhängig	
Lebensalter	normaler Ruhepuls/Minute
Säugling	120
Kleinkind	100
Schulkind	90
Erwachsener	60-80
Abweichungen bezogen auf den Normbereich Erwachsener in Ruhe	
	mögliche Ursachen (Beispiele)
Bradykardie Pulsverlangsamung auf < 60/Minute	– guter Trainingszustand; intensives Ausdauertraining senkt den Ruhepuls – Therapie z. B. mit Betablockern oder Verapamil – Herzkrankheiten
Tachykardie Pulsbeschleunigung auf > 100/Minute	– Aufregung, Angst, Nervosität (z. B. beim Arztbesuch) – Schilddrüsenüberfunktion oder – zu hohe L-Thyroxin-Dosis bei Schilddrüsenunterfunktion – Medikamente, wie Theophyllin, Antidepressiva, Bronchospasmolytika, Cortison, Arzneimittel gegen niedrigen Blutdruck, Spasmolytika, Atropin – Genussmittel und Drogen, wie Koffein, Alkohol, Nikotin, Ecstasy, Amphetamine und Kokain – Herzkrankheiten – Anämie
Arrhythmie unregelmäßige Herzschlagfolge	– Aufregung und Stress – Medikamente, wie Bronchospasmolytika, Antiarrhythmika (letztere können Arrhythmien bessern, aber auch erzeugen), Drogen – Trainingsmangel – Herzkrankheiten

7.2 Blutdruck und Blutdruckmessung

Unter dem Blutdruck versteht man den Druck, der notwendig ist, um das Blut bis in die Kapillaren zu pumpen. Je weiter die Strecke ist, desto höher ist der erforderliche Druck. Im Körperkreislauf herrscht ein Blutdruck von ca. 120/80 mmHg (sprich 120 zu 80 Millimeter HG). Im Lungenkreislauf ist der Druck niedriger: ca. 22/10 mmHg, da die Lunge dem Herzen direkt benachbart ist. Die Einheit **Millimeter Quecksilbersäule (mmHg)** stammt von den ersten Blutdruckmessgeräten, die tatsächlich mit einer Quecksilbersäule maßen. Hg ist das chemische Zeichen für Quecksilber (lat. **H**ydrar**g**yrum). Nach dem Erfinder der Blutdruckmessung, dem italienischen Kinderarzt S. **Riva-Rocci** (sprich Riwa-Rotschi) wird für den Blutdruck die Abkürzung **RR** verwendet (→ Abb. 1).

Abb. 1 Prof. Riva-Rocci (1863-1937), ital. Kinderarzt

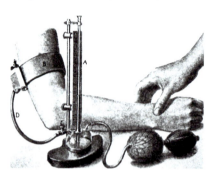

Abb. 2 Blutdruckmessgerät nach Prof. Scipione Riva-Rocci

Der Blutdruck wird durch die Kraft bestimmt, die das Herz in der Systole aufbringt, sowie durch den Gefäßwiderstand. In verhärteten Arterien ist der Blutdruck höher als in gesunden Arterien ohne Arteriosklerose. Da die Arteriosklerose mit dem Alter zunimmt, haben ältere Menschen meistens einen höheren Blutdruck als jüngere mit elastischen Arterien.

Der Messwert besteht aus zwei Anteilen: dem systolischen und dem diastolischen Blutdruck. Der systolische RR entspricht dem Druck, mit dem der linke Ventrikel das Blut in die Schlagadern pumpt. Die Druckwelle wird in der Wand der herznahen Arterien kurzzeitig gespeichert (→ Abb. 3). Die elastische Arterienwand nimmt den Druck auf und gibt ihn während der Diastole gleich wieder ab. Mit dem gespeicherten Druck pumpt die Arterienwand das Blut während der Diastole weiter. Dadurch fließt das Blut ständig – während der Systole und der Diastole des Ventrikels. Die starke Druckwelle der Systole kann man als Pulswelle tasten.

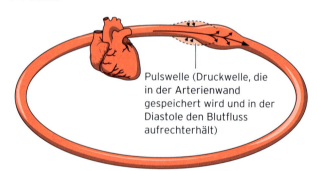

Pulswelle (Druckwelle, die in der Arterienwand gespeichert wird und in der Diastole den Blutfluss aufrechterhält)

Abb. 3 Druckspeicherung und -abgabe in der Arterienwand

> **MERKE**
>
> – Der **systolische Blutdruck** ist der Druck, mit dem der Ventrikel in der Systole das Blut in die Arterien presst.
> – Der **diastolische Blutdruck** ist der Druck, der durch die Druckspeicherung der Arterienwände während der Diastole herrscht.
>
> Der systolische Blutdruck ist der höchste Blutdruck, der während der Herzaktion herrscht, und der diastolische Blutdruck ist der niedrigste Blutdruck der Herzaktion.

Der Blutdruck ist ein wichtiger Messwert. Er gibt u. a. Auskunft über die Herzleistung und die Belastung der Arterien. Bluthochdruck **(arterielle Hypertonie)** ist ein wichtiger Risikofaktor für Arteriosklerose, d. h. für Schlaganfall, Herzinfarkt, Nieren- und Augenschäden.

Blutdruckmessung nach Riva-Rocci

Für die Blutdruckmessung nach Riva-Rocci benötigt man ein geeichtes RR-Messgerät mit Oberarmmanschette sowie ein Stethoskop. Das Blutdruck-Messgerät besteht aus einer Oberarmmanschette, einem Schlauch und einem **Manometer** (Druckmesser) (→ Abb. 1).

Das **Prinzip der Blutdruckmessung** ist, dass man durch Aufpumpen der Manschette Druck auf die Oberarmarterie ausübt, bis kein Blut mehr durch die Arterie fließen kann. Ist der in der Oberarmarterie herrschende Druck überschritten, ist kein Puls mehr an der A. radialis tastbar. Nun verringert man schrittweise den Manschettendruck. Sobald der Manschettendruck den Blutdruck in der Arterie erreicht bzw. unterschreitet, fließt wieder Blut durch die Arterie. Den Blutfluss kann man mit dem Stethoskop abhören; die entstehenden Pulsgeräusche heißen **Korotkow-Töne**.

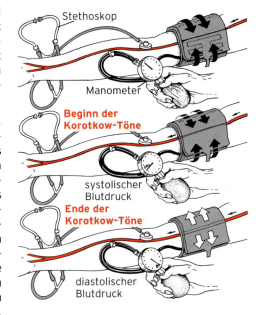

Nach und nach verringert man den Manschettendruck. Die Korotkow-Töne sind während des Luftablassens so lange hörbar, bis das Blut völlig frei fließt. Der Manometer des Blutdruckmessgeräts zeigt den jeweils herrschenden Manschettendruck an.

> **MERKE**
> Der **systolische Wert** entspricht dem angezeigten Druck beim ersten hörbaren Korotkow-Ton, der **diastolische** dem Wert beim letzten *deutlich* hörbaren Korotkow-Ton.

Abb. 1 RR-Messgerät

Nur bei richtiger Durchführung der Blutdruckmessung erhält man korrekte Werte. Falsche Messergebnisse wirken sich auf die Gesundheit der Patienten aus: Misst man zu niedrige Werte, bleibt ein Bluthochdruck unbehandelt und erzeugt Folgekrankheiten. Misst man zu hohe Werte, können Patienten durch zu intensive Behandlung Schaden nehmen.

Durchführung der Blutdruckmessung

- Der Patient muss 5 Minuten lang ruhig sitzen. Er hält seine Beine nebeneinander.
- Es muss im Raum ruhig sein und der Messende muss ein gutes Hörvermögen haben. Während der Messung nicht sprechen, da sonst Korotkow-Töne überhört werden.
- Bei Rechtshändern misst man am linken Arm, bei Linkshändern am rechten.
- Der Arm muss gänzlich frei von einengender Kleidung sein und locker hängen.
- Die Manschette passend zum Oberarmumfang des Patienten wählen.
- Die Manschette an den Oberarm des Patienten anlegen und den Verschluss schließen. Dabei befindet sich die Manschette in Herzhöhe, d. h., der untere Rand liegt ca. 2,5 cm oberhalb der Ellenbeugenarterie.
- Die Manometerschraube schließen.
- Die Manschette durch wiederholtes Zusammendrücken des Gummiballs mit Luft füllen, bis der Radialispuls nicht mehr tastbar ist. D. h., den Puls während des gesamten Aufpumpens tasten (→ Abb. 2). Den Zeiger des Manometers dabei fortlaufend beobachten.
- 30 mmHg weiter aufpumpen, d. h. ca. 30 mmHg oberhalb des systolischen RR.

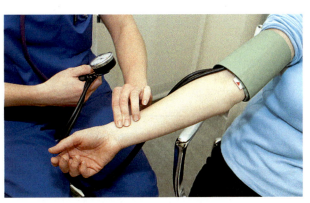

Abb. 2 Tasten des Pulses beim Aufpumpen

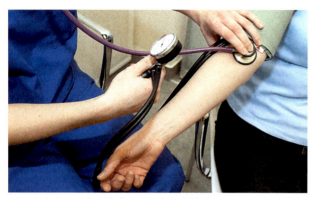

Abb. 1 Anlegen des Stethoskop-Bruststücks

- Das Stethoskop-Bruststück in der Ellenbeuge über der Arterie auflegen (→ Abb. 1).
- Den Manschettendruck durch Öffnen der Manometerschraube langsam, d. h. 2–3 mm pro Sekunde, ablassen.
- Aufmerksam horchen, bei welchem RR der erste Korotkow-Ton hörbar ist. Wert merken.
- Aufmerksam horchen, bei welchem RR der letzte deutlich hörbare Korotkow-Ton hörbar ist. Wert merken.
- Luft ganz ablassen und die Manschette abnehmen.
- Beide Messwerte sofort aufschreiben, z. B. 122/78 mmHg links (Messseite angeben).

Beachten Sie:
- Messwerte nicht auf- oder abrunden, keine „Lieblingswerte" messen.
- Optimal ist die beidseitige Messung. Zumindest einmal sollte bei jedem Patienten beidseitig gemessen werden. Eine geringe Blutdruck-Differenz ist normal; weitere Messungen sollten an dem Arm mit dem höheren Blutdruck durchgeführt werden. Unterschiede von 20 mmHg und mehr kommen bei bestimmten Gefäßkrankheiten vor und werden dem Arzt gemeldet.
- Vor Wiederholungsmessungen die Luft vollständig aus der Manschette ablassen.
- Keine Messung an der OP-Seite nach Brustamputation, bei liegender Infusion oder Verweilkatheter, bei Verletzungen, Wunden oder an anders erkrankten Armen.

Informationen zum Bluthochdruck, zur richtigen RR-Messung und Testergebnisse zu Messgeräten unter www.hochdruckliga.de

> **MERKE**
>
> Die **Oberarmmanschette** muss passend gewählt werden, um richtige Ergebnisse zu erhalten. Bei zu dickem Oberarm bzw. zu kleiner Manschette fällt der Blutdruckwert zu hoch aus, bei zu dünnem Oberarm bzw. zu großer Manschette zu niedrig.

HINWEIS

Viele übergewichtige Kinder und Jugendliche haben Hypertonie; die Zielwerte sind (nach der Deutschen Hochdruckliga DHL®) für 12-Jährige 125/80, für 16-Jährige 135/85 und für über 18-Jährige 140/90 mmHg.

Arterieller Blutdruck: Normalbereiche und pathologische Werte (mmHg)

Normbereiche für Erwachsene

	systolisch	diastolisch
Hypotonie (zu niedriger RR)	< 100	< 60
optimal	< 120	< 80
normal	120-129	80-84
hoch normal	130-139	85-89
Hypertonie Grad 1 (leicht)	140-159	90-99
Hypertonie Grad 2 (mittelschwer)	160-179	100-109
Hypertonie Grad 3 (schwer)	≥ 180	≥ 110

Hinweis: Liegen systolischer und diastolischer Messwert in unterschiedlichen Hypertoniebereichen, gilt der höhere Wert für die Einordnung, z. B. 150/100 mmHg = Hypertonie Grad 2.

Normbereiche für Kinder

Säugling	70	50
Kleinkind (4 Jahre)	95	65
Schulkind (10 Jahre)	105	70

Hinweis: Ein normaler bzw. optimaler Blutdruck wird als **Normotonie** bezeichnet.

7.3 Langzeit-Blutdruckmessung

Jeder zweite Erwachsene hat Bluthochdruck. Allerdings ist der Blutdruck durch Gelegenheitsmessungen, z. B. im Rahmen von Arztbesuchen, nicht optimal zu beurteilen. In der Praxis gemessene Werte sind durch die Aufregung des Patienten oft um ca. 10 mmHg höher als im Tagesverlauf. Die Messwerte werden auch durch die Technik des Messenden sowie dessen Hörvermögen und die Gesamtsituation während des Messvorgangs beeinflusst. Die ambulante Langzeit-Blutdruckmessung, die üblicherweise über 24 Stunden erfolgt, ist die Methode der Wahl, um den Blutdruck sowie bei Hypertonie auch den Therapieerfolg zu beurteilen (→ Abb. 1).

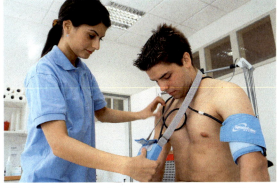

Abb. 1 Anlegen eines Langzeit-Blutdruckmessgeräts

Dem Patienten wird ein tragbares Gerät angelegt, das z. B. tagsüber alle 20 Minuten und nachts alle 45 Minuten automatisch die Oberarmmanschette aufpumpt und den Blutdruck misst. Am besten erfolgt die Messung an einem normalen Arbeitstag, um wirklichkeitsnahe Werte zu erhalten. Der Patient erhält einen Protokollvordruck, in den er stichwortartig seine Aktivitäts- und Ruhephasen einträgt.

> **BEISPIEL**
>
> **Protokoll der Aktivitäts- und Ruhephasen**
> 8.15-11.00 PC-Arbeit, 11.30 Regal umgeräumt (schwere Akten), 12.00-12.30 Mittagessen, 12.30-13.00 Spaziergang und Kaffeetrinken, 13.00-16.00 Schreibtischarbeit, 16.00-17.00 Einkäufe, 17.00-17.30 Heimfahrt (Bus), 17.30-18.30 Hausarbeit, Kochen, 18.00 Abendessen, 19.00-21.45 Fernsehen (ab 20.15 Krimi), 22.00 Bettruhe (schlecht eingeschlafen wegen Messgerät), 6.30 Wecken, 7.00 Frühstück, 7.30 Fahrt zur Praxis (überfüllter Bus)

Durch das Protokoll kann der Blutdruck-Verlauf z. B. Anstrengungen zugeordnet werden. Beim Sport können auch Gesunde vorübergehend 200 mmHg systolisch erreichen.

Grafische Darstellung einer 24-h-RR-Messung bei einem 42-jährigen Hypertoniepatienten, der zwei Antihypertensiva einnimmt (Metoprolol und Enalapril).

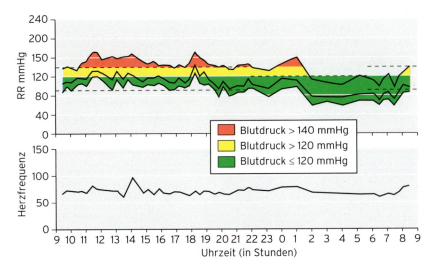

> **HINWEIS**
>
> Eine volle Harnblase kann den RR erhöhen. Daher sollte sie vor der Messung entleert werden.

Beurteilung: Erhöhte systolische RR-Werte während des gesamten Arbeitstages und am Abend. Der Patient ging gegen 2.00 Uhr zu Bett. Während des Schlafs abgesenktes RR-Niveau, was auf eine gesunde RR-Regulation hinweist. (Nach Hinzufügen eines dritten Antihypertensivums (HCT) ergab die nächste 24-h-RR-Messung durchgehend normale Werte.)

7.4 Elektrokardiogramm (EKG)

Reizleitungssystem
→ LF 5, S.228

Die „Sprache", in der das herzeigene |Reizleitungssystem Befehle an die Muskelzellen gibt, ist elektrischer Strom. Die Ströme, die bei jeder Herzaktion fließen, kann man an der Körperoberfläche ableiten und grafisch darstellen. Die entstehende Kurve mit den typischen Zacken und Wellen ist die **Herzstromkurve**, das **Elektrokardiogramm (EKG)** (→ Abb. 1).

Das EKG dient der Diagnostik von Herzrhythmusstörungen (Arrhythmien), des Herzinfarkts und anderer Erkrankungen v. a. des Herzens. Beim EKG wird dem Patienten kein Strom zugeführt; die **Elektroden** (Stromfühler) nehmen herzeigene Ströme auf und leiten die Information an das Gerät weiter. Dieses stellt die abgeleiteten Ströme als Kurven dar. Die dargestellten Ströme ergeben sich aus unzähligen kleinen Stromreizen, die man sich als Kontraktionsbefehle an alle einzelnen Myokardzellen vorstellen kann.

Das EKG „schaut" mit seinen Elektroden aus verschiedenen Richtungen auf das Herz und schreibt die „gesehenen" Ströme auf Papier oder digitale Medien auf. Durch die vielen Elektroden, d. h. die vielen „Blickwinkel" auf das Herz, kommt ein Gesamtbild zu Stande, das alle Teile des Herzens abbildet. Dort, wohin ein Stromreiz gerichtet ist, schlägt die EKG-Kurve nach oben aus. Die entsprechende Elektrode leitet die Information an das EKG-Gerät. Läuft ein Stromreiz in entgegengesetzter Richtung, ergibt sich eine nach unten gerichtete Kurve.

Um das elektrische Geschehen des Herzens dreidimensional abzubilden, werden die Elektroden in zwei Ebenen auf den Körper aufgesetzt. So entstehen die
- **6 Brustwandableitungen** und die
- **6 Extremitätenableitungen**.
- Zusammen ergeben diese das **12-Kanal-EKG**.

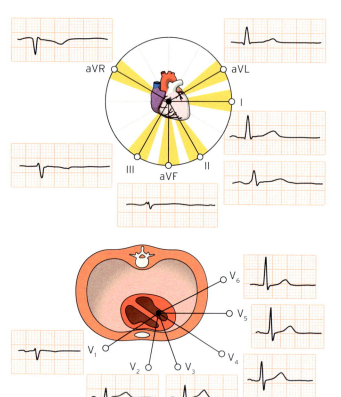

Abb. 1 12-Kanal-EKG (schematisch dargestellt): Die Extremitätenableitungen I, II, III, aVR, aVL und aVF ergeben zusammen einen „Stern" in der Frontalebene, in dem aus 6 Richtungen Ströme „erfühlt" werden. Die Brustwandableitungen V_1-V_6 „erfühlen" die Herzströme in der Transversalebene = Horizontalebene.

Das 12-Kanal-EKG erlaubt eine „Sicht" auf die Herzströme aus 12 verschiedenen Blickrichtungen. Dabei ergeben die **Brustwandableitungen nach Wilson**, die am Brustkorb in der **Transversalebene**, also quer zur Längsachse des Herzens angelegt werden, einen „Blick" auf die Herzströme, als ginge man im Halbkreis um den stehenden Patienten herum. Damit ein „plastisches" Bild entsteht, leiten die **Extremitätenableitungen nach Einthoven und Goldberger** die Herzströme in der **Frontalebene** ab. So entsteht eine „Sicht" auf die Herzströme, als ginge man um den liegenden Patienten herum.

Ableitungen des 12-Kanal-Ruhe-EKGs	
6 Brustwandableitungen nach Wilson	V_1, V_2, V_3, V_4, V_5, V_6
3 Extremitätenableitungen nach Goldberger	aVR, aVL, aVF
3 Extremitätenableitungen nach Einthoven	I, II, III

Die sechs Extremitätenableitungen lassen sich als „Stern" in der Frontalebene darstellen und ergeben so den **Cabrera-Kreis** (→ Abb. 2).

Abb. 2 Cabrera-Kreis

Diagnostik des Herz-Kreislauf-Systems | 239 | LF 5

Anfertigen eines 12-Kanal-Ruhe-EKGs

Das normale EKG, das beim ruhig liegenden Patienten abgleitet wird, nennt man 12-Kanal-Ruhe-EKG oder kurz Ruhe-EKG (→ Abb. 1).

Man benötigt dafür ein EKG-Gerät mit
- 10 Elektrodenkabeln (für je 6 Brustwand- und 4 Extremitätenelektroden),
- 4 Elektroden für die Extremitätenableitungen und
- 6 Elektroden für die Brustwandableitungen.

Außerdem
- EKG-Papier oder einen Monitor zur Darstellung der Kurve,
- Elektrodenspray oder -gel, das den elektrischen Kontakt zur Haut verbessert,
- ggf. ein hygienegerechtes Enthaarungsgerät, das keine Hautverletzungen erzeugt. Einmalrasierer dürfen wegen der Infektionsgefahr nicht verwendet werden, es sei denn, man benutzt ausschließlich Einmalelektroden (→ Abb. 2).

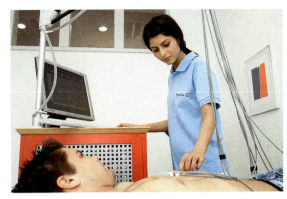

Abb. 1 Ableitung eines Ruhe-EKGs

Der Raum, in dem das EKG angefertigt wird, muss ruhig sein, damit der Patient nicht abgelenkt wird, und ausreichend warm, damit er nicht zittert. Bewegungen und Muskelzittern erzeugen Ströme, die das EKG-Gerät aufzeichnet. Diese Muskelströme verderben die Aufzeichnung.

Die Fußelektroden legt man ca. 2 cm oberhalb der Knöchel an. Die **Extremitätenelektroden** werden in der Reihenfolge der Ampelfarben angelegt:

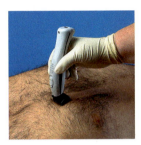

Abb. 2 Hygienegerechte Haarentfernung

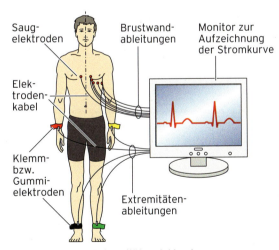

Abb. 3 Lage der Extremitätenelektroden

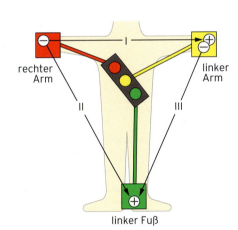

Abb. 4 Verkehrsampel als Merkschema

Die **Brustwandelektroden** werden an bestimmten festgelegten Stellen angebracht, um ein auswertbares EKG zu erhalten (→ S. 240, Abb. 1). Dies gelingt bei Kenntnis der entsprechenden anatomischen Begriffe. Der Fachbegriff für den Zwischenrippenraum ist **Interkostalraum (ICR)**. Zum Auffinden der Interkostalräume legt man einen Zeigefinger an den oberen Rand des Brustbeins. Man führt den Finger auf dem Sternum senkrecht nach kaudal (unten), wo man nach ca. 4 cm eine „Rinne" und einen „Hügel" tastet. An der „Rinne" endet der sog. Handgriff des Sternums und geht nach kaudal in die sog. Klinge über (das Sternum wird in der Anatomie mit einem Dolch verglichen).

HINWEIS

Genau genommen stellt das EKG Potenzialdifferenzen, nicht Ströme dar; im allgemeinen Sprachgebrauch spricht man vereinfacht von der Herz-**Strom**-Kurve.

240 | Zwischenfällen vorbeugen und in Notfallsituationen Hilfe leisten

Führt man den Zeigefinger von der Rinne nach links oder rechts, gelangt er in den 1. Interkostalraum. Von diesem I. ICR aus zählt man die anderen Interkostalräume ab und platziert die Elektroden nach Plan.

Brustwandelektrode	Richtige Lage am Thorax
V_1	IV. ICR rechts parasternal
V_2	IV. ICR links parasternal
V_3	in der Mitte zwischen V_2 und V_4
V_4	V. ICR links in der Medioklavikularlinie
V_5	in der linken vorderen Axillarlinie auf derselben Höhe wie V_4
V_6	in der mittleren Axillarlinie auf derselben Höhe wie V_4

parasternal
neben dem Brustbein

Medioklavikularlinie (MCL)
gedachte Linie, die senkrecht durch die Mitte des Schlüsselbeins verläuft

Axillarlinien
gedachte Linien, die senkrecht durch den vorderen Rand der Achselhöhle verlaufen (vordere Axillarlinie) bzw. durch die Mitte der Achselhöhle (mittlere Axillarlinie)

> **HINWEIS**
>
> Römische Ziffern „übersetzt":
> I = 1
> II = 2
> III = 3
> IV = 4
> V = 5
> VI = 6

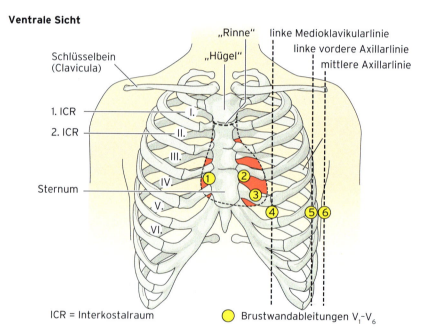

Ventrale Sicht

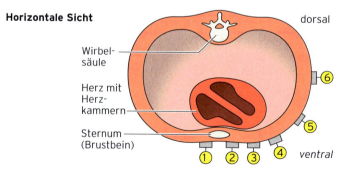

Horizontale Sicht

Abb. 1 Brustwandableitungen nach Wilson

Die normale EKG-Kurve einer einzelnen Herzaktion, z. B. der Ableitung II bei einem gesunden Menschen mit normalem Lagetyp, ist in der folgenden Abbildung dargestellt. Die bezeichneten Zacken bzw. Wellen und Strecken geben den Stromverlauf im Herzen in bestimmten Phasen der Herzaktion wieder (→ Abb. 1).

Schematische Darstellung der einzelnen EKG-Abschnitte	Teil der EKG-Kurve	Entsprechender Vorgang im Herzmuskel
	P-Welle	elektrische Erregung und Kontraktion der Vorhöfe
	PQ-Zeit	Kontraktion der Vorhöfe, d. h. Zeit zwischen der Erregung der Vorhöfe und der Ventrikel
	Q-Zacke	Erregung des Kammerseptums (der Herzscheidewand)
	QRS-Komplex	Erregungsfluss in die Kammern, Kammerkontraktion (die Erregung läuft etwa kreisförmig in die Kammermuskulatur, was Zacken in verschiedene Richtungen erzeugt).
	ST-Strecke	komplette Erregung der Kammern, weiterhin Kammerkontraktion
	T-Welle	Rückbildung der Kammererregung

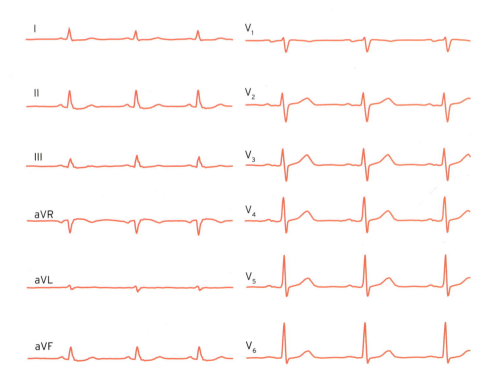

Abb. 1 Links: Extremitätenableitungen nach Einthoven und Goldberger; rechts: Brustwandableitungen nach Wilson

Befund des abgebildeten EKGs: Sinusrhythmus, Herzfrequenz 69 pro Minute, Indifferenztyp (= normaler Lagetyp); regelrechte R-Progression über der Vorderwand; keine Erregungsrückbildungsstörungen in Ruhe

Kommunikation mit dem Patienten beim Anfertigen eines Ruhe-EKGs

- Guten Tag, Herr Müller, ich schreibe gleich ein EKG, eine Herzstromkurve, bei Ihnen.
- Die Untersuchung ist harmlos, völlig schmerzfrei und dauert nur wenige Minuten.
- Bitte machen Sie sich bis auf die Unterhose frei (Frauen ziehen auch BH und Nylonstrumpfhose aus).
- Ich lege Ihnen nun an Arme, Beine und Brust Elektroden an. Das sind Stromfühler, mit denen das Gerät Ihre Herzströme ableiten kann (Anlegen der Elektroden).
- Bitte liegen Sie nun ganz ruhig und sprechen Sie nicht (Schreiben des EKGs nach Herstellerangabe und Anweisungen des Arztes. Kontrolle, ob die Kurve verwertbar ist).
- Danke, Herr Müller, das war schon alles. Ich nehme die Elektroden nun wieder ab (Entfernen der Elektroden). Nun dürfen Sie sich wieder anziehen. Frau Doktor bespricht gleich das Ergebnis mit Ihnen.

Aussagekraft und Auswertung des EKGs

Mit entsprechender Ausbildung und Erfahrung bei der EKG-Auswertung kann man Folgendes darstellen bzw. beurteilen: Herzrhythmus einschließlich Arrhythmien, Reizleitungsstörungen, fehlende Herzaktionen, verfrühte Herzaktionen (Extrasystolen) und ihren Ursprung, Hinweise auf Entzündungen von Myokard und Perikard sowie den Herzinfarkt mit Vorstufen und Folgen. Das EKG allein reicht jedoch für die Diagnose der meisten Herzkrankheiten nicht aus. Auch sind EKG-Veränderungen allein nicht gleichbedeutend mit einer Herzkrankheit. EKG-Computer mit automatischer Auswertung können das EKG vermessen sowie einen veränderten Kurvenverlauf feststellen. Jedoch wurden schon viele Patienten unnötig in Angst versetzt und stationär eingewiesen, weil ein EKG-Gerät fälschlich „V. a. Herzinfarkt" anzeigte. Die Verantwortung für die richtige Interpretation des EKGs trägt stets der Arzt.

Langzeit-EKG

Ein Ruhe-EKG schreibt die Herzaktionen einiger Sekunden auf. Ab und zu auftretende Herzrhythmusstörungen werden meistens nicht erfasst. Beim Langzeit-EKG, das mit einem tragbaren Gerät z. B. über 24 Stunden abgeleitet wird, ist die diagnostische „Ausbeute" höher.

Belastungs-EKG (Ergometrie)

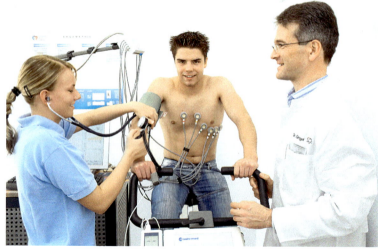

Abb. 1 Belastungs-EKG

Störungen der Herzfunktion bei Belastung, z. B. Durchblutungsstörungen durch Koronarsklerose, werden mit Hilfe der **Ergometrie (Belastungs-EKG)** untersucht bzw. diagnostiziert. Diese wird zumeist als **Fahrrad-Ergometrie** durchgeführt (→ Abb. 1). Dabei wird mit geringer Belastung begonnen und der Widerstand der Pedalen nach und nach systematisch gesteigert. Man misst die Belastung in **Watt (W)**. Das EKG wird fortlaufend abgeleitet und beobachtet. Die Blutdruck- und Pulsmessungen erfolgen jeweils am Ende jeder Belastungsstufe. Die Ergometrie erfolgt so lange, bis der Patient erschöpft ist, er Symptome hat oder bis pathologische EKG-Erscheinungen auftreten. Das Abbruchkriterium und die erreichte Leistungsstufe werden dokumentiert, z. B. „Abbruch bei 75 Watt wegen Angina pectoris (Herzschmerzen)", „Abbruch bei 125 Watt wegen ST-Strecken-Senkungen" oder „Abbruch bei 150 Watt wegen subjektiver Erschöpfung".

Cave: Bei Koronarsklerose **kann die Ergometrie einen Herzinfarkt auslösen**. Daher wird das Belastungs-EKG nur bei direkter Anwesenheit eines Arztes abgeleitet.

Diagnostik des Herz-Kreislauf-Systems | 243 | LF 5

Beispiele häufiger EKG-Befunde

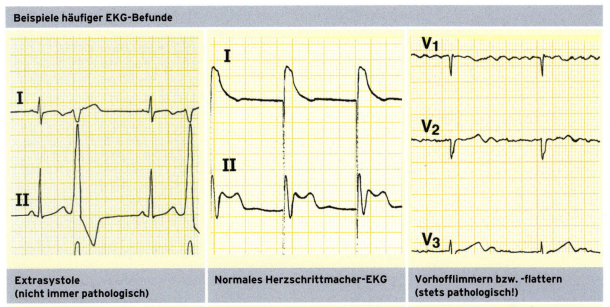

Extrasystole (nicht immer pathologisch)

Ventrikuläre Extrasystole, d. h. eine von der Kammermuskulatur ausgelöste zusätzliche Systole. Häufiger Befund auch bei Herzgesunden; bei Häufung besteht ggf. Therapiebedarf. (→ LF 5, Kap. 8.7)

Normales Herzschrittmacher-EKG

Typische strichförmige Schrittmacher-Impulse; die QRS-Komplexe sind anders als normal geformt, weil der Stromreiz an anderer Stelle als im Sinusknoten entsteht.

Vorhofflimmern bzw. -flattern (stets pathologisch!)

Die P-Wellen sehen sägezahnartig aus oder sind nicht mehr erkennbar, weil sie 300- bis 600-mal pro Minute entstehen. Die Vorhöfe pumpen nicht richtig, sodass Blutgerinnsel entstehen können. Emboliegefahr!

Beispiele pathologischer EKG-Befunde

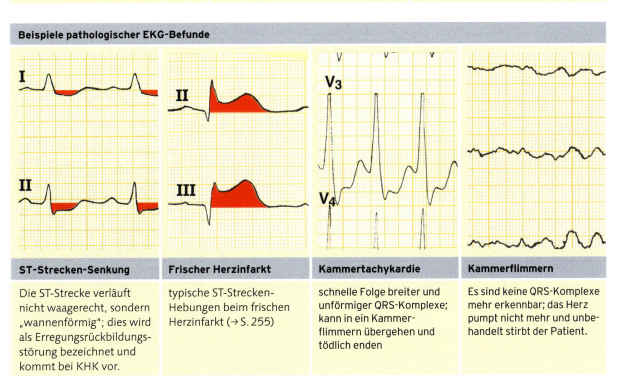

ST-Strecken-Senkung

Die ST-Strecke verläuft nicht waagerecht, sondern „wannenförmig"; dies wird als Erregungsrückbildungsstörung bezeichnet und kommt bei KHK vor.

Frischer Herzinfarkt

typische ST-Strecken-Hebungen beim frischen Herzinfarkt (→ S. 255)

Kammertachykardie

schnelle Folge breiter und unförmiger QRS-Komplexe; kann in ein Kammerflimmern übergehen und tödlich enden

Kammerflimmern

Es sind keine QRS-Komplexe mehr erkennbar; das Herz pumpt nicht mehr und unbehandelt stirbt der Patient.

> **HINWEIS**
>
> Es gibt den **ST-Hebungs-Infarkt = STEMI**, bei dem ein Myokardabschnitt in der gesamten Wanddicke abstirbt (sog. transmuraler Infarkt) und den **Nicht-ST-Hebungs-Infarkt = NSTEMI**, bei dem nicht die gesamte Wanddicke betroffen ist (nicht transmuraler Infarkt). (N)STEMI heißt Non-ST-Elevation-Myocardial-Infarction.

7.5 Bildgebende Verfahren der Kardiologie

Neben Anamnese, körperlichem Untersuchungsbefund, Blutdruckmessung, Ruhe-EKG und Ergometrie können bei V. a. eine Herzerkrankung verschiedene bildgebende Verfahren indiziert sein. Die fachärztliche Diagnostik erfolgt durch den auf Herzkrankheiten spezialisierten Arzt für Innere Medizin, den **Kardiologen**.

Echokardiografie

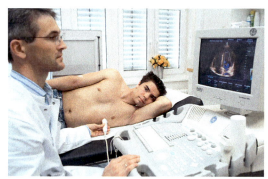

Abb. 1 Echokardiografie

Ultraschall ist ungefährlich und erlaubt die Beurteilung von Weichteilen und bewegten Organen. Das schlagende Herz kann mit Hilfe der **Echokardiografie (Ultraschalluntersuchung des Herzens)** untersucht werden (→ Abb. 1). Der Patient liegt dabei mit freiem Oberkörper auf seiner linken Seite und der Arzt legt den Schallkopf in einen Interkostalraum des Patienten.

Die Echokardiografie erlaubt die Darstellung und Beurteilung der Herzgröße, der Größe und Wandstärke der Vorhöfe und Ventrikel sowie der Herzklappen und der großen Arterien. Die **Farbdoppler-Technik**, die viele Echokardiografiegeräte bieten, kann die Richtung des Blutflusses darstellen. Dies ist hilfreich bei der Beurteilung von Herzklappenfehlern, die mit einem Rückfluss von Blut einhergehen.

Kardio-CT, -MRT und Myokardszintigrafie

Myokardszintigrafie
Funktionstest des Myokards mit Hilfe radioaktiver Substanzen

Weitere bildgebende Verfahren der Kardiologie bzw. Radiologie sind die Computertomografie, die Kernspinuntersuchung des Herzens sowie die Myokardszintigrafie. Diese Untersuchungen werden bei speziellen Fragestellungen angewandt, die anders nicht beantwortet werden können. CT und Myokardszintigrafie gehen mit einer Strahlenbelastung des Patienten einher. Das MRT kann strukturelle Veränderungen des Myokards darstellen. Im Gegensatz zur Koronarangiografie können bei diesen Untersuchungsverfahren keine therapeutischen Eingriffe an Koronararterien durchgeführt werden.

Kardio-CT (Computertomografie des Herzens)

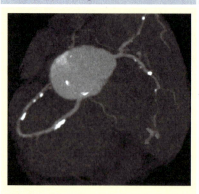

Kardio-MRT (Kernspintomografie des Herzens)

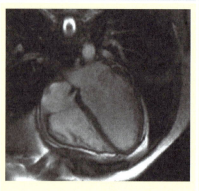

Myokardszintigrafie (Myokard-Funktionstest)

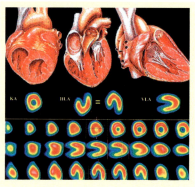

Koronarangiografie

Die **Koronarangiografie (Herzkatheteruntersuchung)** ist eine **invasive**, d. h. in den Körper eingreifende, Diagnostikmethode (→ S. 245, Abb. 1 und 2). Sie dient der Röntgendarstellung der Herzkranzgefäße, d. h., sie erlaubt eine direkte Beurteilung der Weite bzw. Enge der Koronararterien. Auch die Herzklappen und ihre Funktion können beurteilt werden. Hat ein Patient Symptome, die auf eine Verengung der Koronararterien hinweisen, z. B. Herzschmerzen bei Belastung oder einen pathologischen Ergometrie-Befund, kann eine Koronarangiografie indiziert sein.

Diagnostik des Herz-Kreislauf-Systems | 245 | LF 5

Der Kardiologe sticht dabei (unter lokaler Betäubung) in die Leistenarterie ein und schiebt den **Katheter**, einen sterilen, biegsamen Hohldraht, bis in die Aorta vor. Nun füllt er die beiden Koronararterien nacheinander mit Kontrastmittel und macht gleichzeitig Röntgenaufnahmen. Ohne Kontrastmittel wären Blutgefäße im Röntgenbild nicht sichtbar. Der Patient spürt keine Schmerzen, da sich innerhalb der Arterien keine Nerven befinden.

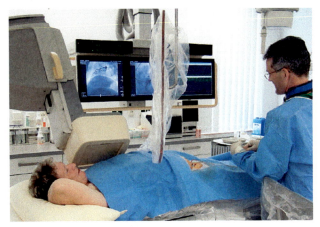

Abb. 1 Koronarangiografie

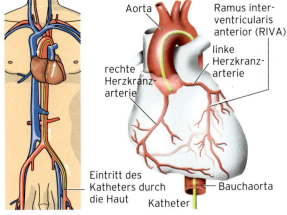

Abb. 2 Prinzip der Koronarangiografie

Finden sich starke Verengungen der Koronararterien, kann eine ▌Bypass-Operation indiziert sein. Dabei wird die verengte Arterie durch ein patienteneigenes Venenstück überbrückt. Manche Engstellen lassen sich auch im Rahmen der Katheteruntersuchung aufweiten oder schienen. Sie können z. B. mit einem Ballonkatheter, dessen Ballon in die Engstelle geführt und erst dort aufgeblasen wird, geweitet werden. Therapeutische Eingriffe in den Arterien, die über einen durch die Haut eingeführten Katheter ausgeführt werden, heißen **PCI (perkutane koronare Intervention)** (→ Abb. 3). Aufgedehnte Engstellen können z. B. durch Einlage einer Gefäßstütze **(Stent)** geschient, d. h. offengehalten werden (→ Abb. 4).

| Bypass-Operation
→ LF 5, S. 255

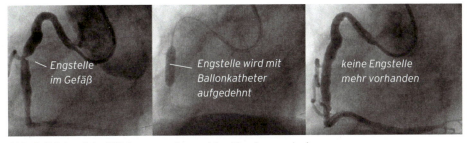

Abb. 3 Erfolgreiche PCI der verengten rechten Herzkranzarterie

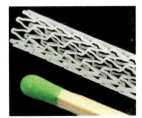

Abb. 4 Stentgröße im Vergleich zu einem Streichholz

Spezialisten können auch akut verschlossene Koronargefäße wieder eröffnen. So ist es möglich, quasi einen Herzinfarkt rückgängig zu machen und das Absterben des nicht mehr durchbluteten Myokardanteils zu verhindern. Die **PCI** muss jedoch innerhalb weniger Stunden nach dem Symptombeginn durchgeführt werden.

Herzkatheteruntersuchungen und PCI sind risikobehaftet. Sie können Rhythmusstörungen bis hin zum Herzstillstand sowie Schäden an Koronargefäßen auslösen. Letztere können eine umgehend durchgeführte Herzoperation notwendig machen. Auch geht die Koronarangiografie mit einer hohen Strahlenbelastung für den Patienten einher. Das Personal trägt Strahlenschutzkleidung und führt verschiedene weitere Schutzmaßnahmen durch.

> **MERKE**
>
> Es gibt kein ideales kardiologisches Verfahren, das geeignet ist, alle Herzkrankheiten sicher und risikolos zu diagnostizieren. Über die Diagnostik ist stets individuell zu entscheiden.

246 | Zwischenfällen vorbeugen und in Notfallsituationen Hilfe leisten

Terminologie: Diagnostik des Herz-Kreislauf-Systems

I, II, III	Extremitätenableitungen nach Einthoven
A. carotis	Halsschlagader (sprich Arteria carotis)
A. femoralis	Leistenschlagader (sprich Arteria femoralis)
A. radialis	Speichenschlagader (sprich Arteria radialis)
Arrhythmie	Unregelmäßigkeit des Pulses bzw. der Herzschlagfolge
aVR, aVL, aVF	Extremitätenableitungen nach Goldberger
Axillarlinie, mittlere	gedachte Linie, die senkrecht in der Mitte der Achselhöhle (Axilla) verläuft
Axillarlinie, vordere	gedachte Linie, die senkrecht am vorderen Rand der Achselhöhle (Axilla) verläuft
Brustwandableitungen nach Wilson	V_1 bis V_6; die Elektroden werden an der Brustwand angelegt und bilden die Herzströme in der Transversalebene ab
Bypass-Operation	Herzoperation, bei der eine verschlossene Koronararterie durch ein Venenstück überbrückt wird (engl. bypass = Umgehung)
Cabrera-Kreis	grafische Darstellung der sechs Extremitätenableitungen
Elektrode	Stromfühler; nimmt herzeigene Ströme für das EKG auf
Elektrokardiogramm (EKG)	Herzstromkurve; grafische Darstellung der herzeigenen Ströme in Form einer fortlaufenden Kurve
Ergometrie	Belastungs-EKG
Extremitäten-ableitungen	Ableitungen nach Einthoven (I, II, III) und Goldberger (aVR, aVL, aVF), die die Herzströme in der Frontalebene abbilden
Frontalebene	gedachte Ebene längs durch den Körper, die wie die Stirn verläuft, d. h. in der Richtung einer Wand, vor der man steht
Hypertonie, arterielle Hypertonus, arterieller	Bluthochdruck
Hypotonie, arterielle	zu niedriger Blutdruck
Interkostalraum (ICR)	Zwischenrippenraum
invasiv	in den Körper eingreifend
Kardiologie	Lehre von den Herzkrankheiten
Katheter	schlauchförmiges Instrument zum Einführen in Hohlorgane
Koronarangiografie	Röntgendarstellung der Herzkranzgefäße per Herzkatheter
Korotkow-Töne	Strömungsgeräusche, die bei der RR-Messung gehört werden
Manometer	Druckmessgerät, z. B. Teil des RR-Messgeräts
mmHg	sprich Millimeter HG; Millimeter Quecksilbersäule; Maßeinheit für den Blutdruck
Normotonie	normaler Blutdruck; vgl. Hyper- und Hypotonie
parasternal	neben dem Brustbein (Sternum)
PCI	perkutane koronare Intervention; im Rahmen einer Herzkatheteruntersuchung durchgeführte therapeutische Maßnahme
Stent	Gefäßstütze zum Offenhalten eines verengten Blutgefäßes

Diagnostik des Herz-Kreislauf-Systems | **247** **LF 5**

Transversalebene	gedachte, quer durch den Körper verlaufende Ebene
Puls	über Arterien tastbare Druckwelle der Herzaktion
Pulsstatus	Beurteilung aller wichtigen Pulse des Körpers
RR	Blutdruck, gemessen nach Riva-Rocci
V_1-V_6	Brustwandableitungen nach Wilson (V für Stromspannung)
Watt (W)	Maßeinheit für Leistung, z. B. in der Ergometrie

Kardiologische Knutschflecken ... können durch moderne Saugelektroden entstehen. Bei empfindlicher Haut und langer Liegedauer (d. h. Saugdauer) der Elektroden kann der Sog des Geräts Blut aus subkutanen Kapillaren heraussaugen. Die entstehenden fleckig-roten Ringe sind harmlose subkutane Blutungen, die sich innerhalb weniger Tage zurückbilden. Sie sollten vermieden werden, indem die Saugelektroden so kurz wie nötig angelegt werden.

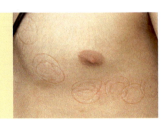

AUFGABEN

1. Welche Arterien eignen sich besonders für die Pulsmessung?

2. Beschreiben Sie die Technik der Pulsmessung an der A. radialis.

3. Sie tasten den Radialispuls 15 Sekunden lang und zählen die Schläge. Welche Herzfrequenz liegt vor, wenn Sie
   a 13, **b** 27, **c** 19, **d** 31, **e** 44 und **f** 38 Pulsschläge zählen?

4. Was ist eine Bradykardie und welche Ursachen kennen Sie?

5. Was ist eine Tachykardie und welche Ursachen kennen Sie?

6. Was ist eine Arrhythmie und welche Ursachen kennen Sie?

7. Finden Sie den Fehler: Am besten tastet man den Puls am Handgelenk an der Arteria radialis. Dies ist weniger aufwendig als die Palpation der Arteria femoralis.

8. Erklären Sie die Begriffe systolischer und diastolischer Blutdruck.

9. Warum schreibt man „RR" für Blutdruck?

10. Wie heißen die Töne, die man bei der RR-Messung abhört?

11. Beschreiben Sie die Durchführung der RR-Messung.

12. Was bedeutet „mmHg" und wie spricht man es richtig aus?

13. Bei welchen RR-Werten besteht eine Hypertonie Grad 1, 2 und 3?

14. Welche Lage am Thorax haben die Elektroden V_1-V_6?

15. Welche Bedingungen müssen in dem Raum, in dem Sie EKGs schreiben, herrschen? Begründen Sie Ihre Antwort.

16. Beschreiben Sie das Prinzip einer Herzkatheteruntersuchung und nennen Sie den Fachbegriff.

17. Was ist eine PCI?

8 Herz-Kreislauf-Erkrankungen

Die häufigsten Todesursachen in Deutschland

Erkrankungen des kardiovaskulären Systems führen die Todesursachenstatistik der Industrieländer seit Jahren an. Dies hat mehrere Gründe:
- Falsche Lebensweise, die Übergewicht, Wohlstandskrankheiten und damit Arteriosklerose fördert, ist so häufig, dass sie schon zum „Normalfall" geworden ist.
- Die gestiegene Lebenserwartung macht Herz-Kreislauf-Krankheiten häufiger.
- Infektionskrankheiten und Krebs werden effektiver behandelt und führen nicht mehr so oft zum Tode. Dies erhöht den Anteil kardiovaskulärer Krankheiten an den Todesursachen.
- Altersschwäche ist als Todesursache „medizinisch unkorrekt". Das Gesetz fordert die Angabe einer Erkrankung als Todesursache auch bei uralten Menschen. Oft geht dann statt „Altersschwäche" die Diagnose „Herzversagen" in die Statistik ein.

8.1 Arterielle Hypertonie (Bluthochdruck)

Schweregrade des Bluthochdrucks
→ LF 5, S.236

Definition: Arterieller Blutdruck ≥ 140 mmHg systolisch und/oder 90 mmHg diastolisch. Es gibt drei **Schweregrade**.

Häufigkeit: Bei etwa 50 % der Bevölkerung über 40 Jahren und mehr als 75 % aller Übergewichtigen in Deutschland und anderen Industrieländern besteht eine arterielle Hypertonie. Jeder zweite **Hypertoniker** weiß nichts von seiner Krankheit; nur jeder vierte wird behandelt und jeder achte wird ausreichend behandelt.

Ursachen:

1. Primäre (essenzielle) Hypertonie; ca. 90 % aller Hypertoniefälle. Ursächlich sind genetische Veranlagung und fast immer eine falsche Lebensweise. Bei gesunder Lebensführung ist die primäre Hypertonie selten. Sie ist eine typische **Zivilisationskrankheit**.

2. Sekundäre Hypertonie; ca. 10 % aller Hypertonien; Bluthochdruck infolge anderer Erkrankungen oder Umstände, z. B.
- **renale** Hypertonie bei Nierenkrankheiten,
- **hormonell** bedingt in der Schwangerschaft oder bei Schilddrüsenüberfunktion,
- **medikamentös ausgelöst** durch die „Pille", Cortison und/oder NSAR-Analgetika,
- durch Rauchen, Alkoholkonsum oder hohen Lakritzverzehr (Lakritz enthält hormonähnliche Stoffe aus der Süßholzwurzel)

Umfassende Informationen zum Thema Bluthochdruck finden Sie unter www.hochdruckliga.de

Pathogenese: Im gesunden Körper wird der Blutdruck ständig durch „Messfühler" in Blutgefäßen kontrolliert und dem Bedarf angepasst. Bei Anstrengung, z. B. während der Ergometrie, kann der systolische Blutdruck beim Gesunden durchaus auf 200 mmHg ansteigen. In Ruhe normalisiert er sich rasch wieder. Steigt der Blutdruck durch Veranlagung, falsche Lebensweise usw. dauerhaft an, funktioniert die körpereigene Regulation nicht mehr. Der Organismus *scheint* sich an die hypertonen Werte zu gewöhnen. Herz und Arterien nehmen jedoch durch die Druckbelastung Schaden. Es kommt zur Verhärtung und Degeneration der Arterien (Arteriosklerose). Hypertonie verändert v. a. Nieren-, Augen- und Hirnarterien.

Symptome: Anfangs ist die Hypertonie symptomlos. Die meisten Hypertoniker fühlen sich bei erhöhten Werten sogar besser als bei Normotonie. Manche Betroffenen spüren v. a. stark erhöhten Blutdruck ab 200 mmHg systolisch in Form von Kopfdruck, Unruhe, Schwindelgefühl, Kopfröte, Luftnot und/oder Nasenbluten. Der Körper hat somit kein „Frühwarnsystem".

Herz-Kreislauf-Erkrankungen | **249** | **LF5**

Komplikationen: Das Voranschreiten der Arteriosklerose mit allen Folgekrankheiten, z. B. Schlaganfall, Nierenversagen, Herzinfarkt sowie Demenz sind typische Hypertoniefolgen. Das Myokard des linken Ventrikels versucht sich anzupassen, um die zusätzliche Kraft zur Erzeugung des hohen Blutdrucks aufzubringen. Die Muskelschicht verdickt sich; es kommt zur **Linksherzhypertrophie**. Mit der Zeit wird das Myokard durch die Überlastung immer schwächer; schließlich entsteht eine **Herzinsuffizienz** (Herzschwäche).

| Hypertrophie
| → LF 4, S.134

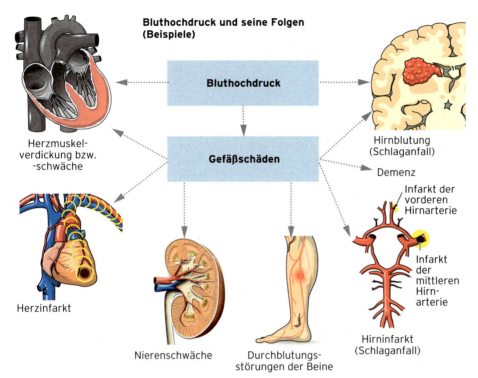

Bluthochdruck und seine Folgen (Beispiele)

Als **hypertensive Krise** (hypertensive Entgleisung, Hochdruckkrise) wird ein vorübergehend extrem hoher Blutdruck bezeichnet. Werte von 200/110 mmHg und mehr sind nicht selten. Viele Patienten sind symptomfrei. Wird der Hypertonus gespürt, sind Kopfschmerzen, Schwindel und Luftnot typisch. Da akut die Gefahr eines Schlaganfalls, eines Herzinfarktes und eines Nierenversagens besteht, beruhigt man zunächst den Patienten und senkt den Blutdruck behutsam. Medikamentös kann der Blutdruck mit Wirkstoffen wie Nitrendipin (Bayotensin®) oder Nitro-Spray (z. B. Nitrolingual® akut Spray) gesenkt werden. Die hypertensive Krise kommt nur bei schlecht eingestellter Hypertonie vor und sollte ein Anlass zur Therapieoptimierung sein.

Diagnostik: Die Diagnose einer arteriellen Hypertonie erfordert mindestens drei Messungen an wenigstens zwei verschiedenen Zeitpunkten. Am besten ist es, eine 24-h-RR-Messung durchzuführen. Zur Erkennung weiterer **Risikofaktoren** und ggf. der Hypertonieursache ist eine gründliche hausärztliche bzw. internistische Untersuchung mit Bluttests sinnvoll.

Therapie: Bei *sekundärer Hypertonie* soll möglichst die Ursache behandelt werden. Eine gesunde Lebensweise mit Gewichtsnormalisierung, ausreichend Bewegung und Entspannung, viel pflanzlicher Kost und wenig Salz ist bei *primärer Hypertonie* oft ausreichend, um Normotonie zu erreichen. Rauchen und Alkoholmissbrauch sind einzustellen. Bessert dies nicht die Blutdruckwerte, sind Antihypertensiva indiziert. Diese müssen mindestens einmal täglich und zumeist lebenslang eingenommen werden. Die Therapie muss regelmäßig auf Verträglichkeit, Wirkung und Dosis geprüft werden. Oft ist eine Kombinationstherapie mit mehreren Wirkstoffen erforderlich, die einen maximalen Therapieeffekt mit minimalen Nebenwirkungen ermöglicht. Die Therapieintensität bzw. der Ziel-RR hängt von den Risikofaktoren ab. Bei Hypertonie allein kann ein RR von 140/90 mmHg toleriert werden; bei Diabetes mellitus und/oder Z. n. kardiovaskulärem Ereignis, d. h. Myokardinfarkt oder Apoplex, muss der RR mit Lebensstiländerungen und ggf. mehreren Medikamenten < 140/90 mmHg gesenkt werden. Für Patienten > 80 Jahren kann 150/90 mmHg akzeptiert werden.

Ihr persönliches Risiko für ein kardiovaskuläres Ereignis können Sie z. B. unter
www.herzstiftung.de/ Herzinfarkt-Risiko-Test. php
errechnen.

Weißkittelhochdruck ... bedeutet, dass Patienten in der Arztpraxis so angespannt sind, dass ihr Blutdruck in ungewöhnliche Höhen steigt. Die 24-h-Messung zeigt Normotonie, sobald die Patienten außer Reichweite der Praxis sind. Völlig harmlos ist die „White-Coat-Hypertension" nicht, denn sie zeigt ein erhöhtes Hypertonierisiko an. Wirklich normotone Patienten gehen angesichts eines Arztes nicht „auf 180".

> **HINWEIS**
>
> Die Buchstaben **ABCD** (**A**CE-/**A**T1-Antagonist, **B**eta-Blocker, **C**alcium-Antagonist, **D**iuretikum) geben die übliche Reihenfolge der Antihypertensiva an; persönliche Risikofaktoren werden bei der Auswahl berücksichtigt. Bei Bedarf werden drei und mehr Antihypertensiva kombiniert.

Auswahl der am häufigsten eingesetzten Antihypertensiva

Substanzklasse, Wirkstoff-Beispiele	Vorteile und Wirkweisen	Beispiele für Kontraindikation (KI) und Nebenwirkungen (NW)
ACE-Hemmer Ramipril, Enalapril, Lisinopril	schützen die Nieren vor Diabetesschäden, entlasten das Herz und verbessern die Pumpleistung bei Herzinsuffizienz	**KI:** Schwangerschaft, Nierenschwäche **NW:** Husten bei 10 % der Patienten durch ACE-Hemmer und bei 1% durch AT$_1$-Blocker; Schwäche- und Schwindelgefühl sind bei allen Antihypertensiva in den ersten Wochen häufig, da der Körper sich wieder an den normalen RR gewöhnen muss.
AT$_1$-Blocker Candesartan, Valsartan, Olmesartan		
Betablocker Metoprolol, Bisoprolol, Nebivolol	schützen das Herz vor Stresshormonen und (erneutem) Herzinfarkt	**KI:** Asthma bronchiale, Bradykardie **NW:** Bradykardie, Müdigkeit; Metoprolol kann manche Migränepatienten vor Anfällen schützen
Calcium-Antagonisten Amlodipin, Nitrendipin	stoffwechselneutral: kein Einfluss auf Blutzucker und -fett	**KI:** Herzinsuffizienz, frischer Herzinfarkt, Schwangerschaft **NW:** Kopfschmerzen; dosisabhängig Beinödeme
Diuretika Hydrochlorothiazid (HCT)	führen zur Ausscheidung von Salz und Wasser	**KI:** unbehandelte Gicht **NW:** Blutzuckeranstieg, Gichtanfall, vermehrtes Wasserlassen

Prävention: Der beschriebene gesunde Lebensstil, insbesondere die Vermeidung von Übergewicht, ist die beste Prävention der Hypertonie. Eine frühzeitig begonnene, dem kardiovaskulären Risikoprofil des Patienten angepasste und konsequent durchgeführte Arzneimitteltherapie hilft, Spätschäden zu vermeiden bzw. hinauszuzögern.

8.2 Arterielle Hypotonie (zu niedriger Blutdruck)

Definition: Blutdruck < 100 mmHg systolisch und < 60 mmHg diastolisch
1. konstitutionelle Hypotonie:
Die Patienten sind oft jung, schlank und blass; sie neigen zu kalten Händen und Füßen. Auch Schwangere, untrainierte und sehr gut trainierte Menschen neigen zur Hypotonie.
2. symptomatische Hypotonie:
Bei Herzinsuffizienz kann der schwache Herzmuskel keinen normalen Blutdruck aufbauen. Auch bei schwerem Salz- und Wasserverlust, d. h. Austrocknung, kann der Blutdruck absinken.
Symptome: Die konstitutionelle, d. h. anlagebedingte Hypotonie ist harmlos; sie macht meistens keine Beschwerden. Manche Patienten neigen z. B. im Stehen zum Blutdruckabfall mit ❙**Kollaps** bzw. zur ❙**Synkope**. Bei symptomatischer Hypotonie besteht eine ggf. stark eingeschränkte Leistungsfähigkeit, die ebenfalls mit Kollapsneigung einhergehen kann.

Kollaps, Synkope → LF 5, S.251

Diagnostik: Mehrfache Blutdruckmessung, ggf. 24-h-RR-Messung. Die gestörte Blutdruckregulation kann durch mehrfache Messung des Blutdrucks im Liegen (3 Minuten), im Stehen (7 Minuten) und wieder im Liegen (3 Minuten) beurteilt werden **(Schellong-Test)**.
Therapie/Prävention: Genug Schlaf, gesunde Ernährung mit ausreichend Flüssigkeit und reichlich Salz. Alkohol meiden. Kein *plötzliches* Aufstehen nach längerem Liegen.

Vagovasale Synkope (vagovasaler Kollaps)

Definition und Ursachen: Plötzliches Zusammensinken mit **(Synkope)** oder ohne Bewusstseinsverlust **(Kollaps)**, ausgelöst durch Stehen, Wärme, Schreck, Schmerz, ungewohnten Anblick oder Geruch und andere psychische Auslöser. Auch Infektionskrankheiten, Flüssigkeitsverlust und Müdigkeit können einen Kollaps bzw. eine Synkope auslösen. Alkohol wirkt doppelt kollapsfördernd, da er die Blutgefäße erweitert und zu Flüssigkeitsverlusten führt. **Vagovasal** bedeutet, dass das vegetative Nervensystem die Venen vollständig entspannt und dadurch der Blutdruck so stark absinkt, dass es zum Kollaps bzw. zur Synkope kommt.

Pathogenese: Die Venen der unteren Körperhälfte weiten sich und nehmen so viel Blut auf, dass dieses der oberen Körperhälfte fehlt. Der Blutdruck sinkt und reicht für die Versorgung des Gehirns nicht mehr aus. Durch die Mangelversorgung kann das Gehirn nicht arbeiten; es kann weder das Bewusstsein noch den aufrechten Stand bzw. Gang aufrechterhalten. Neben der Hypotonie kommt es ggf. zur Bradykardie.

Symptome: Der Volksmund sagt: „Es vergeht einem Hören und Sehen": Schwarzwerden vor den Augen, Ohrgeräusche, Schwindel, Hitzegefühl und Tonusverlust, d. h. Zusammensinken mit Bewusstseinstrübung oder Bewusstseinsverlust. Sobald der Patient liegt, fließt wieder so viel Blut zum Gehirn, dass das Bewusstsein wiederkehrt. Vor dem Kollaps ist der Patient auffallend blass, weil das Blut aus dem Kopfbereich nach kaudal absinkt. Manchmal kommt es durch die Minderdurchblutung des Gehirns auch z. B. zu Zuckungen der Arme.

Therapie: Im Stadium der auffallenden Blässe soll man den Patienten halten und langsam zu Boden senken, um eine Sturzverletzung zu verhindern. Sobald der Patient liegt, lagert man seine Beine hoch. Dies verstärkt den Blutfluss in Richtung Gehirn und hilft dem Patienten, Bewusstsein sowie Steh- bzw. Gehfähigkeit rasch wiederzuerlangen.

Prävention: Siehe oben bei Hypotonie. Neigt man zum Kollaps und muss länger stehen, stellt man die Beine über Kreuz und spannt die Gesäßmuskulatur wiederholt stark an. Dies erhöht den RR um ca. 15 mmHg und verhindert das Versacken des Blutes in die Beine.

Abb. zu Lagerung und Prävention bei Kollaps/Synkope
→ LF 5, S. 267

> **MERKE**
>
> Die Neigung zur **Hypotonie** ist harmlos, aber unangenehm. Sie schützt das Gefäßsystem vor vorzeitigem Verschleiß. Schlaganfall, Demenz und Herzinfarkt treffen Hypotoniker seltener.

Lumen
Innendurchmesser eines Hohlorgans

8.3 Arteriosklerose

Definition: Degenerative Arterienerkrankung, die zur Verhärtung der Arterienwand und zur **Einengung des Lumens** der Schlagadern führt (→ Abb. 1).

Ursachen: Arterielle Hypertonie, **Hyperlipidämie** (erhöhte Blutfettwerte), Diabetes mellitus, Nikotin, Stress, Alter und familiäre Veranlagung sind die wichtigsten Risikofaktoren.

Pathogenese: Am Endothel, der Gefäßinnenschicht, lagern sich Fette ab. Dies führt zu einer Aktivierung von Entzündungszellen. Diese (v. a. Makrophagen) versuchen, die Ablagerungen zu phagozytieren. Nach der Phagozytose bleiben sie jedoch in der Ablagerung liegen und tragen dazu bei, dass die **Plaque** immer dicker wird. An den toten Entzündungszellen lagert sich mehr Fett ab, welches wieder Phagozyten anlockt usw. Spezialisierte Zellen versuchen, die Ansammlungen aus Fett und Zellen durch Bindegewebsfasern zu glätten. Das Gefäßlumen wird immer enger. An rauen Plaques lagern sich Thrombozyten an und können einen akuten Gefäßverschluss bewirken. Plaques können brüchig werden und einreißen; es können sich Plaquestücke lösen und kleinere Gefäße verstopfen.

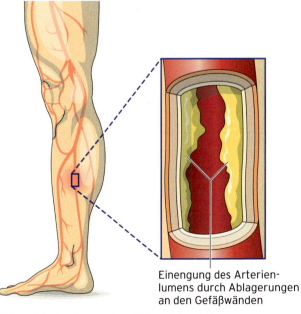

Einengung des Arterienlumens durch Ablagerungen an den Gefäßwänden

Abb. 1 Arteriosklerose einer Beinarterie mit Einengung des Arterienlumens

Stadien der Arteriosklerose

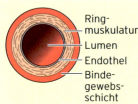
1. normale Arterie

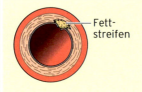
2. Erste Fettplaques bilden sich.

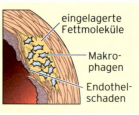
3. Makrophagen phagozytieren Fett und bleiben anschließend liegen. Bindegewebe bildende Zellen „glätten" die Plaques und machen sie noch dicker.

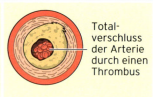
4. Bricht eine dicke Plaque auf oder lagern sich Thrombozyten an die raue Stelle an, kann sich das Gefäßlumen akut oder chronisch verschließen.

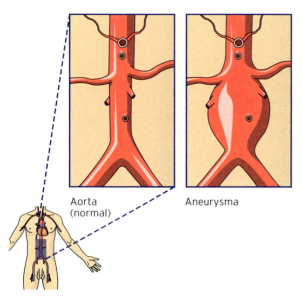

Abb. 1 Aneurysma der Bauchaorta

Gangrän
→ LF 4, S.134

Koronarangiografie
→ LF 5, S.244
Thrombozyten-
aggregationshemmer
→ LF 4, S.182
Lipidsenker
→ LF 4, S.181

Informationen zum kardio-
vaskulären Risiko und zur
Prävention gibt es als
PROCAM-Test unter
www.assmann-stiftung.de
www.bnk.de
www.herzstiftung.de

Symptome und Komplikationen: Die frühen Arteriosklerosestadien sind symptomfrei. Später entstehen spürbare Einschränkungen durch die Mangeldurchblutung der Gewebe.
- Es kommt zur Minderdurchblutung des Herzmuskels, der **koronaren Herzkrankheit (KHK)**. Diese kann zu Brustschmerzen führen, aber auch zum **Herzinfarkt** und zur **Herzschwäche**.
- Die Beine werden nicht mehr bedarfsgerecht versorgt; die **periphere arterielle Verschlusskrankheit (pAVK)** entsteht. Diese kann zur |Gangrän, d. h. zum Absterben, z. B. der Zehen, führen.
- Mangelnde Durchblutung des Gehirns erzeugt akute und chronische Hirnleistungsstörungen. Gefäßverschlüsse und Blutungen führen zum **zerebralen Insult (Schlaganfall)**.
- In der Aorta kann sich ein **Aneurysma** (eine Gefäßaussackung) bilden (→ Abb. 1). Kommt es zur **Aneurysmaruptur**, d. h., reißt bzw. platzt die erweiterte Schlagader, führt dies zum raschen inneren Verbluten.

Diagnostik: Bestimmung der Arteriosklerose fördernden Risikofaktoren. Die betroffenen Gefäße bzw. ihre Durchblutung können dargestellt werden: Bei der **Doppler-Sonografie** werden Blutfluss und Plaques gemessen. Bei der |**Angiografie** werden Arterien mit Kontrastmittel gefüllt und geröntgt.

Therapie: Bei symptomatischer Arteriosklerose können Medikamente Komplikationen, d. h. Gefäßverschlüssen, vorbeugen. ASS und andere |Thrombozytenaggregationshemmer „glätten" Blutplättchen, damit diese sich nicht an Plaques anlagern. |Lipidsenker wirken weiterer Plaquebildung entgegen und beugen Einrissen und dem Zerfall dicker Plaques vor. Mit Kathetertechniken und chirurgischen Verfahren können verengte bzw. verschlossene Arterien erweitert, wieder eröffnet oder überbrückt werden.

Prävention: Nikotinverzicht. Diabetes mellitus Typ 2 durch entsprechende Lebensweise vermeiden, Typ 1 und Typ 2 konsequent behandeln. Erhöhte Fettwerte durch Ernährung und ggf. Lipidsenker normalisieren. Übergewicht und arterielle Hypertonie behandeln. Obst und Gemüse enthalten Schutzstoffe, die Fettablagerungen und Entzündungen in Arterien entgegenwirken. Tägliche Bewegung und Sport bessern die Arterienfunktion und wirken Ablagerungen, Diabetes und Hyperlipidämie entgegen. Stress sollte vermieden bzw. so gut wie möglich abgebaut bzw. bewältigt werden. Dazu kann es sinnvoll sein, viel Ausdauersport zu treiben und Entspannungsverfahren einzuüben. Männern ab 65 Jahren wird von der GKV eine einmalige Früherkennungs-Ultraschalluntersuchung der Bauchaorta angeboten, da das Bauchaortenaneurysma vor allem ältere Männer betrifft.

8.4 Periphere arterielle Verschlusskrankheit (pAVK)

Definition: |Minderdurchblutung durch Arteriosklerose der Beinarterien; ugs. Raucherbein
Symptome und Komplikationen: Überwiegend sind Becken- und Beinarterien betroffen, weshalb **Schmerzen beim Gehen** typische Symptome sind. Mit der Zeit wird die schmerzfreie Gehstrecke immer kürzer. Die Patienten müssen oft stehen bleiben, damit die Schmerzen durch den Sauerstoffmangel der Muskulatur nachlassen. Das Gangbild wirkt, als wollte der Patient in jedem Schaufenster etwas anschauen. Man nennt die pAVK daher **Schaufensterkrankheit (Claudicatio intermittens)**. Akute und chronische Gefäßverschlüsse können zum Absterben von Gliedmaßen **(Gangrän)** führen bzw. zur **Amputation** zwingen.
Diagnostik: Risikofaktoren, klinisch, Angiografie
Therapie/Prävention: Senkung der Risikofaktoren, v. a. Nikotinverzicht. Durch aktive Bewegung bilden sich neue, kleine Blutgefäße, die verschlossene Arterien umgehen können. In fortgeschrittenen Stadien können Eingriffe in den Gefäßen, sog. **Angioplastien**, Stents und chirurgisch eingesetzte Gefäßprothesen verengte Arterien zumindest zeitweise offen halten.

Minderdurchblutung durch Arteriosklerose
→ LF 5, S.251, Abb. 1

8.5 Zerebrale Durchblutungsstörungen und Schlaganfall

Definition: Durch **Zerebralsklerose** (Arteriosklerose der Hirngefäße) bedingte akute und chronische Hirnfunktionsstörungen. Ein **Schlaganfall** ist ein plötzlich einsetzender Ausfall von Hirnfunktionen durch fehlende Durchblutung eines Gehirnteils. Schlaganfallursache kann ein akuter Gefäßverschluss (70 %) oder eine Hirnblutung (30 %) sein.
Symptome und Komplikationen: Die Zerebralsklerose bewirkt vielfältige Symptome, von nachlassenden Sinnesleistungen über Schwindelgefühl und geistig-seelischen Abbau bis hin zum Schlaganfall. Auch die |Demenz ist häufig durch Arteriosklerose bedingt. Bei hochgradigen **Stenosen** (Gefäßverengungen) der hirnversorgenden Arterien kann es zu kurz dauernden, **voll rückbildungsfähigen Hirnfunktionsstörungen** kommen (**TIA** und **PRIND**). Im Gegensatz dazu ist der **Schlaganfall (Apoplex, zerebraler Insult)** mit **bleibenden Schäden** verbunden. Dies können u. a. Sprachstörungen, Schluckstörungen und/oder Lähmungen sein.

Demenz
Verlust der geistigen Fähigkeiten und der Persönlichkeit
→ LF 11, S.503, Abb. 1

Symptomatik:
z. B. plötzlich auftretende Missempfindungen in einer Körperhälfte, Sprachstörungen, Sehstörungen usw.

TIA
innerhalb von **24 Stunden** Wiederherstellung

PRIND
innerhalb von **7 Tagen** Wiederherstellung

SCHLAGANFALL
auch nach Monaten noch Restdefizite

Abb. 1 Eine Durchblutungsstörung im Gehirn kann zu vorübergehenden neurologischen Ausfällen, die sich innerhalb von 24 Stunden (TIA) oder einer Woche (PRIND) zurückbilden, oder zu einem manifesten Schlaganfall mit bleibenden Restdefiziten führen.

HINWEIS

Intensive bildgebende Diagnostik kann auch nach klinischer Symptomrückbildung, d. h. nach TIA und PRIND, sowie bei chronischen Hirnfunktionsstörungen in vielen Fällen ischämisch bedingte Hirnschäden nachweisen.

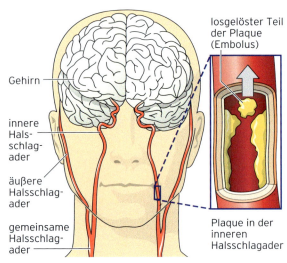

Abb. 1 Arteriosklerose in der Halsschlagader: Aus den Plaques können sich Teile lösen, die mit dem Blutstrom mitgeschwemmt werden und eine Hirnarterie verschließen (Hirnembolie/Hirninfarkt).

Diagnostik: Risikofaktoren identifizieren; Doppler-Untersuchung der Halsgefäße, Angiografie; der Schlaganfall wird klinisch sowie durch CT bzw. MRT des Gehirns diagnostiziert.
Therapie/Prävention: Senkung der Risikofaktoren; beim zerebralen Insult Akuttherapie in der Klinik mit anschließender Rehabilitation. *Nach* Schlaganfall Thrombozytenaggregationshemmer als **Rezidivprophylaxe**. Bei hochgradiger Verengung der Halsgefäße ggf. Operation mit Plaqueentfernung. Konsequente Antikoagulation bei ▎Vorhofflimmern, damit keine Thromben ins Gehirn eingeschwemmt werden und dort wiederholt Gefäßverschlüsse, d. h. Schlaganfälle, bewirken.
Hinweis: Ein Thrombus oder ein Plaquestück, das in eine Arterie eingeschwemmt wird und diese verschließt, heißt **Embolus**. Der Verschluss durch den Embolus heißt **Embolie**.

> **MERKE**
>
> Der **Schlaganfall** ist *die* Folge des Bluthochdrucks. Eine konsequente Therapie bzw. Prävention der arteriellen Hypertonie ist die wirksamste Schlaganfallprophylaxe.

Vorhofflimmern
→ LF 5, S. 243

8.6 Koronare Herzkrankheit (KHK)

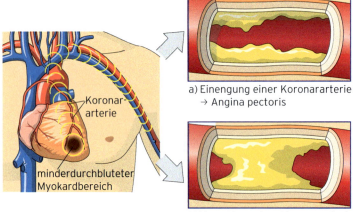

Abb. 2 Koronare Herzkrankheit: Angina pectoris und Herzinfarkt

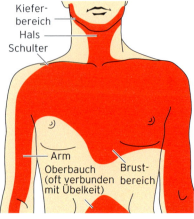

Abb. 3 Schmerzzonen bei Angina pectoris und Herzinfarkt

Definition: Mangeldurchblutung des Myokards durch Koronarsklerose
Ursachen und Pathogenese: Durch die Risikofaktoren der Arteriosklerose kommt es zu **Stenosen der Koronararterien** (→ Abb. 2). Das Myokard kann von den verengten Gefäßen nicht mehr bedarfsgerecht mit Sauerstoff versorgt werden. Die koronare Herzkrankheit ist die häufigste Erkrankung des Herzens.
Symptome und Komplikationen: Durch den Sauerstoffmangel des Myokards entsteht **Angina pectoris**, ein Gefühl der Brustenge mit ziehenden Schmerzen, die ausstrahlen können (→ Abb. 3). Angina pectoris geht oft mit **Dyspnoe** (Luftnot) einher. Zunächst tritt sie nur bei Kälte oder Anstrengung auf (**Kälte-** bzw. **Belastungsangina**), schließlich auch in Ruhe (**Ruheangina**). 30 % der KHK-Patienten erleiden als erstes Symptom einen plötzlichen Koronararterienverschluss, den **Herzinfarkt**. Der mangelversorgte Herzmuskel kann eine akute oder chronische **Herzinsuffizienz** (Herzschwäche) entwickeln.
Diagnostik: Anamnese, Ergometrie und ggf. Koronarangiografie sind die wichtigsten Diagnoseverfahren bei KHK.

Eine „Herzattacke" gibt es im Deutschen nicht. Der Begriff ist eine unkritische Übersetzung des amerikanischen „heart attack"; dies bedeutet Herzinfarkt.

Therapie: Zur symptomatischen Therapie der KHK dienen Medikamente, die die Koronardurchblutung verbessern, z. B. Nitroglycerin-Spray. Hilft das Spray bei Angina pectoris nicht, kann ein Herzinfarkt vorliegen. Der Patient muss unverzüglich ärztlich untersucht werden.

Das sog. Nitro-Spray, z. B. Nitrolingual akut® Spray, wird sublingual appliziert. Nach 1 bis 2 Sprühstößen lässt die Angina pectoris in der Regel nach. Typische Nebenwirkungen sind Kopfschmerzen, da sich durch Nitroglycerin nicht nur Koronararterien, sondern auch Arterien im Kopf erweitern. Der Blutdruck sinkt ab und manche Patienten neigen nach der Anwendung zum Kollaps bzw. zur Synkope.

 Brustschmerz heißt nicht Herzschmerz. Jeder Mensch spürt ab und zu stechende Thoraxschmerzen, die sich beim Atmen und bei Bewegung verändern. Sie entstehen meistens durch verspannte Rückenmuskulatur, die Nerven reizt. Auch Bandscheibenvorfälle, Entzündungen von Magen und Speiseröhre, Frakturen u. v. m. können Thoraxschmerzen verursachen. **Brustschmerzzentren**, d. h. spezialisierte Praxen und Kliniken, widmen sich der raschen Ursachenklärung und Therapie bei Patienten mit akutem Thoraxschmerz.

| PCI
| → LF 5, S. 245

Wird eine KHK diagnostiziert, bevor es zu einem Infarkt kommt, kann durch einen **Venen-Bypass** das stenotische (verengte) Koronargefäß umgangen werden (→ Abb. 1). Dabei wird eine entbehrliche Beinvene in den Koronarkreislauf implantiert (eingesetzt). Auch |PCI, d. h. Verfahren zum Öffnen und Offenhalten des Arterienlumens, können helfen.
Prävention: Vermeidung bzw. Therapie der Risikofaktoren Rauchen, Hypertonie, Fettstoffwechselstörungen, Diabetes mellitus, Übergewicht und Stress

Herzinfarkt (Myokardinfarkt) und akutes Koronarsyndrom

Definition: Der **Myokardinfarkt** ist die Nekrose (das Absterben) eines Myokardbezirks durch akuten Verschluss der zuführenden Koronararterie. Das **akute Koronarsyndrom** bezeichnet den drohenden oder tatsächlichen Verschluss einer Koronararterie.

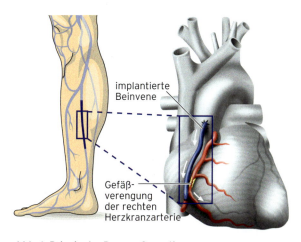

Abb. 1 Prinzip der Bypass-Operation

Ursachen und Pathogenese: Bei Koronarsklerose kann es durch körperliche oder seelische Belastung, aber auch ohne erkennbaren Auslöser zum Verschluss einer Koronararterie kommen. Der Verschluss kann durch Aufbrechen einer Plaque und/oder durch Anlagerung von Thrombozyten an Plaques entstehen. Der **ischämische** (nicht mehr durchblutete) Myokardbezirk stirbt unbehandelt ab, d. h., er wird **nekrotisch**. Damit liegt ein Herzinfarkt vor. Ein Koronargefäß kann sich plötzlich, aber auch allmählich über Stunden verschließen. Der ischämische Myokardbezirkt stirbt u. U. nicht sogleich ab. Es ist evtl. möglich, die betroffene Arterie z. B. durch PCI wieder zu eröffnen. Alle Zustände, in denen bei KHK ein akuter Gefäßverschluss droht oder schon besteht, einschließlich des Herzinfarktes, bezeichnet man als **akutes Koronarsyndrom**. Dieses ist stets ein Notfall, da Lebensgefahr besteht.
Symptome: Typisch für das akute Koronarsyndrom bzw. den Herzinfarkt ist ein plötzlich auftretendes, sehr schmerzhaftes Druck- und Engegefühl in der Brust, das z. B. in den Arm ausstrahlt und mit Luftnot und Todesangst einhergeht. 15 % der Infarkte verlaufen jedoch symptomlos, d. h. „stumm". Dies kommt v. a. bei Diabetikern vor, deren Nervensystem durch die Zuckerkrankheit geschädigt ist und keine zuverlässigen Informationen mehr sendet. Auch Oberbauchschmerzen mit Übelkeit können Symptome eines Herzinfarktes sein. Vor allem bei Frauen verursacht der Koronarverschluss oft untypische Beschwerden.

> **HINWEIS**
>
> Zwischen Angina pectoris, Koronarsyndrom und Herzinfarkt mit Absterben eines Herzmuskelabschnitts gibt es fließende Übergänge.
> Man unterscheidet **STEMI** und **NSTEMI** (Herzinfarkt mit ST-Strecken-Hebung im EKG und ohne).

> **HINWEIS**
>
> Als **akutes Koronarsyndrom (ACS)** werden STEMI, NSTEMI und instabile Angina pectoris zusammengefasst. Dies ist stets ein Notfall, da eine Herzmuskelschädigung vorliegt.

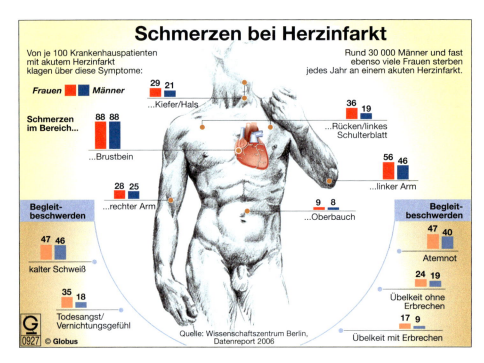

Schmerzen bei Herzinfarkt

Kammerflimmern
→ LF 5, S.243
Reanimationsmaßnahmen
→ LF 5, S.270
ST-Strecken-Hebung
→ LF 5, S.243

Abb. 1 Troponin-Test; bei ACI und negativem Ergebnis wird wiederholt getestet

Komplikationen: Die Ischämie verändert die elektrischen Eigenschaften des Myokards. Dies begünstigt Herzrhythmusstörungen bis hin zum unbehandelt tödlichen ❙Kammerflimmern. Man spricht vom **Rhythmustod** oder **plötzlichen Herztod**. Der Patient kann durch ❙Reanimationsmaßnahmen ggf. gerettet werden, wenn diese innerhalb weniger Minuten einsetzen. Die infarktbedingte Myokardschädigung kann akut oder auf Dauer zur Herzinsuffizienz führen, weil das nekrotische Myokard durch Narbengewebe ohne Pumpfunktion ersetzt wird.

Diagnostik: Klinische Symptome, EKG (beim Infarkt findet sich eine ❙ST-Strecken-Hebung), **Troponin-Test** (→ Abb. 1); der Troponin-Test ist üblicherweise ein Schnelltest, der die Herzmuskelschädigung, d. h. das Absterben von Myokardzellen, im Blut nachweist. Die Echokardiografie kann u. a. Wandbewegungsstörungen beim Koronarsyndrom bzw. Infarkt nachweisen. Koronarangiografie und PCI können zur Diagnostik und Therapie dienen.

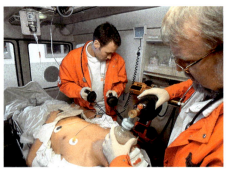

Abb. 2 Jeder Herzinfarkt ist ein Notfall.

Abb. 3 Rehabilitation nach einem Herzinfarkt

Therapie: Beim akuten Koronarsyndrom werden Thrombozytenaggregationshemmer, z. B. ASS i.v., und Nitroglycerin sowie ggf. weitere Medikamente gegeben. Im günstigsten Fall kann der Koronarverschluss eröffnet und der Herzmuskel vor der Nekrose bewahrt werden. Nach der Akutbehandlung in der Klinik wird eine sog. Anschlussheilbehandlung zur **Rehabilitation** durchgeführt (→ Abb. 3). Dabei erlernt der Patient eine gesunde Lebensweise mit regelmäßiger Bewegung, die seiner Leistungsfähigkeit entspricht. Dies verbessert die Regeneration des Herzmuskels und damit die Prognose bzw. Überlebenszeit des Patienten. Nach einem Herzinfarkt erhält der Patient Thrombozytenaggregationshemmer (z. B. ASS und Pasugrel) sowie Betablocker als Rezidivprophylaxe, ebenso Lipidsenker und die herzstärkenden ACE-Hemmer.

Prävention: Siehe Arteriosklerose.

8.7 Herzrhythmusstörungen

Herzrhythmusstörungen sind Unregelmäßigkeiten der Herztätigkeit (**Arrhythmien**), einschließlich der verlangsamten und beschleunigten Herzschlagfolge (**Bradykardie** und **Tachykardie**).

Extrasystolen

Eine **Extrasystole** ist eine **vorzeitig**, d. h. vor der nächsten regulären Kontraktion **auftretende Herzaktion**. Extrasystolen können z. B. in Form von Herzstolpern empfunden werden. Sie stammen aus verschiedenen Teilen des Reizleitungssystems und kommen bei jedem Menschen gelegentlich vor. Extrasystolen sind oft harmlos, können aber auch Ausdruck einer Herzerkrankung sein. Bestimmte Arten, Abfolgen bzw. Häufungen von Extrasystolen bergen die Gefahr eines Übergangs in das gefährliche Kammerflimmern. Das EKG bzw. Langzeit-EKG dient der Erkennung von Extrasystolen und anderen Arrhythmien. Ist eine Therapie indiziert, richtet sie sich nach der Grunderkrankung und erfolgt z. B. mit Antiarrhythmika.

Vorhofflimmern (VHF)

Definition: Beim Vorhofflimmern schlagen die Vorhöfe mit einer Frequenz zwischen 350 und 600/min. VHF ist die **häufigste chronische Herzrhythmusstörung**.
Ursachen: Hohes Alter, Hypertonie und andere Herzkrankheiten sind Risikofaktoren.
Pathophysiologie und Komplikationen: Eine so schnelle Folge von Muskelaktionen kann nicht als Schlagen, sondern nur als Flimmern bezeichnet werden. Da die Vorhofwände nur „zittern", schaffen sie es nicht, die Vorhöfe zu füllen und zu entleeren. Darum bleibt das Blut an bestimmten Stellen des linken Vorhofs unbewegt. Da stehendes Blut gerinnt, bilden sich im linken Vorhof Thromben. Immer wieder werden diese mit dem Blutstrom fortgeschwemmt und gelangen als **Emboli** in Hirngefäße (→ S. 254, Abb. 1). Man nennt dies **Thromboembolie**. Jede Embolie bewirkt einen mehr oder weniger großen |Schlaganfall.
Symptome: Häufig ist VHF symptomlos. Manche Patienten spüren die um ca. 25 % geringere Leistungsfähigkeit, die daher kommt, dass die Vorhöfe nicht mehr aktiv die Kammern füllen. Gegebenenfalls fällt das VHF erst durch einen Schlaganfall oder Hirnschaden auf.
Diagnose: Der Puls ist arrhythmisch und oft tachykard. Das EKG zeigt die unregelmäßigen Kammeraktionen bei stark vermehrten P-Wellen (→ Abb. 1).
Therapie: Versuch der Wiederherstellung des normalen Sinusrhythmus durch Antiarrhythmika oder einen dosierten Stromstoß mit dem |Defibrillator in Kurznarkose. Oft gelingt dies nicht oder nur kurzzeitig und das VHF bleibt. Zur **Thromboembolie-Prophylaxe** erhalten die Patienten dann orale Antikoagulanzien, d. h. Phenprocoumon (|Marcumar®) oder ein NOAK.
Die gerinnungshemmende Therapie kann zu Blutungskomplikationen führen und erfordert bei Phenprocoumon regelmäßige INR-Kontrollen. Chronisches VHF ist die häufigste Indikation für orale Antikoagulanzien.

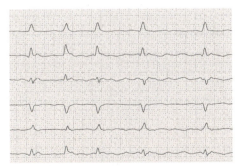

Abb. 1 Vorhofflimmern, Frequenz 118/min

Das Risiko, VHF zu entwickeln, kann unter **www.bnk.de** errechnet werden.

Schlaganfall
→ LF 5, S. 253

Defibrillator
→ LF 5, S. 272
Marcumar®-Ausweis
→ LF 4, S. 189

HINWEIS

Die Wirkung neuer oraler Antikoagulanzien (NOAK), wie Lixiana®, Xarelto®, Pradaxa® und Eliquis®, kann nicht mit Routinemethoden wie dem INR gemessen werden.

MERKE

Phenprocoumon soll den INR-Wert z. B. bei VHF von 1 auf 2 bis 3 anheben. Die Blutgerinnung dauert dann 2- bis 3-mal so lange wie ohne Antikoagulation. Bei Impfungen kann problemlos s.c. injiziert und etwas länger komprimiert werden. Letzteres gilt auch für Blutentnahmen. Vor geplanten Operationen wird die Einnahme ggf. ausgesetzt. Für Zahnbehandlungen ist ein Absetzen selten nötig. Absetzen bzw. Einnahmepausen gehen mit einer erhöhten Schlaganfallgefahr einher. Die Entscheidung treffen die behandelnden Ärzte ggf. in Absprache miteinander.

8.8 Herzschrittmacher und implantierbarer Defibrillator (ICD)

Sinusknoten
→ LF 5, S.228

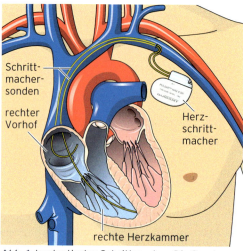

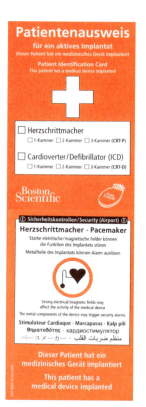

Abb. 1 Implantierter Schrittmacher: Die Sonden werden über die obere Hohlvene in den rechten Vorhof und die rechte Herzkammer eingebracht.

Der |Sinusknoten ist der natürliche Herzschrittmacher. Er gibt durch elektrische Impulse den Rhythmus der Herztätigkeit vor. Fällt der Sinusknoten erkrankungsbedingt aus, schlägt das Herz zu langsam. Bradykarde Herzrhythmusstörungen können zu Schwindel und Schwäche, aber auch zu Bewusstlosigkeit und zum Herztod führen. Ein **künstlicher Herzschrittmacher** kann fehlende Stromimpulse ersetzen (→ Abb. 1). Das batteriebetriebene Gerät wird in einer kleinen Operation kaudal des Schlüsselbeins unter die Haut implantiert. Ein Herzschrittmacher besteht aus einem Impulsgeber und aus Elektroden, die den elektrischen Impuls auf das Reizleitungssystem des Herzens übertragen. Impulsgeber und Elektroden sind durch Elektrodenkabel miteinander verbunden. Die Elektroden, die den Stromreiz abgeben, werden z. B. im rechten Vorhof platziert. Der Schrittmacher überwacht ständig die Herzaktion. Fällt ein Sinusknotenimpuls aus bzw. erfolgt nicht rechtzeitig, gibt das Gerät selbst einen Impuls ab und bewirkt damit eine rechtzeitige Herzaktion.

Es gibt viele Schrittmachervarianten, die sich u. a. in der Anzahl, Art und Platzierung ihrer Elektroden unterscheiden. Einige können auch die Pumpleistung eines schwachen Herzens verbessern. Diese Modelle können bei Herzinsuffizienz indiziert sein.

Spezielle Geräte ersetzen nicht fehlende Impulse, sondern beenden bestimmte tachykarde Rhythmusstörungen durch starke Stromreize. Der **implantierbare Defibrillator (ICD)** wird eingesetzt, um bei gefährdeten Patienten einen Herztod durch Kammerflimmern zu verhüten. Die elektrische **Defibrillation** (wörtl. Entflimmerung) kann z. B. bei schwerer Herzinsuffizienz verschiedener Ursachen das Leben des Patienten verlängern. Batterieleistung und Funktion von Herzschrittmachern und ICDs werden regelmäßig kontrolliert. Jeder Herzschrittmacher- und ICD-Patient trägt einen Gerätepass bei sich (→ Abb. 2).

Schrittmacher und andere metallhaltige Geräte können bei MRT-Untersuchungen ein Problem darstellen. Das starke Magnetfeld stört die Funktion der Geräte so sehr, dass die Diagnostik nicht durchgeführt werden kann. Neuere Spezialmodelle sind teilweise MRT-fähig.

Abb. 2 Herzschrittmacher- und Defibrillator-Pass

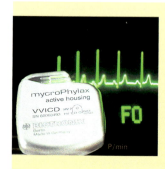

Kann ich mit dem Schrittmacher überhaupt noch sterben? Die Sorge vieler Patienten, dass ein künstlicher Herzschrittmacher das Herz des sterbenden Trägers immer weiter schlagen lässt, ist unbegründet. Erstens tritt beim Sterben oft Kammerflimmern ein, das nur ein Defibrillator beenden könnte, und zweitens reagiert das Herz eines Sterbenden nicht mehr auf die Stromreize des Geräts.
Durch einen ICD kann der Sterbevorgang jedoch stark gestört werden. Bei Kammerflimmern gibt der ICD schmerzhafte Stromstöße ab. Diese werden während des Sterbens zu einem großen Problem. Patient, Kardiologe und ggf. weitere Ärzte sollten miteinander besprechen, ob der ICD rechtzeitig abgeschaltet werden soll, wenn ein Patient z. B. wegen eines Krebsleidens oder Altersschwäche im Sterben liegt.

8.9 Herzinsuffizienz (Herzmuskelschwäche)

Definition: Herzmuskelschwäche, bei der das Herz akut oder chronisch nicht in der Lage ist, die erforderliche Blutmenge zu fördern (zu pumpen).

Ursachen: KHK und Hypertonie sind die häufigsten Ursachen der Herzinsuffizienz, da sie das Myokard schwer schädigen. Auch Entzündungen des Myokardgewebes, Herzklappenfehler, Alkoholmissbrauch und andere Schädigungen führen zur Herzmuskelschwäche.

Pathogenese: Das rechte und linke Herz kann man sich jeweils als eine Pumpe vorstellen. Ist eine Pumpe schwach, staut sich das Blut vor dieser Pumpe zurück. Aus den prall gefüllten Blutgefäßen tritt Plasma ins Gewebe aus. Dies führt zu Flüssigkeitsansammlungen (**Ödemen**). Bei **Linksherzinsuffizienz** staut sich Blut in die Lunge zurück. Dies erzeugt Luftnot und im Extremfall ein **Lungenödem** (→ Abb. 2). Bei **Rechtsherzinsuffizienz** staut sich das Blut in die Venen zurück. Es kommt zu **Beinödemen** sowie ggf. **Leber- und Halsvenenstauung** (→ Abb. 1). Sind rechtes und linkes Herz betroffen, besteht eine **globale Herzinsuffizienz**.

Symptome: Luftnot bei Belastung und nachlassende Leistungsfähigkeit, da das schwache Herz den Körper nicht ausreichend mit Sauerstoff versorgt. Bei Rechtsherzinsuffizienz außerdem Beinödeme, bei Linksherzinsuffizienz Lungenstauung mit Luftnot und Rasselgeräuschen. Man unterscheidet nach NYHA (New York Heart Association) vier Schweregrade der Herzinsuffizienz:

Abb. 1 Patientin mit Beinödemen bei Rechtsherzinsuffizienz

Abb. 2 Patient mit Atemnot bei Linksherzinsuffizienz

New York Heart Association amerikanische Fachgesellschaft für Kardiologie

Herzinsuffizienz nach NYHA	Symptome (Luftnot, Schwäche usw.)
NYHA-Klasse I	Beschwerden nur bei extremer Belastung
NYHA-Klasse II	Beschwerden bei mittelschwerer Belastung
NYHA-Klasse III	Beschwerden bei leichter Belastung (im Alltag)
NYHA-Klasse IV	Beschwerden in Ruhe

Komplikationen: Patienten mit schwerster Linksherzinsuffizienz sterben am Lungenödem. Die Lunge ist so mit Wasser angefüllt, dass keine Sauerstoffaufnahme mehr erfolgt. Auch bei Rechtsherzinsuffizienz kann es zum Tod durch Herzversagen kommen.

Diagnostik: Anamnese, klinische Untersuchung mit Auskultation, Echokardiografie, ggf. Röntgenaufnahme des Thorax sowie Bestimmung des **BNP**.

> **HINWEIS**
>
> **BNP** (B-type natriuretic peptide) und **NT-proBNP** (N-terminales Propeptid BNP) sind Substanzen, die das Myokard bei Überforderung, also Herzinsuffizienz, abgibt.

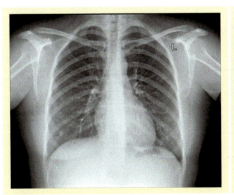

Thorax-Röntgenaufnahme eines Gesunden: Das „schlanke" Herz nimmt ca. ein Drittel der Thoraxbreite ein.

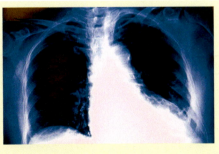

Thorax-Röntgenaufnahme bei schwerer Herzinsuffizienz: Das „ausgeleierte" Herz nimmt fast die gesamte Thoraxbreite ein.

Therapie: Nach Möglichkeit Klärung und Behandlung der Ursache. Zu den Medikamenten, die dem Herz die Arbeit erleichtern, gehören v. a. ACE-Hemmer bzw. AT_1-Blocker, Diuretika, Spironolacton und Betablocker. Die Patienten sollten nicht mehr als 1,5 L am Tag trinken und wenig Salz zu sich nehmen. Regelmäßige, angepasste Bewegung verbessert Befinden und Prognose. Ab NYHA-Klasse IV kommt in Ausnahmefällen eine Herztransplantation in Frage. Diese erfordert u. a. eine fortlaufende immunsuppressive Therapie, um eine Transplantatabstoßung durch das Abwehrsystem des Organempfängers zu verhindern.

8.10 Herzklappenerkrankungen

Streptokokken-
infektionen
→ LF 3, S. 66

Die Herzklappen werden lebenslang durch den Blutstrom und den Blutdruck beansprucht. Vor allem die Aortenklappe kann sich dadurch degenerativ verändern. Auch Herzklappenentzündungen, z. B. nach |Streptokokkeninfektionen, führen zu Herzklappenschäden. Es kann zur Verengung (Stenose) oder Undichtigkeit (Insuffizienz) kommen. Der häufigste erworbene, d. h. nicht angeborene, Herzklappenfehler ist die **Aortenstenose** (Aortenklappenverengung). Der linke Ventrikel muss vermehrt Kraft aufbringen, um das Blut durch die immer enger werdende Öffnung der verkalkten Aortenklappe zu pumpen. Die dauernde Überlastung führt nach und nach zur Linksherzinsuffizienz mit Luftnot und Leistungsschwäche. Die Diagnose wird klinisch gestellt (die Auskultation zeigt typische systolische Geräusche), durch Echokardiografie und ggf. Koronarangiografie. Die Therapie erfolgt möglichst durch herzchirurgischen Klappenersatz (→ Abb. 1 und 2).

Bei sehr alten Patienten, die keine Narkose mehr vertragen können, werden verengte Klappen ggf. mit einem Katheter geweitet oder ersetzt. Träger von Kunstklappen benötigen eine orale Antikoagulation mit Phenprocoumon, da das Fremdmaterial |Thromboembolien fördert. Zum Schutz vor **Endokarditis** (Entzündung der Herz-Innenschicht, die zu Herzklappenfehlern führt) erhalten Patienten nach Klappenersatz bei Endoskopien und Zahnbehandlungen prophylaktisch Antibiotika. Diese töten Bakterien, die während des Eingriffs in die Blutbahn gelangen, rasch ab und verhindern so, dass diese sich am Endokard festsetzen und Klappen zerstören.

Abb. 1 Bioprothese: aus Schweineperikard hergestellte Aortenklappe

Thromboembolie
→ LF 5, S. 261

Abb. 2 Künstliche Aortenklappe

8.11 Varikose (Krampfaderleiden)

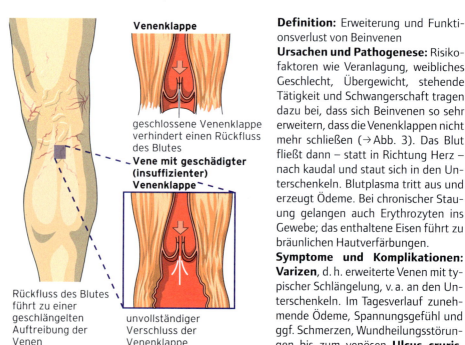

Abb. 3 Insuffizienz der Venenklappen und Ausbildung von Krampfadern (Varizen)

Venenklappe

geschlossene Venenklappe verhindert einen Rückfluss des Blutes

Vene mit geschädigter (insuffizienter) Venenklappe

Rückfluss des Blutes führt zu einer geschlängelten Auftreibung der Venen

unvollständiger Verschluss der Venenklappe

Definition: Erweiterung und Funktionsverlust von Beinvenen

Ursachen und Pathogenese: Risikofaktoren wie Veranlagung, weibliches Geschlecht, Übergewicht, stehende Tätigkeit und Schwangerschaft tragen dazu bei, dass sich Beinvenen so sehr erweitern, dass die Venenklappen nicht mehr schließen (→ Abb. 3). Das Blut fließt dann – statt in Richtung Herz – nach kaudal und staut sich in den Unterschenkeln. Blutplasma tritt aus und erzeugt Ödeme. Bei chronischer Stauung gelangen auch Erythrozyten ins Gewebe; das enthaltene Eisen führt zu bräunlichen Hautverfärbungen.

Symptome und Komplikationen: **Varizen**, d. h. erweiterte Venen mit typischer Schlängelung, v. a. an den Unterschenkeln. Im Tagesverlauf zunehmende Ödeme, Spannungsgefühl und ggf. Schmerzen, Wundheilungsstörungen bis zum venösen **Ulcus cruris**, dem Unterschenkelgeschwür. Im Volksmund heißt das venöse Ulcus cruris „offenes Bein".

Diagnostik: klinische Untersuchung und Doppler-Sonografie

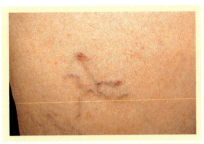
Besenreiser sind eine harmlose Variante der Varikose.

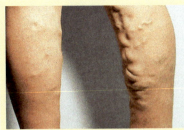
Ausgeprägte Unterschenkel-Varikose

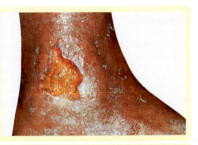
Venöses Ulcus cruris als Spätfolge der Varikose

Therapie: Wichtig ist die **konsequente Kompressionstherapie**. Indem die Varizen durch straff sitzende Strümpfe zusammengedrückt werden, schließen die Venenklappen wieder und das Blut fließt in Richtung Herz. Kompressionsstrümpfe müssen immer frühmorgens, d. h., solange die Beine noch frei von Ödemen sind, angezogen werden, evtl. mit Anziehhilfen aus Metall. Reicht die Kompressionstherapie nicht aus, kann eine Operation mit Entfernung der funktionslosen Venen indiziert sein. Es sind genug Beinvenen vorhanden, um nach dieser OP das Blut zum Herzen zu führen. Das Ulcus cruris erfordert neben der konsequenten Kompressionsbehandlung eine professionelle Wundversorgung.

> **HINWEIS**
> Kompressionsstrümpfe müssen genau passen. Das Maßnehmen erfolgt morgens vor der Ödembildung.

Kompressionstherapie
→ LF 10, S. 478

> **MERKE**
> **Varikose-Patienten** sollten wenig stehen und sitzen, da dies Stauungen fördert. Liegen mit hoch gelagerten Beinen wirkt günstig. Beim Gehen unterstützt die Beinmuskulatur den venösen Blutfluss. Alles dies dient der Therapie und der Prävention.

8.12 Thrombose und Thromboembolie

Definition: Eine **Thrombose** ist der weitgehende oder komplette Verschluss eines Blutgefäßes durch einen **Thrombus** (Blutgerinnsel). Normalerweise werden Thromben gebildet, um Verletzungen abzudichten. Bei der Thrombose geschieht dies ohne Verletzung (→ Abb. 1). Eine **Embolie** ist ein Arterienverschluss durch Einschwemmen z. B. eines abgelösten Thrombus bzw. Thrombusteils in eine Arterie. Eine **Thromboembolie** umfasst die Thrombusbildung und die daraus folgende Embolie. Nach dem Ort der Thrombosebildung unterscheidet man **arterielle Thromboembolien**, z. B. einen Schlaganfall bei Vorhofflimmern, und **venöse Thromboembolien**, z. B. eine Lungenembolie bei Beinvenenthrombose (→ Abb. 2).

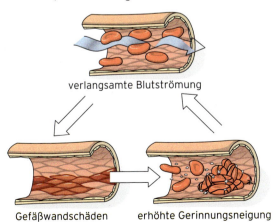
Abb. 1 Bedingungen der Thromboseentstehung

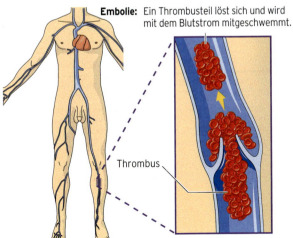
Embolie: Ein Thrombusteil löst sich und wird mit dem Blutstrom mitgeschwemmt.

Abb. 2 Entstehung einer Lungenembolie nach Beinvenenthrombose

262 | Zwischenfällen vorbeugen und in Notfallsituationen Hilfe leisten

HINWEIS

Nach einer Beinvenenthrombose kann die Funktion der betroffenen Vene(n) so beeinträchtigt sein, dass dauerhaft Ödeme und ein erhöhtes Thromboserisiko bestehen; dies heißt **postthrombotisches Syndrom**. Antikoagulation und Kompression sind ggf. langfristig indiziert.

Antikoagulanzien
→ LF 4, S.180

NOAK
→ LF 4, S.180

Ursachen und Pathogenese: Zur Thromboseentstehung tragen mehrere Risikofaktoren bei. Je mehr davon vorliegen, desto wahrscheinlicher wird eine Thrombose (S. 261, Abb. 1).
- **Gefäßwandschäden**, z. B. arteriosklerotische Plaques oder erweiterte Beinvenen
- **verlangsamte Blutströmung**, z. B. im linken Vorhof bei VHF, in den Beinvenen bei Bettlägerigkeit oder bei langem Sitzen ohne Bewegungspausen, z. B. im Auto oder Flugzeug
- **verstärkte Gerinnungsneigung des Blutes**, z. B. nach Knie- oder Hüftoperation, durch Rauchen und/oder Einnahme der „Pille", in der Schwangerschaft, bei familiärer Thromboseneigung sowie bei einigen Krebserkrankungen

Symptome und Komplikationen: Die Symptome der tiefen Beinvenenthrombose sind oft so gering ausgeprägt, dass sie nicht bemerkt werden. **Schwellung** und **Überwärmung** des betroffenen Beins sowie eine **bläulich rote Hautfärbung** sind typisch. Jede Beinvenenthrombose kann eine **Lungenembolie** zur Folge haben. Je nach Größe des Embolus wird eine kleinere oder größere Lungenarterie akut verstopft. Dadurch treten Husten und Thoraxschmerz auf; es kann auch zum sofortigen Tod durch Herzversagen kommen.

Diagnostik: Beinvenenthrombosen werden durch klinische Untersuchung, Sonografie und Bluttests auf D-Dimere nachgewiesen, Lungenembolien durch EKG, CT/MRT des Thorax und ggf. weitere Spezialtests.

Therapie: Die Beinvenenthrombose wird mit **Heparin**, einem ▌Antikoagulans, behandelt. Der Patient erhält eine **Kompressionstherapie**, z. B. mit speziellen Strümpfen, und muss **Bettruhe** einhalten. Therapieziel ist es, die Vergrößerung des Thrombus und seine Ablösung zu verhindern. Körpereigene Stoffe lösen den Thrombus allmählich auf. Die Lungenembolie ist stets ein Notfall. Der Patient wird mit Sauerstoff versorgt und sein Oberkörper wird hoch gelagert. Gegebenenfalls kann der Embolus in der Klinik medikamentös aufgelöst werden.

Prävention: Bei erhöhtem Thromboserisiko, z. B. nach einer Operation, trägt der Patient Kompressionsstrümpfe und erhält prophylaktisch s.c. appliziertes Heparin. Dies kann der Patient sich ggf. selbst injizieren. Er soll sich bewegen, sobald sein Zustand dies wieder zulässt. Nach erlittener Thrombose erfolgt eine orale Antikoagulation mit Phenprocoumon oder ▌NOAK.

→ Terminologie: Herz-Kreislauf-Krankheiten

Amputation	chirurgisches Absetzen (Entfernen) eines Körperteils
Angina pectoris (A. pectoris)	Brustenge; Herzschmerzen bei koronarer Herzkrankheit
Aneurysma, das	pathologische Gefäßaussackung
Aneurysmaruptur	Einriss bzw. Platzen eines Aneurysmas
Angiografie	Gefäßdarstellung mit Kontrastmittel (Röntgen oder MRT)
Angioplastie	Eingriff innerhalb einer Arterie, z. B. Aufdehnung
Aortenstenose	Verengung der Aortenklappe
Apoplex	Schlaganfall; zerebraler Insult
BNP	B-type Natriuretic Peptide; Blutwert, der Herzinsuffizienz anzeigt
Claudicatio intermittens	Beinschmerzen bei Belastung durch pAVK; sog. Schaufensterkrankheit
D-Dimere	Thrombusbruchstücke, die u. a. bei Thrombosen im Blut nachweisbar sind
Demenz	Verlust der geistigen Fähigkeiten und der Persönlichkeit
Doppler-Sonografie	Ultraschallverfahren zur Darstellung von Blutfluss und Gefäßen
Embolie	Gefäßverschluss durch Einschwemmung eines Embolus
Embolus (Mz. **Emboli**)	in ein Gefäß eingeschwemmter Thrombus o. Ä.
Endokarditis	Entzündung des Endokards bzw. der Herzklappen

Herz-Kreislauf-Erkrankungen | **263**

essenziell (essentiell)	1. bzgl. Hypertonie: aus unbekannter Ursache, 2. bzgl. Fett- und Aminosäuren: lebenswichtig
Extrasystole	vorzeitige Herzaktion
Heparin	Antikoagulans, z. B. für die Thromboseprophylaxe
Herzinfarkt (Syn. **Myokardinfarkt**)	Absterben (Nekrose) eines Myokardbereichs durch Verschluss der ihn versorgenden Koronararterie
Herzinsuffizienz (Syn. **Myokardinsuffizienz**)	Herzleistungsschwäche; 1. Linksherzinsuffizienz, 2. Rechtsherzinsuffizienz, 3. globale Herzinsuffizienz
Hyperlipidämie	erhöhte Blutfettwerte (Triglyceride und/oder Cholesterin)
Hypertonie, primäre	Bluthochdruck ohne ursächliche Grunderkrankung
Hypertonie, sekundäre	Bluthochdruck durch eine Grunderkrankung, z. B. der Niere
Hypotonie, arterielle	Niedrigblutdruck
Ischämie	Minderdurchblutung, z. B. durch Arteriosklerose
kardiovaskuläres Ereignis	akute Erkrankung durch einen arteriosklerotischen Gefäßschaden, z. B. Herzinfarkt oder Schlaganfall
Kollaps	Zusammensinken mit Bewusstseinstrübung, vgl. Synkope
Kompressionstherapie	Verband oder Strümpfe, die die Beinvenen komprimieren (zusammendrücken), um 1. eine Thrombosebildung zu verhindern und 2. die Venenfunktion bei Varikose zu verbessern
konstitutionell	anlagebedingt
koronare Herzkrankheit (KHK)	arteriosklerotische Verengung der Koronararterien mit Minderdurchblutung des Myokards
Linksherzhypertrophie	Myokardverdickung des linken Ventrikels durch vermehrte Druckbelastung bei Hypertonie und/oder Herzklappenverengung
Lumen	Innendurchmesser eines Hohlorgans, z. B. eines Blutgefäßes
Lungenembolie	akuter Verschluss einer Lungenarterie durch einen Embolus
Myokardinfarkt	Herzinfarkt; Absterben eines Myokardbezirks durch Ischämie
Normotonie	normaler Blutdruck
periphere arterielle Verschlusskrankheit (pAVK)	symptomatische Mangeldurchblutung der Beine durch Arteriosklerose mit Claudicatio intermittens und ggf. Gangrän
Plaque	Ablagerung, z. B. bei Arteriosklerose
prolongiertes ischämisches neurologisches Defizit (PRIND)	Ausfall bzw. Störung von Hirnfunktionen durch zerebrale Durchblutungsstörung mit vollständiger Rückbildung innerhalb einer Woche
renal	1. die Niere betreffend, 2. durch Nierenkrankheit bedingt
Rezidivprophylaxe	Maßnahmen, die eine erneute Erkrankung verhindern sollen
Risikofaktor	Umstand, der die Wahrscheinlichkeit einer Erkrankung erhöht
Rhythmustod	plötzlicher Herztod beim Herzinfarkt durch schwere Herzrhythmusstörung (z. B. Kammerflimmern)
Schlaganfall (Syn. **Apoplex; zerebraler Insult**)	Absterben eines Gehirnteils durch Minderdurchblutung, 1. durch Gefäßverschluss (70 %), 2. durch Hirnblutung (30 %)

Stenose	Engstelle, z. B. in einer Arterie
Synkope	Zusammensinken mit kurzem Bewusstseinsverlust; Ohnmacht
Thromboembolie	Verschluss einer Arterie durch Einschwemmen eines Thrombus
Thrombose	Verschluss eines Blutgefäßes durch ein Blutgerinnsel
transitorisches ischämisches Defizit (TIA)	durch zerebrale Durchblutungsstörung bedingtes neurologisches Defizit, das sich innerhalb von 24 Stunden zurückbildet
Troponin T/I	Herzmuskelproteine, deren Nachweis für eine Herzmuskelschädigung, z. B. durch einen Myokardinfarkt, spricht
Ulcus cruris	Unterschenkelgeschwür; 1. venöses Ulcus cruris durch Varikose, 2. arterielles Ulcus cruris bei pAVK, 3. kombiniert
vagovasale Synkope, vagovasaler Kollaps	durch Erweiterung der Beinvenen und Blutdruckabfall ausgelöster Kollaps (Zusammensinken) bzw. Synkope (Ohnmacht)
Varikose	Krampfaderleiden
Varizen (Ez. Varize)	Krampfadern; krankhaft erweiterte Venen
Vorhofflimmern (VHF)	Herzrhythmusstörung mit einer Vorhoffrequenz über 350/min
Zerebralsklerose	Arteriosklerose der Hirngefäße bzw. hirnversorgenden Arterien
Zivilisationskrankheit	Folgekrankheit ungesunder Lebensweise mit Bewegungsmangel, Fehlernährung und hohem Genussmittelkonsum

AUFGABEN

1 Nennen Sie Ursachen der arteriellen Hypertonie.

2 Welche Organe werden besonders oft durch Hypertonie geschädigt?

3 Welche Maßnahmen raten Sie einer Kollegin, der wegen ihres niedrigen Blutdrucks oft schwindlig wird und die zum Kollaps neigt?

4 Nennen Sie typische Auslöser des vasovagalen Kollapses.

5 Welche Nebenwirkungen sind für Antihypertonika typisch?

6 Definieren Sie den Begriff Arteriosklerose und erklären Sie die Pathogenese.

7 Erklären Sie den Begriff Angina pectoris und beschreiben Sie die Symptome.

8 Welches Medikament wird oft bei Angina pectoris verabreicht? Nennen Sie die Wirksubstanz oder einen Handelsnamen sowie typische Nebenwirkungen.

9 Welche Aussage hat ein positiver Troponin-Test bei Angina pectoris?

10 Was versteht man unter akutem Koronarsyndrom und unter Herzinfarkt?

11 Wie kann ein Herzinfarkt diagnostiziert werden?

12 Bei welcher Form der Herzinsuffizienz kommt es zum Lungenödem bzw. zu Beinödemen?

13 Erklären Sie die Begriffe Thrombose und Lungenembolie.

14 Wie können Sie einer Varikose vorbeugen?

9 Notfallmanagement und Notfalltherapie

Medizinische Notfälle sind Situationen, in denen **Vitalfunktionen** eines Menschen bedroht, gestört oder aufgehoben sind. Wichtige Vitalfunktionen (Lebensfunktionen) sind:
- Bewusstsein
- Atmung
- Kreislauf

Auch die Bedrohung anderer Organfunktionen stellt eine Einschränkung von Vitalfunktionen dar. Dies ist z. B. bei starken Schmerzen, Lähmungen, Blutungen, Verletzungen oder Vergiftungen der Fall.

Vitalfunktionen: Bewusstsein — Atmung — Kreislauf

9.1 Notfallmanagement

Notfallvermeidung

Die Prävention vermeidbarer Notfälle in der Arztpraxis erfordert die Aufmerksamkeit und das Handeln aller Beteiligten. Die konkreten Maßnahmen sind der Praxis bzw. den Patienten anzupassen. Überprüft man die Praxis z. B. aus dem Blickwinkel eines kletterfreudigen Kleinkindes oder eines geh- und sehbehinderten alten Menschen, findet man die Gefahrenquellen.

Informationen, pdf-Vorlagen usw. zum Notfallmanagement in der Arztpraxis
www.trainmed.info

Sicherheitsrisiken (Beispiele)	Prävention (Beispiele)
„Stolperfallen" wie Stufen, Papierkorb, Schirmständer, Pflanzen, Dekorationsgegenstände, Türstopper, Kabel, Glastüren	sichern, entfernen, beleuchten, markieren
Tischkanten und Fensterbretter	Kantenschutz anbringen
Steckdosen vor allem im Wartebereich und in Fluren	Sicherungen einkleben
elektrische Geräte, Wasserkocher und Kaffeemaschine, heiße Flüssigkeiten, Medikamente und Chemikalien	sicher bzw. unzugänglich aufbewahren

Verhalten und Vorgehen im Notfall

Die wichtigste Notfallregel ist: **Ruhe bewahren**. Planvoll und besonnen lässt sich eine schwierige Situation am besten beherrschen. Nur wenn Notfallmaßnahmen regelmäßig im Team geübt werden, werden sie im akuten und stets unvorhergesehenen Notfall richtig ausgeführt. Die anwesende bzw. verantwortliche Person überprüft die Vitalfunktionen des Patienten und führt situationsgerechte Maßnahmen durch. Stellt sich die Situation so dar, dass die helfende Person bzw. das Team den Notfall voraussichtlich nicht komplett beherrschen kann, wird ein Notruf getätigt. Der Notrufablauf jeder Praxis wird individuell festgelegt.

Notruf

In der Praxis stellt der Arzt die Indikation für den Notruf und beauftragt die MFA, diesen auszuführen. Beim Anruf in der Leitstelle sagt die MFA z. B.: **„Praxis Dr. … Wir benötigen einen Notarzt auf Anordnung von Frau Dr. …"**. Die MFA informiert den Arzt sofort über die Durchführung des Notrufs. Das Personal der Rettungsleitstelle ist im Erfassen von Notfallsituationen geschult. Zur Sicherheit erscheint die Telefonnummer des Anrufers auf dem Telefondisplay der Rettungsleitstelle. Dies ermöglicht das Auffinden von Patienten sowie im Falle des Notrufmissbrauchs die Strafverfolgung. Mobiltelefone können unter Umständen, z. B. bei Selbsttötungsgefahr, geortet werden. Jedes Notrufgespräch wird aufgezeichnet.

> **MERKE**
> Die Notrufnummer der Rettungsdienste lautet bundeseinheitlich **112**.

Die 5 W-Fragen des Notrufmeldeschemas	Beispiele
Wo ist der Notfall passiert?	Praxis Dr. Müller, Talstr. 6 in Burg
Was ist passiert?	Herzstillstand, allergische Reaktion, Magenblutung, Krampfanfall
Wie viele Personen sind betroffen?	ein Mann, ein Kleinkind, drei Kinder
Welche Art von Verletzung bzw. Einschränkung der Vitalfunktionen liegt vor?	Herzinfarkt, allergischer Schock, offene Fraktur, Bewusstlosigkeit
Warten auf Rückfragen und Sicherstellen der telefonischen Erreichbarkeit	Anfahrtsweg, bisherige Maßnahmen, Ansprechpartner, Vorerkrankungen

Die Mitarbeiter der Rettungsleitstellen sind geschult, Anrufern z. B. Anweisungen zur Diagnose und Therapie des Herz-Kreislauf-Stillstandes zu geben **(Telefonreanimation)**.

Krankentransport und Notarzt

Es gibt verschiedene Möglichkeiten des Krankentransports und der vor bzw. während des Transports stattfindenden Patientenversorgung. Diese sollten so gezielt wie möglich angefordert bzw. eingesetzt werden, um eine Unter- und Überversorgung zu vermeiden.

Transportmittel des Rettungsdienstes	medizinische und personelle Ausstattung	Indikationen (Beispiele)
Krankentransportwagen (KTW) 	Sog. **qualifizierter Krankentransport**; es ist ein **Rettungssanitäter** an Bord.	**Störung der Vitalfunktionen und hygienische Risiken:** Asthmaanfall mit Ruhedyspnoe, gestillte Blutung, Lumbago, Patient mit Infusion, Komapatient, infektiöser Patient, psychischer Ausnahmezustand
Rettungswagen = Rettungstransportwagen (RTW) 	Es ist ein **Rettungsassistent** an Bord, der höher qualifiziert ist als ein Rettungssanitäter. Der Notarzt kann mit dem NEF zum RTW kommen **(Rendezvous-System)**.	**schwere Störung der Vitalfunktionen:** Hirnblutung, Schlaganfall, Intoxikation, Herzinfarkt, schwere Herzinsuffizienz, starke Schmerzen, akute Fraktur/Lähmung, Blutung, beatmete Patienten
Notarzteinsatzfahrzeug (NEF bzw. RTW + NEF) bzw. **Rettungstransporthubschrauber (RTH)** 	Ein **Notarzt** und ein als **Rettungsassistent** ausgebildeter Fahrer; kein Krankentransport. Der Rettungshubschrauber entspricht dem NEF, kann aber auch transportieren.	**lebensbedrohlicher Notfall:** Bewusstlosigkeit, schwere Verletzung bzw. Mehrfachverletzung z. B bei Verkehrsunfall, Herz-Kreislauf-Schock, Herzinfarkt, Hirnblutung, Ertrinken, Elektrounfall, Geburt, unstillbare Blutung

> **HINWEIS**
>
> Der Krankentransport im **Taxi** wird als **Krankenfahrt** bezeichnet (z. B. Fahrt zur Dialyse). Das Taxi ist nur mit dem Fahrer besetzt, weshalb dort keine medizinische Betreuung oder Behandlung stattfinden kann. Krankentransporte zur ambulanten Behandlung muss die Krankenkasse genehmigen.

Notfallmanagement und Notfalltherapie | **267**   **LF 5**

9.2 Erste Hilfe

Alle Erstmaßnahmen in Notfällen werden der jeweiligen Situation angepasst. Nach der Prüfung der Vitalfunktionen führt man spezifische Maßnahmen durch, z. B.:

Notfallsituation/Verletzung	Erstmaßnahme(n)
Blutung aus einer Schnittwunde an der Hand, Varizenblutung am Bein	Blutstillung durch Kompression, Hochlagern der Extremität und ggf. Druckverband
Verbrühung/Verbrennung	Wasserkühlung bis der Schmerz nachlässt, sterile Abdeckung mit spezieller Brandwundenauflage
offene Fraktur	sterile Wundabdeckung, sichere Lagerung
Krampfanfall (epileptischer Anfall)	Verletzungsschutz durch Entfernen scharfkantiger Gegenstände bzw. durch Abpolstern
allergischer Schock	Adrenalininjektion i.m. in den Oberschenkel
▎Asthmaanfall	Betamimetika inhalieren lassen, Sauerstoffgabe; bei Dyspnoe immer aufrecht sitzen lassen
Lungenödem, schwere Dyspnoe	aufrecht sitzen lassen, Sauerstoffgabe
Gehirnerschütterung	stabile Seitenlagerung
▎Hypoglykämie (Unterzuckerung)	je nach Ausprägung und Situation Glukose oral bzw. i.v. oder Glukagon i.m. injizieren
▎Hyperglykämie (erhöhter Blutzucker)	Infusion anlegen und Flüssigkeit infundieren; Insulin nach Anordnung des Arztes injizieren
Intoxikation	Kontrolle der Vitalfunktionen, ggf. Beatmung, Feststellen der Giftart und -menge, Giftnotruf

Hinweise zur ersten Hilfe bei Prellung und Bandruptur
finden Sie in LF 4, S.154

Asthmaanfall
→ LF 5, S.288

Hypoglykämie
→ LF 9, S.442

Hyperglykämie
→ LF 9, S.442

9.2.1 Kollaps und Synkope

Die wichtigste Maßnahme bei ▎Kollaps und Synkope ist das Hochlagern der Beine bzw. die Kopftieflagerung.

vagovasaler Kollaps
→ LF 5, S.251

Hochlagern der Beine   Kopftieflagerung, sog. Schocklagerung

Patienten mit arterieller Hypotonie neigen in bestimmten Situationen zum vagovasalen Kollaps. Spürt ein Patient, dass sich ein solcher anbahnt, kann er durch kräftige Muskelanspannung der gekreuzten Beine, des Gesäßes und der Arme den Blutdruck wirksam anheben.

9.2.2 Bewusstlosigkeit (stabile Seitenlagerung)

Bewusstlosigkeit liegt vor, wenn ein Patient **nicht auf Ansprechen reagiert** und auch Berührung, z. B. Rütteln an der Schulter, keine Reaktion hervorruft. So wie Schlaf mehr oder weniger tief sein kann, gibt es auch bei der Bewusstlosigkeit Abstufungen. Diese unterscheiden sich in der Erweckbarkeit und der Reaktion auf Berührungs- bzw. Schmerzreize. Die tiefste Bewusstlosigkeit ist das **Koma**. Typische Auslöser von Bewusstlosigkeit sind **Schädel-Hirn-Traumen**, wie die **Commotio cerebri** (Gehirnerschütterung), und **Intoxikationen** (Vergiftungen) mit Alkohol, Drogen und/oder Medikamenten. Stellt man eine Bewusstlosigkeit fest, prüft man die Atmung. Man kann die Atemtätigkeit

- **sehen** (durch Beobachten des Thorax),
- **hören** (durch Hören oder Auskultieren der Atemgeräusche) und/oder
- **fühlen** (Auflegen der Hände auf den Thorax oder mit den Fingerkuppen an der Nase).

Atmet ein Patient, dann funktioniert auch sein Kreislauf, denn die Durchblutung der Atemorgane ist die Voraussetzung für die Atmung.

Beim bewusstlosen Patienten sind die natürlichen **Schutzreflexe** vermindert. Die Atemwege können z. B. durch Erbrochenes verlegt werden, weil dem Patienten der Hustenreflex fehlt. Die **stabile Seitenlagerung** dient dazu, die Atemwege des Patienten offen zu halten und einer Aspiration (Einatmen von Mageninhalt usw.) vorzubeugen. Der Kopf wird am tiefsten gelagert, damit Erbrochenes, Sekrete usw. ablaufen können. Die Überstreckung des Kopfes hält die Atemwege offen. Die Lagerung der Extremitäten stabilisiert diese Position.

Linken Arm anbeugen, ggf. Brille abnehmen

Rechten Arm an die linke Wange legen und dort mit eigener Hand fixieren

Bein beugen

Patienten herüberziehen

Kopf überstrecken und mit der zweiten Hand in dieser Lage fixieren

Ggf. vor Kälte schützen (zudecken)

Notfälle sind immer auch **Notfälle der Seele**. Jeder Mensch fühlt sich bei körperlicher Krankheit auch seelisch bedroht. Gefühle der Angst und der Hilflosigkeit begleiten jeden medizinischen Notfall. Daher ist es trotz Eile und Geschäftigkeit immer geboten, dem Patienten auch menschlich beizustehen. Selbst ein komatöser Patient empfindet wahrscheinlich genug, um zu unterscheiden, *wie* mit ihm umgegangen wird.

9.2.3 Kreislaufschock

Definition: Akut oder **subakut** einsetzendes, fortschreitendes Kreislaufversagen, das zunehmenden Sauerstoffmangel in den Geweben erzeugt und unbehandelt zum Tode führt.

Ursachen: Viele verschiedene Auslöser können in einen **Schock** münden, z. B.:
- **allergische Reaktion**, z. B. auf Insektengift oder Medikamente
- **Flüssigkeitsverlust**, z. B. durch Blutung, Durchfall, Verbrennung
- akute Herzinsuffizienz **(Herzversagen)**
- **schwere Stoffwechselstörung**, z. B. entgleister Diabetes mellitus

Der allergische Schock wird auch **anaphylaktischer Schock** oder **Anaphylaxie** genannt.

Pathogenese: Das auslösende Problem führt zu einer Minderdurchblutung der Kapillaren. Unter Sauerstoffmangel entstehen im Gewebe Säuren und andere Gifte. Diese führen zu Gefäßerweiterung mit Blutdruckabfall. Dies verschlechtert wieder die Gewebedurchblutung; der Schock verstärkt sich selbst. Es kommt zur **Zentralisation**, d. h., der Kreislauf beschränkt sich auf wenige herznahe Organe (→ Abb. 1). Das Herz schlägt wegen des Sauerstoffmangels der Gewebe immer schneller. Der Blutdruck sinkt dennoch weiter ab. Der Patient verliert das Bewusstsein. Gerinnt Blut in den Adern, entwickelt sich der Schock sehr schnell. Erfolgt keine Therapie, verstirbt der Patient.

Diagnostik: fortlaufende Puls- und Blutdruckmessung zur Bestimmung des Schockindex

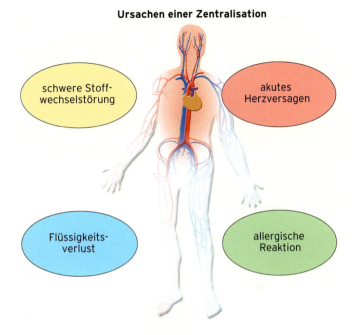

Abb. 1 Ursachen einer Zentralisation

Schockindex = Pulsfrequenz (/min) : systolischen Blutdruck (mmHg)		
Berechnung des Schockindex	**Bewertung**	**Ursache, z. B. bei Herzversagen oder Blutverlust**
Wert: 0,5 z. B. Puls 60/min, syst. RR 120 mmHg	normal	geringe Herzschwäche/ geringer Blutverlust (10 %)
Wert: 1 z. B. Puls 100/min, syst. RR 100 mmHg	drohender Schock	deutliche Herzschwäche/ Blutverlust von ca. 25 %
Wert: 1,5 z. B. Puls 120/min, syst. RR 80 mmHg	ausgeprägter Schock	schwere Herzschwäche/ Blutverlust von ca. 50 %

Therapie: Die Therapie zielt zum einen auf die Schockursache, z. B. die allergische Reaktion, die Vergiftung oder den zu hohen Blutzucker. Außerdem wird der Kreislauf durch Flüssigkeitsinfusionen und Medikamente gestützt. Bis zum Eintreffen des Notarztes heißt dies in der Praxis: i.v.-Zugang legen, Blutzucker messen, ärztliche Anordnungen befolgen.

Prävention: Allergien gut sichtbar in die Krankenakte eintragen, z. B. „Cave Penicillin" oder „Cave Kontrastmittelunverträglichkeit". Patienten, bei denen eine schwere allergische Reaktion stattgefunden hat, erhalten ein Notfallset verordnet, das z. B. aus einer Adrenalinspritze zur Selbstinjektion (Fastject®), einem Antihistaminikum in Tablettenform und einem flüssigen Cortisonpräparat besteht. Die Flüssigkeit hilft, die Antihistaminika-Tabletten im Notfall schnell zu schlucken. Allergietests und spezifische Immuntherapie (SIT; Hyposensibilisierung), d. h. Spritzenbehandlungen zum „Verlernen" von Allergien, dürfen nur durchgeführt werden, wenn der Arzt und sein Team Notfälle sicher beherrschen können.

Informationen zur Anaphylaxie beim Deutschen Allergie- und Asthmabund
www.daab.de
und unter
www.anaphylaxieschulung.de

spezifische Immuntherapie
→ LF 10, S. 461

9.2.4 Kreislaufstillstand

Ursachen eines Herz-Kreislauf-Stillstands

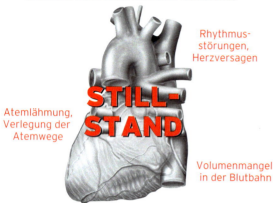

Abb. 1 Ansicht des Herzens von dorsal

Definition: Stillstand der Herzaktion und damit des Blutkreislaufs. Der Kreislaufstillstand wird auch als Herzstillstand oder Herz-Kreislauf-Stillstand bezeichnet.

Ursachen und Pathogenese:
- **kardial:** Rhythmusstörungen oder Pumpversagen, z. B. beim Myokardinfarkt
- **Volumenmangel,** d. h. zu wenig Flüssigkeit in der Blutbahn, z. B. durch hohen Blutverlust, Allergie/Anaphylaxie (dabei kommt es zum Austritt von Blutplasma ins Gewebe) oder andere Schockauslöser
- **Atemstillstand:** Verlegung der Atemwege oder Atemlähmung, z. B. bei Drogenintoxikation

Der Kreislaufstillstand kann primär durch das Aufhören der Herzfunktion aus kardialer Ursache, oder sekundär, d. h. in der Folge einer anderen Ursache, auftreten.

Symptome: Plötzliche Bewusstlosigkeit, fehlender Puls, Atemstillstand. Die Hautfarbe wird schnell **zyanotisch**, d. h. grau-bläulich. Dann weiten sich die Pupillen und werden starr.

Komplikationen: Nach etwa drei Minuten erleidet das Gehirn bereits **irreversible** Schäden. Wenig später tritt der Tod ein.

> **MERKE**
>
> **Time is Brain** (engl. Zeit ist Gehirn): Je eher bei einem Herz-Kreislauf-Stillstand die Kreislauffunktion wiederhergestellt wird, desto mehr Gehirnzellen überleben die vorübergehende Ischämie, d. h. den Sauerstoffmangel.

Therapie: Notruf, sofortige kardiopulmonale Reanimation
Prävention: Behandlung der Grundkrankheit; ausreichende Medikamentenversorgung und Schulung des Patienten und der Angehörigen bei Allergien und Asthma bronchiale

9.2.5 Kardiopulmonale Reanimation

Definition: Reanimation bedeutet **Wiederbelebung**. Gemeint sind lebensrettende Maßnahmen, die den Patienten vor dem unbehandelt eintretenden Tod schützen. In der Regel ist die **kardiopulmonale Reanimation (CPR)**, d. h. die **Herz-Lungen-Wiederbelebung (HLW)**, bei Kreislaufstillstand gemeint.

YouTube-Video zur Laien-Reanimation: CPR AHA Staying Alive

Film, Kurzanleitung zur Reanimation und Folder zum Ausdrucken
www.100-pro-reanimation.de

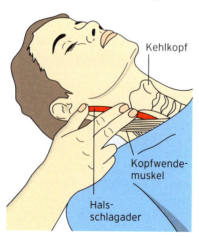

Abb. 2 Ertasten des Pulses der A. carotis (Halsschlagader)

Beim bewusstlosen Patienten mit V. a. Kreislaufstillstand prüft man den Carotispuls, indem man zwei Finger *leicht* auf die A. carotis auflegt (→ Abb. 2). Ist kein Puls tastbar, beginnt man sogleich mit der Reanimation. Deren Sinn ist es, Kreislauffunktion und Atmung aufrechtzuerhalten. **Die Basismaßnahmen sind Herzdruckmassage und Beatmung.** Jede medizinisch ausgebildete Person muss diese grundlegenden Maßnahmen beherrschen. Sie werden durchgeführt, bis der Patient wieder von selbst atmet, ein Notarztteam die Therapie übernimmt oder ihre Einstellung anordnet. Die Herzdruckmassage (HDM) ist der wichtigste Teil der Reanimation und leichter durchzuführen als die Beatmung. Daher empfiehlt man Laien, nur die Herzdruckmassage durchzuführen. Da diese schnell und mit einer Frequenz von 100-120/Minute erfolgen muss, wird zum Üben der Bee-Gees-Song „Staying Alive" (engl. lebendig bleiben) empfohlen. Das Lied hat einen Rhythmus von 103/Minute.

Notfallmanagement und Notfalltherapie | **271**

> **MERKE**
>
> Die **Basismaßnahmen der Herz-Lungen-Wiederbelebung** Erwachsener folgen dem Schema **C-A-B**:
> **C**irculation (Kreislauf = Herzdruckmassage),
> **A**temwege freimachen,
> **B**eatmung.

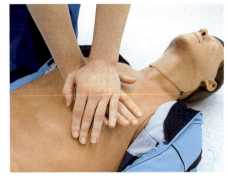

Abb. 2 Thoraxkompression (Ein-Helfer-Methode)

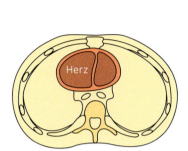

Abb. 1 Verformung von Herz und Brustkorb während der Herzdruckmassage

Für die Herzdruckmassage legt man den Patienten auf eine harte Unterlage, am besten auf den Boden. Nur auf einer harten Unterlage ist es möglich, den Thorax wirksam zu komprimieren; im Bett würde man nur die Matratze komprimieren. Nun sucht man den Druckpunkt auf. Dieser liegt in der Mitte des Thorax, auf der unteren Hälfte des Sternums; beim Mann zwischen den Brustwarzen. Auf den Druckpunkt legt man die aufeinandergelegten Handballen (→ Abb. 2). Nun führt man eine **30-malige feste Thoraxkompression** durch. Diese soll die Thoraxwand um 5–6 cm eindrücken, damit das Herz wirksam komprimiert wird (→ Abb. 1).

Abb. 3 Überstrecken des Kopfes

Zwischen den Kompressionen wird der Thorax komplett entlastet, damit das Herz sich wieder mit Blut füllen kann. Nach den 30 Kompressionen überprüft man die Atemwege und entfernt ggf. Fremdkörper. Man überstreckt den Kopf des Patienten und hebt sein Kinn an (→ Abb. 3).

Atmet der Patient auch jetzt nicht, oder zeigt er keine normale Atmung, wird er beatmet. Für die Mund-zu-Nase-Beatmung umschließt man mit dem Mund die Nasenöffnung des Patienten (→ Abb. 4). Dabei lässt man den Kopf des Patienten überstreckt und hält sein Kinn mit einer Hand fest. So bleibt sein Mund geschlossen und die eingeblasene Luft entweicht nicht. Man bläst **zwei Atemzüge** ein. Dabei ist Vorsicht geboten; man bläst die Luft ein, aber erzeugt kaum Druck. Die Beatmung wird richtig durchgeführt, wenn sich der Brustkorb des Patienten sichtbar hebt. Die Verwendung eines Beatmungsbeutels mit Maske erleichtert die Beatmung erheblich (→ Abb. 5). Der Beatmungsbeutel hat den weiteren Vorteil, dass eine Sauerstoffflasche angeschlossen werden kann. So wird der Patient noch besser mit Sauerstoff versorgt.

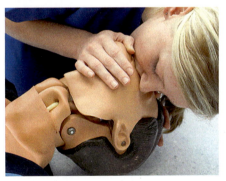

Abb. 4 Mund-zu-Nase-Beatmung

> **MERKE**
>
> Der **Rhythmus der Herz-Lungen-Wiederbelebung** beim Erwachsenen ist **30 : 2**, d. h. 30-malige Herzdruckmassage im Wechsel mit 2-maliger Beatmung.

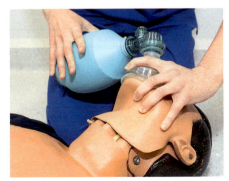

Abb. 5 Beatmungsbeutel mit Maske

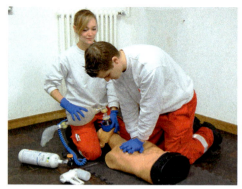

Abb. 1 Zwei-Helfer-Methode

Führt ein einzelner Helfer die Basismaßnahmen durch, wechselt er zwischen Herzmassage und Beatmung die Position. Wendet man die bevorzugte **Zwei-Helfer-Methode** an, führt jeder Helfer eine Maßnahme durch (→ Abb. 1). Bei der Herzdruckmassage wird laut von 1 bis 30 gezählt. Bei den Atemzügen zählt der Helfer, der nicht beatmet, mit: „Eins – zwei." Nach fünf Zyklen wechseln die Helfer in der Regel die Positionen, da die Herzmassage sehr anstrengt.

Beim Eintreffen des Notarztes führt man die Basismaßnahmen fort, bis das Notarztteam den Patienten übernimmt und die **erweiterten Reanimationsmaßnahmen** durchführt. Diese umfassen die **Defibrillation** und Medikamente (engl. **Drugs**). Zur besseren Beatmung wird ggf. ein **Tubus** (Beatmungsschlauch) eingeführt, d. h., der Patient wird **intubiert**.

> **MERKE**
>
> Die **erweiterten Reanimationsmaßnahmen** umfassen **A, B, C** und **D** (**D**efibrillation; **D**rugs). Die Reihenfolge der Durchführung ist beim Kreislaufstillstand C-A-B-D.

9.2.6 Defibrillation

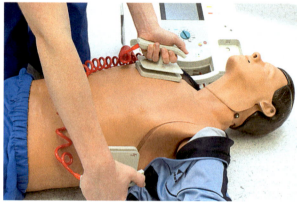

Abb. 2 Defibrillation

Abb. 3 Automatisierter externer Defibrillator (AED)

Nachdem die 30 : 2-Basismaßnahmen mindestens fünfmal durchgeführt worden sind, kann eine Defibrillation (wörtlich: Entflimmern) erfolgen. Es handelt sich um eine **Elektroschocktherapie**, um tachykarde Herzrhythmusstörungen wie das Kammerflimmern zu beenden. Die Paddles (Plattenelektroden) des Defibrillators leiten auch das EKG ab. Sie dienen daher auch zur Rhythmusanalyse, d. h. zur Erkennung des Herzrhythmus. Das EKG erscheint auf dem Monitor des Defibrillators. Für die Defibrillation werden Herzdruckmassage und Beatmung so kurz wie möglich ausgesetzt. Man setzt bzw. klebt die Paddles auf den Thorax des Patienten auf (→ Abb. 2) und lädt die Elektroden auf. Nun fordert der Defibrillierende alle Helfer auf, zurückzutreten, damit niemand den Patienten berührt und selbst den Elektroschock abbekommt. Der Stromstoß von z. B. 200 Joule kann den Sinusrhythmus und die Herzaktion wiederherstellen. Bei Bedarf wird die Defibrillation wiederholt. Die Basismaßnahmen werden zwischen den Defibrillationen bzw. Rhythmussanalysen stets fortgeführt und erst beendet, wenn
- der Patient wieder eigene Atmung und Kreislauffunktionen aufweist oder
- der Notarzt die Reanimationsmaßnamen wegen Erfolglosigkeit abbricht.

Automatisierte externe Defibrillatoren (AED), die sich in Flughäfen und an anderen öffentlichen Plätzen befinden, sind sehr einfach zu bedienen und geben dem Helfer automatisch Anweisungen (→ Abb. 3). Sie analysieren den Herzrhythmus und können bei unverzüglicher Anwendung ohne sofortige Notarztbehandlung Leben retten.

Notfallmanagement und Notfalltherapie | **273**

Schema für die Herz-Lungen-Wiederbelebung (HLW) Erwachsener

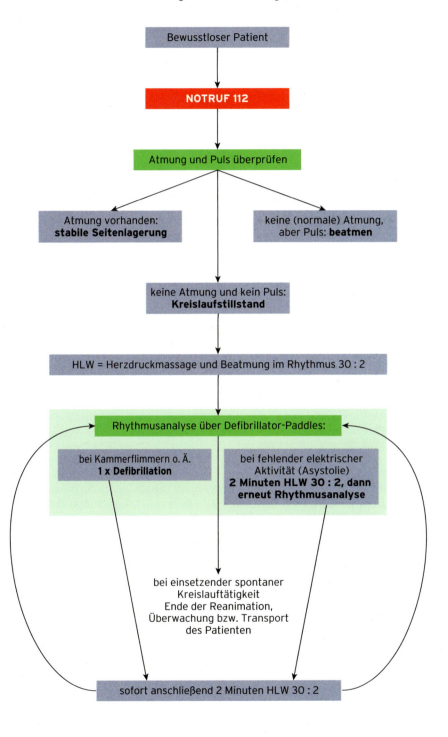

HINWEIS

Für Säuglinge und Kinder gelten leicht abweichende Regeln.

Weitere Hinweise zu Reanimationsrichtlinien
www.bundesärztekammer.de
Aktuelle EU-Leitlinien
www.grc-org.de

9.2.7 Notfallausrüstung

Zur Notfallausrüstung einer Arztpraxis gehört ein Notfallkoffer oder -wagen mit Sauerstoffflasche, verschiedenen Instrumenten und Materialien (Beatmungsbeutel, Venenverweilkatheter, Spritzen, Kanülen) und möglichst ein Defibrillator (→ Abb. 1). Die Auswahl der Notfallinstrumente und -medikamente hängt von den Erfordernissen und der Fachrichtung der Praxis sowie der Ausbildung und Erfahrung des Arztes ab. Aufbewahrungsort und Funktion der Notfallausrüstung müssen jedem Teammitglied geläufig sein.

Aktuelle Vorschläge zur Notfallausrüstung, Notruf und Notfallmanagement finden Sie unter www.trainmed.info

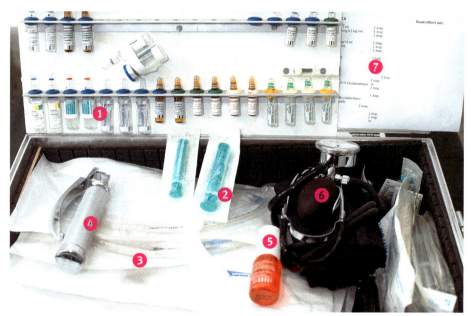

Abb. 1 Notfallkoffer einer kardiologischen Praxis; sichtbar sind: Medikamentenampullen ❶, Einmalspritzen ❷, Beatmungstuben ❸, Laryngoskop (Instrument zum Intubieren) ❹, Nitro-Spray ❺, RR-Messgerät ❻, Inventarliste ❼

Kontrollen der Notfallausrüstung sowie der Ersatz verbrauchter und abgelaufener Materialien und Arzneimittel ist üblicherweise Aufgabe der MFA. Werden alle Geräte mit Wartungsintervallen sowie Materialien und Medikamente mit Präparatenamen, Menge und Verfallsdatum aufgelistet, ist die Kontrolle schnell und sicher zu erledigen.

Das Notfallmanagement mit Notruf und Reanimationsmaßnahmen muss in jeder Arztpraxis festgelegt und regelmäßig mit allen Teammitgliedern geübt werden. Unter anderem die Ärztekammern bieten Notfallkurse für Ärzte und Assistenzpersonal an.

Beispiel für die Zusammenarbeit des Teams bei einem Praxisnotfall:

Durchsage über Sprechanlage an alle: **„Reanimation in Zimmer 3!"**

Gleichzeitig:

MFA 1 bringt Notfallausrüstung in Zimmer 3, assistiert zusammen mit **MFA 2** dem Arzt (ideal: 2 Helfer, 1 Arzt).

MFA 3 (an der Anmeldung) fragt den Arzt, welcher Rettungstransport benötigt wird (führt Notruf nach Notrufschema durch).

MFA 3 oder 4 blockiert den Aufzug und öffnet ihn im Erdgeschoss bzw. auf der Zufahrtsebene für das Rettungsteam; diese MFA (oder z. B. ein mithelfender Patient) erwartet den Rettungswagen und winkt ihn ein.

Optimal ist es, wenn z. B. **MFA 3** während der Reanimation wichtige Befunde aus der Krankenakte des Patienten kopiert und Einweisungs- und Transportschein zum Mitgeben fertigstellt. Sie nimmt auch ggf. telefonische Rückfragen der Leitstelle an.

9.3 Tod (Exitus letalis)

Der Tod bedeutet das Ende des Lebens eines Individuums. Tod bedeutet, dass die Vitalfunktionen irreversibel zum Stillstand kommen. Der Tod ist bei der Praxistätigkeit häufig präsent; schließlich dienen viele Tätigkeiten von Arzt und MFA dem Hinauszögern des Todes. Seltener wird über Tod und Sterben direkt gesprochen.

Das Sterben kann schnell oder langsam verlaufen. Der häufige „Rhythmustod", z. B. beim Herzinfarkt, passiert plötzlich. Bei einer zunehmenden Herzinsuffizienz oder einer Krebserkrankung hingegen kann das Sterben langsam und allmählich vonstattengehen.

Beim Sterbevorgang kommt es oft zur **Zentralisation**; während die herznahen Organe noch durchblutet sind, werden die Extremitäten zyanotisch, d. h., sie färben sich bläulich rot.

Diese Verfärbung ist eine Vorstufe der **Totenflecken**, die entstehen, wenn der Tod eingetreten ist und das Blut in den Gefäßen steht. Dann sinken die Blutzellen nach unten ab. Der liegende Tote sieht auf der Oberseite weißlich-blass aus, während seine Unterseite blaulila gefärbt ist (→ Abb.1).

Abb. 1 Totenflecken bei einem liegenden Leichnam

Der Tod verläuft in Phasen; zunächst tritt mit dem Aufhören der Herztätigkeit der **klinische Tod** ein. Dieser kann durch Reanimationsmaßnahmen zunächst noch reversibel sein. Nach wenigen Minuten wird das Gehirn irreversibel geschädigt; es kommt zum **Hirntod**. Der **biologische Tod** ist durch das endgültige Ende der Organ- und Zellfunktionen gekennzeichnet.

Die Todesfeststellung ist eine ärztliche Pflicht. Jeder Arzt muss die äußere **Leichenschau**, d. h. die Untersuchung eines Toten, um die er gebeten wird, zeitnah durchführen. Der Tote wird gründlich untersucht; die Inspektion umfasst die gesamte Haut und Kopfhaut sowie alle Körperöffnungen. Der Tod wird nur bei Vorliegen sicherer Todeszeichen bescheinigt. Die Untersuchung des Leichnams und das Ausstellen der Todesbescheinigung sind keine Kassenleistungen, da das Versicherungsverhältnis mit dem Tod endet.

Todeszeichen	Zeitpunkt des Auftreten nach klinischem Tod	Sicherheit
Pupillenstarre	wenige Minuten	unsicher
Abkühlung	1-5 h je nach Bekleidung und Umgebungstemperatur	unsicher
Totenflecken	ab 30 Minuten	je nach Dauer des Bestehens und Eigenschaften (wegdrückbar oder nicht wegdrückbar) unsicher bis sicher
Totenstarre	ab 2 h im Kiefergelenk ab 5 h im ganzen Körper	sicher

Auf der Todesbescheinigung sind Todeszeitpunkt und -ursache(n) anzugeben und die Frage, ob ein natürlicher Tod vorliegt, zu beantworten. Ein **nicht natürlicher Tod** ist z. B. ein Unfalltod, ein ▌Suizid (Selbsttötung), der Tod während einer Operation oder an deren Folgen sowie der Tod durch Vergiftung, Totschlag oder Mord.

| **Suizid**
| → LF 11, S.496

Bei ungeklärter Todesursache kann eine innere Leichenschau **(Autopsie)** durch einen Pathologen durchgeführt werden. Die Autopsie ist manchmal aus medizinischen Gründen sinnvoll. Sie dient der Information der behandelnden Ärzte über die tatsächliche Diagnose. Auch kann es für die Hinterbliebenen wichtig sein, die Todesursache zu kennen, z. B. bei erblich bedingten Krankheiten. Bei Verdacht auf Fremdverschulden, z. B. bei Mord, ist die Autopsie aus kriminologischen Gründen indiziert. Sie wird von der Polizei angeordnet und durch einen Gerichtsmediziner durchgeführt.

276 | Zwischenfällen vorbeugen und in Notfallsituationen Hilfe leisten

Terminologie: Notfälle und Tod

Anaphylaxie (Syn. **anaphylaktischer Schock**)	stärkste Form der allergischen Reaktion mit Kreislaufschock, ausgelöst z. B. durch Penicillin oder Insektengift
Aspiration	Einatmen fester oder flüssiger Stoffe (bei Injektionen bezeichnet Aspiration das Ansaugen von Flüssigkeit)
Autopsie	innere Leichenschau; Leichenöffnung und -untersuchung
Basismaßnahmen	bzgl. Reanimation: Herzdruckmassage und Beatmung
Commotio cerebri	Gehirnerschütterung; Schädel-Hirn-Trauma I
Exitus letalis	Tod (lat. tödlicher Ausgang)
Intoxikation	Vergiftung
intubieren	Beatmungsschlauch in die Luftröhre einführen
irreversibel	unumkehrbar (Ggt. reversibel)
Joule (J)	Einheit für Energie (nach dem Physiker Joule) (sprich Dschuhl)
Koma	tiefste Bewusstlosigkeit, aus der der Patient nicht erweckbar ist
Paddles (Pads)	Plattenelektroden des Defibrillators
Reanimation (Verb **reanimieren**)	wörtl. wiederbeleben; Durchführen der Herz-Lungen-Wiederbelebung mit Herzdruckmassage und Beatmung
Rhythmusanalyse	Diagnose des Herzrhythmus bei der Reanimation
Schädel-Hirn-Trauma (SHT) (Mz. **Schädel-Hirn-Traumen**)	Verletzung von Schädel und Gehirn; Einteilung nach Dauer der Bewusstlosigkeit in SHT I ($\leq$ 15 min) = Commotio cerebri (Gehirnerschütterung), SHT II ($\leq$ 60 min) und SHT III (> 60 min)
subakut	nicht ganz akut; weniger heftig verlaufend
Tod (Syn. **Exitus letalis**)	Ende des Lebens; 1. klinischer Tod (ggf. durch Reanimation reversibel), 2. Hirntod (irreversibles Ende der Hirnfunktion), 3. biologischer Tod (Ende aller Organ- und Zellfunktionen)
Tubus	Beatmungsschlauch, der bei der Intubation eingeführt wird
Zentralisation	Beschränkung der Kreislauffunktion auf herznahe Organe
zyanotisch	bläuliche Hautfarbe bei Zyanose, d. h. O_2-Mangel im Gewebe

AUFGABEN

1 Erklären Sie die Begriffe Schockindex und Zentralisation.

2 Nennen Sie typische Ursachen eines Kreislaufschocks.

3 Wo befindet sich in Ihrer Praxis die Nummer des Giftnotrufs?

4 Nennen Sie je eine Notfallsituation, bei der der Patient aufrecht sitzen oder in Schocklagerung gebracht werden muss.

5 Wann ist die stabile Seitenlage indiziert?

6 In welchem Fall muss ein Patient, der noch einen Puls hat, beatmet werden?

7 Sie fahren mit einer Kollegin in der Straßenbahn zur Berufsschule. Ein Fahrgast greift sich an die Brust und kollabiert bewusstlos. Wie reagieren Sie richtig?

Atmung und Atmungsorgane

10.1 Äußere und innere Atmung

Unter Atmung versteht man alle Vorgänge im Zusammenhang mit der Aufnahme und Nutzung des lebenswichtigen Gases Sauerstoff (O_2).

Man unterscheidet hierbei:
- **äußere Atmung (Respiration):** **Inspiration** (Einatmen) und **Exspiration** (Ausatmen) sowie Gasaustausch in der Lunge, d. h. Aufnahme von Sauerstoff ins Blut und Abgabe von Kohlendioxid (CO_2) aus dem Blut in die Atemluft
- **innere Atmung:** Energiegewinnung in den Zellen unter Nutzung von Sauerstoff, wobei Kohlendioxid entsteht. Dabei werden energiereiche Nährstoffe wie Fette und Kohlenhydrate zerlegt.

Diese Stoffwechselvorgänge, die sog. Verbrennung, können mit Hilfe von Enzymen bei Körpertemperatur stattfinden. **Enzyme** sind Stoffe, die biochemische Reaktionen erleichtern oder ermöglichen, ohne dabei selbst verbraucht zu werden; sie wirken wie chemische Werkzeuge. Atmungsenzyme befinden sich v. a. in Mitochondrien.

Die lebenswichtige Vitalfunktion Atmung verläuft überwiegend unbewusst; sie wird durch das Atemzentrum des Gehirns gesteuert. Der Sauerstoff- und Kohlendioxidgehalt des Blutes wird im Körper ständig gemessen, damit die Atemtätigkeit bedarfsgerecht angepasst werden kann.

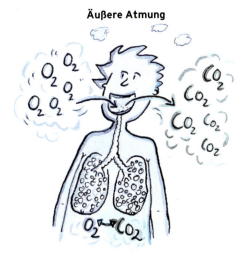
Äußere Atmung

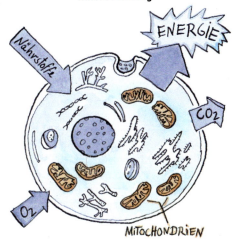
Innere Atmung

Mitochondrien
→ LF 3, S. 25

„**Fettverbrennung**" ist ein beliebter Begriff, seit so viele Menschen übergewichtig sind. Chemisch betrachtet, passiert in unserem Zellstoffwechsel tatsächlich das Gleiche wie im Feuer. Aus energiereichen Nährstoffen und Sauerstoff entstehen:
- **Energie** (Wärme und Bewegungsenergie) und
- **CO_2** (das Treibhausgas, das bei jeder Verbrennung als Abfallstoff entsteht).

Der entscheidende Unterschied: In unserem Körper funktioniert das Ganze ohne Feuer, weil die Enzyme die chemische „Verbrennung" bei „normaler" Körpertemperatur ermöglichen. Hohe Temperaturen würden die Körperzellen schädigen. Wer wirklich Körperfett abbauen will, muss nach wie vor Sport treiben und so seinen „Muskelmotor anheizen" – „Fatburner"-Pillen helfen nicht.

10.2 Aufbau und Funktion der Atmungsorgane

Beim Aufbau der Atemwege unterscheidet man die
- **oberen Atemwege:** Nase mit Nasenhöhle und Nasenmuscheln, Nasennebenhöhlen, Rachen und Mund, und die
- **unteren Atemwege:** Kehlkopf, Luftröhre, Bronchien bis zu den kleinsten Bronchialästen und die Lunge mit den Lungenbläschen.

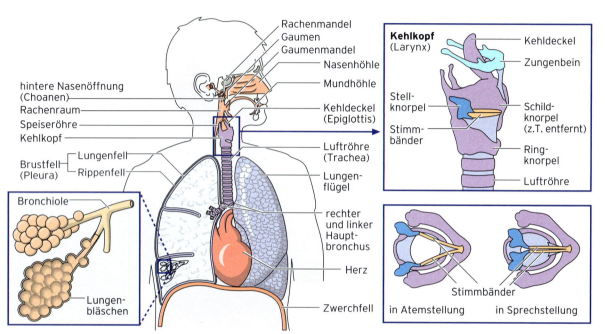

Abb. 1 Die Atmungsorgane

Da wir nicht reinen Sauerstoff einatmen, sondern das Gasgemisch Luft, das stets auch Staub, Ruß, Pollen und Krankheitserreger enthält, dienen die Atemwege und -organe auch der Reinigung und Aufbereitung der Atemluft. Bei der **Nasenatmung** filtern die Härchen des Naseneingangs grob die eingeatmete Luft. Die Schleimhäute des Naseninneren, der Nebenhöhlen und des Rachens erwärmen und befeuchten die Luft, die zumeist einige Grade kälter ist als das Körperinnere. Die Nasenmuscheln wirken dabei wie Heizkörper, die mit ihrer großen Oberfläche die Luft erwärmen. An den feuchten Schleimhäuten haften Schmutzteilchen, Pollen und Krankheitserreger. Die Härchen des Flimmerepithels befördern Sekret und Fremdstoffe in den Rachen. Mikroorganismen usw. werden verschluckt und im Magen unschädlich gemacht.

Flimmerepithel
→ LF 3, S. 30

Bei hohem Sauerstoffbedarf, z. B. beim Sport, atmet man jedoch durch den Mund. Die Nase ist zu eng, um schnell große Luftmengen ein- und auszuatmen. Bei **Mundatmung** gelangt erheblich kältere und kaum gefilterte Luft in die unteren Atemwege. Daher kann es beim Sport, v. a. im Winter, zu Reizhusten kommen. Dauerhafte bzw. ausschließliche Mundatmung, wie sie bei Kindern mit vergrößerter Rachenmandel vorkommt, führt zu vermehrt auftretenden Infektionen v. a. der Bronchien.

> **MERKE**
>
> Bei der **Nasenatmung** passiert die Atemluft folgende Organe:
> Naseneingang → Nasenhöhle mit Nasenmuscheln → Pharynx (Rachen) → Larynx (Kehlkopf) → Trachea (Luftröhre) → Bronchien → Bronchiolen (kleinste Bronchialäste) → Alveolen (Lungenbläschen)

Atmung und Atmungsorgane | 279 LF 5

> **MERKE**
> Bei der **Mundatmung** ist der Weg der Atemluft kürzer:
> Os (sprich Ohs; Mund) → Pharynx (Rachen) → Larynx (Kehlkopf) →
> Trachea (Luftröhre) → Bronchien → Bronchiolen (kleinste Bronchialäste) →
> Alveolen (Lungenbläschen)

 „Ich kann ihn nicht riechen …" Bei Nasenatmung wird die Luft unwillkürlich durch den Geruchssinn geprüft. So warnt uns die Nase bei Brandgeruch vor einem Feuer - oder vor einem verdorbenen Essen. Auch Sexuallockstoffe werden „erschnüffelt". Da die Natur viel gesunden Nachwuchs möchte, riecht für uns ein Partner, der genetisch gut zu uns passt, auch attraktiv. Allerdings verändert die „Pille" die Geruchswahrnehmung.

Atemmechanik

Die **Inspiration** ist ein aktiver Vorgang, der Muskelarbeit erfordert (→ Abb. 1 und 2).

- Bei der **Bauchatmung** kontrahiert sich das **Diaphragma** (Zwerchfell), ein kuppelförmiger Muskel, der **Thorax** (Brustraum) und **Abdomen** (Bauchraum) voneinander trennt. Dabei senkt sich das Diaphragma und vergrößert den Brustraum nach kaudal.
- Bei der **Brustatmung** kontrahieren sich die **Interkostalmuskeln**. Dabei heben sich die Rippen bzw. der Brustkorb; auch dies vergrößert den Brustraum und saugt Luft an.

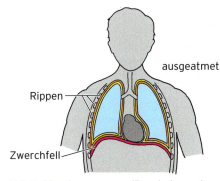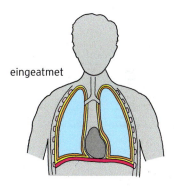

Abb. 1 Atembewegungen (Bauchatmung)

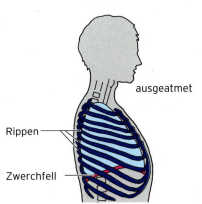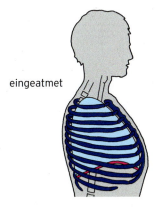

Abb. 2 Atembewegungen (Brustatmung)

Normalerweise nutzt der Mensch Bauch- und Brustatmung zugleich. Bei außergewöhnlicher Anstrengung mit erhöhtem Sauerstoffbedarf wird zusätzlich die **Atemhilfsmuskulatur** am Hals eingesetzt. Dies kann man bei Läufern im Zieleinlauf beobachten, wenn sie die Hände in die Taille aufstützen und damit die Atemhilfsmuskeln am Hals unterstützen. Auch Asthmakranke mit Dyspnoe stützen die Hände auf, um besser atmen zu können.

Während die Inspiration aktiv durch Muskelarbeit erfolgt, ist die **Exspiration** ein passiver Vorgang. Der Thorax nimmt dabei von selbst wieder seine ursprüngliche Form und Größe an. Das Ausatmen strengt daher auch nicht an. Nur bei besonders kräftiger Exspiration, wie z. B. beim Lungenfunktionstest oder beim Husten, arbeiten u. a. der breite Rückenmuskel (M. latissimus dorsi) und die Bauchmuskulatur mit. Daher kann es bei Bronchitis mit heftigem Husten an diesen Stellen zu schmerzhaftem Muskelkater kommen.

breiter Rückenmuskel
→ LF 4, S.121

Aufbau von Trachea, Bronchien und Lunge

Die **Trachea** (Luftröhre) ist vorn am Hals unterhalb des Kehlkopfes tastbar. Sie wird durch Knorpelringe stabilisiert. So kann sie im Liegen und selbst bei Bewusstlosigkeit nicht zusammengedrückt werden. Auch die **Bronchien** enthalten Knorpelspangen. Diese sind allerdings kleiner und weicher als in der Trachea.

Die Wand der Bronchien enthält zwei Schichten Muskulatur (→ Abb. 1):
- eine **ringförmige Schicht**, die die Bronchien verengen kann und
- eine **strahlenförmige (radiäre) Schicht**, die das Bronchiallumen erweitern kann.

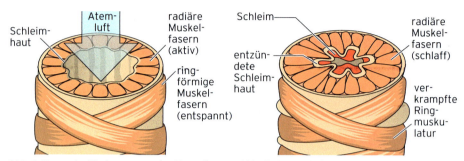

Abb. 1 Querschnitt eines gesunden Bronchus **Abb. 2** Querschnitt eines erkrankten Bronchus

Asthma
→ LF 5, S.288

Die strahlenförmige Muskulatur kann die Bronchien z. B. beim Sport erweitern und damit die Atmung großer Luftmengen erleichtern. Bei Asthma kontrahiert sich die Ringmuskulatur der Bronchien, sodass der Bronchialdurchmesser sehr klein wird (→ Abb. 2). Ein so stark verengtes Lumen lässt nicht genug Luft passieren; es kommt zu Dyspnoe (Atemnot).

Die beiden Hauptbronchien gehen aus der Trachea hervor. Der rechte und der linke Hauptbronchus führen in den rechten bzw. linken Lungenflügel. Die Bronchien verzweigen sich wie die Äste eines Baumes. Die kleinsten, knorpelfreien Äste heißen Bronchiolen. Sie führen die Atemluft in die Alveolen. Sobald die eingeatmete Luft diese erreicht hat, findet der **Gasaustausch** statt (→ Abb. 3). Dabei tritt an der Oberfläche der Alveolen Sauerstoff ins Blut über und Kohlendioxid wird aus dem Blut in die Atemluft abgegeben. Den selbsttätigen Stoffübertritt nennt man **Diffusion**. Es kommt durch die Diffusion zu einem Ausgleich der verschiedenen Gaskonzentrationen in Blut und Alveolarluft. Insgesamt hat die Lunge eine Alveolarfläche von ca. 100 m². Diese große Diffusionsfläche stellt sicher, dass auch bei größter Anstrengung genug Sauerstoff aufgenommen und Kohlendioxid abgegeben werden kann.

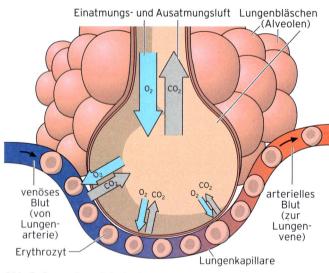

Abb. 3 Gasaustausch in der Lunge

Abb. 4 Lungenflügel mit den verzweigten Bronchien

Die **Lunge** besteht aus den beiden **Lungenflügeln** (→ S. 278, Abb. 1). Der linke Lungenflügel ist etwas kleiner als der rechte, da linksseitig das Herz im Thorax liegt. Der rechte Lungenflügel besteht aus drei, der linke aus zwei **Lungenlappen**, die jeweils in mehrere kleinere Abschnitte aufgeteilt sind. Jeder der Abschnitte wird durch einen eigenen Bronchus belüftet.

Die Lunge liegt der Brustwand innen an. Da sowohl die Lunge als auch die Brustwandinnenseite von der glatten, feuchten **Pleura** (dem Brust- bzw. Rippenfell) überzogen sind, folgt die Lunge jeder Thoraxbewegung beim Atmen und gleitet widerstandsfrei im Thorax.

Mit zunehmendem Lebensalter geht durch Degenerationsvorgänge immer mehr Alveolarfläche verloren. Jeder gesunde Erwachsene verliert ca. 30 mL Lungengewebe pro Jahr. Dies ist ein Grund, warum Kurzatmigkeit bei Belastung im Alter zunimmt. Rauchen beschleunigt den Abbauprozess von Alveolargewebe auf etwa das Doppelte.

Atemwege und Speisewege

Der **Pharynx** (Rachen) ist der Raum, der sich dorsal von Nase und Mund befindet und kaudal bis zum Eingang in Trachea und Ösophagus (Speiseröhre) reicht. Im Pharynx kreuzen sich Atem- und Speisewege (→ Abb. 1). Sie werden durch die **Epiglottis**, den Kehldeckel, voneinander getrennt. Die Epiglottis besteht aus weichem, elastischem Knorpel und ist von Schleimhaut bedeckt. Sie legt sich über den Kehlkopfeingang und verschließt ihn, sobald man schluckt. Das Schlucken kommt durch das harmonische Zusammenspiel vieler, v. a. unbewusst ablaufender Vorgänge zu Stande. Wir können den Schluckvorgang zwar bewusst starten, indem wir die Zunge im Mund nach hinten bewegen und so die Nahrung in den Pharynx schieben. Der weitere Transport von Speisen und Flüssigkeiten verläuft aber automatisch.

Der Schluckvorgang kann z. B. durch Sprechen oder Lachen gestört werden, weil dabei geatmet wird und somit der Kehlkopf bzw. die Trachea offen steht. „Verschluckt" man sich, d. h., gelangt Nahrung oder Flüssigkeit in die Trachea bzw. die Bronchien, ist ein heftiger Hustenreiz die Folge. Dieser Hustenreflex hat den Sinn, Fremdkörper und Nahrung aus den Atemwegen hinauszubefördern.

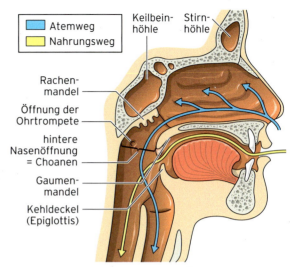

Abb. 1 Schematische Darstellung der Überkreuzung von Nahrungs- und Atemwegen

Andernfalls kommt es zur **Aspiration**, d. h. zum Ansaugen von Fremdkörpern in die Atemwege. Eine Aspiration kann zum Ersticken oder zu einer ❘Pneumonie führen. Der Schluckvorgang reift im Laufe der ersten Lebensjahre aus. Daher bergen Kleinteile aller Art, z. B. Knöpfe, Erdnüsse und Perlen, eine Erstickungsgefahr für Kleinkinder bis ca. vier Jahre.

| **Pneumonie** |
| → LF 5, S. 287 |

 Terminologie: Aufbau und Funktion der Atemwege

Alveolen	Lungenbläschen
Bronchien (Ez. **Bronchus**)	knorpelwandige Luftwege zwischen Trachea und Alveolen
Bronchiolen	kleinste Teile der Luftwege (Bronchien ohne Knorpelanteile)
Diaphragma	Zwerchfell (Muskelkuppel zwischen Thorax und Abdomen) (wörtl. „Quer-Fell", da das Zwerchfell quer im Körper liegt)
Diffusion	selbsttätiger Stoffübertritt zum Ort geringerer Konzentration
Enzym	biochemischer Stoff, der eine Reaktion (einen Umwandlungsvorgang) im Körper ermöglicht, ohne selbst verbraucht zu werden
Exspiration	Ausatmung; Teil der äußeren Atmung (Respiration)
Inspiration	Einatmung; Teil der äußeren Atmung (Respiration)
Interkostalmuskulatur	Zwischenrippenmuskulatur
Larynx	Kehlkopf (Ort der Stimmbildung)
Os	1. Mund (sprich Ohs), 2. Knochen (sprich Oss)
Pharynx	Rachen (Raum dorsal von Nase und Mund)
Pleura	Brustfell; Rippenfell (überzieht Lungen und innere Thoraxwand)
Respiration	äußere Atmung, bestehend aus Inspiration und Exspiration
Trachea	Luftröhre

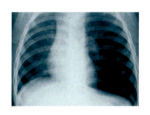

Abb. 2 Röntgen-Thorax p.-a. eines Kleinkindes nach Erdnuss-Aspiration: Durch den verschlossenen linken Hauptbronchus kann das Kind nicht ausatmen, das Zwerchfell steht daher links zu tief und der linke Lungenflügel erscheint dunkel.

HINWEIS

Rechts und Links werden immer vom Patienten aus gesehen.

AUFGABEN

1 Erklären Sie die äußere Atmung unter Verwendung der Fachbegriffe.

2 Erklären Sie die innere Atmung.

3 Beschreiben Sie mit Fachbegriffen den Weg der Atemluft bei Mundatmung.

4 Beschreiben Sie mit Fachbegriffen den Weg der Atemluft bei Nasenatmung.

5 Warum ist Nasenatmung die gesündere Art zu atmen?

6 Warum ist es sinnvoll, im Winter viel zu trinken, oft etwas zu lutschen und wenig zu sprechen?

7 Welche anatomischen Teile der Atemwege werden zu den oberen und unteren Atemwegen gerechnet?

8 Welchen Sinn haben die Knorpelanteile in Trachea und Bronchien?

9 In welche Richtung bewegen die Härchen des Flimmerepithels Fremdstoffe und Krankheitserreger?

10 Was ist der Sinn des Sekrettransports auf dem Flimmerepithel der Atemwege?

11 Einfache Möglichkeiten „anatomischer Selbsterfahrung":
   a Leuchten Sie mit einer Untersuchungsleuchte oder einer kleinen, hellen Taschenlampe Ihrer Kollegin in den Rachen. Bitten Sie sie, die Zunge so weit wie möglich herauszustrecken und laut „Ah" zu sagen. Können Sie nun den oberen Teil des Kehldeckels sehen?
   b Atmen Sie so tief wie möglich ein und beobachten Sie dabei, was sich an Bauch und Thorax verändert. Beschreiben Sie Ihre Bobachtungen.
   c Nehmen Sie ein Stethoskop zur Hand und legen die Membran des Bruststücks vorn am Hals auf Ihre Trachea. Atmen Sie mit offenem Mund ein und aus. Hören Sie nun am seitlichen Thorax die Lunge ab; atmen Sie dabei ebenfalls mit offenem Mund tief ein und aus. Beschreiben Sie die Atemgeräusche, die Sie über der Trachea und über den Alveolen, d. h. dem Lungengewebe, gehört haben.

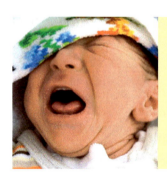

„Schreien kräftigt die Lungen" meinte man früher, und hielt so unerfahrene Mütter davon ab, Babys zu trösten und zu „verwöhnen". Allenfalls trainiert häufiges und anhaltendes Schreien die Atemmuskulatur - einschließlich Zwerchfell, Zwischenrippenmuskeln und Atemhilfsmuskulatur. Allerdings geschieht diese „Stärkung" um einen hohen Preis - Mangel bzw. Verlust an Grundvertrauen, wenn die Bezugsperson dem Kind weder hilft noch Trost spendet. Wer das Wachstum seiner Lungen wirksam anregen möchte, sollte in Kindheit und Jugend viel Sport treiben - das wirkt nachweislich und gibt eine gute pulmonale Ausgangslage fürs ganze Leben.

11 Diagnostik bei Atemwegserkrankungen

11.1 Anamnese und klinische Untersuchung

Auch bei Atemwegserkrankungen gibt die Anamnese oft die entscheidenden Hinweise auf Art und Ursache des Krankheitsgeschehens. Typische Symptome sind:
- **Dyspnoe** (Luftnot bzw. Kurzatmigkeit); diese kann nicht nur bei Erkrankungen der Bronchien und der Lunge auftreten, sondern auch durch Herzkrankheiten oder eine Anämie (mit)bedingt sein. Man unterscheidet Ruhedyspnoe und Belastungsdyspnoe.
- **Husten** kann ebenfalls von den Atemorganen oder dem Herzen ausgehen. Das Spektrum der Ursachen reicht von Staub- und Pollenbelastung über Infektionen der Luftwege und Allergien bis hin zu Herzklappenfehlern, Tumoren und psychischen Auslösern.

Beim Husten unterscheidet man verschiedene sog. **Hustenqualitäten**:
- **Produktiver Husten**; dabei wird Sekret ausgehustet; er kommt oft bei akuter und chronischer Bronchitis vor. Grün gefärbtes Sekret spricht eher für eine bakterielle (Super-)Infektion, klares bzw. helles Sekret mehr für eine virale oder allergische Erkrankung.
- **Unproduktiver Husten**; dieser fördert kein Sekret und kommt zu Beginn von Atemwegsinfekten, bei Herzinsuffizienz u. v. m. vor.
- **Anfallsartiger Husten**; er tritt in bestimmten Situationen auf, kann typisch für Asthma und chronische Bronchitis, aber auch für Pertussis (Keuchhusten) sein. Ist der Husten von Luftnot begleitet, ist dies ein wichtiger diagnostischer Hinweis v. a. für Asthma.

Weiterhin werden die Dauer des Hustens erfragt und Umstände, die den Husten auslösen oder bessern, sowie bisher durchgeführte Therapiemaßnahmen bzw. -versuche.
Dysphonie, d. h. Heiserkeit, kann bei Krankheiten des Kehlkopfs bzw. der im Kehlkopf befindlichen Stimmbänder auftreten. Da Dysphonie auch ein Tumorsymptom sein kann, ist eine Dysphonie von mehr als drei Wochen Dauer stets abklärungsbedürftig.

Begleitsymptome, wie Fieber, ungewollte Gewichtsabnahme, Nachtschweiß und Appetitlosigkeit, sind wichtig. Sie treten z. B. bei schweren Infektionskrankheiten wie Tuberkulose, bei opportunistischen Infektionen sowie bei Tumoren und Autoimmunkrankheiten auf.

Bei der klinischen Untersuchung wegen einer Erkrankung wird zunächst der Allgemein- und Ernährungszustand des Patienten beurteilt. Bei einer gründlichen Inspektion des Patienten fallen deutlicher Gewichtsverlust, Dyspnoe, eine besondere Thoraxform, ausgeprägtes Übergewicht oder eine Zyanose sicher auf. Die Auskultation ist bei der Untersuchung von Lunge und Bronchien besonders wichtig. Das normale Atemgeräusch über den großen Bronchien, das ventral parasternal abgehört wird, heißt **bronchiales Atemgeräusch**. Das normale Atemgeräusch über dem Lungengewebe bzw. den Alveolen, das seitlich und dorsal abgehört wird, wird als **vesikuläres** (blasiges) **Atemgeräusch** bezeichnet. Bei verschiedenen Bronchial- und Lungenerkrankungen ist ein verändertes Atemgeräusch zu hören. Es kann zu Nebengeräuschen, wie Rasselgeräuschen, Reibegeräuschen, Pfeifen und Giemen, kommen. Das Pfeifen und Giemen sind typisch für Atemwegsverengungen, die z. B. bei Asthma vorkommen. Neben der Auskultation kann die Perkussion (das Abklopfen) Aufschluss über Erkrankungen von Lunge und Pleura geben.

Der Facharzt für Erkrankungen der oberen Atemwege ist der Hals-Nasen-Ohren-Arzt (HNO-Arzt), der Facharzt für Krankheiten der unteren Atemwege ist der **Pneumologe** (Lungenfacharzt).

11.2 Lungenfunktionsdiagnostik

Mittels Lungenfunktionsdiagnostik misst man u. a. die Luftmengen, die ein Patient während des Atemvorgangs bewegt. Mit Hilfe des üblichen Lungenfunktionstests, der **Spirometrie**, können Störungen des Luftstroms durch Verengungen der Atemwege, sog. **obstruktive Ventilationsstörungen**, sowie Störungen durch verminderte Elastizität des Thorax **(restriktive Ventilationsstörungen)** abgebildet werden. Die **Spirografie** ist die grafische Darstellung der Spirometrie-Ergebnisse (→ S. 285, Abb. 1).

Bei der Spirometrie muss der Patient zunächst normal atmen, um die während des normalen Atemzugs bewegte Luftmenge, das **Atemzugvolumen** (V_T), zu messen. Dann wird er aufgefordert, so tief wie möglich ein- und so schnell, fest und weit wie möglich auszuatmen. Dadurch erhält man die Luftmengen (Volumina), die er zusätzlich zum Atemzugvolumen maximal ein- und ausatmen kann: das **inspiratorische** und das **exspiratorische Reservevolumen** (IRV und ERV). Inspiratorisches und exspiratorisches Reservevolumen ergeben zusammen mit dem Atemzugvolumen die Luftmenge, die der Patient beim Atmen bewegen kann: die **Vitalkapazität** (VC). Etwas Luft bleibt auch nach maximaler Exspiration in den Luftwegen; diese fallen nach dem Ausatmen nicht zusammen wie ein leerer Luftballon. Die Luftmenge, die stets im Thorax bzw. in den Atemwegen bleibt, ist das **Residualvolumen** (RV). Vitalkapazität und Residualvolumen ergeben zusammen die **totale Lungenkapazität** (TLC), die man als Lungenvolumen bezeichnen kann.

> **HINWEIS**
>
> Qualität und Aussagekraft des **Lungenfunktionstests** sind vor allem von den richtigen und entschlossenen Kommandos der MFA an den Patienten während der Spirometrie abhängig.

Viele Lungenfunktionsgeräte erstellen aus den Messwerten der Spirometrie die **Fluss-Volumen-Kurve** (→ Abb. a). Die Form dieser Grafik erleichtert die Erkennung obstruktiver und restriktiver Ventilationsstörungen „auf einen Blick":
- Bei der **Obstruktion** ist eine „Delle" bei der Exspiration erkennbar, da die Bronchien sich beim Ausatmen verengen (Abb. b).
- Bei der **Restriktion** wirkt die Grafik gegenüber dem Normalbefund verkleinert, da die Lunge bzw. der Thorax sich nicht genug ausdehnen können (Abb. c).

Letzteres kommt bei einer Wasseransammlung zwischen Lunge und Brustwand, dem **Pleuraerguss**, aber auch bei **Adipositas** (Fettsucht) vor. Eine schlechte Mitarbeit des Patienten, ggf. bedingt durch unzureichende Anleitung durch die MFA, lässt oft fälschlich auf eine restriktive Ventilationsstörung schließen.

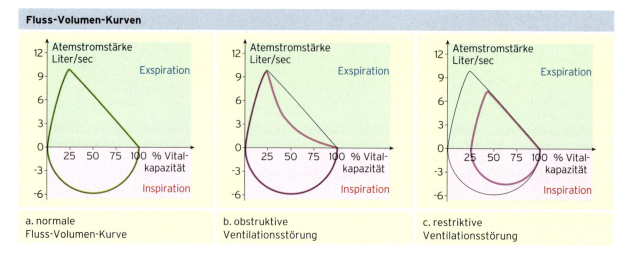

Fluss-Volumen-Kurven

a. normale Fluss-Volumen-Kurve
b. obstruktive Ventilationsstörung
c. restriktive Ventilationsstörung

Die **Bodyplethysmografie** (Ganzkörperplethysmografie) ist eine besonders genaue und aussagekräftige Lungenfunktionsprüfung. Der Patient sitzt in einem luftdicht verschließbaren Raum, der einer gläsernen Telefonzelle ähnelt, und atmet über ein Mundstück ein und aus.

Blutgasanalyse
→ LF 5, S. 221

Bodyplethysmografie, Diffusionsmessung, allergologische Tests, die |Blutgasanalyse, bei der der Sauerstoff- und Kohlendioxidgehalt sowie der pH-Wert des Blutes gemessen werden, u. v. m. gehören zu einer umfassenden pneumologischen Untersuchung.

Diagnostik bei Atemwegserkrankungen | 285

Spirometrie/Spirografie

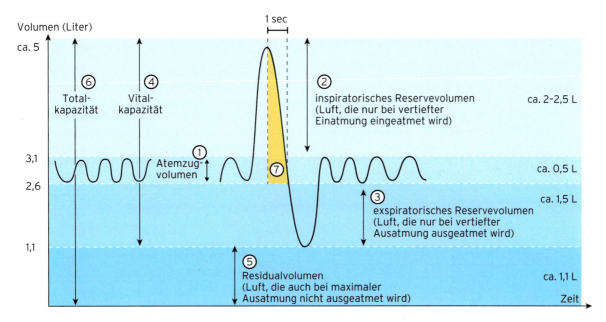

Begriff, Abkürzung, Definition (Volumen = Luftmenge)	
1. Atemzugvolumen (V_T)	Luftmenge, die bei normaler Atmung ein- und ausgeatmet wird
2. inspiratorisches Reservevolumen (IRV)	Luftmenge, die zusätzlich zum Atemzugvolumen eingeatmet werden kann
3. exspiratorisches Reservevolumen (ERV)	Luftmenge, die zusätzlich zum Atemzugvolumen ausgeatmet werden kann
4. Vitalkapazität (VC)	Atemzugvolumen + inspiratorisches + exspiratorisches Reservevolumen
5. Residualvolumen (RV)	Luftmenge, die nach maximaler Exspiration im Thorax verbleibt
6. Totalkapazität (TLC) (L = Lunge, C = Kapazität)	Vitalkapazität + Residualvolumen = „Lungenvolumen"
Weitere wichtige Messwerte der Spirometrie	
7. Einsekundenkapazität = forciertes exspiratorisches Volumen in einer Sekunde (FEV_1) Angabe in % der forcierten Vitalkapazität (FVC)	Luftmenge, die bei maximal starker (sog. forcierter) Exspiration in einer Sekunde ausgeatmet werden kann. Die FEV_1 wird in % der FVC angegeben, d. h. als Anteil des Volumens, das maximal ausgeatmet werden kann. Die FEV_1 ist ein wichtiger Messwert bei Asthma bronchiale, da sie eine Obstruktion (Verengung) der Luftwege anzeigt.
Exspiratorischer Spitzenfluss Peak Expiratory Flow (PEF) bzw. **Peak Flow**  Peak-Flow-Messgerät (-Meter)	Maximale Atemstromstärke bei forcierter Exspiration. Wichtiger Messwert in der Verlaufskontrolle bei Asthma bronchiale. Der Patient erhält das Peak-Flow-Messgerät und wird in der Anwendung geschult. Er misst seinen Peak Flow dreimal täglich und trägt die Werte in sein Asthma-Tagebuch ein. Bahnt sich eine Atemwegsverengung an, z. B. durch einen Infekt, sinken die Peak-Flow-Werte ab und die Therapie muss intensiviert bzw. der Arzt muss aufgesucht werden. Das Peak-Flow-Messgerät ist kein Lungenfunktionsgerät, sondern dient der individuellen Selbstkontrolle. Der Normwert ist individuell. (Hinweis: engl. expiration = Exspiration = Ausatmung)

Der Patient wird vor der Spirometrie gemessen und gewogen, damit das Gerät die auf Körpergröße und Gewicht bezogenen Normwerte errechnen kann.

12 Erkrankungen der Atmungsorgane

12.1 Häufige Infektionskrankheiten der Atmungsorgane

grippaler Infekt
→ LF 3, S.72
Virusgrippe
→ LF 3, S.72

Virusinfekte der oberen Atemwege gehören zu den häufigsten Erkrankungen des Menschen. Der ▎grippale Infekt, der durch eine Vielzahl an Viren hervorgerufen werden kann, kommt öfter vor als die echte ▎Virusgrippe (Influenza), die jedoch schwerere Verläufe verursacht. Auch einige Bakterien, wie Mykoplasmen und Chlamydien, rufen akute Atemwegsinfektionen hervor. Häufiger sind Bakterien jedoch Auslöser von Superinfektionen, d. h., sie befallen virusgeschädigte Schleimhäute. Auf Grund der anatomischen und funktionellen Verhältnisse der Atemwege betreffen Luftwegsinfekte oft mehrere Organe. Je nachdem, welches Organ vorwiegend betroffen und symptomatisch ist, unterscheidet man:

Erkrankung	erkranktes Organ	typische Symptome	Besonderheiten
Rhinitis Schnupfen	Nasenschleimhaut	Schnupfen, Niesen, ggf. Geruchs- und Geschmacksverlust	Rhinitis geht oft mit Sinusitis einher, die zunächst viral, dann bakteriell bedingt ist.
Sinusitis Nasennebenhöhlenentzündung	Schleimhaut der Nasennebenhöhlen	Druckgefühl und Schmerzen über der oder den erkrankten Nebenhöhle(n)	bei Abflussstörung Sekretstau mit Gefahr einer bakteriellen Superinfektion
Pharyngitis Rachenentzündung	Rachenschleimhaut, oft auch Tonsillen und Gaumen	Kratzen, Wundheitsgefühl und Schmerzen im Rachen	typischer Befund (ohne Infektion) bei Rauchern, dann toxisch bedingt
Tonsillitis Mandelentzündung	Tonsillen (Gaumenmandeln)	Schluckschmerzen, Schluckbeschwerden, Engegefühl im Hals	Kann auch bakteriell (durch Streptokokken) ausgelöst werden.
Laryngitis Kehlkopfentzündung	Schleimhaut des Larynx und der Stimmbänder	Heiserkeit, Husten; bei Kleinkindern ggf. starke Schwellung und Luftnot = **Pseudokrupp**; dabei gibt es mehrere Schweregrade.	Wichtigste Therapiemaßnahme ist die Stimmschonung. Bei chronischem Verlauf Tumor ausschließen. Bei Pseudokrupp Adrenalin- und Cortisongabe.
Tracheitis Luftröhrenentzündung	Schleimhaut der Trachea	trockener Husten mit Schmerzen in der Luftröhre	häufiger Befund zu Beginn einer Virusgrippe (Influenza)
Bronchitis	Bronchialschleimhaut, ggf. -wände	Husten, der bei Virusinfektionen erst trocken und dann produktiv ist	Bronchitis durch Rauchen, Allergien, Stäube usw., verläuft chronisch
Pneumonie Lungenentzündung	Bronchien, Bronchiolen, Alveolen, Lungengewebe	schweres Krankheitsbild mit Husten, Fieber, Luftnot und ggf. Zyanose	Auslöser sind neben Viren Mykoplasmen, Chlamydien und andere Bakterien
Pleuritis Brust- bzw. Rippenfellentzündung	Pleura der Thoraxwand und/oder der Lunge	atemabhängige Schmerzen, ggf. Husten und Fieber	Eine Pleuritis mit Sekretansammlung (ein Pleuraerguss) kann auch durch Krebs bedingt sein.
Otitis media Mittelohrentzündung	Schleimhaut der Ohrtrompete und des Mittelohrs	Ohrenschmerzen, vorübergehende Schwerhörigkeit	Der schwellungsbedingte Verschluss der Ohrtrompete(n) führt zum Sekretstau in der Paukenhöhle.

Komplikationen viraler Atemwegsinfekte

Virusinfektionen aller Lokalisationen können chronisch verlaufen, wenn das Immunsystem den akuten Infekt nicht überwinden kann. Schwere Verläufe mit **Pleuritis** und/oder **Pneumonie** kommen v. a. bei Immunschwäche und Vorerkrankungen der Atemwege vor. Influenzaviren können Lungen- und Rippenfellentzündungen auf Grund ihrer höheren Virulenz auch bei Gesunden hervorrufen. Bei Rauchern ist die Schleimhautfunktion durch das Fehlen der Flimmerhärchen gestört; Infekte sind daher häufiger und verlaufen langwieriger und schwerer als bei Nichtrauchern. Nach dem kompletten Einstellen des Rauchens regenerieren sich die Schleimhautfunktionen innerhalb von ca. neun Monaten, sofern noch keine COPD besteht.

| COPD
| → LF 5, S. 290

Im Kindesalter ist die **Otitis media** häufig, da die Ohrtrompete, die schlauchförmige Verbindung zwischen Rachen und Ohr, noch eng ist. Sie schwillt im Rahmen eines Atemwegsinfekts leicht zu und verhindert so den Sekretabfluss aus dem Mittelohr. Sekret sammelt sich im Mittelohr (in der sog. Paukenhöhle) an. Bakterien, die sich dort stets befinden, vermehren sich im eiweißhaltigen Sekret und führen zur bakteriellen Superinfektion, der eitrigen Otitis media.

Pathogenese der Otitis media

| Normale Anatomie: Die offene Ohrtrompete belüftet das Mittelohr. | Paukenerguss durch Abflussstörung der Ohrtrompete | Bakterielle Superinfektion: akute eitrige Otitis media |

Vor allem bei Jugendlichen und Erwachsenen ist die **Sinusitis** im Anschluss an einen grippalen Infekt häufig. Vorerkrankungen der Schleimhäute, wie allergische Erkrankungen und anatomische Besonderheiten, die den Sekretabfluss aus den Nebenhöhlen erschweren, sind Risikofaktoren für die bakterielle bzw. eitrige Sinusitis.

Auf die Sekretansammlung in den Nasennebenhöhlen folgt wie bei der Otitis media eine bakterielle Superinfektion (→ Abb. 1). Häufig angewandte Therapiemaßnahmen sind sowohl bei der Otitis media als auch bei der Sinusitis kurzfristig abschwellendes Nasenspray, um die Ohrtrompete bzw. die Eingänge der Nebenhöhlen zu öffnen, und die bedarfsgerechte Einnahme von Analgetika. Analgetika können nach Bedarf eingenommen werden. Der Arzt beurteilt, ob eine Antibiotikatherapie indiziert ist.

Bei gehäuftem Auftreten bakterieller Superinfektionen in den Atemwegen sollten der Kinder- bzw. Hausarzt und ggf. der HNO-Arzt die Ursache klären und wenn möglich behandeln.

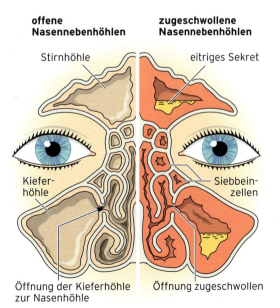

Abb. 1 Links im Bild: normale Kiefer- und Stirnhöhle. Rechts: Entzündete, geschwollene Schleimhaut verhindert den Sekretabfluss. Es kommt zur bakteriellen Superinfektion mit Eiterbildung.

12.2 Akute und chronische Bronchitis

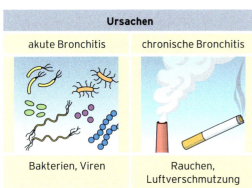

Ursachen	
akute Bronchitis	chronische Bronchitis
Bakterien, Viren	Rauchen, Luftverschmutzung

Definition: Entzündung der Bronchialschleimhaut. Die WHO-Definition der **chronischen Bronchitis** lautet: „Husten an den meisten Tagen während mindestens drei Monaten in zwei aufeinanderfolgenden Jahren." Eine kürzer verlaufende Bronchitis wird als akut definiert.

Ursachen: akute Bronchitis: virale und seltener bakterielle Infektionen; chronische Bronchitis: Aktiv- und Passivrauchen, Staub, Luftverschmutzung, Allergien, Veranlagung

Pathogenese: Jede Reizung bzw. Schädigung der Bronchialschleimhaut führt zu einer Entzündung. Diese geht mit Schleimhautschwellung und Sekretbildung einher. Reizung, Entzündung und vermehrtes Bronchialsekret erzeugen Hustenreiz.

Symptome: Husten ist *das* Bronchitissymptom. Dieser kann unproduktiv oder produktiv sein. Verkrampft sich die Ringmuskulatur der Bronchien, wird der Husten quälend und anfallsartig; er erleichtert nicht, da der Bronchialkrampf das Sekret quasi festhält. Gegebenenfalls muss der Patient beim Husten würgen. Diese Symptomatik kann der des ▌Asthma bronchiale entsprechen. Man spricht dann von obstruktiver (spastischer) Bronchitis oder von ▌Infektasthma.

Asthma bronchiale
→ LF 5, S.288

Infektasthma
→ LF 5, S.289

> **MERKE**
>
> **Husten** in ein unspezifisches Symptom, das nicht nur bei Bronchialerkrankungen vorkommt. Vor allem bei chronischem Husten ist eine gründliche Diagnostik sinnvoll, um eine Allergie, einen Tumor, eine Herzinsuffizienz und (bei Kindern) einen Fremdkörper auszuschließen.

Diagnostik: Anamnese und Auskultation; ggf. Spirometrie und weitere Lungenfunktionsdiagnostik, allergologische und mikrobiologische Diagnostik. Insbesondere bei chronischem Verlauf Röntgen bzw. CT des Thorax. Vor allem bei Tumorverdacht **Bronchoskopie** (endoskopische Untersuchung der Bronchien mit einem biegsamen Sichtgerät).

Therapie: Je nach Ursache und Schwere des Krankheitsbildes. Bei akuter Bronchitis reichlich Flüssigkeitsaufnahme. Das Lutschen von Hustenbonbons, Lakritz usw. lindert den Hustenreiz und verbessert den Sekrettransport des Flimmerepithels. Bei trockenem Reizhusten können ▌Antitussiva, z. B. Codein, symptomlindernd wirken. Die Einnahme ist v. a. abends sinnvoll, um einen ausreichenden Nachtschlaf zu ermöglichen. Medikamente, die auswurffördernd bzw. schleimverflüssigend wirken sollen, sind nur bei schwersten Bronchialerkrankungen wie der **Mukoviszidose** sinnvoll. Ansonsten ist ihr Effekt gering bis nicht nachweisbar. Bei Bronchialverkrampfung ist die Inhalation von ▌Broncholytika indiziert. Antibiotika helfen nur bei bakteriell verursachter oder deutlich superinfizierter Bronchitis.

Antitussiva
→ LF 4, S.180

Broncholytika
→ LF 4, S.180

chronische Bronchitis, COPD
→ LF 5, S.288, 290

Bei ▌chronischer Bronchitis sollte die Ursache (z. B. Allergie, Staub, Rauchen) gefunden und therapiert werden. Eine symptomatische Behandlung mit Broncholytika bzw. die antientzündliche Therapie mit Cortison u. v. m. kann indiziert sein.

12.3 Asthma bronchiale

Definition: Asthma bronchiale (Bronchialasthma) ist eine chronisch-entzündliche Atemwegserkrankung, die durch anfallsweise auftretende **Dyspnoe, reversible** (rückbildungsfähige) **Bronchialverengung** und **Hyperreagibilität** (erhöhte Reizbarkeit) der Bronchien gekennzeichnet ist. Bei akuter Atemwegsverengung spricht man vom **Asthmaanfall**.

Epidemiologie: 10 % der Kinder und 5 % der Erwachsenen sind Asthmatiker (asthmakrank).

Pathogenese: Bei entsprechender Veranlagung reagieren die Bronchien übermäßig auf verschiedene Auslöser. Es kommt zur
- Entzündung der Bronchialschleimhaut,
- Verkrampfung der Ringmuskulatur der Bronchien und
- Bildung zähen Schleims.

Alle drei Faktoren verengen die Bronchien und führen zu Husten und Dyspnoe. Oft leiden Asthmatiker und ihre Familienmitglieder gleichzeitig an der entzündlichen Hautkrankheit |Neurodermitis, **allergischer Rhinitis** (Heuschnupfen) und/oder Nahrungsmittelallergien.

Nach den jeweiligen Auslösern werden unterschieden:
- **Allergisches Asthma:** Die Inhalation von Allergenen verursacht akute Beschwerden (Asthmaanfälle) und/oder Dauerbeschwerden.
- **Infektasthma:** Asthma während und ggf. wochenlang nach Atemwegsinfekten
- **Mischformen** aus allergischem und Infektasthma

Diese drei genannten Asthmaformen sind die häufigsten und wichtigsten. Weitere Varianten, die bei Patienten mit nicht allergischem Asthma gehäuft auftreten, sind:
- **Anstrengungsasthma:** Asthma während oder kurz nach sportlicher Anstrengung
- **Analgetikaasthma:** Asthma nach Einnahme von ASS oder anderen |NSAR
- **Asthma durch |Refluxkrankheit**: Der nächtliche Rückfluss von Magensäure bzw. -saft in Speiseröhre und Atemwege kann die Bronchien reizen.

> Neurodermitis und Allergien
> → LF 10, S.462 und 460

Abb. 1 Häufiger Auslöser von Heuschnupfen: Haselpollen

> NSAR
> → LF 4, S.180
> Refluxkrankheit
> → LF 9, S.406

Mischformen bzw. Kombinationen verschiedener Asthmaarten bzw. -ursachen sind häufig. Psychische Belastungen können Asthma auslösen und verschlimmern. Rauchen und Luftverschmutzung können ebenfalls Ursache oder Mitursache sein.

Symptome: Anfallsweise auftretender Husten und Dyspnoe. Asthma bedeutet „Keuchen". Asthmatischer Husten klingt mit und ohne Stethoskop anders als Husten ohne Obstruktion (Verengung) der Bronchien. Oft ist ein Pfeifen, Giemen oder Brummen hörbar. Die Exspiration dauert auffallend lange. Im Anfall sitzen die Patienten oft nach vorn gebeugt und stützen die Hände auf, um die Atemhilfsmuskulatur zu unterstützen (sog. Kutschersitz; → Abb. 3).

Komplikationen: Ein schwerer Asthmaanfall kann zum Atemwegsverschluss und zum Erstickungstod führen. Bei ausreichender Therapie ist dies äußerst selten. Auf Dauer kann die chronische Entzündung Umbauvorgänge der Lunge mit Bildung eines **Lungenemphysems** bewirken. Das rechte Herz wird übermäßig belastet, was zum **Cor pulmonale** (Rechtsherzinsuffizienz durch Lungenkrankheit) führen kann.

Diagnostik: Anamnese mit Familienanamnese und klinische Untersuchung. Beruf, Hobbys, Sport und Haustiere sind wichtige Aspekte der Anamnese. Die Spirometrie zeigt eine **verminderte Einsekundenkapazität (FEV$_1$)** und die Fluss-Volumen-Kurve weist eine **Obstruktion** nach. Typisch ist die Besserung der Spirometriebefunde 15 Minuten nach Inhalation eines schnell wirksamen Broncholytikums wie Salbutamol. Man nennt dies **positiven Broncholysetest**. Oft sind Allergietests indiziert.

Therapie: Wenn möglich, Auslöser meiden und Ursachen therapieren. Die medikamentöse Therapie folgt einem Stufenplan: Inhalation kurz wirksamer **Betamimetika** (Broncholytika), sog. „Akutspray", z.B. mit Salbutamol, als **Bedarfsmedikation** bei akuten Beschwerden. Dies behandelt aber nur die Symptome. **Basistherapie** ist die antientzündliche Inhalation von Cortison. Je stärker Beschwerden und Befunde sind, desto mehr Cortison muss der Patient inhalieren. Gegebenenfalls sind lang wirksame Betamimetika, z.B. Formoterol, und weitere, oral einzunehmende Medikamente indiziert. Die heutigen Therapiemöglichkeiten geben den meisten Asthmakranken eine normale Leistungsfähigkeit, Lebensqualität und Lebenserwartung. Ausdauersport ist bei Asthma sinnvoll und kann die Hyperreagibilität abmildern.

Abb. 2 Anstrengungsasthma tritt bei oder nach körperlicher Anstrengung auf.

Abb. 3 Kutschersitz

> **HINWEIS**
>
> Internationale Fachgesellschaften empfehlen als erstes und wichtigstes Asthmamittel inhalatives Cortison, da es die Langzeitprognose verbessert, während Betamimetika nur symptomatisch wirken.

Informationen zu Asthma und Allergien bietet die Selbsthilfeorganisation Deutscher Allergie- und Asthmabund:
www.daab.de
www.allergie-asthma-online.de
Informationen, Asthma-Apps u. v. m. bei
www.luft-zum-leben.de
Global Initiative for Asthma (Englisch):
www.ginasthma.org

Inhalationstechnik
→ LF 4, S.178

Nach Häufigkeit und Intensität der Symptome werden drei Kontrollgrade unterschieden:

Kontrollgrad	Definition
gut kontrolliertes Asthma bronchiale	gutes Befinden und normale Leistungsfähigkeit; Symptome und/oder Einsatz der Bedarfsmedikation (des Akutsprays) weniger als zweimal pro Woche
teilweise kontrolliertes Asthma bronchiale	Symptome und/oder Einsatz der Bedarfsmedikation (des Akutsprays) mehr als zweimal pro Woche, $FEV_1 < 80\,\%$, Einschränkung von Leistungsfähigkeit und Nachtschlaf, Exazerbation (schwere Symptome) ≤ einmal pro Jahr
unkontrolliertes Asthma bronchiale	mindestens drei Kriterien des teilweise kontrollierten Asthmas, oder Exazerbation mehr als einmal pro Jahr

Die richtige **Inhalationstechnik** muss der Patient z. B. in einer Asthmaschulung erlernen und üben. Wird die Inhalation falsch durchgeführt, kommt auch keine Wirkung an den Bronchien zu Stande. Bei falscher Anwendung gelangen die Wirkstoffe hauptsächlich auf die Mundschleimhaut und können lokale und systemische Nebenwirkungen hervorrufen.

Prävention: Eine Primärprävention, d. h. Verhinderung eines Asthma bronchiale, ist wegen der starken genetischen Komponente nicht möglich. Stillen und allergenarme Ernährung im Säuglingsalter können günstig wirken. Die Wohnumgebung sollte staubarm sowie frei von behaarten Haustieren und Zigarettenrauch sein. Schmutz und Antigene einer normalen Umwelt sowie einige Infekte und Impfungen fördern hingegen nachweislich die Ausreifung des Immunsystems und wirken der Ausbildung von Allergien entgegen. Bei Asthma besteht eine Impfindikation gegen Grippe und Pneumokokken, um einen schweren, komplikationsreichen Verlauf bei Infektionen zu vermeiden.

> **MERKE**
>
> Fast immer ist mit „Asthma" Asthma bronchiale gemeint. Als Asthma cardiale bzw. Herzasthma wird anfallsartiger Husten und Dyspnoe durch Linksherzinsuffizienz bezeichnet.

12.4 COPD und Lungenemphysem

Definition: Engl. **C**hronic **O**bstructive **P**ulmonary **D**isease; chronisch obstruktive Lungenerkrankung; **chronische Entzündung der Bronchialschleimhaut** mit **irreversibler Obstruktion** und ggf. Bildung eines **Lungenemphysems**
Epidemiologie: 15 % der Erwachsenen sind betroffen; dritthäufigste Todesursache weltweit.
Ursachen und Pathogenese: Chronische Entzündungen der Atemwege durch Zigarettenrauchen (90 %); genetische Faktoren und Stäube führen zu degenerativem Umbau der Lunge. Die zunehmende Bronchialobstruktion behindert die Exspiration, sodass in der Lunge ein erhöhter Druck herrscht. Die Lunge wird überbläht. Die zarten Alveolen werden durch Druck und Entzündung zerstört. Die Diffusionsfläche, d. h. die Fläche für den Gasaustausch, nimmt ab.

Symptome und Komplikationen: Die COPD wird im Gegensatz zum Asthma oft erst mit 50 bis 60 Jahren symptomatisch. Am Anfang steht die chronische Bronchitis mit produktivem Husten, dann kommt die Obstruktion hinzu und allmählich entsteht das Lungenemphysem. Entsprechend nehmen Luftnot und Sauerstoffmangel zu. Zuerst entsteht Belastungsdyspnoe, dann auch Ruhedyspnoe. Es kommt zur Zyanose und zum körperlichen Abbau mit Gewichtsverlust, Immunschwäche und Cor pulmonale. Jeder einfache Infekt kann eine lebensbedrohliche **Exazerbation**, d. h. akute Verschlechterung des Allgemeinzustands und der Lungenfunktion, auslösen. KHK und andere Erkrankungen verlaufen bei COPD erheblich ungünstiger. Die COPD führt häufig zum Tode.

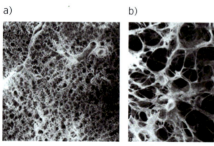

Abb. 1 Lungenemphysem: a) normaler Aufbau der Alveolen; b) wenige, erweiterte und erschlaffte Alveolen bei Lungenemphysem

Diagnostik: Anamnese, Familienanamnese und klinischer Befund. Beim Emphysem ist der Thoraxdurchmesser im Sinne des sog. Fassthorax vergrößert.

Die Spirometrie zeigt eine Obstruktion mit negativem Broncholysetest, d. h., die Atemwegsverengung lässt sich nicht durch kurz wirksame Broncholytika verbessern. Die FEV_1 gibt den Grad der Bronchialverengung an; bei leichter COPD liegt sie bei 80 %, bei schwerer COPD unter 30 % des Sollwertes. Die Blutgasanalyse beweist den erniedrigten Sauerstoffgehalt des Blutes. Röntgen- bzw. CT-Aufnahmen des Thorax können das Emphysem darstellen. Bei COPD unter 50 Jahren kann ein seltener angeborener Enzymmangel, der Alpha-1-Antitrypsin-Mangel vorliegen, der den Lungenabbau mit Emphysementwicklung auch bei Nichtrauchern stark beschleunigt. Ein Bluttest kann den Gendefekt beweisen bzw. ausschließen.

Abb. 1 Nasenbrille zur O_2-Langzeittherapie

Therapie: Das Ziel ist, die Lungenfunktion so lange wie möglich zu erhalten und der Emphysembildung vorzubeugen. Die medikamentöse Behandlung ähnelt der Stufentherapie bei Asthma: Zunächst werden kurz wirksame Broncholytika, dann lang wirksame Broncholytika und ggf. inhalatives Cortison gegeben. Bei Sauerstoffmangel O_2-Langzeittherapie (→ Abb. 1). Bei Exazerbationen sind Antibiotika, Cortison, Sauerstoffgabe und ggf. Beatmung indiziert.

Prävention: Nicht rauchen. Bei Verdacht Diagnostik auf Alpha-1-Antitrypsin-Mangel. Konsequente Therapie von Frühstadien der COPD und von Begleiterkrankungen. Impfung gegen Influenza und Pneumokokken zur Prävention von Exazerbationen.

12.5 Bronchialkarzinom (BC; Lungenkrebs)

Definition: maligner Tumor des Bronchialepithels; Lungen- bzw. Bronchialkarzinom

Ursachen und Pathogenese: Viele Faktoren können zur Bildung bösartiger Tumoren beitragen, u. a. das Alter. Besonders viele **Karzinogene** (krebsfördernde Substanzen) enthält der Zigarettenrauch. Daher ist Rauchen der wichtigste Risikofaktor für das BC. Insbesondere bei Frauen und Jugendlichen wirkt Rauchen stark krebsfördernd. Das Risiko steigt mit der Anzahl an **Packungsjahren**. Passivraucher erkranken zweimal häufiger als Nie-Raucher. Luftverschmutzung und karzinogene Arbeitsstoffe verursachen ca. 5 % der BC-Fälle. Es gibt mehrere BC-Arten, die sich hinsichtlich Lokalisation, histologischem Bild und Aggressivität unterscheiden, z. B. Adenokarzinom, Plattenepithelkarzinom und kleinzelliges BC.

Abb. 2 a) Lunge eines Nichtrauchers; b) Raucherlunge: 30 Zigaretten am Tag, Krebstod mit 40 Jahren

Symptome und Komplikationen: Das BC verursacht **keine Frühsymptome**; in 80 % wird es daher im Spätstadium entdeckt. Oft veranlassen Symptome von **Metastasen** (Tochtergeschwülsten) diagnostische Maßnahmen, bei denen das BC entdeckt wird. Besonders häufig sind Hirnmetastasen, die sich z. B. durch Kopfschmerzen, Gangstörungen oder Krampfanfälle bemerkbar machen. Anhaltender Husten, Pneumonie, Pleuraerguss und unklare Gewichtsabnahme, v. a. bei Patienten ab 40 Jahren, lenken den Verdacht auf ein BC.

| Karzinogenese → LF 9, S. 416 |

Diagnostik: Röntgen, CT bzw. MRT des Thorax und möglicher Metastasierungsgebiete, **Bronchoskopie** mit Biopsie (Entnahme einer Gewebeprobe). Der Pathologe untersucht die Gewebeprobe eingehend und bestimmt die Tumorart.

Therapie: Wenn möglich, Operation mit kompletter Tumorentfernung. Wegen der gleichzeitig bestehenden COPD des Rauchers ist die Entnahme von Lungengewebe oft problematisch; fehlende Diffusionsfläche verschlimmert den Sauerstoffmangel. Chemotherapie mit Zytostatika und Strahlentherapie können nach oder anstatt einer Operation angewandt werden. Die Prognose ist schlecht. Die **Fünf-Jahres-Überlebensrate** beträgt ca. 15 %, d. h., nur jeder siebte Patient lebt fünf Jahre nach der Diagnosestellung noch.

Prävention: Vermeiden der Risikofaktoren. 15 Jahre nach dem Rauchstopp entspricht das BC-Risiko eines Exrauchers fast dem eines Nichtrauchers.

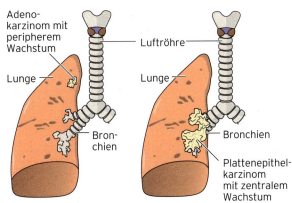

Abb. 3 Lungenkarzinome

12.6 Schlafapnoe-Syndrom

Abb. 1 Überdruckbeatmung beim obstruktiven Schlafapnoe-Syndrom

Definition: Auftreten von **Apnoe**-Phasen (Atempausen) während des Schlafs

Ursachen und Pathogenese: Beim häufigen **obstruktiven Schlafapnoe-Syndrom** (OSAS) kollabieren die oberen Atemwege während des Schlafs. Der Atemwegsverschluss erzeugt einen Sauerstoffmangel und eine Stresshormon-Ausschüttung. Dadurch wacht der Patient auf, atmet schnarchend weiter und schläft wieder ein. Der fehlende Tiefschlaf führt zu ausgeprägter Tagesmüdigkeit. Die hohen Stresshormonspiegel erzeugen bzw. verschlechtern arterielle Hypertonie und Diabetes mellitus. Das OSAS betrifft überwiegend übergewichtige Männer. Diabetes, Rauchen und Herzinsuffizienz sind weitere Risikofaktoren. Alkohol, Schlaf- und Beruhigungsmittel verschlimmern das OSAS.

Symptome und Komplikationen: nachts Schnarchen und Atempausen, am Tage Müdigkeit mit Einschlafneigung, dadurch erhöhtes Unfallrisiko und psychische Veränderungen

Diagnostik: Optimal ist die Untersuchung im Schlaflabor mit Überwachung von Schlafphasen, Atem- und Kreislauftätigkeit (Puls, RR, O_2-Sättigung, EEG, EKG).

Therapie: nächtliche Beatmung mit Überdruckmaske, Gewichtsabnahme

Prävention: Siehe Risikofaktoren.

> **HINWEIS**
>
> Schlafmangel macht „dick, dumm und diabetisch", d. h. fördert Adipositas, metabolisches Syndrom und Demenz – steigert die Infektanfälligkeit und mindert die Wirkung aktiver Schutzimpfungen.

Terminologie: Diagnostik und Erkrankungen der Atemwege

allergische Rhinitis (Syn. **Rhinitis allergica**)	allergisch bedingter Schnupfen, z. B. Heuschnupfen
Apnoe (Mz. **Apnoen**)	Atemstillstand; Atempause (sprich Apnö)
Asthma bronchiale (Syn. **Bronchialasthma**)	entzündliche Atemwegserkrankung mit anfallsweiser Dyspnoe durch Bronchialverengung und erhöhte bronchiale Reizbarkeit
Asthma cardiale	Herzasthma; Husten und Dyspnoe bei Linksherzinsuffizienz
Basistherapie	grundlegende Therapie (meist als Dauertherapie durchgeführt)
Bedarfsmedikation (Ggt. **Basistherapie**)	Medikamentenverordnung zur Anwendung bei akuten Beschwerden
Betamimetikum, Broncholytikum, Bronchospasmolytikum	Medikament, das die strahlenförmige Bronchialmuskulatur aktiviert und so die Bronchien erweitert (z. B. das kurz wirksame Salbutamol und das lang wirksame Formoterol)
Bronchialkarzinom (BC) (Syn. **Lungenkarzinom**)	bösartiger Tumor des Bronchialepithels; Lungenkrebs
Broncholysetest	Inhalation eines kurz wirksamen Broncholytikums nach einer Spirometrie und Wiederholung der Messung 15 min später
Bronchoskopie	Untersuchung des Bronchialsystems mit einem biegsamen Sichtgerät, dem Bronchoskop
COPD	chronisch-obstruktive Lungenerkrankung
Cor pulmonale	Rechtsherzinsuffizienz durch Lungenkrankheit
Dysphonie	Heiserkeit
Exazerbation	akute Verschlimmerung einer chronischen Krankheit

Fluss-Volumen-Kurve	grafische Darstellung von Atemstromstärke und Luftmenge, die während der Spirometrie gemessen wurden
Fünf-Jahres-Überlebensrate	Anteil der Patienten in Prozent, die fünf Jahre nach Diagnosestellung noch leben (Maßzahl für die Prognose)
Giemen, Pfeifen und Brummen	pathologische Atemgeräusche bei bronchialer Obstruktion, z. B. bei Asthma
Hyperreagibilität	erhöhte Reaktionsbereitschaft z. B. der Bronchien auf Reize
Karzinogen (Syn. **Kanzerogen**)	Krebs auslösender bzw. die Krebsentstehung fördernder Stoff (kanzerogene bzw. karzinogene Stoffe verstärken einander)
Lungenemphysem (Kw. **Emphysem**)	Lungenüberblähung mit Alveolenverlust; meist durch chronische Lungenkrankheit (v. a. COPD und Asthma bronchiale)
Metastase	Tochtergeschwulst; Absiedelung eines malignen Tumors
Mukoviszidose	genetische Erkrankung, die zu sehr zähen Sekreten v. a. der Atemwege und zu schweren Bronchialerkrankungen führt
Obstruktion	Verengung; Verlegung (z. B. der Atemwege bzw. Bronchien)
Packungsjahr	Jahr, in dem eine Packung Zigaretten am Tag geraucht wurde
obstruktive Ventilationsstörung	Belüftungs- bzw. Atemflussstörung durch Verengung der Atemwege (z. B. bei Asthma bronchiale)
obstruktives Schlafapnoe-Syndrom	Schlaf- und Stoffwechselstörung mit nächtlichen Atempausen durch Kollaps der oberen Atemwege
restriktive Ventilationsstörung	Belüftungs- bzw. Atemflussstörung durch mangelnde Ausdehnungsfähigkeit der Lunge (z. B. bei Adipositas)
Pleuraerguss	Flüssigkeitsansammlung zwischen Lunge und Brustwand
Pneumologie, Pulmologie	Lehre von den Lungenkrankheiten
Restriktion	mangelnde Dehnfähigkeit der Lunge bei der Inspiration
Ventilation	Belüftung der Lunge bzw. der Atemwege bei der Atmung
vesikuläres Atemgeräusch	sog. Bläschenatmen; normales Auskultationsgeräusch über den Alveolen bzw. dem Lungengewebe

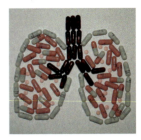

Abb. 1 Medikamente können die Lunge schädigen; z. B. das Immunsuppressivum Methotrexat und das Antiarrhythmikum Amiodaron; regelmäßige pneumologische Kontrollen sind unter der Therapie notwendig.

Nähere Informationen
www.pneumotox.com

AUFGABEN

1 Nennen Sie die Fachbegriffe für Nasennebenhöhlenentzündung, Lungenentzündung, Rachenentzündung, Mandelentzündung und Rippenfellentzündung.

2 Welche Symptome erwarten Sie bei einem Erwachsenen mit Laryngitis acuta?

3 Welche drei Faktoren erzeugen die Bronchialobstruktion bei Asthma bronchiale?

4 Erklären Sie die Anwendung eines Dosieraerosols.

5 Warum muss bei Asthma bronchiale meistens Cortison inhaliert werden?

6 In welchem Lebensalter beginnen Asthma bronchiale bzw. COPD gewöhnlich?

7 Nennen Sie Auslöser für Asthma bronchiale.

LF 8

Patienten bei diagnostischen und therapeutischen Maßnahmen der Erkrankungen des Urogenitalsystems begleiten

1	**Harn- und Geschlechtsorgane**	298
1.1	Nieren	298
1.1.1	Aufgaben der Nieren	298
1.1.2	Lage der Nieren	299
1.1.3	Aufbau und Funktion der Nieren	300
1.1.4	Niere und Blutdruck	302
1.2	Ableitende Harnwege – Aufbau und Funktion	303
2	**Diagnostik bei Erkrankungen der Harnorgane**	305
2.1	Harndiagnostik	305
2.2	Harngewinnung	306
	Mittelstrahlurin	306
2.3	Optische Beurteilung der Harnprobe	308
2.4	Harnuntersuchung mittels Teststreifen/-stäbchen	308
	Beurteilung der Urinuntersuchung mit dem Eintauchteststreifen	310
2.5	Harnsediment und Lichtmikroskop	311
2.6	Bakteriologische Harndiagnostik	314
2.7	Blutuntersuchungen in Urologie und Nephrologie	315
2.8	Bildgebende Diagnostik, Funktionstests und Endoskopie der Harnorgane	316

3	**Erkrankungen der Nieren und ableitenden Harnwege**	318
3.1	Harnwegsinfektionen (HWI)	319
3.1.1	Urethritis und Zystitis	319
3.1.2	Pyelonephritis	320
3.2	Urolithiasis und Nephrolithiasis (Harn- und Nierensteine)	321
3.3	Harninkontinenz	322
3.4	Niereninsuffizienz	323
4	**Hormonsystem**	326
4.1	Bildungsorte und Wirkungsweise von Hormonen	326
4.2	Schilddrüse	328
5	**Genitalorgane der Frau**	331
5.1	Anatomie und Funktion der weiblichen Genitalorgane	331
5.2	Menstruationszyklus	332
5.3	Weibliche Brust	335
6	**Schwangerschaft und Geburt**	338
6.1	Befruchtung (Konzeption)	338
6.2	Feststellung der Schwangerschaft	340

6.3	Phasen der Schwangerschaft	340		Zervixkarzinom	353

6.3	Phasen der Schwangerschaft	340
6.4	Geburt (Partus)	342
6.5	Mutterschaftsvorsorge	343
6.6	Schwangerschaftsbeschwerden und -komplikationen	344
6.7	Rhesusinkompatibilität	345
6.8	Abort (Fehlgeburt)	345
6.9	Schwangerschaftsabbruch	345
6.10	Frühgeburt	346
6.11	Kaiserschnitt (Sectio)	346
6.12	Embryopathie und Fetopathie	347
6.13	Down-Syndrom (Trisomie 21; Morbus Down)	347
7	**Gynäkologische Diagnostik und Erkrankungen**	**350**
7.1	Gynäkologische Diagnostik	350
7.1.1	Gynäkologische Untersuchung	350
7.1.2	Laparoskopie (Bauchspiegelung)	350
7.2	Zyklusstörungen	351
	Klimakterium	351
7.3	Infektionen der weiblichen Genitalorgane	352
7.4	Tumoren der weiblichen Genitalorgane	352
	Maligne Tumoren der weiblichen Genitalorgane	352

	Zervixkarzinom	353
7.5	Erkrankungen der weiblichen Brust	353
7.5.1	Mastopathie	353
7.5.2	Mammakarzinom (Brustkrebs)	354
8	**Kontrazeption (Schwangerschaftsverhütung)**	**356**
9	**Fertilitätsstörungen**	**358**
10	**Genitalorgane des Mannes**	**360**
11	**Untersuchungsverfahren der Urologie**	**361**
12	**Erkrankungen der männlichen Genitalorgane**	**362**
12.1	Genitalinfektionen und STI	362
12.2	Benignes Prostatasyndrom (BPS)	363
12.3	Prostatakarzinom	364
12.4	Krankheiten der Hoden und des äußeren Genitales	365

Urogenital...

„Unten herum" ... darüber spricht man nicht gerne.

Viele Patienten warten viel zu lange, bis sie wegen Beschwerden im Bereich der Harn- und Geschlechtsorgane zum Arzt gehen.

Sie als Medizinische Fachangestellte sind für die Patienten die erste Ansprechpartnerin, auch bei Erkrankungen, die mit Schamgefühl, Angst und „Sprachlosigkeit" belastet sind.

Dabei ist es wichtig, dass die Patienten zum Praxisteam Vertrauen gewinnen können und keine Hemmungen zu haben brauchen, über ihre Beschwerden und Sorgen zu sprechen.

Die eigene Einstellung (von MFA und Arzt) sowohl zum Menschen als auch zum medizinischen Beruf spielt hier – auch ohne Worte – die größte Rolle.

Nur mit der richtigen Haltung aller Mitarbeiter und einer entsprechend taktvollen Atmosphäre kann sichergestellt werden, dass der Arzt alle für die Diagnose erforderlichen Informationen erhält.

Inkontinenz, Prostatabeschwerden und dann auch noch diese Urinproben...

Es zählt auch zu Ihren Aufgaben, die Patienten bei der Gewinnung von Untersuchungsmaterial anzuleiten und ggf. zu unterstützen. Nur korrekt gewonnenes und aufbereitetes Material führt zu richtigen Ergebnissen. Fehlerhafte Proben können unter Umständen falsche Behandlungen zur Folge haben, die dem Patienten sehr schaden.

....häufig ein Tabu

Schwangerschaft:
der einen Freud, der anderen Leid

Schwangerschaften sind heute seltener als in früheren Jahrzehnten. Die Mütter sind beim ersten Kind heute durchschnittlich 30 Jahre alt – dadurch treten auch häufiger Risikoschwangerschaften auf. Da es stets um zwei Leben geht, müssen alle medizinischen Leistungen im Zusammenhang mit Schwangerschaft und Entbindung sehr sorgfältig, umsichtig und gründlich durchgeführt werden.

Das Thema „Schwangerschaft" ist in der Regel auch immer mit starken Emotionen verbunden. Sie werden in der Praxis auf glückliche Eltern stoßen, aber auch auf verzweifelte Menschen mit unerfülltem Kinderwunsch und z. B. der Nachricht einer Fehlgeburt. Gleichzeitig kommen Patientinnen zu Ihnen, die eine Schwangerschaft verhindern oder auch abbrechen lassen möchten. So entstehen oft sensible Situationen, die Ihre fachliche Kompetenz und Ihr Einfühlungsvermögen erfordern.

1 Harn- und Geschlechtsorgane

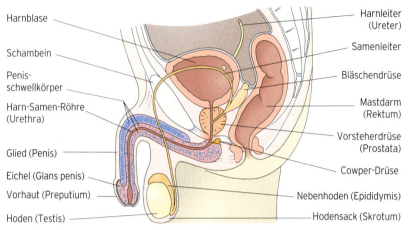

Abb. 1 Schematischer Längsschnitt durch das männliche Becken mit den Harn- und Geschlechtsorganen

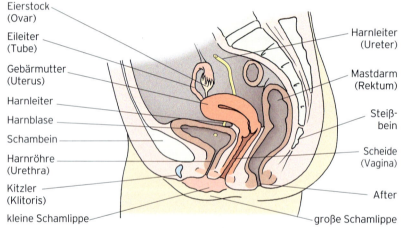

Abb. 2 Schematischer Längsschnitt durch das weibliche Becken mit den Harn- und Geschlechtsorganen

Die Harn- und Geschlechtsorgane entstehen beim Embryo aus gemeinsamen Vorstufen. Daher haben sie anatomisch und funktionell viele Gemeinsamkeiten und werden unter dem Begriff **Urogenitaltrakt** (Harn- und Geschlechtstrakt) zusammengefasst. Harn ist ein anderer Begriff für Urin. Der Urogenitaltrakt besteht aus

- den harnbildenden Organen (den Nieren),
- den harnableitenden Organen (Nierenbecken, Harnleitern, Harnblase, Harnröhre) sowie
- den Genitalorganen (Geschlechtsorganen) von Mann und Frau.

1.1 Nieren

1.1.1 Aufgaben der Nieren

Die Nieren sind lebenswichtige Organe. Damit der Funktionsausfall oder Verlust einer Niere ausgeglichen werden kann, hat jeder Mensch zwei Nieren. Diese werden intensiv durchblutet: Ständig fließen 20 % des Blutes, das das Herz fördert, durch die Nieren. Dies sind etwa ein Liter pro Minute und über 1500 Liter am Tag.

Die Nieren filtern das Blut, das sie durchströmt. Sie entfernen daraus die **harnpflichtigen Substanzen**. Dies sind Stoffe, z. B. aus dem Muskelstoffwechsel, die ausgeschieden werden müssen, weil sie sich im Körper sonst anhäufen und ihn vergiften würden. Auch körperfremde Stoffe, wie einige Gifte und viele Medikamente, scheiden die Nieren mit dem Urin aus.

> **MERKE**
>
> Die Nieren erfüllen mehrere Aufgaben:
> – Harnbildung zur Ausscheidung harnpflichtiger Substanzen
> – Regulierung des Wasser- und Salzhaushalts (**Elektrolyt**haushalt)
> – Regulierung des **Säure-Basen-Haushalts**
> – Hormonbildung: Erythropoetin (EPO) für die Blutbildung und Aktivierung von Vitamin D, das für den Knochenstoffwechsel, das Immunsystem u. v. m. benötigt wird
> – Blutdruckregulation

Erythropoetin (EPO)
→ LF 5, S.211

Bei der Bereitung des **Endharns**, des zur Ausscheidung geeigneten Urins, wird die im Körper befindliche Wassermenge ebenso berücksichtigt wie die Menge harnpflichtiger Substanzen, die Konzentration verschiedener Salze und der pH-Wert. Die Nieren können die harnpflichtigen Substanzen (v. a. **Kreatinin, Harnstoff** und **Harnsäure**) mit wenig oder mit viel Wasser ausscheiden. Je nach Nahrungsart, körperlicher Aktivität usw. produzieren sie mehr oder weniger sauren und salzhaltigen Urin.

Aus den zahlreichen Aufgaben der Nieren ergibt sich die Vielzahl an Störungen, die bei fehlender oder gestörter Nierenfunktion auftreten: Die Nieren können zu viel oder zu wenig Harn produzieren, was Austrocknung oder Ödembildung zur Folge hat. Sie scheiden u. U. zu viel oder zu wenig Elektrolyte und Säuren aus. Kranke Nieren können zum Verlust von Erythrozyten und Plasmaproteinen führen. Sie erzeugen oder verstärken durch EPO-Mangel eine Anämie und durch fehlende Vitamin-D-Aktivierung eine ❙Osteomalazie bzw. ❙Osteoporose. Der Blutdruck kann durch Nierenkrankheiten ansteigen, was die Nieren weiter schädigt.

Osteomalazie
→ LF 4, S.150
Osteoporose
→ LF 4, S.148

Der lateinische Name der Niere ist **Ren**, der griechische **Nephros**. Davon leiten sich anatomische Bezeichnungen ab, wie A. und V. renalis (Nierenarterie und -vene), und pathologische Bezeichnungen, wie ❙diabetische Nephropathie (Nierenleiden der Zuckerkranken).

diabetische Nephropathie
→ LF 8, S.302

Der Facharzt für Nierenkrankheiten ist der **Nephrologe**. Er ist Internist mit dem Schwerpunkt **Nephrologie**. Die **Urologie** beschäftigt sich mit den Erkrankungen der ableitenden Harnwege, d. h. den Organen, die den Urin aus den Nieren aufnehmen und nach außen führen. Außerdem ist der Urologe der Facharzt für die männlichen Genitalorgane. Da viele Erkrankungen sowohl die Nieren als auch die Harnwege betreffen, sind Nephrologie und Urologie nicht streng voneinander zu trennen.

1.1.2 Lage der Nieren

Die Nieren liegen in Fett eingebettet beidseits dorsal der Bauchorgane unterhalb des Zwerchfells (→ Abb. 1). Die rechte Niere liegt etwas tiefer, da ein Teil der Leber oberhalb der Niere dem Zwerchfell anliegt. Eine Niere wiegt ca. 160 g und ist 12 cm lang, 6 cm breit und 4 cm dick. Die Niere hat eine bindegewebige Kapsel. Schwillt eine Niere z. B. entzündungsbedingt an, wird ihre Kapsel gedehnt und es entsteht ein Schmerz im Nierenlager. Dieses liegt seitlich am Rücken auf Höhe der oberen Lendenwirbelsäule (LWS).

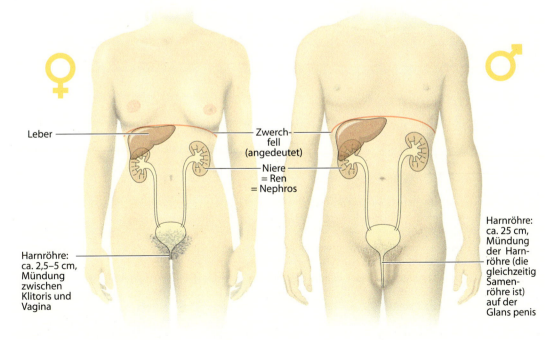

Abb. 1 Lage der Nieren und Harnorgane bei Frau und Mann

1.1.3 Aufbau und Funktion der Nieren

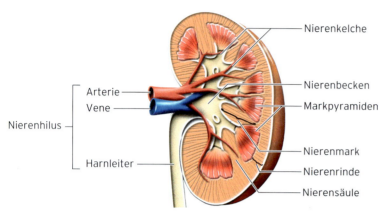

Abb. 1 Sicht auf die längs durchschnittene Niere

Die Nieren haben einen oberen und einen unteren Pol. In der Mitte liegt in Richtung LWS der **Nierenhilus**. An dieser Einbuchtung tritt die Nierenarterie in die Niere ein und die Nierenvene sowie der **Ureter** (Harnleiter) aus (→ Abb. 1).

In der **Nierenrinde** befinden sich ca. 1 Million **Nierenkörperchen**. Jedes besteht aus einem arteriellen Gefäßknäuel **(Glomerulus)**, das von einer Kapsel, der **Bowman-Kapsel**, umschlossen ist. Diese setzt sich aus einem inneren und einem äußeren Blatt zusammen. In den Glomeruli wird das Blut gefiltert. So entstehen ca. 150 L Primärharn am Tag, der in die **Tubuli** (Harnkanälchen) abfließt. Dabei reinigen die Nieren pro Minute ca. 90–140 mL Blut.

Im **Nierenmark** erfolgt die aufwendige Umwandlung des Primärharns in ca. 1,5 L Endharn/ Tag. Dabei werden 99 % des Wassers und viele andere Stoffe wieder aus dem Filtrat **resorbiert** (aufgenommen). Andere Substanzen, z. B. Gifte, werden hingegen in den Harn ausgeschieden. **Resorption** und Ausscheidung bewerkstelligen die Zellen der vielen langen Nierentubuli. Der Urin gelangt von diesen in die **Sammelrohre** und ins **Nierenbecken**. Tubuli und Sammelrohre sind in den **Pyramiden** zusammengefasst. Zwischen den Pyramiden liegen die **Nierensäulen**. Nierenpyramiden und -säulen bilden zusammen das Nierenmark. Die Pyramiden münden in Form der **Papillen** ins Nierenbecken. Die Nierenpapillen erinnern an kleine Duschköpfe mit vielen Öffnungen, aus denen der Endharn ins Nierenbecken strömt. Das Nierenbecken nimmt den Urin auf und leitet ihn über den Harnleiter in die Blase.

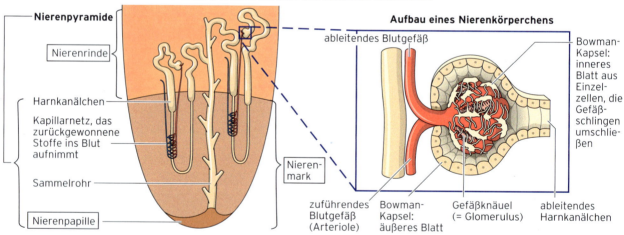

Abb. 2 Mikroskopische Sicht auf Nierenrinde und Nierenmark

Die **Filtration des Blutes** findet im Nierenkörperchen statt (→ S. 301, Abb. 1). Der Blutdruck, mit dem das Blut durch den Glomerulus strömt, erzeugt den notwendigen Filtrationsdruck. Das innere Blatt der Bowman-Kapsel besteht aus länglichen Zellen mit fingerförmigen Fortsätzen, die die Glomerulusschlingen umfassen. Zusammen bilden diese Zellen einen sehr feinen Filter, durch den Plasma aus dem Blut abgepresst wird, Blutzellen und Plasmaproteine aber zurückgehalten werden. Das trichterartige äußere Blatt der Bowman-Kapsel nimmt das Filtrat, den Primärharn, auf. Dieser fließt weiter ins Tubulussystem, welches Wasser usw. resorbiert und den Endharn bereitet. Zuführendes und abführendes Gefäß des Glomerulus sind jeweils Arteriolen. Da dem Blut bei der Filterung nur ein kleiner Teil des Plasmas entzogen wird, fließt das meiste Blut durch das abführende Gefäß weiter. Jedes Nierenkörperchen bildet mit dem dazugehörigen Tubulussystem eine Funktionseinheit, das **Nephron** (→ S. 301, Abb. 2).

Harn- und Geschlechtsorgane | **301** LF 8

> **MERKE**
> Die **Nierenrinde** enthält die Nierenkörperchen (Glomerulus mit Bowman-Kapsel):
> Dort wird der **Primärharn** durch Filterung des Blutes hergestellt.
> Im **Nierenmark** befinden sich die Nierenkanälchen und die Sammelrohre:
> Dort wird der Harn konzentriert und so aus dem Primärharn der **Endharn** bereitet.

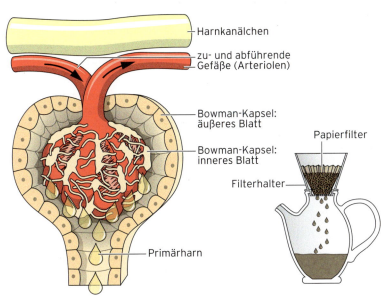

Abb. 1 Das Nierenkörperchen arbeitet vereinfacht gesehen wie ein Kaffeefilter. Dabei entspricht der Papierfilter dem inneren Blatt der Bowman-Kapsel und der Filterhalter dem äußeren, trichterförmigen Blatt. Der Kaffeesatz bleibt im Filter, wie die Blutzellen und Plasmaproteine im Blut bleiben.

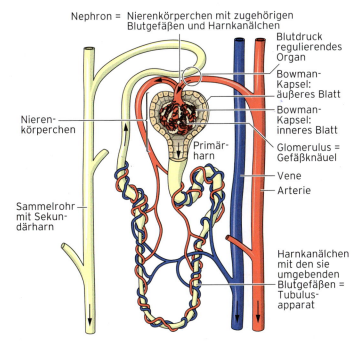

Abb. 2 Nephron

Abb. 3 Die empfohlene Trinkmenge für Erwachsene beträgt 1,5 Liter täglich. Am besten ist Wasser geeignet, auch Leitungswasser. Kaffee und schwarzer Tee binden Nahrungs-Eisen, sodass sie nicht zum Essen getrunken werden sollten. Fruchtsäfte sollten wegen des Zucker- und Säuregehaltes als Schorle genossen werden.

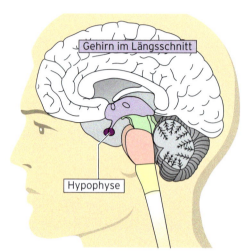

Abb. 1 Lage der Hirnanhangdrüse (Hypophyse)

Die Hirnanhangdrüse, die **Hypophyse**, gibt entsprechend dem Wasserbedarf des Körpers das Wassersparhormon **ADH (antidiuretisches Hormon)** ab. Steht dem Körper viel Wasser zur Verfügung, schüttet sie wenig ADH aus. Dann wird in den Tubuli weniger Wasser resorbiert und die Harnausscheidung **(Diurese)** verstärkt. Mangelt es dem Körper an Wasser, wird mehr ADH abgegeben und die Rückgewinnung von Wasser steigt an.

Fehlt ADH, kommt es zum **Diabetes insipidus**, der Wasserharnruhr. Betroffene Patienten scheiden bis zu 25 Liter Harn am Tag aus und sind gezwungen, pausenlos große Mengen zu trinken. ADH kann bei nachgewiesenem Mangel als Nasenspray zugeführt werden.

Da Alkohol die ADH-Sekretion vorübergehend hemmt, übersteigt bei intensivem Alkoholkonsum die Diurese die Flüssigkeitszufuhr. Die vermehrte Harnausscheidung führt zum Verlust von Wasser und Mineralstoffen. So entsteht der **Nachdurst** mit Appetit auf Salziges.

Auch **Diuretika**, die z. B. bei arterieller Hypertonie und Herzinsuffizienz angewandt werden, steigern die Diurese und damit den Mineralstoffverlust. Es kann bei Überdosierung bzw. Missbrauch von Diuretika zu Hypotonie mit Kollapsgefahr sowie durch den Elektrolytmangel zu Wadenkrämpfen und Herzrhythmusstörungen kommen.

1.1.4 Niere und Blutdruck

Die Niere reguliert den Blutdruck. Sie benötigt einen bestimmten Mindestblutdruck, damit die Glomeruli kräftig durchströmt werden und die Filterung funktioniert. Fällt der Blutdruck stark ab, z. B. bei akuter Herzinsuffizienz bzw. im Kreislaufschock, erhalten die Nieren zu wenig Blut und es kann zum Nierenversagen kommen.

Der Blutdruck wird in speziellen Messfühlern am Glomerulus ständig gemessen. Kommt dort durch Arteriosklerose zu wenig Blut an, „denkt" die Niere, der Blutdruck sei zu niedrig. Sie gibt dann blutdrucksteigernde Hormone ab, um den Blutdruck im gesamten Körper zu erhöhen. Auf der anderen Seite schädigt eine arterielle Hypertonie die Glomeruli so stark, dass sie allein zum endgültigen Nierenversagen führen kann, was eine regelmäßige **Dialyse**, d. h. maschinelle Blutwäsche, notwendig macht. Weitere nierenschädigende Faktoren, wie Rauchen, Diabetes mellitus, NSAR und andere Medikamente, beschleunigen den hypertoniebedingten Verlust der Nierenfunktion.

Die wichtigsten nierenschädigenden Faktoren

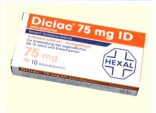

Arterielle Hypertonie | Diabetes mellitus | NSAR-Schmerzmittel

Die **diabetische Nephropathie** schädigt die Bowman-Kapsel. Diese wirkt dann wie ein undichter, löchriger Filter. Es gehen zunächst wenige kleine, dann immer mehr und größere Plasmaproteine mit dem Harn verloren. Zunächst wird der **Mikroalbumintest** (Harntest auf kleine Plasmaproteine) positiv, später auch der normale Proteinnachweis. Beides sind Hinweise für Schäden in den Glomeruli.

1.2 Ableitende Harnwege – Aufbau und Funktion

Der Endharn fließt aus den Papillen des Nierenmarks ins Nierenbecken und wird sofort ab- und weitergeleitet. Das **Nierenbecken** verjüngt sich nach kaudal und bildet im weiteren Verlauf den **Ureter**, den Harnleiter. Dieser leitet den Urin in die **Harnblase (Vesica urinaria)**. Die Blase hat zwei Einmündungsstellen für die Ureteren. Diese besitzen einen Schließmechanismus, der verhindert, dass Urin aus der Blase zurück in Richtung Niere fließt. Ein solcher Rückfluss **(Reflux)**, der bei Fehlbildungen vorkommt, kann schwere bakterielle Infektionen des Nierenbeckens und der Niere zur Folge haben. Der Urin wird von der Blase aus über die **Harnröhre (Urethra)** aus dem Körper geleitet.

| **Übergangsepithel** |
| → LF 3, S. 30 |

Nierenbecken, Ureteren, Harnblase und Harnröhre sind dreischichtig aufgebaut (von innen nach außen): aus Schleimhaut, glatter Muskelschicht und Bindegewebe. Da die harnableitenden Organe dehnbar sein müssen, sind sie mit dem elastischen Übergangsepithel ausgekleidet. Starke Kontraktionen der glatten Muskulatur **(Koliken)**, die z. B. beim Abgang von Harnsteinen oder bei Entzündungen der Harnwege vorkommen, sind sehr schmerzhaft.

In der Harnblase wird der Urin gesammelt. Sie kann beim Erwachsenen bis zu 1000 mL fassen. Bei entsprechendem Füllungsgrad werden Nervenendigungen in der Blasenwand, im Blasenhals und in der Urethra gereizt und es kommt zu Harndrang. Die Blase ist von Muskelsträngen umschlossen, die an ein rund gewickeltes Wollknäuel erinnern. Sie arbeiten so, dass der Urin bei der **Miktion** (Harnentleerung) in Richtung Urethra gepresst wird. Die Miktion kann der Mensch ab ca. dem dritten Lebensjahr zwar willkürlich starten und auch unterbrechen; sie läuft jedoch überwiegend automatisch ab. Ähnlich wie der Schluckvorgang oder die Stuhlentleerung regelt das vegetative Nervensystem die Miktion über Reflexe.

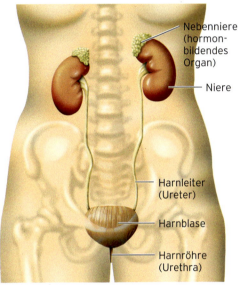

Abb. 1 Anatomie der ableitenden Harnwege bei der Frau

 Harndrang bzw. Automatismen, die die Miktion starten, können außer durch Blasenfüllung durch vielfältige Reize ausgelöst werden. Das Geräusch von fließendem Wasser, Kälte, der Gedanke, dass keine Toilette in der Nähe ist, usw. können schon bei Gesunden zu Harndrang führen. Bei Entzündungen, überempfindlichem Blasenhals und aus psychischen Gründen kann die Reizbarkeit der Neuronen so stark sein, dass der Patient sehr häufig und ohne Verzögerung Wasser lassen muss.

Terminologie: Nieren und ableitende Harnwege

antidiuretisches Hormon (ADH)	Wassersparhormon der Hypophyse, das die Niere zur Rückresorption von Wasser anregt
Bowman-Kapsel	Teil des Nierenkörperchens (zusammen mit dem Glomerulus); die Bowmankapsel bildet den Filter (inneres Blatt) und das „Auffanggefäß" (äußeres Blatt) des Nierenkörperchens
Diabetes insipidus	Wasserharnruhr; ADH-Mangel-Krankheit
Dialyse	künstliche Blutreinigung bei Nierenversagen
Diurese	Harnausscheidung
Diuretikum	harntreibendes Arzneimittel (z. B. HCT, Torasemid)
Elektrolyte	Salze, die in Lösung in Ionen zerfallen, z. B. Na^+, K^+, Mg^{++}
Endharn	Urin; Endprodukt der Harnbereitung in der Niere

harnpflichtige Substanzen	Stoffe, die z. B. im Muskelstoffwechsel anfallen und mit dem Harn aus dem Blut entfernt werden müssen, um nicht toxisch zu wirken
Kolik (Mz. **Koliken**)	schmerzhafte, krampfartige Kontraktion glatter Muskulatur
Kreatinin, Harnstoff und **Harnsäure**	wichtige harnpflichtige Substanzen, die aus dem Muskel- bzw. Eiweiß- und Zellstoffwechsel stammen
Miktion	Harnentleerung; Wasserlassen
Nephrologie	Lehre von den Nierenkrankheiten
Nephron	Funktionseinheit der Niere, bestehend aus einem Nierenkörperchen und dem dazugehörigen Tubulussystem
Nephros	gr. Niere
Nierenhilus	Vertiefung der Niere, an der sich die Ein- bzw. Austrittsstellen für Blutgefäße und Ureter befinden
Nierenkörperchen	Funktionseinheit der Niere aus Glomerulus und Bowman-Kapsel; dort entsteht der Primärharn durch Filterung von Blut
Primärharn	Vorstufe des Urins, die durch Filterung in den Nieren entsteht
Reflux	pathologischer Rückfluss (z. B. von Harn zur Niere)
Ren	lat. Niere
resorbieren	aufnehmen; zurückgewinnen
Säure-Basen-Haushalt	Regelvorgänge, die den pH-Wert im Körper konstant halten
Tubulus (Mz. **Tubuli**)	(Harn-)Kanälchen
Ureter (Mz. **Ureteren**)	Harnleiter (Verbindung zwischen Niere und Harnblase)
Urethra	Harnröhre (Verbindung zwischen Harnblase und außen)

Eselsbrücke: Der Ure**ter** ist der Harnlei**ter**; die Urethr**a** führt nach **a**ußen.

Urologie	Lehre von den ableitenden Harnorganen und männlichen Genitalorganen
Vesica urinaria	Harnblase

AUFGABEN

1 Welche fünf Aufgaben erfüllen die Nieren?

2 Woraus besteht ein Nierenkörperchen?

3 Welche harnpflichtigen Substanzen kennen Sie?

4 Welche Blutbestandteile darf das Nierenkörperchen nicht aus dem Blut entfernen?

5 Erklären Sie die Begriffe Primär- und Endharn sowie die Entstehung von Primär- und Endharn.

6 Was bewirkt das antidiuretische Hormon und wo wird es gebildet?

7 Welche Symptome sind für ADH-Mangel typisch?

8 Nennen Sie die Fachbegriffe für Niere, Harnblase, Harnleiter und Harnröhre, Harnausscheidung und Harnentleerung.

2 Diagnostik bei Erkrankungen der Harnorgane

2.1 Harndiagnostik

Neben Anamnese und klinischer Untersuchung ist die Harnuntersuchung eine diagnostische Basismaßnahme. Sie gibt Aufschlüsse über die Nierenfunktion sowie über Entzündungen, Steine und Tumoren der Nieren und ableitenden Harnwege. Stoffwechselkrankheiten, v. a. der Diabetes mellitus, Leber- und Gallenkrankheiten, Nierenbeteiligung bei Autoimmunkrankheiten sowie Vergiftungen, Medikamenten- und Drogenkonsum können mittels Harnuntersuchungen diagnostiziert bzw. im Verlauf kontrolliert werden.

Die tägliche Harnmenge ist unterschiedlich und hängt von vielen Faktoren ab.

Fachbegriff, der die tägliche Harnmenge beschreibt	Ursachen (Auswahl)
normale Harnmenge ca. 1500 mL (Normbereich 400–2500 mL)	variiert stark, je nach: – Durstempfinden und Trinkgewohnheiten – zur Verfügung stehender Flüssigkeit – körperlicher Aktivität und Schwitzen – Temperatur
Polyurie erhöhte Harnausscheidung > 2500 mL	– häufiger Grund: Diabetes mellitus; der erhöhte Blutzuckerspiegel führt zu so hohen Glukosemengen im Primärharn, dass nicht alle Zuckermoleküle zurückgewonnen werden können. Da jedes Glukosemolekül Wasser an sich bindet, verlässt mit der Glukose auch eine große Menge Wasser den Körper. – gesteigerte Trinkmenge durch Gewohnheit oder psychische Anspannung
Oligurie verminderte Harnausscheidung < 400 mL	– hohe Flüssigkeitsverluste durch Schwitzen, Durchfall, Erbrechen, Verbrennungen, Fieber oder Blutungen – mangelnde Flüssigkeitszufuhr, z. B. durch fehlendes Durstgefühl im Alter, Bettlägerigkeit, Behinderung, Hilflosigkeit
Anurie fast fehlende Harnausscheidung < 100 mL	– beginnendes Nierenversagen durch unterschiedliche Ursachen – mechanische Ursachen, z. B. Ummauerung des Ureters durch einen Tumor – Intoxikation durch Medikamente, ggf. schädliche Medikamentenkombination und/oder Gifte
komplette Anurie fehlende Harnausscheidung	wie Anurie, nur ausgeprägter: – terminale Niereninsuffizienz (Endstadium chronischer Nierenerkrankungen, z. B der diabetischen Nephropathie) – Verlust der Nieren durch Unfall, Verletzung o. Ä., Verschluss der Ureteren – Kreislaufschock, akute und chronische Intoxikationen

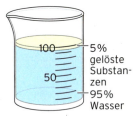

Abb. 1 Zusammensetzung des Urins: 95 % Wasser, 5 % gelöste Substanzen (hauptsächlich Harnstoff, Natrium, Kalium, Kreatinin, Harnsäure)

2.2 Harngewinnung

Durch die richtig durchgeführte Harngewinnung lassen sich falsch positive und falsch negative Ergebnisse vermeiden.

- **Falsch positiv** bedeutet, dass ein Test positiv ausfällt, obwohl keine Krankheit vorliegt. Eine Urinprobe wird zu lange gelagert, sodass sich Bakterien darin vermehren. Der Nitrit-Nachweis, d. h. der Nachweis bakterieller Stoffwechselprodukte ist positiv, obwohl kein Harnwegsinfekt vorliegt.
- **Falsch negativ** bedeutet, dass ein Test negativ ausfällt, obwohl eine Krankheit vorliegt. Eine junge Patientin leidet an einer Blasenentzündung. Um diese zu behandeln, hat sie sehr viel Tee getrunken, bevor sie beim Arzt eine Urinprobe gewann. Durch den Verdünnungseffekt ist der Nitritnachweis negativ, obwohl eine bakterielle Infektion vorliegt.

Mittelstrahlurin

Urin ist nie bakterienfrei. Der Grund ist, dass die Harnorgane im Bereich der bakterienreichen Genitalregion liegen. Diese ist stets reichlich mit Darmkeimen aus dem After besiedelt. Daher wird die Gewinnung der „mittleren Harnportion", d. h. von Mittelstrahlurin, empfohlen.

1. Harnportion bakterienreich, da in der Urethra befindliche Bakterien mit der ersten Harnportion ausgespült werden

2. Harnportion = Mittelstrahlurin; bakterienarm, aber nicht bakterienfrei, da auch beim Gesunden Keime in der Blase sind

3. Harnportion bakterienreich, da der Harn zuletzt langsam fließt und viele Bakterien von Haut und Schambehaarung aufnimmt

Zur Mittelstrahlgewinnung wird der Patient wie folgt angewiesen:

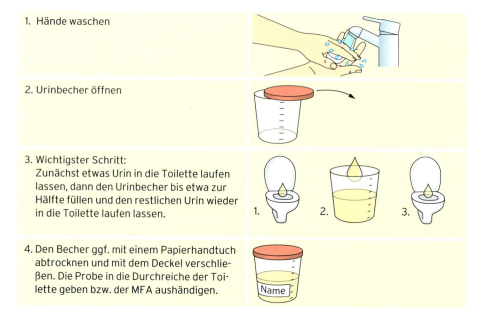

1. Hände waschen
2. Urinbecher öffnen
3. **Wichtigster Schritt:** Zunächst etwas Urin in die Toilette laufen lassen, dann den Urinbecher bis etwa zur Hälfte füllen und den restlichen Urin wieder in die Toilette laufen lassen.
4. Den Becher ggf. mit einem Papierhandtuch abtrocknen und mit dem Deckel verschließen. Die Probe in die Durchreiche der Toilette geben bzw. der MFA aushändigen.

MERKE

Zur **Fehlervermeidung bei der Harnuntersuchung** ist zu beachten:
- keine Marmeladengläser und keine handgespülten Gefäße verwenden, da diese Reste von Zucker enthalten könnten, sondern Probengefäße aus der Praxis mitgeben
- Urinproben zeitnah untersuchen, da sich die Proben rasch verändern können
- aus Diskretionsgründen keine Proben in der Durchreiche „ansammeln" lassen
- Probengefäße vor dem Aushändigen eindeutig und wasserfest beschriften

Für die meisten Harnuntersuchungen ist Mittelstrahlurin geeignet. Bei besonderen Fragestellungen oder wenn die Gewinnung nicht möglich ist, kommen weitere Probenarten in Frage:

Abb. 1 Gut geeignetes Probengefäß für Urin: sauber, verschließbar und gut zu beschriften

Art der Urinprobe	Geeignet für	Besonderheiten
Mittelstrahlurin, der beim ersten Wasserlassen am Morgen gewonnen wurde = **Morgenurin**	Teststreifen, Sediment, bakteriologische Untersuchungen wie Uricult® und Chlamydiennachweis	Hohe Bakterienkonzentration, daher gut für mikrobiologische Tests geeignet. Die Probe darf nicht älter als zwei Stunden sein.
Mittelstrahlurin, der im Laufe des Tages gewonnen wurde = **Tagesurin**	Glukosenachweis, Sediment, ggf. Teststreifen, wenn die Trinkmenge und damit die Verdünnung nicht zu hoch ist	durch Verdünnungseffekte weniger für mikrobiologische Untersuchungen geeignet
Spontanurin im Laufe des Tages gewonnener Nichtmittelstrahlurin	Glukosenachweis, Schwangerschaftstest, Glukose- und Ketonnachweis, Drogensuchtests	Spontanurin ist für bakteriologische Tests weniger geeignet, da er mit Bakterien kontaminiert ist.
Spontanurin von Säuglingen und Kleinkindern gewinnt man je nach Alter und Mitarbeitsfähigkeit des Kindes entweder mit einem aufklebbaren Probenbeutel oder mit einem Töpfchen zu Hause. Schulkindern ist die Gewinnung von Spontan- bzw. Mittelstrahlurin zumutbar. Die Gewinnung muss ihnen – wie allen Patienten – gut erklärt werden.		Urinbeutel für Säuglinge
Katheterurin mit Hilfe eines Blasenkatheters gewonnener Urin	alle Untersuchungen, v. a. bakteriologische Tests	Die Katheterisierung ist sehr unangenehm und birgt u. a. die Gefahr der Keimeinschleppung.
Blasenpunktionsurin mit Spritze und Kanüle durch die Bauchwand direkt aus der Blase gewonnener Urin	bakteriologische Untersuchungen, wenn anders kein bakterienarmer Urin gewonnen werden kann	Verletzung der Bauchwand mit Blutungsgefahr; Blasenpunktionsurin wird nur ausnahmsweise gewonnen.
24-h-Sammelurin Urin, der über genau 24 h gesammelt wurde	genaue Nierenfunktionstests und quantitative Nachweise der Ausscheidung von Glukose, Protein u. a. Stoffen	ungeeignet für bakteriologische Tests, da sich Bakterien darin vermehren

Die Sammlung des 24-h-Urins erfolgt am besten von Sonntag (Beginn der Sammelperiode) auf Montag (Ende der Sammlung und Probenabgabe). Der Patient steht zur Montags-Weckzeit am Sonntag auf, geht zur Toilette und spült den Urin weg. Ab jetzt bis zum nächsten Morgen füllt er allen Urin in die Sammelgefäße. Die letzte Probe zur Weckzeit am Montag kommt auch noch ins Sammelgefäß. Hat der Patient während der 24 h Harn versehentlich in die Toilette gelassen, muss die Sammlung wiederholt werden, da die fehlende Harnportion das Ergebnis verfälscht.

2.3 Optische Beurteilung der Harnprobe

Die normale Urinfarbe nennt sich „bernsteingelb". Die Farbe von Harnproben unterliegt vielen Einflüssen und kann unbedeutende und pathologische Abweichungen zeigen.

Urinfarbe	typische Ursachen (Beispiele)
blassgelb, fast farblos	Polyurie, z. B. bei Diabetes mellitus, seltener bei Diabetes insipidus, hohe Trinkmenge oder Wasserbeimengung zur Verschleierung von Drogenkonsum
dunkelgelb bis orange	erhöhte Harnkonzentration bei Wassermangel, Oligurie oder Anurie
leuchtend gelb bis orange	Konsum von Vitamintabletten oder Multivitaminsaft; v. a. Vitamin B_2 (Riboflavin) färbt den Harn deutlich gelb.
dunkelgelb bis orangebraun	Bilirubin (ein Gallenfarbstoff) bei Leberkrankheiten, Porphyrine bei seltenen Stoffwechselstörungen, Hämoglobin, Medikamente wie das Metronidazol oder L-Dopa
milchig, trüb	Leukozyten, Bakterien und Pilze bei Harnwegsinfektionen Epithelien, Kristalle, Röntgenkontrastmittel nach entsprechenden Untersuchungen, Vermischung mit Vaginalsekret oder Vaginaltherapeutika, leichte Proteinurie
schaumig	ausgeprägte Proteinurie
rot bis rotbraun	Erythrozyten, Porphyrine (werden bei seltenen Stoffwechselstörungen ausgeschieden), Ziegelmehl (Urate: Harnsäurekristalle), Myoglobin (Muskeleiweiß), harmlose Ursache: Verzehr roter Bete
dunkelbraun bis schwärzlich	Erythrozyten, Hämoglobin bei massiver Hämolyse durch Transfusionsfehler, Porphyrine (der Urin dunkelt an der Luft nach)

> **HINWEIS**
>
> Auch der **Harngeruch** kann diagnostische Hinweise geben. Ein stechender Geruch durch bakterielle Abbauprodukte kommt bei Harnwegsinfekten vor sowie in Urinproben, die zu lange stehen gelassen wurden.

Abb. 1 Eine sichtbare Blutbeimengung entsteht schon durch 0,4 mL Blut pro Liter Urin. Auch wenn dies keinen gefährlichen Blutverlust bedeutet, muss die Ursache abgeklärt werden.

2.4 Harnuntersuchung mittels Teststreifen/-stäbchen

Die häufigste Harnuntersuchung ist die Schnelluntersuchung mit Teststreifen bzw. Teststäbchen, auch Stix genannt. Die Teststreifen bestehen aus einem Kunststoffstreifen mit einem oder mehreren Testfeldern. Die Testfelder enthalten in einem saugfähigen Vlies verschiedene Sub-

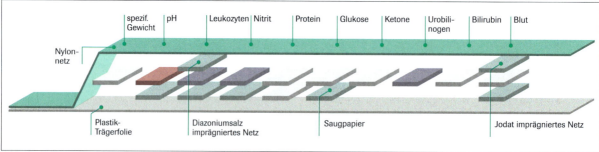

Abb. 2 Aufbau eines Harnteststreifens

stanzen, die mit Urinbestandteilen reagieren können. Bestimmte chemische Reaktionen führen zu Farbveränderungen des betreffenden Testfelds. Die Vergleichsskala auf der Teststreifenverpackung zeigt die Bedeutung der Farbumschläge an. Wichtig bei der Verwendung von Teststreifen ist, dass die *aktuelle* Anleitung für das jeweilige Produkt genau befolgt wird. Die Packungen sind kühl und trocken zu lagern. Falsche Ergebnisse können falsche, d. h. fehlende oder unnötige, Therapien nach sich ziehen. Die Untersuchungen, die man mit Teststreifen durchführen kann, sind **qualitative** oder **semiquantitative** Tests: Sie zeigen nur das Vorhandensein eines Stoffs oder seine ungefähre Menge im Urin an.

Diagnostik bei Erkrankungen der Harnorgane | **309**

Qualitativer Nachweis
bedeutet, das Testergebnis weist das Vorhandensein eines Stoffs nach. Das Ergebnis ist entweder positiv oder negativ, d. h., der Stoff ist nachweisbar (Ja) oder nicht nachweisbar (Nein). Beispiele sind Schwangerschaftstests und Drogensuchtests.

Ein **quantitativer Nachweis** gibt die genaue Menge eines Stoffs an. Genaue Mengenangaben über Substanzen, die mit dem Harn ausgeschieden werden, können nur mit 24-h-Urin erfolgen, z. B. „die Proteinausscheidung beträgt 90 mg/24 h" (Normbereich bis 150 mg/24 h).

Ein **semiquantitativer Nachweis** bedeutet, dass der Test die ungefähre Menge eines Stoffs anzeigt. Im Sinne von +/++/+++ (einfach, zweifach oder dreifach positiv), wenig/viel/sehr viel oder „ca. 10–25/ca. 75/ca. 500 Leukozyten pro µL" wird eine „halb genaue" Mengenangabe gemacht.

Durchführung der Harnuntersuchung mit einem Teststreifen:
- Einmalhandschuhe anziehen
- Kontrolle des Verfallsdatums auf der Teststreifenpackung
- Öffnen der Packung; Entnahme eines Teststreifens und sofortiger Verschluss der Packung
- einmal vollständiges Eintauchen aller Testfelder des Teststreifens in die Urinprobe
- Abstreifen überschüssigen Urins vom Teststreifen am Rand des Probenbechers
- Ablegen des Streifens auf den Probenbecher mit den Testfeldern nach oben
- Abwarten der angegebenen Reaktionszeit von z. B. 60 bzw. 120 Sekunden
- Ablesen des Testergebnisses durch Farbvergleich mit dem Packungsaufdruck
- Unverzügliche Dokumentation des Ergebnisses in der Patientenakte
- Entsorgung des gebrauchten Teststreifens in den Restmüll
- Mitteilung des Testergebnisses an den Arzt
- Harnprobe erst entsorgen, wenn sicher ist, dass keine weiteren Untersuchungen (z. B. Sediment, bakteriologische Untersuchung) erfolgen sollen

Urinuntersuchung mittels Teststäbchen

Teststäbchen eintauchen und abstreifen

angegebene Reaktionszeit abwarten

Teststäbchen mit dem Ergebnisfeld vergleichen

Typische Fehlerquellen:

- Zu alte Teststreifen zeigen falsch positive Befunde an, z. B. für Erythrozyten.
- Steht eine Urinprobe zu lange, vermehren sich darin Bakterien, und der Nitritnachweis fällt positiv aus.
- Die Reaktionszeit wird nicht gestoppt.
- Der Patient ist Diabetiker und hat Vitamin C genommen, wodurch der Glukosenachweis falsch negativ ausfällt.
- Der Teststreifen wird falsch herum an die Farbskala gehalten.

Beurteilung der Urinuntersuchung mit dem Eintauchteststreifen

Die heute üblichen Mehrfachteststreifen enthalten Testfelder für bis zu zehn **Parameter** (Messgrößen). So erhält man mit wenig Aufwand Informationen über viele Vorgänge im Körper, für deren Messung vor Jahren noch ein ganzes Labor und sehr viel Zeit notwendig waren. Die Tabelle erklärt die Testfelder eines handelsüblichen Teststreifens:

Messwert Erklärung	Farbskala nach 60 sec Reaktionszeit (Leukozyten nach 120 sec)						Typische Ursachen pathologischer Ergebnisse ↑ erhöht bzw. ↓ erniedrigt durch
Dichte = spezifisches Gewicht (Konzentration)	1.000	1.005	1.010	1.015	1.020	1.025	1.030	↑ geringe Trinkmenge ↓ hohe Trinkmenge, ADH-Mangel
pH-Wert (Säuregrad) >7 = alkalisch <7 = sauer		normal 5	normal 6	7	8	9		↑ pflanzliche Ernährung (6–7) und/oder Harnwegsinfekt ↓ (um 5) fleischreiche Ernährung
Leukozyten = weiße Blutkörperchen = Zellen der Immunabwehr		negativ = normal	ca. 10–25	ca. 75	ca. 500 Leukos/µL			↑ Entzündungen der Harnwege (oder der Vagina = falsch positiv)
Nitrit = Stoffwechselprodukt von Bakterien		negativ = normal	positiv	pathologisch: jede Rosafärbung				+ bei erhöhter Bakterienmenge, Nachweis spricht für Harnwegsinfekt
Eiweiß = Protein			negativ = normal	ca. 30 0,3	ca. 100 1	500 mg/dL 5g/L		↑ bei diabetischer Nephropathie, Entzündungen, Glomerulonephritis
Glukose = Traubenzucker			negativ = normal	ca. 50 2,8	ca. 100 5,5	ca. 300 17	1000 mg/dL 55 mmol/L	nachweisbar bei Diabetes mellitus, falsch negativ bei Vitamin-C-Einnahme
Ascorbinsäure = Vitamin C Kontrollwert für den Glukosenachweis			negativ = normal	+	++			+ / ++ bedeutet, dass der Glukosenachweis falsch negativ ausfallen kann
Keton = Produkt des Hungerstoffwechsels			negativ = normal	+	++	+++		+ bei Fieber, Hungerstoffwechsel, ggf. bei Diabetes mellitus
Bilirubin = Gallenfarbstoff			negativ = normal	+	++	+++		Bilirubin ↑ Leber- oder Gallenkrankheiten
Blut bzw. Erythrozyten		negativ = normal	ca. 5–10	ca. 25	ca. 50	ca. 250 Erys/µL		↑ Entzündungen, Tumoren, falsch positiv durch Menstrualblut

Im Rahmen der **Gesundheitsuntersuchung** „Check-up 35" muss der Urin mindestens auf folgende fünf Messwerte hin überprüft werden: Glukose, Blut (Erythrozyten bzw. Hämoglobin), Protein (Eiweiß), Leukozyten und Nitrit.

Kontrolluntersuchungen bei Diabetikern sollten einen Test auf **Mikroalbumin** (kleine Plasmaweiße) im Urin umfassen. Bei der **diabetischen Nephropathie**, d. h. krankhaften Veränderungen im Glomerulus durch diabetesbedingte Gefäßschäden, werden Eiweiße nicht mehr vollständig im Blut zurückgehalten. Zuerst erscheinen kleine Eiweißmoleküle im Harn. Ein **positiver Mikroalbumintest** zeigt somit eine Eiweißausscheidung durch **diabetischen Nierenschaden** an und sollte Anlass sein, die Therapie zu intensivieren.

2.5 Harnsediment und Lichtmikroskop

Teststreifen sind praktisch und zeitsparend. Da sie ausschließlich auf chemischen Reaktionen beruhen, geben sie jedoch nicht immer Auskunft über die „wahren" Bestandteile des Urins. Zu einer gründlichen Harnuntersuchung gehört auch die mikroskopische Untersuchung des Harnsediments, d. h. der festen Urinbestandteile. Die Durchführung und Beurteilung von **Streifentest und Harnsediment** nennt sich **Harnstatus**. Die Untersuchung des Harnsediments ist insbesondere bei pathologischen Teststreifenergebnissen und bei Beschwerden, die sich mit Hilfe des Streifentests nicht erklären lassen, sinnvoll und indiziert.

Das **Sediment**, die festen Bestandteile des Urins, wird durch **Zentrifugieren** von 10 mL frischem Mittelstrahlurin gewonnen, mikroskopisch betrachtet und beurteilt.

Durchführung der Harnsedimentuntersuchung

Man stellt ein mit 10 mL Urin gefülltes, spitzes Zentrifugenröhrchen in die entsprechende Vertiefung der **Zentrifuge** (→ Abb. 1). Gegenüber stellt man ein gleich volles Röhrchen mit Urin oder Wasser als Gegengewicht, damit die Zentrifuge gleichmäßig läuft. Nun schließt und startet man das Gerät. Nach (je nach Modell und Herstellerangabe) z. B. fünf Minuten bei 2000 Umdrehungen/min haben sich die festen Bestandteile in der Spitze des Röhrchens angesammelt, d. h., sie sind **sedimentiert** (abgesunken). Man **dekantiert** nun die ganze überstehende Flüssigkeit, d. h., man gießt sie mit einem Schwung in den Ausguss. Das **Sediment**, das sich nun mit wenig Restflüssigkeit in der Röhrchenspitze befindet, schüttelt man leicht auf und gibt einen Tropfen davon auf einen **Objektträger** (→ Abb. 2). Den Tropfen bedeckt man mit einem **Deckglas**. Dann spannt man den Objektträger in die **Objekthalterung** auf dem **Kreuztisch (Objekttisch)** des Mikroskops ein (→ Abb. 3). Mit 100facher Vergrößerung (10er-**Objektiv** und 10er-**Okular**) stellt man zunächst die richtige Stelle des **Objekts**, d. h. des Sediments, durch Drehen an den Kreuztischschrauben ein. Um das Objekt scharf zu sehen, dreht man den Kreuztisch mit Hilfe der **Makrometer-** und anschließend der **Mikrometerschraube** auf die richtige Höhe. Dann betrachtet man das Sediment mit 400facher Vergrößerung (10er-Okular und 40er-Objektiv). Um alle Bestandteile gut erkennen zu können, regelt man den Lichteinfall ggf. mit der **Kondensorblende** und/oder stellt die Lichtquelle etwas dunkler ein. Man untersucht 20–30 Gesichtsfelder des Sediments. Ein **Gesichtsfeld** ist der Bereich des Objekts (des zu betrachtenden Gegenstands), der mit einem Blick einsehbar ist.

Abb. 1 Zentrifuge

Abb. 2 Objektträger mit Deckglas

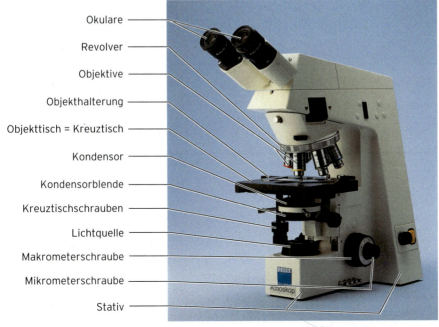

Abb. 3 Lichtmikroskop

312 | Patienten bei diagnostischen und therapeutischen Maßnahmen der Erkrankungen des Urogenitalsystems begleiten

➡ Terminologie: Aufbau des Lichtmikroskops

Kondensor	Linse im Mikroskop, die das Licht zum Objekt hin bündelt
Kondensorblende	Vorrichtung zur Regulation des Lichteinfalls am Kondensor
Kreuztisch	Objekttisch; Platte, auf die das Objekt einspannt wird
Kreuztischschrauben	Schrauben zum Verschieben des Objekts auf dem Objekttisch
Makrometerschraube	Schraube zum groben Verstellen der Objekttischhöhe
Mikrometerschraube	Schraube zum feinen Verstellen der Objekttischhöhe
Objekttisch	Kreuztisch; Platte, auf die der Gegenstand eingespannt wird
Objektiv	dem Objekt zugewandte Linse des Mikroskops
Objektträger	Glasplättchen, auf dem sich der Gegenstand befindet
Okular	dem Auge des Betrachters zugewandte Linse des Mikroskops
Revolver	Drehvorrichtung zum Einstellen des gewünschten Objektivs
Stativ	Ständer des Mikroskops

HINWEIS

Die **Gesamtvergrößerung des Mikroskops** errechnet sich aus der Vergrößerung des Okulars, multipliziert mit der Vergrößerung des Objektivs. Beispiel: Okular x Objektiv = 10 x 40 = 400

Schema zur Dokumentation des Sedimentbefundes

Epithelien, Zylinder und Blutzellen	Kristalle und Mikroorganismen
0	0
0-1	(+)
1-4	+
5-15	++
15-50	+++
>50	massenhaft

Sedimentbestandteil	Normalwert je Gesichtsfeld	Bedeutung pathologischer Befunde (Beispiele)
Zellen		
Erythrozyten	2-4	Infektion, Tumor, Steinleiden, Menstruation
Leukozyten	1-2	Infektion, Entzündung, Z. n. Eingriff
Nierenepithelien	0	Entzündungen, toxischer Nierenschaden
Plattenepithelien	0-10	Entzündungen, Vaginalsekret im Urin
Übergangsepithelien	0	Pyelonephritis, Steinleiden
Hefezellen	0	Mykose oder Vaginalsekret im Urin
Zylinder (länglich geformte Sedimentbestandteile)		
hyaline Zylinder	0-1	Proteinurie, ggf. bei Anstrengung/Fieber
Epithelzylinder	keine	Nephropathie
Wachszylinder		chronische Nephritis (Nierenentzündung)
granulierte Zylinder		Nephritis
Fettzylinder		diabetische Nephropathie
Erythrozytenzylinder		Glomerulonephritis
Leukozytenzylinder		Pyelonephritis

Pyelonephritis
→ LF 8, S. 320

HINWEIS

Alle Zylinder mit Ausnahme vereinzelt auftretender hyaliner Zylinder sind pathologisch.
Sie entstehen durch Verfestigung von Stoffen bzw. Zellen in Nierentubuli z. B. bei Nephritis.

Diagnostik bei Erkrankungen der Harnorgane | **313**

Kristalle bilden sich, wenn die Konzentration eines Stoffes im Urin so hoch ist, dass er nicht mehr vollständig gelöst werden kann. Die Bildung bzw. das Vorkommen von Kristallen ist u. a. abhängig von der Nahrungszusammensetzung und dem Urin-pH.

Kristallart/ Aussehen	Normwert je Gesichtfeld	Bedeutung
Calciumoxalate „Briefumschlag"	keine	pflanzliche Nahrung, v. a. Spinat, und Rhabarber, aber auch Nierensteine!
Tripelphosphate „Sargdeckel"	normal bei alkalischem Harn	vorwiegend pflanzliche Nahrung, Harnwegsinfekte
Harnsäure Kreuze, Würfel u. a.	keine	Gicht, Zellzerfall bei Krebstherapie oder Abnehmen bzw. Fasten
Urate vielgestaltig bzw. ungeformt		pflanzliche Nahrung; Fieber
Leucin Kugeln mit Radspeichen		Leberkrankheiten
Tyrosin nadelartig		
Cystin Sechsecke		Nierenfunktionsstörungen
Cholesterin rhombische Tafeln		Harnwegsinfekte, Nephritis

Typische Sedimentbefunde: Zellen, Zylinder und Kristalle

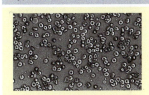
Erythrozyten

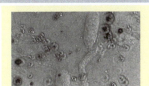
hyaline Zylinder

Calciumoxalatkristalle

Leukozyten

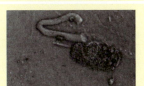
Erythrozytenzylinder

Tripelphosphate

Plattenepithelien

Wachszylinder

Harnsäurekristalle

Übergangsepithelien

Cystinkristalle

Uratkristalle

2.6 Bakteriologische Harndiagnostik

E. coli
(Escherichia coli); Darmbakterium, das von T. Escherich entdeckt wurde

Antibiogramm
→ LF 3, S. 61

Die meisten Harnwegsinfektionen werden durch Darmkeime hervorgerufen, v. a. durch E. coli. Unkomplizierte Harnwegsinfekte, z. B. Blasenentzündungen bei ansonsten gesunden Patienten, sind zumeist problemlos mit Antibiotika therapierbar. Treten jedoch komplizierte oder rezidivierende, d. h. häufig wiederkehrenden, Harnwegsinfektionen auf oder schlägt die Antibiotikatherapie nicht (mehr) an, muss der Erreger identifiziert und eine Resistenzprüfung, d. h. ein Antibiogramm, durchgeführt werden.

Mittels vorgefertigter **Eintauchnährböden** wie Uricult® wird die Keimzahl, d. h. die Erregermenge pro mL Urin, festgestellt. Die Keimzahlbestimmung kann bei der Diagnose eines Harnwegsinfekts und im Rahmen der Therapiekontrolle während oder nach einer Antibiotikatherapie sinnvoll sein. Eintauchnährböden sind einfach anzuwenden. Sie können zur Keimanzucht und -identifizierung einfacher als Urinproben ins Labor verschickt werden.

Aufbau des Eintauchnährbodens: Das sterile Gefäß enthält einen mit dem Schraubdeckel verbundenen Halter mit zwei bis drei Nährböden an zwei Seiten:
- CLED-Agar (grün),
- MacConkey-Agar (rotbraun) und ggf.
- Enterokokken-Agar (farblos) auf der Seite des MacConkey-Agars.

Die Nährmedien werden nach dem verwendeten Verdickungsmittel aus Algen kurz als Agar bezeichnet. Dabei dient der CLED-Agar der Keimzahlbestimmung, die beiden anderen Nährböden der Keimidentifizierung gramnegativer Bakterien und besonders Enterokokken.

Die **Anwendung des Eintauchnährbodens** findet wie folgt statt:

1. Gewinnung einer Urinprobe, die mindestens 4 h in der Blase „gesammelt" wurde, möglichst als Mittelstrahlurin.
Auch Katheterurin ist geeignet. Spontanurin enthält meistens zu wenige Bakterien und ist daher für mikrobiologische Tests ungeeignet.

2. Aufschrauben der Verschlusskappe, ohne den Agar zu berühren

3. kurzes, vollständiges Eintauchen der Agarplatten in die Urinprobe

4. Abstreifen des überschüssigen Urins am Rand des Probengefäßes

5. Abtupfen der letzten Tropfen mit saugfähigem Papier; Zurückstecken des Agarträgers ins Röhrchen; Zuschrauben des Deckels

6. Beschriften des Röhrchens mit den Patientendaten

Hinweis: Vorgefertigte Eintauchnährböden begünstigen das Wachstum typischer Erreger von Harnwegsinfektionen und unterdrücken das Wachstum einiger anderer Bakterien. Bei komplizierten, chronischen oder rezidivierenden Infektionen durch seltene Erreger (z. B. bei immunsupprimierten Patienten) kann es sinnvoll sein, eine Urinprobe in einem sterilen Gefäß *ohne* Nährboden ins Labor zu schicken.

Diagnostik bei Erkrankungen der Harnorgane | 315

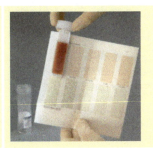
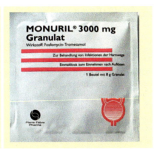

7. Der Uricult® wird (ggf. im Labor) 24 Stunden lang im Brutschrank bei 37 °C bebrütet.

8. Keimzahlbestimmung durch Vergleich des CLED-Agars mit der Vergleichstabelle; Einheit für die Keimzahl: **CFU**/mL = koloniebildende Einheiten pro Milliliter

9. Therapieentscheidung durch den Arzt. Ab 10 000 CFU/mL ist von einer bakteriellen Harnwegsinfektion auszugehen (korrekte Harngewinnung vorausgesetzt).

Die Entscheidung über eine **Therapieindikation** trifft der Arzt. Bei Schwangeren ist ggf. schon unter 10 000 CFU/mL von einem Harnwegsinfekt auszugehen. Gleiches gilt bei Beschwerden, die auch bei negativem Urinbefund für eine Harnwegsinfektion sprechen.

2.7 Blutuntersuchungen in Urologie und Nephrologie

Erkrankungen und Funktionsstörungen der Nieren können u. a. an veränderten Blutwerten erkennbar sein. Wichtig ist die ▎Entzündungsdiagnostik mit BKS, CRP, Blutbild und Differenzialblutbild. ▎Harnpflichtige Substanzen reichern sich im Blut an, wenn die Nierenfunktion nachlässt bzw. gestört ist. Daher dienen diese Parameter zur Beurteilung der Nierenfunktion.

Entzündungsdiagnostik
→ LF 3, S.57
harnpflichtige Substanzen
→ LF 8, S.298

Nierenfunktionswerte		
Parameter	**Normbereich**	↑ **erhöht bei,** ↓ **erniedrigt bei (Beispiele)**
Kreatinin Produkt des Muskelstoffwechsels	0,7–1,1 mg/dL 50–88 µmol/L abhängig von der Muskelmasse	↑ Niereninsuffizienz, hohe Muskelmasse, im Alter (da die Nierenfunktion dann abnimmt) ↓ scheinbar bei Kindern und schlanken, wenig muskulösen Personen
Hinweis: Der Serum-Kreatininwert misst die Nierenfunktion recht ungenau; mit Hilfe einer Rechenformel wird daher die **eGFR** (errechnete Glomeruläre Filtrationsrate) als Blutmenge, die die Nieren pro Minute reinigen, ermittelt. Genauere Untersuchungen der Nierenfunktion erfordern Blut- und Sammelurin-Messungen.		
MDRD **M**odification of **D**iet in **R**enal **D**isease **S**tudy **G**roup	80–140 mL/ min/1,73 m²; der Wert ist auf die Körperoberfläche bezogen	Errechneter Nierenfunktionswert für Erwachsene, der Alter und Geschlecht berücksichtigt. Ähnlich wie der BMI ist er bei abweichender Körpergröße bzw. -masse nicht verwertbar. ↓ bei Niereninsuffizienz
Harnstoff Eiweißabbauprodukt	3–8 mmol/L 20–50 mg/dL	↑ Niereninsuffizienz, v. a. bei eiweißreicher Ernährung, Fasten
Natrium Elektrolyt	135–145 mmol/L	↑ Niereninsuffizienz, NaCl-Infusionen ↓ ADH-Mangel, Stress, Missbrauch von Abführmitteln (Laxanzien) und Diuretika
Kalium Elektrolyt	3,7–5,5 mmol/L	↑ Niereninsuffizienz ↓ Missbrauch von Laxanzien und Diuretika

Cystatin C ist ein verlässlicher Nierenfunktionsparameter, der im Serum bestimmt werden kann. Die Bestimmung ist jedoch teuer und daher wenig gebräuchlich.

HINWEIS

Zu lange und gekühlt gelagerte Blutproben oder mangelhafte Blutprobengewinnung ergeben durch Hämolyse, d. h. Kaliumaustritt aus Erythrozyten, einen **falsch erhöhten Kaliumwert**.

2.8 Bildgebende Diagnostik, Funktionstests und Endoskopie der Harnorgane

Neben Anamnese, klinischer Untersuchung sowie Harn- und Blutuntersuchung ist in Nephrologie und Urologie oft eine bildgebende Diagnostik indiziert. Häufig wird eine Sonografie der Nieren und der Blase durchgeführt; seltener erfolgen CT- oder MRT-Untersuchungen.

Spezielle Röntgendarstellungen der Nieren und ableitenden Harnwege führt man nach Kontrastmittelfüllung der entsprechenden Organe durch. Dabei können Kontrastmittel intravenös appliziert werden, um Funktionsstörungen und Abflusshindernisse, wie z. B. Steine in den Nieren, nachzuweisen. So wird das **i.v.-Urogramm** angefertigt (→ Abb. 1). Ein Nachteil der i.v.-Urografie ist, dass jodhaltiges Kontrastmittel gegeben werden muss, welches die Schilddrüsen- und Nierenfunktion stören und Unverträglichkeitsreaktionen auslösen kann.

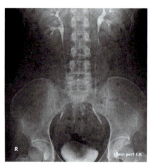
Abb. 1 i.v.-Urogramm

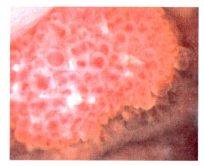
Abb. 2 Zystoskopisches Bild bei Blasenkrebs

Zur Darstellung der harnableitenden Organe kann Kontrastmittel durch Einstich in die Blase oberhalb des Schambeins oder durch die Urethra, quasi rückwärts, eingebracht werden. Beide Zugangswege bergen eine Infektionsgefahr, weil dabei Bakterien in die Harnwege gebracht werden. Da bei der Untersuchung Urethra und Blase darstellbar sind, spricht man von der **Urethrozystografie**.

Um Störungen bei der Blasenentleerung oder verschiedene Formen der **Harninkontinenz** (des ungewollten Harnabgangs) zu diagnostizieren, kann die Urethrozystografie während und nach der Miktion durchgeführt werden.

Sogenannte **urodynamische Messungen** können Störungen der Miktion, der Kontinenz bzw. der Blasenfunktion darstellen. Dazu werden Druckmesser in die Blase und ggf. den Mastdarm eingeführt, die die ggf. gestörten Vorgänge darstellen. Oft werden urodynamische Funktionstests mit einer Kontrastmitteldarstellung von Blase und Urethra kombiniert, d. h. im Rahmen einer Urethrozystografie durchgeführt.

Bei unklaren Blutungen, vor allem aber bei Tumorverdacht ist eine **Zystoskopie** (Blasenspiegelung) indiziert (→ Abb. 2). Dabei wird das biegsame **Zystoskop** durch die Urethra in die Blase eingeführt. So ist es möglich, das Blaseninnere genau zu inspizieren und ggf. Biopsien durchzuführen, d. h., Gewebeproben zu entnehmen. Neben Keimeinschleppungen kommen Verletzungen der untersuchten Organe vor. Da neben der Blase bei der Zystoskopie auch die Urethra untersucht wird, spricht man korrekt von der **Urethrozystoskopie**.

Terminologie: Diagnostik bei Krankheiten der Harnorgane

CFU/mL	koloniebildende Einheiten/mL; Maß für die Keimzahl im Urin
CLED-Agar	Spezialnährboden zur Keimzahlbestimmung im Urin
dekantieren	ausgießen; abgießen
diabetische Nephropathie	wörtl. Nierenerkrankung durch Zuckerkrankheit; reicht von leichter Mikroalbuminurie bis zum Nierenversagen
glomeruläre Filtrationsrate (GFR)	Blutmenge, die die Nieren in einer Minute von harnpflichtigen Substanzen befreien (Normbereich 90–140 mL/min)

Diagnostik bei Erkrankungen der Harnorgane | **317**

Harnsediment	feste Harnbestandteile bzw. deren Untersuchung
Harnstatus	vollständige Harnuntersuchung mit Streifentest und Sediment
i.v.-Urografie, i.v.-Urogramm	Kontrastmitteldarstellung der Harnorgane nach Injektion von Kontrastmittel, das von den Nieren ausgeschieden wird
MacConkey-Agar	Nährboden zur Anzucht v.a. gramnegativer Bakterien aus Urin
Mikroalbumintest	Harnuntersuchung auf kleine Plasmaeiweiße, die bei diabetischer Nephropathie ausgeschieden werden
Nitrit	bakterielles Stoffwechselprodukt, das im Harn nachweisbar ist
Parameter	Messgröße; zu messender Wert
retrograd	rückwärts
Sediment	Bodensatz
Stix	Kurzwort für Eintauchteststäbchen zur Urinuntersuchung
Uricult®, Uricult® plus	Eintauchnährböden zur Keimzahlbestimmung im Urin
Urethrozystografie	Kontrastmitteldarstellung von Harnblase und Urethra
Urethrozystoskopie	Endoskopie von Harnblase und Urethra; Zystoskopie
urodynamische Untersuchungen	Untersuchungsverfahren, die die Blasenfunktion einschließlich der Miktion testen und darstellen
Urografie, Urogramm	Kontrastmitteldarstellung der Harnwege
Zentrifuge	Trennschleuder
zentrifugieren	auftrennen von Materialien mit Hilfe einer Zentrifuge
Zystoskop	Endoskop, d.h. biegsames Sichtgerät für die Zystoskopie
Zystoskopie	Blasenspiegelung; Endoskopie der Blase (und Urethra)

AUFGABEN

1 Aus welchen Untersuchungen setzt sich der Harnstatus zusammen?

2 Nennen Sie die Fachbegriffe für eine Ausscheidung von mehr als 2500 mL Urin am Tag, für < 400 mL am Tag, für < 100 mL am Tag und für eine völlig fehlende Harnausscheidung.

3 Erklären Sie die Begriffe falsch positiv und falsch negativ.

4 Geben Sie zu den Begriffen falsch positiv und falsch negativ jeweils ein Beispiel.

5 Warum ist Mittelstrahlurin am besten für Routinetests in der Praxis geeignet?

6 Erklären Sie einem Patienten die Gewinnung von Mittelstrahlurin und 24-h-Sammelurin.

7 Wie gewinnt man bei einem Säugling oder Kleinkind eine Urinprobe?

8 Welche Umstände bzw. Krankheiten führen zu einem trüben Urin?

9 Eine Urinprobe ist leuchtend orange. Was ist wahrscheinlich der Grund hierfür?

318 | Patienten bei diagnostischen und therapeutischen Maßnahmen der Erkrankungen des Urogenitalsystems begleiten

3 Erkrankungen der Nieren und ableitenden Harnwege

Herzinsuffizienz | → LF 5, S.259

Bei Erkrankungen der Harnorgane berichtet der Patient oft über typische Beschwerden, die der Arzt durch gezieltes Nachfragen differenzieren kann. Oft ergeben Routineuntersuchungen wie die Harnuntersuchung im Rahmen des „Check-up 35" einen pathologischen Befund. Durch weitere Untersuchungen wird die Verdachtsdiagnose gesichert oder ausgeschlossen.

Häufige Symptome und Befunde bei Erkrankungen der Nieren und Harnwege

Symptom	Bedeutung	typische Ursache
Algurie	schmerzhafte Miktion, z. B. brennendes oder schneidendes Gefühl	Harnwegsinfekte, Z. n. Zystoskopie, Z. n. Legen bzw. Entfernen eines Blasenkatheters
Dysurie	erschwerte, ggf. schmerzhafte, krampfhafte Miktion	Harnwegsinfekte, Prostataleiden, Medikamente, z. B. Psychopharmaka
imperativer Harndrang	unaufschiebbarer Harndrang, ggf. mit Inkontinenz	Harnwegsinfekte, Dranginkontinenz, überaktive Blase
Pollakisurie	häufiges Wasserlassen jeweils kleiner Harnmengen	Harnwegsinfekte, sog. überaktive Blase, psychosomatisch (Infekt ausschließen!)
Hämaturie	Blutausscheidung im Urin	Harnwegsinfekte, Verletzungen (auch durch urologische Eingriffe), Tumoren, Steinleiden, NSAR-Einnahme (Verzehr roter Bete und Menstruation ausschließen)
Mikrohämaturie	nicht mit bloßem Auge sichtbare Blutausscheidung, die im Labortest nachweisbar ist	
Makrohämaturie	sichtbare Blutausscheidung	
Leukozyturie	Vermehrung der Leukozyten im Urin (Norm 5–10/µL)	Harnwegsinfekte, Entzündungen, ggf. Beimischung von Vaginalsekret
Proteinurie	vermehrte Eiweißausscheidung im Urin	Harnwegsinfekte, Nierenerkrankungen, Entzündungen, ggf. Beimischung von Vaginalsekret
Bakteriurie	>10 000 Bakterien/mL	Harnwegsinfekte, Entzündungen, ggf. Beimischung von Vaginalsekret
Nykturie	nächtliches Wasserlassen (nur mehrfache Nykturie bei normaler Trinkmenge ist pathologisch)	▌Herzinsuffizienz; das schwache Herz durchblutet im Liegen in der Nacht die Nieren besser. Dies und die Ödemausscheidung führen zur Nykturie.
Glukosurie	Ausscheidung von Traubenzucker (Glukose) im Urin	schlecht eingestellter Diabetes mellitus, denn erst ab einem Blutzuckerspiegel von ca. 180 mg/dL wird Glukose mit dem Harn ausgeschieden
Harninkontinenz	unwillkürlicher Harnabgang bei fehlender Kontrolle über den Blasenschließmuskel	alters- und schwangerschaftsbedingte Beckenboden- und Muskelschwäche, neurologische Störungen
Stressinkontinenz = Belastungsinkontinenz	unwillkürlicher Harnabgang bei Druck auf den Schließmuskel, z. B. beim Husten, Niesen und Lachen	alters- und schwangerschaftsbedingte Schließmuskelschwäche durch Beckenboden- und allgemeine Muskelschwäche
Dranginkontinenz	unwillkürlicher Harnabgang bei verstärkt und gehäuft auftretendem Harndrang	Harnwegsinfekte; Beckenbodenschwäche, Prostataleiden; psychosomatisch
überaktive Blase	verstärkter, gehäuft auftretender Harndrang mit Pollakisurie, Nykturie, ggf. auch Dranginkontinenz	psychosomatisch, verstärkt durch Östrogenmangel bei Frauen sowie Beckenbodenschwäche

3.1 Harnwegsinfektionen (HWI)

Infektionen der Harnwege sind häufig. Sie entstehen zumeist durch Aufsteigen von Bakterien in die Harnorgane. Harnröhren-, Blasen und Nierenbeckenentzündungen werden somit nicht durch Ansteckung von außen ausgelöst, sondern durch Selbstansteckung mit Darmbakterien. Im Genitalbereich ist die Haut stets mit E. coli und anderen Bakterien besiedelt, die im Darm nützlich und auf der Haut harmlos sind. Gelangen sie vermehrt in die Harnwege und finden dort gute Vermehrungsbedingungen vor, können sie aber schwere Infektionen hervorrufen.

Risikofaktor	Wirkmechanismus
weibliches Geschlecht	Die Harnröhre der Frau ist kurz; Bakterien steigen leicht auf.
sexuelle Aktivität	Bakterien werden in die Urethra eingebracht.
geringe Trinkmenge	Bakterien werden zu selten aus der Blase ausgespült und haben Gelegenheit zur Vermehrung und zum Aufstieg.
seltenes Wasserlassen	
Prostatavergrößerung	Im Restharn in der Blase vermehren sich Bakterien.
Hormonmangel	Schleimhäute werden dünner und ihre Resistenz nimmt ab.
Abkühlung	Abkühlung, z. B. der Füße, geht mit einer Minderdurchblutung und Resistenzminderung im Bereich der Blase einher.
Veranlagung	Bestimmte Schleimhautrezeptoren erleichtern Darmbakterien die Anheftung und führen zu rezidivierenden Infektionen.
Diabetes mellitus	Der hohe Zuckergehalt im Urin begünstigt die Keimvermehrung. Dies und die Arteriosklerose vermindern die Abwehr.
Schwangerschaft	Das Immunsystem ist in der Schwangerschaft weniger aktiv.
Immunschwäche	Jede Minderung der Immunabwehr begünstigt Infektionen.
NSAR-Schmerzmittel	Ibuprofen, ASS, Diclofenac usw. schädigen die Harnorgane.

3.1.1 Urethritis und Zystitis

Definition: Entzündung der Harnröhre bzw. der Blase durch Bakterien (80% E. coli)
Ursachen und Pathogenese: Aufsteigen von Darmbakterien in Urethra und ggf. Blase. Je mehr Risikofaktoren (s. o.) vorliegen, desto wahrscheinlicher ist eine Erkrankung.
Symptome: Bei Urethritis Brennen beim Wasserlassen (Algurie), Dysurie, Pollakisurie, imperativer Harndrang. Bei Zystitis kommen oft Hämaturie sowie Blasenschmerzen bzw. -krämpfe und Druckschmerz in der Blasengegend hinzu.
Komplikationen: Aufsteigen der Infektion bei Urethritis in die Blase und bei Zystitis ins Nierenbecken. Bei Abwehrschwäche und nach urologischen Eingriffen ❙Sepsis.

Sepsis
→ LF 3, S. 70, 94

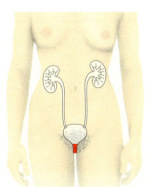 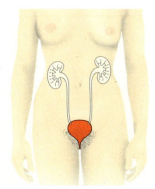

Abb. 1 Urethritis - Harnröhrenentzündung   **Abb. 2** Zystitis - Blasenentzündung

Diagnostik: Harnstatus; im Streifentest sind Leukozyten, ggf. Nitrit, Protein und Erythrozyten positiv. Im Sediment findet man bei Zystitis Leukozyten, ggf. Erythrozyten und Bakterien.
Therapie: Kurz dauernde Antibiotikatherapie, z. B. mit Fosfomycin (Monuril®) als abendliche Einmalgabe, Nitrofurantoin oder Pivmecillinam (X-Systo®), ggf. nach Antibiogramm Ciprofloxacin, Amoxicillin oder einem Cephalosporin. Ggf. Analgetika und/oder Spasmolytika.
Prävention: Besonders Frauen sollten häufig Wasser lassen, v. a. vor und nach Geschlechtsverkehr, um Bakterien aus der Urethra auszuspülen. Häufige NSAR-Einnahme begünstigt HWI. Die vorbeugende Wirkung von Cranberrysaft wurde nicht bestätigt.

Kind, zieh dich warm an! Der altbewährte Mutter- und Oma-Spruch hat einen wahren Kern. Mit warmen Füßen und warmem Unterleib werden Blase und Urethra besser durchblutet – und damit die Abwehr gegen Bakterien verbessert. Auch Halsentzündungen kommen seltener vor, wenn Auskühlen vermieden wird.

3.1.2 Pyelonephritis

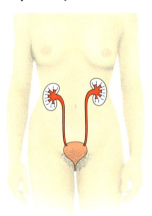

Sepsis
→ LF 3, S. 70, 94

Abb. 1 Pyelonephritis - Nierenbeckenentzündung

Definition: Nierenbeckenentzündung; bakterielle Infektion von Nierenbecken und angrenzendem Nierenmark (→ Abb. 1)
Ursachen und Pathogenese: Durch Risikofaktoren, v. a. Schwangerschaft und **Reflux**, d. h. Rückfluss von Urin aus der Blase in Harnleiter und Nierenbecken, steigen große Bakterienmengen auf und befallen das Nierenbecken sowie Teile des Nierenmarks.
Komplikationen: Vernarbung des Nierenmarks mit Funktionsverlust, im Extremfall Bildung funktionsloser **Schrumpfniere(n)**. ▌Sepsis, d. h. Überschwemmung des Blutkreislaufs mit Bakterien. Bildung von **Abszessen**, d. h. Eiteransammlungen an oder in der Niere.
Symptome: Dumpfe Schmerzen im Nierenlager, d. h. seitlich der LWS im Rücken, auch Klopfschmerz des Nierenlagers (ggf. beidseits). Fieber, Kopfschmerzen, Abgeschlagenheit, Bauchschmerzen, Erbrechen. Bei Säuglingen und Kleinkindern Gedeihstörung, unklares Fieber.
Diagnostik: Der Harnstatus ergibt im Stix Leukozyturie, Hämaturie, Proteinurie, das Sediment Leukozyten- und Erythrozytenzylinder, die sich in den entzündeten Tubuli bilden. Die Sonografie zeigt die Entzündung des Nierengewebes und ggf. Eiterherde bzw. Vernarbungen sowie die veränderte Nierengröße und -struktur bei Schrumpfnieren.
Therapie: Antibiotikatherapie nach Antibiogramm über mindestens eine Woche, vor allem bei Kindern i.v.
Besonderheiten: Im Gegensatz zu Urethritis und Zystitis ist die Pyelonephritis stets ein **komplizierter Harnwegsinfekt**. Sie kann zum Verlust von Nierengewebe führen. Reflux bei Kindern in den ersten Lebensjahren muss konsequent (antibiotisch und ggf. operativ) behandelt werden, da schwere Nierenschäden bis hin zum Funktionsverlust drohen.

> **MERKE**
>
> **Unkomplizierte Harnwegsinfektionen** sind HWI bei sonst gesunden, nicht schwangeren Frauen.
> **Komplizierte Harnwegsinfektionen** sind HWI bei Säuglingen, Kindern und Männern, bei Abflusshindernissen (z. B. Prostatavergrößerung und Reflux), bei Diabetes mellitus, bei Rezidiven bzw. chronischem Verlauf, bei Antibiotikaresistenzen, bei Schwangeren und bei Immunsuppression.

3.2 Urolithiasis und Nephrolithiasis (Harn- und Nierensteine)

Definition: Harnsteine sind Kristalle aus Harnbestandteilen, die sich in der Niere **(Nephrolithiasis)** oder in den Harnwegen **(Urolithiasis)** befinden.

Ursachen und Pathogenese: Bei entsprechender Veranlagung, bestimmten Nahrungsbestandteilen (Calcium und Oxalsäure), Übergewicht und bei HWI bilden sich Kristalle in Nierentubuli und/oder ableitenden Harnwegen. Diese verursachen starke, krampfartige wellenförmig verlaufende Schmerzen **(Koliken)** in Nierenbecken, Ureter und Urethra.

Symptome: Koliken, die bis zum Kollaps führen können, Hämaturie, Leukozyturie

Diagnostik: Sonografie, CT, Röntgen, ggf. mit Kontrastmittel. Die Steine werden mit einem Sieb, durch das der Patient Wasser lässt, aufgefangen. Die chemische Analyse der Steine hilft bei der Prävention weiterer Steinbildung. Die meisten Harn- und Nierensteine bestehen aus Calciumoxalat, d. h. Calcium und Oxalsäure.

Therapie: Steine bis 5 mm Durchmesser gehen spontan ab; der Patient erhält starke Analgetika und ggf. ein Spasmolytikum. Er soll viel trinken und sich bewegen, um den Steinabgang zu fördern. Bei größeren Steinen im Ureter kann die Entnahme des oder der Steine mit Hilfe eines durch die Urethra eingeführten Endoskops erfolgen.
Eine Steinzertrümmerung durch Laser oder Stoßwellen (→ Abb. 3) ist möglich; ggf. endoskopische oder operative Steinentnahme.

Prävention: Eine ausreichende Trinkmenge ist die wichtigste Vorbeugemaßnahme bei Neigung zur Nieren- und Harnsteinen: Dadurch wird die Konzentration steinbildender Stoffe gesenkt. Das Meiden oxalatreicher Nahrungsmittel wie Spinat und Rhabarber ist bei Neigung zu Calciumoxalatsteinen sinnvoll. Der gleichzeitige Verzehr von Calcium (z. B. Spinat mit Käse, Rhabarber mit Pudding) führt dazu, dass sich Calcium und Oxalat schon im Magen-Darm-Trakt verbinden und nur in geringer Menge ins Blut – und damit in die Nieren – gelangen. Eine calciumarme Diät ist nicht sinnvoll, da sie Harnsteinen nicht wirksam vorbeugt, aber eine Osteoporose fördert.

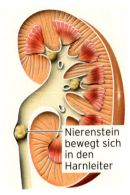

Abb. 1 Nierensteine im Kelchsystem und im Harnleiter

Informationen zur Niere und zu Nierenkrankheiten finden Sie unter
www.nierenstiftung.de

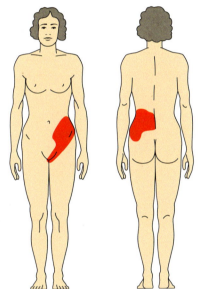

Abb. 2 Typische Schmerzlokalisation bei Nierensteinen (rechts) und Uretersteinen (links)

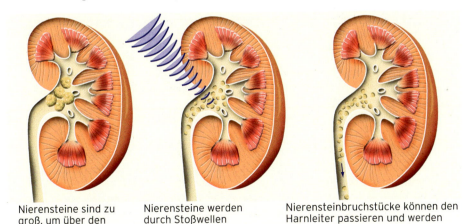

Nierensteine sind zu groß, um über den Harnleiter abzugehen.

Nierensteine werden durch Stoßwellen zertrümmert.

Nierensteinbruchstücke können den Harnleiter passieren und werden mit dem Urin ausgeschieden.

Abb. 3 Prinzip der Steinzertrümmerung durch Laser oder Stoßwellen

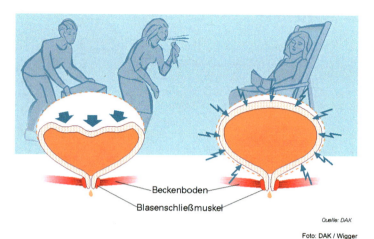

Abb. 1 Stressinkontinenz (links) und Dranginkontinenz (rechts)

3.3 Harninkontinenz

Definition und Symptome: Unwillkürlicher Harnabgang bei gestörter Speicherfunktion der Blase; es gibt verschiedene Unterformen der Harninkontinenz:
- Der **Belastungs- oder Stressinkontinenz** liegt eine Schließmuskelschwäche zu Grunde. Daher kommt es bei erhöhtem Druck im Abdomen zum Harnverlust, z. B. beim Husten, Niesen oder Lachen. Auch Heben und Tragen kann Stressinkontinenz auslösen.
- Bei der **Dranginkontinenz** ist die Muskulatur, die die Blase entleert, überaktiv. Auch die Wahrnehmung des Harndrangs kann verstärkt sein. Harndrang tritt daher gehäuft und verstärkt auf. Es kommt zur Pollakisurie und Nykturie mit imperativem Harndrang. Der Patient muss ständig – auch nachts – zur Toilette, die er oft nicht rechtzeitig erreicht.

Bei leichter Inkontinenz verliert der Patient wenige Tropfen Harn, bei fortgeschrittenem Leiden die gesamte Blasenfüllung. Stress- und Dranginkontinenz sind die häufigsten Formen unwillkürlichen Harnverlusts; diese können auch gleichzeitig, d. h. kombiniert, vorkommen.

Ursachen und Pathogenese: Der Belastungsinkontinenz liegt eine Schwäche des Blasenschließmuskels und des Beckenbodens zu Grunde, die durch Alter, allgemeine Schwäche und Geburten zu Stande kommt. Daher ist die Stressinkontinenz bei Frauen im Alter sehr häufig. Dranginkontinenz kommt bei Harnwegsinfekten, bei Prostatavergrößerung, bei Östrogenmangel (Mangel weiblicher Geschlechtshormone bei Frauen ab den Wechseljahren), bei neurologischen und psychosomatischen Störungen vor. Ein schlecht eingestellter Diabetes mellitus fördert die Dranginkontinenz durch die großen Harnmengen (Polyurie) und die bei Glukosurie gehäuft auftretenden Harnwegsinfekte.

Beispiele für Übungen zur Kräftigung der Beckenbodenmuskulatur

Übung 1
Stellen Sie sich gerade hin, die Füße etwa hüftbreit auseinander. Lockern Sie die Knie und kippen Sie das Becken leicht nach hinten. Richten Sie den Kopf auf, das Brustbein nach vorn und die Schultern leicht nach hinten. Spannen Sie den Beckenboden bei jedem Ausatmen bewusst an, als wollten Sie ihn hochziehen.

Übung 2
Üben Sie diese Anspannung des Beckenbodens auch mit gekreuzten Beinen sowie im Gehen. Nutzen Sie unvermeidliche Pausen im Alltag, z. B. in Warteschlangen, im Auto oder beim Telefonieren, für die Kräftigung Ihres Beckenbodens.

Diagnostik: Neben der typischen Anamnese ist der Harnstatus wichtig, um Infekte erkennen und therapieren zu können. Ein Miktionsprotokoll kann helfen, Auslöser und Art der Inkontinenz zu erkennen. Messungen des Harnflusses (urodynamische Messungen) und Druckmessungen ergänzen die Diagnostik.

Therapie: Wenn möglich, Therapie der Ursache. **Beckenbodentraining** hilft v. a. bei leichter Stressinkontinenz. Verschiedene Eingriffe und Operationen können den Blasenverschluss verbessern. Bei Dranginkontinenz können Spasmolytika die Symptomatik bessern, indem sie den Tonus der überaktiven Blasenmuskulatur senken. Hoch saugfähige Wäscheeinlagen bzw. Windeln nehmen Flüssigkeit auf, ohne sich nass anzufühlen. Sie helfen den Patienten, weiter am sozialen Leben teilzunehmen, und beugen Wundsein und Pilzinfektionen vor. Inkontinenzartikel sind passend für verschiedene Inkontinenzgrade und Kleidergrößen erhältlich.

3.4 Nierinsuffizienz

Definition: Eingeschränkte bis fehlende Fähigkeit der Nieren, harnpflichtige Substanzen aus dem Blut zu entfernen. Die Niereninsuffizienz wird in fünf Stadien eingeteilt. Sie kann akut und chronisch verlaufen; die chronische Niereninsuffizienz ist erheblich häufiger als das toxisch oder durch Kreislaufschock ausgelöste akute Nierenversagen. Messwert ist jeweils die **GFR**, d. h. die Blutmenge, die die Nieren pro Minute reinigen:

Schweregrad der Niereninsuffizienz	GFR (glomeruläre Filtrationsrate) Normwert 90–140 mL/min
Niereninsuffizienz Grad 1	≥ 90 mL/min, aber Vorliegen einer Nierenschädigung
Niereninsuffizienz Grad 2	60 bis < 90 mL/min
Niereninsuffizienz Grad 3	30 bis < 60 mL/min
Niereninsuffizienz Grad 4	15 bis < 30 mL/min
Niereninsuffizienz Grad 5 = terminale Niereinsuffizienz = Urämie	< 15 mL/min; **endgültiges Nierenversagen** mit Anhäufung harnpflichtiger Substanzen und Ausfall aller Nierenfunktionen

Ursachen und Pathogenese: Ab etwa 45 Jahren lässt die GFR jedes Jahr um ca. 1 mL/min nach; für ältere Menschen ist daher schon eine GFR von 60 mL ein guter Wert. Chronische Niereninsuffizienz und Urämie werden am häufigsten durch unzureichend behandelte **Hypertonie** und **Diabetes mellitus** verursacht. Die diabetische Nephropathie schädigt die Glomeruli irreversibel. Bei gleichzeitigem Vorliegen beider und ggf. weiterer Risikofaktoren schreitet die Niereninsuffizienz rasch fort.

NSAR, Röntgenkontrastmittel und andere **Medikamente** können chronische und akute Niereninsuffizienz verschlimmern bzw. verursachen. Die harnpflichtigen Substanzen reichern sich im Blut an, d. h., Kreatinin-, Harnstoff- und Kaliumwerte steigen an, während die GFR absinkt.

Symptome: Allgemeine Schwäche, je nach Stadium |Polyurie, weil die Nieren den Harn nicht richtig konzentrieren, oder |Oligurie bis |Anurie, wenn Grad V erreicht ist. Anämie durch fehlendes Erythropoetin, renale Osteopathie durch fehlende Vitamin-D-Aktivierung, Hypertonie durch Ausfall der Blutdruckregulation. Bei Urämie kommt es zu Uringeruch des Körpers, Übelkeit, Lidödemen (→ Abb. 1), Persönlichkeitsveränderungen, Hypertonie, starkem Hautjucken durch Anreicherung harnpflichtiger Stoffe in der Haut u. v. m.

Diagnostik: Bestimmung der harnpflichtigen Substanzen im Blut und der GFR mit Hilfe der Kreatininmessung in 24-h-Urin und Serum

Therapie: Behandlung der Grundkrankheit(en) und Verzicht auf nierenschädigende Medikamente. Einige Antibiotika, NSAR und |Metformin sind bei Niereninsuffizienz kontraindiziert. Metformin darf bei einer GFR von mindestes 45 mL gegeben werden. Viele Medikamente reichern sich bei eingeschränkter GFR im Blut an, sodass ihre Dosis reduziert werden muss. Die Patienten müssen eine eiweißarme Diät einhalten, da die insuffizienten Nieren Produkte des Proteinstoffwechsels wie Kreatinin und Harnstoff schlecht ausscheiden können. Die Nahrung muss ggf. auch arm an Kalium und Phosphat sein. Diuretika-, EPO-, Vitamin-D- und andere Vitamingaben sind erforderlich sowie Arzneimittel zur Besserung des Säure-Basen-Gleichgewichts. Eine Lokaltherapie des Juckreizes kann versucht werden. Die Urämie führt rasch zum Tode; der Patient kann nur durch **Dialyse** oder **Nierentransplantation** weiterleben.

Polyurie, Oligurie, Anurie
→ LF 8, S. 305

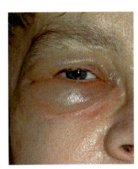

Abb. 1 Lidödem bei Urämie

Metformin
→ LF 9, S. 448

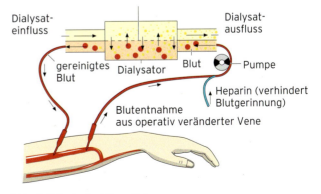

Abb. 2 Prinzip der Hämodialyse

Alle Verfahren der Dialyse, d. h. der künstlichen Blutwäsche, beruhen auf dem Stoffaustausch mit Hilfe dünner, halbdurchlässiger Membranen und spezieller Dialyseflüssigkeiten. Die Dialyse kann als **Peritonealdialyse** über das Bauchfell des Patienten erfolgen. Die Dialyseflüssigkeit wird zunächst über einen Kunststoffschlauch in die Bauchhöhle eingelassen. Nach erfolgtem Stoffaustausch wird sie wieder abgelassen und entsorgt. Das Verfahren kann zumindest teilweise zu Hause durchgeführt werden.

Da der Zugang zum sterilen Bauchraum Infektionen und Verwachsungen mit sich bringt, muss der Patient früher oder später zur **Hämodialyse** übergehen (→ S. 323, Abb. 2). Dabei reinigt ein **Dialysator** das Blut, das zu diesem Zweck aus dem Körper des Patienten heraus, durch das Gerät und wieder in den Kreislauf des Kranken zurückgeleitet wird. Der Gefäßchirurg legt dem Patienten am Unterarm einen **Shunt** an, d. h., er bildet ein großlumiges Blutgefäß aus einer Arterie und einer Vene. Der Shunt dient dem Aus- und Einleiten des Blutes in den Dialysator. Er darf nicht für Blutentnahmen usw. verwendet werden. Die Hämodialyse wird etwa dreimal pro Woche über mehrere Stunden in einer Dialyseeinrichtung durchgeführt (→ Abb. 2).

Abb. 1 Patientin am Dialysator

Abb. 2 Praxisschild einer Praxis für Nephrologie und Dialyse

Die Dialysebehandlung ist anstrengend, denn dem Körper wird außer den Giftstoffen auch viel Wasser entzogen. Die wechselnde Wassermenge im Körper belastet Herz und Kreislauf und kann zu Kollapszuständen nach der Dialyse führen. Die Patienten dürfen zwischen den Dialysen nur wenig trinken, was mit quälendem Durst einhergehen kann. Während der Blutwäsche erhalten die Patienten Speisen und Getränke.

> **Immunsuppressiva**
> → LF 4, S.148

Informationen zur Organspende und Organspendeausweise: Deutsche Stiftung Organtransplantation
www.dso.de
Bundeszentrale für gesundheitliche Aufklärung
www.organspende-info.de

Die einzige Möglichkeit, bei terminaler Niereninsuffizienz ohne Dialyse zu leben, ist eine **Nierentransplantation (Nieren-Tx)**. Der Patient benötigt dafür eine Spenderniere. Diese wird ihm in den Unterbauch eingepflanzt und an seine Blase angeschlossen. Damit sein Immunsystem das fremde Organ nicht abstößt, d. h. zerstört, muss er lebenslang **Immunsuppressiva** einnehmen. Die Unterdrückung der Immunabwehr geht mit einer erhöhten Infektanfälligkeit und einem Anstieg des Tumorrisikos einher, da die Abwehr von Mikroorganismen und Krebszellen eine uneingeschränkte Immunabwehr voraussetzt. Die Nieren-Tx kann als Lebendspende z. B. von einem engen Verwandten oder durch die Organspende eines frisch Verstorbenen erfolgen. Der Mangel an Spenderorganen begrenzt die Anzahl der Nierentransplantationen.

Terminologie: Krankheiten der Harnorgane

Belastungsinkontinenz (Syn. **Stressinkontinenz**)	unwillkürlicher Harnverlust bei Druckerhöhung im Abdomen durch Beckenbodenschwäche
Dialysator	Apparat, der die Hämodialyse (Blutwäsche) durchführt
Dranginkontinenz	unwillkürlicher Harnabgang durch Überaktivität der Blasenmuskulatur und/oder verstärktes Drangempfinden

Eselsbrücke: Belastungsinkontinenz kommt beim Husten, Lachen und Niesen; Dranginkontinenz kommt bei Karstadt, Kaufhof und Hertie.

Erkrankungen der Nieren und ableitenden Harnwege | **325** LF 8

glomeruläre Filtrationsrate (GFR)	Blutmenge, die alle Glomeruli der Nieren in einer Minute von harnpflichtigen Substanzen befreien (Norm 90-140 mL/min)
Hämodialyse	künstliche Blutwäsche bei terminaler Niereninsuffizienz
Harnwegsinfektion (HWI)	bakterielle Entzündung der Urethra (Urethritis), der Blase (Zystitis) und/oder des Nierenbeckens (Pyelonephritis)
Inkontinenz	unwillkürlicher Abgang von Harn und/oder Stuhl
Nephrolithiasis	Nierensteinleiden
Niereninsuffizienz (NI)	Eingeschränkte Fähigkeit der Nieren, harnpflichtige Substanzen aus dem Blut zu entfernen
Nierentransplantation (Syn. **Nieren-Tx**)	Einpflanzen einer Spenderniere in den Körper eines Patienten mit terminaler Niereninsuffizienz
Oxalsäure, Oxalat	Inhaltsstoff bestimmter Nahrungsmittel, der durch Bildung von Calciumoxalat zur Harnsteinbildung führen kann
Peritonealdialyse	Blutreinigungsverfahren über die Bauchhöhle
Pyelonephritis	Nierenbeckenentzündung
Reflux	Rückfluss; hier: von Urin aus der Blase in Richtung Niere(n)
Schrumpfniere	Nierenvernarbung mit Funktionsverlust (durch Pyelonephritis)
Shunt, Dialyseshunt	großlumiges Blutgefäß, das durch chirurgische Verbindung einer Arterie und einer Vene angelegt wird (sprich Schant)
Urämie	Harnvergiftung; terminale Niereninsuffizienz; Nierenversagen
Urethritis	Harnröhrenentzündung
Urolithiasis	Harnsteinleiden
Zystitis	Blasenentzündung

AUFGABEN

1 Welche Risikofaktoren für Harnwegsinfekte kennen Sie?

2 Nennen Sie Beispiele für unkomplizierte und komplizierte Harnwegsinfekte.

3 Was raten Sie einer jungen Frau mit rezidivierenden Zystitiden?

4 Wie lauten die Fachbegriffe für Harn- und Nierensteinleiden?

5 Welche Nahrungsmittel können die Entstehung von Harnsteinen begünstigen?

6 Welche beiden Arten der Harninkontinenz sind die häufigsten und welche Symptome sind dabei typisch?

7 Nennen Sie die Fachbegriffe für schmerzhaftes Wasserlassen, nächtliches Wasserlassen, hohe Harnmenge, Zuckerausscheidung im Urin und Harnentleerung.

8 Welche Ursachen für Niereninsuffizienz kennen Sie?

9 Erklären Sie das Prinzip der künstlichen Blutwäsche bei Nierenversagen.

10 Wie nennt sich das speziell angelegte Blutgefäß für die Dialyse?

11 Was versteht man unter imperativem Harndrang?

4 Hormonsystem

4.1 Bildungsorte und Wirkungsweise von Hormonen

Hormone sind Botenstoffe, die an bestimmten Stellen von Zellmembranen haften und so eine Funktionsänderung der jeweiligen Zelle bewirken. Sie werden von endokrinen Drüsen gebildet und direkt ins Blut abgegeben. Hormone und ihre **Rezeptoren** (Empfangsmoleküle) sind spezifisch, d. h., sie müssen genau zueinander passen, damit eine Wirkung zu Stande kommt. So bewirkt z. B. Adrenalin eine Beschleunigung der Herzfrequenz und Insulin eine Öffnung der Zellen für Glukose. Weder passt Adrenalin an den Insulinrezeptor noch kann Insulin an den Adrenalinrezeptor binden. Die Spezifität, d. h. die Passgenauigkeit von Hormon und Rezeptor, wird als **Schlüssel-Schloss-Prinzip** bezeichnet.

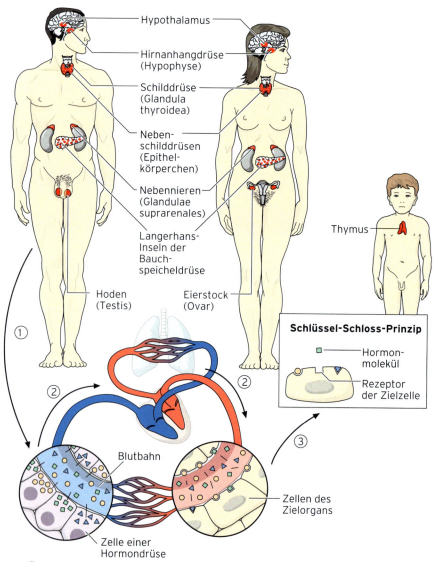

Abb. 1 Übersicht der Hormondrüsen des Menschen

Die Namen einiger Hormone lassen auf ihre **Bildungsorte** schließen. Die Stresshormone Adrenalin und Cortison werden in der Nebenniere, der Glandula adrenalis, gebildet. Cortison entsteht in der Rinde (dem Cortex) der Nebenniere. Insulin ist ein Sekret der Inselzellen des Pankreas, Testosteron ein Hormon der Testes (Hoden).

Das endokrine System (Hormonsystem) wird sehr exakt gesteuert. Alle Hormone unterliegen **Regelkreisen**. Die Hormonkonzentration wird ständig im Blut gemessen und Hormonbildung und -abgabe den Messwerten und dem Bedarf angepasst. Die Steuerung der endokrinen Organe folgt einer Rangordnung: Die „Leitung" des Hormonsystems übernimmt der **Hypothalamus**, ein Teil des Gehirns. Er gibt in Form von **Releasinghormonen** (Freisetzungshormonen) Befehle zur Hormonfreisetzung an die ihm untergeordnete **Hypophyse** (Hirnanhangdrüse). Ihr sind einige Hormondrüsen des Körpers unterstellt. Sie regt diese mittels stimulierender Hormone zur Produktion und Abgabe ihrer Hormone an. Abb. 1 verdeutlicht das Steuerungsprinzip des endokrinen Systems am Beispiel der Sexualhormone. Eine Übersicht über die zahlreichen Hypophysenhormone geben die unten stehende Tabelle und die Abb. 1 auf S. 328 wieder.

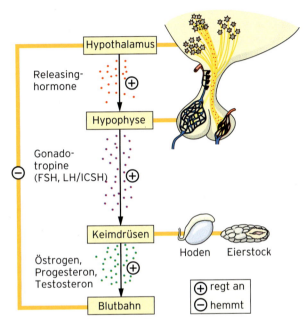

Abb. 1 Regelkreis der Sexualhormone

Hypophyse
→ LF 8, S. 302

Hormone der Hypophyse (Hirnanhangdrüse)

TSH	**T**hyroidea (= Schilddrüse) **s**timulierendes **H**ormon (stimulierend = anregend)	regt die Schilddrüse an, die daraufhin mehr T_3 (Trijodthyronin) und T_4 (Thyroxin) bildet
LH	**l**uteinisierendes **H**ormon	regt im Ovar die Follikelreifung an, löst den Eisprung (die Ovulation) aus und regt die Gelbkörperbildung an
ICSH	**i**nterstitielle Zellen (**C**ells) **s**timulierendes **H**ormon	regt bestimmte Hodenzellen zur Testosteron- und Samenzellproduktion an; entspricht dem LH
FSH	**F**ollikel **s**timulierendes **H**ormon	fördert die Follikelreifung und Östrogenbildung im Ovar
ACTH	**a**dreno**c**orti**c**o**t**ropes **H**ormon	regt die Nebennierenrinde zur Bildung von Cortison an
LTH	**l**ak**t**otropes **H**ormon = **Prolaktin**	fördert die Milch*bildung* in der Brustdrüse
STH	**s**oma**t**otropes **H**ormon	Wachstumshormon; therapeutische Gabe bei Kleinwuchs
MSH	**M**elanozyten **s**timulierendes **H**ormon	regt die Pigmentbildung in der Haut an
Oxytocin	fördert die Milch*abgabe* der Brustdrüse und stärkt die Mutter-Kind-Bindung, erzeugt Wehen und fördert die Gebärmutterrückbildung nach der Geburt; wird beim Orgasmus abgegeben und stärkt die Paarbindung	
ADH	**a**nti**d**iuretisches **H**ormon	fördert die Wasserrückresorption in der Niere

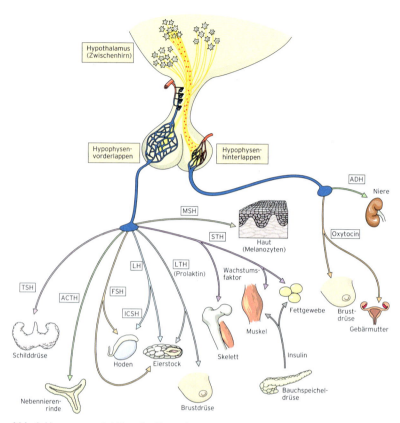

Abb. 1 Hormonproduktion der Hypophyse

4.2 Schilddrüse

Die Schilddrüse ist ein schmetterlingsförmiges Organ an der Vorderseite des Halses. Sie bildet die Hormone **Trijodthyronin (T$_3$)** und **Tetrajodthyronin (Thyroxin; T$_4$)**, die viele Organ- und Stoffwechselfunktionen anregen. Sie erhöhen u. a. die Herzfrequenz und den Energieverbrauch und sind bei Kindern für die gesunde Gehirnentwicklung wichtig. Für die Bildung von T$_3$ und T$_4$ benötigt die Schilddrüse etwa 200 µg Jod am Tag. Spezielle Schilddrüsenzellen bilden außerdem das Hormon **Calcitonin** für den Knochenstoffwechsel.

Die häufigste Schilddrüsenerkrankung ist die Vergrößerung der Schilddrüse, die **Struma** (der Kropf) (→ Abb. 2). Meistens ist die Struma eine Jodmangelfolge. Da ohne den „Baustein" Jod keine Hormone gebildet werden können, gibt die Hypophyse bei Jodmangel vermehrt **TSH** ab. TSH regt die Schilddrüsentätigkeit an. Bei Jodmangel jedoch stimuliert TSH auch das Schilddrüsenwachstum, d. h. die Strumabildung. Erst bei extremem Jodmangel entsteht tatsächlich ein Mangel an T$_3$ und T$_4$, d. h. eine Schilddrüsenunterfunktion **(Hypothyreose)**. Langjähriger Jodmangel begünstigt zudem die Knotenbildung (**Struma nodosa**; Knotenstruma). Die sonografisch sichtbaren Knoten können hormonell inaktiv sein (sog. **kalte Knoten**) oder überaktiv (sog. **heiße Knoten**). Kalte Knoten sind karzinomverdächtig, weshalb sie v. a. bei Wachstum entnommen werden müssen.

Kalt und heiß bezieht sich auf das **Szintigramm**, einen Schilddrüsen-Funktionstest. Darin stellt sich endokrin aktives Gewebe farblich „warm", inaktives „kalt" und überaktives Gewebe „heiß" dar. Heiße Knoten heißen auch **autonome Adenome**, weil sie sich der Regulation durch die Hypophyse entziehen und bei massiver Jodzufuhr (z. B. durch Kontrastmittelgabe vor CT) eine extreme, lebensbedrohliche Überfunktion auslösen können.

Computertomografie, Koronarangiografie und andere Untersuchungen mit Gabe jodhaltiger Kontrastmittel erfordern eine TSH-Bestimmung zum **Ausschluss einer Schilddrüsenüberfunktion**. Auch sollte das Kreatinin im Serum bestimmt werden, um eine Nierenschädigung bzw. ein Nierenversagen zu vermeiden.

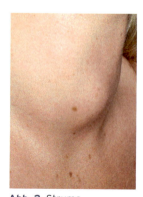

Abb. 2 Struma

Hypothyreose Schilddrüsenunterfunktion	Hyperthyreose Schilddrüsenüberfunktion
Definition	
Hormonmangel (Mangel an T_3 und T_4)	Hormonüberschuss (von T_3 bzw. T_4)
Symptome	
Verlangsamung vieler Körperfunktionen: Müdigkeit, Schwäche, Apathie, Verstopfung, Bradykardie, kühle, trockene Haut, Gewichtszunahme, Kälteempfindlichkeit, Ödeme, ggf. psychische Symptome, z. B. Depression oder Demenz, bei Kindern Wachstums- und Entwicklungsstörungen	Beschleunigung vieler Körperfunktionen: Unruhe, Schlaflosigkeit, Nervosität, Tremor (Händezittern), Durchfälle, Tachykardie, feuchte, warme Haut, Hautjucken, Haarausfall, Wärmeunverträglichkeit, ungewollte Gewichtsabnahme, Osteoporose, ggf. psychische Symptome
Ursachen	
häufig v. a. bei Frauen ab 30 Jahren Autoimmunentzündung der Schilddrüse (z. B. **Hashimoto-Thyroiditis**); Z. n. chirurgischer (Teil-)Entfernung der Schilddrüse oder Radiojodtherapie; Jodmangel	autonome Adenome der Schilddrüse bei Jodmangelstruma, **M. Basedow** (Autoimmunerkrankung der Schilddrüse mit ggf. vorübergehender Überfunktion); Überdosierung von T_4 (evtl. beabsichtigt)
Diagnostik	
Messung von TSH und freien (d. h. nicht an Plasmaproteine gebundenen) Hormonen **fT_3** und **fT_4** im Serum; TSH ist als Suchwert **der wichtigste Schilddrüsenwert**. Hinweis: Ist TSH erhöht, besteht eine Hypothyreose, ist es erniedrigt, eine Hyperthyreose. Zusätzlich erfolgt zur Klärung der Ursache eine Bestimmung der Schilddrüsenantikörper im Serum, die bei Autoimmunerkrankungen der Schilddrüse nachweisbar sind. Sonografie und bei Auffälligkeiten Szintigrafie. Dies ist ein Funktionstest mit i. v. verabreichtem Technetium, das den Jodstoffwechsel imitiert und daher die Schilddrüsenaktivität darstellbar macht.	
Liegt einer Hypothyreose eine Autoimmunentzündung der Schilddrüse zu Grunde, sind oft Antikörper gegen thyroidale Peroxidase **(TPO)** und/oder Thyreoglobulin-Antikörper **(TGAK)** nachweisbar.	Beruht eine Hyperthyreose auf einer Autoimmunentzündung der Schilddrüse, können TPO, TGAK oder (beim Morbus Basedow) TSH-Rezeptor-Antikörper **(TRAK)** nachweisbar sein.
Therapie	
Ziel der Therapie ist die **Euthyrose**, d. h. die regelrechte Schilddrüsenfunktion mit normalen Blutspiegeln von fT_3, fT_4 und TSH.	
Bei Jodmangel regelmäßige Jodzufuhr; bei Funktionsverlust lebenslang tägliche Einnahme von T_4 **(L-Thyroxin)**, das der Körper nach Bedarf in T_3 umwandelt. Die Dosis wird entsprechend der Ergebnisse regelmäßiger TSH-Messungen und der Symptomatik bzw. dem Befinden des Patienten angepasst.	Bei autonomen Adenomen **Radiojodtherapie**, bei der radioaktives Jod die Adenome inaktiviert, oder chirurgische Entnahme der Adenome. Vor der Radiojodtherapie bzw. Operation, auch beim M. Basedow, behandelt man mit **Thyreostatika**, d. h. die Schilddrüsenfunktion hemmenden Arzneimitteln.
Prävention	
Um Schilddrüsen-Funktionsstörungen vorzubeugen, ist eine ausreichende Zufuhr von **Jod** und **Selen** notwendig. Zu hohe Jodmengen begünstigen jedoch eine Autoimmunthyroiditis. Autoimmunthyroiditis und M. Basedow sind u. a. genetisch bedingt und kommen bei Frauen erheblich häufiger vor als bei Männern.	
Besonderheiten	
Hypo- und Hyperthyreose erzeugen nicht immer „lehrbuchartige", d. h. typische, Symptome. Oft sind die Beschwerden widersprüchlich; z. B. kann bei Hyperthyreose bzw. L-Thyroxin-Überdosierung die Appetitsteigerung zur Gewichtszunahme und bei Hypothyreose die Appetitlosigkeit zum Gewichtsverlust führen. Viele Arten psychischer Störungen kommen bei beiden Formen der Schilddrüsen-Funktionsstörungen vor, u. a. Depression und Demenz.	

HINWEIS

Um Jodmangel zu vermeiden, reicht die Verwendung jodhaltigen Speisesalzes nicht aus. Es ist ratsam, zweimal wöchentlich Seefisch und ab und zu das sehr jodreiche Sushi zu essen. Besteht bereits eine Jodmangelstruma, können Jodpräparate in Tablettenform indiziert sein. Die für Erwachsene empfohlene Tagesdosis beträgt 200 µg. Die meisten Menschen in Deutschland nehmen erheblich weniger Jod auf.

Informationen zur Schilddrüse, Videos und Ratgeber zum Download finden Sie unter
www.forum-schilddruese.de

330 | Patienten bei diagnostischen und therapeutischen Maßnahmen der Erkrankungen des Urogenitalsystems begleiten

HINWEIS

Autoimmunthyroiditis: Diese tritt in Japan, einem Land mit sehr hohem Fisch- und Seetangverzehr, besonders häufig auf (und gibt der Hashimoto-Thyroiditis ihren japanischen Namen).

➜ Terminologie: Hormonsystem und Schilddrüse

Autoimmunthyroiditis	Entzündung der Schilddrüse durch Angriff des eigenen Immunsystems, die zu Über- und Unterfunktion führen kann
autonomes Adenom	Schilddrüsenknoten, der Hormone produziert und nicht durch die Hypophyse gesteuert wird; Risikofaktor für Hyperthyreose
Calcitonin	Schilddrüsenhormon mit Funktion im Knochenstoffwechsel
Euthyreose	normale Schilddrüsenfunktion
Hashimoto-Thyroiditis	Autoimmunthyroiditis mit Struma
Hyperthyreose	Schilddrüsenüberfunktion
Hypothyreose	Schilddrüsenunterfunktion
Hypothalamus	Ort der Hormonsteuerung im Gehirn
L-Thyroxin	Schilddrüsenhormon, das Patienten z. B. mit Hypothyreose täglich einnehmen, z. B. 100 µg (Mikrogramm) morgens
Morbus Basedow, M. Basedow	Autoimmunkrankheit mit Struma, Hyperthyreose und ggf. hervortretenden Augen (Exophthalmus) (sprich Basedoh)
Radiojodtherapie	Therapie des M. Basedow durch Injektion radioaktiven Jods
Rezeptor	Empfangsmolekül einer Zelle (z. B. für ein Hormon)
Schilddrüsenantikörper	Antikörper, die bei Autoimmunkrankheiten der Schilddrüse im Serum nachweisbar sein können, z. B. TPO und TRAK
Struma	vergrößerte Schilddrüse; Kropf
Struma diffusa	Struma mit gleichmäßiger Gewebestruktur
Struma nodosa	Knotenstruma
Szintigrafie	Schilddrüsenuntersuchung mit radioaktiven Stoffen
T_3, T_4	Trijodthyronin und Thyroxin; Schilddrüsenhormone
Thyreostatikum	Arzneimittel, das die Bildung bzw. Abgabe von Schilddrüsenhormonen vermindert (zur Therapie der Hyperthyreose)
TSH (Tyroidea stimulierendes Hormon)	Hypophysenhormon, das die Schilddrüsenfunktion anregt; wichtigster Blutwert zur Beurteilung der Schilddrüsenfunktion

AUFGABEN

1. Erklären Sie die Begriffe Hormon und Hormonrezeptor.

2. Welche Drüsen werden von der Hypophyse angeregt?

3. Welche Hypophysenhormone beeinflussen das Stillen von Säuglingen?

4. Nennen Sie typische Symptome der Hyper- und Hypothyreose.

5. Welche Aussage hat ein erhöhter TSH-Wert?

6. Warum wird vor Kontrastmitteluntersuchungen das TSH bestimmt?

7. Welche beiden Spurenelemente sind für die Gesundheit der Schilddrüse wichtig?

8. Nennen Sie den Fachbegriff für eine Schilddrüsenvergrößerung.

5 Genitalorgane der Frau

5.1 Anatomie und Funktion der weiblichen Genitalorgane

Die Genitalorgane der Frau dienen Fortpflanzung und Sexualität, indem sie die folgenden Funktionen erfüllen:
- Die **Ovarien** (Eierstöcke) bilden die Keimzellen.
- Die **Tuben** (Eileiter) nehmen die Eizelle auf, sind Ort der Befruchtung und leiten die Eizelle in den Uterus.
- Der **Uterus** (die Gebärmutter) ermöglicht die Einnistung der befruchteten Eizelle und die Entwicklung des Embryos bzw. Fetus sowie die Geburt des Kindes.
- Der Sexualität dienen u. a. die **Vagina** (Scheide), die **Vulva** (das äußere Genitale) und die **Klitoris** (Kitzler). Letztere ist nur teilweise von außen bzw. auf Abbildungen sichtbar; die Schwellkörper entsprechen denen des Mannes und umschließen die Vagina.

> **HINWEIS**
>
> Die **Mammae**, die weiblichen Brustdrüsen, bilden Muttermilch für den Säugling. Sie haben somit eine indirekte Funktion für die Fortpflanzung, zählen aber nicht zu den Genitalorganen.

> **MERKE**
>
> Ovarien, Tuben, Uterus und Vagina bilden das **innere Genitale** der Frau; die **Vulva** wird als **äußeres Genitale** bezeichnet.

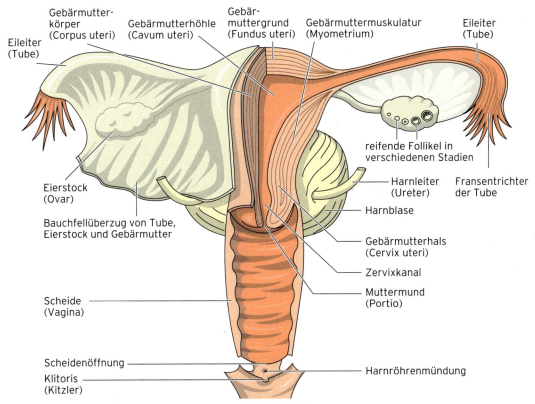

Abb. 1 Die inneren Genitalorgane der Frau von dorsal betrachtet

Die äußere Form des Uterus ähnelt einer umgekehrten Birne. Der kraniale Teil oberhalb der Eileiter-Einmündungen heißt **Fundus uteri** (Gebärmuttergrund). Der mittlere Uterusteil ist der **Corpus uteri** (Gebärmutterkörper), der kaudale Teil die **Cervix uteri** (Gebärmutterhals; **Zervix**). Diese drei Uterusteile umschließen das **Cavum uteri**, die Gebärmutterhöhle. Die Zervix ragt mit einem Teil in die Vagina hinein; dieser wird **Portio** (Portio vaginalis; Muttermund) genannt. Die Portio wird bei der **gynäkologischen** Untersuchung betrachtet und palpiert.

Den Zellabstrich zur Krebsfrüherkennung gewinnt man aus der Öffnung der Portio, d. h. am Eingang des **Zervixkanals**, der Vagina und Uterus verbindet.

Die Gebärmutterwand besteht zum größten Teil aus **Myometrium** (der glatten Muskelschicht des Uterus). Innen ist diese mit **Endometrium** (Gebärmutterschleimhaut) ausgekleidet. Außen befindet sich eine Bindegewebsschicht. Teilweise ist der Uterus von ▌Peritoneum (Bauchfell) überzogen. Das Endometrium unterliegt während des Menstruationszyklus hormonbedingten Veränderungen. Dadurch ist das Endometrium jeweils kurze Zeit nach dem Eisprung für die Einnistung einer befruchteten Eizelle bereit.

Peritoneum
→ LF 9, S.384

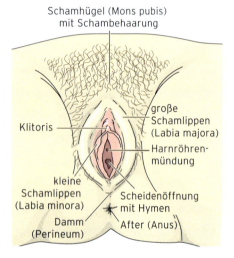

Die **Vagina** ist ein schlauchförmiges Organ, das von der Vulva bis zur Zervix bzw. Portio reicht. Die Vaginalwand besteht aus Schleimhaut, Muskelschicht und Bindegewebe; die Muskelschicht der Vagina ist jedoch viel dünner als das Myometrium. Die Fältelung der Vaginalschleimhaut und der hohe Anteil elastischer Fasern ermöglichen die Dehnung der Vagina während der Geburt. Der Eingang zur Vagina befindet sich in der Vulva dorsal von Klitoris und Urethraöffnung. Am Vaginaleingang befindet sich das Hymen, eine z. B. ring- oder halbmondförmige Hautfalte, die das Menstrualblut durchlässt und beim ersten Geschlechtsverkehr gedehnt wird, dabei ggf. einreißt und evtl. leicht blutet. Die Vagina wird ab der Pubertät von der **Vaginalflora**, d. h. speziellen Milchsäurebakterien, besiedelt. Diese sind apathogen; sie bilden ihre Milchsäure und hemmen so die Vermehrung pathogener Keime einschließlich Pilzen. Dorsal des Eingangs zur Vagina befindet sich das **Perineum** (der Damm) und weiter dorsal der **Anus** (Darmausgang). Die **Anogenitalregion** (der Bereich um Vulva und Anus), v. a. der Anus selbst, ist stets mit zahlreichen Darmbakterien besiedelt.

Abb. 1 Äußere weibliche Genitale

Ausbildung der Geschlechtsmerkmale und Pubertät

Die von Geburt an vorhandenen Genitalorgane sind die **primären Geschlechtsmerkmale**. In der **Pubertät** entwickelt sich aus dem Kind ein geschlechtsreifer Erwachsener. Dazu gehört die Ausbildung der **sekundären Geschlechtsmerkmale**. Bei Mädchen sind dies Busen, Körperbehaarung und die typische Körperfettverteilung mit Betonung der Hüftregion. Bei Jungen bilden sich neben der Körperbehaarung eine tiefere Stimme und Bartwuchs. Die Pubertät löst bei beiden Geschlechtern einen Wachstumsschub aus.

5.2 Menstruationszyklus

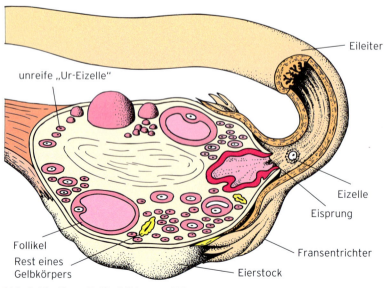

Abb. 2 Eireifung, Follikelbildung und Eisprung

Bei regelrechter Steuerung durch Hypothalamus und Hypophyse spielen sich von der Pubertät an im weiblichen Körper regelmäßig bestimmte Vorgänge ab, die als Zyklus bezeichnet werden. Dieser wird auch **Monatszyklus** oder **Menstruationszyklus** genannt.

Die Tätigkeit der Ovarien wird durch die **Gonadotropine LH** und **FSH** angeregt. Durch diese Stimulation bilden die Ovarien die weiblichen Geschlechtshormone **Östrogen** und **Progesteron**. Einmal pro Zyklus reift eine Eizelle in ihrem **Follikel**, dem Eibläschen, heran. In der Zyklusmitte kommt es zur **Ovulation**, dem Eisprung. Dabei platzt der Follikel und die Eizelle wird vom Fransentrichter des gleichseitigen Eileiters aufgenommen bzw. eingesaugt (→ Abb. 2).

Genitalorgane der Frau | **333**

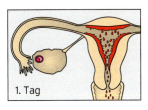
1. Tag

5. Tag

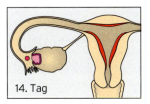
14. Tag

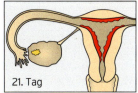
21. Tag

Zyklustag	1	2	3	4	5	6	7	8	9	10	11	12	13	14	15	16	17	18	19	20	21	22	23	24	25	26	27	28	1	2	3
Blutung	×	×	×	×										↑ Eisprung															×	×	×

Abb. 1 Monatszyklus

Nach der Ovulation bildet sich das leere Eibläschen in den Gelbkörper um (→ Abb. 2). Der Eileiter transportiert die Eizelle innerhalb weniger Tage in Richtung Uterus. Die Flimmerhärchen bewegen die Eizelle schonend über die feuchte Oberfläche im Inneren der Tube.

Der Menstruationszyklus dauert durchschnittlich 28 Tage. Abweichungen von bis zu einer Woche sind häufig und ohne Krankheitswert. Normalerweise findet in jedem Zyklus ein Eisprung statt; damit ist dieser Zyklus **ovulatorisch**. Ein Zyklus ohne Ovulation ist **anovulatorisch**. Der Eisprung ist eine wichtige Voraussetzung für eine Schwangerschaft, die der Sinn des Monatszyklus ist. Während des Zyklus finden viele körperliche, aber auch psychosexuelle Vorgänge und Veränderungen statt, um dieses Ziel zu erreichen. Entsteht in einem Zyklus keine Schwangerschaft, bereitet sich der Körper im nächsten erneut darauf vor.

Der Zyklus wird grob in zwei Hälften eingeteilt: die erste Phase (**Östrogenphase**) und die zweite Phase (**Progesteronphase**). Die erste Phase heißt auch Follikelphase, da der Follikel das Östrogen bildet. Entsprechend nennt man die zweite Phase auch Gelbkörperphase, da der Gelbkörper Progesteron bildet.

Der erste Zyklustag wird durch die einsetzende **Menstruation** definiert. Dabei löst sich die Funktionsschicht des Endometriums und fließt zusammen mit dem Menstruationsblut ab. Die Funktionsschicht, die obere Epithelschicht des Endometriums, dient der Einnistung der befruchteten Eizelle und wird in jedem Zyklus erneuert. Nach erfolgter Ablösung wächst sie in der Östrogenphase wieder heran. Das Wachsen wird als Proliferation bezeichnet; daher heißt die Wachstumsphase der Funktionsschicht **Proliferationsphase**. Diese endet wie die Östrogenphase mit der Ovulation. Die Ovulation wird durch einen Anstieg der Gonadotropine LH und FSH ausgelöst. Der zu diesem Zeitpunkt ca. 20 mm große Follikel platzt und setzt seine Eizelle frei.

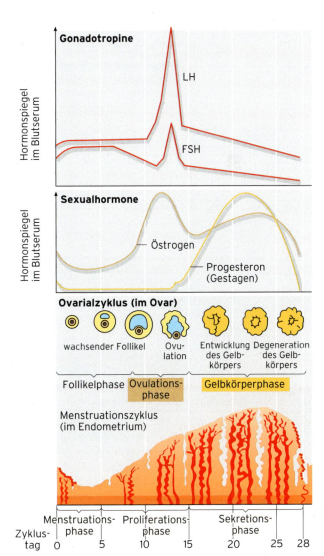

Abb. 2 Menstruationszyklus

Nach dem Eisprung wird das Endometrium nicht mehr dicker, sondern verändert nur seine Struktur. Diese erinnert an eine Drüse; daher heißt die zweite Zyklusphase auch **Sekretionsphase**.

> **HINWEIS**
>
> **NSAR** wie Diclofenac unterdrücken bei vielen Frauen den Eisprung und sollten bei Kinderwunsch gemieden werden. Ein sicheres Kontrazeptivum sind sie jedoch nicht.

> **MERKE**
>
> **erste Zyklusphase** = Follikelphase = Östrogenphase = Proliferationsphase
> → Ovulation →
> **zweite Zyklusphase** = Gelbkörperphase = Progesteronphase = Sekretionsphase

Während des Zyklus verändert sich das Vaginalsekret, das von Zervixdrüsen gebildet wird, in charakteristischer Weise. Zur Zeit der Ovulation ist es sehr flüssig, damit die Spermien (Samenzellen) die Portio leicht passieren können. Es bildet somit in den Tagen, in denen eine Befruchtung am wahrscheinlichsten ist, ein natürliches Gleitmittel. Während der übrigen Zeit ist die Zervix durch einen zähen Schleimpfropf verschlossen und für Spermien kaum passierbar.

Die menschliche Eizelle lebt bis zu 24 Stunden. Nach dem 35. Lebensjahr nimmt ihre Lebenszeit rapide ab, weshalb die Fruchtbarkeit mit zunehmendem Alter immer geringer wird.

Einige Frauen spüren das Follikelwachstum und den Eisprung als Ziehen im rechten oder linken Unterbauch als sog. **Mittelschmerz**. Manche Zwillingsmütter berichten über beidseitigen Mittelschmerz, da zweieiige Zwillinge durch einen doppelten Eisprung von je einer Eizelle aus beiden Ovarien entstehen.

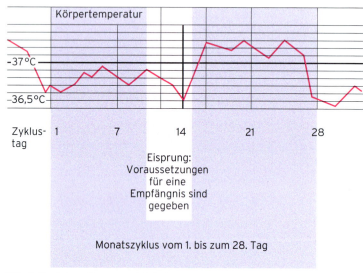

Abb. 1 Nach dem Eisprung steigt die Körpertemperatur um 0,4 bis 0,9 °C an.

Das Gelbkörperhormon Progesteron erhöht die Körpertemperatur der Frau um etwa 0,5 °C. Misst eine Frau regelmäßig morgens vor dem Aufstehen ihre Körpertemperatur, kann sie den Beginn der Progesteronphase am Temperaturanstieg erkennen (→ Abb. 1). Die Messung der sog. Basaltemperatur oder Aufwachtemperatur kann die Ovulation nachweisen und zu Verhütungszwecken genutzt werden. Etwa zwei Tage nach der Ovulation kann eine Frau im laufenden Zyklus nicht mehr schwanger werden.

Die erste Monatsblutung im Leben einer Frau heißt **Menarche** und tritt im Durchschnitt mit 12,5 Jahren ein. Die letzte Monatsblutung, die **Menopause**, ist mit ca. 52 Jahren zu erwarten. Die Zeit nach der Menopause ist die **Postmenopause**. Kurz nach der Menarche und vor der Menopause ist der Zyklus oft unregelmäßig und anovulatorisch.

Eine Frau, die mit 13 Jahren ihre Menarche bekommt, durchlebt bis zur Menopause ca. 500 Menstruationszyklen. Bei durchschnittlich 1,4 Kindern pro Frau bleiben ca. 480 Zyklen ohne Schwangerschaft. Von den ca. 40 000 Eizellen, die eine Frau zu Beginn der Pubertät besitzt, sterben die meisten ab. Nach der Menopause reifen keine Eizellen mehr.

Wechseljahre
→ LF 8, S. 351

Die Zeit der Hormonumstellung um die Menopause heißt **Klimakterium** (Wechseljahre). In dieser Zeit sinken die Geschlechtshormonspiegel ab und die Zyklustätigkeit hört auf.

Schokolade macht glücklich ... in der zweiten Zyklusphase sinkt der Östrogenspiegel ab - und mit ihm die Stimmung. Da Schokolade vor allem bei ihren Liebhabern den Spiegel des Neurotransmitters und „Glückshormons" Serotonin anhebt, haben viele Frauen gerade vor ihren „Tagen" vermehrt Appetit auf die Süßigkeit.

Genitalorgane der Frau | **335** | **LF 8**

5.3 Weibliche Brust

Der Fachbegriff für die weibliche Brust lautet **Mamma**. Die Mamma ist eine exokrine Drüse, die aus dem Drüsenkörper und der Brustwarze **(Mamille)** besteht. Jede der beiden Brustdrüsen setzt sich aus ca. 15 strahlenförmig angeordneten Einzeldrüsen zusammen (→ Abb. 1). Die Ausführungsgänge der Einzeldrüsen münden auf der Mamille. Auch Fettgewebe ist ein normaler Bestandteil der Mammae.

Die Brustdrüsen unterliegen während des Zyklus hormonell bedingten Veränderungen. In der zweiten Zyklusphase kommen oft knotige Veränderungen mit schwer beurteilbarem Tastbefund vor (∎Mastopathie). Daher ist es sinnvoll, die Palpation der Mammae – auch im Rahmen der Selbstuntersuchung – um den 8. Zyklustag herum durchzuführen.

Das Sekret der Mammae ist die Muttermilch, die nur nach der Entbindung eines Kindes gebildet wird. Die Größe des Drüsenkörpers hat keinen Einfluss auf die Stillfähigkeit. Die Milchbildung und -abgabe heißt **Laktation**. Die Muttermilch ist der Trinkfähigkeit und dem Bedarf des Kindes angepasst. Am Tage der Geburt werden wenige Tropfen antikörperreiche Vormilch abgegeben. Die Menge steigt langsam an, bis etwa am dritten Tag nach der Geburt plötzlich viel Muttermilch gebildet wird. Dieser sog. Milcheinschuss kann mit Spannungsgefühl in den Mammae und mit Fieber einhergehen. Die Milchmenge wird durch die Häufigkeit des Anlegens und durch die Trinkmenge des Kindes geregelt. Das Hormon ∎Prolaktin fördert die Milchbildung, ∎Oxytocin die Milchabgabe. Die Mamillen besitzen spezielle Talgdrüsen, die die Brustwarzen einfetten und einem Wundwerden vorbeugen.

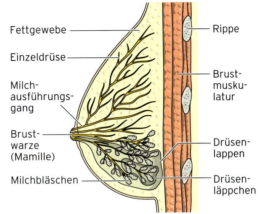

Abb. 1 Weibliche Brust

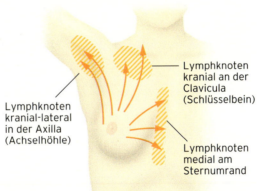

Abb. 2 Lymphknoten im Bereich der Brustdrüse

Mastopathie
→ LF 8, S.353

Informationen zu Muttermilch und Stillen beim Bund deutscher Laktationsberaterinnen
www.bdl-stillen.de

Prolaktin
→ LF 8, S.327
Oxytocin
→ LF 8, S.327

Die Brustdrüsen haben verschiedene Lymphabflussgebiete (→ Abb. 2). In diesen Bereichen können bei Entzündungen oder Brustkrebs Lymphknoten anschwellen und tastbar werden. Daher werden diese Lymphknoten im Rahmen der **gynäkologischen** Untersuchung palpiert. Auch Männer haben Brustdrüsen. Sie können daher auch an Brustkrebs erkranken; ca. 1 % der Mammakarzinome betreffen Männer.

HINWEIS

Die mittlere Oberweite hat sich in den letzten beiden Jahrzehnten um wenige cm auf Cup 75c vergrößert. Ursache ist das höhere Körpergewicht.

Männerbrust ... Gynäkomastie, die Frauenbrüstigkeit des Mannes, ist ein häufiger Befund. Die Ursache ist meistens Übergewicht. Da Fettzellen das weibliche Geschlechtshormon Östrogen bilden, „verweiblicht" die Brust adipöser Männer. Extremes Übergewicht erzeugt gleichzeitig Impotenz und fehlende Körperbehaarung im Sinne der „Bauchglatze". Medikamente wie Ranitidin, Spironolacton und einige Psychopharmaka können ebenfalls zur Gynäkomastie führen bzw. beitragen.

Terminologie: Weibliche Genitalorgane

Anogenitalregion	Bereich um den Anus und die äußeren Genitalorgane
anovulatorisch	bzgl. Menstruationszyklus: ohne Eisprung
Anus	Darmausgang
Cavum uteri	Gebärmutterhöhle; Innenraum des Uterus
Cervix uteri	Gebärmutterhals; kaudaler Teil des Uterus; Zervix
Corpus uteri	Gebärmutterkörper; größter Teil des Uterus
Endometrium	Gebärmutterschleimhaut
Follikel	Eibläschen
FSH	Follikel stimulierendes Hormon der Hypophyse, das im Ovar die Follikelreifung auslöst
Fundus uteri	Gebärmuttergrund; oberster Teil des Uterus
Geschlechtsmerkmale	1. primäre G.: alle angeborenen Genitalorgane, 2. sekundäre G.: geschlechtsspezifische G., die sich während der Pubertät ausbilden
Gonadotropin	endokrine Drüsen anregende Hormone (z. B. LH und FSH)
Gynäkologe	Frauenarzt; Facharzt für Frauenheilkunde und Geburtshilfe
Hymen	Jungfernhäutchen; Hautfalte am Vaginaleingang
Klimakterium	Wechseljahre (Hormonumstellung der Frau um 50 Jahre)
Klitoris	Kitzler
Laktation	Muttermilchbildung und -abgabe
LH	luteinisierendes Hormon; Steuerungshormon der Hypophyse, das im Ovar Eisprung und Gelbkörperbildung auslöst
Mamille	Brustwarze
Mamma (Mz. **Mammae**)	weibliche Brustdrüse
Menarche	erste Monatsblutung im Leben einer Frau
Menopause	letzte Monatsblutung im Leben einer Frau
Menstruation	Monatsblutung; Regelblutung; Periodenblutung der Frau
Menstruationszyklus (Syn. **Monatszyklus**)	Abfolge regelmäßiger Veränderungen, die im weiblichen Körper während der fruchtbaren Jahre etwa monatlich stattfinden
Myometrium	Muskelschicht der Gebärmutter
Östrogen	weibliches Geschlechtshormon der ersten Zyklushälfte; Follikelhormon
Ovar (Mz. **Ovarien**)	Eierstock
Ovulation	Eisprung; Austritt der reifen Eizelle aus dem Ovar
ovulatorisch	bzgl. Menstruationszyklus: mit Eisprung
Perineum	Damm; Bereich zwischen Anus und äußerem Genitale
Portio	Muttermund
Postmenopause	Lebensphase der Frau nach der Menopause
Progesteron	weibliches Geschlechtshormon; Gelbkörperhormon

Proliferationsphase	Wachstumsphase der Funktionsschicht des Endometriums
Pubertät	Entwicklungsphase vom Beginn der Bildung der sekundären Geschlechtsmerkmale bis zur Geschlechtsreife
Tube (Mz. **Tuben**)	Eileiter
Sekretionsphase	zweite Zyklusphase, in der sich die Funktionsschicht des Endometriums drüsenartig verändert
Uterus	Gebärmutter
Vagina	Scheide
Vaginalflora	Milchsäurebakterien der Vagina
Vulva	äußeres Genitale der Frau
Zervix	Gebärmutterhals (Cervix uteri)
Zervixkanal	Verbindung zwischen Vagina und Uterus
Zyklus	Kurzwort für Menstruationszyklus

Doppeltes Glück … Zweieiige Zwillinge entstehen auf natürlichem Wege durch einen doppelten Eisprung. Bei eineiigen Zwillingen teilt sich die befruchtete Eizelle zu einem frühen Zeitpunkt auf, sodass zwei genetisch gleiche Kinder entstehen. Die Wahrscheinlichkeit natürlich entstandener zweieiiger Zwillinge ist ca. 1 : 84. Frauen, die selbst ein Zwilling sind, haben eine erhöhte Chance, Zwillingsmutter zu werden. Durch die sog. assistierte Fruchtbarkeit, d. h. Kinderwunschbehandlungen, ist heute jedes 29. Kind ein Zwilling oder Mehrling; vor 30 Jahren traf dies nur auf jedes 42. Kind zu.

AUFGABEN

1 Welche Organe bilden das innere Genitale der Frau?

2 Erklären Sie die Anteile der Gebärmutter unter Verwendung der Fachbegriffe.

3 Aus welchen Schichten besteht die Gebärmutterwand?

4 Erläutern Sie die Vorgänge während des Menstruationszyklus
   a im Hinblick auf die beteiligten Hormone und **b** im Endometrium.

5 Welche Begriffe gibt es für die erste und zweite Zyklushälfte?

6 Definieren Sie die Begriffe Klimakterium, Menopause, Postmenopause und Menarche.

7 Erläutern Sie den Aufbau der Mamma.

8 An welchen Körperstellen befinden sich Lymphknotengruppen, die bei der Untersuchung der weiblichen Brust palpiert werden müssen?

9 Beschreiben Sie die Vorgänge im Ovar bis zur Ovulation.

10 Was versteht man unter der Laktation und welche Hormone steuern sie?

11 Welche Einflussfaktoren auf die Muttermilchproduktion kennen Sie?

Informationen zu gynäkologischen Themen
www.frauenaerzte-im-netz.de

6 Schwangerschaft und Geburt

Die Schwangerschaft **(SS)** ist ein besonderer Zustand der Frau von der Empfängnis **(Konzeption)** bis zur Geburt. Konzeption bedeutet, dass eine Eizelle befruchtet wird. Die Fachbegriffe für Schwangerschaft lauten **Gestation** und **Gravidität**.

6.1 Befruchtung (Konzeption)

Die **Befruchtung** kommt zu Stande, indem die schnellste Samenzelle in die Eizelle eindringt (→ Abb. 1) und die Zellkerne der beiden Keimzellen verschmelzen. Die Befruchtung geschieht im Eileiter. Sie findet Stunden bis Tage nach dem **Koitus** (Geschlechtsverkehr) statt. So lange brauchen die Samenzellen (Spermien), um bis in die Tuben zu gelangen. Die Konzeption selbst ist nicht spürbar. Die befruchtete Eizelle teilt sich mehrfach und durchläuft schon einige Entwicklungsschritte, bevor sie durch Transportbewegungen der Tube den Uterus erreicht (→ Abb. 2). Dort nistet sie sich im Endometrium ein. Die Einnistung findet etwa am 6. Tag nach der Konzeption statt und dauert ungefähr eine Stunde. Auch sie ist nicht spürbar.

Abb. 1 Befruchtung der Eizelle

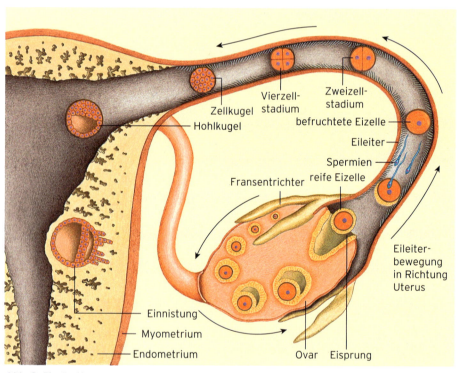
Abb. 2 Eizellreifung, Befruchtung und Einnistung

Für die **Schwangerschaftsdauer** gibt es zwei Definitionen:

> **MERKE**
>
> 1. Vom ersten Tag der letzten Regel bis zur Geburt = 40 Wochen = 280 Tage.
>   Diese Definition nennt sich **post menstruationem** (p. m.; lat. nach der Menstruation).
> 2. Von der Konzeption bis zur Geburt = 38 Wochen = 266 Tage.
>   Diese Definition nennt sich **post conceptionem** (p. c.; lat. nach der Empfängnis).

Die erste Definition schließt zwar die ersten zwei Zykluswochen ein, in denen naturgemäß noch keine Schwangerschaft bestand. Sie ist aber gebräuchlicher und *wird auch im Folgenden verwendet*. Der erste Menstruationstag ist im Gegensatz zum Konzeptionstag meistens bekannt.

Schwangerschaft und Geburt | **339**

Die **Naegele-Regel** dient der Berechnung des voraussichtlichen Geburtstermins:
1. Tag der letzten Menstruation – 3 Monate + 7 Tage + 1 Jahr = voraussichtlicher Termin.

> **BEISPIEL**
>
> 1. Tag der letzten Regelblutung = 15. April 2013
> 15. April 2013 – 3 Monate = 15. Januar 2013
> 15. Januar 2013 + 7 Tage = 22. Januar 2013
> 22. Januar 2013 + 1 Jahr = 22. Januar 2014 (voraussichtlicher Geburtstermin)

Drehscheiben, auf denen mit Hilfe des Datums der letzten Menstruation jederzeit die aktuelle Schwangerschaftswoche (SSW) ablesbar ist, erleichtern die schnelle Orientierung.

Abweichungen von der errechneten Schwangerschaftsdauer sind häufig. Nur 4 % der Kinder werden am Termin geboren. Der Normalbereich umfasst 14 Tage vor und nach dem errechneten Tag. Die Unterschiede kommen großenteils durch Abweichungen der Zykluslänge zu Stande. Eine Frau mit einem 21-Tage-Zyklus wird eher eine Woche vor dem Termin entbinden, eine Frau mit einem 35-Tage-Zyklus eher eine Woche später. Die Ovulation ist ca. 14 Tage vor dem Zyklusende anzunehmen; Abweichungen sind aber häufig.

Der Entbindungstermin kann auch mittels **Ultraschalluntersuchung** unter Zuhilfenahme von Größen- und Entwicklungstabellen berechnet werden. Dies ist vor allem bei Frauen mit unregelmäßigem Zyklus und unbekanntem Menstruationsdatum von Vorteil.

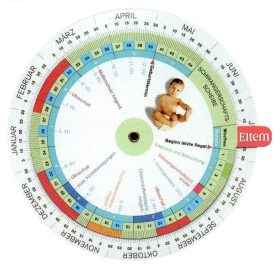

Abb. 1 Drehscheibe zur Bestimmung des Gestationsalters in Wochen

Abb. 2 Ultraschalldiagnostik im Rahmen der Mutterschaftsvorsorge

 Die **Einnistung der Embryo-Vorstufe**, einer winzigen Zellkugel, ist ein kleines Wunder. Das werdende Kind ist zwar mit seiner Mutter eng verwandt, aber immunologisch gesehen fremd für sie. Das mütterliche Immunsystem toleriert die Einnistung ins Endometrium nicht immer. Ca. 70 % der befruchteten Eizellen werden nicht angenommen. Die Zellen lösen sich auf und verlassen unerkannt mit der (ggf. verspäteten) Menstruation den Uterus.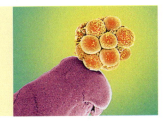

6.2 Feststellung der Schwangerschaft

Eine Schwangerschaft kann durch einen Schwangerschaftstest oder durch Schwangerschaftszeichen diagnostiziert werden. Das erste Zeichen ist das Ausbleiben der Menstruation, die **Amenorrhö**. Symptome wie Übelkeit, Brustspannen usw. treten zumeist später auf. Amenorrhö und Befindlichkeitsstörungen sind unsichere Zeichen. Sichere Schwangerschaftszeichen sind nur der Nachweis eines **Embryos** oder **Fetus** sowie seiner Herztöne bzw. Herzaktionen, z. B. mittels Ultraschall – sowie die Geburt eines Kindes.

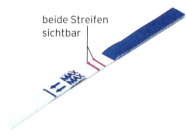

Viele Frauen möchten bei einer Amenorrhö rasch wissen, ob sie schwanger sind, und führen deshalb einen Schwangerschaftstest durch. Dieser weist das Schwangerschaftshormon **Beta-HCG** im Urin nach. Der Test ist einfach anzuwenden und gibt ein eindeutiges Ergebnis, wenn er zum richtigen Zeitpunkt (d. h. nach Ausbleiben der Regel) durchgeführt wird (→ Abb. 1). Beta-HCG ist zum Schwangerschaftsnachweis geeignet, da es von der **Plazenta** (dem Mutterkuchen) gebildet wird. Dieses Organ ist ausschließlich in der Schwangerschaft vorhanden. Es dient der Ernährung des Säuglings, dem Stoffaustausch zwischen Mutter und Kind und bildet große Mengen des Schwangerschaftshormons Progesteron.

Abb. 1 Positiver HCG-Schwangerschaftstest

falsch negativ
→ LF 8, S.306

Falsch negative Testergebnisse sind bei zu früher Testdurchführung möglich. Ein positives Ergebnis, d. h. ein laborchemischer Schwangerschaftsnachweis, sollte durch Ultraschall bestätigt werden. Bereits in der 4.–5. Woche kann ein Embryo erkannt werden. Der Vorteil der Sonografie ist, dass eine Einnistung des Embryos außerhalb des Uterus, eine **Extrauteringravidität**, sowie eine Mehrlingsschwangerschaft früh erkannt werden.

6.3 Phasen der Schwangerschaft

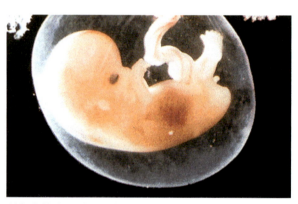

Abb. 2 Embryo in der 8. SSW

Die Gravidität wird grob in drei Phasen von jeweils drei Kalendermonaten eingeteilt. Jeder Dreimonatsabschnitt heißt **Trimenon**.

Erstes Trimenon:
Im ersten Trimenon ist das ungeborene Kind ein Embryo (→ Abb. 2). Seine Entwicklung heißt **Embryogenese** und beinhaltet die Entstehung aller Organe. Da die Embryogenese unzählige komplizierte Vorgänge beinhaltet, ist sie leicht zu stören. Verschiedene schädliche Einflüsse, die auf den Embryo einwirken, können weitreichende Folgen haben. Wird die Bildung eines Organs verhindert oder gestört, kann dieser Entwicklungsrückstand später nicht nachgeholt werden. Eine Krankheit, die auf eine Schädigung während der Embryogenese zurückgeht, heißt **Embryopathie**.

Antiemetika
→ LF 4, S.179

Vielen Frauen macht die seelische und körperliche Umstellung im ersten Trimenon zu schaffen. Müdigkeit, Brustspannen, Übelkeit und Erbrechen, Pollakisurie und Nykturie durch die verstärkte Durchblutung des Blasenhalses, Gelüste auf bestimmte Speisen, Schlafstörungen und Stimmungsschwankungen können das Wohlbefinden einschränken. Bei verstärktem Erbrechen (**Hyperemesis gravidarum**) ist ggf. eine Infusionstherapie indiziert. Antiemetika wie Dimenhydrinat und MCP werden bei Schwangeren nur ausnahmsweise und nur auf ärztliche Anordnung angewendet.

Zweites und drittes Trimenon:

Im zweiten und dritten Trimenon findet die **Fetogenese**, die Entwicklung des Fetus statt. Die beim Embryo angelegten Organe wachsen und differenzieren sich. Neue Organe werden nicht gebildet. Während des dritten Trimenons nimmt der Fetus viel an Gewicht zu und seine Lungen reifen aus. Seine Bewegungsfreiheit nimmt ab, weshalb er eine typische platzsparende Haltung einnimmt (→ Abb. 2).

Im zweiten Trimenon geht es vielen Schwangeren am besten, da sich ihr Körper an die Hormone gewöhnt hat und der Bauch die Bewegungsfreiheit noch nicht einschränkt. Im dritten Trimenon macht das Gewicht den Frauen zu schaffen. Der Bauch und die Hormone führen vielfach zu Sodbrennen durch Reflux (Rückfluss) von Magensäure in die Speiseröhre. Der Schlaf wird u. a. durch heftige Kindsbewegungen gestört.

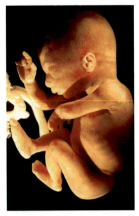

Abb. 1 Fetus in der 20. SSW

Abb. 2 Embryogenese und Fetogenese (Wochenangabe ab der letzten Menstruation)

Eine Schwangere nimmt ca. 13–17 kg zu.
Diese verteilen sich etwa wie folgt:

Fetus	3,5 kg,
Fruchtwasser	1 kg,
Plazenta und Eihäute	1 kg,
zusätzliches Blut	2 kg,
Zunahme des Brustgewebes	1 kg,
Größenzunahme des Uterus	2 kg,
hormonbedingte Flüssigkeitseinlagerung	2,5 kg
und vermehrtes Knochen-, Muskel- und Fettgewebe	3-viele kg.

Am Entbindungstag sinkt das Gewicht um ca. 10 kg.

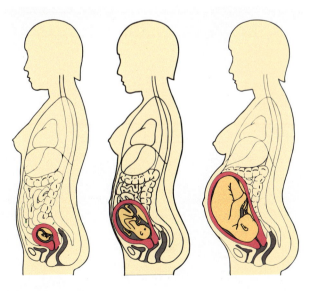

Abb. 3 Uteruswachstum im ersten, zweiten und dritten Trimenon

6.4 Geburt (Partus)

Die Geburt ist das Ausstoßen des Kindes aus dem Uterus durch die Geburtswehen. Sie kündigt sich durch das sog. Zeichnen, das Erscheinen eines Schleimpfropfes, der den Muttermund verschlossen hatte, im Slip der Schwangeren an. Auch ein Blasensprung, d. h. das Platzen der Fruchtblase mit schwallartiger Entleerung von Fruchtwasser, kann den Beginn der Geburt anzeigen. Die Wehen, heftige Kontraktionen der Uterusmuskulatur, werden häufiger und stärker. Der Bauch wird während der Wehen hart. Die Frau spürt ziehende Schmerzen im Rücken, Unterbauch und/oder Beckenbereich. Durch die Wehen, das Gewicht des Kindes und hormonelle Vorgänge öffnet sich der Muttermund. Diese erste Geburtsphase heißt **Eröffnungsperiode**.

Nun beginnt die **Austreibungsperiode**. In dieser entstehen Presswehen, d. h. sehr heftige und kraftvolle Uteruskontraktionen. Spätestens jetzt platzt die Fruchtblase. Die Frau kann während jeder Kontraktion durch willkürliches Pressen den Weheneffekt verstärken. Dadurch tritt das Kind aus dem Mutterleib aus. Es ist nun kein Fetus mehr, sondern ein Neugeborenes, und atmet erstmals selbst. Das Neugeborene wird auf den Bauch der Mutter gelegt, damit der Körperkontakt zu ihr nicht zu plötzlich abbricht.

Mit dem vollständigen Austritt des Kindes beginnt die **Nachgeburtsperiode**. Das Kind wird abgenabelt: Die Nabelschnur wird abgeklemmt und durchgeschnitten. Dies ist schmerzlos, da die Nabenschnur keine Nerven enthält. Nun ist das Kind endgültig von der Mutter getrennt. Das andere Nabelschnurende führt zur Plazenta, die sich noch im Uterus befindet. Im Zuge weiterer Wehen löst sich die Nachgeburt (Plazenta und Eihäute) und wird „geboren". Die Nachgeburtsperiode dauert definitionsgemäß vom Austritt des Kindes bis zwei Stunden nach Austritt der Nachgeburt. Nach der Geburt ist die Frau eine Wöchnerin. Das **Puerperium** (Wochenbett) ist eine mehrwöchige Zeit, in der sich die schwangerschaftsbedingten Veränderungen des weiblichen Körpers zurückbilden.

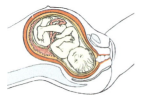
Abb. 1 Beginn der Eröffnungsperiode

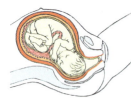 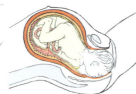 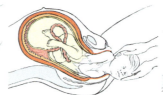 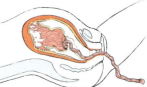

Abb. 2 Eröffnungsperiode, Austreibungsperiode, Kopf und Schultern geboren, Nachgeburtsperiode (von links nach rechts)

Geburtsphase	Definition bzw. Vorgänge in dieser Phase	Dauer bei Erstgebärenden
Eröffnungsperiode	vom Beginn der Wehen bis zur vollständigen Eröffnung des Muttermunds	ca. 9 Stunden
Austreibungsperiode	von der vollständigen Eröffnung des Muttermunds bis zum Austritt des Kindes	ca. 2-3 Stunden
Nachgeburtsperiode	vom Austritt des Kindes bis 2 Stunden nach Austritt der Nachgeburt (enthält Abnabelung)	gut 2 Stunden

Hebamme und ggf. ärztliche Geburtshelfer bewerten den Gesundheitszustand des Neugeborenen anhand des **APGAR-Scores**, den die australische Ärztin V. Apgar entwickelt hat:

Inspektion nach 1, 5 und 10 Minuten	Schema	Befund für 2 Punkte	Befund für 1 Punkt	Befund für 0 Punkte
	Atmung **P**uls/min **G**rundtonus **A**ussehen **R**eflexe	spontan/schreit >100 aktive Bewegung rosig schreit kräftig	flache Atmung <100 geringe Bewegung Extremitäten blau schreit	keine Atmung nicht wahrnehmbar keine Bewegung zyanotisch keine Reaktion

Bewertung: Mit 8-10 Punkten ist das Kind fit, bei 5-7 wird es überwacht, bei ≤ 4 ist es reanimationspflichtig.

6.5 Mutterschaftsvorsorge

Die Mutterschaftsvorsorge (MuVo) hat den Sinn, Risikoschwangerschaften und -geburten frühzeitig zu erkennen, um vermeidbare Schäden von Mutter und Kind abzuwenden. Sie folgt den Richtlinien des Gemeinsamen Bundesausschusses der Ärzte und Krankenkassen (G-BA). Die Betreuung der Schwangeren bzw. Wöchnerin beinhaltet die Diagnose der Schwangerschaft und ein umfassendes Untersuchungs- und Beratungsprogramm:

www.g-ba.de/informationen/richtlinien/19/

SSW	Inhalte der GKV-Mutterschaftsvorsorge (MuVo)
bis zur 11. SSW	1. Mutterschaftsvorsorge: Anamnese, Anlegen des Mutterpasses, Blutentnahme zur Bestimmung von: Hämoglobin (Hb), Lues-Serologie (Lues: Syphilis), 1. Antikörpersuchtest, Röteln-Titer (sofern unbekannt und die Frau weniger als zweimal gegen Röteln geimpft wurde), Blutgruppe, Rhesusfaktor und evtl. HIV-Antikörpern; Urintest auf Chlamydien; Gewicht, Größe, RR, Urinstatus, gynäkologische Untersuchung mit **bimanueller Palpation**, **Fundusstand**, kindlicher Herzaktion, Beratung zu Jodprophylaxe, Influenza-Impfung (ab 2. Trimenon empfohlen, bei chronisch Kranken ab 1. Trimenon), Gefahren durch Alkohol, Nikotin und Medikamente sowie bei erhöhtem Risiko zur **pränatalen Diagnostik**
9.-11. SSW	1. Ultraschalluntersuchung
12.-16. SSW	2. MuVo: Grundprogramm: Anamnese, Beratung, bimanuelle Palpation, Fundusstand, kindliche Herzaktion, Gewicht, Blutdruck, Urinstatus. Bei erhöhtem Risiko einer Chromosomenstörung ggf. **Amniozentese**, d.h. Entnahme einiger mL Fruchtwasser und Chromosomen-Untersuchung einer darin enthaltenen kindlichen Zelle
17.-21. SSW	3. MuVo: Grundprogramm
19.-23. SSW	2. Ultraschalluntersuchung
22.-26. SSW	4. MuVo: Grundprogramm
24.-27. SSW	Test auf **Gestationsdiabetes**: Jede Schwangere, bei der bisher kein Diabetes mellitus bekannt ist, führt einen vereinfachten oralen Glukosetoleranztest durch: Blutzuckermessung eine Stunde nach dem Trinken einer Lösung mit 50 g Glukose. Weicht das Ergebnis von der Norm ab, wird ggf. ein oGTT, d.h. ein normaler oraler Glukosetoleranztest (LF 9, S. 439) durchgeführt. Blutentnahme für 2. Antikörpersuchtest
27.-32. SSW	5. MuVo: Grundprogramm; 1. Anti-D-Prophylaxe bei Risikokonstellation (Mutter Rh-, Vater Rh+)
29.-32. SSW	3. Ultraschalluntersuchung
33.-35. SSW	6. MuVo: Grundprogramm; Blutentnahme zur Bestimmung des Hepatitis-B-Antigens (HBsAg)
36.-38. SSW	7. MuVo: Grundprogramm; Bestimmung der Kindslage im Mutterleib (z.B. Scheitel- oder Steißlage) und Planung der Geburt
39. SSW	8. MuVo: Grundprogramm
nach der 40. SSW	bei Terminüberschreitung alle 2-3 Tage Untersuchung mit Grundprogramm und ggf. Doppleruntersuchung und CTG; bei mehr als 13 Tagen Terminüberschreitung Klinikeinweisung und Geburtseinleitung
Geburt	bei Rh-negativer Frau Anti-D-Prophylaxe spätestens 72 h nach der Geburt, wenn das Kind Rh-positiv ist
1. Woche	1. Nachsorgeuntersuchung: Anamnese, Beratung, bimanuelle Palpation, Fundusstand, Hb-Bestimmung
7.-8. Woche postpartal	2. Nachsorgeuntersuchung: Anamnese, Beratung, bimanuelle Palpation, Fundusstand, Urinstatus, je nach Ergebnis der ersten **postpartalen** Hb-Bestimmung erneut Hb

Liegt der bei der ersten Mutterschaftsvorsorgeuntersuchung gemessene Hämoglobinwert unter 11,2 g/dL, erfolgen eine Erythrozytenzählung bzw. eine Anämiediagnostik und häufigere Blutkontrollen. Bei positivem Chlamydientest erfolgt eine Antibiotikatherapie, ggf. unter Einbeziehung des Partners. Bei besonderen Risiken und pathologischen Befunden sind weiterführende Untersuchungen und Therapien durchzuführen, z.B. das **Cardiotokogramm (CTG)**, die gleichzeitige Aufzeichnung von Wehentätigkeit und kindlichen Herztönen. Hebammenbetreuung, Geburtsvorbereitungskurse und Rückbildungsgymnastik sind im Leistungskatalog der GKV enthalten.

344 | Patienten bei diagnostischen und therapeutischen Maßnahmen der Erkrankungen des Urogenitalsystems begleiten

SSW	IGeL-Leistungen, die in der Schwangerschaft möglich und ggf. sinnvoll sind (Beispiele)
vor 9. SSW	vaginaler Ultraschall zum Ausschluss einer Extrauteringravidität und einer Mehrlingsschwangerschaft
gesamte SS	rezeptfreie Präparate mit Folsäure, Jod, Eisen und anderen Inhaltsstoffen zur prophylaktischen Einnahme
12.-14. SSW	**Ersttrimester-Screening**; dies ist eine Blutuntersuchung und eine besonders eingehende Ultraschall-untersuchung mit Nackenfaltenmessung u. a. zur Einschätzung des Risikos für das Down-Syndrom; dieser ungefährliche Test ersetzt bei vielen Frauen die Amniozentese (Fruchtwasserentnahme) mit anschließen-der Untersuchung der kindlichen Chromosomen.
38. SSW	B-Streptokokken-Abstrich von der mütterlichen Vagina zur Verhütung einer Neugeboreneninfektion
nach Wunsch	zusätzliche Ultraschalluntersuchungen, zur Geschlechtserkennung, als „Baby-Fernsehen", ggf. in 3D
	serologische Tests auf Toxoplasmose, Ringelröteln, Röteln und Varizellen (ohne Krankheitsverdacht)

6.6 Schwangerschaftsbeschwerden und -komplikationen

Laparoskopie
→ LF 8, S.350

Die Schwangerschaft ist eine Zeit des Hoffens und Bangens – aber keine Krankheit. Die meisten Schwangerschaften verlaufen normal, enden mit der Geburt eines gesunden Kindes und sind im Ganzen eine positive Erfahrung. Die Belastung des Organismus der werdenden Mutter kann zu Beschwerden und Erkrankungen führen:

1. Schwangerschaftstypische Beschwerden

Problem	Ursachen bzw. Pathogenese	Prävention/Therapie
Müdigkeit	Hormonumstellung zur Beginn und Kreislaufbelastung gegen Ende der Schwangerschaft	Anämie ausschließen, ausreichend schlafen
Ödeme	Wirkung des Progesterons, das eine vermehrte Wasser- und Salzeinlagerung fördert	hypertensive Schwangerschaftserkran-kung ausschließen, Salzzufuhr verringern
Sodbrennen	Säurerückfluss durch progesteronbedingte Lockerung des Speiseröhren-Schließmuskels	auslösende Speisen meiden, mit erhöhtem Oberkörper schlafen
Hypotonie	Gefäßerweiterung durch Progesteron	Anämie ausschließen, langes Stehen ver-meiden, Gymnastik

2. Schwangerschaftstypische Probleme, Krankheiten und Komplikationen

Anämie	Der erhöhte Bedarf an Eisen, ggf. auch an Folsäure und Vitamin B_{12} kann durch die Ernährung nicht gedeckt wer-den. Der erhöhte Wassergehalt des Körpers „verdünnt" das Blut und senkt den Hb (sog. Hydrämie).	Einnahme von Nahrungsergänzungsmit-teln vor und während der Schwangerschaft sowie in der Stillzeit
Varikose	Venenerweiterung durch Progesteron	wenig stehen und sitzen, viel laufen und lie-gen; Kompressionstherapie
Extrauterin-gravidität	Schwangerschaft, bei der die Einnistung außerhalb des Uterus, meistens in der Tube stattfindet. Die Tube kann durch das Wachstum des Embryos platzen und zum Ver-bluten der Frau führen.	gynäkologische Diagnostik bei Unterbauch-schmerzen junger Frauen, Ultraschall zur Bestimmung des Einnistungsortes, laparoskopische Operation
Gestations-diabetes	Diabetes mellitus, der erstmals in der Schwangerschaft auftritt und durch die Hormone ausgelöst wird. Dieser führt oft zur Geburt eines übergewichtigen Kindes und weitere Komplikationen bei Mutter und Kind.	Früherkennung durch Glukosetoleranztest, konsequente Diät, Bewegung und ggf. Insu-lingabe
hypertensive Schwanger-schaftserkran-kung (früher sog. Gestose)	Schwangerschaftsbedingte Erkrankungen, die mit Hyper-tonie einhergehen, von der einfachen Schwangerschafts-hypertonie über Proteinurie, Ödeme und Krampfanfälle bis zum Nieren- bzw. Leberversagen reichen und vielfälti-ge Komplikationen bis hin zum Tode von Mutter und Kind mit sich bringen können.	Regelmäßige MuVo zur Früherkennung, ggf. Anthypertensiva usw.; Diabetes und hypertensive Schwangerschaftserkran-kung treten bei älteren Erstgebärenden, bei Übergewicht und bei Mehrlingsschwan-gerschaft gehäuft auf.

6.7 Rhesusinkompatibilität

Ist eine Schwangere Rhesus-negativ und der Kindsvater Rhesus-positiv, kann es zur Bildung mütterlicher Antikörper kommen. Ab der zweiten Schwangerschaft können diese Antikörper die Erythrozyten des Ungeborenen angreifen, eine Hämolyse bewirken und damit das kindliche Leben gefährden. Es besteht dann eine **Rhesusunverträglichkeit** bzw. **Rhesusinkompatibilität**. Zur Vorbeugung werden Blutgruppe und Rhesusfaktor der Schwangeren bestimmt, und wenn die Frau Rh-negativ ist, auch die des Mannes und nach der Geburt die des Kindes. Gegebenenfalls erfolgt dann eine zweimalige **Anti-D-Prophylaxe**. Auch nach Abort oder Abruptio (s. u.) erhalten Rh-negative Frauen bei Rh-positivem Kindsvater die Anti-D-Prophylaxe.

Rhesus-
unverträglichkeit
→ LF 5, S. 215
Anti-D-Prophylaxe
→ LF 5, S. 215

6.8 Abort (Fehlgeburt)

Ein **Abort** ist die Beendigung einer Schwangerschaft, bevor das Ungeborene **extrauterin**, d. h. außerhalb des Uterus, lebensfähig ist. Ein Abort tritt meistens ohne erkennbare Ursache auf; dies ist ein **Spontanabort**. Die meisten Spontanaborte passieren innerhalb der ersten 12 Schwangerschaftswochen und werden daher **Frühabort** genannt. Häufig liegen ursächlich schwere genetische oder andere Probleme vor, die die regelrechte Kindesentwicklung unmöglich machen. Der Embryo stirbt unbemerkt ab. Es kommt zur Blutung und damit zum Abort. Der Embryo ist beim Frühabort meistens nicht sichtbar.

Nach der 12. Woche spricht man vom **Spätabort**. Spätaborte können geburtsähnlich ablaufen. Spätabort und Frühgeburt gehen zeitlich ineinander über. Lebt das Kind und wird intensivmedizinisch versorgt, kann es heute ab der 23. Schwangerschaftswoche evtl. überleben.

Bleibt bei einem Abort Gewebe des Embryos bzw. Fetus und/oder der Plazenta im Uterus, kann eine **Abrasio** (**Kürettage**; Ausschabung) durchgeführt werden, um der Frau eine längere Blutungsphase zu ersparen. Dabei wird in Kurznarkose die Funktionsschicht des Endometriums und ggf. das fetale bzw. plazentare Gewebe entfernt.

Fehlgeburten sind oft bittere Enttäuschungen für die Frau bzw. das Paar und lösen große Trauer aus, die im sozialen Umfeld nicht unbedingt verstanden wird. Viele versuchen, sich mit der Hoffnung auf eine erneute Schwangerschaft zu trösten. Das verlorene Kind kommt aber dadurch nicht wieder. Feten dürfen nicht (wie Frühgeborene) bestattet werden. Einige Initiativen und Selbsthilfegruppen setzen sich für die Bestattung der Feten und die Trauerarbeit „verwaister Eltern" nach Fehl-, Früh- oder Totgeburt und nach Kindstod ein.

www.initiative-regenbogen.de
Forum für Eltern nach Fehl-, Früh-, Totgeburt oder Tod eines Kindes
www.sternenkinder.de

6.9 Schwangerschaftsabbruch

Ein Schwangerschaftsabbruch (eine **Abruptio**) ist ein künstlich herbeigeführter Abort. Dieser kann medikamentös und/oder instrumentell durchgeführt werden. Nach der Gabe bestimmter Medikamente kann es zum spontanen Abgang des Ungeborenen kommen. Ohne Arzneimittelgabe oder bei unvollständigem Abgang wird der Embryo bzw. Fetus durch den leicht aufgedehnten Muttermund abgesaugt oder mit einer Kürette (einem löffelähnlichen Instrument) aus dem Uterus entfernt. Je nach Größe wird das Ungeborene im Ganzen oder in Teilen entfernt. Wie bei jeder Kürettage erhält die Schwangere eine Kurznarkose. Die Abruptio ist in Deutschland grundsätzlich strafbar. Nach § 218 des Strafgesetzbuches bleibt sie für den durchführenden Arzt aber straffrei, wenn die Schwangere eine Konfliktberatung mindestens drei Tage vor dem Eingriff nachweisen kann. Verschiedene Einrichtungen bieten Beratungen bei Schwangerschaftskonflikten und/oder Hilfen für Schwangere und junge Mütter an. Vorraussetzung für die Straffreiheit ist auch, dass höchstens 12 Wochen seit der Konzeption vergangen sind. Spätere Abbrüche sind in Ausnahmefällen möglich bzw. straffrei, wenn das Leben bzw. die körperliche oder seelische Gesundheit der Schwangeren gefährdet ist. Dazu gehört laut Gesetz auch eine zu erwartende kindliche Fehlbildung.

Informationen zum Schwangerschaftskonfliktgesetz beim Bundesministerium für Familie, Senioren, Frauen und Jugend
www.bmfsfj.de
Beratungen in Schwangerschaftskonflikten führen u. a. durch:
www.profemina.de
www.profamilia.de

6.10 Frühgeburt

Definition: Geburt vor Ende der 37. Schwangerschaftswoche
Ursachen: Mehrlingsschwangerschaft, Infektionen, Alter der Schwangeren unter 18 oder über 35 Jahren, Stress, Nikotin u. v. m. sind Risikofaktoren für eine Frühgeburt.
Symptome und Diagnostik: Es kommt vorzeitig zu Wehen und/oder zum Blasensprung und zur Geburt. Bestimmte CTG-Befunde, eine Verkürzung der Cervix uteri und Symptome vaginaler oder systemischer Infektionen können auf eine drohende Frühgeburt hinweisen.
Therapie: Gegebenenfalls können wehenhemmende Medikamente und Bettruhe bzw. die gezielte Therapie einer Infektion die verfrüht drohende Geburt hinauszögern. Die Reifung der kindlichen Lunge kann medikamentös gefördert werden.
Prävention: Siehe Risikofaktoren; eines der Hauptziele der Mutterschaftsvorsorge ist die Frühgeburtsprävention.
Besonderheiten: Bei Gefahr für Mutter und Kind, z. B. bei schwerer hypertensiver Schwangerschaftserkrankung, muss die Geburt ggf. verfrüht stattfinden bzw. sogar eine **Sectio** (s. u.) vor der 37. Woche durchgeführt werden. Bei drohender und unausweichlicher Frühgeburt arbeiten Gynäkologen und auf Neugeborene spezialisierte Kinderärzte (Neonatologen) eng zusammen.

Selbsthilfegruppe für Eltern frühgeborener Kinder
www.fruechennetz.de

Abb. 1 Frühgeborenes

6.11 Kaiserschnitt (Sectio)

Abb. 2 Mutter und Kind nach Sectio

Definition: Unter einer Sectio (Schnittentbindung) versteht man die chirurgische Eröffnung des Uterus, mit der die Schwangerschaft bzw. die Geburt beendet wird.
Häufigkeit: In Deutschland werden ca. 30 % aller Klinikgeburten als Sectio durchgeführt.
Indikationen: Gefahr für Mutter und/oder Kind während der Schwangerschaft oder der Geburt. Je nach Indikation findet die Sectio geplant (z. B. bei erhöhtem mütterlichen oder kindlichen Geburtsrisiko) oder notfallmäßig (z. B. bei Stillstand der vaginalen Geburt oder Sauerstoffmangel des Kindes) statt.
Risiken: Bei der Mutter Narkosekomplikationen, Verletzungen benachbarter Organe, Verwachsungen im Bauchraum. Die Uterusverletzung durch die Sectio erhöht die Wahrscheinlichkeit, dass auch die nächste Entbindung eine Sectio wird. Beim Kind besteht ein erhöhtes Risiko von Anpassungsstörungen an das plötzlich beginnende extrauterine Leben, z. B. Atemprobleme.
Besonderheiten: Die Erholung der Wöchnerin verläuft nach vaginaler, d. h. normaler Geburt im Allgemeinen rascher. Bei einer HIV-Infektion der Mutter macht die Sectio eine Ansteckung des Kindes weniger wahrscheinlich.

> **HINWEIS**
> Eine Sectio soll nur aus medizinischer Indikation erfolgen, nicht als „Wunsch-Sectio". Das Risiko des Kindes für Asthma, Adipositas und Typ-1-Diabetes steigt um ca. 20 %.

Warum heißt es Kaiserschnitt? Der Begriff Sectio caesarea geht wahrscheinlich auf das Wort caedere (lat. schneiden, schlachten) zurück. Vor der Erfindung der Narkose schnitt man in verzweifelten Fällen, in denen die Gebärende starb oder zu sterben drohte, deren Bauch auf als Versuch, wenigstens das Leben des Kindes zu retten. Spätestens durch die Sectio kam die Frau zu Tode. Der römische Schriftsteller Plinius deutete den Namen des Kaisers Julius Caesar so, dass dieser aus dem Leib seiner Mutter herausgeschnitten worden sei.

6.12 Embryopathie und Fetopathie

Definition: Erkrankungen durch **pränatale** (vorgeburtliche) Schädigungen. Schädliche Einflüsse (Noxen) in der Embryogenese führen zur **Embryopathie** und Schädigungen während der Fetogenese zur **Fetopathie**. Langfristig einwirkende Noxen stören beide Entwicklungsphasen.

Ursachen und Pathogenese: Die häufigste pränatale Schädigung ist mütterlicher Alkoholkonsum, der zur **fetalen Alkoholspektrum-Störung (FASD)** führt. Eine Rötelnerkrankung kann insbesondere den Embryo tiefgreifend schädigen, d. h. eine **Rötelnembryopathie** erzeugen. Viele weitere Infektionskrankheiten, z. B. Varizellen, Ringelröteln, Cytomegalie und Toxoplasmose, können Embryo- und Fetopathien hervorrufen. Auch einige Medikamente bergen ein Fehlbildungsrisiko.

Symptome: Die fetale Alkoholspektrum-Störung führt zu charakteristisch veränderten Gesichtszügen, Wachstums- und Entwicklungsrückstand, Intelligenzdefizit und vielen Lern- und Verhaltensstörungen. Die Betroffenen haben ein erhöhtes Risiko, selbst alkoholkrank zu werden. Da Alkoholkranke zu 99 % rauchen, muss das Neugeborene seine unfreiwillige Alkohol- und Nikotinabhängigkeit nach der Geburt mit einem schweren Entzug beenden. Die Rötelnembryopathie ruft Herzfehler, Blindheit, Taubheit und andere schwere Behinderungen hervor.

Therapie: Versuch, die entstandenen Störungen durch vielfältige Förderung zu bessern

Prävention: Völliger Alkoholverzicht in der Schwangerschaft. Es gibt keine sichere Alkoholmenge. Sowohl das Glas Sekt „für den Kreislauf" oder „zum Anstoßen" als auch das „Stillbier" sind schädlich, da der kindliche Organismus Alkohol sehr langsam abbaut. Alkohol wirkt daher länger und stärker auf den Embryo oder Fetus ein. Impfung aller Kinder gegen Röteln und Varizellen (**MMRV-Impfung**), damit Schwangere immun sind bzw. nicht durch Ungeimpfte infiziert werden. Medikamenteneinnahme in der Schwangerschaft sollte nur nach Rücksprache mit dem Arzt erfolgen.

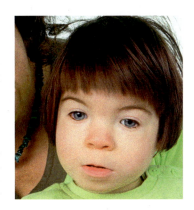

Abb. 1 Kind mit fetaler Alkoholspektrum-Störung

Materialien und Hilfen zur Suchtentwöhnung finden Sie unter
www.bzga.de

MMRV-Impfung
→ LF 3, S. 73

Informationen zum Down-Syndrom, Selbsthilfeorganisationen usw.
www.trisomie-21.de

Informationen zur pränatalen Diagnostik
www.bzga.de
www.frauenaerzte-im-netz.de

6.13 Down-Syndrom (Trisomie 21; Morbus Down)

Definition: Das **Down-Syndrom** ist die häufigste genetisch bedingte Erkrankung. Es entsteht meistens durch ein dreifach statt zweifach vorhandenes Chromosom 21. Daher wird es auch **Trisomie 21** genannt (lat. tri = drei).

Häufigkeit und Pathogenese: Das Down-Syndrom-Risiko steigt u. a. mit dem mütterlichen Alter; bei 20-Jährigen beträgt es ca. 1:1000, bei 40-Jährigen ca. 1:100 und bei 45-Jährigen ca. 1:10. Das zusätzliche Genmaterial stört die Embryogenese und bewirkt Fehlbildungen.

Symptome, Therapie und Prognose: Das Down-Syndrom geht mit charakteristisch veränderten Gesichtszügen und einer Entwicklungsstörung einher. Herzfehler kommen bei ca. 50 % vor, auch andere Fehlbildungen treten gehäuft auf. Die Chromosomenstörung selbst ist nicht therapierbar. Bei guter Förderung und ausreichender Therapie v. a. der Herzfehler können Betroffene ein (fast) selbstständiges Leben führen und um 60 Jahre alt werden. Es gibt Menschen mit Down-Syndrom, die einen Universitätsabschluss erreicht haben.

Diagnostik: Vor allem Paare bzw. Frauen über 35 Jahre entscheiden sich für eine **pränatale Diagnostik**, d. h. vorgeburtliche Untersuchungen zur Früherkennung des Down-Syndroms und ggf. anderer Chromosomenstörungen und Fehlbildungen. Das Ersttrimester-Screening und die Amniozentese, d. h. die Fruchtwasserentnahme mit anschließender Chromosomenanalyse, werden am häufigsten durchgeführt. Mit 35 Jahren ist das Risiko, ein Kind mit Down-Syndrom zu bekommen, etwa ebenso hoch wie das Risiko, durch die Amniozentese eine Fehlgeburt zu erleiden (1:200). Etwa 10 % der Paare, die durch pränatale Diagnostik erfahren, dass sie ein Trisomie-21-Kind erwarten, entscheiden sich für das Kind. Bei Neugeborenen, die typische Down-Syndrom-Merkmale aufweisen, wird die Chromosomenanalyse aus einer Blutprobe durchgeführt.

Abb. 2 Die Schrägstellung der Lidachsen sowie die weit auseinanderstehenden Augen sind ein typisches äußeres Merkmal bei Menschen mit Trisomie 21.

Besonderheiten: PraenaTest® und andere Bluttests, die aus einer mütterlichen Blutprobe die Trisomiewahrscheinlichkeit angeben sollen, sind umstritten. Falsch negative und falsch positive Ergebnisse sind nicht selten. Ergibt der Test eine hohe Trisomiewahrscheinlichkeit, kann nur eine Amniozentese die Diagnose sichern. Behindertenverbände warnen davor, dass mit den Tests Menschen mit Trisomie 21 „aussortiert" werden sollen.

Abb. 1 Cannabiskonsum in der Schwangerschaft erhöht das Risiko neurologischer und psychischer Probleme des Kindes; Cannabis ist nicht harmloser als Alkohol oder Nikotin.

➡ Terminologie: Schwangerschaft und Geburt

Abort	Fehlgeburt; Ende einer Schwangerschaft, bevor das Ungeborene extrauterin lebensfähig ist (Frühabort bis 12. SSW, Spätabort ab 13. SSW)
Abrasio (Syn. **Kürettage**)	Ausschabung; Entfernung von Gewebe aus dem Uterus mit einer Kürette (sog. Rundmesser)
Abruptio	Schwangerschaftsabbruch; ugs. Abtreibung
Amenorrhö	Ausbleiben der Regelblutung
Amnion	Fruchthöhle; von Eihäuten umgebener Bereich innerhalb des Uterus, der Fruchtwasser und den Embryo bzw. Fetus enthält
Amniozentese	Fruchtwasserpunktion: Entnahme einer Fruchtwasserprobe nach Einstich durch die Bauchdecke in die Fruchthöhle
APGAR-Score	Bewertungsschema für Neugeborene nach V. Apgar; ein Score ist ein Punkteschema, z. B. zur Bestimmung eines Risikos
Beta-HCG	Schwangerschaftshormon, das die Plazenta bildet
bimanuelle Palpation	Tastuntersuchung des Uterus mit zwei Händen
Cardiotokogramm (CTG)	Aufzeichnung der Wehentätigkeit und der kindlichen Herztöne
Down-Syndrom (Syn. **Trisomie 21**)	typische Symptomkombination bei Menschen, die ein Chromosom 21 zu viel haben
Embryo	ungeborenes Kind bis zur 12. Schwangerschaftswoche
Embryogenese	Entwicklung des Embryos bzw. aller Organe (1. Trimenon)
Embryopathie	Krankheit auf Grund einer Schädigung des Embryos bzw. der Embryogenese
Ersttrimester-Screening	Untersuchung zur Wahrscheinlichkeit einer abweichenden Chromosomenzahl (z. B. Down-Syndrom) durch Blutentnahme und eingehende Ultraschalluntersuchung in der 11.-14. SSW
extrauterin	außerhalb der Gebärmutter
Extrauteringravidität	Einnistung des Embryos außerhalb des Uterus, z. B. Tubargravidität (Eileiterschwangerschaft)
fetale Alkoholspektrum-Störung (FASD)	typische Symptome und Störungen als Folgen mütterlichen Alkoholkonsums in der Schwangerschaft (engl. Fetal Alcohol Spectrum Disorder)
Fetogenese	Entwicklung des Fetus (ab dem 2. Trimenon)
Fetopathie	Krankheit durch Schädigung des Fetus bzw. der Fetogenese
Fetus	ungeborenes Kind ab der 13. Schwangerschaftswoche
Fundusstand	Höhe, in der sich der Fundus uteri am Bauch der Schwangeren befindet, z. B. 24. SSW Nabelhöhe, 36. SSW am Rippenbogen
Geburtsphasen	Eröffnungs-, Austreibungs- und Nachgeburtsperiode

Gestation (Syn. **Gravidität**)	Schwangerschaft; Zeit von der Konzeption bis zur Entbindung
Gestationsdiabetes	Diabetes mellitus, der in der Schwangerschaft erstmals auftritt
Hyperemesis gravidarum	verstärktes bzw. unstillbares Schwangerschaftserbrechen
Koitus	Geschlechtsverkehr
Konzeption	Empfängnis; Befruchtung der Eizelle
Naegele-Regel	Rechenformel zur Bestimmung des voraussichtlichen Geburtstermins: 1. Tag der letzten Regel – 3 Monate + 7 Tage + 1 Jahr
Partus	Geburt; Entbindung
Plazenta (Placenta)	Mutterkuchen (Organ, das während der Schwangerschaft dem Stoffaustausch zwischen Mutter und Kind dient)
pränatal	vor der Geburt
pränatale Diagnostik	Untersuchungen des ungeborenen Kindes auf Fehlbildungen
postpartal	nach der Geburt
Rötelnembryopathie	schwere Behinderung des Kindes durch Rötelnerkrankung der Mutter während der Embryogenese
Sectio caesarea (Kw. **Sectio**)	Schnittentbindung; Kaiserschnitt; Beendigung der Schwangerschaft bzw. Geburt durch chirurgische Eröffnung des Uterus
Spontanabort	Fehlgeburt ohne äußere Einwirkung
Trimenon (Syn. **Trimester**)	Dreimonatsabschnitt der Schwangerschaft; Schwangerschaftsdrittel

HINWEIS

Für Zwei zu essen heißt nicht, besonders viel, sondern sehr gesund zu essen. Für Schwangere gelten die normalen Ernährungsgrundsätze (S. 373) und der Hinweis, dass auf genug Folsäure, Jod und Eisen zu achten ist.

AUFGABEN

1 Was versteht man unter der Konzeption und wo findet sie statt?

2 Wie lange dauert eine Schwangerschaft durchschnittlich
  a nach der letzten Regelblutung, b nach der Konzeption?

3 Welche Schwangerschaftszeichen gelten als sicher?

4 Wie wird ausgeprägtes Schwangerschaftserbrechen bezeichnet?

5 Welche Untersuchungen finden bei jedem Mutterschaftsvorsorgetermin statt?

6 Erklären Sie die Begriffe
  a hypertensive Schwangerschaftserkrankung und b Gestationsdiabetes.

7 Welche Ursachen für eine Embryopathie und eine Fetopathie kennen Sie?

8 Was ist der Unterschied zwischen einer Abrasio und einer Abruptio?

9 Was versteht man unter einem Spontanabort?

10 Welche Möglichkeiten der pränatalen Diagnostik auf Down-Syndrom kennen Sie?

11 Welche Art der pränatalen Diagnostik würden Sie, wenn Sie jetzt schwanger wären, gerne nutzen? Begründen Sie Ihre Antwort.

7 Gynäkologische Diagnostik und Erkrankungen

7.1 Gynäkologische Diagnostik

7.1.1 Gynäkologische Untersuchung

Die gynäkologische Untersuchung umfasst eine **Palpation des inneren Genitales**, d. h. des **Uterus** und der **Adnexe** (Ovar und Tube). Die Tastuntersuchung wird mit zwei Händen, d. h. bimanuell, durchgeführt. So können Lage, Größe und Beschaffenheit des Uterus und der Portio beurteilt werden (→ Abb. 1). Oft wird die gynäkologische Untersuchung durch eine Palpation des Bauches bzw. Unterbauches und eine rektale Tastuntersuchung ergänzt. In Deutschland ist es üblich, die gynäkologische Untersuchung auf einem gynäkologischen Stuhl durchzuführen (→ Abb. 3).

Nach der bimanuellen Palpation erfolgt oft eine **Spekulum**-Untersuchung. Die Spekula aus Metall gibt es in verschiedenen Größen. Sie werden hygienisch aufbereitet und vor der Verwendung angewärmt. Die Spekula werden vorsichtig in die Vagina eingeführt und so geöffnet, dass der Blick auf die Portio frei wird. Üblicherweise werden zwei Einzelspekula verwendet; die Assistentin hält das obere Spekulum. Einhändig zu bedienende Spekula können ohne Assistenz angewendet werden (→ Abb. 2).

Bei Bedarf werden in der gynäkologischen Diagnostik die Sonografie und andere bildgebende Verfahren sowie die **Laparoskopie** (s. u.) eingesetzt. Die Sonografie erfolgt – außer bei jungen Mädchen und bei fortgeschrittener Schwangerschaft – meistens mit einem vaginal eingeführten Schallkopf (transvaginale Sonografie).

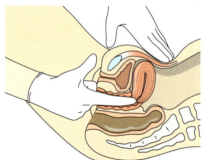

Abb. 1 Bimanuelle Palpation

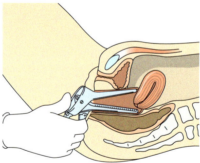

Abb. 2 Untersuchung mit einem einhändig zu bedienenden Spekulum

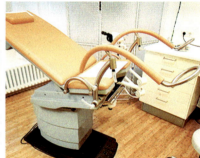

Abb. 3 Gynäkologischer Stuhl

7.1.2 Laparoskopie (Bauchspiegelung)

Definition: Inspektion der Bauchhöhle mit einem Spezialendoskop, dem Laparoskop
Indikationen: Diagnostik und Therapie z. B. gynäkologischer Erkrankungen. Viele Operationen, wie die Entnahme der Gallenblase oder der Appendix (des Wurmfortsatzes), sowie die Sterilisation der Frau durch Eileiterverschluss werden heute laparoskopisch durchgeführt.
Vorteil: Der Eingriff ist viel kleiner als bei einer großen Operation mit Eröffnung der Bauchdecke. Das Laparoskop und weitere Instrumente werden jeweils durch einen sehr kleinen Bauchdeckenschnitt am Nabel eingeführt. Der Patient erholt sich schneller als nach einem großen Bauchdeckenschnitt.
Risiken: Verletzungen der Bauchorgane, Infektionen, Blutungen. Gegebenenfalls können im Verlauf des Eingriffs ein Eröffnen der Bauchhöhle und eine „große" Operation nötig werden.
Besonderes: Da für die Laparoskopie die Bauchhöhle aufgeblasen wird, um den Überblick zu verbessern, entstehen nach der OP durch Reflexe vorübergehend Schulterschmerzen.

7.2 Zyklusstörungen

Zu den häufigsten gynäkologischen Erkrankungen bzw. Beratungsanlässen gehören Störungen des Menstruationszyklus, denn „nichts ist regelmäßiger als die Unregelmäßigkeit der Regel". Besonders kurze oder lange ovulatorische und anovulatorische Zyklen mit schwacher oder starker Blutung sind nicht ungewöhnlich. Die Störungen können pathologisch sein, kommen z. T. aber auch ohne Beschwerden bzw. Krankheitswert vor.

Störungen im Zusammenhang mit dem Menstruationszyklus und der Menstruation (Beispiele)	
Symptom und Definition	**Typische Ursachen und ggf. Therapie**
Amenorrhö fehlende Menstruation	vor der Menarche, in der Schwangerschaft und nach der Menopause normal; pathologisch bei Untergewicht/Magersucht, Leistungssport und Stress
Hypomenorrhö schwache Menstruation	Untergewicht; kann eine erwünschte Nebenwirkung der hormonellen Kontrazeption (der „Pille") sein.
Hypermenorrhö zu starke Menstruation mit normaler Dauer	**Myome**, Endometriose, Blutgerinnungsstörungen, Bluthochdruck, Hormonstörungen, z. B. vor der Menopause; die Hypermenorrhö kann sich unter der „Pille" bessern.
Menorrhagie verlängerte, > 7 Tage dauernde Menstruation	entzündliche Erkrankungen des Uterus, Tumoren, Blutgerinnungsstörungen, Hormonstörungen
Dysmenorrhö schmerzhafte Menstruation, ggf. mit krampfartigen Schmerzen	anlagebedingt bei manchen Frauen ab der Pubertät, ggf. nur phasenweise; organisch bedingt bei Endometriose, Intrauterinpessar (IUP; sog. Spirale), Entzündungen
Endometriose: Endometriumzellen befinden sich außerhalb des Uterus (in der Bauchhöhle, am Ovar, an der Blase oder am Darm). Bei jeder Menstruation bluten die extrauterinen Zellen mit und erzeugen eine ggf. zunehmende Dysmenorrhö. Diagnose: sonografisch, ggf. durch Bauchspiegelung. Therapie: chirurgisch (im Rahmen einer Bauchspiegelung) oder mit Hormonpräparaten, z. B. durch Dauereinnahme, in der Schwangerschaft, einer „Pille", wodurch nur selten die Blutungen auftreten.	
Polymenorrhö zu häufige Menstruation	bei Jugendlichen, solange die Zyklen noch anovulatisch sind, bei Untergewicht, im Klimakterium
prämenstruelles Syndrom (PMS) an jedem Zyklusende wiederkehrendes Beschwerdebild mit depressiver Verstimmung, Wassereinlagerung, Brustspannen usw.	Die Symptome beruhen auf einer psychosomatisch-hormonellen Fehlfunktion im Rahmen des prämenstruell (vor der Menstruation) hohen Progesteron- und niedrigen Östrogenspiegels. Therapeutisch wirken Entspannung, Psychotherapie, Hormonpräparate, ggf. Antidepressiva.

Klimakterium

Definition: Wechseljahre; Übergang von der fruchtbaren Lebensphase der Frau ins höhere Alter mit nachlassender Sexualhormonproduktion und Aufhören des Monatszyklus

Symptome: Etwa ein Drittel der Frauen hat keine Beschwerden, ein Drittel erträgliche Symptome und ein Drittel benötigt eine Therapie. Typisch sind Hitzewallungen, Schwitzen, trockene Schleimhäute, Gewichtszunahme am Bauch, Osteoporose, Schlafstörungen und Depressionen.

Diagnostik: Anamnese und klinisch; ggf. Hormonbestimmung bzw. LH und FSH im Blut

Therapie: Mittels **Hormontherapie** (HT; früher Hormonersatztherapie) bessern sich die Symptome. Durch die Hormontherapie steigt das Risiko kardiovaskulärer Ereignisse, v. a. bei langjähriger Einnahme. Reine Östrogenpräparate gehen mit einem erhöhten Risiko für Gebärmutterkrebs einher und dürfen nur bei Frauen, die keinen Uterus mehr haben, eingesetzt werden. Pflanzliche Mittel haben keinen nachgewiesenen Nutzen. Sport, gesunde Ernährung und eine konstruktive Auseinandersetzung mit der neuen Lebensphase sind hilfreich.

Abb. 1 Bewegung bessert klimakterische Beschwerden

7.3 Infektionen der weiblichen Genitalorgane

Infektionen des weiblichen Genitale sind häufig, da das warme und feuchte Milieu Mikroorganismen gute Vermehrungsbedingungen bietet. Viele Genitalinfektionen werden nicht |sexuell übertragen, sondern entstehen durch Selbstansteckung, z. B. mit Darmkeimen.

sexuell übertragene Infektionen → LF 8, S.362

Symptom/Diagnose	Ursachen, Diagnostik und ggf. Therapie
– **Fluor vaginalis** Scheidenausfluss – **Vulvitis** Entzündung der Vulva – **Kolpitis** Entzündung der Vagina	Physiologisch kommt es zu Fluor vaginalis zur Zeit der Ovulation durch die Hormonwirkung; pathologische Ursachen für Fluor vaginalis sowie Entzündungen der Vulva und Vagina sind: 1. Schleimhautreizung bei übertriebener Hygiene oder mechanischer Belastung 2. sexuell übertragene Krankheiten, z. B. |Gonorrhö 3. nicht sexuell übertragene Krankheiten, v. a. durch **Candida albicans** (s. u.)
Endometritis Entzündung des Endometriums **Adnexitis** Entzündung der Adnexe	Infektionen durch Bakterien, auch sexuell übertragen, z. B. durch |Chlamydien, |Gonokokken, Streptokokken, Staphylokokken, Darmbakterien. Die Infektion wird nach Eingriffen wahrscheinlicher, z. B. Einlage bzw. Vorhandensein einer Spirale (IUP), nach einer Abrasio oder Geburt. Das sog. Kindbettfieber, das |Semmelweis bekämpfte, war eine bakterielle Endometritis mit nachfolgender tödlicher Sepsis. Die Adnexitis kann zur Verklebung bzw. zum Verschluss der Tuben und damit zur Unfruchtbarkeit der Frau führen. Gezielte Therapie mit Antibiotika.
Candida-Kolpitis Scheidenmykose durch den Hefepilz Candida albicans	Den Hefepilz Candida albicans hat jeder Mensch auf der Haut und Schleimhaut sowie im Darm. Bei Abwehrschwäche (Diabetes mellitus, Cortisontherapie, Säuglings- oder Seniorenalter) und weiteren das Pilzwachstum fördernden Faktoren (Abwehrschwäche gegenüber Pilzen bei Frauen mit empfindlicher, meist heller Haut, Einnahme der „Pille") vermehren sich die Pilze und verursachen eine symptomatische Mykose. Die Therapie erfolgt lokal oder systemisch; ggf. Therapie der Grundkrankheit.

Gonorrhö → LF 8, S.362

Chlamydien → LF 3, S.70
Gonokokken → LF 8, S.362
Semmelweis → LF 3, S.94

7.4 Tumoren der weiblichen Genitalorgane

Myome sind benigne Tumoren des Myometriums, die bei jeder zweiten bis dritten Frau ab 30 Jahren zu finden sind (→ Abb. 1). Sie entstehen unter Östrogeneinfluss und bilden sich im Laufe des Klimakteriums oft zurück. Sie können zu Dysmenorrhö und Hypermenorrhö führen und erzeugen durch den erhöhten Blutverlust oft eine Eisenmangelanämie. Die Diagnose erfolgt durch Palpation und Sonografie; bei ausgeprägten Beschwerden können die Myome operativ entfernt werden; bei Kinderwunsch möglichst mit Erhaltung der Gebärmutter.

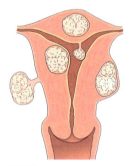

Abb. 1 Myome

Maligne Tumoren der weiblichen Genitalorgane

metabolisches Syndrom → LF 9, S.428

Tumor, Definition	Ursachen (U), Symptome (S), Diagnostik (D), Therapie (T)
Korpuskarzinom Karzinom des Endometriums; Gebärmutterkrebs; häufigstes Genitalkarzinom der Frau	U: Langzeiteinnahme von Östrogen ohne Progesteron, |metabolisches Syndrom, Alter, Kinderlosigkeit S: typisches Spätsymptom: Vaginalblutung nach der Menopause D: Abrasio und Gewebeuntersuchung durch den Pathologen T: **Hysterektomie** (Entnahme des Uterus), Bestrahlung
Ovarialkarzinom Eierstockkrebs; besonders bösartige Tumorart	U: Gene, Alter, Adipositas, Hormontherapie im Klimakterium S: Zunahme des Bauchumfangs, Bauchbeschwerden, Blutungen D: Sonografie, Laparoskopie mit Biopsie, Bildgebung T: Entnahme von Uterus und Adnexen, Chemotherapie

Zervixkarzinom

Definition: Gebärmutterhalskrebs; Karzinom der Zervix bzw. Portio uteri, des (äußeren) Muttermunds
Ursachen und Pathogenese: Infektion mit HPV, dem humanen Papillomvirus. Sexuelle Infektion; das Infektionsrisiko steigt bei häufigem Partnerwechsel. Das Zervixkarzinom entwickelt sich über mehrere Vorstufen zum invasiven Karzinom, das sich im Gewebe ausbreitet.
Symptome: Keine Frühsymptome; ggf. Blutungen. Bei Metastasierung Allgemeinsymptome wie Anämie, Gewichtsverlust und Leistungsknick.
Diagnose: Früherkennung durch Zellabstrich von Zervixkanal und Portio. Dieser wird nach spezieller Färbung durch den Pathologen beurteilt. Dabei werden nach **Papanicolaou** (kurz **Pap** genannt) fünf Stadien unterschieden: **I** normal, **II** kontrollbedürftig verändert, **III** unklar verändert, **IV** Zellveränderungen mit Indikation zur Konisation und **V** Karzinom mit dringender OP-Indikation. Die Einteilung kann auch als **zervicale intraepitheliale Neoplasie** (**CIN**, sprich Zin) erfolgen, im Sinne von CIN 1 bis CIN 3. Sonografie und andere bildgebende Verfahren dienen dem Staging (Feststellung der Tumorausbreitung).
Therapie: Im verdächtigen bzw. lokalen Stadium **Konisation** (chirurgische Entnahme eines keilförmigen Teils der Zervix) (→ Abb. 1) bzw. **Hysterektomie** (Entnahme des gesamten Uterus). Chemotherapie bzw. Bestrahlung bei ausgebreitetem Krebs.
Prävention: HPV-Impfung, kein häufiger Partnerwechsel, Nikotinverzicht. Jährliche Teilnahme an der gynäkologischen Früherkennungsuntersuchung, auch nach HPV-Impfung. Beschnittene Männer sind weniger infektiös, da sich HPV unter der Vorhaut vermehren kann.

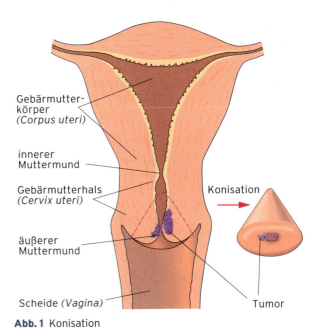

Abb. 1 Konisation

> **HINWEIS**
> Beide zugelassenen HPV-Impfstoffe richten sich gegen mehrere HP-Virus-Typen, die Zervixkarzinome und Genitalwarzen hervorrufen. Rauchen vervielfacht das Risiko HPV-bedingter Erkrankungen.

7.5 Erkrankungen der weiblichen Brust

7.5.1 Mastopathie

Definition: benigne, hormon- und zyklusabhängige Veränderungen im Mammagewebe
Epidemiologie: Häufig; ca. 50 % aller Frauen in der fruchtbaren Lebensphase sind zumindest zeitweise betroffen.
Pathogenese und Symptome: Ein Ungleichgewicht der Zyklushormone (viel Östrogen, wenig Progesteron) führt zu sog. fibrozystischen Veränderungen im Drüsengewebe. Diese gehen mit Verhärtungen, Schwellungen und ggf. Schmerzen in der zweiten Zyklushälfte einher. Am häufigsten ist der obere äußere **Quadrant** („Viertel") der Mamma betroffen.

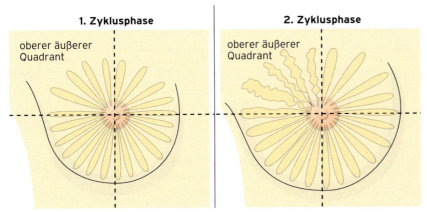

Abb. 2 Mastopathie: zyklusabhängige Veränderung des Brustdrüsengewebes

Komplikationen: Selten, aber familiär gehäuft kommt die atypische Mastopathie vor, die kontrollbedürftig ist, da sie mit einem erhöhten Brustkrebsrisiko einhergeht.
Diagnostik: Tastuntersuchung, ggf. Sonografie/**Mammografie**, ggf. Biopsie
Therapie: bei ausgeprägten Beschwerden ggf. Hormontherapie
Prävention: nicht möglich
Sonstiges: Da die Mastopathie tastbare Knötchen und Knoten erzeugt, sollte die Selbstuntersuchung der Brust immer am 7. oder 8. Zyklustag erfolgen, da dann das Gewebe weich ist.

7.5.2 Mammakarzinom (Brustkrebs)

Definition: maligner Tumor der Brustdrüse
Epidemiologie: häufigster Krebs der Frau, an dem ca. 12 % aller Frauen erkranken
Risikofaktoren: familiäre Häufung; fettreiche Ernährung, frühe Menarche und späte Menopause, späte Schwangerschaft, Kinderlosigkeit, längere Hormontherapie im Klimakterium
Symptome: Knoten im Drüsengewebe, v. a. einseitige, derb-höckerige Knoten, auch Lymphknotenschwellungen, z. B. axillär, Einziehungen und Hautveränderungen an der Mammaoberfläche, Absonderungen außerhalb der Stillzeit. Am häufigsten befindet sich das Mammakarzinom im oberen äußeren Quadranten (→ Abb. 1). Vielfältige Spätsymptome bei Metastasierung durch Leber-, Lungen-, Knochenmetastasen u. v. m.
Komplikationen: bei zu später Erkennung Metastasierung und Tod
Diagnostik: Die regelmäßige Selbstuntersuchung, auch die Palpation im Rahmen der gynäkologischen Krebsfrüherkennung einschließlich aller Lymphknotengebiete der Mammae ist sinnvoll. Abklärung verdächtiger Befunde durch Sonografie, Mammografie und ggf. Biopsie. Das **Mammografie-Screening**, d. h. die Röntgenuntersuchung der Mammae bei Frauen zwischen 50 und 69 Jahren alle zwei Jahre, trägt zur Früherkennung bei.

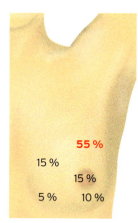

Abb. 1 Lokalisation des Mammakarzinoms mit Häufigkeitsverteilung

Abb. 2 Links: OP-Planung für Entfernung der linken Mamma und ihres Lymphsystems - Rechts: Z. n. (Zustand nach) der OP

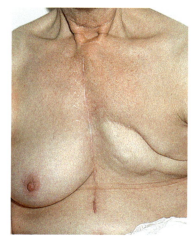

Abb. 3 Patientin nach Entfernung der linken Mamma; es liegt außerdem eine senkrechte Sternotomie-Narbe nach Bypass-OP vor.

Therapie: Operation; Ziele sind die vollständige Entnahme des Tumors sowie der Erhalt der Brustdrüse, wenn die Tumorart und -größe dies erlaubt. Je nach Tumorgröße werden auch Lymphknoten z. B. aus der Axilla, entfernt (→ Abb. 2). Bei entsprechenden Tumorstadien erfolgt eine Chemotherapie und/oder therapeutische Bestrahlung. Stellt der Pathologe Östrogenrezeptoren auf der Oberfläche der Tumorzellen fest, können sog. Antiöstrogene wie Tamoxifen das Tumorwachstum hemmen.
Prognose: Die Fünf-Jahres-Überlebensrate beträgt über 80 % und hängt von Größe, Art und Stadium des Tumors ab. Wichtig ist die Nachsorge, d. h. regelmäßige Untersuchungen zur Erkennung eines Rezidivs (erneuten Tumorwachstums). Bleibt die über fünf Jahre durchgeführte Nachsorge ohne Befund, hat die Frau den Brustkrebs wahrscheinlich besiegt.
Prävention: Siehe Risikofaktoren und Diagnostik. Die „Pille" erhöht das Brustkrebsrisiko nicht, wohl aber eine mehr als fünf Jahre durchgeführte Hormontherapie im Klimakterium.

Gynäkologische Diagnostik und Erkrankungen | **355**

Das Mammografie-Screening wird nur in Zentren durch besonders geschultes Personal durchgeführt. Die Untersuchung geht mit einer geringen Strahlenbelastung einher. Die Gefahr einer Krebsentstehung durch die Röntgenstrahlung ist viel geringer als das Risiko eines unerkannten Mammakarzinoms bei Frauen ab 50 Jahren. Verdächtige Mammografiebefunde werden z. B. durch Untersuchung einer Gewebeprobe abgeklärt.

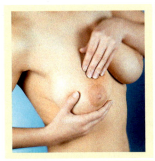
Selbstuntersuchung, z. B. am 7. Zyklustag

Mammografie

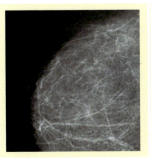
Normalbefund: gleichmäßig wirkendes Gewebe

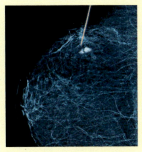
Mammakarzinom mit Verdichtung und Verkalkung (↑)

Selbstuntersuchung der Brust

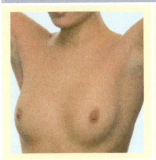
Heben Sie die Arme und betrachten Sie Ihre Brüste jeweils von beiden Seiten.

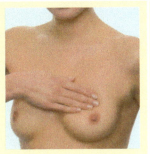
Tasten Sie dann – zunächst im Stehen – Ihre Brust mit den drei mittleren Fingern der flach aufliegenden Hand ab.

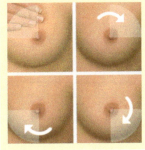
Beginnen Sie im oberen äußeren Viertel – dort ist das Gewebe im Allgemeinen dichter – und fahren Sie im Uhrzeigersinn fort.

Weitere Informationen zur Selbstuntersuchung und zu Brustkrebs finden Sie unter
www.frauenaerzte-im-netz.de
www.brustkrebs-info.de
www.krebsinformationsdienst.de
www.krebshilfe.de

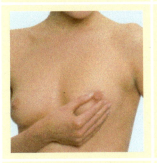
Drücken Sie jede Brustwarze einzeln zwischen Daumen und Zeigefinger, achten Sie auf austretende Flüssigkeit.

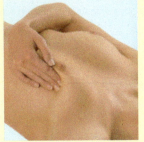
Anschließend wiederholen Sie das Abtasten im Liegen – wieder kreisförmig ein Viertel nach dem anderen.

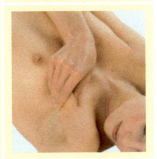
Suchen Sie mit den Fingern nach tastbaren Lymphknoten in den Achselhöhlen.

Auch Männer können an Brustkrebs erkranken. Dieser ist öfter als bei Frauen genetisch bedingt. Jede Veränderung der Mamille bzw. der auch beim Mann darunter liegenden Brustdrüse ist verdächtig auf ein Mammakarzinom und muss abgeklärt werden. Diagnostik und Therapie entsprechen dem Vorgehen bei der Frau.

8 Kontrazeption (Schwangerschaftsverhütung)

Weitere Informationen erhalten Sie über die Bundeszentrale für gesundheitliche Aufklärung unter
www.bzga.de
www.sexualaufklaerung.de
Hinweis: Auch pro familia und die Krankenkassen stellen Materialien und Informationen bereit.

Im engeren Sinn bedeutet Kontrazeption Empfängnisverhütung. Da aber nicht alle Methoden die Konzeption verhindern, spricht man von Schwangerschaftsverhütung oder einfach von Verhütung oder Familienplanung. Die Kontrazeptionsmethoden teilt man ein in
1. Methoden ohne Hilfsmittel: **Coitus interruptus** und natürliche Empfängnisregelung,
2. chemische Methoden: **Spermizide** in Form von Zäpfchen, Cremes usw.,
3. mechanische Methoden: Kondom, **Pessar** und z. T. das **Intrauterinpessar (IUP)**,
4. hormonelle Methoden: **Hormonpräparate** wie die „Pille" und z. T. das Intrauterinpessar,
5. endgültige Methoden: die **Sterilisation** von Mann und/oder Frau.

Die Wirksamkeit der Verhütungsmethoden gibt der **Pearl-Index** an. Dieser besagt, wie viele von 100 sexuell aktiven Frauen, die das Mittel ein Jahr lang anwenden, schwanger werden. „Das" Kontrazeptivum, das einfach anzuwenden, sicher und kostengünstig ist, gibt es nicht. Jede Frau bzw. jedes Paar muss nach Lebenssituation, Gesundheitszustand u. v. m. entscheiden, welche die am ehesten annehmbare Methode ist.

> **MERKE**
> Mehr als jede zweite Frau im gebärfähigen Alter nimmt die „**Pille**".

1. Verhütungsmethoden ohne Hilfsmittel

Methode	Pearl-Index	Besonderheiten
keine oder unwirksame Maßnahme wie Scheidenspülung	30–85 je nach Alter	Es kommt zu ungeplanten, ggf. sehr zahlreichen Schwangerschaften.
Coitus interruptus Zurückziehen des Penis aus der Vagina vor dem Samenerguss	bis 40	unsicher und für beide Partner unbefriedigend; wird (leider) oft beim spontanen ersten Verkehr von Jugendlichen angewandt
natürliche Methoden z. B. Messung der Aufwachtemperatur (Basaltemperatur), ggf. mit Hilfe eines Computers, Beurteilung des Zervixschleims	0,5–30	Die Effektivität hängt von der Erfahrung und der Adhärenz des Paares ab. Ein regelmäßiger Zyklus ist von Vorteil. Die Libido (das sexuelle Interesse) der Frau ist in den Tagen um die Ovulation herum am größten. Dann aber soll bei natürlicher Verhütung kein Verkehr stattfinden. Daher kann die Kombination mit Kondomen o. Ä. sinnvoll sein. Kostengünstig und chemiefrei.

2. chemische Methoden

Spermizide in Form von Scheidenzäpfchen, Cremes usw.	bis 30	unsicher; Wartezeit (im Liegen) bis zum Eintritt der Wirkung; Reizungen der Schleimhaut; Spermizide können mit mechanischen Methoden kombiniert werden

Kontrazeption (Schwangerschaftsverhütung) | **357**

3. mechanische Methoden bzw. Barrieremethoden		
Methode	**Pearl-Index**	**Besonderheiten**
Kondom (Präservativ) Es sind Modelle für Mann und Frau erhältlich.	0,4-2 bei falscher Anwendung erheblich höher	Vorspiel wird unterbrochen, Empfindung beeinträchtigt, bei Latexallergien können die üblichen Produkte nicht verwendet werden. Nur Kondome, auch die Modelle für die Frau, können beim Geschlechtsverkehr Schutz vor sexuell übertragbaren Infektionen bieten. Allerdings schützen sie nicht vor HPV-Infektionen und nie zu 100 %.
Diaphragma; Lea®Contraceptivum Das Diaphragma muss angepasst und das Einlegen geübt werden; Anwendung in Kombination mit Spermizidcreme.	2-4 bei optimaler Anwendung	Die Produkte müssen rechtzeitig vor dem Verkehr eingelegt und danach lange genug belassen werden, damit keine Spermien den Muttermund erreichen. Sie können störend wirken und vereinigen die Nachteile mechanischer und chemischer Methoden. Sie sind aber ohne Zutun des Mannes von der Frau allein anwendbar.
Intrauterinpessar (IUP); sog. **Spirale** wird in das Cavum uteri eingelegt und stört dort v. a. die Einnistung	0,5-2,7 ohne Hormon, 0,1 mit Hormon	Eingriffe beim Einlegen und Ziehen; das IUP kann mehrere Jahre im Uterus bleiben. Die Lage muss regelmäßig sonografisch kontrolliert werden. Die Hemmung der Einnistung befruchteter Eizellen kann als frühe Abtreibung verstanden werden. Infektionen des inneren Genitale kommen gehäuft vor und können zur Adnexitis mit Eileiterverklebung führen. Für Frauen, die keine „Pille" vertragen, ist die hormonfreie Variante evtl. geeignet.
4. hormonelle Kontrazeptiva		
Ovulationshemmer („Pille") Unterbricht den hormonellen Regelkreis, indem sie Östrogen und Gestagen zuführt, verhindert die Ovulation. Die **Minipille** enthält nur Gestagen, wirkt nicht unbedingt ovulationshemmend und verhindert u. a. die Einnistung.	0,2-0,5 für Zweiphasenpräparate 0,8-1,5 für reine Gestagene (Minipille)	Selten treten ggf. tödliche Thrombosen bzw. Thromboembolien und Schlaganfälle auf, v. a. bei Veranlagung, Frauen über 40 und Raucherinnen. Häufiger entstehen arterielle Hypertonie, erhöhte Leberwerte, Migräne, Vaginalmykosen, leichte Gewichtszunahme und Depressionen. Die tägliche Einnahme, bei der Minipille zur gleichen Tageszeit, ist Voraussetzung der Wirkung. Die Minipille erzeugt Blutungsstörungen, ggf. eine Amenorrhö. Vorteile sind erwünschte Nebenwirkungen auf die Haut, z. B. bei Akne oder bei ausgeprägter Körperbehaarung; Cave Wechselwirkungen (Antibiotika usw.).
Hormonring, z. B. NuvaRing® **Hormonpflaster**, z. B. EVRA®	0,6-0,9	Wirkungen, Neben- und Wechselwirkungen entsprechen der Pille, auch wenn die Hormonmenge, die durch die Schleimhaut bzw. Haut aufgenommen wird, etwas geringer ist. Der Ring kann drei Wochen in der Vagina bleiben, die drei Pflaster werden für je eine Woche pro Zyklus auf die Haut geklebt. Lokale Reizungen sind möglich.

Dreimonatsspritze i.m.-Injektion eines Gestagenpräparats	0,5	Bei Nebenwirkungen, wie Brustspannen, Übelkeit, Depression usw., ist kein rasches Absetzen möglich. Dies gilt v. a. für das Verhütungsstäbchen, das recht teuer ist und ggf. lange nachwirkt. Es sollte nur bei Verträglichkeit der Dreimonatsspritze eingesetzt werden. Vorteil: Es ist keine regelmäßige Medikamenteneinnahme erforderlich.
Hormonimplantat das ca. 3 cm lange Verhütungsstäbchen Implanon®, das subkutan am Oberarm eingesetzt wird	0,3	
postkoitale Kontrazeption „Pille danach"; sog. Notfallverhütung bis zu fünf Tage postkoital (nach dem Koitus)	je nach Einnahmezeitpunkt und Zyklusphase sehr verschieden	PiDaNa® (Wirkstoff: Levornorgestrel) kann bis zu drei Tage und EllaOne® (Wirkstoff: Ulipristalacetat) bis zu fünf Tage nach ungeschütztem Verkehr eingenommen werden. Häufige Nebenwirkungen sind Schwindel, Übelkeit und Schmierblutungen. Beide Präparate haben keine anhaltende Wirkung für den restlichen Zyklus; teuer.
„Spirale danach" Einsetzen eines Intrauterinpessars spätestens fünf Tage nach ungeschütztem Verkehr	siehe IUP, je nach Zeitpunkt der Einlage	Die Spirale verhindert die Einnistung durch Reizung des Endometriums. Die „Spirale danach" muss mindestens bis zum Zyklusende liegen bleiben. Nachteile und Kontraindikationen siehe Intrauterinpessar; bei kurzfristiger Liegedauer des IUP verglichen mit „Pille danach" teuer.
5. chirurgische Methoden: Sterilisation		
Sterilisation des Mannes Unterbindung der Samenleiter in der Leiste in Lokalanästhesie **Sterilisation der Frau** laparoskopische Unterbindung der Eileiter in Vollnarkose	< 0,06	Der Eingriff ist grundsätzlich endgültig und sollte nur durchgeführt werden, wenn keine Zweifel bestehen. Der Eingriff bei Mann birgt viel geringere Risiken als der Bauchhöhleneingriff bei der Frau. Wochen nach der OP beim Mann muss überprüft werden, ob die Samenflüssigkeit schon spermienfrei ist. Die Sterilisation des Mannes führt zu einer samenzellfreien Samenflüssigkeit. Es ändert sich dadurch weder etwas an der Potenz (Erektionsfähigkeit) noch etwas Spürbares an der Samenflüssigkeit.

9 Fertilitätsstörungen

Abb. 1 Nicht allen Paaren wird ihr Kinderwunsch erfüllt.

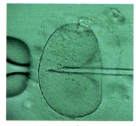

Abb. 2 ICSI (sprich „ixi"), intrazytoplasmatische Spermieninjektion

Definition und Häufigkeit: Unerfüllter Kinderwunsch, d. h. **Fertilitätsstörungen** (eingeschränkte Fruchtbarkeit), betrifft jedes sechste bis siebte Paar. **Sterilität** (Unfruchtbarkeit) liegt vor, wenn innerhalb von zwei Jahren keine Schwangerschaft eintritt, obwohl ein Paar regelmäßig Geschlechtsverkehr hat und nicht verhütet.

Ursachen: In 45 % der Fälle liegt die Ursache bei der Frau; ein Alter > 35 Jahren ist der häufigste Grund, gefolgt von einer Eileiterverklebung nach Adnexitis. In 40 % der Fälle liegt die Ursache beim Mann im Sinne verminderter Spermienmenge und/oder -qualität. Die Ursache kann auch bei beiden liegen oder ungeklärt sein. Auch Rauchen und Übergewicht sind Risikofaktoren.

Therapie: Viele Praxen und Kliniken haben sich auf Fertilitätsstörungen spezialisiert und bieten Diagnostik und sog. **assistierte Reproduktion** an. Am häufigsten werden angewandt:

- **IVF (In-vitro-Fertilisation):** Nach hormonell ausgelöster Mehrfachovulation werden der Frau Eizellen entnommen und in einem Laborgefäß mit Spermien des Mannes zusammengebracht. Bis zu drei der entstandenen Embryonen werden der Frau nach einigen Tagen in den Uterus eingesetzt. Die Geburtenrate pro Behandlungszyklus liegt bei ca. 13,5 %.
- **ICSI (intrazytoplasmatische Spermieninjektion)** ist die bevorzugte Methode bei minderer Spermienqualität. Die Frau wird hormonell vorbehandelt und bekommt Eizellen entnommen. Aus Sperma, Hoden oder Nebenhoden werden Spermien gewonnen und einzeln ins Zytoplasma der Eizellen injiziert. Geburtenrate pro Behandlungszyklus: ca. 15 %.

Terminologie: Gynäkologische Erkrankungen, Kontrazeption, Konzeption

Adnexe (Mz.)	Anhangsorgane des Uterus (Tuben und Ovarien)
Adnexitis	Entzündung der Adnexe durch bakterielle Infektion
Candida albicans	Hefepilz (Sprosspilz), der häufig Schleimhautmykosen hervorruft
Endometritis	Entzündung des Endometriums durch bakterielle Infektion
Fluor vaginalis	Scheidenausfluss
Gestagen	Oberbegriff für progesteronartige Hormone
Hysterektomie	chirurgische Entnahme des Uterus
Intrauterinpessar (IUP)	Verhütungsmittel, das in das Cavum uteri eingelegt wird
Kolpitis (Syn. **Vaginitis**)	Scheidenentzündung
Konisation	chirurgische Entnahme eines Gewebekeils aus der Zervix
Kontrazeption	Empfängnis- bzw. Schwangerschaftsverhütung
Kontrazeptivum, orales	hormonelles Verhütungsmittel zur Einnahme (die „Pille")
Korpuskarzinom	Gebärmutterkarzinom; Karzinom des Endometriums
Laparoskopie	Bauchspiegelung; Endoskopie der Bauchhöhle
Mammakarzinom	Brustkrebs
Mammografie	Untersuchung der Mamma mit sog. weichen Röntgenstrahlen
Mammografie-Screening	Reihenuntersuchung zur Brustkrebs-Früherkennung
Mastopathie	zyklusabhängige Veränderungen des Mammagewebes
Myom	benigne Muskelgeschwulst des Myometriums
Ovarialkarzinom	Eierstockkrebs
Ovulationshemmer	Hormonpräparat, das den Eisprung verhindert („Pille")
Pearl-Index	Maßzahl für die Sicherheit von Verhütungsmethoden
Spermizid	Samenzellen abtötendes Mittel
Sterilisation	hier: Eingriff zur Beendigung der Zeugungsfähigkeit
Sterilität	bzgl. Kinderwunsch: Unfruchtbarkeit
Vulvitis	Entzündung der Vulva
Zervixkarzinom	Gebärmutterhalskrebs

> **HINWEIS**
>
> **Social Freezing** heißt das Einfrieren von Eizellen von Frauen, die aus nicht medizinischen Gründen (fehlender Partner, Beruf usw.) Schwangerschaft(en) in ein Alter verschieben möchten, in dem die Fertilität nicht mehr besteht. Per IVF oder ICSI kann dann ggf. eine Schwangerschaft gelingen.

AUFGABEN

1. Wie kann eine Frau ihr Zervixkarzinom-Risiko vermindern?
2. Welche Risiken geht eine Frau bei der laparoskopischen Sterilisation ein?
3. Erklären Sie den Begriff Konisation.
4. Was ist die häufigste Ursache des unerfüllten Kinderwunsches in Deutschland?

10 Genitalorgane des Mannes

Die äußeren und inneren Genitalorgane des Mannes (→ S. 298, Abb. 1) erfüllen verschiedene Teilaufgaben bei Fortpflanzung und Sexualität.

Die Hoden **(Testes)** sind sowohl Keimdrüsen als auch endokrine Drüsen. Sie bilden die Samenzellen **(Spermien)** sowie das männliche Sexualhormon **Testosteron**. Die Spermien werden in den Nebenhoden (Ez. **Epididymis**) gelagert und gelangen über die Samenleiter (Ez. **Ductus deferens**) in die Urethra. Erst bei der **Ejakulation** (dem Samenerguss) entsteht das **Sperma**, die Samenflüssigkeit. Dieses besteht nur zu einem geringen Teil aus Spermien. Zu etwa 65 % besteht es aus dem fruchtzuckerreichen Sekret der Bläschendrüsen und zu etwa 35 % aus dem alkalischen Sekret der **Prostata** (Vorsteherdrüse). Die Cowper-Drüsen geben wenige Tropfen dickflüssiges, klares Sekret ab. Dieses bereitet die Urethra vor der Ejakulation für die Spermien vor, indem es Säuren neutralisiert.

Die **Urethra** ist beim Mann die **Harn-Samen-Röhre**, da über sie sowohl der Urin als auch die Samenflüssigkeit nach außen geleitet werden. Miktion und Ejakulation finden auf Grund der automatischern Steuerung jedoch nie gleichzeitig statt.

Die äußeren Genitalorgane des Mannes (→ Abb. 1) sind der Penis mit Wurzel, Schaft und Eichel **(Glans** bzw. **Glans penis)** sowie das **Skrotum** (der Hodensack). Das **Preputium**, die Vorhaut, umgibt die Glans. Dorsal des Skrotums befinden sich analog zur Frau das **Perineum** (der Damm) und der **Anus** (After; Darmausgang).

Die Hoden (→ Abb. 2) entwickeln sich während der Embryogenese in der Nierengegend. Sie verlagern sich im Laufe des vorgeburtlichen Lebens in den Hodensack, d. h., sie „wandern" bis zur Geburt ins Skrotum, wo die Spermien vor zu hohen Temperaturen geschützt sind.

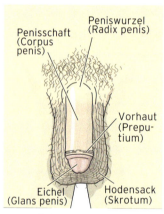

Abb. 1 Äußere Genitalorgane des Mannes

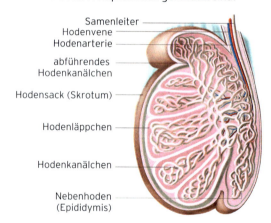

Abb. 2 Hoden und Nebenhoden

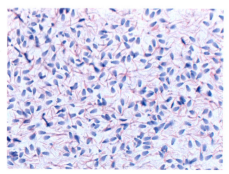

Abb. 3 Spermien (Durchmesser des Kopfstücks ca. 0,02 mm)

Anders als bei Mädchen, die mit Tausenden Keimzellen geboren werden, beginnt beim Jungen die Bildung der Spermien (→ Abb. 3) erst mit der Pubertät. Mit der Steigerung der Testosteronmenge entwickeln sich dann auch die sekundären Geschlechtsmerkmale, d. h. die Körperbehaarung, die tiefere Stimme und die stärkere Ausbildung der Muskulatur. Da auch Akne durch Testosteron gefördert wird, haben Jungen zumeist eine schwerere Pubertätsakne als Mädchen.

11 Untersuchungsverfahren der Urologie

Neben Anamnese und klinischer Untersuchung mit Inspektion und Palpation des äußeren Genitales und der Leistenlymphknoten nutzt die Urologie eine umfassende Harndiagnostik, serologische und andere Laborverfahren sowie bildgebende Verfahren (s. Kapitel 2.8). In der Urologie häufig angewandte Untersuchungen sind:

Technik und Bedeutung	Indikationen und Befunde (Beispiele)
Spermiogramm mikroskopische Zählung und Beurteilung der Spermien im Ejakulat (Sperma)	Fertilitätsstörungen; dabei sind oft Menge und Qualität (Form und Beweglichkeit) der Spermien eingeschränkt. Nach der Sterilisation des Mannes werden ggf. mehrfach Spermiogramme angefertigt, da das Ejakulat zunächst noch Samenzellen enthält und erst dann ungeschützter Verkehr stattfinden sollte, wenn die Samenflüssigkeit frei von Spermien ist.
rektale Untersuchung Tastuntersuchung des Anus, des kaudalen Rektums und der Prostata vom Enddarm aus	Der rektale Tastbefund kann Hinweise auf eine Vergrößerung und/oder veränderte Oberflächenstruktur der Prostata geben. Veränderungen in Analkanal und Rektum (Mastdarm), z.B. Tumoren, können ertastet und der Schließmuskeltonus kann beurteilt werden. **Hinweis:** Die Hämorrhoiden sind nicht mit der rektalen Tastuntersuchung beurteilbar, da sie weiche Gefäßpolster sind, die dem Finger nachgeben.
(trans)rektale Sonografie Ultraschalluntersuchung, bei der der in einen Gel-Ballon eingelassene Schallkopf in das Rektum eingeführt wird	Genauere Beurteilung der Prostata als bei der rektalen Palpation. Es können unter Ultraschallkontrolle auch Eingriffe wie Biopsien durchgeführt, d.h. Gewebeproben entnommen werden.

Abb. 1 Spermiogramm (Normalbefund)

Hämorrhoiden
→ LF 9, S. 413

Rektale Untersuchung

Vorbereitung

Die MFA legt dünnwandige Handschuhe, Fingerlinge und Gleitmittel, z.B. Vaseline bereit.
Der Patient macht den Unterkörper frei und legt sich auf die Seite, mit dem Rücken zum Untersucher.

Durchführung

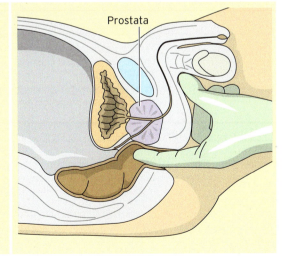

12 Erkrankungen der männlichen Genitalorgane

12.1 Genitalinfektionen und STI

Genitalinfektionen betreffen alle Geschlechter und sind fast gleichbedeutend mit **STI (STD**; sexuell übertragene Infektionen, engl. sexually transmitted infections/diseases). Der Begriff Geschlechtskrankheiten war früher gebräuchlich; er bezog sich vorwiegend auf **Syphilis (Lues)** und **Gonorrhö** (Tripper), d. h. bestimmte meldepflichtige STI. Traditionell behandelten Dermatologen als Fachärzte für Haut- und Geschlechtskrankheiten Patienten mit STI, weil die schon lange bekannten Infektionen Syphilis und Gonorrhö zumindest in fortgeschrittenen Stadien Hauterscheinungen hervorrufen.

Heute werden die meisten STD von Gynäkologen, Urologen sowie fachübergreifend mit Internisten und Dermatologen behandelt. Verlässliche Häufigkeitsangaben sind schwierig, da nur noch HIV (nicht namentlich) und Syphilis (namentlich) meldepflichtig sind. Das Robert Koch-Institut erarbeitet mit Hilfe von etwa 250 Gesundheitsämtern und niedergelassenen Ärzten aktuelle Statistiken, um die Präventionsstrategien optimal anzupassen. Die Patienten werden gebeten, anonym Bögen zur Ansteckung und zum Risikoverhalten auszufüllen. Risikofaktor für alle STD ist ein häufiger Wechsel des Geschlechtspartners, abgekürzt **HWG**.

www.rki.de
Stichwort STD-Sentinel

Sexuell übertragene Infektionen, nach Häufigkeit geordnet (bezogen auf die Häufigkeit in Deutschland nach dem STD-Sentinel des Robert Koch-Instituts 2010)	
Erreger bzw. Erkrankung, typische Symptome und Folgen	**Diagnose (D), Therapie (T), Prävention (P), Besonderheiten (B)**
HPV (Humane Papillomviren) Über 100 verschiedene HPV-Typen rufen **Condylomata acuminata** (Feigwarzen) und/oder das Zervixkarzinom hervor.	D: bei Feigwarzen klinisch, bei Zervixveränderungen spezielle Abstriche und Nachweistechniken T: chirurgisch, medikamentöse Lokaltherapie, Konisation P: kein HWG; Kondome schützen nicht, nur HPV-Impfung
Chlamydien Nicht eitrige Urethritis und seltener **Epididymitis** beim Mann, Adnexitis bei der Frau, ggf. mit Tubenverklebung. 80 % der Infektionen verlaufen symptomlos, häufige Ursache einer Fertilitätsstörung der Frau.	D: Abstriche, Urintests T: Antibiotika, Partnertherapie P: Chlamydien-Screening (Früherkennung mit Urintest) bei Frauen unter 25 Jahren und Schwangeren; Untersuchung auch ohne Beschwerden ist insbesondere bei Kinderwunsch sinnvoll; HWG vermeiden; Kondome anwenden.
Humanes Immunschwäche-Virus (HIV) Unterschiedlich lange Zeit nach der Infektion erkranken die Patienten an der Immunschwächekrankheit **Aids**, die u. a. durch opportunistische Infektionen und Befall des Nervensystems zum Tode führt.	D: HIV-Test, der Antikörper nachweist, ggf. PCR T: Durch antivirale Medikamente kann die Virusvermehrung lange unterdrückt und Aids hinausgezögert werden. P: HWG vermeiden; Kondome, Safer Sex B: Das Problembewusstsein für HIV nimmt in den letzten Jahren ab; damit steigt die Neuinfektionsrate.
Gonorrhö (ugs. **Tripper**) bakterielle Infektion durch **Gonokokken**; beim Mann typische eitrige Urethritis; bei der Frau eher unspezifische Symptome wie Fluor, ggf. Adnexitis mit Tubenverklebung; gelegentlich eitrige Arthritis, Sepsis	D: Abstrich und mikroskopischer Direktnachweis T: Antibiotika, z. B. als Einmalgabe i.m.; cave Resistenzen; Partner untersuchen und ggf. therapieren P: HWG vermeiden; Kondome, Safer Sex B: Bei Gonorrhö sollte immer auf eine Mehrfachinfektion mit Chlamydien, Syphilis und HIV untersucht werden.
Syphilis (Lues) Bakterielle Infektion durch das Spiralbakterium **Treponema pallidum**; zunächst entstehen Genitalgeschwüre oder orale Geschwüre, dann Lymphknotenschwellungen, Hauterscheinungen und ggf. kommt es zu Abbauvorgängen im ZNS.	D: Abstrich von frischem Geschwür mit mikroskopischem Direktnachweis, Bluttests, gleichzeitig HIV-Test usw. siehe Gonorrhö T: Antibiotika, v. a. Penicillin; Partnertherapie P: HWG vermeiden; Kondome, Safer Sex B: Die Syphilis-Bluttests TPHA und TPPA bleiben auch nach erfolgreicher Therapie lebenslang positiv.

Erkrankungen der männlichen Genitalorgane | **363**

Herpes genitalis (Genitalinfektion durch HSV = **Herpes-simplex**-Viren) Bläschenausschlag, ggf. Schmerzen; die Infektion bleibt latent vorhanden und bricht bei Resistenzminderung aus.	D: klinisch, ggf. Abstrich und Virusnachweis T: Virostatika, z. B. Aciclovir P: HWG vermeiden; Kondome B: Genitalherpes der Mutter bei der Geburt kann das Neugeborene stark gefährden; ggf. ist eine Sectio nötig.
Trichomoniasis (Infektion mit dem Protozoon **Trichomonas vaginalis**) bei der Frau Fluor vaginalis und Juckreiz, bei Mann und Frau Urethritis und Zystitis, beim Mann **Prostatitis** (Entzündung der Vorsteherdrüse)	D: mikroskopischer Direktnachweis aus Genitalsekret T: Metronidazol, ein protozoenwirksames Antibiotikum P: HWG vermeiden; Kondome B: Trichomonaden können auch durch Gegenstände und Badewasser übertragen werden.
Weitere sexuell übertragene Infektionskrankheiten sind Hepatitis A, B und C, Mykosen v. a. durch Candida albicans sowie Parasitosen, z. B. durch Filzläuse, Kopfläuse, Kleiderläuse, Wanzen und Krätzmilben.	

Die meisten sexuell übertragenen Krankheiten hinterlassen **keine Immunität**. Eine Wiederansteckung, auch eine Mehrfachinfektion, ist jederzeit möglich. Impfmöglichkeiten bestehen nur gegen Hepatitis A und B sowie gegen Humane Papillomviren bei Mädchen. Das höchste Infektionsrisiko tragen Männer, die Sex mit Männern haben, sowie Prostituierte und ihre Kunden. Analverkehr und bestehende Genitalinfektionen bergen erhöhte Infektionsrisiken.

12.2 Benignes Prostatasyndrom (BPS)

Definition: gutartige Vergrößerung der Prostata **(Prostatahyperplasie)**, die mit Beschwerden im unteren Urogenitaltrakt einhergeht
Epidemiologie: Das BPS ist eine Alterskrankheit der Männer. Sie ist bei 40 % der Männer ab 50 Jahren nachweisbar und erzeugt bei jedem vierten Mann Blasenentleerungsstörungen.
Pathogenese: Wachstum der Prostata durch altersbedingte hormonelle Veränderungen
Symptome: 1. **Funktionsstörungen**: Zunächst entstehen unspezifische funktionelle Beschwerden, wie Pollakisurie, Dranginkontinenz und Nykturie.
2. **Obstruktion**: Später drückt die vergrößerte Prostata zunehmend auf die Urethra am Blasenausgang und es kommt zu obstruktiven, d. h. einengungsbedingten, **Blasenentleerungsstörungen**: verzögertem Miktionsbeginn, schwachem Harnstrahl, verlangsamter Miktion, Harnträufeln und schließlich unvollständiger Blasenentleerung mit **Restharnbildung**.
Komplikationen: Da sich Bakterien im Restharn gut vermehren können, entstehen bei Obstruktion des Blasenausgangs gehäuft **Harnwegsinfekte**. Schließlich kann die Urethra ganz verschlossen werden, sodass ein akuter **Harnverhalt** (eine Harnsperre) entsteht.
Diagnostik: rektale Untersuchung, Harnstatus, Sonografie zur Restharnbestimmung, Messungen des Harnflusses, ggf. transrektale Sonografie und sonstige Bildgebung
Therapie: Medikamente wie Tamsulosin verbessern die Symptomatik, ohne die Prostata zu verkleinern. Sie wirken auf die glatte Muskulatur der Vorsteherdrüse. Wirkstoffe wie Finasterid verkleinern die Prostata leicht und bessern so die Symptome, können aber Störungen der Potenz und Libido hervorrufen. Bei fortgeschrittener Obstruktion wird durch die Urethra eine Verkleinerung der Prostata durchgeführt. Dieser Eingriff, die **transurethrale Resektion**, kann chirurgisch, mit Laser oder anderen Verfahren erfolgen. Bei akutem Harnverhalt muss der Urin mit Hilfe eines **Blasenkatheters** (eines Gummischlauchs zur Harnableitung) abgeleitet werden.
Prävention: nicht möglich

> **Obstruktion**
> Einengung bzw. Verlegung des Lumens

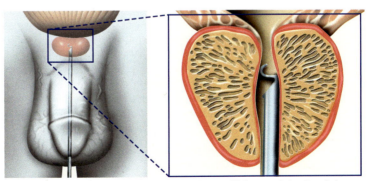

Abb. 1 Transurethrale Resektion (operative Verkleinerung) der Prostata

12.3 Prostatakarzinom

Definition: Krebs der Vorsteherdrüse; Karzinom des Drüsengewebes der Prostata

Epidemiologie: Häufigster Krebs des Mannes. |Autopsien ergeben bei 10 % der 50-Jährigen und 60 % der 80-Jährigen Prostatakarzinome.

Autopsie
→ LF 5, S.275

Ursachen und Pathogenese: Alter und genetische Faktoren begünstigen die Entstehung des Prostatakarzinoms. Das Karzinom wächst zunächst innerhalb der Prostata, kann sich aber nach unterschiedlich langer Zeit über die Organgrenzen ausbreiten und schließlich metastasieren (→ Abb. 1).

Symptome und Komplikationen: Das örtlich begrenzte Stadium ist symptomlos. Später kann das Prostatakarzinom Blasenentleerungsstörungen und |Hämaturie hervorrufen. Die typische Metastasierung in die Wirbelsäule erzeugt Rückenschmerzen, die an eine |Lumboischialgie erinnern und mit dieser verwechselt werden können.

Hämaturie
→ LF 8, S.318
Lumboischialgie
→ LF 4, S.143

Diagnostik: Rektale Tastuntersuchung, z. B. im Rahmen der jährlichen Krebsfrüherkennungsuntersuchung für Männer ab 45 Jahren. Verhärtungen und eine höckerige Oberfläche der Prostata sind krebsverdächtige Befunde. Bestimmung des **PSA (prostataspezifisches Antigen)** im Blut. Transrektale Sonografie, Biopsie, bei Metastasierung sonstige Bildgebung. Nur der histologische Nachweis durch den Pathologen kann die Diagnose sichern.

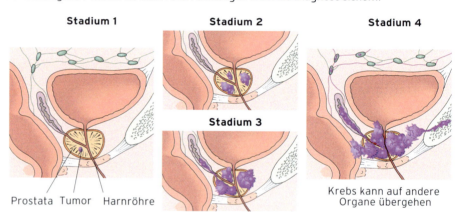

Abb. 1 Stadien des Prostatakarzinoms: Beschränkung auf die Prostata (Stadium 1) ist in der Regel beschwerdefrei; Stadium 2 ist bei der rektalen Untersuchung tastbar; Durchbruch der Prostatakapsel (Stadium 3) und Infiltration in benachbarte Gewebe sowie Metastasierung in die Lymphknoten, angrenzende und weiter entfernte Organe (Stadium 4).

Therapie: Je nach Stadium, Art und Aggressivität des Tumors erfolgen chirurgische Entnahme der Prostata, Strahlentherapie und/oder eine sog. medikamentöse Kastration durch Wirkstoffe, die die Testosteronproduktion und damit das Tumorwachstum unterdrücken. Das Prinzip entspricht den Antiöstrogenen beim Mammakarzinom. Bei sehr alten Männern und begrenzter Tumorausbreitung kann es sinnvoll sein, nicht oder nur symptomatisch zu behandeln.

Prävention: jährliche Krebsfrüherkennung, ggf. mit PSA-Bestimmung (IGeL)

Besonderes: Das PSA ist ein problematischer Laborwert. Wie andere **Tumormarker** ist es ein Stoff, der bei Vorliegen eines Karzinoms erhöht sein kann. Falsch positive und negative Ergebnisse sind aber nicht selten. Das heißt, einige Patienten haben erhöhte Werte und durchlaufen eine umfangreiche und belastende Diagnostik, ohne krank zu sein. Andererseits werden einige Karzinome durch die PSA-Messung nicht erkannt. Wichtig ist es, die Blutprobe vor der rektalen Tastuntersuchung abzunehmen, da die Palpation PSA ins Blut freisetzen kann. Auch sollte jede PSA-Bestimmung im gleichen Labor bzw. mit der gleichen Messmethode durchgeführt werden, um verfahrensabhängige Abweichungen zu vermeiden. Nur in der Tumornachsorge ist die PSA-Bestimmung eine Kassenleistung.

12.4 Krankheiten der Hoden und des äußeren Genitales

Erkrankung/Definition	Besonderheiten/Erklärung
Orchitis Hodenentzündung, v. a. durch Mumpsviren	Die Orchitis kann als akute, schmerzhafte Entzündung oder symptomlos verlaufen. Die Mumpsorchitis kann zur Sterilität des Mannes führen, da nach Orchitis oft keine Spermienbildung mehr stattfindet. Die MMR(V)-Impfung ist daher für Jungen und Mädchen wichtig.
Maldescensus testis Hodenhochstand durch ungenügende Wanderung eines oder beider Hoden 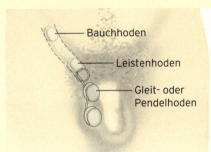	Durch Störungen bei der Hodenwanderung verbleiben einer oder beide Hoden im Bauchraum oder in der Leiste. Dies kann zu Störungen der Spermienbildung und im Falle von Bauchhoden zu einem erhöhten Hodenkrebsrisiko führen. Die frühzeitige hormonelle und/oder chirurgische Therapie ist daher wichtig.
Varikozele Varizen im Bereich eines oder beider Hoden (meistens linksseitig) 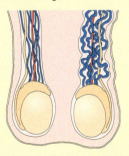	Die häufig vorkommenden Varizen im Skrotum können durch Druck und Wärme den gleichseitigen Hoden beeinträchtigen und zu Beschwerden und Fertilitätsstörungen führen. Die Therapie erfolgt chirurgisch.
Hodenkrebs maligne Tumoren verschiedener Anteile des Hodengewebes	Hodenkrebs kommt vor allem bei jungen Männern vor. Er führt zu einer schmerzlosen Vergrößerung und Schweregefühl des betroffenen Hodens. Bei früher Diagnose und Therapie ist die Prognose gut. Die beste Früherkennungsmaßnahme ist die regelmäßige Selbstuntersuchung der Hoden.
Phimose Vorhautverengung 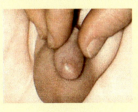	Bis zur Pubertät ist es normal, dass die Vorhaut nicht ganz über die Eichel zurückgezogen werden kann. Vernarbungen, z. B. durch Versuche, die Vorhaut zurückzuziehen oder nach Operationen, führen zur Phimose. Diese kann zur rezidivierenden **Balanitis** (eitrige Vorhautentzündung) führen. Die Therapie erfolgt chirurgisch, d. h. durch **Zirkumzision**.

Durch die **Zirkumzision** wird das Preputium entfernt. Dies ist bei Phimose und rezidivierender (häufig wiederkehrender) Balanitis medizinisch indiziert, wird aber zumeist aus religiöser Tradition durchgeführt. Der Mann bzw. das Kind trägt ein Operations- und ggf. Narkoserisiko. Für die Frau(en) sinkt das Risiko einer HPV-Infektion, wenn der Mann zirkumzidiert (beschnitten) ist, da HP-Viren sich unter dem Preputium vermehren können.

Erektile Dysfunktion (Impotentia coeundi; Impotenz) bedeutet, dass ein Mann keine „für einen befriedigenden Geschlechtsverkehr ausreichende" Erektion erreichen bzw. aufrechterhalten kann. Die Ursachen sind oft psychisch (Stress, Leistungsdruck und Versagensangst). Auch chronische Erkrankungen, wie Arteriosklerose, Diabetes mellitus und Nikotinkonsum, sind typische Auslöser. Therapeutisch werden meistens Hemmstoffe des Enzyms Phosphodiesterase 5 (P-D-5) eingesetzt. Dieses Enzym öffnet die Abflussstellen der Penisschwellkörper und lässt dadurch die Erektion abklingen. Wirkstoffe wie Sildenafil (Viagra®), Vardenafil (Levitra®) und Tadalafil (Cialis®) können Dauer und Stärke einer spontanen Erektion erhöhen. Bei fehlender Erektionsfähigkeit wirken sie nicht. Die Präparate unterscheiden sich in der Wirkdauer und in der Zeit bis zum Wirkeintritt. An Libido, Orgasmus oder dem sexuellen Empfinden ändern die „Potenzpillen" nichts. Auch die typischen Nebenwirkungen entstehen durch Gefäßerweiterung: Gesichtsrötung, Blutdruckabfall und verstopfte Nase. Gefährliche Blutdruckabfälle kommen bei gleichzeitiger Anwendung sog. Nitrate bei KHK-Patienten vor.

Die deutsche Gesellschaft für Urologie informiert über die Themen Pubertät, urologische Krankheiten junger Männer, Doping u. v. m. unter
www.jungensprechstunde.de

Terminologie: Männliche Genitalorgane

Balanitis	Entzündung der Eichel und des inneren Vorhautblatts
benignes Prostatasyndrom (BPS)	Beschwerden und Komplikationen auf Grund einer gutartigen Vergrößerung der Prostata
Blasenkatheter	Gummischlauch zur Harnableitung
Condylomata acuminata	Feigwarzen; Genitalerkrankung durch bestimmte HP-Viren
Cowper-Drüse	Drüse, die alkalisches Sekret in die männliche Urethra abgibt
Ductus deferens	Samenleiter
Ejakulation	Samenerguss
Epididymis	Nebenhoden (Ez.)
erektile Dysfunktion	Impotenz; fehlende oder mangelnde Erektionsfähigkeit
Glandula seminalis	Bläschendrüse
Glans penis	Eichel
Gonorrhö (ugs. **Tripper**)	sexuell übertragene Infektion durch Gonokokken
Harnverhalt	Unvermögen, die gefüllte Harnblase zu entleeren
Maldescensus testis	Hodenhochstand durch unzureichende Hodenwanderung
Orchitis	Hodenentzündung
Phimose	Verengung der Penisvorhaut
Preputium (Preputium penis)	Vorhaut des Penis
Prostata	Vorsteherdrüse
Prostatahyperplasie	Vergrößerung der Prostata durch Zunahme der Zellzahl
Prostatitis	Entzündung der Prostata, z. B. durch Infektion
prostataspezifisches Antigen (PSA)	Tumormarker, der beim Prostatakarzinom und anderen Prostataerkrankungen erhöht sein kann; wichtiger Nachsorgewert
Resektion	chirurgische Verkleinerung eines Organs
Skrotum; Scrotum	Hodensack

Erkrankungen der männlichen Genitalorgane | 367

Sperma	Samenflüssigkeit
Spermien (Ez. **Spermium**)	Samenzellen
Spermiogenese	Samenzellbildung
Spermiogramm	mikroskopische Untersuchung des Ejakulats (Sperma)
STD-Sentinel	Überwachung der STD-Situation (durch das RKI)
STD (**STI**)	engl. sexuell übertragbare Krankheiten/Infektionen
Syphilis (Syn. **Lues**)	sexuell übertragene Infektion durch Treponema pallidum
Testis (Mz. **Testes**)	Hoden
Testosteron	männliches Geschlechtshormon
transrektal	über das Rektum; durch Einführen ins Rektum (Mastdarm)
transurethrale Resektion	Verkleinerung der Prostata über die Harn-Samen-Röhre
Tumormarker	Stoff, der z. B. von Tumorzellen abgegeben wird und im Blut messbar ist, z. B. PSA, CEA, CA 19-9
Urethra	Harnröhre; beim Mann: Harn-Samen-Röhre
Zirkumzision	Beschneidung; Entfernung der Penisvorhaut

Wann kommt die „Pille" für den Mann? Das Wirkprinzip der „Pille" für die Frau ist, dem Körper Hormone zuzuführen und so die Hypothalamus-Hypophysen-Ovar-Achse zu hemmen. Der Hypothalamus gibt dann selbst keine mehr ab, sodass Hypophyse und Ovarien ebenfalls nicht mehr angeregt und somit inaktiv werden. Die Spermiogenese (die Spermienbildung) des Mannes ist auf ähnliche Weise zu unterdrücken. Testosteron wird einmal im Monat i. m. injiziert und unterdrückt (reversibel) die Spermienbildung. Nebenwirkungen wie verstärkte Libido (Geschlechtstrieb), Depressionen und Akne bei über 10 % der Testpersonen führten zum Studienabbruch.

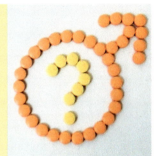

AUFGABEN

1. Welche Funktionen erfüllen die Hoden?
2. Warum ist es wichtig, dass ein Hodenhochstand rechtzeitig behandelt wird?
3. Nennen Sie typische Beschwerden durch das benigne Prostatasyndrom.
4. Welche Drüsen bilden die Samenflüssigkeit?
5. Welche Viruskrankheit erzeugt häufig eine Orchitis und was sind die Folgen?
6. Wie lautet der Fachbegriff für eine Vorhautentzündung?
7. Was ist die häufigste Ursache einer Phimose bei Säuglingen und Kleinkindern?
8. Wie lautet der Fachausdruck für Beschneidung?
9. Warum kann Doping mit männlichen Geschlechtshormonen zur Verminderung des sexuellen Interesses, zu Hodenschrumpfung und Impotenz führen?
10. Erklären Sie den Blutwert PSA.

LF 9

Patienten bei diagnostischen und therapeutischen Maßnahmen der Erkrankungen des Verdauungssystems begleiten

1	**Ernährung, Verdauung und Stoffwechsel**	372
1.1	Ernährung	372
1.2	Nährstoffe	374
	Protein (Eiweiß)	374
	Kohlenhydrate	375
	Fette (Lipide)	376
	Vitamine und sekundäre Pflanzenstoffe	376
	Mineralstoffe und Spurenelemente	377
2	**Aufbau und Funktion des Verdauungsapparates**	380
2.1	Mund und Speiseröhre	381
2.2	Magen	382
	Aufbau des Magens	382
	Aufgaben des Magens	382
2.3	Dünndarm	383
	Aufbau des Dünndarms	383
	Aufgaben des Dünndarms	383
2.4	Dickdarm	385
	Aufbau des Dickdarms	385
	Aufgaben des Dickdarms	386
2.5	Leber, Gallenblase, Pfortader und Pankreas	387
	Aufbau der Leber	387
	Aufgaben von Leber, Gallenblase und Pankreas	387
3	**Diagnostik bei Erkrankungen des Gastrointestinaltrakts**	392
3.1	Anamnese und klinische Untersuchung	392
3.2	Labordiagnostik	392
3.3	Stuhldiagnostik	393

3.3.1	Stuhlprobengewinnung	393
3.3.2	Stuhltest auf okkultes Blut	393
3.4	Sonografie des Abdomens	395
	Vorbereitung	395
	Durchführung	395
3.5	Endoskopie	396
	Narkosen bei Endoskopien	397
	Gastroskopie	398
	Koloskopie	399
4	**Erkrankungen des Gastrointestinaltrakts**	402
4.1	Gastrointestinale Symptome	402
4.2	Magen-Darm-Infektionen: Gastritis, Enteritis und Gastroenteritis	404
4.3	Laktoseintoleranz (Laktosemalabsorption)	405
4.4	Gastroösophageale Refluxkrankheit	406
4.5	Gastritis und Duodenitis	407
	Erkrankungen durch Helicobacter pylori	408
4.6	Ulkuskrankheit	409
4.7	Gastrointestinale Blutung	410
4.8	Reizdarmsyndrom	411
4.9	Divertikulose und Divertikulitis	411
4.10	Appendizitis (Wurmfortsatzentzündung)	412
4.11	Akutes Abdomen	412
4.12	Hämorrhoidalleiden	413
4.13	Benigne und maligne Tumoren	415
	Krebsentstehung	416
	Stadieneinteilung maligner Tumoren	417
	Krebstherapie	418
4.13.1	Ösophaguskarzinom	418
4.13.2	Magenkarzinom	418

4.13.3	Kolorektales Karzinom (Dick- und Enddarmkrebs) 419		Gestationsdiabetes (Schwangerschaftsdiabetes) 439
4.14	Cholelithiasis (Gallensteinleiden) . . . 421	5.4.3	Diagnostik des Diabetes mellitus. . . . 439
4.15	Pankreaserkrankungen 421		Oraler Glukosetoleranztest (OGTT) . . 439
	Pankreatitis und Pankreaskarzinom 421		Kontrolluntersuchungen bei Diabetes mellitus . 440
4.16	Lebererkrankungen 422		HbA$_{1c}$ – der „Langzeit-Blutzuckerwert" 441
4.16.1	Fettleber (Steatosis hepatis) 422	5.4.4	Komplikationen bei Diabetes mellitus 442
4.16.2	Hepatitis 423		Hyperglykämie 442
	Virushepatitis (ansteckende Leberentzündung) 423		Hypoglykämie 442
	Hepatitis-B-Impfungen und Titerkontrollen für Medizinische Fachangestellte 425		Diabetische Angiopathie (diabetesbedingte Blutgefäßschäden) 443
4.16.3	Leberzirrhose 426		Diabetisches Fußsyndrom 444
			Kontrolluntersuchungen bei Diabetes mellitus . 444
5	**Stoffwechselstörungen und -erkrankungen** 428	5.4.5	Ernährung bei Diabetes mellitus 445
	Metabolisches Syndrom 428	5.4.6	Medikamentöse Therapie des Diabetes mellitus 446
5.1	Übergewicht und Adipositas 428		Insulintherapie. 446
5.2	Fettstoffwechselstörungen (Hyperlipidämie, Dyslipidämie) 431		Intensivierte konventionelle Insulintherapie (ICT) 446
5.3	Hyperurikämie und Gicht 433		Konventionelle Insulintherapie (CT) 446
5.4	Diabetes mellitus 435		Praktische Durchführung der Insulintherapie . 447
5.4.1	Grundlagen des Zuckerstoffwechsels . 435		Orale Antidiabetika und neue Antidiabetika . . 448
	Einfluss der Ernährung auf den Blutzuckerspiegel 436	5.4.7	Diabetes mellitus – eine lebenslange Herausforderung. 449
5.4.2	Varianten des Diabetes mellitus 438		Beratung und Motivation 449
	Diabetes mellitus Typ 1 (primär insulinabhängig) 438		Prävention des Diabetes mellitus. 449
	Diabetes mellitus Typ 2 (nicht primär insulinabhängig) 438		Belastungen und Probleme bei Diabetes mellitus 449

Ihr Bauchgefühl...

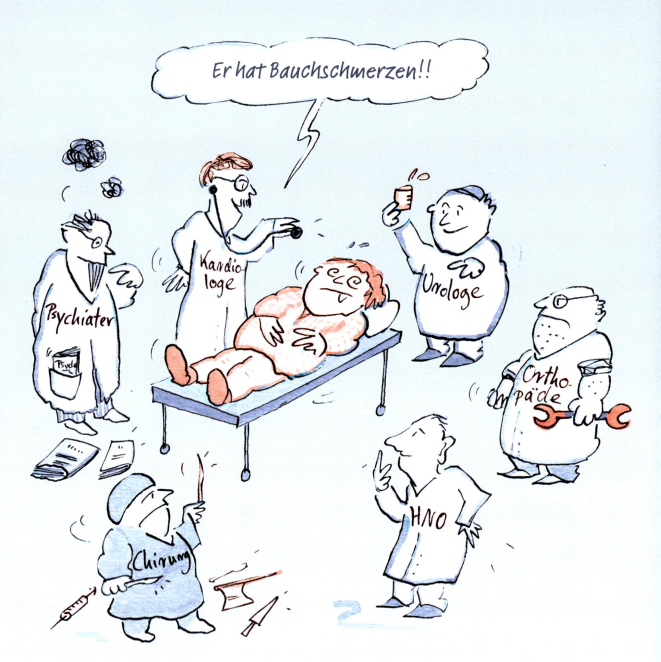

Der Bauch enthält eine Vielzahl Organe...

und ist der Ort, an dem eine große Zahl unterschiedlicher Beschwerden empfunden werden. Es gibt keinen „Bauch-Arzt", denn Krankheiten der gesamten Inneren Medizin, der Chirurgie, Urologie, Gynäkologie und Geburtshilfe, der Orthopädie, Psychiatrie – und sogar der HNO- und der Augenheilkunde – können Bauchsymptome hervorrufen. Daher werden Sie als MFA, unabhängig davon, in welcher Fachpraxis Sie arbeiten, immer wieder mit Patienten, die Bauchsymptome aufweisen, konfrontiert werden.

.... ist entscheidend

Von harmlosen Alltagsbeschwerden...

wie Blähungen und Verstopfung über Blasenentzündungen und Magen-Darm-Infekte können auch lebensbedrohliche Zustände wie Appendizitis, Eileiterschwangerschaft oder Magenblutung dahinterstecken. Sie als MFA sind – schon am Telefon – gefordert, das im wahrsten Sinne richtige „Bauchgefühl" zu spüren. Sie kennen Alarmsymptome und beachten genau das Aussehen, den Tonfall und die Anamnese Ihrer Patienten.

1 Ernährung, Verdauung und Stoffwechsel

Unser Organismus verbraucht ständig Energie, um selbst während des Schlafes wichtige Körperfunktionen wie Atmung, Kreislauf, Nierentätigkeit, Zellerneuerung und Temperaturregulation aufrechtzuerhalten. Energieträger und Baustoffe hierfür liefert die Nahrung.

Ernährung ist die Zufuhr von Nahrung, um daraus Baustoffe und Energie für alle Körperfunktionen zu gewinnen. Der Begriff **Verdauung** fasst die Vorgänge zusammen, die Nahrung in so kleine Bestandteile zu zerlegen, dass diese, die **Nährstoffe**, ins Blut aufgenommen, d. h. **resorbiert** werden können. Nach der **Resorption** werden die Nährstoffe mit dem Blut zu den Zellen transportiert und dort verwertet. Die Umwandlung von Nährstoffen in Baustoffe und Energie ist der **Stoffwechsel (Metabolismus)**:

- Der **Baustoffwechsel** verwendet Nährstoffe für Wachstum und Regeneration.
- Der **Energiestoffwechsel** gewinnt aus Nährstoffen Bewegungsenergie und Wärme.

Wichtige Funktionen im Energiestoffwechsel erfüllen die Mitochondrien. Sie wandeln Nährstoffe in die von allen Organellen nutzbare Energieform ATP (Adenosintriphosphat) um. Neben der Nährstoffzufuhr ist die Aufnahme von Wasser und Sauerstoff sowie die Abgabe von Kohlendioxid, d. h. die Atmung, eine Voraussetzung für einen funktionierenden Stoffwechsel.

Ernährung
Aufnahme von Nahrung als Nährstofflieferant

Verdauung
Zerlegung der Nahrung in Nährstoffe und Resorption

Stoffwechsel
Nutzung der Nährstoffe als Baustoffe und Energiespender

1.1 Ernährung

Unsere Nahrung dient der lebenserhaltenden Versorgung mit Nährstoffen, Vitaminen und Mineralstoffen. Sie soll darüber hinaus eine gesund erhaltende Wirkung entfalten. Zudem ist Essen untrennbar mit Zivilisation, Kultur, sozialem Leben und Sinnlichkeit verbunden. Die Mahlzeiten sollen uns schmecken und den Zusammenhalt in Familie und Gemeinschaft stärken. Nahrungsaufnahme dient nicht nur der Vermeidung von Hunger, sondern auch dem Genuss.

Guter Geschmack ist ein positiver Verstärker, mit dem die Natur den Menschen die Nahrungsaufnahme und damit die Selbsterhaltung im wahrsten Sinne schmackhaft macht. Kalorienreiche Nährstoffe wie Fett und Zucker schmecken besonders gut; sie belohnen den Esser für die – in früheren Zeiten – anstrengende Nahrungssuche. Das gute Gefühl, das gehaltvolles Essen erzeugt, regt auch heute noch den Appetit an. Allerdings ist die Nahrungsbeschaffung in den Industrieländern nicht mehr mit weitem Laufen, mühsamem Sammeln und anstrengendem Jagen verbunden. Heute kann bzw. könnte die Ernährung sehr gesund sein, birgt aber durch das Zuviel an Essen und das Zuwenig an Bewegung neue Probleme.

Ein großer Teil unseres Ernährungswissens beruht auf Erfahrungen mit Mangelerscheinungen und -krankheiten. Diese waren früher viel häufiger, als große Teile der Bevölkerung unterernährt waren. Fehlende Transport-, Konservierungs- und Kühlmöglichkeiten sowie Kriege

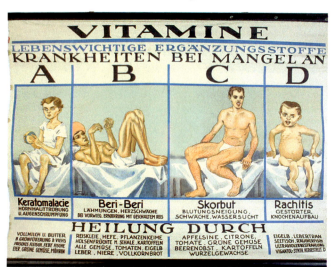
Abb. 1 Historisches Plakat zu Vitaminmangelerscheinungen

Ernährung, Verdauung und Stoffwechsel | 373

und Armut beschränkten besonders im Winter die Versorgung der Bevölkerung. Die Seefahrerkrankheit **Skorbut**, die auf **Vitamin-C-Mangel** beruht, steht heute nur noch im Zusammenhang mit allgemeiner Verwahrlosung. Rachitis, die **Vitamin-D-Mangelkrankheit** der Kinder, ist durch die Vitamin-D-Gabe an Säuglinge selten geworden. Zahlreiche Folgen des Vitamin-D-Mangels sind in allen anderen Altersklassen allerdings häufig. Über- und Fehlernährung verursachen hierzulande jedoch insgesamt mehr Probleme als Nährstoffmangel.

Die tatsächliche Zusammensetzung unserer Nahrung zeigt folgende Tabelle:

Nährstoffe			Unverdauliche Stoffe	Zusatzstoffe
Energie und Baustoffe liefernde Nährstoffe	**nicht energieliefernde, aber ebenfalls wichtige Nährstoffe**		**Ballaststoffe:** Unverdauliche Kohlenhydrate aus Pflanzen, die eine wichtige Rolle für die Darmfunktion spielen, indem sie als Quellstoffe das Volumen des Darminhaltes erhöhen, die Darmflora pflegen und Verstopfung verhindern.	Natürliche oder chemische Stoffe, die Aussehen, Geschmack, Beschaffenheit und/oder Haltbarkeit der Lebensmittel verändern oder produktionsbedingt bzw. ungewollt in der Nahrung enthalten sind. Dazu zählen Farbstoffe, Gewürz- und Aromastoffe, Verdickungsmittel, Konservierungsstoffe, Antibiotika als sogenannte Wachstumsförderer von Schlachttieren und Umweltgifte (z. B. Schadstoffe und Schwermetalle).
Eiweiß = Protein	Vitamine			
Kohlenhydrate (Stärke, Zucker)	Mineralstoffe und Spurenelemente			
Fette	sekundäre Pflanzenstoffe = Schutzstoffe aus Obst und Gemüse, essenzielle Aminosäuren und Fettsäuren	Wasser		

Zur optimalen Nahrungszusammensetzung herrschen unterschiedliche Meinungen, die u. a. durch Weltanschauung und Religion beeinflusst werden. Einige unumstrittene Grundsätze bildet der Ernährungskreis (→ Abb. 1) ab.

MERKE

Unsere Nahrung sollte größtenteils pflanzlicher Herkunft sein; sie soll viel Stärke, z. B. als Vollkorn-Getreide enthalten, sowie richtig zusammengesetztes Eiweiß, außerdem hochwertige Öle und Fette. Obst und Gemüse sollen mehrmals täglich, Süßigkeiten und Alkohol möglichst selten verzehrt werden. Genügend Wasser zu trinken ist wichtig.

HINWEIS

Auf Grund der Häufigkeit von Übergewicht und Diabetes werden die Empfehlungen in Zukunft in Richtung proteinreicherer und kohlenhydratärmerer Kost überarbeitet.

Verlässliche Ernährungsinformationen bieten:
www.dge.de
www.bzga.de
www.test.de

Gute Zusammenstellungen der wichtigsten Ernährungsgrundregeln bieten z. B. die Deutsche Gesellschaft für Ernährung (DGE), die Centrale Marketing-Gesellschaft der Agrarwirtschaft (CMA) und die Stiftung Warentest.

Abb. 1 DGE-Ernährungskreis® (Copyright: Deutsche Gesellschaft für Ernährung e. V., Bonn):
1 Getreide, Getreideprodukte, Kartoffeln
2 Gemüse, Salat
3 Obst
4 Milch, Milchprodukte
5 Fleisch, Wurst, Fisch, Ei
6 Öle, Fette
7 Wasser, Getränke

1.2 Nährstoffe

> **MERKE**
>
> Die wichtigsten Energie liefernden Nährstoffe sind **Proteine, Kohlenhydrate** und **Fett**. Nicht Energie liefernde Nährstoffe sind **Vitamine, Mineralstoffe, Spurenelemente** und **sekundäre Pflanzenstoffe** sowie Wasser.

Protein (Eiweiß)

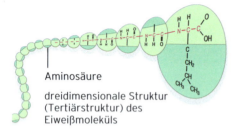

Aminosäure

dreidimensionale Struktur (Tertiärstruktur) des Eiweißmoleküls

Abb. 1 Struktur eines Eiweißmoleküls = Proteins

Protein erhielt den Namen Eiweiß dadurch, dass es zuerst im Eiklar gefunden wurde. Proteine sind Gebilde aus mindestens 100 **Aminosäuren**, den Eiweißbausteinen. Jedes Protein hat eine charakteristische Folge und Anordnung von Aminosäuren sowie eine typische Form, in der die Aminosäurenketten aneinandergefügt und im Raum angeordnet sind.

20 verschiedene Aminosäuren liegen in unzähligen Kombinationen vor. Sie bilden eine große Anzahl an Proteinen und kleineren Molekülen, den **Peptiden**. Wichtig ist neben der aufgenommenen Eiweißmenge die Auswahl der Nahrungsproteine. Erst durch die richtige Kombination verschiedener Nahrungsproteine wird sichergestellt, dass der Organismus genug **essenzielle Aminosäuren** erhält. Dies sind Aminosäuren, die der Körper nicht selbst herstellen kann, aber unbedingt benötigt. Empfehlenswerte Nahrungsmittelkombinationen in Bezug auf die enthaltenden Aminosäuren sind z. B. Kartoffeln und Ei, Bohnen und Mais sowie Getreide und Milch.

Ein Erwachsener benötigt etwa 0,9 g Protein pro kg Körpergewicht am Tag. Ein Gramm Eiweiß enthält 4,1 kcal (17,3 kJ). Entscheidend für eine gesunde Entwicklung ist die Zufuhr essenzieller Aminosäuren bei Säuglingen und Kleinkindern. Erhalten Kinder nicht die notwendigen Proteine bzw. Proteinarten, können Nerven-, Sinnes- und Gehirnfunktionen einschließlich Geh- und Sehfähigkeit sowie Intelligenz bleibend eingeschränkt sein. Später kann auch eine optimale Ernährung solche Defizite nicht mehr beheben. **Vegane**, d. h. rein pflanzliche Ernährung ist daher für Säuglinge nicht empfehlenswert bzw. riskant. Auch stillende Mütter sollten von einer ausschließlich veganen Ernährung absehen.

Ausgeprägter Nahrungs- und Proteinmangel kann zu einem Defizit an Plasmaproteinen führen. Da Plasmaproteine – ähnlich wie kleine Schwämme – in der Blutbahn Wasser binden, kann es bei Eiweißmangel durch Plasmaaustritt ins Gewebe zu Ödemen kommen. Der sog. Hungerbauch bei Kindern mit Proteinmangel ist ein Beispiel eines Hungerödems. Der aufgetriebene Bauch entsteht auch dadurch, dass Proteinmangel zum Fehlen von Verdauungsenzymen und damit zu Blähungen und Durchfällen führt. Mangelnde Eiweißzufuhr erzeugt außerdem Antikörpermangel mit Immunschwäche sowie Störungen der Wundheilung, des Nagel- und Haarwuchses.

Wichtige Proteinquellen sind Milchprodukte (v. a. Käse), Fleisch, Eier, Hülsenfrüchte (v. a. Soja), Getreide (v. a. Hafer) sowie Nüsse und Kartoffeln. Ein Proteinmangel entsteht bei normaler Mischkost nicht, auch nicht bei Sportlern.

Abb. 2 Proteinlieferanten sollten kombiniert werden.

Auch Alkohol ist ein Nährstoff ... allerdings ein giftiger. Ethanol, ein Alkohol, liefert mit 7,1 kcal (29,3 kJ) fast so viel Energie wie Fett. Da sich die Leber bei Anwesenheit von Alkohol erst der wichtigen Aufgabe der „Entgiftung", d. h. dem Ethanolabbau, widmet, lässt sie andere Nährstoffe wie Fett und Kohlenhydrate auf ihre Verarbeitung warten. Dies führt zur Einlagerung in Fettdepots und in der Leber selbst. Bei regelmäßigem Konsum entsteht daher eine Fettleber. 20 g Alkohol/Tag für Frauen und 30 g Alkohol/Tag für Männer richten nachweislich Schaden an.

Ernährung, Verdauung und Stoffwechsel | 375 | LF9

Kohlenhydrate

Kohlenhydrate sind Moleküle, in denen man bei ihrer Entdeckung in gleicher Anzahl Kohlenstoff (C) und Wasser (H_2O; gr. hydor = Wasser) fand. Davon leitet sich ihr Name ab. Heute sind viele Kohlenhydrate bekannt, deren Aufbau von der ursprünglichen Formel abweicht.
Eine andere Bezeichnung für Kohlenhydrate lautet **Saccharide**. Dieser Begriff schließt Zucker, Stärke und andere Moleküle bzw. Stoffe, die aus Zuckerbausteinen bestehen, ein. Je nach Anzahl ihrer Einzelbausteine bezeichnet man Saccharide als
- **Monosaccharide** (Einfachzucker),
- **Disaccharide** (Doppelzucker),
- **Polysaccharide** (Vielfachzucker).

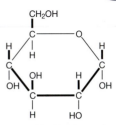

Abb. 1 Strukturformel (Molekülaufbau) eines Monosaccharids

Kohlenhydrate sind unentbehrliche Nährstoffe. Die verdaulichen Kohlenhydrate wie Zucker und Stärke tragen pro Gramm mit 4,1 kcal (17,3 kJ) zur Deckung des Energiebedarfs bei. Unverdauliche Kohlenhydrate dienen als **Ballaststoffe**, d. h., sie fördern die Darmfunktion. Erwachsene sollten 5 g Kohlenhydrate pro kg Körpergewicht am Tag verzehren. Nicht sofort benötigte Saccharide speichert der Organismus in Form von **Glykogen** vor allem in Leber und Muskulatur. Das Polysaccharid Glykogen wird auch tierische Stärke genannt, da sein Aufbau dem pflanzlicher Stärke ähnelt. Bei Bedarf kann Glykogen wieder in Glukose zerlegt werden. Bei zu reichlicher Zufuhr wandelt der Stoffwechsel Kohlenhydrate in Fett um und lagert diese im Fettgewebe ein. Bei der sog. Zuckerkrankheit, dem Diabetes mellitus, befindet sich zu viel Glukose im Blut, da das Hormon Insulin fehlt oder seine Wirkung nicht ausreicht.

Traubenzucker (Glukose)

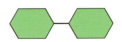

Malzzucker (Maltose)

Saccharid	Molekülart	Vorkommen und Eigenschaften
Glukose Traubenzucker	Monosaccharide	in Früchten; Baustein von Stärke und Glykogen; wird durch Insulin in Zellen eingeschleust
Fruktose Fruchtzucker		in Früchten und Honig; kann ohne Insulin in die Zellen gelangen
Maltose Malzzucker	Disaccharid aus zwei Molekülen Glukose	entsteht im Mund oder Darm aus Stärke und bei der Malzherstellung aus Gerste (davon leitet sich der Name Malzzucker ab)
Saccharose Kristallzucker	Disaccharid aus Glukose und Fruktose	„Kochzucker" aus Rüben oder Zuckerrohr; schmeckt süßer als Glukose, Fruktose und Maltose; wird auch als Sucrose bezeichnet
Laktose Milchzucker	Disaccharid aus Glukose und Galaktose	in Milch; führt zu Durchfall, wenn das Darmenzym Laktase fehlt (Laktoseintoleranz); wirkt in großen Mengen blähend und abführend
Stärke (pflanzlich)	Polysaccharide aus Glukose	langkettiges pflanzliches Kohlenhydrat, z. B. aus Getreide; gut und lange sättigend
Glykogen sog. tierische Stärke		verzweigtes Polysaccharid aus Glukose, das bei Glukoseüberschuss gebildet und bei Mangel (Hunger, Stress) wieder zerlegt wird
Zellulose Pflanzenfaserstoff		langkettiges pflanzliches Kohlenhydrat, das für Menschen unverdaulich ist und daher als Ballaststoff dient

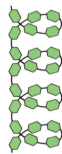

Pflanzenstärke

tierische Stärke (Glykogen)

Abb. 2 In unterschiedlichen Kombinationen bauen Einfachzucker sowohl Doppelzucker als auch Vielfachzucker auf.

Zuckerfrei naschen - Figur und Zähnen zuliebe - ist mit Hilfe von Ersatzstoffen möglich. Sogenannte zuckerfreie Süßigkeiten enthalten z. B. die Zuckeraustauschstoffe Xylit, Sorbit oder Isomalt. Sorbit wirkt ab 30 g/Tag abführend. Zuckeraustauschstoffe enthalten ebenso viele Kalorien wie Zucker. Da weitere Zutaten zuckerfreier Getränke, v. a. Säuren, auch Karies begünstigen, sind diese Produkte nicht unbedingt zahnfreundlich. Süßstoffe wie Saccharin, Aspartam, Acesulfam und Auszüge der Pflanze Stevia sind (fast) kalorienfrei. Allerdings entfalten sie v. a. bei hoher Konzentration einen eigenartigen Nachgeschmack.

Fette (Lipide)

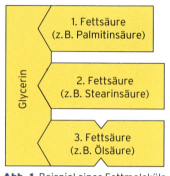

Abb. 1 Beispiel eines Fettmoleküls

Fette sind chemische Verbindungen, die nicht wasserlöslich sind und viel Energie liefern: 9,3 kcal bzw. 39,3 kJ pro Gramm. Nahrungsfette enthalten vor allem **Triglyceride**, d. h. Verbindungen aus drei Fettsäuren und Glycerin (→ Abb. 1).

Auch freie **Fettsäuren** und **Cholesterin** werden mit der Nahrung aufgenommen. Zusätzlich bildet v. a. die Leber körpereigenes Cholesterin. Der fettähnliche Stoff ist als Membranbestandteil und Grundbaustein einiger Hormone lebenswichtig. Tierische Fette (außer Fischfett), z. B. in Fleisch und Milch, sind cholesterinreich. Einen Cholesterinmangel gibt es nicht; zu viel Cholesterin hingegen trägt stark zur Arteriosklerose bei.

Die Ernährungslehre unterscheidet **gesättigte und ungesättigte Fettsäuren**. Ungesättigte Fettsäuren sind sehr gesund, da sie der Arteriosklerose entgegenwirken. Die mehrfach ungesättigten Omega-3-Fettsäuren, die vor allem in fettreichen Fischen (Lachs, Makrele und Hering) und einigen Pflanzenölen (z. B. Lein-, Raps- und Sojaöl) enthalten sind, senken den Cholesterinspiegel.

Nahrungsfett dient nicht nur als Energielieferant, sondern auch der Aufnahme der fettlöslichen Vitamine E, D, K und A (Merkhilfe „EDEKA"). Fette sind außerdem ein wesentlicher Geschmacksträger, der zu reichlicher Zufuhr verführt. Die täglich empfohlene Aufnahme beträgt 0,9 g pro kg Körpergewicht und wird hierzulande von den meisten Menschen überschritten.

Vitamine und sekundäre Pflanzenstoffe

www.5amtag.de
www.fruchtarbeitsplatz.de

Vitamine sind natürliche Nahrungsbestandteile mit lebenswichtiger Bedeutung (lat. vita = Leben). Der Körper muss sie mit der Nahrung aufnehmen. Der Begriff Vitamin ist über 100 Jahre alt; damals wurden die Vitamine entdeckt, benannt und nach Buchstaben geordnet. Nicht bei allen damals entdeckten Stoffen bestätigte sich die vitale Funktion. Andererseits wurden weitere Vitamine entdeckt. Daher gibt es zwar die Vitamine B_1, B_2 und B_{12}, aber nicht z. B. B_7.

Weitere nicht Energie liefernde Nahrungsbestandteile, die wichtige Körperfunktionen unterstützen und die Gesundheit fördern, wurden später entdeckt und als **sekundäre Pflanzenstoffe** bezeichnet. Sie wirken Arteriosklerose und anderen Degenerationsvorgängen entgegen und sind hauptsächlich in Früchten und Gemüse enthalten. Die ausreichende Versorgung mit Vitaminen und sekundären Pflanzenstoffen ist gewährleistet, wenn man täglich eine bestimmte Menge Obst und Gemüse zu sich nimmt, die fünf Handvoll entspricht. Diese können roh, aber auch gegart und z. T. in Form von Saft verzehrt werden. Die Initiative „5 am Tag" fördert die Umsetzung dieses Ziels auch im Schul- und Berufsalltag.

Übersicht über die Vitamine

Fettlösliche Vitamine (Merkformel „EDEKA" aus E, D, K und A)

Vitamin, Substanzname, Tagesbedarf Erwachsene	Wirkung, Aufgabe (Beispiele)	Mangelerscheinungen (Beispiele)	Natürliches Vorkommen (Beispiele)
A = Retinol Vorstufe Carotin bzw. Betacarotin 1 mg	Sehvitamin; Hautschutz, Wachstum und Hormonbildung	Nachtblindheit, Hornhautschäden am Auge, Fertilitäts- und Wachstumsstörungen	gelbe, orange und rote Gemüse, Leber, Ei, Milch; cave Überdosierung durch Vitaminpräparate
D = Calciferol 1000 I.E. = 25 µg	Knochenstoffwechsel, Immunfunktionen	Osteomalazie bzw. Rachitis, Immunschwäche u. v. m.	Fischleber, Fischfett, Lebertran; Eigenbildung durch UV-Licht in der Haut
E = Tocopherol 14 mg	Oxidationsschutz für körpereigene Fette	vorzeitige Alterung, Fertilitätsstörungen, Impotenz	pflanzliche Öle, Nüsse, Keimöl
K = Phyllochinon 70 µg	Blutgerinnung, Knochenstoffwechsel	Blutungsneigung wie unter Phenprocoumon-Therapie	Kohl, Salat; auch die Darmflora bildet Vitamin K

Ernährung, Verdauung und Stoffwechsel | **377**

LF 9

Wasserlösliche Vitamine

Vitamin, Substanzname, Tagesbedarf Erwachsene	Wirkung, Aufgabe (Beispiele)	Mangelerscheinungen (Beispiele)	Natürliches Vorkommen (Beispiele)
B$_1$ = Thiamin 1,2 mg	Enzymbestandteil	Mangelkrankheit Beriberi: Lähmungen, Herzschwäche	Vollkorn, Fleisch, Sonnenblumenkerne, Soja
B$_2$ = Riboflavin 1,3 mg	Enzymbestandteil	Haut- und Schleimhautentzündungen	Vollkorn, Milchprodukte, Fleisch, Leber, Käse
B$_6$ = Pyridoxin 1,5 mg	Enzymbestandteil	Krämpfe, Anämie, Hautveränderungen	Vollkorn, Milchprodukte, Fleisch, Leber, Käse
B$_{12}$ = Cobalamin 3 µg	Enzymbestandteil, Erythrozytenbildung, Nervenfunktionen	Anämie mit erhöhtem MCV und MCH, neurologische und psychische Störungen	Leber, Fleisch, Ei, Milch; Vit. B$_{12}$ ist nicht in pflanzlicher Nahrung enthalten
C = Ascorbinsäure 100 mg	Infektabwehr, Wundheilung	Skorbut: Zahnfleischentzündung, Blutungen u. v. m.	frisches Obst und Gemüse, Sauerkraut
Folsäure 400 µg	Blutbildung, Wachstum	Anämie, embryonale Wirbelsäulen- u. a. Fehlbildungen	grüne Blattgemüse, Hefe, Leber, Milch
Pantothensäure 6 mg	Die Stoffe dienen als Coenzyme, d. h., sie tragen in zahlreichen Stoffwechselvorgängen zur Wirkung der Enzyme bei.	Müdigkeit, Ekzeme, Schlafstörungen	Hefe, Eigelb, Vollkorn
Biotin 30-60 µg		Haarausfall, Ekzeme, Depression	Leber, Ei, Getreide, Nüsse
Niacin 15 mg		raue, entzündete Haut, neurologische Störungen	Vollkorn, Fisch, Kaffee

Mineralstoffe und Spurenelemente

Mineralstoffe sind wichtige Bestandteile des Organismus, die mit der Nahrung aufgenommen werden müssen. Sie befinden sich als Salze bzw. Ionen (geladene Teilchen) und als Teile chemischer Verbindungen im Körper. Auch die Elektrolyte sind Mineralstoffe.
Spurenelemente haben eine ähnliche Bedeutung, sind aber in kleineren Mengen erforderlich. Sie werden nur „in Spuren" benötigt und werden daher begrifflich abgegrenzt.

> **HINWEIS**
>
> Kinder, Jugendliche, Schwangere und Rekonvaleszente haben ggf. einen höheren Tagesbedarf.

Mineralstoffe

Stoff, chemisches Zeichen, Tagesbedarf	Funktion (Beispiele)	Erscheinungen bei Mangel (M) oder Überschuss (Ü) (Ursachen)	Vorkommen (Beispiele)
Natrium Na 550 mg	wichtig im Wasser- und Salzhaushalt	**M:** Hypotonie, Salzhunger, Tachykardie (Diuretika) **Ü:** Hypertonie, Durst (NaCl-Infusionen)	alle salzhaltigen Speisen (Kochsalz = NaCl)
Kalium K 2 g		(**M:** bei Diuretikaeinnahme, **Ü:** bei Niereninsuffizienz)	Obst, Gemüse
Chlorid Cl 830 mg	Wasser- und Salzhaushalt, bildet Magensäure (HCl)	**M/Ü:** Störungen des Säure-Basen-Gleichgewichts	alle salzhaltigen Speisen (Kochsalz = NaCl)
Calcium Ca 1 g	Baustoff für Knochen und Zähne, Muskelfunktionen, Blutgerinnung	**M:** Osteoporose, Zahndefekte, Muskelkrämpfe (Schwangerschaft) **Ü:** Knochenveränderungen	Käse und andere Milchprodukte, Mineralwasser
Magnesium Mg 350 mg	reguliert Nerven- und Muskelfunktionen	**M:** Wadenkrämpfe, Herzrhythmusstörungen (Diuretika, Durchfall, Laxanzien)	Obst, Gemüse, Mineralwasser
Phosphat P 700 mg	Bestandteil von Knochen und ATP	**M:** Knochendefekte (Antazida-Einnahme)	Hafer, Milch

Spurenelemente

Stoff, chemisches Zeichen, Tagesbedarf	Funktion (Beispiele)	Erscheinungen bei Mangel (M) oder Überschuss (Ü)	Vorkommen (Beispiele)
Eisen Fe 15 mg	Blutbildung, Enzyme, Haut, Immunsystem	**M:** Eisenmangelanämie, Immunschwäche, Müdigkeit	Fleisch, Hafer, Soja, Obst
Jod I 200 µg	Bildung der Schilddrüsenhormone	**M:** Struma, Hypothyreose	Seefisch, Tang (Sushi), Jodsalz
Fluor F 3,6 mg	Zahn- und Knochenbestandteil	**M:** Karies, Knochendefekte **Ü:** weiße Zahnflecken	Trinkwasser, Tee, Zahncreme
Zink Zn 10 mg	Enzymbestandteil, z. B. in Abwehrzellen	**M:** Immunschwäche, Fertilitätsstörungen, Haarausfall	Fleisch, Hafer, Nüsse, Austern
Selen Se 30–70 µg	Immun- und Schilddrüsenfunktionen	**M:** Krebs? Immunschwäche? Schilddrüsenknoten **Ü:** Diabetes mellitus	Paranüsse
Kupfer, Mangan, Kobalt, Chrom, Molybdän und andere	Blutbildung, Wachstum, Gehirnfunktionen, Enzymbestandteile	Mangel und Überschuss sind bei normaler, gemischter Ernährung unwahrscheinlich.	

Tabletten können dem Körper einfach und schnell fehlende Vitamine, Mineralstoffe usw. zuführen. In der Natur kommen diese als reine, isolierte Stoffe jedoch nicht vor. Die Einnahme solcher Präparate ist nicht immer ohne Risiko; bei Rauchern erhöht z. B. Betacarotin nachweislich das Krebsrisiko. Die Vorteile der „Pillen" überwiegen bei nachgewiesenem Mangel, der durch Ernährung nicht oder nicht genügend ausgleichbar ist; Beispiele: Eisen bei Eisenmangelanämie, Folsäure in der Frühschwangerschaft, Vitamin B_{12} bei veganer Ernährung, Jod bei Jodmangelstruma, Vitamin D zur Rachitis- und Osteoporoseprophylaxe.

➔ Terminologie: Ernährung

Aminosäure	Eiweißbaustein
Ballaststoffe	unverdauliche Kohlenhydrate, die die Darmfunktion fördern
Disaccharid	Doppelzucker (z. B. Saccharose)
Ernährung	Nahrungsaufnahme zur Deckung des Nährstoffbedarfs
essenzielle Aminosäuren	Aminosäuren, die der Körper aufnehmen muss, da er sie benötigt, aber nicht selbst herstellen kann
Glykogen	Speicherform der Glukose; sog. tierische Stärke
Kilokalorie (kcal)	herkömmliche Einheit für Energie bzw. Nahrungsenergie
Kilojoule (kJ)	SI-Einheit für Energie bzw. Nahrungsenergie (1 kcal = 4,2 kJ)
Mineralstoffe	kalorienfreie Nährstoffe, die Baustoff- und/oder Elektrolytfunktionen ausüben (z. B. Calcium, Natrium, Kalium)
Monosaccharid	Einfachzucker (z. B. Glukose)
Nährstoff	chemischer Stoff, der dem Körper als Energie- oder Baustofflieferant dient (Energie liefernde Nährstoffe) oder andere Funktionen ermöglicht (nicht Energie liefernde Nährstoffe)
Peptid	Molekül aus 2 bis 99 Aminosäuren
Polysaccharid	Vielfachzucker (z. B. Stärke und Glykogen)
Protein	Eiweiß

SI Système international d'unités; internationales Einheitensystem

Resorption	Stoffaufnahme über Haut oder Schleimhaut ins Blut
Saccharide	Zuckerstoffe; Kohlenhydrate (sprich Sacharide)
sekundäre Pflanzenstoffe	gesundheitsfördernde Inhaltsstoffe aus Früchten und Gemüse, die nicht zu den Vitaminen gerechnet werden
Spurenelemente	kalorienfreie Nährstoffe, die in geringen Mengen für Körperfunktionen erforderlich sind (z. B. Eisen, Jod, Selen)
Stoffwechsel (Syn. Metabolismus)	Umwandlung aufgenommener Stoffe in Baustoffe (Baustoffwechsel) oder Bewegung und Wärme (Energiestoffwechsel)
Triglycerid	Fettmolekül aus drei Fettsäuren und einem Glycerinmolekül
vegan	bzgl. Ernährung: rein pflanzlich
Vitamine	kalorienfreie organische Verbindungen, die der Körper benötigt und nicht selbst herstellen kann (z. B. Retinol = Vitamin A)

Abb. 1 „Superfoods", d. h. Nahrungsmittel, die besondere gesundheitsfördernde Fähigkeiten haben sollen wie Chia-Samen, Goji-Beeren, Algen usw. sind gut, machen eine sonst unausgewogene Ernährung aber nicht gesund. Sinnvoller als teure „Supernahrung" sind natürliche, frische Grundnahrungsmittel.

AUFGABEN

1 Für welche Vorgänge benötigt der menschliche Körper ständig Energie?

2 Erklären Sie den Begriff Stoffwechsel.

3 Was versteht man unter Nährstoffresorption und wo findet sie statt?

4 Nennen Sie Vorkommen und Nutzen der Vitamine C, B_{12} und K.

5 Welche Vitamine verbergen sich hinter den Namen Retinol und Calciferol?

6 Wozu dient dem Organismus Calcium?

7 Erklären Sie mit einfachen Worten die grundlegenden Ernährungsregeln.

8 Was versteht man unter sekundären Pflanzenstoffen?

9 Wie viele Kalorien enthalten Protein, Kohlenhydrate, Fett und Alkohol?

10 Für welches Organ ist ein Jodmangel schädlich?

11 Erklären Sie, welche Erkrankungen Jodmangel erzeugen.

12 Welche Nahrungsmittel können einem Jodmangel vorbeugen?

13 Nennen Sie je zwei Mono-, Di- und Polysaccharide.

14 Geben Sie die Vorteile einer ballaststoffreichen Ernährung an.

15 In welchen Nahrungsmitteln sind reichlich Ballaststoffe enthalten?

16 Erklären Sie, weshalb ein hoher Ballaststoffanteil der Nahrung eine hohe Trinkmenge erfordert.

17 Nennen Sie die Mangelkrankheit, die bei Vitamin-C-Mangel entsteht.

18 Wie nennen sich die Vitamin-D-Mangelkrankheiten bei Kindern bzw. Erwachsenen?

19 Geben Sie an, welche Nahrungsmittel reich an Vitamin D sind.

2 Aufbau und Funktion des Verdauungsapparates

Die Verdauung findet im **Gastrointestinaltrakt** (**GI-Trakt**; Magen-Darm-Trakt) statt. Dieser besteht aus dem eigentlichen Verdauungskanal, d. h. einer Abfolge schlauchförmiger Organe vom Mund bis zum After (→Abb. 1), die der Aufnahme, Zerlegung und Resorption der Nahrung bzw. Nährstoffe dienen. Auch Leber, Gallenblase und Bauchspeicheldrüse gehören zum GI-Trakt, da sie wichtige Funktionen bei der Nahrungsverarbeitung erfüllen.

Der **Gastroenterologe** ist Internist mit dem Schwerpunkt **Gastroenterologie**. Er behandelt Erkrankungen des GI-Trakts einschließlich Gallen-, Leber- und Pankreasleiden.

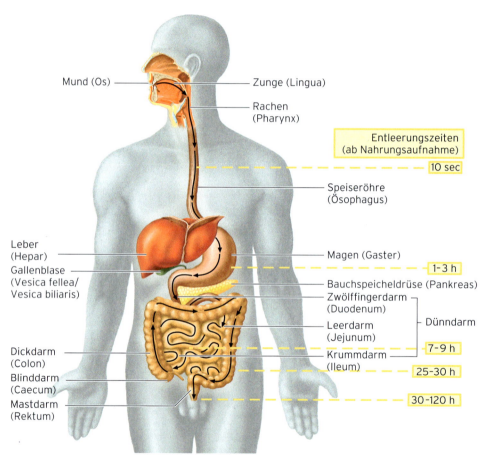

Abb. 1 Verdauungssystem des Menschen

Alle schlauchförmigen Organe des GI-Trakts haben einen gemeinsamen Grundaufbau. Die innere Schicht besteht aus Schleimhaut, die je nach Aufgaben des jeweiligen Organs charakteristische Eigenschaften hat. Die mittlere Schicht besteht aus zwei Lagen glatter Muskulatur. Längs- und Ringmuskulatur sorgen dafür, dass der Speisebrei bzw. Darminhalt bewegt wird. Die automatische wellenförmige Bewegung in Richtung After heißt **Peristaltik**.

> Die **Peristaltik** arbeitet normalerweise nur in **Richtung Darmausgang**. Daher ist es möglich, selbst im Handstand (mit einem Trinkhalm) zu trinken und zu schlucken. Nur beim Erbrechen findet eine umgekehrte Peristaltik statt. Dieser Schutzreflex hat die Funktion, Giftstoffe wie Alkohol oder Bakterientoxine auszuscheiden.

2.1 Mund und Speiseröhre

Der Mund **(Os)** nimmt die Speisen auf. Die Zähne – bzw. der Kauvorgang – zerkleinern die Nahrung. Diese wird mit Speichel vermischt und dabei verflüssigt und vorverdaut. Die großen Speicheldrüsen, v. a. die **Glandula parotis** (Ohrspeicheldrüse; → Abb. 1), geben hierfür bedarfsgerecht Speichel ab. Eine Vielzahl kleiner Speicheldrüsen in der Mundschleimhaut trägt ebenfalls zur Verflüssigung des Speisebreis bei. Der Speichel enthält neben Wasser Mineralstoffe zur Pflege des Zahnschmelzes, andickende Proteine und Immunglobuline für die Erregerabwehr. Das ebenfalls enthaltene Speichelenzym **Amylase** spaltet Stärke in kleinere Saccharide auf und nimmt so eine Vorverdauung der Nahrung vor.

Die Zunge prüft mit ihrem feinen Tastsinn die Nahrung nach Qualität, Fremdkörpern und Zerkleinerungsgrad. Sie schiebt den Speisebrei so lange immer wieder zwischen die Zähne, bis der Kauvorgang abgeschlossen ist. Die Geschmackswahrnehmung findet zum kleinen Teil auf der Zunge statt. Die meisten Aromastoffe „schmecken" wir aber mit den Riechzellen im obersten Teil der Nasenhöhle. Viele Menschen können daher bei Schnupfen nicht schmecken, wenn die Riechschleimhaut so dick geschwollen ist, dass Aromamoleküle nicht bis zu den Sinneszellen durchdringen können.

Abb. 1 Große Speicheldrüsen

Die Geschmacksknospen im Mund dienen der Wahrnehmung der fünf Geschmacksqualitäten süß, salzig, sauer, bitter und umami (japanisch = köstlich). Umami meint einen intensiven Geschmack durch den Geschmacksverstärker Glutamat. Die Zunge nimmt auch angenehme, z. B. fettige, „schmelzende" Nahrungskonsistenzen positiv wahr. Die meisten Aromastoffe gelangen aus der Mundhöhle dorsal durch den Rachen in die Nase und reizen dort den Riechnerv. Reizstoffe aus Pfeffer, Chili usw. regen den N. trigeminus (Drillingsnerv) an, der intensive Reize über Reflexe mit Tränen der Augen und Schwitzen beantwortet.

Schluckvorgang

Der Schluckvorgang ist ein kompliziertes Zusammenspiel mehrerer Organe. Wir können den Schluckvorgang starten, indem wir den Speisebrei mit Hilfe der Zunge in Richtung Rachen schieben und durch die willkürlich steuerbare Rachenmuskulatur schlucken. Der Kehldeckel verschließt dann automatisch den Kehlkopfeingang und verhindert so, dass Nahrung in die Atemwege gelangt.

Die glatte Muskulatur des **Ösophagus** befördert den Speisebrei in den Magen (→ Abb. 2). Der **untere Ösophagussphinkter** (→ S. 382, Abb. 1), der ringförmige Muskel, der die Speiseröhre gegenüber dem Magen abgrenzt, öffnet sich automatisch im richtigen Moment und verschließt sich sogleich nach dem Schlucken. Das Diaphragma (Zwerchfell) besitzt eine Muskellücke, den **Hiatus**, durch die der Ösophagus zum Magen hindurchtritt.

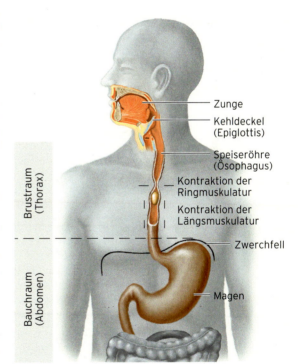

Abb. 2 Die Speiseröhre befördert die Nahrung vom Rachen zum Magen.

Die Zwerchfellmuskulatur unterstützt den unteren Ösophagussphinkter beim Verschließen des Mageneingangs. Da im Alter alle Muskeln schwächer werden, tritt bei älteren Patienten häufig Sodbrennen auf, d. h. ein Rückfluss von Magensäure in die Speiseröhre.

2.2 Magen

Aufbau des Magens

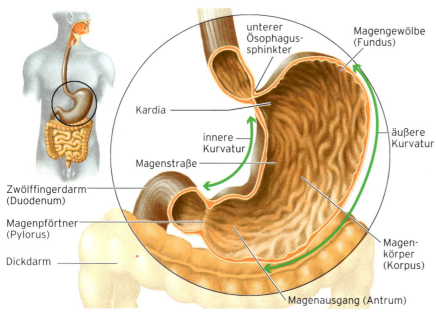

Abb. 1 Magenaufbau

Der Magen (gr. **Gaster**, lat. **Ventriculus**) ähnelt von ventral betrachtet einer breiten Sichel (→Abb. 1). Die innere Rundung der Sichel ist die **innere Kurvatur**, die äußere Rundung die **äußere Kurvatur** (Magenkrümmung). Der Speisebrei gelangt vom Ösophagus kommend in die **Kardia**, den Mageneingang. Von dort folgt er der von Schleimhautfalten gebildeten sog. Magenstraße in Richtung **Korpus** (Magenkörper; Mittel- bzw. Hauptteil des Magens). Die Falten passen sich dem Füllungszustand des Magens an und werden flacher, wenn der Magen voll ist. Durch das **Antrum**, den Magenausgang, erreicht der Mageninhalt den ringförmigen Schließmuskel **Pylorus**, den Magenpförtner. Am Pylorus beginnt der Zwölffingerdarm (das **Duodenum**) und damit der Dünndarm.

Aufgaben des Magens

Der Magen sammelt die Nahrung und desinfiziert sie mit seiner Säure (pH-Wert 1–2). Nur große Erregermengen, z. B. Nahrung mit mehr als 20 000 Salmonellen, oder besonders virulente und säureresistente Organismen wie das Norovirus können daher Infektionen im GI-Trakt hervorrufen. Wird die Säurebildung durch Medikamente wie Omeprazol unterdrückt, steigt das Risiko infektiöser Magen-Darm-Erkrankungen an. Die Magenschleimhaut selbst ist durch eine lückenlose Schleimschicht geschützt: Von Spezialzellen gebildeter Magenschleim schützt die Schleimhaut vor ihrer eigenen aggressiven Säure.

Die enzymatische Eiweißverdauung beginnt im Magen mit Hilfe des Enzyms **Pepsin**, einer Protease. **Proteasen** sind Enzyme, die Proteine zerkleinern. Neben Sekreten, d. h. Magensaft, -schleim, -säure und Pepsin, bildet die Magenschleimhaut auch den **Intrinsic-Faktor**. Dieser Stoff ist notwendig, um Cobalamin (Vitamin B_{12}) ins Blut aufzunehmen. Der Intrinsic-Faktor verbindet sich mit Cobalamin, das mit der Nahrung in den Magen gelangt. Diese Verbindung wird im letzten Dünndarmabschnitt resorbiert. Vitamin-B_{12}-Mangel tritt daher sowohl bei mangelnder Zufuhr als auch bei Magen- und Dünndarmerkrankungen auf.

Die Zusammensetzung der Nahrung und ihr Säuregehalt werden in Magen und Duodenum ständig durch spezielle Messfühler überprüft. Nach Bedarf gibt der Magen das Hormon **Gastrin** ab, das die Produktion von Magensaft, Pepsin und Säure anregt. Andere Botenstoffe erzeugen das Sättigungsgefühl, welches u. a. vom Füllungsgrad des Magens abhängt. Auch Ekelgefühl und das bei Vergiftungen sinnvolle Erbrechen entstehen über Botenstoffe, die passend zur Zusammensetzung des Mageninhalts ausgeschüttet werden. Das heißt, dass z. B. hohe Alkohol- und Fettkonzentrationen registriert werden und über die Ausschüttung spezieller Botenstoffe Übelkeit und Erbrechen auslösen.

Sobald der Magen die Vorverdauung abgeschlossen hat, tritt sein Inhalt durch den Pylorus ins Duodenum über.

2.3 Dünndarm

Aufbau des Dünndarms

Der menschliche Dünndarm gliedert sich in drei Abschnitte:
- den ca. 30 cm langen, c-förmigen Zwölffingerdarm **(Duodenum)**
- den ca. 1,5 m langen Leerdarm **(Jejunum)**
- den ca. 3 m langen Krummdarm **(Ileum)**

Das Ileum mündet im rechten Unterbauch in den ersten Abschnitt des Dickdarms, das **Caecum** (**Zökum**; Leerdarm). Der letzte Teil des Ileums heißt **terminales Ileum**. Nur hier kann die Verbindung aus Intrinsic-Faktor und Vitamin B_{12} resorbiert werden. An der Einmündung des Ileums ins Caecum befindet sich die ventilartige **Ileozökalklappe** (→Abb. 1).

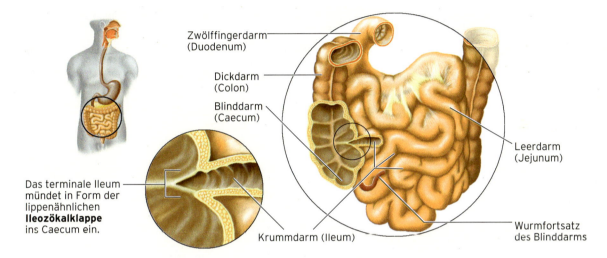

Abb. 1 Dünndarmabschnitte und Übergang zum Dickdarm

Aufgaben des Dünndarms

Die **Aufgabe des Dünndarms** ist die Resorption von Nährstoffen. Diese müssen zuvor durch Aufspaltung der Nahrung gewonnen werden. Dies geschieht maßgeblich durch die Enzyme des Bauchspeichels, der bedarfsgerecht vom exokrinen Teil der Bauchspeicheldrüse (dem **Pankreas**; →Abb. 2) gebildet und ins Duodenum abgegeben wird. Auch hier steuern Messfühler und Botenstoffe die auf Nahrungsmenge und -art abgestimmte Sekretbildung und -abgabe sowie die Darmmotorik. Die Dünndarmschleimhaut bildet ebenfalls Enzyme, z. B. das Milchzucker spaltende Enzym **Laktase** und das Fett spaltende Enzym **Lipase**. Die Galle, d. h die Gallenflüssigkeit, unterstützt die Fettverdauung, indem sie Fetttropfen zerkleinert und für die Lipase leichter angreifbar macht. Da viele Verdauungsenzyme durch Säure gehemmt werden, neutralisiert das alkalische Pankreassekret den Speisebrei mit Hilfe von **Bikarbonat**. Die Ausführungsgänge von Pankreas und Gallenblase münden ins Duodenum (→Abb. 2).

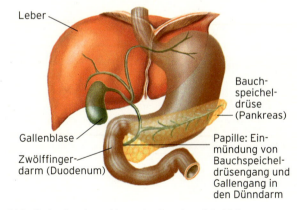

Abb. 2 Anatomie und Lage der Bauchspeicheldrüse

Nach der Zugabe von Pankreas- und Gallensekret wird der Darminhalt gut durchmischt, damit die Enzyme gründlich einwirken und die Nährstoffe freigesetzt werden können. Die Endprodukte der enzymatischen Verdauung sind so klein, dass die Darmschleimhaut sie ins Blut resorbieren kann. Fette werden teilweise auch von Lymphgefäßen aufgenommen und mit der Lymphe herznahen Venen zugeführt. Die Durchmischung des Darminhalts geschieht im Dünndarm mit automatischen Pendelbewegungen der glatten Muskulatur. Diese bewirken eine gründliche Vermengung des Speisebreis mit Wasser, Enzymen und Gallenwirkstoffen.

Verdauungsenzym	Zu spaltender Stoff → Spaltprodukt	Bildungsort/Wirkungsort
Amylase	Stärke → Maltose	Speicheldrüsen/Mund, Pankreas/Dünndarm
Pepsin	Proteine → Peptide	Magenschleimhaut/Magen
Lipase	Fett (Triglyceride) → Glycerin und Fettsäuren	Pankreas/Dünndarm
Trypsin, Chymotrypsin und andere Proteasen	Protein → Peptide → Aminosäuren	Pankreas/Dünndarm
Maltase	Maltose → Glukose	Pankreas/Dünndarm

Um schnell große Mengen Wasser und Nährstoffe resorbieren zu können, besitzt die Dünndarmschleimhaut eine sehr große Oberfläche (→Abb. 1 und 2). Diese entsteht zum einen durch die große Länge des Dünndarms und durch seine Fältelung. Jede Falte ist außerdem mit unzähligen Zotten (→Abb. 2) besetzt, deren Epithel wiederum dicht mit Saughärchen bedeckt ist. So entsteht die Gesamtresorptionsfläche des Dünndarms von über 200 m².

Der größte Teil des Darms ist mit **Peritoneum** (Bauchfell) überzogen. Das einschichtige Epithel ist glatt und feucht und ermöglicht eine reibungslose Bewegung aller Darmabschnitte.

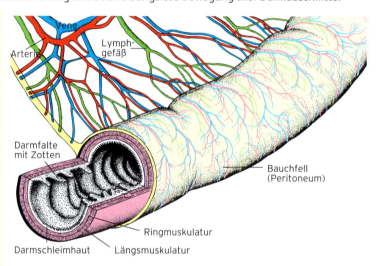

Oberflächenvergrößerung am Beispiel des Dünndarms

- Der Dünndarm ist fünf Meter lang.
- Durch seine Falten verdreifacht er seine Oberfläche.
- Durch die Zotten verzehnfacht er sie.
- Durch die Saughärchen an der Zelloberfläche verzwanzigfacht er sie.
- → So wird eine 3 x 10 x 20 = 600fache Oberflächenvergrößerung erreicht.

Abb. 1 Aufbau des Dünndarms und der Darmzotten

Abb. 2 Rasterelektronenmikroskopische Aufnahme der Dünndarmschleimhaut mit Zotten

Der Dünndarm ist der wichtigste Darmabschnitt, weil nur er zur Nährstoffresorption fähig ist. Bei fortgeschrittenen Krebserkrankungen kann es erforderlich sein, Abschnitte des GI-Trakts operativ zu entfernen. Muss der Ösophagus entfernt werden, kann bestimmte Nahrung durch einen Schlauch direkt in den Magen gegeben werden. Wenn man den Magen entnimmt, wird der Ösophagus ans Duodenum angeschlossen. Bei Verlust des Dickdarms, Enddarms bzw. Afters kann ein künstlicher Darmausgang am Bauch angelegt werden. In allen beschriebenen Fällen gibt es natürlich Ernährungs- und Verdauungsprobleme, aber der Patient kann weiterhin Nahrung aufnehmen. Fehlt hingegen der Dünndarm als Resorptionsorgan, muss der Betroffene parenteral, d. h. per Infusion, ernährt werden.

Enzyme sind natürliche Stoffe, die biochemische Vorgänge im Körper ermöglichen. Sie können z. B. Moleküle zerlegen oder zusammensetzen. Auch Waschmittel nutzen Enzyme: Amylase löst stärkehaltige Flecken aus der Wäsche. Frische Ananas enthält Proteasen, die bei reichlichem Genuss ein Wundwerden der proteinhaltigen Zungenoberfläche erzeugen. Bei oraler Aufnahme werden Enzyme jedoch im Magen-Darm-Trakt selbst durch Verdauungsenzyme zerlegt.

2.4 Dickdarm

Aufbau des Dickdarms

Der Dickdarm eines Menschen ist etwa so lang wie seine Armspanne (ca. 1,5 m). Er liegt im Unterbauch und umrahmt den geschlungen verlaufenden Dünndarm (→Abb. 1). Der Dickdarm besteht aus mehreren Abschnitten:
- **Caecum** (Coecum; Zökum; Blinddarm)
- **Colon** (**Kolon**; Grimmdarm) mit seinen vier Abschnitten:
  - Colon ascendens (aufsteigendes Kolon)
  - Colon transversum (quer verlaufendes Kolon)
  - Colon descendens (absteigendes Kolon)
  - Colon sigmoideum **(Sigma; Sigmoid; S-Darm)**
- **Rektum** (Mastdarm)

Der letzte Darmabschnitt, bestehend aus Sigma, Rektum und Anus, wird als **Enddarm** bezeichnet. Den Abschluss des Dickdarms bzw. den Darmausgang bildet der **Anus** (After). Dieser enthält den mehrschichtigen Schließmuskel, der den Anus für die Stuhl- und Gasentleerung öffnet und danach wieder verschließt (→Abb. 2).

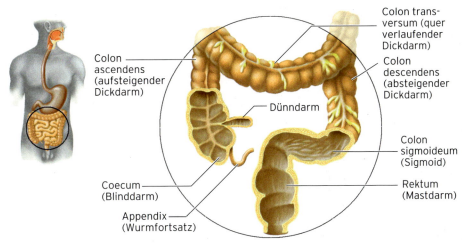

Abb. 1 Verdauungssystem des Menschen

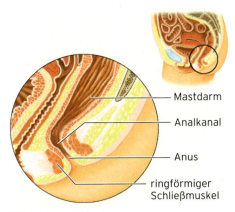

Abb. 2 Anus (After)

Das Caecum heißt Blinddarm, weil es nach kaudal „blind" endet. Es bildet eine sackförmige Ausbuchtung, an der sich die **Appendix vermiformis**, der Wurmfortsatz, befindet (→Abb. 3). Die Appendix ist lymphozytenreich und hat wahrscheinlich immunologische Aufgaben. Die Entzündung der Appendix, die ❙Appendizitis, wird im Volksmund fälschlich „Blinddarmentzündung" genannt. Das Caecum, der Blinddarm, ist jedoch nicht betroffen. Die korrekte deutsche Bezeichnung ist daher Wurmfortsatzentzündung.

Vom Caecum aus verläuft das aufsteigende Kolon nach kranial, das quer verlaufende Kolon von rechts nach links und das absteigende Kolon nach kaudal. Es schließen sich das Sigma (der s-förmige S-Darm) und das Rektum an. Das Rektum geht in den Anus über.

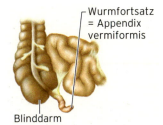

Abb. 3 Wurmfortsatz

❙ **Appendizitis**
→ LF 9, S. 412

Aufgaben des Dickdarms

Die Hauptaufgaben des Dickdarms sind die Eindickung des Darminhalts durch Wasserresorption und die Formung des Stuhls (die **Fäzes**). Ein großer Teil des Wassers, das in den oberen Abschnitten des GI-Trakts zugemischt worden war, wird im Dickdarm resorbiert.

> **MERKE**
>
> Insgesamt ca. 9 L **Speichel, Magen-, Gallen-, Pankreas- und Jejunumsekret** werden täglich durch Drüsen bzw. Drüsenzellen der Schleimhäute in das Lumen des Gastrointestinaltrakts abgegeben. Ebenso viel Flüssigkeit resorbieren Ileum und Dickdarm ins Blut, sodass die Flüssigkeitsbilanz des GI-Trakts ausgeglichen ist. Da Sekretion und Resorption nebeneinander passieren, sind die 9 L Flüssigkeit nicht gleichzeitig im GI-Trakt.

Obstipation
→ LF 9, S. 403

Im Dickdarm befindet sich die Darmflora, die aus mehreren Hundert Arten anaerober Bakterien besteht, u. a. dem Bakterium **E. coli (Escherichia coli)**. Die Darmflora hat umfangreiche immunologische Funktionen. Sie unterdrückt die Vermehrung pathogener Keime, bildet Vitamin K für die Blutgerinnung und spaltet bisher unverdaute Kohlenhydrate, z. B. aus Getreide und Hülsenfrüchten, teilweise auf. Gänzlich unverdaubare Kohlenhydrate, die Ballaststoffe, quellen im Kolon auf und regen durch ihr Volumen die Tätigkeit der Wandmuskulatur an. So wirkt ballaststoffreiche Nahrung der Stuhlverstopfung (|**Obstipation**) entgegen. Auf Ernährungsumstellungen mit erhöhter Ballaststoffzufuhr reagiert der Darm ggf. zunächst mit Blähungen (Meteorismus); mit der Zeit passt sich die Darmflora aber an und zerlegt die Kohlenhydrate so weit, dass kaum noch Gase gebildet werden.

Abb. 1 Ballaststoffreiche Nahrung regt die Darmtätigkeit an.

Im Sigma wird der Stuhl geformt. Die Entleerung kann erfolgen, wenn die im unteren Rektum zahlreichen Nerven die Information, dass der Mastdarm gefüllt ist, ans Gehirn senden. Die Stuhlentleerung wird willkürlich gestartet (oder unterdrückt), erfolgt aber überwiegend vegetativ gesteuert. Die Füllung des Magens bewirkt eine große Kolonbewegung und damit eine Entleerung des Enddarms. Dieser Reflex ist morgens am stärksten. Auch Reizungen des Magens, z. B. bei der Gastritis (Magenschleimhautentzündung), bewirken den Entleerungsreflex, weshalb Durchfall bei Gastritis, z. B. durch NSAR, häufig vorkommt.

Abb. 2 Morgendlicher Entleerungsreflex des Enddarms

Der Anus wird durch den **Sphinkter**, den Schließmuskel, verschlossen. Für den Feinabschluss sorgen über dem Sphinkter liegende weiche Gefäßpolster, die **Hämorrhoiden**. Diese hat und braucht jeder Mensch. Erst eine Vergrößerung und Entzündung des Hämorrhoidalpolsters führt zum |**Hämorrhoidenleiden**, das unkorrekt „Hämorrhoiden" genannt wird.

Hämorrhoidenleiden
→ LF 9, S. 413

Zirka 10^{14} Bakterien besiedeln jeden Menschen und bilden u. a. die Darmflora. Man nennt diese „Mitbewohner" des Organismus **Mikrobiom** oder **Mikrobiota**. Sie haben eine Fülle wichtiger, noch lange nicht vollständig geklärter Funktionen für die Gesundheit des Menschen. Es gibt eine Vielzahl an Milchprodukten, von denen gesagt wird, dass sie das Immunsystem stärkende Eigenschaften hätten. Wäre das tatsächlich der Fall, wären Autoimmunkrankheiten und Allergien das Risiko. Immunschwache Patienten wären durch solche „lebende Kulturen" gefährdet. Die Darmflora ist relativ stabil und wird durch vorübergehende Zufuhr anderer Nahrung kaum beeinflusst. Bei bestimmten Darmkrankheiten wie Reizdarmsyndrom und Colitis ulcerosa können bestimmte Darmbakterien, z. B. in Kapselform eingenommen, hilfreich sein.

2.5 Leber, Gallenblase, Pfortader und Pankreas

Aufbau der Leber

Die Leber **(Hepar)** ist ein ca. 1,5 bis 2 kg schweres Organ, das sich im rechten Oberbauch befindet. Es liegt dem Zwerchfell an und grenzt kaudal an Kolon und rechte Niere. Die Gallenblase liegt der Unterseite der Leber an und ist beim Gesunden nicht tastbar (→Abb. 1).

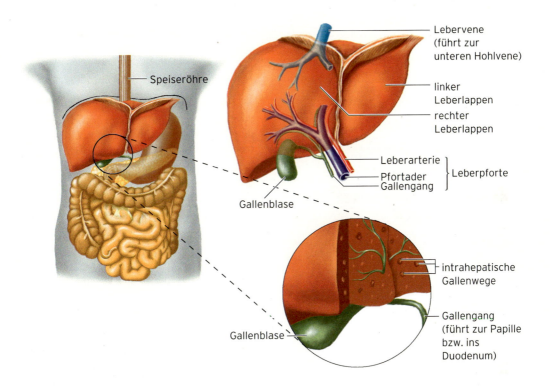

Abb. 1 Aufbau und Lage der Leber und der Gallenblase

Aufgaben von Leber, Gallenblase und Pankreas

Hauptaufgaben der Leber sind
- **Bildung** von Plasmaproteinen, Gerinnungsfaktoren, Fibrinogen, Cholesterin u. v. m.,
- Bildung und **Sekretion** (Absonderung) der Gallenflüssigkeit,
- **Entgiftung** toxischer Stoffe aus dem GI-Trakt, z. B. von Alkohol und Medikamenten,
- **Speicherung** von Glukose als Glykogen, Fett, Vitaminen, Eisen (und Schwermetallen).

Bildlich betrachtet ist die Leber eine Kläranlage, eine chemische Fabrik und eine Lagerhalle. Entgiftung bedeutet, dass die Leber Giftstoffe spaltet oder umbaut und ihnen dadurch ihre toxischen Eigenschaften nimmt. Sie verändert einige Stoffe auch so, dass diese wasserlöslich werden und durch die Nieren ausgeschieden werden können.

Alle gespeicherten Nährstoffe gibt die Leber bedarfsgerecht an den Blutkreislauf ab. Unter Nahrungsmangel spaltet sie z. B. Glukose aus langkettigen Glykogen-Molekülen ab und hebt so den Blutzuckerspiegel. Bei entsprechender Lebensweise, d. h. Überernährung und/oder Alkoholmissbrauch, lagert die Leber viel Fett ein. Bei Nahrungsmangel bzw. gesunder, fettarmer Ernährung wird dieses Fett dem Energiestoffwechsel zugeführt. Wird vermehrt Blut gebildet, z. B. nach einer Blutspende, gibt die Leber gespeichertes Eisen in den Blutkreislauf ab, damit das Knochenmark es für Hämoglobin verwenden kann. Die Speicherfähigkeit führt allerdings auch zur Anreicherung von Schwermetallen wie Blei und Cadmium in der Leber.

Abb. 1 Emulgieren

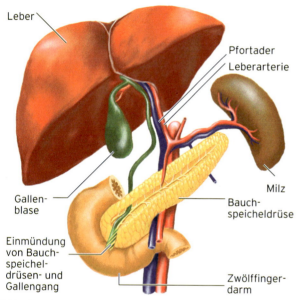

Abb. 2 Leber mit Pfortader (schematisch)

Leberwerte
→ LF 9, S. 392, 426
Langerhans-Inseln
→ LF 9, S. 435

Die **Galle**, d. h. die Gallenflüssigkeit, fließt als wässriges Sekret aus den Gallenwegen der Leber direkt ins Duodenum bzw. wird in der Gallenblase gesammelt und eingedickt. Die wässrige Galle heißt Lebergalle und das Konzentrat aus der Gallenblase heißt Blasengalle. Die Galle **emulgiert** Nahrungsfette, d. h., sie verteilt Fetttröpfchen in Wasser zu einer milchigen Flüssigkeit (→Abb. 1). Kleine Fetttröpfchen sind durch Lipase leicht zerlegbar.

Die Leber nimmt die durch den Darm resorbierten Stoffe zunächst auf. Die gesamte Blutmenge aus dem Magen-Darm-Trakt wird zu diesem Zweck in der **Pfortader** (→Abb. 2) zusammengeführt und in die Leber geleitet. Diese prüft das Pfortaderblut und entgiftet darin enthaltene schädliche Stoffe. Die Leber muss dabei auch einiges Eiweiß aufnehmen, weil Proteine in konzentrierter Form das Gehirn schädigen würden. Bei Leberzirrhose kommt es durch Wegfall diese Filterfunktion zu vielfältigen neurologischen und psychischen Störungen.

Werden Leberzellen geschädigt bzw. zerstört, treten Enzyme und andere Stoffe aus dem Leberzell-Zytoplasma ins Gewebe und Blut über. Diese Enzyme können als sog. ▌Leberwerte im Serum gemessen werden und geben Auskunft über Art und Ausmaß von Leberschädigungen.

Das **Pankreas**, die Bauchspeicheldrüse, bildet und sezerniert als exokrine Drüse den größten Teil der Verdauungsenzyme. Der endokrine Teil, d. h. die Inselzellen der sog. ▌Langerhans-Inseln, sezernieren das blutzuckersenkende Hormon Insulin, das blutzuckersteigernde Hormon Glukagon sowie weitere Hormone, die den Zuckerstoffwechsel und die Magen-Darm-Tätigkeit regulieren.

Glukagon regt die Leber an, bei Energiebedarf des Körpers das in der Leber gespeicherte Glykogen in Glukose zu spalten: Eine „Pastaparty" am Vorabend ist daher eine Methode, bei sportlichen Wettkämpfen Verdauungsarbeit zu sparen und dennoch über viel Energie zu verfügen. Isst man abends eine Mahlzeit mit reichlich Stärke, wird viel Glykogen gebildet und in Leber und Muskeln gespeichert. Während des Wettkampfes wird daraus fortlaufend Glukose freigesetzt und gibt dem Sportler Energie ohne Verdauungsarbeit und Seitenstiche.

Aufbau und Funktion des Verdauungsapparates | **389**

Übersicht der Organe des Gastrointestinaltrakts und ihrer Funktionen

Organ	Sekret(e)	Funktion(en)
Mund Os	Speichel	Prüfung, Zerkleinerung und Verflüssigung der Nahrung
Speicheldrüsen Glandula parotis usw.	Speichel mit Amylase	Verflüssigung der Nahrung und Beginn der Stärkespaltung
Speiseröhre Ösophagus		Transport der Nahrung zum Magen
Magen Gaster, Ventriculus	Pepsin, Magensäure, Magensaft, Gastrin, Intrinsic-Faktor	Sammeln und Desinfektion, Verflüssigung und Durchmischung der Nahrung, Beginn der Proteinverdauung, Vorbereitung der Vitamin-B_{12}-Resorption
Zwölffingerdarm Duodenum		Durchmischung des Speisebreis mit Bauchspeichel und Galle
Bauchspeicheldrüse Pankreas	exokrin: Bikarbonat, Amylase, Lipase, Proteinasen endokrin: v. a. Insulin, Glukagon, Somatostatin	Alkalisierung und enzymatische Zerlegung des Darminhalts, Regulation des Zuckerstoffwechsels, der Tätigkeit des GI-Trakts u. v. m.
Leber Hepar	Gallenflüssigkeit (Lebergalle)	Galle emulgiert, d. h. zerkleinert, Fetttropfen; die Leber speichert Nährstoffe, Vitamine usw., entgiftet konzentrierte bzw. toxische Stoffe, bildet Plasmaproteine u. v. m.
Gallenblase Vesica fellea/biliaris	konzentrierte Gallenflüssigkeit (Blasengalle)	dickt die Lebergalle ein und gibt bei fettreicher Nahrung Blasengalle ins Duodenum ab
Leer- und Krummdarm Jejunum und Ileum	Laktase, Lipase	Durchmischung und enzymatische Zerlegung des Darminhalts, Resorption
Wurmfortsatz Appendix vermiformis		keine Verdauungsfunktion; teilweise geklärte immunologische Funktion
Dickdarm Caecum, Colon	Schleim, der die Gleitfähigkeit des Darminhalts verbessert	Rückresorption von Wasser, enzymatische Spaltung unverdauter Kohlenhydrate, Vitamin-K-Bildung durch die Darmflora, Bildung und Beförderung der Fäzes (des Stuhls)
Mastdarm Rektum		sammelt die Fäzes bis zur Stuhlentleerung
After Anus		Stuhl- und Gasentleerung mit Hilfe von Reflexen, Verschluss des Darmausgangs

Terminologie: Anatomie und Funktion des Magen-Darm-Trakts

Amylase	Stärke spaltendes Enzym aus Speicheldrüsen und Pankreas
Anus	After; Darmausgang
Antrum	Magenausgang
Appendix vermiformis	Wurmfortsatz
Bikarbonat	alkalischer Inhaltsstoff des Bauchspeichels
Caecum **(Coecum; Zökum)**	Leerdarm; erster Dickdarmabschnitt nach dem Dünndarm
Colon (Kolon)	Grimmdarm, bestehend aus aufsteigendem, quer verlaufendem und absteigendem Colon sowie dem Sigmoid
Colon ascendens	aufsteigender Kolonanteil

Colon descendens	absteigender Kolonanteil
Colon transversum	quer verlaufender Kolonanteil
Dickdarm	Zökum, Kolon und Rektum
Dünndarm	Duodenum, Jejunum und Ileum
Duodenum	Zwölffingerdarm
Escherichia coli (Kw. **E. coli**)	von T. Escherich entdecktes gramnegatives Bakterium, das zur Darmflora gehört
Enddarm	Sigma, Rektum und Anus
Fäzes (Faeces)	Stuhl
Fundus	Magengewölbe
Gaster (Syn. **Ventriculus**)	Magen; dieser besteht aus den Teilen Kardia, Fundus, Korpus und Antrum
Gastrin	Hormon, das die Produktion von Magensaft und –säure anregt
Glandula parotis	Ohrspeicheldrüse; Parotis
Gastroenterologie	Lehre von den Erkrankungen des Magen-Darm-Trakts
Gastrointestinaltrakt (Abk. **GI-Trakt**)	Magen-Darm-Trakt; Verdauungstrakt
Hämorrhoiden	weiches Gefäßpolster für den Feinabschluss des Anus
Hepar	Leber
Hiatus	Zwerchfellöffnung für den Durchtritt des Ösophagus
Ileozökalklappe	ventilartiger Übergang zwischen terminalem Ileum und Caecum
Ileum	Krummdarm (längster Dünndarmabschnitt)
Intrinsic-Faktor	von der Magenschleimhaut gebildeter Stoff, der für die Resorption von Vitamin B_{12} im Dünndarm erforderlich ist
Jejunum	Leerdarm (Dünndarmabschnitt zwischen Duodenum und Ileum)
Korpus	Magenkörper
Kurvatur	Magenkrümmung
Laktase	Milchzucker spaltendes Enzym der Dünndarmschleimhaut
Lipase	Fett spaltendes Pankreas- und Dünndarmenzym
Ösophagus	Speiseröhre
Os (Adj. **oral**)	Mund (sprich Ohs)
Pankreas	Bauchspeicheldrüse
Pepsin	Eiweiß spaltendes Enzym des Magensaftes
Peristaltik	wellenförmige Bewegungen des Darms in Richtung Anus
Peritoneum	Bauchfell
Pfortader (Syn. **Vena portae**)	Blutgefäß, das das Blut aus dem GI-Trakt zur Leber führt
Protease	Eiweiß spaltendes Enzym
Pylorus	Magenpförtner (Schließmuskel am Magenausgang)

Rektum (Rectum)	Mastdarm
Sekretion (Verb **sezernieren**)	Absonderung eines Sekrets durch eine Drüse
Sigma (Syn. **Sigmoid; S-Darm; Colon sigmoideum**)	S-Darm (s-förmiger Teil des Kolons am Übergang zum Rektum)
Sphinkter	Schließmuskel
terminales Ileum	letzter Dünndarmabschnitt vor dem Coecum
unterer Ösophagussphinkter	unterer Speiseröhren-Schließmuskel, der die Speiseröhre gegenüber dem Mageneingang abschließt
Vesica fellea (Syn. **Vesica biliaris**)	Gallenblase

Seitenstiche entstehen bei sportlicher Betätigung nach dem Essen. Nach Mahlzeiten befindet sich viel Blut im GI-Trakt, weil dieser dann intensiv arbeitet. Muskelaktivität erfordert ebenfalls eine Menge Blut. Leber und Milz enthalten viel Blut, das als **Reservepool** bezeichnet wird. Bei Bedarf geben sie es in den **Funktionspool**, das zirkulierende Blut, ab. Dies geht mit Seitenstechen einher. Leichte Kost und eine Sportpause nach dem Essen helfen, Seitenstiche zu vermeiden.

AUFGABEN

1. Zählen Sie die Organe auf, die die Nahrung, vom Mund beginnend, passiert. Verwenden Sie dabei sowohl die deutschen als auch die Fachbegriffe.
2. Nennen Sie Verdauungsenzyme und die von ihnen gespaltenen Stoffe.
3. Nennen Sie die Aufgaben der Leber.
4. Geben Sie an, welche Drüsen ihr Sekret ins Duodenum abgeben.
5. Welche Stoffe bildet die Magenschleimhaut und welche Funktionen haben sie?
6. Woraus besteht die Darmflora und welche Funktionen erfüllt sie?
7. Erklären Sie den Begriff „Oberflächenvergrößerung" am Beispiel des Dünndarms.
8. Warum ist der Begriff „Blinddarmentzündung" nicht richtig?
9. Welche Sekrete bilden der exokrine und endokrine Teil des Pankreas?
10. Wie entsteht ein Anstieg der sog. Leberwerte?
11. Aus welchen Darmanteilen bestehen jeweils Dünndarm, Dickdarm und Enddarm?
12. Erklären Sie Lage und Funktion der Hämorrhoiden.
13. Welcher Nährstoff wird nach der Resorption in Lymphgefäßen transportiert?
14. Nennen Sie die Funktion der Gallenflüssigkeit.
15. Nennen Sie die Funktion der Gallenblase.

3 Diagnostik bei Erkrankungen des Gastrointestinaltrakts

Ikterus
→ LF 9, S.422

Aszites
→ LF 9, S.426

Abb. 1 Palpation des Abdomens

Gastritis
→ LF 9, S.407

Appendizitis
→ LF 9, S.412

Entzündungswerte
→ LF 3, S.57
→ LF 5, S.206

Nierenwerte
→ LF 8, S.315

Tumormarker
→ LF 8, S.364

3.1 Anamnese und klinische Untersuchung

Die professionelle **Anamnese** ist auch bei gastroenterologischen Erkrankungen von großer Bedeutung, um die Diagnose zu stellen bzw. eine gezielte Diagnostik zur Bestätigung der Verdachtsdiagnose durchzuführen. Die richtigen Fragen tragen dazu bei, z. B. ein Magengeschwür von einem Zwölffingerdarmgeschwür und ein Hämorrhoidenleiden von einer infektiös bedingten Darmblutung zu unterscheiden.

Die **Inspektion** ergibt bei Magen-Darm-Krankheiten z. B. eine Abmagerung bei chronischem Durchfall und bei Krebs, ein Ikterus (eine Gelbfärbung der Haut) bei Leberleiden (z. B. Lebermetastasen) und ein auffallend aufgetriebenes **Abdomen** bei Aszites (Bauchwassersucht).

Bei der **Palpation** des Abdomens (→Abb. 1) achtet der Arzt darauf, ob die Bauchdecke weich ist oder ob ein Widerstand, eine sog. **Resistenz**, zu tasten ist. Hinter Resistenzen können sich Tumoren, aber auch Fäzes bei Stuhlverstopfung oder in seltenen Fällen sogar eine nicht bekannte Schwangerschaft, d. h. ein Fetus, verbergen.

Oft sind bestimmte Stellen schmerzhaft auf Druck bzw. auf Berührung, z. B. der Magen bei Gastritis und der rechte Unterbauch bei Appendizitis. Ist die Bauchdecke brettartig verhärtet, spricht man von Abwehrspannung. Diese lenkt den Verdacht auf eine Bauchfellentzündung, z. B. nach einem Darmdurchbruch.

Die **Auskultation** der Darmgeräusche kann eine verstärkte oder fehlende Peristaltik anzeigen und damit z. B. auf eine entzündliche Krankheit oder einen Darmverschluss hinweisen.

3.2 Labordiagnostik

Die Labordiagnostik bei Krankheiten des Abdomens umfasst zahlreiche Blutuntersuchungen, z. B. Entzündungs-, Nieren- und Leberwerte sowie serologische Tests und Tumormarker. Bei Erkrankungen bzw. Verdacht auf Erkrankungen der Leber und des Pankreas werden bestimmte Blutwerte im Serum bestimmt:

Leber- und Pankreaswerte im Serum			
Parameter, Bedeutung	**Normbereich Frau/Mann**		**Ursachen erhöhter Werte (Beispiele)**
GOT = AST = ASAT (Leberenzym) **G**lutamat-**O**xalacetat-**T**ransaminase	< 35 U/L	< 50 U/L	bei Leberzellschaden durch Fettleber, Alkohol, Medikamente, Virushepatitis, Autoimmunkrankheiten, Metastasen
GPT = ALT = ALAT (Leberenzym) **G**lutamat-**P**yruvat-**T**ransaminase			
Gamma-GT = γ-GT = GGT (Leberenzym) **G**amma-**G**lutamyl-**T**ransferase	< 40 U/L	< 60 U/L	
AP (Gallenwegs- und Knochenenzym) **a**lkalische **P**hosphatase	35-105 U/L	40-130 U/L	Leberschaden und/oder Knochenumbau
Bilirubin (Gallenfarbstoff; Sekretionsleistung)	2-21 µmol/L		Hepatitis, Gallenstau
Cholinesterase (Syntheseleistung der Leber)	4-13 U/mL		*erniedrigt* bei Leberschaden
Gesamteiweiß (Syntheseleistung der Leber)	6-8,4 g/dL		
INR (Maß für die Gerinnungsstoffproduktion)	1,0		Leberschaden/Marcumar®
Amylase (Enzym aus Parotis und Pankreas)	< 100 U/mL		Pankreatitis, Parotitis
Lipase (Enzym aus dem Pankreas)	< 60 U/L		Pankreatitis

3.3 Stuhldiagnostik

3.3.1 Stuhlprobengewinnung

Bei Verdacht auf eine infektiöse Darmerkrankung, z. B. eine Durchfallerkrankung durch Salmonellen, wird eine Stuhlprobe zur mikrobiologischen Diagnostik ins Labor geschickt. Für den Probentransport gibt es Spezialröhrchen (→Abb. 1). Der Patient nimmt eine erbsen- bis bohnengroße Menge Stuhl mit dem am Deckel angebrachten Löffel auf, füllt sie in das Röhrchen und schraubt den Deckel zu. Die MFA prüft, ob der Deckel fest geschlossen ist und legt das Probenröhrchen in eine passende, mit saugfähigem Papier ausgelegte Transporthülse. Sie verschließt die Transporthülse, beschriftet sie mit den notwendigen Daten und gibt sie zusammen mit dem Begleitschein in den Versand. Dieser sollte per Boten erfolgen. Nur in Ausnahmefällen werden Stuhlproben per Post bzw. Transportdienst versandt, da lange Lagerzeiten und extreme Temperaturen die Proben verändern können.

Abb. 1 Stuhlprobenröhrchen mit Transporthülse

Da die meisten Toiletten heute Tiefspül-WCs sind, bei denen der Stuhl ins Wasser des Abflussrohres fällt, ist die Stuhlprobengewinnung oftmals schwierig. Klemmt man ein mehrfach gefaltetes Zeitungspapier zwischen Toilettenschüssel und -brille, kann der Stuhlgang auf das Papier erfolgen. Dies vereinfacht die Probengewinnung. Beim **iFOBT** (s. u.) wird z. T. ein spezieller Papierstreifen mitgeliefert.

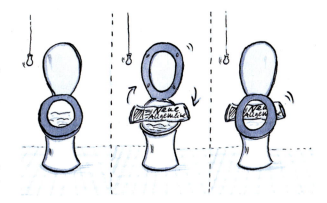

3.3.2 Stuhltest auf okkultes Blut

Blutbeimengungen im Stuhl können auf eine Darmerkrankung, z. B. eine Entzündung, aber auch auf Darmkrebs hinweisen. Man unterscheidet dabei zwischen
- mit bloßem Auge sichtbarem Blut und
- unsichtbarem, d. h. **okkultem** (wörtlich verborgenem) Blut.

Stuhltests zum Nachweis okkulten Blutes werden als Screeningtests durchgeführt. Das bedeutet, dass sie in einer Zielgruppe mit erhöhtem Krankheitsrisiko zur Früherkennung (noch) symptomloser Krankheitsfälle durchgeführt werden.
Indikation: Der präventive Stuhltest auf okkultes Blut wird zur Darmkrebs-Früherkennung Patienten zwischen 50 und 54 Jahren jährlich, ab 55 Jahren (nur bei Ablehnung der Vorsorge-Darmspiegelung) zweijährlich angeboten. Zum Nachweis eines Blutverlusts über den Darm, d. h. kurativ, kann der Test auch bei anderen Patientengruppen eingesetzt werden.
Neuerung: Seit 2017 wird nur noch der immunologische Okkultbluttest iFOBT (immunochemical Fecal Occult Blood Test) durchgeführt.

> **HINWEIS**
>
> Sieht ein Patient Blut, das dem Stuhl aufgelagert, mit dem Stuhl vermischt ist oder sich am Toilettenpapier befindet, ist damit der **Nachweis einer Blutung aus dem Gastrointestinaltrakt** bereits positiv. Ein Okkultbluttest ist in diesem Fall nicht mehr sinnvoll. Die Blutungsquelle sollte durch entsprechende Untersuchungen abgeklärt werden.

Vorbereitung: Der Patient muss seine Ernährung für den neuen Okkultbluttest iFOBT nicht ändern; der Test kann jederzeit nach einem Stuhlgang durchgeführt werden.

Probengewinnung: Die MFA gibt dem Patienten das Probenröhrchen, einen Papierstreifen für die Toilette, eine schriftliche Anleitung sowie einen blickdichten Beutel für das Probenröhrchen (→ Abb. 1). Der Patient klebt den dafür vorgesehenen Papierstreifen auf seine Toilette (→ Abb. 2) und setzt darauf den Stuhl ab. Er sticht dann – je nach Herstellerangabe – z. B. das Entnahmestäbchen viermal in den Stuhl ein und streicht anschließend kreuzförmig über die Stuhloberfläche. Dann steckt er das Stäbchen in das Probenröhrchen, in dem sich eine spezielle Masse oder Flüssigkeit befindet, und verschließt das Gefäß.

Abb. 1 Probenröhrchen für den iFOBT

Abb. 2 Benutzung der Stuhlauffanghilfe

Probenweiterleitung: Die MFA weist den Patienten an, dass er am Tag der Probennahme, spätestens aber am Tag danach das verschlossene Röhrchen in der Praxis abgeben muss. Das Röhrchen kann also nicht kurz vor dem Wochenende abgegeben werden. Spätestens am Tag nach der Abgabe leitet die Praxis die Probe an das auswertende Labor weiter, damit das Ergebnis nicht falsch negativ ausfällt. Falsch negativ heißt, dass bei zu später Einsendung bzw. Auswertung Okkultblut nicht entdeckt wird und dann ggf. Darmkrebs zu spät entdeckt wird.

Aussagekraft und Bewertung: Der iFOBT weist mit bloßem Auge nicht sichtbares Blut nach; krankes Darmgewebe blutet öfter als gesundes. Darmkrebs blutet oft, Darmpolypen, die z. T. Krebsvorstufen enthalten, bluten gelegentlich. Fällt der iFOBT positiv aus, ist die Wahrscheinlichkeit einer Darmkrankheit höher als bei negativem Testergebnis. Es ist aber meistens kein Darmkrebs vorhanden, sondern nur ein ❘Darmpolyp, eine (noch) gutartige Schleimhautwucherung. Polypen lassen sich bei einer ❘Koloskopie meistens abtragen. Insofern hilft der positive iFOBT, wenn danach eine Koloskopie erfolgt, nicht nur symptomlosen Darmkrebs früh zu erkennen, sondern sogar dessen Entstehung zu verhindern, wenn Polypen mit Krebsvorstufen entfernt werden. Ein negatives iFOBT-Ergebnis schließt Darmkrebs allerdings nicht aus. Die Statistik sagt: Von 1000 Menschen ab 50 Jahren, die über zehn Jahre jährlich den iFOBT durchführen, stirbt einer weniger an Darmkrebs als ohne iFOBT. Die Koloskopie somit ist aussagekräftiger als der iFOBT allein.

> **Darmpolyp**
> → LF 9, S.400
>
> **Koloskopie**
> → LF 9, S.399

Befundmitteilung (Vorschlag):
MFA: „Ihr Stuhltest auf verstecktes Blut ist positiv ausgefallen."
(Mit einer Pause gibt die MFA dem Patienten Gelegenheit, Fragen zu stellen.)
MFA: „Der Arzt wird mit Ihnen besprechen, welche Untersuchung zur Klärung der Ursache für Sie in Frage kommt."
(kurzfristigen Gesprächstermin vereinbaren)
MFA: „Viele Patienten mit positivem Testergebnis haben sog. Polypen, d. h. gutartige Schleimhautwucherungen im Darm. Diese können nach Jahren zu Darmkrebs werden. Bei einer Darmspiegelung kann man Polypen schmerzlos entfernen, bevor sie gefährlich werden. Es war gut, dass Sie den Früherkennungstest durchgeführt haben."

3.4 Sonografie des Abdomens

Definition: Ultraschalluntersuchung des Bauchraums und des **Retroperitoneums**. Das Retroperitoneum ist der Bereich dorsal des Peritoneums, in dem sich u. a. die Nieren, die Bauchaorta und zahlreiche Lymphknoten befinden.

Untersuchungsprinzip: Der Schallkopf sendet **Ultraschall**, d. h. Schallwellen oberhalb des vom Menschen hörbaren Bereichs (über 20 000 Hz), aus. Die Gewebe **reflektieren** den Schall: Sie werfen ihn je nach Gewebeart in unterschiedlicher Weise zurück. Der reflektierte Ultraschall ist quasi das Echo der ausgesandten Schallwellen. Der Schallkopf nimmt die reflektierten Schallwellen auf und das Gerät erstellt daraus bewegte Schwarz-Weiß-Bilder. Diagnostischer Ultraschall ist unschädlich und wird auch bei Kindern und Schwangeren eingesetzt. Die Abdomen-Sonografie dauert ca. 15 Minuten und ist schmerzfrei.

> **Hertz (Abk. Hz)**
> Einheit für Frequenz;
> 1 Hz = eine Welle/Sekunde

Untersuchte Organe: Bei der Sonografie des Abdomens werden routinemäßig Leber, Gallenblase, Milz, Pankreas, Bauchaorta und Nieren beurteilt. Auch die Blase, der in ihr nach Miktion verbliebene Restharn und ggf. die Prostata können dargestellt werden. Zur Untersuchung des Darms ist die Sonografie nur bei bestimmten Fragestellungen geeignet; hier wird im Allgemeinen die Endoskopie bevorzugt.

Indikationen: Beschwerden im Bereich des Bauchraums und der Nierengegend, anderweitig erhobene Befunde, die auf Krankheiten von Bauchorganen und Nieren hindeuten, z. B. erhöhte Blutwerte; Verlaufskontrollen, Staging bei Krebserkrankungen

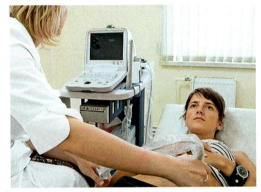

Vorbereitung

Der Patient bleibt mindestens sechs Stunden vor der Sonografie nüchtern. Speisen im Magen würden die Sicht z. B. auf das Pankreas stören und fetthaltige Speisen und Getränke, z. B. Milch im Kaffee, würden zur Kontraktion der Gallenblase führen, wodurch diese nicht mehr beurteilbar wäre.

Abb. 1 Sonografie des Abdomens

Die MFA bittet den Patienten, den Bauch frei zu machen und sich mit dem Rücken auf die Untersuchungsliege zu legen. Hose bzw. Rock müssen bis zur Leiste hinuntergezogen werden. Das Kopfteil der Liege kann etwas erhöht werden. Die MFA dunkelt den Raum ab und gibt die Patientendaten in das Ultraschallgerät ein.

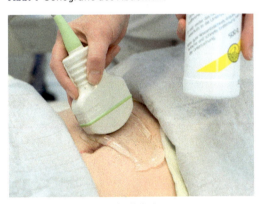

Durchführung

Der Arzt gibt Ultraschallgel auf den Schallkopf. Das Gel verhindert, dass sich Luft zwischen Schallkopf und Haut befindet und verbessert so die Darstellung. Der Untersucher bewegt den Schallkopf über den Bauch des Patienten, um die einzelnen Organe darzustellen. Der Patient atmet auf Aufforderung tief ein und hält die Luft an, z. B. für die Untersuchung der Nieren. Diese verlagern sich bei tiefer Inspiration nach kaudal, d. h., sie werden dann nicht mehr von den Rippen verdeckt und sind so besser zu sonografieren. Einige Organe können dreidimensional vermessen werden, z. B. Nieren und Milz. Die Ergebnisse der Sonografie werden dokumentiert, die aussagekräftigsten Bilder werden gespeichert und ggf. ausgedruckt.

Abb. 2 Ultraschallkopf mit Gel

Nach der Untersuchung reicht die MFA dem Patienten Papiertücher zum Entfernen von Gelresten an und entsorgt diese anschließend. Gebrechlichen Patienten entfernt sie das Gel und ist ihnen beim Ankleiden behilflich.

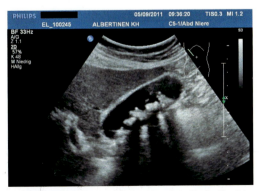

Abb. 3 Gallensteine (mit dunklen Schallschatten) in einer sonst normal abgebildeten Gallenblase

Typische diagnostische Möglichkeiten und Befunde der Sonografie (Beispiele)		
Organ	**D = diagnostische Aussage,** **B = typische Befunde, S = Sonstiges**	**ggf. Vorbereitung**
Sonografie des Abdomens und Retroperitoneums		
Leber	**D:** Größe, Dichte, Struktur **B:** Verdichtung bei Fettleber oder Zirrhose, Metastasen, Aszites (Bauchwassersucht) **S:** Sichtkontrolle bei Leberbiopsie	– Terminvergabe: morgens nüchtern einbestellen, ggf. wenig fettfreie Flüssigkeit trinken und regelmäßige Medikation einnehmen lassen – Am Vortag der Untersuchung soll der Patient keine blähenden Speisen essen. – Untersuchungsraum abdunkeln, Liege vorbereiten, Papiertücher bereitlegen
Gallenblase	**D:** Konkremente (Steine), Tumor **B:** Gallensteine oder Gallengrieß, Tumor	
Gallengänge	**D/B:** Erweiterung, Gallenstau, Steine, Tumor	
Pankreas	**D:** Entzündung, Tumor, Abflussstau **B:** Pankreatitis, Tumor, Verkalkungen	
Milz	**D:** Größe, Struktur, Verletzung **B:** Milzvergrößerung, Milzriss nach Unfall	
Nieren	**D/B:** Steine, Zysten, Entzündung, Tumor	keine
Bauchaorta	**D/B:** Aneurysma, Arteriosklerose	
Sonografie weiterer Organe		
Beinvenen	**D/B:** Beinvenenthrombose	keine
Schilddrüse	**D/B:** Größe, Struktur, Knoten, Tumor; Vergrößerung, Verkleinerung, Knoten, Zysten, Karzinom **S:** Sichtkontrolle bei Biopsie	– Kopfteil der Untersuchungsliege flach stellen – Hals frei machen und Halsschmuck abnehmen lassen

3.5 Endoskopie

Definition: Endoskopie bedeutet wörtlich „Hineinschauen". Gemeint ist das Ausleuchten und Betrachten von Hohlorganen und Körperhöhlen mit Hilfe eines **Endoskops**. Endoskope sind zumeist flexible (biegsame) schlauchförmige Instrumente mit glatter Oberfläche, an deren beweglichem Ende sich eine Lichtquelle und eine Glasfaseroptik befinden. Viele Endoskope sind mit Absaug-, Spül- und Instrumentierkanälen ausgestattet. Diese ermöglichen es z. B., am Endoskopende mit Wasser zu spülen und Injektionen, Biopsien und andere Eingriffe durchzuführen. Heute ist die Video-Endoskopie mit Bildübertragung auf einen Monitor Standard.

HINWEIS

Wegen der früher angewandten Stirnspiegeltechnik wird auch heute noch oft an Stelle von Endoskopie von **„Spiegelung"** gesprochen.

Abb. 1 Glasfaser-Endoskop

Jede Endoskopie und das jeweilige Gerät werden nach dem untersuchten Organ benannt, z. B.:
- **Gastroskopie:** Inspektion des Magens mit dem **Gastroskop**
- **Koloskopie:** Inspektion des Dickdarms mit dem **Koloskop**
- **Laparoskopie:** Inspektion der Bauchhöhle mit dem **Laparoskop**
- **Rektoskopie:** Inspektion des Mastdarms mit dem **Rektoskop**

Risiken: Jede Endoskopie birgt das Risiko von Verletzungen der untersuchten Organe. Dabei können Blutungen auftreten, die nicht immer endoskopisch zu stillen sind. Eine seltene Komplikation ist die **Perforation** (das Durchstoßen der Organwand) mit dem Endoskop. Eine Perforation erfordert eine unverzügliche Operation zum Verschluss der Verletzung. Sofern eine Narkose bzw. **Sedierung** durchgeführt wird, kommt das Narkoserisiko hinzu (s. u.).

Zur Vorsicht werden Blutgerinnung (INR, PTT) und Thrombozytenzahl vor der Endoskopie überprüft, da es bei der Biopsie etwas blutet und Blutungsquellen in Hohlorganen nicht komprimiert werden können. Antikoagulanzien müssen vor Endoskopien abgesetzt werden (ASS zehn Tage vorher, Phenprocoumon, Xarelto®, Pradaxa® usw. nach ärztlicher Absprache).

| INR, PTT
→ LF 5, S. 210

Narkosen bei Endoskopien

Viele Patienten fürchten sich vor der Endoskopie und vor Schmerzen bei der Untersuchung oder empfinden Schamgefühle im Zusammenhang mit der Untersuchung. Oft besteht daher der Wunsch nach einer Sedierung bzw. Kurznarkose. Andere Patienten möchten die Untersuchung bei vollem Bewusstsein miterleben, um anschließend arbeiten und Auto fahren zu können, sodass sie auf eine Beruhigungsspritze bzw. Narkose lieber verzichten.

Definition: Bei einer **Narkose** (Allgemeinanästhesie, Vollnarkose) wird der Patient medikamentös in einen bewusstlosen Zustand gebracht. Seine Reflexe, sein Schmerzempfinden sowie seine Muskelspannung sind stark herabgesetzt bzw. ausgeschaltet. Da nun auch die Atmung aussetzt, muss der Patient während einer Vollnarkose beatmet werden. Dazu wird er in der Regel intubiert; man spricht daher von **Intubationsnarkose (ITN)**. Diese ist für größere chirurgische Eingriffe notwendig.

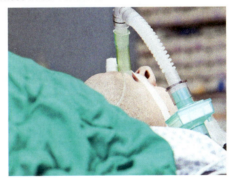

Abb. 1 Patient in Narkose

Bei der **Regional-** und **Lokalanästhesie** (regionale bzw. lokale Betäubung) ist der Patient bei Bewusstsein, während ein Teil seines Körpers durch Lokalanästhetika schmerzfrei gemacht wird. Ein Beispiel für eine Regionalanästhesie ist die Rückenmarknarkose, z. B. bei der Sectio. Lokalanästhesien werden z. B. vor dem Nähen von Wunden gesetzt.

Vorgehen bei Endoskopien: Für Endoskopien wird der Patient in der Regel nur medikamentös sediert, d. h., er atmet selbst und kann ggf. reagieren, wenn er etwa zum Schlucken oder zum Lagewechsel aufgefordert wird. Man spricht auch von „Schlafnarkose" oder „Beruhigungsspritze". Nach der Untersuchung kann der Patient sich an die Zeit in Narkose, auch an die Untersuchung, nicht erinnern. Die **Sedierung**, die meistens mit den Wirkstoffen Midazolam oder Propofol erfolgt, birgt einige Risiken, z. B. einen Atemstillstand. Die genannten Medikamente dürfen daher nur von **Anästhesisten** (Narkoseärzten) oder anästhesiologisch ausgebildeten Ärzten angewendet werden. Nach der Endoskopie ruht sich der Patient einige Zeit in der Praxis aus und wird überwacht, bis die Narkoseeffekte im Wesentlichen abgeklungen sind.

Nachbeobachtung: Die Patienten sind noch für mindestens 12 Stunden nicht in der Lage, am Straßenverkehr teilzunehmen – auch nicht als Fußgänger – und müssen daher von einer Begleitperson abgeholt werden. Es ist ratsam, unter den Nachwirkungen der Sedativa keine Maschinen zu bedienen, keine Entscheidungen zu treffen usw.

> **HINWEIS**
>
> Die Sedierung ist nicht ohne Risiken: Michael Jackson, der King of Pop, starb unter einer hohen Dosis **Propofol**, von dem er abhängig war.

Gastroskopie

Definition: Endoskopie des Magens mit einem flexiblen Gastroskop. Eigentlich **Ösophago-Gastro-Duodenoskopie (ÖGD)**, da Ösophagus, Magen und Duodenum untersucht werden.
Indikationen: Beschwerden im Bereich von Ösophagus, Magen und Duodenum, Suche nach der Ursache gastrointestinaler Blutungen, unklare Anämien, Tumorsuche bei Allgemeinsymptomen, die auf eine Krebserkrankung hinweisen (Gewichtsabnahme usw.), Tumornachsorge
Vorbereitung: Der Patient bleibt 6–8 Stunden vor der Gastroskopie nüchtern, d. h., er isst und trinkt in dieser Zeit nichts. So wird sichergestellt, dass der Magen leer ist und keine Speisen aspiriert werden. Auf Rauchen muss er verzichten, da Nikotin die Magensäureproduktion verstärkt und so die Aspirationsgefahr anhebt. Um den Magensaft zu entschäumen, schluckt der Patient kurz vor der der Untersuchung etwas Simethicon-Lösung (z. B. Espumisan®). Das anschließende Einsprühen der Rachenhinterwand mit einem ∣Lokalanästhetikum kann den Würgereiz während der Gastroskopie vermindern. Ein Kunststoffring im Mund des Patienten schützt sowohl die Zähne des Patienten als auch das Gastroskop vor Beschädigungen.

Lokalanästhetikum
→ LF 4, S.181

Durchführung: Der Patient liegt auf seiner linken Seite. Der Arzt führt das Gastroskop durch den Mund des Patienten in den Ösophagus ein, schiebt es in den Magen und weiter ins Duodenum vor. Er inspiziert die Schleimhaut eingehend und biopsiert. Die Gewebeproben werden in Gefäße mit Fixierlösung gegeben, die die MFA vorbereitet und beschriftet hat. Nach der Untersuchung zieht der Arzt das Gastroskop vorsichtig heraus. Die diagnostische Gastroskopie dauert etwa fünf bis zehn Minuten.

Abb. 1 Video-Gastroskopie

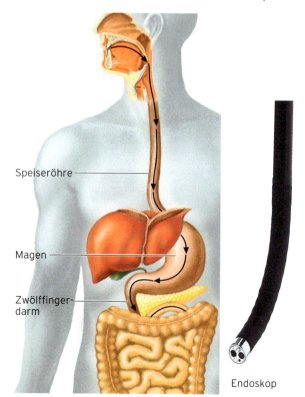

Abb. 2 Prinzip der Gastroskopie

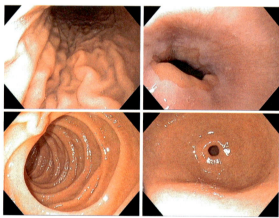

Abb. 3 Vier Ansichten eines normalen Gastroskopiebefundes: links oben: die Längsfalten des Magens; links unten: das Duodenum mit den typischen Querfalten; rechts oben: der Übergang zwischen Ösophagus und Kardia; rechts unten: der Magenausgang (Antrum und → Pylorus)

Nachbereitung: Der Patient ruht sich aus und darf nach Abklingen der Rachenanästhesie, d. h. nach ca. 30–45 Minuten, wieder etwas trinken. Wenn er sich dabei nicht „verschluckt", darf er auch wieder essen. Die MFA überwacht den Patienten im Aufwachraum, misst seinen Blutdruck und prüft seine Ansprechbarkeit. Bei gutem Befinden wird er mit seiner Begleitperson entlassen. Der Arzt teilt ihm zuvor mit, was er bei der Gastroskopie festgestellt hat. Die eingehende Befundbesprechung erfolgt erst nach einigen Tagen, wenn der Bericht des Pathologen vorliegt und die Narkose nicht mehr nachwirkt.

Die **Endosonografie** ist eine Kombination aus Endoskopie und Sonografie. Das Endoskop wird mit einem Sonografie-Schallkopf versehen und in das entsprechende Hohlorgan eingeführt. So können verdächtige Schleimhautareale oder unter der Schleimhaut gelegene Wandveränderungen sonografisch beurteilt und biopsiert oder auch vollständig entnommen werden. Der Ultraschall hilft, an der Gewebe- und Wachstumsart benigne von malignen Veränderungen zu unterscheiden.

Koloskopie

Definition: Endoskopie des gesamten Dickdarms einschließlich des terminalen Ileums mit einem flexiblen Koloskop. Die Koloskopie wird vereinfacht als Darmspiegelung bezeichnet.

Indikationen: Beschwerden und Befunde, die auf eine Dickdarmerkrankung hindeuten, Früherkennung des kolorektalen Karzinoms, Abklärung von Anämien, positivem Okkultbluttest und **peranalen** Blutungen (Blutungen aus dem After bzw. Blutauflagerung auf dem Stuhl), Kontrolluntersuchungen im Rahmen der Tumornachsorge

Vorbereitung: Der Patient muss vor der Koloskopie den Dickdarm vollständig entleeren, da nur eine saubere Schleimhaut endoskopisch beurteilbar ist. Etwa drei Tage vor der Untersuchung verzichtet er auf körnerhaltige Nahrungsmittel wie Leinsamen, Tomaten und Kiwis. Am Vortag nimmt er ein leichtes, ballaststofffreies Frühstück zu sich. Dann sind nur noch „durchsichtige" Getränke erlaubt, die frei sind von Milch, Fruchtfleisch und Ballaststoffen. Gegen 17 Uhr (je nach Präparat und Zeitpunkt der Endoskopie) trinkt er portionsweise die vorschriftsmäßig angerührte Darm-Spüllösung und anschließend ein bis zwei Liter klare Flüssigkeit nach Wahl. Nach ca. zwei bis drei Stunden setzt die Stuhlentleerung ein; schließlich entleert sich nur noch hellgelbe, klare, ähnlich wie Urin aussehende Flüssigkeit. Die Gelbfärbung ist durch die grüngelbe Galle bedingt.

> **MERKE**
> Die **Aussagekraft der Koloskopie** hängt von der Sauberkeit des Dickdarms ab.

Durchführung: Der Patient liegt anfangs in Linksseitenlage auf der Untersuchungsliege. Der Arzt führt zunächst eine rektale Tastuntersuchung durch und untersucht das Rektum und den Analkanal mit Hilfe eines **Proktoskops**. Anschließend führt er das Koloskop ein. Dieses wird mit Hilfe der MFA langsam bis zum Coecum vorgeschoben. Vorsicht und Erfahrung ist beim Vorschieben wichtig, um den Darm nicht auf das Endoskop „aufzufädeln" und ihn vor allem nicht zu perforieren, d. h. zu durchstoßen. Der Patient wird ggf. gebeten, sich umzulagern bzw. wird umgelagert. Ist das terminale Ileum erreicht und inspiziert, zieht der Arzt das Endoskop langsam zurück. Dabei wird die Darmschleimhaut eingehend begutachtet.

Abb. 1 Koloskopie

> **HINWEIS**
> **Peinlich?** Endoskopien sind Eingriffe in die Intimsphäre des Menschen. Je einfühlsamer und professioneller das Team mit dem Patienten umgeht, desto leichter fällt ihm die Untersuchung. Abdecktücher helfen, dass kein Patient sich „bloßgestellt" fühlen muss.

a) Entstehung eines Polypen in der Schleimhaut des Darms

b) Ohne Behandlung kann der Polyp größer werden und in seinem Inneren bösartige Zellen verbergen.

c) Bis zu diesem Stadium kann eine Polypabtragung als Behandlung ausreichen.

Abb. 1 a) kleiner Polyp; b) gestielter Polyp; c) Polyp mit Entstehung bösartiger Zellen im Inneren (rot)

Eingriffe: Während der Koloskopie erfolgen sog. Stufenbiopsien, d. h., an verschiedenen Stellen des Darms werden mit einer Biopsiezange kleine Gewebeproben entnommen. Die Entnahme der Proben ist schmerzlos. Die MFA beschriftet die Probengefäße mit den Patientendaten und dem Entnahmeort. Findet sich ein **Polyp**, d. h. eine Schleimhautwucherung, kann dieser z. B. mit einer Elektroschlinge abgetragen werden. Nach der Abtragung des Polypen, der **Polypektomie**, wird dieser geborgen und und zur pathologischen Begutachtung geschickt.

Polypektomie im Rahmen der Koloskopie

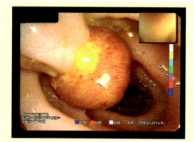
Gestielter Kolonpolyp: Die Oberfläche unterscheidet sich von normaler Schleimhaut.

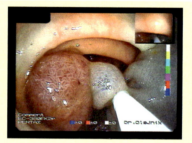
Der Polyp wird am Stiel mit einer Schlinge umfasst und abgetrennt.

Der Polyp wird im Ganzen geborgen.

Nachbereitung: Der Patient wird nach der Koloskopie zunächst im Aufwachraum überwacht. Hat er eine Kurznarkose erhalten, muss er nach Hause begleitet werden. Insbesondere nach einer Polypektomie kann es zur Nachblutung kommen, da die Verletzung größer ist als nach einer Routinebiopsie. Der Patient bleibt dann länger in der Praxis als nach alleiniger Koloskopie und soll auch zu Hause in den folgenden Stunden nicht allein sein. Bei peranaler Blutung oder Verschlechterung des Allgemeinzustandes muss er sofort vorgestellt werden. Die eingehende Befundbesprechung erfolgt wie bei der Gastroskopie nach einigen Tagen.

Besonderheiten: Die **Rektosigmoidoskopie**, auch **Sigmoidoskopie** genannt, ist die sog. kleine Darmspiegelung, bei der nur der Enddarm endoskopiert wird. Sie ist am ehesten zur Kontrolle bekannter Befunde geeignet. Sie ersetzt die „große Darmspiegelung", d. h. die Koloskopie, nicht. Für die Rektosigmoidoskopie ist eine Darmreinigung mit Klysmen (abführenden Einläufen) ausreichend.

Abb. 2 Kamera-Pille

Die **„Kamera-Pille"** ist eine Kapsel mit eingebauter Lichtquelle und Kamera, die der Patient schluckt, um eine Endoskopie des Dünndarms vorzunehmen. Sie speichert die Bilder, die sie auf ihrer Reise durch den Dünndarm macht und sendet diese an ein Empfangs- und Auswertungsgerät. Die Kapselendoskopie wird z. B. dann eingesetzt, wenn Gastroskopie und Koloskopie eine Darmkrankheit nicht erklären können. Die Kapsel wird auf natürlichem Wege ausgeschieden.

Diagnostik bei Erkrankungen des Gastrointestinaltrakts | **401**

LF 9

→ Terminologie: Diagnostik des Magen-Darm-Trakts

Abdomen	Bauchraum; Raum zwischen Thorax und Pelvis (Becken)
Anästhesie	wörtl. Empfindungslosigkeit; Oberbegriff für Narkose, Regionalanästhesie und Lokalanästhesie
Anästhesist	Facharzt für Anästhesiologie; Narkosearzt
Endosonografie	Endoskopie, die mit Ultraschalltechnik kombiniert wird
Gastroskopie (Syn. **Ösophago-Gastro-Duodenoskopie; ÖGD**)	Magenspiegelung; eigentlich Endoskopie von Ösophagus, Magen und Duodenum
Koloskopie	immunologischer fäkaler Okkultbluttest
iFOBT	immunologischer fäkaler Okkultbluttest
Intubationsnarkose	Narkose, bei der der Patient intubiert und beatmet wird
Koloskopie	Dickdarmspiegelung; Kw. Darmspiegelung
Narkose (Syn. **Allgemeinanästhesie**)	künstlich hergestellter Zustand der Empfindungslosigkeit (mit Bewusstlosigkeit, Schmerzfreiheit und Muskelentspannung)
Okkultbluttest	Test auf unsichtbares Blut im Stuhl
peranale Blutung	Blutung aus dem After bzw. mit dem Stuhlgang
Perforation	Durchstoßen bzw. Durchbruch der Wand eines Hohlorgans
Polyp	Schleimhautwucherung in einem Hohlorgan, z. B. Darmpolyp
Polypektomie	Entfernung eines Polypen
Proktoskop	spekulumähnliches Instrument zur Untersuchung des Analkanals und des unteren Rektumabschnitts
Reflexion (Verb **reflektieren**)	Zurückwerfen von Wellen, z. B. Licht oder Schall
Rektoskopie	Endoskopie des Mastdarms
Rektosigmoidoskopie (Kw. **Sigmoidoskopie**)	Endoskopie des Enddarms (Sigma, Rektum und Anus)
Resistenz	bei der Palpation fühlbarer Widerstand
Retroperitoneum	Raum dorsal des Abdomens, der Nieren, Aorta usw. enthält
Sedierung	medikamentöse Beruhigung (mit einem Sedativum)
Ultraschall	Schallwellen oberhalb des menschlichen Hörbereichs

AUFGABEN

1 Erklären Sie den Begriff Endoskopie.

2 Geben Sie an, welche Vorteile Endoskopien allgemein haben und mit welchen Risiken Endoskopien grundsätzlich einhergehen.

3 Wie nennen sich die speziellen Endoskope für die Magenspiegelung, die Dickdarmspiegelung, die Endoskopie der Bronchien und die Gelenkspiegelung?

4 Erläutern Sie die Vorbereitung zur Gastroskopie und Koloskopie.

5 Welche Medikamente müssen vor Endoskopien abgesetzt werden und warum?

6 Erklären Sie die Begriffe Allgemein-, Regional- und Lokalanästhesie.

4 Erkrankungen des Gastrointestinaltrakts

Jeder Mensch erleidet im Laufe seines Lebens Erkrankungen des Gastrointestinaltrakts. Besonders häufig ist die virale Gastroenteritis, der Magen-Darm-Infekt. Mit zunehmendem Alter werden Beschwerden wie Sodbrennen, Blähungen und Verstopfung immer häufiger.

4.1 Gastrointestinale Symptome

Die Tabelle gibt eine Übersicht über häufige Symptome des Gastrointestinaltrakts.

Symptom und Definition	Ursachen (U), Diagnostik (D), Therapie (T) (Beispiele)
Inappetenz Appetitlosigkeit	**U:** Infektionen, Stress, Depression, Magenkrebs **D:** bei anhaltender Inappetenz eingehende Anamnese und gründliche internistische Untersuchung **T:** Je nach Ursache; Arzneistoffe wie Cortison und ältere Antidepressiva steigern den Appetit, werden aber dafür nicht therapeutisch eingesetzt, da sie nebenwirkungsreich sind.
Nausea Übelkeit **Emesis** Erbrechen	**U:** Infektionen, Gastritis, Leberkrankheiten, Nieren- und Herzinsuffizienz, Migräne, Erkrankungen des Gehirns, Schwangerschaft, Nebenwirkung verschiedener Medikamente **D:** siehe Inappetenz **T:** kausal je nach Ursache; ggf. symptomatische Therapie mit Antiemetika (→LF 4, S.179)
Aufstoßen	**U:** Beim Schlucken von Speisen und Getränken, v. a. kohlensäurehaltigen Getränken, gelangt Luft bzw. Gas in den Magen. Dies löst einen Reiz zum Aufstoßen aus. Auch Stress kann zum vermehrten „Luftschlucken" führen. **D/T:** nur bei übermäßigem Auftreten und Leidensdruck
Refluxbeschwerden Sodbrennen usw.	**U:** Rückfluss von Magensäure bzw. -inhalt bei unvollständigem Schluss des unteren Ösophagussphinkters, durch Diätfehler (Alkohol, Zucker, Fett, Nikotin), Adipositas und Stress **D:** bei anhaltenden Beschwerden Gastroskopie **T:** möglichst kausal, ggf. Säureblocker wie Omeprazol
Meteorismus Gasansammlung im Darm **Flatulenz** vermehrter peranaler Gasabgang	**U:** blähende Speisen und/oder Laktose- bzw. Fruktoseintoleranz, wobei unverdaute Kohlenhydrate im Darm zur Gasbildung führen, oft auch zu Diarrhö **D:** bei anhaltenden Beschwerden Laktosetoleranztest usw. **T:** Bei Laktose- oder Fruktoseintoleranz Diät, allgemein Verzicht auf blähende Speisen; einschlägige Medikamente entschäumen nur den Darminhalt und helfen selten.
Bauchschmerzen und **Koliken** krampfartige, wellenförmig auftretende Bauchschmerzen	**U:** vielfältige organische Ursachen, z. B. Infektionen, Gastritis, Geschwüre, gynäkologische und urologische Erkrankungen, Medikamentennebenwirkungen (NSAR), Stress und seelische Erkrankungen **D:** Anamnese, klinische Untersuchung, ggf. apparative und Labordiagnostik **T:** Möglichst kausal. Nie NSAR bei Bauchschmerzen geben!

Abb. 1 Inappetenz

Abb. 2 Emesis

Abb. 3 Meteorismus

Erkrankungen des Gastrointestinaltrakts | **403**

Diarrhö
Durchfall
Definition: mehr als drei dünnflüssige Stühle am Tag

U: Infektionen, am häufigsten virale Gastroenteritis, Laktoseintoleranz (→LF 9, S.405), Zöliakie (Unverträglichkeit des Getreideproteins Gluten durch Enzymmangel im Dünndarm), Gastritis, Schilddrüsenüberfunktion, chronisch-entzündliche Darmerkrankungen (→LF 9, S.410)
D: bei anhaltender Diarrhö Laktosetoleranztest, ggf. Endoskopie mit Biopsie
T: wenn möglich kausal, z. B. laktose- oder glutenfreie Kost, ausnahmsweise Antidiarrhoika, d. h. Hefekapseln oder Loperamid, bei akuter Gastroenteritis (→LF 9, S.404) Durchfalldiät

Abb. 1 Diarrhö

> **MERKE**
>
> Jede **Veränderung der Stuhlgewohnheiten**, z. B. neu aufgetretene Diarrhö oder Obstipation sowie wechselnde Stuhlkonsistenz, insbesondere bei Menschen über 50 Jahren, ist verdächtig auf Darmkrebs und muss endoskopisch abgeklärt werden.

Obstipation
Stuhlverstopfung
Definition: Stuhlgang seltener als dreimal pro Woche, weniger als 35 g am Tag,
harter Stuhl und/oder Beschwerden beim Stuhlgang

U: Meistens Veranlagung, v.a. bei Frauen im Alter; der Darminhalt wird verlangsamt durch den Darm bewegt. Fehlende Bewegung, geringer Ballaststoffgehalt der Nahrung, Flüssigkeitsmangel, chronische Krankheiten und Medikamente (v. a. Morphin und verwandte Schmerzmittel) können die Neigung zur Obstipation verstärken. Hypothyreose (→LF 8, S.329).
D: allgemeine internistische Untersuchung; Koloskopie zum Tumorausschluss v. a. bei neu aufgetretener Obstipation
T: Je nach Ursache. Optimierung der Lebensweise:
– ballaststoffreiche Ernährung mit Vollkornbrot, rohem und gegartem Gemüse, Obst und Hülsenfrüchten
– täglich ausreichend Bewegung, z. B. Spaziergänge
– genügend Zeit und Ruhe für den Stuhlgang einplanen
Hilft dies nicht oder nicht ausreichend, können Medikamente eingesetzt werden:
– Lactulose (abgewandelter Milchzucker) reizt den Dickdarm leicht, sodass der Stuhl schneller bewegt wird und mehr Wasser behält; Lactulose erzeugt aber vor allem zu Behandlungsbeginn Blähungen.
– Macrogol bindet Wasser im Darmlumen und macht den Stuhl weich. Es wird mit viel Flüssigkeit eingenommen, aber nicht zusammen mit anderen Medikamenten. Macrogol ist auch auf Dauer unschädlich und selbst für Schwangere und Kleinkinder erlaubt, da es nicht resorbiert wird.

Abb. 2 Obstipation

peranaler Blutabgang
Blutung aus dem After mit oder ohne Stuhlgang

U: Infektionen, Entzündungen, Reizungen, chronisch-entzündliche Darmerkrankungen, Polypen, benigne und maligne Tumoren, Hämorrhoidalleiden; unter Antikoagulanzien treten Darmblutungen vermehrt auf.
D: Koloskopie
T: Therapie der Blutungsursache

Abb. 3 Peranaler Blutabgang

> **MERKE**
>
> Auch beim bekanntem Hämorrhoidalleiden darf bei Darmbluten nicht auf eine Koloskopie verzichtet werden, um keinen Darmkrebs zu übersehen.

Foetor ex ore
Mundgeruch

U: Chronischer Mundgeruch geht oft auf Zahnfleischentzündungen, mangelnde Zahnhygiene und/oder Zungenbelag zurück. Infektionen und Entzündungen im Mund-Rachen-Raum und im Magen können ebenfalls Foetor ex ore erzeugen.
D: zahnärztliche Untersuchung, ggf. Gastroskopie
T: Zahnhygiene optimieren, ggf. Grundkrankheit behandeln

Die Deutsche Gesellschaft für Gastroenterologie, Verdauungs- und Stoffwechselkrankheiten bietet Informationen und Selbsthilfe-Adressen zu vielen GI-Trakt-Krankheiten:
www.dgvs.de

4.2 Magen-Darm-Infektionen: Gastritis, Enteritis und Gastroenteritis

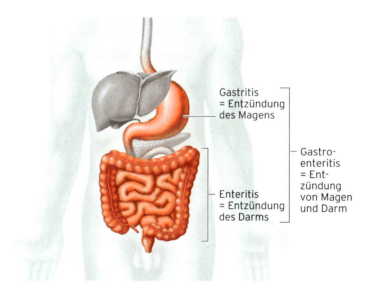

Abb. 1 Magen-Darm-Infektionen

virale Gastroenteritis
→ LF 3, S. 74

bakterielle Gastroenteritis
→ LF 3, S. 68

Definition: Infektionen des Magens und/oder Darms durch Viren, Bakterien oder Protozoen:
- Ist vor allem der Magen bzw. die Magenschleimhaut betroffen, besteht eine **Gastritis**.
- Ist vorwiegend der Dünndarm erkrankt, liegt eine **Enteritis** vor.
- Bei Erkrankung sowohl des Magens als auch des Darms handelt es sich um eine **Gastroenteritis**.

Epidemiologie und Ursachen: Die ▌virale Gastroenteritis, z. B. durch Noroviren, ist besonders häufig. Die ▌bakterielle Gastroenteritis tritt oft als Lebensmittelinfektion durch Salmonellen oder Campylobacter und als Reisediarrhö durch fremde E. coli auf. Nach Fernreisen kommen auch Enteritiden durch Protozoen, z. B. Amöben, vor.

ETEC, d. h. **e**nterot**o**xische **E.**-**c**oli-Stämme, bilden Toxine (Giftstoffe), die die Darmschleimhaut schädigen. Sie gehören in vielen Reiseländern zur Darmflora der einheimischen Bevölkerung, sodass jeder Reisende sie innerhalb weniger Tage aufnimmt. Der fremde Darmkeim stört vorübergehend die Darmflora und erzeugt heftigen Durchfall. Da ETEC-Bakterien in Südamerika besonders verbreitet sind, nennt man die Reisediarrhö auch „Montezumas Rache".

Pathogenese: Nach Aufnahme der Erreger über Tröpfchen, Hände und/oder Speisen befallen diese die Schleimhäute des Magens und/oder Darms. Die Erreger sind auf bestimmte Epithelien spezialisiert, an denen sie gut haften können; deshalb können z. B. Noroviren keinen Schnupfen hervorrufen und Erkältungsviren keinen Durchfall. Die Schleimhaut reagiert auf die Infektion mit einer Entzündung, die zu einer Funktionsstörung des betroffenen Organs führt.

Symptome:
- Organsymptome: Übelkeit, Erbrechen, Magen- und Darmkrämpfe, Durchfall
- Allgemeinsymptome, v. a. bei schweren Infektionen: Fieber, Kopf- und Gliederschmerzen, Schwächegefühl und Kollapsneigung

Komplikationen: Die größte Gefahr ist der Flüssigkeitsverlust (→Abb. 2). Eine **Exsikkose** (Austrocknung des Körpers) kann tödlich enden. Auch blutige Diarrhöen können lebensbedrohlich verlaufen. Selten, z. B. nach Yersinien-Infektionen, kommt es Wochen nach der Diarrhö zur reaktiven Arthritis, d. h. einer immunologisch ausgelösten Gelenkentzündung.

Diagnostik: Meistens genügen Anamnese und klinische Untersuchung; bei schwerem Verlauf und bei Ausbrüchen ist der Erregernachweis aus Stuhlproben sinnvoll.

Therapie: Die wichtigste Therapiemaßnahme ist die Flüssigkeitszufuhr. Um diese zu ermöglichen bzw. zu erleichtern, kann die Gabe von Antiemetika (Arzneimittel gegen Übelkeit und Erbrechen) sinnvoll sein. Empfehlenswert ist die einfach und preisgünstig anzufertigende WHO-Durchfalllösung (s. u.). Gelingt eine orale Zufuhr auch bei schluck- bzw. löffelweiser Gabe nicht, ist eine parenterale Zufuhr indiziert.

Milch sollte während einer Enteritis nicht konsumiert werden, da die gereizte Darmschleimhaut eine Laktoseintoleranz (s. u.) zeigt oder entwickeln kann. **Antidiarrhoika** wie Loperamid (z. B. Imodium®, Lopedium®) sind nicht bei jeder Diarrhö indiziert. Sie vermindern die Anzahl der Stuhlgänge, können aber auch zum längeren Verweilen von Erregern bzw. Erregergiften beitragen. Außerdem sind schwere Nebenwirkungen seitens des ZNS möglich.

Abb. 2 „Stehende" Hautfalten bei Exsikkose

Erkrankungen des Gastrointestinaltrakts | **405**

Die **WHO-Durchfalllösung** wird hergestellt aus
- 1 Liter Wasser (ggf. abgekocht) oder Tee,
- 4 Esslöffeln Traubenzucker (Glukose), ersatzweise Zucker,
- 1,5 g Kaliumchlorid, z. B. in Form einer Tasse Orangensaft,
- 3/4 Teelöffeln Kochsalz (NaCl) und
- 1 Teelöffel Backpulver (als Ersatz für mit der Diarrhö verlorenes Bikarbonat).

Je nach Schwere der Erkrankung sollten pro Tag 1-2 Liter der warmen oder kalten Lösung schluckweise getrunken werden.

www.bfr.bund.de
Das Bundesinstitut für Risikobewertung bietet Verbrauchertipps zur Vermeidung viraler Lebensmittelinfektionen und andere Materialien zum Download.

Die **Durchfalldiät** hat den Sinn, Flüssigkeit und Kalorien zuzuführen sowie Wasser im Darm zu binden, um den Stuhl zu verfestigen. Gut sind Zwieback, Kartoffelpüree ohne Milch, Reis und *geriebener* Apfel. Dieser kann sehr viel Flüssigkeit binden. Ebenso wirkt die **Moro-Möhrensuppe**, die der Kinderarzt Moro vor gut 100 Jahren erfand:
500 g Möhren zerkleinern und mit 0,5 L Wasser sehr weich kochen, pürieren und mit Salz oder Gemüsebrühe abschmecken. Schluckweise verabreichen bzw. trinken.

Prävention: Im Praxisalltag sind eine regelmäßige Händedesinfektion sowie die Flächendesinfektion von Türklinken, Tastaturen usw. sinnvolle Schutzmaßnahmen. Händewaschen vor dem Essen bietet im Privatbereich einen gewissen Schutz vor der Aufnahme von Gastroenteritis-Viren. Gegen bakterielle Erreger wie Salmonellen hilft konsequente Lebensmittelhygiene. **„Cook it, boil it, peel it or forget it"** (engl. „Koche es, koche es ab, schäle es oder vergiss es") – auf Reisen in Länder, in denen die Reisediarrhö häufig ist, sollten keine rohen, ungekochten Speisen und Getränke konsumiert werden. Roh zu verzehrende Nahrungsmittel werden vor allen anderen Lebensmitteln zubereitet und Schwämme, Schneidbretter, Messer, Spülbürsten und Geschirrtücher sind regelmäßig zu desinfizieren, was durch ausreichend heiße Maschinenwäsche bzw. maschinelles Spülen gelingt.

4.3 Laktoseintoleranz (Laktosemalabsorption)

Definition und Epidemiologie: Genetisch bedingte Milchzuckerunverträglichkeit, die z. B. bei 98 % der Bevölkerung in China, 70 % in Sizilien und 15 % in Deutschland vorliegt. Auf Grund fehlender Darmenzyme kann Laktose nicht gespalten und nicht resorbiert (aufgenommen) werden.

Ursache und Pathogenese: Nach der Stillzeit braucht der Mensch nicht mehr unbedingt Milch. Daher ist das Milchzucker spaltende Enzym Laktase etwa ab dem zweiten Lebensjahr nicht mehr lebensnotwendig. In Ländern, in denen traditionell viel Milch konsumiert wird, haben jedoch viele Menschen mutierte (veränderte) Gene, die mit dem lebenslangen Vorhandensein von Laktase einhergehen. Lebenslang Laktase zu bilden, ist jedoch – weltweit betrachtet – die biologische Ausnahme und die Laktoseintoleranz eigentlich der Normalfall.

Abb. 1 Die meisten Milchprodukte enthalten Laktose.

> **HINWEIS**
> Die Laktoseintoleranz ist keine Allergie, sondern beruht auf einem Enzymmangel.

Symptome: Nach dem Verzehr von Laktose kommt es zu Diarrhö. Die Symptomatik ist mengenabhängig; Laktose als Hilfsstoff in Tabletten wird z. B. problemlos vertragen.
Diagnostik: Laktosetoleranztest: Der nüchterne Patient trinkt eine Laktoselösung. Wird die Laktose nicht gespalten, bildet sich im Dickdarm Wasserstoff, der in der Atemluft gemessen werden kann. Statt dieses H_2-**Atemtests** ist auch ein Selbstversuch möglich: Nach einer Woche laktosefreier Ernährung trinkt man 50 g Laktose in Wasser. Kommt es jetzt zu keiner Diarrhö, liegt auch keine Laktoseintoleranz vor.
Therapie: laktosearme Ernährung, ggf. Einnahme von Laktase zu milchhaltigen Speisen

> **HINWEIS**
> Ebenfalls häufig ist **die Fruktosemalabsorption**. Betroffene bekommen Diarrhö nach Verzehr großer Mengen Frucht- oder Haushaltszucker sowie des Zuckeraustauschstoffes **Sorbit**.

4.4 Gastroösophageale Refluxkrankheit

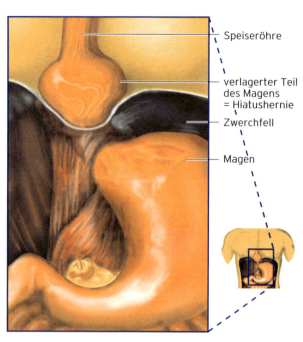

Abb. 1 Hiatushernie

(Beschriftungen: Speiseröhre; verlagerter Teil des Magens = Hiatushernie; Zwerchfell; Magen)

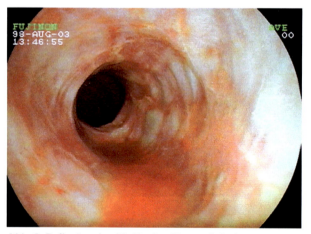

Abb. 2 Refluxösophagitis (Speiseröhrenentzündung)

Definition: Beschwerden durch Rückfluss von Mageninhalt in den Ösophagus

Epidemiologie: Häufig; vor allem im Alter und bei Übergewicht; in den Industrienationen leidet etwa jeder siebte Mensch unter Refluxbeschwerden.

Ursachen und Pathogenese: Schließt der untere Ösophagussphinkter nicht richtig, kommt es zum Übertritt von Mageninhalt in die Speiseröhre. Risikofaktoren bzw. Ursachen sind:

- Im **Alter** werden alle Muskeln schwächer, auch der Ösophagusschließmuskel und das Zwerchfell.
- Bei **Übergewicht** drückt der Bauch den Magen gegen den unteren Ösophagussphinkter, was diesen öffnet.
- **Genussmittel** wie Nikotin, Alkohol, Zucker und Schokolade lockern den unteren Ösophagussphinkter.
- In der **Schwangerschaft** lockert das Hormon Progesteron den Ösophagussphinkter.

Der fehlende Abschluss des obersten Magenteils zum Ösophagus hin heißt **Kardiainsuffizienz**. Oft ist die Ursache eine **Hiatushernie**, d. h. ein Zwerchfellbruch. Dies bedeutet, dass die Zwerchfelllücke für den Ösophagus (der Hiatus) so weit ist, dass ein Teil des Magens in den Thorax hineinragt. Dies verhindert den Magenschluss nach kranial.

Symptome: Sodbrennen, d. h. brennende Empfindungen im Bereich der Speiseröhre und/oder des Rachens. Starke Schmerzen im Bauch- und Brustbereich können zur Verwechslung mit einem Herzinfarkt führen.

Komplikationen: Der Ösophagus hat im Gegensatz zum Magen keine Schleimschicht zum Schutz vor Säure und Enzymen. Es kommt daher durch die Magensäure leicht zur **Refluxösophagitis**, d. h. zur Speiseröhrenentzündung. In schweren Fällen kann eine Vernarbung und Verengung des Ösophagus und selten – über Vorstufen – ein Ösophaguskarzinom entstehen. Nächtlicher Reflux kann die Bronchien schädigen und Asthma bronchiale hervorrufen.

Diagnostik: Die Gastroskopie mit Biopsie bestätigt die Verdachtsdiagnose. Sie ermöglicht eine Unterscheidung zwischen Refluxkrankheit mit oder ohne Ösophagitis sowie die Erkennung von Krebs und Krebsvorstufen.

Therapie: Siehe Risikofaktoren. Oft werden **Protonenpumpenhemmer (PPI)** wie Omeprazol und Pantoprazol gegeben. Diese sog. Säureblocker hemmen die Magensäurebildung und bessern zuverlässig säurebedingte Beschwerden. Sie schützen aber nicht vor den Wirkungen des enzymhaltigen Magensafts und ändern nichts am Reflux selbst. PPI sind nicht für den Dauergebrauch geeignet; sie behindern die Aufnahme von Vitamin B_{12} und Calcium, begünstigen Magen-Darm-Infektionen, Osteoporose und evtl. auch Demenz.

Prävention: Siehe Risikofaktoren. Die Refluxkrankheit ist v. a. eine Zivilisationskrankheit.

Auch Konflikte und Stress lösen **Reflux** und säurebedingte Beschwerden aus. Der Volksmund benennt die psychosomatischen Zusammenhänge mit Redensarten wie „Ich bin sauer", „Es steht mir bis hier", „Es kommt mir hoch", „Ich habe schwer dran zu schlucken", „Es liegt mir schwer im Magen" und „Er frisst alles in sich hinein".

4.5 Gastritis und Duodenitis

Definition: Eine **Gastritis** ist eine Magenschleimhautentzündung. Eine Entzündung des Zwölffingerdarms bzw. der Duodenalschleimhaut nennt sich **Duodenitis**.

Ursachen und Pathogenese: Kommt es zu einem Ungleichgewicht zwischen Schleimhaut schützenden und Schleimhaut schädigenden Faktoren (→Abb. 1), entsteht eine Entzündung. Die **akute Gastritis** entsteht meist durch eine magenschädliche Lebensweise (Rauchen, Alkohol, Stress, NSAR; siehe |Ulkusleiden) und/oder Infektionen (infektiöse Gastritis).

Abb. 1 Ungleichgewicht zwischen die Schleimhaut angreifenden und die Schleimhaut schützenden Faktoren

Bei der **chronischen Gastritis** gibt es drei Arten, die auch kombiniert vorkommen:

Chronische Gastritis	Ursachen (U) und Besonderheiten (B)
Typ A **Autoimmungastritis** Merkhilfe: im **A**lter, **a**trophisch, **a**utoimmun	**U:** Autoimmunentzündung der Magenschleimhaut, die zur Schleimhautatrophie führt. Sie kommt oft im Alter vor. **B:** Die A-Gastritis führt oft zum Vitamin-B_{12}-Mangel, da auch Intrinsic-Faktor bildende Zellen abgebaut werden.
Typ B **bakteriell ausgelöste Gastritis**	**U:** Befall der Magenschleimhaut mit dem Bakterium Helicobacter pylori **B:** Typ B kann auf Dauer zum Magenkarzinom führen.
Typ C **chemisch ausgelöste Gastritis**	**U:** chemische Stoffe, die die Magenschleimhaut schädigen, z. B. NSAR-Schmerzmittel, Alkohol, Nikotin **B:** Nimmt ein Patient NSAR und Cortison ein, vervielfacht dies das Risiko einer Gastritis und eines Geschwürs (Ulkus). Da NSAR die Magenschleimhaut schädigen und gleichzeitig das Schmerzempfinden senken, wird die Magenschädigung evtl. nicht oder zu spät bemerkt.

Ulkusleiden
→ LF 9, S.409

Symptome: Inappetenz, Übelkeit, Erbrechen (ggf. blutig oder kaffeesatzartig), Brennen und Schmerzen im Magen bzw. mehr rechtsseitig im Duodenum; ggf. Durchfall. Manche Gastritis-Patienten beschreiben das Gefühl, ein Stein läge in ihrem Magen.
Komplikationen: Übergang in ein |Ulkus, akuter und chronischer Blutverlust
Diagnostik: Gastroskopie mit Biopsie, um maligne Veränderungen und das Magenbakterium Helicobacter pylori sicher nachzuweisen
Therapie: Führt die A-Gastritis zu einem Vitamin-B_{12}-Mangel, so muss dieser parenteral ausgeglichen werden, z. B. durch s.c.-Injektion von 1 mg Cobalamin alle vier Wochen. Bei der B-Gastritis kann eine Eradikationstherapie helfen (s. u.). Die C-Gastritis wird durch Weglassen der Ursache und symptomatisch mit |Protonenpumpenblockern behandelt.
Prävention: Unter guten Hygienebedingungen ist Helicobacter-pylori-Befall seltener, aber nicht auszuschließen. Die C-Gastritis ist durch gesunde Lebensweise und Verzicht auf NSAR weitgehend vermeidbar.

Ulkus
→ LF 9, S.409

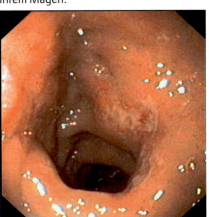

Abb. 2 Akute hämorrhagische (blutende) Duodenitis; die entzündeten Stellen sind teilweise mit gelblichen Fibrinbelägen bedeckt.

Protonenpumpenblocker
→ LF 9, S.406

Erkrankungen durch Helicobacter pylori

Definition und Pathogenese: Helicobacter pylori (Hp) ist ein auf den Magen spezialisiertes Bakterium. Mit seinem Enzym **Urease** bildet es Ammoniak und neutralisiert damit die Magensäure. Dies regt wiederum die Säureproduktion an. Die zusätzliche Magensäure bewirkt Schleimhautschäden und eine Entzündung. Dadurch kann eine Gastritis und/oder ein Magengeschwür **(Ulkus; Ulcus ventriculi)** entstehen.

R. Warren (links) und **B. Marshall** (rechts) entdeckten 1982 den Helicobacter pylori und erhielten dafür 2005 den Nobelpreis. Prof. Marshall bewies im Selbstversuch, dass die Infektion die Ursache von Gastritis und Geschwüren ist: Er trank einen Helicobacter-„Cocktail" und erkrankte 14 Tage später an einer B-Gastritis. Diese therapierte er erfolgreich mit Medikamenten. Vor der Entdeckung des Keims behandelte man Geschwüre mit großen Magenoperationen und uneffektiven Kamillenteekuren und hielt Stress für die Hauptursache von Gastritis und Magengeschwüren.

Infektionsweg: Der Keim wird fäkal-oral sowie oral-oral, d. h. durch Küssen, übertragen. Bei Gastroskopien kann Helicobacter über die Atemluft in den GI-Trakt des Personals gelangen.
Epidemiologie: Bei ca. 5 % der Kinder und 25 % der Erwachsenen in Deutschland ist Helicobacter pylori nachweisbar. Nur jeder Zehnte davon entwickelt aber eine Magenerkrankung.
Symptome: Der Helicobacterbefall ist in 90 % asymptomatisch; in 10 % erzeugt er eine Gastritis, ein Magenulkus und/oder nach Jahren ein Magenkarzinom.
Komplikationen: chronische und akute Blutungen; Magenkarzinom

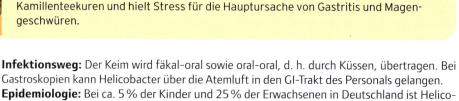

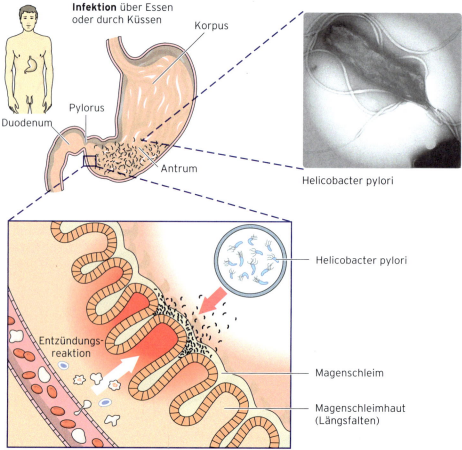

Abb. 1 Infektion mit Helicobacter pylori

Diagnostik: Sicher gelingt der Nachweis in Gewebeproben, die bei der Gastroskopie aus der Magenschleimhaut entnommen werden. Atemtests, serologische Tests und Stuhltests wendet man eher zum Ausschluss eines Befalls und zur Kontrolle des Behandlungserfolgs nach Eradikationstherapie als zum Nachweis an.

Therapie: Eradikationstherapie, wörtlich Ausrottungsbehandlung mit drei (**Triple-Therapie**) bis vier Medikamenten (Quadrupel-Therapie): Zwei Antibiotika (z. B. Clarithromycin und Amoxicillin) und ein PPI wie Omeprazol, bei Rezidiven ggf. als viertes Mittel Metronidazol oder Wismut. Fertig abgepackte Medikamente (→Abb. 1) verbessern die Adhärenz. Die Eradikationstherapie gelingt in 95 % der Fälle. Einige Wochen danach erfolgt ein Kontroll-Atemtest.

Prävention: Helicobacterbefall kommt bei schlechten Hygieneverhältnissen häufiger vor. Eine gezielte Prävention ist nicht möglich. Eine Partnertherapie ist bei Helicobacterbefall nicht nötig. Die Neuansteckungsrate nach Eradikation beträgt nur ca. 1 % pro Jahr.

Abb. 1 Beispiel einer fertig abgepackten Triple-Therapie

4.6 Ulkuskrankheit

Definition: Ein **Ulkus** ist ein Geschwür, d. h. ein **tiefer Gewebsdefekt**, der über die Epithelgrenzen hinausreicht. Das Magengeschwür heißt **Magenulkus (Ulcus ventriculi)**, das Zwölffingerdarmgeschwür **Duodenalulkus (Ulcus duodeni)**.

Ursachen und Pathogenese: Während bei der Gastritis nur oberflächliche Gewebsdefekte **(Erosionen)** vorliegen, geht das Ulkus tiefer. Es zerstört das gesamte Epithel und ggf. auch darunter liegende Gewebsschichten (→Abb. 2). Die Ursachen entsprechen der Gastritis. Bei der Gastritis wird das Epithel angedaut, beim Ulkus stellenweise verdaut bzw. verätzt. Dabei gilt der Grundsatz „ohne Säure kein Ulkus".

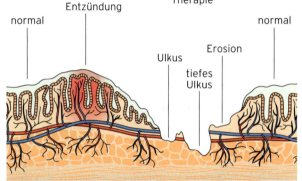

Abb. 2 Entstehung eines Ulkus

Adhärenz
→ LF 4, S.178

> **MERKE**
>
> Ein **Geschwür** ist ein tiefer Gewebsdefekt, d. h., es fehlt Gewebe. Eine **Geschwulst** ist ein tumorartiges Gewächs, d. h., es ist zusätzliches Gewebe gewachsen. Der verbreitete Begriff „Krebsgeschwür" für einen Tumor, also eine Geschwulst, ist meistens falsch. Erst wenn ein Karzinom teilweise zerfällt, was in Spätstadien vorkommen kann, bildet sich ein Geschwür.

Symptome und Komplikationen: Siehe Gastritis; hinzu kommt die erhöhte Gefahr von Magenblutungen, wenn die Säure unter der Schleimhaut liegende Blutgefäße angreift und eröffnet. Wird dabei die Magenwand durchbrochen, liegt eine Perforation vor (→Abb. 3). Der Blutverlust kann zum Tode führen.

Hinweis: Beim Magenulkus (Ulcus ventriculi) hat der Patient eher nüchtern Schmerzen, weil im leeren Magen die Säure die wunde Schleimhaut bzw. Magenwand angreift. Beim Duodenalulkus (Ulcus duodeni) treten eher nach dem Essen Schmerzen auf, da dann säurehaltiger Mageninhalt ins Duodenum übertritt und auf die wunde Schleimhaut trifft. Deshalb nehmen Patienten mit Magenulkus häufig kleine Mahlzeiten zu sich, während Ulcus-duodeni-Patienten lieber auf Essen verzichten.

Diagnostik: Gastroskopie mit Biopsie zum Nachweis von Helicobacter pylori

Therapie und Prävention: Siehe Gastritis. Bei einer Blutung ggf. endoskopische Blutstillung, bei Perforation notfallmäßig operativer Verschluss der Magenwand und ggf. Ausgleich des Blutverlustes durch Bluttransfusionen.

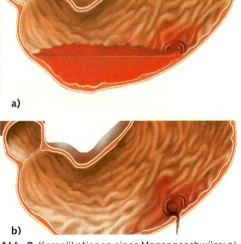

Abb. 3 Komplikationen eines Magengeschwürs: a) Blutung, b) Perforation (Durchbruch der Magenwand)

4.7 Gastrointestinale Blutung

Definition: Blutung im Magen-Darm-Trakt; es werden unterschieden
- die **obere gastrointestinale Blutung** (die Blutungsquelle liegt in Ösophagus, Magen und/oder Duodenum) und
- die **untere gastrointestinale Blutung** (die Blutungsquelle liegt im Dickdarm bzw. Enddarm).

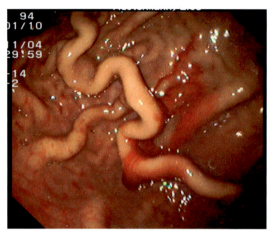

Abb. 1 Gastroskopisches Bild einer Magenblutung

Obere und untere gastrointestinale Blutungen können jeweils akut und chronisch verlaufen.

Ursachen und Pathogenese: Bei der Gastritis entstehen Erosionen, die mit flächenhaften Blutungen einhergehen können. Ein Ulkus kann ebenfalls leicht bzw. chronisch bluten (→Abb. 1). Kommt es beim Ulkus zur Eröffnung eines Blutgefäßes, kann dies eine massive, z. B. arterielle Blutung erzeugen. Bei |Leberzirrhose können sich Venen in der Speiseröhre erweitern, d. h., weiche, empfindliche Ösophagusvarizen bilden, die sehr stark bluten können.

Typische Blutungsquellen in Dick- und Enddarm sind Polypen, Tumore, Entzündungen sowie Infektionen. Enddarmblutungen kommen auch beim |Hämorrhoidalleiden vor.

Symptome: Die obere gastrointestinale Blutung kann zu Bluterbrechen oder zu Hämatinerbrechen führen. Hämatin entsteht durch Säureeinwirkung aus Hämoglobin. Das hämatinhaltige Erbrochene erinnert an Kaffeesatz. Blut aus dem oberen GI-Trakt kann auch verdaut und als tiefschwarzer, klebriger, übelriechender **Teerstuhl** ausgeschieden werden.

Bei der unteren gastrointestinalen Blutung ist das Blut mit dem Stuhl vermischt oder diesem aufgelagert. Bei massiven Blutungen erscheint Blut allein oder mit Stuhl bzw. Schleim vermischt.

Komplikationen: Chronische Blutungen führen zur Anämie, akute ggf. zum Verbluten, d. h. zum tödlichen |Kreislaufschock durch Volumenmangel.

Diagnostik: Bei oberer gastrointestinaler Blutung Gastroskopie, bei unterer gastrointestinaler Blutung Koloskopie. Im Zweifelsfall erfolgt erst eine Gastroskopie, dann eine Koloskopie.

Therapie: endoskopische und/oder chirurgische Blutstillung, ggf. Bluttransfusion(en)

Prävention: Siehe Gastritis, Ulkus und Leberzirrhose. Die Einnahme von Cortison, NSAR und Antikoagulanzien geht mit einem erhöhten Blutungsrisiko insbesondere im Gastrointestinaltrakt einher. Die Gefahr vervielfacht sich bei Kombinationstherapien.

> **Leberzirrhose** → LF 9, S.426
>
> **Hämorrhoidalleiden** → LF 9, S.413
>
> **HINWEIS**
> Eisenpräparate können den Stuhl dunkel färben, erzeugen aber keinen Teerstuhl.
>
> **Kreislaufschock** → LF 5, S.269

> **MERKE**
> Die Gabe von PPI wie Omeprazol „zum Magenschutz" bei NSAR-Einnahme senkt das Risiko einer Magenblutung, bietet aber keinen sicheren Schutz.

www.kompetenznetz-ced.de
www.dccv.de

Chronisch-entzündliche Darmerkrankungen (CED) sind Autoimmunkrankheiten, die u. a. mit Entzündungen der Darmschleimhaut einhergehen. Bei **M. Crohn** betreffen diese die ganze Organwand und treten vorwiegend im Dünndarm (Ileum) auf, während sie bei **Colitis ulcerosa** eher oberflächlich sind und besonders das Kolon befallen. Beide Erkrankungen führen zu Schmerzen, Diarrhöen, Anämie und Gewichtsverlust. Vor allem bei Colitis ulcerosa ist das Darmkrebsrisiko erhöht. Die Diagnose erfolgt histologisch nach Endoskopie und Biopsie. Die Therapie liegt u. a. in der Einnahme von Immunsuppressiva, z. B. Cortison.

Erkrankungen des Gastrointestinaltrakts | 411 | LF 9

4.8 Reizdarmsyndrom

Definition: Störung der Darmfunktion ohne nachweisbare Ursache. Vermutlich reagiert der Darm überempfindlich auf Stresshormone bzw. Botenstoffe. Es handelt sich um eine sog. Ausschlussdiagnose. Das bedeutet, dass alle Untersuchungen ohne pathologischen Befund verlaufen und man die Beschwerden dann als Reizdarmsyndrom bezeichnet.
Symptome: Bauchschmerzen wechselnder Intensität, Diarrhö und/oder Obstipation
Diagnostik: Koloskopie mit Biopsien, Laktose- und Fruktosetoleranztest. Letztere weisen einen Enzymmangel nach, der zum Übertritt unverdauter Disaccharide in den Dickdarm und damit zu Blähungen und Diarrhöe führen kann. TSH-Bestimmung zum Ausschluss einer Schilddrüsenfunktionsstörung, die ebenfalls Störungen der Darmfunktion auslösen kann.
Therapie: Eine gezielte Therapie ist nicht möglich. Spasmolytika, Flohsamen u. v. m. werden eingesetzt, um die Symptome zu bessern. Oft besteht gleichzeitig eine Depression, deren Behandlung die Darmbeschwerden ggf. bessert.

www.reizdarmselbsthilfe.de
www.selbsthilfe-bei-reizdarm.de

4.9 Divertikulose und Divertikulitis

Definition: Schleimhautausstülpungen in der Wand des Dickdarms bzw. Sigmas heißen **Divertikel**. Sind diese zahlreich vorhanden, liegt eine **Divertikulose** vor. Entzünden sich Divertikel bzw. das sie umgebende Gewebe, spricht man von einer **Divertikulitis**.
Epidemiologie: häufig im Alter und bei chronischer Obstipation
Ursache und Pathogenese: Das Kolon besitzt längs und quer verlaufende glatte Muskulatur. Bei hohem Druck auf die Darmwand, wie sie bei chronischer Obstipation vorkommt, stülpt sich stellenweise Schleimhaut zwischen den Muskelfasern hindurch nach außen. So bilden sich Divertikel, d. h. hauchdünne Schleimhautbläschen mit punktförmiger Öffnung zum Darmlumen (→ Abb. 1). Gerät Darminhalt in Divertikel hinein, kann es zur Entzündung, der Divertikulitis, kommen. Diese betrifft neben den Divertikeln auch das umgebende Gewebe.
Symptome und Komplikationen: Die Divertikulose allein ist symptomlos. Die Divertikulitis geht mit einer entzündlichen Schwellung der Darmwand einher. Diese erzeugt lokale Schmerzen, Durchfall und Fieber und kann sowohl zum Darmverschluss **(Ileus)** als auch zum Durchbruch, d. h. zur Perforation, führen. Bei der Perforation tritt bakterienreicher Dickdarminhalt in die Bauchhöhle aus und verursacht eine lebensbedrohliche **Peritonitis** (Bauchfellentzündung). Erbrechen, hohes Fieber, Abwehrspannung und eine Verschlechterung des Allgemeinzustandes sind Anzeichen solcher Komplikationen (akutes Abdomen).
Diagnostik: Nachweis der Divertikulose durch Koloskopie bzw. Rektosigmoidoskopie. Bei Entzündungsverdacht klinische Untersuchung, Bestimmung der Entzündungswerte im Blut, aber keine Endoskopie (cave Perforation). Auch ein Kontrasteinlauf, bei dem ein Einlauf mit Röntgenkontrastmittel in den zuvor gründlich gereinigten Enddarm gegeben wird, und eine anschließende Röntgenaufnahme des Unterbauchs dienen dem Nachweis einer Divertikulose (→Abb. 2).
Therapie: Bei bekannter Divertikulose ist ballaststoffreiche Kost wichtig, um eine Obstipation und weitere Divertikelbildung zu verhindern. Bei Divertikulitis erfolgt die Gabe von Antibiotika, Analgetika und/oder Spasmolytika. Bei rezidivierender Divertikulitis wird der betroffene Darmabschnitt operativ entnommen. Dies beseitigt oft die zu Grunde liegende Obstipation.
Prävention: Stuhlregulierung zur Vermeidung chronischer Obstipation

Abb. 1 Divertikel am absteigenden Dickdarm und am Sigmoid

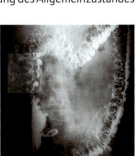

Abb. 2 Kontrasteinlauf des Dickdarms mit Abbildung vieler Ausstülpungen der Schleimhaut

akutes Abdomen
→ LF 9, S. 412

4.10 Appendizitis (Wurmfortsatzentzündung)

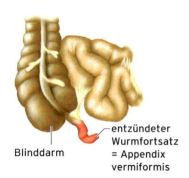

Abb. 1 Appendizitis

Blinddarm — entzündeter Wurmfortsatz = Appendix vermiformis

Definition: Entzündung der Appendix vermiformis, die besonders Kinder und Jugendliche betrifft, aber in jedem Lebensalter vorkommen kann.
Ursache: Ein Stau von Darminhalt begünstigt die Entzündung.
Symptome und Komplikationen: Zunächst Übelkeit, Erbrechen und ggf. kolikartige Oberbauchschmerzen. Die Schmerzen verlagern sich allmählich in den rechten Unterbauch. Das Krankheitsgefühl nimmt stetig zu, da die Appendix durch Eiterbildung anschwillt. Eine Verschlechterung des Allgemeinzustandes weist auf eine Perforation bzw. eitrige Peritonitis hin. Cave: Direkt nach der Perforation kann es dem Patienten kurzfristig besser gehen, da die Appendix dann nicht mehr prall gespannt ist und deshalb nicht mehr schmerzt.
Diagnostik: Anamnese und klinische Untersuchung. Oft sind bestimmte Punkte am Unterbauch druckschmerzhaft, z. B. der **McBurney-Punkt**. Dieser liegt auf einer gedachten Linie zwischen dem rechten Darmbeinstachel und dem Nabel (→ S. 414, Abb. 1). Zur Diagnose der Appendizitis ist auch die Sonografie hilfreich; im typischen Fall ist die entzündlich verdickte Appendix sichtbar. In unklaren Fällen kann es notwendig sein, die Appendix **laparoskopisch** (im Rahmen einer Bauchspiegelung) zu entnehmen; der Pathologe untersucht diese dann und stellt die Diagnose.
Therapie: Appendektomie, d. h. chirurgische Entnahme Appendix. In der Regel erfolgt diese laparoskopisch. Platzt (perforiert) die Appendix, muss der Bauchraum aufwendig gespült werden; dafür ist ein Bauchschnitt erforderlich. Evtl. zusätzliche Antibiotikagabe. Neue Studien zeigen, dass in manchen Fällen eine Antibiotikatherapie ohne Operation ausreicht.
Prävention: Eine Prävention der Appendizitis ist nicht möglich.

4.11 Akutes Abdomen

Pankreatitis
→ LF 9, S. 421

Cholezystitis
→ LF 9, S. 421

Herzinfarkt
→ LF 5, S. 255

Lungenembolie
→ LF 5, S. 261

Definition: akut einsetzendes schweres Krankheitsbild mit abdominellen Symptomen
Ursachen: Vor allem Erkrankungen der Bauchorgane: akute Appendizitis, Entzündungen, Ulzera und Organperforationen in Ösophagus, Magen und Darm, Divertikulitis, akute ▮Pankreatitis, Erkrankungen der Gallenblase, z. B. die akute ▮Cholezystitis, Nierensteine, ausgeprägte Leber- und Milzschwellungen, Extrauteringravidität und Aortenriss. Auch ▮Herzinfarkt und ▮Lungenembolie können als akutes Abdomen wirken.
Symptome:
- starke Bauchschmerzen
- Abwehrspannung
- Übelkeit und/oder Erbrechen
- Störung der Peristaltik mit Stillstand oder Verstärkung der Darmbewegungen
- Kreislaufstörung, die in einen Schock übergehen kann

> **MERKE**
> Das akute Abdomen ist stets ein **Notfall**, der sofortiger Diagnostik und Therapie bedarf.

Komplikationen: Tod durch Peritonitis, Blutverlust, septischen Schock usw.
Diagnostik: Anamnese, klinische Untersuchung, Labor- bzw. Entzündungsdiagnostik, Harndiagnostik, Sonografie, ggf. Röntgenaufnahme, Endoskopie, EKG
Therapie: je nach Ursache

Diabetes mellitus Typ 1
→ LF 9, S. 438

Besonderes: Ein neu aufgetretener ▮Diabetes mellitus Typ 1 kann mit so starken Bauchschmerzen einhergehen, dass er ein akutes Abdomen vortäuscht. Daher muss bei jedem Patienten mit akutem Abdomen der Blutzucker gemessen werden.

„**Es ist ein Junge!**" Immer wieder kommen Frauen mit „akuten abdominellen Beschwerden" in Kliniken und gehen mit einem Neugeborenen nach Hause. Die Nichtwahrnehmung der Schwangerschaft durch seelische Konflikte kann selbst bei Frauen vorkommen, die schon Kinder entbunden haben.

4.12 Hämorrhoidalleiden

Definition: Beschwerden durch Entzündungen und Schwellungen des Hämorrhoidalgeflechts, d. h. des weichen, schwammartigen Gefäßpolsters, das den Feinabschluss des Anus bildet. Oft wird das **Hämorrhoidalleiden** vereinfacht als **Hämorrhoiden** bezeichnet.

Ursachen und Pathogenese: Bei entsprechender Veranlagung und Obstipation entsteht starker Druck auf das Hämorrhoidalpolster. Es kommt zu oberflächlichen Einrissen, zu Entzündungen und Schwellungen. Da die Entzündung mit vermehrter Blutfülle des Gefäßpolsters einhergeht, können insbesondere beim Pressen Blutungen auftreten.

Symptome: Nässen, Juckreiz und Ekzeme am After durch den gestörten Feinabschluss, peranale Blutungen, Fremdkörpergefühl und Gefühl der unvollständigen Stuhlentleerung durch die geschwollenen Gefäßpolster, Austritt geschwollener Gefäßknoten

Diagnostik: Proktoskopie. Bei Blutungen auch Koloskopie zum Tumorausschluss, es sei denn, eine Darmspiegelung ist nicht lange her und ergab einen Normalbefund.

Therapie: Entzündungshemmende Lokaltherapie, Verzicht auf feuchte Toilettenpapiere. Letztere rufen oft allergische Ekzeme hervor. Bei anhaltenden Beschwerden werden die vergrößerten Hämorrhoiden mit Injektionen zur Vernarbung und damit zur Schrumpfung gebracht. Auch das Anlegen kleiner Gummiringe kann eine Verkleinerung bewirken. In ausgeprägten Fällen erfolgt eine Operation.

Prävention: Stuhlregulierung, Therapie von Frühstadien

> **HINWEIS**
> Der Spezialist für Enddarmleiden ist der **Proktologe**, der Internist bzw. Gastroenterologe oder Chirurg sein kann.
>
> **Ekzeme**
> → LF 10, S. 458

Informationen zum Hämorrhoidalleiden bietet der Berufsverband deutscher Internisten unter Krankheiten A–Z:
www.internisten-im-netz.de

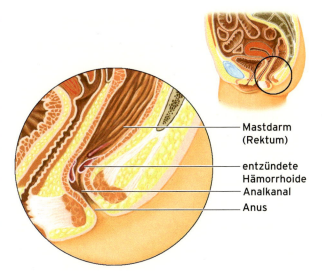

Abb. 1 Hämorrhoiden

- Mastdarm (Rektum)
- entzündete Hämorrhoide
- Analkanal
- Anus

Terminologie: Symptome und Erkrankungen des Gastrointestinaltrakts

akutes Abdomen	schweres, akutes Krankheitsbild mit abdominellen Schmerzen
Antidiarrhoikum	Arzneimittel gegen Durchfall
Appendektomie	chirurgische Entnahme der Appendix vermiformis
Appendizitis	Wurmfortsatzentzündung
Chronisch-entzündliche Darmerkrankungen (CED)	Morbus Crohn und Colitis ulcerosa; Autoimmunkrankheiten, die u. a. mit Entzündungen der Darmschleimhaut einhergehen
Diarrhö	Durchfall
Divertikel, das	bläschenförmige Ausstülpung der Dickdarmschleimhaut
Divertikulitis	Entzündung von Divertikeln und sie umgebenden Geweben
Divertikulose	Schleimhautausstülpungen im Dickdarm, v. a. im Sigma
Duodenitis	Entzündung der Zwölffingerdarmschleimhaut
Emesis	Erbrechen
Enteritis	Dünndarmentzündung (Durchfallerkrankung)
Eradikationstherapie	Medikamentenbehandlung gegen Helicobacter pylori

Erosion	oberflächlicher Gewebsdefekt des Epithels
Exsikkose	Austrocknung des Körpers
Gastritis	Magenschleimhautentzündung
Gastroenteritis	Entzündung des Magens und Darms
gastroösophageale Refluxkrankheit	symptomatischer Rückfluss von Mageninhalt bzw. -säure in den Ösophagus
H$_2$-Atemtest	Atemtest zum Nachweis einer Laktose- bzw. Fruktoseintoleranz
Hiatushernie	Zwerchfellbruch (Verlagerung von Magenteilen durch die Zwerchfelllücke in den Thorax)
Ileus	Darmverschluss (sprich Ile-us)
Kardiainsuffizienz	Offenstehen des obersten Magenteils bei Hiatushernie
Laktoseintoleranz	Milchzuckerunverträglichkeit durch Laktasemangel
McBurney-Punkt	Punkt zwischen lateralem und mittlerem Drittel der gedachten Linie zwischen rechtem Darmbeinstachel und Nabel (→ Abb. 1)
Meteorismus	vermehrter Gasgehalt des Darms
Obstipation	Stuhlverstopfung
Peritonitis	Bauchfellentzündung
Proktologe	Facharzt für Enddarmleiden
Protonenpumpenhemmer (Syn. **Protonenpumpeninhibitor; PPI**)	Arzneimittel, das die Magensäureproduktion durch Hemmung der sog. Protonenpumpen vermindert (z. B. Omeprazol)
Refluxkrankheit	Beschwerden durch gastroösophagealen Reflux
Refluxösophagitis	Speiseröhrenentzündung durch gastroösophagealen Reflux
Reizdarmsyndrom	chronische Darmbeschwerden ohne nachweisbare Ursache
Teerstuhl	tiefschwarzer Stuhl nach oberer gastrointestinaler Blutung
Triple-Therapie	Dreifachtherapie zur Eradikation von Helicobacter pylori
Ulcus duodeni	Zwölffingerdarmgeschwür; Duodenalulkus
Ulcus ventriculi	Magengeschwür; Magenulkus
Ulkus (**Ulcus**; Mz. **Ulzera** bzw. **Ulcera**)	Geschwür (tiefer, über die Epithelgrenzen hinausgehender Gewebsdefekt)

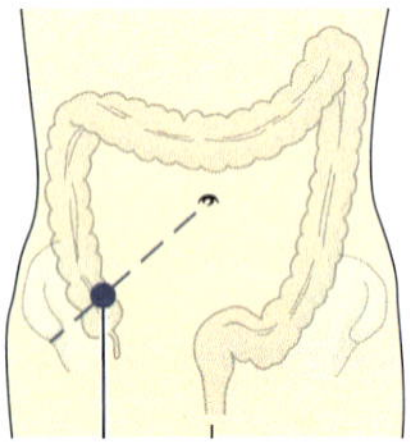

Abb. 1 Lage des McBurney-Punktes

AUFGABEN

1 Nennen Sie die wichtigste Therapiemaßnahme bei Gastroenteritis.

2 Wie werden die WHO-Durchfalllösung und die Moro-Möhrensuppe zubereitet?

3 Nennen Sie Auslöser der akuten und chronischen Gastritis.

4 Welche Erkrankungen können sich hinter einem akuten Abdomen verbergen?

5 Erläutern Sie den Unterschied zwischen einer Erosion und einem Geschwür.

6 Welche Bestandteile hat die Triple-Therapie und wozu dient sie?

4.13 Benigne und maligne Tumoren

Der Begriff **Tumor** wird oft mit Krebs gleichgesetzt, bezeichnet aber eigentlich nur eine Geschwulst, d. h. eine örtliche Gewebevermehrung. Harmlose Tumoren sind häufig und betreffen vor allem die Haut; kleine Bindegewebstumoren (Fibrome) hat im Alter fast jeder Mensch. Die meisten Fachbegriffe für Tumoren enden auf **-om**. Gutartige Tumoren bezeichnet man als **benigne**, bösartige als **maligne**. Benigne Tumoren können bei starkem Wachstum gesunde Gewebe zusammendrücken oder verdrängen. Dies ist aber nur selten gefährlich, z. B. bei einem benignen Gehirntumor. Benigne Tumoren führen nur unter seltenen ungünstigen Umständen zum Tode. Sie wachsen zumeist langsam und durchdringen keine anderen Gewebe. Sie metastasieren nie, d. h., sie bilden keine Tochtergeschwülste bzw. Absiedelungen. Auch beeinflussen sie den Allgemeinzustand für gewöhnlich nicht. Wird ein benigner Tumor entfernt, ist die Erkrankung in der Regel geheilt. Wird ein maligner Tumor entnommen, können Metastasen und/ oder vermehrungsfähige Krebszellen zurückbleiben.

benigne (gutartige) Tumoren	maligne (bösartige) Tumoren
Zellteilung und Zelldifferenzierung	
niedrige Zellteilungsrate, langsames Wachstum	hohe Zellteilungsrate, schnelles Wachstum
Die Zellen entsprechen weitgehend dem Ursprungsgewebe, zeigen normale Zellteilungen und haben einen Zellkern pro Zelle.	Die Zellen sind entartet, d. h., sie ähneln nicht mehr dem Ursprungsgewebe, sondern zeigen atypische Mitosen (Teilungen) und haben ggf. mehrere Zellkerne.
Ausbreitung	
Benigne Tumoren wachsen verdrängend, aber durchsetzen kein Gewebe und bilden keine Metastasen.	Maligne Tumoren durchsetzen und durchdringen Gewebe und bilden Metastasen (Tochtergeschwülste), z. B. indem lebensfähige Krebszellen in Blut- und Lymphgefäße eindringen und sich dann in anderen Regionen und Organen absiedeln.

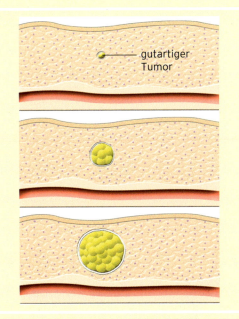
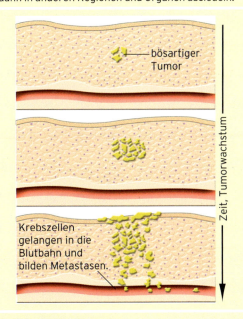

Beispiele (Ursprungsgewebe und entstehender Tumor)	
Adenom aus Epithel- bzw. Drüsengewebe	**Karzinom** aus Epithelgewebe
Osteom aus Knochengewebe	**Osteosarkom** aus Knochengewebe
Lipom aus Fettgewebe	**Liposarkom** aus Fettgewebe
Nävus (Hautmal, Muttermal) aus pigmentbildenden Zellen	**malignes Melanom** aus pigmentbildenden Zellen

Hinweis: Nur ein Tumor ist weder eindeutig benigne noch maligne: das **Basaliom**. Diese Form des hellen Hautkrebses metastasiert fast nie, breitet sich aber unter Zerstörung des Nachbargewebes lokal aus (vgl. LF 10, S. 464). Man nennt das Basaliom daher **semimaligne** (halbmaligne).

Krebsentstehung

Krebszellen, d. h. maligne Zellen, entwickeln sich aus gesunden Körperzellen. Die Ursachen und Auslöser der Krebsentstehung sind vielfältig. Bei jeder Zellteilung (Mitose) ist die Erbsubstanz, die |DNA, sehr empfindlich für schädliche Einflüsse. Insbesondere Strahlen und chemische |Karzinogene (krebserzeugende Stoffe) führen dann leicht zu |Mutationen, d. h. zu Erbgutveränderungen. Durch eine Mutation können Zellen gesunde Eigenschaften verlieren und neue, z. B. Krebszelleigenschaften, erwerben. Im Körper entstehen oft mutierte Zellen. Diese werden fast immer von Abwehrzellen erkannt und bekämpft. Immunsuppressiva, d. h. Medikamente, die die Immunabwehr schwächen, erhöhen das Krebsrisiko. Dieses steigt auch mit dem Alter an, da das Abwehrsystem schwächer wird und die gealterte DNA immer leichter mutiert. Manche Krebsarten kommen familiär gehäuft vor, weil sie genetisch (mit)bedingt sind. Zigarettenrauchen verursacht jeden dritten Krebstod.

DNA
→ LF 3, S. 24
Karzinogene
→ LF 5, S. 293
Mutationen
→ LF 4, S. 168

Umfassende Informationen zum Thema Krebsentstehung, -therapie usw. sowie verlässliche Adressen bietet:
www.internisten-im-netz.de

Schematische Darstellung der Karzinomentstehung (Krebsentstehung in einem Epithel)

gutartige Epithelzellen · Bindegewebe · Muskelschicht · Lymphgefäß · Blutgefäß

Beispiel Darmschleimhaut: Das Epithel besteht aus normalen, gesunden Zellen. Jede Zelle „respektiert" die Grenzen der Nachbarzellen und teilt sich nur zum Zwecke der Regeneration; abgeschilferte und z. B. durch Verletzung abgestorbene Zellen werden durch neue ersetzt.

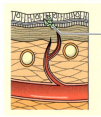

Krebszellen

Bei einer Zelle ist eine schwerwiegende Mutation aufgetreten. Sie wird zur Krebszelle. Sie vermehrt sich von jetzt an ungehemmt, obwohl sie sich im Gewebeverbund befindet. Sie teilt sich abnormal schnell und zeigt auch andere Charakteristika der Krebszelle. Ein **Karzinom** ist entstanden.

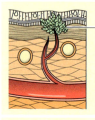

Tumor

Die Krebszellen vermehren sich rasch. Der Tumor überschreitet die Epithelgrenzen. Er zerstört dabei Zellen und durchsetzt Gewebe. Er benötigt viele Nährstoffe, die er benachbarten Arterien und eigenen, neu gebildeten Blutgefäßen entnimmt.

Darmkrebs

abgelöste Tumorzellen

Schließlich können einzelne Krebszellen mit dem Blut- oder Lymphstrom mitschwimmen, sich an anderen Körperstellen absiedeln und sich dort weiter vermehren. So entstehen **Metastasen** (Tochtergeschwülste, Tumorabsiedelungen) in Lymphknoten und anderen Körperteilen bzw. Organen (Leber, Lunge, Gehirn, Haut usw.).

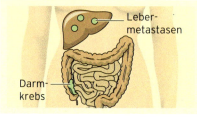

Lebermetastasen

Darmkrebs

Die Metastasen bilden sich zunächst an charakteristischen Orten. Je nachdem, wohin das Blut aus dem betreffenden Organ zunächst hinfließt, bilden sich die ersten Metastasen. Bei Darmkrebs ist dies z. B. die Leber. Auf dem Lymphwege entstandene Metastasen befallen zunächst regionale Lymphknotenstationen, z. B. bei Brustkrebs in der gleichseitigen Axilla.

Die Diagnose „Krebs" ist zunächst eine Verdachtsdiagnose. Symptome, die auf einen malignen Tumor deuten, sind Inappetenz (Appetitverlust oder -veränderungen wie Abneigung gegen Fleisch), Gewichtsverlust, Anämie, unklare Blutungen, schlecht heilende Wunden, tastbare unverschiebliche Verhärtungen, Müdigkeit und Leistungsknick. Letzteres bedeutet, dass die Patienten deutlich weniger Energie und Kraft haben als früher, ohne dass sich dies durch die Alterung erklären ließe. Bei Verdacht auf eine maligne Erkrankung erfolgt eine gründliche Untersuchung zur Tumorsuche und ggf. zur Bestimmung der Ausbreitung (Staging; s. u.).
Die Diagnostik umfasst Anamnese, Ganzkörperstatus, Blutuntersuchung – ggf. mit Tumormarkern, Sonografie und evtl. weitere apparative Untersuchungen (Endoskopie, CT, MRT). Der Pathologe stellt bzw. sichert die Diagnose immer durch Beurteilung des entnommenen Tumors oder einer Probe verdächtigen Gewebes.

> **HINWEIS**
>
> Karzinome werden verkürzt als **Ca.** (sprich C-A) bezeichnet, z. B. Bronchial-Ca., Mamma-Ca.

Stadieneinteilung maligner Tumoren

Ergeben die Befunde des Pathologen, dass ein maligner Tumor vorliegt, ist die Krebsdiagnose gesichert. Nun wird ein **Staging** (Bestimmung der Tumorausdehnung bzw. des Stadiums) durchgeführt. Dies ist wichtig, weil die Therapie sich u. a. nach der Tumorgröße und -ausbreitung richtet. Zum Staging tragen apparative und pathologische Untersuchungen bei.
Die Tumoreinteilung erfolgt nach der international gültigen **TNM-Klassifikation**:

Das RKI bietet unter www.krebsdaten.de u. a. aktuelle Statistiken zur Häufigkeit von Krebskrankheiten.
Nähere Informationen zur TNM-Klassifikation bietet www.krebsinformationsdienst.de

Abkürzung, Erklärung	Bedeutung bezüglich der Tumorausdehnung
T (**T**umor)	T0, T1, T2, T3 und T4 bezeichnen die Tumorgröße und -ausdehnung; T0 = kein Tumor ist (mehr) nachweisbar.
N (**N**odulus = Lymphknoten)	N0 bedeutet, dass keine Lymphknoten befallen sind, N1, N2 und N3 bezeichnen das Ausmaß des Lymphknotenbefalls.
M (**M**etastasen)	M0 bedeutet, dass keine Metastasen gefunden wurden, M1 bedeutet, dass Fernmetastasen vorhanden sind.
pTNM-Klassifikation **postoperative** TNM-Einteilung	Die p-Einteilung ist die postoperative, d. h. nach einer Operation erstellte, TNM-Einteilung, denn während bzw. nach einer Operation können sich neue Erkenntnisse zur Tumorausbreitung ergeben.

Weitere Kriterien sind z. B. die **Malignitätsgrade G1 bis G4**, die der Pathologe anhand der Tumorzellen bestimmt, **R0, R1 und R2** für einen **Resttumor** nach Therapie und **rTNM** für **Rezidivtumoren**.

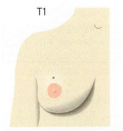
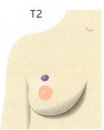
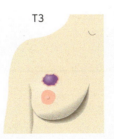
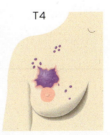

TX – keine Beurteilung möglich
T0 – kein Anhalt für Primärtumor
Tis – Carcinoma in situ (oberflächliches Karzinom, das die Basalmembran nicht durchbrochen hat)
T1 – Tumor bis 2 cm
T2 – Tumor 2–5 cm
T3 – Tumor größer als 5 cm
T4 – beliebige Tumorgröße mit Ausdehnung auf die Brustwand oder mehrere gleichzeitig bestehende Tumoren

Abb. 1 TNM-Klassifikation anhand des Mammakarzinoms

Krebstherapie

Die drei Säulen der Krebstherapie heißen „Stahl, Strahl und Chemie". Mit „Stahl" ist das chirurgische Messer, das Skalpell gemeint. Tumoren werden nach Möglichkeit vollständig herausoperiert. Je nach Operationserfolg, Tumorart usw. kann eine therapeutische Bestrahlung („Strahl") das Ergebnis des chirurgischen Eingriffs sichern. Auch wenn keine Operation (mehr) durchführbar ist, kann eine Strahlentherapie den Tumor verkleinern und so z. B. Schmerzen vermindern. Mit „Chemie" ist die Chemotherapie, d. h. die Krebstherapie mit **Zytostatika**, gemeint. Diese hemmen jedoch nicht nur das Tumorwachstum, sondern die Zellteilung im gesamten Organismus. Sie unterdrücken auch notwendige Erneuerungsvorgänge und rufen so Nebenwirkungen wie Haarausfall, Anämie, Schleimhautentzündungen und Immunschwäche hervor. Diese Probleme begrenzen die Möglichkeiten der Zytostatikatherapie.

Zytostatika
→ LF 4, S.182

Die moderne **Onkologie** (Krebsheilkunde) ist weltweit ein großes Forschungsgebiet; neue Medikamente binden z. B. Botenstoffe oder enthalten Antikörper, die immer gezielter Tumorzellen angreifen bzw. das Immunsystem unterstützen. Stoffe, die die Hormonwirkung blockieren, helfen bei einigen Mamma- und Prostatakarzinomen. Die Chirurgie bedient sich neben dem Skalpell auch der Laser- und minimal invasiver Technik. Man unterscheidet zwischen **kurativer**, d. h auf vollständige Heilung ausgerichteter Therapie und **Palliativtherapie**, die nur die Beschwerden lindert.

4.13.1 Ösophaguskarzinom

Definition: Speiseröhrenkrebs
Epidemiologie und Prognose: Bei Männern siebenmal häufiger als bei Frauen; die Fünf-Jahres-Überlebensrate liegt trotz Therapie nur bei ca. 5 %.
Risikofaktoren und Pathogenese: Vor allem Alkohol und Nikotin – besonders kombiniert – rufen das Ösophaguskarzinom hervor. Die chronische Refluxkrankheit kann das Risiko erhöhen.
Symptome: Schmerzlose Schluckstörung; der Patient muss im typischen Fall nach jedem Bissen etwas trinken, weil ihm sonst das Schlucken nicht gelingt.
Komplikationen: Stenose (Verengung) bzw. Verschluss des Ösophagus, Metastasierung
Diagnostik: ÖGD, Sonografie bzw. Endosonografie, CT, ggf. Röntgenaufnahme bei bzw. nach Schlucken eines Kontrastmittelbreis
Therapie: je nach Stadium Operation, Bestrahlung und/oder Chemotherapie
Prävention: Siehe Risikofaktoren.

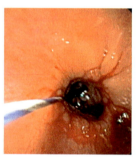

Abb. 1 Stenose der Speiseröhre bei Ösophaguskarzinom

4.13.2 Magenkarzinom

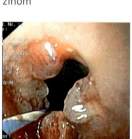

Abb. 2 Ösophaguskarzinom

> **Beginn des Endes**
>
> Ein Punkt nur ist es, kaum ein Schmerz,
> nur ein Gefühl, empfunden eben;
> und dennoch spricht es stets darein,
> und dennoch stört es dich zu leben.
>
> Wenn du es andern klagen willst,
> so kannst du's nicht in Worte fassen.
> Du sagst dir selber: „Es ist nichts!"
> Und dennoch will es dich nicht lassen.
>
> So seltsam fremd wird dir die Welt;
> und leis verlässt dich alles Hoffen,
> bis du es endlich, endlich weißt,
> dass dich des Todes Pfeil getroffen.
>
> Aus: Theodor Storm „Die schönsten Erzählungen und Gedichte", Gondrom Verlag 1997, S. 569.

Definition: Magenkrebs
Epidemiologie und Prognose: tritt oft bei Männern ab 70 Jahren auf; seit Einführung der Helicobacter-Eradikation weniger häufig; 5-Jahres-Überlebensrate ca. 25 %
Risikofaktoren: Veranlagung, bestimmte Karzinogene (v. a. Nitrosamine aus gegrilltem und gepökeltem Fleisch sowie Zigarettenrauch) sowie A- und B-Gastritis, Z. n. Magenoperation und Magenulkus; Alkoholmissbrauch sowie Vitaminmangel
Symptome und Komplikationen: Inappetenz, Abneigung gegen Fleisch, unspezifische Magenbeschwerden. Später Anämie, Gewichtsverlust, bei Tumorzerfall Bluterbrechen und Teerstuhl, ggf. Perforation der Magenwand. Metastasierung v. a. in Lunge, Leber und Haut.
Diagnostik: Gastroskopie mit Biopsie, Staging
Therapie: Resektion (weitgehende oder vollständige Entnahme) des Magens, ggf. Chemotherapie und/oder Bestrahlung
Prävention: Siehe Risikofaktoren.

4.13.3 Kolorektales Karzinom (Dick- und Enddarmkrebs)

Definition: Karzinom des Kolons bzw. Rektums. Bis 16 cm vom Anus aus spricht man vom Rektumkarzinom, weiter oberhalb vom Kolonkarzinom.
Epidemiologie: Zweithäufigstes Karzinom nach Mamma-Ca. bei Frauen und Prostata-Ca. bei Männern; es tritt v. a. ab 60 Jahren auf, bei familiärer Veranlagung auch früher.
Risikofaktoren: Übergewicht, fettreiche, ballaststoffarme Ernährung, Rauchen, Colitis ulcerosa, Strahlentherapie und Vererbung
Pathogenese: Das kolorektale Karzinom entwickelt sich über Jahre aus benignen Epitheltumoren, den **Adenomen**. Diese entwickeln **Dysplasien**, d. h., sie gehen in Krebsvorstufen und schließlich in Karzinome über; man nennt dies **Adenom-Karzinom-Sequenz**.

Pathogenese des kolorektalen Karzinoms (Adenom-Karzinom-Sequenz)

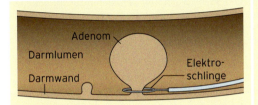

Im Kolonepithel bilden sich **Adenome** (Epithelwucherungen). Sie wachsen und bilden Polypen. Der linke Polyp ist breitbasig, d. h., er sitzt der Schleimhaut direkt auf. Der rechte wächst gestielt, d. h., er ist über eine Gewebebrücke mit dem Epithel verbunden. Die vollkommen benignen Polypen könnten, wie die Abb. zeigt, bei einer Koloskopie mittels Elektroschlinge abgetragen werden.

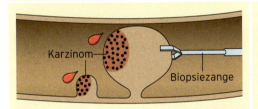

Allmählich bilden sich in den Polypen über pathologische Zellveränderungen (**Dysplasien**) maligne Zellen. Eine Biopsie könnte einen benignen Bereich des Polypen erfassen und dabei das Karzinom unentdeckt lassen. Daher ist die komplette **Polypektomie** (Polypentfernung) wichtig. Gegebenenfalls blutet das krankhafte Gewebe an der Oberfläche und lässt den Okkultbluttest positiv ausfallen.

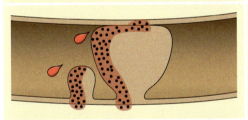

Wächst das Karzinom weiter, kann es die Darmwand infiltrieren, das Lumen (die Lichtung) verengen und sich auf dem Blut- und Lymphweg ausbreiten. Die Lumeneinengung kann eine Veränderung der Stuhlgewohnheiten erzeugen. Eine endoskopische Polypektomie könnte die Tumoren nicht komplett entfernen; eine Operation mit Entfernung des betroffenen Darmabschnitts ist nötig.

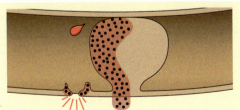

Der linke Polyp ist ulzeriert, d. h. geschwürig zerfallen. Es kommt zur Perforation der Darmwand und zum Austritt bakterienreichen Stuhls in die Bauchhöhle. Eine lebensgefährliche eitrige Peritonitis (Bauchfellentzündung) ist die Folge. Verlegt der rechte Polyp das Darmlumen vollständig, kommt es zum unbehandelt tödlichen **Ileus** (Darmverschluss).

Symptome und Komplikationen: In Frühstadien symptomfrei; ggf. unspezifische Verdauungsstörungen wie vermehrte Blähungen, Stuhlkonsistenz wechselnd zwischen Obstipation und Diarrhö; sog. Bleistiftstuhl, dessen Durchmesser an einen Bleistift erinnert, weil das Darmlumen eingeengt wird. Im Spätstadium Abmagerung, Perforation, Ileus, Metastasen.
Diagnostik: Die Koloskopie ist die wichtigste Diagnostikmaßnahme beim kolorektalen Karzinom. Der Pathologe stellt die Diagnose auf Grund des histologischen Befundes der Gewebeprobe(n).
Therapie: Resektion des befallenen Darmabschnitts, bei Enddarmbefall ggf. Anlage eines künstlichen Darmausgangs (**Stoma; Anus praeter**; →S. 420, Abb. 1 und 2), ggf. medikamentöse Therapie, Bestrahlung

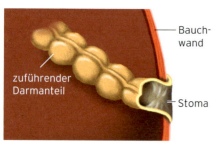

Abb. 1 Stoma

Abb. 2 Wechsel des Stomabeutels

Prävention: Vorsorgekoloskopie mit Polypektomie, d. h. Adenomentfernung, ggf. Okkultbluttest. Gesunde Lebensweise, insbes. Verzehr von reichlich frischem Obst und Gemüse. Dies sichert die Versorgung mit sekundären Pflanzenstoffen, die der Krebsentstehung entgegenwirken.

> **HINWEIS**
> Bisher nehmen nur ca. 25 % der Berechtigten an der Vorsorge-Koloskopie teil. Diese senkte nachweislich die Sterblichkeit am kolorektalen Karzinom.

Krebs macht auch die Seele krank. Menschen, bei denen Krebs diagnostiziert wird, erleiden zunächst einen schweren Schock. Sie brauchen Zeit, um die Diagnose auf- und annehmen zu können. Viele Betroffene wollen bzw. können die Mitteilung zunächst nicht wahrhaben. Oft kommt es zu Wut und Aggression, die sich eigentlich gegen die Krankheit, manchmal stellvertretend aber auch gegen Arzt, MFA und Angehörige richten. Oft wird regelrecht um die Krankheit verhandelt. Sowohl eine hohe Geschäftigkeit mit Aufsuchen vieler Ärzte und alternativer Therapeuten als auch Depressionen kommen bei Krebskranken häufig vor. Verständnis, Wahrhaftigkeit, Offenheit und Geduld sind im Umgang mit Krebspatienten daher wichtig.

Terminologie: Krebsentstehung, Magen- und Darmkrebs

Adenom	benigner Tumor aus Epithel- bzw. Drüsengewebe
Adenom-Karzinom-Sequenz	allmählicher Prozess der Krebsentstehung aus Adenomen beim kolorektalen Karzinom
Dysplasie	1. bzgl. Tumoren: pathologische Zellveränderung, z. B. Krebsvorstufe; 2. bzgl. Hüftgelenk: Fehlbildung
kolorektales Karzinom	Dick- und Enddarmkrebs
Onkologie	Lehre von den Krebskrankheiten; Krebsheilkunde
Palliativtherapie	lindernde, nicht (mehr) auf Heilung ausgerichtete Therapie
Resektion	weitgehende oder komplette Entfernung eines kranken Organs
Rezidivtumor	nach Krebstherapie erneut aufgetretener Tumor
semimaligne	halb bösartig; lokal zerstörend, aber nicht metastasierend
Staging	Bestimmung der Tumorausdehnung bei Krebs
Stoma (Syn. **Anus praeter**)	künstlicher Darmausgang
TNM-Klassifikation	System zur Stadieneinteilung maligner Tumoren
Tumor	Geschwulst; örtliche Gewebevermehrung

AUFGABEN

1 Beschreiben Sie die Eigenschaften benigner und maligner Tumoren.

2 Welcher Tumor ist semimaligne und was bedeutet das?

3 Erklären Sie den Begriff Adenom-Karzinom-Sequenz.

4 Nennen Sie Risikofaktoren für Magen-, Speiseröhren- und Darmkrebs.

Erkrankungen des Gastrointestinaltrakts | **421** **LF 9**

4.14 Cholelithiasis (Gallensteinleiden)

Definition: Gallensteine sind unlösliche Kristalle aus normalerweise gelösten Bestandteilen der Gallenflüssigkeit.
Epidemiologie: Etwa 15 % der Frauen und 7 % der Männer in Deutschland haben Gallensteine; mit dem Alter nimmt die Häufigkeit zu.
Ursachen und Pathogenese: Risikofaktoren sind die **„6 F"**: Frauen, die hellhäutig, übergewichtig, um 40 Jahre alt, schwanger sind oder waren und in deren Familie Gallensteine bekannt sind, haben das höchste Risiko. Steigt die Konzentration bestimmter Stoffe in der Galle an, bilden sich Kristalle unterschiedlicher Größe. Durch peristaltische Bewegungen der Gallenblase und der Gallenwege können diese verlagert werden. Dabei gehen kleinste Steine unbemerkt in den Darm ab. Größere Steine können im Gallengang stecken bleiben und zu überstarker Peristaltik, d. h. schmerzhaften Gallenkoliken, führen.

Abb. 1 Gallenblase mit Gallensteinen

Marilyn Monroe hatte Gallensteine. Sie unterzog sich einer Cholezystektomie mit Bauchschnitt, denn es gab noch keine laparoskopischen, Operationen. In der letzten Fotoserie „The Last Sitting" ist die Narbe am rechten Rippenbogen zu sehen. Die 6 F trafen z. T. auf „MM" zu; sie war mehrmals schwanger. Unklar ist, ob sie wegen Fehlgeburten oder Abtreibungen keine Kinder hatte. Mit 36 Jahren starb Norma Jean Baker, so ihr bürgerlicher Name, an einer Medikamentenvergiftung.

Die **6 F:**
Female = Frau
Fair = hellhäutig
Fat = Übergewicht
Forty = 40 Jahre
Fertile = fruchtbar
Family = familiär gehäuft auftretende Gallensteine

Symptome und Komplikationen: 75 % der Gallensteine sind stumm, d.h. asymptomatisch. Gallenkoliken sind wellenförmige Schmerzen im rechten Oberbauch und treten in der Regel immer wieder auf. Verlegt ein Gallenstein den Ausführungsgang der Gallenblase, staut sich die Galle und es kommt zum **Verschlussikterus** mit Gelbfärbung von Haut und Schleimhäuten. Verschließt ein Gallenstein den Ausführungsgang der Bauchspeicheldrüse, kann er eine Pankreatitis (s. u.) auslösen. Die Reizung der Gallenblase durch Steine kann zur Gallenblasenentzündung, der **Cholezystitis** führen.
Diagnostik: Sonografie. Gegebenenfalls kann eine endoskopische Kontrastmitteldarstellung der Gallenwege **(ERCP)** und/oder ein MRT erfolgen.
Therapie: Bei symptomatischer Cholelithiasis ist die **Cholezystektomie** indiziert. Die Gallenblase wird im Ganzen entfernt, da sich bei alleiniger Entfernung der Steine häufig neue bilden. In der Regel erfolgt die Operation laparoskopisch. Auch ohne Gallenblase kann man „alles" essen, denn die dünnflüssige Lebergalle fließt kontinuierlich ins Duodenum. Nur die konzentrierte Blasengalle, die bei der Verdauung sehr fettiger Nahrung hilft, fehlt nach der Cholezystektomie. Fettreiche Kost sollte der Patient allenfalls in kleinen Mengen verzehren.
Prävention: Bei Normalgewicht ist das Gallensteinrisiko deutlich kleiner als bei Adipositas.

4.15 Pankreaserkrankungen

Pankreatitis und Pankreaskarzinom

Definition: Bauchspeicheldrüsenentzündung
Das Pankreas gibt sein exokrines Sekret, den Bauchspeichel, ins Duodenum ab. Die darin enthaltenen Verdauungsenzyme werden normalerweise erst im Dünndarm aktiv. Werden diese schon im Pankreas selbst aktiv, verdauen sie das Pankreas selbst. Es kommt zur **akuten Pankreatitis**, einer massiven Entzündung mit extremen Bauchschmerzen (akutes Abdomen) und ggf. Kreislaufschock, der rasch zum Tode führt.
Ursachen: Alkoholmissbrauch, Rauchen, Infektionen, Gallensteine, Eingriffe am Gallengang wie die endoskopische Darstellung von Gallen- und Pankreasgängen (**ERCP**), Medikamente

ERCP
endoskopische
retrograde
Cholangio-
Pankreatikografie

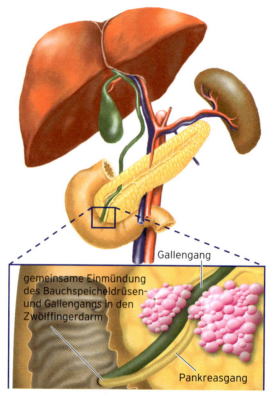

Diagnostik: Sonografie, Messung von Amylase und Lipase in Serum und Urin

Therapie: Intensivmedizin: Nulldiät mit Infusionstherapie, starke Analgetika, Bekämpfung des Kreislaufschocks

Besonderheit: Typische Folge der Alkoholkrankheit ist die Organzerstörung durch **chronische Pankreatitis**. Folgen sind Durchfälle, Abmagerung und Diabetes mellitus.

Auch ein **Pankreaskarzinom** kann durch Verlegung des Pankreas-Ausführungsgangs zur Pankreatitis führen (→Abb. 1). Oft fällt das Karzinom aber durch einen schmerzlos auftretenden **Ikterus**, eine Gelbfärbung von Haut und Schleimhäuten auf. Die Prognose des Pankreaskarzinoms ist ungünstig. Die Prävention des Pankreaskarzinoms besteht im Vermeiden von Alkoholmissbrauch, Nikotinkonsum, Übergewicht und Diabetes mellitus Typ 2.

Abb. 1 Pankreaskopfkarzinom (rosa), das Gallen- und Pankreasgang einengt

4.16 Lebererkrankungen

4.16.1 Fettleber (Steatosis hepatis)

Definition und Epidemiologie: Fettablagerung in über 50 % der Leberzellen (→Abb. 1 und 2). Die Fettleber liegt bei 33 % der Bevölkerung in Industrieländern vor.

Ursachen und Pathogenese: Die Fettleber **(Steatosis hepatis)** tritt bei Übergewicht und bei häufigen Gewichtsschwankungen (❙Jo-Jo-Effekt) auf. Sowohl bei Überernährung als auch beim Zu- und Abnehmen befindet sich viel Fett im Blut, das die Leber verarbeiten muss. Regelmäßiger Alkoholkonsum führt auch zur Steatosis, da die Leber sich immer zuerst der Entgiftung des Alkohols widmet und Fett zunächst speichert. Vor allem die alkoholische Fettleber neigt zur Entzündung (Leberentzündung; **Hepatitis**) und kann über die ❙Fibrose zur Leberzirrhose mit vollständigem Funktionsverlust des Organs und zu Leberkrebs führen.

Symptome und Komplikationen: In Frühstadien meistens keine, ggf. Druckgefühl im rechten Oberbauch durch die Vergrößerung des Organs. In Spätstadien der alkoholischen Fettleber Symptome durch Funktionseinschränkungen (s. ❙Leberzirrhose).

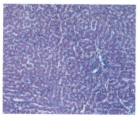

Jo-Jo-Effekt
→ LF 9, S. 430

Abb. 2 Gesundes Lebergewebe

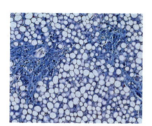

Fibrose
→ LF 9, S. 426

Abb. 3 Fettablagerungen in den Leberzellen bei Steatosis hepatis

Leberwerte
→ LF 9, S. 392, 426

Leberzirrhose
→ LF 9, S. 426

Hepatitis
→ LF 9, S. 423

Diagnostik: Sonografie, Messung der ❙Leberwerte im Serum, Ausschluss anderer bzw. weiterer Ursachen (siehe ❙Hepatitis, ❙Leberzirrhose). In unklaren Fällen ist eine Leberpunktion, d. h. die Entnahme einer Gewebeprobe aus der Leber zur Untersuchung durch den Pathologen indiziert.

Therapie/Prävention: Normalgewicht anstreben, Überernährung und Alkohol meiden.

4.16.2 Hepatitis

Definition: Leberentzündung; man unterscheidet akute und chronische Verlaufsformen.
Ursachen und Pathogenese: Alle Einflüsse, die der Leber schaden, werden durch eine Entzündung beantwortet mit dem Ziel, das geschädigte Gewebe zu regenerieren. Häufige Ursachen sind Alkohol, Virusinfektionen (z. B. Hepatitis A–E, Mononukleose), Autoimmunkrankheiten, Fettleber, lebertoxische Medikamente und Kombinationen dieser Faktoren.
Symptome und Komplikationen: Bei leichten Formen keine bzw. mehr oder weniger ausgeprägte Müdigkeit. Bei schwererer Ausprägung zusätzlich Druckgefühl im rechten Oberbauch, Übelkeit, Inappetenz, Fettunverträglichkeit und Abneigung gegen Alkohol. Die Hepatitis kann, muss aber nicht mit einem **Ikterus** einhergehen (→Abb. 1). Bei hochakuten Formen, z. B. durch Pilz- oder Medikamentenvergiftungen, kommt es unter psychischen und neurologischen Symptomen innerhalb weniger Tage zum tödlichen Leberversagen.

Abb. 1 Ikterus (Gelbfärbung von Haut und Schleimhäuten)

> **MERKE**
> Ein häufiges Symptom bei Hepatitis ist **Müdigkeit** - diese ist der „Schmerz" der Leber.

Eine chronische Hepatitis kann zum irreversiblen Gewebeumbau in der Leber führen. Diese durchläuft das Stadium der Bindegewebevermehrung **(Leberfibrose)** und geht bei Fortbestehen der Ursache in die **Leberzirrhose** über. Diese ist ein vollständiger Ersatz der Leberzellen durch funktionsloses Narbengewebe. Folge ist die **Leberinsuffizienz**, d. h. der Ausfall aller Leberfunktionen.
Diagnostik: Alkohol-, Medikamenten-, Freizeit- und Familienanamnese, Sonografie, ❘Leberwerte im Serum, ❘Serologie, um eine Virushepatitis zu erkennen bzw. auszuschließen
Therapie: Siehe Ursachen; bei Virus- und Autoimmunhepatitis ggf. spezifische Therapie; jede Hepatitis erfordert Alkoholverzicht, große Vorsicht mit Medikamenten und ggf. eine Impfung gegen Hepatitis A und B, da diese eine kranke Leber besonders stark schädigen.
Prävention: Siehe Ursachen; im medizinischen Alltag sowie auf Reisen optimale Hygiene und Impfungen gegen Virushepatitis A und B; Vermeidung von Alkohol und Medikamentenmissbrauch sowie von häufigem Partnerwechsel. Kondomgebrauch/Safer Sex usw.

Leberwerte
→ LF 9, S. 392, 426

Serologie
→ LF 3, S. 59

Virushepatitis (ansteckende Leberentzündung)

Definition: Leberentzündung durch die Hepatitisviren A–E (HAV, HBV, HCV, HDV, HEV); in 90 % der Fälle liegt eine Hepatitis A, B oder C vor.
Epidemiologie und ❘Infektionswege: Die häufigste Virushepatitis in Deutschland ist die akute Hepatitis A, die zumeist aus Urlaubsländern importiert oder z. B. beim Muschelverzehr im Inland erworben wird. Hepatitis B und C werden parenteral übertragen, z. B. bei Nadelstichverletzungen in medizinischen Berufen. Hepatitis B ist auch vertikal und sexuell übertragbar.
Pathogenese: Nach der Infektion befällt das Virus Leberzellen und zwingt diese, neue Viren zu produzieren. Die entzündete Leber kann je nach Virusmenge und -virulenz mehr oder weniger Symptome und Schäden entwickeln. Die Hepatitis A heilt von selbst aus. Hepatitis B und C können ebenfalls spontan heilen und zur Immunität führen. Oft verlaufen Hepatitis B und vor allem Hepatitis C jedoch chronisch – ggf. mit fortschreitender Organschädigung.
Symptome: Siehe Hepatitis; als Prodromalsymptome kommen Kopf- und Gliederschmerzen vor. Tritt ein Ikterus auf, kommt es zur Braunfärbung des Urins und zur Entfärbung des Stuhls, weil die kranke Leber den Gallenfarbstoff Bilirubin nicht über die Galle in den Darm (und damit den Stuhl) abgeben kann. Der gelbbraune Farbstoff Bilirubin wird dann ersatzweise über die Nieren ausgeschieden.

Infektionswege
→ LF 3, S. 50

> **MERKE**
> **Cave:** Viele Virusträger fühlen sich gesund und wissen nicht, dass sie infektiös sind.

Komplikationen: Bei vorgeschädigter Leber kann ein hochakuter, sog. **fulminanter Verlauf** vorkommen, der innerhalb von Wochen zum tödlichen Leberversagen führt. Chronische Hepatitis B und C können eine Leberzirrhose bewirken. Diese erhöht das Leberkrebsrisiko.

Übertragung von Hepatitisviren

Hepatitis A

fäkal-orale Infektion
(über Speisen, die von Virusausscheidern berührt bzw. zubereitet wurden)

Hepatitis B und C

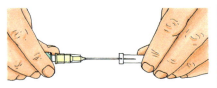

sexuelle und vertikale Infektion
(vertikal = von Mutter auf Neugeborenes)

Übertragung über Blutprodukte

perkutane Infektion bei (vorschriftswidriger) medizinischer Tätigkeit, bei medizinischen oder kosmetischen Eingriffen, Piercings, Tätowierungen usw.

Leberwerte
→ LF 9, S. 392, 426

Entzündungszeichen
→ LF 3, S. 54

PCR
→ LF 3, S. 60

Diagnostik: Labordiagnostik: ▌Leberwerte und allgemeine ▌Entzündungszeichen. **Hepatitisserologie:** Darunter versteht man die Suche nach bzw. den Nachweis von **Antikörpern** gegen die einzelnen Hepatitisviren und verschiedene Virusanteile sowie die Suche nach bzw. den Nachweis von **Virusantigen**. Die Messwerte helfen, Art (z. B. A, B oder C) und Stadium einer Hepatitis (z. B. akut, chronisch oder in Ausheilung) zu erkennen. Mit der Serologie lässt sich auch feststellen, ob ein Patient infektiös oder immun ist. Solange noch keine Antikörper nachweisbar sind, misst man die Virus-Erbsubstanz mittels ▌PCR. Dies führt man auch als Verlaufskontrolle bei chronischer Hepatitis durch. Die quantitative PCR dient auch der Bestimmung der sog. **Viruslast**, die Aussagen zur Indikation und Wirksamkeit einer antiviralen Therapie erlaubt.

> **BEISPIEL**
>
> Ist Virusantigen und/oder die PCR positiv, ist der Patient infektiös. Sind nur Antikörper nachgewiesen bei negativer PCR, ist der Patient immun und nicht infektiös.
>
> HbsAg positiv → Der Patient scheidet Hepatitis-B-Viren aus und ist infektiös.
> HBV-DNA (nachgewiesen durch PCR) positiv → Der Patient ist infektiös.
> Anti-HBs positiv → Der Patient hat Antikörper gegen HBV und ist immun.

Therapie: Die akute Hepatitis erfordert keine spezifische Therapie. Bettruhe und leichte Kost sind hilfreich. Sportliche Aktivitäten sollten erst wieder aufgenommen werden, wenn die Müdigkeit abgeklungen ist. Bei chronischer Hepatitis B bzw. C wird die Viruslast bestimmt und ggf. eine antivirale Therapie kombiniert mit Interferon durchgeführt. Interferon ist ein Botenstoff, der die Virusabwehr aktiviert. Die Therapien sind sehr teuer, langwierig und oft nebenwirkungsreich; sie erfordern eine gute Adhärenz und regelmäßige Kontrollen. Nicht immer ist die Therapie erfolgreich.

Prävention: Siehe Infektionswege. Die Aktivimpfung gegen Hepatitis A erfolgt zweimal im Abstand von sechs Monaten (Impfschema 0 – 6 Monate). Die Aktivimpfung gegen Hepatitis B erfolgt dreimal (Impfschema 0 – 1 – 6 Monate). Auch die kombinierte Impfung gegen HAV und HBV erfolgt dreimal (Impfschema 0 – 1 – 6 Monate). Seit Einführung der Hepatitis-B-Impfung für alle Säuglinge bzw. Kinder nimmt die Häufigkeit der HBV-Infektion ab.

> **HINWEIS**
>
> Hepatitis-E-Viren werden v. a. über unzureichend gegartes Schweinefleisch sowie über Trinkwasser übertragen. Hepatitis D kommt nur als Doppelinfektion bei HBV-Trägern vor.

Übersicht der häufigsten Formen der Virushepatitis

Hepatitisvirus	A (HAV)	B (HBV)	C (HCV)
Häufigkeit in Deutschland	häufigste akute Virushepatitis	zweithäufigste akute, häufigste chron. Virushepatitis; 5% Virusträger	zweithäufigste chronische Virushepatitis; 0,5% Virusträger
Inkubationszeit	ca. 2 bis 6 Wochen	ca. 2 bis 6 Monate	ca. 2 Wochen bis 6 Monate
Infektionsweg	fäkal-oral, v. a. in Ländern mit hoher Virusträger-Rate	50% sexuell; perkutan, vertikal, selten über Blut bzw. Blutprodukte	parenteral, z. B. über kontaminierte Kanülen, ggf. sexuell, vertikal
chronisch	nie	5-10%	70-80%
fulminanter Verlauf	<1%	<1%	<1%
	Der fulminante Verlauf kommt nur bei vorgeschädigter Leber vor.		
Akuttherapie	keine	keine	je nach Virustyp antivirale Stoffe wie Sofusbuvir und Ledipasvir (ca. 40 000 € pro Therapie), ggf. Interferon
Therapie bei chron. Verlauf	entfällt	Entecavir, Tenofovir, Lamivudin oder Telbivudin, ggf. Interferon s.c.	
Impfung(en)	2 x (0 und 6 Monate)	3 x (0 – 1 – 6 Monate)	existiert nicht

Merksatz: Hepatitis A wie Ausland, B wie Bett, C wie chronisch, D wie doppelt, E wie Essen

Hepatitis-B-Impfungen und Titerkontrollen für Medizinische Fachangestellte

Laut TRBA 250 ist die Impfung gegen Hepatitis B in Berufen des Gesundheitsdienstes Pflicht. Sie sollte vor Beginn der Ausbildung durchgeführt werden, damit der Impfschutz rechtzeitig vorliegt. Bei MFAs muss zunächst eine Bestimmung des **Anti-HBs-Titers**, d. h. der Antikörperkonzentration gegen HBV, durchgeführt werden.

- Ist Anti-HBs nachweisbar, aber das Ergebnis liegt unter 100 I.E./L, erfolgt eine Impfung zur Auffrischung des Impfschutzes.
- Ist kein Anti-HBs nachweisbar, erfolgt eine Grundimmunisierung mit drei Impfungen (Impfschema 0 – 1 – 6 Monate).
- Frühestens 6 Wochen nach der letzten Impfung erfolgt erneut eine Titerbestimmung.

Erst ab 100 I.E./L darf eine MFA Tätigkeiten mit Infektionsgefahr, wie Blutentnahmen und OP-Assistenz, durchführen. Ist der erforderliche Titer nach einer Impfserie nicht erreicht, wird maximal dreimal im Abstand von je drei Monaten nachgeimpft. Menschen, bei denen Anti-HBs trotz Impfungen nicht nachweisbar wird bzw. deren Titer nicht über 100 I.E./L ansteigt, werden als **Non-Responder** bezeichnet. Sie entwickeln durch die Impfung zwar auch eine gewisse Schutzwirkung; diese ist aber nicht in Form eines Titers bzw. einer Antikörperkonzentration messbar bzw. quantifizierbar. Non-Responder sollen keine infektionsgefährdenden Tätigkeiten ausführen und müssen nach wahrscheinlicher Infektion ggf. innerhalb von 48 Stunden eine Passivimpfung erhalten. Über das konkrete Vorgehen entscheidet der Betriebs- bzw. D-Arzt, der nach der Nadelstichverletzung aufgesucht wird.

Hinweis: Die routinemäßigen Titerkontrollen und Impfungen erfolgen laut Gesetz auf Kosten des Arbeitgebers.

Technische Regel für Biologische Arbeitsstoffe 250 der Berufsgenossenschaft für Gesundheitsdienst und Wohlfahrtspflege
www.bgw-online.de

Vorgehen bei Nadelstichverletzung
→ LF 5, S. 221

Informationen zum Vorgehen nach Nadelstichverletzung
www.virologie.med.tum.de/diagnostik/notfalldiagnostik/nadelstichverletzungen/

Alkohol ist schädlicher als Marihuana ... so lautet ein häufiger Irrtum. Wirk- und Begleitstoffe aus Cannabis, d. h. Marihuana und Haschisch, sind ausgesprochen lebertoxisch. Hinzu kommt das Risiko für irreversible Hirnschäden und Sucht, weil der Hanf im Laufe der letzten Jahrzehnte immer wirkstoffreicher gezüchtet wurde.

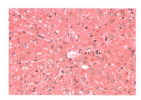
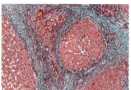

Abb. 1 Normales Lebergewebe (oben), Leberzirrhose mit grauen Bindegewebssträngen (unten)

Aufgaben der Leber
→ LF 9, S. 387

4.16.3 Leberzirrhose

Definition: Lebervernarbung; Ersatz zerstörten Lebergewebes durch Bindegewebe
Ursachen und Pathogenese: Jeder Einfluss, der die Leber stark bzw. anhaltend schädigt, kann zur Leberzirrhose führen. Diese entwickelt sich über das Stadium der Fibrose:

Hepatitis (Entzündung) → **Fibrose** (Bindegewebsvermehrung) → **Zirrhose** (Vernarbung)

Die häufigsten Auslöser sind Alkohol, chronische Virushepatitis und Autoimmunhepatitis. Je mehr Lebergewebe durch Narbengewebe ersetzt wird (→Abb.1), desto schwächer wird die Leberfunktion hinsichtlich ihrer |Stoffwechsel- und Syntheseleistungen.

Symptome und Komplikationen:
- zunehmender Ikterus (Gelbfärbung von Haut und Schleimhäuten)
- Haut- und Schleimhautzeichen: Rötung der Zunge (sog. Lackzunge) und der Handinnenflächen sowie Bildung von Spinnennävi und Verlust der Körperbehaarung
- **Ösophagusvarizen** (stark erweiterte, leicht verletzliche Venen in der Speiseröhre)
- **Aszites** (Bauchwassersucht mit extrem aufgetriebenem Abdomen)

Da das Lebergewebe mit der Zeit immer fester und dichter wird, kann das Pfortaderblut nicht mehr durch die Leber hindurchfließen und staut sich vor der Leber. Ebenso wie bei der Herzinsuffizienz Ödeme durch Stauung entstehen, wird bei Leberzirrhose ebenfalls Blutplasma aus der Pfortader „abgepresst" – und fließt in die Bauchhöhle. So entsteht der Aszites. Der Bauch ist prall mit Flüssigkeit gefüllt, was mit Luftnot und Schmerzen einhergehen kann. Das verbleibende Pfortaderblut umgeht die vernarbte Leber und fließt über Ösophagusvenen zum Herzen. Diese Venen erweitern sich zu **Ösophagusvarizen**. Sie sind extrem verletzlich und können durch trockene Speisen, z. B. Knäckebrot, eröffnet werden und massiv bluten. Viele Zirrhosepatienten sterben deshalb an einer **Ösophagusvarizenblutung**. Neurologische und psychische Symptome der Zirrhosepatienten kommen zum Teil daher, dass Blut aus dem Magen-Darm-Trakt an der Leber vorbei, d. h. ungefiltert, in den großen Kreislauf gelangt. Konzentrierte Proteine wirken toxisch auf das Gehirn. Bei Leberzirrhose tritt das **Leberzellkarzinom** (hepatozelluläres Karzinom; Leberkrebs) gehäuft auf.
Diagnostik: Anamnese, Inspektion auf o. g. Hautzeichen, Leberwerte und Gerinnungstests, Serologie usw. zur Klärung der Ursache, Sonografie und in unklaren Fällen Leberbiopsie
Therapie: Ausschaltung der Ursache, sofern möglich. Die Leberzirrhose ist ein irreversibler Gewebeschaden. Nur selten ist eine Lebertransplantation möglich bzw. Erfolg versprechend.
Prävention: Siehe Ursachen.
Hinweis: Bei der Hepatitis kann die Schwere der Leberzellschädigung an der Höhe der **Leberwerte GOT (ASAT), GPT (ALAT)** und **Gamma-GT (GGT)** abgelesen werden. Diese Enzyme treten aus zerstörten Zellen aus und ins Blut über. Bei Leberzirrhose können diese Leberwerte normal sein – wo kaum noch Zellen sind, können keine mehr zerstört werden.

Typische Symptome bei Leberzirrhose

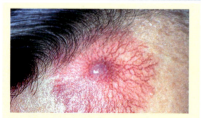
Spinnennävus: typische Gefäßveränderung der Haut

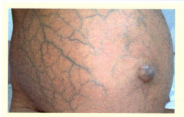
Aszites: Bauchwassersucht mit typischen gestauten Venen

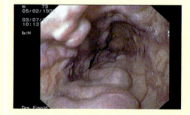
Ösophagusvarizen: dicke, gewundene Venen in der Speiseröhre

Terminologie: Gallen-, Pankreas- und Lebererkrankungen

Anti-HAV, Anti-HBs, Anti-HCV	Antikörper gegen Hepatitisviren A, B bzw. C; der Nachweis bedeutet, dass der Patient Antikörper hat, d. h. immun ist.

Erkrankungen des Gastrointestinaltrakts | 427 | LF 9

Aszites, der	Bauchwassersucht
Cholelithiasis (Cholezystolithiasis)	Gallensteinleiden (sprich Kolelithíasis)
Cholezystitis	Gallenblasenentzündung
ERCP	endoskopische Darstellung des Gallen- und Pankreasgangs
fulminant	hochakut, plötzlich verlaufend
HAV, HBV, HCV	Hepatitisviren A, B und C
HBsAg	Hepatitis-B-Virus-Antigen; Zeichen für Infektiosität mit HBV
Hepatitis	Leberentzündung
Ikterus (Syn. **Gelbsucht**; Adj. **ikterisch**)	Gelbfärbung von Haut und Schleimhäuten durch den Gallenfarbstoff Bilirubin
Leberfibrose	teilweiser Ersatz von Leberzellen durch Bindegewebe
Leberzellkarzinom	Leberkrebs; Krebs der Hepatozyten (Leberzellen)
Leberzirrhose	Narbenleber; weitgehender Ersatz von Leberzellen durch Bindegewebe (Endstadium verschiedener Leberschäden)
Non-Responder	Impfling, der durch die Hepatitis-B-Impfung keinen bzw. keinen ausreichend hohen Anti-HBs-Titer aufbaut
Ösophagusvarizen	erweiterte Venen in der Speiseröhre, z. B. bei Leberzirrhose
Pankreaskarzinom	Krebs der Bauchspeicheldrüse
Pankreatitis	Entzündung der Bauchspeicheldrüse
Spinnennävus (Spidernävus)	Hautmal, dessen Aussehen an Spinnenbeine erinnert
Steatosis hepatis	Leberverfettung; Fettleber
Verschlussikterus	Ikterus durch Verschluss der abführenden Gallenwege
Viruslast	Konzentration von Viren im Serum (Messung mit PCR)

HINWEIS

Kaffee hat viele positive Wirkungen; er macht wach, wirkt günstig gegen Hypercholesterinämie, beugt M. Alzheimer vor und verlangsamt Umbauvorgänge bei Leberkrankheiten.

AUFGABEN

1. Welche Risikofaktoren für Gallensteine werden durch die „6 F" erfasst?

2. Erklären Sie den Begriff „laparoskopische Cholezystektomie".

3. Welche Enzyme sind bei Pankreatitis im Blut vermehrt nachweisbar?

4. Erklären Sie den Begriff Hepatitis und nennen Sie Ursachen einer Hepatitis.

5. Gegen welche Virushepatitis muss Ihr Arbeitgeber Sie auf seine Kosten impfen lassen bzw. Ihren Impfschutz überprüfen?

6. Wie hoch muss Ihr Anti-HBs-Titer sein, damit Sie als MFA Blut abnehmen dürfen?

7. Erklären Sie die Pathogenese der Leberzirrhose.

8. Nennen Sie typische Symptome und Komplikationen einer Leberzirrhose.

9. Wie kann ein Patient mit chronischer Virushepatitis C seine Leber vor weiteren Schädigungen schützen?

5 Stoffwechselstörungen und -erkrankungen

Der Stoffwechsel (Metabolismus) umfasst alle Vorgänge der Nutzung, Umwandlung und Verwertung der Nährstoffe und des Luftsauerstoffs. Er gliedert sich in Baustoffwechsel und Energiestoffwechsel. Die in den Industrieländern verbreitete Lebensweise mit Überernährung und Bewegungsmangel führt zur chronischen Überforderung des Metabolismus.

Metabolisches Syndrom

Das **metabolische Syndrom** ist eine Kombination der häufigsten Stoffwechselstörungen. Es ist „die" Zivilisationskrankheit. Die Einzelstörungen verstärken sich gegenseitig.

Das metabolische Syndrom und seine Komponenten

Störung	Bedeutung/Definiton	Diagnostik/Symptome
Übergewicht oder Adipositas (Fettsucht)	Übergewicht bei BMI ≥ 25 Adipositas bei BMI ≥ 30	Größe und Gewicht ermitteln, BMI errechnen bzw. mit Drehscheibe ermitteln
Stammadipositas	Adipositas mit Fettansammlungen am Bauch	BMI ≥ 30 und/oder Taillenumfang bei Frauen ≥ 88 cm, bei Männern ≥ 102 cm bzw. Verhältnis Taillen- zu Hüftumfang bei Frauen ≥ 0,85, bei Männern ≥ 1
arterielle Hypertonie	RR ≥ 140/90 mmHg	Ruheblutdruck mehrfach messen
Fettstoffwechselstörungen	Triglyceride und/oder Cholesterin erhöht, dabei HDL niedrig, LDL hoch	Nüchtern-Blutentnahme und Bestimmung der Fettwerte (Triglyceride, Gesamt-, HDL- und LDL-Cholesterin)
Diabetes mellitus Typ 2	Störung des Zuckerstoffwechsels mit erhöhtem Blutzuckerspiegel	Nüchternblutzucker ≥ 126 mg/dL (≥ 7 mmol/L) bzw. ≥ 200 mg/dL (≥ 11,1 mmol/L) bei Zufallsmessung
Hyperurikämie bzw. Gicht	erhöhter Harnsäurespiegel, ggf. mit Arthritis	Harnsäurespiegel messen, klinische Untersuchung (Gichtanfall? Gichttophi?)

Die vier Hauptbestandteile des metabolischen Syndroms sind Stammadipositas, Hypertonie und ein gestörter Fett- und Zuckerstoffwechsel. Gicht, Thromboseneigung und weitere Störungen sind oft vorhanden. Das Arterioskleroserisiko ist hoch.

5.1 Übergewicht und Adipositas

HINWEIS

Der BMI ist bei sehr kleinen und großen sowie bei muskulösen Menschen nicht anwendbar. Für Kinder gelten andere Normbereiche als für Erwachsene.

Definition: Vermehrte Körpermasse, definiert durch einen erhöhten **Body-Mass-Index (BMI)**. Der BMI wird nach der Formel **Körpergewicht (kg) : Körpergröße (m)²** errechnet. Bei z. B. 170 cm Körpergröße und 62 kg Körpergewicht beträgt der BMI 62 : (1,70)² = 62 : 2,89 = 21,45 kg/m².

MERKE

Body-Mass-Index ≥ 25 kg/m² = Übergewicht; ≥ 30 kg/m² = Adipositas (Fettsucht)

Ihren BMI können Sie online errechnen:
www.bmi-rechner.net
www.mybmi.de

Der Normbereich des BMI ist 18-25 kg/m². Auch ein vermehrter Bauchumfang, d. h. ein erhöhter **Taille-Hüft-Quotient** (Waist-Hip-Ratio) ist ein Diagnosekriterium für die Adipositas (→S. 429, Abb. 1) Ein Blick auf die Figur und die Fettdepots am Bauch reicht aber im Regelfall aus, um die Diagnose zu stellen. Es werden drei Adipositas-Schweregrade unterschieden:

MERKE

Adipositas Grad I (BMI 30-34,9), **Grad II** (BMI 35-39,9) und **Grad III** (BMI ≥ 40).

Epidemiologie: Die Adipositas nimmt im wahrsten Sinne zu. Etwa 60 % der Männer und 43 % der Frauen sind übergewichtig. Auch etwa 15 % der Erstklässler wiegen schon zu viel.

Ursachen und Pathogenese: Es wird weniger Energie verbraucht als mit der Nahrung zugeführt wird. Der sog. sitzende Lebensstil mit Überernährung und Bewegungsmangel spielt die größte Rolle; hinzu kommen genetische Einflüsse. Andere Ursachen, wie Cortisontherapie, Hypothyreose und bestimmte Syndrome, sind erheblich seltener. Fettzellen sind endokrin aktiv, d. h., sie wirken als kleine Hormondrüsen, die u. a. Cortison, Adrenalin und Östrogen abgeben (→Abb. 2). So entstehen vielfältige Störungen im gesamten Körper.

Symptome und Komplikationen: Je nach Adipositas-Grad und Veranlagung entstehen früher oder später die Stoffwechselstörungen. Zu den Hauptkomponenten des metabolischen Syndroms (→ S. 428, Tab.) kommt ein erhöhtes Risiko für Arteriosklerose und ihre Folgen, Thrombosen, Fettleber und Gallensteine, Arthrose (insbesondere Gonarthrose), Refluxkrankheit, Varikose, Schlafapnoe, Mykosen und einige Krebsarten (→ Abb. 3).

Diagnostik: Anamnese, klinische Untersuchung, BMI, Bestimmung der Stoffwechselwerte und des TSH im Blut. Die Frage, welcher Adipositas-Typ vorliegt (→ Abb. 1), ist anhand des Taille-Hüft-Quotienten bzw. durch einen kritischen Blick zu beantworten. Bauchfett belastet und stört den Stoffwechsel besonders stark und ist daher viel schädlicher als z. B. Hüftfett.

Quotient > 1 z.B.: $\frac{120\ cm}{90\ cm} = 1,\overline{3}$

Quotient < 1 z.B.: $\frac{80\ cm}{100\ cm} = 0,8$

Abb. 1 Taille-Hüft-Quotient bzw. „Apfeltyp" und „Birnentyp"

Therapie: Jede Adipositas-Therapie basiert darauf, dass mehr Energie verbraucht als zugeführt wird. Wichtige Grundsätze sind die Senkung des Fett- und Zuckeranteils in der Nahrung sowie bewusstes und genussvolles Essen. Die Nutzung aller Bewegungsmöglichkeiten im Alltag erhöht den Energieverbrauch und die Muskelmasse. Sie ist wirksamer als ein ungenutzter Vertrag im Fitnessstudio. Bei schwerer Adipositas ist eine Verhaltenstherapie und ggf. Gruppenarbeit sinnvoll, damit die **Reduktionsdiät** zum Erfolg führen kann.

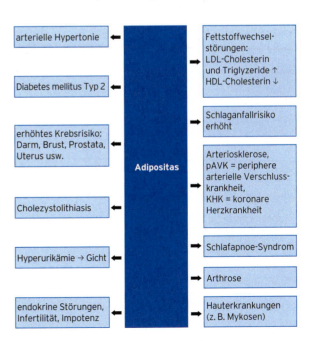

Abb. 2 Die Fettzelle als „Hormonfabrik"

Abb. 3 Adipositas - die körperlichen Folgen

Das Problem vieler Abnehmwilliger ist, dass sie die Kalorienzufuhr kurzfristig im Sinne einer sog. Blitzdiät senken. Der Stoffwechsel reagiert auf den Nahrungsmangel, indem er den Kalorienverbrauch senkt. Er baut Muskulatur ab, weil er aus dem Muskeleiweiß Energie gewinnen kann und weil die Muskulatur das Gewebe mit dem höchsten Kalorienverbrauch ist. Auch wird zu Diätbeginn Glykogen zu Glukose abgebaut. Da Glykogen stets an Wasser gebunden vorliegt, wird dann viel Wasser ausgeschieden. Man nimmt scheinbar ab. Isst man nach der entbehrungsreichen Diät wieder normal, nimmt man an Fett zu, da der Energieverbrauch niedriger ist als vorher. Das Gewicht steigt mit jeder Diät an **(Jo-Jo-Effekt)**:

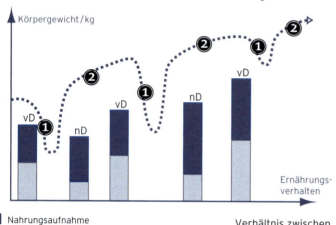

Der Jo-Jo-Effekt – die Wirkung von Blitzdiäten

Nach einer raschen Gewichtsabnahme ❶ erfolgt eine rasche Gewichtszunahme ❷ über das Ausgangsgewicht hinaus.

vD = vor der Diät
Ein relativ stabiles Gleichgewicht zwischen Nahrungsaufnahme und Nahrungsbedarf ist erreicht.

nD = nach der Diät
In der Zeit nach einer Blitzdiät übertrifft die Nahrungsaufnahme deutlich den Nahrungsbedarf durch die vorher gewohnte Nahrungsmenge. Dadurch erreicht man schneller ein Gewicht, das höher ist, als es vorher war.

Quelle: Modifiziert nach: XENI-CALculiertes Abnehmen, ©Hoffmann-La Roche AG, Grenzach-Wyhlen

Abgabevorschriften
Ap = apothekenpflichtig,
Rp = rezeptpflichtig

Medikamente, die den Weg zum Traumgewicht ebnen sollen, verfolgen verschiedene Wirkansätze (siehe Tabelle). „Das" Mittel zum Abnehmen existiert jedoch nicht:

Medikamente zur Gewichtsreduktion (Beispiele)

Wirkstoffe, Handelsnamen (❚Abgabevorschrift)	Wirkmechanismus	Effektivität (E), Nebenwirkungen (NW)
Quellmittel z. B. Recatol® Algin (Ap)	füllen den Magen und sollen so die Sättigung verbessern	E: sehr gering NW: Übelkeit
Lipasehemmer Xenical® (Rp)	hemmen die Dünndarm-Lipase, sodass ein Teil des Nahrungsfetts mit dem Stuhl ausgeschieden wird	E: spürbar bei fettreicher Ernährung NW: Blähungen, Fettstuhl, Vitaminmangel u. v. m.
Antidiabetikum (GLP-Agonist) Liraglutid = Saxenda® (Rp)	muss injiziert werden; vermindert den Appetit; ab BMI 30 zugelassen	E: wirksam NW: Übelkeit, Erbrechen, Gastritis u. v. m.
Fett bindende Stoffe aus Krebspanzern Formoline L112 (Ap)	sollen Nahrungsfette teilweise aufnehmen, sodass diese nicht resorbiert werden	E: gering NW: Obstipation, Diarrhö, Allergien
Appetitzügler Recatol® mono, ALVALIN®, Boxogetten®, Regenon®, Tenuate® (Rp)	Verschiedene Wirkmechanismen im Gehirn bzw. im Nervensystem sollen den Appetit vermindern und den Energieverbrauch steigern; es sind Aufputschmittel.	E: wirksam während der Einnahme NW: Hypertonie, Lungenhochdruck, Schlafstörungen, epileptische Anfälle u. v. m.

Schilddrüsenhormone (ohne Hypothyreose eingenommen) können den Energieverbrauch, aber auch den Appetit steigern und sind extrem nebenwirkungsreich. Pulverdiäten und sog. Schlankheitstees wirken v. a. kurzfristig über den hohen Preis. Abführmittel entleeren vorübergehend den Dickdarm, aber keine Fettpolster. Rezeptpflichtige Antidiabetika wie Metformin und Liraglutid wirken leicht appetitzügelnd und können Zuckerkranken beim Abnehmen helfen.

"Die" Wunderdiät gibt es nicht. Seriöse Reduktionsdiäten bieten eine abwechslungsreiche Kost mit wenig Fett, aber viel frischem Obst und Gemüse. „Verboten" ist nichts, solange die Menge stimmt. Mehrere kleine Mahlzeiten verhindern Heißhunger und „Kaloriensünden". Magenverkleinerungsoperationen usw. wirken kurzfristig günstig und verbessern zunächst auch die Stoffwechsellage, d. h. die Zucker- und Fettwerte. Viele Patienten passen sich jedoch an, indem sie große Mengen flüssiger bzw. breiiger Nahrung konsumieren und so erneut zunehmen. Das Operations- und Narkoserisiko ist bei schwerer Adipositas erhöht.
Prävention: Bewusste Ernährung und Sport von früher Kindheit an einüben.
Hinweis: Bei anfallsweisem Essen (Binge Eating) und anderen seelisch bedingten Störungen des Essverhaltens ist eine Psychotherapie indiziert. Diäten sind kontraindiziert.

Abb. 1 Magenverkleinerung durch Magenband

Sie wollen abnehmen? Frieren, laufen und schlafen Sie! Die meisten Menschen in den Industrieländern haben ihrem Körper durch Heizung und Klimaanlagen abgewöhnt, sich an Kälte und Wärme anzupassen. Sowohl Schwitzen als auch Frieren verbraucht zusätzliche Energie. Viel Bewegung in kalter Umgebung und eine niedrige Heiztemperatur heben den Kalorienverbrauch an. Schlafmangel (auch durch zu viel Koffein) steigert den Appetit auf Süßigkeiten und sonstige Snacks.

5.2 Fettstoffwechselstörungen (Hyperlipidämie, Dyslipidämie)

Definition: Als **Hyperlipidämie** wird ein erhöhter Fettspiegel (Lipidspiegel) im Blut bezeichnet. Mit Lipiden sind Triglyceride und Cholesterin gemeint. Man unterscheidet drei Arten:
- **Einfache Hyperlipidämie:** Der Spiegel der Triglyceride ist erhöht.
- **Gemischte Hyperlipidämie:** Neben dem Spiegel der Triglyceride ist auch der Cholesterinspiegel erhöht.
- **Hypercholesterinämie:** Nur der Cholesterinspiegel ist erhöht.

Dyslipidämie, wörtl. gestörter Blutfettspiegel, ist ein anderer Ausdruck für Hyperlipidämie.
Epidemiologie: In den Industrieländern hat jeder zweite Erwachsene eine Hyperlipidämie.
Ursachen und Pathogenese: Überernährung, insbesondere tierische Fette sowie genetische Veranlagung. Die Triglyceride steigen vor allem durch hohen Zucker- und Alkoholkonsum sowie Diabetes mellitus Typ 2 an. Das Cholesterin steigt eher durch den Verzehr tierischer Fette an. Die Lipide lagern sich in Form arteriosklerotischer Plaques ab. Dabei ist zu beachten, dass es einen „guten" Cholesterinanteil gibt, das **HDL-Cholesterin**, und einen „schlechten", das **LDL-Cholesterin**. LDL verstärkt die Plaquebildung, während HDL ihr entgegenwirkt. Daher ist nicht die Höhe des Gesamtcholesterins allein entscheidend für das kardiovaskuläre Risiko. Wichtiger ist das Verhältnis LDL zu HDL **(LDL/HDL-Quotient)**. Die Messwerte der Triglyceride und des Cholesterins (mit HDL und LDL) bilden das **Lipidprofil**.
Symptome und Komplikationen: Erhöhte Fettwerte spürt man nicht. Erst die arteriosklerotischen Erkrankungen, wie KHK, pAVK, Schlaganfall usw., erzeugen Symptome. Bei familiären Hypercholesterinämien bestehen ggf. **Xanthelasmen**, d. h. sichtbare Fettablagerungen in der Haut (→Abb. 2).
Diagnostik: Nüchternblutentnahme und Bestimmung der Serumspiegel von Triglyceriden, Gesamtcholesterin, HDL- und LDL-Cholesterin; errechnen des Quotienten LDL : HDL.
Die Familienanamnese ist bei Hyperlipidämien häufig positiv.

| Arteriosklerose
→ LF 5, S.251

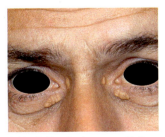

Abb. 2 Xanthelasmen = Fetteinlagerungen in der Oberlidhaut; typischer Befund bei familiärer Hypercholesterinämie

Abb. 3 Schottisches Frühstück mit einem hohen Anteil an tierischen Fetten

Blutfette: ihre Bedeutung und Normwerte		
Lipid	**Bedeutung und Funktion**	**Normwert**
Triglyceride	Nahrungs- und Körperfett	≤ 150 mg/dL bzw. ≤ 1,7 mmol/L
Cholesterin mit Unterfraktionen (Anteilen)		
Gesamtcholesterin	Hormon- und Membranbestandteil; hohe Spiegel fördern Arteriosklerose	≤ 200 mg/dL bzw. ≤ 5,2 mmol/L
LDL-Cholesterin Low-Density-Lipoprotein-Cholesterin	transportiert Cholesterin u. a. in arteriosklerotische Plaques; → „schlechter", weil Arteriosklerose fördernder Cholesterinanteil	≤ 150 mg/dL bzw. ≤ 3,9 mmol/L bei arteriosklerotischen Krankheiten: ≤ 100 mg/dL bzw. ≤ 2,6 mmol/L LDL = 70 % des Gesamtcholesterins
HDL-Cholesterin High-Density-Lipoprotein-Cholesterin	transportiert Cholesterin zur Leber, damit es abgebaut wird; → „guter", weil Arteriosklerose entgegenwirkender Cholesterinanteil	≥ 40 mg/dL bzw. ≥ 1 mmol/L HDL = 20 % des Gesamtcholesterins

Die restlichen 10 % des Gesamtcholesterins macht **VLDL-Cholesterin** aus, das nur selten bestimmt wird.

> **MERKE**
>
> Wichtig zur Einschätzung des Arterioskleroserisikos ist das Verhältnis des „schlechten" LDL zum „guten" HDL. Dieser **LDL/HDL-Quotient** sollte unter 3,0 liegen, bei hohem Risiko unter 2,0. Beispiel: 150 mg/dL LDL : 30 mg/dL HDL = 5,0. Die ist ein stark erhöhter Quotient. Merkhilfe: **LDL = lasse dich leiden, HDL = habe dich lieb.**

Therapie/Prävention: Der Arzt behandelt keine Werte, sondern Menschen. Daher ist es für die Therapieentscheidung bei Hyperlipidämie wichtig, das kardiovaskuläre Gesamtrisiko des Patienten einzuschätzen bzw. zu errechnen. Wie bei der Hypertonie-Therapie werden weitere Risikofaktoren beachtet, wie das Vorliegen einer kardiovaskulären Krankheit beim Patienten selbst oder bei Blutsverwandten, Diabetes mellitus, Bluthochdruck, Nikotinkonsum, Alter und Geschlecht. Eine wichtige Therapiemaßnahme ist die Optimierung des Lebensstils:

Ungünstig auf den Lipidspiegel wirken:

- tierische Fette aus Milch, Eiern und Fleisch
- Transfettsäuren bzw. gehärtete Fette, z. B. in Margarine
- reichlicher Alkoholkonsum
- Mangel an Vitaminen und sekundären Pflanzenstoffen
- Bewegungsmangel, Übergewicht, Diabetes

Günstig auf den Lipidspiegel wirken:

- Fischfette, z. B. aus Lachs, Hering, Makrele
- Nüsse und Mandeln
- pflanzliche Öle, z. B. Raps- und Olivenöl
- Vollkorngetreide aller Art, Hafer, v. a. Haferkleie, Hülsenfrüchte
- Äpfel, Birnen und andere Früchte
- regelmäßige Bewegung

Ist eine Arteriosklerose nachweisbar und/oder liegt das 10-Jahres-Risiko für ein kardiovaskuläres Ereignis bei mindestens 20 %, gilt eine **Lipidsenker**-Therapie als indiziert. Meistens wird ein **Statin** verordnet, z. B. Simvastatin oder Atorvastatin. Statine senken Gesamtcholesterin und LDL sowie die Triglyceride und erhöhen den HDL-Spiegel leicht. Sie senken das Risiko (weiterer) kardiovaskulärer Ereignisse, werden zumeist gut vertragen und sind effektiv.

Ein Gläschen in Ehren … kann kein Arzt empfehlen; auch geringe Mengen Alkohol senken, entgegen früheren Vermutungen, das Herz-Kreislauf-Risiko nicht; es steigen Blutdruck und Triglyceride an, zahlreiche Organe wie Leber, Magen-Darm-Trakt, Nerven und Gehirn nehmen Schaden; das Demenzrisiko steigt.

5.3 Hyperurikämie und Gicht

Definition und Epidemiologie: Hyperurikämie bedeutet, dass der Harnsäurespiegel über 7 mg/dL (420 µmol/L) liegt. Dies ist bei 20 % der Männer in den Wohlstandsländern der Fall. **Gicht** bedeutet, dass die Hyperurikämie Symptome verursacht. Frauen entwickeln zumeist erst nach der Menopause eine Gicht, da Östrogene die Harnsäureausscheidung fördern.

Ursachen und Pathogenese: Harnsäure entsteht im **Purinstoffwechsel**, d. h. beim Abbau von Zellkernen (DNA) aus der Nahrung und dem eigenen Körper. Purinreich sind Fleisch, vor allem Innereien, Fisch und Hülsenfrüchte. Bei Zuständen mit vermehrtem Zellabbau, z. B. bei Übergewicht und unter Zytostatikatherapie, fallen vermehrt Purine an. Diese werden in Harnsäure umgewandelt und überwiegend über die Nieren ausgeschieden. Bei den meisten Menschen reicht die Fähigkeit zur Harnsäureausscheidung bei erhöhtem Harnsäurespiegel nicht aus. Fasten, Alkohol und ❙Diuretika, z. B. HCT, hemmen zudem die Harnsäureausscheidung.

> **Diuretika**
> → LF 4, S.180

Symptome und Komplikationen: Die Hyperurikämie selbst ist asymptomatisch. Je höher der Harnsäurespiegel jedoch ansteigt, desto leichter bilden sich Harnsäurekristalle. Diese sind spitz und scharf und erzeugen in Gelenken sehr schmerzhafte Entzündungen, die **Arthritis urica (Gichtarthritis; Gichtanfall)**. Die Gichtarthritis tritt meistens in einem Großzehengrundgelenk auf (→Abb. 1). In diesem Gelenk ist die Körpertemperatur relativ niedrig, was die Kristallbildung fördert. Seltener ist z. B. ein Kniegelenk betroffen. Typische Gichtanfall-Tage sind der 25. und 26. Dezember, da Festessen mit Alkoholkonsum Gichtanfälle provozieren. Bei langjährig unbehandelter Hyperurikämie kann sich Harnsäure in subkutanen Knoten, den sog. **Gichttophi** (→Abb. 2) ablagern und/oder Nierensteine erzeugen (Gichtniere).

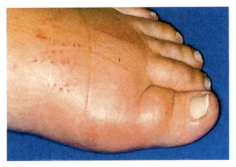

Abb. 1 Gichtanfall an typischer Stelle: Arthritis urica am Großzehengrundgelenk

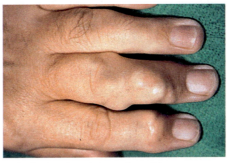

Abb. 2 Gichttophi: Harnsäureablagerungen im Gewebe

Diagnostik: Anamnese, klinische Untersuchung, Messung des Harnsäurespiegels

Therapie/Prävention: Siehe Ursachen und Pathogenese. Die Nahrung sollte wenig Fleisch und Fisch, aber viel Gemüse (mit Ausnahme von Hülsenfrüchten und Spargel), Getreide, Eier und Milchprodukte enthalten. Alkohol ist zu meiden. Bei einem Harnsäurespiegel ab 9 mg/dL (540 µmol/L) ist eine medikamentöse Therapie indiziert, um die Harnsäurebildung zu vermindern bzw. die Ausscheidung zu verbessern. Meistens wird Allopurinol, seltener Febuxostat verordnet. Ist die Gicht Ausdruck eines metabolischen Syndroms, ist dieses therapeutisch anzugehen. Der akute Gichtanfall wird üblicherweise mit NSAR behandelt, klingt aber auch unbehandelt allmählich ab. Eine Lokaltherapie, z. B. Kühlen des entzündeten Gelenks, ist nicht sinnvoll, da bei Gichtarthritis eine extreme Berührungsempfindlichkeit besteht.

Purine (mg) und daraus gebildete Harnsäure (mg) bei Verzehr von 100 g	
Ölsardinen	200/480
Kalbsleber	120/288
Schweineschnitzel	88/211
gegarte grüne Erbsen	83/170
Möhre	6/13
Hühnerei	2/5
Quark/Milch/Joghurt	0/0

Abb. 3 Milchprodukte sind bei Gicht uneingeschränkt erlaubt.

434 | Patienten bei diagnostischen und therapeutischen Maßnahmen der Erkrankungen des Verdauungssystems begleiten

Terminologie: Metabolisches Syndrom

Adipositas	Fettsucht; BMI ≥ 30 kg/m²
BMI (Body-Mass-Index)	Körpermasseindex; Gewicht (kg) : Körpergröße (m)² (Normbereich für Erwachsene 18–25 kg/m²)
Dyslipidämie (Syn. **Dyslipoproteinämie**)	Hyperlipidämie (erhöhter Blutfettspiegel) bzw. Störung der Zusammensetzung der Blutfette (v. a. niedriges HDL)
Gicht	Erkrankung durch Harnsäureablagerungen v. a. in Gelenken
Gichtarthritis (Arthritis urica)	Gichtanfall; Gelenkentzündung durch Harnsäureablagerungen
HDL-Cholesterin (High-Density-Lipoprotein-Cholesterin)	Cholesterinanteil, der arteriosklerotischen Ablagerungen entgegenwirkt, sog. gutes Cholesterin (Normwert ≥ 40 mg/dL bzw. ≥ 1 mmol/L)
Hypercholesterinämie	erhöhter Cholesterinspiegel (> 200 mg/dL bzw. > 5,2 mmol/L)
Hyperlipidämie (Hyperlipoproteinämie)	erhöhter Blutfettspiegel; 1. reine H. = Hypertriglyceridämie, 2. gemischte/kombinierte H. = Hypertriglyceridämie und Hypercholesterinämie
Hypertriglyceridämie	erhöhter Triglyceridspiegel (> 150 mg/dL bzw. > 1,7 mmol/L)
Hyperurikämie	erhöhter Harnsäurespiegel (> 7 mg/dL bzw. > 420 µmol/L)
LDL-Cholesterin (Low-Density-Lipoprotein-Cholesterin)	Cholesterinanteil, der Arteriosklerose fördert; sog. schlechtes Cholesterin (Normwert ≤ 150 mg/dL bzw. ≤ 3,9 mmol/L)
LDL/HDL-Quotient	Verhältnis des LDL- zum HDL-Cholesterin (Norm < 2–3)
Lipidprofil	die wichtigsten Lipidwerte: Triglyceride, Cholesterin mit HDL und LDL sowie der LDL/HDL-Quotient
Lipidsenker	Arzneimittel, die den Lipid- bzw. Cholesterinspiegel senken
metabolisches Syndrom	Zivilisationskrankheit, die aus Stammadipositas, arterieller Hypertonie, Diabetes mellitus Typ 2, Hyperurikämie, Fettstoffwechselstörungen u. a. besteht
Reduktionsdiät	spezielle Ernährung zum Zweck einer Gewichtsabnahme
Statine	Wirkstoffe, die den Lipid- bzw. Cholesterinspiegel senken
Übergewicht	erhöhte Körpermasse mit einem BMI ≥ 25 kg/m²
Waist-Hip-Ratio (Syn. **Taille-Hüft-Quotient**)	Verhältnis des Taillenumfangs zum Hüftumfang (ab 0,85 bei Frauen und 1,0 bei Männern erhöht)

AUFGABEN

1 Geben Sie an, wie Übergewicht und Adipositas definiert sind.

2 Nennen Sie die Anteile des metabolischen Syndroms.

3 Erläutern Sie den Unterschied zwischen Hyperurikämie und Gicht.

4 Welche Nahrungs- und Genussmittel sollten Gichtkranke meiden?

5 Erklären Sie die Begriffe reine und gemischte Hyperlipidämie.

6 Ein KHK-Patient muss Statin wegen Muskelschmerzen absetzen. Geben Sie ihm Tipps, seine Lebensweise zu optimieren, um den Cholesterinspiegel zu senken.

Stoffwechselstörungen und -erkrankungen | **435**

5.4 Diabetes mellitus

> **MERKE**
>
> **Diabetes mellitus** ist eine Stoffwechselerkrankung mit chronisch erhöhtem Blut-zuckerspiegel, die durch einen **absoluten oder relativen Insulinmangel** und/oder eine **Störung der Insulinwirkung** bedingt ist.

Diabetes mellitus bedeutet wörtlich „honigsüßer Durchfluss", weil der Harn des (unbehandel-ten) Diabetikers Zucker enthält. Daher heißt der Diabetes mellitus auch Zuckerkrankheit. Meis-tens wird statt Diabetes mellitus kurz Diabetes gesagt. Der Zuckerkranke heißt **Diabetiker**. Der Facharzt für Diabetes mellitus ist der **Diabetologe**. Der bei Diabetes chronisch erhöhte Blut-zuckerspiegel fördert Arteriosklerose, sodass bei Diabetes vermehrt kardiovaskuläre Erkran-kungen und Organschäden entstehen, insbesondere an Nieren, Herz, Nerven und Augen.

OGTT
→ LF 9, S.439

Diagnosekriterien für den Diabetes mellitus:
– Blutzucker nüchtern ≥ 126 mg/dL (≥ 7 mmol/L) und/oder
– Zufallsblutzucker (zweimalig an verschiedenen Zeit-punkten gemessen) ≥ 200 mg/dL (≥ 11,1 mmol/L) und/oder
– Blutzucker zwei Stunden nach Einnahme von 75 g Glu-kose im oralen Glukosetoleranztest (|OGTT) ≥ 200 mg/dL (≥ 11,1 mmol/L) und/oder
– HbA_{1c} (ein Blutwert, der den BZ der letzten Monate wie-dergibt) ≥ 6,5 % (≥ 48 mmol/mol)

> **MERKE**
>
> – Bei normalem Blutzuckerspiegel besteht eine **Normoglykämie**,
> – bei erhöhtem Blutzuckerspiegel eine **Hyperglykämie** und
> – bei zu niedrigem Blutzuckerspiegel eine **Hypoglykämie**.

5.4.1 Grundlagen des Zuckerstoffwechsels

Alle Körperzellen benötigen Glukose, d. h. Traubenzucker, für ihren Energiestoffwechsel. Im Darm wird Glukose ins Blut aufgenommen. Damit sie in die Zellen gelangt, ist ein „Öffner" nötig, das **Insulin**. Dieses wird in den **Langer-hans-Inseln**, speziellen Zellinseln des Pankreas, gebildet (→Abb. 1). Von „Insel" leitet sich der Begriff „Insulin" ab. Nimmt der Darm viel Zucker ins Blut auf, steigt der **Blutzu-ckerspiegel** (**BZ**; Blutglukosespiegel). Dieser wird ständig im Körper gemessen. Ein BZ-Anstieg führt zu einer Insulin-ausschüttung. Insulin bindet an Rezeptoren der Zellober-fläche. Daraufhin werden Glukosemoleküle durch spezielle Kanäle der Zellmembran ins Zytoplasma aufgenommen. Dadurch sinkt der Blutzuckerspiegel.

Isst ein Mensch kohlenhydratreiche Nahrung, d. h., nimmt er mehr Glukose auf als er momentan benötigt, bewirkt Insulin eine vermehrte Glukoseaufnahme in die Leber. Leber und Muskulatur speichern Glukose in Form des |Polysaccharids |**Glykogen**. (Sind alle Glykogenspeicher ge-füllt, wird Glukose in Fett umgewandelt und in Fettzellen gespeichert.)

a) Di- und Polysaccharide aus der Nahrung werden im Darm in einzelne Zuckermoleküle (Glukose) gespalten, die dann in die Blutbahn aufgenommen werden. Der Blut-zuckerspiegel steigt an.
b) Die Inselzellen des Pankreas reagieren auf den Anstieg der Blutzuckerkonzentration mit einer Insulinausschüttung.
c) Das Insulin gelangt über die Blutbahn zu den Zielgeweben (z. B. Muskel, Leber) und bewirkt dort die Aufnahme von Glukose aus dem Blut in die Zellen – und somit die Senkung des Blutzuckerspiegels. Unter Insulinwirkung wird Glukose im Muskel und in der Leber zur Speicherform Glykogen und im Fettgewebe zu Depotfett umgebaut.

Abb. 1 Zuckerstoffwechsel

Polysaccharid
→ LF 9, S.375

Glykogen
→ LF 9, S.375

Sinkt der BZ hingegen stark ab, z. B. durch Sport oder Fasten, schütten die Langerhans-Inseln das Hormon **Glukagon** aus. Glukagon regt die Abspaltung von Glukose aus Glykogen an. Glukagon hebt so den Blutzuckerspiegel. Es ist somit der Gegenspieler des Insulins.

> **MERKE**
>
> Die Zufuhr von Glukose hebt den Blutzucker: **Insulin** schleust Glukose in Zellen ein und senkt so den BZ. Nicht benötigte Glukose wird als Glykogen gespeichert.
> Sinkt der Blutzucker, wird **Glukagon** abgegeben, das den BZ hebt. Es bewirkt die Abspaltung von Glukose aus Glykogen.

Steigt der BZ über ca. 180 mg/dL (10 mmol/L) an, wird Glukose renal, d. h. über die Nieren, durch folgenden Vorgang ausgeschieden: Der Primärharn wird durch Filterung des Blutplasmas hergestellt. Dieses Filtrat enthält Glukose und andere wertvolle Stoffe, die die Nieren im Zuge der Endharnbereitung ins Blut zurückgewinnen müssen. Bei hohem Blutzucker ist die Niere mit der Rückgewinnung der vielen Glukosemoleküle überfordert (→Abb. unten). So gelangt Glukose in den Endharn (Urin); es kommt zur **Glukosurie**. Da Glukose stets an Wasser gebunden ist, nimmt jedes Glukosemolekül etwas Wasser in den Endharn mit. Daher geht die Glukosurie mit vermehrter Harnausscheidung (**Polyurie**) und verstärktem Durstgefühl (**Polydipsie**) einher. Polyurie und Polydipsie sind typische Diabetessymptome, die oft zur Untersuchung von Blut und Harn und damit zur Diagnosestellung führen.

Glukosurie
→ LF 8, S. 318

Polyurie
→ LF 8, S. 305

Hinweis: Die Glukosurie dient nicht der Blutzuckersenkung, d. h. der Glukoseausscheidung, sondern ist ein Symptom eines überforderten Rückgewinnungsmechanismus der Niere.

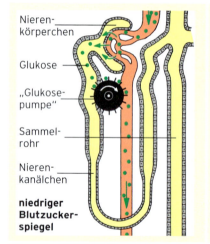

Die Glukosepumpe der Niere kann alle Glukosemoleküle zurückgewinnen und ist noch nicht ausgelastet.

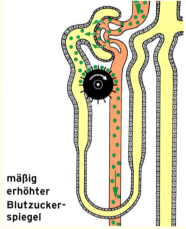

Die Glukosepumpe ist ausgelastet, schafft aber jedes Glukosemolekül zurückzugewinnen.

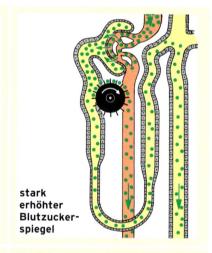

Die Glukosepumpe ist überfordert; viele Glukosemoleküle (begleitet von Wasser) gehen verloren.

Einfluss der Ernährung auf den Blutzuckerspiegel

Zuckerreiche Nahrung führt zu einem raschen BZ-Anstieg. Über mehrere hormonelle Zwischenschritte bewirkt dieser eine Insulinausschüttung. Innerhalb weniger Minuten wird die nicht benötigte Glukose in Leber und Muskulatur eingeschleust. Das Insulin befindet sich aber noch in der Blutbahn. Es erzeugt Hunger – ggf. sogar Heißhunger – auf Zucker. Isst man nun weiter Süßes, steigt der BZ erneut. Wieder wird Insulin ausgeschüttet, um den BZ zu senken. Auf Dauer wirkt das Insulin aber nicht mehr. Die Zellen reagieren nicht mehr darauf und der BZ steigt allmählich an. Es kommt zur **Hyperglykämie**. Diese bewirkt wieder eine Insulinabgabe, was zur **Hyperinsulinämie** (erhöhtem Insulinspiegel) führt. Die nachlassende Insulinwirkung wird als **Insulinresistenz** bezeichnet. Hyperglykämie und Hyperinsulinämie verstärken einander und führen auf Dauer zum Diabetes mellitus Typ 2.

Stoffwechselstörungen und -erkrankungen | **437** | **LF 9**

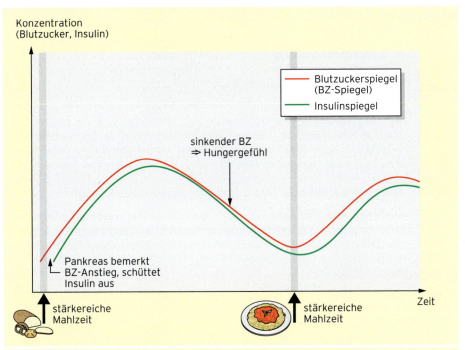

Normaler Blutzuckeranstieg nach stärkehaltiger Mahlzeit (Brot, Müsli, Nudeln o. Ä.):
Die langkettigen Kohlenhydrate werden *allmählich* in Glukose gespalten, sodass der BZ *allmählich* ansteigt.
Entsprechend wird auch das Insulin *allmählich* und in passender Menge ausgeschüttet.

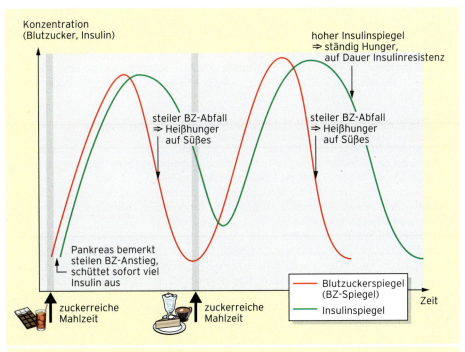

Eine zuckerreiche Mahlzeit (z. B. Cola und Schokoriegel) erzeugt einen *raschen* BZ-Anstieg. Dieser wird von einem ebenso *raschen* und steilen Anstieg des Insulinspiegels beantwortet. Nachdem die Glukose *rasch* in die Zellen geschleust worden ist, ist noch viel Insulin vorhanden und wirksam. Es „fordert" Glukose, wodurch Heißhunger auf Süßes entsteht.

5.4.2 Varianten des Diabetes mellitus

Eine Frage des Alters
Ungefähr 6,3 Millionen Menschen in Deutschland zwischen 20 und 79 Jahren leiden an Diabetes.

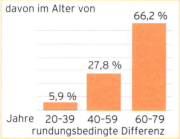

Es gibt mehrere Unterformen des Diabetes mellitus. Die häufigsten sind
- **Diabetes mellitus Typ 1** (bei ca. 5 % der Diabetiker),
- **Diabetes mellitus Typ 2** (bei ca. 90 % der Diabetiker) und
- **Gestationsdiabetes** (Schwangerschaftsdiabetes).

Epidemiologie: Diabetes mellitus ist mit fast 300 Millionen Betroffenen weltweit die häufigste Stoffwechselkrankheit; in Deutschland ca. 12 % der Erwachsenen. Mit dem Alter steigt die Diabeteshäufigkeit. Die meisten Diabetiker haben Typ-2-Diabetes. Dieser hieß früher Altersdiabetes, kommt aber durch Überernährung auch bei Kleinkindern vor. Im Alter über 60 ist Diabetes schon fast „normal".

Diabetes mellitus Typ 1 (primär insulinabhängig)

Ursachen und Pathogenese: Typ-1-Diabetes ist eine **Autoimmunkrankheit**. Durch genetische und andere Auslöser zerstört das Immunsystem die Insulin bildenden Zellen im Pankreas. Mit zunehmendem Verlust dieser Zellen lässt die Insulinproduktion immer mehr nach und hört schließlich endgültig auf. Von da an benötigt der Patient lebenslang Insulin zum Überleben.

Umfassende Informationen zur Erkrankung, Epidemiologie, Selbsttest, Diagnostik, Therapie, Selbsthilfe und Weiterbildungsmöglichkeiten für MFAs finden Sie unter
www.diabetes-deutschland.de
www.diabetesstiftung.de
www.deutsche-diabetes-gesellschaft.de

> **MERKE**
> Typ-1-Diabetes ist **primär insulinabhängig** (insulinpflichtig), d. h. von Anfang an.

Symptome: Die Symptome entstehen innerhalb weniger Wochen bis Monate; typisch ist ein ausgeprägtes Schwäche- und Müdigkeitsgefühl. Alle Organe, einschließlich des Gehirns, „hungern", weil die Zellen keine Glukose erhalten. Durch die **Glukosurie** und **Polyurie** entsteht extremer Durst **(Polydipsie)**. Auch starke Bauchschmerzen können vorkommen; im typischen Fall wird der schwerstkranke, ggf. komatöse Patient notfallmäßig in die Klinik gebracht.
Diagnostik: Die Diagnose ist gestellt, sobald der BZ gemessen wird. Blutglukosewerte über 400 mg/dL (22,4 mmol/L) sind bei der Erstdiagnose des Typ-1-Diabetes keine Seltenheit. Bei extremer Hyperglykämie kann der Patient ins **Koma** fallen. Der Harnzuckernachweis ist bei neu aufgetretenem Diabetes Typ 1 stets positiv.
Besonderheiten: Diabetes mellitus Typ 1 tritt bei Kindern, Jugendlichen und jungen Erwachsenen bis ca. 40 Jahre auf, was zu der Bezeichnung **juveniler** (jugendlicher) **Diabetes** geführt hat. Eine Präventionsmöglichkeit besteht nicht.

Diabetes mellitus Typ 2 (nicht primär insulinabhängig)

Ursachen und Pathogenese: Diabetes mellitus Typ 2 tritt bei genetischer Veranlagung meistens, d. h. bei ca. 90 % der Typ-2-Diabetiker, durch Überernährung und Übergewicht auf. Je stärker die Disposition und/oder die Überernährung ausgeprägt sind, desto früher kommt es zu Insulinresistenz und dauerhafter Hyperglykämie, d. h. zum Diabetes. Der Typ-2-Diabetes bei Schlanken und Untergewichtigen beruht v. a. auf Veranlagung. Menschen, deren Mütter Schwangerschaftsdiabetes hatten, sind besonders gefährdet.
Symptome: Die Symptome bei Typ 2 sind viel weniger dramatisch als bei Typ 1. Viele Typ-2-Diabetiker sind subjektiv völlig asymptomatisch. Da Insulinresistenz und Hyperglykämie über Jahre entstehen, bemerken viele Betroffene keine Beschwerden. Oft wird der Typ 2 daher bei Routinekontrollen, z. B. vor Operationen, diagnostiziert. Hautjucken, Hautinfektionen vor allem mit Pilzen (Mykosen), Polyurie und Nykturie sind typische Symptome, die mit dem erhöhten Glukosegehalt in Blut und Geweben einhergehen. Oft führen Spätschäden, z. B. Nervenschäden mit Missempfindungen oder Schmerzen an den Füßen „undiagnostizierte" Diabetiker zum Arzt. Nach langjährigem Verlauf können die chronisch überlasteten Inselzellen schließlich versagen; dann muss auch bei Typ 2 Insulin injiziert werden. Da die Insulinabhängigkeit (wenn überhaupt) erst spät auftritt, wird der Typ-2-Diabetes als **nicht primär insulinabhängig** bezeichnet.

HINWEIS
Der Verlust des Pankreas durch OP oder Pankreatitis führt durch Verlust der Inselzellen zum **Diabetes mellitus Typ 3**, der wie Typ 1 lebenslang Insulin erfordert.

> **MERKE**
> **Typ-2-Diabetes** ist **nicht primär insulinabhängig**, d. h. spät oder nie insulinpflichtig.

Gestationsdiabetes (Schwangerschaftsdiabetes)

Ursachen und Pathogenese: Die hohen Hormonspiegel rufen bei Schwangeren die metabolischen Probleme hervor, für die sie eine Veranlagung besitzen. Daher treten Hypertonie, Hyperlipidämie und Diabetes mellitus Typ 2 in der Schwangerschaft gehäuft auf. Der Gestationsdiabetes ist im Prinzip eine Sonderform des Typ-2-Diabetes. Zirka jede zehnte Schwangere ist betroffen. Wurden von der Schwangeren selbst bzw. in ihrer Familie Neugeborene über 4 kg geboren, besteht ebenfalls der Verdacht auf Gestationsdiabetes. Nach der Entbindung normalisiert sich der BZ meistens (zunächst) wieder; die Disposition zum Diabetes Typ 2 bleibt jedoch bestehen. Der hohe BZ der diabetischen Schwangeren führt dazu, dass der Fetus über die Nabelschnur hyperglykämisches Blut erhält. Sein Pankreas gibt vermehrt Insulin ab, um den BZ auf Normalwerte zu senken. Dadurch nehmen die kindlichen Zellen viel Glukose auf. Dies regt Wachstum und Gewichtszunahme des Fetus übermäßig an. Neugeborene diabetischer Mütter sind daher oft sehr groß und schwer (**Makrosomie**, →Abb. 2). Mit der Geburt hört die Zufuhr des hyperglykämischen Blutes zum Kind auf. Da der Insulinspiegel der Kinder hoch ist, sinkt ihr BZ nach der Geburt oft stark ab. Der BZ der Neugeborenen muss überwacht werden und ggf. benötigen sie Glukoselösung, um nicht zu unterzuckern.

Symptome und Diagnostik: Die meisten Schwangeren mit Gestationsdiabetes sind asymptomatisch. Harnuntersuchungen im Rahmen der Mutterschaftsvorsorge können eine Glukosurie nachweisen, die aber erst bei einem BZ ≥ 180 mg/dL auftritt. Um einen Gestationsdiabetes sicher zu erkennen, bevor es zur Glukosurie kommt, ist ein **oraler Glukosetoleranztest (OGTT)** sinnvoll. Dieser wird bei Schwangeren als Suchtest mit nur 50 g Glukose durchgeführt. Bei pathologischem Ergebnis erfolgt ggf. ein regulärer OGTT mit 75 g Glukose.

Therapie: Je nach Ausmaß der Stoffwechselstörung sind beim Gestationsdiabetes Diät und/oder Insulintherapie indiziert. Je besser die Stoffwechsellage der Schwangeren ist, desto geringer fallen die Diabetesauswirkungen auf das Kind und auf den Körper der Frau aus.

Abb. 1 Normalgewichtiges Neugeborenes

Abb. 2 Makrosomes Neugeborenes einer diabetischen Mutter

> **HINWEIS**
>
> Schwangere Typ-1- und Typ-2-Diabetikerinnen werden engmaschig überwacht und intensiv therapiert, um Beeinträchtigungen des Fetus zu vermeiden. Bei ihnen besteht definitionsgemäß jedoch kein Gestationsdiabetes.

5.4.3 Diagnostik des Diabetes mellitus

Oraler Glukosetoleranztest (OGTT)

Der Diagnose Diabetes mellitus liegt eine Blutzuckermessung zu Grunde. In Zweifelsfällen und zur Früherkennung des Gestationsdiabetes wird ein oraler Glukosetoleranztest (OGTT) durchgeführt. Der Patient kommt morgens nüchtern in die Praxis. Nach Bestimmung des Nüchternblutzuckers trinkt er die 300 mL Testlösung, die 75 g Glukose enthalten. Nach einer Stunde (bei Schwangeren) bzw. nach zwei Stunden wird erneut der BZ bestimmt. Der Patient muss während des Tests auf körperliche Aktivitäten verzichten, um das Testergebnis nicht durch erhöhten Glukoseverbrauch zu verfälschen. Liegen die Messwerte zwischen den Normwerten und dem pathologischen Bereich, besteht eine **pathologische Glukosetoleranz**. Diese Vorstufe des Diabetes mellitus nennt man **Prädiabetes**.

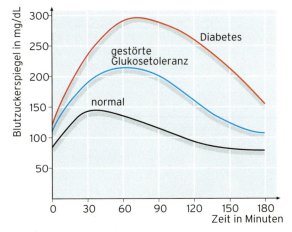

Abb. 3 Verlauf des Glukosetoleranztests bei gesunden Personen, bei gestörter Glukosetoleranz und bei Diabetikern

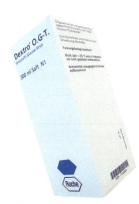

Abb. 4 OGT-Test

> **HINWEIS**
>
> Bei bereits pathologischem BZ, d. h. bei bekanntem Diabetes, ist der **OGTT kontraindiziert**, da dieser den Organismus des Diabetikers unnötig mit 75 g Glukose belasten würde.

Bewertung der BZ-Werte im oralen Glukosetoleranztest (OGTT) im Kapillarblut

Nüchternwert	2-Stunden-Wert	Bewertung
<100 mg/dL (<5,6 mmol/L)	<140 mg/dL (<7,8 mmol/L)	normal
≥100 mg/dL und <110 mg/dL (≥5,6 mmol/L und <6,1 mmol/L)	≥140 mg/dL und <200 mg/dL (≥7,8 mmol/L und <11,1 mmol/L)	gestörte Glukosetoleranz Prädiabetes
≥110 mg/dL (≥6,1 mmol/L)	≥200 mg/dL (≥11,1 mmol/L)	Diabetes mellitus

Hinweis: Für die BZ-Messung aus Kapillar- und Venenblut gelten etwas unterschiedliche Normwerte (im Venenblut sind die BZ-Messwerte ca. 10 % höher als im Kapillarblut). Man beachte daher die Normwerte für die gewählte BZ-Messmethode. Sie sind in den Gebrauchsinformationen der handelsüblichen OGTT und der BZ-Messgeräte angegeben.

> **HINWEIS**
>
> Eine kontinuierliche subkutane BZ-Messung mit nur einem Einstich in 14 Tagen ermöglicht ein neues Testgerät. Der Sensor wird auf die Haut geklebt. Der Scanner kann den Wert ggf. durch die Kleidung anzeigen.

BZ-Grenzwerte im oralen Glukosetoleranztest (OGTT) bei Schwangeren im Kapillarblut

Die Mutterschaftsrichtlinien empfehlen einen OGTT mit 50 g Glukose unabhängig von einer Mahlzeit in der 24.–27. SSW als Screeningmaßnahme. Beträgt der BZ nach einer Stunde ≥135 mg/dL, so wird ein normaler OGTT nüchtern durchgeführt.

Nüchternwert	1-Stunden-Wert	2-Stunden-Wert	Bewertung
≥90 mg/dL (≥5 mmol/L)	≥180 mg/dL (≥10 mmol/L)	≥155 mg/dL (≥8,6 mmol/L)	Gestationsdiabetes

Kontrolluntersuchungen bei Diabetes mellitus

Bei Diabetes sind regelmäßige Blutzuckermessungen wichtig, da die Organschäden mit der Höhe des Blutzuckers zunehmen. Die Therapie wird nach den Messwerten mehr oder weniger intensiv eingestellt. Zumeist misst man den Blutzucker im Kapillarblut. Dies ist mit den modernen Messgeräten sehr einfach und wird von vielen Diabetikern selbst durchgeführt.

Der Patient soll vor der Messung die Hände mit warmem Wasser gewaschen und gut abgetrocknet haben. Danach soll er bis zur Messung keine Nahrungsmittel berühren. Zucker auf der Haut, aber auch Desinfektionsmittel, kann das Messergebnis verfälschen.

Es gibt Stechhilfen mit sehr dünnen Nadeln, die kaum spürbare Einstiche mit minimalen Verletzungen ermöglichen. Der Einstich für die Blutentnahme erfolgt nicht in die sensible Fingerbeere und nicht am Zeigefinger, sondern im seitlichen Bereich der Fingerkuppe des Ring- oder Mittelfingers. Bei frisch gewaschenen Händen wird der erste austretende Blutstropfen zur Messung verwendet, bei (ggf. mit Zucker) verschmutzten Händen der zweite Tropfen. Herstellerangaben beachten. Die Messung erfolgt automatisch nach Auftragen des Blutstropfens auf das Messfeld des Teststäbchens. Das Messergebnis erscheint nach wenigen Sekunden in mg/dL oder mmol/L im Anzeigefeld des Geräts.

> **HINWEIS**
>
> Eine kontinuierliche subkutane BZ-Messung mit nur einem Einstich in 14 Tagen ermöglicht ein neues Testgerät. Der Sensor wird auf die Haut geklebt. Der Scanner kann den Wert ggf. durch die Kleidung anzeigen.

BZ-Sensor für die Subkutis

Einstich an der seitlichen Fingerbeere

Aufnahme des Blutstropfens in das Testfeld

Anzeige des Messergebnisses

Zur Beurteilung der Blutzuckerhöhe im Tagesverlauf, dient das **Blutzucker-Tagesprofil**. Es beinhaltet daher mehrere Messungen: nüchtern, **präprandial** (vor einer Mahlzeit) und **postprandial** (nach einer Mahlzeit), z. B. zwei Stunden nach dem Mittagessen.

HbA₁c – der „Langzeit-Blutzuckerwert"

Der **HbA₁c** ist ein wichtiger Messwert zur Beurteilung der Stoffwechsellage und damit des Behandlungserfolges und der Therapietreue bei Diabetes mellitus.

Glukose verbindet sich fest mit einem Teil des Hämoglobins, dem HbA₁c. Bei Hyperglykämie bindet mehr Glukose an HbA₁c als bei Normoglykämie. Daher steigt der HbA₁c bei unbehandeltem bzw. schlecht eingestelltem Diabetes an. Der HbA₁c-Wert gibt Auskunft über den mittleren Blutzuckerspiegel der letzten 8–10 Wochen, denn so lange bleibt ein Erythrozyt und damit das Hämoglobin im Blut. Aus dem HbA₁c kann das Labor die mittlere Blutglukose **(MBG)**, d. h. den durchschnittlichen Blutzuckerspiegel, errechnen.

Der **Normbereich** ist ≤ 6,0 % bzw. ≤ 42 mmol/mol. Beispiele:
HbA₁c = 8,5 % bzw. 70 mmol/mol entspricht einer MBG von 200 mg/dL (deutlich zu hoch).
HbA₁c = 6,0 % bzw. 42 mmol/mol entspricht einer MBG von 124 mg/dL (obere Normgrenze).
Ein HbA₁c ≥ 6,5 % beweist einen zuvor nicht bekannten Diabetes mellitus. Kurz dauernde BZ-Anstiege, sog. BZ-Spitzen, zeigt der HbA₁c-Wert nicht an, da die Glukosebindung an Hämoglobin eine gewisse Zeit braucht. Kleine „Diätsünden" werden also nicht erfasst.

> **HINWEIS**
> Für den HbA₁c gibt es die alte Einheit Prozent und die neue Einheit **mmol/mol**, die auf einer verbesserten Messmethode beruht.

Hinweis: Abendlicher Alkoholkonsum belastet die Leber in der Nacht so stark, dass sie nicht die normalerweise nachts stattfindende Glukosebildung betreibt. Dies senkt den morgens gemessenen Nüchtern-BZ. Manche Diabetiker wenden diesen Trick vor Arztbesuchen an, indem sie am Vorabend Hochprozentiges trinken. Den HbA₁c verändert dies jedoch nicht.

Urinkontrollen sind bei Diabetes mellitus wichtig, um eine Glukosurie zu erkennen. Da der Harnzuckertest erst ab einem BZ von ca. 180 mg/dL (10 mmol/L) positiv ist, ist er zur Früherkennung kaum geeignet. Neben reinen Glukose-Teststreifen (→Abb. 2) und Keton-Teststreifen gibt es |Mehrfachteststreifen, die u. a. Keton und Protein nachzuweisen helfen. **Ketone** sind Produkte des Fettabbaus, die bei Diabetikern ein Ausweichen des Stoffwechsels auf den Fettabbau und damit eine Koma-Gefahr anzeigen.

Der Ketonnachweis im Urin ist bei jedem fastenden Patienten ebenfalls positiv, d. h. bei effektiver Reduktionsdiät, bei Fieber und bei Magersucht. Auch bei Patienten, die nüchtern in die Praxis kommen und dafür einen weiten Weg zu Fuß oder mit dem Rad zurückgelegt haben, ist Keton im Harn nachweisbar.

Abb. 1 Abendlicher Alkoholkonsum verändert die am Morgen gemessenen BZ-Werte.

Auswertung der Harnteststreifen
→ LF 8, S. 308

Abb. 2 Glukose-Teststreifen zur Untersuchung des Urins

Wichtig für jeden Diabetiker ist der regelmäßige Harntest auf Protein. Plasmaproteine gelangen bei gesunder Niere normalerweise nicht in den Urin. Der Nachweis von **Albumin** (einem wichtigen Plasmaprotein) im Urin ist somit pathologisch und weist z. B. auf einen diabetischen Nierenschaden hin. Da bei diabetischer Nierenschädigung zuerst kleine Albuminanteile im Urin erscheinen, ist ein regelmäßiger |Mikroalbumintest zur Früherkennung wichtig.

Mikroalbumintest
→ LF 8, S. 302

Stoffwechselkontrollen bei Diabetes mellitus: Wie gut ist die Therapieeinstellung?			
Einstellungsqualität	gut	mäßig	schlecht
BZ nüchtern	70-110 mg/dL (4,5-6 mmol/L)	111-140 mg/dL (6-7 mmol/L)	>140 mg/dL (>7 mmol/L)
BZ postprandial	100-145 mg/dL (5,6-7,8 mmol/L)	146-180 mg/dL (7,8-10 mmol/L)	>180 mg/dL (>10 mmol/L)
HbA₁c	< 6,5 % (< 44 mmol/mol)	6,5-7,5 % (44-56 mmol/mol)	>7,5 % (> 56 mmol/mol)
Hypoglykämien	eher häufig	selten	nie
Hyperglykämien	nie	recht häufig	immer
Spätschäden	treten kaum oder erst spät auf	kommen vor	treten früh auf und sind ausgeprägt

HINWEIS

Sollen **Hypoglykämien** vermieden werden, z. B. weil der Patient herzkrank ist oder sich selbst schlecht helfen kann, muss man Hyperglykämien tolerieren. Man akzeptiert dann ein erhöhtes Blutzuckerniveau.
Sollen **Hyperglykämien** vermieden werden, um Spätschäden zu vermeiden, z. B. bei jungen Patienten, muss der Blutzucker sehr streng, d. h. so niedrig wie möglich, eingestellt werden. Bei vermehrter körperlicher Belastung, ungewohnter Nahrung, Appetitlosigkeit usw. drohen dann jedoch Hypoglykämien.

5.4.4 Komplikationen bei Diabetes mellitus

Diabetes mellitus kann den Körper akut und chronisch gefährden bzw. schädigen. Akute Entgleisungen, d. h. extreme Abweichung des Blutzuckers nach oben (Hyperglykämien) oder unten (Hypoglykämien), sind stets Notfälle. Sie können unbehandelt tödlich verlaufen; ihre Vermeidung ist daher ein vorrangiges Therapieziel. Jeder Diabetiker wird geschult, auftretende Entgleisungen frühzeitig zu erkennen, um schnell und richtig gegenzusteuern.

MERKE

Normoglykämie besteht zwischen 60 und 100 mg/dL (3,3-5,6 mmol/L) nüchtern und bis 140 mg/dL (7,8 mmol/L) postprandial.
Postprandiale Werte bis 160 mg/dL (8,9 mmol/L) sind noch nicht pathologisch.
Bei **Hypoglykämie** von < 50 mg/dL (< 2,8 mmol/L) und **Hyperglykämie** von > 240 mg/dL (> 13,4 mmol/L) droht ggf. eine gefährliche **Entgleisung**.

Hyperglykämie

Fehlt einem Typ-1-Diabetiker die Insulingabe (vor der Diagnosestellung oder bei versäumter Injektion), steigt der Blutzucker rasch an. Auch beim Typ 2 kann nach langjährigem Verlauf eine Insulinabhängigkeit eintreten und bei fehlender Injektion eine Hyperglykämie entstehen.
Ab 180 mg/dL (10 mmol/L) treten Polydipsie und Polyurie auf. Sehstörungen können vorkommen, weil sich der Wassergehalt der Augenlinse verändert. Zunächst sind die Symptome wenig ausgeprägt (Übelkeit, Erbrechen, Bauchschmerzen und Durst) und können leicht als Magen-Darm-Infekt fehlgedeutet werden. Steigt der Glukosespiegel weiter, treten Bewusstseinsstörungen auf. Diese können sich von verlangsamter Reaktion über Verwirrtheit und Teilnahmslosigkeit bis zur tiefen Bewusstlosigkeit, dem **Koma**, steigern.
Fehlt Insulin, kann der Stoffwechsel keine Glukose verwerten – obwohl diese bei Hyperglykämie reichlich zur Verfügung steht. Ohne Insulin ist Glukose aus den Zellen „ausgesperrt". Der Körper muss notgedrungen auf den Fettabbau ausweichen, um Energie zu gewinnen. Dabei entstehen Ketone; diese erzeugen einen charakteristischen Atemgeruch beim Kranken. Da der Säuregehalt des Blutes gefährlich ansteigt, d. h. eine **Azidose** entsteht, kommt es zum Koma (**Ketoazidose** bzw. **ketoazidotisches Koma**). Gegebenenfalls verändert sich die Atmung in seltene, tiefe Atemzüge. Eine sofortige Therapie mit Flüssigkeit und Insulin per Infusion kann das Leben des Patienten retten. Die Dosen bestimmt der behandelnde Arzt bzw. Notarzt.

HINWEIS

Ketongeruch erinnert an Aceton (Nagellackentferner) oder an überreife Früchte.

Hypoglykämie

Jeder Mensch, der schon einmal verschlafen hat und ohne Frühstück zur Schule geeilt ist, kennt die Symptome der leichten Unterzuckerung: Müdigkeit, Schwäche- und Schwindelgefühl, Zittrigkeit und ggf. Kreislaufprobleme bis zum Kollaps. Auch schlechte Laune, Reizbarkeit und Konzentrationsmangel treten auf, wenn der BZ 50 mg/dL (2,8 mmol/L) unterschreitet. Typisch sind Hunger und Appetit auf Süßes. Ist eine Nahrungsaufnahme nicht möglich, hebt das körpereigene Glukagon den BZ bald wieder in den (unteren) Normbereich an.
Bei Diabetikern sind **Hypoglykämien** die Folge zu geringer Glukose- bzw. Nahrungszufuhr unter Insulintherapie (z. B. bei Infekten, außergewöhnlicher Anstrengung oder ungewohnter Nahrung), einer zu hohen Insulindosis oder eines BZ-senkenden Arzneimittels. Auch Kombinationen der genannten Faktoren kommen vor und lösen BZ-Entgleisungen aus.

Abb. 1 Traubenzucker hilft bei leichter Hypoglykämie, den BZ anzuheben.

Außer den genannten Symptomen entstehen bei raschem Absinken des BZ Bewusstseinsstörungen bis zum Koma. Wichtig ist, dass Diabetiker und ihre Angehörigen bzw. Betreuer die Symptome rechtzeitig erkennen und sofort Gegenmaßnahmen ergreifen. Bei leichter Hypoglykämie kann eine orale Kohlenhydratzufuhr erfolgen, z. B. ein Glas Saft oder Limonade getrunken oder Traubenzucker gegessen werden. Ab 50 mg/dL (2,8 mmol/L) treten Symptome auf, ab 40 mg/dL (2,2 mmol/L) kann ein Bewusstseinsverlust eintreten. Der Patient selbst oder ein Helfer kann durch eine Glukagoninjektion (GlucoGen®) mit einer Fertigspritze in den Oberschenkelmuskel den Blutzucker schnell wieder anheben.

Diabetische Angiopathie (diabetesbedingte Blutgefäßschäden)

Bei Diabetes mellitus tritt Arteriosklerose mit allen Folgekrankheiten verfrüht und verstärkt auf und schreitet rasch fort. Die Arteriosklerose kleiner Blutgefäße heißt **Mikroangiopathie**, die Verengung großer Arterien **Makroangiopathie**. Der ganze Körper des Diabetikers leidet unter Mangeldurchblutung. Die Makroangiopathie führt zu Myokardinfarkt, Schlaganfall und pAVK. 60 % aller Herzinfarkte betreffen Diabetiker und 55 % aller Diabetiker sterben daran.

Gewebe und Organe, die auf Grund der Mikroangiopathie unterversorgt werden, sind vor allem Augen, Nieren und Nerven. Die Retina (die Netzhaut des Auges) erleidet Schäden; die **diabetische Retinopathie** kann zur Erblindung führen. Auch grauer und grüner Star (❙Katarakt und ❙Glaukom, d. h. Linsentrübung und zunehmende Schädigung des Sehnerven) werden durch Diabetes gefördert. Mittels Laser-Anwendung kann der Augenarzt Frühstadien der Retinopathie therapieren.

Die Nieren können durch die **diabetische Nephropathie** (diabetisches Nierenleiden) ihre Leistungsfähigkeit einbüßen, d. h. insuffizient werden, und schließlich völlig versagen. Daher sind sehr viele Diabetiker Dialysepatienten.

Alle Nerven werden von mikroskopisch kleinen Arterien versorgt. Die Mikroangiopathie führt daher zu Funktionsstörungen der unterversorgten Neuronen (Nervenzellen) mit Taubheitsgefühl, Schmerzen und Missempfindungen. Auch fehlender Schmerz (z. B. beim sog. stummen Herzinfarkt) und vegetative Störungen, z. B. Herzrhythmusstörungen und Magenentleerungsstörungen, kommen bei der **diabetischen Neuropathie** (Nervenleiden) vor.

| Katarakt
→ LF 11, S. 520

| Glaukom
→ LF 11, S. 521

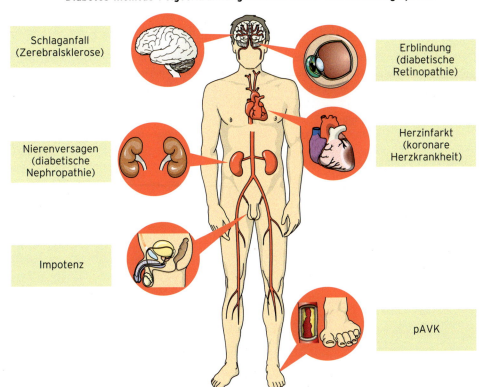

Diabetes-mellitus-Folgeerkrankungen durch Mikro- und Makroangiopathie

Diabetisches Fußsyndrom

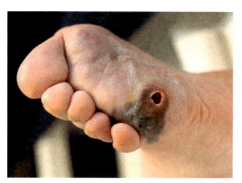

Abb. 1 Tiefes diabetisches Fußulkus

Abb. 2 Regelmäßige Fußinspektionen sind wichtig, um frühzeitig Veränderungen festzustellen.

Das diabetische Fußsyndrom, kurz diabetischer Fuß genannt, ist durch **Sensibilitätsstörungen** (Gefühlsstörungen, z. B. fehlenden Tastsinn), dadurch bedingte Verletzungen und schwere Wundheilungsstörungen gekennzeichnet (→Abb. 1). Die Behandlung des diabetischen Fußes ist Expertensache. Pflegefehler, z. B. Verletzungen durch unprofessionelle Fußpflege, können fatale Folgen haben. Viele Amputationen sind wegen diabetischer Gefäß- bzw. Gewebeschäden indiziert. Regelmäßige Fußinspektionen, geeignetes Schuhwerk, gute Hautpflege und die strikte Vermeidung von Verletzungen sollten bei Diabetikern selbstverständlich sein. Jeder weitere Risikofaktor, wie Hypertonie, Rauchen, Hyperlipidämie usw., verstärkt das Fortschreiten der Angiopathie und damit das diabetische Fußsyndrom.

Kontrolluntersuchungen bei Diabetes mellitus

Um Organschäden so weit wie möglich zu vermeiden oder zu verzögern, sollten Diabetiker regelmäßig Kontrolluntersuchungen bei diabetologischen Fachkräften wahrnehmen. Unter anderem im Rahmen der **DMP**s (**D**isease-**M**anagement-**P**rogramme) der gesetzlichen Krankenkassen, die die Versorgung der Diabetiker standardisieren und optimieren sollen, finden regelmäßige Kontrollen statt. Hierzu gehören: Anamnese, Messung von Blutzucker, HbA$_{1c}$, Nieren- und Blutfettwerten, Urinkontrollen (inkl. Mikroalbumintest), Messung von Blutdruck und Gewicht, klinische Untersuchung mit neurologischer Kontrolle und Fußinspektion.

Die genannten Untersuchungen werden beim Hausarzt und/oder in diabetologischen Schwerpunktpraxen durchgeführt. Fachärztliche Kontrollen sind je nach Diabetesdauer und Stoffwechsellage beim Augenarzt, Kardiologen, Neurologen und Nephrologen sinnvoll.

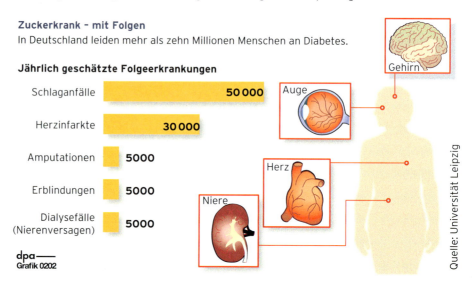

5.4.5 Ernährung bei Diabetes mellitus

Wegen des Insulinmangels bzw. der Insulinresistenz ist bei Diabetes mellitus eine Ernährung günstig, die einen gleichmäßigen Blutzuckerverlauf erzeugt (→S. 446, Abb. 1). Daher sind langkettige Kohlenhydrate (nicht nur für Diabetiker) zu bevorzugen. Vollkornprodukte und andere ballaststoffreiche Nahrungsmittel sorgen für einen gleichmäßigen Blutzuckerverlauf. Dieses Ernährungsprinzip schützt Diabetiker wie Gesunde auch vor Gewichtszunahme. Abhängig von Gewicht und körperlicher Aktivität wird zunächst der Tagesenergiebedarf des Diabetikers festgestellt und danach über Größe und Zusammensetzung der Mahlzeiten beraten. Die Ernährung sollte die Gewohnheiten des Patienten – soweit es vertretbar ist – berücksichtigen, um die Compliance zu sichern. Die Kohlenhydratmenge, die der Patient am Tag zu sich nehmen soll bzw. darf, wird mit Hilfe der **KE** (Kohlenhydrateinheiten) oder der traditionellen **BE** (Broteinheiten bzw. Berechnungseinheiten) erfasst; 1 KE entspricht 10 g Kohlenhydraten, eine BE 12 g Kohlenhydraten.

> **MERKE**
> Bei Diabetes mellitus ist kein Nahrungsmittel verboten. Es kommt nur auf die Menge an.

Der mit Hilfe der Diabetesberaterin errechnete Tagesenergiebedarf sollte zu 15 % aus Eiweiß, zu 30 % aus Fett und zu 55 % aus Kohlenhydraten bestritten werden. In der Schulung lernt der Patient, welche Nahrungsmittel wie viele Kohlenhydrate enthalten und ob es schnell oder langsam verfügbare Kohlenhydrate sind. Einige Gemüse, z. B. Tomaten, Salat und Gurken, dürfen uneingeschränkt verzehrt werden. Übergewicht soll reduziert werden. Daher muss ggf. zunächst eine diabetesgerechte Reduktionsdiät zusammengestellt und eingehalten werden. Da Sport die Insulinresistenz bessert, ist ein tägliches Bewegungsprogramm genauso wichtig wie die Diabetesdiät. Oft normalisiert die optimierte Ernährung in Verbindung mit mehr Sport den Blutzucker wieder und bringt den Patienten in den Bereich des Prädiabetes zurück. Typ-1-Diabetiker, die eine intensivierte Insulintherapie durchführen, können ihre Mahlzeiten flexibler gestalten und einnehmen als rein diätetisch behandelte Typ-2-Diabetiker oder Patienten unter konventioneller Therapie mit Mischinsulin (s. u.). Diätetische Therapie bedeutet, dass die Patienten durch die richtige Nahrungsauswahl und -menge, aber ohne Medikamente therapiert werden. Wenn die Patienten das Prinzip verstanden haben, müssen sie sich nicht an einen starren Diätplan halten.

Abb. 1 Vollkornprodukte erzeugen einen gleichmäßigen Blutzuckerspiegel.

Jeder neu diagnostizierte Typ-1-Diabetiker nimmt an einer intensiven Diabetes-Schulung teil. Bei Typ-2-Diabetes ist eine Schulung ebenfalls sinnvoll und ratsam. Der Patient erlernt die Grundlagen der Ernährung und ggf. die Wirkweise und Dosierung seiner Medikamente. Spezielle diätetische Nahrungsmittel sind für Diabetiker nicht erforderlich.

Abb. 2 Viele Gemüsesorten dürfen uneingeschränkt verzehrt werden.

Sogenannte **Diabetikersüßigkeiten** täuschen eine Unbedenklichkeit vor, die sie nicht aufweisen. Daher ist die Bezeichnung nicht mehr zulässig. Zuckeraustauschstoffe wie Sorbit haben genauso viele Kalorien wie Zucker; Süßstoffe sind hingegen (fast) kalorienfrei und daher bei Gewichtsproblemen von Vorteil. Bei Diabetes sind etwa 30 g Zucker am Tag – in der gewünschten Form und Verteilung – erlaubt. Bewusstes Genießen ist besser als strenge Verbote, die leicht zum Konsum großer Mengen „falscher" Nahrungsmittel mit schlechtem Gewissen führen.

5.4.6 Medikamentöse Therapie des Diabetes mellitus

Insulintherapie

Die Diabetestherapie soll kurz- und langfristige Schäden vermeiden und die Lebenserwartung und -qualität des Diabetikers der des gesunden Menschen annähern. Seit Insulin zur Diabetestherapie zur Verfügung steht, ist der Typ-1-Diabetes kein Todesurteil mehr.
Beim Gesunden wird das lebenswichtige Hormon Insulin passend zur Kohlenhydratmenge und körperlichen Aktivität von den Inselzellen abgegeben (→Abb. 1).

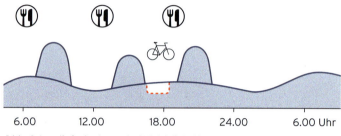

Abb. 1 Insulinfreisetzung bei Nichtdiabetikern

Es gibt einen **basalen Insulinspiegel**, der die Zellen **mahlzeitenunabhängig** mit Glukose versorgt. Zusätzlich wird **mahlzeitenabhängig** Insulin ausgeschüttet. Sport ermöglicht es den Zellen, eine gewisse Glukosemenge insulinunabhängig aufzunehmen. Dies unterstreicht die Wichtigkeit regelmäßiger Bewegung bei jeder Form des Diabetes.
Die Insulintherapie soll die physiologische Insulinabgabe möglichst genau nachahmen. Es gibt daher lang wirksame **Depot- oder Verzögerungsinsuline**, deren Wirkung langsam eintritt und lange anhält, sowie das **Normalinsulin**, das schnell (innerhalb von 20 min nach der Injektion) zu wirken beginnt, aber dessen Wirkung auch schnell wieder nachlässt. Alle Insuline werden in **I**nternationalen **E**inheiten **(I.E.)** berechnet. Als Faustregel dient die 40er-Regel:

> **MERKE**
>
> Ein Erwachsener benötigt **40** I.E. Insulin am Tag.
> 1 I.E. Normalinsulin senkt den BZ um ca. **40** mg/dL (2,2 mmol/L).
> 1 BE hebt den BZ um ca. **40** mg/dL (2,2 mmol/L).
> 1 BE verbraucht der Körper in **40** Minuten leichter sportlicher Betätigung.

Intensivierte konventionelle Insulintherapie (ICT)

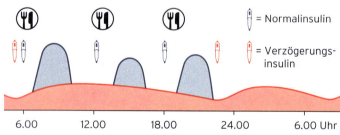

Abb. 2 Insulinfreisetzung bei ICT

Bei der **i**ntensivierten (**k**onventionellen) **I**nsulintherapie **(ICT)**, die für den Typ-1-Diabetiker die Methode der Wahl ist, wird in der Regel morgens und abends Depotinsulin gespritzt und zu den Mahlzeiten passend dosiertes Normalinsulin (→Abb. 2). Dafür sind viele Blutzuckermessungen nötig. Vor jeder Normalinsulininjektion muss der genaue Bedarf aus dem Messwert und dem Kohlenhydratgehalt der geplanten Mahlzeit errechnet werden. Die ICT erfordert viel Motivation, Wissen und Erfahrung des Diabetikers bzw. bei Kindern der Familie und der Betreuer.

Konventionelle Insulintherapie (CT)

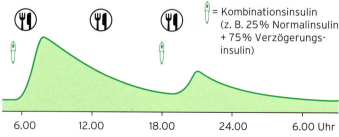

Abb. 3 Insulinfreisetzung bei CT

Die **k**onventionelle **I**nsulintherapie **(CT)** ist einfacher als die ICT (→Abb. 3) durchzuführen, aber nur für Typ-2-Diabetiker geeignet. Durch eine feste Mischung von Verzögerungs- und Normalinsulin, z. B. im Verhältnis 75 % zu 25 %, die z. B. zu $2/3$ morgens und zu $1/3$ abends injiziert wird, sind nur zwei bis drei Injektionen erforderlich, um einen der physiologischen Situation grob angenäherten Insulinverlauf zu erzeugen. Die CT ist nicht für den Typ 1 geeignet, da sie zu unflexibel ist. Die geringe Zahl an Injektionen und Messungen erleichtert die Durchführung der CT bei pflegebedürftigen Patienten. Extreme BZ-Schwankungen sind bei regelmäßigen Mahlzeiten unter der CT eher selten, aber eine optimale Blutzuckereinstellung und flexible Mahlzeiten wie bei der ICT sind nicht möglich. Typ-2-Diabetiker können die CT mit oralen Antidiabetika (s. u.) kombinieren. Da vor allem bei Kombination der CT mit oralen Antidiabetika Hypoglykämien auftreten können, ist die Einnahme regelmäßiger Mahlzeiten und Zwischenmahlzeiten wichtig.

Praktische Durchführung der Insulintherapie

Insulin muss injiziert werden, da es ein Protein ist und im Gastrointestinaltrakt verdaut würde. Die Injektion wird **subkutan** (**s.c.**, ins Unterhautfettgewebe) durchgeführt (→Abb. 1 und 2). Die Einstichstellen müssen regelmäßig gewechselt werden (→Abb. 3 und 5), um Vernarbungen und damit verändertem Wirkeintritt zu vermeiden. Insulin-Pens, d. h. „Füller", die mit Patronen gefüllt werden und die die Dosierung der Einheiten sowie die Injektion sehr einfach machen, sind inzwischen Standard (→Abb. 4). Für die ICT braucht der Patient zwei Pens mit je einer Insulinart; für die CT ist nur ein Pen mit einer Insulinart nötig.

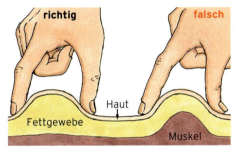

Abb. 1 Faltenbildung für die s.c.-Injektion

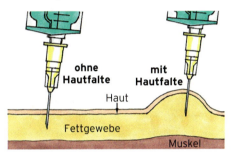

Abb. 2 Injektionsort bei der subkutanen Injektion mit und ohne Faltenbildung

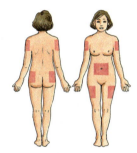

Abb. 3 Einstichstellen für die subkutane Injektion

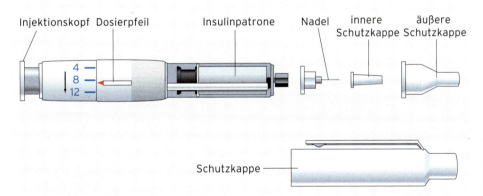

Abb. 4 Bestandteile eines Pens

Abb. 5 Beispiel eines Injektionskalenders

Da Normalinsulin erst nach ca. 20 Minuten wirkt, muss der Diabetiker diese Zeitspanne als sog. **Spritz-Ess-Abstand** abwarten, bevor er mit dem Essen beginnt. Nur **Insulinanaloga**, d. h. chemisch abgewandelte Stoffe mit Insulinwirkung, dürfen z. B. während oder nach der Mahlzeit injiziert werden, da sie einen sehr raschen Wirkungseintritt haben. Insulinanaloga, z. B. Insulin Lispro, sind erheblich teurer als das ohnehin sehr kostspielige Insulin und werden nicht routinemäßig eingesetzt.
Insulinpumpen (→Abb. 6) verbessern die Blutzuckereinstellung, da sie von gut informierten Typ-1-Diabetikern selbst auf ihre Lebensweise passend programmiert werden können.

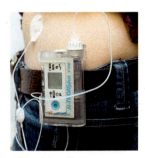

Abb. 6 Insulinpumpe

Orale Antidiabetika und neue Antidiabetika

Die aktuelle Versorgungs-leitlinie Typ-2-Diabetes finden Sie unter www.versorgungsleitlinien.de/themen/diabetes2

Orale Antidiabetika sind nur für Typ-2-Diabetiker geeignet, solange bei ihnen kein absoluter Insulinmangel besteht. Sie haben den Vorteil, dass sie oral eingenommen werden können und der Aufwand für die Insulintherapie entfällt. Die wichtigste Wirksubstanz für die orale Diabetestherapie ist **Metformin**. Bei Kontraindikationen und unzureichender Wirkung kommen andere bzw. weitere Wirkstoffe in Frage. In der Schwangerschaft sind orale Antidiabetika kontraindiziert.

Neue Antidiabetika wie Exanitide und Liraglutid müssen auch injiziert werden. Sie bewirken eine fast physiologische Insulinsekretion und senken den Appetit.

Orale Antidiabetika (am häufigsten verordnete Wirkstoffe)

Wirkstoff(gruppe), ggf. Einzelwirkstoffe	Wirkmechanismus (vereinfacht)	Nebenwirkungen (NW), Kontraindikationen (KI), Sonstiges (S)
Metformin (Glukophage®, Siofor®, zahlreiche Generika)	hemmt die Glukosebildung in der Leber, bessert die Insulinresistenz und damit die Glukoseaufnahme in die Zellen	**NW:** häufig Magen-Darm-Probleme; selten schwere Stoffwechselstörung (Laktatazidose), schützt leichtgradig vor Krebs **KI:** Niereninsuffizienz (GFR < 45 mL/min), Fasten **S:** bei Übergewicht bzw. metabolischem Syndrom besser als Sulfonylharnstoffe; für Kinder ab 10 Jahren zugelassen; preisgünstig
Sulfonylharnstoffe Glibenclamid, Glimepirid	regen die Inselzellen zur vermehrten Insulinabgabe an	**NW:** Hypoglykämie; zu deren Vermeidung sind Zwischenmahlzeiten erforderlich; verstärken die Hyperinsulinämie und damit das metabolische Syndrom **KI:** Sulfonamidallergie
Glinide (NovoNorm®, Starlix®, Repaglinid HEXAL®)	regen kurzzeitig zu den Mahlzeiten die Insulinabgabe an	**NW:** Hypoglykämien, leichte Gewichtszunahme **KI:** Nieren- und Leberinsuffizienz **S:** Die Wirkung ähnelt der Gabe einer Normalinsulin-Injektion zu einer Mahlzeit.
DPP-4-Hemmer = Gliptine (Januvia®, Jalra®)	verbessern die BZ-senkende Wirkung des Hormons GLP-1	**NW:** Leberfunktionsstörungen **KI:** schwere Niereninsuffizienz **S:** sehr teuer
Glitazone (Pioglitazon = Actos®)	verbessern die Insulinwirkung	**NW:** Gewichtszunahme, Ödeme, Frakturen **KI:** Leber-, Herz- und Niereninsuffizienz
Acarbose (Glukobay®)	hemmt kohlenhydratspaltende Enzyme im Darm	**NW:** Meteorismus, Diarrhö, weil unverdaute Kohlenhydrate zu Gasbildung führen **S:** teuer, Effekt auch mit Ernährung erzielbar

Neuere Antidiabetika für Typ-2-Diabetiker zur Injektion

GLP-Analoga Exenatide (Byetta®, Bydureon®) Liraglutid (Victoza®)	regen wie das Hormon GLP 1 BZ-abhängig die Insulinsekretion an, dämpfen den Appetit	**NW:** Übelkeit, Gewichtsabnahme **KI:** schwere Niereninsuffizienz **S:** sehr teuer, Injektion erforderlich (bei Bydureon® nur einmal wöchentlich)

Hinweis: Einige orale Antidiabetika können kombiniert angewendet werden und werden auch als Kombinationspräparate (meist mit Metforminanteil) angeboten. Auch Insulin wird ggf. gleichzeitig eingesetzt.

Neue orale Antidiabetika sind die SGLT-2-Hemmer, z. B. Dapagliflozin (Forxiga®). Sie führen zu einer Glukosurie schon unterhalb der Nierenschwelle von 180 mg/dL, bei der normalerweise Glukose im Harn erscheint. Das Wirkprinzip ist somit eine Glukosurie zum Zweck der Glukoseausscheidung, d. h. zur Senkung des Blutzuckerspiegels. Die Nebenwirkungen entsprechen überwiegend den Symptomen des unbehandelten Typ-2-Diabetes: Polyurie, Polydipsie, Nierenprobleme und Exsikkose sowie gehäufte Harnwegs- und Genitalinfektionen. Erwünschte Nebeneffekte sind RR-Senkung und leichte Gewichtsabnahme, günstiger Effekt bei Herzinsuffizienz.

5.4.7 Diabetes mellitus – eine lebenslange Herausforderung

Beratung und Motivation

Die Therapie des Diabetes mellitus erfordert einen langen Atem. Wichtig ist es, nicht mit Drohungen und Verboten zu arbeiten; dies ist kontraproduktiv und nimmt die Motivation, die Therapie zuverlässig durchzuführen. Die Devise „Alles ist erlaubt (aber in Maßen)" hilft daher mehr, als „Sie dürfen auf gar keinen Fall Süßes essen!" Diabetiker sind ja auf Zucker nicht allergisch oder akut gefährdet, wenn sie ein Stück Schokolade essen – 30 g Glukose bzw. Zucker am Tag sind unproblematisch und können nach Geschmack und Appetit genossen werden.

Abb. 1 Alles ist erlaubt – in Maßen

Prävention des Diabetes mellitus

Typ-1-Diabetes ist eine schicksalhafte und durch verschiedene Gene und Auslösefaktoren bedingte Erkrankung, der bisher nicht wirksam vorgebeugt werden kann. Der Typ-2-Diabetes kann in den meisten Fällen verhindert werden, indem ein Lebensstil praktiziert wird, der dem metabolischen Syndrom vorbeugt. Dies ist ein wichtiges Ziel weltweit tätiger Gesundheitsorganisationen und sollte auch das Ziel jedes Einzelnen sein.

Belastungen und Probleme bei Diabetes mellitus

Diabetes ist eine chronische Krankheit, die Lebensqualität und Lebenserwartung v. a. bei Typ 1 enorm einschränkt. Sich mehrmals täglich in Finger und Bauchhaut zu stechen ist ein unnatürlicher und unangenehmer Akt. Nie wieder spontan schlemmen oder ein paar Biere trinken zu dürfen, ist keine attraktive Aussicht. Eltern diabetischer Kinder stehen nach der Diagnose unter Schock. Sie müssen ihr Kind ab jetzt aktiv und aufwendig am Leben halten – damit scheint das unbeschwerte Familienleben vorbei. Resignation droht: Was kann eine noch so gesunde Lebensführung gegen den so schädlichen Diabetes ausrichten? Konflikte sind vorprogrammiert. Nicht nur die Kleinkind-Trotzphase und Klassenfahrten, besonders die Pubertät mit der Abgrenzung von allem, was Ärzte, Lehrer und Eltern vorgeben, bedeutet für Diabetiker zugleich Gesundheits- und Lebensgefahr.

Mädchen mit Typ 1 entwickeln oft Essstörungen (v. a. Bulimie); es kommt vor, dass sie Insulininjektionen auslassen, um mit Hilfe der Glukosurie abzunehmen. Vor allem Jungen experimentieren – wie alle Jugendlichen – mit Alkohol, riskieren dabei Hypoglykämien oder verschlafen Blutzuckermessungen und Injektionen.

Umfassende Informationen zu Erkrankung, Epidemiologie, Diagnostik, Therapie, Selbsthilfe und Weiterbildungsmöglichkeiten für Fachkräfte finden Sie unter
www.diabetesdeutschland.de
www.diabetesstiftung.de
www.deutsche-diabetesgesellschaft.de
Speziell dem kindlichen Diabetes widmet sich die Organisation
www.diabetes-kids.de

Das Zusammentreffen von Diabetes und Depression ist besonders gefährlich. Depressive vernachlässigen Ernährungsprinzipien und Therapie und neigen zu direkten oder indirekten suizidalen Handlungen. Manche Menschen können ihre Zuckerkrankheit nicht akzeptieren – sie erleiden rasch Organschäden und sterben früh. Kommt Alkohol hinzu, verläuft der seelische und körperliche Abbau noch schneller.

Beim Typ-2-Diabetes bestätigt sich oft der Ausspruch Albert Einsteins: „Die Denkweise, die zu einem Problem geführt hat, ist nicht geeignet, um es zu lösen." Dies gilt auch für die Lebensweise, die den Typ 2 entstehen lässt und die geändert werden müsste, um diesen zu therapieren. Viele Patienten sind dazu nicht motiviert, oft auch nicht in der Lage. Arzt und MFA müssen hier ihre Grenzen erkennen und dennoch verständnisvoll und motivierend beraten.

motivierende Gesprächsführung
→ LF 11, S. 489

Prominente Typ-1-Diabetiker, wie die Schauspielerin Halle Berry (mit 23 Jahren erkrankt), der Olympiasieger im Gewichtheben Matthias Steiner (mit 18 Jahren erkrankt), die ihre Erkrankung öffentlich thematisieren, machen anderen Mut. Oft nutzen Betroffene ihr Wissen und ihre Motivation auch, um anderen zu helfen, indem sie sich beruflich oder ehrenamtlich für Diabetiker engagieren – diese Profis sind im doppelten Sinne glaubwürdig.

Abb. 2 Der Gewichtheber Matthias Steiner gehört trotz seines Diabetes zu den Weltklassesportlern.

450 | Patienten bei diagnostischen und therapeutischen Maßnahmen der Erkrankungen des Verdauungssystems begleiten

Terminologie: Diabetes mellitus

Azidose	Übersäuerung; Absinken des pH-Wertes im Körper unter 7,35
Broteinheit (BE)	Berechnungseinheit für Kohlenhydrate (1 BE = 12 g)
Blutzuckerspiegel (**BZ**; Kw. **Blutzucker**)	Glukosekonzentration im Blut
Depotinsulin (Syn. **Verzögerungsinsulin**)	lang wirksames Insulin mit verzögertem Wirkungseintritt, das nach s.c.-Injektion z. B. 12 bis 24 Stunden lang wirkt
Diabetes mellitus (**D. m.**; Syn. **Zucker-krankheit**)	Stoffwechselerkrankung, die auf einem absoluten und/oder relativen Insulinmangel bzw. mangelnder Insulinwirkung beruht und mit einem erhöhten Blutzuckerspiegel einhergeht
Diabetes mellitus Typ 1 (Syn. **juveniler Diabetes**)	primär insulinabhängiger Diabetes mellitus (Autoimmunkrank-heit)
Diabetes mellitus Typ 2	nicht primär insulinabhängiger Diabetes mellitus (Stoffwechsel-krankheit; zumeist Teil des metabolischen Syndroms)
Diabetiker	Patient, der an Diabetes mellitus erkrankt ist
diabetische Angiopathie	Arteriosklerose durch Diabetes mellitus
diabetische Makroangiopathie	Arteriosklerose großer Arterien durch Diabetes mellitus
diabetische Mikroangiopathie	Arteriosklerose kleiner Arterien durch Diabetes mellitus
diabetische Nephropathie	Nierenschäden durch Diabetes mellitus
diabetische Neuropathie	Nervenschäden durch Diabetes mellitus
diabetische Retinopathie	Netzhautschäden durch Diabetes mellitus
Diabetologe	Facharzt (z. B. Internist) mit der Zusatzbezeichnung **Diabetologie** (Diagnostik und Therapie des Diabetes mellitus)
Hämoglobin A_{1c} (HbA_{1c})	Hämoglobinanteil, der Glukose bindet und daher den mittleren Blutzuckerspiegel der letzten 8–10 Wochen wiedergibt
Gestationsdiabetes	Schwangerschaftsdiabetes
Glukagon	Blutzucker steigerndes Hormon der Pankreasinseln
Hyperglykämie	erhöhter Blutzuckerspiegel
Hyperinsulinämie	erhöhter Insulinspiegel im Blut
Hypoglykämie	erniedrigter Blutzuckerspiegel; Unterzuckerung
Insulin	Blutzucker senkendes Hormon der Pankreasinseln
intensivierte (konven-tionelle) Insulinthera-pie (ICT)	Insulintherapie v. a. des Diabetes mellitus Typ 1, bei der ein- bis zweimal täglich Verzögerungsinsulin (Depot- bzw. Basalinsulin) und vor jeder Mahlzeit die passende Dosis Normalinsulin injiziert wird
Kohlenhydrateinheit (KE)	Berechnungseinheit für Kohlenhydrate (1 KE = 10 g)

Ketoazidose	Stoffwechselentgleisung mit Hyperglykämie, bei der der Körper übersäuert und sich Ketone anhäufen (führt zum Koma)
Keton	Stoffwechselprodukt des Fettabbaus, das bei Diabetes mellitus auf eine hyperglykämische Entgleisung hinweisen kann
konventionelle Insulintherapie (CT)	unkomplizierte Insulintherapie des Diabetes mellitus Typ 2, bei der zwei Injektionen Mischinsulin am Tag verabreicht werden
Langerhans-Inseln	Zellinseln des Pankreas, in denen Insulin gebildet wird
Makrosomie	erhöhte Körpergröße und erhöhtes Körpergewicht
Normalinsulin (Syn. Altinsulin)	rasch und kurz wirksames Insulin, dessen Wirkung ca. 20 min nach der s.c.-Injektion eintritt; vgl. Depotinsulin
Normoglykämie	normaler Blutzuckerspiegel
orale Antidiabetika	Arzneimittel zur Diabetestherapie, die eingenommen werden
oraler Glukosetoleranztest (OGTT)	standardisierter Test zur Diabetesdiagnostik (75 g Glukose in 300 mL Lösung, BZ-Messung vor dem Trinken und nach 2 h)
Polydipsie	verstärktes Durstgefühl
Prädiabetes (Syn. gestörte Glukosetoleranz; latenter Diabetes)	Vorstufe des Diabetes mellitus, bei der reichliche Kohlenhydratzufuhr den Blutzuckerspiegel stark ansteigen lässt
präprandial	vor einer Mahlzeit
postprandial	nach einer Mahlzeit

> **HINWEIS**
>
>
>
> Für schwangere Diabetikerinnen gelten besonders strenge BZ-Grenzwerte, da nur so gewährleistet ist, dass das Kind keine Makrosomie u. a. Komplikationen entwickelt.

AUFGABEN

1 Erklären Sie die Begriffe Glukose, Glykogen, Glukagon und Insulin und erläutern Sie den Zuckerstoffwechsel unter Verwendung dieser vier Begriffe.

2 Wie lautet die Definition des Diabetes mellitus?

3 Nennen Sie die drei wichtigsten Unterformen des Diabetes mellitus.

4 Erläutern Sie die Therapie der drei Diabetesarten.

5 Nennen Sie typische Symptome der Hypoglykämie.

6 Nennen Sie typische Symptome der Hyperglykämie.

7 Welche Sofortmaßnahmen ergreifen Sie, wenn ein Diabetiker in schlechtem Allgemeinzustand in Ihre Praxis kommt?

8 Welche Sofortmaßnahmen ergreifen Sie bei einem hypoglykämischen Patienten, welche bei einem hyperglykämischen Patienten?

9 Erklären Sie, warum der HbA_{1c} Auskunft über den mittleren Blutzucker der letzten 8–10 Wochen gibt.

10 Welche Bedeutung hat die Mikroalbuminurie bei Diabetikern?

11 Für welche Diabetiker sind orale Antidiabetika geeignet?

12 Erklären Sie, weshalb Insulin nicht oral eingenommen werden kann.

LF 10

Patienten bei kleinen chirurgischen Behandlungen begleiten und Wunden versorgen

1	**Die Haut und ihre Aufgaben**	456
1.1	Anatomie der Haut	456
	Pflege der gesunden Haut	457
1.2	Symptome und Diagnostik bei	
	Hauterkrankungen	458
1.3	Grundsätze dermatologischer Therapie	459

2	**Allergien und allergische Erkrankungen** .	460

3	**Häufige Hauterkrankungen**	462
3.1	Neurodermitis (atopische Dermatitis)	462
3.2	Psoriasis (Schuppenflechte)	462
3.3	Häufige Mykosen der Haut	463
3.4	Lichtbedingte Hauterkrankungen und	
	Pigmentnävi	464
	Aktinische Keratosen und	
	Plattenepithelkarzinom	464
	Basaliom (Basalzellkarzinom)	464
	Malignes Melanom.	465

4	**Wundheilung und Wundversorgung**	468
4.1	Wundheilung	468
	Wundheilungsstörungen.	469
4.2	Wundversorgung	470
	Tetanusschutz im Verletzungsfall	470
	Durchführung der primären Wundversorgung .	471
4.3	Wundmanagement	472

5	**Kleine Chirurgie in der Praxis**	473
5.1	Nahtmaterial und Nahtentfernung	473
5.2	Instrumente	474
5.3	Assistenz bei kleinen Eingriffen	475
5.4	Verbandlehre	476
	Wundschnellverband	476
	Fingerverband	477
	Salbenverband.	477
	Handverband	477
	Stützverband	478
	Kompressionstherapie bei Varikose	478

Unsere **Haut**...

Über 4000 Krankheiten...

und Syndrome von Haut, Haaren und Nägeln gibt es in der Dermatologie; obgleich viele der Patienten in Hautarztpraxen an „altbekannten" chronischen Krankheiten wie Neurodermitis und Psoriasis leiden.
Der Sonnen- und Freizeitkult der letzten 50 Jahre fordert nun seine Opfer in Form vermehrter Hautkrebsfälle.

Auch andere Modeerscheinungen wie die Probleme im Zusammenhang mit Tätowierungen und Piercings sowie die vielfältigen Eingriffe und Therapien zur Schönheitspflege haben die Dermatologie und ihr Angebot gründlich verändert.

Als MFA kennen Sie die häufigsten Hautkrankheiten und gehen mit den Patienten medizinisch und menschlich korrekt um. Das bedeutet ein gewissenhaftes Einhalten aller Hygieneregeln, ohne dabei jemanden wegen sichtbarer Hauterscheinungen zu diskriminieren. Verbandwechsel und Wundversorgung führen Sie selbstständig durch oder assistieren dabei.

Die Haut spiegelt...

oft ungefragt – unsere „Innenwelt" wider. Nicht nur Sympathie, Freude und Begeisterung, auch Verlegenheit, Angst und Stress drückt unsere „Hülle" so eindeutig aus, dass sie uns im wahrsten Sinne des Wortes schamrot werden lässt.

Aber nicht nur die Psyche, auch die körperliche Gesundheit nutzt das „Sprachrohr Haut". Jeder kennt Ausschlag bei Kinderkrankheiten wie Masern und Scharlach; doch auch beim Erwachsenen „spricht" die Haut: Gelbsucht bei Lebererkrankungen, Blässe bei Anämie, hochrote Wangen bei Diabetes und metabolischem Syndrom, Zyanose bei Lungen- und Herzerkrankungen sind die bekanntesten „Haut-Aussagen".

....Fühlen Sie sich wohl in Ihrer Hülle?

Auch in der Arztpraxis ist Schönheit ein Thema

Flache, hautschonende Nähte nach Verletzungen und operativen Eingriffen, konsequente Aknetherapie, Entfernung bzw. Behandlung von Narben, Muttermalen, erweiterten Äderchen und Pigmentstörungen u.v.m. sind heute Bestandteil des Standard- oder IGeL-Angebots (nicht nur) in Hautarztpraxen.

Weil die Haut stets die Wahrheit sagt – ganz besonders über unser Alter – gewinnen auch rein kosmetische Eingriffe in dermatologischen Praxen zunehmend an Bedeutung.

Hier ist neben Ihrer Fachkompetenz auch viel Fingerspitzengefühl im Umgang mit den Wünschen, Ängsten, Hoffnungen und Ansprüchen der Patienten erforderlich.

Die Haut und ihre Aufgaben

Die Haut ist mit 1,7 m² das größte Organ des Menschen. Sie bildet die Körperoberfläche und wiegt ca. 11 kg. Da auch das subkutane Fettgewebe zur Haut gehört, kann sie bei Adipositas erheblich schwerer sein. Die Lehre von den Hautkrankheiten ist die **Dermatologie**.
Die Haut erfüllt zahlreiche **Aufgaben**:
- Verletzungsschutz (durch die Lederhaut)
- Infektionsschutz (durch den |Säureschutzmantel)
- Schutz vor UV-Strahlen (durch Melanin und die Hornschicht)
- Polsterung und Wärmeisolation (durch das subkutane Fettgewebe)
- Temperaturregulation (durch Weit- und Engstellung der Hautgefäße)
- Sinnesfunktionen (durch Tastkörperchen und Nervenendigungen)
- Vitamin-D-Bildung bei UV-Bestrahlung

Säureschutzmantel
Fett- und Feuchtigkeitsschicht der Haut mit Lipiden aus Talgdrüsen und Milchsäure aus Schweißdrüsen; pH 5,4

1.1 Anatomie der Haut

Die Haut gliedert sich in **Epidermis** (Oberhaut, ein mehrschichtiges, verhorntes Plattenepithel) und **Dermis** (die an |Kollagen reiche Lederhaut). Epidermis und Dermis bilden zusammen die **Kutis**. Unterhalb der Kutis liegt die **Subkutis** mit dem subkutanen Fettgewebe. Die Epidermis regeneriert sich ständig durch Teilung ihrer untersten Zellschicht, der **Basalzellschicht**. Die **Basalmembran** liegt unterhalb der Basalzellschicht und trennt so Epidermis und Dermis.

Kollagen
→ LF 3, S.27

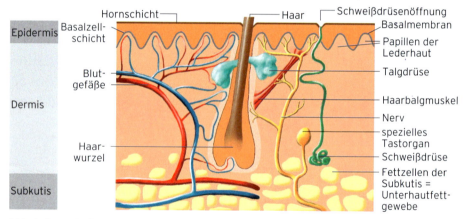

Abb. 1 Querschnitt durch die Haut

In die Basalzellschicht eingebettet liegen die **Melanozyten**. Sie bilden das dunkle UV-Schutz-Pigment **Melanin**. Ihre mit Pigmentkörnchen gefüllten Fortsätze bedecken bei starker Sonnenbestrahlung die Basalzellen wie ein Sonnenschirm. So schützt das Melanin die während der Zellteilung besonders mutationsgefährdete DNA der Basalzellen.

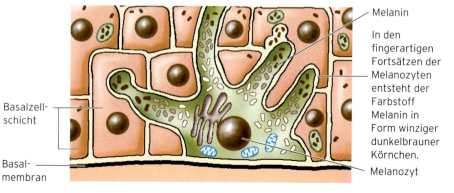

Abb. 2 Ausschnitt aus der Basalzellschicht der Oberhaut mit einem Melanozyten und vielen Epithelzellen

Die Haut und ihre Aufgaben | **457**

Die **Hautbräunung** verläuft in zwei Schritten:
- Zuerst dunkelt vorhandenes Melanin nach **(Sofortbräunung)**,
- dann wird vermehrt Pigment gebildet **(Nachbräunung** über einige Tage).

Zusätzlich verdickt sich die Hornschicht (sog. **Lichtschwiele**), wodurch stark gebräunte Haut ein grobes, lederartiges Aussehen erhält. UV-A-Licht, das in Sonnenstudios verwandt wird, ist weniger energiereich als UV-B, fördert aber dennoch Faltenbildung und Hautkrebs. Risikoarme Bräune kommt aus der Tube – Selbstbräuner verändern Proteine der Hornschicht und Make-up enthält farbige Pigmente.

Zur Festigkeit der Haut trägt die Verzahnung von Epidermis und Dermis mittels fingerförmiger Ausstülpungen **(Papillen)** bei, die in Querschnitten ein wellenförmiges Muster der Epidermis-Dermis-Grenze erzeugen (→ S. 456, Abb. 1). Da jede Papille Blutgefäße enthält, kommt es bei Schürfwunden, bei denen die Hautoberfläche abgetragen wird, zu dicht stehenden punktförmigen Blutungen.

Innerhalb eines Monats regeneriert sich die Epidermis, indem sich ständig Basalzellen teilen und ältere Zellen allmählich zur Hautoberfläche vorgeschoben werden. Dabei degenerieren diese älteren Zellen immer mehr und formen sich schließlich in Hornschuppen um. Die Hornschuppen schilfern unbemerkt ab (→ Abb. 1). Jeder Mensch verliert ca. 1 kg Hautschuppen im Jahr. Diese lösen sich v. a. beim An- und Ausziehen. Sie bilden einen Teil des Hausstaubes, der daher insbesondere im Schlafzimmer auftritt. Von den proteinreichen Hautschuppen ernähren sich die Hausstaubmilben.

Über die biologische Wirkung elektromagnetischer Wellen inkl. UV-Licht informiert das Bundesamt für Strahlenschutz
www.bfs.de

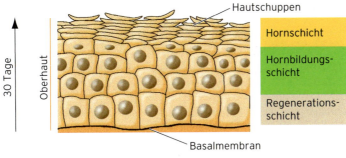

Abb. 1 Querschnitt durch die Oberhaut

Die Haut hat verschiedene **Sinnesfunktionen**. Die entsprechenden Reize werden von speziellen Tastkörperchen und freien Nervenendigungen (→ Abb. 2) aufgenommen und über afferente (zum Gehirn hinführende) Nerven an das ZNS weitergeleitet.
Haare, Schweiß-, Talg- und Duftdrüsen, Finger- und Fußnägel sowie definitionsgemäß auch die Brustdrüsen sind die sog. **Hautanhangsgebilde**. Sie gehören zur Haut, ohne Epithelbestandteile zu sein.

Pflege der gesunden Haut

Hautwaschmittel sollten v. a. die natürliche Lipidschicht der Haut schonen. Tägliches Duschen mit Duschgel oder Seife überfordert fast jede Haut, sodass sie mit Trockenheit und Juckreiz reagiert. Eincremen mit |fettreichen Zubereitungen (Wasser-in-Öl-Emulsionen, Typ Fettcreme) ist nach Benutzung entfettender Waschmittel und bei trockener, empfindlicher Haut wichtig. Das Eincremen sollte direkt nach dem Abtrocknen erfolgen, solange die Haut noch etwas feucht ist. Die Creme verteilt sich dann am leichtesten und wirkt am besten. Dabei bildet sich eine Wasser-Fett-Schicht, die den natürlichen Schutzfilm nachahmt. Milde Waschmittel, die sog. **Syndets** (**syn**thetische **Det**ergenzien, die meisten Flüssig-„Seifen"), entfetten weniger stark als Seife, sodass zum Rückfetten ein Pflegemittel für normale Haut (Öl-in-Wasser-Emulsion, Typ Feuchtigkeitscreme) ausreicht. Von Natur aus fettreiche Haut, die glänzt und zu Hautunreinheiten neigt, sollte so wenig wie möglich eingecremt werden, da sonst leicht eine Kosmetikakne oder |periorale Dermatitis entstehen können.

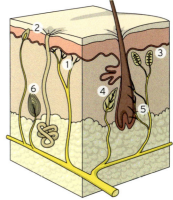

Abb. 2 In der Haut liegen nicht nur Rezeptoren für Berührung und Druck, sondern auch unterschiedliche Sinneseinrichtungen für weitere Reize:
1 Freie Nervenendigung: Schmerz, Wärme, Kälte
2 Merkel-Zellen: Druck
3 Tastkörperchen: Tasten
4 Ruffini-Körperchen: Druck, Spannung
5 Haarbalggeflecht: Berührung
6 Lamellenkörperchen: Druck

streichfähige Arzneimittel
→ LF 4, S.169

periorale Dermatitis
→ S.459

1.2 Symptome und Diagnostik bei Hauterkrankungen

Allergene
Allergien auslösende Stoffe, z. B. Kosmetik, Haustiere, Medikamente, Nahrungsmittel

Allergien
→ LF 10, S. 460

Auch in der Dermatologie ist die Anamnese die wichtigste diagnostische Maßnahme. Psoriasis (Schuppenflechte) und Neurodermitis kommen familiär gehäuft vor. Oft müssen **Allergene**, d. h. Allergien auslösende Stoffe (z. B. Kosmetik, Haustiere, Medikamente, Nahrungsmittel), erfragt werden. **Allergien** können sich an der Haut z. B. als akutes oder chronisches **Ekzem** (**Dermatitis**; zumeist lokalisierte Entzündung der Haut) oder als **Exanthem**, d. h. als Hautausschlag, am ganzen Körper zeigen. Der Oberbegriff für Hautkrankheit lautet **Dermatose**.

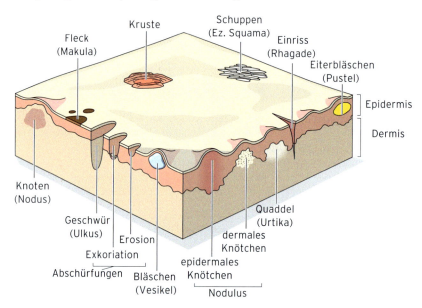

Abb. 1 Effloreszenzen

Pathologische Hauterscheinungen heißen **Effloreszenzen** (→ Abb. 1). Sie müssen bei der klinischen Untersuchung genau inspiziert, beschrieben und dokumentiert werden. Art und Menge sowie Anordnung und Lokalisation der Effloreszenzen sind für die Diagnosestellung wichtig. Besonders häufig kommen Quaddeln, Bläschen, Papeln, Pusteln und Schuppen vor.

Quaddeln
weiße Quaddel nach Tuberkulintest

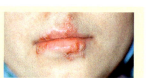

Bläschen
Herpes simplex labialis (Lippenherpes)

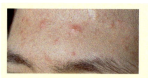

Papeln
tastbare Knötchen und Pusteln (Eiterbläschen bei Akne)

Schuppen
Psoriasis (Schuppenflechte)

Die Digitalfotografie erleichtert die Dokumentation und Verlaufsbeobachtung von Hautveränderungen. Mit Hilfe des **Dermatoskops**, eines kleinen Betrachtungsgeräts mit Licht und Lupe, können diese vergrößert betrachtet werden. Dies ist z. B. bei der Beurteilung pigmentierter Hautmale **(Nävi)** im Rahmen der Hautkrebsfrüherkennung sinnvoll. Gelegentlich sind Biopsien nötig, um am histologischen Bild die Diagnose zu stellen. Eine Vorbehandlung, z. B. mit Kortikoiden, verändert die Effloreszenzen und erschwert dadurch die Diagnostik.

Viele internistische Erkrankungen gehen mit Hautveränderungen einher; die Dermatologie nutzt daher Laboruntersuchungen, um z. B. Entzündungen, Leber-, Nieren- und Autoimmunerkrankungen zu diagnostizieren. Die mikrobiologische Diagnostik dient der exakten Bestimmung von Pilzen und Bakterien, um Infektionen gezielt zu therapieren.

Die meisten Hautärzte sind **Allergologen**, d. h. für die Erkennung und Behandlung von Allergien weitergebildet. Während bei Säuglingen zur Allergiediagnostik oft Bluttests angewendet werden, kommen bei älteren Kindern und Erwachsenen vor allem Hauttests zum Einsatz.

Der **Prick-Test** (→ Abb. 1) dient der Testung auf sog. **Inhalationsallergene**, wie Pollen, Tierhaare und Hausstaubmilben, die v. a. Heuschnupfen, Bindehautentzündung und Asthma hervorrufen. Der Prick-Test wird an einem oder beiden Unterarmbeugeseiten angelegt und nach ca. 20 Minuten abgelesen.

Der **Epikutantest** (→ Abb. 2 und 3) wird angewandt, um Stoffe zu testen, die Ekzeme hervorrufen. Dies sind z. B. Nickel und Chrom sowie Farb-, Duft- und Konservierungsstoffe in Kosmetika. Der Epikutantest wird am Rücken angelegt und nach drei Tagen (72 Stunden) abgelesen.

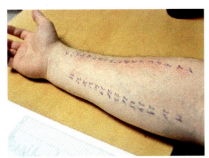
Abb. 1 Prick-Test

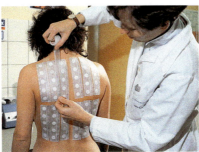
Abb. 2 Epikutantest = Allergietest, bei dem sich die verdächtigen Stoffe unter Pflastern befinden

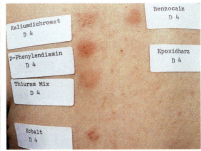
Abb. 3 Ablesen und Auswerten des Epikutantests: Deutliche Rötungen und Schwellungen zeigen allergische Reaktionen auf Teststoffe an.

1.3 Grundsätze dermatologischer Therapie

Viele Hautkrankheiten, z. B. Ekzeme durch Wasch- und Reinigungsmittel, können durch Vermeiden des Auslösers allein therapiert werden; dies gilt auch für viele Allergien.

Wirkstofffreie Zubereitungen zur intensiven Hautpflege, z. B. Fettsalben, Salben und Ölbäder, können den Zustand trockener, empfindlicher Haut erheblich bessern und so Ekzemen vorbeugen. Die Behandlung mit wirkstofffreien dermatologischen Pflegemitteln heißt **Grundlagentherapie**. Der Übergang zwischen Pflege und Therapie ist fließend. Die Auswahl der Grundlage passend zum Hauttyp und -zustand ist entscheidend, um den Therapieeffekt ggf. zugemischter Wirkstoffe zu ermöglichen: Wässrige Lösungen würden trockene, rissige Haut noch stärker entfetten und reizen, eine zähe Fettsalbe könnte auf einer nässenden Hautoberfläche nicht haften und der Wirkstoff würde die Epidermis nicht erreichen.

periorale Dermatitis entzündliche Hautkrankheit mit Papeln und Pusteln im Gesicht

Wichtige Wirkstoffgruppen der dermatologischen Therapie

Wirkstoffgruppe	Hauptwirkung	Nebenwirkungen (NW) und Kontraindikationen (KI)
Kortikoide mit Cortison verwandte Stoffe, z. B. Hydrocortison (schwach), Triamcinolon (mittelstark)	entzündungshemmend, Juckreiz vermindernd	Akut wenige NW; v. a. Verschlimmerung von Infektionen (KI); auf Dauer wird die Haut dünner, rötet sich, bekommt mehr Härchen und bleibend erweiterte Äderchen. Großflächige Anwendung kann das Immunsystem und die Nebennierenrinde schwächen. Cave: Die Anwendung im Gesicht führt zur perioralen Dermatitis.
Antihistaminika z. B. Cetirizin, Loratadin, Dimetinden	Juckreiz vermindernd, antiallergisch	NW: Einige Mittel wirken sedativ, was bei starkem (nächtlichem) Juckreiz erwünscht sein kann. Da die lokale Wirkung meist gering ist, ist grundsätzlich eine systemische Gabe, d. h. Einnahme, sinnvoll.
Antibiotika und Virostatika s. LF 2, S. 63 und 64		
Antimykotika z. B. Clotrimazol, Terbinafin	Pilzvermehrung hemmend	Anwendung bei Hautpilz (Fußpilz) meist lokal, bei Nagelpilz meist systemisch; wichtig: Nach Rückbildung der Effloreszenzen lange genug nachbehandeln.

Weitere dermatologische Therapiemaßnahmen sind die **Kryotherapie** (Kältetherapie; Vereisung), z. B. von Verhornungsstörungen und Viruswarzen, die **Bestrahlung** mit UV-A-Licht zur Besserung des Hautzustandes bei Neurodermitis oder Psoriasis (ggf. kombiniert mit Bädern oder mit Medikamenten, die die Lichtwirkung verstärken) und die **chirurgische Therapie** bei Tumoren, tumorverdächtigen sowie kosmetisch störenden Hautveränderungen.

2 Allergien und allergische Erkrankungen

Abb. 1 Typ-I-Allergie: Heuschnupfen

Abb. 2 Typ-IV-Allergie: allergisches Kontaktekzem

Bei Allergien reagiert das Immunsystem falsch bzw. übermäßig auf einen harmlosen Stoff. Ähnlich wie die Immunität ist die Allergie das Ergebnis eines Lernvorgangs des Immunsystems. Niemand kommt allergisch auf die Welt: Nur der Kontakt mit **Allergenen** führt zur **Sensibilisierung**, d.h. zur Allergieentstehung. Erst beim Zweitkontakt bzw. weiteren Allergenkontakten kann eine allergische Reaktion auftreten. Bestimmte Antigene lösen besonders oft Allergien aus. Wespengift z.B. kann auch bei Menschen ohne Allergieneigung schwere Reaktionen bewirken. Pollen und Nahrungsmittel erzeugen Allergien vorwiegend bei **Atopie**, d.h. bei erblicher Neigung zu Erkrankungen wie Asthma, Heuschnupfen und Neurodermitis. Allergische Reaktionen werden in vier Typen eingeteilt. Am häufigsten sind **Typ-I-** und **Typ-IV-Allergien**.

Allergietyp	Charakteristik	Typische Erkrankung
Typ I Soforttyp IgE-vermittelter Typ	Sobald das Allergen in den Körper gelangt, binden spezifische **IgE-Antikörper**, d.h. spezielle Allergie-Antikörper, daran und bewirken eine Histaminausschüttung. Diese erzeugt Juckreiz, Schwellung, Schleimhautsekretion, Bronchospasmus (Asthma bronchiale) und ggf. einen ❙anaphylaktischen Schock. **Symptombeginn innerhalb von Minuten**	Pollenallergie mit Heuschnupfen, Konjunktivitis (Bindehautentzündung), Asthma bronchiale, Nahrungsmittelallergie; Kribbeln und Schwellungen im Mund **(orales Allergiesyndrom)** und ggf. Verschlimmerung einer Neurodermitis
Typ II zytotoxischer Typ	Die Bindung bestimmter Antigene an Zellen führt zu deren Abtötung durch zytotoxische ❙Killerzellen.	Erythrozyten-, Thrombozyten- oder Leukozytenmangel durch z.B. Novaminsulfon (Metamizol)
Typ III Immunkomplextyp	❙Antigen-Antikörper-Komplexe lösen Entzündungsreaktionen der Haut aus.	Vaskulitis (Blutgefäßentzündung, z.B. an den Unterschenkeln)
Typ IV verzögerter Typ T-Zell-vermittelter Typ	Sensibilisierte ❙T-Lymphozyten zirkulieren in der Haut und erzeugen bei Allergenkontakt ein Ekzem am Ort der Allergeneinwirkung. **Symptombeginn nach wenigen Tagen**	allergisches **Kontaktekzem**, z.B. auf Nickel, Chrom, Kosmetik, Arzneimittelexanthem (Hautausschlag wenige Tage nach Medikamenteneinnahme)

anaphylaktischer Schock
→ LF 5, S.269

Killerzellen
→ LF 3, S.38

Antigen-Antikörper-Komplex
→ LF 3, S.40

T-Lymphozyten
→ LF 3, S.37

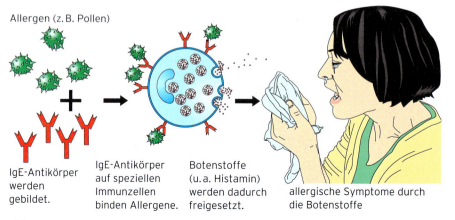

Abb. 3 Ablauf einer allergischen Typ-I-Reaktion

Die Therapie allergischer Erkrankungen besteht – wenn möglich – im Vermeiden des Auslösers. Symptomatisch helfen bei Typ-I-Reaktionen **Antihistaminika**, die z. B. bei Heuschnupfen während der Pollensaison täglich eingenommen werden. Sie bewirken eine subjektive Besserung und können helfen, eine Verschlimmerung der Beschwerden sowie den sog. **Etagenwechsel** (zu Heuschnupfen kommt Asthma hinzu) zu verhindern. Auch vermindern sie die sog. allergische Spätreaktion. Dies ist eine der Soforttyp-Reaktion nach 12 bis 24 Stunden folgende Immunreaktion mit Krankheitsgefühl und Müdigkeit.

Die Typ-I-Reaktion ist keine lokale, sondern eine Erkrankung des ganzen Körpers. Oft müssen mehrere Antihistaminika ausprobiert werden, da das Entzündungsgeschehen in mehreren Varianten verläuft, denen bestimmte Arzneistoffe mehr oder weniger gut entgegenwirken. Selten sind Kortikoide und andere Stoffe erforderlich.

> **MERKE**
>
> Oft machen nicht die **Antihistaminika** den Patienten müde, sondern die allergische Reaktion selbst. Einige sedierende Antihistaminika-Wirkstoffe werden auch als rezeptfreie Schlafmittel verkauft, z. B. Doxylamin.

Der lebensbedrohliche **anaphylaktische Schock** erfordert eine notärztliche Behandlung mit sofortiger (intravenöser) Adrenalin-, Antihistaminika- und Kortikoid-Gabe. Hochallergische Patienten bzw. ihre Angehörigen erhalten Notfallsets und werden entsprechend geschult.

anaphylaktischer Schock
→ LF 5, S. 269

Mit Hilfe der **spezifischen Immuntherapie (SIT; Hyposensibilisierung)** kann dem Immunsystem die Soforttyp-Allergie quasi abgewöhnt werden, indem das Allergen – mit minimalen Mengen beginnend – regelmäßig s.c. injiziert wird. Dies bewirkt eine Gewöhnung; es werden „normale" **IgG-Antikörper** gebildet und das Ausmaß der allergischen Reaktion durch IgE-Antikörper geht allmählich zurück. SIT birgt jedoch das Risiko einer anaphylaktischen Reaktion, weshalb der Patient nach jeder Injektion 30 Minuten lang in der Praxis unter Beobachtung bleibt. Besonders zuverlässig gelingt die SIT bei Wespengiftallergien.

Hinweis: Der ältere Begriff **Desensibilisierung** wird nicht mehr verwendet, da er wörtlich „Umkehr der Allergieentstehung" bedeutet und die SIT zwar zur Abschwächung der allergischen Reaktion, aber nicht zur vollständigen Auslöschung der Allergie führt.

Bei **Kontaktallergien** (Typ IV) ist das Meiden des Allergens unbedingt anzustreben, da sich die allergische Reaktion bei fortgesetztem Kontakt verstärkt. Antihistaminika helfen bei Kontaktekzemen nicht, da Histamin nicht an der Typ-IV-Reaktion beteiligt ist. Lokale Kortikoid-Anwendung bessert die Symptome und ist bei kurzfristiger Anwendung unproblematisch.

Abb. 1 Der Kontakt mit Allergenen von Haustieren oder Pflanzen kann Hautkrankheiten auslösen.

Die Prävention allergischer Erkrankungen ist nur teilweise möglich. Vieles spricht für das Stillen von Säuglingen. Starke Allergene wie Fisch und Nüsse sollten atopische Kinder in den ersten beiden Lebensjahren nicht erhalten. Auf Haustiere mit Fell sollte verzichtet werden und die Wohnung sollte hausstaubarm eingerichtet sein. Ruß und Zigarettenrauch fördern allergische Erkrankungen. Infekte und Kontakt mit Umweltantigenen (d. h. Schmutz) schon in früher Kindheit sollen einen gewissen Schutz vor Allergien bieten.

Für die MFA ist es zur Allergieprävention wichtig, dass sie ihre Hände gut pflegt. Risse sind Eintrittspforten für Allergene und für Erreger. Häufige Händedesinfektion ist besser und hautschonender als wiederholtes Waschen. Mit wirkstoffhaltigen Salben und Cremes sollte nie mit bloßen Händen hantiert werden.

Abb. 2 Stillen ist besonders für atopische Säuglinge ratsam.

3 Häufige Hauterkrankungen

3.1 Neurodermitis (atopische Dermatitis)

Definition: Neurodermitis (atopische Dermatitis) ist eine chronische und/oder in akuten Schüben auftretende Entzündung der Haut an charakteristischen Körperstellen. Das Hauptsymptom ist der Juckreiz. Oft bestehen weitere atopische Erkrankungen.

Epidemiologie: Etwa 10 % der Vorschulkinder und 3 % der Erwachsenen sind betroffen. Die Häufigkeit sehr empfindlicher Haut, d. h. leichter Neurodermitis, liegt etwa dreimal höher.

Ursachen und Pathogenese: Ursache ist eine vererbte Hautfunktionsstörung. Die Haut ist übermäßig reizbar, sodass Kälte, Wärme, Schwitzen, Austrocknung oder Wollkontakt zu Juckreiz und Entzündung führen. Manche Patienten spüren eine Verschlimmerung nach säurehaltigen Nahrungsmitteln wie Zitrusfrüchten und Tomaten. Stress, Konflikte und Aggression können ggf. die Symptome verschlimmern, was zur Bezeichnung *Neuro*dermitis geführt hat. Meistens nehmen die Symptome im Winter durch Kälte und Heizungsluft zu.

Abb. 1 Der sogenannte Milchschorf ist oft das erste Zeichen einer Neurodermitis.

Symptome: Als erstes Symptom tritt oft bei Säuglingen der sog. Milchschorf auf (→ Abb. 1). Es kommt zu nässenden **Ekzemen** im Gesicht und am Rumpf. Bei Klein- und Schulkindern ist das Beugenekzem typisch (→ Abb. 2). Erwachsene leiden oft unter Handekzemen und trockener, reizbarer Haut. Zumeist bessert sich der Hautzustand im Verlauf der Jugend; nur selten tritt Neurodermitis erstmals im Erwachsenenalter auf.

Komplikationen: Da bestimmte Funktionen der T-Zellen gestört sind, verlaufen Virusinfektionen wie Lippenherpes und Varizellen schwerer und erfordern eine virostatische Therapie bzw. rechtzeitige Varizellenimpfung. Aufgekratzte Stellen neigen zu bakteriellen Superinfektionen.

Diagnostik: Die Diagnose wird klinisch gestellt. Meistens ist die Familienanamnese positiv.

Therapie: Die Therapie besteht v. a. im Weglassen vermeidbarer Hautreizungen und intensiver Hautpflege. Synthetischer Harnstoff (lat. Urea) wirkt antientzündlich und bindet Feuchtigkeit in der Haut. Kortikoide wirken zuverlässig lindernd, sind aber bei dauerhafter Gabe problematisch. Neuere entzündungshemmende Wirkstoffe wie Tacrolimus sind besser verträglich, aber auch nicht ohne Risiken. Die abendliche Gabe sedierender Antihistaminika kann nächtliche Kratzattacken ggf. verhindern. Reizarme, weiche Kleidung und allergenarme Pflegemittel sind wichtig. Bei nachgewiesenen Allergien ist der Auslöser zu meiden. Eine generelle Neurodermitisdiät gibt es jedoch nicht. Die atopische Dermatitis ist nicht heilbar.

Hinweis: Auch Kratzen allein ist eine Belastung der Haut, die zur Entzündung führt und weiteren Juckreiz erzeugt – ein Teufelskreis. In Schulungen können Patienten „Kratzalternativen" wie Streicheln, Drücken, Eincremen, Entspannungstechniken usw. einüben.

Abb. 2 Neurodermitis oder endogenes Ekzem: Die Haut der Unterarme des Kindes zeigt Entzündung, Kratzeffekte und eine Vergröberung der Hautstruktur durch die chronische Entzündung.

3.2 Psoriasis (Schuppenflechte)

Definition: Psoriasis ist eine genetisch bedingte Autoimmunkrankheit der Haut, die sich durch Schuppung und Entzündung der befallenen Hautstellen äußert.

Epidemiologie: Ca. 2,5 % der Bevölkerung sind betroffen.

Ursachen und Pathogenese: Die Hautregeneration von der Basalzellteilung bis zur Abschuppung findet bei Psoriasis in vier statt normalerweise in 30 Tagen statt. Die Haut ist sehr reizbar und reagiert auf jede Art von Irritation bzw. Schädigung mit der typischen Entzündung und Schuppung. Medikamente, Infektionen, Alkohol und Nikotin können Psoriasis auslösen oder verschlimmern.

Symptome: Psoriasis geht mit starker Schuppung und Entzündung der betroffenen Hautstellen einher. Die Effloreszenzen treten v. a. an mechanisch belasteten Stellen auf: Kopfhaut, Knie, Ellenbogen und Kreuzbein sind bei der chronischen Form betroffen (→ S. 463, Abb. 1). Gesun-

---

Infektionskrankheiten mit Exanthem: Varizellen mit Herpes zoster, Scharlach, Masern, Röteln
→ LF 3, S. 75

wohnortnahe Selbsthilfegruppen unter
www.nakos.de
(Nationale Kontakt- und Informationsstelle für Selbsthilfe)

Informationen über Neurodermitis und andere atopische Erkrankungen
www.daab.de
(Deutscher Allergie- und Asthmabund)

Psoriasis-Selbsthilfegruppen finden sich unter
www.psoriasis-selbsthilfe.org

de bemerken die unvermeidlichen mechanischen Belastungen der genannten Körperstellen nicht. Oft sind die Nägel verändert. Die Nagelpsoriasis kann leicht mit Nagelpilz verwechselt werden. Sie tritt gehäuft bei Gelenkbeteiligung auf.

Komplikationen: Akute Schübe werden z. B. durch Streptokokkenangina, Betablocker oder Malariamittel ausgelöst und treten ausschlagartig über die gesamte Haut verteilt auf. Eine Komplikation bzw. Sonderform der Psoriasis stellt die Psoriasis-Arthritis dar. Sie ähnelt der rheumatoiden Arthritis, kann auch ohne Hauterscheinungen auftreten und ggf. sehr schwer verlaufen. Inzwischen wird die Psoriasis als entzündliche Systemkrankheit verstanden.

Diagnostik: Die Diagnose erfolgt klinisch, nur in untypischen Fällen durch Biopsie und histologische Untersuchung.

Therapie: Intensive Hautpflege, um die Reizbarkeit der Haut zu mindern. UV-A-Bestrahlung, ggf. kombiniert mit Bädern und die Lichtwirkung verstärkenden Medikamenten, bessert den Hautzustand oft. Eine systemische Therapie z. B. mit Fumarsäure, Immunsuppressiva, Biologicals und ggf. Kortikoiden erfolgt, wenn die Lokaltherapie nicht ausreicht. Psoriasis ist nicht heilbar. Das metabolische Syndrom und Depressionen kommen bei Psoriasis gehäuft vor.

Abb. 1 Chronische Psoriasis am Ellenbogen

| rheumatoide Arthritis
→ LF 4, S.140

3.3 Häufige Mykosen der Haut

Definition: Die häufigste Mykose des Menschen ist die **Interdigitalmykose**, der Fußpilz in den Zehenzwischenräumen. Auch Nagelpilz ist verbreitet; er wird als **Onychomykose** bezeichnet.

Ursachen und Pathogenese: Schwitzen, luftdichtes Schuhwerk sowie Resistenz und Durchblutung mindernde Faktoren, wie Diabetes, Rauchen und pAVK, fördern Mykosen. Onychomykose kommt außerdem oft bei Joggern vor. Laufen geht mit Stößen der Zehennägel gegen die Schuhspitze einher, was Pilzen das Eindringen in das Nagelbett erleichtert.

Symptome: Feuchte, rissige, weißliche Veränderungen in den Interdigitalräumen, d. h. zwischen den Zehen bzw. Fingern (→ Abb. 2) bzw. dunkle, verdickte Finger- bzw. Fußnägel (→ Abb. 3) sind typisch.

Diagnostik: klinisch; in Zweifelsfällen Abstrich bzw. Pilzkultur

Therapie: Die Lokaltherapie ist nur bei leichtem Fußpilz erfolgreich. Die Onychomykose muss lange lokal behandelt werden oder erfordert eine systemische Therapie über mehrere Monate. Wichtig ist die Desinfektion von Socken und Schuhen, um eine Wiederansteckung zu vermeiden.

Prävention: Siehe Ursachen; gründliches Abtrocknen der Zehenzwischenräume nach dem Waschen und Schwimmen ist die beste Prävention der Interdigitalmykose.

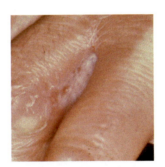

Abb. 2 Interdigitalmykose

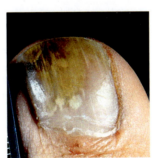

Abb. 3 Onychomykose

| Mykosen
→ LF 3, S.78

Akne vulgaris bekommt fast jeder Mensch während der Pubertät. Die hohen Geschlechtshormonspiegel bewirken über mehrere Mechanismen die Bildung von **Komedonen** („Pickeln"), eitrigen Entzündungen und ggf. Narben. Es kommt zunächst zu erhöhter Talgproduktion **(Seborrhö)**, außerdem zum **Talgstau** in den Haarfollikeln (Haartrichtern) und schließlich zum Austritt von Fettsäuren ins umgebende Gewebe und dadurch zur **Entzündung**. Bei jungen Männern ist die Akne oft ausgeprägter, da sie einen höheren Testosteronspiegel als die Frauen haben. Tritt eine Akne nach dem 30. Lebensjahr auf, ist entweder der Testosteronspiegel erhöht (Veranlagung oder Doping), werden fettreiche Kosmetika nicht vertragen (Kosmetikakne) oder andere, seltene Ursachen liegen vor.

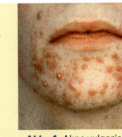

Abb. 4 Akne vulgaris

3.4 Lichtbedingte Hauterkrankungen und Pigmentnävi

Ursachen und Pathogenese: Die im Laufe des Lebens auf die Haut einwirkende UV-Strahlung erzeugt Zellschäden und Mutationen. Es kommt zu benignen und malignen Hautveränderungen bzw. -erkrankungen. Eher licht- als altersbedingt lässt die Hautelastizität nach und es bilden sich Falten. Die Pigmentierung wird unregelmäßig; Altersflecken entstehen. Die Haut wird dünner, da das Immunsystem immer mehr Zellen auf Grund von Mutationen abtötet. Auch die |Hautanhangsgebilde unterliegen der |Altersatrophie.

Hautanhangsgebilde
→ LF 10, S. 457

Atrophie
→ LF 4, S. 134

Aktinische Keratosen und Plattenepithelkarzinom

Häufig entstehen an stark belichteten Stellen, d. h. im Gesicht, auf den Handrücken und bei Glatzenbildung auf der Kopfhaut, Verhornungsstörungen, sog. **aktinische** (stahlenbedingte) **Keratosen** (→ Abb. 1). Aktinische Keratosen sind **Präkanzerosen** (Krebsvorstufen), da sie in **Plattenepithelkarzinome** (→ Abb. 2) übergehen können. Sie sollten deshalb entfernt werden. Dies kann z. B. mit Lokaltherapeutika, Kryotherapie oder chirurgisch geschehen.

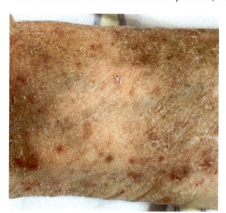

Abb. 1 Altershaut mit aktinischen Keratosen

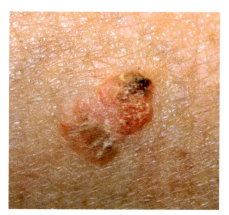

Abb. 2 Plattenepithelkarzinom

Basaliom (Basalzellkarzinom)

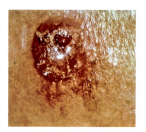

Abb. 3 Noduläres Basaliom mit zentralem Ulkus

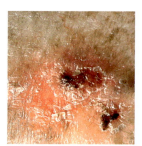

Abb. 4 Flaches Basaliom, das der Patient als schlecht heilende Wunde empfindet.

Definition und Epidemiologie: Krebs der Basalzellen der Epidermis. Das **Basaliom** ist der häufigste Krebs des Menschen. Es kommt in den üblichen Krebsstatistiken nicht vor, da es fast nie zum Tode führt. Es ist ein semimaligner Tumor, es zerstört angrenzendes Gewebe, metastasiert aber in der Regel nicht. 80 % der Basaliome betreffen Gesicht und Kopf.
Lokalisation und Symptome: Das Basaliom tritt vor allem auf den sog. Sonnenterrassen der Haut auf. So werden Hautareale bezeichnet, auf die die UV-Strahlung steil auftrifft und daher besonders stark einwirkt: Nase, Unterlid, Jochbeine und Stirn. Typisch für das Basaliom sind sichtbare Äderchen und eine perlmuttähnliche Farbe. Es kann knötchenartig (→ Abb. 3) oder flach wachsen (→ Abb. 4). Oft entsteht ein zentrales Ulkus.
Diagnostik: Die Diagnose erfolgt klinisch bzw. durch histologische Untersuchung.
Therapie: Das Basaliom sollte chirurgisch entfernt werden. Ist eine **Exzision** auf Grund ungünstiger Lokalisation oder fehlender Operationsfähigkeit des Patienten nicht möglich, wird eine Lokaltherapie mit Strahlen, Kälte oder Imiquimod-Creme durchgeführt. Imiquimod aktiviert das Immunsystem und bewirkt über eine Entzündungsreaktion die Rückbildung des Basalioms.
Besonderheit: Basaliome und andere Lichtschäden der Haut betreffen vor allem Menschen mit heller Haut, dem sog. **Hauttyp I**. Sie bräunen kaum und neigen sehr zum Sonnenbrand. Diese Menschen benötigen einen konsequenten Lichtschutz, nicht nur durch Sonnenschutzcremes, sondern auch durch Bekleidung und Meiden von Urlaubsorten mit starker Sonneneinstrahlung – insbesondere im Winter, wenn die Haut besonders hell und dünn ist.

> **MERKE**
>
> Basaliom und Plattenepithelkarzinom werden als **heller Hautkrebs** zusammengefasst.

Häufige Hauterkrankungen | 465 | LF 10

Malignes Melanom

Definition: maligner Tumor der Melanozyten; schwarzer Hautkrebs (→ Abb. 1)

Epidemiologie: Melanome werden häufiger, da sie durch intensive UV-Bestrahlung gefördert werden und Sonnenbräune in den letzten Jahrzehnten der Mode entsprach.

Ursachen und Pathogenese: Sonnenbrände, vor allem vor der Pubertät, können Mutationen bewirken, die nach Jahren und Jahrzehnten zum Melanom führen. Melanome können in pigmentierten Hautmalen **(Nävi)** entstehen, aber auch in normaler Haut. Da Melanozyten während der Fetalzeit in die gesamte Haut einwandern, sind auch Melanomzellen noch „wanderfähig" und neigen extrem zur Metastasierung. Je schneller ein Melanom in die Tiefe bzw. durch die Basalmembran hindurchwächst, desto eher metastasiert es. Melanome, die eher flach wachsen, metastasieren daher nicht ganz so schnell wie knotig wachsende.

Diagnostik und Therapie: Bei klinischem Verdacht sollte eine vollständige Exzision erfolgen. Bestätigt der Pathologe die Malignität, wird ggf. erneut und mit größerem Sicherheitsabstand operiert, um sicherzustellen, dass alle malignen Zellen entfernt wurden. Dabei muss ggf. viel Gewebe exzidiert werden. Bei fortgeschrittenem Tumorstadium und Metastasierung stehen Chemotherapie, Bestrahlung, Immuntherapie z. B. mit monoklonalen Antikörpern und Medikamente gegen Tumor-Botenstoffe zur Verfügung.

Prävention: Siehe Ursachen. Da das Melanom aus Pigmentzellen entsteht und diese in Nävi sehr zahlreich sind, sollten Nävi grundsätzlich beobachtet und Veränderungen sowie neu auftretende Nävi stets abgeklärt werden. Im Zweifel erfolgt eine Exzision. Manche Patienten haben **dysplastische Nävi**, d. h. pathologische Zellveränderungen in Hautmalen, die zur Melanombildung neigen. Patienten mit dysplastischen Nävi sowie Verwandte von Melanompatienten werden engmaschig untersucht. Beim Melanompatienten selbst erfolgt eine gewissenhafte Nachsorge, bei der die gesamte Haut regelmäßig inspiziert wird.

Die **ABCDE-Regel** gibt an, welche Veränderungen für eine Dysplasie (pathologische Zellveränderung, ggf. Krebsvorstufe) sprechen:

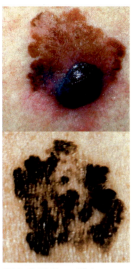

Abb. 1 Maligne Melanome

> **HINWEIS**
>
> Melanom bedeutet das gleiche wie **malignes** Melanom, da es kein benignes Melanom gibt.

ABCDE(S)-Regel: malignitätsverdächtige Symptome bei Pigmentnävi					
A **A**symmetrie	**B** unregelmäßige **B**egrenzung	**C** **C**olor = unregelmäßige Farbe	**D** **D**urchmesser > 5 mm = Bleistiftdicke	**E** **E**rhabenheit, **E**rweiterung	**S** **S**ymptome – Bluten – Juckreiz

Seborrhoische Keratosen, sog. Alterswarzen, kommen mit zunehmendem Alter oft vor; sie entstehen bevorzugt am Rumpf. Da sie die ABCDE-Kriterien oft erfüllen, können sie mit Melanomen verwechselt werden. Sicherheit gibt z. B. die Beurteilung mit dem Auflichtmikroskop durch den Dermatologen. Die Exzision störender seborrhoischer Keratosen kann aus kosmetischen Gründen stattfinden, muss aber privat bezahlt werden.

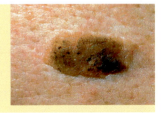

> **HINWEIS**
>
> Jedes Gewebe, das bei einem Menschen chirurgisch entfernt wird, muss durch einen Pathologen untersucht werden. Fälle, in denen Patienten an metastasierten Melanomen starben, nachdem zuvor „harmlose" Nävi exzidiert und kurzerhand entsorgt worden waren, haben zur Verurteilung der verantwortlichen Ärzte geführt.

Informationen zum malignen Melanom:
www.melanom-wissen.de

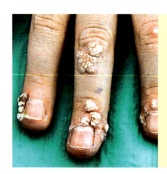

Viruswarzen (vulgäre Warzen, Verrucae vulgares) sind häufig und lästig. Sie entstehen v. a. bei empfindlicher Haut und bei Kindern, weil Warzenviren bei intaktem bzw. ausgereiftem Immunsystem meistens erfolgreich abgewehrt werden. An den Fußsohlen bilden vulgäre Warzen schmerzhafte sog. **Dornwarzen**, da sie mit jedem Schritt tiefer in die Hornschicht getrieben werden. Vor jeder Therapie ist zu bedenken, dass Warzen bei intakter Abwehr und Durchblutung von selbst heilen und die Behandlung nicht so aggressiv sein darf, dass es blutet. Das Blut ist stark virenhaltig und kann zur „Aussaat" neuer Warzen führen. Bei wenig ausgedehntem Befall ist daher das Prinzip: Lokaltherapeutika auftragen und Geduld haben.

Terminologie: Dermatologie

ABCDE-Regel	Schema zur Erkennung dysplastischer Nävi (Asymmetrie, Begrenzung, Color, Durchmesser, Erweiterung, Erhabenheit)
aktinische Keratose	strahlungsbedingte Verhornungsstörung der Haut
Allergen	Allergie auslösendes Antigen
Allergie	erworbene Überreaktion auf ein Antigen bzw. Allergen
Typ-I-Allergie	Allergie vom Soforttyp, z. B. Heuschnupfen und Asthma
Typ-IV-Allergie	Allergie vom verzögerten Typ, z. B. Kontaktekzem durch Nickel
Allergologie	Lehre von den Allergien, ihrer Diagnostik und Behandlung
Antihistaminikum	antiallergisches Mittel zur Anwendung bei Typ-I-Reaktionen
Atopie (Adj. **atopisch**)	genetische Neigung zu Asthma, Heuschnupfen, Neurodermitis und Nahrungsmittelallergien
Basaliom (Syn. **Basalzellkarzinom**)	Basalzellkrebs (Variante des hellen Hautkrebses; semimaligner Tumor, d. h. Krebs, der nicht metastasiert)
Basalmembran	Trennschicht zwischen Epithel (Epidermis) und Lederhaut
Basalzellschicht	unterste Zellschicht der Epidermis, die der Regeneration dient
Dermatologie	Lehre von den Haut- und Geschlechtskrankheiten
Dermatose	Hautkrankheit
Dermatoskop	Gerät zur vergrößerten Betrachtung von Hautveränderungen
Dermis	Lederhaut; Hautschicht zwischen Epidermis und Subkutis
dysplastischer Nävus	Hautmal mit krebsverdächtigen Zellveränderungen
Effloreszenz	pathologische Hauterscheinung, z. B. Bläschen, Pustel
Ekzem (Dermatitis)	Entzündung der Haut
Epidermis	Oberhaut; Epithelschicht der Haut
Epikutantest	Allergietest zur Diagnostik von Typ-IV-Allergien
Exanthem	Hautausschlag
Exzision	chirurgische Entfernung
Histamin	Botenstoff, der an Typ-I-Allergien beteiligt ist
IgE-Antikörper	allergiespezifische Antikörper
IgG-Antikörper	„normale" Antikörper, die Antigene neutralisieren

Inhalationsallergene	Allergene, die überwiegend eingeatmet werden
Interdigitalmykose	Fußpilz der Zehenzwischenräume (Interdigitalräume)
Konjunktivitis	Bindehautentzündung
Kryotherapie	Kältetherapie; sog. Vereisung
Kutis (Cutis)	Haut (Epidermis und Dermis)
Melanin	dunkles Hautpigment
Melanozyt	Melanin bildende Zelle der Haut
Nävus (Mz. Nävi)	(pigmentiertes) Hautmal; Muttermal
Neurodermitis (Syn. endogenes Ekzem, atopische Dermatitis)	chronische Hauterkrankung, die durch Juckreiz und Entzündung gekennzeichnet ist und oft mit Asthma, Pollen- und Nahrungsmittelallergien zusammen vorkommt
Onychomykose	Nagelpilz
orales Allergiesyndrom	allergische Symptome in Mund und Rachen
Prick-Test	Allergietest zur Diagnostik von Typ-I-Allergien
Psoriasis	Schuppenflechte (sprich Psoríasis)
Sensibilisierung	Lernvorgang des Immunsystems, dessen Ergebnis eine Allergie ist
spezifische Immuntherapie (SIT; Syn. Hyposensibilisierung)	Behandlung, bei der in steigenden Mengen eins oder mehrere Allergene zugeführt werden, um dem Immunsystem die allergische Reaktion allmählich abzugewöhnen
Subkutis (Subcutis)	Unterhaut; Hautschicht unterhalb der Dermis
Syndet	synthetisches Detergens; schonendes Hautwaschmittel
Verruca vulgaris	gewöhnliche Viruswarze

Unter www.skincancer.org gibt es umfassende Informationen und Bilder zu Hautkrebs und -früherkennung, z. B. das „Hässliches-Entlein-Zeichen" (Ugly-Duckling-Sign): ein Nävus unter vielen sieht einfach „komisch" aus.

AUFGABEN

1 Nennen Sie die Funktionen, die die Haut erfüllt.

2 Erklären Sie den Aufbau der Haut unter Verwendung der Fachbegriffe.

3 Erläutern Sie die Begriffe Öl-in-Wasser- und Wasser-in-Öl-Emulsion.

4 Welche Ursachen und Auslöser der Neurodermitis kennen Sie?

5 Nennen Sie Wirkungen und Nebenwirkungen der Kortikoide.

6 Erklären Sie, warum Psoriasis nicht ansteckend ist.

7 Nennen Sie die Dysplasiezeichen für Nävi nach dem ABCDE(S)-Schema.

8 Wie heißt der häufigste Hautkrebs des Menschen?

9 Was bedeutet der Begriff „semimaligne"?

10 Nennen Sie den Fachbegriff für die häufigen sog. Alterswarzen.

11 Geben Sie an, welche Erreger vulgäre Warzen hervorrufen.

Wundheilung und Wundversorgung

4.1 Wundheilung

Jede Verletzung bzw. Schädigung der Haut wird durch eine Entzündung beantwortet, deren Ziel die vollständige Regeneration, d. h. Wiederherstellung, des Gewebes ist. Die Wundheilung kann grundsätzlich **primär**, d. h. direkt und komplikationslos, oder **sekundär**, d. h. erschwert und verzögert, stattfinden. Sekundäre Wundheilung erzeugt mehr Narbengewebe.

Primäre Wundheilung (Wundheilung per primam, p.p.)

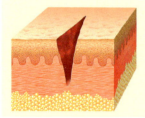  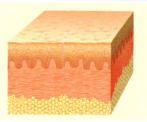

| klaffende Schnittwunde mit glatten, sauberen Wundrändern | primäre Wundversorgung mit Naht, rasche Heilung vom Wundrand aus | Ergebnis: minimale Narbenbildung, Belastbarkeit nach Wochen |

Sekundäre Wundheilung (Wundheilung per secundam, p.s.)

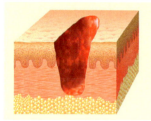 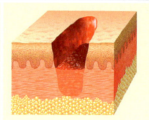 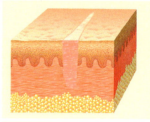

| tiefe Gewebsverletzung | langsame Heilung vom Wundgrund aus | Ergebnis: ausgeprägte Narbe, Belastbarkeit nach Monaten |

Grundsätzlich durchläuft die Wundheilung immer mehrere Phasen (→ Abb. 1):
- Phase der **Blutstillung** und entzündlichen **Wundreinigung**
- Phase der **Neubildung** von Bindegewebe und Epithel
- Phase der **Narbenausreifung** und -schrumpfung

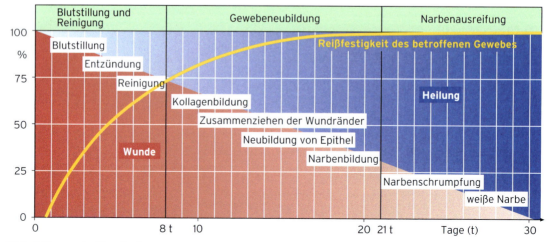

Abb. 1 Phasen der Wundheilung

Wundheilung und Wundversorgung | 469 | LF 10

Akute Wunden entstehen meistens durch Verletzungen. Sie kommen aber auch durch Operationen zu Stande. Jeder chirurgische Schnitt erzeugt eine Schnittwunde.

Zunächst kommt es spontan oder unterstützt durch Kompression zur Blutstillung. An der Schwellung der Wundränder erkennt man die **Entzündung**, die der Wundreinigung und Heilung dient (→ Abb. 1a). Wird die Wunde offen behandelt, bildet sich nach wenigen Tagen am Wundgrund eine rote, rau wirkende Oberfläche, das **Granulationsgewebe** (→ Abb. 1b). Dieses bildet sich allmählich in frisches, rötliches **Narbengewebe** um (→ Abb. 1c). Mit der Zeit wird die Narbe weiß. Sie reift nach und nach aus und wird belastbar. Nach etwa einem Jahr verändert sie sich nicht mehr (→ Abb. 1d).

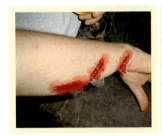		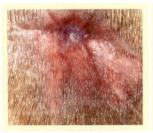	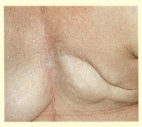
a frische Schnittwunden	**b** Granulationsgewebe	**c** Narbenbildung	**d** ältere Narben

Abb. 1 Phasen der Wundheilung

Bei der **primären Wundheilung** bildet sich wenig Narbengewebe, da die Wundränder nah aneinanderliegen und keine heilungsverzögernden Faktoren vorliegen. Die primär heilende Wunde ist frisch, d. h. unter 6–8 Stunden alt, sauber, nicht zerfetzt und nicht nekrotisch.

Nekrose
→ LF 4, S. 134

Wundheilungsstörungen

Umstände, die die Wundheilung stören und zur **sekundären Heilung** führen, sind insbesondere folgende Faktoren:
- Durchblutungsstörungen: Arteriosklerose, Varikose (→ Abb. 2a), Druck auf die Wunde durch Aufliegen des Körpers oder einen falsch angelegten Verband
- Stoffwechselstörungen bei Diabetes mellitus (→ Abb. 2b)
- Wundinfektionen: Tier- oder Menschenbiss, Schmutz, Fremdkörper, Klinikkeime (→ Abb. 2c)
- Ernährungsstörungen: Unter- oder Fehlernährung, Vitaminmangel, Alkoholkrankheit
- Cortison- und Zytostatikatherapie sowie andere die Immunfunktionen störende Faktoren
- hohes Alter: Alle Zellteilungs- und Regenerationsvorgänge laufen verlangsamt ab.

Vor allem durch eine Kombination der genannten Faktoren kann aus einer kleinen Verletzung bzw. Wunde eine große, chronische Wunde werden.

HINWEIS

Eine chronische Wunde ist eine Wunde, die innerhalb von acht Wochen nicht zuheilt.

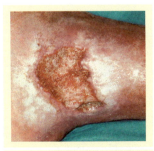	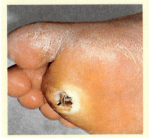	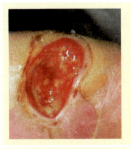
a Ulcus cruris bei unbehandelter Varikose	**b** Tiefes diabetisches Fußulkus	**c** Infizierte Wunde mit eitrigem Sekret und geschwollenem Wundrand

Abb. 2 Problemwunden, d. h. sekundär heilende Wunden

4.2 Wundversorgung

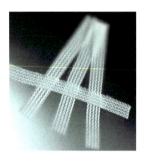

Abb. 1 Leukostrip®

Die Erstversorgung frischer, unkomplizierter Wunden erfolgt so bald wie möglich nach der Verletzung. Dies nennt man **primäre Wundversorgung**. Sie kann mit oder ohne Naht erfolgen und findet spätestens 8 Stunden nach der Verletzung statt. Zuvor wird eine blutende Wunde ggf. mit einer sterilen **Kompresse** oder etwas Gleichwertigem komprimiert, bis die Blutung steht. Wichtig ist, dass die Kompresse nicht mit der Wunde bzw. Blut und Sekret verklebt. Sobald die Blutung gestillt ist, kann die Wunde genäht und/oder verbunden werden. Kleine, d. h. unter 2 cm lange, trockene Wunden können auch mit Gewebekleber oder Wundnahtstreifen (z. B. Leukostrip®) verschlossen werden. Die Naht bzw. Klebung einer frischen Wunde nennt sich **primärer Wundverschluss**. Manchmal ist es notwendig, zunächst zerfetzte Wundränder auszuschneiden, um eine Wunde primär zu nähen (→ Abb. 2).

primärer Wundverschluss
→ LF 10, S. 471

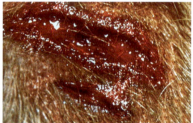 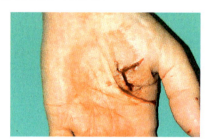

Abb. 2 Kopfplatzwunde: Vor der Naht werden die Wundränder begradigt.

Abb. 3 Bisswunde

Ist eine Wunde älter als 8 Stunden, infiziert oder zerfetzt, kann sie nicht einfach zugenäht werden. Dies würde zu einer schweren bakteriellen Infektion und zur Heilungsverzögerung führen. Beispielsweise sind Bisswunden immer infiziert, da die Zähne von Mensch und Tier stets pathogene Bakterien in die Wunden einbringen (→ Abb. 3). In diesen Fällen wird zunächst zerfetztes bzw. nekrotisches Gewebe entfernt, die Infektion behandelt und ggf. erst nach einigen Tagen offener Wundbehandlung eine **sekundäre Wundversorgung** mit **sekundärem Wundverschluss** (d. h. einer Naht) durchgeführt.

Tetanusschutz im Verletzungsfall

Tetanusinfektion
→ LF 3, S. 68

Aktiv-, Passiv- und Simultanimpfung
→ LF 3, S. 83

Abb. 4 Tetanusbakterium

Jede offene Wunde gilt als |tetanusinfiziert. Je nach Anzahl der erhaltenen Aktivimpfungen und Art der Wunde (einfach, sauber oder kompliziert: tief, zerfetzt, schmutzig, infiziert) muss der Patient |aktiv und/oder |passiv gegen Tetanus geimpft werden. Laut |STIKO wird bei Indikation zur Aktivimpfung nicht gegen Tetanus allein, sondern mit Tdap-Impfstoff gleichzeitig gegen Tetanus, Diphtherie und Pertussis geimpft (bei Kindern unter 6 Jahren mit DTaP).

Weitere Informationen zur Tetanus-Immunprophylaxe
www.rki.de/DE/Content/Infekt/EpidBull/Merkblaetter/Ratgeber_Tetanus.html

Tetanusimpfung im Verletzungsfall abhängig vom Impfstatus

Grundimmunisiert mit ≥ 3 Impfungen?	kleine, saubere Wunde	große, tiefe, schmutzige Wunde
Ja, vor < 5 Jahren	keine Impfung nötig	
Ja, vor 5–10 Jahren	keine Impfung nötig	Aktivimpfung
Ja, vor > 10 Jahren	Aktivimpfung	Aktivimpfung
unbekannt		Aktiv- und Passivimpfung
Nein, noch nie gegen Tetanus geimpft		Aktiv- und Passivimpfung; nach 1 und 6–12 Monaten weitere Aktivimpfungen, d. h. vollständige Grundimmunisierung

Durchführung der primären Wundversorgung

Eine primär versorgte Wunde wird nach ärztlicher Anordnung ggf. desinfiziert und mit einer sterilen **Kompresse** bedeckt.

Die Kompresse wird mit zwei Pflasterstreifen, mit einem Rahmen aus Pflasterstreifen oder mit passend zugeschnittenem Flächen-Fixierpflaster befestigt. Für Körperrundungen wird das Pflaster ggf. eingeschnitten. Die Abdeckung der Wunde dient dem Schutz vor Schmutz und Krankheitserregern. Sie soll nicht luftdicht sein, damit keine feuchte Kammer entsteht, in der sich Bakterien vermehren.

Sobald die Wunde nicht mehr nässt bzw. blutet, kann auf einen (neuen) Verband verzichtet werden. Er kann zum Schutz der Wunde durch einen dünneren, luftdurchlässigen **Wundschnellverband** ersetzt werden. Der Patient sollte anschließend ggf. über der Wunde heiß waschbare Kleidung, z. B. weiße Baumwollunterwäsche, tragen und diese täglich bzw. bei Verschmutzung öfter wechseln.

Rahmenverband aus Kompresse und Pflasterstreifen

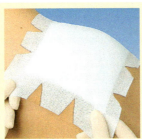
Befestigung der Kompresse mit zugeschnittenem Fixierpflaster

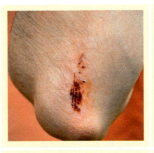
Die trockene Wunde kann offen abheilen.

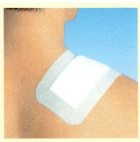
Wundschnellverband

Unkomplizierte Wunden sind relativ einfach zu versorgen, sofern alle Beteiligten die Grundregeln beachten. Dazu gehört die hygienische Händedesinfektion vor und nach jedem Verbandwechsel, das Tragen von Handschuhen und die vorschriftsmäßige Entnahme der sterilen Materialien (→ Abb. 1) im Sinne der Non-Touch-Technik.

Die Wundversorgung findet in einem geeigneten Raum statt, dessen Einrichtung, Fußboden und Wände gereinigt und desinfiziert werden können. Während des Verbandwechsels selbst wird nicht gesprochen oder das Gesicht der Wunde genäht, um eine Tröpfcheninfektion der Wunde zu vermeiden. Alte Verbände werden sehr vorsichtig gelöst (→ Abb. 2). Sterile, zimmerwarme NaCl- oder **Ringer-Lösung** kann helfen, Verklebungen zu lösen. Alte Verbandmaterialien werden in einen mit dem Fuß zu betätigenden Abfallbehälter entsorgt. Mehrfach verwendbare Instrumente werden zur ▎Wiederaufbereitung sicher abgelegt und zwischengelagert.

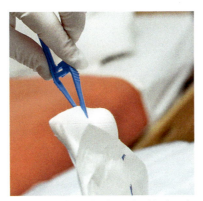
Abb. 1 Sterile Entnahme der Verbandstoffe

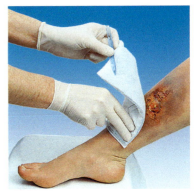
Abb. 2 Vorsichtiges Ablösen des alten Verbandes

Wiederaufbereitung chirurgischer Instrumente
→ LF 3, S. 102

Kleine **Hautverletzungen**, die bei der Gartenarbeit, beim Heimwerken und im Umgang mit Haustieren oft passieren, dienen Krankheitserregern als Eintrittspforten. Wer infektionsgefährdende Praxistätigkeiten durchführt, hat einen Grund mehr, auch in der Freizeit Hautschutzcremes, Schutzhandschuhe usw. zu nutzen.

Initiative chronische Wunde
www.ic-wunden.de

Wundheilungsstörungen
→ LF 10, S. 469

4.3 Wundmanagement

Wundmanagement ist das Zusammenwirken aller beteiligten Berufsgruppen (Arzt, spezialisierte MFA, Pflegedienst, Diabetesberaterin, Apotheker, Fußpflegerin usw.) bei der Versorgung chronischer Wunden. Die Initiative chronische Wunde (ICW) und andere Organisationen haben Leitlinien erarbeitet und bieten Seminare und Materialien an, damit die gesicherten Erkenntnisse der Wundbehandlung und -prävention genutzt und folgenschwere Behandlungsfehler vermieden werden.

Die Ursache(n) der Wundheilungsstörung sind – soweit möglich – zu therapieren bzw. zu beheben. Außerdem muss die Versorgung chronischer Wunden planvoll und systematisch erfolgen. Die Anwendung von Hausmitteln ist als Kunstfehler anzusehen. Zum Wundmanagement gehört außer der **Wundbehandlung** und dem **Verbandwechsel** selbst auch die genaue **Beurteilung der Wunde** hinsichtlich

- Nekrosen,
- Infektion und
- Heilungsverlauf.

Daneben ist die eingehende Dokumentation des Wundzustands, der Größe und der durchgeführten Maßnahmen notwendig.

Nekrosen müssen mechanisch (chirurgisch) und/oder mittels enzymhaltiger Wundauflagen bzw. Therapeutika entfernt werden, da totes Gewebe als Nährboden für Erreger dient und die Heilung stört. Die Nekrosenentfernung wird als **Débridement** bezeichnet.

Chronische Wunden heilen besser, wenn sie feucht gehalten werden. Im feuchten (nicht nassen) Milieu können Entzündungszellen und faserbildende Zellen besser wandern und so die Wunde reinigen und neues Bindegewebe bilden. Es stehen vielfältige Materialien zur Verfügung, die die Heilung chronischer Wunden verbessern und unterstützen:

Salbenkompresse
Textiles Gitter mit Salbe; die Kompresse verhindert ein Verkleben des Verbands mit der Wunde.

Aktivkohlekompresse
Sie nimmt viel Sekret auf und bindet bakterielle Gerüche.

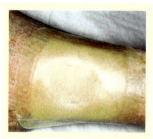

Hydrokolloidverband
Der Verband bindet Wundsekret und bildet damit eine sichtbare Blase; er ist einfach anwendbar und kostengünstig.

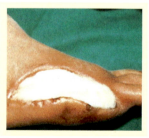

Alginatkompresse
Sie nimmt Sekret auf und ist bei Infektionen anwendbar. Sie muss mit einem Verband fixiert werden.

Schaumstoffkompresse
Sie ermöglicht die Verdunstung von Sekret ohne Austrocknung der Wunde.

Hydrogelkompresse
Sie hält die Wunde feucht, löst Nekrosen und verbessert die Selbstreinigung der Wunde.

Kleine Chirurgie in der Praxis | **473**

5 Kleine Chirurgie in der Praxis

Kleine operative Eingriffe können in der Hausarztpraxis durchgeführt werden. Beispiele für die sog. kleine Chirurgie sind die primäre Wundversorgung mit und ohne Naht, die Entfernung von Zecken, Fremdkörpern und Nävi. Kleine **Abszesse** (Eiteransammlungen im Gewebe) können eröffnet und Nahtmaterial kann entfernt werden.
Bei allen Operationen und Wundversorgung gelten die Grundsätze und Vorschriften der ▌BGR TRBA 250 bzw. des ▌RKI, die im ▌Hygieneplan der Praxis zusammengestellt sind:
- allgemeine Hygiene, Asepsis und Antisepsis (→ LF 3, S. 94)
- Aufbereitung der Instrumente und Materialien (→ LF 3, S. 102)
- Tragen von Bereichs- und Schutzkleidung (→ LF 3, S. 92)
- hygienische und chirurgische Händedesinfektion (→ LF 3, S. 97)
- dem Risiko angepasste Hautdesinfektion beim Patienten (→ LF 3, S. 96)

| **BGR TRBA 250**
| → LF 3, S. 95
| **RKI**
| → LF 3, S. 62
| **Hygieneplan der Praxis**
| → LF 3, S. 95

5.1 Nahtmaterial und Nahtentfernung

Steriles **Nahtmaterial** gibt es in zwei Arten: **resorbierbar** und nicht resorbierbar (→ Abb. 1 und 2). Resorbierbare Fäden lösen sich nach einiger Zeit auf. Man verwendet sie im Körperinneren, da man z. B. nach einer Appendektomie nicht erneut den Bauch öffnen kann, um Fäden zu ziehen. Auf der Körperoberfläche wird nicht resorbierbares Nahtmaterial eingesetzt, das nach Abschluss der Wundheilung entfernt wird. Es besteht aus Kunststoff, ist farbig und daher gut erkennbar. Außerdem ist es sehr glatt und wächst nicht in die Haut ein. Nadel und Faden werden als Einheit geliefert. Dadurch ist der Übergang zwischen ihnen dünn und erzeugt keine Verletzungen.

Abb. 1 Nadel mit Nahtmaterial in gebogenem Nadelhalter

Die Wundheilung verläuft nicht an allen Körperstellen gleich schnell. „Im Gesicht heilt alles" lautet eine chirurgische Erfahrung – und im Gesicht heilen Wunden auch am schnellsten. Zieht man Fäden zu früh, kann sich die Naht öffnen und es muss eine sekundäre Heilung oder sekundäre Wundversorgung erfolgen – mit unschönem optischem Ergebnis. Entfernt man Fäden zu spät, sind sie schwerer zu ziehen und erzeugen auffallende punktförmige Narben. Die Grundregel für den Zeitraum der Fadenentfernung lautet daher:

> **MERKE**
>
> Je weiter eine **Naht** vom Gesicht entfernt ist, desto später wird sie entfernt:
> - Gesicht und Hals nach 4-7 Tagen
> - Rumpf (Bauch, Rücken, Leisten) nach 9-11 Tagen
> - obere Extremitäten nach 10-12 Tagen
> - untere Extremitäten nach 12-14 Tagen, gelenknah (wegen der Bewegung) 14 Tage

Abb. 2 Nahtmaterial in handelsüblicher Verpackung

Entfernung nicht resorbierbaren Nahtmaterials

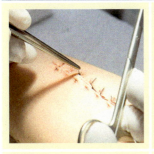

Die MFA trägt unsterile Handschuhe. Sie hebt das geknotete Fadenende mit einer anatomischen Pinzette an.

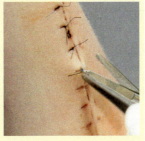

Sie durchtrennt den oberen Teil der Fadenschlinge mit einer kleinen Schere oder einem Fadenmesser.

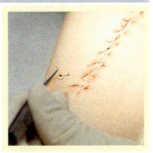

Sie zieht den Faden heraus und legt ihn auf eine bereitgelegte Kompresse oder in eine Abwurfschale.

5.2 Instrumente

Instrumente der kleinen Chirurgie mit Funktion bzw. Besonderheiten

anatomische Pinzette
Fassen und Halten von Fäden und Tupfern

chirurgische Pinzette
sicheres Fassen und Halten von Wundrändern und Geweben

Splitterpinzette
Entfernen von Splittern, Stacheln, Fremdkörpern und Zecken

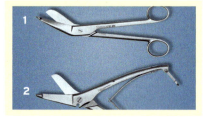

Verbandschere (1),
Kleiderschere (2)
Aufschneiden von Verbänden bzw. Kleidung

chirurgische Schere
(abgerundet oder spitz)
Fadenschnitte, Exzisionen usw.

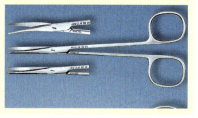

Präparierschere
ermöglicht gewebeschonende subkutane Schnitte

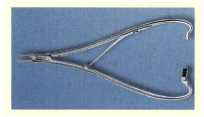

Nadelhalter
Halten und Führen der Nadel mit Faden

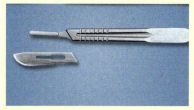

Skalpell
(hier mit Einmalklingen)
Schnitte, Exzisionen, Inzisionen

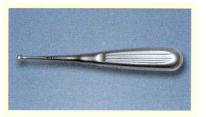

scharfer Löffel nach Volkmann
Entfernen von Dellwarzen, aktinischen Keratosen usw.

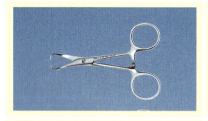

Backhaus-Klemme
Tuchklemme zum Befestigen von OP-Tüchern

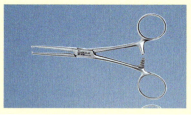

Kocher-Klemme
Fassen und Halten von Gewebe

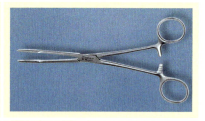

Kornzange
Halten und Führen von Tupfern

Hinweis: Volkmann, Backhaus und Kocher sind die Namen der Erfinder der jeweiligen Instrumente.

Wann darf ich wieder duschen? Nach Operationen muss der Patient zunächst warten, bis seine Kreislauffunktionen wieder normal sind, d. h. die Narkoseeffekte abgeklungen sind. Operationswunden sollen nicht nass werden. Es gibt spezielle Pflaster, die Wasser von Wunden fernhalten. Feuchte bzw. nasse Verbände werden ersetzt. Am Tag der Fadenentfernung darf der Patient normal duschen. Ein Vollbad ist ab dem Folgetag möglich. Über Gips- und anderen größeren Verbänden kann vor dem Duschen eine frische Plastiktüte, z. B. ein Müllbeutel entsprechender Größe, mit Pflasterstreifen befestigt werden.

Kleine Chirurgie in der Praxis | 475 | LF 10

5.3 Assistenz bei kleinen Eingriffen

Auf Grund des hohen Aufwands werden in den meisten Allgemeinarztpraxen keine chirurgischen Eingriffe mehr durchgeführt. Allerdings kommt es oft vor, dass Patienten zur präoperativen Diagnostik und/oder zur Nachbehandlung den Hausarzt aufsuchen.

> **MERKE**
>
> **präoperativ** = vor einer Operation, **intraoperativ** = während einer Operation, **postoperativ** = nach einer Operation

Arzt und MFA erfüllen verschiedene Aufgaben vor, während und nach operativen Eingriffen:

Präoperativ
Einen oder mehrere Tage vor dem Eingriff:
- Indikationsstellung und Planung des Eingriffs *(Arzt)*
- Aufklärung des Patienten über Ziel des Eingriffs, Durchführung, Erfolgsaussichten und Risiken sowie Behandlungsalternativen *(Arzt)*
- Einholen der ggf. schriftlichen Einwilligung des Patienten bzw. des gesetzlichen Vertreters. Belehrung des Patienten zum evtl. Absetzen von Antikoagulanzien und zur Einnahme bzw. zum Aussetzen der regelmäßigen Medikation sowie zum Verhalten am OP-Tag bzw. zur Dauer der Nüchternphase *(Arzt)*
- klinische Untersuchung des Patienten zur Feststellung der Operationsfähigkeit *(Arzt)*
- Indikationsstellung zu weiteren Untersuchungen (z. B. EKG, Spirometrie, Röntgen) *(Arzt)*
- Blutwertbestimmung (z. B. Gerinnungswerte, Blutbild mit Thrombozyten) *(Arzt)*
- Entscheidung über die Art der Betäubung bzw. Sedierung: Lokalanästhesie (örtliche Betäubung), Regionalanästhesie (regionale Betäubung), ❙Analgetika, ❙Sedativa bzw. Vollnarkose *(Arzt)*
- Blutentnahme, EKG/Spirometrie, Terminvergabe, ggf. Ausgabe eines Merkblatts *(MFA)*
- Zusammenstellen der Instrumente und Materialien für die Operation *(MFA)*

| **Analgetika**
| → LF 4, S.179
| **Sedativa**
| → LF 4, S.182

Unmittelbar vor dem Eingriff:
- hygienische Händedesinfektion *(Arzt/MFA)*
- Anlegen der Bereichskleidung mit Clogs, Mundschutz und Haube *(Arzt/MFA)*
- chirurgische Händedesinfektion *(Arzt/MFA)*
- Anlegen steriler Handschuhe (→ Abb. 1), Hilfe für den Operateur beim Anlegen des OP-Kittels und der sterilen Handschuhe *(MFA)*

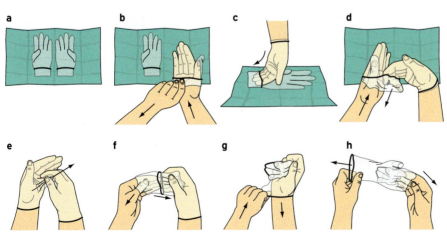

Abb. 1 a)-d) Anlegen steriler Handschuhe; e)-h) Ablegen steriler Handschuhe
Der erste Handschuh wird vorsichtig an der Manschette angefasst. Die unsterile Hand (ohne Handschuh) zieht am inneren, umgeschlagenen Teil des sterilen Handschuhs (1a-b). Mit dem angezogenen sterilen Handschuh wird nur die Außenseite des zweiten Handschuhs berührt, damit dieser während des Anziehens steril bleibt (1c-d). Beim Ausziehen werden die Handschuhe gewendet und ineinandergezogen (1e-h). Die kontaminierten Seiten der Handschuhe liegen innen.

Intraoperativ

- fachgerechtes Öffnen der sterilen Verpackungen und Anreichen der Instrumente und Materialien nach der |Non-Touch-Technik (*MFA*)
- Abtupfen von Blut bzw. Sekreten (*MFA*)
- Annahme, richtiges Ablegen bzw. Weiterleiten gebrauchter Instrumente, Materialien und Gewebeproben (*MFA*)
- Durchführung des Eingriffs (*Arzt*)

Non-Touch-Technik
→ LF 3, S.107

Postoperativ

- Anlegen und Fixieren des sterilen Wundverbands (*MFA*)
- Überwachung des Patienten im Hinblick auf Einschränkung der Vitalfunktionen durch die Narkose, den Eingriff bzw. verabreichte Medikamente (*Arzt/MFA*)
- mehrfache RR- und Pulsmessung (dient u. a. der Bestimmung des |Schockindex bei Nachblutungen; *MFA*)
- Verabschiedung des Patienten nach angemessener Nachbeobachtungszeit, ausreichend wiederhergestellten Vitalfunktionen und ggf. Mitteilung des Operationsverlaufs bzw. -ergebnisses
  - Instruktion zum Verhalten nach dem Eingriff bzw. zum Umgang mit der Wunde, bei Beschwerden, Blutung, Schmerzen usw. (*Arzt/MFA*)
  - Terminvereinbarung für Nachuntersuchungen, Verbandwechsel und z. B. Mitteilung des histologischen Befundes (*MFA*)
- Versand der Gewebeproben an den Pathologen (*MFA*)
- fachgerechte Wiederaufbereitung bzw. Entsorgung der verwendeten und angefallenen Materialien (*MFA*)
- Dokumentation und Abrechnung des Eingriffs (*Arzt/MFA*)

Schockindex
→ LF 5, S.269

5.4 Verbandlehre

Je nach Art der Erkrankung, Verletzung bzw. Wunde werden verschiedene Verbandtechniken angewandt. Verbände können

- eine Wunde schützen (z. B. Pflaster = Wundschnellverband, Kompressen mit **Fixierung**),
- den Effekt von Salben und Wundauflagen verbessern (z. B. Salbenverband),
- die Heilung chronischer Wunden unterstützen (z. B. Hydrokolloidverband),
- Gelenke stützen und Knochen bzw. Sehnen ruhigstellen (z. B. Stützverband, Zinkleimverband, Gipsverband/Gipsschiene) und/oder
- die Funktion insuffizienter Venen unterstützen (Kompressionsverband).

Häufig verwendete Verbandmaterialien

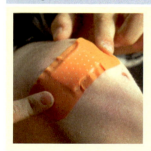 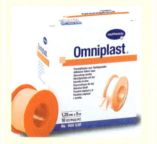 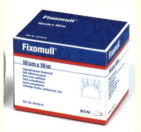 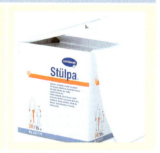

Wundschnellverband   Rollenpflaster   Selbstklebender Fixiermull   Schlauchverband

Wundschnellverband

Der Wundschnellverband wird im Alltag als Pflaster bezeichnet. Er ist einfach und zeitsparend anzulegen. Bei unkomplizierten Verletzungen, z. B. einfachen Schürfwunden bei gesunden Patienten, muss der Wundschnellverband nicht steril sein. Komplizierte Wunden und Operationswunden, auch frisch genähte Platzwunden werden mit sterilem Wundschnellverband ver-

Kleine Chirurgie in der Praxis | **477**   LF 10

sorgt. Auch Venenverweilkatheter werden mit sterilem Wundschnellverband versorgt, da die Punktionsstelle eine Eintrittspforte für Erreger darstellt. Der Wundschnellverband kann zusammen mit desinfizierender Salbe (z. B. **PVP-Jod**) angewandt werden. Er stellt sicher, dass die Salbe auf der Wunde bleibt und schützt die Wäsche vor Verfärbungen.

Fingerverband

Wundschnellverbände werden an Körperrundungen keilförmig eingeschnitten, damit sie glatt anliegen. Dies ist z. B. bei Fingerverbänden sinnvoll:

Abb. 1 Anlegen eines Fingerkuppenverbands

Ist ein Wundschnellverband nicht ausreichend, kann eine Kompresse auf die Wunde gelegt und mit einem Schlauchverband gehalten werden. Dabei schneidet man den Schlauch in etwa vierfacher Fingerlänge ab, stülpt ein Ende über den Finger, dreht den Schlauch an der Fingerspitze einmal um und stülpt ihn erneut über den Finger. Dann schneidet man den überstehenden Schlauchverband zweimal durch, je einmal in jedem Fingerzwischenraum. So entstehen zwei lange Enden, die am Handgelenk zusammen- und festgebunden werden (→ Abb. 2).

Abb. 2 Fingerverband

Salbenverband

Um bei geschlossenen Verletzungen, wie Distorsionen oder Prellungen, oder bei Hauterkrankungen wirkstoffhaltige Salben einwirken zu lassen, kann ein Salbenverband angelegt werden. Zunächst gibt die MFA die verordnete Salbe auf eine Kompresse. Diese legt sie auf den zu behandelnden Bereich auf. Nun legt sie einen Mull- oder Schlauchverband an, um die Kompresse zu fixieren, d. h. zu befestigen. Der Salbenverband schützt Wäsche und Umgebung vor der Salbe und hat (sofern keine offene Verletzung vorliegt) auch einen psychologischen Effekt.

Handverband

Die Mullbinde legt man so an, dass sie zunächst zweimal z. B. am Handgelenk übereinandergewickelt wird, um das Ende zu fixieren. Dann wird sie in ▌Achtertouren weiter so angelegt, dass sich die Bindentouren jeweils um ein Drittel überlappen. Das Ende der Binde wird z. B. mit Pflaster fixiert. Je nach Lokalisation der Verletzung kann der Verband auf- oder absteigend angelegt werden, d. h., z. B. beginnt man bei handgelenksnaher Verletzung am Handgelenk. Die Mullbinden werden nur so fest angelegt, dass die Kompresse hält, aber die Durchblutung und eine gewisse Beweglichkeit sichergestellt bleiben.

| Achtertouren
→ LF 10, S. 479

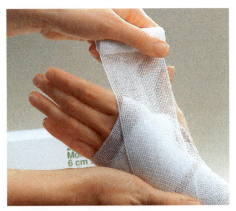 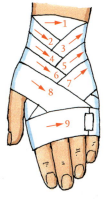 

Abb. 3 Mullverband an der Hand   **Abb. 4** Absteigender Verband   **Abb. 5** Aufsteigender Verband

Stützverband

Stützverbände sollen Gelenke stützen und die Beweglichkeit dabei mehr oder weniger begrenzen, um Schmerzen zu lindern und Heilungsvorgänge zu unterstützen. In diesem Sinne ist auch ein Gipsverband ein Stützverband. Er hebt die Beweglichkeit auf und ermöglicht damit, dass Knochenfragmente wieder zusammenheilen. Stützverbände aus elastischen Binden werden in Achtertouren um das betroffene Gelenk herum angelegt. Alternativ können vorgefertigte Bandagen angewendet werden.

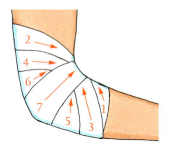
Abb. 1 Schildkrötenverband am Ellenbogengelenk

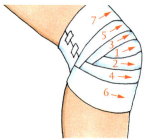
Abb. 2 Kniegelenkverband

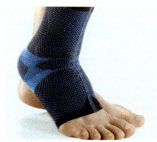
Abb. 3 Sprunggelenkverband: entlastet den Bandapparat im Sprunggelenk

> **MERKE**
>
> **Der Patient hat immer recht:** Spürt er Kribbeln, Taubheitsgefühl, Stauung, Schwellung oder vermehrten Schmerz nach Anlegen des Verbandes, muss dieser erneuert werden.

Kompressionstherapie bei Varikose

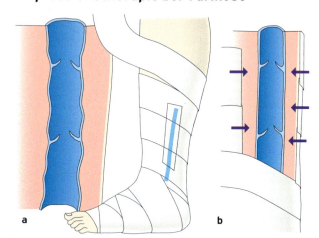

Bei Varikose besteht eine venöse Insuffizienz, d. h., die Venen erfüllen nicht mehr ihre Aufgabe: den Rücktransport des Blutes aus den Beinen zum Herzen. Die mangelnde bzw. fehlende Venenfunktion muss durch Kompression, d. h. Druck von außen, hergestellt werden (→ Abb. 4).
Dies ist wichtig, da sonst Durchblutungsstörungen, Stauungen und Ulzera entstehen. Auch bei vorhandenen Ulzera, d. h. beim venösen Ulcus cruris, ist die Kompressionstherapie indiziert, damit

Abb. 4 a) Venöse Insuffizienz: In den erweiterten Venen (Varizen) schließen die Klappen nicht mehr. b) Der Kompressionsverband kann die fehlende Venenfunktion teilweise ersetzen; er unterstützt den Blutfluss in Richtung Herz.

venöses Ulcus cruris
→ LF 10, S. 264

eine Heilung des Unterschenkelgeschwürs möglich ist. Voraussetzung ist eine eindeutige Diagnose, denn:

> **MERKE**
>
> Bei pAVK, d. h. **bei arteriellen Durchblutungsstörungen**, ist eine Kompressionstherapie **kontraindiziert**. Sie würde die mangelnde Durchblutung der Beine bzw. Füße noch mehr drosseln und könnte zur Gangrän mit Notwendigkeit einer Amputation führen.

Kleine Chirurgie in der Praxis | **479** | LF 10

Die Kompressionstherapie kann mit **Kompressionsstrümpfen** bzw. **-strumpfhosen** stattfinden. Diese werden nach Maß bestellt bzw. angefertigt. Wichtig ist, dass der Patient morgens Maß nehmen lässt, da dann noch keine ausgeprägten Ödeme vorliegen. Andernfalls wären die Strümpfe zu weit und damit unwirksam. Anziehhilfen sind leicht anzuwenden und nützlich beim Anlegen der sehr straffen Strümpfe.

Bis der Patient passende Strümpfe erhält sowie bei Adipositas, bei stark wechselndem Beinumfang bzw. Ödemen und bei Wunden kann es sinnvoll sein, einen Unterschenkel-Kompressionsverband anzulegen. Dieser muss wie die Strümpfe straff anliegen, darf aber nicht abschnüren. Durch Abschnürungen wird der venöse Abfluss noch mehr behindert, sodass Stauung und Ödembildung zunehmen sowie ❙Thrombose- und Emboliegefahr weiter ansteigen.

Für den **Kompressionsverband** benötigt man mehrere Kurzzugbinden; für den Fuß 6 cm breit, für den Unterschenkel 8–10 cm breit (→ Abb. 2).

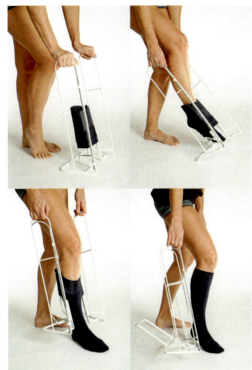

Abb. 1 Die Anziehhilfe erleichtert das Anziehen der Kompressionsstrümpfe sehr.

Thromboembolie
→ LF 5, S. 261

Abb. 2 Kurzugbinden

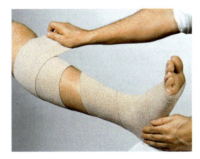

Abb. 3 Anlegen von Binden

Beim Anlegen des Kompressionsverbands (→ Abb. 3) unterscheidet man verschiedene Arten von Bindentouren, d. h. drei Arten, die Binden anzulegen bzw. zu wickeln:

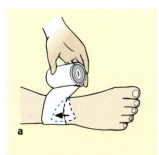
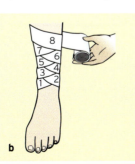
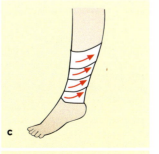

| **zirkulär** (kreisförmig) zum Befestigen des Anfangs | **Achtertouren** (d. h. wie eine Acht) geben dem Verband Festigkeit und Straffheit | **spiralförmig** Die Touren überlappen sich um ein Drittel, damit sie nicht rutschen. |

480 | Patienten bei kleinen chirurgischen Behandlungen begleiten und Wunden versorgen

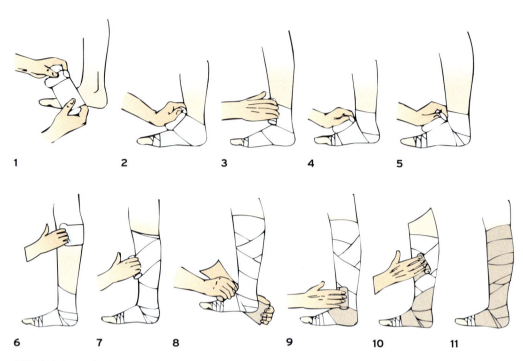

Abb. 1 Anlegen des Kompressionsverbands

1. Der Fuß wird rechtwinklig gehalten. Zum Fixieren des Bindenanfangs legt man diesen zweimal zirkulär um den Vorfuß oberhalb der Zehengrundgelenke.
2. Nun führt man drei Touren spiralförmig um den Vorfuß sowie eine Tour um die Ferse aus.
3.–5. Um die Ferse legt man zwei Achtertouren, damit die Binde dort sicher hält.
6. Nun wickelt man in einer steilen Tour einmal um die Wade herum, fast bis zum Knie.
7. Einmal wickelt man zirkulär um den Unterschenkel, dann spiralförmig zurück zur Ferse.
8.–11. Nun wird mit einer weiteren Binde von der Ferse aus wieder spiralförmig hochgewickelt und schließlich das Ende der Binde fixiert.

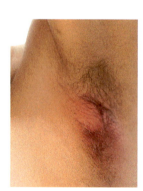

Abb. 2 Schweißdrüsenabszess in der Axilla

Terminologie: Wundversorgung, kleine Chirurgie und Verbandlehre

Abszess	Eiteransammlung im Gewebe (→ Abb. 2)
chronische Wunde	Wunde, die innerhalb von 8 Wochen nicht abheilt
Débridement	sog. Wundtoilette; Entfernen nekrotischer Gewebsanteile und Schmutz aus Wunden; 1. chirurgisch/mechanisch, 2. enzymatisch (sprich Debridmoh)
fixieren (Subst. **Fixierung**)	befestigen
Granulationsgewebe	rot glänzendes, gut durchblutetes Gewebe, das bei sekundärer Wundheilung am Wundgrund entsteht
intraoperativ	während einer Operation
Inzision	Einschnitt, z. B. in einen Abszess
Kompresse	saugfähige Wundauflage, z. B. aus Stoff
Kompressionsverband	straffer Verband, der Druck auf Unterschenkelvenen ausübt, um die venöse Insuffizienz bei Varikose zu bessern
postoperativ	nach einer Operation
präoperativ	vor eine Operation

primäre Wundheilung	rasche und unkomplizierte Wundheilung
primäre Wundversorgung	Versorgung einer unkomplizierten frischen Wunde
primärer Wundverschluss	Verschluss einer unkomplizierten Wunde mit Naht
PVP-Jod	Povidon-Jod; Jodverbindung z. B. zur Wunddesinfektion
resorbierbar	bzgl. Nahtmaterial: löst sich im Körper auf
Ringer-Lösung	Elektrolytlösung für Infusionen, Spülungen und andere Zwecke
sekundäre Wundheilung	komplizierte und verzögerte Wundheilung
sekundäre Wundversorgung	Versorgung einer komplizierten, d. h. mehr als 8 Stunden alten, ggf. infizierten, tiefen oder zerfetzten Wunde
sekundärer Wundverschluss	Versorgung einer komplizierten Wunde mit Naht nach Vorbehandlung, z. B. Infektionstherapie, Nekrosenentfernung
Wundmanagement	Behandlung chronischer Wunden unter Einbezug aller beteiligten Fachkräfte (Arzt, spezialisierte MFA, Pflegekräfte usw.)
zirkulär	kreisförmig

AUFGABEN

1 Beschreiben Sie die primäre und die sekundäre Wundheilung.

2 Welche Probleme bringen Bisswunden mit sich?

3 In welchen Fällen wird ein frisch verletzter Patient simultan gegen Tetanus geimpft?

4 Welche Umstände und Krankheiten führen oft zu chronischen Wunden?

5 Wie versorgen Sie eine frisch genähte Kopfplatzwunde?

6 Welchen Sinn hat ein Débridement und wie kann es durchgeführt werden?

7 Nennen Sie Symptome, die für eine Wundinfektion sprechen.

8 Welche Materialien legen Sie sich für eine Nahtentfernung bereit?

9 Wann werden Fäden im Gesicht, am Bauch und am Unterschenkel entfernt?

10 Nennen Sie die Fachbegriffe für vor, während und nach einer Operation.

11 Welchen Sinn hat die Kompressionstherapie bei Varikose und Ulcus cruris?

Morbus Google nennen Ärzte scherzhaft die Sorgen und Krankheitsängste, die Menschen befallen, nachdem sie ihre Symptome in Internet-Suchmaschinen eingegeben haben. Das Netz bietet eine kaum geordnete Fülle aus Meinungen, Meldungen und Informationen. Da weder individuelle Beratung noch Untersuchung stattfinden, ist der Haupteffekt der Laien-„Recherche" oftmals Angst.

LF 11

Patienten bei der Prävention begleiten

1	**Prävention** 486
1.1	Formen der Prävention. 486
1.2	Risiken und Nebenwirkungen der Prävention . 487
	Oft machen sich die Falschen Sorgen 487
1.3	Kosten und Nutzen der Prävention 488
	Altwerden ist teuer. 488
	Ist Prävention überhaupt sinnvoll? 488
1.4	Motivation zu gesundheitsbewusstem Verhalten 489

2	**Selbsthilfe und Selbsthilfeorganisationen** 491

3	**Psychosomatik und psychische Erkrankungen** 492
3.1	Psychosomatik. 492
3.2	Häufige psychische Erkrankungen 493
3.2.1	Suchtkrankheiten und ihre Behandlung . . . 493
	Alkoholabhängigkeit 494
	Nikotinabhängigkeit und -entwöhnung . . . 495
	Suchtprävention 495
3.2.2	Depression und Suizid 496
	Burnout-Syndrom 498
3.2.3	Bipolare Störung (bipolare affektive Störung) . 498
3.2.4	Borderline-Persönlichkeitsstörung 499

4	**Besonderheiten bei der Behandlung alter Patienten (Geriatrie)** 501
4.1	Multimorbidität und Multimedikation 501
4.2	Demenz 503
	Psychopharmaka 505
4.3	M. Parkinson und Parkinson-Syndrom . . . 506
4.4	Sinnesfunktionen im Alter 508
	Im Alter schwinden die Sinne 509
4.4.1	Aufbau und Funktion des Hör- und Gleichgewichtsorgans 510
	Der Hörvorgang 511
4.4.2	Presbyakusis (Altersschwerhörigkeit) . . . 512
	Umgang mit Schwerhörigen 513
4.4.3	Aufbau und Funktion der Augen 514
	Sinneszellen 515
	Tränenapparat 517
	Sehvorgang 517
4.4.4	Fehlsichtigkeit 518
	Myopie (Kurzsichtigkeit) 518
	Hyperopie (Weitsichtigkeit) 518
	Presbyopie (Alterssichtigkeit) 519
	Alternativen zur Brille 519
4.4.5	Katarakt (grauer Star) 520
4.4.6	Glaukom (grüner Star) 521
4.4.7	Altersbedingte Makuladegeneration (AMD) . 522
	Diabetische Retinopathie und Fundus hypertonicus (Diabetes- und Hochdruckschäden am Augenhintergrund) 523

Prävention...

Die meisten Menschen fürchten sich...

vor Schmerzen, Leid und Tod und möchten Krankheit vermeiden. Aber nur wenige nehmen an den angebotenen Früherkennungsuntersuchungen teil: ca. 8% der Männer und 12% der Frauen über 45 Jahre gehen z. B. regelmäßig zur Krebsfrüherkennungsuntersuchung.

Gründe dieser „Vermeidungshaltung" sind in erster Linie Bequemlichkeit und Angst. Oft spielt Verdrängung eine große Rolle. Obwohl jeder weiß, dass er krank werden kann und eine frühe Diagnose die Heilungschancen erheblich verbessert, „vergisst" man Gelegenheiten, die an die eigene Verletzlichkeit und gesundheitliche Bedrohungen erinnern – z. B. „fällige" Untersuchungen.

....der Körper-TÜV

Vermitteln Sie Ihren Patienten, ...

dass auch der Körper regelmäßig eine Inspektion benötigt und er „scheckheftgepflegt" einfach zuverlässiger „läuft". Sie als MFA können Patienten – als deren nächste Ansprechpartnerin – besonders gut motivieren. Sprechen Sie Patienten an und loben Sie gesundheitsbewusstes Verhalten und positiven Umgang mit Krankheiten, z. B.: „Toll, wie Sie es geschaft haben, das Rauchen aufzugeben! Ihre Haut sieht sehr gut aus." „Das merkt man aber, dass Sie abgenommen haben – die neue Figur steht Ihnen bestens!" „Gar nicht so leicht, mit so einer Krankheit zu leben – ich bewundere Ihre Energie." „Wie Sie das schaffen, jeden Tag spazieren zu gehen trotz Ihrer Behinderung – Respekt!" „Gut, dass Sie so regelmäßig zur Vorsorge kommen. Das ist doch ein gutes Gefühl, wenn man weiß, dass alles in Ordnung ist."

1 Prävention

Das Vorsorgeangebot der gesetzlichen Krankenkassen einschließlich der Broschüre „Der Vorsorge-Checker" finden Sie unter www.kbv.de

1.1 Formen der Prävention

Prävention bedeutet Vorbeugung. Damit sind alle Maßnahmen gemeint, die gesundheitliche Schädigungen verhindern, weniger wahrscheinlich machen oder hinauszögern. Das griechische Wort Prophylaxe ist gleichbedeutend mit dem lateinischen Wort **Prävention**. Prävention findet in drei Stufen statt: in Primär-, Sekundär- und Tertiärprävention.

Präventionsstufe, Bedeutung und Ziele	Beispiele
1. Primärprävention Die Krankheitsentstehung soll möglichst verhindert werden. Dazu gehören individuelle und sozialstaatliche Maßnahmen. **Gesunde gesund erhalten**	– gesunde Ernährung und Sport – Schutzimpfungen laut STIKO-Plan, zusätzlich spezielle Impfungen für Berufstätige und vor Reisen – Sexualaufklärung (Safer Sex) – Stressvermeidung (Pausen, Urlaub) – Unfallverhütungsmaßnahmen der Berufsgenossenschaften – hygienisches Arbeiten zum Eigenschutz der MFA – allgemeine Hygienebedingungen (Umgang mit Lebensmitteln, Müll, Abwasser, Abgasen usw. laut gesetzlichen Bestimmungen)

2. Sekundärprävention Früherkennung symptomloser Krankheitsfrühstadien oder Risikofaktoren durch Vorsorge- bzw. Früherkennungsuntersuchungen oder **Screening** (Untersuchung einer Bevölkerungsgruppe mit hoher Erkrankungswahrscheinlichkeit) **Früherkennung** 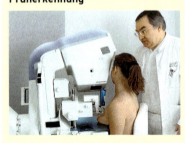	– Mutterschaftsvorsorgeuntersuchungen inkl. Früherkennung des Gestationsdiabetes
	– Kindervorsorgeuntersuchungen U1-U9 (10 Untersuchungen von der Geburt bis zum 5. Geburtstag)
	– Jugendgesundheitsuntersuchung J1 (12–14 Jahre)
	– Neugeborenen-Hörscreening und Hüftsonografie bei Säuglingen
	– Chlamydien-Urinscreening (1-mal/Jahr für Frauen von 15–25 Jahren)
	– Check-up 35 (Gesundheitsuntersuchung zur Früherkennung von Diabetes mellitus, Herz-Kreislauf- und Nierenkrankheiten in jedem 2. Kalenderjahr ab dem 35. Geburtstag)
	– Hautkrebsfrüherkennung (in jedem 2. Kalenderjahr ab dem 35. Geburtstag)
	– Krebsfrüherkennungsuntersuchungen auf Genitalkrebs
	  • bei Frauen ab 20 Jahren (Gebärmutterhalskrebs, Genitalkrebs) bzw. ab 30 Jahren (Brustkrebs) jeweils 1-mal/Jahr, Mammografie-Screening bei Frauen von 50–70 Jahren alle 2 Jahre
	  • bei Männern ab 45 Jahren (Genital- und Prostatakrebs) 1x/Jahr
	  • bei Männern ab 65 Jahren einmalige Sonografie zur Früherkennung des Aortenaneurysmas
	– Früherkennung des kolorektalen Karzinoms: einmalige Beratung ab 50 Jahren, Okkultbluttest 1-mal/Jahr von 50–55 Jahren und Vorsorgekoloskopie ab 55 Jahren zweimal im Abstand von 10 Jahren; statt der Koloskopie kann ab 55 Jahren im Abstand von zwei Jahren ein Okkultbluttest stattfinden.

3. Tertiärprävention **Rehabilitation** = bestmögliche Wiederherstellung der Gesundheit nach Krankheit; Verhinderung bzw. Verzögerung weiterer Schäden durch Therapie und/oder Diagnostik **(Nachsorge)** **Wiederherstellung, Schadensbegrenzung** 	– Rehabilitation, Koronarsport, Lipidsenker-, ASS- und Betablocker-Einnahme nach Herzinfarkt – Lipidsenker, ACE-Hemmer und Antihypertensiva für Diabetiker – regelmäßige Untersuchungen im Rahmen der DMP-Programme für chronisch Kranke, z. B. bei Diabetes mellitus und koronarer Herzkrankheit – Rehabilitation, konsequente Blutdrucksenkung und ASS-Einnahme nach Schlaganfall – Osteoporosetherapie nach Hüftfraktur – Bewegungstherapie nach Bandscheibenvorfall und anderen zu chronischem Verlauf neigenden Wirbelsäulenerkrankungen – Rehabilitation und Nachsorge nach Krebserkrankungen – Rehabilitation und Wiedereingliederung in das Berufs- und Sozialleben nach Drogenentzug (Rückfallprophylaxe) – mehrmonatige Antidepressivatherapie und Psychotherapie nach schwerer depressiver Episode – Frühförderprogramme und Behindertensport

1.2 Risiken und Nebenwirkungen der Prävention

In den Industrieländern stirbt etwa jeder dritte Mensch an Krebs. Da Krebserkrankungen vielfältige Ursachen haben, ist eine 100 %ige Krebsprävention nicht möglich. Selbst Kinder können schon an Krebs erkranken und niemand kann sich mit Sicherheit davor schützen.

Neben Karzinogenen und Veranlagung ist es v. a. das Alter, das zu Fehlern bei der Zellteilung und damit zur |Entstehung maligner Tumoren beiträgt. Je effektiver Präventions- und Therapiemaßnahmen den Tod an Herz-Kreislauf-Krankheiten verhindern, desto älter werden die Menschen und desto häufiger erkranken und sterben sie an Krebs. Dennoch ist es nicht sinnvoll, aus diesen Gründen die Krebsprävention gleich aufzugeben. Auch die Einstellung „Ich will es lieber gar nicht wissen" und der Verzicht z. B. auf die Früherkennung des Zervixkarzinoms sind nicht ratsam. Dieses Karzinom ist in Frühstadien sehr gut und fast immer kurativ behandelbar – die Patientin gewinnt Jahre bis Jahrzehnte an Lebenszeit. Nur die Therapie und Nachsorge werden die Patientin belasten und ihr Sorgen z. B. vor einem Rezidiv bereiten und in den ersten Jahren nach der Diagnose ihre Lebensqualität einschränken.

> **Entstehung maligner Tumoren**
> → LF 9, S. 416

Beim Mammakarzinom ist der Vorteil der Früherkennung nicht so eindeutig. Durch das Mammografie-Screening sinkt eindeutig die **Mortalität** (Sterblichkeit) am Mammakarzinom. Das heißt, durch die Früherkennung sterben weniger Frauen an Brustkrebs als ohne das Screening. Es werden aber auch Tumoren erkannt, die nicht zum Tode der betroffenen Frau geführt hätten, weil diese vorher an etwas anderem gestorben wäre. Diese Frauen wären *mit*, aber nicht *an* Brustkrebs gestorben. Durch die Früherkennung wird ihre Lebensqualität durch die Krebstherapie unnötig eingeschränkt. Im Extremfall kann die Behandlung durch schwere Nebenwirkungen sogar das Leben der Frau verkürzen. Auf dem Mammografie-Bild und auch mit anderen Methoden ist aber nicht voraussehbar, ob eine Frau innerhalb der nächsten Jahre an einer anderen Ursache als dem Mamma-Ca. sterben wird.

Abb. 1 Haarverlust durch Krebstherapie

Diese „Überdiagnostik und Übertherapie" ist ein grundsätzliches und schwer vermeidbares Problem der Prävention. Es gilt mit Einschränkung für die gesamte Krebsprävention. Viele ältere Männer hätten nie Probleme durch ihr langsam wachsendes Prostatakarzinom erlebt – wäre dieses nicht erkannt und aufwendig sowie nebenwirkungsreich behandelt worden. Andererseits rettet die Früherkennung hier eindeutig Leben und verhindert Leid, indem aggressive Tumoren bei Männern ab 45 Jahren rechtzeitig gefunden werden.

Abb. 2 Lebensqualität im Alter

Oft machen sich die Falschen Sorgen

Eine schlanke, sportliche 50-jährige Nichtraucherin muss sich wegen eines mäßig erhöhten Gesamtcholesterins weder bei der Nahrungsauswahl einschränken noch Sorgen machen. Dass dies aber oft geschieht, ist ein typischer Negativeffekt der Prävention. Es wird dabei vergessen, dass jeder Mensch sterblich ist. Außerdem lenken Präventionsprogramme nie den Blick darauf, wie gesund ein Mensch ist, sondern nur darauf, wie krank oder risikobehaftet er ist. Früherkennung sucht in gewissem Sinne „das Haar in der Suppe". Dies allein erzeugt schon eine negative Sicht auf den Gesundheitszustand und macht pessimistisch – eine häufige „Nebenwirkung" der Prävention.

Abb. 3 Sport ist in jedem Alter sinnvoll.

1.3 Kosten und Nutzen der Prävention

Wirksamkeit und Nebenwirkungen der öffentlich empfohlenen und von den Krankenkassen finanzierten Präventionsprogramme werden ständig gemessen und bewertet – auch im Hinblick auf die Kosten. Schutzimpfungen z.B. kosten Geld, sparen aber Therapiekosten ein. Nähme die oben beschriebene 50-Jährige, die weder an Bluthochdruck noch an Diabetes leidet, ein Statin ein, sänke ihr leicht erhöhter Cholesterinspiegel ab. Ihr ohnehin niedriges Herzinfarktrisiko würde dadurch aber nicht messbar reduziert. Nebenwirkungen wären in diesem Falle viel wahrscheinlicher als ein Nutzen aus dem Medikament. Nimmt hingegen ein älterer KHK-Patient mit Diabetes mellitus das gleiche Medikament ein, senkt dies sein Risiko für ein erneutes kardiovaskuläres Ereignis deutlich.

Zigarettenrauchen ist bekanntermaßen gesundheitsschädlich. Rein wirtschaftlich gesehen bringt Nichtrauchen der Gesellschaft aber nicht unbedingt nur Vorteile. Ein Nichtraucher ist statistisch gesehen seltener krank und verursacht dadurch weniger Kosten für seine Krankenkasse. Er lebt aber acht Jahre länger als der durchschnittliche Raucher. Der Rentenversicherung und damit der Gesellschaft spart der Nichtraucher daher nicht automatisch Kosten.

Altwerden ist teuer

Abb. 1 Multimorbidität im Alter

Jede effektive Präventionsmaßnahme verschiebt zwangsläufig das Krankheitsrisiko in eine andere Richtung, z.B. vom Herz-Kreislauf-System zum Krebs oder umgekehrt – jedenfalls in ein höheres Lebensalter. Viele Rechenansätze ergeben auch, dass Prävention insgesamt keine Kosten spart, weil sie das Lebensalter erhöht. Hohes Alter erzeugt nämlich immer hohe Kosten – durch Gelenkersatz, Bypass-Chirurgie, Intensivmedizin, **Multimorbidität** und **Multimedikation**. Wer viele Krankheiten hat, bekommt auch viele Medikamente. Der größte Anteil aller medizinischen Kosten, die ein Mensch im Leben verursacht, entsteht daher im letzten Lebensjahr. Und dieser größte Kostenanteil ist relativ unabhängig von der zuvor durchgeführten Prävention.

Ist Prävention überhaupt sinnvoll?

Abb. 2 Lebensfreude kennt kein Alter.

Primärprävention kann Krankheit verhindern. Eine maßvolle, gesunde, jahreszeitengerechte und wohlschmeckende Ernährung liefert reichlich Vitamine und sekundäre Pflanzenstoffe. Sie schützt uns vor vorzeitiger Alterung, Übergewicht und vielen Krankheiten, sogar teilweise vor Krebs. Gelingt es uns, ein im umfassenden Sinn gutes und gesundes Leben zu führen – mit guten Sozialkontakten, sinnvoller Arbeit und Freude am Leben –, ist viel gewonnen.

Sekundärprävention kann Krankheiten im Frühstadium einer kurativen Therapie zuführen und sogar verhindern (z.B. die Vorsorgekoloskopie mit Polypektomie). **Tertiärprävention** kann Leben und Lebensqualität erhalten, aber natürlich nicht den Tod an sich verhindern.

Sinnvoll eingesetzt kann Prävention dem Einzelnen und der Gesellschaft nützen. Sie löst aber viele Probleme nicht und kann auch nicht alles beeinflussen. Hat z.B. ein Mensch Angst vor geistigem Verfall im Alter, kann er dennoch nicht gezielt so „ungesund" leben und essen, dass sein Körper sanft stirbt, bevor seine geistige Leistung nachlässt. Gene und äußere Umstände sprechen bei Krankheiten und Lebenserwartung ein Wörtchen mit. Prävention sollte nicht zur „Ersatzreligion" erhoben werden und den Blick auf das Leben verstellen:

>> Es gibt Menschen, die leben gar nicht mehr wirklich, sondern nur noch vorbeugend – um dann gesund zu sterben. Doch auch wer gesund stirbt, ist definitiv tot. <<

Manfred Lütz, Psychiater, Theologe und Buchautor

Prävention | **489**

1.4 Motivation zu gesundheitsbewusstem Verhalten

Angst und Abschreckung motivieren kaum zu einer gesünderen Lebensweise: Kaum einen Raucher beeindrucken abschreckende Aufkleber auf Zigarettenpackungen; sie bestätigen eher Nichtraucher in ihrer Überzeugung. Wirkungsvoller kann man einen Menschen zu gesundheitsbewusstem Verhalten motivieren, indem man ihn bestärkt, seinen Gesundheitszustand *für seine eigene Lebensqualität* zu optimieren.

Auch ein 85-jähriger dialysepflichtiger Diabetiker mit Beinamputation und Herzinfarkt hat ganz individuelle Freude am Leben. Trotz vieler Einschränkungen beruht sein Lebenswille z. B. auf der Freude an seiner Familie, seinen Hobbys oder der Vorfreude auf Ereignisse, die er noch erleben möchte. Diese individuelle Motivation ist bei der Beratung zur Verbesserung der Adhärenz bzw. Compliance sehr wichtig. Niemand wird seine liebgewordenen Gewohnheiten aufgeben, nur weil der Arzt oder die MFA das gut fänden.

Im Sinne der **motivierenden Gesprächsführung** ist es effektiver, die Eigenmotivation des Patienten zu finden und ihn „dort abzuholen", um seine eigenen Gesundheitsbestrebungen zu stärken. Dadurch kann sich der Patient, z. B. auch der Suchtkranke, schrittweise von seinem selbstschädigenden Verhalten lösen. Abschreckung und „Predigen" hingegen ist nicht nur abwertend, sondern auch wirkungslos. Eine Schwangere wird eher das Rauchen aufgeben als eine gleichaltrige Nichtschwangere – schließlich wünscht sie sich ein gesundes Kind. Erklärt ihr die Frauenärztin, dass sie ihrem Kind etwas Gutes tut, wenn sie aufhört, dass es besser wachsen, zunehmen und sich an das Leben außerhalb des Mutterleibs viel besser anpassen kann, als wenn es „mitraucht", kann sie dies motivieren, den Nikotinentzug durchzustehen. Hat die Patientin aber das Gefühl „die Ärztin hält mich sowieso für hoffnungslos süchtig und willensschwach", wird sie das nicht stärken. Zutrauen und Optimismus sind meistens die bessere Beratungsgrundlage.

motivierende Gesprächsführung
Methode der Gesprächsführung, die Miller und Rollnick ursprünglich für Suchtkranke entwickelten

Abb. 1 Schwangere im Gespräch mit ihrer Gynäkologin

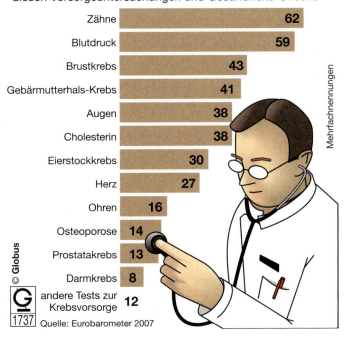

Einen kostenlosen 45-Minuten-E-Kurs zur motivierenden Gesprächsführung mit Videos von typischen Gesprächssituationen stellt die Uni Jena zur Verfügung:
www.allgemeinmedizin.uni-jena.de/Projekt/content/e134

490 | Patienten bei der Prävention begleiten

Einzelheiten zur Prävention bestimmter Krankheiten finden Sie zu den Themen:

- Schutzimpfungen (STIKO-Impfplan), S. 87
- Arteriosklerose und daraus folgende Erkrankungen, S. 251
- metabolisches Syndrom, S. 428
- Diabetes mellitus, S. 438
- Mammakarzinom mit Selbstuntersuchung und Mammografie-Screening, S. 359 und 435
- Bronchialkarzinom, S. 291
- Osteoporose, S. 148
- kolorektales Karzinom, S. 419
- schwangerschaftsbedingte Erkrankungen (Mutterschaftsvorsorge), S. 343
- sexuell übertragbare Infektionen, S. 362
- Hepatitis A, B und C, S. 424
- Leberzirrhose, S. 426

HINWEIS

Ein weiterer interessanter Selbsttest ist der **AUDIT**-Test (**A**lcohol **U**se **D**isorders **I**dentification **T**est)

→ Terminologie: Prävention

motivierende Gesprächsführung	Gesprächsführungsmethode, die z. B. die Motivation des Patienten zu einem gesundheitsfördernden Verhalten stärkt
Multimedikation	Therapie mit mehreren Medikamenten
Multimorbidität	gleichzeitiges Vorliegen mehrerer Krankheiten
Mortalität	Sterblichkeit (Anzahl der Sterbefälle an einer Krankheit innerhalb eines bestimmten Zeitraums)
Nachsorge	systematisch durchgeführte Untersuchungen z. B. nach einer Krebserkrankung zur Früherkennung eines Rezidivs
Prävention (Syn. **Prophylaxe**)	Vorbeugung
Rehabilitation	möglichst vollständige Wiederherstellung der Gesundheit nach einer Krankheit
Primärprävention	vorbeugende Maßnahmen, die Gesunde gesund erhalten
Sekundärprävention	vorbeugende Maßnahmen im Sinne von Früherkennung
Screening	Untersuchung einer Bevölkerungsgruppe mit hoher Erkrankungswahrscheinlichkeit zum Zweck der Früherkennung
Tertiärprävention	vorbeugende Maßnahmen im Sinne von Rehabilitation; Therapie, die eine Verschlimmerung verhindert; Nachsorge

AUFGABEN

1 Definieren Sie die Begriffe **a** Primärprävention, **b** Sekundärprävention und **c** Tertiärprävention.

2 Erläutern Sie die drei Präventionsstufen anhand der Krankheiten **a** Osteoporose, **b** KHK und **c** Gebärmutterhalskrebs.

3 Finden Sie Erklärungen für die unterschiedlich starke Inanspruchnahme der Vorsorgeuntersuchungen (s. Grafik S.489).

4 Haben Sie die Jugendgesundheitsuntersuchung J1 wahrgenommen? Begründen Sie Ihre Antwort.

5 Nehmen Sie an den gynäkologischen Früherkennungsuntersuchungen teil bzw. haben Sie vor teilzunehmen, wenn Sie das entsprechende Alter erreicht haben?

2 Selbsthilfe und Selbsthilfeorganisationen

Viele Erkrankungen sind schicksalhaft, d. h., der Patient hat nichts getan oder unterlassen, um die Krankheit zu bekommen, und ist dennoch erkrankt. Auf den Verlauf und/oder die Bewältigung vieler Krankheiten kann der Patient jedoch Einfluss nehmen.

Jeder Mensch, der eine schwerwiegende Diagnose erhält, versucht diese zu bewältigen. Er nutzt Mittel und Kompetenzen, die ihm bei früheren Krankheiten bzw. Krisen geholfen haben. Dies können Hausmittel sein, Medikamente, psychologische Techniken oder auch Religion. Reichen die eigenen Möglichkeiten nicht aus, bittet der Betroffene Menschen seines sozialen Umfeldes um Unterstützung. Diese Stadien der Hilfesuche laufen bei einfachen Infekten im Prinzip nicht anders ab als bei schweren Krankheiten. Hilft das eigene soziale Umfeld dem Patienten nicht genügend, sucht er sich außerhalb Hilfe, auch z. B. im Internet.

| Stadien der Hilfesuche
→ LF 2, S. 11

Besonders gute psychologische und praktische Unterstützung bieten oft **Selbsthilfegruppen** und **-organisationen**. Dies sind selbst organisierte Gruppen bzw. Verbände betroffener Patienten und/oder ihrer Angehöriger. Da die Patienten die gleiche Diagnose bzw. das gleiche Problem haben, können sie sich offen und konstruktiv darüber austauschen. Sie können konkrete Fakten zu Diagnostik und Therapie, aber auch Gefühle und subjektive Probleme besprechen. Oft werden Erfahrungen mit Ärzten und Kliniken thematisiert und Adressen kompetenter Therapeuten ausgetauscht.

Abb. 1 Selbsthilfegruppe

Beispiele für Selbsthilfeorganisationen
www.rheuma-liga.de
www.hochdruckliga.de
www.daab.de
(Deutscher Allergie- und Asthmabund)
www.dccv.de
(M. Crohn, Colitis ulcerosa)

Selbst wenn Angehörige und Kollegen von der Krankheit nichts mehr hören wollen, findet – und bietet – der Patient in der Selbsthilfegruppe offene Ohren. Selbst Schwerkranke können dabei ihre Kraft und Kompetenz bei der Krankheitsbewältigung erkennen und nutzen. Trotz oder wegen der Krankheit anderen helfen zu können, baut auf und gibt der Krankheit einen gewissen Sinn. Oft stellen Mitglieder auch fest, dass es ihnen im Vergleich mit anderen Betroffenen noch gut geht oder sie nehmen sich ein Beispiel an anderen Patienten der Gruppe.

In jeder Praxis sollten Broschüren und Adressen ortsansässiger Selbsthilfegruppen ausliegen. Gruppentreffen, Schulungen und Vorträge können in den Praxisräumen mit oder ohne Einbezug des Praxispersonals stattfinden. Dies kann sich positiv auf die Patientenbindung auswirken und darüber hinaus Werbeeffekte haben.

> **HINWEIS**
>
> Die nationale Kontakt- und Informationsstelle für Selbsthilfegruppen (NAKOS; www.nakos.de) bietet nicht nur die Adressen bestehender Selbsthilfegruppen, sondern auch Informationen und Unterstützung bei der Neugründung an.

Die aktive Teilnahme an einer Selbsthilfegruppe kann, z. B. bei der Überwindung der Alkoholkrankheit, nachweislich die Prognose verbessern. Selten löst die Konfrontation mit schwer bzw. fortgeschritten Erkrankten jedoch auch Angst vor einer Verschlimmerung der eigenen Krankheit und damit einen Schock und Hoffnungslosigkeit aus.

3 Psychosomatik und psychische Erkrankungen

3.1 Psychosomatik

Psychosomatik ist die Lehre von den Wechselwirkungen von Körper (gr. Soma) und Seele (gr. Psyche) im Krankheitsgeschehen. Auf Grund der Arbeitsweise des vegetativen Nervensystems und der Untrennbarkeit der Hirn- und Organfunktionen wirkt sich ein seelisches Ungleichgewicht auf den Körper aus: „Ein Infarktkandidat", „immer auf 180", „der arbeitet bis zum Umfallen …" – so reden die Kollegen z. B. angesichts ihres ununterbrochen tätigen Chefs. Umgekehrt beeinflussen somatische Krankheiten das seelische Befinden. Eine akute Virusgrippe oder ein Pfeiffersches Drüsenfieber führen eventuell über Wochen und Monate zu depressiver Antriebslosigkeit und erhöhtem Schlafbedürfnis. Chronische Krankheiten fördern durch körperliche, seelische und soziale Auswirkungen ebenfalls Depressionen.

Ein Schlüsselbegriff der Psychosomatik ist die Stressreaktion, d. h. das körperliche und seelische Geschehen bei **Stress**. Wird ein Stressauslöser durch die Sinnesorgane dem ZNS mitgeteilt, verstärkt das **vegetative Nervensystem** die Aktivität des **Sympathikus**. Dieser Teil des vegetativen Nervensystems verstärkt leistungssteigernde Körperfunktionen. Der Hypothalamus veranlasst die Nebennieren, mehr Adrenalin und Cortison auszuschütten.

vegetatives Nervensystem → LF 3, S.32

Dies erzeugt typische Stresseffekte:
- Anstieg des Blutdrucks, der Herzfrequenz, des Blutzuckerspiegels, der Muskelspannung und -durchblutung sowie der Blutgerinnbarkeit
- Hemmung von Verdauung, Heilung, Wachstum, Immunabwehr und Sexualfunktionen

Stress löst aber auch psychische Effekte aus. Während **Eustress** (positiver, aktivierender Stress) die Fähigkeit zu klarem Denken und zu Entscheidungen fördert, führt **Disstress** (negativer, schädlicher Stress) zu Ideenlosigkeit, Blackout, negativem Denken und Angst.

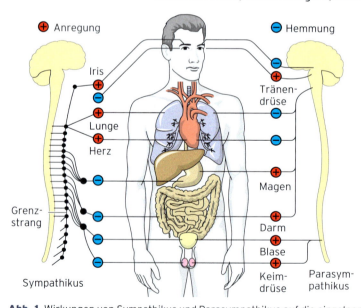

Abb. 1 Wirkungen von Sympathikus und Parasympathikus auf die einzelnen Organe

Die erhöhte Aktivierung von Körper und Seele (so die Definition von Stress) ist im Prinzip eine gesunde Reaktion. Maßvoller Stress, d. h. Eustress, fördert Leistung und Motivation. Disstress hingegen schadet. Der Organismus versucht sich anzupassen. Dabei geraten Körper und Seele in eine Widerstandsphase, die stets mit Funktionsstörungen einhergeht. Typisch sind Hypertonie, Infekthäufung, Magen-Darm-Symptome, Rücken- und Kopfschmerzen sowie Schlafstörungen. Charakteristisch für die Widerstandsphase ist, dass man sich psychisch gut fühlt. Dies ist ein Effekt der Stresshormone im Gehirn selbst.

Wer z. B. eine Prüfung hinter sich hat, fühlt sich zunächst noch (unter den Stresshormonen) stark und hat viele Ideen, was er nun alles tun möchte – und wird dann krank oder „fällt in ein Loch". Dieser Leistungsknick zeigt, dass nach Wegfall des Stressauslösers die sympathikusbetonte Phase endet und eine Zeitlang der **Parasympathikus** vorherrscht. Dieser Teil des vegetativen Nervensystems fordert bzw. erzwingt Ruhe und Schlaf.

Ein junger, gesunder Organismus kann eine Zeitlang stressbedingte Funktionsstörungen schadlos ertragen. Ein älterer oder kranker Körper gerät leichter aus seinem ohnehin labilen Gleichgewicht. So entstehen stressbedingte Herzinfarkte, Schlaganfälle sowie vermehrte Unfallereignisse. Dauerstress kann auch zu einem bleibenden Umbau im Gehirn führen – mit der Folge einer Depression und erhöhter Wahrscheinlichkeit einer Demenz.

Psychosomatik und psychische Erkrankungen | 493

Extreme Vertreter der Psychosomatik meinen, dass es keine Krankheit ohne psychosomatischen Hintergrund gibt, auch keine Verletzung und keinen Unfall. Oft werden in der Psychosomatik bildliche Vergleiche herangezogen, um seelische Ursachen körperlicher Erkrankungen zu erklären: „Du stehst immer unter Druck" bei Hypertonie, „Du hast die Nase voll" bei Sinusitis, „Sie ist wirklich sauer" bei Gastritis und „Ich habe ihm was gehustet" bei Asthma bronchiale.

Jeder Erkrankung einen Symbolcharakter oder eine Sprachrohrfunktion der Seele zuzuschreiben, birgt jedoch die Gefahr, dass der Patient zu seinem körperlichen Leiden nun auch noch eine Art „Schuld" für die Krankheit zugeschoben bekommt. Das hilft keinem Patienten. „Klassische" psychosomatische Erkrankungen, die bei seelisch unlösbar erscheinenden Konflikten auftreten, sind die Essstörungen **Anorexia nervosa** (Magersucht), **Bulimia nervosa** (Ess-Brech-Sucht) und verschiedene Varianten der Esssucht. Die Therapie erfordert eine Kombination aus somatischen und psychologischen bzw. psychiatrischen Methoden, um die tiefgreifenden seelischen Störungen mit ihren lebensbedrohlichen Auswirkungen nachhaltig zu bessern.

Informationen für Betroffene, Eltern, Lehrer, Angehörige und zahlreiche Links zum Thema Essstörungen
www.hungrig-online.de
www.bzga-essstoerungen.de

3.2 Häufige psychische Erkrankungen

3.2.1 Suchtkrankheiten und ihre Behandlung

Der Begriff Sucht kommt von „Siechtum" und bedeutet allgemein „Krankheit". Etwa seit 1900 wird er überwiegend für Abhängigkeitserkrankungen verwendet. Unterschieden werden die
- **stoffgebundene Sucht**
  (Abhängigkeit von Substanzen, die die seelische Befindlichkeit beeinflussen, z. B. Alkohol, Nikotin oder Benzodiazepinen) und die
- **nicht stoffgebundene Sucht**
  (Abhängigkeit von bestimmten Tätigkeiten wie Glücksspiel, Kaufen oder PC-Spielen).

Abb. 1 Fehlwahrnehmung des Körpers (Körperschemastörung) bei Anorexia nervosa

Abb. 2 Der exzessive Gebrauch von Internet- und Computerspielen kann zu süchtigem Verhalten führen.

Definition	Charakteristik des Konsums bzw. der Abhängigkeit und typische Beispiele
Gewohnheit	**regelmäßiger Konsum**, der bei normalen Mengen unschädlich ist: Kaffee- und Teekonsum bei ca. 90 % der Bevölkerung; eine Unterbrechung der Koffeinzufuhr führt ggf. zu schlechter Stimmung und Müdigkeit
schädlicher/ gefährlicher Gebrauch	**übermäßiger Konsum** mit dem Risiko gesundheitlicher Schäden: gelegentliches Rauchen ohne Abhängigkeit, Alkoholkonsum von > 20 g/Tag oder in der Schwangerschaft, gelegentlicher Cannabiskonsum
Missbrauch (Abusus)	fortgesetzter Konsum eines Suchtmittels, obwohl schon Schäden eingetreten sind, z. B. Alkoholkonsum bei Leberzirrhose
Fehlgebrauch	Medikamentenkonsum außerhalb oder ohne Indikation, z. B. Schmerzmitteleinnahme zur Leistungssteigerung oder Verbesserung der Stimmung
Abhängigkeit	körperliche Abhängigkeit mit **Toleranzentwicklung** (körperliche Anpassung mit **Wirkverlust** und **Dosissteigerung**), **Entzugserscheinungen** (körperliche Symptome bei Unterbrechung der Zufuhr), Konsum zur Vermeidung dieser Symptome; psychische Abhängigkeit mit starkem **Drang** bzw. **Zwang, sich den Stoff zuzuführen** bzw. die Tätigkeit auszuführen sowie Vernachlässigung von beruflichen bzw. sozialen Pflichten und Interessen zum Zwecke des Konsums; Fortsetzung des Konsums trotz bekannter körperlicher und sozialer Schäden: Nikotin-, Alkohol- und Heroinabhängigkeit, Glücksspielsucht, exzessive Nutzung von Fernsehen, PC-Spielen, Onlinenetzwerken und Kommunikationsmedien

Alkoholabhängigkeit

In Deutschland sind so viele Menschen abhängig von diesen Suchtmitteln

Illegale Drogen (u.a. Heroin, Kokain) 290 000 Drogenabhängige
1313 Todesfälle im Jahr 2009

Medikamente 1,4 Mio. Medikamentenabhängige
keine Angabe zu Todesfällen

Alkohol 1,6 Mio. Alkoholabhängige
73 700 jährliche Todesfälle

Tabak 14,0 Mio. Nikotinsüchtige
111 000 bis 140 000 jährliche Todesfälle

Quelle: DHS

Die häufigsten stoffabhängigen Süchte betreffen Alkohol (Ethanol) und Nikotin. Etwa 7 % der erwachsenen Deutschen sind alkoholabhängig, zweimal so viele betreiben Missbrauch. In manchen, z. B. akademischen Berufsgruppen liegt der Anteil doppelt so hoch.

Alkoholprobleme beginnen damit, dass der Wirkung wegen getrunken wird: zur Erleichterung, d. h. zum „Abschalten" bei Stress, um lockerer zu werden und/oder um schlafen zu können. Alkohol wird für diese Zwecke genutzt, weil er ein „duales Wirkprinzip" hat: Er kann sowohl anregend als auch dämpfend wirken. Der Konsument wählt die Getränke, die Menge und den Zeitpunkt des Trinkens entsprechend. Häufig ist auch der Versuch einer Selbstmedikation mit Alkohol bei vielen Arten psychischer Erkrankungen. Alkohol hat sedierende, antidepressive, angstlösende und schließlich (bei hoher Dosis) narkotische Wirkungen. Viele psychisch Kranke verstehen bzw. wissen nicht, woran sie eigentlich leiden, und betäuben unerträgliche Symptome mit Alkohol. Die Suchtentwicklung wird von genetischen, biografischen und kulturellen Einflüssen mitbestimmt und verläuft allmählich.

Die **Diagnose** wird durch Anamnese, Fremdanamnese, Blutwerte und **Dekompensationen** (Klinikeinlieferung nach Trinkexzessen, Entzugssymptome bei ungewollter Unterbrechung des Konsums bei Operationen usw.) gestellt bzw. gesichert. Die Giftwirkung des Alkohols erzeugt nicht nur erhöhte Leberwerte, sondern auch ein erhöhtes MCV (Erythrozytenvolumen) und hohe Triglyceride. Der Ethanolgehalt des Blutes kann ebenfalls gemessen werden; die Einheit ist ‰ (Promille, d. h. pro Tausend). Verschiedene Kurztests helfen, ein Alkoholproblem anamnestisch zu erkennen, z. B. der CAGE-Test (engl. cage = Käfig):

C	cut down (reduzieren)	Haben Sie schon einmal versucht, weniger zu trinken?
A	annoyed (verärgert)	Haben Sie sich schon einmal über Bemerkungen anderer zu Ihrem Alkoholkonsum geärgert?
G	guilty (schuldig)	Fühlen Sie sich wegen Ihres Alkoholkonsums schuldig?
E	eye-opener (Augenöffner)	Brauchen Sie morgens Alkohol, um in Gang zu kommen?

Abb. 1 Mit Erleichterungstrinken beginnt oft eine Alkoholabhängigkeit.

Abb. 2 Selbsthilfetreffpunkt für Menschen mit Alkoholproblemen

Der **LAST** (**L**übecker **A**lkoholismus-**S**creening-**T**est) erfragt zusätzlich alkoholbedingte Klinikaufenthalte (Unfälle, Pankreatitis, schwere Infektionen, Leberkrankheiten usw.) und Probleme am Arbeitsplatz.

Angehörige werden oft in das Suchtgeschehen einbezogen; manche umsorgen den Kranken so intensiv, dass er trotz seiner Sucht noch längere Zeit gesellschaftsfähig bzw. „unauffällig" bleibt. Sie investieren unendlich viel Geld, Kraft und Zeit und erleichtern so das Lügen und Verleugnen. Dabei werden sie **Co-Abhängige**. Ihr Verhalten stabilisiert die Sucht und führt zu psychischen und sozialen Schäden auch beim Co-Abhängigen selbst. Kinder aus Familien Suchtkranker sind oft seelisch **traumatisiert** und neigen selbst zu Depression und Sucht.

Beendet der abhängig Suchtkranke sein Verleugnungsverhalten und ist ausreichend motiviert, kann zunächst eine stationär durchgeführte **Entgiftung** stattfinden. Dabei werden die Entzugssymptome mit Medikamenten (Tranquilizern, Betablockern usw.) gemildert. Im Anschluss findet ein längerer Fachklinikaufenthalt zur Stabilisierung statt. Langfristig ist zur Senkung der Rückfallgefahr die Teilnahme an einer Selbsthilfegruppe ratsam. Die Wahrscheinlichkeit, auf Dauer **abstinent** zu bleiben, ist bei Mitgliedern deutlich höher als im Alleingang innerhalb des alten Umfeldes, das ggf. weiter Alkoholmissbrauch betreibt.

Nikotinabhängigkeit und -entwöhnung

Rauchen macht krank, impotent, lässt die Haut altern und kostet im Raucherleben so viel wie ein Lottogewinn. Der Grund, warum dennoch geraucht wird, ist die Abhängigkeit. Nikotin ist ebenso stark suchterzeugend wie Heroin. Beim ersten Konsum treten heftige Giftwirkungen auf: Durchfall, Erbrechen, Herzrasen, Husten und Schwindelgefühl – sie lassen das Rauchen vielen Jugendlichen als Mutprobe geeignet erscheinen. Nach 14 Tagen tritt Abhängigkeit auf, d. h., das Rauchen findet nun statt, um Entzugssymptome zu vermeiden. Diese entstehen durch Toleranzentwicklung: Es kommt zu Änderungen von Hirnfunktionen, z. B. zur Vermehrung von Rezeptoren. Diese Veränderungen bilden sich nach der Beendigung des Drogenkonsums nur langsam zurück. Für die Dauer dieser Zeit ist auch mit körperlichen Entzugserscheinungen zu rechnen.

Ist ein Raucher motiviert aufzuhören, sollte er sich zunächst die wichtige Frage stellen: Wann rauche ich morgens die erste Zigarette? Die Antwort ergibt den Grad der *körperlichen* Abhängigkeit:

innerhalb von 5 Minuten	innerhalb von 6-30 Minuten	innerhalb von 31-60 Minuten	nach mehr als 60 Minuten
stark abhängig	mäßig abhängig	leicht abhängig	kaum abhängig

Anschließend sind die Gründe für das Aufhören zu sammeln. Sind diese stark genug, sollte der Rauchstopptag festgelegt werden. Ein Reduzieren der Zigarettenmenge ist sinnlos, da dann unbewusst intensiver geraucht wird und bei Stress die Zigarettenzahl sofort wieder hochschnellt. Das Entsorgen aller Rauchutensilien, das Bekanntgeben des Nichtraucherstatus im sozialen Umfeld und das Meiden von Alkohol in den ersten drei Monaten nach dem Rauchstopp erhöhen die Chance, diese schwierige Zeit durchzuhalten. Alkoholkonsum senkt die Hemmschwelle, „nur eine" mitzurauchen und damit rückfällig zu werden.

Nikotinersatzmittel wie Pflaster und Kaugummi können bei starker körperlicher Abhängigkeit eingesetzt und schrittweise reduziert werden. Sie kosten so viel wie die entsprechende Menge Zigaretten. Nikotinersatzmittel dienen dazu, die Entzugserscheinungen auf einen längeren Zeitraum zu strecken, wodurch diese nicht so heftig und abrupt auftreten. Medikamente können unter Umständen unterstützend wirken, sind aber mit eigenen Risiken behaftet und sehr teuer. Ohne den festen Willen zum Rauchstopp wirken sie nicht.

Einige Bücher sind hilfreich; außerdem erleichtern Kurse bzw. Verhaltenstherapie manchen Rauchern den Ausstieg. Die Erfolgsquote für Abstinenz beträgt beim Spontanentschluss ca. 3 %, bei guter Vorbereitung bis zu 30 % nach einem Jahr. Viele Raucher benötigen mehrere Versuche, um lebenslang rauchfrei zu bleiben. Oft ist eine Schwangerschaft bzw. Vaterschaft ein hinreichender Ausstiegsgrund.

Suchtprävention

Alle Suchtmittel wirken im **Belohnungssystem des ZNS**. Die Natur belohnt anstrengende, aber arterhaltende Aktivitäten mit guten Gefühlen. Essen, Sexualität, körperliche und geistige Anstrengungen sowie soziale Kontakte bzw. Bindungen usw. erzeugen über **Botenstoffe** positive Gefühle. Drogen ähneln diesen Botenstoffen und erzeugen ebenfalls gute Gefühle und Entspannung – aber schnell und einfach, ohne den Umweg der Anstrengung. Bei wiederholter Anwendung verändern Suchtstoffe den Hirnstoffwechsel, was zur Sucht führt und Entzugssymptome erzeugt. Die unnatürlich rasch eintretende Wirkung von Drogen verglichen mit natürlichen Hirnsubstanzen führt zum besonders suchtfördernden „Kick".

Der Weg zum Nichtraucher

So verbessert sich die Gesundheit von ehemaligen Rauchern nach der letzten Zigarette

20 Minuten:
Blutdruck sinkt auf den Wert vor der letzten Zigarette, Temperatur von Händen und Füßen steigt auf Normalwert

Acht Stunden:
Kein giftiges Kohlenmonoxid mehr im Blut, Raucheratem ist weg

Ein Tag:
Herzinfarktrisiko sinkt

Zwei Tage:
Geruchs- und Geschmackssinn verfeinern sich wieder

Drei Tage:
Atmung wird deutlich besser

Drei Monate:
Blutzirkulation hat sich verbessert

Neun Monate:
Weniger Infektionen, Raucherhusten und Kurzatmigkeit verschwinden, Leistungsfähigkeit steigt

Ein Jahr:
Herzgefäß-Erkrankungsrisiko ist halb so groß wie bei Rauchern

Fünf Jahre:
Schlaganfallrisiko sinkt

Zehn Jahre:
Lungenkrebsrisiko wie Nichtraucher

15 Jahre:
Herzinfarkt- und Schlaganfallrisiko wie Nichtraucher

Quellen:
American Cancer Society,
Verein Herz u. Gefäße

dpa
Grafik 3266

Informationen und Hilfen zur Raucherentwöhnung:
www.rauchfrei-info.de
(kostenlose Informationen und Materialien der Bundeszentrale für gesundheitliche Aufklärung)

www.dhs.de
(Deutsche Hauptstelle für Suchtfragen: Zahlen und Fakten zu Suchtkrankheiten)

www.dkfz.de/de/tabak-kontrolle/Informationen_zur_Tabakontrolle.html
(Deutsches Krebsforschungszentrum; Informationen, Hilfen und Anbieteradressen)

Abb. 1 Sport wirkt suchtpräventiv und fördert Teamgeist.

Präventiv wirken daher alle „echten" Aktivitäten, die ebenfalls das Belohnungssystem des ZNS anregen und ein soziales, zufriedenes und ggf. glückliches Leben zu führen helfen. Wichtig ist dabei das Aktive, d. h. nicht der passive Konsum von Dingen oder Stoffen, sondern eigene Anstrengung, Leistung und Durchhaltevermögen zur Erlangung von Belohnungsgefühlen. Die Art der Tätigkeit (Sport, Hobby, Beruf usw.) ist weniger entscheidend und richtet sich nach der persönlichen Vorliebe. Langeweile auszuhalten und dadurch auf eigene, kreative Ideen zu kommen, ist ein Erziehungsziel schon im frühen Kindesalter. Das Gefühl von Leere zu ertragen und mit sich selbst allein sein zu können, ist wichtig, um nicht jede „Bespaßungslücke" mit Konsum- bzw. Suchtverhalten schließen zu müssen.

Aufenthalt in der Natur, Sport, kulturvolles Essen, Gemeinschaft, befriedigende Hobbys allein und mit anderen, ausschließlich medizinisch indizierte Medikamenteneinnahme und maßvoller Alkoholkonsum sind Mosaiksteine der Suchtprävention. Auch hier bewirken Vorbilder mehr als Theorien und Verbote. Soziale und ggf. religiöse Rituale helfen, Lebenskrisen mit ihren chaotischen Gefühlen zu durchleben – sie sollten gepflegt werden.

Abb. 2 Freundschaft wirkt Rückzugsverhalten und sozialen Ängsten entgegen.

Als Formbarkeit oder **Plastizität des Gehirns** wird die lebenslange Fähigkeit des Gehirns zur Neuverschaltung von Nervenzellen verstanden. Dies ermöglicht lebenslanges Lernen und zunehmendes Verstehen im Sinne von Berufs- und Lebenserfahrung. Kleinere Hirnverletzungen können mit der Zeit ausgeglichen werden; Lähmungen durch Neuronenverlust bei Schlaganfall bessern sich durch konsequentes Üben. Jedoch baut auch lang andauernder Stress das Gehirn um und hält sich damit selbst aufrecht. Unbehandelte Depressionen wirken ähnlich negativ auf Gehirnstruktur und -funktionen; die Fähigkeit zur Freude kann durch Neuronenverlust verloren gehen und die Demenzentstehung kann gefördert werden.

3.2.2 Depression und Suizid

Definition und Symptome: Depression, d. h. krankhafte Niedergeschlagenheit, ist durch eine Störung des Gefühlslebens, d. h. eine anhaltende Verminderung der Stimmung und des Antriebs, gekennzeichnet.

Es werden drei Schweregrade unterschieden:
- Die **leichte Depression** beinhaltet gedrückte Stimmung und Antriebsmangel.
- Die **mittelschwere Depression** erzeugt zusätzlich körperliche Symptome.
- Die **schwere Depression** geht mit einer Neigung zum **Suizid** (Selbsttötung) und/oder psychotischen Symptomen einher.

Psychotisch bedeutet, dass der Patient Wahrnehmungen hat, die kein anderer nachvollziehen kann, z. B. Wahnsymptome oder das Gefühl, alles sei unwirklich. Oft zeigen die Patienten einen sozialen Rückzug und eine Interesselosigkeit. Sie können sich nicht mehr freuen und hören auf, sich mit Menschen zu treffen und ihren Hobbys nachzugehen. Sehr oft bestehen Schlafstörungen. Manche Depressive schlafen fast nur, andere können kaum ein- oder durchschlafen. Ebenso kann es zur Gewichtszunahme oder zum Gewichtsverlust kommen.

Epidemiologie: Im Laufe seines Lebens erkrankt jeder fünfte Mensch an einer Depression. Jedes Jahr ereignen sich in Deutschland ca. 12 000 gesicherte Suizide und ca. 10-mal mehr Suizidversuche.

Ursachen und Pathogenese: Die Ursachen der Depression sind vielfältig. Biologisch betrachtet liegt eine Störung des Hirnstoffwechsels mit einem Mangel bestimmter Botenstoffe vor. Besonders **Serotonin, Noradrenalin** und **Dopamin** sind für Stimmung und Aktivität wichtig. Bei depressiven Erkrankungen besteht ein Mangel an diesen und ggf. weiteren **Neurotransmittern** (Überträgerstoffen des Nervensystems).

Die Pathogenese depressiver Erkrankungen umfasst viele Faktoren, von genetischen Faktoren über seelische Verletzungen (Traumen), Dauerstress, chronische Krankheiten bis hin zu Medikamenten (→ S. 497, Abb. 1).

Abb. 3 Jeder fünfte Mensch erleidet im Laufe seines Lebens eine Depression.

Psychosomatik und psychische Erkrankungen | **497**

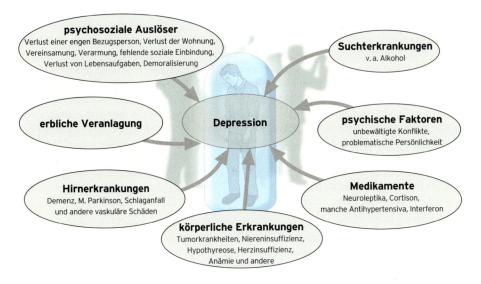

Umfangreiches Info-, Selbsthilfe- und Unterrichtsmaterial
www.buendnis-depression.de

Deutsche Gesellschaft für Suizidprävention
www.suizidprophylaxe.de
www.neurologen-und-psychiater-im-netz.de

Abb. 1 Ursachen der Depression

Diagnostik: Eine Depression wird im **Gespräch** mit dem Patienten diagnostiziert. Seine Schilderungen werden ergänzt durch gezielte Nachfragen nach Stimmung, Antrieb, Leistungsfähigkeit, Ängsten, Schlaf, Tagesablauf, vorbestehenden Erkrankungen, Genuss- bzw. Suchtmitteln sowie Medikamenten. Die **Familienanamnese** ergibt nicht selten psychische Erkrankungen und Suizide bei nahen Verwandten. Oft muss eine Fremdanamnese mit hinzugezogen werden oder erfolgt sogar zuerst, da besorgte Angehörige sich an den Arzt wenden. Somatische Krankheiten, vor allem Schilddrüsen-, Leber- und Nierenkrankheiten, Anämien und Vitamin-B_{12}-Mangel müssen ausgeschlossen bzw. behandelt werden. Diese körperlichen Erkrankungen können eine sog. organische Depression erzeugen.

Therapie: Die Therapie der leichten Depression ist oft durch **psychotherapeutische Gespräche** möglich. Eine Optimierung der Lebensgestaltung ist wichtig, um ein Gleichgewicht zwischen Eustress und Disstress zur erzeugen. Bei ausgeprägten Symptomen (ab mittelschwerer Depression) bzw. wenn eine Psychotherapie nicht möglich oder nicht erfolgreich ist, ist ein **Antidepressivum** indiziert. Antidepressiva entfalten bei ca. 70 % der Patienten eine spürbare Wirkung. Dadurch kann oft eine Verbesserung des Befindens, der Aktivität, der sozialen Interaktion und damit der Lebensqualität erzielt werden. Manche Patienten erlangen durch die Wirkung eines Antidepressivums die Motivation, eine Psychotherapie durchzuführen und ihr Leben bewusster zu gestalten. Die meisten Wirkstoffe, z. B. Fluoxetin und Citalopram, erhöhen die Konzentration von Serotonin und/oder Noradrenalin und bessern so die Symptome, die durch den Botenstoffmangel bestanden. Antidepressiva beginnen nach wenigen Wochen zu wirken und sollen sechs Monate über das Nachlassen der Symptomatik hinaus eingenommen werden, um Rückfälle zu vermeiden. Bei chronischer bzw. rezidivierender Depression kann eine jahre- und ggf. lebenslange Behandlung sinnvoll sein, da Umbauvorgänge depressive Symptome im Gehirn „festschreiben" und die (teilweise) Rückbildung dieser Veränderungen lange dauern kann.
Ab mittelschwerer Depression ist eine fachärztliche Mitbehandlung durch den **Psychiater** indiziert. Schwere Depressionen erfordern oft eine Klinikbehandlung. Nur in seltenen Ausnahmefällen erfolgt die Klinikeinweisung gegen den Willen des Patienten.

Abb. 2 Durch Gesprächsangebote versucht man, den Betroffenen zu helfen, ohne sie zu bedrängen.

| Antidepressiva
→ LF 4, S.182

Info-Telefon 0800-3344533 und Online-Foren der Stiftung deutsche Depressionshilfe:
www.deutsche-depressionshilfe.de

Prävention der Depression: Ziel ist ein Gleichgewicht von Eustress und Disstress. Die Pflege sozialer Bindungen, sinnvolle berufliche und außerberufliche Tätigkeit, ausreichend Schlaf, Verzicht auf Reizüberflutung sowie regelmäßiger Ausdauersport sind Faktoren, die die Psyche stärken und Depressionen weniger wahrscheinlich machen. Die genetische Komponente und viele belastende Lebensereignisse sind jedoch nicht beeinflussbar.

Prävention des Suizids: Suizidprävention besteht vor allem in der rechtzeitigen und ausreichenden Therapie der Depression. Menschen, die einen Suizid ankündigen, meinen es sehr ernst. Sie wollen allerdings nicht tot sein! Sie können nur *so* nicht mehr leben und sehen in ihrer Not momentan keine andere Möglichkeit, als ihr Leben zu beenden. Allerdings ist bewiesen, dass die psychische Situation vor dem Suizid, die die Suizidhandlung ausführen lässt, nach dem Selbsttötungsversuch nicht mehr besteht. Patienten, die (z. T. zufällig) gerettet wurden, bereuten praktisch alle, dass sie eine endgültige Lösung (den Tod) für ein vorübergehendes Problem (z. B. die Depression) gewählt hatten.

Burnout-Syndrom

Abb. 1 Burnout

Das **Burnout-Syndrom** ist ein schwerer psychosomatischer Erschöpfungszustand im Zusammenhang mit chronischer Überarbeitung und Überforderung. Bestimmte Charaktere, insbesondere perfektionistische Menschen mit dem Hang zur Verausgabung sowie bestimmte Berufsgruppen (Pflegekräfte, Ärzte und Lehrer) neigen besonders zum Burnout-Syndrom. Die heutige Berufswelt mit immer mehr Arbeit, die in immer weniger Zeit erledigt werden soll, ständigen Neuerungen, fehlender Sicherheit, mangelnden Traditionen und wenig sozialem Rückhalt trägt zur Häufigkeit des Burnout-Syndroms bei.

Psychiater setzen sich für eine exaktere Diagnosestellung ein, da oft in Wirklichkeit eine schwere Depression besteht. Burnout, das „Ausgebranntsein" durch Leistung und Begeisterung, ist in der Gesellschaft allerdings besser anerkannt als die Diagnose Depression.

3.2.3 Bipolare Störung (bipolare affektive Störung)

Selbsthilfeorganisation
www.bipolaris.de

Deutsche Gesellschaft für bipolare Störungen
www.dgbs.de

Jeder Mensch erlebt Schwankungen seiner Stimmung und Aktivität, z. B. abhängig von Wetter, Zyklusphase und Jahreszeit. Die **bipolare Störung** (früher manisch-depressive Erkrankung genannt) ist eine psychische Erkrankung, bei der die Stimmungs- und Antriebslage extrem schwankt und zwischen den beiden „Polen" bzw. Extremen **Depression** und **Manie** hin und her wechselt. Manie ist das Gegenteil der Depression: ein Zustand extrem gehobener Stimmung und Aktivität mit Selbstüberschätzung, Reizbarkeit, Kaufrausch- bzw. Verschwendungsverhalten, ggf. sexueller Überaktivität bzw. Enthemmung, Schlaflosigkeit und Wahnerleben.

Der Wechsel zwischen Depression und Manie kann langsam über Jahre stattfinden oder in Extremfällen auch mehrmals täglich passieren. Die Erkrankung ist genetisch (mit)bedingt und schwer behandelbar, zumal die Patienten sich in gehobener Stimmung „kerngesund" fühlen und nicht zur Einnahme ihrer Medikamente bereit sind. Depression und bipolare Erkrankung belasten Partner und Familienmitglieder enorm und führen oft zu Trennungen.

Abb. 2 Sonnenblumen (van Gogh, 1888)

Genie und Wahnsinn Viele berühmte Künstler - Schriftsteller, Komponisten und Maler - sind bzw. waren bipolar. Hesse, Goethe, Tolstoi, Dostojewski, Hemingway, Dickens, Twain - Tschaikowsky, Händel, Schumann, Mozart - van Gogh, Gauguin, Munch u. v. m. in Geschichte und Gegenwart durchlebten bzw. durchleben Phasen extremer Kreativität und Schaffenskraft und Perioden düsterster Depression. Viele Suizide und Suizidversuche werden durchgeführt bzw. sind überliefert.

3.2.4 Borderline-Persönlichkeitsstörung

Borderline-Patienten sind ähnlich wie bipolare Menschen oft sehr kreative, schillernde Persönlichkeiten. Manche Patienten durchleben Phasen mit extremer Schaffenskraft und enormem Ideenreichtum. Ihre Gefühle unterliegen aber extremen Schwankungen – deshalb heißt die Störung auch **emotionale Instabilität vom Borderline-Typ**. Den Betroffenen fällt es sehr schwer, Regeln einzuhalten und ihre Impulse und Stimmungen zu beherrschen. Vermehrte Anspannung können sie z.T. nur mit Selbstverletzungen wie Hautritzen, mit ausuferndem Drogenkonsum usw. aushalten. Durch die wechselnden Stimmungen wirken sie u.U. sehr egoistisch und unhöflich, geradezu „pampig". Andererseits können sie durch ihre Kreativität und ihr tiefes Gefühlsleben andere faszinieren und mitreißen.

Abb. 1 Lady Gaga

Beziehungen werden genauso schnell geknüpft wie verworfen – die Patienten idealisieren Menschen am einen Tag und verteufeln sie am nächsten. Es besteht eine ausgeprägte Neigung zu Suchtmittelkonsum und Essstörungen. Oft nehmen die Patienten Veränderungen an ihrem Körper durch ausgedehnte Tätowierungen und zahlreiche Piercings vor. Die emotionale Instabilität und Beziehungsstörung hat ihren Ursprung u.a. in unsteten Bindungen während der Kindheit. Überdurchschnittlich häufig sind die Patienten Opfer von Kindesmissbrauch. Im Laufe des Erwachsenwerdens kann sich die Borderline-Störung bessern. Sie wird mit Psychotherapie sowie ggf. mit Antidepressiva und anderen **|Psychopharmaka** behandelt.

Viele Künstler sind Borderline-Persönlichkeiten, z. B. Robbie Williams, Lady Gaga, Pete Doherty und Lindsay Lohan. Auch Amy Winehouse, Michael Jackson, Marylin Monroe und viele andere „Celebrities", die sich das Leben nahmen, litten unter der Borderline-Störung.

Psychopharmaka
→ LF 4, S.182

Buchtipp
Borwin Bandelow: Celebrities (Die Borderline-Störung wird am Beispiel vieler berühmter Persönlichkeiten eindrucksvoll dargestellt.)

Terminologie: Psychosomatik und psychische Krankheiten

Abstinenz (Adj. **abstinent**)	bzgl. Suchtstoffen und -handlungen: Enthaltsamkeit
Abusus	Missbrauch; schädlicher Substanzgebrauch
Anorexia nervosa (Syn. **Anorexie**)	Magersucht (wörtl. nervlich bedingte Appetitlosigkeit)
Antidepressivum (Mz. **Antidepressiva**)	Arzneimittel zur Behandlung der Depression, z. B. SSRI (Serotonin-Wiederaufnahmehemmer wie Citalopram)
bipolare Störung (Syn. **manisch-depressive Erkrankung**)	psychische Erkrankung, bei der die Stimmung stark wechselt, d. h. zwischen Depression und Manie schwankt
Borderline-Störung	Persönlichkeitsstörung mit starker emotionaler Instabilität
Bulimia nervosa (Syn. **Bulimie**)	Ess-Brech-Sucht (wörtl. nervlich bedingter Stierhunger)
Burnout-Syndrom	schwerer psychosomatischer Erschöpfungszustand
Dekompensation	Entgleisung der körperlichen oder seelischen Situation
Depression	krankhafte Niedergeschlagenheit; Störung des Gefühlslebens mit verringertem Antrieb, gedrückter Stimmung u. v. m.
Disstress (Dysstress)	negativer, schädlicher Stress

Entgiftung	Therapie zur Linderung der Entzugssymptome bei Suchtmittelentzug
Eustress	positiver, aktivierender Stress
Manie	psychische Störung mit gehobener Stimmung und Aktivität
Neurotransmitter	Boten- bzw. Überträgerstoff des Nervensystems
Psychiater	Seelenarzt; Arzt, der psychische Krankheiten behandelt
Psychose	schwere Störung des geistig-seelischen Erlebens
Psychopharmakon (Mz. **Psychopharmaka**)	Arzneimittel mit Wirkung auf seelische Funktionen, z. B. gegen Depression, Wahn, Unruhe und/oder krankhafte Angst
Psychosomatik	Lehre von den körperlich-seelischen Wechselwirkungen im Krankheitsgeschehen
Serotonin, Dopamin, Noradrenalin	Neurotransmitter, bei deren Mangel eine Depression entstehen kann
Stress	erhöhte Aktivierung des vegetativen Nervensystems
Suizid	Selbsttötung
Toleranzentwicklung	typisches Suchtsymptom: Der Patient „verträgt" mehr und steigert die Dosis, da die Wirkung des Suchtstoffs nachlässt.
Trauma (Adj. **traumatisiert**)	1. seelische Verletzung, 2. körperliche Verletzung

AUFGABEN

1 Definieren Sie folgende Begriffe:
  a Missbrauch
  b Toleranzentwicklung
  c Wirkungsverlust
  d Entzugserscheinungen
  e psychische Abhängigkeit
  f körperliche Abhängigkeit
  g Sucht

2 Erläutern Sie, welche Vor- und Nachteile Selbsthilfegruppen bei chronischen Krankheiten haben.

3 Welche Symptome sind für eine Depression typisch?

4 Erklären Sie die bipolare Störung.

4 Besonderheiten bei der Behandlung alter Patienten (Geriatrie)

Hohes Alter war in der Menschheitsgeschichte bislang etwas Seltenes und Besonderes. Begriffe wie Stammesältester und Ältestenrat (lat. Senat, gr. Presbyterium) zeigen, dass alten Menschen wegen ihrer Lebenserfahrung besonderer Respekt entgegengebracht wurde. Ihnen traute man schwierige und weitreichende Entscheidungen zu.

Erst seit wenigen Jahrzehnten leben viele Menschen so lange, dass ein Alter über 70 Jahren schon als selbstverständliches Recht erscheint. Die Zunahme des Anteils alter Menschen an der Gesellschaft und die Tatsache, dass angesichts der hohen Lebenserwartung ca. ein Drittel des Lebens auf das Rentenalter entfällt, birgt enorme Herausforderungen, aber auch Chancen für den Einzelnen und die Gesellschaft. Es zeichnet sich ab, dass sich die Gesellschaft durch die Notwendigkeit, alte Menschen als großen, aber „unproduktiven" Bevölkerungsteil zu versorgen, belastet und überfordert sieht.

Der Zweig der Medizin, der sich mit den Besonderheiten der Behandlung und Betreuung betagter Menschen beschäftigt, ist die **Geriatrie**. Alter an sich ist keine Krankheit – es geht aber mit einer hohen Wahrscheinlichkeit von Krankheiten vieler Organsysteme einher.

Abb. 1 Die meisten alten Menschen nehmen regelmäßig Medikamente ein.

4.1 Multimorbidität und Multimedikation

Das gleichzeitige Vorliegen mehrerer bzw. zahlreicher Diagnosen, d. h. eine **Multimorbidität**, ist bei alten Patienten sehr häufig. Es kommt nicht selten vor, dass z. B. ein 75-jähriger Mann gleichzeitig folgende Diagnosen aufweist (linke Tabellenspalte):

Diagnosen	verordnete Arzneimittel/Hilfsmittel
Übergewicht (BMI = 31)	-
arterielle Hypertonie	Ramipril, Amlodipin, HCT, Metoprolol
gemischte Hyperlipidämie	Simvastatin
Hyperurikämie mit Z. n. Arthritis urica	Allopurinol
Diabetes mellitus Typ 2 ohne Entgleisung	Metformin
Fettleber	-
Niereninsuffizienz Grad II	-
Linksherzinsuffizienz durch Hypertonie	s. o. Ramipril, HCT
koronare Herzkrankheit, Z. n. Herzinfarkt	s. o. Simvastatin, Metoprolol sowie ASS
Refluxkrankheit bei Hiatushernie	Pantoprazol
benignes Prostatasyndrom mit Nykturie und rezidivierenden Harnwegsinfekten	Tamsulosin, bei Infektionen z. B. Ciprofloxacin
Arthrose der Wirbelsäule und Knie	Ibuprofen bei Bedarf
Lichtschäden der Haut, Z. n. Basaliom	-
Altersschwerhörigkeit beidseits	Hörgeräte
grauer Star (Katarakt) beidseits	operativ eingesetzter Linsenersatz

Abb. 2 Altes Paar beim Spazierengehen

Das Kompetenzzentrum Geriatrie bietet Informationen und Downloads zum geriatrischen Basisassessment
www.kcgeriatrie.de

Angesichts der zahlreichen Erkrankungen sind viele Arztbesuche bzw. Kontrolluntersuchungen notwendig. Der Patient nimmt eine große Anzahl an Medikamenten ein (rechte Tabellenspalte). Die gleichzeitige Einnahme mehrerer Medikamente nennt sich **Multimedikation**.

Abb. 1 Unerwünschte Arzneimittelwirkungen treten häufig auf.

Die Multimedikation birgt speziell bei alten Menschen einige Probleme:
- Die Nierenleistung nimmt im Alter ab. Die altersbedingte Niereninsuffizienz wird durch Diabetes und Hypertonie noch verstärkt. Da viele Wirkstoffe renal ausgeschieden werden, kann es zur **Anhäufung (Kumulation)** der Substanzen im Blut kommen. Der Effekt entspricht einer Überdosierung. Die Anhäufung kann zu Symptomen und Schäden im Sinne einer **Vergiftung** führen.
- Die Multimedikation belastet die Leber. Diese kommt evtl. ihrer Entgiftungsfunktion nicht mehr ausreichend nach. Substanzen häufen sich an und es kommt auch hierdurch zur Vergiftung.
- **Wechselwirkungen** entstehen: Medikamente erhöhen gegenseitig ihre Wirkspiegel und damit ihre Nebenwirkungen oder sie heben gegenseitig ihre Wirkungen auf. Diclofenac mit einem Diuretikum zusammen kann z. B. zum Nierenversagen führen. Es kann auch die Wirkung der Antihypertensiva aufheben und zum Tod durch Herzversagen führen.
- Manche Medikamente, z. B. Beruhigungsmittel, werden im Alter so langsam ausgeschieden, dass die Patienten dauerhaft sediert sind und die Unfall- und **Sturzgefahr** ansteigt.
- Psychopharmaka können vollkommen anders wirken als bei jungen Patienten, z. B. indem sie Unruhe- und Verwirrtheitszustände hervorrufen, anstatt beruhigend zu wirken.
- Die Kreislauf- und Blutdruckregulation funktioniert nicht mehr so gut. Antihypertensiva, Sedativa und im ZNS wirksame Schmerzmittel wie Tramadol können daher **Schwindel** verstärken sowie **Kollapszustände** und Stürze (ggf. mit Frakturen) auslösen.
- Die **Verwechslung von Medikamenten** ist angesichts des Austausches von Präparaten in der Apotheke auf Grund von Rabattverträgen der Krankenkassen und der oft verminderten Seh- und Merkfähigkeit geriatrischer Patienten vorprogrammiert.
- **Praktische Probleme:** Fingerfertigkeit und Sehvermögen sind eingeschränkt. Manche Arzneimittelpackungen sind so schwer zu öffnen, dass die Mittel überhaupt nicht eingenommen werden. Tropfen richtig abzuzählen, kann ganz unmöglich sein. Sind Tabletten schwer teilbar, werden sie entweder gar nicht oder im Ganzen eingenommen.
- Die Gefahr, dass eine **gastrointestinale Blutung** auftritt, ist durch die Altersatrophie der Magenschleimhaut und die Brüchigkeit der Blutgefäße erhöht (und steigt an, wenn der Patient z. B. ASS und Diclofenac gleichzeitig einnimmt).

> **MERKE**
>
> Bestimmte Medikamente führen **im Alter** besonders oft zu **Neben- und Wechselwirkungen**:
> – Diclofenac und andere NSAR → Magenblutung, Nieren- und Herzinsuffizienz, Hypertonie
> – Tramadol und andere Opioide → Übelkeit, Schwindel mit Kollaps bzw. Sturz
> – Beruhigungsmittel → Anhäufung mit Dauersedierung, Sturzneigung und Frakturen

Der Arzt muss entscheiden und immer wieder überprüfen, ob jedes Medikament wirklich indiziert ist und ob es angesichts der Nieren- und Leberfunktion sowie der anderen Arzneimittel wirklich gegeben werden soll. Bei manchen Wirkstoffen kann bzw. muss die Dosis im Alter reduziert werden. Dabei ist zu beachten, dass viele Menschen zusätzlich eine Selbstmedikation betreiben, d. h. frei verkäufliche oder im häuslichen Arzneischrank befindliche Medikamente einnehmen. Hinsichtlich Wechselwirkungen sind frei verkäufliche „Übeltäter" z. B. Johanniskraut, ASS und andere NSAR sowie Mineralstoffe, die die Wirkung einiger Medikamente vermindern können.

Abb. 2 Viele Medikamente sind unnötig.

4.2 Demenz

Definition: Demenz ist der fortschreitende Verlust früher erworbener geistiger Fähigkeiten. Sie bringt den Abbau von Fertigkeiten und Persönlichkeitseigenschaften sowie eine chronische Verwirrtheit mit sich. Kurzzeitgedächtnis, geistige Flexibilität, sprachliche und motorische Fähigkeiten gehen allmählich verloren.

Ursachen und Pathogenese: Die Ursachen der Demenz sind vielfältig (→ Abb. 1). Etwa die Hälfte der Fälle geht auf die **Alzheimer-Krankheit** zurück. Beim Morbus Alzheimer lagert sich die faserige Substanz **Amyloid β (beta)** im ZNS ab und es kommt zu einem fortschreitenden Verlust von Nervenzellen, Nervenverknüpfungen und Hirnmasse (→ Abb. 2).
Alois Alzheimer (→ Abb. 3) beschrieb die nach ihm benannte Demenzform 1906 nach intensiven Untersuchungen und Befragungen der 51-jährigen Demenzpatientin Auguste Deter.
Bei der **Lewy-Körperchen-Demenz** finden sich in der Hirnsubstanz charakteristische Zelleinschlüsse. Die **vaskuläre Demenz** geht auf Arteriosklerose und ihre bekannten Risikofaktoren zurück.
Risikofaktoren: Auch wenn „der" Demenzauslöser nicht bekannt ist, erhöhen einige Risikofaktoren die Wahrscheinlichkeit der Erkrankung: **hohes Alter**, Bewegungsmangel, Überernährung/Adipositas, geringes Bildungsniveau, Diabetes mellitus und Hypertonie. Alkoholmissbrauch trägt ebenfalls stark zum Gehirnabbau bei und verstärkt die Wirkung anderer Risikofaktoren. Eine familiäre Häufung kommt bei verschiedenen Demenzformen vor. Dauerstress und eine unbehandelte Depression machen eine Demenz wahrscheinlicher.

Symptome: Die Symptomatik der Demenz beginnt schleichend. Vergesslichkeit und Wortfindungsstörungen werden oft durch Umschreibungen, allgemeine Redewendungen und einen freundlichen Umgangston überspielt. Dies kann zumindest Unbeteiligte eine Zeitlang über die fehlende Denkfähigkeit hinwegtäuschen. Häufig kommt es im Verlauf der Demenz zu Enthemmung, Aggressivität und Depression sowie zu körperlichen Symptomen wie Inkontinenz und allgemeinem körperlichem Verfall.

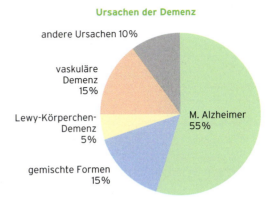

Abb. 1 Ursachen der Demenz

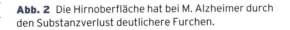

Abb. 2 Die Hirnoberfläche hat bei M. Alzheimer durch den Substanzverlust deutlichere Furchen.

Abb. 3 Alois Alzheimer (1864-1915)

zerebrovaskuläre Erkrankung
→ LF 5, S. 253

Alzheimer – Krankheit des Vergessens

Krankheitsverlauf
Betroffene Gehirnregionen
15–20 Jahre vor dem Tod
1 Denken und Vorplanung
2 Lernen und Gedächtnis

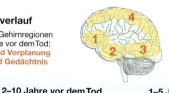

Betroffene Gehirnregionen
später:
3 Sprache und Verstehen
4 Orientierung

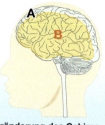

15–20 Jahre vor dem Tod	2–10 Jahre vor dem Tod	1–5 Jahre vor dem Tod
Frühstadium	**Mittleres Stadium**	**Fortgeschrittenes Stadium**
Vergesslichkeit	**Deutliche Ausfälle**	**Kontrollverlust**
• Nachlassen des Kurzzeitgedächtnisses • Schwierigkeiten, die richtigen Wörter zu finden • Interesse an Hobbys und Alltagsaktivitäten lässt nach	• Kranke vergessen Namen und erkennen Angehörige nicht mehr • Schwierigkeiten bei alltäglichen Verrichtungen • Verlust des Zeitgefühls • Persönlichkeitsveränderungen: unruhige und apathische Phasen	• Verlust aller höheren physischen Funktionen: Essen, Laufen, Toilettenbenutzung • Gedächtnis kann keine neuen Informationen mehr speichern

Veränderung des Gehirns
A normales Gehirn
B Gehirn mit Alzheimer: Schrumpfung **um bis zu 20 %**

2006 dpa·Grafik 3027

Auch der MoCa-Test (Montreal Cognitive Assessment) ist ein guter Demenztest.
www.mocatest.org

Diagnostik: Bei Demenzverdacht umfasst die Diagnostik eine gründliche Anamnese und Fremdanamnese, eine klinische Untersuchung und den Ausschluss einer organischen Ursache ähnlich wie bei der Depression. So wird z. B. das Blut auf Vitamin-B_{12}-Mangel, Schilddrüsen-, Leber- und Nierenkrankheiten untersucht. Testverfahren wie der **Mini Mental Status** helfen, die Symptome darzustellen und den Grad der Demenz einzuschätzen. Dieser Kurztest untersucht Denken, Rechnen, Zeichnen, Schreiben, Sprache und Sprachverständnis sowie Gedächtnis und Aufmerksamkeit. Bildgebende Verfahren (CT bzw. MRT des Gehirns) helfen, Hirnblutungen, Tumoren und andere organische Demenzursachen auszuschließen, weisen die Hirnatrophie nach und dienen der Eingrenzung der Demenzart.

Therapie: Bei Demenz können **Antidementiva** (Medikamente, die die Hirnleistung verbessern sollen) sowie symptomatisch ❙**Antidepressiva** und/oder andere ❙**Psychopharmaka** zum Einsatz kommen. Die Wirkung der Arzneimittel ist leider oft gering und vorübergehend. Eine intensive und fachübergreifende Betreuung des Patienten ist wichtig; oft sind die Angehörigen mit der Pflege des sich immer mehr verändernden Familienmitgliedes überfordert. Tagesbetreuung, Wohngruppen und Selbsthilfeorganisationen für pflegende Angehörige helfen oft sowohl dem Kranken als auch seinem sozialen Umfeld, mit der Demenz umzugehen und die Entfremdung sowie körperliche und seelische Anstrengung zu bewältigen.

Antidepressiva
→ LF 11, S. 505

Psychopharmaka
→ LF 11, S. 505

Ausblick: Trotz intensiver Forschung kann „das" Mittel gegen Demenz angesichts der vielen Risikofaktoren und der Komplexität des Gehirns wahrscheinlich nicht entwickelt oder gar „gefunden" werden. Allein das im Zuge des medizinischen Fortschritts steigende Lebensalter führt zu einer unausweichlichen Zunahme von Demenzerkrankungen.

Buchtipp
Arno Geiger: Der alte König in seinem Exil (Der Autor setzt sich wertschätzend mit seinem demenzkranken Vater auseinander.)

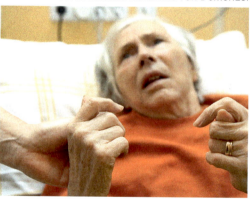

Abb. 1 Individuelle Zuwendung und Betreuung ist für Demenzkranke besonders wichtig.

Prävention: Die Prävention richtet sich auf die bekannten Risikofaktoren, in erster Linie die arterielle Hypertonie. Lebenslange aktive geistige und körperliche Betätigung, allgemein gesunde Lebensführung, die Pflege von Hobbys und ein berufliches bzw. soziales Engagement auch über das Ende der Berufstätigkeit hinaus sowie aktives Musizieren können das persönliche Demenzrisiko senken. Schutzfaktoren in Kaffee, Tee, fettreichem Fisch und Früchten wirken günstig. Stressreduktion und -bewältigung, ausreichend Schlaf und die konsequente Behandlung depressiver Erkrankungen schützen Hirnstruktur und -funktion.

Psychopharmaka

Die große Arzneimittelgruppe der Psychopharmaka umfasst zahlreiche Substanzklassen und Einzelstoffe, die die seelische Befindlichkeit und Funktion beeinflussen können. Psychopharmaka sind keineswegs alle Beruhigungsmittel und/oder suchterzeugend. Alle die Psyche beeinflussenden Arzneimittel werden nur dann eingesetzt, wenn andere Maßnahmen nicht wirksam sind oder nicht eingesetzt werden können. Fast alle sind rezeptpflichtig. Die Tabelle charakterisiert kurz die wichtigsten Psychopharmaka-Arten bzw.-Stoffgruppen:

Psychopharmaka

Substanzgruppe (Erklärung), Wirkstoffbeispiele	Beispiele für Indikationen (I), Kontraindikationen (KI), Nebenwirkungen (NW), Sonstiges (S)
Sedativa (leichte Beruhigungsmittel) Baldriantinktur, Lavendelöl	**I:** leichte Unruhe-, Stress- und Angstzustände **S:** weitere, nicht pflanzliche Beruhigungsmittel sind niedrig dosierte Hypnotika oder Tranquillanzien
Hypnotika (Schlafmittel) Doxylamin, Zopiclon, Zolpidem und Zaleplon (sogenannte Z-Drugs), kurz wirksame Benzodiazepine	**I:** kurzfristige (< 28 Tage) Behandlung v. a. von Einschlafstörungen **KI:** Substanzmissbrauch, Schlafapnoe, Muskelkrankheiten **S/NW:** Z-Drugs sind mit Benzodiazepinen verwandt; cave Suchtentwicklung, Tagesmüdigkeit
Tranquillanzien (Tranquilizer; starke Beruhigungsmittel, Mittel gegen Spannungszustände); Benzodiazepine (-azepam) wie Diazepam (Valium®); Lorazepam (Tavor®) usw.	**I:** kurzfristig bei Unruhe, Angst, Schlafstörungen **KI:** wie Hypnotika **S/NW:** cave Suchtentwicklung, extrem bei Lorazepam; Kumulation (Anreicherung) mit verlängerter Wirkdauer v. a. im Alter; bei Zerebralsklerose ggf. **paradoxe Wirkung**: Unruhe und Verwirrtheit
Anxiolytika (Angst lösende Mittel) Substanzen aus den Gruppen der Benzodiazepine (Lorazepam) und Neuroleptika (Promethazin)	**I:** kurz und schnell wirksame Benzodiazepine (Lorazepam) oder Neuroleptika, z. B. bei Angst- bzw. Panikattacken **KI/S/NW:** siehe Benzodiazepine/Neuroleptika; cave Gewöhnung/Abhängigkeit
Antidepressiva (Arzneimittel gegen Depressionen und ggf. Angsterkrankungen) **Serotoninwiederaufnahmehemmer** (engl. **SSRI**): Fluoxetin, Citalopram, Paroxetin (relativ neue Substanzen); **trizyklische Antidepressiva:** Amitriptylin, Doxepin, Imipramin (alte Substanzen); pflanzliches Antidepressivum mit leichter SSRI-Wirkung: Johanniskraut	**I:** (leichte), mittelschwere und schwere depressive Erkrankungen, auch bei anderen neurologischen Erkrankungen (z. B. Demenz), Verstärkung der Schmerzmittelwirkung bei chronischen Schmerzen (bei trizyklischen Antidepressiva) **KI:** Manie **NW:** anfangs Kopfschmerz, Schlafstörungen, sexuelle Funktionsstörungen, z. B. Orgasmusstörungen; bei alten Mitteln oft Gewichtszunahme und Mundtrockenheit; die Gefahr eines Glaukoms steigt an **S:** bei akuter Suizidalität cave Antriebssteigerung; cave bei Johanniskraut: Wechselwirkungen mit Schmerzmitteln, Antibabypille u. v. m.
Neuroleptika (antipsychotische Arzneimittel) Promethazin, Perazin, Haloperidol (alte Substanzen); Clozapin, Risperidon, Olanzapin, Quetiapin (neuere Substanzen)	**I:** Psychosen, Wahnzustände, Angst- und Unruhezustände, Manie **KI:** Glaukom (grüner Star), Leberschäden **NW:** Bewegungsstörungen (Zittern, ggf. bleibende unwillkürliche Mundbewegungen) v. a. durch die älteren Mittel; selten umgekehrte (paradoxe)Wirkung

Grundsätzlich kann jedes **Psychopharmakon** das Reaktionsvermögen bzw. die Fahrtüchtigkeit beeinträchtigen und durch Alkoholkonsum anders oder verstärkt wirken. Für Kinder und Schwangere sind nur wenige Psychopharmaka zugelassen. Im Alter, bei Leber- und Nierenkranken können Abbau bzw. Ausscheidung verlangsamt und die Wirkung verstärkt sein.

Abb. 1 Psychopharmaka vermindern die Reaktionsfähigkeit beim Autofahren.

www.kompetenznetz-parkinson.de
www.parkinson-vereinigung.de

4.3 M. Parkinson und Parkinson-Syndrom

Definition und Epidemiologie: Chronische, fortschreitende neurologische Krankheit, die mit einer Störung des Hirnstoffwechsels einhergeht und zu charakteristischen Bewegungsstörungen führt. Das Parkinson-Syndrom betrifft ca. 2 % der über 65-Jährigen. Tritt die Erkrankung ohne erkennbare Ursache auf, spricht man von **Morbus Parkinson**. Ruft eine andere Krankheit z. B. des Nervensystems die Symptome hervor, wird dies als **Parkinson-Syndrom** bezeichnet. Im Alltag ist diese Unterscheidung weniger wichtig.

Ursachen und Pathogenese: Die Ursache ist unbekannt. Genetische Faktoren können zur Krankheitsentstehung beitragen. Der Untergang von Gehirnzellen in bestimmten Hirnarealen bewirkt einen Mangel v. a. des Botenstoffs **Dopamin**. Der Mangel an Neurotransmittern (Botenstoffen des Nervensystems) bewirkt die typischen Bewegungsstörungen.

Symptome: Charakteristische Parkinson-Symptome sind:
- Allgemeine Bewegungsverarmung **(Hypokinesie)**, die sich in veränderter, „versteinert" wirkender Mimik, einem schlurfenden Gang, vornübergebeugter Haltung und steif wirkenden Bewegungen sowie einer auffallend kleinen Handschrift äußert (→ Abb. 1).
- Steifheit der Bewegungen **(Rigor)**, da einander entgegengesetzt wirkende Muskeln (Antagonisten) gleichzeitig aktiv sind. Beugt man z. B. den Unterarm des Patienten, hat man das Gefühl, das Gelenk sei ein schwerfälliges Zahnradgetriebe.
- Unwillkürliches Zittern v. a. der Hände in Ruhe **(Tremor)**. Der Tremor erschwert viele Verrichtungen des Alltags. Es kann so wirken, als wolle der Patient ständig etwas in seinen Fingern formen oder drehen (sog. Pillendrehtremor).
- psychische Symptome, v. a. Depression und Unruhe
- Vegetative Symptome wie Obstipation und vermehrte Talgsekretion, Schluckstörungen und leises Sprechen sind typische Begleitsymptome.

Komplikationen: Die Parkinson-Krise, die bei Stress und Fehlen der Medikamente auftreten kann, geht mit einer Zuspitzung der Symptomatik einher und kann sowohl einen extremen Tremor als auch eine völlige Unbeweglichkeit des Patienten mit sich bringen (→ Abb. 2).

Diagnostik: Anamnese und klinische neurologische Untersuchung, Bildgebung des Gehirns, Ausschluss anderer Krankheiten, die ähnliche Symptome hervorrufen können. Einige Medikamente, z. B. das Antiemetikum Metoclopramid (MCP) sowie Neuroleptika wie Haloperiodol können kurzfristig Parkinson-Symptome hervorrufen.

Therapie: Das wichtigste Medikament ist **L-Dopa** (Levodopa), da es dem Patienten die fehlenden Neurotransmitter teilweise ersetzt. Die Therapie muss individuell angepasst werden. Da mit der Zeit ein Wirkverlust entstehen kann, muss die Behandlung immer wieder verändert werden. Physiotherapie und **Logopädie** (Stimm- und Sprachtherapie) sind wichtig, um die Selbstständigkeit des Patienten so lange wie möglich zu erhalten.

Prävention: Wegen der unbekannten Ursache(n) ist gezielte Prävention nicht möglich.

Abb. 1 Beginnende Parkinson-Symptomatik mit vornübergebeugter Haltung (Propulsion), fehlendem Mitschwingen der Arme und einem langsamen, schlurfenden Gang.

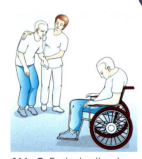

Abb. 2 Fortschreitendes Parkinson-Syndrom: Der Patient ist zunehmend unfähig, allein zu gehen. Im Endstadium können sich die Patienten nicht mehr selbstständig bewegen.

Terminologie: Geriatrie, Demenz und Parkinson-Syndrom

Alzheimer-Krankheit (Morbus Alzheimer; Alzheimer-Demenz)	Demenz, bei der sich im Hirngewebe charakteristische Ablagerungen zeigen (Amyloid β)
Amyloid β (beta)	faserige Substanz aus Protein und Polysacchariden, die sich bei M. Alzheimer im Gehirn ablagert
Antidementiva	Arzneimittel zur Verbesserung der Hirnleistung bei Demenz
Demenz (Adj. **dement**)	fortschreitender Verlust der geistigen Fähigkeiten
Dopamin	Neurotransmitter, dessen Mangel dem Parkinson-Syndrom zu Grunde liegt
Hypokinesie	Bewegungsarmut (z. B. des Parkinsonkranken)
Kumulation	Anreicherung, Anhäufung (z. B. von Arzneisubstanzen im Blut)
L-Dopa (Levodopa)	wichtigstes Parkinson-Medikament

Besonderheiten bei der Behandlung alter Patienten (Geriatrie) | 507

Lewy-Körperchen-Demenz	Demenzform, bei der spezielle Zelleinschlüsse (die Lewy-Körperchen) in Hirnzellen zu finden sind
Logopädie	Stimm- und Sprachtherapie
Mini Mental Status (MMS)	Testverfahren, das bei Demenzverdacht durchgeführt wird
paradoxe Wirkung	umgekehrte Wirkung durch ein Arzneimittel, z. B. Unruhe durch ein Beruhigungsmittel
Parkinson-Syndrom, Morbus Parkinson	neurologische Krankheiten mit Störung des Hirnstoffwechsels, die zu Bewegungsstörungen wie Tremor (Zittern) und Rigor (Steifheit) führt
Rigor	Steifheit der Bewegungen bei M. Parkinson
Tremor	unwillkürliches Zittern v. a. der Hände
vaskuläre Demenz	Demenz auf Grund einer Arteriosklerose

AUFGABEN

1 Erklären Sie die Begriffe Multimorbidität und Multimedikation.

2 Welche Probleme können bei alten Menschen durch eine Multimedikation auftreten?

3 Geben Sie Arzneimittel an, die bei alten Menschen fast immer problematisch sind, und erklären Sie, welche Probleme bei Gabe dieser Medikamente besonders oft auftreten.

4 Erklären Sie den Begriff Demenz.

5 Nennen Sie typische Symptome für Demenzerkrankungen.

6 Welche Fähigkeiten testet der Mini Mental Status?

7 Erläutern Sie, weshalb ein Patient mit Verdacht auf Depression, Demenz oder Parkinson-Syndrom allgemeininternistisch untersucht werden muss.

8 Welche Risikofaktoren der Demenz kennen Sie?

9 Nennen Sie typische Symptome des Parkinson-Syndroms bzw. des M. Parkinson hinsichtlich
   a Bewegung,
   b Gang und Haltung,
   c vegetative Körperfunktionen,
   d Psyche.

10 Nennen Sie das bei M. Parkinson am häufigsten angewandte Medikament.

 Alkohol kostet Gehirnleistung – Alkohol ist ein Zellgift, das besonders auf das ZNS und Nervenzellfunktionen wirkt. Die Wahrscheinlichkeit, an einer demenziellen oder anderen degenerativen Gehirnkrankheit zu erkranken, steigt mit dem Ausmaß des Alkoholkonsums. Vor allem „Komasaufen" schadet nachhaltig.

4.4 Sinnesfunktionen im Alter

Ein **Sinn** bezeichnet die Fähigkeit, Reize aus der Außenwelt wahrzunehmen, z. B. Hören und Sehen. Auch die Befindlichkeit des eigenen Körpers wird wahrgenommen. **Sinnesorgane** bzw. **Sinneszellen** dienen dazu, Reize aufzunehmen und an das Gehirn weiterzuleiten (→ Abb. 1). Dort werden die Reize wahrgenommen und verstanden. Im Zentralnervensystem werden alle ankommenden (afferenten) Sinnesreize verarbeitet (→ Abb. 2) und bei Bedarf mit einer Reaktion beantwortet.

Abb. 1 Ein Reiz trifft auf ein Sinnesorgan.

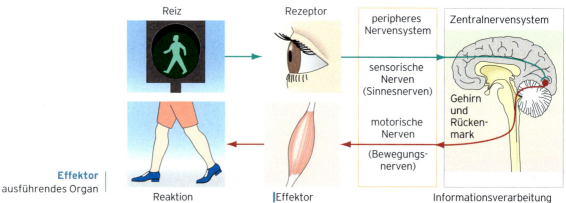

Abb. 2 Reiz-Reaktions-Schema

Sinn	Reiz	Sinnesorgan	Rezeptoren, die den Reiz aufnehmen	Empfindung
Sehsinn	Licht	Auge	Sinneszellen der Netzhaut	Licht, Farben, Helligkeit, Muster, Oberflächen
Gehörsinn	Schall	Ohr	Haarzellen in der Schnecke des Innenohrs	Schall bzw. Ton, Klang und Lautstärke
Gleichgewichtssinn	Schwerkraft	Innenohr	Haarzellen der Bogengänge des Innenohrs	Bewegung im Raum
Geruchssinn	Geruchs- und Aromastoffe	Nase	Sinneszellen im Riechepithel (oberer Nasengang)	Gerüche, Düfte, Reizstoffe
Geschmackssinn	Aromastoffe, Salz, Zucker, Säure	Zunge und Nase	Geschmacksknospen der Zunge, Riechepithel	Aromen und Reizstoffe
Tast- und Berührungssinn	Berührung, Druck, Wärme, Kälte	Tastorgane der Haut	Nervenendigungen (in Tastorganen und freiliegend)	Berührung, Kälte, Wärme, Druck
Lage- und Bewegungssinn	Lage des Körpers im Raum	Rezeptoren in Muskeln, Sehnen und Gelenken	Nervenendigungen in Lagesinn-Rezeptoren	Haltung des Körpers, z. B. der Extremitäten und des Kopfes

> **MERKE**
>
> Überstarke Reize werden als **Schmerz** empfunden, z. B. grelles Licht oder lautes Knallen.

Die **Antwort auf einen Reiz** kann automatisch, d. h. durch einen **Reflex** passieren: Fliegt ein Insekt auf das Auge zu, schließen sich „automatisch" die Lider. Reflexe funktionieren ohne Nachdenken. Die Natur setzt sie ein, wenn sie sich nicht darauf verlassen kann, dass der Mensch schnell genug richtig handelt. Daher sind viele Reflexe Schutzreflexe: Der Lidschluss- und der Hustenreflex schützen vor Fremdkörpern in den Augen und Luftwegen.

Eine **Reaktion** auf wahrgenommene Reize kann aber auch mit Überlegungen, d. h. **unter Mitarbeit der Hirnrinde**, geschehen. Gelangen immer wieder Fremdkörper ins Auge, z. B. beim Holzsägen, denkt der Mensch über eine Lösung des Problems nach, beschafft sich eine Schutzbrille und trägt sie.

Abb. 1 Das Gehirn organisiert und verarbeitet die unterschiedlichen Sinneseindrücke.

Das zentrale Nervensystem vergleicht und verarbeitet die afferenten Informationen aller Sinnesorgane. Dies ist eine enorme Koordinationsleistung des Gehirns, die durch Reizüberflutung, vielfältige Störungen und altersbedingte Einschränkungen beeinträchtigt werden kann. Passen die ankommenden Informationen unterschiedlicher Sinnesorgane nicht optimal zusammen oder dringen zu viele Reize auf das ZNS ein, wird das Gehirn überfordert. Es reagiert z. B. mit Schwindelgefühl und Übelkeit. Dies kann man u. a. beim schnellen Drehen auf einem Karussell, beim Hinunterschauen aus großer Höhe und im 3-D-Kino erleben. Dabei ist jeder Mensch unterschiedlich empfindlich auf die Reizung bzw. Überreizung seines Sinnessystems. Vererbung und Alter spielen eine Rolle: Manche Menschen sind völlig „schwindelfrei" und Kindern macht Schaukeln und Karussellfahren großen Spaß.

Jeder Mensch weiß beispielsweise, wie schwierig es ist, im Dunklen zu gehen. Die Informationen aus dem Sehorgan fehlen dann völlig. Bei völliger Dunkelheit oder mit geschlossenen Augen wird man sofort unsicher – nicht nur, weil man sich nicht stoßen möchte, sondern auch, weil einfach Sinneseindrücke fehlen und damit das Zusammenspiel aller Nerven- und Bewegungsfunktionen

Abb. 2 Viele Kinder genießen das leichte Schwindelgefühl beim Karussellfahren.

gestört ist. Es ist anstrengend, wenn man sich nicht auf alle Sinne verlassen kann. Dieser unangenehme und verunsichernde Zustand kann im Alter dauerhaft bestehen.

Ist das Gehirn erkrankt, z. B. nach übertriebenem Alkoholgenuss oder nach einer Gehirnerschütterung, kann es nicht wie sonst eine Vielzahl an Informationen verarbeiten. Es kommt zu Übelkeit und dem Wunsch, kein helles Licht, keine lauten Geräusche und überhaupt von allen Sinnesqualitäten möglichst wenig „Sendungen", d. h. Afferenzen, zu erhalten.

Im Alter schwinden die Sinne

Im Alter unterliegen alle Organe einer Atrophie. Entsprechend gehen auch viele Sinnes- und Nervenzellen zu Grunde. Es kommt zu **Schwerhörigkeit, Fehlsichtigkeit, nachlassendem Gleichgewichtssinn** und überhaupt zu Schwierigkeiten, alle Sinnesqualitäten wahrzunehmen. Auch die Verarbeitung und Verknüpfung der Signale aus den Sinnesorganen wird schwieriger. Daher befindet sich das Nerven- und Sinnessystem des alten Menschen dauerhaft in einem Zustand der Überforderung. Es kommt dadurch bei vielen alten Menschen zu wechselnd starken oder andauernden **Schwindelgefühlen**.

Die Durchblutung des Körpers und damit des Gehirns beeinflusst die Sinne und damit alle Empfindungen und Fähigkeiten des Menschen. Herzinsuffizienz, Arteriosklerose, Überdosierungen von Antihypertensiva oder Sedativa usw. verschlechtern daher die Wahrnehmungsmöglichkeiten und den Gesamtzustand im Alter sehr. Daneben hat auch das Wetter Einfluss auf das Befinden und die Leistungsfähigkeit: Die Tagesform des alten Menschen kann so stark wechseln.

Use it or lose it – oder wer rastet, der rostet. Schwindelgefühl im Alter ist nichts, das man durch Abwarten überwinden kann. Nur die Übung aller Sinne und des gesamten Körpers kann die Beschwerden bessern und eine Verschlimmerung verhindern oder hinauszögern. Um die Koordination zu erhalten, hilft tägliche Bewegung; um die Denkfähigkeit zu erhalten, helfen Lesen, Schreiben und Gespräche; um die Hörfähigkeit zu erhalten, hilft *rechtzeitige* Versorgung mit einem Hörgerät. Ohne ausreichende Afferenzen baut sich die für die jeweilige Sinnes- oder motorische Leistung zuständige Hirnrinde ab – dann vergeht dem Gehirn Hören und Sehen.

4.4.1 Aufbau und Funktion des Hör- und Gleichgewichtsorgans

Das Ohr ist sowohl Hör- als auch Gleichgewichtsorgan. Es wird in drei Abschnitte eingeteilt: das äußere Ohr, das Mittelohr und das Innenohr (→ Abb. 1).

- Das **äußere Ohr** besteht aus der Ohrmuschel und dem äußeren Gehörgang. Es dient der **Schallaufnahme**.
- Das **Mittelohr** beginnt am Trommelfell. Es besteht aus der Paukenhöhle und den Gehörknöchelchen. Das Mittelohr dient der **Schallverstärkung**.
- Das **Innenohr** besteht aus der Schnecke und den Bogengängen. Die **Schnecke** dient der **Schallempfindung**.

Die **Bogengänge** des Innenohrs sind das **Gleichgewichtsorgan**. Es dient der Wahrnehmung der Lage und Bewegung des Körpers im Raum sowie der Schwerkraft.

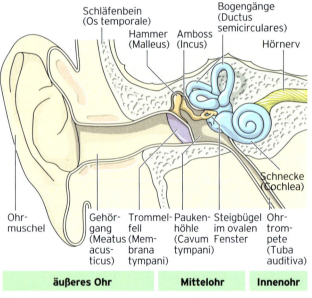

Abb. 1 Schematischer Schnitt durch das Ohr

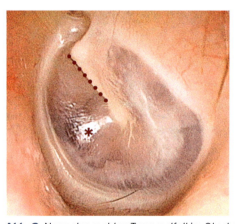

Abb. 2 Normales rechtes Trommelfell im Otoskopie-Bild: das Trommelfell ist eine durchscheinende Schicht; darin eingelassen ist oben der Hammergriff (...), der wie ein „Ellenbogen" aussieht, den Amboss sieht man durchscheinen. Das Trommelfell liegt in einen „Ring" eingelassen; der Gehörgang enthält wenig Cerumen. Weiße Stellen entsprechen Lichtspiegelungen (*).

Das äußere Ohr besteht aus elastischem Knorpel, Epithel und Bindegewebe. Der äußere Gehörgang enthält **Cerumen** (Ohrschmalz), das die empfindliche Gehörgangshaut geschmeidig hält und vor Infektionen schützt. Der äußere Gehörgang reicht bis zum Trommelfell. Diese 0,1 mm dünne elastische Membran trennt äußeres Ohr und Mittelohr.

Im Mittelohr befinden sich die **Gehörknöchelchen**, d. h. **Hammer, Amboss** und **Steigbügel**. Der Hammer ist z. T. ins Trommelfell eingelassen (→ Abb. 1) und gelenkig mit den beiden anderen Gehörknöchelchen verbunden. Der Steigbügel bildet am sog. ovalen Fenster eine Verbindung mit dem Innenohr. Am ovalen Fenster befindet sich der Eingang zur Schnecke **(Cochlea)**. Die Schnecke entspricht einem aufgerollten Schlauch mit 2 ½ Windungen (→ S. 511, Abb. 1).

Der Hörvorgang

Der Schall wird vom äußeren Ohr aufgenommen und bringt das elastische Trommelfell zum Schwingen. Das Trommelfell verstärkt den aufgenommenen Schall etwa auf das 1,3fache. Von dem mit dem Trommelfell verbundenen Hammer wird der Schall über Amboss und Steigbügel weitergegeben. Auf seinem Weg entlang dieser Gehörknöchelchenkette wird der Schall abermals verstärkt – etwa um das 20fache. Der Steigbügel „tritt" mit seiner Basis ins ovale Fenster. Ankommender Schall wird so in die Schnecke, d. h. ins Innenohr, übertragen.

Die Schallwellen wandern in der Schnecke hinauf wie in ein Treppenhaus mit 2 ½ Stockwerken (→ Abb. 1). Jede Tonhöhe (Frequenz) regt an einer bestimmten Stelle der Schnecke die dort befindlichen Haarzellen an. Hohe Töne werden von Haarzellen in der Schneckenbasis aufgenommen und von dort an den zuständigen Gehirnteil, d. h. die Hörrinde, weitergeleitet. Tiefe Töne wandern weiter bis zur Schneckenspitze und werden erst dort von den Haarzellen aufgenommen. Die Informationen über tiefe Töne werden ebenfalls über den Hörnerv an das ZNS weitergeleitet (→ Abb. 2).

Da der Schall im Prinzip eine Druckwelle ist, die die Schnecke nicht einfach auffangen und neutralisieren kann, wandert der Schall durch den Vorhofgang die Schnecke hinauf, dann von der Schneckenspitze aus durch den Paukengang wieder hinunter und verlässt dann die Schnecke durch das runde Fenster. Das eigentliche Hörorgan, d. h. die Sinneszellen, befindet sich in der Schnecke, eingebettet zwischen Vorhof- und Paukengang. Sie bilden das Sinnesepithel des Ohrs (das **Corti-Organ**), das in die **Basilarmembran** eingebettet ist.

Das menschliche Ohr kann – wenn es vollkommen gesund ist – Frequenzen zwischen 20 Hz (ein tiefes Brummen) und 20 000 Hz (ein kaum hörbarer hoher Pfeifton) wahrnehmen. Schall mit Frequenzen über 20 000 Hz wird als Ultraschall (wörtl. Oberhalbschall) bezeichnet, weil die Frequenzen oberhalb des menschlichen Hörvermögens liegt.

Das Ohr hat zwei Möglichkeiten, um sich vor zu hohem Schalldruck zu schützen: Bei hoher Schallintensität spannt sich ein kleiner Muskel am Hammer an. Er verhindert, dass dieser zu stark ausschlägt und begrenzt so die Schallverstärkung. Ein weiterer Muskel am Steigbügel wirkt ähnlich und vermindert so die lärmbedingte Druckschädigung des Innenohrs. Massive kurz- und/oder langfristige Lärmbelastungen überfordern jedoch die Schutzmechanismen der Ohren und verursachen Schwerhörigkeit und ggf. weitere Schäden.

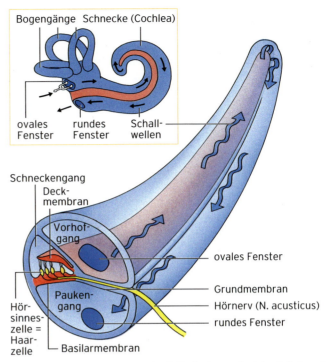

Abb. 1 Aufbau des häutigen Labyrinths im Innenohr (oben); Schnecke, abgerollt (unten)

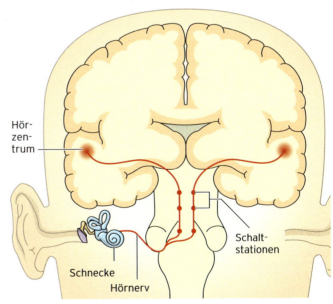

Abb. 2 Verlauf der Hörbahn im Gehirn bis zum Hörzentrum (Frontalansicht, d. h. Ansicht von vorn)

4.4.2 Presbyakusis (Altersschwerhörigkeit)

Definition: Altersschwerhörigkeit, die meistens ab dem 60. Lebensjahr klinisch auffällig wird, ist bei jedem älteren Menschen mehr oder weniger ausgeprägt.

Hintergründe und Pathogenese: Die Schnecke bzw. ihre Sinneszellen sind während des gesamten Lebens aktiv. Schon im Mutterleib hören Kinder – die Herztöne der Mutter beruhigen sie und laute Geräusche können sie erschrecken. Auf Dauer führt die Beanspruchung der Cochlea zu degenerativen Veränderungen. Dabei gehen die Sinneszellen in den unteren Schneckenwindungen zuerst zu Grunde. Da dort die hohen Töne aufgenommen werden, beginnt die Lärmschwerhörigkeit bzw. Altersschwerhörigkeit bei den hohen Frequenzen.

Man kann sich die Abnutzung der Schnecke bzw. den **Untergang von Haarzellen** in den unteren Schneckenwindungen so vorstellen, als gingen jahrzehntelang Menschen ein Treppenhaus (die Schneckenwindungen) hinauf. Nicht alle wollen ganz nach oben. Aber alle müssen unten ins Treppenhaus eintreten. Daher wird der „Boden" im Erdgeschoss zuerst abgenutzt.

Sowohl intensive Beschallung, d. h. Lärm, als auch Dauerbeschallung, z. B. durch den iPod, schädigen die Haarzellen und führen zur fortschreitenden Lärmschwerhörigkeit. Arteriosklerose und die allgemeine Altersatrophie verstärken die Lärmeffekte. Diabetes mellitus, Krankheiten des Mittel- und Innenohres sowie einige Medikamente schädigen das Innenohr zusätzlich. Schon 20-Jährige, z. B. Mitarbeiter in Diskotheken oder Rockmusiker, weisen z. T. eine ausgeprägte Lärmschwerhörigkeit auf, die der Altersschwerhörigkeit bei 70-Jährigen entspricht. Der Unterschied zwischen Lärm- und Altersschwerhörigkeit besteht darin, dass alte Menschen neben der Schädigung des Hörorgans durch Abbau der Gehirnleistungen das Gehörte nicht mehr so gut und so schnell wie früher verarbeiten bzw. verstehen können.

Symptome: Zuerst geht die Hörfähigkeit für sehr hohe Töne verloren. Das Sprachverständnis nimmt allmählich ab. Menschen mit hoher Stimme werden schlechter verstanden als Menschen mit tiefer Stimmlage. Sprechen mehrere Menschen gleichzeitig, kann der Altersschwerhörige der Unterhaltung nicht mehr folgen.

Komplikationen: Es kann zum sozialen Rückzug kommen. Die Unfallgefahr kann zunehmen.

Diagnostik: Das **Tonschwellenaudiogramm**, d. h. der Hörtest, der die Hörfähigkeit der verschiedenen Tonhöhen abbildet, stellt das Ausmaß der Schwerhörigkeit dar. Es wird für jedes Ohr einzeln durchgeführt. Bei der Presbyakusis zeigt sich ein Hörverlust vor allem bei den hohen Frequenzen, der sich mit der Zeit auf immer tiefere Frequenzen ausweitet.

Therapie: Wichtig ist die frühzeitige Versorgung mit einem Hörgerät, da fehlende Afferenzen sonst zu einem verstärkten Abbau der Hörrinde führen. Es gibt **Im-Ohr-Geräte (IO)** (→ Abb. 1) und **Hinter-dem-Ohr-Geräte (HdO)** (→ Abb. 2). Sie müssen konsequent getragen – und eingeschaltet – werden, um die Hörfähigkeit möglichst lange zu erhalten.

Prävention: Siehe Pathogenese; Verzicht auf Dauerbeschallung, konsequenter Lärmschutz.

Abb. 1 Im-Ohr-Hörgerät (IO) **Abb. 2** Hinter-dem-Ohr-Hörgerät (HdO)

Besonderheiten bei der Behandlung alter Patienten (Geriatrie) | **513**

Umgang mit Schwerhörigen

Schwerhörige fühlen sich oft ausgeschlossen. Es besteht die Gefahr, dass sie sich aus der Gemeinschaft zurückziehen und auch geistig verarmen. Das plattdeutsche Wort für „taub" lautet „doof", was im Hochdeutschen in neuer Bedeutung verwendet wird. Dies verdeutlicht, dass Menschen, die zu wenig auf Sprache reagieren, wenig zutraut wird. Im Umgang mit Schwerhörigen ist Geduld wichtig. Es hilft, sich in die Lage des Hörgeschädigten zu versetzen.

Abb. 1 Für die Kommunikation mit Schwerhörigen ist der Blickkontakt wichtig.

Grundregeln im Umgang mit Schwerhörigen

Der gut hörende Partner soll …	Sinn
– das Sprechen sichtbar machen, d. h. dem Schwerhörigen das Gesicht zuwenden. – vor jedem Gespräch Blickkontakt. – aufnehmen und halten. – deutlich und langsam sprechen.	Der Schwerhörige „hört" auch mit den Augen und braucht Zeit, um die Worte vom Mund abzulesen.
– nicht schreien.	Schwerhörige sind oft sehr lärmempfindlich. Schreien verzerrt außerdem die Sprache.
– kurze und klare Sätze formulieren.	Der Schwerhörige kann den Inhalt dann leichter erraten.
– Unverstandenes geduldig wiederholen.	Es entmutigt den Schwerhörigen, wenn er keine Chance hat, das Gehörte wiederholt zu bekommen.
– bei ausgeprägter Schwerhörigkeit und Taubheit wichtige Inhalte schriftlich mitteilen.	Vor allem Taube sind auf schriftliche Informationen angewiesen und haben ggf. keine andere Möglichkeit, etwas zu verstehen.

www.schwerhoerigen-netz.de

Terminologie: Ohr

Audiogramm	Hörtest mit grafischer Darstellung der Hörfähigkeit
Basilarmembran	Bindegewebeplatte in der Cochlea, die das Corti-Organ und damit die Haarzellen enthält
Bogengänge	Gleichgewichtsorgan des Innenohrs
Cerumen	Ohrschmalz (sprich Zerumen)
Cochlea	Hörschnecke; Teil des Innenohrs
Corti-Organ	Sinnesepithel in der mittleren Windung der Cochlea
Presbyakusis	Altersschwerhörigkeit (sprich Presbi-ákusis)

AUFGABEN

1. Erläutern Sie den Aufbau des Ohres unter Verwendung der Begriffe äußeres Ohr, Mittelohr und Innenohr und nennen Sie die Aufgaben dieser drei Abschnitte.

2. Erklären Sie die Pathogenese der Presbyakusis.

3. Einige Verhaltensweisen erleichtern es einem schwerhörigen Gesprächspartner, eine Unterhaltung zu führen. Nennen Sie mindestens drei Punkte.

4.4.3 Aufbau und Funktion der Augen

Das Auge ist das Sehorgan des Menschen. Es liegt in der **Orbita**, der knöchernen Augenhöhle. Es besteht aus dem **Augapfel (Bulbus)** und dem Sehnerv **(Nervus opticus)**.
Mehrere Vorrichtungen schützen die Augen und damit den wichtigen Sehsinn:
- Die Augenlider schützen sie vor Austrocknung, zu viel Licht und Fremdkörpern.
- Die Augenbrauen und Wimpern schützen sie vor Schweiß und Schmutz.
- Der Tränenapparat (Tränendrüsen und Tränenkanäle) pflegt und ernährt die Augen mit der Tränenflüssigkeit. Er schützt sie vor Schmutz, Infektionen und Austrocknung.

Das Innere des Augapfels bildet der durchsichtige, gallertartige Glaskörper, dem ventral die Linse aufliegt. Die Wand des Augapfels besteht aus drei Schichten (von außen nach innen):
- **Lederhaut (Sklera):** die 0,5 mm dicke, feste Sklera besteht hauptsächlich aus Kollagen. Sie schützt den Bulbus vor Verletzungen. Die Sklera ist weiß und fast undurchsichtig; sie geht ventral, d. h. über der Pupille bzw. Linse, in die klare, durchsichtige **Hornhaut (Cornea)** über. Sklera und Cornea umschließen zusammen den gesamten Bulbus. Die Sklera geht dorsal in die harte Hirnhaut über, die Gehirn und Rückenmark umschließt. Die Bindehaut bedeckt den ventralen Teil des Augapfels mit Ausnahme der Hornhaut und die Innenseite der Lider.
- Die mittlere Schicht besteht aus der **Aderhaut (Chorioidea)**, die der Sklera innen anliegt. Die Chorioidea ist sehr reich an Blutgefäßen und ist daher so benannt.
- Die innerste Schicht ist die **Netzhaut (Retina)**. Sie ist das **Sinnesepithel** des Auges. Chorioidea und Retina bedecken nur die dorsalen zwei Drittel des Bulbus. Die Retina geht in den Sehnerv über, der die Informationen der Sinneszellen zum Gehirn führt.

Abb. 1 Auge

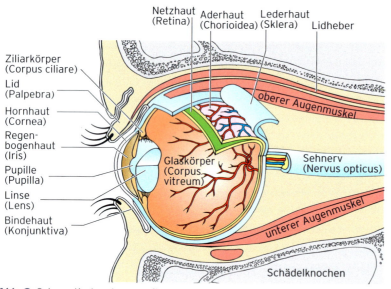

Abb. 2 Schematischer Augenaufbau

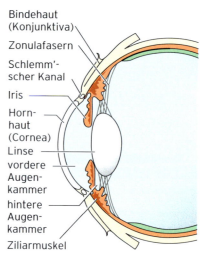

Abb. 3 Linse, Iris und Augenkammern

Im ventralen Drittel des Auges befinden sich der Ziliarkörper, die Linse, die Iris und die beiden Augenkammern.

Der **Ziliarkörper** (Strahlenkörper) enthält den **Ziliarmuskel**. Der Ziliarkörper ist über die strahlenförmig angeordneten **Zonulafasern** mit der Linse verbunden. Kontrahiert sich der ringförmige Ziliarmuskel, lockern sich die Zonulafasern, an denen die Linse aufgehängt ist (→ Abb. 3). Dadurch nimmt die Linse ihre eigentliche kugelige Form an und stellt sich so auf Nahsehen ein. Nahsehen strengt auf Dauer an, weil der Ziliarmuskel sich dafür anspannen muss.

Entspannt sich der Ziliarmuskel, schaut man in die Ferne – die Linse wird dann durch die Zonulafasern flach gezogen. In die Ferne zu schauen, strengt nicht an. Der Ziliarmuskel verändert somit die Krümmung der Linse und dient daher der **Akkommodation** (Nah- und Ferneinstellung) des Auges (→ S. 517, Abb. 3).

Der Ziliarkörper bildet auch das **Kammerwasser**. Diese Flüssigkeit umspült die Linse. Dabei ernährt sie die Linse nicht nur, sondern schützt sie durch ihren hohen Vitamin-C-Gehalt auch vor Alterung. Das Kammerwasser füllt und durchspült die vordere und hintere Augenkammer. Es wird im Ziliarkörper ständig neu gebildet und fließt durch kleine Öffnungen im **Kammerwinkel** in den Blutkreislauf ab. Ist der Kammerwinkel zu eng, staut sich das Kammerwasser und erhöht den **Augeninnendruck** (normalerweise 15–22 mmHg). Dies führt zum grünen Star **(Glaukom)**, d. h. zu einer Druckschädigung des Sehnervs (s. u.).

Ventral des Ziliarkörpers befindet sich die **Regenbogenhaut (Iris)**. Sie liegt der Linse vorn locker an, sodass das Kammerwasser zwischen vorderer und hinterer Augenkammer fließen kann. Zwischen Linse, Iris und Cornea liegt die vordere Augenkammer. Seitlich der Linse zwischen Iris und Glaskörper liegt die kleinere hintere Augenkammer (→ Abb. 2).

Die Iris bildet in der Mitte eine Öffnung, die **Pupille**. Die Weite bzw. Größe der Pupille kann durch Ring- und Strahlenmuskeln der Iris verändert werden. Die Pupille hat die Funktion einer verstellbaren Blende, indem sie den Lichteinfall ins Auge regelt.

Sympathikus und Parasympathikus, Nah- bzw. Ferneinstellung, Medikamente und Drogen beeinflussen die Pupillenmuskeln und damit die Pupillenweite. Normalerweise sind beide Pupillen **isokor** (gleich groß) und mittelweit. Bei Helligkeit verengt sich die Pupille **(Miosis)**, bei Dunkelheit erweitert sie sich **(Mydriasis)**.

Abb. 1 Miosis (Engstellung der Pupille)

Abb. 2 Mydriasis (Weitstellung der Pupille)

Neugeborene haben noch keine **Irispigmente**. Dadurch reflektiert ihre Iris kurzwelliges Licht und erscheint blau. Bei hellhäutigen Menschen bleibt die Iris blau. Bei dunkelhäutigen Menschen lagert sie etwa bis zum Ende des zweiten Lebensjahrs immer mehr Pigment ein, sodass sie über mehrere Farbstufen schließlich sehr dunkel werden kann.

Abb. 3 Pigmentarme Iris eines Neugeborenen

Sinneszellen

Die Netzhaut enthält zwei Arten Sinneszellen: Zapfen und Stäbchen. Die **Zapfen** dienen dem Farbsehen. Trifft farbiges Licht auf einen Zapfen auf, verändert sich das in ihm enthaltene **Sehpigment**. Die **Stäbchen** können dagegen nur Hell-Dunkel-Unterschiede aufnehmen. Deshalb kann man nachts, wenn die Zapfen inaktiv sind, weil sie hohe Lichtintensitäten benötigen, nicht so scharf sehen wie am Tage. Außerdem sieht man so nachts nur Grautöne. Beide Arten von Sinneszellen geben den Reiz über den Sehnerv ans ZNS, d. h. an die Sehrinde, weiter. Dort wird die Information verarbeitet und verstanden.

Die Stelle schärfsten Sehens auf der Netzhaut ist der **gelbe Fleck** (die **Makula**); dort befinden sich nur Zapfen. Im Auge wird das einfallende Licht durch die Linse genau so gebündelt, dass es auf die Makula auftrifft. Die Augenmuskeln helfen, das Auge und damit die Makula immer exakt auf das betrachtete Objekt zu richten.

Von den Sehzellen gehen Nervenzellen aus, die sich zu einem Bündel, dem Sehnerv, vereinigen (→ S. 514, Abb. 1). Jeder Zapfen hat dabei eine eigene Nervenzelle, während mehrere Stäbchen nur eine gemeinsame Nervenzelle haben.

Abb. 4 Schnitt durch die Netzhaut (elektronenmikroskopische Aufnahme)

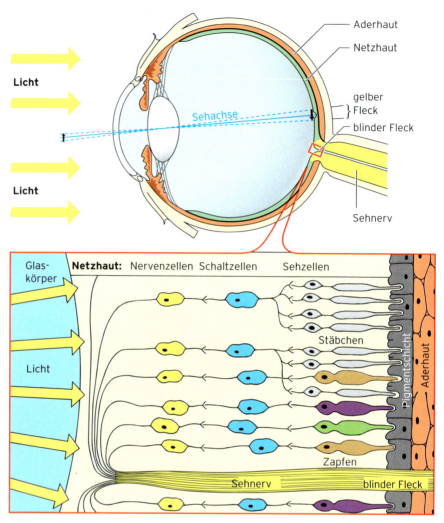

Abb. 1 Lichteinfall und Aufbau der Netzhaut: Stäbchen und Zapfen empfangen die Lichtreize. Schaltzellen fassen die Meldungen ans Gehirn zusammen. Jeder gesehene Gegenstand wird umgekehrt, quasi „auf dem Kopf" stehend, auf der Makula abgebildet. Das Gehirn verarbeitet die Informationen aber so, dass das Gesehene richtig herum wahrgenommen wird.

Bei Dunkelheit treten die Stäbchen etwas in Richtung Retina-Oberfläche hervor, um mehr der spärlichen Lichtreize aufzufangen. Gleichzeitig erweitert sich die Pupille, um möglichst viel Licht ins Auge zu lassen. Der Anpassungsvorgang an die Dunkelheit dauert einige Minuten und nennt sich **Adaptation (Hell-Dunkel-Anpassung)**. Macht man nach erfolgter Adaptation ein Licht an, sind sofort wieder die Zapfen „vorn" und scharfes, farbiges Sehen ist möglich. Eine erneute Adaptation an Dunkelheit dauert wieder einige Minuten.

An der **Sehnervpapille**, der Stelle, an der der Sehnerv aus dem Auge austritt, befinden sich keine Sehzellen. Diese Stelle nennt sich blinder Fleck, da hier kein Sehen möglich ist. Das Gehirn verrechnet die Informationen aus beiden Augen jedoch so, dass wir die blinden Flecken nicht wahrnehmen.

Die Bindehaut **(Konjunktiva)** ist eine Schleimhaut, die die Innenflächen der Lider überzieht, in Form einer Falte umschlägt und die Oberfläche der Sklera bis zum Rand der Cornea bedeckt. Sie schützt und ernährt die Sklera und erfüllt immunologische Aufgaben. Da die Konjunktiva Blutgefäße enthält, überzieht sie nicht die Cornea. Man hätte sonst ständig „Äste" der Konjunktivalgefäße vor Augen. Eine Blutgefäßbildung in der Cornea ist stets pathologisch und kann bei Entzündungen der Hornhaut **(Keratitis)** vorkommen.

Tränenapparat

Hilfsorgane der Augen sind die **Tränendrüsen**. Die Tränendrüsen liegen seitlich unter den Oberlidern (→ Abb. 1). Sie geben die salzreiche Tränenflüssigkeit ab. Diese befeuchtet und spült Konjunktiva und Cornea. Sie enthält bakterizide Stoffe und Immunglobuline, um Infektionserreger abzuwehren. Die Tränenflüssigkeit wird fortlaufend neu gebildet und fließt über den **Tränen-Nasen-Gang** in die Nase ab. Daher muss man beim Weinen die Nase putzen. Der „Schlaf", der sich morgens im inneren Augenwinkel befindet, besteht aus über Nacht eingetrockneter Tränenflüssigkeit, Leukozyten und Staub. Der Tränenfilm ist dreischichtig: Direkt auf der Konjunktiva liegt eine Schleimschicht, die von kleinen Bindehautdrüsen gebildet wird. In der Mitte befindet sich die Tränenflüssigkeit, das Sekret der Tränendrüsen. Auf der Oberfläche wird der Tränenfilm durch eine sehr dünne Lipidschicht „versiegelt" und vor zu schneller Abtrocknung geschützt. Der Lipidanteil wird von Talgdrüsen am Lidrand gebildet.

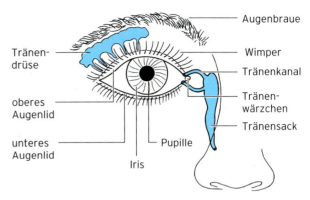

Abb. 1 Schutzeinrichtungen des Auges

Das **trockene Auge** ist eine Volkskrankheit. Mangelnder Tränenfilm hat viele Ursachen: Altersatrophie, Hormonmangel nach der Menopause, Autoimmunkrankheiten, Medikamente (z. B. Antidepressiva), Stress, Schlafmangel, Alkoholkonsum, trockene Luft sowie Bildschirmarbeit (diese vermindert die Zahl der Lidschläge und damit die Befeuchtung der Bindehaut). Entsprechend des dreischichtigen Aufbaus der Tränenschicht hilft es oft nicht, einfach Kochsalzlösung einzuträufeln. Tränenersatzmittel enthalten z. T. auch andickende Stoffe und Lipide. Welches Mittel am besten hilft und wie oft es angewandt werden muss, ist individuell verschieden.

Abb. 2 Verschiedene Tränenersatzmittel

Sehvorgang

Das Scharfstellen beim Sehen, die **Akkommodation**, erfolgt durch die Aktivität des Ziliarmuskels, d. h. durch Zug an den Zonulafasern beim Nahsehen und Lockerung der Zonulafasern beim Betrachten entfernter Gegenstände (→ Abb. 3 und 4).

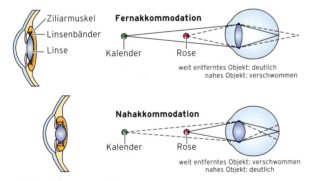

Abb. 3 Akkommodation

Abb. 4 a) Fernakkommodation

b) Nahakkommodation

Die Bewegungen der Augen werden durch mehrere Augenmuskeln gesteuert. Da jedes Auge einen anderen Blickwinkel hat und ein etwas anderes Bild liefert, errechnet das Gehirn aus den Informationen einen räumlichen Seheindruck. So ist **dreidimensionales Sehen** und das Abschätzen von Entfernungen möglich. Bei einäugigem Sehen ist dies nicht möglich, da kein Raumeindruck entsteht.

4.4.4 Fehlsichtigkeit

Myopie (Kurzsichtigkeit)

Eine häufige Form der Fehlsichtigkeit ist die **Myopie** (Kurzsichtigkeit). Dabei ist der Augapfel zu lang (→ Abb. 2). Der Patient kann dadurch näher am Auge befindliche Gegenstände schärfer sehen, als es der Normalsichtige kann. Für die Ferne benötigt der myope Patient eine Brille, die die Lichtstrahlen zerstreut **(Konkavlinse, Zerstreuungslinse)**. Durch die Korrekturlinse der Brille werden entfernt liegende Gegenstände wieder genau auf der Makula, d. h. scharf, abgebildet. Myopie entsteht meistens während der Wachstumsphase in der Pubertät, da auch der Augapfel wächst und bei entsprechender Veranlagung zu lang wird. In der Schule fallen die Kinder bzw. Jugendlichen auf, weil sie schlecht von der Tafel ablesen können. Bis zum Abschluss des Wachstums können immer wieder neue, stärkere Brillengläser nötig sein. Die Veranlagung zur Myopie ist genetisch bedingt.

> **HINWEIS**
>
> Lesen und Bildschirmarbeit in Kindheit und Jugend fördern Kurzsichtigkeit – wenn das Nahsehen zuviel und ohne Ausgleich betrieben wird. Bei Naturvölkern ist die Myopie unbekannt.

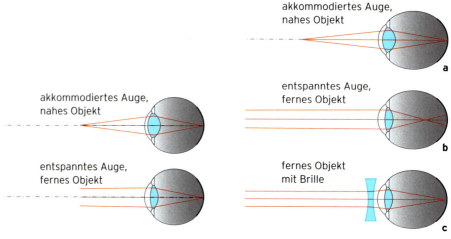

Abb. 1 Normalsichtiges Auge

Abb. 2 Kurzsichtiges Auge

Hyperopie (Weitsichtigkeit)

Bei der **Hyperopie** ist der Augapfel zu kurz. Daher können fern liegende Gegenstände ohne Anstrengung scharf gesehen werden (→ Abb. 3a). Nahe Objekte werden „hinter" der Retina scharf abgebildet, d. h. unscharf gesehen (→ Abb. 3b). Der hyperope Patient benötigt eine Konvexlinse **(Sammellinse)**, um nahe Objekte scharf zu sehen (→ Abb. 3c).

> **HINWEIS**
>
> Der **Kurzsichtige** sieht auf kurze Distanz gut.
> Der **Weitsichtige** sieht auf weite Distanz gut.

Abb. 3 a) und b) weitsichtiges Auge ohne Brille, c) weitsichtiges Auge mit Brille

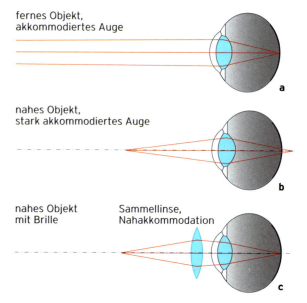

Presbyopie (Alterssichtigkeit)

Im Alter unterliegen die Augen verschiedenen degenerativen Vorgängen. Ab etwa dem 40. Lebensjahr verliert die Linse ihre Elastizität. Ihre Zellzahl und Zellsubstanz nimmt zu. Dadurch wird die Linse steifer und verformt sich kaum noch. Da sie nicht mehr ihre Kugelform annehmen kann, d.h. ihre Brechkraft abnimmt, wird es immer schwerer, nahe Objekte zu erkennen (→ Abb. 1). Dies nennt sich Altersfehlsichtigkeit **(Presbyopie)**.
Die Presbyopie ähnelt der Hyperopie. Die Betroffenen strecken zum Lesen ihren Arm aus, um den Gegenstand weiter vom Auge zu entfernen. Eine Lesebrille gleicht die Presbyopie teilweise aus. Ab ungefähr 70 Jahren ist die Verformbarkeit der Linse schließlich so gering, dass zum Lesen evtl. eine Lupe notwendig wird.
Da mit den Jahren immer mehr Retinazellen durch Altersatrophie verloren gehen und die Sehrinde im Gehirn arteriosklerosebedingte Funktionseinbußen zeigt, nimmt die Sehkraft auch unabhängig vom Zustand der Linse im Alter langsam ab.

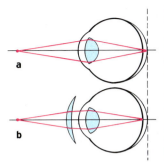

Abb. 1 a) Altersweitsichtigkeit: Auf Grund der eingeschränkten Elastizität der Augenlinse liegt der Punkt des schärfsten Sehens hinter der Netzhaut des normal langen Auges. b) Durch eine Lesebrille mit Sammellinse werden auch nahe gelegene Gegenstände auf der Netzhaut abgebildet.

Abb. 2 Im Alter ist eine Lesebrille notwendig.

Informationen zur Augenheilkunde bietet die deutsche ophthalmologische Gesellschaft:
www.dog.org

Alternativen zur Brille

Kontaktlinsen

Im Gegensatz zu Brillengläsern liegen Kontaktlinsen der Cornea direkt auf (→ Abb. 3). Es gibt weiche und harte Linsen. Weiche Linsen erfordern im Gegensatz zu harten Linsen keine Eingewöhnungszeit, ggf. benötigt der Patient aber Tränenersatzmittel. Kontaktlinsen stören die Benetzung der Hornhaut mit Tränenflüssigkeit und damit ihre Ernährung, Spülung und Sauerstoffversorgung. Menschen mit empfindlicher Binde- und Hornhaut vertragen Kontaktlinsen daher schlecht. Nachts dürfen die Linsen nicht getragen werden, damit sich die Cornea ausreichend erholen kann. Wegen der Entzündungs- und Infektionsgefahr muss mit den Linsen sehr hygienisch umgegangen werden. Bei Reizungen, Rötungen und Sehstörungen sind die Linsen zu entfernen; ggf. ist der Augenarzt aufzusuchen.

Laserbehandlung

Möchte ein Patient weder eine Brille noch Kontaktlinsen tragen, hat er die Möglichkeit, seine Cornea mit Lasertechnik zu einer passenden Linse umformen zu lassen. Am besten wird die Laserbehandlung der Linse im Alter zwischen 25 und 45 Jahren durchgeführt, weil sich in dieser Zeitspanne die Brechkraft des Auges kaum verändert. Der Eingriff erfolgt ambulant unter örtlicher Betäubung. Nach Abheben eines oberflächlichen Hornhautscheibchens wird in der mittleren Hornhautschicht operiert. Sie wird bei Weitsichtigkeit zu einer Pluslinse, bei Kurzsichtigkeit zu einer Minuslinse umgeformt. Nach Abschluss der Hornhautbearbeitung wird das zuvor abgehobene Scheibchen der Cornea-Oberflächenschicht wieder zurückgeklappt.
Am häufigsten wird die Technik **LASIK** angewandt. Dies ist die Abkürzung für **Laser-in-situ-Keratomileusis** und bedeutet, dass die Hornhaut an ihrer natürlichen Stelle, d.h. direkt am Auge, mittels Lasertechnik umgeformt wird.

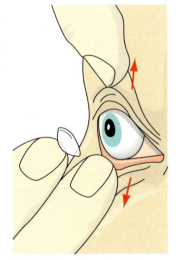

Abb. 3 Einsetzen einer Kontaktlinse

4.4.5 Katarakt (grauer Star)

Definition: Der graue Star (die **Katarakt**) besteht in einer grau wirkenden **Linsentrübung**.
Pathogenese: Die Linse ist ein kompliziert aufgebautes, vielschichtiges Gebilde, das im gesunden Zustand völlig klar ist. Mit den Jahren wird die Linse durch Degeneration immer steifer und trüber; es kommt zum **Altersstar (Cataracta senilis)**. Ursache ist vor allem Sonnenlicht. Röntgenstrahlung, Diabetes mellitus, Neurodermitis und Cortisontherapie machen eine Linsentrübung wahrscheinlicher bzw. lassen sie früher auftreten. Selten, z. B. bei der ❙Rötelnembryopathie, kommt es zur angeborenen Katarakt. Auch Verletzungen können die Linse trüb werden lassen.

Rötelnembryopathie
→ LF 8, S.347

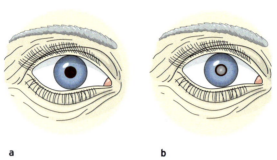

Abb. 1 a) normales Auge; b) fortgeschrittenes Stadium des Altersstars mit weißlicher, bereits von außen sichtbarer Verfärbung der Augenlinse

Symptome und Komplikationen: Der Patient sieht wie durch eine Milchglasscheibe. Das Bild wird immer unschärfer, Farben erscheinen blasser und er kann keine Details mehr erkennen. Die Linsentrübung wirkt außerdem wie eine schmutzige Windschutzscheibe am Auto: Sie zerstreut auftreffendes Licht in alle Richtungen und blendet. Daher tragen die Patienten oft Sonnenbrillen – ggf. sogar mit scheuklappenartigem Seitenschutz – selbst bei schlechtem Wetter. Dunkle Brillen, heruntergelassene Rollläden usw. lassen die Pupille größer werden, sodass der Patient an der getrübten Linsenmitte ggf. vorbeisehen kann. Oft verändert sich die Brillenstärke, da die Linse im Zuge der Degeneration auch ihre Form verändert.

Diagnostik: Der Augenarzt erkennt die Linsentrübung mit der Spaltlampe und kann sehen, ob eher der Kern oder die Kapsel der Linse betroffen ist. Die fortgeschrittene Katarakt ist ohne Hilfsmittel als weißliche Scheibe in der Pupille sichtbar.

Therapie: Die getrübte Linse wird operativ entfernt und durch eine Kunstlinse ersetzt. Es wird immer nur ein Auge operiert; zuerst das mit der schlechteren Linse. Die Operation ist risikoarm und erfolgt in der Regel ambulant und in Lokalanästhesie. Antikoagulanzien müssen im Regelfall nicht abgesetzt werden. Da die Kunstlinse nicht akkommodieren, d. h. sich durch Kontraktion des Ziliarmuskels verformen kann, ist nach dem Eingriff eine (zusätzliche) Lesebrille erforderlich. **Multifokallinsen**, d. h. Linsen mit mehreren Brennpunkten, können die Brille(n) ggf. ersetzen. Der Patient muss sich an diese Linsenart jedoch länger gewöhnen.

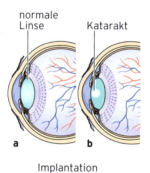
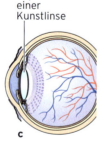

Abb. 2 a) normale Linse; b) Katarakt; c) nach operativer Entfernung der getrübten Linse und Implantation einer Kunststofflinse kann die Sehkraft wiederhergestellt werden

Nach der Operation benötigt der Patient einige Zeit Ruhe und mehrmals täglich Augentropfen. Die Anwendung der Tropfen kann vor der Operation schon mit Tränenersatzmitteln geübt werden. Das Ziel ist, dass der Patient sich selbst mit den Tropfen versorgen kann. Die veränderte Sehstärke kann postoperativ zu verstärktem Schwindelgefühl führen. Bei fast 50 % der operierten Patienten kommt es in den ersten Jahren zu einem **Nachstar**. Es bildet sich eine Zellschicht hinter der Kunstlinse, die die Sicht abermals trübt. Der Nachstar wird mit Laser oder einer erneuten Augenoperation behandelt.

Früher dachte man, dass in der trüben Linse Wasser herunterfließe (Katarakt bedeutet Wasserfall). Man versuchte durch den sog. **Starstich**, die kranke Linse „herauszustechen", d. h. zu entfernen. Narkosen und wirksame Schmerzmittel waren noch unbekannt und postoperative Infektionen wegen fehlender Hygienemaßnahmen an der Tagesordnung. Wer seinen Star behandeln ließ, riskierte seine Gesundheit.

4.4.6 Glaukom (grüner Star)

Definition: Unter dem grünen Star oder Glaukom versteht man Erkrankungen, die zumeist durch erhöhten Augeninnendruck zu einer irreversiblen Schädigung des Sehnervs an seiner Austrittsstelle aus dem Augapfel führen.

Pathogenese und Symptome: Kann das Kammerwasser nicht ungehindert durch den Kammerwinkel abfließen, staut es sich und der Druck im Auge steigt an. Dies kann akut passieren, z. B. bei starker Pupillenerweiterung, die zu einer Verlegung des Kammerwinkels führt **(akutes Glaukom; Winkelblockglaukom, Glaukomanfall)**. Typische Auslöser sind Medikamente wie Spasmolytika. Der Augeninnendruck kann dabei bis zu 80 mmHg ansteigen. Der Patient leidet akut unter Kopf- und Augenschmerzen, Übelkeit und Erbrechen. Der Bulbus des betroffenen Auges fühlt sich steinhart an. Das betroffene Auge ist gerötet und die Pupille reagiert nicht auf Licht, was der Augenarzt mit der Untersuchungslampe feststellt.

Häufiger ist das **chronische Glaukom**. Es kommt aus genetischer Ursache, bei Diabetes, Rauchen und Arteriosklerose, bei engem Kammerwinkel sowie bei verschiedenen Augenkrankheiten vor. Es führt zu einer chronischen Drucksteigerung im betroffenen Auge.

Bei allen Glaukomarten wird der Sehnerv, also das Bündel aus allen Nervenfasern der Retina, gegen die knöcherne Öffnung der Orbita, durch die er ins Gehirn eintritt, gedrückt (→ Abb. 1). Außen, d. h. an der scharfen Knochenkante, liegen die Nervenfasern der äußeren Netzhautbereiche. Diese werden bei hohem Augendruck als erste geschädigt bzw. zerdrückt. Da ein leicht bis mäßig erhöhter Augendruck nicht spürbar ist, zeigen die ersten Symptome schon einen Spätschaden an: Es kommt zur **Verkleinerung des Gesichtsfeldes** (→ Abb. 2). Das Gesichtsfeld ist der Bereich der Umwelt, den ein Mensch mit unbewegten Augen einsehen kann. Der Patient übersieht z. B. bei einer Verkleinerung des Gesichtsfeldes auf die Straße laufende Kinder, weil er im äußeren Bereich seines Blickfeldes keine Nervenzellen mehr besitzt, d. h. blind ist. Mit der Zeit entwickelt sich ein sog. Tunnelblick. Später sieht der Patient nur noch wie durch ein Fernrohr. Schließlich kann der Sehnerv völlig zu Grunde gehen und der Patient gänzlich erblinden.

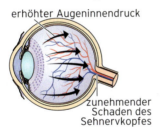

Abb. 1 Beim Glaukom kommt es auf Grund eines erhöhten Augeninnendrucks zu einer zunehmenden Schädigung des Sehnervkopfes.

Abb. 2 Das Glaukom führt unbehandelt zu einer zunehmenden Einengung des Gesichtsfeldes, sodass der Erkrankte zum Schluss nur noch einen kleinen Ausschnitt seines ursprünglichen Gesichtsfeldes wahrnehmen kann (Tunnelblick).

Komplikationen: Erblindung durch Zerstörung des Sehnervs. Diese kann sich beim Glaukomanfall akut durch die enorme Drucksteigerung ereignen. Beim chronischen Glaukom entsteht sie durch langsame Atrophie des Sehnervs im Laufe von Jahren.

Diagnostik: Messung des Augendrucks **(Tonometrie)**. Die Weite des Kammerwinkels kann der Augenarzt ebenfalls beurteilen. Mittels **Perimetrie** (Gesichtsfeldprüfung) kann eine Schädigung des Sehnervs an Gesichtsfeldeinschränkungen erkannt werden.

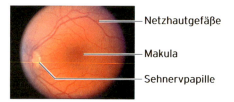

Abb. 1 Normaler Augenhintergrund

Therapie: Beim akuten Glaukom i.v.-Gabe von Medikamenten, die die Kammerwasserproduktion stoppen. Beim chronischen Glaukom gibt man vor allem Augentropfen, die die Pupille verkleinern, weil dies den Abfluss des Kammerwassers erleichtert. Die Tropfen müssen mehrmals täglich in der verordneten Menge in das oder die betroffenen Augen eingetropft werden. Eine gute Adhärenz ist wichtig, aber ähnlich wie bei der arteriellen Hypertonie spürt der Patient vor den Spätschäden keine Symptome und muss daher aus Vernunft handeln. In bestimmten Fällen kann eine Operation den Abfluss des Kammerwassers verbessern.

Prävention: Messung des Augendrucks in einem Alter, in dem das Glaukom noch unwahrscheinlich ist (ab ca. 40 Jahren), bei Arteriosklerose, Diabetes, sonstigen Augenkrankheiten, positiver Familienanamnese und bei Cortisontherapie auch früher. Konsequente Therapie der beeinflussbaren Risikofaktoren und der symptomlosen Frühstadien.

> **HINWEIS**
>
> Eine Cortisontherapie erhöht sowohl die Wahrscheinlichkeit einer Katarakt als auch die eines Glaukoms. Für Patienten, die regelmäßig Prednisolon oder andere Kortikoide einnehmen müssen, sind daher regelmäßige augenärztliche Kontrollen wichtig.

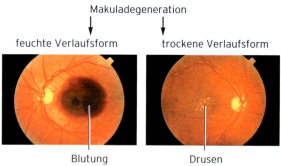

Abb. 2 Trockene und feuchte Form der Makuladegeneration: Bei der feuchten Verlaufsform wachsen Aderhautgefäße in die Makula ein und verursachen Blutungen unterhalb der Netzhautschicht. Bei der trockenen Form sieht der Augenarzt bei der Netzhautuntersuchung kleine weiße Stippchen, sog. Drusen, als erste Anzeichen der Erkrankung.

4.4.7 Altersbedingte Makuladegeneration (AMD)

Die Makula, der gelbe Fleck, ist die Netzhautstelle mit der größten Sinneszelldichte und somit die Stelle des schärfsten Sehens. Sie ist nur wenige Quadratmillimeter groß. Die Makula kann bei der **Fundoskopie**, der Betrachtung des Augenhintergrundes mit dem **Ophthalmoskop** (→ LF 2, S. 14, Abb. 1), betrachtet werden. Für die Untersuchung werden die Pupillen durch Medikamente erweitert („weitgetropft"). Auch fotografische Darstellungen des Augenhintergrundes sind möglich (→ Abb. 1).

Definition: Die Makuladegeneration ist ein Zerfall der Makula mit Verlust der Sehzellen und damit der Sehfähigkeit in diesem wichtigsten Netzhautbereich. Es gibt die trockene (80 % der Fälle) und die feuchte Makuladegeneration (20 % der Fälle).

Ursachen und Pathogenese: Im Alter bilden sich Ablagerungen, sog. Drusen, in der Makula **(trockene AMD)** oder es wachsen Gefäße in die Makula ein, geben Flüssigkeit ab und heben die Netzhaut im Bereich der Makula ab **(feuchte AMD)**.

Risikofaktoren: Die Risikofaktoren der Arteriosklerose ähneln den Risikofaktoren der AMD: hohes Alter, Hyperlipidämie, Genetik, Rauchen und unausgewogene, vitaminarme Ernährung. Allerdings sind Frauen öfter als Männer befallen und bei Blauäugigen tritt die AMD häufiger auf. Sonnenlicht ist ebenfalls ein Risikofaktor, außerdem der Zustand nach Katarakt-OP.

Symptome und Komplikationen: Zunächst erscheinen gerade Linien in der Mitte des Blickfeldes verzerrt. Dies bemerkt der Patient im Alltag jedoch nicht. Daher ist der **Amsler-Gittertest** (→ Abb. 3) wichtig. Schließlich wird der „blinde Fleck" im Zentrum des Blickfeldes, d. h. genau dort, wohin man blickt, immer größer. Die Farberkennung und das Lesen werden mit der Zeit unmöglich. Allmählich kann es zur Erblindung kommen.

Diagnostik: Gittertest, Fundoskopie, Darstellung der Makulagefäße (Fluoreszenz-Angiografie) und andere Spezialuntersuchungen

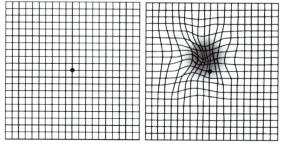

Abb. 3 a) „Amsler-Gitter" zur Erkennung von Frühstadien der Makuladegeneration. Der Patient wird aufgefordert, den schwarzen Punkt zu fixieren, und dann befragt, ob er die Linien gerade oder verzerrt wahrnimmt.
b) Wahrnehmung eines Patienten mit feuchter Makuladegeneration

Abb. 1 Bildverzerrungen bei Makuladegeneration

Abb. 2 Zentraler Sehverlust bei Makuladegeneration

Therapie: Risikofaktoren behandeln, starke Sonneneinstrahlung vermeiden. Durch Injektion eines Arzneimittels, das die Neubildung von Blutgefäßen hemmt (es kommt ursprünglich aus der Krebstherapie), kann die Neubildung von Gefäßen gebremst werden. Dies ist jedoch nur im sog. aktiven Stadium der feuchten Makuladegeneration wirksam und sinnvoll. Die Injektion erfolgt in den Glaskörper und wird mehrmals wiederholt. Das Präparat heißt Lucentis® und ähnelt chemisch dem Krebsmedikament Avastin®. Beide Medikamente hemmen die pathologische Gefäßneubildung (Angiogenese), die der feuchten AMD und Karzinomen gemeinsam ist. Es gibt weitere Therapieverfahren, die aber alle nicht heilen, sondern das Fortschreiten der AMD höchstens verlangsamen. Bei der frühen trockenen AMD werden vitaminreiche Nahrungsergänzungsmittel empfohlen.
Prävention: Siehe Risikofaktoren; eine vitaminreiche Ernährung ist ratsam.

> **MERKE**
>
> Beim **Glaukom** verliert der Patient seine Sehfähigkeit vom Rand des Gesichtsfeldes aus. Bei der **Makuladegeneration** fehlt der mittlere, zentrale Teil des Blickfeldes. Liegen beide Störungen vor, schreitet die Erblindung besonders schnell fort.

Diabetische Retinopathie und Fundus hypertonicus (Diabetes- und Hochdruckschäden am Augenhintergrund)

Der Augenarzt **(Ophthalmologe)** ist der einzige Arzt, der (fast) ohne Hilfsmittel Blutgefäße betrachten kann. Bei der Fundoskopie, die am besten in Mydriasis, d. h. mit erweiterten Pupillen, in einem abgedunkelten Raum erfolgt, kann er den **Fundus** (den Augenhintergrund) eingehend betrachten. Dabei beurteilt er vor allem die Makula, die Austrittsstelle des Sehnervs (die Sehnervpapille) sowie die Blutgefäße. Bei den Blutgefäßen achtet er auf die Weite, die Schlängelung, die Kreuzungsstellen, auf Wandunregelmäßigkeiten bzw. -verdickungen und das Verhältnis der Dicke der Fundusvenen zu den Fundusarterien. Der Augenarzt inspiziert den Fundus außerdem auf Blutungen, Ablagerungen, Netzhautablösungen und Tumorsymptome usw.

Bei Diabetes mellitus und Hypertonie – beides Krankheiten mit erhöhtem Arterioskleroserisiko – kann der Augenarzt die Gefäßschädigung früh erkennen. Die Veränderungen des Augenhintergrundes durch Bluthochdruck **(Fundus hypertonicus; Retinopathia hypertonica)** und die diabetische Retinopathie werden in Schweregrade eingeteilt. In manchen Fällen kann eine Lasertherapie angewandt werden, um kranke Gefäße zu therapieren. Dies wirkt aber nur lokal und bessert die gefäßschädigende Grunderkrankung nicht. Jede erkennbare Netzhautschädigung sollte Anlass geben, die Therapie zu intensivieren bzw. möglichst alle Risikofaktoren zu senken.

Einblutungen in die Netzhaut

Abb. 3 Mäßige diabetische Retinopathie mit Einblutungen und Gefäßaussackungen (Mikroaneurysmen)

Die **Konjunktivitis** (Bindehautentzündung) betrifft jeden Menschen gelegentlich. Die Ursachen sind Trockenheit, Staub, seltener Lidschlag bei Bildschirmarbeit, Sonneneinstrahlung, Pollenallergien, bakterielle und virale Infektionen. Gefürchtet ist die hochinfektiöse **Conjunctivitis epidemica**, die auch die Hornhaut befallen und schädigen kann. Bei jeder Konjunktivitis sollte das Berühren der Augen aus Hygienegründen vermieden werden und eine konsequente Händehygiene erfolgen. Auch verordnete Augentropfen sollten das Auge und die Wimpern nicht berühren, um die Lösung nicht zu kontaminieren.

Terminologie: Auge

Adaptation	Hell-Dunkel-Anpassung des Auges
Akkommodation	Anpassung des Auges auf Nah- und Entfernungssehen
altersbedingte Makuladegeneration (AMD)	degenerative Netzhauterkrankung im Bereich der Makula, die als trockene oder feuchte Verlaufsform vorkommt
Amsler-Gitter	Testbild zur Früherkennung der Makuladegeneration
Bulbus	Augapfel
Cataracta senilis	(grauer) Altersstar; Alterskatarakt
Chorioidea	Aderhaut (sprich korio-ídea)
Conjunctivitis epidemica	hochansteckende virale Bindehautentzündung
Cornea (Kornea)	Hornhaut des Auges
Drusen (Ez. **Druse**)	charakteristische Netzhauteinlagerungen bei trockener AMD
Fundoskopie	Betrachtung des Augenhintergrundes durch den Augenarzt
Fundus	bzgl. des Auges: Augenhintergrund
Fundus hypertonicus (Syn. **Retinopathia hypertonica**)	pathologische Augenhintergrundveränderungen durch arterielle Hypertonie
Gesichtsfeld	Teil der Umwelt, den der Patient mit unbewegten Augen, d. h. beim Blick nach vorn, einsehen kann
Glaukom, das	grüner Star (Schädigung des Sehnervs zumeist durch erhöhten Augeninnendruck); 1. Glaukomanfall, 2. chronisches Glaukom
Glaukomanfall (akutes Glaukom)	ausgeprägter Druckanstieg im Auge mit akuter Gefährdung des Nervus opticus (Notfall)
Hyperopie	Weitsichtigkeit
Iris	Regenbogenhaut des Auges
isokor (Subst. **Isokorie**)	bzgl. Pupillen: gleich weit
Katarakt (Cataract), die	Linsentrübung; grauer Star
Keratitis	Hornhautentzündung
Konjunktiva (Conjunctiva)	Bindehaut des Auges
Konjunktivitis	Bindehautentzündung

Besonderheiten bei der Behandlung alter Patienten (Geriatrie) | **525**

Konkavlinse	Zerstreuungslinse zur Korrektur der Myopie (Minus-Linse)
Konvexlinse	Sammellinse zur Korrektur der Hyperopie (Plus-Linse)
LASIK (Laser-in-situ-Keratomileusis)	Lasertherapie, bei der die mittlere Hornhautschicht direkt am Auge zu einer passenden Korrekturlinse umgeformt wird (sprich kérato-miléu-sis)
Makula (Mz. Makulae; Kw. für Macula lutea)	gelber Fleck; Stelle schärfsten Sehens der Netzhaut
Miosis	Engstellung der Pupille (sprich miósis)
Multifokallinse	Brillenglas mit mehreren Brennpunkten, d.h. zum Sehen in verschiedenen Entfernungen
Mydriasis	Weitstellung der Pupille (sprich müdríasis)
Myopie	Kurzsichtigkeit
Nachstar	Bildung einer undurchsichtigen Zellmembran an der Kunstlinse nach Katarakt-Operation
Nervus opticus	Sehnerv
Ophthalmologe	Augenarzt
Ophthalmoskop	Augenspiegel; Gerät zur Betrachtung des Augenhintergrundes
Orbita	Augenhöhle
Perimetrie	Gesichtsfeldprüfung
Retina	Netzhaut des Auges
Sehnervpapille	Austrittsstelle des Sehnervs aus der Orbita (ins ZNS)
Sklera	Lederhaut des Auges
Tonometrie	Messung des Augeninnendrucks
Ziliarkörper	Linsen-Halteapparat mit Ziliarmuskel
Ziliarmuskel	Ringmuskel, der die Krümmung der Linse verändert
Zonulafasern	strahlenförmige Fasern, die Ziliarkörper und Linse verbinden

AUFGABEN

1 Welche Schichten bedecken den Augapfel? Nennen Sie deutsche und Fachbegriffe.

2 Welche Aufgabe erfüllt der Ziliarmuskel?

3 Erklären Sie, wie die Adaptation vor sich geht.

4 Welche Erkrankungen werden grauer und grüner Star genannt?

5 Erläutern Sie die beiden Erkrankungen.

Abkürzungsverzeichnis

"	Zoll (engl. inch); 1 Zoll = 25,4 mm
3D	dreidimensional
A.	Arteria; Arterie
ACE	Angiotensin-Converting Enzyme
ADH	antidiuretisches Hormon
Adj.	Adjektiv; Eigenschaftswort
Aids	Acquired Immunodeficiency Syndrome
ALT = ALAT	Alaninaminotransferase = GOT
AM	Arzneimittel
AMD	altersbedingte Makuladegeneration
AMG	Arzneimittelgesetz
Anti-HBs	Antikörper gegen Hepatitis-B-Virus-Oberflächen-Antigen
Ap	apothekenpflichtig
Ap/ap	azellulärer (zellfreier) Pertussis-Impfstoff
ARC	Aids-Related Complex; Vorstadium von Aids
ASAT	Aspartataminotransferase = AST= GPT
AST	Aspartataminotransferase = ASAT = GPT
ASS	Acetylsalicylsäure
AT_1	Angiotensinogen-II-Rezeptor Typ 1
ATP	Adenosintriphosphat
aVR, aVL, aVF	augmented Voltage (verstärkte Spannung) Right, Left, Foot
BAL	bronchoalveoläre Lavage (Lungenspülung)
BB	Blutbild; kl. BB = kleines Blutbild, gr. BB = großes Blutbild
BC	Bronchialkarzinom
Beta-HCG	humanes Chorion-Gonadotropin Beta
BfArM	Bundesinstitut für Arzneimittel und Medizin-produkte
BGA	Blutgasanalyse
BGR/BGV	Berufsgenossenschaftliche Regel bzw. Vorschrift
BGW	Berufsgenossenschaft für Gesundheitsdienst und Wohlfahrtspflege
BMI	Body-Mass-Index
BNP	B-type natriuretic peptide (Herzinsuffizienz-marker)
BE	Broteinheit; Berechnungseinheit bei Diabetes
BSG	Blutsenkungsgeschwindigkeit
BSV	Bandscheibenvorfall
BtMG	Betäubungsmittelgesetz
BWS	Brustwirbelsäule
BZ	Blutzucker; Blutzuckerspiegel
bzgl.	bezüglich
C	Kohlenstoff (lat. Carboneum)
C bzw. °C	Celsius bzw. Grad Celsius
ca., Ca, Ca.	1. circa, 2. Calcium, 3. Carcinoma
CAGE	Cut down, Annoyed, Guilty, Eye-opener (Alkoholismus-Screeningtest)
CE	Conformité Européenne (europäisches Sicherheitskennzeichen)
CED	chronisch-entzündliche Darmerkrankung(en)
CFU	Colony Forming Units (koloniebildende Einheiten)
CIN	zervikale intraepitheliale Neoplasie
Cl	Chlor; Chlorid
CLED	Cystine Lactose Electrolyte Deficient (Spezial-Nährboden)
CO_2	Kohlen(stoff)dioxid
COPD	Chronic Obstructive Pulmonary Disease
CPR	Cardiopulmonary Resuscitation
CRP	C-reaktives Protein
CT	1. Computertomografie, 2. konventionelle Insulintherapie
CTG	Cardiotokografie, Cardiotokogramm
D/d	Diphtherieimpfstoff
DEXA	Dual-Energy X-ray Absorptiometry
DGE	Deutsche Gesellschaft für Ernährung
DGHM	Deutsche Gesellschaft für Hygiene und Mikrobiologie
DGSV	Deutsche Gesellschaft für Sterilgut-versorgung
d. h.	das heißt
Diff.-BB	Differenzialblutbild; großes Blutbild
DIN	Deutsches Institut für Normung; in Deutsch-land gültige Norm
DMP	Disease-Management-Programm
DNA/DNS	Desoxyribonukleinsäure
DPP-4	Dipeptidylpeptidase-4
EBV	Epstein-Barr-Virus
ED	erektile Dysfunktion (Impotenz)
EDTA	Ethylendiamintetraessigsäure
eGFR	errechnete glomeruläre Filtrationsrate
EHEC	enterohämorrhagische Escherichia coli
ELISA	Enzym-Immunoassay
EN	Europäische Norm
EPO	Erythropoetin
ER	endoplasmatisches Retikulum
ERCP	endoskopische retrograde Cholangio-pankreatikografie
ETEC	enterotoxische Escherichia coli
evtl.	eventuell
Ez.	Einzahl
FASD	fetale Alkoholspektrum-Störung
FSME	Frühsommer-Meningoenzephalitis
fT_3, fT_4	freie, d. h. nicht an Plasmaproteine gebundene Schilddrüsenhormone
G	Gauge (Maßeinheit für den Außendurch-messer von Kanülen)
GFR	glomeruläre Filtrationsrate
ggf.	gegebenenfalls
Ggt.	Gegenteil
GHS	Globally Harmonized System of Classification and Labelling of Chemicals
GLP-1	Glucagon-like Peptide 1
GKV	gesetzliche Krankenversicherung
gr.	altgriechisch
h	Stunde (lat. hora)
HAH	Hämagglutinin-Hemmtest
HAV	Hepatitis-A-Virus
Hb	Hämoglobin
HbA_{1c}	Hämoglobinanteil A_{1c}
HB	Hepatitis B

HBsAg	Hepatitis-B-Oberflächen-Antigen (engl. surface = Oberfläche)
HBV	Hepatitis-B-Virus
HCl	Salzsäure
HCV	Hepatitis-C-Virus
HDM	Herzdruckmassage
HdO-Gerät	Hinter-dem-Ohr-Hörgerät
Hg	Hydrargyrum (Quecksilber)
Hib	Hämophilus influenzae b
HIV	humanes Immunschwäche-Virus
Hkt	Hämatokrit
HLW	Herz-Lungen-Wiederbelebung
HNO-Arzt	Hals-Nasen-Ohren-Arzt
HPV	humanes Papillomvirus
HSV	Herpes-simplex-Virus
HT	Herzton
HWG	häufiger Wechsel des Geschlechtspartners
HWI	Harnwegsinfekt; Hinterwandinfarkt
HWS	Halswirbelsäule
Hz	Hertz; Einheit für Wellen pro Sekunde
ICD	Implantable Cardioverter Defibrillator
ICD-10	International Statistical Classification of Diseases and Related Health Problems
ICR	Interkostalraum (Zwischenrippenraum)
ICT	intensivierte Insulintherapie
ICW	Initiative chronische Wunde
I.E./I.U.	Internationale Einheiten/International Units
iFOBT	immunologischer fäkaler Okkultbluttest
IfSG	Infektionsschutzgesetz
IGeL	individuelle Gesundheitsleistung
IgG, IgM, IgE	Immunglobulin G, M oder E
IGRA	Interferon Gamma Release Assay
inkl.	inklusive; einschließlich
INR	International Normalized Ratio (Blutgerinnungstest)
IO-Gerät	Im-Ohr-Hörgerät
ISG	Iliosakralgelenk (Kreuz-Darmbein-Gelenk)
ISO	International Organization for Standardization (internationale Norm)
ITN	Intubationsnarkose
i.v., i.m., i.a., i.c.	Injektionen: intravenös, intramuskulär, intraarteriell, intrakutan
IUP	Intrauterinpessar
J	Joule (Einheit für Energie)
K	Kalium
kcal	Kilokalorie(n)
KHK	koronare Herzkrankheit
kcal	Kilokalorien
KE	Kohlenhydrateinheit
kJ	Kilojoule
KTW	Krankentransportwagen
KV	Kassenärztliche Vereinigung
Kw.	Kurzwort
L	Liter
LAS	Lymphadenopathie-Syndrom (Vorstadium von Aids)
LASER	Light Amplification by Stimulated Emission of Radiation
LASIK	Laser-in-situ-Keratomileusis

LAST	Lübecker Alkoholismus-Screening-Test
lat.	lateinisch
LDH	Laktatdehydrogenase
LF	Lernfeld
LWS	Lendenwirbelsäule
M2-PK	Pyruvatkinase M2 (Darmkrebsmarker)
MBG	mittlere Blutglukose
MCH	mittleres Erythozytenvolumen
MCHC	mittlere Hämoglobinkonzentration des Zellanteils
MCL	Medioklavikularlinie
MCP	Metoclopramid
MCV	mittleres Erythrozytenvolumen
MDRD	Modification of Diet in Renal Disease Study Group
med.	medizinisch; die Heilkunde betreffend
Mg	Magnesium
MIC	minimal invasive Chirurgie
min	Minute(n)
Mio.	Million
MMR	Masern-Mumps-Röteln-Impfstoff bzw. -Impfung
MMRV	Masern-Mumps-Röteln-Varizellen-Impfstoff bzw. -Impfung
MMS	Mini Mental Status
MP	Medizinprodukt
MPBetreibV	Medizinprodukte-Betreiberverordnung
MPG	Medizinproduktegesetz
MRSA	methicillin- bzw. multiresistenter Staphylokokkus aureus
MRT	Magnetresonanztomografie (Kernspin)
MuVo	Mutterschaftsvorsorge
Mz.	Mehrzahl
N.	Nervus; Nerv
N1, N2, N3	Norm-Arzneimittelpackungen für kurzen, mittleren und langfristigen Bedarf
Na	Natrium
NaCl	Natriumchlorid (Kochsalz)
NAKOS	Nationale Kontakt- und Informationsstelle für Selbsthilfegruppen
NEF	Notarzt-Einsatzfahrzeug
neg. (–)	negativ
NOAK	neue orale Antikoagulanzien
NSAID	Non-steroidal Anti-inflammatory Drugs
NSAR	nicht steroidale Antiphlogistika
NSTEMI	non ST-segment elevation myocardial infarction
NW	Nebenwirkung
NYHA	New York Heart Association
O; O$_2$	Sauerstoff (Oxygenium)
OAD	orale Antidiabetika
o. B.	ohne (krankhaften) Befund; Normalbefund
ÖGD	Ösophago-Gastro-Duodenoskopie
OGTT	oraler Glukose-Toleranztest
OP	1. Operation, 2. Operationssaal
OSAS	obstruktives Schlafapnoesyndrom
OSG	oberes Sprunggelenk
OTC	over the counter; apothekenpflichtig
P	Phosphat

Pap	Papanicolaou
pAVK	periphere arterielle Verschlusskrankheit
PC	Personal Computer
p.c./p.m.	post conceptionem/post menstruationem
PCI	perkutane koronare Intervention
PCT	Procalcitonin
PEP	Postexpositionsprophylaxe
pH	potentia Hydrogenii (gibt den Säuregrad eines Stoffs an)
PMS	prämenstruelles Syndrom
PNS	peripheres Nervensystem
pos. (+)	positiv
p.p.	(Wundheilung) per primam
PPI	Protonenpumpeninhibitoren (-hemmer)
p.s.	(Wundheilung) per secundam
PSA	prostataspezifisches Antigen
PTT (aPTT)	(aktivierte) partielle Thromboplastinzeit
PVP-Jod	Polyvinylpyrrolidon-Jod
PZN	Pharmazentralnummer
QM	Qualitätsmanagement
RDG	Reinigungs- und Desinfektionsgerät
RKI	Robert Koch-Institut
RöV	Röntgen-Verordnung
Rh+,Rh−	Rhesus-positiv, Rhesus-negativ
Rp	rezeptpflichtig; verschreibungspflichtig
RR	Blutdruck (gemessen nach Riva-Rocci)
RTH	Rettungstransporthubschrauber
RTW	Rettungstransportwagen
s.	siehe
S.	Seite
s.c.	Injektion: subkutan
sec	Sekunde(n)
SGLT2	sodium/glucose cotransporter 2
SHT	Schädelhirntrauma
SI	Système International d´Unités
SIT	spezifische Immuntherapie (Hyposensibilisierung)
s.o.	siehe oben
sog.	sogenannte(r)
SSE-Agar	Streptokokken-Selektiv-Elektiv
SSRI	selektiver Serotonin-Wiederaufnahmehemmer (Reuptake-Inhibitor)
SS	Schwangerschaft
SSW	Schwangerschaftswoche(n)
STD/I	sexually transmitted diseases/infections
STEMI	ST-segment elevation myocardial infarction
Subst.	Substantiv; Hauptwort
Syn.	Synonym (gleichbedeutendes Wort)
T	Tetanusimpfstoff

T_3, T_4	Thyroxin, Trijodthyronin
TAH/TFH	Thrombozytenaggregations- bzw. -funktionshemmer
Tbc/Tb	Tuberkulose
TENS	transkutane elektrische Nervenstimulation
TEP	Totalendoprothese; Gelenkersatz
TGAK	Autoantikörper gegen Thyreoglobulin
tgl.	täglich
TNM/pTNM	Tumor-Klassifikation nach Tumorgröße (T), Lymphknoten- (N) und Metastasenanzahl (M), ggf. postoperativ (p) erstellt
TPHA	Treponema-pallidum-Hämagglutinationstest
TPPA	Treponema-pallidum-Partikelagglutinationstest
TPO	Autoantikörper gegen thyroidale Peroxidase
TRAK	Autoantikörper gegen TSH-Rezeptor
TRBA 250	Technische Regel für biologische Arbeitsstoffe 250 der BGW
TSH	Thyroidea stimulierendes Hormon
U	Units (engl. Einheiten)
u.a.	unter anderem
u.Ä.	und Ähnliches
ugs.	umgangssprachlich
u.U.	unter Umständen
UV	ultraviolettes Licht
UVA, UVB, UVC	ultraviolettes Licht langer, mittlerer und kurzer Wellenlänge
V	Varizellen-Impfstoff bzw. -Impfung
V.	Vena; Vene
V_1–V_6	Brustwandableitungen nach Wilson (V steht für Voltage = Spannung)
v.a.	vor allem
V.a.	Verdacht auf
VAH	Verbund für angewandte Hygiene e.V.
VE-Wasser	vollständig entmineralisiertes Wasser
vgl.	vergleiche
VHF	Vorhofflimmern
Vit.	Vitamin
VZV	Varicella-Zoster-Virus
W	Watt (Einheit für Leistung)
WHO	World Health Organization; Weltgesundheitsorganisation
wörtl.	wörtlich
z.B.	zum Beispiel
Z.n.	Zustand nach
ZNS	zentrales Nervensystem
z.T.	zum Teil

Präfixe

Präfixe (Wortanfänge) für medizinisch relevante Bruchteile (Abkürzung)									
Dezi (d)	10^{-1}	Zenti (c)	10^{-2}	Milli (m)	10^{-3}	Mikro (μ)	10^{-6}	Nano (n)	10^{-9}
Piko (p)	10^{-12}	Femto (f)	10^{-15}						
Präfixe (Wortanfänge) für medizinisch relevante Vielfache (Abkürzung)									
Hekto (h)	10^2	Kilo (k)	10^3	Mega (M)	10^6	Giga (G)	10^9	Tera (T)	10^{12}

Stichwortverzeichnis

12-Kanal-Ruhe-EKG 239
24-h-Sammelurin 307

A

A. brachialis 232
A. dorsalis pedis 232
A. femoralis 232
A. poplitea 232
A. radialis 232
A. tibialis posterior 232
ABO-Blutgruppensystem 213
ABCDE-Regel 465
Abdomen 116, 128, 133
Abdomen, akutes 412
Abdomen, Sonografie 395
Abduktion 116
Abfallentsorgung 109
Abgabevorschrift 171
Abhängigkeit 493
ableitende Harnwege 303
Abort 345
Abrasio 345
Abruptio 345
absteigender Verband 477
Abstrich 60
Abszess 473, 480
Abtreibung 348
Abusus 493
Abwehr (Immunabwehr) 36
Acarbose 448
ACE-Hemmer 250
Acetylsalicylsäure 182
Acquired Immunodeficiency Syndrome 77, 81
ACTH 327
Adaptation 516
Adapter 222
Adduktion 116
Adenokarzinom 291
Adenom 415
Adenom, autonomes 328
Adenom-Karzinom-Sequenz 419
Adenosintriphosphat 25
Aderhaut 514
ADH 302, 327
Adhärenz 16, 178
Adipositas 428
Adnexe 350
Adnexitis 352
Aerobier 45, 48
aerogene Infektion 51
Aerosol 170
After 385
Agglutination 213
Agonisten 121
Aids 77, 81, 362

Akkommodation 517
Aktin 32, 34
aktinische Keratosen 464
aktiver Bewegungsapparat 118
Aktivimpfung 83, 89
Aktivkohlekompresse 472
akut 12, 17
akute Bronchitis 288
akute Gastritis 407
akute Pankreatitis 421
akutes Abdomen 412
akutes Koronarsyndrom 255
Alarmsymptom 147
ALAT 392
Albumin 441
Alginatkompresse 472
Algurie 318
alkalische Phosphatase 392
Alkoholabhängigkeit 494
Alkoholfetopathie 348
Alkoholspektrum-Störung, fetale 347
Allergie 460
Allergiesyndrom, orales 460
allergische Rhinitis 292
allergisches Asthma 289
Allergologe 458
Allgemeinanästhesie 397
Alpha-1-Antitrypsin 292
ALT 392
altersbedingte Makuladegeneration 522
Altersschwerhörigkeit 512
Alterssichtigkeit 519
Altersstar 520
Alzheimer-Krankheit 503
Amboss 510
ambulant 10, 17
ambulante Medizin 10
Amenorrhö 340, 351
AMG 165
Aminosäuren 24, 374
Amnion 348
Amöbe 48
Amoxicillin 63, 73
Amplitude 158
Ampullen186
Amsler-Gitter 522
Amylase 381, 384, 389, 392
Amyloid β 506
Anaerobier 45, 48
Analgetika 56, 179
Analgetikaasthma 289
Analgetikum 56
Anämie 211
Anamnese 12, 17
Anamneseanteile 13
Anamnesearten 13
Anamnesebogen 12
Anaphase 26

anaphylaktischer Schock 269
Anaphylaxie 269
Anästhesist 397
Anatomie 116
anatomische Grundbegriffe 116
anatomische Pinzette 474
Aneurysma 252
Angina pectoris 254
Angina tonsillaris 71, 73
Angiopathie, diabetische 443
Anlegen steriler Handschuhe 475
Anorexia nervosa 493
ansteckende Leberentzündung 423
Ansteckung 52
Anstrengungsasthma 289
Antagonisten 121
Antazida 181
anterior 117
Antiallergika 179
Antibiogramm 61
Antibiotika 44, 48, 63, 179
Antibiotikaresistenz 44, 48
Anti-D 214
Antidementiva 506
Antidepressiva 182, 505
Antidiabetika 179, 448
Antidiarrhoika 404
antidiuretisches Hormon 327
Anti-D-Prophylaxe 215
antiduretisches Hormon 302
Antiemetika 81, 179
Antigen-Antikörper-Komplex 40
Antigentest 60
Anti-HBs-Titer 425
Antihistaminika 179, 459, 461
Antihypertensiva 179
Antihypertensive 250
Antihypertonika 179
Antikoagulanzien 180, 189, 209
Antikörper 37, 40
Antimykotika 47, 48, 64, 180, 459
Antiphlogistika 180
Antipyretika 56
Antipyretikum 56
Antisepsis 94, 110
Antitussiva 180
antivirale Medikamente 64
Antrum 382
Anurie 305
Anus praeter 419
Anus 385
anuvulatorisch 333
Anxiolytika 505
Aorta 224
Aortenklappe 223
Aortenklappenverengung 260
Aortenstenose 260
AP 392

aP/ap 71
apathogen 41, 43
APGAR-Score 342
Apnoe 292
Apoplex 253
apparative Diagnostik 14, 17
Appendektomie 412
Appendix vermiformis 385
Appendizitis 412
Appetitlosigkeit 402
Appitizügler 430
Applikation 176
Applikationsform 167
Arbeitskleidung 92
Arbeitsschutz 108
ARC 81
Armbeuger 130
Armmuskulatur 129
Armstrecker 130
Arrhythmie 233
arterialisiert 222
arteriell 230
arterielle Hypertonie 248
arterielle Hypotonie 250
Arterien 224, 225
Arteriosklerose 251
Arthralgien 137
Arthritis urica 433
Arthritis 71, 137, 140
Arthrose 137
Articulatio 119, 120
Arzneimittel in Schwangerschaft und Stillzeit 175
Arzneimittel 165, 166
Arzneimittelapplikation 176
Arzneimitteldosierung 175
Arzneimittelexanthem 173
Arzneimittelformen 167
Arzneimittelgesetz 165
Arzneimittelgruppen 179
Arzneimittelinteraktionen 174
Arzneimittellagerung 170
Arzneimittelpflaster 168
Arzneimittelverpackung 171
Arzneimittelwirkungen, unerwünschte 173
Arztmeldepflicht 62
ASAT 392
Ascorbinsäure 377
Asepsis 94, 110
Aspiration 281
assistierte Reproduktion 358
AST 392
Asthma bronchiale 288
Asthma cardiale 290
Asthmaanfall 288
asymptomatisch 71
Aszites 426
AT1-Blocker 250
Atemgeräusch 283

Atemhilfsmuskulatur 279
Atemmechanik 279
Atemwege 278, 281
Atemwegsinfekt 72, 287
Atemzugsvolumen 284
Atlas 126
Atmung 277
Atmungsorgane 278
Atom 22
Atopie 466
atopische Dermatitis 462
ATP 25, 34
Atrium 223
Atrophie 134
Auffrischungsimpfung 84, 89
aufsteigender Verband 477
Aufstoßen 402
Auge 514
Augenarzt 523
Augenhintergrund 523
Augeninnendruck 515
Ausfälle, neurologische 147
Auskultation 14
Ausschabung 345
Außenrotation 116
äußere Atmung 277
Austreibungsperiode 342
Autoantikörper 141
Autoimmungastritis 407
Autoimmunkrankheit 38, 40, 438
Autoklav 101, 103, 110
Autoklavier-Zyklus 110
automatisierter externer Defibrillator 272
autonomes Adenom 328
Autopsie 275
AV-Knoten 228
axillar 56
axillare Temperaturmessung 55
Axis 126
Axon 33
Azidose 442, 450

B

Backhausklemme 474
bakteriell ausgelöste Gastritis 407
bakterielle Gastroenteritis 68
bakterielle Infektionskrankheiten 66
Bakterien 44
bakteriologische Harndiagnostik 314
bakteriostatisch 99, 110
Bakterium 48
Bakteriurie 318
bakterizid 99, 110
Balantitis 365
Bälkchenknochen 29
Ballaststoffe 373, 375
Bandage 152

Bandruptur 154
Bandscheibe 126
Bandscheibenvorfall 145
Basaliom 464, 466
Basalmembran 456
Basalzellkarzinom 464, 466
Basistherapie 292
Basisuntersuchung, neurologische 147
basophil 64
basophile Granulozyten 58
Bauchatmung 279
Bauchfell 384
Bauchmuskulatur 128
Bauchspeicheldrüse 388
Bauchspiegelung 350
Baustoffwechsel 372
BE 450
Becken 130
Beckenbodentraining 322
Beckengürtel 130
Bedarfsmedikation 292
Befruchtung 26, 338
Behandlung 12
Behandlungskontrolle 105, 106
Belastungs-EKG 242
Belastungsinkontinenz 318, 322
Belegarzt 10
benignes Prostatasyndrom 363
benigne Tumore 415
Bereichskleidung 92
Berufskleidung 92
Besiedelung 81
Betablocker 250
betahämolysierende Streptokokken 66
Beta-HCG 340
Betamimetikum 292
Betäubungsmittelgesetz 170
Beurteilung der Harnprobe 308
Bewegungsapparat 116, 118
Bewegungsrichtungen 116
Bewegungstherapie 163
Bewusstlosigkeit 268
B-Gedächtniszellen 38
BGR A1 93
BGR TRBA 250 95
BGW 110
Bikarbonat 383
Bilirubin 392
bimanuelle Palpation 348, 350
Bindegewebe 27
Bindehaut 514, 516
Bioindikator 48, 106
Biologikum 141
Biotin 377
bipolare Störung 498
BKS 58, 64
Bläschen 458
Bläschenatmen 293

Bläschendrüse 298
Blase, überaktive 318
Blasenentzündung 319
Blasenpunktionsurin 307
Blinddarm 385
Blut 203
Blut, okkultes 393
Blutabgang, peranaler 403
Blutadern 224
Blutarmut 211
Blutbild 57, 206
Blutdoping 216
Blutdruck 234
Blutdruckmessung nach Riva-Rocci 234
Blutentnahme 217, 220
Bluterguss 153
Bluterkrankheit 208
Blutfette 432
Blutgasanalyse 221
Blutgefäße 224
Blutgerinnung 208
Blutgerinnungsuntersuchungen 209
Blutgruppen 213
Bluthochdruck 248
Blutkrankheiten 29, 211
Blutkreislauf 226
Blutplasma 204
Blutsenkungsgeschwindigkeit 58
Blutspende 214
Blutstillung 208, 468
Blutung, gastrointestinale 410
Blutungsanämie 211
Blutungszeit 210
Blutuntersuchung 57
Blutvergiftung 70
Blutwäsche 302
Blutzellen 204
Blutzuckerspiegel 435
Blutzucker-Tagesprofil 440
B-Lymphozyt 40
Bobath-Behandlung 163
Body-Mass-Index 428
Bodyplethysmografie 284
Bogengänge 510
Borderline-Persönlichkeitsstörung 499
Bordetella pertussis 67
Borreliose 68, 71
Bowie-Dick-Test 105, 106, 110
Bowman-Kapsel 300
Bradykardie 233
Bronchialkarzinom 291
Bronchien 280
Bronchitis 286, 288
Broncholytika 180, 289
Bronchoskopie 288, 291
Bronchospasmolytika 180, 289
Broteinheit 450
Brust, weibliche 335

Brustatmung 279
Brustkrebs 354
Brustschmerz 255
Brustwirbel 128
BSG 58, 64
BtMG 170
Bulbus 514
Bulimia nervosa 493
Burnout-Syndrom 498
Butterfly-Kanüle 196
BVG A1 93
BWS 126
Bypass-Operation 255
BZ 435

C

Cabrera-Kreis 238
Caecum 385
Calciferol 376
Calcitonin 328
Calcium 377
Calcium-Antagonisten 250
Calciumoxalate 313
Candida-Kolpitis 352
Cardia 223
Cardiotokogramm 343
Cataracta senilis 520
caudal 117
Cavum uteri 331
cervicale intraepitheliale Neoplasie 353
Cervix uteri 331
Cervix 116
Charge 110
Chargenkontrolle 105, 106
Chargenzeit 104, 110
chemisch ausgelöste Gastritis 407
chemische Desinfektion 100
Chemoindikator 106, 110
chemothermisch 110
chemothermische Desinfektion 100
Chirotherapie 163
Chirurgie, kleine 473
chirurgische Händedesinfektion 99
chirurgische Pinzette 474
chirurgische Schere 474
Chlamydien 70, 362
Chlorid 377
Choanen 281
Cholelithiasis 421
Cholesterin 376, 431, 432
Cholezystektomie 421
Cholinesterase 392
Chorioidea 514
Chromosom 25, 34
Chronifizierung 53
chronisch 12, 17
chronische Bronchitis 288

chronische Gastritis 407
chronische Pankreatitis 422
chronische Polyarthritis 140
chronisch-rezidivierend 141
Chymotrypsin 384
CIN 353
Citrat 209, 218
Claudicatio intermittens 253
Clavicula 122, 129
Clopidogrel 182
Clostridium tetani 68
Co-Abhängigkeit 494
Cobalamin 377
Cochlea 510, 511
Coecum 385
Coitus interruptus 356
COLD 292
Colitis ulcerosa 410
Colon 385
Columna vertebralis 124, 126
Commotio cerebri 268
Compliance 16, 178
Computertomografie 136
Condylomata acuminata 362
Conjunctivitis epidemica 524
COPD 290
Cor 223
Cornea 514
Corpus uteri 331
Corti-Organ 511
Cortison 180, 459
Corynebakterium diphtheriae 67
Costa 122
Cowper-Drüse 298
Coxarthrose 138
CPR 270
cranial 117
Cranium 125
C-reaktives Protein 57, 59
Creme 169
CRP 57, 59, 64
CRP-Test 59
CTG 343
Cystin 313

D

D/d 71
Damm 332
Dampfdurchdringungstest 105, 106
Dampfsterilisation 104
Darmbein 130
Darmbeinstachel 130, 190
Darmerkrankungen, chronisch-entzündliche 410
Darmflora 386
Darmpolyp 400
Darmverschluss 411
Darmzotten 384

Darreichung 176
Débridement 472, 480
Defektheilung 53, 56
Defibrillation 258, 272
Defibrillator, automatisierter externer 272
Defibrillator, implantierbarer 258
Deformität 157
Degeneration 134
Dekubitus 134
Demenz 503
Demenz, vaskuläre 507
Dendrit 33, 34
Depotinsulin 446
Depression 496
Depression, saisonabhängige 162
Dermatika 180
Dermatitis 458
Dermatitis, atopische 462
Dermatologie 456
dermatologische Therapie 459
Dermatom 145
Dermatose 458
Dermatoskop 458
Dermis 456
Desensibilisierung 461
Desinfektion 94, 110
Desinfektionsmaßnahmen in der Arztpraxis 99
Desinfektionsverfahren 100
Desoxyribonucleic Acid 24
Desoxyribonukleinsäure 24
DEXA 149, 153
dexter 117
Diabetes insipidus 302
Diabetes mellitus 435
Diabetes mellitus Typ 1 438
Diabetes mellitus Typ 2 438
Diabetikersüßigkeiten 445
diabetische Angiopathie 443
diabetische Nephropathie 302, 310, 443
diabetische Retinopathie 443, 523
diabetischer Nierenschaden 310
diabetisches Fußsyndrom 444
Diagnose 12, 17
Diagnostik bei Atemwegserkrankungen 283
Diagnostik bei Infektionskrankheiten 57
Diagnostik 12, 17, 136
Diagnostik, gynäkologische 350
Diagnostik, mikrobiologische 60
diagnostisch 17
Dialyse 323
Diaphragma 279, 357, 381
Diarrhö 403
Diastole 227
Diazepam 505
Dickdarm 385
dickwandige Schutzhandschuhe 93
Differenzialblutbild 57, 206
Differenzierung 23, 34

Diffusion 280
Diphtherie 67, 71
Diplokokken 44
Disaccharide 375
Disease-Management-Programm 444
Diskusprolaps 145
disloziert 157
Disposition 43
Disstress 492
distal 117
Distorsion 154
Diurese 302
Diuretika 180, 250
Divertikulitis 411
Divertikulose 411
DMP 444
DNA 24
DNS 24
Dokumentation bei Schutzimpfungen 87
Dopamin 496
Doppelkokken 44
Doppelzucker 375
Dornwarzen 466
dorsal 117
Dorsum 116
Dosieraerosol 177
Dosis 175
Down-Syndrom 347
DPP-4-Hemmer 448
Dragee 168
Dranginkontinenz 318, 322
Dreimonatsspritze 358
Dreisegelklappe 224
Drüsen 31, 34
Drusen 524
Ductus deferens 360
Dünndarm 383
Duodenalulkus 409
Duodenitis 407
Duodenum 383
Durchblutungsstörungen, zerebrale 253
Durchfall 403
Durchfalldiät 405
Dyslipidämie 431
Dysmenorrhö 351
Dysphonie 283
dysplastische Nävi 465
Dyspnoe 283
Dysurie 318

E

E. coli 386
Echokardiografie 244
echte Grippe 72
EDTA 209, 218
Effloreszenzen 458
Eichel 298

Eierstock 298, 326, 331
Eigelenk 120
Eigenanamnese 13
Eileiter 298, 331
Einfachzucker 375
Eingeweidemuskulatur 32
Ein-Helfer-Methode 271
Einlegeverfahren 110
einschichtiges Plattenepithel 30
Einsekundenkapazität 285
Eisen 378
Eisenmangelanämie 211
Eisprung 332
Eiweiß 24, 374
Ejakulation 360
EKG 238
Ekzem 458
elastischer Knorpel 28
Elektrokardiogramm 238
Elektrolyte 303
Elektrotherapie 161
ELISA-Test 59, 64
Elle 130
Ellenbogengelenk 129
Embolie 254
Embroyopathie 74
Embryo 340, 348
Embryogenese 340
embryonale Stammzellen 24
Embryopathie 81, 340, 347
Emesis 402
Endemie 64
endemisch 62
Endharn 299, 301
Endokard 224
Endokarditis 260
endokrine Drüse 31
Endometriose 351
Endometritis 352
Endometrium 332
endoplasmatisches Retikulum 24, 34
Endoskop 396
Endoskopie 136, 396
Endothel 224
Energiestoffwechsel 372
enteral 176
Enteritis 68, 71, 404
enterotoxische E.-coli-Stämme 404
Entgiftung 494
Enthesiopathie 151
Entzündung 53, 56
Entzündungsdiagnostik 57
Entzündungswerte 57, 206
Entzündungszeichen 54
Enzephalitis 81
Enzyme 277, 384
eosinophil 64
Epidemie 62, 64

Epidermis 456
Epididymis 298, 360
Epididymitis 362
Epiglottis 281
Epikard 223
Epikondylen 152
Epikondylitis 152
Epikutantest 459
Epithel 30, 34
Epithelgewebe 30
Epithelkörperchen 326
Epstein-Barr-Virus 73
Eradikationstherapie 409
Erbrechen 402
ERCP 421
erektile Dysfunktion 366
Ergometrie 242
Erkältung 72
Ernährung 372
Ernährungskreis 373
Eröffnungsperiode 342
Erosionen 409
Erregerdiagnostik 59
Erregernachweis 60
Erste Hilfe 267
Ersttrimester-Screening 348
erweiterte Selbsthilfe 11
Erythema migrans 69, 71
Erythromycin 66
Erythrozyten 204, 207
Erythrozytenkonzentrat 214
Erythrozytose 212
Escherichia coli 386
esosinophile Granulozyten 58
Ess-Brechtsucht 493
essenzielle Aminosäuren 374, 378
ETEC 404
Eustress 492
Euthyrose 329
Exanthem 81, 458
Exazerbation 293
Exitus letalis 275
exokrine Drüse 31
Exsikkose 404
Exspiration 277
exspiratorischer Spitzenfluss 285
Externa 180
Extrasystole 243, 257
extrauterin 345
Extrauteringravidität 344
Extremität 116, 122
Extremität, obere 129
Extremität, untere 130

F

Facharzt 11
Facialisparese 69
Facies 116
fakultativ pathogen 41, 43
Falithrom® 210, 257
falsch negativ 306
falsch positiv 306
Familienanamnese 13
Faserknorpel 28
Fäzes 386
Fehlgebrauch 493
Fehlgeburt 345
Fehlsichtigkeit 518
Femur 122, 124, 132
Fernakkommodation 517
Fertilitätsstörungen 358
fetale Alkoholspektrum-Störung 347
Fetogenese 341
Fetopathie 347
Fette 376
Fettleber 422
Fettsäuren 376
Fettstoffwechselstörungen 431
Fettverbrennung 277
Fetus 341, 348
Fibrin 208
Fibrinogen 208
Fibula 122, 124, 132
Fieber 55
Fingerverband 477
First-in-first-out 170
fixieren 110
Fixiermull 476
Flatulenz 402
Fleck, gelber 515
Flimmerepithel 30
Flora 41, 43
Flügelkanüle 196
Fluor vaginalis 352
Fluor 378
Fluoridröhrchen 218
Fluss-Volumen-Kurve 284
Foetor ex ore 403
Follikel 332
Folsäure 377
Folsäuremangel-Anämie 211
Forxiga® 448
Fragment 157
Fraktur 153, 156
Frakturzeichen 156
Freigabe 110
Fremdanamnese 13
Frequenz 158
Fresszellen 36
Frühabort 345
Früherkennung 486

Frühgeburt 346
Frühsommer-Meningoenzephalitis 76
Fruktose 375
Fruktosemalabsorption 403
FSH 327, 332
FSME 76
Fundus hypertonicus 523
Fundus uteri 331
Fundus 382
Fundusstand 348
Fünf-Jahres-Überlebensrate 293
fungistatisch 99, 110
fungizid 99, 110
Funktionsstörung 54
Fußpilz 78
Fußskelett 132
Fußsyndrom, diabetisches 444

G

Galle 388
Gallensteinleiden 421
Gamma-GT 392
Gangrän 134, 253
Ganzkörperplethysmografie 284
Gasaustausch 280
gasförmige Arzneimittel 170
Gassterilisation 104
Gaster 382
Gastrin 382
Gastritis 404, 407
Gastroenteritis 68, 71, 404
Gastroenteritis, bakterielle 68
Gastroenteritis, virale 74
Gastroenterologie 380
gastrointestinale Blutung 410
gastroösophageale Refluxkrankheit 406
Gastroskopie 397
Gauge 187
Gebärmutter 298, 331
Gebärmutterhals 331
Gebärmutterhalskrebs 353
Gebrauchsinformation 172
Geburt 342
Gedächtniszellen 38
Gefahrstoffe 108
Gehirnschädel 125
Gehörgang 510
Gel 169
gelber Fleck 515
Gelbkörper 333
Gelenk 119
Gelenkerkrankungen 137
Gelenkschmerzen 137
Generic Name 166
Generika 167
Genitalinfektionen 352, 362
Genitalorgane, männliche 360

Genitalorgane, weibliche 331
Gerinnungstests 210
Gesamtcholesterin 432
Geschlechtsmerkmale 332
Geschlechtsorgane 298
Geschwulst 409
Geschwür 409, 458
Gesichtsfeld 521
Gesichtsschädel 125
Gesprächsführung, motivierende 489
Gestagen 333
Gestation 338
Gestationsalter 339
Gestationsdiabetes 344, 439
Gestose 344
Gesundheit 10
gesundheitsbewusstes Verhalten 489
Gesundheits-Check 489
Gesundungsphase 52
Gewebe 22, 34
Gewebelehre 27
Gewebeneubildung 468
Gewohnheit 493
GFR 323
GHS-Piktogramme 108
Gicht 433
Gichtarthritis 140
Gichttophi 433
Glandula parotis 381
Glandula thyroidea 326
Glandulae suprarenales 326
Glans penis 298, 360
glatte Muskulatur 32
Glaukom 521
Gleichgewichtsorgan 510
Glinide 448
Glitazone 448
globale Herzinsuffizienz 259
Globuli 184
glomeruläre Filtrationsrate 323
Glomerulus 300
GLP-Analoga 448
Glukagon 436
Glukobay® 448
Glukose 375
Glukosetoleranztest, oraler 439
Glukosurie 318, 438
Glykogen 375
Golgi-Apparat 25, 34
Gonadotropine 327, 332
Gonarthrose 138
Gonokokken 362
Gonorrhö 362
GOT 392
GPT 392
Gram-Färbung 44, 48
gramnegativ 44, 49
grampositiv 44

Granulationsgewebe 469
Granulozyten 36, 40, 58, 207
grauer Star 520
Gravidität 338
Grimmdarm 385
grippaler Infekt 72
Grippe, echte 72
großer Kreislauf 223
großes Blutbild 57, 206
Grundimmunisierung 84, 89
grüner Star 521
Gürtelrose 75
Gynäkologe 336
gynäkologische Diagnostik 350

H

H2-Atemtest 405
HAH-Test 59, 64
Hallux valgus 155
Hämatokrit 203, 207
Hämatom 153
Hämaturie 318
Hammer 510
Hämodialyse 323
Hämoglobin A_{1c} 450
Hämoglobin 205, 207
Hämophilie 208
Hämophilus influenzae 66
Hämorrhoidalleiden 413
Hämorrhoiden 413
Händedesinfektion, chirurgische 99
Händedesinfektion, hygienische 97
Händehygiene 97
Handhabung von Sterilgut 107
Handpflege 99
Handschuhe, sterile 475
Handskelett 129
Handverband 477
Harnblase 298, 303
Harndiagnostik 305
Harndiagnostik, bakteriologische 314
Harndrang 303
Harngewinnung 306
Harninkontinenz 318, 322
Harnleiter 298
Harnmenge 305
Harnorgane 298
harnpflichtige Substanzen 298
Harnröhre 298, 303
Harnröhrenentzündung 319
Harn-Samenröhre 298, 360
Harnsäure 299, 313
Harnsediment 311
Harnstatus 311
Harnsteine 321
Harnstoff 299
Harnteststreifen 308

Harnuntersuchung mittels Teststreifen 308
Harnuntersuchung 307, 308
Harnverhalt 363
Harnwege, ableitende 303
Harnwegsinfektion 319
Hashimoto-Thyroiditis 329
Hausarzt 11
Haut 456
Hautanhangsgebilde 457
Hautdesinfektion 188
Hauterkrankungen 458, 462
Hautkrebs, heller 464
HAV 423
Hb 205, 207
HbA_{1c} 441
HBV 423
HCV 423
HDL-Cholesterin 432
Heiserkeit 283
heiße Knoten 328
Heißluftsterilisation 104
Heliobacter pylori 408
Helixtest 105, 106, 110
heller Hautkrebs 464
Hepar 387
Hepatitis A, B und C 424
Hepatitis-B-Impfung 425
Hernie 133
Herpes genitalis 363
Herpes zoster 75, 82
Herpes-simplex-Virus 75
Hertz 158
Herz 223
Herzbeutel 223
Herzfrequenz 230
Herzgeräusche 227
Herzinfarkt 255
Herzinsuffizienz 259
Herzkatheteruntersuchung 244
Herzklappenentzündung 260
Herzklappenerkrankungen 260
Herzkranzgefäße 228
Herz-Kreislauf-Erkrankungen 248
Herz-Kreislauf-Stillstand 270
Herz-Lungen-Wiederbelebung 270, 273
Herzmuskelentzündung 67
Herzmuskulatur 32
Herzrhythmusstörung 257
Herzschrittmacher 258
Herzstromkurve 238
Herztod, plötzlicher 256
Herztöne 227
Hiatus 381
Hiatushernie 406
Hib 66
Hilfesuche 11
Hilfsstoffe 166
Hinterhauptbein 125

Hinterhauptloch 125
Hirnanhangdrüse 302, 326
Hirnhautentzündung 66
His-Bündel 228
Histologie 27, 34
HIV 77, 82, 362
HIV-Infektion 77
Hkt 203, 207
Hochfrequenztherapie 160
Hochstetter 190
Hoden 298, 326, 360
Hodenkrebs 365
Hodensack 298
Hohlvene 223
Homöopathie 184
Hörgerät 512
Hormon, antidiuretisches 327
Hormone 181, 326
Hormonimplantat 358
Hormonpflaster 357
Hormonring 357
Hormonsystem 326
Hörnerv 510
Hörvorgang 511
Hospitalkeime 70
HPV 362
Hüftbein 130, 132
Hüftdysplasie 155
Hüftgelenk 131
Hüftluxation 155
Hüftprotektor 150
Humane Papillomviren 362
Humanes Immunschwäche-Virus 77, 362
Humerus 122, 124, 129
Humerusfraktur 157
Husten 283
HWS 126
HWS-Syndrom 143
hyalin 34
hyaliner Knorpel 28
Hydrogelkompresse 472
Hydrokolloidverband 472
Hygiene 90, 110
Hygiene, persönliche 91
Hygieneplan 95
Hygienestandards 95
hygienische Händedesinfektion 97
Hymen 332
Hyperemesis gravidarum 340
Hyperglykämie 435, 442
Hyperinsulinämie 436
Hyperlipidämie 263
Hypermenorrhö 351
Hyperopie 518
Hyperplasie 134
hypertensive Krise 249
hypertensive Schwangerschaftserkrankung 344
Hyperthyreose 329

Hypertonie, arterielle 248
Hypertonie, primäre 263
Hypertonie, sekundäre 263
Hypertrophie 134
Hyperurikämie 433
Hypnotika 181, 505
Hypoglykämie 435, 442
Hypokinesie 506
Hypomenorrhö 351
Hypophyse 302
Hyposensibilisierung 461
Hypothalamus 326
Hypothyreose 329
Hypotonie, arterielle 250
Hysterektomie 352

I

i. v.-Urogramm 316
ICR 128
ICSH 327
ICT 446
IE 59
iFOBT 394
IfSG 62, 95
IgE-Antikörper 460, 466
IgG-Antikörper 461, 466
IgM-Antikörper 59
IGRA 69
Ikterus 422
Ileozökalklappe 383
Ileum 383
Ileus 411
Iliosakralgelenk 133
Immunabwehr 39
Immunglobulin 40
Immunglobulingabe 85
Immunisierung 83, 89
Immunität 37, 40, 43, 53, 83
immunogen 84, 89
Immunologie 59, 65
Immunsystem 36
Immuntherapie, spezifische 461
imperativer Harndrang 318
Impfpass 87
Impfstoffe 182
Impftechnik 86
Impfung 83
Impfung, aktive 83
Impfung, passive 85
implantierbarer Defibrillator 258
Impotenz 366
inaktivieren 110
Inappetenz 402
Incus 510
Indikation 89, 172
Indikationsimpfungen 87, 89
Indikator 105, 110

indiziert 89
Infekt 82
Infekt, grippaler 72
Infektasthma 289
Infektion 52, 56
Infektion, aerogene 51
Infektion, latente 75
Infektion, opportunistische 47
Infektion, perkutane 50, 264
Infektionen, sexuell übertragene 362
Infektionsarten 50
Infektionserreger 44
Infektionskrankheit 41, 43, 52
Infektionskrankheiten der Atmungsorgane 286
Infektionskrankheiten, bakterielle 66
Infektionskrankheiten, virale 72
Infektionsquellen und -wege in der Arztpraxis 90
Infektionsschutzgesetz 62, 95
Infektionsvermeidung in der Arztpraxis 90
Infektionswege 50
infektiös 90, 110
Infektiosität 90, 110
inferior 117
Influenza 72
infundieren 177
Infusion 177, 195
Infusionslösung 169
Inhalation von Atemwegstherapeutika 178
Inhalationsallergie 459
Injektion 177, 186
Injektion in den M. deltoideus 189
Injektion in den M. vastus lateralis 191
Injektion, subkutane 447
Injektionsarten 189
Injektionslösung 169
Injektionstechnik 189
injizieren 177
Inkubationszeit 52, 56
Innenohr 510
Innenrotation 116
innere Atmung 277
INR 210, 392
Insektizid 82
Insertionstendopathie 151
Inspektion 14, 17, 277
Instrumentenaufbereitung 102
Instrumentendesinfektion 102
Instrumentenreinigung 102
Insulin 435
Insulinanaloga 447
Insulinpumpe 447
Insulinresistenz 436
Insulintherapie 446
Insult, zerebraler 253
intensivierte konventionelle Insulintherapie 446
Interdigitalmykose 78, 463
Interkostalraum 128, 133
International Normalized Ratio 210

Internationale Einheit 59
Interzellularsubstanz 27, 34
intraarteriell 188
intraartikulär 188
intrakutan 188, 192
intramuskulär 177, 189
intramuskuläre Injektion 189
intraoperativ 475
Intrauterinpessar 357
intravenös 177, 189
intravenöse Injektion 193
intrazytoplasmatische Spermieninjektion 358
Intrinsic-Faktor 382
Intubation 272, 276
Intubationsnarkose 397
Inventarwischtuch 91, 110
In-vitro-Fertilisation 358
Inzision 480
ionisierende Strahlen 158, 164
Iris 514
Ischiasnerv 190
isokor 524
Isolation 62
isolieren 65
-itis 54, 56
IUP 357

J

Jejunum 383
Jochbein 125
Jod 378
Jo-Jo-Effekt 25, 430
Jungfernhäutchen 332
juveniler Diabetes 450

K

Kaiserschnitt 346
Kalium 377
Kallus 156
kalte Knoten 328
Kältetherapie 160
Kamera-Pille 400
Kammerflimmern 243
Kammertachykardie 243
Kammerwasser 515
Kanüle 187
Kanzerogen 293
Kapillarblutentnahme 220
Kapillaren 225
Kapsel 168
Kardia 382
Kardiainsuffizienz 406
Kardiaka 181
kardial 230
Kardio-CT 244
Kardiologe 244
Kardio-MRT 244

kardiopulmonale Reanimation 270
kardiovaskuläres Ereignis 249
Karzinogen 293
Karzinom 415
Karzinom, kolorektales 419
Katarakt 520
Katheter 193, 245
Katheterurin 307
kaudal 117
Kehldeckel 281
Keilbein 125
Keilbeinhöhle 281
Keimdrüsen 31
Keratitis 516
Keratosen, aktinische 464
Keratosen, seborrhoische 465
Ketoazidose 442
ketoazidotisches Koma 442
Ketone 441
Keuchhusten 67
KHK 254
Kieferhöhle 125
Killerzelle 38
Kinderlähmung, spinale 76
Kitzler 298, 331
Kleiderschere 474
kleine Chirurgie 473
kleiner Kreislauf 223
kleines Blutbild 57, 206
Klimakterium 351
Klinikkeime 70
klinisch 17
klinische Untersuchung 14, 283, 392
Klitoris 298, 331
Kniegelenk 132
Kniegelenkverband 478
Kniescheibe 132
Knochen 28
Knochenerkrankungen 148
Knochenfugen 118
Knochenhaut 29
Knochenmark 29
Knorpel 28
Knoten 328
Kocherklemme 474
Kohlenhydrate 375
Kohlenmonoxid 205
Koitus 338
Kokken 44, 49
Koliken 304, 321, 402
Kollagen 34
Kollaps 89, 251, 267
Kolon 385
Kolonisation 71
kolorektales Karzinom 419
Koloskopie 399
Kolpitis 352
Koma, ketoazidotisches 442

Kombinationspräparat 166
Kompakta 29, 34
komplette Anurie 305
Kompressionsstrümpfe 479
Kompressionstherapie bei Varikose 478
Kompressionstherapie 261, 263
Kompressionsverband 479, 480
Kondom 357
Konisation 353
Konjunktiva 514, 516
Konjunktivitis 82, 524
Konkavlinse 518
konnatal 79, 82
konservativ 139
konsultieren 10, 17
Kontaktallergie 461
Kontaktekzem 460
Kontaktinfektion 51
Kontaktlinsen 519
Kontamination 50
kontaminiert 56, 90
Kontraindikation 89, 172
kontraindiziert 89
Kontraktion 34
Kontrakturen 119
Kontrazeption 356
Kontrazeptiva 181
Kontusion 153
konventionelle Insulintherapie 446
Konvexlinse 518
Konzeption 338
Kopflausbefall 81
Kornzange 474
Koronarangiografie 244
koronare Herzkrankheit 254
Koronargefäße 228
Koronarsyndrom, akutes 255
Korotkow-Töne 234
Körperkreislauf 226
körperliche Untersuchung 14
Körperregionen 116
Körpertemperatur 55
Korpus 382
Korpuskarzinom 352
Kortikoide 180, 459
Kräftigung der Beckenbodenmuskulatur 322
Krampfaderleiden 260
kranial 117
Krankengymnastik 163
Krankenhaus 11
Krankentransport 26
Krankheit 10, 15
Krankheitsauswirkungen 15
Krankheitsgewinn 16
Krankheitslehre 52
Krankheitsursachen 15
Krankheitszeichen 12
Kreatinin 299

Krebs 415
Krebsentstehung 416
Krebsprävention 486
Krebstherapie 418
Kreislaufschock 269
Kreislaufstillstand 270
Kreuzbein 132
Krise, hypertensive 249
Kristalle 313
kritisch (Medizinprodukte) 101
Krummdarm 383
Krupp-Husten 67
Kryotherapie 459
Kugelbakterien 44
Kugelgelenk 120
Kürettage 345
Kurvatur 382
Kurzsichtigkeit 518
Kurzzugbinden 479
Kutis 456
Kyphose 126

L

Labormeldepflicht 62
Lagebezeichnungen 117
Lagerungstemperatur 170
Laktase 383
Laktation 335
Laktose 375
Laktoseintoleranz 405
Lamellenknochen 29
Landsteiner, Karl 213
Langerhans-Inseln 326, 435
Langzeit-Blutdruckmessung 237
Lanzette 220
Laparoskopie 350, 397
Laryngitis 286
LAS 82
Laserbehandlung (Auge) 519
Lasertherapie 162
latente Infektion 75, 82
lateral 117
Latexhandschuhe 93
Laxanzien 181
LDL/HDL-Quotient 431
LDL-Cholesterin 432
L-Dopa 506
Lebendimpfstoffe 84
Lebensmittelinfektion 50
Leber 387
Leberentzündung 423
Lebererkrankungen 422
Leberfibrose 423
Leberinsuffizienz 423
Leberwerte 392, 426
Leberzirrhose 426
Lederhaut 514

Leerdarm 383
Leichenschau 275
Leistenband 130
Leitlinien (AM-Therapie) 178
Lens 514
Leucin 313
Leukämie 212
Leukopenie 65, 212
Leukostrip 470
Leukozyten 40, 58, 204, 207
Leukozytose 57, 65, 212
Leukozyturie 318
Levodopa 506
Lewy-Körperchen-Demenz 503
LH 327, 332
lichtbedingte Hauterkrankungen 464
Lichtmikroskop 311
Lidödem 323
Linksherzinsuffizienz 259
Linse 514
Lipase 383, 392
Lipasehemmer 430
Lipide 376
Lipidprofil 431
Lipidsenker 181, 432
Lipödem 229
Lipom 415
Liposarkom 415
Lippenherpes 75
lockeres Bindegewebe 28
Löffel, scharfer 474
Logopädie 506
lokal 64, 65
Lokalanästhetika 181
lokale Applikation 176
Loperamid 404
Lorazepam 505
Lordose 126
LTH 327
L-Thyroxin 329, 330
Lues 362
Luftröhre 280
Lumbago 143
Lumbalgie 143
Lumboischialgie 143
Lungenarterie 223
Lungenembolie 261
Lungenemphysem 290
Lungenentzündung 66
Lungenflügel 280
Lungenfunktionsdiagnostik 284
Lungenkapazität 284
Lungenkarzinom 291
Lungenkrebs 291
Lungenkreislauf 223, 226
Lungenlappen 280
Lungenvene 223
Luxation 129, 133, 155

LWS 126
LWS-Syndrom 143
Lyme-Borreliose 68
Lymphangitis 229
Lymphdrainage 164
Lymphe 229
Lymphknoten 229
Lymphödem 229
Lymphozyten 40, 58, 207
Lysosom 25, 34

M

Macula lutea 525
Magen 382
Magenband 431
Magenblutung 410
Magen-Darm-Entzündung 68
Magen-Darm-Therapeutika 181
Magenkarzinom 418
Magenkrebs 418
Magenulkus 409
Magersucht 493
Magnesium 377
Magnetresonanztomografie 136
Makroangiopathie 443
Makrohämaturie 318
Makroorganismus 41, 43
Makrophagen 36, 40, 58
Makrosomie 439
Makula 458, 515
Makuladegeneration 522
Malaria 79
Maldescensus testis 365
maligne Tumore 415
malignes Melanom 415, 465
Malleus 510
Maltase 384
Maltose 375
Mamille 335
Mamma 335
Mammakarzinom 354
Mammografie-Screening 359
Mandelentzündung 66
Mandibula 123, 125
Mandrin 194
Manie 498
Manipulation 163
männliche Genitalorgane 360
Manometer 234
manuelle Therapie 163
Marcumar® 189, 210, 257
Markpyramiden 300
Markscheide 35
Maschinenkontrolle 105
Masern 73
Massage 162
Mastdarm 385

Mastopathie 353
Maxilla 123, 125
McBurney-Punkt 412
MCH 207
MCHC 207
MCV 207
medial 117
Medikamente 165
Medikamente, antivirale 64
Medikamentenanamnese 13
Medizin, ambulante 10
medizinische Mikrobiologie 41
Medizinprodukte 101
Medizinprodukte-Betreiberverordnung 95
Medizinproduktegesetz 101, 166
mehrschichtiges unverhorntes Plattenepithel 30
mehrschichtiges verhorntes Plattenepithel 30
Melanin 456
Melanom, malignes 415, 465
Melanozyten 456
Meldepflicht 62
Melose 26, 35
Membran 35
Menarche 334
Menikus 35
Meningitis 66, 71
Meningoenzephalitis 82
Menisken 28, 35, 132
Menopause 334
Menorrhagie 351
Menschlichkeit 16
Menstruationszyklus 332
metabolisches Syndrom 428
Metabolismus 372
Metaphase 26
Metatarsus 132
Meteroismus 402
Metformin 448
Mikroalbumin 310
Mikroalbumintest 302
Mikroangiopathie 443
Mikrobiologie 41, 43
mikrobiologische Diagnostik 60
Mikrobiom 386
Mikrobiota 318
Mikrohämaturie 386
Mikroliter 57, 65
Mikroorganismus 36, 40
Mikrophagen 36, 40
Mikroskop 313
Mikroverletzung 91, 110
Miktion 303
Milz 205, 391
Mineralstoffe 377
Minipille 357
Miosis 515
Missbrauch 493
Mitochondrien 25

Mitose 25, 35
Mitralklappe 223
Mittelohr 510
Mittelohrentzündung 66, 286
Mittelschmerz 334
Mittelstrahlurin 306
MMR 82
MMRV 73, 82
Moleküle 22
Monarthritis 140
Monatszyklus 332
Mononukleose 73
Monopräparat 166
Monosaccharide 375
Monovette® 218
Monozyten 36, 40, 58, 207
Morbus Bechterew 141
Morbus Crohn 410
Morbus Down 347
Morbus Parkinson 506
Morgenurin 307
Moro-Möhrensuppe 405
motivierende Gesprächsführung 489
MPBetreibV 95
MPG 101, 166
MRSA 70
MRT 136
MSH 327
Mukoviszidose 293
Mullverband 477
Multifokallinsen 520
Multimedikation 174, 501
Multimorbidität 501
multiples Myelom 212
multiresistent 61, 65
Mumps 74
Mund 381
Mundatmung 278
Mundgeruch 403
Mundsoor 78
Muskel 32
Muskelfaser 32
Muskelfaserriss 154
Muskelgewebe 32
Muskelkater 142
Muskelzerrung 154
Muskulatur 32
Mutation 158, 164
Mutterkuchen 340
Muttermund 331
Mutterschaftsvorsorge 343
Myalgie 142
Mydriasis 515
Mykose 78, 463
Myofibrillen 32, 35
Myogelose 142
Myokard 223
Myokardinfarkt 255

Myokarditis 67, 71
Myokardszintigrafie 244
Myom 352
Myometrium 331, 332
Myopie 518
Myosin 32, 35
Myzel 47, 49

N

N. acusticus 511
N. ischiadicus 197
Nachgeburtsperiode 342
Nachsorge 486
Nachstar 520
Nadelhalter 474
Nadelstichverletzungen 221
Naegele-Regel 339
Nagelpilz 78
Nahakkommodation 517
Nahtmaterial 473
namentliche Meldung 62
Narbenausreifung 468
Narbengewebe 469
Narkose 397
Nasenatmung 278
Nasenbein 125
Nasennebenhöhlen 125
Natrium 377
Nausea 402
Nävi 458, 465
Nävus 415
Nebenhoden 298, 360
Nebennieren 326
Nebenschilddrüsen 326
Nebenwirkung 173
Nekrose 134
Nekrosenentfernung 472
Nephrolithiasis 321
Nephrologe 299
Nephron 301
Nephropathie, diabetische 302, 310, 443
Nephros 299
Nervengewebe 33
Nervenzelle 33
Nervus ischiadicus 190
Nervus opticus 514
Netzhaut 514, 515
neue Antidiabetika 448
Neurochirurgie 147
Neurodermitis 462
Neuroleptika 182, 505
neurologisch 71
neurologische Ausfälle 147
neurologische Basisuntersuchung 147
Neuron 33, 35
Neurotransmitter 33, 35, 496
Niacin 377

nicht namentliche Meldung 62
Nieren 298
Nierenbecken 300
Nierenbeckenentzündung 320
Nierenhilus 300
Niereninsuffizienz 323
Nierenkelche 300
Nierenkörperchen 300, 301
Nierenmark 300
Nierenrinde 300
Nierensäule 300
Nierentransplantation 324
Nierenwerte 315
Nikotinabhängigkeit 495
Nisse 81
Nitrilhandschuhe 93
Nodus 458
Non-Compliance 16
Non-Responder 425
Non-Touch-Technik 107
Noradrenalin 496
Normalinsulin 446
Normoglykämie 435
Normotonie 263
Notarzt 266
Notfallkoffer 274
Notfallmanagement 265
Notfallvermeidung 265
Notruf 265
NSAR 180
Nykturie 318

O

Oberarmknochen 129
obere Atemwege 278
obere Extremität 129
Oberhaut 456
Oberschenkelhalsfraktur 149
Oberschenkelmuskulatur 131
objektiv 17
obligat pathogen 41, 43
obligate Zellparasiten 46
Obstipation 403
Obstruktion 284
obstruktive Ventilationsstörungen 284
Ödem 164
OGTT 439
Ohr 510
Ohrspeicheldrüse 381
okkultes Blut 393
Oligurie 305
Onkologie 418
Onychomykose 78, 463
Operation 14
Ophthalmika 181
Ophthalmologe 523
Ophthalmoskop 14

opportunistisch 49
opportunistische Infektionen 47
oral 56, 177
orale Antidiabetika 448
orale Temperaturmessung 55
oraler Glukosetoleranztest 439
orales Allergiesyndrom 460
Orbita 123, 514
Orchitis 82, 365
Organ 22, 35
Organe des Gastrointestinaltrakts 389
Organellen 23, 35
Organismus 22, 35
Organspende 324
Organsymptome 52, 56
Organsystem 22
Orthese 152
Orthopädie 139
Os coxae 122, 124, 132
Os ilium 133
Os ischii 133
Os pubis 133
Os sacrum 122, 124
Ösophago-Gastro-Duodenoskopie 398
Ösophagus 381
Ösophaguskarzinom 418
Ösophagussphinkter 381
Ösophagusvarizen 426
Osteoblasten 28, 35
Osteochondrose 144
Osteodensitometrie 149
Osteoklasten 28, 35
Osteom 415
Osteomalazie 150
Osteomyelitis 156
Osteophyten 137
Osteoporose 148
Osteosarkom 415
Osteosynthese 156
Östrogen 327, 332
Otitis media 66, 71, 286
Otoskop 14, 17
Ovar 298, 326, 331
Ovarialkarzinom 352
Ovulation 332
Ovulationshemmer 357
ovulatorisch 333
Oxytocin 327

P

Packungsbeilage 172
Packungsjahr 293
Palliativtherapie 418
Palpation des Abdomens 392
Palpation 14, 17
Palpation, bimanuelle 348, 350
palpieren 17

Pandemie 62, 65
Pankreas 388
Pankreaserkrankungen 421
Pankreaskarzinom 422
Pankreaswerte 392
Pankreatitis 421
Panthothensäure 377
Pap 353
Papeln 458
Papillen 300, 457
Paracelsus 55
paradoxe Wirkung 507
Parameter 222
Parasit 41, 43, 80
Parasympatikus 492
parenteral 176
Parese 145
Parkinson-Syndrom 506
Parotitis epidemica 74
Parotitis 74, 82
partielle Thromboplastinzeit 210
Partus 342
passive Impfung 85
passiver Bewegungsapparat 118
Passivimpfung 85, 89
Paste 169
Patella 124, 132
pathogen 41, 43
Pathogenität 41, 43
Pathologie 52, 56
Pathophysiologie 52, 56
Patient 10
Patientenbeobachtung (Notfall) 202
Patientenbeobachtung bei Infusionen 196
Paukenhöhle 510
pAVK 253
PCI 245
PCR 60, 65
Peak Flow 285
Pearl-Index 356
Pedikulose 81, 82
Peel-Back-Technik 107
Pen 447
Penicillin 63
Penis 298, 360
PEP 77, 82
Pepsin 382, 384
Peptiden 374
peranaler Blutabgang 403
Perforation 397
Perikard 223
Perimetrie 521
Perineum 332, 360
Periost 29, 35
periphere arterielle Verschlusskrankheit 253
peripheres Nervensystem 33
Peristaltik 380
Peritonealdialyse 324

Peritoneum 384
Peritonitis 411
Perkussion 14, 17
perkutan 177
perkutane Infektion 50
perkutane koronare Intervention 245
persönliche Hygiene 91
Pertussis 67
Pfeiffersches Drüsenfieber 73
Pflanzenstoffe, sekundäre 376
Pfortader 388
Phagozyten 36
Phagozytose 24, 25, 35, 58
Pharmaka 165
Pharyngitis 66, 71, 286
Phenprocoumon 189, 210
Phimose 365
Phosphat 377
Phototherapie 161
pH-Wert 49
Phyllochinon 376
physikalische Desinfektion 100
physikalische Therapie 158
Physiologie 52, 56
Physiotherapie 139, 158, 162
Phytopharmaka 184
Pigmentnävi 464
Pille 357
Pilze 47
Pilzinfektion 78
Pinzette 474
Placebo 173
Plaque 251, 263
Plasma 203
Plasmaprotein 204
Plasmid 44, 49
Plasmozytom 212
Plastizität des Gehirns 496
Plattenepithel 30
Plattenepithelkarzinom 291, 464
Plazenta 340
Plegie 145
Pleura 280
Pleuraerguss 284
Pleuritis 286
plötzlicher Herztod 256
PMS 351
Pneumologe 283
Pneumonie 66, 71, 286
PNS 33, 35
Poliomyelitis 76, 82
Pollakisurie 318
Polyarthritis 140
Polydipsie 436, 438
Polyglobulie 212
Polymenorrhö 351
Polymerase-Kettenreaktion 60, 65
Polyp 400

Polypektomie 400
Polysaccharide 375
Polyurie 305, 438
Portio 331
post conceptionen 338
post menstruationem 338
posterior 117
Postexpositionsprophylaxe 77, 221
postkoitale Kontrazeption 358
Postmenopause 334
postoperativ 475
postthrombotisches Syndrom 262
Präanalytik 219
PraenaTest® 348
Präkanzerosen 464
prämenstruelles Syndrom 351
pränatale Diagnostik 347, 349
präoperativ 475
Präparierschere 474
Präservativ 357
Prävention des Diabetes mellitus 449
Prävention 486
Praxishygiene 90
Prellung 153
Preputium 298, 360
Presbyakusis 512
Presbyopie 519
Prick-Test 459
primäre Wundheilung 468
primäre Wundversorgung 470
Primärharn 301
Primärprävention 486, 488
PRIND 253
Prionen 48, 49
Probenröhrchen 218
Prodromalsymptome 52, 56
Professionalität 16
Progesteron 327, 332
Proktoskop 399
Prolaktin 327
Prolaps 145
Proliferationsphase 333
Pronation 116, 129, 133
Prophase 26
Prophylaxe 490
Prostata 298, 360
Prostatahyperplasie 363
Prostatakarzinom 364
prostataspezifisches Antigen 366
Prostatasyndrom, benignes 363
Prostatitis 363
Proteasen 382, 384
Protein 374
Proteinurie 318
Protonenpumpenhemmer 406
Protozoen 48, 79
Protozoenerkrankungen 79
Protrusio 145

proximal 117
Prozessindikator 111
PSA 366
Psoriasis 462
psychiatrisch 17
psychiatrische Anamnese 13
psychisch 17
psychische Erkrankungen 493
Psychohygiene 90
Psychopharmaka 182, 505
Psychose 496
Psychosomatik 17, 492
psychosomatische Krankheit 16
PTT 210
Puerperium 342
Pulmonalarterie 223
Pulmonalklappe 223
Pulmonalvene 223
Pulsmessung 232
Pulver 168
Pupille 514
Purinstoffwechsel 433
Purkinje-Fasern 228
Pustel 458
Pyelonephritis 320
Pylorus 382
Pyridoxin 377

Q

Quaddeln 458
qualitativer Nachweis 309
quantitativer Nachweis 309
Quick 210

R

Rachenentzündung 66
Rachitis 150, 373
Radgelenk 120
radial 117
Radiojodtherapie 329
Radius 122, 124, 130
Radiusfraktur 157
RDG 103, 111
reaktive Arthritis 140
Reanimation 270
Recapping 188
Rechtsherzinsuffizienz 259
Reflex 508
Reflux 303
Refluxbeschwerden 402
Refluxkrankheit, gastroösophageale 406
Refluxösophagitis 406
Regenbogenhaut 514
Regeneration 35, 134
Rehabilitation 486
Reinigungs- und Desinfektionsgerät 103, 111
Reisediarrhö 404

Reizdarmsyndrom 411
Reizleitungssystem des Herzens 228
Reiz-Reaktions-Schema 508
Reizstrom 161
Reizweiterleitung 34
Rekonvaleszenz 52, 56
rektal 56, 177
rektale Sonografie 361
rektale Temperaturmessung 55
rektale Untersuchung 361
Rektosigmoidoskopie 400
Rektoskopie 397
Rektum 385
Releasinghormone 327
Ren 299
reponieren 129, 133, 155
Resektion 366
Resektion, transurethrale 363
Reservevolumen 284
Residualvolumen 284
resistent 61
Resistenz 36, 40, 43, 65
resorbierbar 481
Respiration 277
Restharnbildung 363
Restriktion 284
restriktive Ventilationsstörungen 284
Resttumor 417
Retardtablette 168
Retikulozyten 205, 207
Retikulum, endoplasmatisches 24
Retina 514
Retinol 376
Retinopathia hypertonica 523
Retinopathie, diabetische 443, 523
Revalidierung 105
Rezeptoren 35, 24, 326
Rezidiv 65
rezidivierend 60, 65
Rezidivprophylaxe 263
Rezidivtumor 417
Rhagade 458
Rhesusfaktor 214
Rhesus-Inkompatibilität 215, 345
Rheuma 141
rheumatoide Arthritis 140
Rheumatologe 141
Rhinitis allergica 292
Rhinitis 286
Rhythmustod 256
Riboflavin 377
Ribonucleic Acid 24
Ribonukleinsäure 24
Ribosom 24, 35
Richtungsbezeichnungen 117
Rigor 506
Ringelröteln 74
Ringer-Lösung 471

Rippe 128
Risikoeinstufen von Medizinprodukten 101
Riva-Rocci 234
RNA 24
RNS 24
Rollenpflaster 476
Rollhügel 131, 191
Röntgen 136
Röntgenstrahlen 158
Rotation 116
Röteln 74
Rötelnembryopathie 347
Rötung 54
RR 234
Rubella 74
Rubeola 74
Rückenmusklatur 128
Ruptur 154

S

Saccharide 375
Saccharose 375
saisonabhängige Depression 162
Salbe 169
Salbenkompresse 472
Salbenverband 477
Samenleiter 298
Sammellinse 518
Sammelrohr 300
Sanierung 71
Sattelgelenk 120
Säure-Basen-Haushalt 304
Säureblocker 406
Scapula 122, 124, 129
Schädel 125
Schambein 130
Schamlippen 298
scharfer Löffel 474
Scharlach 66, 71
Scharniergelenke 120
Schaufensterkrankheit 253
Schaumstoffkompresse 472
Scheide 298, 331
Scheitelbein 125
Schilddrüse 326, 328
Schilddrüsenantikörper 330
Schilddrüsenüberfunktion 329
Schilddrüsenunterfunktion 329
Schildkrötenverband 478
Schläfenbein 125
Schlafapnoe-Syndrom 292
Schlagader 224
Schlaganfall 253
Schlauchverband 476
Schleimhautmykose 78
Schluckvorgang 381
Schlüsselbein 129

Schlüssel-Schloss-Prinzip 326
Schmerz 54
Schmerztherapie-Stufenplan 178
Schmierinfektion 51
Schnecke 510
Schnittentbindung 346
Schock 269
Schockindex 269
Schrittmacher 258
Schrumpfniere 325
Schulterblatt 129
Schultergelenk 129
Schultergürtel 129
Schulterluxation 155
Schuppen 458
Schuppenflechte 462
Schutzhandschuhe 93
Schutzimpfung 83
Schutzkleidung 92
Schwangerschaft 338
Schwangerschaftsabbruch 345
Schwangerschaftsbeschwerden und -komplikationen 344
Schwangerschaftsdiabetes 439
Schwangerschaftsverhütung 356
Schwellung 54
Screening 486
S-Darm 385
Seborrhö 463
seborrhoische Keratosen 465
Sectio 346
Sedativa 182, 397, 505
Sedierung 397
Sediment 311
Segelklappe 224
segmentkernige Granulozyten 58
Sehnen 151
Sehnenansatzentzündung 151
Sehnenscheide 151
Sehnenscheidenentzündung 152
Sehnervpapille 516
Sehvorgang 517
Seitenlagerung, stabile 268, 273
Sekrete 31
Sekretionsphase 333
sekundäre Pflanzenstoffe 376
sekundäre Wundheilung 468
sekundäre Wundversorgung 470
Sekundärprävention 486, 488
Selbstbehandlung 11
Selbsthilfe, erweiterte 11
Selbsthilfegruppe 491
Selbstmedikation 13, 17, 174
Selbsttötung 496
Selen 378
semikritisch 101
semimaligne Tumore 415
semiquantitativer Nachweis 309
Senkung 58

sensibel 65
Sepsis 70, 94, 111, 230
Sera 182
Serologie 59, 65
Serotonin 496
Serotoninwiederaufnahmehemmer 505
Sexualhormone 327, 333
sexuell übertragene Infektionen 362
sexuelle Übertragung 51
Shunt 324
Sicherheitskanülen 218
Sigma 385
Sigmoid 385
Sigmoidoskopie 400
Simultanimpfung 85
sinister 117
Sinn 508
Sinnesepithelien 30
Sinusitis 286
Sinusknoten 228
Sitzbein 130
Skalpell 474
Skelett 122
Skelettmuskulatur 121, 32
Sklera 514
Skorbut 373
Skrotum 298, 360, 366
Sodbrennen 402
Soforttyp-Allergie 460
Sonografie des Abdomens 395
Sonografie 136, 395
Sonografie, (trans)rektale 361
Soor 78
soziale Anamnese 13
Sozialhygiene 90
Spannungskopfschmerz 142, 147
Spasmolytika 182
Spätabort 345
Speiche 130
Speicheldrüse 381
Speiseröhre 381
Speiseröhrenkrebs 418
Speisewege 281
Spekulum 350
Sperma 360
Spermien 360
Spermizide 356
spezifisch 17
spezifische Abwehr 37
spezifische Immuntherapie 461
spinale Kinderlähmung 76
Spinalkanalstenose 144, 147
Spinnennävus 426
Spirale danach 358
Spirale 357
spiralförmige Bakterien 44
Spirochäten 44
Spirografie 285

Spirometrie 284, 285
Splitterpinzette 474
Spondylarthrose 144
Spondylitis ankylosans 141
Spongiosa 29, 35
Spontanabort 345
Spontanfraktur 149, 153
Spontanurin 307
Spore 49
Sporen 46
Spritzenabszess 189
Sprunggelenk 132
Sprunggelenkverband 478
Spurenelemente 377
SSRI 505
Stäbchen 44, 515
stabile Seitenlagerung 268, 273
stabkernige Granulozyten 58
Staging 417
Stammzellen, embryonale 24
Standardimpfungen 87, 89
Ständige Impfkommission 87
Standzeit 99, 111
Staphylokokken 44, 49
Star, grauer 520
Star, grüner 521
Stärke 375
Statin 432
stationär 17
STD 362
Steigbügel 510
Steinzertrümmerung 321
Stenose 264
Stent 245
Steotosis hepatis 422
steril 94, 111
sterile Handschuhe 93
Sterilfiltration 104
Sterilgut 111
Sterilisation 94, 103, 111, 358
Sterilisationsverfahren 104
Sterilisiergut 111
Sterilität 94, 111, 358
Sternum 122, 124
Stethoskop 14
STH 327
STI 362
STIKO 87
STIKO-Impfplan 88
Stirnbein 125
Stirnhöhle 125
Stoffwechsel 372
Stoffwechselstörungen 428
Stoma 419
Störung, bipolare 498
straffes Bindegewebe 28
Strahlenschutz 159
Streifentest 311

Streptokokken 44, 49
Streptokokken, betahämolysierende 66
Stress 492
Stressinkontinenz 318, 322
Struma 328
Stuhl 386
Stuhldiagnostik 393
Stuhlprobengewinnung 393
Stützgewebe 27
Stützverband 478
subjektiv 17
subkutan 177, 189
subkutane Injektion 192, 447
Subkutis 189, 456
sublingual 177
Sucht 493
Suchtprävention 495
Suizid 496
Sulfonylharnstoffe 448
Superinfektion 72, 82
superior 117
Supination 116, 129, 133
Suppositorium 168
Suppressorzelle
Suspension 169
Symbiose 41, 43
Sympathikus 492
Symphyse 130, 132, 133
Symptom 17
symptomatisch 17
Symptome 12
Synapse 33, 35
Synarthrosen 118, 120
Syndet 467
Syndrom 82
Syndrom, metabolisches 428
Syndrom, postthrombotisches 262
Syndrom, prämenstruelles 351
Synkope 251, 267
Synovia 119, 120
Synovialis 119, 120
Syphilis 362
Systemerkrankung 141
systemisch 64, 65
systemische Applikation 176
Systole 227
Szintigramm 328

T

T_3 328
T_4 328
Tablette 168
Tachykardie 233
Tagesurin 307
Taille-Hüft-Quotient 428
Tarsus 132
Taschenklappe 224

Tavor® 505
Tawara-Schenkel 228
Tbc 69
Tdap 71
Teerstuhl 410
Telefonreanimation 266
Telophase 26
Temperaturmessung 55
Tendovaginitis 152
TENS 161
TEP 138
terminales Ileum 383
Tertiärprävention 486, 488
Testes 360
Testis 298, 326
Testosteron 327, 360
Tetanus 68, 71
Tetanusimpfung 470
Tetanusschutz im Verletzungsfall 470
Tetrajodthyronin 328
T-Gedächtniszellen 38
T-Helferzellen 38
Therapeutika 176
therapeutischer Ultraschall 160
Therapie 12, 17
Therapie, dermatologische 459
Therapie, manuelle 163
Therapie, physikalische 158
Therapietreue 178
thermische Desinfektion 100
thermolabil 101, 111
Thermometer 55
thermostabil 101, 111
Thiamin 377
thorakal 116
Thorax 116, 122, 124, 128
Thoraxkompression 271
Thromboembolie 261
Thromboembolie-Prophylaxe 257
Thrombopenie 212
Thrombose 261
Thrombozyten 204, 207
Thrombozytenaggregation 208
Thrombozytenaggregationshemmer 182
Thrombozytenfunktionshemmer 182
Thrombozytenzahl 210
Thrombozytose 212
Thrombus 261
Thymus 326
Thyreostatika 329
TIA 253
Tibia 122, 124, 132
Tinktur 169
Titer 59, 65
T-Lymphozyt 40
TNM-Klassifikation 417
Tocopherol 376
Tod 275

Todeszeichen 275
Tonometrie 521
Tonsillitis 66, 286
Tonus 121
Total-Endoprothese 138
Totimpfstoffe 84
Toxin 71, 84
Toxoidimpfstoffe 84
Toxoplasmose 79, 347
Trachea 280
Tracheitis 286
Tränenapparat 517
Tranquillanzien 182, 505
transdermal 177
Transfusion 214
transrektale Sonografie 361
transurethrale Resektion 363
Traubenkokken 44
Tremor 506
Treponema pallidum 362
Trichomoniasis 363
Triglyceride 376, 432
Trijodthyronin 328
Trikuspidalklappe 223
Trimenon 340
Tripelphosphate 313
Triple-Therapie 409
Tripper 362
Trisomie 21 347
trizyklische Antidepressiva 505
Trochanter 131, 191
Trommelfell 510
Tröpfcheninfektion 51
Troponin 264
Troponin-Test 256
Trypsin 384
TSH 327, 328, 329
T-Suppressorzellen 38
Tube 298, 331
Tuberkulose 69, 71
Tubuli 300, 304
Tubulus 304
Tumor 415
Tumore der weiblichen Genitalorgane 352
Tumore, benigne 415
Tumore, maligne 415
Tumormarker 364
Tyrosin 313

U

Übelkeit 402
überaktive Blase 318
Überdosis 175
Übergangsepithel 30
Übergewicht 428
Überprüfung der Sterilisation 105
Übertragung von Hepatitisviren 424

Übertragung, sexuelle 51
Übertragung, vertikale 51
Überwärmung 54
Ulcus cruris 264, 469
Ulcus duodeni 409
Ulcus ventriculi 409
Ulkus 134, 409, 458
Ulkuskrankheit 409
Ulna 122, 124, 130
ulnar 117
Ultraschall 395
Ultraschall, therapeutischer 160
Ultraschalluntersuchung des Herzens 244
Umgang mit Schwerhörigen 513
Umwelthygiene 90
Umweltschutz 108
unerwünschte Arzneimittelwirkungen 173
Unfallverhütungsvorschrift 95
Unfruchtbarkeit 358
unkritisch 101
unspezifisch 17
unspezifische Abwehr 36
unspezifische Symptome 12
unsterile Handschuhe 93
untere Atemwege 278
untere Extremität 130
Unterhautfettgewebe 456
Unterkieferspeicheldrüse 381
Untersuchung 14
Untersuchung, gynäkologische 350
Untersuchung, klinische 283, 392
Untersuchung, rektale 361
Unterzungenspeicheldrüse 381
Urämie 323
Urate 313
Ureter 298, 304
Urethra 298, 303, 304, 360
Urethritis 319, 362
Urethrozystografie 316
Urethrozystoskopie 316
Uricult® 315
Urinuntersuchung mittels Teststäbchen 309
urodynamische Messungen 316
Urogenitaltrakt 298
Urogramm 316
Urolithiasis 321
Urologie 299
Urtika 458
Uterus 298, 331
UV-Licht-Bestrahlung 161
UV-Strahlung 159

V

V. basilica 217
V. cava inferior 225
V. cava superior 225
V. cephalica 217

Vacutainer® 218
Vagina 298, 331, 332
Vaginalflora 332
vagovasale Synkope 251
vagovasaler Kollaps 251
validiert 102
Validierung 105, 111
Valium® 505
Varikose 260, 478
Varikozele 365
Varizellen 75, 82
Varizen 260
vaskuläre Demenz 507
vegetativ 17
vegetative Anamnese 13
vegetatives Nervensystem 32
Vena cava inferior 223
Vena cava superior 223
Vena portae 390
Vene 224
Venen-Bypass 255
Venenklappe 225
Venenverweilkatheter 193
Venole 225
Venter 116
Ventilationsstörungen 284
ventral 117
Ventriculus 382
Ventrikel 223
ventrogluteale Injektion 190
Verbandlehre 476
Verbandschere 474
Verdachtsdiagnose 12, 17
Verdauung 372
Verdauungsapparat 380
Verdauungsenzyme 384
Verdauungssystem 380
Verdünnungsstufe 59
Verhalten, gesundheitsbewusstes 489
Verhütung 358
Verrucae vulgares 466
Verschlussikterus 421
Vertebra 127
vertikale Übertragung 51
Verzögerungsinsulin 446
Vesica biliaris 391
Vesica fellea 391
Vesica urinaria 303
vesikuläres Atemgeräusch 293
Vielfachzucker 375
Vinylhandschuhe 93
virale Atemwegsinfekte 287
virale Gastroenteritis 74
virale Infektionskrankheiten 72
Viren 46
Virostatika 47, 64
Virostatikum 49
virostatisch 99, 111

Virulenz 42
Virus 49
Virusgruppe 72
Virushepatitis 423
Viruslast 427
Viruswarzen 466
viruzid 99, 111
Vitalkapazität 284
Vitamin-B$_{12}$-Mangel-Anämie 211
Vitamin-C-Mangel 373
Vitamin-D-Mangel 150
Vitamin-D-Mangelkrankheit 373
Vitamine 376
Vitaminmangel 372
VLDL-Cholesterin 432
Vojta-Therapie 163
Vollnarkose 397
Vorhaut 298, 360
Vorhof 223
Vorhofflimmern 243, 257
Vorläufersymptome 56
Vorsteherdrüse 298, 360
vulgäre Warzen 466
Vulva 331
Vulvitis 352

W

Wärmetherapie 160
Warzen 466
Wechseljahre 351
Wechselwirkungen 174
weibliche Brust 335
weibliche Genitalorgane 331
Weitsichtigkeit 518
Wellenlänge 158
WHO-Durchfalllösung 405
Wiederbelebung 270
Windpocken 75
Winkelblockglaukom 521
Wirbel 127
Wirbelsäule 126
Wirksamkeitstest 106
Wirkspektrum 111
Wirkstoff 166
Wirkung, paradoxe 507
Wirt 41, 43
Wochenbett 342
Wundheilung 468
Wundheilungsstörungen 469
Wundmanagement 472, 481
Wundreinigung 468
Wundschnellverband 471, 476
Wundstarrkrampf 68
Wundversorgung 470
Wurmfortsatz 385
Wurmfortsatzentzündung 412

X

Xanthelasmen 431

Bildquellenverzeichnis

Titelfoto: Krüper, W., Bielefeld; **S. 3/1:** Krüper, W., Bielefeld; **S. 8/1:** Welz, N., Berlin; **S. 8/2:** Welz, N., Berlin; **S. 9/1:** Welz, N., Berlin; **S. 9/2:** Welz, N., Berlin; **S. 10/1:** Welz, N., Berlin; **S. 10/2:** Welz, N., Berlin; **S. 13/1:** Welz, N., Berlin; **S. 14/1:** Setzinger Photographie, Tuttlingen; **S. 14/2:** Setzinger Photographie, Tuttlingen; **S. 14/3:** Setzinger Photographie, Tuttlingen; **S. 14/4:** CBB; **S. 14/5:** CBB; **S. 15/1:** Welz, N., Berlin; **S. 15/2:** Welz, N., Berlin; **S. 16/1:** Welz, N., Berlin; **S. 20/1:** Welz, N., Berlin; **S. 20/2:** Welz, N., Berlin; **S. 21/1:** Welz, N., Berlin; **S. 21/2:** Welz, N., Berlin; **S. 22/1:** Mair, J., München; **S. 23/1:** Welz, N., Berlin; **S. 23/2:** Mair, J., München; **S. 24/1:** Shutterstock/ BioMedical; **S. 24/2:** Mair, J., München; **S. 24/3:** Mair, J., München; **S. 24/4:** Mair, J., München; **S. 25/1:** Mair, J., München; **S. 25/2:** Flicke, T., München; **S. 25/3:** Mair, J., München; **S. 26/1:** Okapia, Berlin (De Meyr/CNRJ); **S. 26/2:** CBB; **S. 26/3:** Nilsson, L. (© Boehringer Ingelheim International GmbH); **S. 27/1:** Eucerin®, Beiersdorf AG, Hamburg; **S. 27/2:** Okapia, Berlin (M. Kage); **S. 27/3:** Lieder, Ludwigsburg; **S. 27/4:** Lieder, Ludwigsburg; **S. 27/5:** Silvestris (Robba), Kastl.; **S. 28/1:** Mair, J., München; **S. 28/2:** Mair, J., München; **S. 28/3:** Mair, J., München; **S. 29/1:** Mair, J., München; **S. 29/2:** Mair, J., München; **S. 30/1:** Mair, J., München; **S. 30/2:** Mair, J., München; **S. 30/3:** Mair, J., München; **S. 30/4:** Mair, J., München; **S. 30/5:** Mair, J., München; **S. 30/6:** Mair, J., München; **S. 31/1:** Mair, J., München; **S. 32/1:** Krischke, K., Marbach; **S. 32/2:** Welz, N., Berlin; **S. 33/1:** Mair, J., München; **S. 33/2:** Mair, J., München; **S. 33/3:** Mair, J., München; **S. 33/4:** Mair, J., München; **S. 33/5:** Mair, J., München; **S. 34/1:** Schroers, M., Bad Dürkheim; **S. 36/1:** Welz, N., Berlin; **S. 36/2:** Welz, N., Berlin; **S. 36/3:** Shutterstock/ArtKolo; **S. 37/1:** Welz, N., Berlin; **S. 37/2:** Welz, N., Berlin; **S. 37/3:** Groger, Dr. U., Bielefeld; **S. 38/1:** Welz, N., Berlin; **S. 38/2:** Welz, N., Berlin; **S. 39/1:** Welz, N., Berlin; **S. 41/1:** Welz, N., Berlin; **S. 41/2:** Welz, N., Berlin; **S. 41/3:** Welz, N., Berlin; **S. 42/1:** Welz, N., Berlin; **S. 42/2:** Welz, N., Berlin; **S. 42/3:** Welz, N., Berlin; **S. 42/4:** Welz, N., Berlin; **S. 42/5:** Welz, N., Berlin; **S. 42/6:** Welz, N., Berlin; **S. 43/1:** Mair, J., München; **S. 44/1:** Mair, J., München; **S. 44/2:** Robert Koch-Institut, Berlin; **S. 44/3:** Robert Koch-Institut, Berlin; **S. 44/4:** Robert Koch-Institut, Berlin; **S. 44/5:** Mair, J., München; **S. 44/6:** Mair, J., München; **S. 45/1:** Welz, N., Berlin; **S. 45/2:** Welz, N., Berlin; **S. 45/3:** Welz, N., Berlin; **S. 45/4:** Welz, N., Berlin; **S. 45/5:** picture-alliance/dpa; **S. 45/6:** Mair, J., München; **S. 46/1:** Okapia, Berlin (Institut Pasteur/CNRI); **S. 46/2:** Telschow-Malz, S., Berlin; **S. 46/3:** Mair, J., München; **S. 47/1:** Mair, J., München; **S. 47/2:** Döring, V., Berlin; **S. 47/3:** Döring, V., Berlin; **S. 47/4:** Fotofinder/docStock.; **S. 48/1:** Okapia, Berlin (Birke); **S. 48/2:** Shutterstock/ molekuul.be; **S. 50/1:** Shutterstock/Yiargo; **S. 50/2:** Shutterstock/aquariagirl1970; **S. 50/3:** Shutterstock/Henrik Larsson; **S. 50/4:** picture-alliance/dpa (dpa/Frey); **S. 51/1:** Döring, V., Berlin; **S. 51/2:** Paul Hartmann AG, Heidenheim; **S. 51/3:** arteria-photography, Kassel; **S. 51/4:** Shutterstock/ Cheberkus; **S. 51/5:** Fotofinder/Okapia/Neil Bromhall; **S. 52/1:** Welz, N., Berlin; **S. 52/2:** Welz, N., Berlin; **S. 52/3:** Welz, N., Berlin; **S. 52/4:** Welz, N., Berlin; **S. 52/5:** Welz, N., Berlin; **S. 53/1:** Welz, N., Berlin; **S. 54/1:** Mair, J., München; **S. 54/2:** Mair, J., München; **S. 54/3:** Mair, J., München; **S. 54/4:** Mair, J., München; **S. 54/5:** Mair, J., München; **S. 54/6:** Mair, J., München; **S. 54/7:** Mair, J., München; **S. 54/8:** Mair, J., München; **S. 54/9:** Mair, J., München; **S. 55/1:** akg-images, Berlin; **S. 55/2:** Shutterstock/ Ivaschenko, Roman; **S. 55/3:** Shutterstock/ Rencelj, Tina; **S. 56/1:** Groger, Dr. U., Bielefeld; **S. 57/1:** Welz, N., Berlin; **S. 58/1:** Nordmark Arzneimittel GmbH, Uetersen; **S. 58/2:** Nordmark Arzneimittel GmbH, Uetersen; **S. 58/3:** Nordmark Arzneimittel GmbH, Uetersen; **S. 58/4:** Nordmark Arzneimittel GmbH, Uetersen; **S. 58/5:** Nordmark Arzneimittel GmbH, Uetersen; **S. 58/6:** Nordmark Arzneimittel GmbH, Uetersen; **S. 58/7:** Sarstedt AG & Co., Nümbrecht; **S. 59/1:** Groger, Dr. U., Bielefeld; **S. 59/2:** Groger, Dr. U., Bielefeld; **S. 59/3:** Groger, Dr. U., Bielefeld; **S. 59/4:** Welz, N., Berlin; **S. 60/1:** megro GmbH, Wesel; **S. 60/2:** Groger, Dr. U., Bielefeld; **S. 60/3:** Fotolia/ Urowetterau; **S. 60/4:** Streuber, D., Berlin; **S. 61/1:** Alex Breuer GmbH, Köln; **S. 61/2:** dock-stock/ VisualsUnlimited; **S. 61/3:** Groger, Dr. U., Bielefeld; **S. 61/4:** medco Diagnostika GmbH, München; **S. 61/5:** MVZ Diamedis - Diagnostische Medizin Sennestadt GmbH, Bielefeld; **S. 63/1:** akg-images, Berlin; **S. 63/2:** Reinbacher, L., Kempten; **S. 63/3:** ProfilFotografie Marek Lange, Berlin; **S. 64/1:** Wikipedia/ Alcibiades; **S. 64/2:** Krüper, W., Bielefeld; **S. 64/3:** G. Pohl-Boskamp GmbH, Hohenlockstedt; **S. 65/1** Groger, Dr. U., Bielefeld; **S. 66/1:** Wikipedia/Martin Kronawitta, Kellberg; **S. 66/2:** Raichle, G., Ulm; **S. 67/1:** Prof. Dr. Burghard Stück/ Copyright: DGK ; **S. 67/2:** Fotofinder/Okapia/Manfred Kage; **S. 67/3:** Raichle, G., Ulm; **S. 68/1:** Stück, Prof. Dr. B.; Copyright: DGK ; **S. 68/2:** www.zecken.de; **S. 68/3:** www.zecken.de; **S. 68/4:** Raichle, G., Ulm; **S. 69/1:** InfectoPharm Arzneimittel und Consilium GmbH, Heppenheim; **S. 69/2:** Stück, Prof. Dr. B.; Copyright: DGK; **S. 69/3:** Hassler, PD Dr. D., Münzesheim; **S. 69/4:** Wikipedia; **S. 69/5:** Mack, Prof. Dr. M., Radiologie München; **S. 70/1:** Groger, Dr. U., Bielefeld; **S. 70/2:** Krüper,

W., Bielefeld; **S. 72/1:** Welz, N., Berlin; **S. 72/2:** Bildagentur-online; **S. 73/1:** Wikipedia ; **S. 73/2:** Ulrich Dempf; **S. 73/3:** Okapia, Berlin (Georgia); **S. 73/4:** Raichle, G., Ulm; **S. 74/1:** Sitzmann, Prof. Dr. Dr. F.C., Homburg/Saar/ Copyright: DGK; **S. 74/2:** arteria-photography, Kassel; **S. 74/3:** Shutterstock/ margouillat photo ; **S. 74/4:** Raichle, G., Ulm; **S. 75/1:** Fotolia/ Dan Race; **S. 75/2:** Wikipedia/ Deutsches Grünes Kreuz e.V.; **S. 75/3:** Wikipedia/ StromBer; **S. 75/4:** Shutterstock/ Vincek, Dani; **S. 76/1:** Groger, Dr. U., Bielefeld; **S. 76/2:** picture alliance/ dpa; **S. 76/3:** Raichle, G., Ulm; **S. 76/5:** Raichle, G., Ulm; **S. 77/1:** Mair, J., München; **S. 78/1:** Cleve, Dr. F.; **S. 78/2:** mauritius images/ Photo Researchers; **S. 78/3:** Lindner-Focke, A., Berlin; **S. 78/4:** arteria-photography, Kassel; **S. 79/1:** Mair, J., München; **S. 79/2:** Shutterstock/ Nuzza; **S. 80/1:** Mair, J., München; **S. 81/1:** mauritius images/ Phototake; **S. 81/2:** Groger, Dr. U., Bielefeld; **S. 83/1:** Corbis/Bettmann; **S. 83/2:** Welz, N., Berlin; **S. 83/3:** Welz, N., Berlin; **S. 83/4:** Welz, N., Berlin; **S. 83/5:** Welz, N., Berlin; **S. 85/1:** Welz, N., Berlin; **S. 85/2:** Welz, N., Berlin; **S. 85/3:** Welz, N., Berlin; **S. 85/4:** Welz, N., Berlin; **S. 86/1:** Welz, N., Berlin; **S. 87/1:** Groger, Dr. U., Bielefeld; **S. 90/1:** Welz, N., Berlin; **S. 91/1:** Krüper, W., Bielefeld; **S. 91/2:** Krüper, W., Bielefeld; **S. 91/3:** Welz, N., Berlin; **S. 92/1:** Krüper, W., Bielefeld; **S. 92/2:** Krüper, W., Bielefeld; **S. 92/3:** Picture-alliance/dpa (dpa/CTK/Petrasek); **S. 93/1:** Krüper, W., Bielefeld; **S. 93/2:** Krüper, W., Bielefeld; **S. 93/3:** Krüper, W., Bielefeld; **S. 93/4:** Krüper, W., Bielefeld; **S. 94/1:** Centers for Disease Control and Prevention, Georgia, USA; **S. 94/2:** Welz, N., Berlin; **S. 94/3:** Welz, N., Berlin; **S. 95/1:** Berufsgenossenschaft für Gesundheitsdienst und Wohlfahrtspflege, Hamburg; **S. 96/1:** Welz, N., Berlin; **S. 96/2:** Welz, N., Berlin; **S. 96/3:** Welz, N., Berlin; **S. 96/4:** Welz, N., Berlin; **S. 96/5:** Welz, N., Berlin; **S. 96/6:** Welz, N., Berlin; **S. 97/1:** Groger, Dr. U., Bielefeld; **S. 98/1:** BODE SCIENCE CENTER, Hamburg; **S. 98/2:** BODE SCIENCE CENTER, Hamburg; **S. 98/3:** Mair, J., München; **S. 99/1:** BODE SCIENCE CENTER, Hamburg; **S. 100/1:** Krüper, W., Bielefeld; **S. 101/1:** Shutterstock, Inga Ivanova; **S. 102/1:** Mair, J., München; **S. 103/1:** Groger, Dr. U., Bielefeld; **S. 103/2:** Krüper, W., Bielefeld; **S. 103/3:** MELAG Medizintechnik oHG, Berlin; **S. 104/1:** Raichle, G., Ulm; **S. 105/1:** MELAG Medizintechnik oHG, Berlin; **S. 105/2:** Groger, Dr. U., Bielefeld; **S. 105/3:** Servolight GmbH, Wesel; **S. 105/4:** 4control, A-Stockerau; **S. 106/1:** Telschow-Malz, S., Berlin; **S. 106/2:** Groger, Dr. U., Bielefeld; **S. 106/3:** Groger, Dr. U., Bielefeld; **S. 107/1:** Groger, Dr. U., Bielefeld; **S. 107/2:** Krüper, W., Bielefeld; **S. 107/3:** Krüper, W., Bielefeld; **S. 108/1:** UNECE-GHS; **S. 109/1:** UNECE-GHS; **S. 109/2:** Telschow-Malz, S., Berlin; **S. 114/1:** Welz, N., Berlin; **S. 114/2:** Welz, N., Berlin; **S. 115/1:** Welz, N., Berlin; **S. 116/1:** Mair, J., München; **S. 116/2:** Mair, J., München; **S. 116/3:** Mair, J., München; **S. 116/4:** Mair, J., München; **S. 116/5:** Mair, J., München; **S. 116/6:** Mair, J., München; **S. 117/1:** Mair, J., München; **S. 118/1:** Bildagentur-online (Ablestock); **S. 118/2:** Mair, J., München; **S. 119/1:** Mair, J., München; **S. 119/2:** Krischke, K., Marbach; **S. 120/1:** Mair, J., München; **S. 120/2:** Mair, J., München; **S. 120/3:** Mair, J., München; **S. 120/4:** Mair, J., München; **S. 120/5:** Mair, J., München; **S. 120/6:** Mair, J., München; **S. 120/7:** Mair, J., München; **S. 120/8:** Mair, J., München; **S. 120/9:** Mair, J., München; **S. 120/10:** Mair, J., München; **S. 121/1:** Mair, J., München; **S. 121/2:** Raichle, G., Ulm; **S. 122/1:** Istockphoto/ arfosn; **S. 122/2:** arteria-photography, Kassel; **S. 122/3:** Shutterstock, sunsetman; **S. 123/1:** Mair, J., München; **S. 125/1:** Mair, J., München; **S. 125/2:** Mair, J., München; **S. 125/3:** Mair, J., München; **S. 126/1:** Mair, J., München; **S. 127/1:** Mair, J., München; **S. 127/2:** Mair, J., München; **S. 127/3:** Mair, J., München; **S. 127/4:** Mair, J., München; **S. 127/5:** Mair, J., München; **S. 127/6:** Mair, J., München; **S. 127/7:** Mair, J., München; **S. 127/8:** Mair, J., München; **S. 128/1:** Mair, J., München; **S. 128/2:** Mair, J., München; **S. 129/1:** Mair, J., München; **S. 129/2:** Mair, J., München; **S. 129/3:** Mair, J., München; **S. 129/4:** Mair, J., München; **S. 130/1:** Mair, J., München; **S. 130/2:** Mair, J., München; **S. 130/3:** Mair, J., München; **S. 131/1:** Mair, J., München; **S. 131/2:** Mair, J., München; **S. 131/3:** Mair, J., München; **S. 132/1:** Mair, J., München; **S. 132/2:** Mair, J., München; **S. 133/1:** Mair, J., München; **S. 134/1:** Mair, J., München; **S. 135/1:** ProfilFotografie Marek Lange, Berlin; **S. 135/2:** arteria-photography, Kassel; **S. 135/3:** Paul Hartmann AG, Heidenheim; **S. 135/4:** Wikipedia/N. Gorton; **S. 135/5:** picture-alliance/dpa (dpa/Gangrian); **S. 136/1:** istockphoto/ Henrik5000; **S. 136/2:** arteria-photography, Kassel; **S. 136/3:** Shutterstock/ Hank Frentz; **S. 136/4:** Shutterstock/ Fedor Kondratenko ; **S. 136/5:** Mann, Dr. P., Orthopädische Chirurgie, St. Josefhospital Uerdingen; **S. 137/1:** Mair, J., München; **S. 138/1:** Mair, J., München; **S. 138/2:** arteria-photography, Kassel; **S. 138/3:** arteria-photography, Kassel; **S. 138/4:** arteria-photography, Kassel; **S. 138/5:** Mair, J., München; **S. 139/1:** picture-alliance (Okapia/Uselmann); **S. 140/1:** Mair, J., München; **S. 141/1:** Mair, J., München; **S. 142/1:** Welz, N., Berlin; **S. 142/2:** Welz, N., Berlin; **S. 142/3:** Welz, N., Berlin; **S. 143/1:** Flicke, T., München; **S. 143/2:** Krüper, W., Bielefeld; **S. 143/3:** Welz, N., Berlin; **S. 144/1:** Mair, J., München; **S. 145/1:** Mair, J., München; **S. 145/2:** Mair, J., München; **S. 145/3:** Mair, J., München; **S. 146/1:** Krüper, W., Bielefeld; **S. 146/2:** Heinisch, G., Berlin; **S. 146/3:** Krüper, W., Bielefeld; **S. 146/4:** Heinisch, G., Berlin; **S. 146/5:** Krüper, W., Bielefeld;

S. 146/6: Krüper, W., Bielefeld; **S. 146/7:** Krüper, W., Bielefeld; **S. 146/8:** Krüper, W., Bielefeld; **S. 146/9:** Krüper, W., Bielefeld; **S. 146/10:** Krüper, W., Bielefeld; **S. 148/1:** Welz, N., Berlin; **S. 149/1:** Krausen, S., Düsseldorf; **S. 149/2:** Krausen, S., Düsseldorf; **S. 149/3:** Groger, Dr. U., Bielefeld; **S. 150/1:** Krüper, W., Bielefeld; **S. 150/2:** Mair, J., München; **S. 150/3:** Wirtz, P., Dormagen; **S. 150/4:** akg-images, Berlin; **S. 151/1:** Heinisch, G., Berlin; **S. 151/2:** Shutterstock/HLPhoto; **S. 152/1:** Mair, J., München; **S. 152/2:** Bauerfeind AG, Zeulenroda-Triebes; **S. 152/3:** Bauerfeind AG, Zeulenroda-Triebes; **S. 153/1:** Telschow-Malz, S., Berlin; **S. 154/1:** Flicke, T., München; **S. 154/2:** Bauerfeind AG, Zeulenroda-Triebes; **S. 154/3:** Mair, J., München; **S. 154/4:** Heinisch, G., Berlin; **S. 154/5:** Mair, J., München; **S. 155/1:** Heinisch, G., Berlin; **S. 155/2:** Heinisch, G., Berlin; **S. 155/3:** Groger, Dr. U., Bielefeld; **S. 155/4:** Heinisch, G., Berlin; **S. 155/5:** Heinisch, G., Berlin; **S. 156/1:** Mair, J., München; **S. 157/1 (li. o.):** Krausen, S., Düsseldorf; **S. 157/2 (li. Mi.):** Mair, J., München; **S. 157/3 (re.):** Krausen, S., Düsseldorf; **S. 158/1:** Welz, N., Berlin; **S. 158/2:** Welz, N., Berlin; **S. 158/3:** Welz, N., Berlin; **S. 159/1:** www.labelident.com; **S. 159/2:** Welz, N., Berlin; **S. 159/3:** Welz, N., Berlin; **S. 159/4:** Welz, N., Berlin; **S. 159/5:** Welz, N., Berlin; **S. 159/6:** Welz, N., Berlin; **S. 159/7:** Welz, N., Berlin; **S. 160/1:** Fotolia/ Jürgen Fälchle; **S. 160/2:** PHYSIOMED ELEKTROMEDIZIN AG, Schnaittach/ Laipersdorf, www.physiomed.de; **S. 161/1:** Shutterstock/Ilker Canikligil; **S. 161/2:** ProfilFotografie Marek Lange, Berlin; **S. 161/3:** Keystone, Hamburg (Schulz); **S. 161/4:** www.bfpversand.de; **S. 161/5:** istockphoto/ motorolka; **S. 161/6:** Fotolia/ Pascal06; **S. 162/1:** Fotolia/ Blend Images; **S. 162/2:** Wikipedia, Torsten Henning; **S. 162/3:** fotolia/ terex; **S. 163/1:** Shutterstock/ Tyler Olson; **S. 165/1:** Welz, N., Berlin; **S. 166/1:** Welz, N., Berlin; **S. 166/2:** Telschow-Malz, S., Berlin; **S. 167/1:** CBB; **S. 167/2:** Welz, N., Berlin; **S. 168/1:** Agentur LPM/Pohl, Berlin; **S. 168/2:** Agentur LPM/Pohl, Berlin; **S. 168/3:** ProfilFotografie Marek Lange, Berlin; **S. 168/4:** Agentur LPM/Pohl, Berlin; **S. 168/5:** ProfilFotografie Marek Lange, Berlin; **S. 168/6:** Groger, Dr. U., Bielefeld; **S. 168/7:** Alamy SciencePhotoLibrary/ BATGPE; **S. 169/1:** ProfilFotografie Marek Lange, Berlin; **S. 169/2:** Telschow-Malz, S., Berlin; **S. 169/3:** ProfilFotografie Marek Lange, Berlin; **S. 169/4:** Telschow-Malz, S., Berlin; **S. 169/5:** ProfilFotografie Marek Lange, Berlin; **S. 169/6:** ProfilFotografie Marek Lange, Berlin; **S. 169/7:** Telschow-Malz, S., Berlin; **S. 170/1:** picture-alliance/dpa (Picture Press/Westermann); **S. 170/2:** ProfilFotografie Marek Lange, Berlin; **S. 170/3:** Welz, N., Berlin; **S. 171/1:** Telschow-Malz, S., Berlin; **S. 171/2:** Telschow-Malz, S., Berlin; **S. 171/3:** Telschow-Malz, S., Berlin; **S. 171/4:** Telschow-Malz, S., Berlin; **S. 172/1:** Krüper, W., Bielefeld; **S. 172/2:** Welz, N., Berlin; **S. 173/1:** Welz, N., Berlin; **S. 174/1:** shutterstock/Ingalvanova; **S. 174/2:** picture-alliance/dpa (dpa/Gerten); **S. 174/3:** Welz, N., Berlin; **S. 175/1:** Welz, N., Berlin; **S. 176/1:** Welz, N., Berlin; **S. 176/2:** Welz, N., Berlin; **S. 176/3:** Welz, N., Berlin; **S. 176/4:** Welz, N., Berlin; **S. 176/5:** Welz, N., Berlin; **S. 176/6:** Welz, N., Berlin; **S. 176/7:** Welz, N., Berlin; **S. 176/8:** Welz, N., Berlin; **S. 176/9:** Welz, N., Berlin; **S. 176/10:** Welz, N., Berlin; **S. 176/11:** Welz, N., Berlin; **S. 176/12:** Welz, N., Berlin; **S. 176/13:** Welz, N., Berlin; **S. 176/14:** Welz, N., Berlin; **S. 176/15:** Welz, N., Berlin; **S. 176/16:** Welz, N., Berlin; **S. 176/17:** Welz, N., Berlin; **S. 177/1:** Welz, N., Berlin; **S. 177/2:** Welz, N., Berlin; **S. 177/3:** Welz, N., Berlin; **S. 177/4:** Welz, N., Berlin; **S. 177/5:** Welz, N., Berlin; **S. 177/6:** Welz, N., Berlin; **S. 177/7:** Mair, J., München; **S. 178/1:** picture-alliance/dpa (Okapia/Schunck); **S. 178/2:** Groger, Dr. U., Bielefeld; **S. 178/3:** PARI GmbH, Starnberg; **S. 178/4:** Fotolia/IrisArt; **S. 183/1:** Groger, Dr. U., Bielefeld; **S. 184/1:** Groger, Dr. U., Bielefeld; **S. 184/2:** Shutterstock/Server180; **S. 184/3:** Groger, Dr. U., Bielefeld; **S. 184/4:** Telschow-Malz, S., Berlin; **S. 185/1:** Groger, Dr. U., Bielefeld; **S. 186/1:** Groger, Dr. U., Bielefeld; **S. 186/2:** Groger, Dr. U., Bielefeld; **S. 186/3:** ProfilFotografie Marek Lange, Berlin; **S. 186/4:** ProfilFotografie Marek Lange, Berlin; **S. 186/5:** ProfilFotografie Marek Lange, Berlin; **S. 186/6:** Heinisch, G., Berlin; **S. 187/1:** Heinisch, G., Berlin; **S. 187/2:** Heinisch, G., Berlin; **S. 187/3:** Heinisch, G., Berlin; **S. 187/4:** Heinisch, G., Berlin; **S. 188/1:** Heinisch, G., Berlin; **S. 188/2:** Shutterstock/Praisaeng; **S. 189/1:** Mair, J., München; **S. 189/2:** Heinisch, G., Berlin; **S. 189/3:** CBB; **S. 190/1:** Heinisch, G., Berlin; **S. 190/2:** Heinisch, G., Berlin; **S. 191/1:** Mair, J., München; **S. 191/2:** Heinisch, G., Berlin; **S. 191/3:** ProfilFotografie Marek Lange, Berlin; **S. 191/4:** ProfilFotografie Marek Lange, Berlin; **S. 191/5:** ProfilFotografie Marek Lange, Berlin; **S. 192/1:** Heinisch, G., Berlin; **S. 192/2:** Heinisch, G., Berlin; **S. 192/3:** ProfilFotografie Marek Lange, Berlin; **S. 193/1:** Heinisch, G., Berlin; **S. 193/2:** Groger, Dr. U., Bielefeld; **S. 193/3:** ProfilFotografie Marek Lange, Berlin; **S. 193/4:** ProfilFotografie Marek Lange, Berlin; **S. 194/1:** Heinisch, G., Berlin; **S. 194/2:** Lohmann & Rauscher International GmbH & CO. KG, Neuwied; **S. 195/1:** Groger, Dr. U., Bielefeld; **S. 195/2:** Groger, Dr. U., Bielefeld; **S. 195/3:** Heinisch, G., Berlin; **S. 195/4:** Heinisch, G., Berlin; **S. 195/5:** Heinisch, G., Berlin; **S. 196/1:** Heinisch, G., Berlin; **S. 196/2:** Heinisch, G., Berlin; **S. 196/3:** Heinisch, G., Berlin; **S. 196/4:** Lohmann & Rauscher International GmbH & CO. KG, Neuwied; **S. 200/1:** Welz, N., Berlin; **S. 201/1:** Welz, N., Berlin; **S. 201/2:** Welz, N., Berlin; **S. 201/3:** Welz, N., Berlin; **S. 202/1:** Krüper, W., Bielefeld;

S. 202/2: Welz, N., Berlin; **S. 203/1:** Krischke, K., Marbach; **S. 204/1:** NAS/Biophoto Associates/ OKAPIA; **S. 204/2:** Prof. Günther Biste, Schwäbisch Gmünd; **S. 205/1:** Welz, N., Berlin; **205/2:** ON-KODIN Bildatlas - Bilddatenbank für hämatologische Zytologie, Hrsg. H.Link; www.hemato-images.eu; **S. 205/3:** Shutterstock/ChameleonsEye; **S. 206/1:** Lmscope.com/MICRO-TECH-LAB Rudnicki KG, Graz (A); **S. 206/2:** Wikipedia/Rjgalindo; **S. 206/3:** Welz, N., Berlin; **S. 208/1:** Mair, J., München; **S. 208/2:** Krüper, W., Bielefeld; **S. 208/3:** Nilsson, L. (© Boehringer Ingelheim International GmbH); **S. 208/4:** Nilsson, L. (© Boehringer Ingelheim International GmbH); **S. 208/5:** Groger, Dr. U., Bielefeld; **S. 209/1:** Mair, J., München; **S. 209/2:** Welz, N., Berlin; **S. 211/1:** picture-alliance/dpa (Tip-Verlag/ Schnitger); **S. 212/1:** Wikipedia/GNU/Uwe Gille; **S. 213/1:** bpk, Berlin; **S. 213/2:** Mair, J., München; **S. 214/1:** Mair, J., München; **S. 215/1:** Mair, J., München; **S. 215/2:** Mair, J., München; **S. 216/1:** Groger, Dr. U., Bielefeld; **S. 217/1:** Mair, J., München; **S. 218/1:** Krüper, W., Bielefeld; **S. 218/2:** Krüper, W., Bielefeld; **S. 218/3:** Krüper, W., Bielefeld; **S. 218/4:** Krüper, W., Bielefeld; **S. 219/1:** Groger, Dr. U., Bielefeld; **S. 219/2:** Krüper, W., Bielefeld; **S. 219/3:** Krüper, W., Bielefeld; **S. 219/4:** Krüper, W., Bielefeld; **S. 220/1:** Krüper, W., Bielefeld; **S. 220/2:** Krüper, W., Bielefeld; **S. 220/3:** Krüper, W., Bielefeld; **S. 220/4:** Krüper, W., Bielefeld; **S. 220/5:** Krüper, W., Bielefeld; **S. 220/6:** Krüper, W., Bielefeld; **S. 221/1:** Krüper, W., Bielefeld; **S. 223/1:** Mair, J., München; **S. 223/2:** Mair, J., München; **S. 224/1:** mauritius images/ ScienceFaction; **S. 224/2:** Mair, J., München; **S. 225/1:** Mair, J., München; **S. 225/2:** CBB; **S. 226/1:** Krischke, K., Marbach; **S. 226/2:** Fotolia/ Murat Subatli; **S. 226/3:** Mair, J., München; **S. 227/1:** Krischke, K., Marbach; **S. 227/2:** Groger, Dr. U., Bielefeld; **S. 228/1:** Mair, J., München; **S. 228/2:** Krischke, K., Marbach; **S. 229/1:** Mall, K., Berlin; **S. 229/2:** www.lymphnetzwerk. de; **S. 229/3:** mauritius images/ Phototake; **S. 232/1:** Mair, J., München; **S. 232/2:** Mair, J., München; **S. 233/1:** Mair, J., München; **S. 234/1:** Universität Turin (I); **S. 234/2:** akg/Science Photo Library; **S. 234/3:** Mair, J., München; **S. 235/1:** Krischke, K., Marbach; **S. 235/2:** Groger, Dr. U., Bielefeld; **S. 235/3:** Krüper, W., Bielefeld; **S. 236/1:** Krüper, W., Bielefeld; **S. 237/1:** Krüper, W., Bielefeld; **S. 237/2:** Mair, J., München; **S. 237/3:** Groger, Dr. U., Bielefeld; **S. 238/1:** Mair, J., München; **S. 238/2:** Mair, J., München; **S. 239/1:** Krüper, W., Bielefeld; **S. 239/2:** 3M Deutschland GmbH, Neuss; **S. 239/3:** Mair, J., München; **S. 239/4:** Mair, J., München; **S. 240/1:** Mair, J., München; **S. 241/1:** Mair, J., München; **S. 241/2:** CBB; **S. 242/1:** Krüper, W., Bielefeld; **S. 243/1:** CBB; **S. 243/2:** CBB; **S. 243/3:** CBB; **S. 243/4:** CBB; **S. 243/5:** CBB; **S. 243/6:** CBB; **S. 243/7:** CBB; **S. 244/1:** Krüper, W., Bielefeld; **S. 244/2:** Reinik, Dr. A., Bielefeld; **S. 244/3:** Reinik, Dr. A., Bielefeld; **S. 244/4:** Reinik, Dr. A., Bielefeld; **S. 245/1:** Rissel, Dr. U., Bielefeld; **S. 245/2:** Mair, J., München; **S. 245/3:** Mair, J., München; **S. 245/4:** Rissel, Dr. U., Bielefeld; **S. 245/5:** Rissel, Dr. U., Bielefeld; **S. 245/6:** Rissel, Dr. U., Bielefeld; **S. 245/7:** Laser Zentrum Hannover e.V.; **S. 247/1:** Krüper, W., Bielefeld; **S. 248/1:** dpa-Grafik; **S. 249/1:** Mair, J., München; **S. 250/1:** arteria-photography, Kassel; **S. 251/1:** Mair, J., München; **S. 252/1:** Mair, J., München; **S. 252/2:** Mair, J., München; **S. 252/3:** Mair, J., München; **S. 252/4:** Mair, J., München; **S. 252/5:** Mair, J., München; **S. 253/1:** Krausen, S., Düsseldorf; **S. 254/1:** Mair, J., München; **S. 254/2:** Mair, J., München; **S. 254/3:** Mair, J., München; **S. 255/1:** Krüper, W., Bielefeld; **S. 255/2:** Mair, J., München; **S. 256/1:** Globus Infografik, Hamburg; **S. 256/2:** Groger, Dr. U., Bielefeld; **S. 256/3:** Das Fotoarchiv, Essen/Jochen Tack; **S. 256/4:** picture-alliance/dpa (Frank Z. 5003); **S. 257/1:** Groger, Dr. U., Bielefeld; **S. 258/1:** Mair, J., München; **S. 258/2:** Groger, Dr. U., Bielefeld; **S. 258/3:** arteria-photography, Kassel; **S. 259/1:** Krausen, S., Düsseldorf; **S. 259/2:** Krausen, S., Düsseldorf; **S. 259/3:** Shutterstock/ oskana2012; **S. 259/4:** docstock/ BSIP; **S. 260/1:** Medical-pictures, Köln; **S. 260/2:** St. Jude Medical GmbH, Eschborn; **S. 260/3:** Mair, J., München; **S. 261/1:** Lindner-Focke, A., Berlin; **S. 261/2:** Paul Hartmann AG, Heidenheim; **S. 261/3:** Paul Hartmann AG, Heidenheim; **S. 261/4:** Mair, J., München; **S. 261/5:** Mair, J., München; **S. 265/1:** Welz, N., Berlin; **S. 266/1:** Fotolia/Spidi1981; **S. 266/2:** Berliner Feuerwehr/Pressestelle; **S. 266/3:** Reinhardt, R., Euskirchen; **S. 267/1:** Krausen, S., Düsseldorf; **S. 267/2:** Krausen, S., Düsseldorf; **S. 267/3:** Krüper, W., Bielefeld; **S. 267/4:** Krüper, W., Bielefeld; **S. 268/1:** Kramer, A., Stuttgart; **S. 268/2:** Kramer, A., Stuttgart; **S. 268/3:** Kramer, A., Stuttgart; **S. 268/4:** Kramer, A., Stuttgart; **S. 268/5:** Kramer, A., Stuttgart; **S. 268/6:** Kramer, A., Stuttgart; **S. 268/7:** Shutterstock/ Suzanne Tucker; **S. 269/1:** Mair, J., München; **S. 270/1:** Mair, J., München; **S. 270/2:** Mall, K., Berlin; **S. 271/1:** Mall, K., Berlin; **S. 271/2:** Krüper, W., Bielefeld; **S. 271/3:** Krüper, W., Bielefeld; **S. 271/4:** Krüper, W., Bielefeld; **S. 271/5:** Krüper, W., Bielefeld; **S. 272/1:** DRK Ortsverein Waldenbuch, Waldenbuch; **S. 272/2:** Krüper, W., Bielefeld; **S. 272/3:** istockphoto/ dlewis33; **S. 274/1:** Krüper, W., Bielefeld; **S. 275/1:** arteria-photography, Kassel; **S. 277/1:** Welz, N., Berlin; **S. 277/2:** Welz, N., Berlin; **S. 278/1:** Mair, J., München; **S. 279/1:** Mair, J., München; **S. 279/2:** Mair, J., München; **S. 280/1:** Mair, J., München; **S. 280/2:** Mair, J., München; **S. 280/3:** Mair, J., München; **S. 280/4:** Shutterstock/Sebastian Kaulitzki; **S. 281/1:** Mair, J., München; **S. 281/2:** Kind & Radiologie online, Heft 3, www.kind-und-radiologie.eu; **S. 282/1:** Groger, Dr. U., Bielefeld; **S. 283/1:** Welz, N., Berlin; **S. 283/2:** Welz, N., Berlin; **S. 284/1:** Raichle, G., Ulm; **S. 284/2:** Raichle, G., Ulm; **S. 284/3:** Raichle, G., Ulm; **S. 285/1:** Mair, J., München; **S. 285/2:** Telschow-Malz, S., Berlin; **S. 287/1:** Mair, J., München; **S. 287/2:** Mair, J., München; **S. 287/3:** Mair, J., München; **S. 287/4:** Mair, J., München; **S. 288/1:** Mair, J., München; **S. 288/2:** Mair, J., München; **S. 289/1:** Wikipedia/André KarwathAka; **S. 289/2:** picture-alliance/dpa (Bernd Settnik); **S. 289/3:** Krüper, W., Bielefeld; **S. 290/1:** Lungenliga Schweiz, Bern; **S. 290/2:** Lungenliga Schweiz, Bern; **S. 291/1:** Covidien Deutschland GmbH, Neustadt/ Donau; **S. 291/2:** picture-alliance/dpa; **S. 291/3:** picture-alliance/dpa; **S. 291/4:** Mair, J., München; **S. 292/1:** Lungenliga Schweiz, Bern; **S. 293/1:** Groger, Dr. U., Bielefeld; **S. 296/1:** Welz, N., Berlin; **S. 296/2:** Welz, N., Berlin; **S. 297/1:** Welz, N., Berlin; **S. 297/2:** Welz, N., Berlin; **S. 298/1:** Raichle, G., Ulm; **S. 298/2:** Raichle, G., Ulm; **S. 299/1:** Mair, J., München; **S. 300/1:** Mair, J., München; **S. 300/2:** Mair, J., München; **S. 301/1:** Mair, J., München; **S. 301/2:** Mair, J., München; **S. 301/3:** Groger, Dr. U., Bielefeld; **S. 302/1:** Mair, J., München; **S. 302/2:** Shutterstock/Sofiaworld; **S. 302/3:** Krüper, W., Bielefeld; **S. 302/4:** Telschow-Malz, S., Berlin; **S. 303/1:** Mair, J., München; **S. 305/1:** Mair, J., München; **S. 305/2:** Mair, J., München; **S. 305/3:** Mair, J., München; **S. 305/4:** Mair, J., München; **S. 305/5:** Mair, J., München; **S. 305/6:** Mair, J., München; **S. 306/1:** Mair, J., München; **S. 306/2:** Mair, J., München; **S. 306/3:** Mair, J., München; **S. 306/4:** Mair, J., München; **S. 306/5:** Mair, J., München; **S. 306/6:** Mair, J., München; **S. 306/7:** Mair, J., München; **S. 307/1:** arteria-photography, Kassel; **S. 307/2:** picture-alliance/dpa (Karmann); **S. 307/3:** Krüper, W., Bielefeld; **S. 308/1:** Groger, Dr. U., Bielefeld; **S. 308/2:** Roche Diagnostics, Mannheim; **S. 309/1:** Welz, N., Berlin; **S. 309/2:** Welz, N., Berlin; **S. 309/3:** Welz, N., Berlin; **S. 309/4:** Groger, Dr. U., Bielefeld; **S. 309/5:** Groger, Dr. U., Bielefeld; **S. 309/6:** Groger, Dr. U., Bielefeld; **S. 311/1:** Eppendorf-Netheler-Hinz GmbH, Hamburg; **S. 311/2:** Kopernikusschule, Lippstadt; **S. 311/3:** Carl-Zeiss Jena GmbH; **S. 313/1:** Wistuba, Dr. St., Paderborn; **S. 313/2:** Wistuba, Dr. St., Paderborn; **S. 313/3:** Wistuba, Dr. St., Paderborn; **S. 313/4:** Wistuba, Dr. St., Paderborn; **S. 313/5:** Wistuba, Dr. St., Paderborn; **S. 313/6:** Wistuba, Dr. St., Paderborn; **S. 313/7:** Wistuba, Dr. St., Paderborn; **S. 313/8:** Wistuba, Dr. St., Paderborn; **S. 313/9:** Wistuba, Dr. St., Paderborn; **S. 313/10:** Wistuba, Dr. St., Paderborn; **S. 313/11:** Wistuba, Dr. St., Paderborn; **S. 313/12:** Wistuba, Dr. St., Paderborn; **S. 314/1:** Roche Diagnostics, Mannheim; **S. 314/2:** Roche Diagnostics, Mannheim; **S. 314/3:** Roche Diagnostics, Mannheim; **S. 314/4:** Roche Diagnostics, Mannheim; **S. 314/5:** Roche Diagnostics, Mannheim; **S. 315/1:** Memmert GmbH, Schwabach; **S. 315/2:** Roche Diagnostics, Mannheim; **S. 315/3:** Groger, Dr. U., Bielefeld; **S. 316/1:** Dr. Ackermann, Radiologische Gemeinschaftspraxis Sangerhausen; **S. 316/2:** Urologische Praxis Dr. med. Peter J. Karrer, Zürich; **S. 319/1:** Mair, J., München; **S. 319/2:** Mair, J., München; **S. 320/1:** Groger, Dr. U., Bielefeld; **S. 320/2:** Mair, J., München; **S. 321/1:** Mair, J., München; **S. 321/2:** Mair, J., München; **S. 321/3:** Mair, J., München; **S. 322/1:** DAK-Gesundheit; **S. 322/2:** APOGEPHA Arzneimittel GmbH, Dresden; **S. 322/3:** APOGEPHA Arzneimittel GmbH, Dresden; **S. 323/1:** Wikipedia/ Klaus D. Peter, Gummersbach; **S. 323/2:** Mair, J., München; **S. 324/1:** picture-alliance/dpa; **S. 324/2:** Krüper, W., Bielefeld; **S. 326/1:** Mair, J., München; **S. 327/1:** Mair, J., München; **S. 328/1:** Mair, J., München; **S. 328/2:** Wikipedia/GNU/Drahreg02; **S. 331/1:** Mair, J., München; **S. 332/1:** Mair, J., München; **S. 332/2:** Krischke, K., Marbach; **S. 333/1:** Mall, K., Berlin; **S. 333/2:** Mall, K., Berlin; **S. 334/1:** CBB; **S. 334/2:** Groger, Dr. U., Bielefeld; **S. 335/1:** Mair, J., München; **S. 335/2:** Mair, J., München; **S. 335/3:** Groger, Dr. U., Bielefeld; **S. 337/1:** Shutterstock/Tish1; **S. 338/1:** Agentur Focus(SPL); **S. 338/2:** CBB; **S. 339/1:** Picture Press/S. Braun; **S. 339/2:** Shutterstock/Monkey Business Images ; **S. 339/3:** Focus (Niklas/Science, Photo Library), Hamburg; **S. 340/1:** Reinbacher, L., Kempten; **S. 340/2:** Nilsson, L. (© Boehringer Ingelheim International GmbH); **S. 341/1:** Okapia, Berlin (Bromhall/OSF); **S. 341/2:** Raichle, G., Ulm; **S. 341/3:** Krischke, K., Marbach; **S. 342/1:** Möller, H., Rödental; **S. 342/2:** Möller, H., Rödental; **S. 342/3:** Shutterstock/Karen Grigoryan; **S. 345/1:** Groger, Dr. U., Bielefeld; **S. 346/1:** Groger, Dr. U., Bielefeld; **S. 346/2:** Krüper, W., Bielefeld; **S. 347/1:** Dr. Reinhold Feldmann, Klinik und Poliklinik für Kinder- und Jugendmedizin UK Münster; **S. 347/2:** Döring, V., Berlin; **S. 348/1:** Groger, Dr. U., Bielefeld; **S. 349/1:** Groger, Dr. U., Bielefeld; **S. 350/1:** Mair, J., München; **S. 350/2:** Mair, J., München; **S. 350/3:** picture-alliance/dpa (Okapia/Rose); **S. 351/1:** Shutterstock/ Monkey Business Images ; **S. 352/1:** Raichle, G., Ulm; **S. 353/1:** Raichle, G., Ulm; **S. 353/2:** Mair, J., München; **S. 354/1:** Mair, J., München; **S. 354/2:** Mair, J., München; **S. 354/3:** arteria-photography, Kassel; **S. 355/1:** picture-alliance/dpa; **S. 355/2:** Fotolia/Sven Bähren; **S. 355/3:** Okapia/ allOver images/ Karl Thomas; **S. 355/4:** Okapia/ NAS/ Apogee; **S. 355/5:** Bionorica SE, Neumarkt; **S. 355/6:** Bionorica SE, Neumarkt; **S. 355/7:** Bionorica SE, Neumarkt; **S. 355/8:** Bionorica SE, Neumarkt; **S. 355/9:** Bionorica SE, Neumarkt; **S. 355/10:** Bionorica SE, Neumarkt; **S. 356/1:** Groger, Dr. U., Bielefeld; **356/2:** Hollatz, J., Heidelberg; **S. 357/1:** Hollatz, J., Heidelberg; **S. 357/2:** Hollatz, J.,

Heidelberg; **S. 357/3:** Hollatz, J., Heidelberg; **S. 357/4:** Hollatz, J., Heidelberg; **S. 357/5:** MSD SHARP & DOHME GMBH; **S. 358/1:** Kleinschmidt, D., pro famila - LV NRW, Wuppertal; **S. 358/2:** Groger, Dr. U., Bielefeld; **S. 358/3:** picture-alliance/dpa (ZB/Link); **S. 359/1:** Groger, Dr. U., Bielefeld; **S. 360/1:** Mair, J., München; **S. 360/2:** Mair, J., München; **S. 360/3:** Shutterstock/ vetpathologist; **S. 361/1:** Endokrinologikum Labor Hamburg GmbH; **S. 361/2:** Mair, J., München; **S. 363/1:** Bundes-zentrale für gesundheitliche Aufklärung, Köln; **S. 363/2:** Mair, J., München; **S. 364/1:** Raichle, G., Ulm; **S. 365/1:** Mair, J., München; **S. 365/2:** Raichle, G., Ulm; **S. 365/3:** Wistuba, Dr. St., Paderborn ; **S. 366/1:** Department of Health, London (UK); **S. 367/1:** Groger, Dr. U., Bielefeld; **S. 370/1:** Welz, N., Berlin; **S. 371/1:** Welz, N., Berlin; **S. 372/1:** Welz, N., Berlin; **S. 372/2:** Welz, N., Berlin; **S. 372/3:** Welz, N., Berlin; **S. 372/4:** TV-yesterday/Weber, München; **S. 373/1:** Deutsche Gesellschaft für Ernäh-rung (DGE), Bonn; **S. 374/1:** Mair, J., München; **S. 374/2:** Shutterstock, isak55; **S. 374/3:** Fotolia/ Inga Bresser; **S. 375/1:** CBB; **S. 375/2:** Mair, J., München; **S. 375/3:** Shutterstock/Heike Rau; **S. 376/1:** CBB; **S. 376/2:** 5 am Tag e.V., Mannheim; **S. 378/1:** Shutterstock/Ramona Heim; **S. 379/1:** Groger, Dr. U., Bielefeld; **S. 380/1:** Faust, St., Berlin; **S. 381/1:** Mair, J., München; **S. 381/2:** Faust, St., Berlin; **S. 382/1:** Faust, St., Berlin; **S. 383/1:** Faust, St., Berlin; **S. 383/2:** Faust, St., Berlin; **S. 384/1:** Krischke, K., Marbach; **S. 384/2:** Okapia/BiophotoAss./Science Sor.; **S. 385/1:** Faust, St., Berlin; **S. 385/2:** Faust, St., Berlin; **S. 385/3:** Faust, St., Berlin; **S. 386/1:** Welz, N., Berlin; **S. 386/2:** Welz, N., Berlin; **S. 387/1:** Faust, St., Berlin; **S. 388/1:** Welz, N., Berlin; **S. 388/2:** Faust, St., Berlin; **S. 388/3:** Welz, N., Berlin; **S. 391/1:** Das Fotoarchiv, Essen/Jochen Tack (Arslan); **S. 392/1:** Das Fo-toarchiv, Essen/Jochen Tack (Rose); **S. 393/1:** Krüper, W., Bielefeld; **S. 393/2:** Welz, N., Berlin; **S. 393/3:** Groger, Dr. U., Bielefeld; **S. 394/1:** © Sysmex Deutschland GmbH (www.sysmex.de, www. darmkrebs-screening.eu); **S. 394/2:** MED AUXIL, Verlag für medizinische, Dokumentation und Informa-tion, Bad Gandersheim; **S. 395/1:** Shutterstock/ Iakov Filimonov; **S. 395/2:** Krüper, W., Bielefeld; **S. 395/3:** www.endoskopiebilder.de, Albertinen-Krankenhaus, Hamburg; **S. 396/1:** KARL STORZ GmbH, Tuttlingen; **S. 397/1:** Fotolia/ Bergringfoto; **S. 398/1:** picture-alliance/dpa (Gambarini); **S. 398/2:** Faust, St., Berlin; **S. 398/3:** www.endoskopiebilder.de, Albertinen-Krankenhaus, Hamburg; **S. 398/4:** www.endoskopiebilder.de, Albertinen-Krankenhaus, Hamburg; **S. 398/5:** www.endoskopie-bilder.de, Albertinen-Krankenhaus, Hamburg; **S. 398/6:** www.endoskopiebilder.de, Albertinen-Kran-kenhaus, Hamburg; **S. 399/1:** arteria-photography, Kassel; **S. 400/1:** Mair, J., München; **S. 400/2:** Gastroenterologische Gemeinschaftspraxis, Goch; **S. 400/3:** Gastroenterologische Gemeinschaftspraxis, Goch; **S. 400/4:** Gastroenterologische Gemeinschaftspraxis, Goch; **S. 400/5:** arteria-photography, Kassel; **S. 402/1:** Welz, N., Berlin; **S. 402/2:** Welz, N., Berlin; **S. 402/3:** Welz, N., Berlin; **S. 403/1:** Welz, N., Berlin; **S. 403/2:** Welz, N., Berlin; **S. 403/3:** Welz, N., Berlin; **S. 404/1:** Faust, St., Berlin; **S. 404/2:** Krüper, W., Bielefeld; **S. 404/3:** Krüper, W., Bielefeld; **S. 405/1:** Groger, Dr. U., Bielefeld; **S. 405/2:** Groger, Dr. U., Bielefeld; **S. 405/3:** Shutterstock/Magone; **S. 406/1:** Faust, St., Berlin; **S. 406/2:** arteria-photography, Kassel; **S. 407/1:** Mair, J., München; **S. 407/2:** Medical-pictures, Köln; **S. 408/1:** Reuters; **S. 408/2:** Mair, J., München; **S. 408/3:** Wikipedia/ Yutaka Tsutsumi, M.D.; **S. 409/1:** Groger, Dr. U., Bielefeld; **S. 409/2:** Mair, J., München; **S. 409/3:** Mair, J., München; **S. 410/1:** Medical-pictures, Köln; **S. 411/1:** Welz, N., Berlin; **S. 411/2:** Faust, St., Berlin; **S. 411/3:** arteria-photography, Kassel; **S. 412/1:** Faust, St., Berlin; **S. 413/1:** Faust, St., Berlin; **S. 414/1:** Mair, J., München; **S. 415/1:** Mair, J., München; **S. 415/2:** Mair, J., München; **S. 416/1:** Mair, J., München; **S. 416/2:** Mair, J., München; **S. 416/3:** Mair, J., München; **S. 416/4:** Mair, J., München; **S. 416/5:** Mair, J., München; **S. 417/1:** Raichle, G., Ulm; **S. 418/1:** Medical-pictures, Köln; **S. 418/2:** Medical-pictures, Köln; **S. 419/1:** Mair, J., München; **S. 419/2:** Mair, J., München; **S. 419/3:** Mair, J., Mün-chen; **S. 419/4:** Mair, J., München; **S. 420/1:** Mair, J., München; **S. 420/2:** Coloplast; **S. 421/1:** Pathologie Moers/PD Dr. Mlynek-Kersjes; **S. 421/2:** Ullstein-Bild (AKG-Pressebild); **S. 422/1:** Mair, J., München; **S. 422/2:** Pathorama.ch; **S. 422/3:** Pathorama.ch; **S. 423/1:** Istockphoto/ Jaundice; **S. 424/1:** Groger, Dr. U., Bielefeld; **S. 424/2:** Shutterstock/MJTH; **S. 424/3:** mauritius images/ Nor-dic Photos; **S. 424/4:** picture-alliance (Okapia/Uselmann); **S. 424/5:** Heinisch, G., Berlin; **S. 424/6:** Shutterstock/beccarra; **S. 424/7:** Shutterstock/foto.fritz; **S. 425/1:** Groger, Dr. U., Bielefeld; **S. 426/1:** mauritius/Photo Reserchers; **S. 426/2:** Wikipedia/GNU/CC/Nephron; **S. 426/3:** Pfeiff, Dr. B., Lüdenscheid; **S. 426/4:** www.medicoconsult.de; **S. 426/5:** Gastroenterologische Schwerpunktpra-xis Dres. Eisold und Tran, Mössingen; **S. 427/1:** Groger, Dr. U., Bielefeld; **S. 429/1:** Mair, J., München; **S. 429/2:** CBB; **S. 429/3:** CBB; **S. 430/1:** Roche Pharma Deutschland AG; **S. 431/1:** Shutterstock/ Melissa Brandes; **S. 431/2:** Shutterstock/Andres Skjold; **S. 431/3:** Pfeiff, Dr. B., Lüdenscheid; **S. 431/4:** Shutterstock/Lilyana Vynogradova; **S. 432/1:** Groger, Dr. U., Bielefeld; **S. 432/2:** Shutter-stock/HLPhoto; **S. 432/3:** Groger, Dr. U., Bielefeld; **S. 433/1:** Medical-pictures, Köln; **S. 433/2:** Witthaut, Dr. med. j., Essen; **S. 433/3:** Shutterstock/margouillat photo; **S. 435/1:** Mair, J., München;

S. 436/1: Krischke, K., Marbach; **S. 436/2:** Krischke, K., Marbach; **S. 436/3:** Krischke, K., Marbach; **S. 437/1:** Mair, J., München; **S. 437/2:** Mair, J., München; **S. 438/1:** CBB; **S. 439/1:** Shutterstock/ Carolina K. Smith MD; **S. 439/2:** Fotofinder/Look-foto; **S. 439/3:** CBB; **S. 439/4:** Krüper, W., Bielefeld; **S. 440/1:** Krüper, W., Bielefeld; **S. 440/2:** Krüper, W., Bielefeld; **S. 440/3:** Krüper, W., Bielefeld; **S. 440/4:** Groger, Dr. U., Bielefeld; **S. 441/1:** Groger, Dr. U., Bielefeld; **S. 441/2:** arteria-photography, Kassel; **S. 442/1:** picture-alliance/Frueh; **S. 443/1:** Mair, J., München; **S. 444/1:** arteria-photography, Kassel; **S. 444/2:** Krüper, W., Bielefeld; **S. 444/3:** dpa-Grafik; **S. 445/1:** Groger, Dr. U., Bielefeld; **S. 445/2:** Groger, Dr. U., Bielefeld; **S. 445/3:** Groger, Dr. U., Bielefeld; **S. 446/1:** CBB; **S. 446/1:** CBB; **S. 446/2:** CBB; **S. 447/1:** Heinisch, G., Berlin; **S. 447/2:** Heinisch, G., Berlin; **S. 447/3:** Heinisch, G., Berlin; **S. 447/4:** Raichle, G., Ulm; **S. 447/5:** Heinisch, G., Berlin; **S. 447/6:** Krüper, W., Bielefeld; **S. 448/1:** Groger, Dr. U., Bielefeld; **S. 449/1:** Shutterstock/bonchan; **S. 449/2:** Frank-Lothar Lange/ Roche Accu-Check; **S. 451/1:** Groger, Dr. U., Bielefeld; **S. 454/1:** Welz, N., Berlin; **S. 454/2:** Welz, N., Berlin; **S. 455/1:** Welz, N., Berlin; **S. 456/1:** Henschel, H., Klein Fredenwalde; **S. 456/2:** Henschel, H., Klein Fredenwalde; **S. 457/1:** Shutterstock/Yuri Arcurs; **S. 457/2:** Henschel, H., Klein Fredenwalde; **S. 457/3:** Mair, J., München; **S. 458/1:** Mair, J., München; **S. 458/2:** CBB; **S. 458/3:** arteria-photography, Kassel; **S. 458/4:** Fotolia/ Olavs; **S. 458/5:** picture-alliance/chromorange/C. Langer-Püschel; **S. 459/1:** Wikipedia/GNU/Wolfgang Ihloff; **S. 459/2:** Reinbacher, I., Kempten; **S. 459/3:** Okapia, Berlin (Neufried); **S. 460/1:** Corbis Bettmann/zefa; **S. 460/2:** Wikipedia/C/Magnus Manske; **S. 460/3:** Mair, J., München; **S. 461/1:** Groger, Dr. U., Bielefeld; **S. 461/2:** Groger, Dr. U., Bielefeld; **S. 462/1:** Hoting, Dr. E., Hautarzt, Hamburg; **S. 462/2:** Hoting, Dr. E., Hautarzt, Hamburg; **S. 463/1:** picture-alliance/chromorange/C. Langer-Püschel; **S. 463/2:** CBB; **S. 463/3:** Hoting, Dr. E., Hautarzt, Hamburg; **S. 463/4:** Eucerin®, Beiersdorf AG, Hamburg; **S. 464/1:** arteria-photography, Kassel; **S. 464/2:** Medical Skin Center Dr. Hilton, Düsseldorf; **S. 464/3:** CBB; **S. 464/4:** Pfeiff, Dr. B., Lüdenscheid; **S. 465/1:** Pfeiff, Dr. B., Lüdenscheid; **S. 465/2:** arteria-photography, Kassel; **S. 465/3:** Mair, J., München; **S. 465/4:** Mair, J., München; **S. 465/5:** Mair, J., München; **S. 465/6:** Mair, J., München; **S. 465/7:** Mair, J., München; **S. 465/8:** Mair, J., München; **S. 465/9:** Pfeiff, Dr. B., Lüdenscheid; **S. 466/1:** Merk, Prof. Dr. med. H., Universitätsklinikum Aachen; **S. 467/1:** Groger, Dr. U., Bielefeld; **S. 468/1:** Paul Hartmann AG, Heidenheim; **S. 468/2:** Paul Hartmann AG, Heidenheim; **S. 468/3:** **S. 468/4:** Paul Hartmann AG, Heidenheim; **S. 468/5:** Paul Hartmann AG, Heidenheim; **S. 468/6:** Paul Hartmann AG, Heidenheim; **S. 468/7:** CBB; **S. 469/1:** Deutsches Rotes Kreuz/Ortsverein Bielefeld-Dornberg e. V.; **S. 469/2:** Paul Hartmann AG, Heidenheim; **S. 469/3:** Paul Hartmann AG, Heidenheim; **S. 469/4:** arteria-photography, Kassel; **S. 469/5:** Paul Hartmann AG, Heidenheim; **S. 469/6:** Paul Hartmann AG, Heidenheim; **S. 469/7:** Paul Hartmann AG, Heidenheim; **S. 470/1:** Smith & Nephew GmbH - Wound Management, Hamburg; **S. 470/2:** Paul Hartmann AG, Heidenheim; **S. 470/3:** Paul Hartmann AG, Heidenheim; **S. 470/4:** doc-stock/ Universal Images Group; **S. 471/1:** Paul Hartmann AG, Heidenheim; **S. 471/2:** Paul Hartmann AG, Heidenheim; **S. 471/3:** Shutterstock/ Alfonso de Tomas; **S. 471/4:** Paul Hartmann AG, Heidenheim; **S. 471/5:** Paul Hartmann AG, Heidenheim; **S. 471/6:** Paul Hartmann AG, Heidenheim; **S. 471/7:** Groger, Dr. U., Bielefeld; **S. 472/1:** Paul Hartmann AG, Heidenheim; **S. 472/2:** Paul Hartmann AG, Heidenheim; **S. 472/3:** Paul Hartmann AG, Heidenheim; **S. 472/4:** Paul Hartmann AG, Heidenheim; **S. 472/5:** Paul Hartmann AG, Heidenheim; **S. 472/6:** Paul Hartmann AG, Heidenheim; **S. 473/1:** Krüper, W., Bielefeld; **S. 473/2:** Krüper, W., Bielefeld; **S. 473/3:** Krüper, W., Bielefeld; **S. 473/4:** Krüper, W., Bielefeld; **S. 473/5:** Krüper, W., Bielefeld; **S. 474/1:** Setzinger Photographie, Tuttlingen; **S. 474/2:** Setzinger Photographie, Tuttlingen; **S. 474/3:** Setzinger Photographie, Tuttlingen; **S. 474/4:** Setzinger Photographie, Tuttlingen; **S. 474/5:** Krüper, W., Bielefeld; **S. 474/6:** Setzinger Photographie, Tuttlingen; **S. 474/7:** Setzinger Photographie, Tuttlingen; **S. 474/8:** Setzinger Photographie, Tuttlingen; **S. 474/9:** Setzinger Photographie, Tuttlingen; **S. 474/10:** Setzinger Photographie, Tuttlingen; **S. 474/11:** Setzinger Photographie, Tuttlingen; **S. 474/12:** Setzinger Photographie, Tuttlingen; **S. 474/13:** Shutterstock/ Mikhail hoboton Popov ; **S. 475/1:** Mair, J., München; **S. 475/2:** Mair, J., München; **S. 475/3:** Mair, J., München; **S. 475/4:** Mair, J., München; **S. 475/5:** Mair, J., München; **S. 475/6:** Mair, J., München; **S. 475/7:** Mair, J., München; **S. 475/8:** Mair, J., München; **S. 476/1:** Lull, A., Berlin; **S. 476/2:** Paul Hartmann AG, Heidenheim; **S. 476/3:** BSN medical GmbH Deutschland, Hamburg; **S. 476/4:** Paul Hartmann AG, Heidenheim; **S. 477/1:** Krüper, W., Bielefeld; **S. 477/2:** Krüper, W., Bielefeld; **S. 477/3:** Krüper, W., Bielefeld; **S. 477/4:** Krüper, W., Bielefeld; **S. 477/5:** Paul Hartmann AG, Heidenheim; **S. 477/6:** Lohmann & Rauscher International GmbH & CO. KG, Neuwied; **S. 477/7:** Heinisch, G., Berlin; **S. 477/8:** Heinisch, G., Berlin; **S. 478/1:** Heinisch, G., Berlin; **S. 478/2:** Heinisch, G., Berlin; **S. 478/3:** Lohmann & Rauscher International GmbH & CO. KG, Neuwied; **S. 478/4:** Raichle, G., Ulm; **S. 479/1:** medi GmbH & Co. KG, Bayreuth; **S. 479/2:** medi GmbH & Co. KG, Bayreuth; **S. 479/3:** medi GmbH & Co. KG, Bayreuth;

S. 479/4: medi GmbH & Co. KG, Bayreuth; **S. 479/6:** Lohmann & Rauscher International GmbH & CO. KG, Neuwied; **S. 479/7:** Krausen, S., Düsseldorf; **S. 480/1:** Krausen, S., Düsseldorf; **S. 480/2:** arteria-photography, Kassel; **S. 481/1:** Groger, Dr. U., Bielefeld; **S. 484/1:** Welz, N., Berlin; **S. 485/1:** Welz, N., Berlin; **S. 486/1:** picture-alliance/dpa; **S. 486/2:** AOK-Mediendienst; **S. 487/1:** Krüper, W., Bielefeld; **S. 487/2:** DAK-Gesundheit; **S. 487/3:** Shutterstock/ Monkey Business Images; **S. 488/1:** vario-press/Rainer Unkel; **S. 488/2:** picture-alliance/dpa-Fotoreport, Düren; **S. 489/1:** Krüper, W., Bielefeld; **S. 489/2:** Globus-Grafik; **S. 491/1:** Krüper, W., Bielefeld; **S. 492/1:** Krischke, K., Marbach; **S. 493/1:** mauritius/Photothek; **S. 493/2:** Krüper, W., Bielefeld; **S. 494/1:** DHS; **S. 494/2:** Shutterstock/nemke; **S. 494/3:** picture-alliance/dpa/ZB; **S. 495/1:** dpa-Grafik; **S. 496/1:** AOK-Mediendienst; **S. 496/2:** DAK-Gesundheit; **S. 496/3:** Krüper, W., Bielefeld; **S. 497/1:** CBB; **S. 497/2:** Krüper, W., Bielefeld; **S. 498/1:** BARMER GEK; **S. 498/2:** Shutterstock/argonaut; **S. 499/1:** Wikipedia/ Yne Van De Mergel; **S. 501/1:** Groger, Dr. U., Bielefeld; **S. 501/2:** Fotolia/ Kzenon; **S. 502/1:** Krüper, W., Bielefeld; **S. 502/2:** Groger, Dr. U., Bielefeld; **S. 503/1:** CBB; **S. 503/2:** Mair, J., München; **S. 503/3:** Mair, J., München; **S. 503/4:** CORBIS/Bettmann Archiv; **S. 503/5:** Krausen, S., Düsseldorf; **S. 503/6:** Krausen, S., Düsseldorf; **S. 503/7:** Krausen, S., Düsseldorf; **S. 504/1:** dpa-Grafik; **S. 504/2:** Krüper, W., Bielefeld; **S. 505/1:** Shutterstock/ Kekyalyaynen ; **S. 506/1:** Krausen, S., Düsseldorf; **S. 506/2:** Krausen, S., Düsseldorf; **S. 507/1:** Groger, Dr. U., Bielefeld; **S. 508/1:** Welz, N., Berlin; **S. 508/2:** Raichle, G., Ulm; **S. 509/1:** Welz, N., Berlin; **S. 509/2:** picture-alliance/Mary Evans Picture Library; **S. 510/1:** Krüper, W., Bielefeld; **S. 510/2:** Mair, J., München; **S. 510/3:** wikimedia.com/Welleschik/ GNU/free; **S. 511/1:** Krischke, K., Marbach; **S. 511/2:** Mair, J., München; **S. 512/1:** Groger, Dr. U., Bielefeld; **S. 512/2:** KIND Hörgeräte GmbH, Großburgwedel/ Hannover; **S. 512/3:** Shutterstock/ Clover; **S. 513/1:** Krüper, W., Bielefeld; **S. 514/1:** Studio-TV-Film, Schriesheim; **S. 514/2:** Prof. Günther Biste, Schwäbisch Gmünd; **S. 514/3:** Mair, J., München; **S. 515/1:** Krüper, W., Bielefeld; **S. 515/2:** Krüper, W., Bielefeld; **S. 515/3:** Groger, Dr. U., Bielefeld; **S. 515/4:** eye of science; **S. 516/1:** Mair, J., München; **S. 517/1:** Krischke, K., Marbach; **S. 517/2:** Groger, Dr. U., Bielefeld; **S. 517/3:** Mair, J., München; **S. 517/4:** Hollatz, J., Heidelberg; **S. 517/5:** Hollatz, J., Heidelberg; **S. 518/1:** Groger, Dr. U., Bielefeld; **S. 518/2:** CBB; **S. 518/3:** CBB; **S. 518/4:** CBB; **S. 519/1:** Krischke, K., Marbach; **S. 519/2:** Fotolia/ bst2012; **S. 519/3:** Mair, J., München; **S. 520/1:** Mair, J., München; **S. 520/2:** Mair, J., München; **S. 521/1:** Mair, J., München; **S. 521/2:** Shutterstock / Jorg Hackemann; **S. 522/1:** Gabel, Prof. Dr. V.-P., Regensburg; **S. 522/2:** Gabel, Prof. Dr. V.-P., Regensburg; **S. 522/3:** Gabel, Prof. Dr. V.-P., Regensburg; **S. 523/1:** CBB; **S. 523/2:** CBB; **S. 523/3:** Werdermann, Dr. D., Ochsenfurt

Hinweise:

Auf den Fotos im Buch sind teilweise Produktnamen zu erkennen. Hierbei handelt es sich um keine Produktempfehlung durch den Verlag oder die Autorin, sondern um exemplarische Aufnahmen aus dem Arbeitsleben der Auszubildenden.

Die medizinische Wissenschaft ist im Fluss. Das vorliegende Buch wurde nach bestem Wissen und Gewissen geschrieben und aktualisiert. Es ist als allgemeines Lehrbuch konzipiert und nicht als Anleitung zur Diagnostik und Therapie geeignet.

Frau Dr. Groger erhielt Vortragshonorare von GSK. Sie erklärt, dass kein Interessenkonflikt besteht.